여러분의 합격을 응원하는 해커스경찰의 특별 혜택!

FREE 경찰 범죄학 특강

해커스경찰(police.Hackers.com) 접속 후 로그인 ▶ 상단의 [무료강좌 → 경찰 무료강의] 클릭하여 이용

회독용 답안지 [PDF]

해커스경찰(police.Hackers.com) 접속 후 로그인 ▶ 상단의 [교재·서점 → 무료 학습 자료] 클릭 ▶ 본 교재 우측의 [자료받기] 클릭하여 이용

해커스경찰 온라인 단과강의 20% 할인쿠폰

87328C56CFDE434T

해커스경찰(police.Hackers.com) 접속 후 로그인 ▶ 상단의 [내강의실] 클릭 ▶ [쿠폰/포인트] 클릭 ▶ 쿠폰번호 입력 후 이용

* 등록 후 7일간 사용 가능(ID당 1회에 한해 등록 가능)

경찰 합격예측 온라인 모의고사 응시권 + 해설강의 수강권

DDBF3A2BE88768MZ

해커스경찰(police.Hackers.com) 접속 후 로그인 ▶ 상단의 [내강의실] 클릭 ▶ [쿠폰/포인트] 클릭 ▶ 쿠폰번호 입력 후 이용

* ID당 1회에 한해 등록 가능

쿠폰 이용 관련 문의 1588-4055

단기 합격을 위한 해커스경찰 커리큘럼

입문
탄탄한 기본기와 핵심 개념 완성!

누구나 이해하기 쉬운 개념 설명과 풍부한 예시로 부담없이 쌩기초 다지기

TIP 베이스가 있다면 **기본 단계**부터!

▼

기본+심화
필수 개념 학습으로 이론 완성!

반드시 알아야 할 기본 개념과 문제풀이 전략을 학습하고
심화 개념 학습으로 고득점을 위한 응용력 다지기

▼

기출+예상 문제풀이
문제풀이로 집중 학습하고 실력 업그레이드!

기출문제의 유형과 출제 의도를 이해하고 최신 출제 경향을 반영한
예상문제를 풀어보며 본인의 취약영역을 파악 및 보완하기

▼

동형문제풀이
동형모의고사로 실전력 강화!

실제 시험과 같은 형태의 실전모의고사를 풀어보며 실전감각 극대화

▼

최종 마무리
시험 직전 실전 시뮬레이션!

각 과목별 시험에 출제되는 내용들을 최종 점검하며 실전 완성

⬇

PASS

* 커리큘럼 및 세부 일정은 상이할 수 있으며, 자세한 사항은 해커스경찰 사이트에서 확인하세요.

단계별 교재 확인 및 수강신청은 여기서!
police.Hackers.com

해커스경찰
이언담 범죄학

진도별 기출+실전문제집

이언담

약력

현 | 해커스경찰 범죄학 강의
　　경기대학교 범죄교정심리학과 초빙교수
　　행정안전부 안전교육강사(폭력, 성폭력, 자살예방)
　　(사)아시아교정포럼 교정상담교육원장

전 | 가천대학교 경찰행정학과 겸임교수
　　경기대학교 교육대학원 겸임교수
　　법무연수원 교수
　　사법연수원 형사정책 외래교수
　　숭실사이버대학교 경찰교정학과 초빙교수
　　동국대학교 사법경찰대학원 외래교수
　　한세대학교 상담대학원 외래교수
　　남부행정고시학원 교정학 전임
　　종로행정고시학원 교정학 전임
　　에듀스파 교정학 전임
　　국가공무원 7,9급 면접위원
　　소방직공무원 면접위원

저서

이언담 범죄학 진도별 기출 + 실전문제집, 해커스경찰
이언담 범죄학 기본서, 해커스경찰
이언담 경찰 범죄학 핵심요약 · 기출, 멘토링
아담 교정학 기본서, 박문각
아담 교정학 기출 · 예상문제, 박문각
아담 형사정책 기본서, 박문각
아담 형사정책 기출 · 예상문제, 박문각
이언담 교정학 핵심요약, 아담아카데미
이언담 형사정책 핵심요약, 아담아카데미
이언담 교정관계법령 · 판례 · 기출OX, 아담아카데미
이언담 형사정책법령 · 판례 · 기출OX, 아담아카데미
교정상담과 사회복귀, 학지사
교정의 복지학, 솔과학
그 외 연구 논문 발표 다수

서문

기출문제의 중요성은 아무리 강조해도 지나치지 않습니다.

1. **2024년까지 시행된 범죄학 기출문제를 모두 담아냈습니다.**
   3년 동안 시행된 각종 시험의 범죄학과 2024년 시행된 경찰간부, 경찰행정 2차, 해경간부 시험까지 한 문제도 소홀함이 없이 철저히 분석하여 반영했습니다.

2. **아직 출제 영역에 들어가지 않았거나 부족한 기출 영역은 유사과목 문제로 보강했습니다.**
   기존 사법시험 문제와 사실학으로서의 형사정책(범죄학) 기출문제는 범죄학의 배경 자료로 활용하기에 충분합니다. 2024년 7급 보호직 형사정책, 교정학 기출문제까지 철저히 분석하여 반영했습니다.

3. **기본서의 도움 없이도 공부가 가능할 만큼 풍부한 해설을 붙였습니다.**
   문제를 풀 때는 문제에 집중할 수 있어야 합니다. 각 문제마다의 해설은 누구나 이해가 가능한 수준으로 풍부하고 충분하게 실었습니다. 문제집만으로 편안하게 실전력을 기르도록 했습니다.

더불어 경찰공무원 시험 전문 **해커스경찰(police.Hackers.com)**에서 학원강의나 인터넷 동영상강의를 함께 이용한다면, 범죄학 정복에 최적화한 도판식 강의를 통해 보다 효율적으로 학습효과를 극대화할 수 있을 것입니다.

이 책을 처음 구상하고 세상에 내보이기까지 수년이 걸렸습니다. 그럼에도 마지막 종이로 출간되어 나오는 과정은 또 다른 산통이 필요했습니다. 이 책의 집필과정에서 자료수집 등 여러 면에서 수고를 다 해 준 아담아카데미 권형우 연구실장, 편집 과정에서 수없이 이어지는 요구사항을 정성을 다하여 반영해주신 해커스경찰 편집팀과 새출발의 기쁨과 감사를 함께 나누고자 합니다.

더불어 그 사이 세상 해맑은 모습으로 나의 첫 손자로 찾아와 준 예쁜 하민이, 선물 주신 하나님께 무한 감사를 드립니다. 감사합니다.

2024년 12월
이언담

---

* '아담아카데미'가 합격의 그날까지 여러분의 따뜻한 길동무가 되어 드리겠습니다.
  - 네이버카페(https://cafe.naver.com/adamtop)
  - 유튜브(https://youtube.com/channel/UCSQey6NNXBMyZLrUsNrtUwA?si=5pa1Kx8zbMI3wztQ)

목차

제1편 범죄학 일반론

제1장 범죄와 범죄학
- 제1절 범죄의 개념 ... 10
- 제2절 범죄학 ... 13
- 제3절 범죄학 이론 ... 19

제2장 범죄학의 연구
- 제1절 범죄학의 연구방법 ... 22
- 제2절 공식통계의 암수범죄 ... 31

제3장 비범죄화와 다이버전
- 제1절 비범죄화와 신범죄화 ... 40
- 제2절 다이버전 ... 42

제2편 범죄원인론

제4장 범죄원인론 개관
- 제1절 범죄원인에 대한 인식 ... 50
- 제2절 범죄원인의 설명(고전주의와 실증주의) ... 52

제5장 고전주의 범죄학
- 제1절 시대적 배경 ... 55
- 제2절 고전주의 범죄학자 ... 58
- 제3절 현대적(신) 고전주의 ... 63
- 제4절 고전주의 범죄학의 공적과 한계 ... 72

제6장 초기 실증주의 범죄학
- 제1절 과학주의와 결정론 ... 73
- 제2절 이탈리아의 범죄인류학파 ... 75
- 제3절 초기 범죄사회학적 실증주의 ... 80
- 제4절 독일 및 오스트리아의 초기 실증주의 ... 86

제7장 생물학적 범죄원인론
- 제1절 생물학적 범죄원인과 신체적 특징 ... 88
- 제2절 체(격)형과 범죄 ... 91
- 제3절 유전과 범죄 ... 92
- 제4절 기타 생물학적 범죄원인론 ... 97

제8장 심리 · 성격적 범죄원인론

제1절	개관	100
제2절	프로이드의 정신분석학	100
제3절	행동주의(학습이론)	103
제4절	인지이론	107
제5절	성격과 인간의 본성	110
제6절	정신병리적 결함과 범죄	114

제9장 사회학적 범죄원인론 – 사회구조적이론

제1절	범죄사회학의 발달(구조이론과 과정이론)	119
제2절	사회해체이론	121
제3절	아노미/긴장이론	128
제4절	하위문화이론	138

제10장 사회학적 범죄원인론 – 사회과정이론

제1절	사회학습이론	150
제2절	사회통제이론	160
제3절	사회반응이론 – 낙인이론	181
제4절	범죄사회학 통합문제	190

제11장 갈등론적 범죄원인론(비판범죄학)

제1절	개관	206
제2절	보수적 갈등론	208
제3절	급진적 갈등론	212

제12장 여성범죄와 페미니즘 범죄학

| 제1절 | 여성범죄론 | 218 |
| 제2절 | 페미니즘(여성주의) 범죄학 | 221 |

제13장 잠재적 특질이론과 통합이론

| 제1절 | 잠재적 특질이론 | 223 |
| 제2절 | 통합이론 | 224 |

제14장 발달범죄학

| 제1절 | 발달범죄학의 의의 | 228 |
| 제2절 | 발달범죄학 이론 | 229 |

제3편 범죄현상과 범죄유형론

제15장 범죄현상론

제1절	환경과 범죄	240
제2절	인구사회학적 특성과 범죄	245

제16장 범죄유형론

제1절	초기실증주의 범죄유형론	246
제2절	범죄유형론의 다양화	247

제17장 전통범죄 유형론

제1절	살인	248
제2절	강도, 성폭력	251
제3절	폭력	252
제4절	절도, 사기	253

제18장 특수범죄 유형론

제1절	화이트칼라범죄	255
제2절	조직범죄	258
제3절	표적범죄(증오범죄와 스토킹범죄)	259
제4절	사이버 범죄	262
제5절	마약범죄와 약물범죄	265
제6절	정치, 경제, 환경범죄	267

제4편 범죄피해자론

제19장 피해자학의 발전과 설명이론

제1절	피해자학의 역사와 의의	272
제2절	범죄피해자 분류	272
제3절	범죄 피해발생 설명이론	276

제20장 범죄피해자 보호와 법제

제1절	형사절차상 피해자 보호	281
제2절	범죄피해자 보호법과 소송촉진법	283

제21장 회복적 사법

제1절	의의와 발전	293
제2절	회복적 사법 법제	300

제5편 범죄예측과 범죄예방론

제22장 범죄예측

제1절	개관	304
제2절	형사사법 각 단계별 범죄예측	305
제3절	범죄예측의 분류와 한계	307

제23장 범죄예방

제1절	범죄예방의 의의와 범죄예방모델	311
제2절	환경범죄학	318
제3절	상황적 범죄예방	323
제4절	범죄방지활동	330
제5절	경찰의 범죄예방	331

제6편 형벌과 보안처분

제24장 형벌론

제1절	형벌이론	336
제2절	미결구금제도와 공소단계 형사정책	337
제3절	재판단계 형사정책	340
제4절	재판단계 전환정책(선고유예와 집행유예)	345
제5절	형의 실효 및 사면제도	350

제25장 형벌의 종류

제1절	사형제도	352
제2절	자유형제도	354
제3절	재산형제도	358
제4절	명예형제도	365
제5절	형벌론 통합문제	366

제26장 교정론

제1절	교정과 교정학	370
제2절	교정처우 모델	375
제3절	구금제도	384

제27장 보안처분론

제1절	보안처분의 의의와 이론	402
제2절	보호관찰제도와 갱생보호	405
제3절	중간처우와 중간처벌	409

제28장 보안처분 관계 법령과 판례

제1절	보안처분 관계 법률	416
제2절	보안처분 주요 5법	416
제3절	기타법률	450

제29장 소년사법론

제1절	개관	456
제2절	소년사법의 추세와 처우모형	458
제3절	소년법	463

해커스경찰
police.Hackers.com

제1편 범죄학 일반론

제1장 범죄와 범죄학
제2장 범죄학의 연구
제3장 비범죄화와 다이버전

제1장 | 범죄와 범죄학

제1절 | 범죄의 개념

01 형식적 의미의 범죄와 실질적 의미의 범죄에 관한 설명으로 가장 적절하지 않은 것은?   2024. 경찰2차

① 형식적 의미의 범죄는 시간과 공간에 따라 변하지 않는 특성이 있다.
② 형식적 의미의 범죄는 입법의 지연에 따라 법적 허점을 야기할 수 있다.
③ 실질적 의미의 범죄는 사회에 유해한 반사회적 행위를 뜻한다.
④ 실질적 의미의 범죄는 범죄개념에 더 근원적으로 접근하기 때문에 정책적 판단기준을 제시해준다.

해설
① [×] 형식적 범죄개념은 형법상 범죄구성요건으로 규정된 행위를 의미하고, 국민의 대표자인 입법자에 의해 형법전에 규정된 것을 의미한다. 입법자의 의도가 반영되므로 형식적 의미의 범죄는 시간과 공간에 따라 변한다.
② [○] 형식적 의미의 범죄는 법의 명확성을 기할 수 있는 장점이 있는 반면, 입법적 지체현상에 따라 언제나 법적 허점이 야기되는 문제점이 있다.
③ [○] 실질적 의미의 범죄는 법 규정과는 관계없이 범죄의 실질을 가지는 '반사회적인 법익침해행위'를 말하며, 이를 미국의 범죄사회학에서는 '일탈행위'라고 보고 있다.
④ [○] 형사정책의 대상으로 실질적 의미의 범죄개념을 포함하는 이유는 범죄개념에는 시간적·공간적 상대성과 가변성이 있기 때문이다. 이는 범죄개념에 탄력성을 부여하는 이점이 있으나 입법자에게 그 기준을 제시할 뿐 법해석에 관하여는 간접적인 역할을 할 뿐이라는 한계가 있다.

정답 ①

02 표출적 범죄와 도구적 범죄에 관한 설명으로 가장 적절한 것은?   2024. 경찰2차

① 표출적 범죄(expressive crime)는 특정한 목적이나 목표를 위해 동기부여된 범죄이다.
② 표출적 범죄는 주로 개인의 욕구 충족을 위해 저지르는 경우가 많다.
③ 도구적 범죄(instrumental crime)는 타인과의 갈등 상황에서 감정이 격해져 우발적으로 저지르는 범죄이다.
④ 도구적 범죄의 유형에는 절도, 사기, 횡령이 있다.

해설
가해자의 신체적 특성과 더불어 범행동기 및 목적에 따라 범죄는 범죄자의 개인적 욕구를 충족시키기 위해 계획적으로 범죄를 저지르는 도구적 범죄와 타인과의 갈등 상황에서 감정이 격해져 우발적으로 저지르는 표출적 범죄로 구분될 수 있다. 원하는 물품과 봉사를 관습적인 방법을 통해서는 얻을 수 없게 되어 불법적인 방법에 호소하여 획득하게 된다는 주장인데, 이런 범죄를 도구적 범죄라 한다. 가난하게 사는 사람들은 자신을 강인하고 나쁜 사람으로 인식함으로써 긍정적인 자아상을 개발할 수 없기 때문에 자신의 분노와 좌절감을 표현하는 수단으로서 폭력성의 표출적 범죄를 많이 범한다는 것이다.
①, ② [×] 도구적 범죄에 대한 설명이다.
③ [×] 표출적 범죄에 대한 설명이다.
④ [○] 도구적 범죄의 유형에는 절도, 사기, 횡령 등이 있다.

정답 ④

03 다음 중 범죄에 대한 설명으로 가장 옳지 않은 것은?

2023. 해경 경위

① 비범죄화란 지금까지 형법에 범죄로 규정되어 있던 것을 폐지하여 범죄목록에서 삭제하거나 형사처벌의 범위를 축소하는 것이다.
② 신범죄화(신규 범죄화)란 지금까지 존재하지 않던 새로운 형벌구성요건을 창설하는 것이다.
③ 도구적 범죄란 범죄자의 경제적 위치나 사회적 위치를 향상시키기 위한 범법행위를 의미한다.
④ 형식적 의미의 범죄는 법규정과 관계없이 반사회적인 법익침해행위이고, 실질적 의미의 범죄는 형법상 범죄구성요건으로 규정된 행위이다.

해설
① [○] 비범죄화 혹은 탈범죄화란 형사사법절차에서 특정범죄에 대한 형사처벌의 범위를 축소하는 것을 의미한다. 형법이 가지는 보충적 성격과 공식적 사회통제기능의 부담가중을 고려하여 일정한 범죄유형을 형벌에 의한 통제로부터 제외시키는 경향이다.
② [○] 산업화·도시화 등 사회구조의 변화에 따라 종래 예상치 못했던 행위에 대하여 형법이 관여하게 되는 경향을 말하며, 지금까지 존재하지 않던 새로운 형벌구성요건을 창설하는 것이다. 환경범죄, 교통범죄, 경제범죄, 컴퓨터범죄 등이 거론된다.
③ [○] 원하는 물품과 봉사를 관습적인 방법을 통해서는 얻을 수 없게 되어 불법적인 방법에 호소하여 획득하게 된다는 주장인데, 이런 범죄를 도구적 범죄라 한다.
④ [×] 실질적 의미의 범죄는 법규정과 관계없이 반사회적인 법익침해행위이고, 형식적 의미의 범죄는 형법상 범죄구성요건으로 규정된 행위이다.

정답 ④

04 형사정책에 대한 설명으로 옳지 않은 것은?

2020. 보호 7급

① 형사정책을 시행함에 있어서도 죄형법정주의는 중요한 의미를 가진다.
② 형사정책을 시행함에 있어서는 공식적인 통계에 나타나지 않는 범죄도 고려의 대상이 된다.
③ 형사정책의 기본원칙으로 법치주의가 요구되는 점에서 형식적 의미의 범죄가 아닌 것은 형사정책의 대상에서 제외된다.
④ 형사정책은 사회학, 통계학 등 다양한 주변 학문의 성과를 기초로 범죄 현상을 분석함으로써 일반적인 범죄방지책을 제시한다.

해설
③ [×] 형사정책의 대상은 형식적 의미의 범죄에 국한되지 않고 실질적 의미의 범죄도 포함된다.

실질적 의미의 범죄
1. 실질적 의미의 범죄란 법 규정과는 관계없이 범죄의 실질을 가지는 '반사회적인 법익침해행위'를 말하며, 이를 미국의 범죄사회학에서는 '일탈행위'라고 보고 있다.
2. 형사정책의 대상으로 실질적 의미의 범죄개념을 포함하는 이유는 범죄개념에는 시간적·공간적 상대성과 가변성이 있기 때문이다. 이는 범죄개념에 탄력성을 부여하는 이점이 있으나 입법자에게 그 기준을 제시할 뿐 법해석에 관하여는 간접적인 역할을 할 뿐이라는 한계가 있다.
3. 형사정책의 중요한 목표의 하나는 현행법상 가벌되지 않은 반사회적 행위를 신범죄화하는 것과 사회의 변화에 따라 이제는 가벌화할 필요가 없는 행위에 대하여 비범죄화하는 것을 포함한다. 이의 척도가 되는 범죄개념이 실질적 범죄개념이다.

정답 ③

05 범죄에 대한 설명으로 옳지 않은 것은?

2015. 교정 9급

① 비범죄화란 지금까지 형법에 범죄로 규정되어 있던 것을 폐지하여 범죄목록에서 삭제하거나 형사처벌의 범위를 축소하는 것으로 그 대상범죄로는 단순도박죄, 낙태죄 등이 제시된다.
② 형식적 의미의 범죄는 법규정과 관계없이 반사회적인 법익침해행위이고, 실질적 의미의 범죄는 형법상 범죄구성요건으로 규정된 행위이다.
③ 신범죄화(신규 범죄화)란 지금까지 존재하지 않던 새로운 형벌구성요건을 창설하는 것으로 환경범죄, 경제범죄, 컴퓨터범죄 등이 여기에 해당한다.
④ 암수 범죄(숨은 범죄)는 실제로 범죄가 발생하였으나 범죄통계에 나타나지 않는 범죄를 의미한다.

해설
② [×] 형식적 의미의 범죄는 형법상 범죄구성요건으로 규정된 행위를 의미하며, 실질적 의미의 범죄는 법규정과 관계없이 범죄의 실질을 가지는 반사회적인 법익침해행위를 말한다.

정답 ②

06 다음 중 범죄학의 개념과 특성 및 범죄학의 연구 대상에 대한 설명으로 가장 옳은 것은?

2024. 해경 경위

① 법률이 없으면 범죄도 없고 형벌도 없다는 주장에서 제시된 범죄와 관련되어 있는 개념은 실질적 의미의 범죄 개념이다.
② 범죄학은 형사정책에 비해 규범과학적 성격이 강하다.
③ 서덜랜드(Sutherland)와 크레시(Cressey)에 따르면, 범죄학은 그 범위 내에 법 제정 과정, 법 위반 과정, 법 위반에 대한 대응과정을 포함하고 있다.
④ 형식적 의미의 범죄 개념에 따르면, 범죄는 사회적 유해성 또는 법익을 침해하는 반사회적 행위이다.

해설
① [×] 형식적 의미의 범죄에 대한 설명이다. 형식적 의미의 범죄는 형법상 범죄구성요건으로 규정된 행위를 의미하고, 국민의 대표자인 입법자에 의해 형법전에 규정된 것을 의미한다. 실질적 의미의 범죄는 법 규정과는 관계없이 범죄의 실질을 가지는 '반사회적인 법익침해행위'를 말하며, 이를 미국의 범죄사회학에서는 '일탈행위'라고 보고 있다.
② [×] 형사정책학은 범죄학에 비해 규범과학적 성격이 강하다. 범죄학은 범죄의 현상과 원인을 규명해서 효과적인 범죄방지대책을 수립하는 학문으로 범죄와 범죄자, 사회적 일탈행위 및 이에 대한 통제방법을 연구하는 경험과학 혹은 규범학이 아닌 사실학의 총체를 의미한다(경험과학: 관찰과 실험에 기초한 탐구방법). 이에 반해 범죄방지대책을 '협의의 형사정책학' 또는 '규범학으로서의 형사정책학'이라고 한다. 즉, 범죄자에 대한 형사법상의 강제시책으로 형벌과 이와 유사한 수단을 통하여 범죄자 및 범죄의 위험성이 있는 자에 대하여 직접 범죄를 방지하기 위한 국가의 입법·사법·행정상의 활동을 말한다.
③ [○] 범죄학이란 범죄에 대한 모든 지식체계라고 할 수 있다. 서덜랜드와 크레시에 따르면, 이러한 지식에는 법을 만드는 과정, 법을 위반하는 과정, 법위반에 대해 대응하는 과정이 모두 포함된다고 한다. 범죄학의 목적은 이러한 법의 제정, 법의 위반, 법의 집행에 대해 이해하려는 것이다. 이처럼 범죄학은 법이 어떤 과정을 통해서 만들어지며, 결과적으로 어떤 행동이 어떤 과정을 통해서 범죄로 규정되게 되는지를 연구한다.
④ [×] 실질적 의미의 범죄는 법규정과 관계없이 반사회적인 법익침해행위이고, 형식적 의미의 범죄는 형법상 범죄구성요건으로 규정된 행위이다.

정답 ③

07 범죄학의 연구대상과 연구방법에 대한 설명으로 옳지 않은 것은?

① 범죄학이나 사회학에서 말하는 일탈행위의 개념은 형법에서 말하는 범죄개념보다 더 넓다.
② 사회에 새롭게 등장한 법익침해행위를 형법전에 편입해야 할 필요성을 인정함에 사용되는 범죄개념은 형식적 범죄개념이다.
③ 헌법재판소의 위헌결정으로 폐지된 간통죄와 같이 기존 형법전의 범죄를 삭제해야 할 필요성을 인정함에 사용되는 범죄개념은 실질적 범죄개념이다.
④ 공식적 범죄통계를 이용하는 연구방법은 두 변수 사이의 2차원 관계 수준의 연구를 넘어서기 어렵다는 비판이 가능하다.

해설
① [O] 범죄 < 비행 < 일탈행동 < 반사회적 행동
② [×], ③ [O] 형사정책의 중요한 목표의 하나는 현행법상 가벌화되지 않은 반사회적 행위를 신범죄화하는 것과 사회의 변화에 따라 이제는 가벌화할 필요가 없는 행위에 대하여 비범죄화하는 것을 포함한다. 이의 척도가 되는 범죄개념이 실질적 범죄개념이다.
④ [O] 범죄통계를 이용하는 연구방법은 두 변수 사이의 2차원 관계 수준의 연구를 넘어서기 어렵다는 한계가 있다. 따라서 현대의 연구자들은 주로 설문조사를 통한 연구방법을 사용하며 자기보고식 조사나 피해자조사도 설문지를 활용한 연구방법이라고 할 수 있다. 이 설문조사를 통한 연구방법은 청소년비행과 같이 공식통계로 파악하기 어려운 주제에 적합하며, 무엇보다도 큰 장점은 두 변수 사이의 관계를 넘어서는 다변량관계를 연구할 수 있다는 것이다.

정답 ②

제2절 | 범죄학

01 형법학과 형사정책에 대한 설명으로 옳지 않은 것은?
2022. 보호 7급

① 19세기 말 리스트(Liszt)는 '형법에서의 목적사상'을 주장하여 형이상학적 형법학이 아니라 현실과 연계된 새로운 형사정책 사상을 강조하였다.
② 형법학과 형사정책학은 상호의존적이며 동시에 상호제약적인 성격을 가지며, 리스트(Liszt)는 '형법은 형사정책의 극복할 수 없는 한계'라고 주장하였다.
③ 포이에르바흐(Feuerbach)는 형사정책을 '입법을 지도하는 국가적 예지'로 이해하고, 형사정책은 정책적 목적을 유지하기 위한 형법의 보조수단으로서 의미가 있다고 주장하였다.
④ 공리주의적 형벌목적을 강조한 벤담(Bentham)에 의하면, 형벌은 특별예방목적에 의해 정당화될 수 있고, 사회방위는 형벌의 부수적 목적에 지나지 않는다.

해설

① [○] 19세기 말 형법학상 리스트를 중심으로 하는 형사입법상 새로운 경향으로 인하여 형이상학적 형법학이 아닌 현실을 보는 형사정책이 중시되었으며, 형벌제도의 목적사상의 도입, 형벌의 대상은 범죄행위가 아닌 행위자라고 하여 특별예방주의의 전면 등장은 형사정책적 사고가 형법학에 미친 영향이다.

② [○] 형법학과 형사정책학은 상호의존적이며 동시에 상호제약적인 성격을 가지며, 리스트는 '형법은 형사정책의 넘을 수 없는 한계'라고 하여, 형법의 보장적 기능이 형사정책을 제한하고 형사정책은 민주법치국가에서 요구되는 규범적 한계 내에서 이루어져야 한다는 원칙을 강조하였다.

③ [○] 포이에르바하는 형사정책을 '입법을 지도하는 국가의 예지'로 이해하고, 집행기관은 형벌목적에 대한 정당성을 고려하여 인간적·자유주의적으로 법을 집행하여야 한다고 하였으며, 형사정책은 이러한 정책적 목적을 유지하기 위한 형법의 보조수단으로서 의미가 있다고 주장하였다.

④ [×] 공리주의를 주장한 벤담은 최대다수의 최대행복의 원리를 바탕으로 범죄를 설명하면서, 처벌의 비례성과 형벌의 일반예방을 통해 성취될 수 있는 최대다수의 행복을 강조하였으며, 범죄를 공동체에 대한 해악으로 간주하고, 형벌은 응보의 목적보다는 예방을 목적으로 행사되어야 한다는 입장이었다.

정답 ④

02 형사정책(학)에 대한 설명으로 옳지 않은 것은?

2014. 보호 7급

① 형사정책은 초기에는 형사입법정책이라는 좁은 의미로 사용되었으나, 점차 범죄의 실태와 원인을 규명하여 이를 방지하려는 일반대책의 개념으로 확대되었다.

② 좁은 의미의 형사정책학은 범죄와 범죄자, 사회적 일탈행위 및 이에 대한 통제방법을 연구하는 경험과학 또는 규범학이 아닌 사실학의 총체를 말한다.

③ 형사정책학은 법학은 물론 심리학, 사회학 등 다양한 주변 학문영역의 성과를 기초로 하나, 단순한 종합과학이 아니라 범죄방지를 위한 체계적인 대책수립을 목표로 하는 독립과학이다.

④ 형사정책학은 기존 형벌체계가 과연 범죄대책으로서 유효한가에 대한 검증을 함으로써 형법규정의 개정방향을 선도한다는 점에서 형법학과 형사정책학은 상호의존성을 가진다.

해설

① [○] 형사정책은 초기에는 단지 '형사입법을 위한 국가의 예지', 즉 형사입법정책이라는 좁은 의미로 사용되었으나, 점차 범죄의 원인 및 실태를 규명하여 이를 방지하는 일반대책의 개념으로 확대되었다.

② [×] 범죄학에 대한 설명이다. 범죄의 현상과 원인을 규명하는 것을 주된 내용으로 하는 사실학 내지 경험과학을 '범죄학' 또는 '사실학으로서의 형사정책학'이라고 한다. 범죄학의 구체적 연구영역은 범죄와 범죄자, 사회적 범죄통제조직 및 범죄피해자와 범죄예방을 포함한다. 리스트(Liszt)가 "범죄 퇴치는 범죄에 대한 인식을 전제로 한다."고 한 것은 범죄학적 연구가 없이는 형사정책의 수립이 불가능함을 말한 것이다.
좁은 의미의 형사정책(협의의 형사정책)은 범죄자에 대한 형사법상의 강제시책으로 형벌과 이와 유사한 수단을 통하여 범죄자 및 범죄의 위험성이 있는 자에 대하여 직접 범죄를 방지하기 위한 국가의 입법·사법·행정상의 활동을 의미한다.

③ [○] 형사정책학은 종합과학인 동시에 독립과학이다.
형사정책학은 인간과 사회에 관한 모든 방면의 지식이 총동원되어야만 효율적인 결과를 얻을 수 있다. 그 때문에 형사정책학은 법학은 물론 심리학, 정신의학, 인류학, 교육학, 사회학, 통계학 등 다양한 주변학문영역에서의 성과를 기초로 하는 종합과학성을 지닌다. 동시에 형사정책학은 여러 방면의 다양한 학문적 성과를 단순히 결합하는 종합과학이 아니라 범죄방지를 위한 체계적인 대책을 확립하는 것을 목표로 하므로 독립과학성도 아울러 지니고 있다.

④ [○] 형사정책학과 형법학은 상호의존성을 가진다.
즉, 형법학은 기존 형벌체계의 운용과 해석에 있어서 결정적인 지침이 되므로 형사정책학의 연구에 대해서도 일정한 규준(실천의 본보기가 되는 표준)이 되고, 또한 형사정책도 기존 형벌체계가 과연 범죄대책 수단으로서 유효한가에 대한 검증결과를 제시함으로서 형사법규정의 개정방향을 선도한다는 점에서 양자의 상호불가분성은 인정될 수 있다.

정답 ②

03 범죄학(형사정책)의 의의에 대한 설명으로 옳은 것으로만 묶인 것은?

> ㉠ 좁은 의미의 국가작용으로서의 형사정책은 범죄방지를 간접적·종속적 목적으로 하는 활동을 의미한다.
> ㉡ "최선의 사회정책이 가장 좋은 형사정책이다."라는 말은 넓은 의미의 국가작용으로서의 형사정책을 의미한다.
> ㉢ "범죄학은 영토를 가지지 않은 제왕의 학문이다."라고 한 셀린(Sellin)의 말은 넓은 의미의 형사정책학의 특징을 잘 표현한다.
> ㉣ "형법은 형사정책의 뛰어 넘을 수 없는 한계이다."라고 한 리스트(Liszt)의 말은 형법에 대한 형사정책의 우위성을 강조한 말이다.

① ㉠, ㉢
② ㉠, ㉣
③ ㉡, ㉢
④ ㉡, ㉣

해설

옳은 것은 ㉡, ㉢이다.

㉠ [×] 넓은 의미의 형사정책에 대한 설명이다. 형사정책을 넓은 의미로 파악하는 리스트(Liszt), 메츠거(Mezger), 마이어(Mayer) 등은 범죄방지를 간접적·종속적 목적으로 하는 모든 활동을 의미하는 것으로 정의한다. 이렇게 넓은 의미로 파악하게 되면 형사정책은 범죄예방과 관계되는 각종 사회정책을 포괄하는 개념이 된다.
좁은 의미의 형사정책은 범죄방지대책을 범죄자에 대한 형사법상의 강제시책으로 형벌과 이와 유사한 수단을 통하여 범죄자 및 범죄의 위험성이 있는 자에 대하여 직접 범죄를 방지하기 위한 국가의 입법·사법·행정상의 활동을 의미한다.

㉡ [○] 리스트(Liszt)는 사회정책과 형사정책의 연관성을 중시하여 "좋은 사회정책은 최상의 형사정책"이라고 보았다.

㉢ [○] 형사정책은 종합과학적인 성질을 가진다. 형사정책은 법학, 심리학, 정신의학, 인류학, 교육학, 사회학, 통계학 등 다양한 주변학문영역에서의 성과를 기초로 하지 않을 수 없다. 형사정책의 이러한 종합과학적 성질에 대하여 레크리스(Reckless)는 "범죄학자는 학문계의 영원한 손님이다."라고 표현하였고, 셀린(Sellin)은 "범죄학은 영토를 가지지 않은 제왕의 학문이다."라고 표현하였다.

㉣ [×] 형법학과 형사정책학은 상호제한성을 가진다.
형법의 해석과 개정에 형사정책적 고려가 반드시 수반되어야 함은 의심의 여지가 없으나, 지나치게 형사정책적 측면만을 강조하여 형벌제도를 완전히 폐지하고 보안처분 내지 사회방위처분으로 일원화 한다든가, 형법체계상 책임을 예방으로 완전히 대체한다든가 하는 것은 형법의 보장적 기능이라는 측면, 더 좁게는 책임주의에 반하는 것으로서 경계하지 않으면 안 된다. 이러한 형법의 보장적 기능이 형사정책을 제한하는 점에 대하여, 리스트(Liszt)는 "형법은 범죄인의 마그나카르타(대헌장)이며, 형사정책의 극복할 수 없는 한계이다."라고 하였다.
그리고 범죄가 있으면 반드시 형벌이 있다는 응보적 형벌관은 오늘날 범죄예방에 필요 없으면 형벌도 없다는 형사정책적 고려에 의하여 제한을 받는다. 이것은 형사정책이 형법을 제한하는 것이다.

정답 ③

04
학자들의 주장 <보기 1>과 이에 대한 분석 <보기 2>가 있다. <보기 2>의 분석 중 옳은 것을 모두 고른 것은?

<보기 1>

A. 범죄학은 영토를 가지지 않은 제왕의 학문이다(Sellin).
B. 범죄는 불가피하고 정상적인 사회현상이다(Durkheim).
C. 형법은 형사정책의 극복할 수 없는 한계이다(Liszt).
D. 피해자의 존재가 오히려 범죄자를 만들어 낸다(Hentig).
E. 암수범죄에 대한 연구는 축소적으로 실현된 正義에 대한 기본적 비판(Kaiser)

<보기 2>

㉠ A는 범죄원인은 종합적으로 규명되어야 하기 때문에 범죄학은 범죄사회학 이외에도 범죄생물학, 범죄심리학 등 모든 관련 주변학문영역에 대해 개방적일 수밖에 없음을 표현한 것이다.
㉡ B는 범죄가 사회의 규범유지를 강화시켜주는 필수적이고 유익한 기능을 한다는 설명이다.
㉢ C는 형법의 보호적 기능이 형사정책을 제한하는 점에 대한 설명이다.
㉣ D는 범죄피해자는 단순한 수동적 객체에 불과한 것이 아니라 범죄화과정에 있어서 적극적인 주체라는 점을 부각시킨 설명이다.
㉤ E는 숨은 범죄의 존재로 인해 범죄에 대한 대책을 수립하는 데 범죄통계가 충분한 출발점이 될 수 없음을 나타낸 표현이다.

① ㉠, ㉡, ㉣, ㉤
② ㉠, ㉡, ㉤
③ ㉡, ㉢, ㉣, ㉤
④ ㉢, ㉣, ㉤

해설
옳은 것은 ㉠, ㉡, ㉣, ㉤이다.
A. 범죄학의 종합과학성에 대한 설명이다.
B. 뒤르껨(Durkheim)의 범죄정상설에 대한 설명이다.
C. 형사정책학과 형법학은 상호의존성과 상호제한성을 가진다. 상호제한성 측면에서 형법의 보장적 기능, 더 좁게는 책임주의 원칙이 형사정책을 제한하는 점에 대하여 리스트(Liszt)는 "형법은 범죄인의 마그나카르타(대헌장)이며, 형사정책의 극복할 수 없는 한계이다."라고 하였다.
D. 헨티히(Hentig)는 1941년 "행위자와 피해자 사이의 상호작용에 관한 연구"라는 논문에서 동적 관점에 근거하여 범죄자와 피해자의 상호작용에 의하여 범죄가 발생한다고 주장하였다. 즉, 피해자에 관하여 수동적인 관점이 아닌 범죄화과정의 적극적 주체라는 동적인 관점에서 설명하였다.
E. 독일의 카이저(G.Kaiser)는 "프라이브르크 프로젝트"라고 알려진 일련의 연구활동을 통하여 피해조사 방법을 통한 피해자 연구를 수행한 바 있으며, 암수범죄에 대한 연구를 통하여 현실에서는 정의가 제대로 구현되지 못하고 있다는 점을 지적했고, 이는 암수범죄로 인하여 주어진 범죄통계가 범죄에 대한 대책수립에 불충분하다는 것을 시사한다.

정답 ①

05 형사정책학의 연구대상에 대한 설명으로 옳은 것은?

2016. 사시

① 범행주체인 범죄자와 범죄는 형사정책학의 연구대상이 되며, 범행대상인 피해자는 이에 해당되지 않는다.
② 형식적 의미의 범죄개념은 법적 개념으로 형사입법을 통해 범죄인지 여부가 정해지게 된다.
③ 실질적 의미의 범죄개념은 시간과 장소에 따라 변하지 않는 고정된 범죄개념을 전제로 하는 것이다.
④ 집단현상으로서의 범죄는 사회 병리적 현상이므로 사회심리학의 관점에서 다루어야 하며 형사정책학의 연구대상이 되지 않는다.
⑤ 일탈행위는 일반적으로 기대되는 행위와 모범적 행위에서 벗어나는 행위를 의미하므로 그 자체가 범죄가 되지 않는 알코올중독이나 자살기도, 가출 등이 이에 해당하고, 형식적 의미의 범죄는 일탈행위에 해당하지 않는다.

해설

① [×] 범행대상인 피해자도 형사정책학의 연구대상에 해당한다. 피해자학은 범죄행위가 이루어지는 과정에 있어서 피해자의 역할과 책임을 규명하고, 범죄의 종류와 범행의 수법과 범죄자의 특성을 파악할 수 있다.
② [○] 형식적 의미의 범죄개념은 순수한 법적 개념을 말하는 것으로, 법적 개념으로서의 범죄란 형법상 범죄구성요건으로 규정된 행위를 의미하며, 법적 개념으로서 범죄를 파악하게 되면 범죄는 형법규범의 위반행위를 의미하며 규범종속적 개념이 된다.
③ [×] 실질적 의미의 범죄개념은 법 규정과는 관계없이 범죄의 실질을 가지는 반사회적인 법익침해행위를 말하며, 범죄개념은 상대적·가변적이기 때문에 실질적 범죄는 범죄개념에 탄력성을 부여하는 이점이 있다.
④ [×] 집단현상으로서의 범죄는 일정한 시기에 있어서 일정한 사회의 자연적 산물인 범죄의 총체를 의미하는 것으로 사회적 병리현상을 말한다. 이는 특정사회의 유형성과 경향성을 나타내므로 사회학적 연구방법으로 접근해야 하며 일반예방적 관점 및 입법정책과 사법정책의 주요대상이 된다. 사회에 미치는 영향이 대량적이고 지속적이기 때문에 형사정책이 상대적으로 (개별현상으로서의 범죄보다) 더 중점적으로 연구대상으로 삼아야 하는 것이다.
⑤ [×] 형사정책의 대상을 규범의존성이 있는 범죄개념에서 탈피하여 몰가치적인 것으로 바라보는 시도로, 일탈행위란 일반적으로 기대되는 행위와 모범적 행위에서 벗어나는 행위를 말한다. 이러한 의미의 일탈행위는 반드시 형식적 범죄에 한정되지 않는다. 모든 일탈행위, 즉 범죄행위뿐만 아니라 그 자체가 범죄가 되지 않는 알코올남용, 자살기도, 가출, 학교자퇴 등과 같은 행위도 형사정책의 주된 연구대상이 된다.

정답 ②

06 범죄학의 발전과정을 시간 순서대로 나열한 것 중 가장 적절한 것은?

2023(73). 경위

㉠ 계몽주의와 고전학파
㉡ 도시생태와 시카고학파
㉢ 과학적 탐구와 실증학파
㉣ 신고전주의 범죄학
㉤ 비판주의 범죄학

① ㉠-㉢-㉡-㉤-㉣
② ㉢-㉠-㉡-㉤-㉣
③ ㉠-㉢-㉡-㉣-㉤
④ ㉠-㉢-㉤-㉡-㉣

해설
범죄학의 발전과정은 ㉠ - ㉢ - ㉡ - ㉤ - ㉣ 순이다.
- ㉠ 18C 중엽, 고전주의 범죄학은 르네상스와 계몽주의의 영향을 받아 중세의 형사사법의 자의적 집행과 잔혹한 처벌에 대한 반성을 토대로 태동하였다.
- ㉢ 18C에서 19C로 이행하면서 생물학, 물리학, 화학 등 자연과학의 발전이 이루어졌고, 인문분야도 사변적인 논의와 철학적 주장에서 탈피하여 물리학과 같이 엄밀한 논리와 객관적인 자료로서 현상을 탐구해야 한다는 주장이 나타났다. 실증주의 범죄학은 인간의 자유의지를 강조한 고전학파를 비판하며, 범죄자는 여러 요인에 의해 형성된다는 결정론적 시각으로 인간을 바라보았다.
- ㉡ 1920년대부터는 미국의 시카고학파의 사회생태학적 연구를 시작으로 범죄자의 사회적 환경을 중심으로 관심의 초점이 옮겨지기 시작하였다. 사회학적 접근이 시도되는 이유는 사회적 구조, 즉 지역과 계층에 따라 범죄행위의 유형이 다양해짐에 따라 범죄학자들은 그 이유가 무엇이며, 어떻게 제거할 수 있을 것인가를 규명하고자 노력해 왔으나 개인적 요인을 지향하는 이론들로는 이런 범죄율의 차이를 설명하지 못했다.
- ㉤ 비판범죄학은 1960~1970년대 유럽과 미국의 정치적 위기와 저항적 사회운동에서 학문발전의 동기를 부여받았다. 비판범죄학은 범죄행위의 개별적 원인을 규명하기보다는 어떤 행위가 범죄로 규정되는 과정에 더 관심을 가졌고, 연구초점을 일탈자 개인으로부터 자본주의체제로 전환시켜 연구의 범위를 확대하여 일탈의 문제도 자본주의 사회의 모순에 대한 총체적 해명 속에서 이해하고자 하였다.
- ㉣ 1970년대 후반, 신고전주의 범죄학의 등장은 실증주의 범죄학 및 관련 정책의 효과에 대한 비판적 시각과 관련이 있다.

정답 ①

07 범죄학의 발전과정에 관한 설명으로 가장 적절하지 않은 것은?
2023. 경찰1차

① 고전주의 범죄학은 범죄의 원인에 관심을 두기보다는 범죄자에 대한 처벌 방식의 개선에 더 많은 관심을 기울였다.
② 실증주의 범죄학은 인간의 자유의지를 강조한 고전학파를 비판하며, 범죄자는 여러 요인에 의해 형성된다는 비결정론적 시각으로 인간을 바라보았다.
③ 신고전주의 범죄학의 등장은 실증주의 범죄학 및 관련 정책의 효과에 대한 비판적 시각과 관련이 있다.
④ 최근 범죄학 연구에서는 여러 이론을 통합하여 종합적으로 설명하는 새로운 경향이 등장하였다.

해설
① [○] 18C 중엽 공리주의 사회철학자인 베카리아와 영국의 벤담으로 대표되는 고전학파가 중점적으로 관심을 둔 사항은 범죄행위에 대한 설명보다는 형벌제도와 법제도의 개혁에 관한 것이었다.
② [×] 실증주의 범죄학파의 결정론에 따르면 인간의 사고나 판단은 이미 결정된 행위 과정을 정당화하는 것에 불과하므로 자신의 사고나 판단에 따라 자유롭게 행위를 선택할 수 없다고 본다. 인간은 자신이 희망하는 사항이나 이성적 판단에 따라 행동하는 자율적 존재가 아니며 인간의 행위는 이미 결정된 대로 행동하는 것으로 보는 입장으로, 인간의 행위는 개인의 특수한 소질조건과 그 주변의 환경조건에 따라 결정된다고 이해한다.
③ [○] 신고전주의 범죄학은 실증주의 범죄학에 대한 비판과 고전주의 범죄학에 대한 향수로 인해 등장하였다. 미국 대공황 이후 1930년대부터 주류를 이루었던 사회학적 실증주의 범죄학은 범죄의 원인을 빈곤 등 사회적 요인에서 찾았고 경제적 기회와 사회복지에 집중하는 범죄예방정책을 펼쳤으나, 이 시기의 범죄율은 지속적으로 증가하는 결과를 보였기에 교화나 사회보장 정책에 의존한 프로그램보다는 처벌강화 프로그램에 대한 향수가 생겨났다. 1960년대 미국에서 범죄율이 급격하게 증가하자 범죄학자들 사이에서는 빈곤 등 사회여건 개선을 위한 세금낭비보다는 엄정한 처벌을 통한 범죄억제 정책을 주장하였다.
④ [○] 다양한 범죄학 이론들을 통합하자는 논의가 시작된 데에는 크게 두 가지 이유가 있다. 첫째, 이론의 과잉 문제로서 너무 많은 이론들이 난립한다는 비판이 있었으며 둘째, 개별 이론들이 범죄현상을 충분히 설명하지 못하고 있다는 비판이 있었다. 따라서 전통적 범죄이론처럼 각 이론을 경쟁적 관계로 대비시킬 것이 아니라 상이한 인과적 모형을 가진 각 이론들로부터 가장 유용하고 경험적으로 검증할 수 있는 특징들만을 도출하여 하나의 통합적 인과모형으로 발전시키는 것이 설명력을 높이는 방편이 될 수 있다는 것이다.

정답 ②

제3절 | 범죄학 이론

01 어떠한 이론이 범죄 또는 형사사법에 관해 적절하게 설명하는지 알기 위해서는 이론들을 특정한 기준에 의해 평가할 필요가 있다. 다음 중 에이커스(Akers)와 셀러스(Sellers)가 제시한 범죄학 이론 평가의 기준으로 가장 거리가 먼 것은?

2022(72). 경위

① 검증 가능성
② 시대적 대응성
③ 경험적 타당성
④ 정책적 함의

해설

☑ **범죄학이론을 평가하는 기준**(에이커스와 셀러스)
㉠ 논리적 일관성: 어떤 이론의 설명은 논리적으로 일관적이어야 한다.
㉡ 검증 가능성: 범죄학이 사회과학의 한 하위분야이기 때문에 반복가능한 연구에 의해 검증이 가능하여야 한다.
㉢ 경험적 타당성: 어떤 이론이 주장하는 명제나 가설이 경험적 증거(설문조사, 실험, 관찰 등)에 의해 지지된다면 경험적 타당성이 높다고 할 수 있으며, 좋은 이론이라 할 수 있다.
㉣ 정책적 함의: 정책적 함의가 풍부하여 유용성이 있어야 한다. 좋은 범죄학이론은 바로 정책에 적용할 수 있는 다양한 정책함의를 가진다.

정답 ②

02 법과 범죄에 대한 합의론적 관점에 관한 설명으로 가장 적절한 것은?

2022. 경찰2차

① 법은 지배계층을 보호할 수 있는 도구가 된다.
② 법은 대부분의 사회구성원이 공유하는 가치와 규범에 의해 만들어진다.
③ 범죄는 사회가 낙인찍거나 정의하기 때문에 불법적인 행위가 된다.
④ 범죄는 실제 행위의 위해(危害) 여부와는 관계없이 사회세력에 의해 유지된다.

해설

① [×] 갈등론적 관점에 대한 설명으로, 갈등론자들은 사회를 상호 갈등적인 다양한 집단의 집합으로 보고, 이들 집단 중에서 자신들의 정치적·경제적 힘을 주장할 수 있는 집단이 자신들의 이익과 기득권을 보호하기 위한 수단으로서 법을 만들어 냈다고 보고 있다.
② [○] 합의론적 관점에 대한 설명으로, 형법은 사회구성원 대다수의 의견을 반영하고, 계급이나 집단에 관계없이 평등하게 적용되므로 범죄를 저지르는 것은 사회구성원 대다수의 합의를 깨뜨린 것이고, 따라서 비난의 대상이 된다.
③ [×] 상호작용의 관점에 대한 설명으로, 범죄자는 도덕십자군(moral crusaders)들에 의해 범죄자라는 낙인이 성공적으로 씌워진 사람들이다. 이런 점에서 범죄는 그 자체로 악하거나 반도덕적인 행동이 아니라, 사회가 그렇게 규정한 행동이라고 베커(Becker)는 주장하였다.
④ [×] 갈등론적 관점에 대한 설명으로, 범죄는 사회구성원 대다수가 동의한 것이 아닌, 힘 있는 집단이 만든 하나의 정의에 불과하다고 한다. 돌레샬(Doleschal)과 클랍뭇(Klapmuts)은 범죄란 실제 행위의 위해 여부와는 아무런 관계도 없는 사회세력에 의해서 유지된다고 보고 있다.

정답 ②

03 범죄 및 범죄학에 대한 설명으로 가장 적절하지 않은 것은?

2024(74). 경위

① 범죄의 개념과 원인 등은 합의론적 관점, 갈등론적 관점, 상호주의적 관점에서 접근할 수 있다.
② 상호주의적 관점은 형사사법을 포함한 사회의 다양한 부분들이 하나의 통합된 구조로 조직되고, 어느 한 부분의 제도 변화가 다른 부분에 상당한 영향을 미친다고 본다.
③ '법률이 없으면, 범죄도 없고, 형벌도 없다'라는 주장은 형식적 의미의 범죄개념을 의미한다.
④ 범죄학은 범죄와 범죄자, 범죄원인 및 이에 대한 통제방법 등을 연구하는 경험과학적인 성격이 강하다.

해설

합의론	형법은 사회구성원이 공유하는 가치와 규범에 의해 만들어지고, 계급이나 집단에 관계없이 평등하게 적용되므로 범죄는 사회구성원 대다수의 합의를 깨뜨리는 것이고, 따라서 비난의 대상이 된다.
갈등론	형법은 힘 있는 지배집단이 자신의 이익을 보호하기 위해서 만든 행동목록이며, 범죄는 힘 있는 집단이 만든 하나의 정의에 불과하다.
상호작용	사회구성원 대다수의 합의가 존재하는 것이 아니라 소수의 리더인 종교지도자나 형사사법기관의 수장과 같은 도덕십자군들의 판단에 의해 사회문제나 범죄가 만들어진다. 범죄에는 고유하고 객관적 실체가 없고, 권력집단의 도덕적 기준에 따라 임의적으로 규정된 행위 내지 낙인된 행위가 범죄로 된다고 보는 낙인이론가의 관점이다.

정답 ②

04 범죄원인의 결정론적 시각에 관한 설명으로 가장 적절하지 않은 것은?

2024. 경찰2차

① 범죄자의 처벌보다는 치료를 강조한다.
② 인간의 자유의지를 중요시 한다.
③ 특별예방주의적 사고를 기초로 하고 있다.
④ 사회적 책임론을 책임의 근거로 하고 있다.

해설

① [○] 결정론은 범죄는 개인의 선택이 아니라 자신이 통제할 수 없는 사회적·생물학적 요인에 의해서 결정되는 것이기 때문에 범죄자도 일종의 사회적 병약자로 본다. 따라서 그에게 책임을 물어 처벌할 수 없고 오히려 그를 치료하고 처우해야 한다고 주장한다. 반면에, 비결정론은 인간의 선택의 자유와 그 선택에 따른 책임을 강조하고 범죄자도 도덕적 장애자로 보아 범죄자는 처벌되어야 한다고 주장한다.
② [×] 비결정론에 대한 설명이다. 비결정론은 범죄를 포함한 모든 인간행위는 자유의사에 따라 결정된다고 보고, 결정론은 인간의 행위는 개인의 특수한 소질조건과 그 주변의 환경조건에 따라 결정된다고 이해한다. 즉, 비결정론은 범죄행위가 자유의사를 가진 인간의 선택의 결과로 보는 반면, 결정론은 범죄행위가 인간이 어찌할 수 없는 환경과 요인에 의해서 결정된 결과로 본다.
③ [○] 결정론은 특별예방주의적 사고를 기초로 하고 있고, 비결정론은 일반예방주의적 사고를 기초로 하고 있다.
④ [○] 결정론은 사회적 책임을 강조하고, 비결정론은 도덕적 책임을 강조한다.

정답 ②

05 범죄두려움(Fear of Crime)에 대한 설명으로 가장 적절하지 않은 것은?

① 범죄두려움에 대한 개념은 다양하나 일반적으로 특정 범죄의 피해자가 될 가능성의 추정이나 범죄 등에 대한 막연한 두려움의 추정으로 정의된다.
② 범죄두려움의 이웃통합모델(Neighborhood Integration Model)은 지역사회의 무질서 수준이 범죄두려움에 영향을 준다는 설명방식이다.
③ 일반적으로 여성이나 노인은 젊은 남성에 비해 범죄피해율이 매우 낮지만 상대적으로 범죄두려움은 더 높게 나타나는 현상을 범죄피해 - 두려움의 패러독스라 한다.
④ 범죄두려움 개념은 CCTV, 조명 개선의 범죄예방효과 확인을 위한 지역주민의 주관적 평가에 활용할 수 있다.

해설
② [×] 무질서모델에 대한 설명이다.
　　무질서모델은 개인에게 지각되는 물리적, 사회적 무질서가 범죄의 두려움을 증가시킨다는 것이고, 이웃통합모델은 이웃지역의 결속과 상호신뢰가 존재한다면 지역의 두려움은 감소될 수 있다는 것이다.

정답 ②

제2장 | 범죄학의 연구

제1절 | 범죄학의 연구방법

01 범죄학 연구방법 중 질적 연구에 관한 설명으로 가장 적절하지 않은 것은? 2024. 경찰2차

① 사회현상에 대한 심층적 이해가 가능하다.
② 사회현상을 주관적으로 분석한다.
③ 사회현상의 인과관계를 밝혀 법칙을 발견하고 인간행동의 예측이 가능하다.
④ 소규모 분석에 유리하고 자료분석에 시간이 많이 소요된다.

해설
③ [×] 양적 연구에 대한 설명이다.
양적 연구는 측정가능한 객관적인 자료를 바탕으로 결론을 도출하고(객관성↑), 질적 연구는 직접 관찰한 자료의 질을 바탕으로 결론을 도출한다(객관성↓). 양적 연구는 질적 연구에 비해 연구결과의 외적 타당성(일반화 정도)을 확보하기 쉽지만, 질적 연구는 대부분 사례연구이거나 매우 소수의 표본을 대상으로 한 연구이기 때문에 연구결과를 일반화하기 어렵다는 단점이 있다.

✅ 양적 연구방법 vs 질적 연구방법

양적	ⓐ 객관적, ⓑ 인과관계 이해, ⓒ 자료 수치화, ⓓ 행위 연구, ⓔ 설문조사, 실험연구
질적	ⓐ 주관적, ⓑ 심층적 이해, ⓒ 주관적 해석, ⓓ 동기·의도 연구 ⓔ 심층면접, 참여관찰

정답 ③

02 범죄측정에 대한 설명으로 가장 적절하지 않은 것은? 2024(74). 경위

① 공식범죄통계에서 범죄율은 일정 기간(보통 1년) 동안 인구 10만 명당 몇 건의 범죄가 발생했는지를 나타내며, 검거율은 경찰이 한 해 동안 범인을 검거한 사건에서 한 해 동안 인지한 사건 수를 나누어 백분율로 계산한다.
② 범죄피해조사는 공식 형사사법기관에 보고되지 않은 암수범죄를 밝히는데 유용하지만 살인, 강도, 강간, 절도 등 전통적인 범죄가 조사대상이 된다는 한계가 있다.
③ 경찰의 「범죄통계」는 각 경찰관서에서 입력한 범죄발생 사항을 집계한 것으로 범죄발생 및 검거, 범죄발생 상황, 범죄자 및 피해자 특성에 대한 내용을 포함한다.
④ 자기보고식조사는 보통 설문조사를 통하여 지난 1년 동안 각 유형별로 몇 건의 범죄를 했는지를 질문하는 방식인데, 익명조사로 이루어지는 경우가 많다.

해설
② [×] 피해자조사는 보편적으로 전통적인 통상범죄를 주로 조사대상으로 하고 있어서 상당한 종류의 범죄가 조사되지 않기 때문에 우리 사회의 전체범죄를 파악하는 데는 불충분하다. 즉, 개인적 법익에 대한 조사는 가능하지만, 국가적·사회적 법익에 관한 범죄의 암수 파악이 곤란하다. 살인의 경우 피해자가 존재하지 않기 때문에 피해조사가 사실상 불가능하고, 강간의 경우 대부분 여성이 그 피해자로 수치심에 의해 자신의 피해를 신고하기를 꺼리는 경향이 있어 피해자조사의 한계로 지적되고 있다. 본 지문은 강도, 강간, 절도 등 전통적인 범죄가 조사대상이 된다는 점에서 범죄피해조사의 한계로 본다는 점에서도 잘못된 지문이다.

정답 ②

03 범죄학과 범죄학의 연구방법에 관한 설명으로 가장 적절하지 않은 것은?

2023. 경찰2차

① 서덜랜드(Sutherland)와 크레시(Cressey)에 따르면 범죄학은 범죄에 대한 모든 지식체계로서 범죄의 원인과 법 위반에 대해 대응하는 과정에 관한 연구를 포함한다.
② 범죄학은 법학, 심리학, 사회학 등 다양한 학문과 연계되는 학제적인 학문이다.
③ 경험론적 범죄학 연구방법에는 표본집단조사, 설문조사연구, 통계자료 분석, 실험연구 및 관찰연구가 포함된다.
④ 공식범죄 통계를 통해 확인하기 어려운 암수를 직접 관찰하는 방법으로는 자기보고식 조사와 피해자 조사가 있다.

해설
① [○] 범죄학은 사회현상으로서의 비행과 범죄에 대한 모든 지식의 체계로서, 범죄행위와 그에 대한 사회의 반응에 관한 연구의 과학적 접근을 말한다. 서덜랜드와 크레시에 따르면, 범죄학은 법의 제정과정과 법을 위반하는 과정, 법위반에 대해 대응하는 과정을 연구의 대상으로 하며, 대체로 법의 기원과 발달에 관한 법사회학, 범죄의 원인을 규명하는 범죄병리학, 범죄에 대한 사회적 반응인 행형학으로 구성된다고 하였다.
② [○] 범죄학은 상이한 학문적 관점을 가진 다양한 학자들에 의해서 연구되고, 다양한 학자 간의 공동연구를 통해서 연구되는 학문분야로, 법학, 심리학, 사회학 등 여러 학문들이 결합된 하나의 학제적인 과학 또는 종합과학적 특성을 가지고 있다.
③ [○] 경험론적 범죄학 연구방법에는 표본집단조사, 설문조사연구, 통계자료 분석, 실험연구 및 관찰연구가 포함된다.
④ [×] 공식범죄 통계를 통해 확인하기 어려운 암수를 간접 관찰하는 방법으로 자기보고식 조사, 피해자 조사, 정보제공자 조사가 있다.

정답 ④

04 범죄측정에 대한 설명으로 옳은 것은?

2023. 보호 7급

① 참여관찰 연구는 조사자의 주관적 편견이 개입할 수 있고, 시간과 비용이 많이 들며 연구결과의 일반화가 어렵다.
② 인구대비 범죄발생건수를 의미하는 범죄율(Crime Rate)은 각 범죄의 가치를 서로 다르게 평가한다.
③ 자기보고식 조사(Self-Report Survey)는 경미한 범죄보다는 살인 등 중대한 범죄를 측정하는 데 사용된다.
④ 피해 조사(Victimization Survey)는 개인적 보고에 기반하는 점에서 조사의 객관성과 정확성을 확보할 수 있다.

해설
① [○] 참여적 관찰방법은 피관찰자들의 인격상태에 관한 객관적 관찰이 불가능하기 때문에 연구 관찰자의 주관적인 편견이 개입될 우려가 있고, 조사방법의 성격상 많은 시간과 비용이 들며, 관찰의 대상이 한정되어 다양한 범죄인의 전체적인 파악에 한계가 있으므로 그 결과를 일반화할 수 없다.
② [×] 범죄율은 일정기간(보통 1년) 동안 어떤 지역에서 인구 10만 명당 몇 건의 범죄가 발생했는지를 나타내며(범죄율 = 범죄건수/인구수 × 100,000), 인구대비 범죄발생건수 및 특정기간별 범죄발생을 비교할 수 있다는 점에서 유용한 자료이다. 다만, 중요범죄와 상대적으로 가벼운 범죄가 동등한 범죄로 취급되어 통계화된다는 문제점이 있어 범죄의 중요도를 구분한 범죄율 조사를 주장하기도 한다 (Sellin, Thorsten, Wolfgang).
③ [×] 자기보고조사는 경범죄(경미범죄)의 실태파악은 가능하지만, 처벌에 대한 두려움 등으로 중범죄(강력범죄)에 대한 실태파악은 곤란하다. 피해자조사는 경미범죄보다 강력범죄를 더 오래 기억하므로 강력범죄의 실태파악에 용이하다.
④ [×] 피해자조사는 실제 범죄의 피해자로 하여금 범죄의 피해경험을 보고하게 하는 방법이다. 피해자의 기억에 의존하므로 피해자의 특성에 따라 달라질 수 있는 등 객관적 자료를 수집하기 곤란하고, 피해자가 피해를 인식하지 못한 경우나 피해자가 범죄피해가 없었다고 오신하는 경우에는 조사결과의 정확성이 결여된다.

정답 ①

05 공식범죄통계에 대한 설명으로 가장 적절한 것은? 2023(73). 경위

① 범죄율은 일정 기간(통상 1년) 동안 특정 지역에서 인구 1,000명당 발생한 범죄 건수를 나타낸다.
② 총 인구가 2022년 20만 명에서 2023년 15만 명으로 감소한 인구소멸 지역인 A시에서 동 기간 범죄건수가 2,000건에서 1,000건으로 줄었다면 범죄율이 50% 감소한 것이다.
③ 우리나라의 공식 범죄통계 중 경찰청「범죄통계」와 검찰청「범죄분석」의 범죄발생 건수는 동일하다.
④ 우리나라 경찰의 검거율은 100%를 초과하여 달성되는 경우도 종종 발생한다.

해설
① [×] 범죄율은 일정기간(보통 1년) 동안 어떤 지역에서 인구 10만 명당 몇 건의 범죄가 발생했는지를 나타내며(범죄율 = 범죄건수/인구수 × 100,000), 인구대비 범죄발생건수 및 특정기간별 범죄발생을 비교할 수 있다는 점에서 유용한 자료이다.
② [×] 2022년: 2,000/200,000 × 100,000 = 1,000, 2023년: 1,000/150,000 × 100,000 = 666.6 ⇨ 그러므로 범죄율이 대략 34% 감소한 것이다.
③ [×] 경찰청의「범죄통계」는 각 지역경찰서에서 입력한 범죄발생 사항을 집계한 전형적인 발생통계이고, 검찰청의「범죄분석」은 경찰청의「범죄통계」에 다시 검찰이 인지한 사건을 더한 것으로 이것 역시 발생통계라고 할 수 있다. 경찰청의 통계는 검찰 인지사건이 누락됨으로써, 실제의 전체 범죄발생 건수보다 건수가 약간 부족하다는 단점이 있는 반면, 검찰청의 통계에 비해 형사사법기관을 거치면서 범죄현상이 왜곡되는 것이 덜하다는 장점이 있다.
④ [○] 검거율은 경찰이 한 해 동안 범인을 검거한 사건에서 한 해 동안 인지한 사건 수를 나누어서 백분율로 계산(검거율 = 한 해 동안 범인이 검거된 사건수/한 해 동안 발생한 사건수 × 100)하는데, 주의할 점은 한 해에 일어난 사건의 범인이 한참 후에 검거되는 경우도 많으므로, 일반적으로 생각하는 "한 해 발생한 사건 중에서 범인이 검거된 비율"을 나타내는 것이 아니라는 점이다. 결과적으로 검거율은 100%가 넘는 경우도 자주 발생한다.

정답 ④

---

06 다음 중 공식범죄통계에 대한 설명으로 가장 옳지 않은 것은? 2024. 해경 경위

① 공식범죄를 대상으로 하기 때문에 암수범죄를 반영하기 어렵다.
② 우리나라의 범죄통계자료로 경찰청에서 발행하는「범죄백서」가 있다.
③ 질적 분석보다는 양적 분석을 위주로 하므로 개별 사건의 비중이 무시될 가능성이 있다.
④ 경찰, 검찰, 법원 등 형사사법 기관에 따라 공식범죄통계에 차이가 발생할 수 있다.

해설
① [○] 공식범죄통계에는 암수범죄가 나타나 있지 않기 때문에 객관적인 범죄상황을 정확히 나타내 주지는 못한다는 한계가 있다.
② [×] 경찰에서 발행하는「범죄통계」는 검찰에서 직접 처리한 사건을 제외하고 전국 각급 경찰서에서 취급한 사건의 발생통계원표, 검거통계원표, 피의자 환경조사표 등 3종의 범죄통계원표를 토대로 집계·분석한 것이다.「범죄분석」은 대검찰청에서,「범죄백서」는 법무연수원에서 발행한다.
③ [○] 범죄의 구체적 상황이나 범죄자의 개인적 특성 등 질적 파악 및 범죄의 인과관계의 해명이 어렵다는 한계가 있다.
④ [○] 통계상 차이가 발생하는 이유는 ㉠ 사회에서 발생하는 전체 범죄 수, ㉡ 수사기관에 의해 인지된 범죄 수(암수범죄의 누락), ㉢ 검찰이 기소한 범죄 수(기소편의주의에 의한 불기소처분 건수 탈락), ㉣ 법원의 유죄판결을 선고한 범죄 수, ㉤ 집행유예 등 석방된 건수, ㉥ 형 집행 건수로 점점 감소하게 되어 있다.

정답 ②

07 범죄학 연구방법에 대한 설명으로 가장 적절한 것은? 2024(74). 경위

① 실험연구는 일정한 기간을 정하고, 이 기간 동안 연구대상 집단에 대한 시계열 분석을 하는 방법이다.
② 참여관찰은 연구자가 스스로 범죄집단에 들어가 범죄자의 일상을 관찰할 수 있다는 장점이 있지만, 연구의 객관화가 어렵고, 윤리문제가 제기될 수 있다.
③ 사례연구는 과거중심적 연구방법으로 특정 범죄자의 성격, 성장과정, 범죄경력 등을 종합적으로 분석함으로써, 연구결과의 일반화가 가능하다는 장점이 있다.
④ 문헌연구는 연구자가 설문 및 사례 등을 계량적으로 분석하는 방법으로, 연구 결과의 신뢰성을 높일 수 있다는 장점이 있다.

해설
① [×] 실험연구는 설정된 가정을 검증하기 위하여 제한된 조건하에서 반복적으로 이루어지는 관찰을 의미한다. 집단의 등가성 확보, 사전과 사후조사, 실험(대상)집단과 통제집단이라는 세 가지 전제조건을 통하여, 실험집단과 통제집단에 대한 사전검사와 사후검사를 통해 종속변수(결과)에 미치는 처치의 효과를 검증한다.
② [○] 조사방법이 소규모로 진행되기 때문에 연구결과를 일반화할 수 없고, 연구대상에 피해를 줄 가능성·연구대상을 기만할 가능성·연구과정에서 법을 위반할 가능성 등 윤리문제가 제기될 수 있다.
③ [×] 개인을 대상으로 하므로 연구결과를 일반화할 수 없고, 전형적인 대상이 아니면 다른 상황에 일반화할 수 없다.
④ [×] 시간과 비용을 절약할 수 있고 기존 연구의 동향을 알 수 있는 장점이 있지만, 연구자의 주관이 영향을 줄 수 있고 문헌의 신뢰도에 문제가 있을 때 연구가 손상될 수 있다.

정답 ②

08 다음은 범죄학 연구방법에 관한 내용이다. 가장 적절한 것은? 2023(73). 경위

> ㉠ 특정 지역에 거주하며 공통된 특성을 공유하고 있는 집단을 대상으로 상당 시간 동안 관찰하여 수행하는 것이다.
> ㉡ 대부분의 연구방법들은 시계열적 분석이 미흡하고, 범죄경력의 진전 과정이나 범죄율 증감 과정에 대한 분석이 간과되기 쉽다는 단점을 보완하기 위해 고안되었다.
> ㉢ 시간의 흐름에 따라 범죄율이 증감되는 과정의 관찰이 가능하다는 장점이 있으나, 대상자의 자료 수집에 큰 비용과 시간이 소요된다.

① 코호트연구(Cohort Research)
② 참여관찰연구(Participant Observation)
③ 데이터 마이닝(Data Mining)
④ 실험연구(Experimental Study)

해설
① [○] 코호트(Cohort)연구에 대한 설명이다.
코호트연구는 유사한 특성을 공유하는 집단(cohort)을 시간의 흐름에 따라 추적하여 관찰하는 연구방법으로, 어떤 특성을 두 번 이상의 다른 시기에 걸쳐 비교 연구하는 종단연구방법의 하나이다. 코호트를 신중하게 선택하면 어떤 경험이 범죄를 유발하는지 추론이 가능하다.
② [×] 참여관찰연구는 현장조사라고도 하는 것으로, 관찰자(연구자)가 직접 범죄자 집단에 들어가 함께 생활하면서 그들의 생활을 관찰하는 조사방법을 말한다.
③ [×] 데이터 마이닝은 대규모 데이터 집합에서 패턴, 규칙, 통계적 구조 등의 유용한 정보를 발견하는 과정을 의미하며, 이를 위해 통계학, 인공지능, 기계학습 등의 기술과 알고리즘을 사용하여 데이터를 탐색하고 분석한다. 데이터 마이닝 기법은 크게 분류, 연관성 분석, 클러스터링, 예측, 그리고 시퀀스 패턴 분석 등으로 분류할 수 있다.
④ [×] 실험연구는 설정된 가정을 검증하기 위하여 제한된 조건하에서 반복적으로 이루어지는 관찰을 의미하며, 경험과학적 연구에서 실험은 가장 효과적인 방법 중의 하나로 인정되고 있다.

정답 ①

09 범죄자의 장기적인 범죄경력 연구에 가장 적합한 조사설계는? 2023. 해경 경위

① 횡단적 조사설계 ② 반복횡단 조사설계
③ 패널 조사설계 ④ 코호트 조사설계

해설
③ [O] 조사설계는 연구문제에 대한 가장 적합한 해답을 얻기 위해 어떤 논리적 구조로 관찰하고 분석할 것인지 전반적인 계획을 세우는 것을 말한다. 범죄자의 장기적인 범죄경력 연구에 가장 적합한 조사설계는 패널조사설계이다.

횡단적 조사설계 (Cross-sectional study design)	1. 특정 시점에 데이터를 수집하여 연구 대상의 상태나 특성을 파악하는 조사 방법이다 2. 단 한 번의 측정으로 표본의 다양한 특성을 조사하며, 주로 사람들의 행동, 태도, 건강상태 등을 특정 시점에서 파악하는 데 사용한다. 3. 특정연령대 흡연율과 건강문제의 상관관계 조사, 특정시점의 여론조사, 특정시점에서의 소비성향이나 만족도 조사 등에 활용된다. 4. 신속하고 간단하게 데이터를 수집하여 변수 간 상관관계를 파악할 수 있는 장점이 있으나, 데이터가 시간에 따른 변화를 반영하지 못하므로, 인과성을 설명하려면 종단적 연구가 필요하다.
반복횡단 조사설계 (Repeated cross-sectional study design)	1. 횡단적 조사를 여러 시점에 걸쳐 반복하여 특정 주제나 현상의 변화를 추적하는 방법이다. 2. 매 조사마다 표본은 다를 수 있지만, 동일한 방법론과 질문으로 조사하여 시기별 변화를 비교할 수 있다.
패널 조사설계 (Panel study design)	1. 동일한 조사 대상(패널)을 일정 기간 동안 여러 차례에 걸쳐 반복적으로 조사하는 설계 방식이다. 2. 동일한 사람이나 가구, 조직 등을 지속적으로 추적하며 변화를 기록하기 때문에, 시간에 따른 개인 또는 집단의 변화를 파악하고 인과 관계를 추론하는 데 유리한 종단연구의 대표적 방법이다. 3. 문제는 시간의 경과에 따라 패널의 일부가 조사에서 이탈할 수 있어 데이터 손실이 발생할 수 있기 때문에 동일 표본을 지속적으로 관리하고 조사하는 데 상당한 비용과 자원이 소요된다.
코호트 조사설계 (Cohort study design)	1. 특정한 특성을 공유하는 집단(코호트)을 일정 기간 동안 추적하여 시간에 따른 변화를 관찰하는 조사 방법이다. 2. 코호트는 보통 연령, 특정 경험, 환경 노출 등 공통된 특성을 지닌 집단으로, 이들의 행동이나 건강 상태가 시간에 따라 어떻게 변화하는지 조사한다. 3. 패널 조사설계와 유사하지만, 특정한 특성을 지닌 집단을 대상으로 한다는 점에서 차이가 있다. 4. 특정환경에 노출된 사람들의 질병발병률을 추적하여 환경적 요인과 건강상태의 상관관계를 연구하는 데 유용하다.

정답 ③

10 범죄 연구방법에 대한 설명으로 가장 옳지 않은 것은? 2023. 해경 경위

① 피해자조사는 암수범죄의 조사방법으로서 많이 활용되는 방법이다.
② 범죄율과 범죄시계는 인구변화율을 반영하여 범죄의 심각성을 인식할 수 있게 한다.
③ 공식범죄통계는 범죄의 일반적인 경향과 특징을 파악할 수 있게 한다.
④ 참여적 관찰법은 체포되지 않은 범죄자들의 일상을 관찰할 수 있게 한다.

해설
① [O] 피해자조사는 실제 범죄의 피해자로 하여금 범죄의 피해경험을 보고하게 하는 방법으로, 암수범죄의 조사방법으로 가장 많이 활용된다. 공식통계가 암수범죄의 문제를 안고 있기 때문에 실제 범죄의 피해자는 공식적으로 보고되고 기록된 것보다 많을 것이라는 가정하에, 가해자가 아닌 피해자를 통하여 범죄를 파악하고자 하는 방법이 피해자조사이다.
② [×] 범죄시계는 인구성장률을 반영하지 않고 있고 시간을 고정적인 비교단위로 사용하는 문제점이 있기 때문에 통계적 가치는 크지 않으나, 일반인들에게 범죄경보기능을 하고 있다.
③ [O] 공식범죄통계는 범죄현상의 양적·외형적·일반적 경향 파악에 유용하지만, 범죄의 구체적 상황이나 범죄자의 개인적 특성 등 질적 파악 및 범죄의 인과관계의 해명이 어렵다.
④ [O] 참여적 관찰법은 체포되지 않은 자와 체포된 자 등 모두 참여관찰의 연구대상이 되며, 참여관찰의 초점은 그 대상이 아니라 직접적으로 관찰하는지의 여부이다.

정답 ②

11 범죄학의 연구방법에 관한 설명으로 가장 적절하지 않은 것은? 2023. 경찰1차

① 피해자조사는 암수범죄를 파악하는 데 용이하다.
② 실험연구는 연구결과의 내적 타당성을 확보하기에 유용하다.
③ 사례연구는 특정한 범죄자의 생애를 연구하기에 유용하다.
④ 참여관찰은 연구자의 주관이 개입될 가능성이 낮다.

해설
① [O] 피해자조사는 실제 범죄의 피해자로 하여금 범죄의 피해경험을 보고하게 하는 방법으로, 암수범죄의 조사방법으로 가장 많이 활용된다.
② [O] 실험연구방법은 연구의 내적 타당성(internal validity)에 영향을 미치는 요인들을 통제하는 데 가장 유리한 연구방법으로서 비교적 빨리 그리고 적은 비용으로 쉽게 계량화할 수 있는 자료를 확보할 수 있다. 실험은 양적인 자료를 얻을 수 있는 방법으로 통제를 많이 할 수 있기 때문에 내적 타당성을 확보하는 대신 인위적이기 쉽다.
③ [O] 개별적 사례조사는 범죄자 개개인에 대해 인격과 환경 등 여러 요소를 종합적으로 분석하여 상호연결관계를 규명하는 방법으로, 조사대상자에 대한 개별적 사례조사나 그의 과거사를 조사하는 것으로 일기나 편지 등 개인의 극히 내밀한 정보의 획득이 요구된다. 특정한 사례를 연구하여 자료를 수집하는 사례연구, 특정인의 생애를 연구하여 자료를 수집하는 생애사연구 등이 있다.
④ [×] 참여적 관찰방법은 관찰자(연구자)가 직접 범죄자 집단에 들어가 함께 생활하면서 그들의 생활을 관찰하는 조사방법으로, 피관찰자들의 인격상태에 관한 객관적 관찰이 불가능하기 때문에 연구 관찰자의 주관적인 편견이 개입될 우려가 있다.

정답 ④

12 다음 범죄연구 사례에서 활용된 연구방법에 관한 설명으로 가장 적절한 것은? 2022. 경찰2차

> 범죄학자 甲은 1945년 출생자 중에서 10세부터 18세의 기간 동안 ○○시에 거주한 청소년들을 조사하였고, 소수의 비행청소년들이 전체 소년범죄의 절반 이상을 집중적으로 저질렀으며, 이들 중 약 45%의 청소년은 30세가 되었을 때 성인 범죄자가 되었다고 주장하였다.

① 유사한 특성을 공유하는 집단을 시간의 흐름에 따라 추적하여 관찰하는 연구방법이다.
② 연구자가 집단의 활동에 참여함으로써 연구대상을 관찰하여 자료를 수집하는 연구방법이다.
③ 연구대상자로 하여금 자신의 비행이나 범죄행동 사실을 스스로 보고하게 하는 연구방법이다.
④ 연구자가 내적 타당성에 관련된 요인을 통제하기 용이한 연구방법이다.

해설
울프강(Wolfgang)과 동료들의 필라델피아 코호트 연구에 대한 설명이다. 그들은 1945년 출생자 중에서 10세부터 18세의 기간 동안 필라델피아 시에 거주한 청소년들을 조사한 결과, 전반적으로 연령이 높아질수록 비행청소년의 비율도 증가했는데 가장 비행을 많이 저지르는 연령은 16세였다. 그런데 이러한 비행청소년들의 46%는 한 번만 범죄에 가담한 것으로 나타났다. 반면 소수의 비행청소년들이 전체 범죄의 절반 이상을 집중적으로 저질렀으며, 이러한 청소년들의 약 45%가량은 30세가 되었을 때 성인 범죄자가 되는 것으로 밝혀졌다. 반면 청소년기에 비행을 저지르지 않은 청소년들의 82%는 성인이 되어도 여전히 비범죄자군에 속했다.
① [O] 코호트 연구방법에 대한 설명이다.
② [×] 참여적 관찰방법에 대한 설명이다.
③ [×] 설문조사 방법 중 자기보고조사에 대한 설명이다.
④ [×] 실험연구방법에 대한 설명이다.

정답 ①

13 범죄학의 연구방법에 대한 다음 설명 중 가장 적절하지 않은 것은? 2022(72). 경위
① 설문조사를 통한 연구는 두 변수 사이의 관계를 넘어서는 다변량 관계를 살펴볼 수 있다는 장점이 있다.
② 양적연구는 질적연구에 비해 연구결과의 외적 타당성을 확보하기 어렵다는 단점이 있다.
③ 실험연구는 연구자가 필요한 조건을 통제함으로써 내적 타당성을 확보하기에 용이하다.
④ 설문조사를 통한 연구는 부정확한 응답의 가능성에 대한 고려가 필요하다.

해설
① [O] 범죄통계를 이용하는 연구방법은 두 변수 사이의 2차원 관계 수준의 연구를 넘어서기 어렵다는 한계가 있는 반면, 설문조사를 통한 연구방법은 청소년 비행과 같이 공식통계로 파악하기 어려운 주제에 적합하며, 두 변수 사이의 관계를 넘어서는 다변량(多變量) 관계를 연구할 수 있다는 장점이 있다.
② [×] 측정 가능한 객관적인 자료를 바탕으로 결론을 도출하는 양적 연구는 직접 관찰한 자료의 질을 바탕으로 결론을 도출하는 질적 연구에 비해 연구결과의 외적 타당성(일반화할 수 있는 정도)을 확보하기 쉽다는 장점이 있다.
③ [O] 실험연구방법은 연구의 내적 타당성에 영향을 미치는 요인들을 통제하는 데 가장 유리한 연구방법으로서 비교적 빨리 그리고 적은 비용으로 쉽게 계량화할 수 있는 자료를 확보할 수 있다. 즉, 연구자 자신이 자극·환경·처우시간 등을 통제함으로써 스스로 관리할 수 있다는 것이다. 반면에 외적 타당성에 관해서는 약점을 가지고 있다.
④ [O] 설문조사(간접적 관찰)는 행위자, 피해자, 정보제공자의 부정확한 응답의 가능성에 대한 고려가 필요하다.

정답 ②

14 다음 중 범죄학의 연구방법에 대한 설명으로 가장 옳지 않은 것은? 2024. 해경 경위
① 비참여적 관찰연구는 연구자가 직접 연구대상에 들어가 함께 생활하면서 집단 구성원의 생활을 자연스럽게 관찰하는 연구방법으로 연구자의 주관적 편견이 개입할 소지가 많아 사실이 왜곡될 수 있다.
② 서덜랜드(Sutherland)의 전문절도범(professional thief) 연구는 대표적인 사례연구(case study)이다.
③ 실험연구는 일정한 조건을 인위적으로 설정한 후 그 속에서 발생하는 사실을 관찰하여 특정 가설의 타당성을 검증하는 방법이다.
④ 추행조사(추적조사)(follow-up-study)는 수직적(종단적) 연구방법에 해당한다.

해설

① [×] 참여적 관찰연구에 대한 설명이다. 구체적 사례로는 오스본(Osborne)이 1주일간 자원수형자로 오번 감옥에 들어가 당시 감옥제도의 문제점을 지적하고 수형자자치제를 주장하였다. 그 외 이아니(Ianni)의 조직범죄에 대한 연구(1972), 폴스키(Polsky)의 사기꾼(1967), 클록크스(Klockars)의 전문적 장물아비(1974), 야블론스키(Yablonsky)의 약물중독자(1965) 등이 있다.
② [○] 사례연구는 범죄자 개개인에 대해 인격과 환경 등 여러 요소를 종합적으로 분석하여 상호연결관계를 규명하는 방법이다. 구체적 사례로는 1937년 서덜랜드(Sutherland)가 실시한 직업(전문)절도범 연구가 있다. 그 외 스래셔(Thraser)의 갱(1927), 쇼(Shaw)의 잭 롤러(1930) 등이 있다.
③ [○] 실험연구는 인과관계 검증과정을 통제하여 가설을 검증하는 데 유용한 방법으로, 보통 새로운 제도의 효율성을 미리 점검할 때 이용된다.
④ [○] 표본조사가 수평적 비교(실험집단과 비교하는 대조집단을 동일한 시간적 범위 내에서 상호비교)라면, 추행조사는 수직적 비교(일정기간 추적·조사)방법이라고 할 수 있다.

정답 ①

15 범죄학 연구방법 중 실험연구에 대한 설명으로 옳지 않은 것은?

① 인과관계 검증과정을 통제하여 가설을 검증하는 데 유용한 방법이다.
② 실험집단과 통제집단에 대한 사전검사와 사후검사를 통해 종속변수에 미치는 처치의 효과를 검증한다.
③ 집단의 유사성을 확보하기 위해 무작위 할당방법이 주로 활용된다.
④ 외적 타당도에 영향을 미치는 요인들을 통제하는 데 가장 유리한 연구방법이다.

해설

④ [×] 실험연구방법은 연구의 내적 타당성(Internal Validity)에 영향을 미치는 요인들을 통제하는 데 가장 유리한 연구방법으로서 비교적 빨리 그리고 적은 비용으로 쉽게 계량화할 수 있는 자료를 확보할 수 있다. 즉, 연구자 자신이 자극·환경·처우시간 등을 통제함으로써 스스로 관리할 수 있다는 것이다.
반면에 외적 타당성(External Validity)을 확보하기 위한 변수의 통제로 인한 인위성(Artificiality)의 위험성은 자연조건상의 모집단에 일반화할 수 있는 가능성을 저해하며, 연구자가 변수를 적절히 조작할 수 있는 환경이나 여건과 실험대상을 확보하기가 쉽지 않다는 어려움이 따른다.
따라서 실험은 내적 타당성에 관련된 요인들의 통제는 쉬우나, 외적 타당성에 관해서는 약점을 가지고 있다.

☑ 내적 타당도 vs 외적 타당도

내적 타당도	1. 측정된 결과(종속변수)가 실험처치(독립변수)에 의한 영향으로만 나타난 변화가 맞는지에 관한 것이다. 즉, 종속변수에 나타난 변화가 독립변수의 영향에 의한 것임을 확신할 수 있는 정도를 나타낸다. 만일 내적 타당도가 낮다면 독립변수의 영향 외에 제3의 변수가 영향을 미쳤다는 것이며, 내적 타당도가 높다면 독립변수만이 종속변수에 영향을 미쳤다고 보면 된다. 내적 타당도를 높이기 위해서는 독립변수와 종속변수의 관계에 영향을 미치는 외생변수를 통제해야 한다. 2. 내적 타당도 저해요인: 사전검사와 사후검사 사이에 발생하는 통제 불가능한 특수한 사건 또는 우연한 사건 등으로 생기는 변화, 피시험자의 내적인 변화, 사전검사의 경험이 사후검사에 영향을 줌으로서 생기는 변화, 측정도구, 실험대상자의 상실 등
외적 타당도	1. 실험결과, 즉 독립변수로 인해 나타난 종속변수의 변화를 다른 상황에서도 적용했을 때 동일한 효과가 나타나는가를 나타내는 타당도이다. 이는 실험의 결과를 일반화할 수 있는가, 즉 '일반화될 수 있는 정도'를 의미한다. 2. 외적 타당도 저해요인: 사전검사에 대한 반응적 효과, 실험대상자의 선발 편견, 실험절차에 대한 반응적 효과(조사반응성), 다양한 실험처리의 복합적 영향 등

정답 ④

16 다음 설명의 내용과 형사정책학의 연구방법을 올바르게 연결한 것은? 2016. 사시

㉠ 기본적으로 사회 내에서 "얼마나 많은 범죄가 발생하는가."를 중심내용으로 하는 연구방법이다.
㉡ 경험과학에서 가장 효과적인 방법 가운데 하나로서 보통 새로운 형사제도의 효율성을 점검하는 데 많이 이용된다.
㉢ 일정 시점과 일정 시간이 경과한 다음 조사대상자의 변화를 관찰하는 것으로 수직적 비교방법에 속하는 것이다.
㉣ 1937년 서덜랜드(Sutherland)가 실시한 직업절도범 연구가 대표적인 예라고 할 수 있다.

A. 개별적 사례조사   B. 범죄통계표의 분석
C. 추행조사   D. 실험적 방법

① ㉠-A, ㉡-B, ㉢-D, ㉣-C
② ㉠-B, ㉡-C, ㉢-A, ㉣-D
③ ㉠-B, ㉡-D, ㉢-C, ㉣-A
④ ㉠-C, ㉡-D, ㉢-A, ㉣-B
⑤ ㉠-C, ㉡-B, ㉢-A, ㉣-D

해설
③ [○] ㉠-B, ㉡-D, ㉢-C, ㉣-A

범죄학의 연구방법

공식범죄 통계자료 (대량관찰)	수사기관 등 정부기관이 범죄와 범죄자에 대한 다각적인 분석결과를 집계한 것으로, 공식통계표를 분석하여 사회의 대량적 현상으로서의 범죄의 규모 또는 추이를 파악하는 방법이다. 오늘날 형사정책에서 범죄상황을 파악하는데 가장 일반적이고 기본적인 수단으로 활용된다.
실험적 방법	설정된 가정을 검증하기 위하여 제한된 조건하에서 반복적으로 이루어지는 관찰을 의미한다. 경험과학적 연구에서 실험은 가장 효과적인 방법 중의 하나로 인정되고 있는데, 이는 보통 새로운 제도의 효율성을 미리 점검하는데 많이 이용된다.
참여적 관찰방법	관찰자(연구자)가 직접 범죄자 집단에 들어가 함께 생활하면서 그들의 생활을 관찰하는 조사방법을 말한다. 대표적 예로는 이아니(Ianni)의 '조직범죄에 대한 연구', 폴스키(Polsky)의 '전문적 장물아비', 야블론스키(Yablonsky)의 '약물중독자' 등이 있다.
개별적 사례조사	범죄자 개개인에 대해 인격과 환경 등 여러 요소를 종합적으로 분석하여 상호 연결관계를 규명하는 방법이다. 미시범죄학적인 연구방법이며, 하나 또는 몇 개의 대상에 대한 깊이 있는 정밀조사를 목표로 한다. 사례연구의 대표적 예로는 서덜랜드(Sutherland)의 '직업절도범', 스래셔(Thraser)의 '갱', 쇼(Shaw)의 '잭 롤러' 등이 있고, 생애사연구의 대표적인 사례는 마스(Mass)의 '발라치 페이퍼', 테레사(Teresa)와 레너(Renner)의 '마피아에서의 내 인생' 등이 있다.
표본집단조사	범죄자의 일부를 표본으로 선정(실험집단)하여 이들을 정밀 관찰한 결과를 전체 범죄자에게 유추 적용하여 그 전체상황을 파악하는 조사방법을 말한다.
추행조사	일정 수의 범죄자 또는 비범죄자를 일정 기간 계속적으로 추적·조사하여 그들의 특성과 사회적 조건의 변화 상태를 분석하고 그 변화상태와 범죄자 또는 범죄와의 연결관계를 살펴보는 방법으로, 표본조사가 수평적 비교라면 추행조사는 수직적 비교방법이라고 할 수 있다.

정답 ③

제2절 | 공식통계의 암수범죄

01 상대적 암수범죄의 원인에 대한 설명으로 가장 적절하지 않은 것은? 2024(74). 경위

① 수사기관에 알려진 모든 범죄를 수사기관이 해결할 수는 없다.
② 수사기관에서 처리한 모든 범죄가 기소되는 것은 아니다.
③ 기소된 모든 범죄가 법원에서 유죄판결을 받는 것은 아니다.
④ 모든 범죄가 수사기관에 알려지는 것은 아니다.

해설
④ [×] 절대적 암수범죄는 실제로 범하여졌지만 어느 누구도 인지하지 않았거나 기억조차 하지 못하는 범죄로 성매매, 도박, 마약매매와 같은 피해자가 없거나 피해자와 가해자의 구별이 어려운 범죄에 많이 발생하게 된다. 이러한 범죄에 대한 국민의 고소·고발은 거의 기대할 수 없기 때문이다. 강간, 강제추행 등과 같은 성범죄의 경우 피해자가 수치심 때문에 범죄신고를 하지 않는 경우가 많고, 범죄신고에 따른 불편과 범죄자에 의한 보복의 두려움 등이 절대적 암수범죄의 발생원인이 된다.

정답 ④

02 다음 중 암수범죄와 그 조사방법에 대한 설명으로 가장 옳은 것은? 2024. 해경 경위

① 암수범죄의 직접적 관찰방법에는 범죄피해 조사, 정보제공자 조사가 있다.
② 암수범죄의 유형 중 절대적 암수범죄는 수사기관이 인지하였으나 해결되지 않은 범죄를 의미하는 것이다.
③ 자기보고식 조사(self-report survey)는 응답자에게 자신의 범죄나 비행을 스스로 보고하도록 하는 조사방법이다.
④ 범죄피해 조사는 살인범죄, 경제범죄, 경미한 범죄 피해 등에 대해서 정확한 조사를 하는 것이 가능하다는 장점이 있다.

해설
① [×] 암수범죄의 직접적 관찰방법에는 자연적 관찰과 실험적 관찰이 있고, 간접적 관찰방법(설문조사)에는 자기보고식 조사, 피해자 조사, 정보제공자 조사가 있다.
② [×] 상대적 암수범죄에 대한 설명이다. 절대적 암수범죄는 실제로 범하여졌지만 어느 누구도 인지하지 않았거나 기억조차 하지 못하는 범죄로 성매매, 도박, 마약매매와 같은 피해자가 없거나 피해자와 가해자의 구별이 어려운 범죄에 많이 발생하게 된다. 이러한 범죄에 대한 국민의 고소·고발은 거의 기대할 수 없기 때문이다.
③ [○] 자기보고식 조사는 설문조사를 통하여 보통 지난 1년 동안 각 유형별로 몇 건의 범죄나 비행을 했는지 질문하는 방식이다. 자신이 저지른 범죄를 고백하는 것이 쉽지 않다는 치명적인 문제점을 가지며, 결과적으로 살인, 강간, 강도 등의 중한 범죄를 측정하는 것은 거의 불가능에 가깝다. 따라서 청소년비행이나 경미한 성인범죄를 측정하는 데 주로 이용되며, 특히 거의 신고가 되지 않아 범죄통계로는 알 수가 없는 청소년 약물남용을 측정하는 데 유용한다.
④ [×] 범죄피해 조사는 설문조사를 통해 지난 1년 동안 자신이 당한 범죄피해건수를 유형별로 진술하는 방식을 이용한다. 대부분의 범죄유형을 비교적 정확히 측정할 수 있다는 장점이 있지만, 마약범죄, 경제범죄, 정치범죄, 조직범죄와 가정에서 일어나는 범죄에 대한 자료를 거의 제공하지 못하고, 피해자 없는 범죄, 법인이나 집단의 범죄, 화이트칼라 범죄 등은 조사가 거의 불가능하다. 또한 살인범죄는 피해자가 사망한 관계로 사실상 조사가 어렵거나, 강간 등은 피해자의 수치심과 명예의 손실 때문에 조사의 효과가 의문시된다.

정답 ③

03 암수범죄에 관한 내용으로 가장 적절하지 않은 것은?

2023(73). 경위

① 암수범죄란 실제로 범죄가 발생하였으나 공식적인 통계에는 나타나지 않은 범죄를 말한다.
② 절대적 암수범죄란 수사기관에 의하여 인지되었으나 해결되지 못하여 범죄통계에 반영되지 못한 범죄를 말한다.
③ 공식범죄통계가 갖는 암수범죄의 문제를 극복하기 위해 자기보고식조사나 피해자조사를 활용하기도 한다.
④ 서덜랜드(Sutherland)는 범죄와 비행에 대한 통계에는 암수가 존재하며, 암수는 가변적이므로 모든 사회통계 중에서 가장 신빙성이 없고 난해한 것이라고 하였다.

해설
② [×] 상대적 암수범죄에 대한 설명이다.
　절대적 암수범죄는 실제로 범하여졌지만 어느 누구도 인지하지 않았거나 기억조차 하지 못하는 범죄를 말한다. 성매매, 도박, 마약매매와 같은 피해자가 없거나 피해자와 가해자의 구별이 어려운 범죄에 많이 발생하게 된다. 이러한 범죄에 대한 국민의 고소·고발은 거의 기대할 수 없기 때문이다. 또한 강간, 강제추행 등과 같은 성범죄의 경우 피해자가 수치심 때문에 범죄신고를 하지 않는 경우가 많고, 범죄신고에 따른 불편과 범죄자에 의한 보복의 두려움 등이 절대적 암수범죄의 발생원인이 된다.

정답 ②

04 암수범죄에 관한 설명 중 가장 옳지 않은 것은?

2023. 해경 경위

① 일반적으로 형사사법기관에 인지되지 아니하여 공식통계에 기록되지 않는 범죄를 말한다.
② 우리나라는 암수범죄의 규모를 파악하기 위해 해마다 범죄피해 패널조사를 실시한다.
③ 마약범죄와 같이 범죄자가 피해자이면서 가해자이기도 한 범죄에 많다.
④ 범죄사실이 수사기관에 의해 인지는 됐으나 용의자 신원 미파악 등 미해결된 사건은 상대적 암수범죄로 분류된다.

해설
① [○] 절대적 암수범죄에 대한 설명이다.
② [×] 암수범죄의 조사방법으로 가장 많이 활용되는 것은 피해자조사이다. 국내에서는 한국형사정책연구원에서 2년 정도를 주기로 전국범죄피해조사를 수행하고 있다.
③ [○] 절대적 암수범죄는 성매매, 도박, 마약매매와 같은 피해자가 없거나 피해자와 가해자의 구별이 어려운 범죄에 많이 발생하게 된다. 이러한 범죄에 대한 국민의 고소·고발은 거의 기대할 수 없기 때문이다.
④ [○] 상대적 암수범죄에 대한 설명이다. 수사기관의 검거율과 증거채취력의 정도(주로 증거불충분으로 발생)에 따라 발생하고, 법집행기관이 범죄의 혐의가 명백히 존재함에도 개인적인 편견이나 가치관에 따라 범죄자에 대하여 차별적인 취급을 함으로써 발생하기도 한다.

정답 ②

05 범죄에 대한 자기보고식 조사의 특성으로 가장 옳은 것은?

2023. 해경 경위

① 숨은 범죄를 파악하는 데 도움이 된다.
② 5년 이상의 오래된 범죄를 조사하는 데 유리하다.
③ 범죄의 원인이 되는 인격특성, 가치관, 환경 등을 함께 조사할 수 없다.
④ 경미한 범죄를 조사하는데 부적합하다.

해설
① [○] 공식통계상 기록되지 않은 범죄의 암수를 파악하는데 유용하다.
② [×] 설문조사를 통하여 보통 지난 1년 동안 각 유형별로 몇 건의 범죄나 비행을 했는지 질문하는 방식이다.
③ [×] 피조사자의 인격, 특성, 가치관, 태도 등을 조사할 수 있어 범죄이론을 검증하고 범죄원인을 파악할 수 있다.
④ [×] 자신이 저지른 범죄를 고백하는 것이 쉽지 않다는 치명적인 문제점을 가지며, 결과적으로 살인, 강간, 강도 등의 중한 범죄를 측정하는 것은 거의 불가능에 가깝다. 따라서 청소년비행이나 경미한 성인범죄를 측정하는 데 주로 이용되며, 특히 거의 신고가 되지 않아 범죄통계로는 알 수가 없는 청소년 약물남용을 측정하는 데 유용한다.

정답 ①

06 다음에서 설명하는 형사정책 연구방법은?

2016. 보호 7급

> 청소년들의 약물남용실태를 조사하기 위하여 매 2년마다 청소년 유해환경조사를 실시하고 있다. 이 조사는 매 조사 연도에 3,000명의 청소년들을 새롭게 표본으로 선정하여 설문지를 통해 지난 1년 동안 어떤 약물을, 얼마나 복용하였는지를 질문하고 있다.

① 자기보고식조사
② 범죄피해조사
③ 추행조사
④ 참여관찰조사

해설
① [○] 자기보고조사는 일정한 집단을 대상으로 개개인의 범죄나 비행을 면접이나 설문지를 통하여 스스로 보고하게 하여 암수범죄를 측정하는 방법이다.
② [×] 피해자조사는 실제 범죄의 피해자로 하여금 범죄의 피해경험을 보고하게 하는 방법이다.
③ [×] 추행조사는 일정 수의 범죄자 또는 비범죄자를 일정 기간 계속적으로 추적·조사하여 그들의 특성과 사회적 조건의 변화상태를 분석하고, 그 변화상태와 범죄자 또는 범죄와의 연결관계를 살펴보는 방법이다.
④ [×] 참여적 관찰방법은 관찰자(연구자)가 직접 범죄자 집단에 들어가 함께 생활하면서 그들의 생활을 관찰하는 조사방법을 말한다.

정답 ①

07 범죄문제의 현황을 파악하는 자료로 활용되는 공식범죄통계와 범죄피해조사에 대한 설명으로 옳은 것으로만 묶인 것은?

2013. 보호 7급

> ㉠ 공식범죄통계는 일선경찰서의 사건처리방침과 경찰관들의 재량행위로 인하여 범죄율이 왜곡되고 축소될 가능성이 있다.
> ㉡ 범죄피해조사는 응답자의 기억에 오류가 있을 수 없기에 비교적 정확히 범죄의 수준을 파악할 수 있다.
> ㉢ 공식범죄통계를 통해서 범죄현상의 내재적 상관관계나 범죄원인을 밝힐 수 있다.
> ㉣ 범죄피해조사에 대해서는 범죄구성요건에 대한 응답자의 지식이 충분하지 못하고, 질문 문항이 잘못 작성될 가능성이 있다는 등의 문제점이 지적된다.
> ㉤ 공식범죄통계와 범죄피해조사는 각기 나름대로의 한계가 있기 때문에 범죄의 수준을 측정하는 도구로 완벽하다고 볼 수는 없다.

① ㉠, ㉡, ㉢
② ㉠, ㉣, ㉤
③ ㉡, ㉢, ㉣
④ ㉡, ㉢, ㉤

해설
옳은 것은 ㉠, ㉣, ㉤이다.
㉡ [×] 피해자조사는 응답에 있어서도 응답자의 기억에 오류가 있을 수 있으며, 내용을 부풀려서 응답하거나 사실대로 응답하지 않는 등 오류가 많다는 문제점이 제기된다. 그리고 피해자가 피해를 인식하지 못한 경우나 피해자가 범죄피해가 없었다고 오신하는 경우에는 조사결과의 정확성이 결여된다.
㉢ [×] 공식범죄통계는 범죄의 질적 비중파악이나 인과관계의 파악이 어렵고, 범죄피해의 구체적 상황이나 범죄자의 개인적 특성 등을 파악하는데 한계가 있다.

정답 ②

08 암수범죄(숨은범죄)에 대한 설명으로 옳지 않은 것은?

2021. 보호 7급

① 수사기관에 의하여 인지되었으나 해결되지 않은 경우를 상대적 암수범죄라고 한다.
② 케틀레(Quetelet)의 정비례 법칙에 의하면, 공식적 범죄통계상의 범죄현상이 실제 범죄현상을 징표한다고 보기는 어렵다.
③ 피해자가 특정되지 않거나 간접적 피해자만 존재하는 경우, 암수범죄가 발생하기 쉽다.
④ 낙인이론이나 비판범죄학에 의하면 범죄화의 차별적 선별성을 암수범죄의 원인으로 설명한다.

해설
① [○] 상대적 암수범죄(Relatives Dunkelfeld)는 수사기관에 인지는 되었으나 해결되지 않은 범죄로 수사기관이나 법원과 같은 법집행기관의 자의 또는 재량 때문에 발생하는 암수범죄이다. 즉, 경찰, 검찰, 법관 등이 범죄의 혐의가 명백히 존재함에도 개인적인 편견이나 가치관에 따라 범죄자에 대하여 차별적인 취급을 함으로써 암수범죄가 발생한다.
② [×] 케틀레(Quetelet)는 암수범죄와 관련하여 정비례의 법칙을 주장하면서, 명역범죄(공식적으로 인지된 범죄)와 암역범죄 사이에는 변함없는 고정관계가 존재한다고 보고, 명역범죄가 크면 그만큼 암역범죄도 크며, 명역범죄가 작으면 그만큼 암역범죄도 작다고 하였다. 이 공식에 따라 공식적 통계상의 범죄현상은 실제의 범죄현상을 징표하거나 대표하는 의미가 있다고 보았다.
그러나 이후에 서덜랜드(Sutherland), 셀린(Sellin), 엑스너(Exner) 등에 의해 암수율은 항상적(변함없는)인 것이 아니고 불규칙적으로 변화한다는 사실이 밝혀졌다.
③ [○] 절대적 암수범죄(Absolutes Dunkelfeld)는 성매매, 낙태, 도박, 마약매매와 같은 피해자가 없거나 피해자와 가해자의 구별이 어려운 범죄에서 많이 발생하게 된다. 이러한 범죄에 대한 국민의 고소・고발은 거의 기대할 수 없기 때문이다.
④ [○] 일탈자에 대한 사회의 반응으로 인한 암수의 문제점을 지적하고(사회적 강자들은 국가가 개입 × → 그러므로 이들이 범하는 범죄는 통계에 잡히지 않는다. → 암수범죄), 자기보고나 참여적 관찰에 의한 보충을 요구하였다.

정답 ②

09 암수범죄에 대한 설명으로 옳은 것을 모두 고른 것은?

2010. 보호 7급

> ㉠ 케틀레(A. Quetelet)는 암수범죄와 관련하여 반비례의 법칙을 주장하면서, 공식적 통계상의 범죄현상은 실제의 범죄현상을 징표하거나 대표하는 의미가 있다고 보았다.
> ㉡ 자기보고조사는 범죄자가 자기가 범한 범죄를 인식하지 못한 경우나 범죄를 범하지 않았다고 오신하는 경우에는 실태파악이 곤란하다.
> ㉢ 범죄피해자조사는 피해자가 피해를 인식하지 못한 경우나 피해자가 범죄피해가 없었다고 오신하는 경우에는 조사결과의 정확성이 결여된다.
> ㉣ 정보제공자조사는 법집행기관에 알려지지 않은 범죄 또는 비행을 알고 있는 자로 하여금 그것을 보고 하게 하는 것이다.

① ㉠, ㉡, ㉢, ㉣
② ㉠, ㉢, ㉣
③ ㉡, ㉢, ㉣
④ ㉡, ㉢

해설
옳은 것은 ㉡, ㉢, ㉣이다.
㉠ [×] 케틀레(Quetelet)는 암수범죄와 관련하여 정비례의 법칙을 주장하면서 명역범죄(공식적으로 인지된 범죄)와 암역범죄 사이에는 변함없는 고정관계가 존재한다고 보고, 명역범죄가 크면 그만큼 암역범죄도 크며, 명역범죄가 작으면 그만큼 암역범죄도 작다고 하였다. 이 공식에 따라 공식적 통계상의 범죄현상은 실제의 범죄현상을 징표하거나 대표하는 의미가 있다고 보았다.
㉡ [○] 자기보고조사는 일정한 집단을 대상으로 개개인의 범죄나 비행을 면접이나 설문지를 통하여 스스로 보고하게 하여 암수범죄를 측정하는데 여기에는 범죄피해를 당한 사실과 범죄행위를 한 경험까지를 포함한다.
보고자가 자신의 추가범죄사실에 대한 발각이 두려워 사실을 은폐하는 등 진실성에 문제가 있을 수 있으므로, 조사대상자의 정직성과 진실성에 따라 조사결과의 타당성 여부가 달라질 수 있다.
㉢ [○] 피해자조사는 암수범죄의 조사방법으로 가장 많이 활용되는 것으로 실제 범죄의 피해자로 하여금 범죄의 피해경험을 보고하게 하는 방법이다.
㉣ [○] 법집행기관에 알려지지 않은 범죄나 비행을 인지하고 있는 자로 하여금 이를 보고하게 하는 것으로서 피해자조사에 의해서도 밝혀지지 않은 범죄를 밝히기 위한 보조수단으로 자기보고나 피해자조사와 결합하여 행해지면 더욱 효과적이다.

정답 ③

10 암수범죄(Hidden crime)에 대한 설명으로 옳지 않은 것은?

2016. 사시

① 수사기관이 범죄의 혐의가 명백히 존재함에도 개인적 편견에 따라 차별적 취급을 한 경우 암수범죄로 볼 수 없다.
② 수사기관이 범죄피해자가 아닌 제3자의 신고를 받고 범죄를 인지하여 해결한 경우 암수범죄로 볼 수 없다.
③ 암수범죄는 성매매, 낙태, 도박과 같이 피해자가 없거나 피해자와 가해자의 구별이 어려운 범죄에 많이 발생한다.
④ 피해자를 대상으로 하는 암수조사는 기억의 부정확성으로 인하여 오류가 발생할 수 있다.
⑤ 자기보고조사는 보고자가 자신의 추가범죄사실에 대한 발각이 두려워 사실을 은폐하는 등 진실성에 문제가 있을 수 있다.

해설
① [×] 법집행과정에서 그 주체에 해당하는 경찰, 검찰, 법관 등이 범죄의 혐의가 명백히 존재함에도 개인적인 편견이나 가치관에 따라 범죄자에 대하여 차별적 취급을 한 경우 암수범죄 발생의 원인이 될 수 있다.

정답 ①

11 암수범죄에 대한 설명으로 옳은 것들을 모두 묶은 것은? 2014. 사시

> ㉠ 암수범죄를 파악하기 위해 범죄피해자로 하여금 범죄피해를 보고하게 하는 피해자조사가 행해지기도 한다.
> ㉡ 살인, 강간 등의 중범죄는 가해자의 자기보고 방식을 통해서 암수범죄를 쉽게 파악해 낼 수 있다.
> ㉢ 피해자 없는 범죄의 경우 암수범죄가 발생할 가능성이 상대적으로 높다.
> ㉣ 화이트칼라범죄는 피해규모가 크기 때문에 암수범죄가 될 가능성이 상대적으로 낮다.

① ㉠, ㉡   ② ㉠, ㉢
③ ㉡, ㉢   ④ ㉡, ㉣
⑤ ㉢, ㉣

해설
옳은 것은 ㉠, ㉢이다.
㉡ [×] 암수범죄의 측정방법 중 하나인 자기보고조사는 경범죄(경미범죄)의 실태파악은 가능하지만, 처벌에 대한 두려움 등으로 중범죄(강력범죄)에 대한 실태파악은 곤란하다.
㉣ [×] 화이트칼라범죄는 피해의 규모가 큰 반면 법률의 허점을 교묘히 이용하거나 권력과 결탁하여 조직적으로 은밀히 이루어지기 때문에 암수범죄가 많이 발생한다.

정답 ②

12 암수범죄의 조사방법의 유형에 대한 설명과 비판이 올바르게 연결된 것은? 2013. 사시

> ㉠ 자기보고조사(행위자 조사)   ㉡ 피해자조사   ㉢ 정보제공자조사

> A. 일정한 집단을 대상으로 개인의 범죄 또는 비행을 스스로 보고하게 하는 방법
> B. 피해자에게 자신의 피해 경험을 보고하게 하는 방법
> C. 범죄나 비행을 인지하고 있는 제3자에게 그 인지 내용을 보고하게 하는 방법

> (1) 스스로 범한 범죄를 정확하게 보고할 지 의문이어서 조사결과가 부정확할 수 있다.
> (2) 피해자를 특정하기 어려운 환경범죄나 경제범죄 등에서는 정확한 조사결과를 얻기 어렵다.
> (3) 주관적 편견이 개입되고 객관성을 유지하지 못하여 조사대상자에게 감정적으로 동화될 우려가 있다.

① ㉠ - B - (3)   ② ㉠ - C - (1)
③ ㉡ - B - (2)   ④ ㉡ - A - (1)
⑤ ㉢ - A - (3)

해설
③ [○] ㉠ - A - (1), ㉡ - B - (2), ㉢ - C - (3)

정답 ③

13 다음 중 암수범죄에 대한 설명으로 가장 옳지 않은 것은?

2022. 해경 경위

① 암수범죄란 실제로 발생하였지만 범죄통계에 포착되지 않은 범죄를 말한다.
② 신고에 따른 불편, 수사기관 출두의 번거로움, 보복의 두려움은 절대적 암수범죄의 발생원인이다.
③ 수사기관의 낮은 검거율과 채증력, 법집행기관의 자의적 판단은 상대적 암수범죄의 발생원인이다.
④ 피해자가 특정되지 않거나 직접적 피해자만 존재하는 경우, 암수범죄가 발생하기 쉽다.

해설
④ [×] 피해자가 특정되지 않거나 간접적 피해자만 존재하는 경우, 암수범죄가 발생하기 쉽다. 절대적 암수범죄는 성매매, 낙태, 도박, 마약매매와 같은 피해자가 없거나 피해자와 가해자의 구별이 어려운 범죄에서 많이 발생하게 된다. 이러한 범죄에 대한 국민의 고소·고발은 거의 기대할 수 없기 때문이다.

정답 ④

14 암수범죄의 조사에 대한 설명으로 옳은 것은?

2015. 사시

① 상점절도를 숨긴 카메라로 촬영하거나 유리벽을 통해 관찰하는 등의 참여적 관찰 방법은 인위적 관찰 방법에 속한다.
② 중범죄나 사회적으로 금기시되는 범죄를 조사하는 유일한 방법은 행위자의 자기보고 방식이다.
③ 피해자를 개인으로 구체화할 수 없는 국가적·사회적 법익에 관한 범죄의 암수는 피해자조사를 통해 명확하게 파악할 수 있다.
④ 자기보고, 피해자조사 등은 암수범죄의 직접 관찰 방법이다.
⑤ 정보제공자조사는 법집행기관에 알려지지 않은 범죄나 비행을 인지하고 있는 제3자로 하여금 이를 보고하게 하는 방법이다.

해설
① [×] 자연적 관찰 중 비참여적 관찰 방법에 속한다. 인위적 관찰은 의도적으로 범죄상황을 실현하여 관찰하는 방법이다.
② [×] 자기보고조사는 경범죄(경미범죄)의 실태파악은 가능하지만 처벌에 대한 두려움 등으로 중범죄(강력범죄)에 대한 실태파악은 곤란하다는 단점이 있다. 피해자조사는 경미범죄보다 강력범죄를 오래 기억하므로 강력범죄의 실태파악이 용이하다.
③ [×] 피해자조사는 주로 전통적인 중범죄인 대인범죄나 재산범죄가 대상이 되므로 사회 전체의 범죄파악이 곤란하며, 마약범죄, 경제범죄, 정치범죄, 조직범죄와 가정에서 일어나는 범죄에 대한 자료를 거의 제공하지 못한다.
④ [×] 자기보고조사, 피해자조사, 정보제공자조사 등은 암수범죄의 간접적 관찰 방법이다.
⑤ [○] 정보제공자조사는 법집행기관에 알려지지 않은 범죄나 비행을 인지하고 있는 자로 하여금 이를 보고하게 하는 방법으로, 피해자조사에 의해서도 밝혀지지 않는 범죄를 밝히기 위한 보조수단으로 사용된다. 자기보고나 피해자조사와 결합하여 행해지면 더욱 효과적이다.

정답 ⑤

15 암수범죄에 대한 설명으로 옳지 않은 것은? 2024. 보호 9급

① 피해자의 개인적 사정이나 신고에 따른 불편·불이익뿐만 아니라 수사기관의 자유재량도 암수범죄의 원인이 된다.
② 암수조사의 방법 중 '자기 보고식 조사'는 중범죄보다는 경미한 범죄의 현상을 파악하는 데에 유용하다.
③ 암수조사의 방법 중 '피해자 조사'는 암수범죄에 대한 직접적 관찰방법에 해당한다.
④ 암수범죄는 피해자와 가해자의 구별이 어려운 범죄에 비교적 많이 존재한다.

해설
① [○] 피해자의 개인적 사정이나 범죄신고에 따른 불편과 범죄자에 의한 보복의 두려움 등은 절대적 암수범죄의 발생원인이 되며, 수사기관과 법원과 같은 법집행기관의 자의 또는 재량은 상대적 암수범죄의 발생원인이 된다.
② [○] 자기보고조사는 일정한 집단을 대상으로 개개인의 범죄나 비행을 면접이나 설문지를 통하여 스스로 보고하게 하여 암수범죄를 측정하는 방법으로, 경범죄(경미범죄)의 실태파악은 가능하지만, 처벌에 대한 두려움 등으로 중범죄(강력범죄)에 대한 실태파악은 곤란하다.
③ [×] 피해자 조사는 암수범죄에 대한 간접적 관찰방법에 해당한다.
   ▶ 암수범죄의 측정(조사)방법에는 직접적 관찰과 간접적 관찰이 있다. 직접적 관찰에는 자연적 관찰(참여적 관찰과 비참여적 관찰이 있다)과 실험적 관찰(인위적 관찰)이 있으며, 간접적 관찰(설문조사)에는 자기보고조사, 피해자조사, 정보제공자 조사가 있다.
④ [○] 암수범죄는 성매매, 도박과 같이 피해자가 없거나 피해자와 가해자의 구별이 어려운 범죄에 많이 발생한다.

정답 ③

16 암수범죄(暗數犯罪)에 대한 설명으로 옳은 것만을 모두 고르면? 2024. 교정 9급

㉠ 암수범죄로 인한 문제는 범죄통계학이 도입된 초기부터 케틀레(A. Quetelet) 등에 의해 지적되었다.
㉡ 절대적 암수범죄란 수사기관에 의해서 인지는 되었으나 해결되지 않은 범죄를 의미하는 것으로, 완전범죄가 대표적이다.
㉢ 상대적 암수범죄는 마약범죄와 같이 피해자와 가해자의 구별이 어려운 범죄에서 많이 발생한다.
㉣ 암수범죄는 자기보고식조사, 피해자조사 등의 설문조사방법을 통해 간접적으로 관찰할 수 있다.

① ㉠, ㉡
② ㉠, ㉣
③ ㉡, ㉢
④ ㉢, ㉣

해설
옳은 것은 ㉠, ㉣이다.
㉠ [○] 범죄통계학이 발달한 초기부터 케틀레(Quetelet)·외팅겐(Oettingen)·페리(Ferri) 등에 의해 암수범죄가 지적되었지만, 보고된 범죄와 암수범죄의 관계가 일정한 비율을 지닌다고 보아 20C 초반까지는 특별히 문제 삼지 않았다.
㉡ [×] 실제로 범하여졌지만 어느 누구도 인지하지 않았거나 기억조차 하지 못하는 범죄를 절대적 암수범죄, 수사기관에서 인지는 되었으나 해결되지 않은 범죄를 상대적 암수범죄라 한다.
㉢ [×] 절대적 암수범죄는 성매매, 도박, 마약매매와 같은 피해자가 없거나 피해자와 가해자의 구별이 어려운 범죄에 많이 발생하게 된다. 이러한 범죄에 대한 국민의 고소·고발은 거의 기대될 수 없기 때문이다. 상대적 암수범죄는 수사기관과 법원과 같은 법집행기관의 자의 내지 재량 때문에 발생한다.
㉣ [○] 암수범죄의 측정(조사)방법에는 직접적 관찰과 간접적 관찰이 있다. 직접적 관찰에는 자연적 관찰(참여적 관찰과 비참여적 관찰이 있다)과 실험적 관찰(인위적 관찰)이 있으며, 간접적 관찰(설문조사)에는 자기보고조사, 피해자조사, 정보제공자 조사가 있다.

정답 ②

17 암수범죄에 대한 설명으로 옳지 않은 것은?

2024. 보호 7급

① 절대적 암수범죄는 실제로 발생하였으나 수사기관이 인지하지 못하여 범죄통계에 반영되지 못한 범죄를 말한다.
② 상대적 암수범죄의 발생은 수사기관의 검거율과 채증력의 정도뿐만 아니라 법집행과정에서 경찰, 검찰, 법관 등의 개인적 편견에 따른 차별적 취급과도 관련이 있다.
③ 수사기관에 의해서 인지는 되었으나 해결되지 않은 범죄는 암수범죄 개념에서 제외된다.
④ 암수범죄의 조사방법으로 활용되는 피해자조사는 실제 범죄의 피해자가 범죄의 피해 경험을 보고하게 하는 것을 말한다.

해설

① [○] 절대적 암수범죄는 실제로 발생하였으나 수사기관이 인지하지 못하여 공식적인 범죄통계에 나타나지 않는 범죄를 말한다. 범죄에 대한 국민의 고소·고발을 거의 기대할 수 없는 성매매, 도박, 마약매매와 같은 피해자가 없거나 피해자와 가해자의 구별이 어려운 범죄에 많이 발생하며, 강간, 강제추행 등과 같은 성범죄의 경우 피해자가 수치심 때문에 범죄신고를 하지 않는 경우가 많고, 범죄신고에 따른 불편과 범죄자에 의한 보복의 두려움 등이 절대적 암수범죄의 발생원인이 된다.
② [○] 상대적 암수범죄의 발생은 수사기관의 검거율과 채증력의 정도뿐만 아니라 법집행과정에서 경찰, 검찰, 법관 등이 범죄의 혐의가 명백히 존재함에도 개인적인 편견이나 가치관에 따라 범죄자에 대하여 차별적인 취급을 함으로써 암수범죄가 발생한다.
③ [×] 상대적 암수범죄는 수사기관에 인지는 되었으나 해결되지 않은 범죄로 수사기관과 법원과 같은 법집행기관의 자의 또는 재량 때문에 발생하는 암수범죄이다.
④ [○] 암수범죄의 조사방법으로 활용되는 피해자조사는 실제 범죄의 피해자로 하여금 범죄의 피해경험을 보고하게 하는 방법으로, 암수범죄의 조사방법으로 가장 많이 활용된다.

정답 ③

제3장 | 비범죄화와 다이버전

2025 해커스경찰 이언담 범죄학 진도별 기출 + 실전문제집

제1절 | 비범죄화와 신범죄화

01 비범죄화에 대한 설명으로 가장 적절하지 않은 것은?   2024(74). 경위

① 피해자 없는 범죄와 주로 사회적 법익을 침해하는 범죄에 적용 가능하다.
② 양심적 병역거부는 대법원의 판결에 따라 비범죄화되었다.
③ 「성매매방지 및 피해자보호 등에 관한 법률」상 성매매 목적의 인신매매를 당한 사람은 처벌하지 아니한다.
④ 입법부에 의한 법률상의 비범죄화뿐만 아니라 경찰·검찰과 같은 수사기관에 의한 실무상의 비범죄화도 이루어지고 있다.

해설

① [○] 비범죄화 혹은 탈범죄화란 형사사법절차에서 특정범죄에 대한 형사처벌의 범위를 축소하는 것을 의미하며, 형법이 가지는 보충적 성격과 공식적 사회통제기능의 부담가중을 고려하여 일정한 범죄유형을 형벌에 의한 통제로부터 제외시키는 경향이다. 경미한 범죄, 피해자 없는 범죄, 주로 사회적 법익을 침해하는 범죄 등에서 비범죄화가 주장된다.
② [○] 대법원 2018.11.1. 2016도10912 ; 대법원 2020.7.9. 2019도17322 등
③ [×] 비범죄화의 내용과 관련이 없다. 참고로, 성매매방지 및 피해자보호 등에 관한 법률은 성매매를 방지하고, 성매매피해자 및 성을 파는 행위를 한 사람의 보호, 피해회복 및 자립·자활을 지원하는 것을 목적으로 하므로(동법 제1조) 이들에 대한 처벌조항이 없다. 다만, 성매매알선 등 행위의 처벌에 관한 법률은 성매매 목적의 인신매매를 당한 사람(동법 제2조 제1항 제4호 라목)은 성매매피해자(동법 제2조 제1항 제4호)에 해당하고 성매매피해자의 성매매는 처벌하지 아니한다(동법 제6조 제1항)라고 규정하고 있다.
④ [○] 법률상 비범죄화와 사실상의 비범죄화에 대한 설명이다.

정답 ③

02 비범죄화에 대한 설명으로 옳은 것은?   2017. 교정 7급

① 검사의 기소유예 처분은 비범죄화와 관계가 없다.
② 형법의 탈도덕화 관점에서 비범죄화 대상으로 뇌물죄가 있다.
③ 비범죄화는 형사처벌의 완화가 아니라 폐지를 목표로 한다.
④ 비범죄화는 형법의 보충성 요청을 강화시켜주는 수단이 되기도 한다.

해설

① [×] 검사의 기소유예 처분은 사실상 비범죄화에 해당한다. 사실상 비범죄화에는 검찰의 기소편의주의(기소유예)·불기소처분, 범죄관련자 고소·고발 기피, 경찰의 무혐의 처리, 법원의 절차 중단 등이 있다.
② [×] 형법의 탈도덕화 관점에서 비범죄화 대상으로 비영리적 공연음란죄, 음화판매죄 등이 있으며, 뇌물죄는 비범죄화 논의 대상이 아니다.
③ [×] 비범죄화론은 행위에 대한 형사처벌의 폐지가 아니라 형사처벌의 완화를 목표로 한다.
④ [○] 비범죄화(Decriminalization) 혹은 탈범죄화란 형사사법절차에서 특정범죄에 대한 형사처벌의 범위를 축소하는 것을 의미하며, 형법이 가지는 보충적 성격(사회생활에 불가결한 법익을 보호하는 것이 형법 이외의 다른 수단에 의해 불가능한 경우에만 최후 수단으로 적용되어야 한다)과 공식적 사회통제기능의 부담가중을 고려하여 일정한 범죄유형을 형벌에 의한 통제로부터 제외시키는 경향이다. 그러므로 비범죄화는 형벌구성요건을 필요 최소한으로 제한시키기 위한 형법의 보충성 요청을 강화시켜주는 수단이 되기도 한다.

정답 ④

03 비범죄화(Decriminalization)에 대한 설명으로 옳지 않은 것은? 2023. 교정 9급

① 비범죄화의 예시로 혼인빙자간음죄가 있다.
② 형사사법 절차에서 형사처벌의 범위를 축소하는 것을 의미한다.
③ 형사사법기관의 자원을 보다 효율적으로 활용하자는 차원에서 경미범죄에 대한 비범죄화의 필요성이 주장된다.
④ 비범죄화의 유형 중에서 사실상 비범죄화는 범죄였던 행위를 법률의 폐지 또는 변경으로 더 이상 범죄로 보지 않는 경우를 말한다.

해설
① [O] 비범죄화 논의의 대표적 범죄로 거론되었던 혼인빙자간음죄와 간통죄는 위헌 및 형법 개정으로 폐지되었다. 이는 법률상 비범죄화에 해당한다.
② [O] 비범죄화 또는 탈범죄화란 형사사법절차에서 특정범죄에 대한 형사처벌의 범위를 축소하는 것을 의미한다.
③ [O] 경미범죄를 비범죄화해서 형사사법기관의 부담을 덜어주고, 한정된 수단을 좀 더 중한 범죄와 위험한 범죄자에게 집중함으로써 형사사법의 효율을 높이려는 사법경제 차원에서 경미범죄에 대한 비범죄화의 필요성이 주장된다.
④ [×] 사실상 비범죄화는 형사사법의 공식적 통제권한에는 변함이 없으면서도 일정한 행위양태에 대해 형사사법체계의 점진적 활동축소로 이루어지는 비범죄화를 의미한다.

정답 ④

04 비범죄화 또는 다이버전(Diversion)에 대한 설명으로 옳지 않은 것은? 2011. 사시

① 비범죄화론은 약물범죄와 같은 공공질서 관련 범죄에 대해서 많이 주장되고 있다.
② 다이버전은 형사제재의 최소화를 도모하는 것으로, 보석도 그 한 형태이다.
③ 다이버전은 재판절차 전 형사개입이라는 점에서 또 다른 형사사법절차의 창출이라는 비판도 있다.
④ 경미범죄에 대한 경찰의 훈방조치 내지 지도장 발부, 범칙금 납부제도 등은 넓은 의미의 비범죄화의 일환이다.
⑤ 다이버전은 범죄자를 전과자로 낙인찍을 가능성을 줄인다.

해설
② [×] 다이버전(Diversion)은 공식적 형사절차로부터의 이탈과 동시에 사회 내 처우 프로그램에 위탁하는 것을 내용으로 하며, 형사사법기관이 통상의 절차를 중단하고 이를 대체하는 새로운 절차로의 이행을 의미하므로 보석이나 구속적부심사제도는 통상의 형사절차에 해당한다는 점에서 다이버전의 한 예라고 볼 수 없다.
다이버전은 형사사법의 탈제도화라는 의미에서 낙인이론의 산물이라고 할 수 있다.

정답 ②

05 다음 중 비범죄화에 대한 설명으로 가장 옳지 않은 것은? 2024. 해경 경위

① 법률상 비범죄화는 국회의 입법으로 법률이 폐지되거나 헌법재판소의 위헌결정 등에 의한 비범죄화를 의미한다.
② 형사처벌의 범위를 축소시키는 것은 비범죄화에 해당하지 않는다.
③ 수사상 비범죄화는 수사기관이 형벌법규가 존재함에도 사실상 수사하지 아니하는 것을 의미한다.
④ 간통죄는 헌법재판소가 위헌결정을 내림에 따라 비범죄화되었다.

해설
① [○] 법률상 비범죄화는 입법작용이나 헌법재판소의 위헌결정과 같은 판결에 의해 형벌법규가 무효화됨으로써 이루어지는 비범죄화를 의미한다.
② [×] 비범죄화 혹은 탈범죄화란 형사사법절차에서 특정범죄에 대한 형사처벌의 범위를 축소하는 것을 의미한다.
③ [○] 수사상 비범죄화는 수사기관이 형벌법규가 존재함에도 불구하고 사실상 수사하지 아니함으로써 달성되는 비범죄화를 의미한다.
④ [○] 비범죄화 논의의 대표적 범죄로 거론되었던 혼인빙자간음죄와 간통죄는 위헌 및 형법 개정으로 폐지되었고, 낙태죄는 헌법재판소가 헌법불합치로 결정(헌재 2019.4.11. 2017헌바127)함에 따라, 2020년까지 「형법」의 관련 조항을 개정하도록 하였다. 2020년 11월 「형법」과 「모자보건법」의 개정안이 국무회의를 통과했으나, 연말까지 국회를 통과하지 못함에 따라 낙태죄 관련 조항은 대체입법 없이 2021년 1월 1일 자동 폐지되었다.

정답 ②

06 비범죄화에 대한 설명으로 옳지 않은 것은? 2023. 보호 7급

① 비범죄화는 형법의 보충적 성격을 강조한다.
② 비범죄화는 형사처벌에 의한 낙인의 부정적 효과를 감소시킨다.
③ 「형법」상 간통죄의 폐지는 비범죄화의 예라고 할 수 없다.
④ 피해자 없는 범죄는 비범죄화의 주요 대상으로 논의된다.

해설
① [○] 비범죄화는 형법의 보충성 원칙이나 최후수단성 원칙에 부합한다.
② [○] 비범죄화는 형법이 가지는 보충적 성격과 공식적 사회통제기능의 부담가중을 고려하여 일정한 범죄유형을 형벌에 의한 통제로부터 제외시키는 경향으로, 형사처벌에 의한 낙인의 부정적 효과를 감소시킨다.
③ [×] 비범죄화 논의의 대표적 범죄로 거론되었던 혼인빙자간음죄와 간통죄는 위헌 및 형법 개정으로 폐지되었고, 낙태죄는 헌법재판소가 헌법불합치로 결정(헌재 2019.4.11. 2017헌바127)함에 따라, 2020년까지 「형법」의 관련 조항을 개정하도록 하였다. 2020년 11월 「형법」과 「모자보건법」의 개정안이 국무회의를 통과했으나, 연말까지 국회를 통과하지 못함에 따라 낙태죄 관련 조항은 대체입법 없이 2021년 1월 1일 자동 폐지되었다.
④ [○] 비범죄화의 논의 대상으로 피해자 없는 범죄(성매매, 마리화나 흡연 등 경미한 마약사용, 단순도박 등), 비영리적 공연음란죄, 음화판매죄, 사상범죄 등이 있다.

정답 ③

제2절 | 다이버전

01 전환처우(다이버전)에 대한 설명으로 가장 적절하지 않은 것은? 2024(74). 경위

① 낙인효과에 의한 2차 범죄를 방지하고 법원의 업무경감을 통해 형사사법 제도의 능률성을 높인다는 장점이 있다.
② 검찰 단계의 (조건부) 기소유예, 법원의 집행유예와 구속적부심사제도 등이 있다.
③ 경찰 단계의 훈방과 「경범죄 처벌법」, 「도로교통법」상 통고처분이 이에 해당한다.
④ 교도소의 수용인원을 줄여 과밀 수용 문제를 해결하는 장점이 있다.

해설
② [×] 검찰 단계의 기소유예, 불기소처분, 선도조건부 기소유예, 약식명령청구 등이 있다. 구속적부심사제도는 통상의 형사절차에 속한다.

정답 ②

02 다이버전(Diversion, 전환처우)에 관한 설명으로 가장 적절한 것은?
2023. 경찰2차

① 보석과 구속적부심사제도는 다이버전의 한 종류이다.
② 법원 단계에서의 다이버전은 선고유예, 집행유예 등이 있다.
③ 검찰 단계에서의 다이버전은 불기소처분, 가석방 등이 있다.
④ 경찰 단계에서의 다이버전은 훈방, 경고, 약식명령청구 등이 있다.

해설
① [×] 보석이나 구속적부심사제도는 통상의 형사절차에 해당한다는 점에서 다이버전의 한 예라고 볼 수 없다.
② [○] 법원 단계에서의 다이버전은 선고유예, 집행유예, 약식명령 등이 있다.
③ [×] 검찰 단계에서의 다이버전은 기소유예, 불기소처분, 선도조건부 기소유예, 약식명령청구 등이 있다. 가석방은 교정 단계에서의 다이버전에 해당한다.
④ [×] 경찰 단계에서의 다이버전은 훈방, 경고, 통고처분, 보호기관 위탁 등이 있다. 약식명령청구는 검찰 단계에서의 다이버전에 해당한다.

정답 ②

03 전환처우(다이버전)에 대한 설명으로 가장 적절하지 않은 것은?
2022(72). 경위

① 전환처우는 형사사법제도에 융통성을 부여해 범죄인에 대하여 보다 적절히 대응하고, 범죄사건을 효과적으로 처리할 수 있도록 한다.
② 경찰단계에서의 전환처우는 훈방, 통고처분 등이 있다.
③ 전환처우는 형사사법절차에서 적법절차의 원리를 강화하기 위한 것이다.
④ 전환처우는 성인형사사법에서보다는 소년형사사법에서 더욱 유용한 제도로 평가된다.

해설
③ [×] 일반적으로 공식적 형사절차로부터의 이탈과 동시에 사회 내 처우프로그램에 위탁하는 것을 그 내용으로 한다. 즉, 다이버전이란 형사사법기관이 통상의 형사절차를 중단하고 이를 대체하는 절차에 의해 범죄인을 처리하는 제도를 말한다.

정답 ③

04 다음 중 전환제도(diversion)에 대한 설명으로 가장 옳지 않은 것은?
2024. 해경 경위

① 교도소의 과밀 수용문제에 대한 대안이 될 수 있다는 장점이 있다.
② 전환제도는 낙인이론의 산물로서 경미범죄를 형사사법 절차를 거치지 않고 처리함으로서 낙인효과를 줄일 수 있다는 장점이 있다.
③ 경찰단계에서의 전환제도는 통고처분, 경고, 훈방 등이 있다.
④ 구속적부심 또는 보석은 전환제도의 대표적인 예시이다.

해설
① [○] 교도소의 수용인원을 줄여 과밀 수용 문제를 해결하는 장점이 있다.
② [○] 전환제도는 낙인이론의 산물로서 범죄인에 대한 형사처벌 및 형집행이 낙인효과를 가져와 오히려 범죄인의 사회복귀를 힘들게 할 뿐만 아니라 범죄인의 자아의식을 왜곡시켜 재범으로 나아가게 한다는 사실이 다이버전을 모색하게 된 동기이다.
③ [○] 경찰단계에서의 전환제도는 훈방, 경고, 통고처분, 보호기관 위탁 등이 있다.
④ [×] 보석이나 구속적부심사제도는 통상의 형사절차에 해당한다는 점에서 다이버전의 한 예라고 볼 수 없다.

정답 ④

05 청소년범죄 관련 다이버전(Diversion, 전환) 프로그램에 대한 설명으로 옳지 않은 것은? 2020. 교정 9급

① 다이버전은 형사사법기관이 통상적인 형사절차를 대체하는 절차를 활용하여 범죄인을 처리하는 제도를 말한다.
② 공식적인 형사처벌로 인한 낙인효과를 최소화하려는 목적을 갖고 있다.
③ 다이버전은 주체별로 '경찰에 의한 다이버전', '검찰에 의한 다이버전', '법원에 의한 다이버전' 등으로 분류하는 경우도 있다.
④ 경찰의 '선도조건부 기소유예제도'가 대표적인 '기소 전 다이버전' 프로그램이라고 할 수 있다.

해설
④ [×] 선도조건부 기소유예제도는 검찰단계의 기소 전 다이버전 프로그램이다.
선도조건부 기소유예제도는 검사가 범죄소년에 대하여 일정 기간 동안 준수사항을 이행하고 민간인인 범죄예방위원의 선도를 받을 것을 조건으로 기소유예처분을 하고, 그 소년이 준수사항을 위반하거나 재범을 하지 않고 선도 기간을 경과한 때에는 공소를 제기하지 않는 제도를 말하며, 소년에 대한 다이버전제도의 일종이라고 할 수 있다.

정답 ④

06 전환제도(Diversion)의 장점이 아닌 것은? 2021. 교정 7급

① 형사사법대상자 확대 및 형벌 이외의 비공식적 사회통제망 확대
② 구금의 비생산성에 대한 대안적 분쟁해결방식 제공
③ 법원의 업무경감으로 형사사법제도의 능률성 및 신축성 부여
④ 범죄적 낙인과 수용자 간의 접촉으로 인한 부정적 위험 회피

해설
① [×] 형사사법대상자 확대 및 형벌 이외의 비공식적 사회통제망 확대는 전환제도(Diversion)의 단점에 해당한다. 그동안 형사사법의 대상조차 되지 않았던 문제가 통제대상이 되어 오히려 사회적 통제가 강화될 우려가 있다는 것이다.

정답 ①

07 다이버전(Diversion)에 대한 설명 중 옳은 것(○)과 옳지 않은 것(×)을 순서대로 바르게 나열한 것은?

2014. 보호 7급

> ㉠ 일반적으로 공식적 형사절차로부터의 이탈과 동시에 사회 내 처우프로그램에 위탁하는 것을 내용으로 한다.
> ㉡ 형사사법기관이 통상의 형사절차를 중단하고 이를 대체하는 새로운 절차로 이행하는 것으로, 성인형사사법보다 소년형사사법에서 그 필요성이 더욱 강조된다.
> ㉢ 기존의 사회통제체계가 낙인효과로 인해 범죄문제를 해결하기보다는 오히려 악화시킨다는 가정에서 출발하고 있다.
> ㉣ 종래에 형사처벌의 대상이 되었던 문제가 다이버전의 대상이 됨으로써 형사사법의 통제망이 축소되고 나아가 형사사법의 평등을 가져온다.

	㉠	㉡	㉢	㉣
①	○	○	○	×
②	○	×	×	○
③	×	○	×	○
④	○	×	○	×

해설

옳은 것은 ㉠, ㉡, ㉢이고, 옳지 않은 것은 ㉣이다.
㉢ [○] 다이버전은 낙인이론의 산물로 범죄인에 대한 형사처벌 및 형집행이 낙인효과를 가져와 오히려 범죄인의 사회복귀를 힘들게 할 뿐만 아니라 범죄인의 자아의식을 왜곡시켜 재범으로 나아가게 한다는 사실이 다이버전을 모색하게 된 동기이다.
㉣ [×] 다이버전의 등장으로 인하여 형사사법의 대상조차 되지 않을 문제가 다이버전의 대상이 된다는 점으로서 이는 사회적 통제가 오히려 강화된다는 비판을 받는다.

정답 ①

08 다이버전(Diversion)에 대한 설명으로 옳지 않은 것은?

2018. 보호 7급

① 구속적부심사제도는 법원에 의한 다이버전에 해당된다.
② 다이버전에 대해서는 형사사법의 대상조차 되지 않을 문제가 다이버전의 대상이 된다는 점에서 오히려 사회적 통제가 강화된다는 비판이 있다.
③ 다이버전의 장점은 경미범죄를 형사사법절차에 의하지 아니하고 처리함으로써 낙인효과를 줄이는 것이다.
④ 검사가 소년피의자에 대하여 선도를 받게 하면서 공소를 제기하지 아니하는 조건부 기소유예는 다이버전의 예이다.

해설

① [×] 구속적부심사제도는 통상의 형사절차에 해당한다는 점에서 다이버전의 한 예라고 볼 수 없다.

정답 ①

09 다이버전(Diversion)에 대한 설명으로 옳지 않은 것은?

2024. 보호 9급

① 범죄학 이론 중 낙인이론의 정책적 함의와 관련이 있다.
② 소년범에 대해 그 필요성이 강조되고 있다.
③ 검찰 단계의 대표적 다이버전으로서 훈방과 통고처분이 있다.
④ 형사사법기관의 업무량을 줄여 상대적으로 더 중요한 범죄사건에 집중할 수 있게 해준다.

해설

① [O] 낙인이론은 경미한 범죄를 저지른 소년범에 대한 형사처벌이 이차 비행을 야기하는 원인이 된다고 본다. 따라서 낙인이론의 관점에서는 경미범죄를 저지른 소년범을 처벌하기보다 용서하고 관용을 베푸는 비범죄화가 가장 이상적인 정책의 방향이라고 할 수 있다. 소년범 다이버전은 경미한 범죄를 저지른 소년범들에게 통상의 형사사법절차에 따른 형사처벌을 부과하는 대신 다른 형태로 전환된 제재를 가한다는 의미이다. 현재 세계 각국에서 시행중인 다양한 형태의 다이버전 프로그램들은 낙인이론과 재통합적 수치이론에 기반을 두고 있다.
② [O] 다이버전은 형사사법기관이 통상의 형사절차를 중단하고 이를 대체하는 새로운 절차로 이행하는 것으로, 성인형사사법보다 소년형사사법에서 그 필요성이 더욱 강조된다.
③ [×] 경찰 단계의 대표적 다이버전으로서 훈방, 경고, 통고처분, 보호기관 위탁 등이 있으며, 검찰 단계의 대표적 다이버전으로서 기소유예, 불기소처분, 선도조건부 기소유예, 약식명령청구 등이 있다.
④ [O] 형사사법기관의 업무량을 줄여 상대적으로 더 중요한 범죄사건에 집중할 수 있게 해준다. 즉, 업무경감으로 인하여 형사사법제도의 능률성과 신축성을 가져온다.

정답 ③

해커스경찰
police.Hackers.com

제2편
범죄원인론

제4장　범죄원인론 개관
제5장　고전주의 범죄학
제6장　초기 실증주의 범죄학
제7장　생물학적 범죄원인론
제8장　심리·성격적 범죄원인론
제9장　사회학적 범죄원인론 - 사회구조적이론
제10장　사회학적 범죄원인론 - 사회과정이론
제11장　갈등론적 범죄원인론(비판범죄학)
제12장　여성범죄와 페미니즘 범죄학
제13장　잠재적 특질이론과 통합이론
제14장　발달범죄학

제4장 | 범죄원인론 개관

제1절 | 범죄원인에 대한 인식

01 범죄 및 범죄원인에 대한 설명으로 옳지 않은 것은?
2012. 교정 7급

① 비결정론은 법률적 질서를 자유의사에 따른 합의의 산물로 보고 법에서 금지하는 행위를 하거나 의무를 태만히 하는 행위 모두를 범죄로 규정하며, 범죄의 원인에 따라 책임 소재를 가리고 그에 상응하는 처벌을 부과해야 한다는 견해이다.
② 결정론에 따르면 인간의 사고나 판단은 이미 결정된 행위 과정을 정당화하는 것에 불과하므로 자신의 사고나 판단에 따라 자유롭게 행위를 선택할 수 없다고 본다.
③ 미시적 환경론과 거시적 환경론은 개인의 소질보다는 각자가 처해있는 상황을 주요한 범죄발생원인으로 고려한다는 점에서 유사하다.
④ 갈등이론에 의하면 법률은 사회구성원들이 함께 나누고 있는 가치관이나 규범을 종합한 것으로서, 법률의 성립과 존속은 일정한 가치나 규범의 공유를 상징한다.

해설

④ [×] 법의 기원을 사회적 갈등으로 보는 갈등론자들은 사회를 상호갈등적인 다양한 집단의 집합으로 보고, 이들 집단 중에서 자신들의 정치적·경제적 힘을 주장할 수 있는 집단이 자신들의 이익과 기득권을 보호하기 위한 수단으로서 법을 만들어 냈다고 보고 있다. 터크(Turk)는 법이란 영향력 있는 집단의 이익을 보호하기 위한 하나의 무기라고 주장했으며, 챔블리스(Chambliss)와 사이드만(Seidman)은 법을 지배집단이 자신들의 우월성을 보장하기 위한 행위규범이라고 규정하였다.
법의 기원을 사회적 합의로 보는 입장은 사회학의 구조기능주의로, 이들 구조기능론자들은 사회의 다양한 부분들이 하나의 통합된 구조로 조직되며, 완벽하게 통합된 문화에서는 사회적 안정성이 존재하고 사회의 구성원들이 규범·목표·규칙·가치에 대해서 일종의 합의나 동의를 이루게 된다고 보았다. 따라서 그 사회의 법률은 일반적으로 합의된 행위규범을 반영하는 것이다. 이처럼 구조기능론적 관점에서 법은 우리 사회의 가치·신념 그리고 의견의 주류를 반영하는 것이며, 범죄는 이러한 법률의 위반인 동시에 사회의 전체 요소에 모순되는 행위로 규정되고 있다.

☑ 갈등론적 관점

권력을 갖는 집단과 힘 없는 집단 간의 갈등이 범죄를 유발한다는 갈등이론(비판범죄론)에 의하면 법은 집단 간 이해관계의 충돌에 따른 부산물이라고 한다.
법의 제정, 위반 및 집행의 전 과정은 집단이익 간의 근본적인 갈등과 투쟁의 결과라고 보았으며(볼드. Vold), 사회적 가치·규범 및 법률에 대한 사회적 합의를 인정하지 않는다.
형사사법기관은 사회구성원 대다수의 이익보다는 권력과 지위를 차지하고 있는 소수집단의 이익을 위해 차별적으로 법을 집행한다고 보며 법의 내용은 권력을 차지한 집단의 이익을 도모하는 방향으로 정해진다고 한다.
비판범죄학(갈등이론)은 법의 제정과 집행이 자본가 계급에 의해 통제되고 있다고 보고 형법과 형사사법은 노동자 계급을 억압하는 자본가 계급의 도구로 본다.

정답 ④

02 범죄발생원인으로서의 소질과 환경에 대한 설명으로 옳은 것은?

2014. 사시

① 고전학파는 소질과 환경이 모두 범죄원인으로 작용하지만 소질이 훨씬 강하게 작용한다고 보았다.
② 범죄발생원인으로서 소질의 내용에는 유전, 신체, 빈곤, 가정해체 등이 포함된다.
③ 에이커스(Akers)는 범죄발생은 개인의 소질이 아니라 자본주의의 모순으로 인해 자연적으로 발생하는 사회현상이라고 보고, 노동자계급의 범죄를 적응범죄와 대항범죄로 구분하였다.
④ 크리스찬센(Christiansen)은 쌍생아 연구를 통해 유전적 소질이 범죄원인으로 작용하는지를 탐구하였다.
⑤ 볼드(Vold)는 집단갈등론을 통해 범죄유전인자를 가진 가족사이의 갈등이 중요한 범죄원인이 된다고 보았다.

해설

① [×] 고전학파(고전주의)는 범죄원인에는 관심이 없었고, 법과 형벌제도의 개혁에 관심을 가졌다. 즉, 고전주의 범죄학은 근본적으로 원인론적 접근이라기보다는 사회통제이론이라고 볼 수 있다.
② [×] 소질론은 범죄인 개인의 생리적·정신적인 내부적 특질이 범죄발생의 주요 원인이라고 보는 입장이고, 환경론은 범죄인을 둘러싼 환경을 범죄원인으로 본다. 빈곤, 가정해체 등은 환경론에서 중시한다.
③ [×] 퀴니(Quinney)에 대한 설명이다. 지배와 억압의 범죄는 우월적 지위에 있는 자본가 계층이 자신의 이익을 지키기 위해 자본가 계층의 기관을 통하여 범하는 것이며, 화해(적응)와 저항(대항)의 범죄는 주로 자본가 계층의 억압적 전술로부터 살아남기 위한 근로자 계층의 범죄를 말한다.
에이커스(Akers)는 범죄행위의 결과로서 보상이 취득되고 처벌이 회피될 때 그 행위는 강화되는 반면, 보상이 상실되고 처벌이 강화되면 그 행위는 약화된다는 차별적 강화이론을 주장하였다.
④ [○] 크리스티안센(Christiansen)은 쌍둥이 연구를 사회학적 방법을 통하여 시도하였는데 랑게(Lange)의 연구가 갖는 한계를 극복하기 위해 가장 광범위한 표본을 연구대상으로 연구를 시행하였으며, 연구결과의 정확성을 기하기 위하여 '쌍생아 계수'를 사용하였다. 그의 1974년 연구에 의하면, 범죄의 일치는 범죄의 종류, 출생지역, 사회계층, 범죄에 대한 집단의 저항강도에 따라 달라진다고 보면서, 종전의 연구결과보다는 일치율이 현저히 떨어진다는 보고를 하고 있다(일란성: 남성 35.8%, 여성 21.4%, 이란성: 남성 12.3%, 여성 4.3%).
⑤ [×] 볼드(Vold)는 그의 저서 「이론범죄학」에서 이해관계의 갈등에 기초한 집단갈등이론을 전개하였는데, 집단 간의 이해관계 대립이 범죄원인이라고 주장하였으며, 범죄란 집단이익의 갈등이나 집단 간 투쟁의 결과이며, 범죄행위란 집단갈등과정에서 자신들을 방어하지 못한 집단의 행위로 보았다.

정답 ④

03 범죄원인에 대한 아래의 주장들과 관계가 없는 사람은?

2014. 사시

> ㉠ 어느 사회든지 일정량의 범죄는 있을 수밖에 없으며, 범죄는 사회의 유지와 존속을 위하여 일정한 순기능을 지닌다.
> ㉡ 사회는 범죄를 예비하고, 범죄자는 그것을 실천하는 도구에 불과하다.
> ㉢ 모든 사회적 현상은 모방의 결과이며, 범죄도 다른 사람의 범죄를 모방한 것이다.
> ㉣ 사회환경은 범죄의 배양기이며 범죄자는 미생물에 해당하므로, 벌해야 할 것은 범죄자가 아니라 사회이다.

① 리스트(Liszt)
② 라까사뉴(Lacassagne)
③ 케틀레(Quetelet)
④ 뒤르껭(Durkheim)
⑤ 타르드(Tarde)

해설

① [×] 관계없는 사람은 리스트이다.
㉠ 뒤르껭, ㉡ 케틀레, ㉢ 따르드, ㉣ 라까사뉴

정답 ①

제2절 | 범죄원인의 설명(고전주의와 실증주의)

01 범죄에 관하여 고전주의 학파와 실증주의 학파로 나눌 때, 다음 설명 중 동일한 학파의 주장으로만 묶은 것은?

2015. 교정 7급

> ㉠ 효과적인 범죄예방은 형벌을 통해 사람들이 범죄를 포기하게 만드는 것이다.
> ㉡ 법·제도적 문제 대신에 범죄인의 개선 자체에 중점을 둔 교정이 있어야 범죄예방이 가능하다.
> ㉢ 형이상학적인 설명보다는 체계화된 인과관계 검증 과정과 과거 경험이 더 중요하다.
> ㉣ 형벌은 계몽주의, 공리주의에 사상적 기초를 두고 이루어져야 한다.
> ㉤ 인간은 기본적으로 자유의지를 가진 합리적·이성적 존재이다.

① ㉠, ㉡, ㉤
② ㉠, ㉣, ㉤
③ ㉡, ㉢, ㉣
④ ㉡, ㉢, ㉤

해설
- 고전주의 학파: ㉠, ㉣, ㉤
- 실증주의 학파: ㉡, ㉢

정답 ②

---

02 다음은 고전주의와 실증주의 범죄학파의 견해를 기술한 것이다. 실증주의 학파의 내용만으로 바르게 짝지어진 것은?

2023(73). 경위

> ㉠ 인본주의 철학사상을 배경으로 한다.
> ㉡ 인간은 환경의 영향을 받는 존재이다.
> ㉢ 과학적 연구방법을 중시한다.
> ㉣ 형벌의 본질은 응보이며, 형벌의 목적은 일반예방이다.
> ㉤ 형벌은 개인의 특성에 따라 차별적으로 결정되어야 한다.
> ㉥ 인간은 자유의지를 가진 합리적이고 이성적인 존재이다.

① ㉠, ㉡, ㉢
② ㉡, ㉢, ㉤
③ ㉢, ㉣, ㉤
④ ㉣, ㉤, ㉥

해설
- 고전주의 범죄학파: ㉠, ㉣, ㉥
- 실증주의 범죄학파: ㉡, ㉢, ㉤

고전주의 범죄학파 vs 실증주의 범죄학파

고전주의	실증주의
1. 인간은 자유의지를 가진 합리적·이성적 존재	1. 범죄는 생물학적·심리학적·환경적 원인
2. 범죄는 개인의 의지에 의해 선택한 규범 침해	2. 결정론적 입장에서 사회적 책임을 강조
3. 범죄행위에 대한 개인의 책임 및 처벌 강조	3. 범죄는 과학적으로 분석가능한 개인적·사회적 원인에 의해 발생
4. 형벌은 계몽주의, 공리주의에 사상적 기초	4. 범죄연구의 체계적·객관적 방법 추구
5. 형벌을 통해 사람들이 범죄를 포기하게 만드는 것	5. 범죄원인 규명, 범죄자에 따라 형벌 개별화
6. 처벌의 엄격·확실, 집행의 신속성 강조	6.
7. 자의적·불명확한 법률 반대(죄형법정주의)	7. 범죄원인 제거가 범죄통제에 효과적
8. 법과 형벌제도 개혁에 관심(범죄원인 관심 ×)	8. 법·제도가 아닌 범죄인의 개선 자체에 중점

정답 ②

03 고전주의 범죄학파와 실증주의 범죄학파에 관한 설명으로 가장 적절하지 않은 것은?   2023. 경찰2차

① 고전주의 범죄학파는 개인의 소질과 환경에 주목하여 범죄자의 행위에 대한 결정론을 주장하였다.
② 실증주의 범죄학파는 생물학적, 심리학적, 사회학적 요인에 기반하여 범죄원인을 설명하였다.
③ 고전주의 범죄학파는 범죄자의 자유의지와 합리성에 기반하여 범죄원인을 설명하였다.
④ 실증주의 범죄학파는 범죄원인의 규명과 해결을 위해서 과학적 연구방법의 중요성을 강조하였다.

해설
① [×] 실증주의 범죄학파에 대한 설명이다. 인간의 자유의지를 중시한 고전주의 범죄학파는 비결정론적 입장으로, 개인의 자유의지에 따른 범죄행위에 대한 개인의 책임 및 처벌을 강조한다.

정답 ①

04 범죄 문제에 대한 고전학파의 특징에 대비되는 실증주의 학파의 특징으로 옳지 않은 것은?   2018. 교정 7급

① 범죄행위를 연구하는데 있어서 경험적이고 과학적인 접근을 강조한다.
② 범죄행위는 인간이 통제할 수 없는 영향력에 의해서 결정된다고 주장한다.
③ 범죄행위의 사회적 책임보다는 위법 행위를 한 개인의 책임을 강조한다.
④ 범죄행위를 유발하는 범죄원인을 제거하는 것이 범죄통제에 효과적이라고 본다.

해설
③ [×] 개인의 자유의지에 따른 범죄행위에 대한 책임 및 처벌을 강조하는 고전학파에 대한 설명이다. 소질과 환경을 중시하는 실증주의는 결정론적 입장에서 사회적 책임을 강조한다.

정답 ③

05 범죄학에 관한 고전주의와 실증주의에 대한 설명으로 옳지 않은 것은?   2024. 교정 9급

① 고전주의는 형벌이 범죄결과의 정도에 상응하여야 한다고 주장한 반면, 실증주의는 부정기형과 사회 내 처우를 중요시하였다.
② 고전주의는 인간은 누구나 자유의지를 지닌 존재이기 때문에 평등하고, 범죄인이나 비범죄인은 본질적으로 다르지 않다고 인식하였다.
③ 19세기의 과학적 증거로 현상을 논증하려는 학문 사조는 실증주의 범죄학의 등장에 영향을 끼쳤다.
④ 실증주의는 적법절차모델(Due Process Model)에 바탕을 둔 합리적 형사사법제도 구축에 크게 기여하였다.

해설

① [○] 고전주의는 범죄를 예방하고 범죄자를 제지하기 위해 범죄에 상응한 처벌을 주장한 반면, 범죄인의 교정·교화를 주요 목적으로 하는 실증주의는 결정론의 입장에서 범죄자의 치료를 위한 부정기형과 범죄자와 지역사회의 유대 및 지역사회에 기초한 처우를 중요시한다.
② [○] 고전주의는 인간이 여러 가지 대안 행위 중에서 어떠한 행위를 선택하는 데 있어서 자신의 자유의사를 활용한다고 가정한다. 범죄행위는 상대적인 위험과 이득에 대한 합리적인 계산의 결과로 선택된 행위이므로, 범죄인이나 비범죄인은 본질적으로 다르지 않다고 한다. 반면에, 실증주의는 인간은 자신이 희망하는 사항이나 이성적 판단에 따라 행동하는 자율적 존재가 아니며 인간의 행위는 이미 결정된 대로 행동하는 것으로 보는 입장으로, 인간의 행위는 개인의 특수한 소질조건과 그 주변의 환경조건에 따라 결정된다고 이해한다. 따라서 범죄인과 비범죄인은 근본적으로 다르다고 본다.
③ [○] 범죄학에서의 실증주의학파는 사회문제의 연구에 과학적인 방법을 적용하였던 19C의 실증철학에서 따온 것이다. 19C의 실증주의학파는 범죄자의 연구를 위하여 과학적인 방법을 적용하기 위한 시도로써 발전되었으며, 특정의 범죄자에게 상응한 개별화된 처우와 더불어 범죄자로부터 사회의 보호를 동시에 강조하였다.
④ [×] 고전주의에 대한 설명이다. 베카리아와 벤담은 범죄를 현실적으로 사회의 안녕과 존속을 해치는 정도에 따라 구분했으며, 자의적인 형벌운영을 지양하기 위해서 모든 형벌집행은 법률에 의하도록 주장했으며, 이를 배경으로 당시 자의적이고 전횡적인 형사사법 운영실태를 비판하고, 인본주의를 바탕으로 합목적적인 형사사법제도의 토대를 마련하기 위해 노력하였다. 이는 효율적인 범죄방지를 위하여 형벌 등 현대적인 형사사법제도의 발전에 크게 기여하였다.

정답 ④

제5장 | 고전주의 범죄학

제1절 | 시대적 배경

01 고전주의 범죄학에 대한 설명으로 가장 적절한 것은? 2024(74). 경위

① 벤담(Bentham)은 처벌의 비례성과 형벌의 특별예방을 강조하였고 최대다수의 최대행복을 주장하였다.
② 고전주의 범죄학의 영향을 받은 현대 범죄이론에는 합리적 선택이론, 일상활동이론, 인지이론, 행동주의이론 등이 있다.
③ 인간은 합리적 의사결정에 따른 자유의지를 갖는 존재이므로 경미한 범죄에도 강력한 처벌이 필요하다.
④ 규문주의 형사사법을 비판하고, 적법절차에 바탕을 둔 합리적 형사사법제도를 정립하는데 공헌하였다.

해설

① [×] 공리주의를 주장한 벤담은 최대다수의 최대행복의 원리를 바탕으로 범죄를 설명하면서, 처벌의 비례성과 형벌의 일반예방을 통해 성취될 수 있는 최대다수의 행복을 강조하였다.
② [×] 고전주의 범죄학의 영향을 받은 현대 범죄이론(신고전주의 범죄학)에는 합리적 선택이론, 생활양식·노출이론, 일상활동이론, 구조적 선택이론, 범죄패턴이론 등이 있다.
③ [×] 고전주의 범죄학자인 베카리아(Beccaria)는 형벌은 법률에 의해 규정되어야 하며 범죄에 비례하여 최소한도로 부과되어야 한다고 주장하였다. 범죄와 처벌 사이의 비례는 '형사정의'의 차원에서도 중요하지만, 적절하지 않은 형벌은 오히려 더 심각한 범죄를 유발할 수도 있다는 것이다. 예를 들어, 경미한 범죄가 중한 범죄와 동일하게 처벌받는다면 범죄자 입장에서는 더 많은 이익을 위해 더 심각한 범죄를 선택할 수 있다고 설명하였다.
④ [○] 자의적인 형벌운영을 지양하기 위해서 모든 형벌집행은 법률에 의하도록 주장했다.

정답 ④

02 고전주의 범죄학의 일반적 특징으로서 가장 옳지 않은 것은? 2023. 해경 경위

① 범죄자 개인이 아니라 형법 및 형사사법 체계의 개혁에 초점을 두었다.
② 사람은 욕구 충족이나 문제해결을 위한 방법으로 범죄를 선택할 수 있는 자유의지를 가지고 있다고 본다.
③ 범죄를 그것에 따른 위험과 이득을 합리적으로 계산하여 선택한 결과적 행위로 본다.
④ 법률이 공정하고 정의로운지 의문을 제기하고 법관의 법 해석상 자율권을 인정한다.

해설

④ [×] 법관의 재량권 인정을 거부하고 형법 적용의 도구로 보았다. 즉, 범죄에 대한 형벌은 법률로서만 정할 수 있고, 형사사건에서 법관은 형법을 해석할 권한이 없다.

정답 ④

03
범죄원인론 중 고전학파에 대한 설명으로 가장 적절하지 않은 것은? 2022(72). 경위

① 고전학파는 범죄의 원인보다 형벌 제도의 개혁에 더 많은 관심을 기울였다.
② 고전주의 범죄학은 계몽주의 시대사조 속에서 중세 형사사법 시스템을 비판하며 태동하였고, 근대 형사사법 개혁의 근간이 되는 이론적 토대를 제공하였다.
③ 고전주의 범죄학은 범죄를 설명함에 있어 인간이 자유의지(free-will)에 입각한 합리적 존재라는 기본가정을 바탕으로 한다.
④ 고전주의 범죄학은 처벌이 아닌 개별적 처우를 통한 교화개선을 가장 효과적인 범죄예방 대책으로 본다.

해설
④ [×] 실증주의에 대한 설명이다. 고전주의는 범죄를 효과적으로 제지하기 위해서는 처벌이 엄격·확실하고, 집행이 신속해야 하고, 효과적인 범죄예방은 형벌을 통해 사람들이 범죄를 포기하게 만드는 것이라 주장한다.

정답 ④

04
고전학파 이론의 배경에 대한 설명으로 옳지 않은 것은 모두 몇 개인가?

㉠ 인간의 본래적인 모습은 항상 기쁨을 극대화하고 고통을 최소화하려는 경향을 갖는다.
㉡ 인간과 사회와의 관계는 계약관계이다.
㉢ 생물학, 물리학, 화학 등 자연과학의 발전이 배경이 되었다.
㉣ 행위를 통제할 수 있는 근본적인 도구는 고통에 의한 공포감이다.
㉤ 사회는 개인을 처벌할 수 있는 권리가 있으며, 이러한 권리는 형벌집행을 전담하는 국가 기구에 위임될 수 있다.
㉥ 인간의 의지란 심리적으로 실재하는 것으로 인식되어야 한다.
㉦ 환경의 변화에 적응하는 생명체는 생존할 수 있다는 적자생존의 원칙이 제기되었다.

① 2개   ② 3개
③ 4개   ④ 5개

해설
옳지 않은 것은 ㉢, ㉦ 2개이다.
㉠, ㉡, ㉣, ㉤, ㉥이 고전학파 이론의 배경이 되었으며, ㉢, ㉦은 실증주의 이론의 배경에 해당된다.
고전학파 이론의 시대적 배경이 된 것은 이 외에도 공포감을 불러일으키기 위한 방법으로써 처벌이 필요하고, 형법전이나 금지행위에 대한 처벌체계가 구성되어야 한다.

정답 ①

05 범죄원인론 중 고전주의 학파에 대한 설명으로 옳은 것만을 모두 고르면?
2019. 교정 9급

㉠ 인간은 자유의사를 가진 합리적인 존재이다.
㉡ 인간은 처벌에 대한 두려움 때문에 범죄를 선택하는 것이 억제된다.
㉢ 범죄는 주로 생물학적·심리학적·환경적 원인에 의해 일어난다.
㉣ 범죄를 효과적으로 제지하기 위해서는 처벌이 엄격·확실하고, 집행이 신속해야 한다.
㉤ 인간에 대한 과학적 분석을 통해 범죄원인을 규명하고자 하였다.

① ㉠, ㉡, ㉢   ② ㉠, ㉡, ㉣
③ ㉡, ㉢, ㉣   ④ ㉢, ㉣, ㉤

해설
옳은 것은 ㉠, ㉡, ㉣이다.
㉢, ㉤ [×] 실증주의 학파에 대한 설명이다.

정답 ②

---

06 다음 중 고전학파 범죄이론에 대한 설명으로 가장 옳지 않은 것은?
2022. 해경 경위

① 고전학파는 범죄의 원인보다 형벌 제도의 개혁에 더 많은 관심을 기울였다.
② 고전주의 범죄학은 계몽주의 시대사조 속에서 중세 형사사법 시스템을 비판하며 태동하였고, 근대 형사사법 개혁의 근간이 되는 이론적 토대를 제공하였다.
③ 파놉티콘(Panopticon) 교도소를 구상하여 이상적인 교도행정을 추구하였다.
④ 인간의 합리적인 이성을 신뢰하지 않고 범죄원인을 개인의 소질과 환경에 있다고 하는 결정론을 주장하였다.

해설
① [○] 18C 중엽 공리주의 사회철학자인 베카리아와 영국의 벤담으로 대표되는 고전학파가 중점적으로 관심을 둔 사항은 범죄행위에 대한 설명보다는 형벌제도와 법제도의 개혁에 관한 것이었다.
② [○] 1761년에 발생한 칼라스家(Jean. Calas)의 비극은 계몽주의자들과 베카리아에게 당시 자의적이고 공정하지 못한 왜곡된 사법 및 형벌체계에 대한 개혁의 단초를 제공하였고, 이는 1789년 프랑스 대혁명으로 이어지는 동력이 되었다. 고전주의 범죄학은 르네상스와 계몽주의의 영향을 받아 중세의 형사사법의 자의적 집행과 잔혹한 처벌에 대한 반성을 토대로 태동하였고, 근대 형사사법 개혁의 근간이 되는 이론적 토대를 제공하였다.
③ [○] 벤담(Bentham)은 최소비용으로 최대효과를 거둘 수 있는 유토피아적인 파놉티콘(Panopticon)형 교도소 건립계획을 수립하여 이상적인 교도행정을 추구하였다.
④ [×] 실증주의 학파에 대한 설명이다. 인간의 자유의지를 중시한 고전학파(고전주의)는 비결정론적 입장이며, 인간을 자유의지를 가진 합리적·이성적 존재로 본다.

정답 ④

제2절 | 고전주의 범죄학자

01 베카리아(Beccaria)의 범죄 및 형사정책에 대한 설명으로 가장 적절하지 않은 것은? *2024(74). 경위*

① 국가가 인간을 처벌할 수 있는 근거는 오직 사회계약에 있으며, 사회계약시 인간은 생명에 대한 권리까지 국가에 양도하지 않았기 때문에 사형은 폐지되어야 한다.
② 개인의 정치적·사회적 신분 등에 따른 차별적 형벌의 적용은 폐지되어야 한다.
③ 입법부의 역할은 각각의 범죄에 대한 형벌을 규정하는 것이고, 판사의 역할은 재량권을 가지고 유죄의 여부 및 양형을 결정하는 것이다.
④ 범죄의 심각성은 그것이 사회에 끼친 해악의 정도로 결정되는 것이지, 범죄자의 개인적인 동기와는 무관하다.

해설
③ [×] 베카리아(Beccaria)는 전통적 형법체계를 비판하면서 "법률이 없으면 범죄도 없다."는 죄형법정주의를 주장하였고, 형법의 제정과 재판의 분권원리를 설명하였다. 죄형법정주의는 입법의 역할을 강조한 것으로, 입법부의 역할은 각각의 범죄에 대한 형벌을 규정하는 것이다.
당시의 법해석의 남용이라든가 재판과정에서의 비일관성을 통한 자의적인 처벌에 대해 비판하면서 판사는 입법자가 아니기 때문에 법을 해석할 권한이 없고, 다만 법 규정에 따라 형벌을 부과해야 한다며 판사의 양형재량에 반대하였다.

정답 ③

---

02 다음 설명과 가장 관련이 깊은 학자는? *2023. 경찰1차*

> 형벌의 목적은 오직 범죄자가 시민들에게 새로운 해악을 입힐 가능성을 방지하고, 타인들이 유사한 행위를 할 가능성을 억제시키는 것이다. 따라서 형벌 및 형 집행의 수단은 범죄와 형벌 간의 비례관계를 유지하면서 인간의 정신에 가장 효과적이고 지속적인 인상을 만들어 내는 동시에, 수형자의 신체에는 가장 적은 고통을 주는 것이다.

① 베카리아(Beccaria)
② 롬브로소(Lombroso)
③ 쉘던(Sheldon)
④ 에이커스(Akers)

해설
18C 고전학파의 선구자이자, 형법개혁운동의 개척자인 베카리아에 대한 설명이다.
① [○] 베카리아(Beccaria)는 「범죄와 형벌」(1764)을 통해 무차별적인 고문과 사형 등 당시의 형사사법 관행을 비판하고 사형 및 고문제도의 폐지를 주장하였으며, 죄형법정주의를 강조하면서 고전주의 범죄학의 근간이 되는 이론적 토대를 마련하였다.
② [×] 실증주의 및 범죄인류학의 선구자이자 범죄학의 아버지로 불리며, 자연과학을 바탕으로 한 생물학적 범죄원인연구의 개척자인 롬브로조는 「범죄인론」(1876)에서 범죄자에게는 일정한 신체적 특징이 있고, 이러한 신체적 특징은 원시인에게 있었던 것이 격세유전에 의하여 나타난 것이라고 하였다. 생래적 범죄성과 신체적 특징과의 관계에 주목하였으며, 범죄자적 신체특성을 5가지 이상 가진 사람들을 '생래적 범죄자'라고 부르고, 이들은 원래 생물학적으로 원시적인 형질을 가지고 태어났기 때문에 범죄를 저지를 수밖에 없다고 보았다.
③ [×] 체형이론을 주장한 미국의 심리학자 쉘던(Sheldon)은 인간의 배아가 내배엽, 중배엽, 외배엽의 3개 배엽으로 구성되어 있고, 내배엽은 내장 기관으로, 중배엽은 근육과 뼈로, 외배엽은 피부와 신경계로 발달한다는 개체발생론적 지식에 근거하여 사람의 체형에 따라 성격이 다르다는 주장을 하였다.
④ [×] 버제스(Burgess)와 에이커스(Akers)는 범죄행위의 결과로서 보상이 취득되고 처벌이 회피될 때 그 행위는 강화되는 반면, 보상이 상실되고 처벌이 강화되면 그 행위는 약화된다는 차별적 강화이론을 주장하였다. 이후 에이커스는 차별적 강화이론에 모방의 개념을 포함시켜 사회학습이론을 제시하였다.

정답 ①

03 베까리아(C. Becaria)의 형사사법제도 개혁에 대한 주장으로 옳지 않은 것만을 모두 고르면?

2019. 교정 7급

> ㉠ 형벌은 성문의 법률에 의해 규정되어야 하고, 법조문은 누구나 알 수 있게 쉬운 말로 작성되어야 한다.
> ㉡ 범죄는 사회에 대한 침해이며, 침해의 정도와 형벌 간에는 적절한 비례관계가 유지되어야 한다.
> ㉢ 처벌의 공정성과 확실성이 요구되며, 범죄행위와 처벌 간의 시간적 근접성은 중요하지 않다.
> ㉣ 형벌의 목적은 범죄예방을 통한 사회안전의 확보가 아니라 범죄자에 대한 엄중한 처벌에 있다.

① ㉠, ㉡
② ㉠, ㉣
③ ㉡, ㉢
④ ㉢, ㉣

해설
옳지 않은 것은 ㉢, ㉣이다.
㉢ [×] 범죄가 일어난 후에 처벌이 신속하여 처벌과 범죄가 근접할수록 처벌은 더욱 공정해지고 효과적이다.
㉣ [×] 범죄를 처벌하는 것보다 범죄를 예방하는 것이 더욱 중요하며, 처벌은 범죄예방에 도움이 된다고 판단될 때에 정당화된다는 범죄예방주의를 표방하였다.

정답 ④

04 베카리아(Beccaria)의 사상에 대한 설명으로 옳지 않은 것은?

2013. 사시

① 형벌은 범죄에 비례하지 않으면 안 되며 법률에 의해 규정되어야 한다.
② 사형은 예방 목적의 필요한 한도를 넘는 불필요한 제도로서 폐지되어야 한다.
③ 처벌은 공개적이어야 하고 신속하며 필요한 것이어야 한다.
④ 범죄를 예방할 수 있는 가장 확실한 장치는 처벌의 가혹성에 있다.
⑤ 범죄와 처벌 사이의 시간적 길이가 짧을수록 범죄예방에 더욱 효과적이다.

해설
④ [×] 베카리아는 범죄를 예방할 수 있는 가장 확실한 장치는 처벌의 가혹성이 아니라 처벌의 완벽성이라는 처벌의 확실성을 강조하였다.

정답 ④

05 베카리아(Beccaria)의 주장으로 옳지 않은 것은?

2024. 보호 9급

① 형벌의 목적은 범죄를 억제하는 것이다.
② 범죄를 억제하는 효과를 높이기 위해서는 처벌의 신속성뿐만 아니라 처벌의 확실성도 필요하다.
③ 형벌이 그 목적을 달성하기 위해서는 형벌로 인한 고통이 범죄로부터 얻는 이익을 약간 넘어서는 정도가 되어야 한다.
④ 인도주의의 실천을 위하여 사형제도는 폐지되어야 하고 사면제도가 활용되어야 한다.

해설
① [O] 범죄를 처벌하는 것보다 범죄를 예방하는 것이 더욱 중요하며, 처벌은 범죄예방에 도움이 된다고 판단될 때에 정당화된다는 범죄예방주의를 표방하였다. 또한 범죄예방의 가장 좋은 방법의 하나는 잔혹한 형의 집행보다 확실하고 예외 없는 처벌이라고 하였다.
② [O] 처벌의 신속성, 확실성, 엄격성의 효과를 강조한다.
③ [O] 형벌의 정도는 형벌로 인한 고통이 범죄로부터 얻는 이익을 약간 넘어서는 정도가 되어야 한다.
④ [×] 범죄의 심각성과 형벌의 강도는 합리적인 연관성이 없다고 생각했기 때문에 사회계약설에 의거 사형제도를 폐지하고 대신에 구금형으로 대체되어야 한다고 주장한다. 또한 사면은 형사제도의 무질서와 법에 대한 존중심의 훼손을 초래한다고 보고, 자비라는 얼굴을 한 가면이라고 혹평하면서 사면의 폐지를 주장하였다.

정답 ④

06 다음 중 벤담(Bentham)의 파놉티콘(Panopticon)에 대한 설명으로 가장 옳은 것은? 2024. 해경 경위

① 봄 - 보여짐의 비대칭적 구조를 갖고 있다.
② 수형자에게 강제노역은 유해하므로, 노동은 원하는 자로 한정해야 한다고 주장하였다.
③ 채찍이론을 통하여 범죄와 형벌의 비례성을 비판하고 수형자를 강하게 처벌해야 한다는 엄격함의 원칙을 주장하였다.
④ 최초로 야간독거제를 주장했으며, 수형자 상호간의 접촉은 차단해야 한다고 하였다.

해설
① [O] 파놉티콘(Panopticon)은 그리스어로 '모두'를 뜻하는 'pan'과 '본다'를 뜻하는 'opticon'을 합성한 것으로, 벤담은 소수의 감시자가 자신을 드러내지 않고 모든 수용자를 감시할 수 있는 형태의 감옥을 제안하면서 이 말을 창안했다.
② [×] 수용자들의 강제노동에 긍정적이다. 파놉티콘은 다른 교도소와 다르게 정부가 아닌 개인에 의해 운영되며, 수감자들의 노동으로 얻은 수익을 운영자가 가질 수 있도록 해서 운영자가 수감자의 건강을 신경 쓰게 만들었다
③ [×] 벤담은 범죄와 형벌의 비례성을 논증하면서 채찍의 비유를 든다. 범죄자에 대한 채찍은 매질하는 자의 근력과 범죄자에 대한 적개심에 따라 달라질 수 있기 때문에 이러한 불공정함과 불합리한 것을 예방하기 위해 형벌의 강도는 범죄의 중대성에 의해서만 결정되어야 한다. 이를 위해 각 범죄에 정확하게 비례하여 형벌을 가할 수 있는 균일한 타격기계 같은 것을 구상하기도 하였다.
④ [×] 존 하워드(J. Howard)에 대한 설명이다. 그는 「영국과 웰스의 감옥상태론」(1777)을 통해 잡거구금의 무질서와 비위생을 지적하면서 반독거제 형태인 주간 또는 야간 독거제를 주장하였다.

정답 ①

07 벤담(Bentham)의 주장에 대한 설명으로 옳지 않은 것은? 2015. 사시

① 법의 목적은 최대다수의 최대행복을 보장하는 것이라고 주장하였다.
② 형벌은 범죄자의 재사회화를 목표로 하는 특별예방에 주된 목적이 있다고 보아 형벌대용물 사상을 주장하였다.
③ 최소비용으로 최대의 감시효과를 거둘 수 있는 파놉티콘(Panopticon)이라는 감옥 형태를 구상하였다.
④ 범죄자에 대한 적개심에 따라 강도가 달라질 수 있는 채찍질처럼, 감정에 따라 불공정하게 형벌이 부과되는 것을 경계하였다.
⑤ 범죄를 상상(관념)적 범죄와 실제적 범죄로 구별하려고 하였다.

해설

① [O] 법의 목적은 최대다수의 최대행복을 보장하여 주는 것이고, 형벌부과의 목적은 범죄예방에 있으며, 이를 위해 가장 적은 비용을 사용하여야 한다고 주장하였다.
② [X] 페리(Ferri)에 대한 설명이다. 그는 범죄에 대해서 형벌이라는 직접적인 반작용보다는 범죄성의 충동을 간접적으로 방지시킬 수 있는 대책으로서 형벌대용물의 사상을 내세웠다. 페리는 이탈리아의 새로운 형법을 기초하는 책임을 맡았는데, 여기서 범죄자의 도덕적 책임을 부정하였으며, 응보와 같은 개인의 유책성에 근거하여 이를 상쇄하고자 하는 형벌제도의 운용을 거부하고, 범죄자의 재사회화 방안을 강조하였다.
③ [O] 의회의 반대 및 당시 열악한 건축기술로 실제로 건립되지는 않았으나, 현대 교도소 건축에 많은 영향을 미쳤다.
④ [O] 형벌이 채찍을 가하는 것과 같이 감정에 치우쳐 부과되는 것을 경계하는 채찍이론을 제시하면서 범죄에 정확하게 비례하는 과학적 형벌부과를 강조하였다.
⑤ [O] 범죄란 악을 낳는 것, 즉 실제적 범죄이어야 하는 것으로 보면서 그렇지 아니한 상상(관념)적 범죄와는 엄격히 구별하였다.

정답 ②

08 다음은 벤담(Bentham)의 주장을 소개한 것이다. 괄호 안에 들어갈 말을 모두 올바르게 고른 것은?

법의 목적은 최대 다수의 최대 행복을 보장하여 주는 것이고, 형벌부과의 목적은 (A)이며, 이를 위해 가장 적은 비용을 사용해야 한다고 보았다. 그리고 범죄로 인한 이익, 고통 등을 고려하여 적절한 형벌이 부과되도록 형벌을 (B)해야 한다고 주장하였다. 범죄란 악을 낳는 것, 즉 (C)이어야 한다고 보면서 그렇지 아니한 관념적(상상적) 범죄와 엄격히 구별하였다. 또한, 최소 비용으로 최대의 감시효과를 거둘 수 있는 (D)이라는 감옥 형태를 구상하였다.

㉠ 응보　　　　　　㉡ 범죄예방　　　　　㉢ 다양화
㉣ 계량화　　　　　㉤ 실제적 범죄　　　　㉥ 형식적 범죄
㉦ 파놉티콘　　　　㉧ 파빌리온

	A	B	C	D
①	㉠	㉣	㉤	㉦
②	㉡	㉣	㉥	㉧
③	㉠	㉢	㉥	㉦
④	㉡	㉣	㉤	㉦
⑤	㉠	㉢	㉤	㉧

해설

④ [O] A - ㉡, B - ㉣, C - ㉤, D - ㉦
벤담은 법의 목적은 최대다수의 최대행복을 보장하여 주는 것이고, 형벌부과의 목적은 범죄예방에 있으며, 이를 위해 가장 적은 비용을 사용하여야 한다고 주장하였다.
그는 범죄란 악을 낳는 것, 즉 실제적 범죄이어야 하는 것으로 보면서 그렇지 아니한 상상(관념)적 범죄와는 엄격히 구별하였다. 형벌을 계량화하는 행복지수계산법을 주장하였으며, 특히 채찍이론을 제시하면서 범죄에 정확하게 비례하는 과학적 형벌부과를 주장하였고, 유토피아적인 파놉티콘형 교도소건립계획을 수립하였다.

정답 ④

09 형벌이론에 대한 설명으로 옳지 않은 것은?

2024. 보호 7급

① 베카리아(C. Beccaria)는 사형을 폐지하고 종신 노역형으로 대체할 것을 주장하였다.
② 헤겔(G.W.F. Hegel)은 절대적 형벌론자였으며, 범죄행위는 법의 부정이며, 형벌은 법의 부정을 부정하는 것이라고 주장하였다.
③ 칸트(I. Kant)는 응보이론을 옹호했으며, 형벌은 일정한 목적을 추구하기 위해 존재하는 것이 아니라 범죄자에게 고통을 주는 그 자체가 가치 있는 것이라고 주장하였다.
④ 포이어바흐(A. Feuerbach)는 일반예방과 특별예방을 구별하고, 재사회화와 관련된 심리강제설을 주장하면서, 특별예방을 강조하였다.

해설

① [O] 베카리아는 범죄의 심각성과 형벌의 강도는 합리적인 연관성이 없다고 생각했기 때문에 사회계약설에 의거 사형제도를 폐지하고 대신에 종신 노역형으로 대체할 것을 주장하였다.
② [O] 헤겔은 응보형주의(절대주의, 절대설) 형벌론자였으며, 범죄행위는 법의 부정이며, 따라서 형벌은 법의 부정을 부정하는 것이다. 범죄는 침해되는 자의 권리를 없는 것으로서 취급하지만, 형벌의 실행에 의해서 그 권리의 존재가 명시되고 확립된다. 만약 형벌이 실행되지 않으면 침해되는 자는 권리를 갖지 못하게 된다. 따라서 형벌은 법의 회복이며, 권리의 확립이다. 이것은 법 내지 권리가 형벌과 불가분에 있으며, 형벌을 수반하지 않는 인격적 권리의 추상적 주장은 그 권리의 존재 자체를 위태롭게 하는 것이다. 요컨대 형벌을 수반하지 않는 권리는 권리가 아니라는 것을 의미한다.
③ [O] 칸트는 응보형주의(절대주의, 절대설) 형벌론자로, 형법은 어떤 목적과도 무관한 정언명령이며, 형법을 통해 목적을 추구하는 것은 인간을 수단화하는 것이므로 인간의 존엄에 반한다고 하였다. 또한 범죄는 자유의사를 가지는 인간의 도덕률 위반이며, 형벌은 범죄자의 책임에 대한 응보이며 그 자체가 목적이라고 하였다. 형벌은 범죄행위 그 이상의 것이어서는 안 된다고 한다(동해형벌론).
④ [X] 포이에르바하는 상대주의 형벌론자로, 일반 국민에게 범죄로 얻어지는 쾌락보다는 범죄에 대하여 과하여지는 고통이 더욱 크다는 것을 알게 하는 심리적 강제로써만 범죄를 방지할 수 있으며, 이러한 심리적 강제는 형벌을 법전에 규정하여 두고 이를 집행함으로써 효과적으로 이루어질 수 있다고 하였다(심리강제설에 의한 일반예방사상).

정답 ④

10 <보기 1>에 제시된 설명과 <보기 2>에 제시된 학자를 옳게 짝지은 것은?

2018. 교정 9급

<보기 1>

㉠ 감옥개량의 선구자로 인도적인 감옥개혁을 주장하였다.
㉡ 「범죄와 형벌」을 집필하고 죄형법정주의를 강조하였다.
㉢ 파놉티콘(Panopticon)이라는 감옥형태를 구상하였다.
㉣ 범죄포화의 법칙을 주장하였다.

<보기 2>

A. 베까리아(Beccaria) B. 하워드(Howard)
C. 벤담(Bentham) D. 페리(Ferri)

	㉠	㉡	㉢	㉣
①	A	B	C	D
②	C	A	B	D
③	B	A	C	D
④	B	A	D	C

해설

③ [O] ㉠ - B, ㉡ - A, ㉢ - C, ㉣ - D

정답 ③

제3절 | 현대적(신) 고전주의

01 현대적 고전학파 이론에 대한 설명으로 옳지 않은 것은?

① 1968년 미국의 50개 주 전체를 대상으로 각각의 주에서 범죄발생률, 범죄검거율, 평균형량 등의 관계를 분석한 깁스(Gibbs)의 연구가 있다.
② 깁스(Gibbs)는 위 연구에서 살인 사건의 경우 형벌의 집행이 확실하고 그 정도가 엄격한 곳일수록 그 지역에서 살인사건 발생률이 낮았다고 주장한다.
③ 티틀(Tittle)은 형벌의 엄격성은 살인사건의 경우에는 그 억제효과가 있었고, 형벌의 확실성은 모든 유형의 범죄발생률에 중요한 영향을 미친다고 주장했다.
④ 코헨(Cohen)과 펠슨(Felson)은 일상생활이론을 주장하며, 범죄동기나 범죄를 저지를 개연성은 제한이 없다고 가정하였다.

해설
④ [×] 코헨(Cohen)과 펠슨(Felson)의 일상생활(활동)이론은 범죄자가 아니라 범행의 조건을 특정화하는 이론으로, 고전학파에서 모든 사람들이 쾌락을 극대화하고 고통을 최소화하려는 경향을 가지고 있다고 가정했듯이 이들은 범죄 동기나 범죄를 저지를 개연성이 있는 사람의 수는 일정하다고 가정하였고, 사회에서 발생하는 범죄는 범행을 동기화한 사람, 적절한 범행대상(합당한 표적), 범행을 막을 수 있는 사람의 부존재(보호할 수 있는 능력의 부재)의 세 가지 요소에 의해 결정된다고 보았다.

정답 ④

02 억제이론에 대한 설명으로 가장 옳지 않은 것은? 2023. 해경 경위

① 억제이론은 처벌의 신속성, 확실성, 엄격성의 효과를 강조한다.
② 형벌의 특수적 억제효과란 범죄를 저지른 사람에 대한 처벌이 일반시민들로 하여금 처벌에 대한 두려움을 불러일으켜서 결과적으로 범죄가 억제되는 효과를 말한다.
③ 범죄자에 대한 처벌의 억제효과는 범죄자의 자기통제력 수준에 따라 달라질 수 있다.
④ 억제이론의 기초가 되는 것은 인간의 공리주의적 합리성이다.

해설
② [×] 억제 또는 제지이론은 인간이란 합리적으로 즐거움과 고통, 이익과 비용을 계산할 줄 아는 이성적 존재이기 때문에 범죄의 비용이 높을수록 범죄수준은 낮아질 것이라는 가정, 즉 처벌을 강화하면 두려움과 공포로 인하여 사람들의 범죄동기가 억제되고 범죄는 줄어들 것이라는 가정에 기초한 이론으로 일반제지와 특별제지의 두 가지 형태로 논의되어 왔다. 범제 억제 구성요소로 처벌의 확실성, 처벌의 엄중성, 처벌의 신속성이 있다.

일반적 예방효과 (일반제지, 일반예방주의)	범죄를 저지른 사람에 대한 처벌이 일반시민들로 하여금 처벌에 대한 두려움을 불러 일으켜서 결과적으로 범죄가 억제되는 효과
형벌의 특수적 예방효과 (특별제지, 특별예방주의)	형벌의 목적을 범죄인에 대한 위하와 범죄인이 다시 죄를 범하는 것을 방지

정답 ②

03 억제이론(Deterrence theory)에 관한 설명으로 가장 적절하지 않은 것은?   2022. 경찰2차

① 억제(deterrence)는 고전주의 범죄학파의 주요 개념 중 하나이다.
② 효과적인 범죄억제를 위해서는 처벌이 확실하고 엄격하며 신속해야 한다.
③ 일반억제(general deterrence)는 전과자를 대상으로 한 재범방지에 중점을 둔다.
④ 촉법소년의 연령 하향을 주장하는 학자들의 이론적 근거 중 하나이다.

해설
①, ② [○] 억제의 개념은 고전주의 범죄학자인 베카리아와 벤담의 주장에 근거하며, 고전주의 범죄학의 기본전제인 인간의 자유의지와 합리성을 기반으로 한 억제이론은 처벌의 확실성, 엄격성, 신속성에 의해 계량된 처벌의 고통과 범죄로 인한 이익 사이의 함수관계로 범죄를 이해하였다.
③ [×] 특별억제에 대한 설명이다. 일반억제는 범죄자들에 대한 처벌의 위협에 의해서 잠재적인 범죄자들의 범죄행위를 억제할 수 있다는 관점이다.
④ [○] 심리적 억제이론에 기반한 것으로, 처벌이 확실하고 엄격하며 신속하게 이루어지면 범죄가 억제된다는 것이다.

정답 ③

04 다음 중 억제이론(Deterrence Theory)에 관한 설명으로 가장 옳지 않은 것은?   2022. 해경 경위

① 일반억제는 전과자를 대상으로 한 재범방지에 중점을 둔다.
② 억제는 고전주의 범죄학파의 주요 개념 중 하나이다.
③ 효과적인 범죄억제를 위해서는 처벌이 확실하고 엄격하며 신속해야 한다.
④ 촉법소년의 연령 하향을 주장하는 학자들의 이론적 근거 중 하나이다.

해설
① [×] 특별억제에 대한 설명이다. 일반억제는 범죄자들에 대한 처벌의 위협에 의해서 잠재적인 범죄자들의 범죄행위를 억제할 수 있다는 관점이다.
②, ③ [○] 억제의 개념은 고전주의 범죄학자인 베카리아와 벤담의 주장에 근거하며, 고전주의 범죄학의 기본전제인 인간의 자유의지와 합리성을 기반으로 한 억제이론은 처벌의 확실성, 엄격성, 신속성에 의해 계량된 처벌의 고통과 범죄로 인한 이익 사이의 함수관계로 범죄를 이해하였다.
④ [○] 심리적 억제 이론에 기반한 것으로, 처벌이 확실하고 엄격하며 신속하게 이루어지면 범죄가 억제된다는 것이다.

정답 ①

05 다음 중 억제이론(Deterrence Theory)에 대한 설명으로 가장 옳지 않은 것은? 2024. 해경 경위

① 범죄는 처벌의 신속성, 엄격성, 확실성으로 통제 가능하다는 입장이다.
② 특별억제(specific deterrence)는 직업적 범죄자들이 재범을 범하지 못하도록 자제시킬 수 있다는 것을 뜻한다.
③ 일반억제(general deterrence)는 미래의 처벌에 대한 인식에 의존하는 한편, 특별억제는 그것의 집행에 근거한다.
④ 억제이론은 대체로 특성이론(trait theory)에 기초하여 법 위반 행동과 규범적 행동 사이의 선택을 결정하는 원인이 된다고 본다.

해설
① [O] 억제이론은 처벌의 확실성, 엄격성, 신속성으로 범죄는 통제 가능하다고 한다. 처벌의 확실성은 범죄자가 범행 후 체포되어 처벌받을 가능성에 대한 것이고, 처벌의 엄격성은 해악의 정도에 맞는 확고한 행위결과에 상응한 처벌을 의미하며, 처벌의 신속성은 체포 및 처벌이 범죄행위 이후에 얼마나 신속하게 진행되는가에 대한 문제이다.
② [O] 특별억제 또는 특별예방은 강력한 처벌에 의해 경력 범죄자들, 즉 전과자들이 범죄를 되풀이하지 못하도록 대책을 강구하는 것을 목적으로 한다.
③ [O] 일반억제는 범법자에 대한 처벌이 범행하지 않는 일반대중에게 범죄의 비용에 관한 정보를 제공함으로써 그들의 범죄행위를 억제시키는 것을 의미하고, 특별억제는 한때 범죄행위로 처벌받은 사람이 자신이 경험한 처벌에 대한 고통과 현실로 인하여 차후의 범죄행위를 억제하는 것을 말한다.
④ [×] 억제이론은 인간은 합리적이며 경제적 선택을 하는 존재라는 것을 전제로 범죄에 의한 이익이 처벌의 고통보다 크면 범죄가 발생하며 처벌의 고통이 범죄의 이익보다 크면 범죄는 일어나지 않는다는 이론이다. 억제이론은 고전주의 범죄이론과 동일하게 공리적인 인간을 전제로 하여 인간은 이익과 고통을 비교하여 자신의 행위를 결정한다는 전제에서 시작한다.

정답 ④

06 신고전주의 범죄학에 대한 다음 설명 중 그 내용이 가장 적절하지 않은 것은? 2022(72). 경위

① 합리적 선택이론(Rational Choice Theory)은 사람들이 이윤을 극대화하고 손실을 최소화하기 위한 결정을 한다는 경제학의 기대효용원리에 기초하고 있다.
② 합리적 선택이론에 따르면, 범죄자는 범행 여부에 대한 의사결정을 함에 있어 처벌의 가능성과 강도뿐 아니라 다양한 개인적, 상황적 요인을 포괄적으로 고려한다.
③ 일상활동이론(Routine Activity Theory)은 범죄 발생의 3요소 중 가해자의 범행 동기를 가장 중요한 요소로 제시한다.
④ 신고전주의 범죄학의 등장은 실증주의 범죄학 및 관련 정책의 효과에 대한 비판적 시각과 관련이 있다.

해설
① [O] 클라크(Clarke)와 코니쉬(Cornish)의 합리적 선택이론은 경제이론에서의 기대효용의 법칙에 기초하여, 인간은 범죄로 인하여 얻게 될 효용(이익)과 손실의 크기를 비교하여 범행 여부를 결정한다고 본다. 이는 고전 범죄학에서 이해하는 인간본성에 대한 가정과 일치한다.
② [O] 합리적 선택이론에 따르면 범죄를 위한 결정이나 중단은 처벌 가능성과 처벌의 강도는 물론 일체의 범죄비용을 고려한 기대효과와 보상을 바탕으로 의사결정이 이루어진다. 범행결정은 돈의 필요, 스릴, 복수 등의 개인적 요인 및 범행대상의 보호수준과 경찰활동 등의 상황적 요인을 모두 고려하며, 사회적 관계라든가 개인특성과 능력 및 환경요인의 영향을 받는다.
③ [×] 코헨(Cohen)과 펠슨(Felson)의 일상활동이론은 범행을 촉발하는 요인으로 동기화된 범법자의 존재(범행을 동기화한 사람), 범행에 적합한 대상(적절한 범행 대상), 범행대상에 대한 경찰, 집주인, 이웃, 친구, 친척 등과 같은 보호자의 부존재(범행을 막을 수 있는 사람의 부존재)를 들고 있으며, 이 범죄의 세 가지 요소가 동일한 시간과 장소에 모아졌을 때 범죄 발생률이 증가할 것이라는 가설을 전제로 한다.
④ [O] 실증주의 범죄학이 범죄의 원인을 생물학적, 심리학적, 사회학적 요인에 기반하여 설명하고, 이를 바탕으로 범죄자 교화와 치료를 주장하며, 경제적 기회와 사회복지에 집중하는 다수의 범죄예방정책을 펼쳤으나 이 시기에 범죄율은 지속적으로 증가하는 결과를 보였다. 신고전주의 범죄학은 범죄선택으로 인한 개인의 책임에 대한 설명이 소외되었다며 실증주의 범죄학을 비판하였고, 빈곤 등 사회여건 개선을 위한 세금낭비보다는 엄정한 처벌을 통한 범죄억제 정책을 주장하였다.

정답 ③

07 범죄경제학에 대한 설명으로 옳지 않은 것은?

① 대체로 고전학파 범죄학의 이론을 근저에 두고 있다.
② 형벌의 범죄억지력에 대한 연구를 시도하였다.
③ 인간이 형벌에 의한 위협을 이해하고 계산할 수 있는 존재라는 것을 전제로 한다.
④ 범죄인을 치료한다는 처우효과에 대한 불신을 배경으로 대두되고 발전하였다.
⑤ 이른바 합리적 선택이론의 반격을 받아 쇠퇴하게 되었다.

해설
⑤ [×] 범죄경제학과 합리적 선택이론은 고전주의적 기본가정에 충실한 같은 부류의 이론이다.
범죄경제학은 범죄행위를 비용과 이득이라는 측면에서 접근하여 범죄는 합리적인 인간의 자유의사를 전제로 하며, 합리적 선택이론은 범죄행위는 각 개인이 선택한 결과이고 그 선택과정에서 고려하는 요인(개인적 요인, 상황적 요인)이 있다는 것이다.
따라서 개인적 요인들과 상황적 요인을 고려하여 비합법적 행위를 하는 것이 그렇지 않은 것보다 이득이 된다고 판단했을 때에 범죄가 저질러진다는 것이 합리적 선택이론의 핵심이다.

정답 ⑤

08 일상활동이론(Routine Activities Theory)의 범죄발생 요소에 해당하지 않는 것은? 2021. 보호 7급

① 동기화된 범죄자(Motivated Offenders)
② 비범죄적 대안의 부재(Absence of Non-criminal Alternatives)
③ 적절한 대상(Suitable Targets)
④ 보호의 부재(Absence of Capable Guardians)

해설
② [×] 범인성이론과 피해이론의 통합모형인 발견적 모형의 '범법자 동기의 요소'에 대한 내용이다.
코헨(Cohen)과 펠슨(Felson)의 일상활동이론은 범죄자가 아니라 피해자를 둘러싸고 있는 범행의 조건을 강조하는 이론으로, 약탈적 범죄의 설명을 위하여 시작하였으며, 그러한 범죄가 발생하기 위해서는 범행을 동기화한 사람(범행동기를 가진 잠재적 범죄자), 적절한 범행대상(합당한 표적), 범행을 막을 수 있는 사람의 부존재(보호할 수 있는 능력의 부재)의 세 가지 요소가 시간과 공간적으로 융합되어야 한다고 가정한다. 이 이론은 잠재적 범죄자는 이미 정해진 것으로 간주하고, 나머지 두 요소에 초점을 맞춘다.

☑ 범인성이론과 피해이론의 통합
1. 두 이론의 호환성(Compatibility)
① 범인성이론: 대부분의 범죄성이론은 범법자 동기에 대한 결정론적 이론으로 간주해 왔기 때문에 범죄는 특정한 생물학적, 사회적, 경제적, 환경적 조건들에 의해서 양산되는 것으로 인식해 왔다. 그러나 중요한 것은 이들 범인성이론의 어느 하나도 범죄행위에 가담하는 능력을 문제점으로 고려하고 있지 않다는 사실이다. 즉, 일단 범행의 동기나 욕구가 있으면 범죄는 일어나는 것으로 가정되는 것이다.
이러한 시각은 잠재적 피해자의 행동이 범죄기회의 제공을 결정한다는 사실을 인식하지 못하며, 생활유형과 일상활동에 따라 생기는 범죄기회가 어떻게 범죄동기의 표출을 가능하게 하거나 제약하는가를 고려하지 않는다.
② 피해이론: 피해이론은 범죄의 기회구조와 범죄표적의 선택과 관련된 요소를 직접적으로 다루고 있다. 범죄기회이론은 잠재적 범법자에 대한 잠재적 피해자의 노출과 근접성을 증대시킴으로써 어떻게 일상활동과 생활유형의 특성이 약탈범죄를 용이하게 하는가를 지적하고 있다.
위험하고 취약한 상황에의 근접성과 노출이 그 사람을 더 높은 범죄피해의 위험성에 처하게 하지만, 이러한 특정한 환경에서 그 사람이 실제 피해자가 되고 안 되고는 범죄표적의 매력과 표적의 보호능력에 달렸다는 것이다.
그러나 범인성이론의 주류인 범죄동기를 양산하거나 사회적 제재를 약화시키는 사회적 영향력은 피해이론에서 대부분 무시되고 있다.
③ 범인성이론과 피해이론의 통합은 범죄가 범죄가담의 결정(범행)과 특정한 범죄피해 대상의 선택(표적-선택)이라는 두 가지 과정을 내포하고 있음을 인식하는 것이다.

2. 발견적 모형(Heuristic Model, 통합모형)
   ① 범죄사건에 대한 완전한 설명을 위해서는 범법자, 피해자, 그리고 그 둘을 함께 결합시키는 사회적 여건(대인적 환경과 물리적 환경의 요소 둘 다를 포함하는 것으로 범죄의사와 매력적인 피해자 특성이 행동으로 옮겨지는 행위장소)에 대한 관심을 필요로 한다.
   ② 범법자 동기의 요소: 경제적 단점, 사회유대의 약화, 친범죄적 가치, 심리적·생물적 속성, 일반화된 욕구, 비범죄적 대안의 부재 등 다양한 요소를 포함하고 있다.
   ③ 범죄 기회를 제공하는 범죄피해자적 특성: 범법자와의 근접성, 범죄위험성이 높은 상황에의 노출성, 표적의 매력성, 보호의 부재 등이 있다.
   ④ 사회적 여건: 물리적 위치, 가해자와 피해자의 대인적 관계, 범행의 시간에 피해자의 활동을 확립하는 행위여건을 포함하는 미시적 환경이라고 할 수 있다.
   ⑤ 통합모형에 의하면 범법자의 동기, 피해자의 특성, 사회적 여건의 연계가 이상적(②, ③, ④의 연계)이거나 최적의 경우가 아닐 때(②, ③의 연계)도 범죄가 발생할 수 있다고 한다.

정답 ②

09 코헨(L. Cohen)과 펠슨(M. Felson)의 일상생활이론(Routine Activity Theory)에 대한 설명으로 옳지 않은 것은?

2011. 사시

① 범죄인의 특성을 분석하는 데 중점을 둔다는 점에서 실증주의 범죄원인론과 유사하다.
② 어느 시대나 사회에도 범죄를 범할 개연성이 있는 사람의 수는 일정하다고 가정한다.
③ 범죄의 발생 여부에 결정적인 영향을 미치는 요인은 적절한 범행대상(합당한 표적)과 보호능력의 부존재(감시의 부재)라고 본다.
④ 시간의 흐름에 따른 범죄율의 변화를 설명하기 위해 등장한 이론이다.
⑤ 경제적 불평등, 실업률 등 범죄를 자극하거나 동기를 부여하는 구조적 조건이 저하됨에도 불구하고 범죄율이 지속적으로 증가하고 있는 이유에 대한 설명을 가능하게 한다.

해설
① [×] 코헨(Cohen)과 펠슨(Felson)의 일상활동이론은 범죄자가 아니라 피해자를 둘러싸고 있는 범행의 조건을 강조하는 이론으로, 적절한 범행대상(합당한 표적)과 보호할 수 있는 능력의 부재라는 요인에 의하여 범죄발생 여부가 결정된다고 본다.
   이러한 의미에서 이 이론은 실증주의자들에 의한 귀납적·경험적 범죄원인론과 구별되는 연역적 범죄원인론에 해당한다.

정답 ①

10 다음 범죄학 이론에 대한 설명으로 옳지 않은 것은?

2024. 교정 9급

> 범죄가 발생하기 위해서는 최소한 범죄성향을 갖고 그 성향을 행동으로 표현할 능력을 가진 동기화된 범죄자(Motivated Offender)가 존재해야 한다. 이러한 범죄자에게 적당한 범행대상(Suitable Target)이 되는 어떤 사람이나 물체가 존재하고, 범죄를 예방할 수 있는 감시의 부재(Absence of Guardianship)가 같은 시간과 공간에서 만날 때 범죄가 발생한다.

① 코헨(L. Cohen)과 펠슨(M. Felson)의 견해이다.
② 합리적 선택이론을 기반으로 한 신고전주의 범죄학 이론에 속한다.
③ 동기화된 범죄자로부터 범행대상을 보호할 수 있는 수단인 가족, 친구, 이웃 등의 부재는 감시의 부재에 해당한다.
④ 범죄예방의 중점을 환경이나 상황적 요인보다는 범죄자의 성향이나 동기의 감소에 둔다.

해설
① [○] 일상활동이론은 1970년대 미국의 범죄증가율을 설명하기 위하여 코헨과 펠슨이 제안하였다.
② [○] 억제이론과 합리적 선택이론의 요소들을 근간으로 한 신고전주의 범죄학이론에 속한다. 합리적 선택이론, 생활양식·노출이론, 일상활동이론, 구조적 선택이론, 범죄패턴이론 등이 신고전주의 범죄학이론에 해당한다.
③ [○] 감시(보호자)의 부존재는 동기화된 범죄자로부터 범행대상을 보호할 수 있는 수단인 가족, 친구, 이웃 등의 부재를 말한다. 펠슨은 감시인 또는 보호자는 경찰이나 민간경비원 등의 공식 감시인을 의미하는 것이 아니라, 그 존재나 근접성 자체가 범죄를 좌절시킬 수 있는 사람들을 의미하는 것으로 의도하지 않더라도 사람들이 친지나 친구 또는 모르는 사람들로부터 보호받게 되는 측면을 의미한다고 설명하였다. 즉, 일상활동이론은 비공식적 통제체계에서의 자연스러운 범죄예방과 억제를 중요시한다.
④ [×] 범죄발생의 원인에 대하여 범죄자의 동기적 측면을 주로 강조하는 기존의 범죄이론과 달리 일상활동이론은 피해자를 둘러싸고 있는 범행의 조건을 강조한다. 따라서 범죄예방의 중점을 범죄자의 성향이나 동기의 감소보다는 환경이나 상황적 요인에 두고 있다.

정답 ④

11 다음 그림은 에크(Eck)가 제시한 범죄의 삼각형이다. 이에 대한 설명으로 가장 적절하지 않은 것은?

2023(73). 경위

① 내부의 삼각형은 일상활동이론의 범죄발생 3요소를 의미한다.
② ㉠은 적절한 범행대상 목표물로 범죄자가 갖거나 통제하고 싶은 어떤 대상을 의미한다.
③ ㉡은 보호자(Guardians)로서 범죄자와의 사적 유대관계를 통해 법위반을 억제한다.
④ ㉢은 관리자(Managers)로 상점점원, 학교 교사, 시설의 경비원이나 안내원 등이 포함된다.

해설
① [×] 일상활동이론의 범죄발생 3요소는 동기화된 범죄자, 범행에 적합한 대상, 사람이나 재산에 대한 감시의 부재이고 에크(Eck)가 제시한 범죄삼각형의 내부의 삼각형은 잠재적인 범죄자, 범죄의 대상물과 피해자, 범행에 용이한 장소이므로, 내부의 삼각형은 일상활동이론의 범죄발생 3요소를 의미하는 것이 아니다.
에크(Eck)가 제시한 범죄삼각형은 두 개의 삼각형으로 구성되었다. 안쪽의 삼각형은 일반적으로 발생하는 범죄의 세 요소인 잠재적인 범죄자, 범죄의 대상물과 피해자, 범행에 용이한 장소로 구성되어 있다. 동기화된 범죄자가 범행을 수행하기 위해서는 적합한 상황에서 범죄대상을 찾아야 가능한 것이다. 바깥쪽 삼각형은 세 감시주체들로서 통제인(Handler), 감시인(Guardian), 관리인(Manager)으로 구체화 되었다.
② [○] ㉠은 범죄의 대상물과 피해자이다.
③ [×] ㉡은 통제인으로 잠재적 범죄자에게 영향력을 행사하고 통제할 수 있는, 예를 들어 청소년의 경우 부모형제나 선생님이 이에 해당할 수 있겠다.
④ [○] ㉢은 관리인으로 장소를 관리하는 역할을 할 수 있는, 예를 들어 편의점인 경우 편의점 주인이나 종업원이 될 수 있다.

정답 ①, ③

12 다음 그림에 관한 설명으로 가장 적절하지 않은 것은? 2023. 경찰1차

① 범죄삼각형은 일상활동이론(Routine Activity Theory)의 3요소가 시·공간에서 수렴했을 때 범죄가 발생한다는 것을 도식화한 것이다.
② 두 모형은 범죄문제 해결 및 예방을 위한 환경설계를 통한 범죄예방(CPTED) 및 상황적 범죄예방기법과 밀접한 관련이 있다.
③ ㉠에 대한 구체적 범죄예방 기법으로는 소유물에 대한 표시, 출입문 잠금장치 및 방범창 설치, 금고의 활용 등이 있다.
④ 수정모형은 ㉠의 개념을 보다 구체화한 것으로 동기화된 범죄자를 사적으로 통제할 수 있는 통제인(handler), 장소와 시설을 관리할 수 있는 관리인(manager), 범행대상을 공·사적으로 보호할 수 있는 감시인(guardian)으로서의 역할을 강조하였다.

해설
일상활동이론은 1970년대 미국의 범죄증가율을 설명하기 위하여 코헨(Cohen)과 펠슨(Felson)이 제안하였고, 억제이론과 합리적 선택이론의 요소들을 근간으로 하며, 피해자를 둘러싸고 있는 범행의 조건을 강조한다. 범죄율을 설명함에 있어서 미시적이고도 거시적인 접근을 시도한다.
- 첫 번째 그림: 미시적 차원에서 코헨과 펠슨은 시간, 공간, 대상물, 사람을 기본요소로 범죄에 대한 일상활동이론을 발전시켰으며, 핵심은 범죄삼각형이라는 세 가지 요소를 전제로 한다.
- 두 번째 그림: 엑(Eck)은 동기화된 범죄자, 범행에 적합한 대상, 사람이나 재산에 대한 감시의 부재라는 3요소에 통제인(handler)이 추가된 네 가지 요소를 기반으로 범죄삼각형 또는 문제삼각형을 고안하였다.
① [○] 일상활동이론의 핵심은 범죄삼각형이라는 세 가지 요소를 전제로 한다. 동기화된 범죄자, 범행에 적합한 대상, 사람이나 재산에 대한 감시(보호자)의 부재가 동일한 시간과 공간에서 만나면 범죄발생의 가능성이 높아진다는 것이다.
② [○] 합리적 선택이론, 일상활동이론 등 신고전주의 범죄이론들은 주거지를 안전한 지역에 갖는다거나 우범지역 등 위험한 장소를 피해 다닌다거나 문단속이나 경보기를 설치하는 등의 조치를 포함한 일상적인 예방조치를 통해 범죄를 예방할 수 있다는 정책적 함의를 기본 개념 속에서 제시하고 있다. 이러한 이론들은 합리적으로 판단하여 결정하는 인간을 전제로 하고 있기에 과학적인 설계를 통해 범죄를 예방할 수 있다는 정책적 함의가 강하다. 셉테드(CPTED)는 신고전주의 범죄학이론에 근거한 대표적인 범죄예방정책으로 범죄자, 피해자, 취약한 공간구조의 세 가지 조건이 갖추어질 때 범죄가 발생한다는 일상활동이론의 기본요소와 이의 근간이 되는 합리적 선택이론을 토대로 범죄기회요인을 감소시키는 전략에 집중한다.
③ [×] ㉠은 감시의 부재이며, 펠슨은 감시인 또는 보호자는 경찰이나 민간경비원 등의 공식 감시인을 의미하는 것이 아니라, 그 존재나 근접성 자체가 범죄를 좌절시킬 수 있는 사람들을 의미하는 것으로 의도하지 않더라도 사람들이 친지나 친구 또는 모르는 사람들로부터 보호받게 되는 측면을 의미한다고 설명하였다. 즉, 일상활동이론은 비공식적 통제체계에서의 자연스러운 범죄예방과 억제를 중요시한다.
④ [○] 수정모형의 범죄삼각형은 두 개의 삼각형으로 구성되었다. 안쪽의 삼각형은 일반적으로 발생하는 범죄의 세 요소인 ㉠ 잠재적인 범죄자, ㉡ 범죄의 대상물과 피해자, ㉢ 범행에 용이한 장소로 구성되어 있다. 동기화된 범죄자가 범행을 수행하기 위해서는 적합한 상황에서 범죄대상을 찾아야 가능한 것이다. 바깥쪽 삼각형은 '통제인'으로 추가된 세 감시주체들로서 통제인(handler), 감시인(guardian), 관리인(manager)으로 구체화 되었다. 통제인은 잠재적 범죄자에게 영향력을 행사하고 통제할 수 있는, 예를 들어 청소년의 경우 부모형제나 선생님이 이에 해당한다. 감시인은 대상물이나 피해자를 감시하고 보호할 수 있는, 예를 들어 이웃이나 지나가는 사람들이 될 수 있다. 관리인은 장소를 관리하는 역할을 할 수 있는, 예를 들어 편의점의 경우 편의점 주인이나 종업원이 될 수 있다. 이 감시주체들이 무능하거나 없는 상황에서 범행의 발생이 용이하게 되는데, 범죄자가 통제자의 영향력에서 벗어나 감시인이 없는 피해자나 대상물을 관리인의 눈길이 없는 장소에서 만나게 되면 범죄가 발생하는 것이다.

정답 ③

13. 생활양식노출이론(Lifestyle-Exposure Theory)에 관한 설명으로 옳지 않은 것은 모두 몇 개인가?

2024. 경찰2차

> ⊙ 힌델랑(Hindelang)과 그의 동료들이 연구하였다.
> ⓒ 개인의 방어능력(guardianship)과 노출(exposure)이 개인의 범죄피해자화에 영향을 미친다고 설명하는 이론이다.
> ⓒ 남성·기혼자·저소득층 및 저학력층은 범죄피해자가 될 확률이 보다 높다고 설명한다.
> ⓔ 구조적 기대에 대한 순응과 같은 거시적인 요소보다 미시적 요소로 인해 개인의 위험 노출 정도가 결정된다고 설명한다.
> ⓜ 이론 초기에는 사회계층별 대인범죄를 설명하고자 시도하였으나, 이후 재산범죄와 같은 대물범죄까지 확대되었다.

① 1개　　　　　　　　　　　　② 2개
③ 3개　　　　　　　　　　　　④ 4개

해설

옳지 않은 것은 ⓒ, ⓔ 2개이다.

⊙ [O] 하인드랑(Hindelang)과 갓프레드슨(Gottfredson)의 생활양식 - 노출이론은 범죄피해에 대한 체계적 이론 중 하나로, 사람들이 범죄자들에게 노출되는 생활양식 때문에 범죄 피해자가 된다는 점을 강조한다.

ⓒ [O] 기본적 가설은 범죄피해의 가능성에 있어서 인구학적 차이는 피해자의 개인적 생활양식의 차이에 기인한다는 것이다. 즉, 사람은 그 생활환경에 따라 범죄피해의 위험이 높은 상황·지역·시간에 노출되는 정도가 다르기 때문에 범죄피해에 대한 위험부담 또한 다르게 된다는 것이다.

ⓒ [X] 젊은 사람, 남자, 미혼자, 저소득층, 저학력층 등은 노년층, 여자, 기혼자, 고소득층, 고학력층보다 범죄피해자가 될 확률이 월씬 높다. 왜냐하면 그들은 가족과 보내는 시간이 적고, 외부에서 보내는 시간과 하는 일이 많으며, 범죄자특성의 소유자와 빈번한 접촉을 하기 때문이다.

ⓔ [X] 범죄기회 구조의 내용으로서 범죄자와의 근접성과 범죄위험에의 노출이라는 거시적 요소를 중시한다. 인구통계학적, 사회구조적 요인이 개인별 생활양식의 차이를 야기하고 이러한 생활양식의 차이가 범죄피해 가능성의 차이로 이어진다고 본다.

ⓜ [O] 처음에 사회계층별 폭력범죄에 대한 피해위험성의 차이를 밝히기 위해 제안되었으나, 점차 재산범죄까지로 확대되었고, 더 나아가 보다 정교한 표적선택과정이론의 기초를 제공하였다.

정답 ②

14 다음 설명 중 그 내용이 가장 옳지 않은 것은? 2022. 해경 경위

① 일상활동이론(Routine Activity Theory)은 범죄발생의 3요소 중 가해자의 범행 동기를 가장 중요한 요소로 제시한다.
② 합리적선택이론(Rational Choice Theory)에 따르면, 범죄자는 범행 여부에 대한 의사결정을 함에 있어 처벌의 가능성과 강도뿐 아니라 다양한 개인적, 상황적 요인을 포괄적으로 고려한다.
③ 신고전주의 범죄학의 등장은 실증주의 범죄학 및 관련 정책의 효과에 대한 비판적 시각과 관련이 있다.
④ 합리적선택이론(Rational Choice Theory)은 사람들이 이윤을 극대화하고 손실을 최소화하기 위한 결정을 한다는 경제학의 기대효용원리에 기초하고 있다.

해설

① [×] 코헨(Cohen)과 펠슨(Felson)의 일상활동이론은 범행을 촉발하는 요인으로 동기화된 범법자의 존재(범행을 동기화한 사람), 범행에 적합한 대상(적절한 범행 대상), 범행대상에 대한 경찰, 집주인, 이웃, 친구, 친척 등과 같은 보호자의 부존재(범행을 막을 수 있는 사람의 부존재)를 들고 있으며, 이 범죄의 세 가지 요소가 동일한 시간과 장소에 모아졌을 때 범죄 발생률이 증가할 것이라는 가설을 전제로 한다.
② [○] 합리적 선택이론에 따르면 범죄를 위한 결정이나 중단은 처벌 가능성과 처벌의 강도는 물론 일체의 범죄비용을 고려한 기대효과와 보상을 바탕으로 의사결정이 이루어진다. 범행결정은 돈의 필요, 스릴, 복수 등의 개인적 요인 및 범행대상의 보호수준과 경찰활동 등의 상황적 요인을 모두 고려하며, 사회적 관계라든가 개인특성과 능력 및 환경요인의 영향을 받는다.
③ [○] 실증주의 범죄학이 범죄의 원인을 생물학적, 심리학적, 사회학적 요인에 기반하여 설명하고, 이를 바탕으로 범죄자 교화와 치료를 주장하며, 경제적 기회와 사회복지에 집중하는 다수의 범죄예방정책을 펼쳤으나 이 시기에 범죄율은 지속적으로 증가하는 결과를 보였다. 신고전주의 범죄학은 범죄선택으로 인한 개인의 책임에 대한 설명이 소외되었다며 실증주의 범죄학을 비판하였고, 빈곤 등 사회여건 개선을 위한 세금낭비보다는 엄정한 처벌을 통한 범죄억제 정책을 주장하였다.
④ [○] 클라크(Clarke)와 코니쉬(Cornish)의 합리적 선택이론은 경제이론에서의 기대효용의 법칙에 기초하여, 인간은 범죄로 인하여 얻게 될 효용(이익)과 손실의 크기를 비교하여 범행여부를 결정한다고 본다. 이는 고전 범죄학에서 이해하는 인간본성에 대한 가정과 일치한다.

정답 ①

15 다음 중 합리적 선택이론(Rational Choice Theory)에 대한 설명으로 가장 옳은 것은? 2024. 해경 경위

① 범죄자에게 있어서 범죄의 상황적 요인은 고려되지 않는다.
② 범죄는 잠재적인 범죄자가 불법 행위에 대한 비용과 편익을 분석하는 의사결정 과정의 결과라는 입장이다.
③ 범죄경제학을 비판하면서 등장한 이론이다.
④ 범죄자 개인의 학습과 경험은 범죄선택에 영향을 미치는 요소가 되지 못한다.

해설

①, ④ [×] 범죄자는 범행 여부에 대한 의사결정을 함에 있어 처벌의 가능성과 강도뿐 아니라 다양한 개인적 요인(금전욕구, 가치관, 학습경험, 스릴, 복수 등)과 상황적 요인(범행대상의 보호수준, 주위환경, 경찰활동 등)을 포괄적으로 고려한다.
② [○] 범죄를 위한 결정이나 중단은 처벌의 가능성과 처벌의 강도는 물론 일체의 비용을 고려한 기대효과와 보상을 바탕으로 의사결정이 이루어진다. 이는 고전주의 범죄학에서 이해하는 인간본성에 대한 가정과 일치한다.
③ [×] 범죄경제학과 합리적 선택이론은 고전주의적 기본가정에 충실한 이론으로 신고전주의 범죄학에 속한다. 범죄경제학은 인간이 형벌의 위협을 이해하고 계산할 수 있는 존재라는 전제로, 범죄는 경제활동과 마찬가지의 과정, 즉 범행 시 얻게 되는 이익과 발생할 수 있는 손실(비용)을 계량한 후에 저지른다고 본다.

정답 ②

제4절 | 고전주의 범죄학의 공적과 한계

01 고전학파의 형법이론에 대한 비판으로 옳지 않은 것은?

① 범죄대책을 형벌을 통한 고통의 부과라고 지나치게 단순화하였다.
② 인간행위의 동기를 지나치게 단순하게 파악하였다.
③ 신속하고 확실한 처벌이 범죄를 억제한다는 주장에 대한 경험적 연구를 등한시하였다.
④ 관념론적 입장에서 처우를 통한 범죄인의 개선가능성을 과신하였다.
⑤ 범죄원인에 대한 사실적 탐구를 등한시하였다.

해설

① [O] 고전학파는 인간은 이성적 합리적 존재로 자유의사에 따라 고통은 회피하고 쾌락을 추구하므로 일정한 행위에 형벌(고통)을 부과함으로써 범죄는 억제될 것이라 주장하였다. 그러나 고전주의의 한계는 범죄현상을 형벌 사용에 관련하여서만 고찰하였다는 것이다. 즉, 형벌제도를 객관화하고 형벌집행을 합리화함으로써 사람들이 범죄에 대한 두려움을 느끼고 이로 인하여 범죄를 규제할 수 있다는 형벌중심의 범죄원인론이라 할 수 있다.
② [O] 고전학파는 범죄결과(범죄사실)에 대해 그에 상응한 형벌을 부과할 것을 중시하였고 인간의 주관적 의사는 고려하지 않았다.
③ [O] 베카리아(Beccaria)는 범죄예방(억제)을 위해서는 형벌의 확실성, 신속성, 엄중성이 필요하다고 주장하였으나 이에 대한 실증적 연구는 1960년대 현대적 고전주의가 다시 등장하면서 발전하게 되었다.
④ [×] 고전학파는 범죄의 연구에 있어서 실증적이라기보다는 관념론적 입장에서 연구하고, 인간에 있어서 동질동량의 자유의사를 가정하면서 범죄인이 아닌 범죄행위 결과에 초점을 두어 동일한 범죄에 동등한 형벌을 부과할 것을 강조하였다.
⑤ [O] 인간은 이성적·합리적 존재로 자유의사에 의한 선택의 결과로 보아 형벌은 그 행위결과에 대한 도의적 책임을 묻는 것으로 보았다. 범죄원인에 대한 사실적 탐구는 등한시하였던 것이다.

정답 ④

제6장 | 초기 실증주의 범죄학

☑ 초기 실증주의의 전개

비정상(특별)	결정론, 사회적책임, 치료, 개선(부정기형), 특별예방(실증주의, 신파)		
국가/분야	이탈리아(범죄인류학파)	프랑스(초기사회학파)	독일
생물	롬브로조		
심리	+ 가로팔로(자연범 - 법정범 - 과실범)		리스트: (심리 + 사회)범죄학 + 형법학 = 전형법학
환경(사회)	+ 페리(막스주의, 사회중시)	게, 케, 라, 따, 뒤	아샤펜부르그: 법적위험성(우격기예누관직)

제1절 | 과학주의와 결정론

01 실증주의 범죄학파에 관한 설명으로 가장 적절하지 않은 것은? 2022. 경찰2차

① 범죄행위보다는 범죄자 개인에게 중점을 두어 범죄요인을 제거하는 것이 범죄통제에 효과적이라고 보았다.
② 야만적인 형사사법제도를 개편하여 효율적인 범죄예방을 위한 형벌제도 개혁에 힘썼다.
③ 범죄의 원인 규명과 해결을 위해서 과학적 연구방법의 중요성을 강조하였다.
④ 학문적 지식은 이상 또는 신념에 의해 습득되는 것이 아니라, 직접적인 관찰을 통해서 얻어진다고 보았다.

해설
② [×] 고전주의 범죄학파에 대한 설명으로, 합리적인 형사사법제도를 통해 범죄자의 형벌로 인한 고통이 범죄로 인한 이익보다 크도록 하였을 때 범죄행위들이 억제될 수 있다고 본다.

정답 ②

02 실증주의 범죄학파의 기본입장에 대한 설명으로 가장 적절한 것은? 2022(72). 경위

① 인간을 자유로운 의사에 따라 합리적으로 결정하여 행동할 수 있는 이성적 존재로 인식한다.
② 합의의 결과물인 실정법에 반하는 행위를 범죄로 규정하고, 범죄에 상응하는 제재(처벌)를 부과하여야 한다고 본다.
③ 일반시민에 대한 형벌의 위하효과를 통해 범죄예방을 추구한다.
④ 인간의 행동은 개인적 기질과 다양한 환경요인에 의하여 통제되고 결정된다고 본다.

해설
① [×] 고전주의 학파의 비결정론에 대한 설명이다. 실증주의 학파의 결정론에 따르면 인간의 사고나 판단은 이미 결정된 행위 과정을 정당화하는 것에 불과하므로 자신의 사고나 판단에 따라 자유롭게 행위를 선택할 수 없다고 본다.
② [×] 고전주의 학파에 대한 설명이다. 실증주의 학파는 인간에 대한 과학적 분석을 통해 범죄원인을 규명하고자 하였으며, 범죄원인을 규명해서 범죄자에 따라 형벌을 개별화할 것을 주장하였다.
③ [×] 고전주의 학파에 대한 설명이다. 실증주의 학파는 범죄행위를 유발하는 범죄원인을 제거하는 것이 범죄통제에 효과적이라고 보며, 법·제도적 문제 대신에 범죄인의 개선 자체에 중점을 둔 교정이 있어야 범죄예방이 가능하다고 본다.
④ [○] 실증주의 학파는 인간은 자신이 희망하는 사항이나 이성적 판단에 따라 행동하는 자율적 존재가 아니며 인간의 행위는 이미 결정된 대로 행동하는 것으로 보는 입장으로, 인간의 행위는 개인의 특수한 소질조건과 그 주변의 환경조건에 따라 결정된다고 이해한다.

정답 ④

03 범죄원인과 관련하여 실증주의 학파에 대한 설명으로 옳지 않은 것은? 2021. 교정 9급

① 페리(Ferri)는 범죄자의 통제 밖에 있는 힘이 범죄성의 원인이므로 범죄자에게 그들의 행위에 대해 개인적으로나 도덕적으로 책임을 물어서는 안 된다고 주장했다.
② 범죄의 연구에 있어서 체계적이고 객관적인 방법을 추구하여야 한다고 하였다.
③ 인간은 자신의 행동을 합리적, 경제적으로 계산하여 결정하기 때문에 자의적이고 불명확한 법률은 이러한 합리적 계산을 불가능하게 하여 범죄억제에 좋지 않다고 보았다.
④ 범죄는 개인의 의지에 의해 선택한 규범침해가 아니라, 과학적으로 분석가능한 개인적·사회적 원인에 의해 발생하는 것이라 하였다.

해설
③ [×] 고전주의 학자들의 견해이다.
실증주의는 인간은 자신이 희망하는 사항이나 이성적 판단에 따라 행동하는 자율적 존재가 아니라 이미 행위하도록 결정된 대로 행동하는 존재로 보는 입장으로 인간의 행위는 개인의 특수한 소질조건과 그 주변의 환경조건에 따라 결정된다고 이해한다.

정답 ③

04 다음 중 실증주의 범죄학파에 대한 설명으로 가장 옳지 않은 것은? 2024. 해경 경위

① 개인의 생물학적·심리학적 소질과 사회적 환경이 복합적으로 작용하여 인간이 범죄행위를 범한다고 보는 입장이다.
② 페리(Ferri)는 결정론적 입장에서 범죄포화의 법칙을 주장하였다.
③ 라카사뉴(Lacassagne)는 사회환경은 범죄의 배양기이며, 범죄자는 미생물에 해당할 뿐이므로 벌해야 할 것은 범죄자가 아니라 사회라고 주장했다.
④ 뒤르켐(Durkheim)은 범죄는 정상적인 요소이며 모든 사회와 시대에서 공통적으로 적용될 수 있는 객관적 범죄개념이 존재한다고 보았다.

해설

① [○] 인간은 자신이 희망하는 사항이나 이성적 판단에 따라 행동하는 자율적 존재가 아니며 인간의 행위는 이미 결정된 대로 행동하는 것으로 보는 입장으로, 인간의 행위는 개인의 특수한 소질조건과 그 주변의 환경조건에 따라 결정된다고 이해한다. 실증주의 범죄학파는 범죄의 원인을 생물학적, 심리학적, 사회학적 요인에 기반하여 설명하고, 이를 바탕으로 범죄자 교화와 치료를 주장하며, 경제적 기회와 사회복지에 집중하는 다수의 범죄예방정책을 펼쳤다.

② [○] 페리는 결정론적 입장에서 범죄포화의 법칙을 주장하였다. 범죄원인을 인류학적 요인(나이, 성별, 신체적·정신적 상태), 물리적 요인(자연환경), 사회적 요인(인구밀도, 관습, 종교, 정부조직, 경제조건, 산업조건)으로 구분하고, 일정한 개인적·사회적 환경하에서 그에 맞는 일정량의 범죄가 있는 것은 정상이며 그 수는 증감할 수 없다고 주장한다.

③ [○] 라카사뉴는 프랑스의 범죄사회학의 주도자로, 롬브로조의 생물학적 결정론을 반대하면서 사회환경 특히 그중에 경제상황을 강조하였다. '사회는 범죄의 배양기이며, 범죄자는 미생물에 해당할 뿐이다.'라고 말함으로써 범죄라는 세균도 사회적 환경이라는 배양기가 없으면 번식할 수 없다고 보고, 사회는 그 각각에 상응하는 범죄를 갖기 마련이며 처벌해야 할 것은 범죄인이 아니라 사회라고 주장하여 범죄문제를 개인의 문제가 아니라 사회적 문제로 인식하였다(범죄원인은 사회와 환경에 있다는 점을 강조).

④ [×] 뒤르켐은 범죄는 모든 사회에 어쩔 수 없이 나타나는 현상으로 병리적이기보다는 정상적인 현상이라고 보지만, 모든 사회와 시대에 공통적으로 적용될 수 있는 객관적 범죄개념을 부정하고, 특정사회에서 형벌의 집행대상으로 정의된 행위를 범죄로 보는 새로운 범죄관을 제시하였다(절대적 범죄개념의 부정). 한편 가로팔로는 범죄 가운데 형법상 금지되는 것과 무관하게 시간과 문화를 초월하여 인정되는 범죄행위로 살인, 강도, 강간, 절도 등의 범죄를 자연범(절대적 범죄)이라 하고, 자연범은 인륜의 근본적·애타적 정조의 결여, 즉 연민과 성실의 정의 결여라는 두 개의 도덕적 정서에 반대되는 행위를 한 자로, 법률·정치·문명의 사회적 환경변화에도 개선을 기대할 수 없는 반윤리성·반사회성으로 인해 비난받는 원시인 및 생래적 범죄인을 말한다.

정답 ④

제2절 | 이탈리아의 범죄인류학파

01 롬브로소(Lombroso)의 영향을 받은 초기 실증주의 학자 〈보기 1〉과 주장 〈보기 2〉를 가장 적절하게 연결한 것은?

2024. 경찰2차

— 〈보기 1〉 —
㉠ 가로팔로(Garofalo)　　㉡ 고링(Goring)　　㉢ 페리(Ferri)

— 〈보기 2〉 —
(가) 통계학자인 피어슨(Pearson)과 협업하여 생래적 범죄인설을 비판하였다.
(나) 범죄방지를 위해서는 법률제도 및 사회제도의 근본적 개량이 필요하다고 주장하였다.
(다) 범죄행위란 범죄자와 일반인의 신체적 차이가 아닌, 유전학적 열등성에 의한 것이라고 주장하였다.
(라) 사회진화론을 적용하여 범죄자는 도덕(양심)과 연민(공감 능력)이 낮은 수준이라고 주장하였다.
(마) 사회는 자연적인 몸체이며, 범죄행위는 자연에 대항하는 것이라고 인식하였다.

	(가)	(나)	(다)	(라)	(마)
①	㉠	㉠	㉠	㉡	㉢
②	㉠	㉢	㉠	㉡	㉡
③	㉡	㉠	㉡	㉢	㉢
④	㉡	㉢	㉡	㉠	㉠

해설

㉠ 가로팔로: (라), (마)
㉡ 고링: (가), (다)
㉢ 페리: (나)

(가) 범죄자는 격세유전에 의해 원시선조의 야만성이 후대에 신체적 특징과 함께 나타난다는 롬브로조의 주장을 고링은 비판하였다. 롬브로조의 연구는 비과학적인 것으로, 자신이 막연히 가졌던 생각에 과학이라는 상표를 붙이려는 무의식적 생각에 의한 것이었다고 비판하였으며, 생래적 범죄인은 어떠한 방법을 통해서도 판별해낼 수 없는 비경험적인 개념이라고 지적하였다.
(나) 페리는 범죄대책으로, 특정한 사회에 있어서의 범죄예방의 조직이나 형사정책은 무의미하며, 범죄방지를 위해서는 범죄를 발생하게 하는 원인인 사회를 변경하는 방법밖에는 없다고 주장하였다.
(다) 범죄자들은 다른 사람보다 키가 1~2인치 정도 작고, 몸무게도 정상인에 비해 3~7파운드 정도 적은 것으로 나타나 범죄행위란 신체적인 변이형태와 관계된 것이 아니라 이들의 유전학적 열등성에 의한 것이라고 고링은 주장하였다.
(라) 가로팔로는 「범죄학」(1885)에서 범죄원인으로 인류학적 요소 중 정신적·심리적 측면을 중시하였다. 범죄는 인간의 근본적인 품성에 속하는 '연민과 성실의 정'을 침해하는 특성을 갖고 있다. 즉, 범죄는 심리적 또는 도덕적 변종에 의한 것이라고 하면서 정상인들은 모두 이타적인 정서를 기본적으로 가지고 있는데 범죄자들은 이러한 정서가 결핍되어 있다고 보았다.
(마) 가로팔로의 자연범에 대할 설명이다. 자연범을 모든 시대의 모든 사람들에게 공통된 두 개의 기본적인 애타적 감정, 정직과 가련히 여김을 해치는 위법행위라고 정의하였다. 사회는 자연적 몸체이며, 범죄행위는 자연에 대항하는 것이라 주장하였다. 또한 어떤 사회에서도 범죄로 인정할 수밖에 없는 행위가 있는데, 이것이 자연범이며 법정범보다 가혹한 처벌을 주장하였다.

정답 ④

02 페리(Ferri)가 주장한 내용으로 가장 적절하지 않은 것은?

2024(74). 경위

① 범죄자의 개인적(인류학적), 물리적 요인이 일정한 사회적 요인과 결합할 때 반드시 그에 상응한 일정량의 범죄가 발생한다고 하였다.
② 과도한 개인주의에 국가가 개입함으로써 사회문제에 효과적 대처가 이루어질 수 있다고 믿었기 때문에, 독재적 전체주의 국가이념을 표방하는 파시즘(Fascism)에 동조하였다.
③ 범죄예방을 위해서는 형벌보다는 범죄의 충동을 간접적으로 방지할 수 있는 사회정책이 필요하다고 하였다.
④ 범죄행위는 생물학적·심리학적으로 비정상적인 사람이 저지르는 것이 아니라, 정상적으로 태어난 사람이 이후에 다른 사람의 범죄를 모방한 결과라고 하였다.

해설

① [O] 페리는 「범죄사회학」(1884)에서 인류학적, 물리적, 사회적 요인이 존재하는 사회에서는 이에 상응하는 일정량의 범죄가 반드시 발생한다는 범죄포화의 법칙을 주장했다.

인류학적 요인	나이, 성별, 신체적 혹은 심리적 상태
물리적 요인	인종, 기후, 지리적 위치, 계절적 효과, 기온
사회적 요인	인구밀도, 관습, 종교, 정부조직, 경제조건 및 산업조건

② [O] 국가는 시민의 생활을 향상시키기위한 수단이라는 도구주의적 국가관에 의해 가로팔로와 함께 무솔리니의 전체주의를 지지하고, 그의 '페리초안'은 피시즘의 이념적 배경이 되었다.
③ [O] 범죄유발요인을 롬브로조보다 훨씬 많은 요인을 꼽았다. 범죄 대처방법에서도 다양한 종류의 형벌대처수단을 제안하여 범죄예방방안을 제시했다. 특히 형벌이라는 직접적인 반작용보다 범죄성의 충동을 간접적으로 방지시킬 수 있는 대책으로 형벌대용물사상을 주장했다. 전반적인 사회생활 향상을 통한 범죄방지대책으로 자유무역, 독점폐지, 저렴한 주거비용, 공공은행제도, 가로등 확대설치, 산아제한, 결혼 및 이혼의 자유, 무기생산에 대한 국가관리, 성직자 결혼허용, 복지시설설립, 대중오락시설 설치 등을 주장했다.
④ [×] 따르드(Tarde)의 모방의 법칙 대한 설명이다. 따르드는 범죄행위를 생물학적 결함이나 심리적 기능장애로 설명하는 입장을 극복하고, 정상행위와 마찬가지로 학습의 결과라는 사실을 최초로 지적했다는 점에서 매우 중요한 공헌을 하였다.

정답 ④

03 초기 실증주의 범죄학파 중 이탈리아학파에 대한 설명으로 가장 적절하지 않은 것은? 2024(74). 경위

① 롬브로조(Lombroso)는 생물학적 퇴행성 때문에 범죄를 저지를 수밖에 없는 유형의 범죄자는 교정의 효과를 거의 기대할 수 없기 때문에 영구격리 또는 도태처분을 해야 한다고 하였다.
② 롬브로조(Lombroso)는 범죄자를 생래적 범죄자, 정신병적 범죄자, 상습성 범죄자, 우발성 범죄자, 격정성 범죄자, 폭력성 범죄자 여섯 가지 유형으로 분류하였다.
③ 가로팔로(Garofalo)는 「범죄학」(Criminologia)이라는 저서를 통해 사실학적 의미의 '범죄학'이라는 용어를 최초로 사용하였다.
④ 가로팔로(Garofalo)는 정상적인 사람은 정직성, 동정심, 성실 등과 같은 이타적 정서를 기본적으로 지니고 있는데 반해 범죄자는 이러한 정서가 결핍되었다고 하였다.

해설
② [×] 롬브로조(Lombroso)는 범죄자를 생래적 범죄인, 정신병 범죄인, 격정(우범)범죄인, 기회범죄인, 관습범죄인, 잠재적 범죄인 여섯 가지 유형으로 분류하였다.

정답 ②

04 롬브로조(Lombroso)와 비교할 때 페리(Ferri)의 연구에 대한 설명으로 옳지 않은 것은? 2013. 사시

① 롬브로조와 마찬가지로 범죄에 관한 인간관으로서 결정론적 입장을 취하였다.
② 롬브로조와는 달리 범죄 원인을 인류학적 요인, 물리적 요인, 사회적 요인으로 확장하였다.
③ 롬브로조와 마찬가지로 실증적 연구방법을 취하였다.
④ 롬브로조와 마찬가지로 범죄자들을 몇 가지로 유형화하고 각 유형별로 별개의 범죄 대책을 제시하였다.
⑤ 롬브로조와는 달리 범죄 발생의 사회적 요인을 중시하여 생래적 범죄인의 존재를 부정하였다.

해설
① [○] 페리는 「책임귀속이론과 자유의지의 부정」(1878)에서 고전주의에서 가정하였던 자유의지론을 비난하면서 인간행위는 환경에 의해 영향을 받을 수밖에 없다고 주장하였다(결정론).
② [○] 페리는 「범죄사회학」(1884)에서 범죄를 유발하는 원인을 인류학적 요인, 물리적 요인, 사회적 요인으로 구분하였다.
③ [○] 마르크스(Marx)의 유물론, 스펜서(Spencer)의 사회관, 다윈(Darwin)의 진화론의 영향을 받은 젊은 사회주의자였던 페리에게 롬브로조의 가장 큰 영향은 객관적인 실증주의 방법을 전수한 것이었다.
④ [○] 페리는 범죄사회학적 요인을 고려하여 범죄인을 5가지로 분류하고, 별개의 대책을 제시하였다.
⑤ [×] 페리는 롬브로조가 생물학적 원인에 치중한 나머지 범죄인의 사회적 요인을 무시한 점을 비판하고 범죄사회학적 요인을 고려하여 생래적 범죄인, 정신병 범죄인, 격정(우범)범죄인, 기회범죄인, 관습(상습)범죄인으로 범죄인을 분류하였다(잠재적 범죄인은 페리의 범죄인 분류에는 나타나지 않는 유형이다). 그러므로 생래적 범죄인의 존재를 부정하지는 않았다.

정답 ⑤

05 이탈리아 학파에 대한 설명으로 옳지 않은 것은?
2011. 사시

① 이탈리아 학파는 자연과학적 방법을 도입하여 범죄원인을 실증적으로 분석하였다.
② 롬브로조(C. Lombroso)는 생래적 범죄인에 대해서 무기형을 과해야 하고 사형을 과해서는 안 된다고 주장하였다.
③ 페리(E. Ferri)는 마르크스(Marx)의 유물사관, 스펜서(Spencer)의 발전사관, 다윈(Darwin)의 진화론 등의 영향을 받았다.
④ 페리(E. Ferri)는 형벌대용물 사상과 범죄포화의 법칙을 주장하였다.
⑤ 가로팔로(R. Garofalo)는 범죄원인으로서 심리학적 측면을 중시하였다.

해설
② [×] 생래적 범죄인은 초범일지라도 무기구금하고 잔악한 행위를 반복하는 자(누범자)는 극형(사형)에 처할 것을 롬브로조는 주장하였다.

정답 ②

06 범죄인류학파(이탈리아 실증주의학파)에 대한 설명으로 옳지 않은 것은?
2018. 보호 7급

① 롬브로조(Lombroso)는 자유의지에 따라 이성적으로 행동하는 인간을 전제로 하여 범죄의 원인을 자연과학적 방법으로 분석하였다.
② 페리(Ferri)는 범죄포화의 법칙을 주장하였으며 사회적·경제적·정치적 요소도 범죄의 원인이라고 주장하였다.
③ 가로팔로(Garofalo)는 범죄의 원인으로 심리적 측면을 중시하여 이타적 정서가 미발달한 사람일수록 범죄를 저지르는 경향이 있다고 하였다.
④ 생래적 범죄인에 대한 대책으로 롬브로조(Lombroso)는 사형을 찬성하였지만 페리(Ferri)는 사형을 반대하였다.

해설
① [×] 이탈리아학파는 결정론을 전제로, 자연과학적 방법을 도입하여 범죄원인을 실증적으로 분석하였다. 자유의지에 따라 이성적으로 행동하는 인간을 전제로 한 것은 고전학파이다.
② [○] 페리는 롬브로조의 생물학적 범죄원인론에 관심을 가졌지만, 자신이 수용한 사회주의 영향으로 사회적·경제적·정치적 요인들의 영향을 더욱 강조하였다.
③ [○] 범죄행위는 심리적 혹은 도덕적 변종에 의한 것이라고 가로팔로는 주장하였다. 즉 정상인들은 모두 이타적인 정서를 기본적으로 가지고 있는데 범죄자들은 이러한 정서가 결핍되어 있다는 것이다. 심리적 변종상태는 일반적인 정신이상이나 정신질환과는 다른 것이며 대체로 열등한 인종이나 민족들에서 많이 나타난다고 보았다. 따라서 범죄의 원인으로 고찰한 것은 신체적 특성이 아니라 심리적 상태였으며, 심리적으로 덜 발달된, 즉 이타적 정서가 미발달된 사람일수록 범죄를 저지르는 경향이 높다는 것이다.
④ [○] 롬브로조와는 달리 생래적 범죄인에 대해서는 사형을 부정하고 무기격리할 것을 주장하였다.

정답 ①

07 다음 중 범죄인류학파(이탈리아 실증주의학파)에 대한 설명으로 가장 옳지 않은 것은? 2022. 해경 경위

① 롬브로조(Lombroso)는 자유의지에 따라 이성적으로 행동하는 인간을 전제로 하여 범죄의 원인을 자연과학적 방법으로 분석하였다.
② 페리(Ferri)는 범죄포화의 법칙을 주장하였으며 사회적·경제적·정치적 요소도 범죄의 원인이라고 주장하였다.
③ 가로팔로(Garofalo)는 범죄의 원인으로 심리적 측면을 중시하여 이타적 정서가 미발달한 사람일수록 범죄를 저지르는 경향이 있다고 하였다.
④ 생래적 범죄인에 대한 대책으로 롬브로조(Lombroso)는 사형을 찬성하였지만 페리(Ferri)는 사형을 반대하였다.

해설
① [×] 이탈리아학파는 결정론을 전제로, 자연과학적 방법을 도입하여 범죄원인을 실증적으로 분석하였다. 자유의지에 따라 이성적으로 행동하는 인간을 전제로 한 것은 고전학파이다.
② [○] 페리는 롬브로조의 생물학적 범죄원인론에 관심을 가졌지만, 자신이 수용한 사회주의 영향으로 사회적·경제적·정치적 요인들의 영향을 더욱 강조하였다.
③ [○] 범죄행위는 심리적 혹은 도덕적 변종에 의한 것이라고 가로팔로는 주장하였다. 즉, 정상인들은 모두 이타적인 정서를 기본적으로 가지고 있는데 범죄자들은 이러한 정서가 결핍되어 있다는 것이다. 심리적 변종상태는 일반적인 정신이상이나 정신질환과는 다른 것이며 대체로 열등한 인종이나 민족들에서 많이 나타난다고 보았다. 따라서 범죄의 원인으로 고찰한 것은 신체적 특성이 아니라 심리적 상태였으며, 심리적으로 덜 발달된, 즉 이타적 정서가 미발달된 사람일수록 범죄를 저지르는 경향이 높다는 것이다.
④ [○] 페리는 롬브로조와는 달리 생래적 범죄인에 대해서는 사형을 부정하고 무기격리할 것을 주장하였다.

정답 ①

08 초기 실증주의 범죄학파와 관련된 설명이다. ㉠~㉥에 들어갈 사람들을 순서대로 배열한 것은?

> 이탈리아 학파인 (㉠)는(은) (㉡)의 생래적 범죄인론의 영향을 많이 받았지만 인간행동에 대한 사회환경적 영향에 더 관심을 가졌으며, (㉢)는(은) (㉡)와(과) 달리 신체적 비정상성이 아니라 정신적 비정상성에 관심을 갖고 범죄행위는 심리적 혹은 도덕적 변종에 의한 것이라고 주장하였다.
> 그에 반하여 프랑스 학파는 범죄발생원인으로서 범죄자를 둘러싼 사회환경에 주로 관심을 가졌는데, 그들 중 (㉣)는(은) 사회환경 중에서 경제상황을 중시하였고, (㉤)는(은) 사회현상을 모방의 결과로 보고 범죄행위를 설명하였으며, (㉥)는(은) 범죄가 사회유지존속에 중요한 역할을 담당한다고 주장하였다.

	㉠	㉡	㉢	㉣	㉤	㉥
①	가로팔로	페리	롬브로조	라까사뉴	따르드	뒤르껭
②	페리	롬브로조	가로팔로	라까사뉴	따르드	뒤르껭
③	라까사뉴	롬브로조	가로팔로	페리	따르드	뒤르껭
④	페리	가로팔로	롬브로조	따르드	뒤르껭	라까사뉴
⑤	가로팔로	롬브로조	페리	뒤르껭	따르드	라까사뉴

해설
순서대로 올바르게 나열한 것은 ②이다.
이탈리아와 프랑스의 초기 실증주의 발달과정을 설명한 것으로, 이탈리아의 소질론은 롬브로조의 제자였던 페리가 롬브로조의 영향을 받았지만, 반대로 스승인 롬브로조에게 환경론적 범죄원인에 대한 영향을 미치기도 하였다.
프랑스의 라까사뉴와 따르드, 뒤르껭은 범죄발생원인으로서 범죄자를 둘러싼 사회환경에 주로 관심을 가졌다.

정답 ②

09 이탈리아 범죄인류학파의 공헌과 비판으로 옳지 않은 것은?

① 과학적 연구방법을 범죄학에 도입한 최초의 실증주의 범죄학파라는 평가를 받는다.
② 이탈리아 학파는 범죄인에서 범죄로 관심의 초점을 전환하였다.
③ 형벌의 감소를 주요대상으로 한 고전학파에 비해 범죄의 감소 문제까지 연구범위에 포함시킨 업적이 인정된다.
④ 인류학적·정신의학적·사회학적 입장이 혼합되어 통일성이 없다는 비판이 있다.

해설
② [×] 이탈리아 학파는 과거 고전학파의 범죄행위에 대한 관심을 범죄인으로 관심의 초점을 전환시켰다는 평가를 받는다.

☑ 이탈리아 학파의 공헌과 비판

공헌	1. 과학적 연구방법을 범죄학에 도입한 최초의 실증주의 범죄학파이다. 2. 범죄학 연구에서 범죄(고전주의)로부터 범죄인(실증주의)에게로 관심의 초점을 전환시켰다. 3. 형벌의 감소를 주요대상으로 한 고전학파에 비하여 범죄의 감소 문제까지 연구범위에 포함시킨 업적이 인정된다. 4. 현대 형벌에 있어서 교화개선 철학의 기초를 마련하는 계기를 만들었다.
비판	1. 인류학적 또는 정신의학적·사회학적 입장이 혼합되어 통일성이 없다. 2. 오늘날의 범죄학적 관점에서 보면 그들의 범죄인 유형은 부적절하다.

정답 ②

제3절 | 초기 범죄사회학적 실증주의

01 타르드(Tarde)가 주장한 모방의 법칙에 관한 설명으로 가장 적절하지 않은 것은?

① 타르드는 사회란 곧 모방이라고 할 정도로 모든 사회적 현상을 모방의 결과로 보았고, 범죄행위 역시 모방된다고 보았다.
② 모방의 법칙은 학습이론(Learning Theory)에 영향을 미쳤다.
③ 거리의 법칙에 따르면 모방의 강도는 사람 간의 거리에 비례하고 사람과 얼마나 밀접하게 접촉하고 있는가에 반비례한다.
④ 방향의 법칙에 따르면 대개 열등한 사람이 우월한 사람을 모방하는 방향으로 진행된다.

해설
① [○] 타르드(Tarde)는 롬브로조의 생물학적 원인론을 부정하고, 인간행위는 다른 사람들과 접촉하면서 관념을 학습하며, 행위는 자기가 학습한 관념으로부터 유래하는 것이라고 주장하였다. 즉, 모든 사회현상이 모방이듯이 범죄행위도 모방한다고 보았다.
② [○] 사회심리학적 방법을 기초로 개인의 특성과 사회의 접촉과정을 중시하였으며, 모방의 법칙(거리의 법칙, 방향의 법칙, 삽입의 법칙)은 법칙을 주장하여 후일 미국의 학습이론에 영향을 미쳤다.
③ [×] 거리의 법칙에 따르면, 사람들은 서로를 모방하는 경향이 있으며, 모방의 정도(강도)는 사람 간의 거리에 반비례하고 타인들과 얼마나 밀접하게 접촉하는가에 비례하여 타인을 모방한다는 것이다.
④ [○] 방향의 법칙은 학습의 방향에 관한 것으로, 일반적으로 열등한 사람이 우월한 사람을 모방하는 경향이 있다(위에서 아래로). 즉, 모방은 사회의 상류계층 → 하층계급, 도시 → 농촌으로 전해지는 등 사회적 지위가 우월한 자를 중심으로 이루어진다.

정답 ③

02 타르드(Tarde)가 주장한 모방의 법칙에 대한 설명으로 옳지 않은 것은? 2012. 사시

① 롬브로조(Lombroso)의 생래적 범죄인설을 부정하고, 범죄행위도 타인의 행위를 모방함으로써 발생한다고 한다.
② 거리의 법칙에 의하면 모방은 시골보다는 도시지역에서 쉽게 발생한다.
③ 방향의 법칙에 의하면 원래 하류계층이 저지르던 범죄를 다른 계층들이 모방함으로써 모든 사회계층으로 전파된다.
④ 삽입의 법칙에 의하면 처음에 단순한 모방이 유행이 되고, 유행은 관습으로 변화·발전된다.
⑤ 총기에 의한 살인이 증가하면서 칼을 사용한 살인이 줄어드는 현상은 새로운 유행이 기존의 유행을 대체하기 때문이라고 보았다.

해설
③ [×] 방향의 법칙: 일반적으로 열등한 사람이 우월한 사람을 모방하는 경향이 있다(위에서 아래로). 즉, 모방은 사회적 지위가 우월한 자를 중심으로 이루어지는데, 예를 들면 사회의 상류계층 ⇨ 하층계급, 도시 ⇨ 농촌으로 전해지게 된다.

정답 ③

---

03 다음 중 타르드(Tarde)의 모방의 법칙에 관한 설명으로 가장 옳은 것은? 2024. 해경 경위

① 거리의 법칙에 따르면 한 개인이 접촉하는 사람들과의 빈도와 강도에 따라 타인을 모방한다는 것이다.
② 롬브로소(Lombroso)의 견해를 지지하면서 과학적 방법을 통해 범죄유발요인을 규명하려 했다.
③ 서덜랜드(Sutherland)의 차별적 접촉이론으로부터 많은 영향을 받았다.
④ 방향의 법칙은 농촌에서 발생한 범죄가 도시지역에서 모방하는 경우를 설명하기에 적합하다.

해설
① [○] 거리의 법칙에 따르면 사람들은 서로를 모방하는 경향이 있으며, 모방의 정도(강도)는 사람 간의 거리에 반비례하고 사람과 얼마나 밀접하게 접촉하고 있는가에 비례하여 타인을 모방한다는 것이다. 즉, 친밀도가 높을수록 모방의 강도는 증가한다.
② [×] 롬브로소의 생물학적 원인론을 부정하고, 인간행위는 다른 사람들과 접촉하면서 관념을 학습하며, 행위는 자기가 학습한 관념으로부터 유래하는 것이라고 주장하였다. 즉, 모든 사회현상이 모방이듯이 범죄행위도 모방한다고 보았다. 또한 범죄행위를 생물학적 결함이나 심리적 기능장애로 설명하는 입장을 극복하고 정상행위와 마찬가지로 학습의 결과라는 사실을 최초로 지적했다는 점에서 매우 중요한 공헌을 하였다.
③ [×] 타르드의 초기학습이론(모방)은 서덜랜드의 차별적 접촉이론에 많은 영향을 주었다.
④ [×] 방향의 법칙은 학습의 방향에 관한 것으로, 일반적으로 열등한 사람이 우월한 사람을 모방하는 경향이 있다(위에서 아래로). 즉, 모방은 사회의 상류계층 → 하층계급, 도시 → 농촌으로 전해지는 등 사회적 지위가 우월한 자를 중심으로 이루어진다.

정답 ①

04 다음 학자와 그의 주장이 바르게 연결된 것은?

2013. 교정 9급

① 리스트(Liszt) - 죄는 범죄인을 제외한 모든 사람에게 있다.
② 케틀레(Quetelet) - 사회 환경은 범죄의 배양기이며, 범죄자는 미생물에 해당할 뿐이므로 벌해야 할 것은 범죄자가 아니라 사회이다.
③ 따르드(Tarde) - 모든 사회현상이 모방이듯이 범죄행위도 모방으로 이루어진다.
④ 라카사뉴(Lacassagne) - 사회는 범죄를 예비하고, 범죄자는 그것을 실천하는 도구에 불과하다.

해설
① [×] 따르드의 주장이며, 철저한 사회적 원인론을 주장하였다.
② [×] 라카사뉴의 주장이며, 범죄원인으로 사회환경, 특히 경제상황(물가, 실업 등)을 강조하였다.
③ [○] 따르드(Tarde)의 모방의 법칙이다.
④ [×] 케틀레의 주장이며, 사회적 범죄원인론을 주장하였다.

정답 ③

05 뒤르켐(Durkheim)의 사회사상과 범죄이론에 대한 설명으로 적절한 것은 모두 몇 개인가?

2024(74). 경위

㉠ 근대 산업화과정에서 사회는 기계적(Mechanical) 사회에서 유기적(Organic) 사회로 급격하게 변동하였다.
㉡ 사회통합을 조절하는 기능이 약화되면, 사회구성원들이 자신의 행위를 통제하지 못하는 아노미(Anomie)라는 병리현상이 나타난다.
㉢ 사회병리의 대표적인 현상은 자살인데, 이는 개인적 문제라기보다는 사회통합의 정도와 관련되어 있다.
㉣ 자살은 아노미적 자살, 이기적 자살, 이타적 자살, 무동기 자살 네 가지 유형이 있는데, 이 가운데 아노미적 자살이 가장 큰 문제이다.
㉤ 어느 사회이든지 일정량의 범죄는 존재하는데, 이는 지극히 자연스러운 현상이다.
㉥ 20세기 범죄생태학, 긴장이론, 통제이론 등에 많은 영향을 미쳤다.

① 3개
② 4개
③ 5개
④ 6개

해설
적절한 것은 ㉠, ㉡, ㉢, ㉤, ㉥이다.
㉠ [○] 뒤르켐은「사회분업론」에서 사회에서 분업의 증가가 기계적 사회에서 유기적 사회로의 이동을 일으키며 사회적 연대도 그에 따라 변한다고 지적한다. 기계적 연대(Mechanical Solidarity)는 구성원들의 동일한 가치와 규범의 공유(집합의식)가 사회의 통합과 개인의 결속의 기초로 작용하는 상태이고 유기적 연대(Organic Solidarity)는 전문화된 각각의 개인들이 상호의존성에 기반하여 결속된 상태이다. 뒤르켐은 분업이 진행될수록 집합의식이 약화되고 개인상호 간의 이질성이 증대하지만, 이것이 사회적 유대 자체를 없애는 것은 아니며 오히려 개인 간의 상호의존을 증대시킨다고 보았다. 이러한 전문화되고 이질적인 개인 간의 상호의존성의 증대는 집합의식의 대안적 형태로 나타난다. 곧 분업은 집합의식을 약화시키고 개인성을 증대시키는 동시에 유기적 연대를 촉진한다는 것이다.
㉡ [○] 아노미는 인간의 생래적인 끝없는 욕망을 사회의 규범이나 도덕으로서 제대로 통제하지 못하는 상태로, 사회적·도덕적 권위가 훼손되어 사회구성원들이 '자신의 삶을 지도할 수 있는 기준(지향적인 삶의 기준)'을 상실한 무규범 상태를 말한다.
㉢ [○] 사회적 통합 및 도덕적 규제와 관련하여 당시 유럽사회의 자살률이 급격히 증가하는 것은 산업화되는 과정에서 정치·경제·기술적 사회변동으로 사회통합이 약화됨으로써 이기적 자살이 증가하였기 때문이다.
㉣ [×] 자살은 아노미적 자살, 이기적 자살, 이타적 자살, 숙명적 자살 네 가지 유형이 있는데, 이 가운데 아노미적 자살이 가장 큰 문제이다.

아노미적 자살	• 집단이나 사회의 규범이 느슨한 상태에서 개인적 욕구가 실현되지 않는 경우에 발생하게 된다. • 개인의 현재와 미래의 역할에 대한 불확실성이 큰 경제위기 상황이 발생할 때 사회가 적절한 규제를 하지 않으면 자살이 발생하게 되는 것이다. • 가난한 사람이 벼락부자가 된 경우, 경제공황 때문에 직장에서 해고당한 경우에 발생하는 자살 등이 이에 해당된다.
이기적 자살	• 개인이 사회에 통합되지 못해 사회로부터 격리되고 지지를 잃음으로써 고립감, 소외감에 빠져 발생하게 된다. • 가족이나 친구와의 사회적 유대가 결여되는 경우에도 사회적 통합이 결여되기 때문에 자살이 발생할 수 있다. • 독신자의 자살률이 기혼자보다 높게 나타나거나, 강한 사회적 공동체를 기반으로 하는 가톨릭 신자들보다 개인을 중요시하는 개신교도들의 자살률이 높게 나타나는 경우가 이에 해당된다.
이타적 자살	• 이기적 자살과는 반대로 개인이 사회에 지나치게 통합돼 있어 자살로 인한 사망 자체가 사회를 위하는 길이라고 생각할 때 발생하게 된다. • 군대조직과 같이 소속 구성원들에게 집단을 위한 헌신과 충성을 우선적으로 강조하는 공동체에서 발생한다. • 전쟁터에서의 육탄돌격대, 일본의 가미가제, 할복 등의 경우가 이에 해당된다.
숙명적 자살	• 사회적 구속의 정도가 높은 사회에서 발생하게 되는데, 개인에 대한 사회의 규범에 의한 구속력이 너무 강해 더 이상의 희망을 발견할 수 없게 될 때 유일한 탈출구로써 자살이 발생하게 된다. 즉, 개인의 욕구가 과도하게 억압되면 자살이 발생한다는 것이다. • 자녀가 없는 기혼여성이 자신의 처지를 비관해서 죽는 자살이나, 고대 인도에서처럼 왕이나 신하가 죽었을 때 노예들이 함께 순장되는 죽음 등이 이에 해당된다.

ⓒ [○] 범죄정상설에 대한 설명으로, 범죄는 사회의 구조적 모순에서 자연적으로 발생하는 정상적이고 불가피한 현상으로 어느 사회든지 일정량의 범죄는 있을 수밖에 없으며, 이는 집단적 비승인이 존재하는 한 범죄는 모든 사회에 어쩔 수 없이 나타나는 현상으로 병리적이기보다는 정상적인 현상이기 때문이다.

ⓗ [○] 시카고 학파의 사회해체이론(생태학적 범죄원인론으로 지역적 특성이 범죄의 원인이 된다고 보는 이론이다), 머튼의 아노미이론, 허쉬의 사회통제이론 등에 많은 영향을 미쳤다.

정답 ③

06 다음의 내용을 주장한 학자는 누구인가? 2023(73). 경위

> ㉠ 사회적 규범해체의 원인은 이기주의와 아노미(Anomie)이다.
> ㉡ 어느 사회나 일정량의 범죄는 발생할 수밖에 없는 지극히 자연스러운 사회적 현상이다.
> ㉢ 현재의 사회규범에 저항하는 범죄는 사회의 변화와 새로운 규범의 창설을 가능하게 한다.
> ㉣ 형벌은 개인의 피해에 대한 보복이 아니라 범죄예방이라는 목표를 지향하는 제도이다.

① 따르드(Tarde) ② 머튼(Merton)
③ 케틀레(Quetelet) ④ 뒤르껨(Durkheim)

해설
④ [○] 뒤르껨에 대한 설명이다. 그는 개인과 사회와의 관계에 대하여 사회가 인간을 만들고 규제하는 측면을 강조하면서 사회적 규범해체의 원인을 이기주의와 아노미로 파악하였으며, 범죄정상설, 범죄기능설, 형법발전론, 자살론 등을 제시하였다.

정답 ④

07 뒤르켐(E. Durkheim)의 이론에 대한 설명으로 옳지 않은 것은?

2024. 보호 7급

① 자살 유형을 아노미적 자살, 이기적 자살, 이타적 자살, 운명적 자살로 구분하였다.
② 급격한 경제성장기보다 급격한 경제침체기에 아노미적 자살의 빈도가 더 높다고 주장하였다.
③ 범죄는 이에 대한 제재와 비난을 통하여 사회의 공동의식을 사람들이 체험할 수 있도록 함으로써 사회의 유지 존속에 중요한 역할을 담당한다고 하였다.
④ 객관적 범죄개념은 존재하지 않으며, 특정 사회에서 형벌의 집행 대상으로 정의된 행위가 바로 범죄라고 보았다.

해설

① [○] 자살 유형을 아노미적 자살(급격한 사회변동으로 인한 기존 규범력의 상실·혼란에 기인한 자살), 이기적 자살(사회통합의 약화로 인해 자신의 욕망에 따라 발생), 이타적 자살(사회통합이 강화된 곳에서 집단의 존속을 위해 발생), 운명적 자살(사회의 외적인 권위, 즉 과도한 규제력으로부터 발생)로 구분하였다.
② [×] 급격한 경제침체기보다 급격한 경제성장기에 아노미적 자살의 빈도가 더 높다고 주장하였다. 뒤르켐은 사회통합 및 규제와 관련하여 「자살론」을 전개하였는데, 급격한 정치·경제·기술적 사회변동이 자살의 원인이라고 주장하였고, 급격한 사회변동으로 인한 기존 규범력의 상실과 혼란에 기인한 자살을 아노미적 자살이라 하였다. 아노미적 자살은 사회가 개인을 규제하는데 실패했을 때 발생하는데, 규제의 실패는 집합적 질서 및 평형상태를 흔드는 사회적 사건들에서 기인한다. 바로 아노미가 자살의 원인이 되는 것이다.
③ [○] 범죄는 이에 대한 제재와 비난을 통하여 사회의 공동의식을 사람들이 체험할 수 있도록 함으로써 사회의 유지존속을 위해 중요한 역할을 담당하며, 범죄는 사회의 규범유지를 강화시켜주는 필수적이고 유익한 기능을 한다고 하였다(범죄기능설).
④ [○] 범죄를 일반적 집합의식을 위반한 행위가 아니라 그 시대 그 사회구성원의 의식 속에 강력하게 새겨져 있고 명백하게 인지된 집합의식을 위반한 행위라고 정의하고, 사회적 통합력의 저하 또는 도덕적 권위의 훼손을 범죄발생의 원인으로 보았다. 모든 사회와 시대에 공통적으로 적용될 수 있는 객관적 범죄개념을 부정하며, 특정사회에서 형벌의 집행대상으로 정의된 행위를 범죄로 보는 새로운 범죄관을 제시하였다(절대적 범죄개념의 부정).

정답 ②

08 뒤르케임(Durkheim)의 범죄관을 표현한 것으로 가장 옳지 않은 것은?

2023. 해경 경위

① 범죄는 정상적인 것이다.
② 범죄는 기능적인 것이다.
③ 범죄는 상황적인 것이다.
④ 범죄는 필연적인 것이다.

해설

③ [×] 뒤르케임(Durkheim)은 모든 사회와 시대에 공통적으로 적용될 수 있는 객관적 범죄개념을 부정하며, 특정사회에서 형벌의 집행 대상으로 정의된 행위를 범죄로 보는 새로운 범죄관을 제시하였다.
범죄는 사회의 구조적 모순에서 자연적으로 발생하는 정상적이고 불가피한 현상으로 어느 사회든지 일정량의 범죄는 있을 수밖에 없으며, 이는 집단적 비승인이 존재하는 한 범죄는 모든 사회에 어쩔 수 없이 나타나는 현상으로 병리적이기보다는 정상적인 현상이다(범죄정상설).
범죄란 이에 대한 제재와 비난을 통하여 사회의 공동의식을 사람들이 체험할 수 있도록 함으로써 사회의 유지존속을 위해 중요한 역할을 담당하며, 범죄는 사회의 규범유지를 강화시켜주는 필수적이고 유익한 기능을 한다(범죄기능설).

정답 ③

09 뒤르껨(E. Durkheim)의 범죄이론에 대한 설명으로 옳지 않은 것은?

2015. 5급 승진

① 어느 사회든지 일정량의 범죄는 있을 수밖에 없다는 범죄정상설을 주장하였다.
② 모든 사회와 시대에 공통적으로 적용될 수 있는 객관적 범죄가 존재한다고 주장하였다.
③ 사회의 도덕적 권위가 무너져 사회구성원들이 '지향적인 삶의 기준을 상실한 무규범상태'를 아노미라고 불렀다.
④ 뒤르껨은 범죄가 사회적 문제로 일어나는 것임을 강조하였음에도, 그에 대응할 수 있는 사회정책을 제시하지 못했다는 비판을 받기도 하였다.
⑤ 범죄발생의 주된 원인으로 사회적 상황을 고려하였다.

해설
① [O] 범죄는 사회의 구조적 모순에서 자연적으로 발생하는 정상적이고 불가피한 현상으로 어느 사회든지 일정량의 범죄는 있을 수밖에 없으며, 이는 집단적 비승인이 존재하는 한 범죄는 모든 사회에 어쩔 수 없이 나타나는 현상으로 병리적이기보다는 정상적인 현상으로 보았다.
② [×] 모든 사회와 시대에 공통적으로 적용될 수 있는 객관적인 범죄란 존재하지 않으며, 특정사회에서 형벌의 집행대상으로 정의된 행위가 범죄라고 보았다. 예컨대, 강도범죄와 같이 과거로부터 범죄로 인식되어 왔던 행위가 없어지더라도 이전에는 범죄로 간주되지 않았던 행위가 범죄로 새롭게 규정될 수 있으므로 시간과 장소를 초월한 범죄개념이란 인정될 수 없다고 보았다.
참고로, 가로팔로(Garofalo)는 자연범의 개념을 주장하고 범죄가운데 형법상 금지되는 것과 무관하게 시간과 문화를 초월하여 인정되는 범죄행위가 존재한다고 보아 이러한 범죄(살인, 강도, 강간, 절도 등)를 자연범이라 부르고 있다.
③ [O] 「분업론」(1893)에서 아노미(Anomie) 개념을 제시하였다. 아노미란 사회구성원에 대한 도덕적 규제가 제대로 되지 않은 상태, 즉 사회의 도덕적 권위가 무너져 사회구성원들이 '지향적인 삶의 기준을 상실한 무규범 상태'를 지칭한다.
⑤ [O] 뒤르껨이 범죄발생의 주된 원인으로 고려한 것은 사회적 상황이었다. 그는 사회적 상황을 사회적 통합 수준과 도덕적 통합 수준의 두 가지 측면에서 파악했으며, 사회적 통합의 수준이란 사람들이 일상적 사회생활을 하는 중에 얼마나 상호 간에 밀접히 연관되어 있는가에 관한 것이며, 도덕적 통합의 수준이란 자기가 속해 있는 사회적 단위와 일체감을 느끼고 그것의 권위를 얼마나 인정하는가에 관한 것이다.

정답 ②

10 범죄학자들과 그 주장 내용을 연결한 것으로 옳지 않은 것은?

2018. 5급 승진

① 코헨(A. Cohen) - 빈곤 계층 청소년들은 중산층의 가치나 규범을 중심으로 형성된 사회의 중심문화와 자신들이 익숙한 생활 사이에서 긴장이나 갈등을 겪게 되고, 이러한 긴장관계를 해소하려는 시도에서 비행적 대체문화가 형성된다.
② 리스트(F. Liszt) - 범죄는 범죄자의 타고난 특성과 범행 당시 그를 둘러싼 사회적 환경의 산물이다.
③ 라까사뉴(A. Lacassagne) - 사회환경은 범죄의 배양기이며, 범죄자는 미생물에 불과하므로 범죄자가 아닌 사회를 벌해야 한다.
④ 뒤르껨(E. Durkheim) - 범죄는 범죄자의 비인간성이나 성격적 불안정성에서 기인한다.
⑤ 탠넨바움(F. Tannenbaum) - 사회에서 범죄자로 규정되는 과정이 일탈강화의 악순환으로 작용하며, 이를 '악의 극화'라고 한다.

해설
④ [×] 뒤르껨은 범죄를 일반적 집합의식을 위반한 행위가 아니라, 그 시대 그 사회구성원의 의식 속에 강력하게 새겨져 있고 명백하게 인지된 집합의식을 위반한 행위라고 정의하였고, 사회적 통합력의 저하 또는 도덕적 권위의 훼손을 범죄발생의 원인으로 보았다.

정답 ④

11 프랑스 환경학파에 대한 설명으로 옳지 않은 것은?

① 라까사뉴(Lacassagne)는 프랑스 범죄사회학의 주도자로 "사회는 범죄의 배양토이고 범죄자는 미생물에 해당된다. 벌해야 할 것은 사회이지 범죄자가 아니다."라고 주장하였다.
② 라까사뉴는 범죄의 원인으로 경제적 사정을 중시하고 곡물가격과 재산범죄의 관계에 대한 실증적 연구를 시도하였다.
③ 뒤르껭(Durkheim)은 범죄는 사회의 결집력이 약화되는 데 비례하여 증가하고 사회구조적 모순에서 자연적으로 발생하는 정상적이고 불가피한 현상으로 보았다.
④ 뒤르껭은 「자살론」에서 급격한 사회변동으로 인한 기존 규범력의 상실과 혼란에 기인한 자살을 이기주의적 자살이라고 하였다.

해설
④ [×] 뒤르껭(Durkheim)은 사회통합 및 규제와 관련하여 「자살론」을 전개하였는데, 급격한 정치·경제·기술적 사회변동이 자살의 원인이라고 주장하였고, 자살유형을 아노미적 자살, 이기주의적 자살, 이타주의적 자살, 숙명적 자살로 구분하였다.
급격한 사회변동으로 인한 기존 규범력의 상실과 혼란에 기인한 자살을 아노미적 자살이라 하였고, 이기주의적 자살은 사회통합의 약화로 인해 자신의 욕망에 따라 일어나는 것이라고 주장하였다.

정답 ④

제4절 | 독일 및 오스트리아의 초기 실증주의

01 리스트(Liszt)의 형사정책이론에 대한 설명으로 옳은 것은? 2015. 사시

① 형벌의 목적으로 특별예방사상을 처음으로 주장함으로써 형벌 예고를 통해 일반인의 범죄충동을 억제하는 것이 형벌의 가장 중요한 기능이라고 보았다.
② '처벌되어야 할 것은 행위자가 아니고 행위'라는 명제를 제시하였다.
③ 개선이 불가능한 범죄자를 사회로부터 격리수용하는 무해화 조치도 필요하다고 주장하였다.
④ 부정기형의 폐지, 단기자유형의 활용, 강제노역의 폐지 등을 주장하였다.
⑤ 형벌의 주된 목적을 응보로 이해하였다.

해설
① [×] 형벌의 목적은 범죄인을 개선·교육하여 그 범죄인이 장차 범죄를 저지르지 않도록 예방하는 데에 있다(특별예방주의).
② [×] '처벌되어야 할 것은 행위가 아니고 행위자'라는 명제를 제시하였다.
③ [○] 형벌의 개별화(형벌을 범죄인에 따라 부과)를 주장하고, 범죄인에 따라 개선, 위하, 무해화(사형)를 인정하였다.
④ [×] 부정기형의 채택, 단기자유형의 폐지, 집행유예, 벌금형, 누진제의 합리화, 강제노역의 인정, 소년범에 대한 특별처우를 주장하였다.
⑤ [×] 형벌의 본질은 응보가 아니라 응보 이외의 이성적 목적을 달성, 즉 사회를 방위하기 위하여 장래의 범죄를 예방하려는 목적을 가졌기 때문에 형벌 그 자체와 목적을 상대적으로 이해하였다.

정답 ③

02 리스트(Liszt)의 주장내용으로 옳지 않은 것을 모두 고른 것은?

> ㉠ 개인의 인권보장을 강조한 반면 사회방위는 경시
> ㉡ 마부르크(Marburg) 강령(Programm)을 통하여 목적형사상을 주장
> ㉢ 부정기형의 채택
> ㉣ 누진제도의 합리화
> ㉤ 최초로 단기자유형 폐지
> ㉥ 형벌과 보안처분의 분리

① ㉠, ㉥
② ㉡, ㉢
③ ㉣, ㉤
④ ㉠, ㉤

해설
옳지 않은 것은 ㉠, ㉥이다.
㉠ [×] 형벌의 개별화를 주장하고 범죄인에 따라 개선·위하·무해화 등 사회방위를 위한 정책을 제시하였다.
㉥ [×] 형벌과 보안처분의 엄격한 분리보다는 형법학을 총괄하는 전(全)형법학 사상을 주장하여 범죄문제에 대한 다원적인 접근을 시도하였다.

✓ 리스트(Liszt)의 범죄방지대책
1. 형벌의 개별화를 주장하고, 범죄인에 따라 개선, 위하, 무해화(사형 인정)를 인정하였다.
2. 부정기형의 채택, 단기자유형의 폐지, 집행유예, 벌금형, 누진제의 합리화, 강제노역의 인정, 소년범에 대한 특별처우를 주장하였다.
3. 범죄대책적 차원에서 범죄인을 8가지 유형으로 분류하였다. → 후기: 개선 가능자, 개선 불가능자
4. 행위형법이 아닌 행위자 중심의 형벌을 주장하였다.

정답 ①

제7장 | 생물학적 범죄원인론

제1절 | 생물학적 범죄원인과 신체적 특징

01 롬브로조(Lombroso)의 범죄인 분류에 대한 설명으로 옳지 않은 것은?

① 생래적 범죄인은 초범일지라도 무기구금하고 잔학한 행위를 반복한 자는 극형에 처해야 한다.
② 격정범죄인도 생래성이 인정되므로 구금형을 선고해야 한다.
③ 관습범죄인은 좋지 못한 환경의 영향으로 상습적으로 범죄를 저지른 자이다.
④ 정신병적 범죄인은 개선의 여지가 없는 전형적인 범죄인이다.

해설
② [×] 롬브로조는 범죄인을 생래적, 정신병, 격정, 기회, 관습, 잠재적 범죄인으로 분류하고, 격정(우범) 범죄인은 순간의 흥분에 의한 범죄인으로 벌금형으로 처벌해야 한다고 주장하였다.

☑ 롬브로조의 범죄인 분류

생래적 범죄인	선천성에 기한 전형적 범죄인으로 초범일지라도 무기구금하고 잔학한 행위를 반복하는 자(누범)는 극형에 처할 것을 주장
정신병 범죄인	정신적 결함에 의하여 범행하는 자로 개선의 여지가 없는 전형적 범죄인
격정(우범) 범죄인	순간의 흥분에 의한 범죄인으로 단기자유형보다는 벌금을 과하는 것이 범죄예방에 효과적
기회 범죄인	• 사이비범죄인: 위험하지는 않으나 자신의 명예와 생존을 위하여 범죄를 저지를 수 있는 자 • 준범죄인: 생래적 범죄인과 구별되나 간질과 격세유전적 소질
관습(상습) 범죄인	좋지 못한 환경으로 인하여 관습(상습)적으로 범죄
잠재적 범죄인	평상시에는 범죄의 소질이 나타나지 않으나 알코올, 분노 등 특별한 사정이 생기면 범죄인의 특성이 나타나는 자

정답 ②

02 다음은 범죄원인론에 관한 설명이다. ㉠, ㉡의 학자를 가장 적절하게 연결한 것은? 2023. 경찰2차

• (㉠)은 범죄자 집단과 비범죄자 집단을 비교·분석한 결과, 범죄의 원인이 신체적 차이에 있는 것이 아니라 유전학적 열등성에 있다고 주장하면서 롬브로조(Lombroso)의 연구를 비판하였다.
• (㉡)는 도덕적 발달단계를 범죄에 적용하였으며, 도덕적 발달단계를 3가지 수준인 전관습적, 관습적, 후관습적 수준으로 나누고 각 수준마다 2단계씩 총 6단계로 나누었다.

① ㉠ 후튼(Hooton) ㉡ 피아제(Piaget)
② ㉠ 고링(Goring) ㉡ 콜버그(Kohlberg)
③ ㉠ 후튼(Hooton) ㉡ 콜버그(Kohlberg)
④ ㉠ 고링(Goring) ㉡ 피아제(Piaget)

해설

② [○] ㉠ 고링, ㉡ 콜버그
㉠ 20C 신체적 특징과 범죄와의 관계를 연구한 대표적인 학자인 고링(Goring)은 1901년부터 8년간에 걸쳐 인간의 신체적 특징과 범죄발생과의 관계를 분석하였다. 영국의 수형자 3,000명과 대학생, 병원환자, 공무원과 군인 등 일반인의 신체적 특징을 상호 비교하는 방법으로 진행되었고, 연구진은 교도관, 교도소 의사, 통계학자 등이 참여했다. 연구결과, 범죄자들은 다른 사람보다 키가 1~2인치 정도 작고, 몸무게도 정상인에 비해 3~7파운드 정도 적은 것으로 나타나 범죄행위란 신체적인 변이형태와 관계된 것이 아니라 이들의 유전학적 열등성에 의한 것이라고 주장하면서, 범죄자는 격세유전에 의해 원시선조의 야만성이 후대에 신체적 특징과 함께 나타난다는 롬브로조(Lombroso)의 주장을 비판하였다.
㉡ 콜버그(Kohlberg)는 도덕발전 단계를 관습 이전 – 관습 – 관습 이후 등 3단계로 나누고, 그에 따라 인간의 추론능력도 발전한다고 하였다. 이후 발전단계를 6단계로 수정하였는데, 대부분의 일반청소년은 3~4단계, 대부분의 비행청소년은 1~2단계에 속한다고 주장하였다.

정답 ②

03 생물학적 범죄원인론에 대한 설명으로 옳지 않은 것은?

① 랑게(Lange)는 일란성 쌍생아들이 이란성 쌍생아들보다 범죄일치율(두 명 모두 범죄를 저지른 비율)이 현저히 높다는 점을 근거로 유전적 소질이 범죄에 영향을 미친다고 주장하였다.
② 제이콥스(Jakobs)는 염색체 구조와 범죄의 관계를 조사하여, 남성성을 나타내는 Y염색체가 일반 남성보다 많은 XYY형 남성은 폭력적이며 강한 범죄성향을 가진다고 주장하였다.
③ 고링(Goring)은 신체적 특징과 범죄의 관계를 분석하여, 범죄자가 일반인과 현저히 구별되는 신체적 특징을 지녔다는 롬브로조(Lombroso)의 주장을 지지하였다.
④ 크레취머(Kretschmer)는 사람의 체형을 세장형, 운동형, 비만형으로 나누고 각 체형과 범죄유형의 상관관계를 연구하였다.
⑤ 글룩(Glueck)부부의 연구에 따르면 범죄를 저지르는 경향이 가장 높은 체형은 중배엽형이다.

해설

③ [×] 롬브로조(Lombroso)는 상습적인 절도나 폭력관계로 인한 중범죄자들은 애초부터 범죄자로 태어났으며, 이들 범죄자들은 범죄의 일생을 걷게 하는 신체적인 문제를 유전받는다는 것을 밝히고, 이들을 격세유전적인 변이의 결과라고 주장하였다.
고링(Goring)은 롬브로조의 방법이 부적절하고 부정확하다고 비판하였으며, 3,000명의 영국 범죄자를 정밀한 통계적 검증을 통해서 연구하였다. 고링은 체중, 청력, 미간, 눈색깔 등과 같은 특징을 측정함에 있어서 범죄자와 비범죄자 사이에 아무런 차이가 없음을 기초로 롬브로조의 생물학적 결정론을 반대하였다. 그 대신 그는 범죄행위가 '결손적 지능'이라고 하는 조건과 밀접한 관련이 있는 것으로 보고, 결과적으로 범죄행위는 유전되며 따라서 이러한 문제 있는 가족의 재생산을 규제함으로써 범죄를 통제해야 된다고 주장하였다.
후튼(Hooton)은 롬브로조에 대한 고링의 비판에 반기를 들고, 미국에서 재소자와 일반인을 비교한 결과, 범죄자는 생물학적으로 열등하다고 결론을 내리고, 신체적 특징에 따라 범하기 쉬운 범죄유형을 제시하기도 하였다.

정답 ③

04 다음 중 생물학적 범죄원인론에 대한 설명으로 가장 옳지 않은 것은? 2024. 해경 경위

① 고링(Goring)은 롬브로소(Lombroso)의 생래적 범죄자의 생물학적 열등성에 대한 연구방법에 문제가 있다고 비판하였다.
② 초남성(Supermale)으로 불리는 XYY성염색체를 가진 남성은 보통 남성보다 공격성이 더 강한 것으로 알려져 있다.
③ 크레취머(Kretschmer)는 체형을 비만형, 운동형(투사형), 세장형으로 분류한 후 체형과 범죄성 간의 관계를 설명하였다.
④ 랑게(Lange)는 일란성 쌍둥이가 이란성 쌍둥이보다 범죄를 저지를 가능성이 높다고 하였다.

해설

① [O] 고링은 범죄자 집단과 비범죄자 집단을 비교·분석한 결과, 범죄의 원인이 신체적 차이에 있는 것이 아니라 유전학적 열등성에 있다고 주장하면서, 범죄자는 격세유전에 의해 원시선조의 야만성이 후대에 신체적 특징과 함께 나타난다는 롬브로조의 주장을 비판하였다. 롬브로조의 연구는 비과학적인 것으로, 자신이 막연히 가졌던 생각에 과학이라는 상표를 붙이려는 무의식적 생각에 의한 것이었다고 비판하였으며, 생래적 범죄인은 어떠한 방법을 통해서도 판별해낼 수 없는 비경험적인 개념이라고 지적하였다.

② [×] Y염색체가 남성성징을 결정하기 때문에, 남성성을 나타내는 Y염색체가 일반 남성보다 많은 XYY형 남성은 남성기질을 초과하여 지능이 낮고, 성적인 조숙, 조발성, 뇌파측정에서 간질환자의 뇌파와 유사한 이상파를 보이는 자로 폭력적이고 강한 범죄성향을 가지며 공격성이 강하다고 가정되고 있다. 이상염색체가 발견된 것은 1961년이었지만, 이상염색체와 범인성과의 관계를 처음 연구한 것은 제이콥스(Jacobs)였다. 그는 Y염색체가 남성성징을 결정하기 때문에, Y염색체를 하나 더 가지고 있는 XYY형은 '초남성'이고 보다 공격적이며 범인성의 소지가 많다고 보았다. 그러나 이후의 모든 연구결과가 XYY염색체가 범죄자가 될 확률이 높다는 사실을 입증하지는 못하였다. 제이콥스 등이 발견한 9명의 XYY재소자를 같은 시설에 수용되어 있던 18명의 정상염색체 소유 재소자의 통제집단과 비교한 결과, 정상염색체소유의 통제집단이 이상염색체집단보다 더 폭력적이고 범죄적임을 발견하였다(W.H. Price & P.B. Whatmore). 따라서 XYY남성이 예견할 수 있을 정도로 공격적이지 않으며, 오히려 정도의 차이가 있다면 XY에 비해 덜 공격적이라고 결론짓는 사람도 있다(T.R. Sarbin & J.E. Miller). 위트킨(Witken)은 1944년에서 1947년 사이 덴마크 코펜하겐에서 태어난 XYY형 12명을 대상으로 범죄내역을 조사했지만, 정상적인 XY형에 비해 폭력적인 범죄를 더 많이 저지른다는 증거를 발견하지 못했다.

③ [O] 독일의 정신병리학자 크레취머는 일정한 체격형은 그와 병존하는 성격 또는 기질을 가지고 있고, 그에 상응하는 정신병질 및 정신병이 존재한다고 하여 체형과 범죄와의 관련성을 설명하였으며, ㉠ 근육이 잘 발달된 투사형 또는 운동형, ㉡ 키가 크고 마른 체형의 쇠약형 또는 세장형, ㉢ 키가 작고 뚱뚱한 비만형, ㉣ 발육부전형(혼합형)으로 구분하고 기질을 분열성, 점착성, 회귀성(순환성) 등으로 나누어 체형과 기질과의 관계를 설명하였다.

④ [×] 랑게는 13쌍의 일란성 쌍둥이와 17쌍의 이란성 쌍둥이를 대상으로 연구한 결과, 일란성 쌍둥이에서 쌍둥이 모두가 범죄를 저지른 비율이 이란성 쌍둥이에서 쌍둥이 모두가 범죄를 저지른 비율보다 높다는 것을 확인하였다.

정답 ②, ④

제2절 | 체(격)형과 범죄

01 생물학적 범죄원인론에 대한 설명으로 옳지 않은 것은?
2016. 보호 7급

① 랑게(Lange)는 일란성 쌍둥이가 이란성 쌍둥이에 비해 쌍둥이가 함께 범죄를 저지를 가능성이 높다고 하였다.
② 허칭스(Hutchings)와 메드닉(Mednick)의 연구결과에 의하면 입양아는 생부와 양부 둘 중 한 편만 범죄인인 경우가 생부와 양부 모두가 범죄인인 경우보다 범죄인이 될 가능성이 낮다고 하였다.
③ 크레취머(Kretschmer)는 사람의 체형 중 비만형이 범죄확률이 높은데 특히 절도범이 많다고 하였다.
④ 제이콥스(Jacobs)에 의하면 XYY형의 사람은 남성성을 나타내는 염색체 이상으로 신장이 크고 지능이 낮으며 정상인들에 비하여 수용시설에 구금되는 비율이 높다고 하였다.

해설
③ [×] 크레취머는 체형 중 운동형이 범죄확률이 높다고 하였으며, 절도범이나 사기범 중에는 세장형이 많다고 하였다.
　독일의 정신병리학자인 크레취머(Kretschmer)는 「신체구조와 성격」(1921)에서 일정한 체격형은 그와 병존하는 성격 내지 기질을 가지고 있고, 그에 상응하는 정신병질 및 정신병이 존재한다고 하여 체형과 범죄와의 관련성을 설명하였으며, 체형을 운동형, 세장형(쇠약형), 비만형, 발육부전형(혼합형)으로 나누어 각각의 범죄율과 범죄유형을 조사하였다. 이러한 크레취머의 연구는 후에 셀던(Sheldon)의 연구에 영향을 미쳤다.

운동형 (투사형)	근육이 잘 발달된 체형으로 둔중하고 무미건조한 성격이라고 한다. 이런 체형을 가진 사람은 폭력적인 성향을 갖는 경우가 많아 범죄할 가능성이 높고 주로 폭력범죄를 저지른다고 한다.
세장형 (쇠약형)	키가 크고 마른 체형으로 민감하고 비사교적인 성격을 갖는다고 한다. 이런 사람들 중에는 사기범이나 절도범이 많고 누범률이 높다고 한다.
비만형	키가 작고 뚱뚱한 체형으로 자극에 동요가 많고 정이 많다고 한다. 이러한 사람은 범죄를 저지를 확률이 적은데, 범죄를 한다면 주로 사기범이 많고 폭력범도 종종 있다고 한다.
발육부전형 (혼합형)	주로 풍속범이나 질서위반 범죄를 저지르고, 때때로 폭력범죄를 저지른다고 한다.

정답 ③

02 생물학적 범죄이론에 대한 설명으로 옳지 않은 것은?
2023. 보호 7급

① 입양아 연구는 쌍생아 연구를 보충하여 범죄에 대한 유전의 영향을 조사할 수 있지만, 입양 환경의 유사성을 보장할 수 없기 때문에 연구결과를 일반화하기 어렵다.
② 가계연구는 범죄에 대한 유전과 환경의 영향을 분리할 수 없는 단점을 갖는다.
③ 롬브로조(Lombroso)는 격세유전이라는 생물학적 퇴행성에 근거하여 생래성 범죄인을 설명하였다.
④ 셀던(Sheldon)은 크고 근육질의 체형을 가진 자를 외배엽형(Eectomorph)으로 분류하고 비행행위에 더 많이 관여하는 경향이 있다고 주장하였다.

해설
① [○] 입양아 연구는 쌍생아 연구를 보충하여 범죄에 대한 유전의 영향을 조사할 수 있는 유용한 방법이지만, 입양부모가 최소 중산층 이상이 되어야 입양심사를 통과하기 때문에 입양부모들이 제공하는 환경이 전체 모집단의 환경을 대표한다고 볼 수 없기 때문에 그 연구결과를 모집단에 일반화하기 어려운 단점이 있다.
② [○] 연구결과만으로는 자식이 부모의 범죄성향을 닮은 이유가 순전히 유전에 의한 것인지, 아니면 부모가 자식에게 제공한 환경의 영향 때문인지에 대해 명확한 해답을 제시할 수 없다는 비판을 받는다.
③ [○] 롬브로조는 「범죄인론」(1876)에서 범죄자에게는 일정한 신체적 특징이 있고, 이러한 신체적 특징은 원시인에게 있었던 것이 격세유전에 의하여 나타난 것이라고 하며, 생래적 범죄성과 신체적 특징과의 관계에 주목하였다.

④ [×] 셸던(Sheldon)은 크고 근육질의 체형을 가진 자를 중배엽(Mesomorph)으로 분류하고 비행행위에 더 많이 관여하는 경향이 있다고 주장하였다. 그는 사람의 신체유형은 태아가 형성될 때에 기본적인 3개의 세포막, 즉 내배엽, 중배엽, 외배엽이 어떻게 구성되는가에 의해 구별할 수 있다고 보고, 이를 토대로 체형과 비행사이의 관계를 고찰하였다. 그에 따르면 내배엽형 인간은 배가 나오고 둥그스름한 체형에 살이 찌기 쉬운 체질이고 성격적으로는 느긋하며 외향적이고, 중배엽형은 가슴과 어깨근육이 발달한 근육형 인간으로 활동적이고 공격적인 성향을 띠며, 외배엽형은 길고 연약한 체형에 예민하고 알레르기나 피부 트러블이 많은 사람들이라고 하였다. 비행소년집단은 중배엽형, 즉 근육이나 골격의 발달이 높았고 외배엽형, 즉 신경계는 낮았으며 내배엽형, 즉 소화기 등의 발달 상태는 보통이었다.

정답 ④

03 셸던(Sheldon)이 분류한 신체유형 및 기질유형에 대한 설명으로 옳지 않은 것은?

① 기질유형 중 내장긴장형은 몸가짐이 대체로 이완되어있고 편안한 성격이며, 온순하지만 본질적으로 외향적 성격이다.
② 신체유형 중 내배엽 우월형은 상대적으로 소화기관이 크게 발달하였고 살이 찐 편이며, 골격이 작고 피부가 부드럽다.
③ 비행소년의 평균체형은 내배엽형의 발달수치가 높았다.
④ 비행과 거리가 먼 일반적인 사람의 경우 외배엽형의 발달수치가 높았다.

해설
③ [×] 셸던은 신체유형을 내배엽형, 중배엽형, 외배엽형으로 분류하고, 이에 대응하는 기질유형으로 내장긴장형, 신체긴장형, 두뇌긴장형으로 나누었다.
1939년부터 1949년까지 메사추세츠주에 있는 소년교정원에 수용된 소년을 대상으로 조사한 바, 비행소년들의 신체유형은 근육이나 골격이 발달한 중배엽형의 수치가 높았고 외배엽, 즉 신경계 등의 발달상태의 수치가 낮으며 내배엽은 보통으로 나타났다.

☑ 체형과 비행연구
셸던(Sheldon)은 신체유형과 기질유형은 매우 밀접한 연관이 있다고 보고, ㉠ 잘 발달된 근육과 운동선수적인 외모, 활동적이고 공격적이며 가끔은 폭력적인 성격의 소유자들은 범죄자가 될 확률이 가장 높다고 하였으며, 이를 신체긴장형이라고 하였다. ㉡ 뚱뚱하고 움직임이 느려서 무기력한 행동을 하는 내장긴장형, ㉢ 키가 크고 몸이 야위고 비사회적이며 다른 유형보다 지능적인 두뇌긴장형의 세 가지 유형으로 구분하였다.
그는 체형은 타고나는 것이며, 체형이 그 사람의 기질 또는 인성과 밀접한 연관이 있기 때문에 체형이 행위의 설명에 있어 중요한 이유가 된다고 주장하였다.
이를 검증하기 위해서 200명의 비행소년과 200명의 일반대학생을 비교한 결과 비행소년의 상당수가 신체긴장이 높은 반면 두뇌긴장은 낮았으나, 일반대학생은 반대로 두뇌긴장은 높았으나 신체긴장은 낮은 것을 발견하였다.

정답 ③

제3절 | 유전과 범죄

01 범죄인의 가계연구 중 범죄성향과 유전의 관계를 부정한 연구는? 2024. 경찰2차

① 덕데일(Dugdale)의 쥬크가(Juke 家) 연구
② 고다드(Goddard)의 칼리카크가(Kallikak 家) 연구
③ 서덜랜드(Sutherland)의 에드워드가(Edward 家) 연구
④ 고링(Goring)의 통계방법에 의한 연구

해설

① [×] 덕데일은 1700년대 중반에 미국에 살았던 '에이다 쥬크(가명)'라는 여자 범죄자의 후손들을 조사한 결과 상당수가 전과자, 포주, 창녀, 극빈자였다는 사실을 밝혀내어 범죄는 유전과 관계되는 것으로 결론지었다.
② [×] 고다드는 미국 독립전쟁 당시 생존했던 '마틴 칼리카크(가명)'라는 남자와 그의 후손들에 대한 가계를 조사하여 유전과 범죄의 관계를 찾을 수 있었다.
③ [○] 서덜랜드는 조나단 에드워드가(家)의 연구를 통해 선조 중에는 살인범이 있었으나, 후손 중에는 살인범이 전혀 없다는 점을 들어 범죄의 유전성을 부정하였다.
④ [×] 고링은 통계학의 상관계수법으로 범죄성이 유전되는지를 검토하기 위해, 범죄성의 정도를 구금빈도와 구금기간의 두 가지 측면에서 고찰하고 부모의 범죄성과 자식의 범죄성이 어떻게 관련되었는지를 살펴보았다. 그 결과 범죄성이란 유전에 의해 전수되는 것이며 각자가 처해 있는 사회적 환경이나 자연적 환경의 결과가 아니라고 주장하였다.

정답 ③

---

02 생물학적 범죄원인론에 대한 설명으로 가장 적절하지 않은 것은?   2024(74). 경위

① 덕데일(Dugdale)은 쥬크 가(The Jukes) 연구를 통해 범죄의 유전적 요인에 주목하였다.
② 랑게(Lange)는 가계 연구에서 밝히기 어려운 범죄성에 대한 유전과 환경의 관계를 밝히기 위해 쌍생아 연구를 하였다.
③ 허칭스와 매드닉(Hutchings & Madnick)의 연구에 따르면, 친부와 양부 모두 범죄경력이 있는 경우가 한 쪽만 범죄 경력이 있는 경우에 비해 입양아의 범죄 가능성에 더 큰 영향력을 미치는 것으로 나타났다.
④ 크리스티안센(Christiansen)은 일란성 쌍생아의 경우 성별을 불문하고 이란성 쌍생아보다 한 쪽이 범죄자인 경우에 다른 쪽도 범죄자인 비율이 높은 것을 확인하였고, 범죄성의 환경적 요인에 따른 영향력은 없다고 하였다.

해설

① [○] 덕데일은 미국의 교도소에 수감 중인 에이다 쥬크(Jukes, 가명)의 가족 6명의 후손 1,000명 이상을 조사하여 범죄성의 유전성을 입증하고자 하였다.
② [○] 가계연구들은 부모의 외모와 성격이 자식에게 유전되는 일반적 현상을 범죄성향으로 확장하여, 부모의 범죄성향 또는 전적으로 유전에 의해 자식에게 대물림된다고 주장하였다. 이런 주장은 자식이 부모의 범죄성향을 닮은 이유가 순전히 유전에 의한 것인지, 아니면 부모가 자식에게 제공한 환경의 영향 때문인지에 대해서는 명확한 해답을 제시할 수 없다. 가계연구만으로는 유전의 영향과 환경의 영향을 분리할 수 없기 때문이다. 이런 단점을 극복하고자, 환경과 유전의 개별적 영향을 적절하게 밝히기 위해서 쌍생아 연구가 시작되었다.
③ [○] 허칭스와 메드닉은 환경적 요인을 통제하지 못한 가계도 연구의 한계를 보완하기 위하여 입양아를 대상으로 범죄와 유전과의 관계를 연구하였다. 이 입양아 연구결과는 생물학적 부모에 의한 유전의 영향(20%)이 입양부모에 의한 환경의 영향(14.7%)보다 더 크다는 사실을 밝혔고 더불어 생물학적 부모와 입양부모가 모두 범죄경력이 있을 때, 즉 유전과 환경의 영향이 중첩될 때 범죄성향이 가장 증가(25%)한다는 사실도 보여 주었다.
④ [×] 크리스티안센은 1881년부터 1910년 사이에 덴마크에서 태어난 모든 쌍생아들의 범죄 일치율을 조사했다. 그 결과 남자 일란성 쌍생아와 이란성 쌍생아의 일치율은 각 35.8%와 12.5%였고, 여자의 경우는 각 21.4%와 4.3%였다. 이 연구에서는 일란성 쌍생아 집단의 일치율이 높았기 때문에 유전이 범죄에 미치는 영향이 존재함을 입증했다. 그러나 만약 범죄발생이 환경과는 무관하게 오로지 유전에 의한 것이라면 일란성 쌍생아의 일치율은 100%에 해당해야 한다. 그러나 남녀집단 공히 일치율이 50%에도 미치지 못한 점을 토대로 판단해보면, 범죄에 미치는 환경의 영향 또한 강하다는 사실을 확인할 수 있다. 즉, 이 연구결과는 일란성 쌍생아가 상대적으로 높은 일치율을 보여 주고 있으나, 환경이 고려될 때는 그 중요성이 약화됨을 알 수 있다. 이러한 견지에서 크리스티안센은 유전적 요인은 중요하지만 사회적 변수에 따라 많은 영향을 받는다고 주장하였다.

정답 ④

03 생물학적 범죄원인론에 대한 설명으로 가장 적절하지 않은 것은?

2023(73). 경위

① 셸던(Sheldon)은 소년교정시설에 수용된 청소년과 일반 청소년의 신체적 특징을 비교 조사하여 범죄자는 독특한 체형을 지니며, 이러한 체형이 반사회적 행동의 원인이라고 주장하였다.
② 랑게(Lange)는 이란성 쌍생아보다 일란성 쌍생아가 범죄적 일치성이 높아 범죄는 개인의 타고난 유전적 소질에 의한 것이라고 주장하였다.
③ 허칭스와 메드닉(Hutchings & Mednick)은 입양아 연구결과 양아버지의 영향이 생물학적 아버지의 영향보다 크다고 하였다.
④ 글룩(Glueck)부부는 체형이 행위에 영향을 주어 간접적으로 비행을 유발하는 다양한 요인 중 하나라고 하였다.

해설

① [○] 셸던은 1939년부터 10년간 메사추세츠 주 소년원에 수용된 200명의 소년과 범죄경험이 없는 대학생 200명의 신체유형을 측정하여 비교분석하였다. 비행소년집단은 중배엽형, 즉 근육이나 골격의 발달이 높았고 외배엽형, 즉 신경계는 낮았으며 내배엽형, 즉 소화기 등의 발달 상태는 보통이었다. 반면 일반 대학생의 경우 중배엽형 수치는 매우 낮고, 반면 외배엽형의 수치는 주목할 정도로 높은 수치였다.
② [○] 랑게는 일란성 13쌍과 이란성 17쌍 모두 30쌍의 쌍생아를 대상으로 연구한 결과, 일란성 쌍생아의 경우 13쌍 중에서 10쌍이, 이란성의 경우 2쌍만이 양쪽 모두 범죄를 저질러, 일란성 쌍생아에서 쌍생아 모두가 범죄를 저지른 비율이 이란성 쌍생아에서 쌍생아 모두가 범죄를 저지른 비율보다 높다는 것을 확인하여, '범죄란 개인이 타고난 유전적 소질에 의해 저질러지는 것'으로 이해하였다.
③ [×] 허칭스와 메드닉은 환경적 요인을 통제하지 못한 가계도 연구의 한계를 보완하기 위하여 입양아를 대상으로 범죄와 유전과의 관계를 연구하였다. 이 입양아 연구결과는 생물학적 부모에 의한 유전의 영향(20%)이 입양부모에 의한 환경의 영향(14.7%)보다 더 크다는 사실을 밝혔고 더불어 생물학적 부모와 입양부모가 모두 범죄경력이 있을 때, 즉 유전과 환경의 영향이 중첩될 때 범죄성향이 가장 증가(25%)한다는 사실도 보여주었다.
④ [○] 글룩부부는 셸던의 세 가지 체형과 어느 특정한 체형이라고 할 수 없는 유형의 체형을 가미한 네 가지 체형으로서 500명의 비행소년과 이들과 부합되는 일반소년 500명을 비교하여 비행의 관련성을 검증하였다. 그 결과 60.1%의 비행소년이 신체긴장형이었던 반면, 일반소년은 30.7%만이 신체긴장형이라는 사실을 발견하였다. 그러나 이들은 연구결과를 인과적 견지에서 해석하기보다는 체형이 비행을 유발시킬 수 있는 요소로 해석하면서, 범죄유발 환경하에 사는 신체긴장형이 비행의 잠재성이 더욱 크다고 주장하였다. 즉, 체형이 비행의 직접적인 원인이라기보다는 단순히 외형이 그 사람의 행위에 영향을 미치며, 비행을 유발시키는 많은 요인 가운데 체형은 그 중 하나에 불과하다는 것이다.

정답 ③

04 생물학적 범죄원인론에 관한 설명으로 가장 적절하지 않은 것은?

2023. 경찰1차

① 롬브로소(Lombroso)는 범죄인은 일반인에 비해 얼굴이나 두개골 등 신체 전반에 걸쳐 생물학적 열등성이 존재한다는 생래적 범죄인(born criminals)을 주장하였다.
② 크레취머(Kretschmer)는 인간의 체형을 크게 세장형(asthenic), 근육형(athletic), 비만형(pyknic) 등으로 분류한 후 각각의 신체특징별 성격과 범죄유형을 연구하였다.
③ 덕데일(Dugdale)은 범죄에 대한 유전성을 밝히기 위해 쥬크(Juke) 가문에 대한 가계도 연구를 실시하였다.
④ 허칭스(Hutchings)와 메드닉(Mednick)은 환경적 요인을 통제하지 못한 가계도 연구의 한계를 보완하기 위하여 쌍생아를 대상으로 범죄와 유전과의 관계를 연구하였다.

해설

① [○] 초기 생물학적 범죄학자들은 다윈의 진화론의 영향을 많이 받은 관계로 범죄인은 일반인에 비해 생물학적으로 열등한 존재이기 때문에 범죄를 저지른다고 믿었다. 이탈리아 군대의 외과의사이던 롬브로조(Lombroso)는 당시의 이런 주장을 확장하여 범죄자의 징표는 얼굴이나 두개골 외에도 신체 전반에 걸쳐 나타난다고 주장하였으며, 범죄자들은 마치 다시 원시상태로 되돌아간 것처럼 진화가 덜된 상태로 태어났기 때문에 범죄를 저지르는 것이라고 추정하였다.

② [○] 독일의 정신병리학자 크레취머(Kretschmer)는 일정한 체격형은 그와 병존하는 성격 또는 기질을 가지고 있고, 그에 상응하는 정신병질 및 정신병이 존재한다고 하여 체형과 범죄와의 관련성을 설명하였으며, ㉠ 근육이 잘 발달된 투사형 또는 운동형, ㉡ 키가 크고 마른 체형의 쇠약형 또는 세장형, ㉢ 키가 작고 뚱뚱한 비만형, ㉣ 발육부전형(혼합형)으로 구분하고 기질을 분열성, 점착성, 회귀성(순환성) 등으로 나누어 체형과 기질과의 관계를 설명하였다.

③ [○] 덕데일(Dugdale)은 미국의 교도소에 수감 중인 에이다 쥬크(Jukes. 가명)의 가족 6명의 후손 1,000명 이상을 조사하여 범죄성의 유전성을 입증하고자 하였으며, 280명의 극빈자, 60명의 절도범, 7명의 살인범, 140명의 범죄자, 40명의 성병 사망자, 50명의 매춘부 및 기타 일탈행위자가 확인되어 범죄성의 유전을 인정하는 조사로 평가되었다.

④ [×] 범죄에 대한 유전의 영향을 확인할 수 있는 방법은 쌍생아 연구 외에도 입양아들의 성장과정을 연구하는 입양아(양자) 연구가 있다. 만약 입양아의 범죄성향이 입양부모보다 생물학적 부모의 범죄성향을 더 닮는다면 범죄에 대한 유전적 영향이 더 강하다고 볼 수 있고, 반대로 입양부모의 범죄성향을 더 닮는다면 환경적 영향이 더 강하다고 볼 수 있다는 이론이다. 허칭스(Hutchings)와 메드닉(Mednick)은 환경적 요인을 통제하지 못한 가계도 연구의 한계를 보완하기 위하여 입양아를 대상으로 범죄와 유전과의 관계를 연구하였다.

정답 ④

05 생물학적 범죄이론에 관한 내용으로 가장 적절한 것은? 2022. 경찰2차

① 셀던(Sheldon)은 인간의 체형을 중배엽형(mesomorph), 내배엽형(endomorph), 외배엽형(ectomorph)으로 구분하고, 이 중 외배엽형은 활동적이고, 공격적이며, 폭력적 면모를 가진다고 주장하였다.
② 고링(Goring)은 수형자와 일반사회인에 대한 비교 연구를 통해 유전보다는 환경의 역할이 결정적이라고 주장하였다.
③ 초남성(supermale)으로 불리는 XXY 성염색체를 가진 남성은 보통 남성보다 공격성이 더 강한 것으로 알려져 있다.
④ 범죄성 유전에 대한 가계도 연구는 쥬크(Juke)가(家)와 칼리카크(Kallikak)가(家)에 대한 연구가 대표적이다.

해설

① [×] 셀던에 따르면 내배엽형 인간은 배가 나오고 둥그스름한 체형에 살이 찌기 쉬운 체질이고 성격적으로는 느긋하며 외향적이고, 중배엽형은 가슴과 어깨근육이 발달한 근육형 인간으로 활동적이고 공격적인 성향을 띠며, 외배엽형은 길고 연약한 체형에 예민하고 알레르기나 피부 트러블이 많은 사람들이라고 하였다.
② [×] 고링은 범죄성이란 유전에 의해 전수되는 것이며 각자가 처해 있는 사회적 환경이나 자연적 환경의 결과가 아니라고 하였다.
③ [×] 제이콥스(Jacobs)는 XYY형은 '초남성'이고 보다 폭력적이며 강한 범죄성향을 가졌다고 보았지만 그 후에 이루어진 성염색체의 범죄원인성과의 상관성 연구결과에 의하면 XYY형이 범죄성과 크게 관련성이 없다는 것이 일반적 견해이다.
④ [○] 범죄성 유전에 대한 가계도 연구는 덕데일의 쥬크(Juke)가(家) 연구와 고다드의 칼리카크(Kallikak)가(家)에 대한 연구가 대표적이다.

정답 ④

06 생물사회학적 범죄연구 사례에 대한 내용이다. 해당되는 연구는 무엇인가?

2022(72). 경위

> 마틴은 기독교 집안에서 자란 청년으로 미국 독립전쟁에 참전 후 귀가하던 도중 하룻밤 묵게 된 여관에서 지적장애를 가진 여성 종업원과 성관계를 맺었다. 그 후 자신의 고향에 돌아와 기독교인 여성과 결혼한 후 건실한 가정을 꾸리고 살았다.
> 연구자는 이 두 여성으로부터 태어난 마틴의 4대째 후손들까지를 조사하였는데, 이후에 결혼한 여성에게서 태어난 후손들 중에는 법률가, 성직자, 의사 등 사회적으로 성공한 사람들이 많았고 범죄자는 한 명도 없었다. 그에 비해 지적장애를 가진 여성 종업원으로부터 태어난 후손들은 절반 이상이 지적장애인이나 범죄자였다. 연구자는 이러한 연구결과를 토대로 부모의 범죄성향이 전적으로 유전에 의해 자식에게 대물림된다고 주장하였다. 하지만 이러한 연구결과만으로는 자식이 부모의 범죄성향을 닮은 이유가 순전히 유전에 의한 것인지 아니면 부모가 자식에게 제공한 환경의 영향 때문인지에 대해 명확한 해답을 제시할 수 없다는 비판을 받는다.

① 덕데일(Dugdale)의 쥬크(Juke)가문에 관한 연구
② 고다드(Goddard)의 칼리카크(Kallikak)가문에 관한 연구
③ 서덜랜드(Sutherland)의 조나단 에드워드(Jonathan Edward)가문에 관한 연구
④ 제이콥스(Jacobs)와 스트롱(Strong)의 연구

해설
① [×] 덕데일(Dugdale)은 1700년대 중반에 미국에 살았던 '에이다 쥬크(가명)'라는 여자 범죄자의 후손들을 조사한 결과 상당수가 전과자, 포주, 창녀, 극빈자였다는 사실을 밝혀내어 범죄는 유전과 관계되는 것으로 결론지었다.
② [O] 다드(Goddard)는 미국 독립전쟁 당시 생존했던 '마틴 칼리카크(가명)'라는 남자와 그의 후손들에 대한 가계를 조사하여 유전과 범죄의 관계를 찾을 수 있었다.
③ [×] 서덜랜드(Sutherland)는 조나단 에드워드(Jonathan Edward)家의 연구를 통해 선조 중에는 살인범이 있었으나 후손 중에는 살인범이 전혀 없다는 점을 들어 범죄의 유전성을 부정하였다.
④ [×] 제이콥스(Jacobs)와 스트롱(Strong)의 연구는 성염색체에 대한 연구로, 인간의 성염색체는 그 형태·구성·개수 등에 있어서 이상이 나타날 수 있고 이로 인하여 성격적 결함을 초래할 수 있으며 이것이 범죄성과 어떠한 상관관계를 갖는가에 대한 연구이다.

정답 ②

07 쌍둥이 연구에 대한 설명으로 옳지 않은 것은?

2013. 사시

① 쌍둥이 연구는 일란성 쌍둥이와 이란성 쌍둥이의 범죄일치율을 비교해 봄으로써 유전적 소질이 범죄에 미치는 영향을 알 수 있다는 전제에서 출발하였다.
② 랑게(Lange)는 13쌍의 일란성 쌍둥이와 17쌍의 이란성 쌍둥이를 대상으로 연구한 결과, 일란성 쌍둥이에서 쌍둥이 모두가 범죄를 저지른 비율이 이란성 쌍둥이에서 쌍둥이 모두가 범죄를 저지른 비율보다 높다는 것을 확인하였다.
③ 크리스찬센(Christiansen)은 랑에의 연구가 가진 한계를 극복하기 위해 광범위한 표본을 대상으로 연구하였고, 그 연구결과에 의하면 일란성 쌍둥이 모두가 범죄를 저지른 비율보다 이란성 쌍둥이 모두가 범죄를 저지른 비율이 오히려 높다는 결과를 얻었다.
④ 달가드(Dalgard)와 크링글렌(Kringlen)은 쌍둥이 연구에서 유전적 요인 이외에 양육과정의 차이도 함께 고려하여 연구하였다.
⑤ 쌍둥이 연구는 일란성과 이란성의 분류 방법의 문제, 표본의 대표성, 공식적인 범죄기록에 의한 일치율 조사 등에 문제가 있다는 비판이 있다.

해설

③ [×] 크리스챤센(Christiansen)은 쌍둥이 연구를 사회학적 방법을 통하여 시도하였는데 랑게(Lange)의 연구가 갖는 한계를 극복하기 위해 가장 광범위한 표본을 연구대상으로 연구를 시행하였으며, 연구결과의 정확성을 기하기 위하여 '쌍생아 계수'를 사용하였다. 그의 1974년 연구에 의하면, 일란성 쌍둥이가 상대적으로 높은 일치율을 보여 주고 있으나, 환경의 요인이 고려될 때는 그 중요성이 약화됨을 알 수 있었다. 즉, 유전적 요인은 중요하지만, 사회적 변수에 따라 많은 영향을 받는다고 주장하였다.

정답 ③

제4절 | 기타 생물학적 범죄원인론

01 공격성과 관련된 신경전달물질 중 다음 〈보기〉의 설명이 지칭하는 것은? 2023. 해경 경위

―〈보기〉―

정신치료감호소에 있는 폭력범죄자들의 경우 이것의 수치가 높을수록 과도한 공격성을 보였으나, 반대로 폭력범죄자들에게 낮은 수치가 발견되기도 하였다. 결국 높고 낮은 수치 모두 도구적 공격성과 관계가 있다.

① 노르에피네프린(Norepinephrine)
② 세로토닌(Serotonin)
③ 도파민(Dopamine)
④ 모노아민(Monoamine)

해설

① [O] 노르에피네프린(Norepinephrine)에 대한 설명이다. 중추신경계의 신경전달물질로서, 노르에피네프린은 주의력을 증가시키고 빠른 반응 시간을 보이게 하며, 개인의 기분과 집중력에도 영향을 미치게 된다. 이 호르몬의 수치가 낮을 경우 주의력결핍/과잉행동, 우울증과 저혈압의 증상을 보이게 된다.

정답 ①

02 범죄행위에 영향을 미치는 뇌와 신경전달물질에 관한 설명으로 가장 적절하지 않은 것은? 2022(72). 경위

① 뇌의 변연계에 존재하는 편도체는 공포 및 분노와 관련되어 있다.
② 뇌의 전두엽은 욕구, 충동, 감정 관련 신경정보를 억제하거나 사회적 맥락에 맞게 조절, 제어, 표출하게 하는 집행기능을 수행한다.
③ 세로토닌 수치가 너무 높을 경우 충동, 욕구, 분노 등이 제대로 통제되지 않을 수 있다.
④ 도파민 시스템은 보상 및 쾌락과 관련되어 있다.

해설
① [○] 뇌의 가운데 부분에 위치한 변연계에는 편도체, 시상하부, 해마 등이 존재하며 주로 본능적 욕구, 충동, 감정을 담당한다. 그중 편도체는 공포와 분노기능을 담당하기 때문에 범죄와 직접적 관련성이 높다.
② [○] 뇌의 바깥쪽에 위치한 대뇌피질은 기억, 언어, 집중, 의식 등 고차원적 사고 기능을 담당하고 그중 전두엽은 변연계에서 대뇌피질 방향으로 투사된 욕구, 충동, 감정 관련 신경정보를 억제하거나 사회적 맥락에 맞게 조절, 제어, 표출하게 하는 집행기능을 수행한다.
③ [×] 세로토닌 시스템은 사람의 충동성이나 욕구를 조절하고 억제하는 역할을 담당한다. 세로토닌이 너무 적은 경우 충동성, 욕구, 분노 등이 제대로 통제되지 않아 폭력, 자살, 알코올 중독 등이 유발되기도 한다.
④ [○] 신경전달물질 도파민은 운동능력, 집중력, 문제해결능력을 매개한다. 특히 뇌에 존재하는 도파민 시스템은 보상과 쾌락을 담당하는 역할을 한다. 특정 행위나 자극이 도파민을 증가시키는 경우 즉각적인 만족과 쾌락을 느끼게 되므로 사람들은 관련 행위나 자극을 지속적으로 추구하게 된다. 비정상적 도파민 신경전달은 충동적 행위 및 폭력범죄와 깊은 연관성을 지닌다.

정답 ③

03 범죄생물학에 대한 설명으로 옳지 않은 것은?   2015. 사시

① 제이콥스(Jakobs)는 남성성이 과잉인 XYY형 염색체를 가진 사람들이 폭력적이고 강한 범죄성향을 가진다고 보았다.
② 아이센크(Eysenck)는 내성적인 사람의 경우 대뇌에 가해지는 자극이 낮기 때문에 충동적, 낙관적, 사교적, 공격적이 된다고 보았다.
③ 달가드(Dalgard)와 크린글렌(Kringlen)은 쌍둥이연구를 통해 범죄 발생에서 유전적 요소는 중요하지 않다고 주장하였다.
④ 꼬르떼(Corts)는 신체적으로 중배엽형의 사람일수록 범죄성향이 높다고 주장하였다.
⑤ 폴링(Pauling)은 영양결핍으로 인한 지각장애와 영양부족·저혈당증에 수반되는 과활동반응에서 범죄원인을 찾았다.

해설
① [○] 이상염색체와 범인성과의 관계를 처음 연구한 제이콥스는 Y염색체가 남성성징을 결정하기 때문에, Y염색체를 하나 더 가지고 있는 XYY형은 '초남성'이고 보다 공격적이며 범인성의 소지가 많다고 보았다.
② [×] 아이센크는 외향적인 사람은 대뇌에 가해지는 자극이 낮기 때문에 항상 자극을 갈망하여 성격자체도 충동적·낙관적·사교적·공격적이 되고, 반면 내성적인 사람은 대뇌에 가해지는 자극이 강하고 오랫동안 지속되기 때문에 자극을 회피하는 경향이 강하여 성격 자체도 신중하고, 조심스러우며, 비관적이 된다고 하였다.
③ [○] 실제 양육과정별로 분석하였을 경우 일란성 쌍생아의 일치율은 이란성 쌍생아들의 일치율과 큰 차이가 없었음을 확인하고, '범죄발생에 있어 유전적인 요소는 중요하지 않다.'고 주장하였다.
④ [○] 신체적으로 중배엽형(신체긴장형)의 사람일수록 활동적이며 공격적인 성향과 상관성이 높다고 주장하였다.
⑤ [○] 폴링은 영양결핍에 따른 범죄원인을 주장하였다.

정답 ②

04 다음 중 생물학적 범죄원인론에 대한 설명으로 가장 옳지 않은 것은? 2022. 해경 경위

① 크레취머(Kretschmer)는 사람의 체형을 세장형, 운동형, 비만형으로 나누고 각 체형과 범죄유형의 상관관계를 연구하였다.
② 제이콥스(Jacobs)에 의하면 XYY형의 사람은 남성성을 나타내는 염색체 이상으로 신장이 크고, 정상인들에 비하여 수용시설에 구금되는 비율이 높다고 하였다.
③ 랑게(Lange)는 이란성 쌍둥이가 일란성 쌍둥이에 비해 쌍둥이가 함께 범죄를 저지를 가능성이 높다고 하였다.
④ 덕데일(Dugdale)은 범죄는 유전의 결과라는 견해를 밝힌 대표적인 학자이다.

해설
① [○] 독일의 정신병리학자 크레취머(Kretschmer)는 일정한 체격형은 그와 병존하는 성격 또는 기질을 가지고 있고, 그에 상응하는 정신병질 및 정신병이 존재한다고 하여 체형과 범죄와의 관련성을 설명하였다.
② [○] 제이콥스(Jakobs)는 염색체 구조와 범죄의 관계를 조사하여, 남성성을 나타내는 Y염색체가 일반 남성보다 많은 XYY형 남성은 폭력적이며 강한 범죄성향을 가진다고 주장하였다.
③ [×] 랑게(Lange)는 일란성 쌍둥이가 이란성 쌍둥이에 비해 쌍둥이가 함께 범죄를 저지를 가능성이 높다고 하였다.
④ [○] 뉴욕의 쥬크(Jukes)가(家)에 대한 덕데일(Dugdale)의 연구(1877)에 의하면 Jukes가계에서 수많은 범죄자나 창녀 등이 출현하였으며, 이러한 사실들은 모두 유전과 관련되는 것으로 결론을 내렸다.

정답 ③

05 다음 중 신경생리학적 조건과 범죄에 대한 설명으로 가장 옳지 않은 것은? 2024. 해경 경위

① 비정상적인 도파민 수치는 충동적 행위 및 폭력범죄와 관련이 있을 수 있다.
② 노르에피네프린(norepinephrine)은 충동성, 공격성과 관련된 신경전달물질이다.
③ 모노아민 산화효소 A(monoamine oxidase A) 유전자가 과활성화 형태를 가지게 되면 폭력행위를 보일 가능성이 높아지게 된다.
④ 낮은 수준의 세로토닌은 특히 기질, 공격성, 충동 등에 영향을 미친다.

해설
① [○] 도파민은 흥분성 신경전달물질이므로, 비정상적 도파민 신경전달은 충동적 행위 및 폭력범죄와 깊은 관련성을 지닌다.
② [○] 중추신경계의 신경전달물질로서, 노르에피네프린은 주의력을 증가시키고 빠른 반응 시간을 보이게 하며, 개인의 기분과 집중력에도 영향을 미치게 된다. 이 호르몬의 수치가 낮을 경우 주의력결핍/과잉행동, 우울증과 저혈압의 증상을 보이게 된다.
③ [×] 모노아민 산화효소 A(MAOA) 유전자가 저활성화 형태를 가지게 되면 폭력행위를 보일 가능성이 높아지게 된다. 모노아민 산화효소는 도파민, 세로토닌, 노르에피네프린의 분해를 담당하는 효소로, 이 효소의 합성과 활동성이 비정상적이라면 시냅스 상의 신경전달물질들이 적절히 제거되지 않기 때문에 다양한 행동 및 정신병리적 증상들이 야기된다. 특히 이 효소가 과활성화되면 신경전달물질의 양이 급격히 감소하게 되고, 저활성화되면 신경전달물질의 양이 급격히 증가하게 된다. 이런 이유로 MAOA 효소의 활동성에 영향을 미치는 MAOA 유전자는 범죄 및 폭력과 깊은 관계가 있다.
④ [○] 세로토닌 시스템은 사람의 충동성이나 욕구를 조절하고 억제하는 역할을 담당한다. 세로토닌이 너무 적은 경우 충동성, 욕구, 분노 등이 제대로 통제되지 않아 폭력, 자살, 알코올 중독 등이 유발되기도 한다.

정답 ③

제8장 | 심리·성격적 범죄원인론

제1절 | 개관

01 다음 이론이 설명하는 내용과 가장 관련이 적은 것은?   2010. 교정 7급

> 범죄는 내적 장애의 표출이다. 범죄자에게는 충동성, 공격성, 도덕성 부족, 낮은 자존감 등과 같은 특성을 발견할 수 있다.

① 심리학적 성격이론, 자기통제이론 등이 이에 해당한다.
② 범죄행위에 대한 개인의 자유의지를 부정하는 편이다.
③ 범죄인 교정을 위해 범인성에 대한 치료적 접근이 필요하다.
④ 범죄 원인 규명을 위해 개개인의 특성보다 범죄자가 처한 사회적 상황에 관심을 갖는다.

해설
④ [×] 개인적 범죄원인론의 심리·성격적 요인에 대한 설명으로, 프로이드(Freud)의 정신분석과 슈나이더(Schneider)의 정신병질 및 개인적 통제이론이 이에 해당한다. 범죄원인 규명을 위해 개개인의 특성보다 범죄자가 처한 사회적 상황에 관심을 갖는 것은 사회학적 범죄원인론이다.

정답 ④

제2절 | 프로이드의 정신분석학

01 프로이드(Freud)의 정신분석학에 관한 설명으로 가장 적절하지 않은 것은?   2024. 경찰2차

① 이드(id)를 구성하는 핵심요소에는 성(性)적 에너지인 리비도(libido)가 있다.
② 의식의 영역에는 에고(ego)와 이드(id)가 있고, 무의식의 영역에는 슈퍼에고(superego)가 있다.
③ 오이디푸스 콤플렉스는 남자아이가 어머니에게 성(性)적 욕망을 느끼고 아버지에게서는 거세의 공포를 느끼는 것이다.
④ 승화(sublimation)는 에고(ego)의 갈등 해결 유형 중 하나이며 반사회적 충동을 사회가 허용하는 방향으로 나타내는 것이다.

해설

① [○] 인간의 욕망 가운데 가장 중요한 것이 성적 욕망, 즉 리비도인데 프로이드는 인간 정신구조의 성장과정을 구순기 → 항문기 → 남근음핵기 → 잠복기 → 성기로 나누고, 이러한 단계별 정상적인 진행이 건전한 성인으로의 발전을 좌우한다고 한다.
② [×] 의식은 자아(Ego)로, 무의식은 본능(Id)과 초아아(Superego)로 나누었다. 이드(Id)는 타인의 권리를 배려하지 않는 즉각적인 만족을 요구하는 쾌락의 원칙을 따르고, 에고(Ego)는 사회적 기준에 따라 무엇이 관습적이며 실질적인가를 고려하는 현실원리를 따른다. 슈퍼에고(Superego)는 인성의 도덕적 관점으로서 행위에 대한 판단을 맡는다. 무의식의 이드(원초아)가 의식으로 표출되는 것을 무의식의 슈퍼에고(초자아)가 차단하지 못하면, 즉 무의식의 이드(Id)가 의식으로 표출되면 범죄를 저지른다.
③ [○] 초자아의 발달에 중요한 남근음핵기에 오이디푸스 콤플렉스와 일렉트라 콤플렉스가 형성되고, 이러한 콤플렉스로 인한 죄책감을 에고(자아)가 적절히 조절하지 못하면 이는 각자의 성격에 중요한 영향을 미쳐 향후 행동에 심각한 영향을 미친다고 보았다. 오이디푸스 콤플렉스는 남자아이가 모친에 대한 성적 감정(근친상간의 욕망)과 부친에 대한 적대 감정(살인 욕망)을 가지는 것을 말하고, 남근기에 여자아이는 아버지에게 성적 감정을 가지게 되는데 이를 일렉트라 콤플렉스라고 한다.
④ [○] 이드와 슈퍼에고 간의 충돌과정에서 발생하는 불안이나 죄의식을 에고가 적절히 해결할 수 없을 때, 자아를 보호하기 위한 사고 및 행동수단을 자기방어기제라고 한다. 이에는 승화, 억압, 부인, 투사, 동일시, 퇴행, 합리화, 치환, 반동형성 등이 있다. 이중에서 승화는 이드와 슈퍼에고 간의 충돌을 건호하고 정상적인 방법으로 해결하는 방법인데, 공격적이고 파괴적인 충동을 체육활동, 학습, 전문적 활동에 전념하는 등의 방법으로 승화시키는 것을 말한다.

정답 ②

02 정신분석학적 범죄이론에 대한 설명으로 가장 적절하지 않은 것은? 2024(74). 경위

① 프로이드(Freud)는 특정한 사람들은 슈퍼에고(Superego)가 과잉발달되어 죄책감과 불안을 느끼게 되어 죄의식 해소와 심리적 균형감을 얻고자 범죄를 저지르게 된다고 하였다.
② 아들러(Adler)는 인간의 무의식에는 열등감 콤플렉스가 내재해 있는데, 일부는 이러한 열등감을 과도하게 보상받기 위해 비행이나 범죄를 저지르게 된다고 하였다.
③ 에릭슨(Erikson)은 모성의 영향을 중시했는데, 어렸을 때 엄마가 없는 경우에는 기초적인 애정관계를 형성하지 못해 불균형적 인성구조를 형성하게 되어 범죄와 같은 반사회적 행동에 빠져든다고 하였다.
④ 레들과 와인맨(Redl & Wineman)은 비행소년들이 적절한 슈퍼에고(Superego)를 형성하지 못하고 에고(Ego) 또한 이드(Id)의 충동을 무조건 수용하는 방향으로 형성되어, 에고(Ego)가 슈퍼에고(Superego)의 억제 없이 이드(Id)의 욕구대로 형성된 경우를 '비행적 자아'라고 지칭하였다.

해설

① [○] 프로이드는 범죄자들이 슈퍼에고가 과잉발달되어 죄책감과 불안을 느끼게 되어 죄의식 해소와 심리적 균형감을 얻고자 범죄행동을 수행한다고 하였다. 범죄대책으로 형벌의 위하력에 대하여는 부정하는 관점을 취하면서, 범죄인의 치료법으로 인간의 무의식적인 동기를 의식화시키는 의학적 치료와 사회적 보호처분을 해야 한다고 주장하였다.
② [○] 아들러는 인간의 심층심리에 작용하는 원동력은 프로이드가 말하는 성욕이 아니고 '힘의 의지'라며, 프로이드의 성욕설을 비판하였다. 인간은 힘(권력)에 대한 의지와 자기보존욕구를 가지는데, 이러한 욕구가 충족되지 못할 때 열등감 콤플렉스를 지니게 되고, 이를 지나치게 보상하려는 시도에서 범죄나 비행을 저지르게 된다고 한다.
③ [×] 바울비(Bowlby)는 모성의 영향을 강조하고, 어린 시절 어머니가 없는 경우에는 아이들이 기초적인 애정관계를 형성할 수 없기 때문에 불균형적인 인성구조를 갖게 되고, 이후에 범죄와 같은 반사회적 행위에 빠져든다고 보았다.
④ [○] 레들과 와인맨은 증오심이 강한 소년들의 공통된 특성을 살폈는데, 고립되어 성장한 결과 어른들이 자기를 사랑하고, 원하고, 보호하고, 격려한다는 느낌을 가지지 못한 것으로 나타났다. 비행소년들은 적절한 슈퍼에고를 형성하지 못하고, 에고도 이드의 욕구를 무조건 옹호하는 방향에서 구성되었다고 보고, 에고가 슈퍼에고의 규제 없이 이드의 욕구대로 형성된 경우를 '비행적 자아'라고 지칭하였다. 치료방법으로 어렸을 때에 결핍되었던 어른들과 자기를 연계시킬 수 있는 동일시 감정을 증진시키는 것이 무엇보다 중요하다고 주장하였다.

정답 ③

03 프로이트(Freud)의 정신분석이론에 대한 설명으로 가장 적절한 것은? 2023(73). 경위

① 프로이트에 따르면 인성 구조에서 이드(Id)는 쾌락원칙, 에고(Ego)는 도덕원칙을 따른다.
② 슈퍼에고(Superego)는 양심과 이상 같은 긍정적 요소이므로 미발달한 경우는 문제이지만 과다하게 발달하는 경우는 문제가 되지 않는다.
③ 프로이트는 인간 발달의 성 심리적 단계를 구순기(Oral Stage), 항문기(Anal Stage), 남근기(Phallic Stage), 잠복기(Latent Stage), 생식기(Genital Stage) 순으로 제시하였다.
④ 남근기에 여자아이는 아버지에게 성적 감정을 가지게 되는데 이를 오이디푸스 콤플렉스라고 한다.

해설
① [×] 이드(Id)는 타인의 권리를 배려하지 않는 즉각적인 만족을 요구하는 쾌락의 원칙을 따르고, 에고(Ego)는 사회적 기준에 따라 무엇이 관습적이며 실질적인가를 고려하는 현실원리를 따른다. 슈퍼에고(Superego)는 인성의 도덕적 관점으로서 행위에 대한 판단을 맡는다.
② [×] 프로이드는 범죄자들이 지속적인 죄책감과 불안감으로 인해 과도하게 발달된 슈퍼에고를 가지고 있기 때문에 범죄행동을 수행한다고 하였다.
③ [○] 인간의 욕망 가운데 가장 중요한 것이 성적 욕망, 즉 리비도인데 프로이드는 인간 정신구조의 성장과정을 구순기 → 항문기 → 남근음핵기 → 잠복기 → 성기기로 나누고, 이러한 단계별 정상적인 진행이 건전한 성인으로의 발전을 좌우한다고 한다.
④ [×] 일렉트라 콤플렉스에 대한 설명이다. 오이디푸스 콤플렉스는 남자아이가 모친에 대한 성적 감정(근친상간의 욕망)과 부친에 대한 적대 감정(살인 욕망)을 가지는 것을 말한다.

정답 ③

04 프로이드(Freud)의 정신분석학적 범죄이론에 대한 설명으로 옳지 않은 것은? 2024. 보호 9급

① 일탈행위의 원인은 유아기의 발달단계와 관련이 있다.
② 인간의 무의식은 에고(Ego)와 슈퍼에고(Superego)로 구분된다.
③ 이드(Id)는 생물학적 충동, 심리적 욕구, 본능적 욕망 등을 요소로 하는 것이다.
④ 슈퍼에고는 도덕적 원칙을 따르고 이드의 충동을 억제한다.

해설
① [○] 프로이드는 유아기로부터 성인기로의 사회화과정을 '구순기, 항문기, 남근기, 잠복기, 성기기'라는 성심리적 단계로 설명하면서, 이러한 단계별 발전이 인성형성에 중요한 역할을 한다고 가정한다. 각 단계별로 아동은 그에 맞는 욕구를 해결해야 하는데, 바로 이들 욕구가 긴장을 야기시키며 이러한 긴장이 사회적으로 수용될 수 있는 행위를 통하여 해결되지 않을 때 범죄적 적응이 유발될 수 있다고 한다.
② [×] 프로이드는 의식을 에고(Ego)라고 하고, 무의식을 이드(Id)와 슈퍼에고(Superego)로 나누었다. 무의식인 이드가 의식으로 표출되면 범죄가 발생한다고 본다.
③ [○] 이드는 성이나 음식과 같이 모든 행동의 기초를 이루는 생물학적·심리학적 욕구·충동 자극을 대표하는 것으로서 태어날 때부터 존재하는 무의식적 개념이고, 타인의 권리를 배려하지 않는 즉각적인 만족을 요하는 쾌락만족의 원칙을 따른다.
④ [○] 슈퍼에고는 자기비판과 양심이며, 사회적 경험에서 생성되는 요구를 반영하는 것이다. 이는 인성 내에서 중요한 다른 사람, 지역사회, 부모의 가치와 도덕적 기준을 통합한 결과로 발전되며, 인성의 도덕적 관점으로서 행위에 대한 판단을 맡는다. 즉, 사회적 규범과 제재의 두려움으로부터 도출된 내적 제재인 것이다. 그리고 도덕에 위배되는 이드의 충동을 억제하며, 에고의 현실적 목표를 도덕적이고 이상적인 목표로 유도하려고 한다.

정답 ②

제3절 | 행동주의(학습이론)

01 학습이론과 관련하여 아래의 공란에 들어갈 내용으로 가장 적절한 것은? 2024(74). 경위

> (　　)은/는 인간의 정서반응을 형성하는데 중요한 영향을 미친다. 공포증(phobia)과 관련하여, 객관적으로 위험하지 않은 대상이나 상황에 대해서 강한 공포와 두려움을 느끼는 경우가 있다. 예컨대, 덩치가 크고 사납게 생긴 개를 보고 크게 놀란 경험이 있는 어린아이는 아주 강력하고, 일반화된 '개 공포증'을 학습할 것이며, 이후에는 다른 개에게도 접근하는 것을 두려워하게 될 것이다.

① 고전적 조건화(Classical Conditioning)
② 조작적 조건화(Operant Conditioning)
③ 사회 및 인지학습(Social and Cognitive Learning)
④ 관찰학습(Observational Learning)

해설
① [O] 파블로프(Pavolv)는 고전적 조건형성실험을 통해 조건자극(메트로놈 소리)이 무조건 자극(먹이) 없이도 개의 행동반응(침 흘리기)을 유발할 수 있음을 증명함으로써 자극과 반응을 통한 학습의 원리를 처음으로 제시하였다. 이 실험을 통해 우리는 왜 사람들이 특정 상황에서 공포를 느끼고 성적흥분을 느끼며 불쾌해 하는지 등의 다양한 반응의 원인을 설명할 수 있게 되었다.
② [X] 스키너는 정적 또는 부적 강화와 처벌로 행동을 학습한다는 조작적 조건화를 주장했다.
③, ④ [X] 반두라(Albert Bandura)의 사회학습이론(Social Learning Theory) 또는 관찰학습(Observational Learning) 또는 '모델링'(modeling)은 행동주의 심리학과 인지주의 심리학 이론이 반영된것으로, 다른 사람의 행동과 그 결과의 관찰로 학습이 이루어진다고 보는 이론이다. 이 이론은 고전적 조건형성(Classical conditioning)과 조작적 조건화 이론(Operant Conditioning) 및 인지심리학 등에 그 기반을 두고 있으며 개체가 개별적으로 어떤 행동을 수정할 수 있다는 면과 함께 다른 개체의 모델행동(modeling)을 통해 보상하는 모방에서 더 많은 유기체가 그런 유의미한 행동을 효과적으로 학습할 수 있다는 심리학 이론이다. 이후 사회학습이론에 환경의 영향을 추가하여 환경과 개인의 특성, 행동 간의 삼원적 관계를 골자로 하는 사회인지이론을 제안하였다. 사회인지이론에서는 동기, 사고, 기대, 신념과 같은 개인적 특성과 행동 양식, 부모나 직장동료, 친구와 같은 타인의 영향, 농촌, 도시, 경제적 지위, 인종적 다양성 등과 같이 개인이 처한 사회적 상황을 포괄하는 환경적 요소가 상호작용하며 양방향적으로 영향을 미친다고 본다.

정답 ①

02 범죄원인에 관한 학자들의 견해로 가장 적절하지 않은 것은? 2023(73). 경위

① 반두라(Bandura)는 사람들이 폭력행위를 할 수 있는 능력을 가지고 태어나는 것이 아니라, 삶의 경험을 통해서 공격적 행동을 학습하는 것이며, 학습행동이 범죄와 깊은 관련성이 있다고 보았다.
② 아들러(Adler)는 열등감을 갖는 사람들은 열등감을 보상받기 위해 탁월함을 보여주려고 노력한다고 주장하면서 열등 콤플렉스(Inferiority Complex)라는 용어로 설명하였다.
③ 글레이저(Glaser)는 단순히 범죄적 집단이나 가치에 접촉함으로써 범죄를 저지르는 것이 아니라, 그것을 자기와 동일시하는 단계에 이르러야 범죄를 저지른다고 보았다.
④ 보울비(Bowlby)는 아동이 한 행동에 대하여 칭찬이나 보상을 하면 그 행동이 강화되지만 처벌이나 제재를 하면 그러한 행동이 억제된다고 하였다.

해설

① [O] 반두라의 보보인형실험은 폭력과 같은 행동이 관찰자에게 제공되는 어떠한 강화자극이 없더라도 관찰과 모방을 통해 학습될 수 있음을 증명하였다.
② [O] 아들러는 인간의 심층심리에 작용하는 원동력은 프로이드가 말하는 성욕이 아니고 '힘의 의지'라며, 프로이드의 성욕설을 비판하였다. 인간은 힘(권력)에 대한 의지와 자기보존욕구를 가지는데, 이러한 욕구가 충족되지 못할 때 열등감 콤플렉스를 지니게 되고, 이를 지나치게 보상하려는 시도에서 범죄나 비행을 저지르게 된다고 하였다.
③ [O] 글래저(Glaser)는 차별적 동일시이론에서 범죄는 행위자가 단순히 범죄적 가치와 접촉함으로써 발생하는 것이 아니라, 행위자 스스로 그것을 자기 것으로 동일시하는 단계로까지 나가야 발생한다고 보았다.
④ [×] 행동주의 학습이론(Behavioral Learning Theory)에 대한 설명이다. 바울비(Bowlby)는 모성의 영향을 강조하여, 어린 시절 어머니가 없는 경우에는 아이들이 기초적인 애정관계를 형성할 수 없기 때문에 불균형적인 인성구조를 갖게 되고, 이후에 범죄와 같은 반사회적 행위에 빠져든다고 보았다.

정답 ④

03 심리학적 범죄이론에 관한 평가로 가장 적절하지 않은 것은?

2023. 경찰1차

① 프로이트(Freud)의 정신분석이론은 범죄자의 현재 상황보다 초기 아동기의 경험을 지나치게 강조한다는 비판을 받는다.
② 스키너(Skinner)의 행동이론은 외적 자극의 영향보다는 인지·심리 등 내적 요인을 지나치게 강조하였다는 비판을 받는다.
③ 콜버그(Kohlberg)의 도덕발달이론은 도덕적 판단과 도덕적 행위 간의 불일치가 문제점으로 지적되고 있다.
④ 아이젠크(Eysenck)의 성격이론은 극단적인 범행동기를 파악하는 데 유용하지만, 그렇지 않은 범죄자의 범행원인 파악은 어려운 것으로 평가된다.

해설

① [O] 프로이드(Freud)의 정신분석이론은 주요한 개념을 측정하고 기본 가정이나 가설을 검증하기 어려우며, 범죄자의 현재 상황보다 초기 아동기의 경험과 성적 욕구를 지나치게 강조하고, 문화와 환경적 영향을 무시한다는 비판을 받는다.
② [×] 스키너(Skinner)는 과학적 실험연구를 통하여 인간의 특정 행동이 어떻게 형성되는지 구체적으로 보여줌으로써, 문제행동의 변화를 목표로 하는 행동주의 상담 및 행동치료의 이론적 체계를 구축하는 데 공헌하였으며, 사회복지 실천의 초점을 정신 내적 갈등으로부터 외현적 행동으로 이동시켰으며, 인간발달에 있어 환경의 중요성을 인식시켰다. 반면에 인간행동에 대한 환경의 결정력을 지나치게 강조하여 인간의 내적·정신적 영향력을 배제하였고, 인간을 조작이 가능한 대상으로 취급하고 인간의 모든 행동이 조작화를 통해 수정 가능하다고 보는 시각 때문에 인간의 자유의지와 존엄성을 무시하고 인간을 지나치게 단순화, 객관화하는 것이라는 비판을 받고 있다.
③ [O] 콜버그(Kohlberg)의 도덕발달이론의 문제점(한계)으로는 ⑤ 인습 이후 도덕성의 부적합성: 5·6단계에 도달한 사람들은 드물며, 실제 도덕 발달 양상을 진단해 줄 수 있는 이론적 틀로서는 부적합하다. ⓒ 도덕적 퇴행은 없다고 보는 입장은 사실적이지 않다는 비판: 고등학교 시기에서 대학생 시기 사이에 4단계에서 5단계로 진전하는 대신에 2단계의 전 인습적 수준으로 퇴행하는 것이 실제 연구에서 발견되었다. ⓒ 도덕적 사고와 도덕적 행위 간의 불일치에 대한 비판: 일상경험에 비춰보면, 갈등 상황에서 올바른 판단을 했다고 반드시 올바른 도덕적 행동으로 실현되는 것은 아닌데도, 콜버그는 도덕적 추론 능력만 중시하여 도덕적 판단과 도덕적 행위 간의 불일치에 대해 적절한 설명을 제시하지 못하였다. ⓔ 남성 중심적인 남성편향이론으로 도덕성에 관한 여성의 목소리를 간과하고 왜곡하였다. 그 결과로 여성 추론 능력을 낮은 단계로 격하시키고, 여성은 도덕적으로 결함이 있다는 잘못된 입장을 취하였다.
④ [O] 아이센크(Eyesenck)의 성격이론은 극단적인 범행동기를 파악하는 데 유용하지만, 그렇지 않은 범죄자의 범행원인 파악은 어려운 것으로 평가된다.

정답 ②

04 사회학습이론 및 행동주의이론을 바탕으로 하여 이루어진 실제 실험에 대한 설명으로 가장 거리가 먼 것은?

2023(73). 경위

① 조건자극(종소리)이 무조건 자극(먹이) 없이도 개의 행동반응(침 흘림)을 유발할 수 있음을 증명하여 자극과 반응을 통한 학습의 원리를 처음으로 제시하였다.
② 피실험체(생쥐)가 우연한 기회(지렛대 누르기)에 긍정적인 보상(먹이)이 주어지는 것을 경험하고 지렛대 누르기를 반복하게 되는 것을 통해 행동의 강화를 증명하였다.
③ 성인 모델이 인형을 대상으로 하는 폭력적·비폭력적 행동을 아동이 화면으로 시청한 후에 성인 모델의 행동방식을 그대로 모방하는 경향을 관찰하였다.
④ 가상의 교도소에 교도관과 수용자 역할을 할 지원자를 모집하여 각자의 행동 변화를 관찰하였다.

해설

① [O] 파블로프(Pavolv)는 고전적 조건형성실험을 통해 조건자극(메트로놈 소리)이 무조건 자극(먹이) 없이도 개의 행동반응(침 흘리기)을 유발할 수 있음을 증명함으로써 자극과 반응을 통한 학습의 원리를 처음으로 제시하였다.
② [O] 스키너(Skinner)는 조작적 조건형성 실험을 통해 피실험체(생쥐)가 우연한 기회(지렛대 누르기)에 긍정적인 보상(먹이)이 주어지는 것을 경험하고 지렛대 누르기를 반복하게 되는 행동의 강화가 일어남을 증명하였다.
③ [O] 반두라(Bandura)의 보보인형실험에 대한 설명이다. 그는 이 실험을 통해 아동의 공격적인 행동이 모방학습을 통해 이루어질 수 있다는 증거를 보여줌으로써 단순히 보상과 처벌에 의해 행동이 학습된다는 기존 자극 – 행동주의 학습이론을 비판하였다.
④ [×] 스탠퍼드 감옥 실험(SPE. 루시퍼 이펙트. 루치펠 효과)에 대한 설명으로, 이는 스탠퍼드 대학교의 필립 짐바르도(Philip Zimbardo) 심리학 교수가 1971년에 한 심리학 실험이다. 감옥이라는 환경(상황)이 인간의 반응과 행동에 어떤 영향을 미치는지 관찰하기 위하여 진행되었다. 참고로, 실험심리학은 실험적 방법을 사용하여 인간의 행동과 행동 과정에 기반한 심리학적 특성에 대해 연구하는 학문을 말한다.

정답 ④

05 행태이론(Behavior Theory)에 대한 설명으로 옳지 않은 것은?

2023. 보호 7급

① 버제스(Burgess)와 에이커스(Akers)의 차별적 강화이론에 의하면, 범죄행동은 고전적 조건형성의 원리에 따라 학습된다.
② 범죄행위는 어떤 행위에 대한 보상 혹은 처벌의 경험에 따라 학습된 것이다.
③ 행태이론은 범죄의 원인을 설명하면서 개인의 인지능력을 과소평가한다.
④ 반두라(Bandura)는 직접적인 자극이나 상호작용이 없어도 미디어 등을 통해 간접적으로 범죄학습이 이루어질 수 있다는 이론적 근거를 제시하였다.

해설

① [×] 차별적 강화이론에 의하면, 범죄행동은 조작적 조건형성의 원리에 따라 학습된다. 1966년 버제스와 에이커스는 차별적 접촉이론의 한계를 지적하며 조건형성의 학습 원리를 강조하는 차별적 접촉강화이론을 제시하였다. 심리학의 행동주의 학습이론을 사회학에 적용하여, 서덜랜드의 상징적 상호작용론에 기초한 차별접촉의 원리를 스키너(Skinner)의 조작적 조건화로 재구성한 것이 차별적 접촉강화이론이다. 서덜랜드의 9가지 차별접촉의 원리를 7가지 조작적 조건화의 원리로 변경하였다. 차별접촉의 원리 제1명제와 제8명제를 하나로 묶어 '조작적 조건의 원리에 따른 학습'으로 변경하고, 제2명제부터 제7명제까지의 문구에서 차별접촉을 '강화'라는 용어로 변경하였으며, 제9명제를 삭제하였다.
② [○] 행동주의 학습이론가들은 범죄행위는 어떤 행위에 대한 보상 또는 처벌의 경험에 따라서 범죄가 학습되는 것이지, 비정상적이거나 도덕적으로 미성숙한 심리상태로 인해 범죄행위에 가담하는 것이 아니라고 주장한다.
③ [○] 인간의 행동이 무의식의 반응이라는 정신분석학의 주장을 거부하고, 행동은 자극에 대한 반응이라고 주장한다. 특히 다른 심리학적 범죄학 이론가들이 범죄자의 정신적, 인지적, 성격적 문제가 범죄행위를 유발한다는 결정론에 기초하는 것과 달리 행동주의 학습이론가들은 범죄자의 행위는 다른 사람들의 반응 또는 자극에 의해 변화(학습)한다고 주장한다.
④ [○] 반두라는 보보인형실험을 통해 TV 등 미디어를 통한 공격성 학습원리를 증명하였다. 이 실험은 폭력과 같은 행동이 관찰자에게 제공되는 어떠한 강화자극이 없더라도 관찰과 모방을 통해 학습될 수 있음을 증명하였다는 의의를 가진다. 특히 이 실험의 결과로 미디어와 범죄의 관계에 대한 역사적 논쟁이 시작되었다.

정답 ①

06 다음 〈보기〉의 행동주의 학습이론(Behavioral Learning Theory)에 관한 내용 중 옳고 그름의 표시(○, ×)가 모두 바르게 된 것은?

2024. 해경 경위

─────〈보기〉─────

㉠ 스키너(Skinner)는 조작적 조건화 실험을 통하여 인간의 행동은 조절할 수 있다고 주장하였다.
㉡ 반두라(Bandura)는 보보인형(Bobo Doll) 실험을 통해 강화 자극이 없더라도 관찰과 모방을 통해 학습될 수 있다고 보았다.
㉢ 반두라(Bandura)는 동기화를 세 가지 측면으로 구분하였는데, 타인의 행위가 강화되거나 처벌받는 것을 관찰함으로써 이루어지는 것을 외부강화라고 명명하였다.
㉣ 범죄행위는 비정상적 성격이나 도덕적 미성숙의 표현에서 시작되므로 무의식적인 성격이나 인지발달의 정도를 중시한다.

	㉠	㉡	㉢	㉣
①	○	○	×	×
②	○	○	○	○
③	○	×	○	×
④	×	×	×	×

해설

㉠ [○] 스키너는 실험상자 지렛대 실험(조작적 조건형성 실험)에서 쥐의 행동이 보상과 처벌에 따라 변화하는 것을 확인하였고, 이를 통해 인간의 행위 역시 조절할 수 있다고 보았다.
㉡ [○] 반두라는 보보인형실험을 통해 폭력과 같은 행동이 관찰자에게 제공되는 어떠한 강화자극이 없더라도 관찰과 모방을 통해 학습될 수 될 수 있다고 보았다.
㉢ [×] 동기화(motivation)는 학습한 내용대로 행동에 옮기기 전에 기대감을 갖게 만드는 과정이다. 반두라는 동기화를 촉진하는 요인으로 외적강화, 대리강화, 자기강화 세 가지 측면으로 구분하였는데, 타인의 행위가 강화되거나 처벌받는 것을 관찰함으로써 이루어지는 것을 대리강화라고 하였다.
㉣ [×] 행동주의 학습이론가들은 범죄자의 행위는 다른 사람들의 반응 또는 자극에 의해 변화(학습)한다고 주장한다. 즉, 범죄행위는 어떤 행위에 대한 보상 또는 처벌의 경험에 따라서 범죄가 학습되는 것이지, 비정상적이거나 도덕적으로 미성숙한 심리상태로 인해 범죄행위에 가담하는 것이 아니라고 주장한다.

정답 ①

제4절 | 인지이론

01 심리학적 특성이론 중 인지이론에 대한 설명으로 가장 적절한 것은? 2023(73). 경위

① 연령에 따른 지적 능력 발달과 범죄 중단 과정의 관련성을 설명한다.
② 범죄행동은 보상에 의해 강화되고 처벌에 의해 소멸된다고 본다.
③ 미디어가 어떻게 범죄와 폭력에 영향을 미치는지 보여준다.
④ 초기 아동기의 무의식적 성격 발달이 일생 동안의 행동에 영향을 미친다고 본다.

해설

① [○] 인지이론(cognitive theory)은 도덕적 판단력이 인간의 인지발달에 따라 '내재화'하는 과정을 상정하여 범죄원인을 탐구하며, 사람이 어떻게 외부 사회세계의 가치와 규범을 획득하여 내재화하는가가 비행행위의 연구에 있어서 중요한 문제가 된다고 본다.
② [×] 사회학습이론에 대한 설명이다.
③ [×] 반두라는 보보인형실험을 통해 TV 등 미디어를 통한 공격성 학습원리를 증명하였다. 이 실험의 결과로 미디어와 범죄의 관계에 대한 역사적 논쟁이 시작되었다.
④ [×] 정신분석이론에 대한 설명이다.

정답 ①

02 심리학적 범죄이론에 관한 내용으로 가장 적절하지 않은 것은? 2022. 경찰2차

① 프로이트(Freud)의 인성구조 중 이드(Id)는 모든 행동의 기초를 이루는 생물학적·심리학적 욕구와 충동 자극 등을 대표하는 것으로서 즉각적인 만족을 요구하는 쾌락원리(pleasure principle)를 따른다.
② 스키너(Skinner)는 실험상자(Skinner box) 지렛대 실험에서 쥐의 행동이 보상과 처벌에 따라 변화하는 것을 확인하였고, 이를 통해 인간의 행위 역시 조절할 수 있다고 보았다.
③ 슈나이더(Schneider)의 정신병질에 대한 10가지 분류 중 무정성 정신병질자는 동정심이나 수치심 등 인간의 고등감정이 결여되었으며, 토막살인범이나 범죄단체조직원 등에서 많이 나타나는 유형이다.
④ 콜버그(Kohlberg)의 도덕발달이론에 관한 경험적 연구결과에 따르면 대부분의 범죄자는 도덕발달 6단계 중 중간단계인 3~4단계에 속하는 것으로 보았다.

해설

① [○] 프로이트의 인성구조 중 이드(Id)는 생물학적·심리학적 충동의 커다란 축적체를 가리키는 것으로서 모든 행동의 밑바탕에 놓여 있는 동기들을 의미하며, 모든 행동의 기초를 이루는 생물학적·심리학적 욕구와 충동 자극 등을 대표하는 것으로서 태어날 때부터 존재하는 무의식적 개념이고, 타인의 권리를 배려치 않는 즉각적인 만족을 요구하는 쾌락의 원칙을 따른다.
② [○] 스키너는 어떤 특정 상황에서 행동을 취하게 되면 그것에 따른 결과물이 제공되며 이 결과가 보상으로 인식될 때 강화가 이루어지고 행동을 반복하게 되는 강화학습이 이루어진다고 하였다.
③ [○] 무정성 정신병질자는 동정심·수치심·회오 등 인간의 고등감정이 결여되어 냉혹·잔인하고, 복수심이 강하고 완고하며 교활하다. 범죄학상 가장 문제가 되며, 목적달성을 위한 흉악범(살인, 강도, 강간 등), 범죄단체조직원, 누범 등에 많이 나타나는 유형이다.
④ [×] 콜버그는 도덕발전 단계를 관습 이전 – 관습 – 관습 이후 등 3단계로 나누고, 그에 따라 인간의 추론능력도 발전한다고 하였다. 이후 발전단계를 6단계로 수정하였는데, 대부분의 일반청소년은 3~4단계, 대부분의 비행청소년은 1~2단계에 속한다고 주장하였다.

정답 ④

03 심리학적 범죄이론에 대한 설명으로 옳지 않은 것은?

2023. 보호 7급

① 프로이트(Freud) 이론에 의하면, 성 심리의 단계적 발전 중에 필요한 욕구가 충족되지 못함으로써 야기된 긴장이 사회적으로 수용되지 못할 때 범죄행위를 유발하는 것으로 설명할 수 있다.
② 아이젠크(Eysenck)는 저지능이 저조한 학업성취를 가져오고, 학업에서의 실패와 무능은 비행 및 범죄와 높은 관련성을 갖는다고 하였다.
③ 고다드(Goddard)는 적어도 비행청소년의 50%가 정신적 결함을 갖고 있다고 하였다.
④ 콜버그(Kohlberg)의 도덕발달이론에 의하면, 인간의 도덕발달과정은 전관습적(Pre-Conventional), 관습적(Conventional), 후관습적(Post-Conventional)이라는 3개의 수준으로 구분되고, 각 수준은 2개의 단계로 나뉜다.

해설

① [○] 성 심리의 단계적 발전 중에 각 단계별로 아동은 그에 맞는 욕구를 해결해야 되는데, 바로 이들 욕구가 긴장을 야기시키며 이러한 긴장이 사회적으로 수용될 수 있는 행위를 통하여 해결되지 않을 때 범죄적 적응이 유발될 수 있다고 한다.
② [×] 아이센크(Eyesenck)는 「성격이론」에서 자율신경계의 특징에 따라 사람들의 성격을 내성적인 사람과 외향적인 사람의 두 부류로 분류하였다. 내성적인 사람은 처벌에 대한 불안감을 크게 느끼고 이를 회피하는 성향이 강하기 때문에 규범에 어긋난 행동을 하는 정도가 약하고, 반면에 외향적인 사람은 처벌에 대한 불안감을 대체로 덜 느끼고 기본적으로 새로운 자극을 항상 추구하기 때문에 그만큼 반사회적 행위를 저지를 가능성이 크다고 보았다.
③ [○] 미국의 심리학자 고다드(Goddard)는 1920년에 실시한 한 연구를 통해, 상당한 수의 수감생활을 하는 청소년들이 정신박약상태라고 주장하며, 지능적 결함이 청소년비행의 주요원인이라고 강조하였다.
④ [○] 콜버그(Kohlberg)는 도덕적 발달단계를 범죄에 적용하였으며, 도덕적 발달단계를 3가지 수준인 전관습적, 관습적, 후관습적 수준으로 나누고 각 수준마다 2단계씩 총 6단계로 나누었다.

정답 ②

04 고다드(H. Goddard)의 범죄 연구에 대한 설명으로 옳은 것은?

① 매스컴과 범죄의 무관성을 주장하였다.
② 인신범죄는 따뜻한 지방에서, 재산범죄는 추운지방에서 상대적으로 많이 발생한다고 하였다.
③ 범죄자의 정신박약이나 지능과의 관계에 대하여 연구하였다.
④ 상습범죄자에 대한 조사에서 비행소년의 학업 태만 등은 '범죄의 유치원'이라고 하였다.

해설

① [×] 고다드(Goddard)는 매스컴과 범죄에 대한 연구와는 관련이 없고, 정신박약과 범죄와의 관계를 연구하였다.
② [×] 케틀레(Quetelet)와 게리(Guerrey)에 대한 설명이다.
③ [○] 고다드(Goddard)는 칼리카크家 연구(1912)에서 미국 남북전쟁 당시 민병대원이었던 칼리카크의 자손을 대상으로 범죄성의 유전적 성격을 규명하기 위한 연구를 하였다.
연구에 의하면 칼리카크는 전쟁 중에 정신박약녀와의 사이에 사생아인 아들을 두었는데, 귀향하여 정식결혼을 하고 여러 자녀를 두었다. 그런데 사생아의 자손 488명 중에 정신박약자, 사생아, 알코올 중독자, 간질병자, 포주, 범죄자 등이 나타난 반면, 후자의 자손들 중에 일부를 제외하고는 모두 교육자나 의사, 변호사 등 훌륭한 시민으로 성장했다는 사실을 밝혀내어 유전부인(유전적 결함)의 역할을 중요시하게 되었다.
④ [×] 학업태만과 범죄와의 관계를 연구한 힐리(Healy)와 브론너(Bronner)는 시카고 및 보스턴의 누범소년에 대하여 연구한 결과 그들 가운데 재학 시에 학교를 무단으로 결석하고, 다른 곳에서 소일한 학업태만자가 많음을 발견하고, 학업태만은 "범죄의 유치원"이라고 하였다.

정답 ③

05 지능과 범죄의 관계에 대한 설명으로 옳지 않은 것은?

① 지능이 낮은 사람은 어떤 특정 상황에서 자신의 잘못된 행위의 비도덕성 또는 비윤리성을 느끼고 평가할 수 있는 능력도 낮기 때문에, 낮은 지능과 범죄행위가 직접적으로 관계가 있다는 가정에서 출발했다.
② 고다드(Goddard)는 1920년에 실시한 한 연구를 통해 범죄와 지능과의 상관관계는 크지 않다는 결론을 내렸다.
③ 지능검사 방법에 대해 표본추출이나 측정조건 등 다양한 형태의 문제점이 지적되고 있다.
④ 낮은 지능이 태어날 때부터 결정되고 유전된다고 간주하는 본성이론(Nature Theory)과 지능은 부분적으로 생물학적인 것이지만 주로 사회학적인 것으로 간주하는 양육이론(Nurture Theory)이 있다.

해설

① [O] 지능과 범죄를 관련시키는 데는 2가지 가정에 기초하고 있다. 첫째는 지능이 낮은 사람은 어떤 특정 상황에서 행위의 비도덕성 또는 비윤리성을 느끼고 평가할 능력이 낮기 때문에 저지능과 범죄행위가 직접적으로 관계가 있는 것으로 가정하고 있고, 둘째는 사람이 지능이 낮으면 자신의 감정과 욕망을 통제할 수 있는 능력도 낮기 때문에 범죄행위에 가담할 가능성이 높다고 가정하기도 한다.
그러나 일반적인 견해는 지능이 범죄행위보다 직접적인 관련이 있는 다른 요인들에 영향을 미침으로써 간접적으로 범죄행위에 영향을 미치는 것으로 이해되고 있다.

② [×] 미국의 심리학자 고다드(Goddard)는 1920년에 실시한 한 연구를 통해, 상당한 수의 수감생활을하는 청소년들이 정신박약상태라고 주장하며, 지능적 결함이 청소년비행의 주요원인이라고 강조하였으나, 머치슨(Merchison) 이후 연구결과 정신박약은 범죄와의 상관관계가 그리 크지 않다고 보고 있다.

③ [O] 전통적인 지능검사는 중상류층의 이상과 생각 및 문화를 중심으로 평가하기 때문에 범죄인구가 많은 하류계층의 사람들에게는 상당히 편견적이다. 따라서 하류계층에는 낮은 지능지수가 많을 수밖에 없는 것이다.

④ [O] 범죄와 지능의 관련성은 지능은 유전적인가 아니면 후천적인 것인가에 따라 본성이론과 양육이론이라는 논쟁을 야기시킨다. 초기의 이론과 시설에 수용된 재소자들에 대한 지능검사를 기초로 연구결과는 대체로 지능이 유전되며 지능이 낮은 소년을 잠재적인 비행소년으로 지적하여 저지능과 범인성의 상관관계가 존재하는 것으로 이해하였다.
그러나 양육이론에 따르면 지능이 부분적으로는 생물학적인 것이지만 주로 사회학적인 것으로 간주되고 있다. 따라서 단순히 지능이 낮기 때문이 아니라 부모, 학교, 동료 등 수많은 요인들로부터의 환경적 자극이 그 사람의 지능수준을 만드는 것이다.

정답 ②

제5절 | 성격과 인간의 본성

01 인간의 본성과 관련한 아래의 연구 및 견해를 제시한 사람은? 2024(74). 경위

> ㉠ 선량한 인간이 어떻게 악인으로 변하게 되는지를 설명하기 위해 루시퍼 효과(Lucifer Effect)라는 용어를 사용하였다.
> ㉡ 모의교도소 실험을 통해 인간의 행위와 본성을 연구하였다.
> ㉢ 인간의 본성은 생물학적 유전 등에 의해 결정되는 것이 아니라, 경험과 실천을 통해서 형성된다.
> ㉣ 인간은 상황에 따라 모두 범죄자가 될 수 있다.

① 밀그램(Milgram)
② 짐바르도(Zimbardo)
③ 험프리스(Humphreys)
④ 손다이크(Thorndike)

해설
① [×] 밀그램(Milgram)에 의해 실시된 일명 '복종실험'이 이루어졌다. 인간의 내재된 도덕성에 대한 평가실험으로, 인간이 자신의 평소 도덕적 기준이 누군가의 지시나 명령(강압적이지 않더라도)에 얼마나 쉽게 무너지는지를 확인하는 결과로 나타났다. 이 실험의 기초로 1971년 짐바르도의 모의교소 실험이 이루어졌다.
② [○] 1971년 짐바르도(Zimbardo), 하니(Haney), 뱅스(Banks) 등이 스탠포드대학교의 심리학과 건물 지하에 모의교도소를 만들어 놓고 교정시설의 수형환경과 수형자들의 적응심리, 교도관들의 양태에 관하여 연구를 시도하였으나 참가자 모두에게 심각한 심리적 문제가 발생하여 도중에 중단하였다.
③ [×] 험프리스(Humphreys)는 현대 생활심리학자로 가족, 자아(자존감), 육아, 일 등 일상생활의 갈등과 고민의 문제를 심리학의 관점에서 분석하고 그 해결방법을 제시해왔다.
④ [×] 손다이크(Thorndike)는 최초 고양이를 퍼즐상자에 넣고 고양이가 어떻게 그 상자에서 빠져나오는지를 관찰하는 통찰학습을 연구했다. 이 실험은 추후 스키너의 조작적 조건형성을 입증한 흰쥐실험의 모태가 되었다.

정답 ②

02 성격과 범죄 관련성을 검사하는 방법 중 다음 <보기>의 설명이 지칭하는 것은? 2023. 해경 경위

> <보기>
> 비행성이 있는 성격과 그렇지 않은 성격을 구분하기 위한 수단으로 개발됐다. 세계적으로 많이 쓰이고 있는 14세 이상 정상인 대상의 성격 측정 지필검사다.

① MBTI 검사
② CPI 검사
③ 과제통각검사
④ 로르샤흐검사

해설
② [○] 고프의 캘리포니아 성격검사(CPI)에 대한 설명이다. 1956년 캘리포니아 버클리대학의 고프(Gough)가 개발한 18개 척도의 성격검사도구로 미네소타 다면적 인성검사(다중 성격검사. MMPI)와 함께 가장 널리 활용되는 성격검사이다. MMPI가 신경증이나 정신병과 같은 정서적 문제를 진단하기 위한 것인데 반해, CPI는 정상적인 사람의 심리적 특성을 이해하기 위한 것이라고 할 수 있다.

정답 ②

03 심리학적 범죄원인론에 대한 설명으로 옳은 것은?   2018. 5급 승진

① 글룩부부(S. Glueck & E. Glueck)는 비행소년들이 일반소년들보다 도전적이고 반항적이지만 외향적이고 양면가치적인 성격은 갖지 않는다고 주장한다.
② 아이센크(H. Eysenck)는 범죄행동과 성격특성 간의 관련성을 정신병적(정신증적) 경향성(Psychoticism), 외향성(Extraversion), 신경증(Neuroticism) 등 세 가지 차원에서 설명한다.
③ 프로이드(S. Freud)는 유아기로부터 성인기로의 사회화과정을 구순기(Oral stage), 남근기(Phallic stage), 항문기(Anal stage), 잠복기(Latency stage), 성기기(Genital stage)라는 성심리적 단계(Psychosexual stage) 순으로 발전한다고 설명하면서, 이러한 단계별 발전이 건전한 성인으로의 발전을 좌우한다고 주장한다.
④ 콜버그(L. Kohlberg)는 개인마다 어떤 특정 상황에서 옳다고 판단하는 평가의 기준이 다르고, 이 기준은 도덕발달 단계에 따라 다르다고 주장하며, 도덕발달 단계를 처벌과 복종 단계, 법과 질서유지 단계 그리고 보편적 윤리 단계의 세 단계로 구분한다.
⑤ 질만(D. Zillmann)은 좌절 - 공격이론을 주장하면서, 인간의 공격성은 자연적이고 좌절 상황에 대하여 거의 자동적으로 반응한다고 설명한다.

해설

① [×] 글룩(Glueck)부부는 로르샤하(Rorschach) 검사를 이용하여 비행소년 500명과 일반소년 500명을 대상으로 비교 연구한 결과, 두 집단 간에는 중요한 인격특성의 차이가 있음을 발견하였다. 비행소년들이 외향적이고 충동적이며, 자제력이 약하고 도전적이며 파괴적이었다고 한다. 또한 이들은 다른 사람들의 기대에 관심이 없고, 국가기관의 권위에 대해서도 양면적인 태도를 갖는다고 하였다. 뿐만 아니라 그들은 좌절과 불안을 많이 느끼고 있으며, 후회 · 주저 · 의심 · 방어적인 태도를 많이 보이고 있다고 밝혔다.
② [O] 아이센크(Eysenck)는 범죄행동과 성격특성 간의 관련성을 체계적으로 설명하였다. 범죄행동에 대한 그의 초기 이론(1970)은 외향성과 신경증적 경향성의 2가지 요인의 결합이 환경적 조건과는 독립적으로 범죄행동을 유발시킬 수 있다고 하였다. 이후 정신병적 경향성이라는 개념을 성격이론에 도입해 성격차원을 3가지 요인으로 발전시켰다.

외향성	외향성을 개인의 조건화 능력을 결정짓는 중요한 성격차원으로 간주하고, 대뇌의 피각질성 수준으로 내·외향성을 판단하였으며, 외향성은 사회적·물리적 환경의 외적인 자극에 관심이 많은 성향을 가지고 있다.
신경증적 경향성	신경증적 경향성은 그 자체의 충동적 속성에 의해 증폭기제로 작용하기 때문에 범죄행동과 관련이 있으며, 정서적으로 불안정한 성향을 가지고 있다.
정신병적 경향성	정신병환자와 정신병질자들의 특징을 잘 나타내 주는 성격특성이며, 정신병적 취약성과 반사회적 성향을 가지고 있고, 공격적이고 자기중심적이며, 차갑고 비정한 성향을 가지고 있다.

③ [×] 프로이드(Freud)는 유아기로부터 성인기로의 사회화과정을 구순기, 항문기, 남근기, 잠복기, 성기기라는 성심리적 단계로 설명하면서, 이러한 단계적 발전이 인성형성에 중요한 역할을 한다고 가정하고, 성심리적 단계를 통한 정상적인 진전이 건전한 성인으로의 발전을 좌우하게 된다고 하였다.
④ [×] 도덕발달 단계를 관습 이전 단계와 관습 단계, 관습 이후 단계의 세 단계로 나누고, 그에 따라 인간의 추론 능력도 발전한다고 하였다. 후에 콜버그(Kohlberg)는 사람들은 도덕적 발달의 여섯 단계들을 거쳐 가게 된다고 내용을 수정하였는데, 범죄자들은 동일한 사회적 배경을 가진 비범죄자들보다 도덕적 판단의 발달이 매우 낮다고 하였으며, 대부분의 비범죄자들은 3~4단계에 속하는 반면, 대부분의 범죄자들은 1~2단계에 속한다고 주장하였다.
⑤ [×] 달라드(Dollard)의 좌절 - 공격이론은 본능이론과는 달리 공격성이 외부조건에 의해 유발된 동기로 생긴다는 이론이다. "공격성은 항상 좌절의 결과이다."라고 주장한 달라드는 인간의 공격성은 자연적이고 좌절 상황에 대하여 거의 자동적으로 반응한다고 설명한다. 즉, 좌절하거나, 방해받고 위협받은 사람은 거의 자동적으로 공격행동을 한다는 것이다.
고조된 각성이론은 좌절·공격이론에 대한 절충이론으로, 어떤 상황에서는 원인을 묻지 않고 각성이 고조된 상태에 놓이게 되면 성가심, 좌절, 도발 등에 공격으로 반응하게 된다는 것이다. 질만(Zillmann)은 정서적 각성이 전이된다고 설명하고 있다.

정답 ②

04 인성이론(Personality Theory)에 대한 설명으로 옳지 않은 것은?

① 인성이론에서 비행이란 인간의 심리적 틀 내에 존재하는 저변의 갈등이 표출된 것이라고 말한다.
② 글룩(Glueck)부부는 비행소년과 일반소년 각각 500명에 대해 로르샤하 테스트(Rorschach test)를 실시한 결과 비행소년은 일반적으로 외향적이며 활발하고, 충동적이며 자제력이 약하고, 적대적이고 화를 잘 내며, 도전적이고 의심이 많고, 파괴적인 것으로 나타났다.
③ 워렌(Warren)의 대인성숙도(I-Level) 검사법에 따르면 비행자는 정상자보다 단계가 높게 나왔으며 특히 5단계부터 7단계까지 비행자가 가장 많이 발견되었다.
④ 왈도(Waldo)와 디니츠(Dinitz)는 MMPI를 이용하여 범죄자의 성격프로그램을 조사하여 범죄자들은 일반인에 비해 정신병리적 일탈경향이 강한 성격이라고 특징지을 수 있다고 보았다.

해설
✓ 워렌의 대인성숙도(I-Level)

1965년 개발한 인성검사방법으로 사람은 각 단계별로 핵심인성과 관계되는 7가지 점진적인 발전의 단계나 수준의 형태로 사회적 또는 대인적 역량에 있어서 성숙해지는 것으로 가정한다.
복잡하고 추상적인 방법으로 대인관계를 보는 능력에 따라 가장 미성숙한 1단계에서부터 가장 성숙한 7단계까지로 나누어지며, 비행자가 비비행자보다 성숙하지 못하나 이들 7가지 단계 중에서 가장 많은 공식적 비행자가 발견되는 단계는 2단계부터 4단계까지라고 한다. 이들 단계의 비행소년은 인성이 미성숙할 뿐만 아니라 공격적이고 수동적이며 신경질적이라고 할 수 있다.

2단계	비사회적·공격적 그리고 폭력지향적 성향	반사회적 모사자
3단계	비행집단의 규칙에 동조하는 성향	문화적 동조자
4단계	전형적인 신경과민과 정신이상의 성향	신경증적 행위자

① [○] 인성이론들은 범죄란 인간의 심리적 틀 내에 존재하는 저변의 갈등이 표출된 것이라고 말하고 있다. 또한 인성발전이 현재의 생활경험에도 영향을 받지만 그 발생기원은 아동기에 있으며, 특정한 인성적 특징이 그 사람의 일반적 외형뿐만 아니라 전반적인 행위를 특정지우며, 비행과 같은 부정적 결과는 부정적인 원인에 의해 초래되는, 즉 비정상적·인성적 특징이 곧 범죄를 유발시키도록 작용한다고 한다.
② [○] 글룩(Glueck)부부에 의하면 비행소년들이 보다 도전적이고 반항적이며, 외향적이고 양면가치적인 성격을 가지고 있으며, 좌절과 불안을 많이 느끼고 있고, 후회·주저·의심·방어적인 태도를 많이 보이고 있다고 하였다.
④ [○] 왈도(Waldo)와 디니츠(Dinitz)는 인성검사를 이용한 연구결과에서 비행자와 비비행자가 인격특성상 구별된다고 하였으며, 객관적 검사방법이 주관적 검사방법보다 더 바람직한 검사라고 주장하였다. 이들이 가장 신빙성 있는 객관적 인성검사의 방법으로 제시한 것은 MMPI로서, 정신병적 편향(pd) 하위척도는 상당한 신빙성이 있는 것으로 알려져 있다.

정답 ③

05 성격과 범죄에 대한 설명으로 옳지 않은 것은?

① 아이센크(Eysenck)는 「범죄와 성격」에서 융(Jung)의 내향성과 외향성의 개념을 파블로프(Pavlov)의 고전적 조건형성이론을 응용하여 범죄자의 성격특성을 설명하였다.
② 로렌쯔(Lorenz)의 본능이론(Nature theory)은 인간의 공격적 행동특징은 학습이 아니라 본능에 의존한다고 한다.
③ 좌절 – 공격이론(Frustration-Aggression Theory)은 본능이론과는 달리 공격성이 외부조건에 의해 유발된 동기로 생긴다고 본다.
④ 행동이론(Behavioral theory)에서는 현실에 중심을 두면서도 정신분석이론가들에 의해 주장된 측정할 수 없는 무의식적인 현상에 대해 견해를 같이하고 있다.

해설
② [O] 본능이론은 인간의 공격성을 설명하기 위한 것으로서, 인간의 공격적 행동특징은 학습이 아니라 본능에 의존한다고 한다. 로렌쯔(Lorenz)는 공격성을 파괴적이고 폭력적으로 본 프로이드와는 달리 종 안에서 나타나는 공격성은 종의 생존을 위해 필수적인 것으로 간주한다.
③ [O] 사람들은 자신의 욕구가 충족되지 않을 때 좌절을 경험하며 이에 대한 반응으로 공격적인 행동을 하게 된다. 달라드(Dollard)는 인간의 공격적인 모든 행동은 좌절에 대한 결과이며, 좌절은 공격성으로 나타난다고 하며 좌절 – 공격이론을 제시하였다. 여기서 좌절이란 기대하는 만족감을 얻는 것을 누군가 방해하는 행위(act)를 말하며, 공격성이란 의도적으로 상대방에게 해를 입히는 행동(Behavior)을 말한다.
④ [×] 행동이론에 의하면 인간행위는 학습경험을 통하여 발전된다. 행동이론에서는 초기 아동기에 형성된 무의식적 인성특징이나 인지발달보다는 사람들의 일상생활 중에 가담하게 되는 실제 행위를 중시한다. 즉, 사람은 다른 사람으로부터의 반응에 따라 자신의 행위를 변용한다는 것이 행동이론의 근간을 이루고 있는 것이다.
결과적으로 사람들의 행위는 인생경험에 의해서 끊임없이 변용되는 것으로서 범죄행위도 생활상황에 대한 학습된 반응이며, 반드시 비정상적이거나 도덕적으로 미성숙한 반응을 나타내는 것은 아니라고 할 수 있다.

정답 ④

06 인지발달이론(Cognitive Development Theory)에 대한 설명으로 옳지 않은 것은?

① 도덕적 판단력이 인간의 인지발달에 따라 내재화하는 과정을 상정하여 범죄원인을 탐구한다.
② '내재화'는 사람이 사건이나 신념을 수용하고 그것을 자신의 사고의 일부로 만든다는 것을 의미한다.
③ 피아제(Piaget)는 사람의 도덕성은 일정한 단계에 따라 발전하며, 각 단계는 사람의 경험, 지적 또는 인지적 장비에 따라 그 전단계에 의존하여 발전한다고 한다.
④ 도덕성과 비행성과의 관계를 직접 검증한 연구가 많다는 장점이 있는 반면, 다양한 비행원인론을 포괄할 수 없다는 단점이 있다.

해설
④ [×] 인지발달단계에 따라 도덕적 판단능력에서 차이가 있다는 인지발달이론의 설명은 다양한 비행원인론을 포괄할 수 있다는 장점이 있는 반면, 도덕성과 비행성과의 관계를 직접 검증한 연구가 부족하다는 단점이 있다. 또한 도덕심과 비행의 상관관계는 하나의 상식에 지나지 않는다는 비판도 제기되고 있다.
태도나 기준의 인지적 내재화를 강조하는 인지발달이론에 의하면, 사회적 규칙을 내재화하는 사람은 그 규준(규칙, 규범)을 범할 가능성이 적다고 한다.

정답 ④

제6절 | 정신병리적 결함과 범죄

01 슈나이더(Schneider)의 정신병질에 대한 10가지 분류에 관해 기술한 것이다. 가장 적절하지 않은 것은?

2022(72). 경위

① 의지박약성 - 모든 환경에 저항을 상실하여 우왕좌왕하고, 지능이 낮은 성격적 특징을 가지고 있으며, 인내심과 저항력이 빈약하다. 상습범, 누범에서 이러한 정신병질이 많이 발견된다.
② 기분이변성 - 기분 동요가 많아서 예측이 곤란하고, 폭발성과 유사하나 정도가 낮은 특징을 가지고 있다. 방화범, 상해범에서 이러한 정신병질이 많이 발견된다.
③ 무력성 - 심신의 부조화 상태를 호소하여 타인의 동정을 바라고 신경질적인 특징을 보이나, 범죄와의 관련성은 적다.
④ 발양성 - 자신의 운명과 능력에 대해 과도하게 비관적이며, 경솔하고 불안정한 특징을 보인다. 현실가능성이 없는 약속을 남발하기도 한다. 상습사기범과 무전취식자 등에서 이러한 정신병질이 많이 발견된다.

해설
④ [×] 발양성 정신병질자는 자신의 운명과 능력에 대해 과도하게 낙관적이며, 이로 인해 경솔하고 불안정한 특징을 보인다. 이들은 다혈질적이고 활동적이어서 어디서나 떠들고 실현가능성이 없는 약속을 남발함으로써 상습사기범이 되기 쉽다. 무전취식자로 돌아다니기도 하며 닥치는 대로 훔치기도 한다. 반성을 하지 않으며, 찰나적인 충동에 따라 움직이고, 누구와도 쉽게 흉금을 털어놓고 이야기를 나누다가 범죄의 유혹에 쉽게 빠지기도 한다. 특히 상습누범자 중에 상당수 있는 것으로 본다.

정답 ④

02 심리학적 범죄이론에 대한 내용으로 가장 적절하지 않은 것은?

2022(72). 경위

① 심리학적 범죄이론에는 범죄자의 정신을 중심으로 범죄의 원인을 규명하려는 '정신분석이론', 범죄자의 행위가 과거의 학습 경험을 통해 발달한다고 파악하는 '행동이론', 범죄자의 개인적 추론 과정이 행동에 미치는 영향을 바탕으로 범죄원인을 밝히고자 하는 '인지이론', 각 개인의 성격적 결함에서 비행성을 찾으려는 '인성(성격)이론' 등이 있다.
② 아이젠크(Eysenck)는 신경계적 특징과 범죄행동 및 성격특성 간의 관련성을 정신병적 경향성(Psychoticism), 외향성(Extroversion), 신경증(Neuroticism) 등 성격의 3가지 차원에서 설명하였다.
③ 헤어(Hare)는 사이코패스에 대한 표준화된 진단표(PCL-R)를 개발하였으며, 오늘날 사이코패스 검사 도구로 광범위하게 사용되고 있다.
④ 슈나이더(Schneider)는 대부분의 범죄자가 정신병질자이므로 정신치료에 초점을 맞추어야 한다고 주장하였다.

해설
① [○] 심리학적 범죄이론에는 범죄자의 정신을 중심으로 범죄의 원인을 규명하려는 정신의학적 또는 정신분석적 접근, 인간의 인격특성의 차이에서 범인성을 찾으려는 인성(성격)이론, 범죄자의 인지발달 정도에 따라 범죄자를 밝히고자 하는 인지발달이론, 범죄를 범죄자의 과거학습경험의 자연적인 발전으로 파악하는 학습 및 행동이론, 심리학적 관점뿐만 아니라 생물학적 관점도 동시에 고려하는 심리생물학적 접근 등이 있다.
② [○] 아이젠크(Eysenck)는 범죄행동과 성격특성 간의 관련성을 체계적으로 설명하였다. 범죄행동에 대한 그의 초기 이론(1970)은 외향성과 신경증적 경향성의 2가지 요인의 결합이 환경적 조건과는 독립적으로 범죄행동을 유발시킬 수 있다고 하였다. 이후 정신병적 경향성이라는 개념을 성격이론에 도입해 성격차원을 3가지 요인으로 발전시켰다.

외향성	외향성을 개인의 조건화 능력을 결정짓는 중요한 성격차원으로 간주하고, 대뇌의 피각질성 수준으로 내·외향성을 판단하였으며, 외향성은 사회적·물리적 환경의 외적인 자극에 관심이 많은 성향을 가지고 있다.
신경증적 경향성	신경증적 경향성은 그 자체의 충동적 속성에 의해 증폭기제로 작용하기 때문에 범죄행동과 관련이 있으며, 정서적으로 불안정한 성향을 가지고 있다.
정신병적 경향성	정신병환자와 정신병질자들의 특징을 잘 나타내 주는 성격특성이며, 정신병적 취약성과 반사회적 성향을 가지고 있고, 공격적이고 자기중심적이며, 차갑고 비정한 성향을 가지고 있다.

③ [○] 로버트 헤어(R. Hare)는 '우리의 삶을 위협하는 것은 대부분 냉혹한 살인마가 아니라 달변의 사기꾼이다.'라고 사이코패스를 정의했다. 사이코패스는 다른 사람에게 비정상적으로 공격적이거나 심각하게 무책임한 행동을 하는 지속적인 성격장애 또는 정신적인 장애자이지만, 자신의 행동의 원인과 의미를 잘 인식하면서 잔인한 범죄를 통해 다른 사람과 사회를 괴롭히는 정신병질자이다. 헤어가 개발한 사이코패스에 대한 표준화된 진단표(PCL-R)는 PCL의 개정판으로 자기보고, 행동관찰 그리고 부모, 가족, 친구와 같은 2차적인 원천을 포함한 20개의 다양한 측면에서 범죄적 사이코패스의 정서적·대인적·행동적·사회적 일탈 측면을 평가하는 가장 많이 사용하는 사이코패스 측정 도구이다.
④ [×] 슈나이더는 정신병질적 성격유형을 10가지 유형으로 분류하였는데, 이 중 무력성, 자신결핍증, 우울증은 일반적으로 범죄와는 관계가 적다.

정답 ④

03 다음 설명 중 옳지 않은 것은?
2015. 사시

① 프로이드(Freud)는 의식을 에고(Ego)라고 하고, 무의식을 이드(Id)와 슈퍼에고(Superego)로 나누었다.
② 정신분석학은 개인이 콤플렉스에 의한 잠재적인 죄책감과 망상을 극복할 수 없는 경우에 범죄로 나아갈 수 있다고 보았다.
③ 에이크혼(Aichhorn)에 따르면 비행소년은 슈퍼에고(Superego)의 과잉발달로 이드(Id)가 통제되지 않아 양심의 가책 없이 비행을 하게 된다고 보았다.
④ 슈나이더(Schneider)는 정신병질유형 중에서 과장성(자기현시성) 정신병질자는 고등사기범이 되기 쉽다고 보았다.
⑤ 정신분석학은 초기 아동기의 경험과 성적 욕구를 지나치게 강조한다는 비판을 받는다.

해설
① [○] 프로이드(Freud)는 인간의 마음(의식구조)은 의식적, 의식발달 이전(전의식), 무의식적인 세 가지 상이한 기능을 수행한다고 보았다. 이후 의식과 무의식의 개념을 의식은 자아(Ego)로, 무의식은 본능(Id)과 초자아(Superego)로 나누어 보완하였다.
② [○] 프로이드에 의해 주창된 정신분석학은 개인의 성장과정이나 생활과정에서 형성된 정신심리상의 특징을 해명하고자 하였고, 개인이 콤플렉스로 인한 무의식적인 죄책감과 망상을 극복할 수 없는 경우에 범죄의 원인이 된다고 주장하였다.
③ [×] 에이크혼(Aichhorn)에 의하면 비행소년의 경우 슈퍼에고(Superego)가 제대로 형성되지 않아 이드(Id)가 전혀 통제되지 못함으로써 이들이 반사회적 행위를 아무런 양심의 가책 없이 저지르게 된 것으로 보았다.
④ [○] 과장성(자기현시성) 정신병질자는 자기를 사물의 중심으로 생각하는 등 자기를 실제 이상으로 높이 인식하는 성격자로, 다른 사람의 주목과 평판의 대상이 되고자하여 공상성 거짓말을 일삼고, 이 때문에 고등사기범(화이트칼라범죄)이 되기 쉽다. 이들은 욕구가 좌절되면 신체적 질환으로 도피하는 히스테리성 반응을 나타낸다.
⑤ [○] 초기 아동기의 경험과 성적 욕구를 지나치게 강조하고, 문화와 환경적 영향을 무시하고 있다는 비판을 받는다.

정답 ③

04 슈나이더(K. Schneider)의 개별 정신병질의 유형과 그 범죄경향에 관한 연결 중 옳은 것을 모두 묶은 것은?

2011. 사시

┌───┐
│ ㉠ 무력성 - 충동적 살상범, 폭행범, 손괴범   │
│ ㉡ 기분이변성 - 방화범, 상해범   │
│ ㉢ 발양성 - 상습사기범, 무전취식자   │
│ ㉣ 의지박약성 - 상습누범자, 성매매여성, 마약중독자   │
│ ㉤ 자기현시성(과장성) - 종교적 광신자, 정치적 확신범 │
│ ㉥ 우울성 - 자살자, 살인범   │
└───┘

① ㉠, ㉡, ㉢, ㉣
② ㉡, ㉢, ㉣, ㉤
③ ㉡, ㉢, ㉣, ㉥
④ ㉡, ㉣, ㉤
⑤ ㉢, ㉣, ㉥

해설
옳은 것은 ㉡, ㉢, ㉣, ㉥이다.
㉠ [×] • 폭발성 정신병질 - 충동적 살상범, 폭행범, 모욕범, 손괴범
　　　• 무력성 정신병질 - 범죄와는 관계가 적은 것으로 본다.
㉤ [×] • 광신성(열광성) 정신병질 - 종교적 광신자, 정치적 확신범
　　　• 자기현시성(과장성, 허영성) 정신병질 - 고급사기범(화이트칼라범죄, 고위층 사칭 사기범죄 등)

정답 ③

05 다음 중 심리학적 범죄이론에 대한 설명으로 가장 옳지 않은 것은?

2024. 해경 경위

① 슈나이더(Schneider)의 정신병질에 대한 10가지 분류 중 무정성 정신병질자는 동정심이나 수치심 등 인간의 고등 감정이 결여되어 있는 유형으로, 토막살인범 등에서 많이 나타난다.
② 헤어(Hare)는 사이코패스의 진단방법으로 PCL-R을 개발하였다.
③ 콜버그(Kohlberg)의 도덕발달이론에 관한 경험적 연구결과에 따르면, 도덕발달 6단계 중 1단계, 2단계에 있는 사람이 범죄를 범할 가능성이 높다고 했다.
④ 아이크혼(Aichhorn)은 초자아가 과잉발달한 경우 범죄에 따른 처벌을 통하여 죄의식을 해소하고 심리적 균형감을 얻기 위하여 범죄를 저지를 수 있다고 하였다.

해설
① [○] 슈나이더의 10분법 중 무정성 정신병질자는 동정심·수치심·회오 등 인간의 고등감정이 결여되어 냉혹·잔인하고, 자기중심적·죄책감 없으며, 사이코패스적인 성격 특징을 가진다. 범죄학상 가장 문제시 되며, 목적달성을 위한 흉악범(살인, 강도, 강간 등), 범죄단체조직, 누범, 토막살인범 등에서 많이 나타난다. 생래적 범죄인·XYY범죄인이 이에 가깝다.
② [○] 헤어가 개발한 사이코패스에 대한 표준화된 진단표(PCL-R)는 PCL의 개정판으로 자기보고, 행동관찰 그리고 부모, 가족, 친구와 같은 2차적인 원천을 포함한 20개의 다양한 측면에서 범죄적 사이코패스의 정서적·대인적·행동적·사회적 일탈 측면을 평가하는 가장 많이 사용하는 사이코패스 측정 도구이다.
③ [○] 콜버그는 도덕발전 단계를 관습 이전 - 관습 - 관습 이후 등 3단계로 나누고, 그에 따라 인간의 추론능력도 발전한다고 하였다. 이후 발전단계를 6단계로 수정하였는데, 대부분의 일반청소년은 3~4단계, 대부분의 비행청소년은 1~2단계에 속한다고 주장하였다.
④ [×] 프로이드(Freud)는 특정한 사람들은 슈퍼에고(Superego, 초자아)가 과잉발달되어 죄책감과 불안을 느끼게 되어 죄의식 해소와 심리적 균형감을 얻고자 범죄를 저지르게 된다고 하였다. 에이크혼(Aichhorn)에 의하면 비행소년의 경우 슈퍼에고(Superego, 초자아)가 제대로 형성되지 않아 이드(Id, 원초아)가 전혀 통제되지 못함으로써 이들이 반사회적 행위를 아무런 양심의 가책 없이 저지르게 된 것으로 보았다.

정답 ④

06

다음은 슈나이더(Schneider)가 분류한 정신병질의 특징과 범죄의 관련성에 대해 설명한 것이다. 괄호 안에 들어갈 말이 바르게 짝지어진 것은?

2013. 보호 7급

- (㉠) 정신병질자는 인간이 보편적으로 갖는 고등감정이 결핍되어 있으며, 냉혹하고 잔인한 범죄를 저지르는 경우가 많다.
- (㉡) 정신병질자는 환경의 영향을 많이 받으며, 누범의 위험이 높다.
- (㉢) 정신병질자는 심신의 부조화 상태를 늘 호소하면서 타인의 동정을 바라는 성격을 가지며, 일반적으로 범죄와는 관계가 적다.
- (㉣) 정신병질자는 낙천적이고 경솔한 성격을 가지고 있으며, 상습사기범이 되기 쉽다.

	㉠	㉡	㉢	㉣
①	광신성	의지박약성	우울성	발양성
②	무정성	의지박약성	무력성	발양성
③	광신성	자신결핍성	우울성	기분이변성
④	무정성	자신결핍성	무력성	기분이변성

해설

② [○] ㉠ 무정성, ㉡ 의지박약성, ㉢ 무력성, ㉣ 발양성
- 광신성 정신병질자는 개인적·이념적 사항에 열중하여 그에 따라서만 행동하는 강한 성격을 가지고 있으며, 종교적 광신자, 정치적 확신범 등이 되기 쉽다.
- 우울성 정신병질자는 염세적·회의적 인생관에 빠져 자책성 불평이 심한 성격으로, 자살의 유혹이 강하다.
- 자신결핍성 정신병질자는 능력부족의 인식으로 주변을 의식하고 강박관념에 시달리나, 주변사정에 민감하여 도덕성은 강하다.
- 기분이변성 정신병질자는 기분동요가 많아 예측이 곤란하고, 방화, 도벽, 음주광, 과음, 도주증상에 따른 격정범으로 상해, 모욕, 규율위반 등을 범한다.

정답 ②

07

다음 중 슈나이더(Schneider)의 정신병질에 대한 10가지 분류에 대한 설명으로 가장 옳지 않은 것은?

2022. 해경 경위

① 의지박약성 – 모든 환경에 저항을 상실하여 우왕좌왕하고, 지능이 낮은 성격적 특징을 가지고 있으며, 인내심과 저항력이 빈약하다. 상습범, 누범에서 이러한 정신병질이 많이 발견된다.
② 기분이변성 – 기분 동요가 많아서 예측이 곤란하고, 폭발성과 유사하나 정도가 낮은 특징을 가지고 있다. 방화범, 상해범에서 이러한 정신병질이 많이 발견된다.
③ 무력성 – 심신의 부조화 상태를 호소하여 타인의 동정을 바라고 신경질적인 특징을 보이며, 범죄와의 관련성이 높다.
④ 발양성 – 자신의 운명과 능력에 대해 과도하게 낙관적이며, 경솔하고 불안정한 특징을 보인다. 상습사기범과 무전취식자 등에서 이러한 정신병질이 많이 발견된다.

해설

③ [×] 무력성 정신병질자는 심신의 부조화 상태를 호소하여 타인의 동정을 바라고 신경질적인 특징을 보이나, 범죄와의 관련성은 적다.

정답 ③

08 사이코패스에 대한 설명으로 옳지 않은 것은?

2023. 보호 7급

① 감정, 정서적 측면에서 타인에 대한 공감능력이 부족하며 죄의식이나 후회의 감정이 결여되어 있다.
② 헤어(Hare)의 사이코패스 체크리스트 수정본(PCL-R)은 0~2점의 3점 척도로 평가되는 총 25개 문항으로 구성된다.
③ 모든 사이코패스가 형사사법제도 안에서 범죄행위가 드러나는 형태로 걸러지는 것은 아니다.
④ 공감, 양심, 대인관계의 능력 등에 대한 전통적 치료프로그램의 효과를 거의 기대하기 어렵다.

해설

① [○] 감정·대인관계 측면에서 달변이며 깊이가 없고, 자기중심적이며 과장이 심하며, 후회나 죄의식이 결여되어 있고, 공감능력이 부족하다. 거짓말과 속임수에 능하고, 파상적인 감정을 가지고 있다.
② [×] 헤어(Hare)가 개발한 사이코패스에 대한 표준화된 진단표(PCL-R)는 PCL의 개정판으로 자기보고, 행동관찰 그리고 부모, 가족, 친구와 같은 2차적인 원천을 포함한 20개의 다양한 측면에서 범죄적 사이코패스의 정서적·대인적·행동적·사회적 일탈 측면을 평가하는 가장 많이 사용하는 사이코패스 측정 도구이다. 총 20문항으로 각 항목별 점수는 0~2점이다.
③ [○] 사이코패스는 주어진 환경에 따라 다양하게 발현된다. 그들은 계산적인 행동과 표정과 말투로 사회에서 능숙히 섞여 지내고 환경에 따라 발현되는 정도가 달라 범죄를 저질렀을 때만 사이코패스를 일반인과 구분할 수 있다는 특징을 가진다. 그래서 보통 사이코패스를 '반사회성 인격장애'라 부르기도 한다.
④ [○] 본인 스스로 자신에게 심리적·정서적 문제가 있다는 것을 인정하고 적극적으로 동참하여야 하지만, 이들은 자신들이 인정하지 않는 사회적 기준에 자신을 맞추어야 한다고 생각하지 않는다. 그러므로 통상적인 심리치료방식은 이들에게는 적용되지 않는다는 전제에서 출발하여야 한다.

정답 ②

09 사이코패스(정신병질)에 대한 설명 중 가장 옳은 것은?

2023. 해경 경위

① 미국 정신의학회의 DSM에서는 이를 반사회적 성격장애와 구별한다.
② 유전적·생물학적 요인보다 후천적·환경적 요인이 더 크게 작용한다.
③ 가장 많이 사용되는 진단도구는 슈나이더(Schneider)가 개발한 PCL-R이다.
④ 무정성 정신병질자는 롬브로조(Lombroso)가 말한 생래적 범죄인에 가깝다.

해설

① [×] 반사회적 성격장애(ASPD)는 미국의 정신진단체계(DSM-5)상의 정의로, 유년기 또는 청년기에 시작해서 성인이 된 이후로도 계속되는 타인의 권리 또는 도덕을 무시하거나 침해하는 행위를 말한다. 반복적인 범법행위, 거짓말, 충동성, 공격성 등의 특성이 있으며, 사이코패스와 소시오패스의 개념은 반사회적 성격장애(ASPD)의 하위개념에 포함된다.
② [×] 후천적·환경적 요인보다는 유전적·생물학적 요인이 더 크게 작용한다.
③ [×] 헤어(Hare)가 개발한 사이코패스에 대한 표준된 진단표(PCL-R)는 PCL의 개정판으로 자기보고, 행동관찰 그리고 부모, 가족, 친구와 같은 2차적인 원천을 포함한 20개의 다양한 측면에서 범죄적 사이코패스의 정서적·대인적·행동적·사회적 일탈 측면을 평가하는 가장 많이 사용하는 사이코패스 측정 도구이다.
④ [○] 슈나이더(Schneider)의 10분법 중 무정성 정신병질자는 동정심·수치심·회오 등 인간의 고등감정이 결여되어 냉혹·잔인하고, 자기중심적·죄책감 없으며, 사이코패스적인 성격 특징을 가진다. 범죄학상 가장 문제시되며, 생래적 범죄인·XYY범죄인이 이에 가깝다.

정답 ④

제9장 | 사회학적 범죄원인론 - 사회구조적이론

2025 해커스경찰 이언담 범죄학 진도별 기출 + 실전문제집

제1절 | 범죄사회학의 발달(구조이론과 과정이론)

01 다음 중 미시적 관점에 해당하는 이론을 모두 고른 것은? 2023. 경찰1차

> ㉠ 뒤르켐(Durkheim)의 아노미이론(Anomie Theory)
> ㉡ 서덜랜드(Sutherland)의 차별접촉이론(Differential Association Theory)
> ㉢ 애그뉴(Agnew)의 일반긴장이론(General Strain Theory)
> ㉣ 메스너와 로젠펠드(Messner & Rosenfeld)의 제도적 아노미 이론(Institutional Anomie Theory)

① ㉠, ㉡
② ㉡, ㉢
③ ㉠, ㉢
④ ㉢, ㉣

해설

미시적 관점에 해당하는 이론은 ㉡, ㉢이다.

㉠ [×] 아노미이론은 거시적 이론이다. 뒤르켐(Durkheim)은 「사회분업론」(1893)에서 규범이 제대로 작동하지 않거나 규범의 효력이 사회구성원들에게 제대로 미치지 못하는 사회적 상태를 아노미(Anomie)라고 불렀고, 「자살론」(1897)에서 아노미상태에 있을 때 그 사회의 자살률은 증가한다고 주장하였다. 따라서 아노미는 사회의 특성에 대한 거시적 개념이다.

㉡ [○] 서덜랜드(Sutherland)의 차별접촉이론은 사람들의 계층이나 문화가 범죄의 원인이라는 사회구조이론들의 주장을 반박하며, 사람들이 속해있는 집단·문화 환경 안에서 발생되는 차별적 학습의 결과가 범죄의 원인이라고 보았다. 개인의 범죄성은 개인의 차별적 접촉에서 그 원인을 찾고 있는 미시적 관점이다.

㉢ [○] 에그뉴(Agnew)는 머튼(Merton)의 '긴장이론'의 수정이 필요하다는 점을 지적하며 '수정된 긴장이론'을 제시하였고, 이후 스트레스에 대한 심리학 연구들을 참고하여 '일반긴장이론'으로 발전시켰다. 일반긴장이론은 스트레스와 긴장을 느끼는 개인이 범죄를 저지르기 쉬운 이유를 설명하는 이론으로 미시적 관점에 해당한다.

㉣ [×] 메스너(Messner)와 로젠펠드(Rosenfeld)는 「범죄와 아메리칸 드림」(1994)에서 머튼의 아노미이론이 갖고 있던 거시적 관점을 그대로 계승하여 발전시켰다. 머튼과 같은 입장에서, 사회학적 지식과 원칙의 체계적인 적용을 통해 범죄의 국가 간 변이에 대한 거시적 설명을 추구하며, 미국 사회의 문화와 사회구조에 주목하여 범죄현상에서 보이는 '미국 예외주의'를 사회학적으로 설명하였다.

사회구조 이론	ⓐ 사회적 상호작용의 반복적인 안정된 유형으로서 규범위반을 설명하는 이론이다. ⓑ 범죄원인에 있어 개인의 생활환경보다는 보다 광범위한 정치·경제·사회·문화와 같은 구조적인 사회적 상황 자체와 연관되어 있다는 것이다. ⓒ 사회구조를 중시하는 거시적 관점은 범죄의 유형과 정도의 다양성을 설명하기 위해 하위문화를 포함한 문화 및 사회제도의 속성을 중시한다. ⓓ 여기에는 다양한 형태의 기능주의이론, 사회해체이론, 문화전달이론, 갈등이론, 마르크스주의 이론, 긴장/아노미이론, 차별적 사회조직화, 하위문화이론 등이 이 범주에 속한다. ⓔ 왜 특정 개인이 특정 범죄에 가담하는가보다는 왜 상이한 사회제도·문화·하위문화 등이 상이한 유형과 정도의 범죄를 유발하는가 또는 왜 범죄가 특정한 방법으로 유형화되는가를 설명하고자 한다.
사회과정 이론	ⓐ 시간에 따른 사회적 상호작용의 계속적인 변화와 발전의 견지에서 규범위반을 설명하는 이론이다. ⓑ 범죄의 원인을 개인이 처해 있는 주위 상황 자체와 밀접하게 연관된 생활환경에서 찾는다. ⓒ 사회과정을 중시하는 미시적 수준에서의 설명은 집단과 개인의 상호작용의 결과와 유형에 초점을 맞추고, 어떠한 상호작용의 발전과 구조가 범죄를 유발하는가를 공식화하고자 한다. ⓓ 다양한 형태의 사회학습적 이론들이 이 범주에 속하며, 학습이론, 통제이론, 낙인이론, 일반긴장이론 등이 있다.

정답 ②

02 사회과정이론에 관한 설명으로 가장 적절한 것은?

2024. 경찰2차

① 글레이저(Glaser)의 차별적 동일시이론은 차별적 접촉이론의 "범죄행동 학습의 중요한 부분은 친밀한 집단 내에서 일어난다."라는 명제를 수정한 것이다.
② 에이커스(Akers)가 주장하는 사회학습이론의 핵심 개념은 차별적 접촉, 차별적 강화, 차별적 동일시, 정의 및 모방이다.
③ 초등학생 甲은 조직폭력배 역할인 범죄영화 주인공에 심취하여 그 주인공의 일탈행동을 흉내내고 결국 강력범죄를 저질렀는데, 甲의 범죄화 과정은 권력갈등이론에 부합한다.
④ 차별적 접촉이론은 주요 개념이 명확하여 결과적인 이론검증이 신속하게 이루어진다는 특징이 있다.

해설
① [○] 차별적 접촉이론이 차별적 반응의 문제를 해결하지 못하고, 범죄의 학습이 반드시 친근한 집단과의 직접적인 접촉을 통해서만 학습되는 것이 아니라는 비판에 대한 대안으로서 글래저는 차별적 동일시라는 개념을 제시하여 범죄학습대상을 확대하였다. 그는 차별적 접촉보다 역할이론에 기초한 범죄적 역할과의 동일시를 강조하였다.
② [×] 사회학습이론은 개인의 범죄활동을 설명하기 위하여 차별적 접촉, 정의, 차별적 강화, 모방을 중심으로 학습과정의 핵심 개념을 제시하였다.
③ [×] 甲의 범죄화 과정은 글래저(Glaser)의 차별적 동일시이론에 부합한다. 차별적 동일시이론은 사람은 누구나 자신을 누군가와 동일화하려는 경향이 있고 자신의 범죄행위를 수용할 수 있다고 생각되는 실재의 인간이나 관념상의 인간에게 자신을 동일화시키는 과정을 통해 자기 자신을 합리화하고 용납하면서 범죄를 저지른다는 이론이다.
④ [×] 차별적 접촉이론의 가장 큰 문제로 지적되는 것이 중요한 개념의 모호성과 그로 인한 측정의 불가능 및 결과적인 이론검증의 어려움이다. 실제로 정확하게 무엇이 법위반에 대한 호의적 또는 비호의적 규정인지 규정할 수 없으며, 호의와 비호의가 규정될 수 있더라도 인간 경험상으로는 측정절차상 이러한 규정에 대한 의미가 의문시 되고 또한 법위반에 대한 호의적 또는 비호의적이라는 용어 자체를 측정할 수 없다. 그리고 중요한 개념인 접촉의 빈도·강도·우선순위·기간 등의 개념은 그 측정이 곤란한 것으로 알려져 있다.

정답 ①

03 범죄 원인에 대한 사회과정이론(Social Process Theory)의 설명으로 가장 적절하지 않은 것은?

2022(72). 경위

① 법 위반에 대한 우호적 정의를 학습할수록 범죄를 저지를 가능성이 커진다.
② 아동기에 형성된 자기통제력이 낮을수록 범죄를 저지를 가능성이 커진다.
③ 부모와의 정서적 유대관계가 약할수록 범죄를 저지를 가능성이 커진다.
④ 낮은 사회적 지위 때문에 목표 달성에 실패할수록 범죄를 저지를 가능성이 커진다.

해설
사회과정이론(Social Process Theory)은 어떻게 사람들이 범죄자가 되는지를 설명하고자 하는 이론으로 범죄를 유발하거나 조장할 수 있는 환경이나 범죄자의 특성이 무엇인가 보다는 개인이 범죄자가 되는 과정을 설명하고자 한다. 사회과정이론은 크게 사회학습이론, 사회통제이론, 낙인이론으로 나눌 수 있다.
① [○] 사회학습이론 중 서덜랜드의 차별적 접촉이론에 대한 설명이다.
② [○] 사회통제이론 중 허쉬의 자기통제이론에 대한 설명이다.
③ [○] 사회통제이론 중 허쉬의 사회통제이론에 대한 설명이다.
④ [×] 사회구조적 이론에 속하는 머튼의 아노미(긴장)이론에 대한 설명이다.

정답 ④

04 다음 중 범죄원인에 대한 사회과정이론(Social Process Theory)의 설명으로 가장 옳지 않은 것은?

2022. 해경 경위

① 낮은 사회적 지위 때문에 목표 달성에 실패할수록 범죄를 저지를 가능성이 커진다.
② 법 위반에 대한 우호적 정의를 학습할수록 범죄를 저지를 가능성이 커진다.
③ 아동기에 형성된 자기통제력이 낮을수록 범죄를 저지를 가능성이 커진다.
④ 부모와의 정서적 유대관계가 약할수록 범죄를 저지를 가능성이 커진다.

해설
사회과정이론(Social Process Theory)은 어떻게 사람들이 범죄자가 되는지를 설명하고자 하는 이론으로 범죄를 유발하거나 조장할 수 있는 환경이나 범죄자의 특성이 무엇인가 보다는 개인이 범죄자가 되는 과정을 설명하고자 한다. 사회과정이론은 크게 사회학습이론, 사회통제이론, 사회반응이론(낙인이론)으로 나눌 수 있다.
① [×] 사회구조적 이론에 속하는 머튼의 아노미/긴장이론에 대한 설명이다. 사회구조이론은 크게 사회해체이론, 아노미/긴장이론, 하위문화이론으로 나눌 수 있다.
② [○] 사회학습이론 중 서덜랜드의 차별적 접촉이론에 대한 설명이다.
③ [○] 사회통제이론 중 허쉬의 자기통제이론에 대한 설명이다.
④ [○] 사회통제이론 중 허쉬의 사회통제이론에 대한 설명이다.

정답 ①

제2절 | 사회해체이론

01 사회해체이론에 관한 설명으로 가장 적절하지 않은 것은?

2024. 경찰2차

① 버식과 웹(Bursik & Webb)은 사회해체지역에서는 공식적인 행동 지배규범이 결핍되어 있으므로 비공식적인 감시와 지역주민에 의한 직접적인 통제가 어렵다고 주장하였다.
② 콘하우저(Kornhauser)는 사회해체가 진행된 지역에 비행하위문화가 형성되어야만 무질서 및 범죄가 발생된다고 주장하였다.
③ 쇼와 맥케이(Shaw & McKay)는 범죄율이 거주민의 인종 및 민족구성과 상관관계가 낮다고 주장하였다.
④ 샘슨(Sampson)은 집합효율성의 약화가 범죄율을 증가시킨다고 주장하였다.

해설
① [○] 사회해체지역은 ㉠ 비공식적 감시기능의 약화로 범죄의 유혹이 커지고, ㉡ 행동지배율의 결핍으로 우범지역이나 위험지역 등에 대한 정보가 제대로 공유되지 않아 범죄의 발생여지가 많아지고, ㉢ 직접통제의 부재로 수상한 사람이나 지역주민의 비행이 있을 때 개입하거나 지적하지 않아 지역주민에 의한 직접 통제가 어렵다고 하였다.
② [×] 콘하우저는 비행의 사회적 근원을 파헤친 자신의 책에서 쇼와 맥케이의 주장이 크게 사회해체적 관점과 하위문화적 관점으로 구성되어 있다고 파악하고, 쇼와 맥케이는 두 가지 관점 중 하위문화적 관점을 더 중요시하였고, 따라서 그들은 비행하위문화가 청소년비행을 더 잘 설명한다고 보았다. 그러나 콘하우저는 이러한 쇼와 맥케이의 결론이 비논리적이라고 주장하며, 비행하위문화는 저절로 형성되는 것이 아니라고 하였다. 지역사회의 사회통제가 작동하지 않는 사회해체가 먼저 진행되고 그로 인해 비행이 발생하며 비행하위문화는 비행행위에 대한 사회적 지지를 제공하기 위해 형성되는 것이라고 하였다. 따라서 이론적 차원에서 보면 비행의 발생에 중요한 역할을 하는 것은 사회해체이지 비행하위문화가 아니라고 하였다.
③ [○] 쇼와 맥케이는 높은 범죄율의 원인이 특정 인종이나 민족과 같은 개인적 특성과 관련된 것이 아니라 지역적 특성과 관련되어 있다고 보았다.
④ [○] 집합효율성이란 공통의 선을 유지하기 위한 지역주민들 사이의 사회적 응집력을 의미하며, 상호신뢰와 유대 및 사회통제에 대한 공통된 기대를 포함하는 개념이다. 집합효율성은 이웃상호간 신뢰수준이나 자신의 이웃 및 외부에서 온 사람에 대해 적극적으로 개입하려고 하는 성향 등으로 설명되는데, 범죄가 집중되는 곳은 이러한 집합효율성이 낮게 나타난다.

정답 ②

02
인간생태학과 사회해체이론에 대한 설명으로 가장 적절하지 않은 것은?
2024(74). 경위

① 파크(Park)는 도시에 사는 사람들이 동·식물집단과 마찬가지로 유기적 통일성을 가지고 살아가고 있는 모습을 연구하고, 이를 인간생태학이라고 하였다.
② 버제스(Burgess)는 특정 도시의 성장은 도시 주변부에서 중심부로 동심원을 그리며 진행되는데, 그러한 과정에서 침입·지배·계승이 이루어진다고 하였다.
③ 쇼와 맥케이(Shaw & McKay)는 동심원을 형성한 도시 가운데 급격한 인구유입이 이루어진 전이지대에서 청소년 비행 등 많은 문제를 발견하고, 이를 사회해체라고 하였다.
④ 샘슨(Sampson)은 사회해체된 지역의 문제를 해결하기 위하여, 구성원 상호간의 응집력이 강한 공동체를 만들어야 한다는 집합효율성이론을 제시하였다.

해설
① [O] 파크는 1914년 시카고대학의 교수로 임명되면서 자신만의 인간생태학 연구를 개척하였으며, 워밍(Warming)의 식물생태학적 개념을 차용하여 인간공동체를 생태학적으로 설명하였다. 인간공동체는 워밍이 규정한 식물공동체와 다르지 않고, 개별유기체는 상호 연관되고 상호 의존적이며 각자의 삶을 위해 끊임없이 투쟁한다. 인간생태학 이론은 '공생'과 '침입 - 지배 - 계승'이라는 두 핵심 용어로 대변된다.
② [X] 버제스는 특정 도시의 성장은 도시의 성장은 도시 중심부에서 주변부로 동심원을 그리며 진행한다고 하였다.
▶ 버제스는 침입, 지배, 계승의 과정을 보다 구체적으로 적용하여, 동심원 모델이라는 이론적 틀로 시카고의 확장 및 발전을 설명하였다. 동심원 모델이란 마치 중심은 같지만 지름이 다수의 원이 중심에서 외곽으로 확장해가듯 도시가 성장해가는 모습을 이론화한 것이다. 도시를 지대(地帶, zone)라는 용어를 사용해 5개로 구분하였고, 이들 5개 지대는 도시가 성장해면서 겪게 되는 침입, 지배, 계승의 과정을 통해 확장해간다. 5개 지대는 각기 자신만의 자연지역을 갖게 되며 때로는 다른 구역의 자연지역과도 연계된다.
③ [O] 쇼와 맥케이는 청소년비행의 지리적 집중현상이 중심상업지역으로부터 외곽으로 벗어날수록 약화된다고 지적하면서 도심집중 현상이 가장 극심한 곳은 버제스의 동심원 모델에서 제시된 제2지대인 전이지대라고 주장하였다. 도심과 인접하면서 주거지역에서 상업지역으로 바뀐 이른 바 전이지대는 유럽의 이민과 흑인 이주자들의 혼재로 문화의 이질성이 높고, 이로 인한 사회해체가 촉진되면서 개인해체를 가져오고, 나아가 범죄 및 비행으로 연결되고 범죄발생률이 지속적으로 높다.
④ [O] 샘슨은 지역사회 주민들 간에 존재하는 수많은 사회적 관계가 있을 때, 범죄는 줄어든다고 주장한다. 집합효율성이란 공통의 선을 유지하기 위한 지역주민들 사이의 사회적 응집력을 의미하며, 상호신뢰와 유대 및 사회통제에 대한 공통된 기대를 포함하는 개념이다. 집합효율성은 이웃상호간 신뢰수준이나 자신의 이웃 및 외부에서 온 사람에 대해 적극적으로 개입하려고 하는 성향 등으로 설명되는데, 범죄가 집중되는 곳은 이러한 집합효율성이 낮게 나타난다.

정답 ②

03
다음 중 사회해체이론(Social Disorganization Theory)에 대한 설명으로 가장 옳지 않은 것은?
2022. 해경 경위

① 지역사회의 생태학적 변화가 범죄의 발생에 중요한 역할을 한다고 보는 것이다.
② 범죄는 개인적인 차이에 의한 것이라기보다는 환경적 요인들을 범죄의 근원적 원인으로 본다.
③ 범죄의 발생이 비공식적인 감시기능의 약화에서 비롯되는 것으로 설명하기도 한다.
④ 버식(Bursik)과 웹(Webb)은 사회해체 원인을 주민의 비이동성과 동질성으로 보았다.

해설

① [○] 지역사회의 생태학적 변화를 범죄 발생의 주요 원인으로 본다. 특정 지역사회는 경제발전에 따른 산업화의 과정을 거치면서 점차 거주지로서의 특성을 잃어가고 상업 및 경제적 활동에 적합한 모습으로 변화하는데 이는 사회통제력의 약화를 의미한다. 즉, 지역사회를 지탱하고 보호하던 공동체적 전통이 사라지고 인습적 가치가 약화되며 이를 틈타 비행과 범죄자가 늘어난다고 본다.
② [○] 쇼(Show)와 맥케이(Mckay)는 청소년들에 대한 사회통제 결여 및 해체지역의 문제해결능력 결여에 주목하면서 지역사회에 초점을 맞춘 거시적 주장을 하게 된다. 첫 번째 주장은 물리적 환경에 관한 것으로, 주거안정성이 확보되지 못하는 물리적 환경은 높은 범죄율과 연관된다. 두 번째 주장은 경제적 환경에 관한 것으로, 지역의 빈곤율이 높은 범죄율과 연관된다. 마지막 주장은 인구구성에 관한 것으로, 이질적인 인구구성이 높은 범죄율과 관련이 있다.
③ [○] 도시화와 산업화로 인한 급격한 사회변동은 지역사회의 제도적 또는 비공식적 사회통제를 약화시키는 사회해체를 경험하게 되는데, 이러한 사회해체는 대체로 도시가 성장함에 따라 동심원지역으로 일어난다. 이러한 사회해체를 경험하는 지역에서는 비행적 전통과 가치관이 관습적 전통과 가치관을 대체하여 공식적 또는 비공식적 사회통제를 약화시켜서 일탈이 야기된다.
④ [×] 버식(Bursik)과 웹(Webb)은 쇼와 맥케이의 이론이 지역사회의 해체가 어떻게 범죄발생과 관련되는지를 명확하게 설명하지 못했다고 비판하고, 사회해체론의 입장을 지역사회(공동체)의 안정성(Community Stability)의 관점에서 재정리하였다. 지역사회해체를 지역사회의 무능력, 즉 지역사회가 주민들에게 공통된 가치체계를 실현하지 못하고 지역주민들이 공통적으로 겪는 문제를 해결할 수 없는 상태라고 정의하고, 사회해체의 원인을 주민의 이동(population turnover)과 주민의 이질성(population heterogeneity)으로 보았다.

정답 ④

---

04 사회해체이론에 대한 설명으로 가장 적절하지 않은 것은? 2023(73). 경위

① 사회해체(Social Disorganization)란 지역사회가 공동체의 문제해결을 위한 능력이 상실된 상태를 의미한다.
② 초기 사회해체이론은 사회해체의 개념을 명확히 측정하고 다수의 실증연구를 제시했다.
③ 사회해체이론에 기반한 대표적 정책은 시카고지역프로젝트(Chicago Area Project)가 있다.
④ 집합효율성이론, 환경범죄학, 깨진 유리창 이론은 사회해체이론을 계승·발전한 것이다.

해설

① [○] 사회해체란 지역사회가 주민들에 대한 통제력을 상실한 상태, 즉 틈새지역의 사회적 환경을 말한다. 지역사회의 전통적인 기관들이 주민들의 행동을 규제하지 못하며, 주민들에게 일관된 가치를 제공하지 못하고, 지역사회가 공통으로 겪는 문제를 자체적으로 해결할 수 있는 능력을 상실한 상태를 사회해체라고 한다.
② [×] 초기 사회해체이론은 지역사회의 범죄문제를 설명함에 있어서 지역사회의 하위문화가 원인인지 아니면 지역사회의 사회통제능력이 범죄를 유발하는 것인지에 대하여 명확한 입장을 제시하지 않았다.
③ [○] 쇼(Show)와 맥케이(Mckay)가 주장한 사회해체이론의 업적 중에서 가장 중요한 발견은 도시의 생태가 범죄행위에 영향을 미친다는 사실이다. 그들의 주장에 의하면 비행원인이 지역사회의 붕괴나 빈민굴의 형성과 조건 등이기 때문에 이는 시카고지역프로젝트를 시작으로 지금까지 이어져 오고 있는 지역사회활동과 처우프로그램의 기초를 제공하고 있다. 즉, 비행의 원인이 사회해체에 기인한 것이기 때문에 개별비행자의 처우는 비효과적이며, 따라서 도시생활환경에 영향을 미치는 사회의 조직화가 필요하고, 그 대표적인 예가 시카고지역프로젝트이다. 따라서 사회해체이론은 범죄와 비행의 예방을 위한 중요한 기초를 제공한 것으로 평가될 수 있다.
④ [○] 콜만(Coleman)의 사회자본, 윌슨(Wilson)과 켈링(Kelling)의 깨진 유리창 이론, 샘슨(Sampson)의 집합효율성이론, 환경범죄학 등은 사회해체이론을 계승·발전시킨 것이다. ㉠ 콜만의 사회자본은 시카고학파의 주요 관심사인 사회조직 또는 사회해체의 개념을 염두에 두고 개인의 사회적 행동을 경제학의 합리적 선택이라는 개념과 연결한다. 즉, 사회학적 기능주의와 경제학적 합리주의를 결합한 개념이다. ㉡ 윌슨과 켈링의 깨진 유리창이론은 공공의 안전을 결정하는데 있어서 주변의 사소한 생활환경이 중요함을 강조하는 이론으로 인식의 중요성을 강조하며, 지역사회 환경의 퇴락이 범죄 증가를 초래하기 때문에 범죄예방을 위해서는 환경적 퇴락을 방지하는 것이 중요하다고 하였다. ㉢ 샘슨의 집합효율성이론은 시카고학파의 사회해체이론을 현대도시에 맞게 계승·발전시켰으며, 근린의 구조와 문화가 어떻게 범죄율의 차이를 가져오는지 알기 위해 근린과 범죄 간의 관계에 대해 연구하였다. ㉣ 환경범죄학은 주택이나 건물, 지역 등의 환경이 가진 범죄취약 요인을 분석하여 범죄기회를 감소시키기 위해 환경설계를 통한 범죄예방 전략을 강조하는 이론이다.

정답 ②

05 쇼(Shaw)와 맥케이(McKay)의 사회해체이론(Social Disorganization Theory)에 관한 설명으로 가장 적절하지 않은 것은?   2023. 경찰2차

① 특정 지역에서의 범죄가 다른 지역에 비해서 많이 발생하는 이유를 규명하고자 하였다.
② 지역 거주민의 인종과 민족의 변화가 해당 지역의 범죄율을 좌우하는 핵심요인으로 나타났다.
③ 전이지역(transitional zone)은 타 지역에 비해 범죄율이 상대적으로 높게 나타났다.
④ 사회해체의 요소로 낮은 경제적 지위, 민족적 이질성, 거주 불안정성 등을 제시하였다.

해설
① [○] 특정지역에서 왜 범죄가 다른 지역에 비해서 높게 나타나는지 그 이유를 규명하고자 하였다. 즉, 시카고 시의 범죄발생률이 지역과 매우 밀접한 관련이 있다는 점에 주목하였다.
② [×] 높은 범죄율의 원인이 특정 인종이나 민족과 같은 개인적 특성과 관련된 것이 아니라 지역적 특성과 관련되어 있다고 보았다. 전이지역 내 구성원의 인종이나 국적이 바뀌었음에도 불구하고 계속적으로 높은 범죄율을 보이는 것은 개별적으로 누가 거주하든지 관계없이 지역의 특성과 범죄발생과는 중요한 연관이 있다는 것이다. 즉, 범죄 및 비행은 지대와 관련된 것이지 행위자의 특성이나 사회전체의 경제적 수준 등과는 관계없다는 것이다.
③ [○] 도심과 인접하면서 주거지역에서 상업지역으로 바뀐 이른 바 전이지대는 유럽의 이민과 흑인 이주자들의 혼재로 문화의 이질성이 높고, 이로 인한 사회해체가 촉진되면서 개인해체를 가져오고, 나아가 범죄 및 비행으로 연결되고 범죄발생률이 지속적으로 높다.
④ [○] 비행율이 높은 지역은 가난하고(poverty), 사람들의 이동이 잦고(mobility), 인종적으로 이질적인(heterogeneity) 특성을 가지고 있다고 결론지으면서, 이러한 특성을 '사회해체(social disorganization)'라고 하였다.

정답 ②

06 사회해체이론(Social Disorganization Theory)에 관한 설명으로 가장 적절하지 않은 것은?   2022. 경찰2차

① 쇼(Shaw)와 멕케이(McKay)는 지역사회의 특성과 청소년비행 간의 관계를 검증하였다.
② 지역사회의 생태학적 변화를 범죄 발생의 주요 원인으로 본다.
③ 초기 시카고학파의 학자들은 지역사회수준의 연구결과를 개인의 행동에 적용하는 생태학적 오류(ecological fallacy) 문제를 해결하였다는 평가를 받는다.
④ 집합효율성(collective efficacy)이란 공통의 선을 유지하기 위한 지역주민들 사이의 사회적 응집력을 의미하며, 상호신뢰와 유대 및 사회통제에 대한 공통된 기대를 포함하는 개념이다.

해설
① [○] 쇼와 멕케이는 다양한 자료들을 근거해 지역사회의 특성과 청소년비행률 사이에 강한 생태적 상관관계가 있음을 경험적으로 검증하였다.
② [○] 특정 지역사회는 경제발전에 따른 산업화의 과정을 거치면서 점차 거주지로서의 특성을 잃어가고 상업 및 경제적 활동에 적합한 모습으로 변화하는데 이는 사회통제력의 약화를 의미한다. 즉, 지역사회를 지탱하고 보호하던 공동체적 전통이 사라지고 인습적 가치가 약화되며 이를 틈타 비행과 범죄자가 늘어난다고 본다.
③ [×] 로빈슨(Robinson)은 개인적 상관관계와 생태학적 상관관계를 구분하면서 생태학적 오류의 문제점을 지적하였다. 쇼와 멕케이를 포함한 다수의 학자들이 개인의 특성에 대해 파악하고자 하는 목적을 가지고 있었음에도 개인적 상관관계에 근거하지 않고 오히려 생태학적 상관관계에 근거해 자신들의 주장을 펼쳤다는 것이 로빈슨의 비판이다.
④ [○] 샘슨(Sampson)과 동료들은 집합효율성이라는 용어를 통해 범죄를 설명하고자 했는데, 집합효율성이란 거리, 보도, 공원 등과 같은 공공장소에서 질서를 유지할 수 있는 능력을 말한다.

정답 ③

07 시카고학파인 쇼(Shaw)와 맥케이(McKay)가 수행한 연구의 결과로 가장 적절하지 않은 것은? 2022(72). 경위

① 지역 거주민의 인종과 민족이 바뀌었을 때 해당 지역의 범죄율도 함께 변했다.
② 시카고 시(市)의 전이지대(transition zone)에서 범죄율이 가장 높게 나타났다.
③ 새로운 이민자가 지속적으로 유입되면서 지역사회의 사회해체 상태가 초래되었다.
④ 범죄지역에서는 전통적 규범과 가치가 주민들의 행동을 제대로 통제하지 못했다.

해설

① [×] 전이지역 내 구성원의 인종이나 국적이 바뀌었음에도 불구하고 계속적으로 높은 범죄율을 보이는 것은 개별적으로 누가 거주하든지 관계없이 지역의 특성과 범죄발생과는 중요한 연관이 있다는 것이다. 즉, 범죄 및 비행은 지대와 관련된 것이지 행위자의 특성이나 사회전체의 경제적 수준 등과는 관계없다는 것이다. 결과적으로 쇼와 맥케이는 높은 범죄율의 원인이 특정 인종이나 민족과 같은 개인적 특성과 관련된 것이 아니라 지역적 특성과 관련되어 있다고 보았다.
②, ③ [○] 도심과 인접하면서 주거지역에서 상업지역으로 바뀐 이른바 전이지대는 유럽의 이민과 흑인 이주자들의 혼재로 문화의 이질성이 높고 이로 인한 사회해체가 촉진되면서 개인해체를 가져오고 나아가 범죄 및 비행으로 연결되고 범죄발생률이 지속적으로 높다.
④ [○] 지역사회가 주민들에 대한 통제력을 상실한 상태, 즉 틈새지역의 사회적 환경을 사회해체란 용어로 표현하였다. 지역사회의 전통적인 기관들이 주민들의 행동을 규제하지 못하며, 주민들에게 일관된 가치를 제공하지 못하고, 지역사회가 공통으로 겪는 문제를 자체적으로 해결할 수 있는 능력을 상실한 상태를 사회해체라고 한다.

정답 ①

08 다음 중 사회해체이론에 대한 설명으로 가장 옳지 않은 것은? 2024. 해경 경위

① 파크(Park)와 버제스(Burgess)의 동심원이론에 따라 시카고지역을 5단계로 분리하였을 때, 빈민가가 형성되어 있으며 범죄발생률이 가장 높은 지역은 중심상업지역이다.
② 초기 시카고학파의 학자들은 생태학적 오류(ecological fallcy)를 극복하지는 못했다는 평가를 받는다.
③ 쇼(Shaw)와 맥케이(Mckay)의 사회해체이론은 사회해체의 요소로 낮은 경제적 지위, 민족적 이질성, 거주불안정성 등을 주장하였다.
④ 샘슨(Sampson)은 집합효율감(collective efficacy)의 강화가 범죄율 감소에 긍정적인 영향을 미친다는 점을 발견하였다.

해설

① [×] 쇼와 맥케이는 청소년비행의 지리적 집중현상이 중심상업지역으로부터 외곽으로 벗어날수록 약화된다고 지적하면서 도심집중현상이 가장 극심한 곳은 버제스의 동심원 모델에서 제시된 제2지대인 전이지대(점이 지대. 퇴행변이지대)라고 주장하였다. 도심과 인접하면서 주거지역에서 상업지역으로 바뀐 이른 바 전이지대는 유럽의 이민과 흑인 이주자들의 혼재로 문화의 이질성이 높고, 이로 인한 사회해체가 촉진되면서 개인해체를 가져오고, 나아가 범죄 및 비행으로 연결되고 범죄발생률이 지속적으로 높다.
② [○] 로빈슨(Robinson)은 개인적 상관관계와 생태학적 상관관계를 구분하면서 생태학적 오류의 문제점을 지적하였다. 쇼와 맥케이를 포함한 다수의 학자들이 개인의 특성에 대해 파악하고자 하는 목적을 가지고 있었음에도 개인적 상관관계에 근거하지 않고 오히려 생태학적 상관관계에 근거해 자신들의 주장을 펼쳤다는 것이 로빈슨의 비판이다.
③ [○] 쇼와 맥케이는 사회해체이론에서 사회해체의 요소로 낮은 경제적 지위, 민족적 이질성, 거주 불안정성 등을 제시하였다. 비행율이 높은 지역은 가난하고(poverty), 사람들의 이동이 잦고(mobility), 인종적으로 이질적인(heterogeneity) 특성을 가지고 있다고 결론지으면서, 이러한 특성을 '사회해체'라고 하였다.
④ [○] 샘슨은 사회해체된 지역의 문제를 해결하기 위하여, 구성원 상호간의 응집력이 강한 공동체를 만들어야 한다는 집합효율성이론을 제시하였다. 샘슨은 지역사회 주민들 간에 존재하는 수많은 사회적 관계가 있을 때, 범죄는 줄어든다고 주장한다. 집합효율성이란 공통의 선을 유지하기 위한 지역주민들 사이의 사회적 응집력을 의미하며, 상호신뢰와 유대 및 사회통제에 대한 공통된 기대를 포함하는 개념이다. 집합효율성은 이웃상호간 신뢰수준이나 자신의 이웃 및 외부에서 온 사람에 대해 적극적으로 개입하려고 하는 성향 등으로 설명되는데, 범죄가 집중되는 곳은 이러한 집합효율성이 낮게 나타난다.

정답 ①

09 사회해체론에 대한 설명으로 옳지 않은 것만을 모두 고른 것은? 2014. 보호 7급

㉠ 개별적으로 누가 거주하든지 관계없이 지역의 특성과 범죄발생 간에는 중요한 연관성이 있다고 본다.
㉡ 쇼(Shaw)와 맥케이(Mckay)는 도심과 인접하면서 주거지역에서 상업지역으로 바뀐 이른바 전이지역(Transitional Zone)의 범죄발생률이 지속적으로 높다고 지적하였다.
㉢ 버식(Bursik)과 웹(Webb)은 지역사회가 주민들에게 공통된 가치체계를 실현하지 못하고 지역주민들이 공통적으로 겪는 문제를 해결할 수 없는 상태를 사회해체라고 정의하고, 그 원인을 주민의 비이동성과 동질성으로 보았다.
㉣ 버식(Bursik)과 웹(Webb)은 사회해체지역에서는 공식적인 행동지배규범(Movement-Governing Rules)이 결핍되어 있으므로 비공식적 감시와 지역주민에 의한 직접적인 통제가 커진다고 주장하였다.
㉤ 사회해체지역에서는 전통적인 사회통제기관들이 규제력을 상실하면서 반가치를 옹호하는 하위문화가 형성되나, 주민이동이 많아지면서 이러한 문화는 계승되지 않고 점차 줄어들면서 범죄율이 낮아진다고 본다.

① ㉠, ㉡, ㉢
② ㉡, ㉢, ㉣
③ ㉡, ㉣, ㉤
④ ㉢, ㉣, ㉤

해설

옳지 않은 것은 ㉢, ㉣, ㉤이다.
㉠, ㉡ [O] 전이지역 내 구성원의 인종이나 국적이 바뀌었음에도 불구하고 계속적으로 높은 범죄율을 보이는 것은 개별적으로 누가 거주하든지 관계없이 지역의 특성과 범죄발생과는 중요한 연관이 있다는 것이다. 즉, 범죄 및 비행은 지대와 관련된 것이지 행위자의 특성이나 사회전체의 경제적 수준 등과는 관계없다는 것이다.
㉢ [×] 지역사회해체를 '지역사회의 무능력', 즉 지역사회가 주민들에게 공통된 가치체계를 실현하지 못하고 지역주민들이 공통적으로 겪는 문제를 해결할 수 없는 상태라고 정의하면서, 사회해체의 원인을 지역이전(Population Turnover)과 주민 이질성(Population Heterogeneity)으로 보았다.
㉣ [×] 사회해체지역은 ⓐ 비공식적 감시기능의 약화로 범죄의 유혹이 커지고, ⓑ 행동지배율의 결핍으로 우범지역이나 위험지역 등에 대한 정보가 제대로 공유되지 않아 범죄의 발생여지가 많아지고, ⓒ 직접통제의 부재로 수상한 사람이나 지역주민의 비행이 있을 때 개입하거나 지적하지 않아 지역주민에 의한 직접 통제가 어렵다고 하였다.
㉤ [×] 사회해체지역에서는 전통적인 사회통제기관들이 규제력을 상실하면서 반사회적 가치를 옹호하는 범죄하위문화가 형성되고, 지역 사회의 반사회적 문화가 지역에서 계승됨으로써 특정지역은 주거민의 변화에도 불구하고 계속적으로 높은 범죄율이 유지되는 문화전달이 이루어진다고 보았다.

정답 ④

10 다음 글에서 설명하는 이론은? 2023. 보호 7급

공동체의 사회통제에 대한 노력이 무너질 때 범죄율은 상승하고 지역의 응집력은 약해진다. 이에 지역사회 범죄를 줄이기 위해서는 이웃 간의 유대 강화와 같은 비공식적 사회통제가 중요하며, 특히 주민들의 사회적 참여는 비공식적 사회통제와 밀접하게 관련되어 있다.

① 샘슨(Sampson)의 집합효율성(Collective Efficacy)
② 쇼(Shaw)와 맥케이(Mckay)의 사회해체(Social Disorganization)
③ 머튼(Merton)의 긴장(Strain)
④ 뒤르켐(Durkheim)의 아노미(Anomie)

해설
① [○] 샘슨의 집합효율성이론에 대한 설명이다.

샘슨의 집합효율성이론(Collective Efficacy Theory)
㉠ 1997년 샘슨(Sampson)을 중심으로 전개되었고, 시카고학파의 사회해체이론을 현대도시에 맞게 계승·발전시켰다.
㉡ 지역주민 간의 상호신뢰 또는 연대감과 범죄에 대한 적극적인 개입을 강조한다.
㉢ 지역사회의 범죄율에 차이가 나는 것을 사회구조적으로 설명하였다.
㉣ 비공식적 사회통제의 중요성: 지역사회 구성원(지역주민, 사업체, 지방자치단체 등) 간의 유대를 강화하고, 범죄 등 사회문제에 대해 적극적으로 개입하는 등 공동의 노력이 중요한 범죄예방의 방법이라고 보았다.
㉤ 집합효율성이란 공통의 선을 유지하기 위한 지역주민들 사이의 사회적 응집력을 의미하며, 상호신뢰와 유대 및 사회통제에 대한 공통된 기대를 포함하는 개념이다.
㉥ 집합효율성은 이웃상호간 신뢰수준이나 자신의 이웃 및 외부에서 온 사람에 대해 적극적으로 개입하려고 하는 성향 등으로 설명되는데, 범죄가 집중되는 곳은 이러한 집합효율성이 낮게 나타난다.
㉦ 공식적 사회통제(경찰 등 법집행기관)의 중요성을 간과하였다는 비판을 받는다.

정답 ①

11 사회해체이론에 대한 설명으로 옳지 않은 것은? 2024. 보호 9급

① 범죄를 예방하기 위해서는 도시의 지역사회를 재조직함으로써 사회통제력을 증가시키는 것이 중요하다.
② 버제스(Burgess)의 동심원 이론에 따르면, 도시 중심부로부터 멀어질수록 범죄 발생률이 높아진다.
③ 쇼우(Shaw)와 맥케이(McKay)는 사회해체가 높은 범죄율과 상관관계가 있다고 보았다.
④ 버제스의 동심원 이론은 소위 변이지역(Zone in Transition)의 범죄율이 거주민들의 국적이나 인종의 변화에도 불구하고 지속해서 높다는 것을 보여준다.

해설
① [○] 높은 범죄율의 원인이 특정 인종이나 민족과 같은 개인적 특성과 관련된 것이 아니라 지역적 특성과 관련되어 있다고 보고, 범죄를 예방하기 위해서는 지역사회를 재조직화하여 사회통제력을 증가시키는 것이 중요하다고 보았다.
② [×] 버제스는 도시 중심부에서 멀어질수록 지가(地價)가 높아진다고 하면서 범죄는 중심지일수록 발생률이 높다고 주장하였다. 특히 버제스는 유대인 이주자가 초기에 정착한 시카고의 제2지대에 주목했다. 소위 전이지대(점이지대, 퇴행변이지대)라고 불리는 이곳은 빈곤한 사람들, 소수민족구성원들, 사회적 일탈자들이 주로 거주함으로써 범죄와 비행에 가장 취약한 지역이다. 또한 쇼와 맥케이는 청소년비행의 지리적 집중현상이 중심상업지역으로부터 외곽으로 벗어날수록 약화된다고 지적하면서 도심집중 현상이 가장 극심한 곳은 버제스의 동심원 모델에서 제시된 제2지대인 전이지대라고 주장하였다.
③ [○] 특정지역에서 범죄가 다른 지역에 비해서 높게 나타나는 이유는 급격한 도시화, 산업화가 지역사회에 기초한 통제의 붕괴를 낳게 되고, 이는 사회해체로 이어지며, 해체된 지역은 관습과 가치관을 대신하는 일탈과 범죄성을 발달시키게 된다고 보았다.
④ [○] 전이지역 내 구성원의 인종이나 국적이 바뀌었음에도 불구하고 계속적으로 높은 범죄율을 보이는 것은 개별적으로 누가 거주하든지 관계없이 지역의 특성과 범죄발생과는 중요한 연관이 있다는 것이다. 즉, 범죄 및 비행은 지대와 관련된 것이지 행위자의 특성이나 사회전체의 경제적 수준 등과는 관계없다는 것이다.

정답 ②

제3절 | 아노미/긴장이론

01 머튼(Merton)의 긴장이론에 대한 설명으로 가장 적절하지 않은 것은? 2024(74). 경위

① 미국사회의 구조는 문화적 목표와 이에 도달하기 위한 제도적·규범적 수단의 두 요소로 이루어진다고 가정하였다.
② 머튼은 재산범죄 등 경제적 동기의 범죄에만 적용할 수 있다고 하였다.
③ 목표와 수단에 대한 5가지 적응유형으로 동조형(Conformity), 혁신형(Innovation), 의례형(Ritualism), 회피형(Retreatism), 반역형(Rebellion)을 제시하였다.
④ 사회의 모든 구성원이 물질적 성공을 문화적 목표로 하고 있다고 보기 어렵다는 비판이 있다.

해설
① [○] 미국사회의 구조는 문화적 목표와 이에 도달하기 위한 제도적·규범적 수단의 두 요소로 이루어진다고 가정하고, 성공목표를 달성하기 위한 수단이 주로 사회경제적 계층에 따라 차등적으로 분배되어 목표와 수단의 괴리(분리)가 커지게 될 때 범죄가 발생한다고 본다.
② [×] 아노미/긴장이론이 재산범죄 등 경제적 동기의 비행이나 범죄에 대한 설명에 한정된다는 비판도 있었다. 경제적 성공 목표와 이를 성취하기 위한 제도적 수단 사이의 괴리(분리)를 일탈의 원인으로 강조했기 때문에 경제적 이득을 목적으로 하지 않는 대부분의 일탈에 대해서는 제대로 설명하지 못한다는 것이다. 이러한 비판에 대해 머튼은 그의 이론이 '합리적 계산에 의한 실리주의적' 일탈행동에 한정되는 것은 아니라고 반박하였다. 목표와 수단 사이의 불일치로 인한 극심한 압력에 처한 개인은 큰 좌절을 겪게 된다는 점이 이론의 핵심이며, '파괴성'은 심리학적으로 지속적인 좌절에 대한 반응 중 하나이기 때문에 개인은 얼마든지 비합리적 행동을 할 수도 있다고 언급하였다.
③ [○] 경제적 성공을 지나치게 강조하는 문화와 심한 불평등구조의 영향하에서 개인의 적응 양식 또는 대응 방식으로 동조형(순응형), 혁신형(개혁형), 의례형(의식형), 도피형(은둔형, 회피형, 퇴행형), 반역형(혁명형, 전복형) 다섯 가지를 제시하였다. 적응 양식의 차이는 개인적인 속성의 차이가 아니라 사회적 문화구조에 의해 결정된다고 본다.
④ [○] 모든 인간이 일률적으로 부의 성취라는 목표를 공유하고 있는지 의문스럽고, 특정 사회내의 다양한 문화와 추구하는 목표의 다양성을 무시하고 있다는 비판이 있다.

정답 ②

02 머튼(Merton)이 주장한 아노미의 발생원인과 가장 거리가 먼 것은? 2022(72). 경위

① 물질적 성공만을 과도하게 강조하는 문화
② 성공을 위한 제도화된 기회의 부족
③ 급격한 사회변동과 위기
④ 공평한 성공기회에 대한 평등주의적 이념

해설
③ [×] 머튼(Merton)은 경제적 성공 목표를 모든 사회구성원에게 지나치게 강조하는 문화를 지목하고, 특정사회에서 아노미 상황으로 인한 사회적 긴장은 문화적 목표를 지나치게 강조하면서 반면에 사회의 구조적 특성에 의해 특정집단의 사람들이 제도화된 수단으로 문화적 목표를 성취할 수 있는 기회가 제한되었을 때에 발생한다고 하였다. 성공목표를 달성하기 위한 수단이 주로 사회경제적 계층에 따라 차등적으로 분배되어 목표와 수단의 괴리가 커지게 될 때 범죄가 발생한다고 본다.
뒤르껭(Durkheim)은 사회통합 및 규제와 관련하여 「자살론」을 전개하였는데, 급격한 정치·경제·기술적 사회변동이 자살의 원인이라고 주장하였고, 급격한 사회변동으로 인한 기존 규범력의 상실과 혼란에 기인한 자살을 아노미적 자살이라 하였다.

정답 ③

03 다음은 마약범죄에 가담한 다양한 형태의 사람들에 대한 내용이다. 머튼(Merton)의 아노미이론 관점에서 가장 적절한 것은?

2023(73). 경위

> ㉠ 전과자 甲은 마약범죄 총책으로 해외에 본거지를 두고 조직을 운영하면서 범죄수익으로 해외 부동산 개발투자를 하고 있다.
> ㉡ 대학생 乙은 주식투자 실패로 대출금을 갚기 위해 고수익 아르바이트를 찾던 중 마약배송을 하게 되었다.
> ㉢ 공무원 丙은 경제적 문제로 배우자와 이혼을 한 이후 틈틈이 불법약물로 스트레스를 풀고 있다.
> ㉣ 가정주부 丁은 한때 마약중독에 빠졌으나, 현재는 재활치료에 전념하면서 사회복귀를 위해 준비하고 있다.

① 甲 - 순응형(Conformity)
② 乙 - 혁신형(Innovation)
③ 丙 - 의례형(Ritualism)
④ 丁 - 은둔형(Retreatism)

해설

① [×], ② [○] 혁신형(개혁형)에 대한 설명이다. 범죄자들의 전형적인 적응방식으로 문화적 목표는 수용하지만, 제도된 수단은 거부하는 형태로, 대부분의 범죄가 비합법적인 수단을 통하여 자신들이 원하는 목표를 달성하려고 한다는 점에서 이러한 적응방식에 해당한다.
③ [×] 도피형(은둔형, 회피형, 퇴행형)에 대한 설명이다. 문화적 목표와 제도된 수단을 거부하고, 사회로부터 도피해 버리는 적응방식으로, 합법적인 수단을 통한 목표성취 노력의 계속적인 실패와 제도된 수단에 대한 내면화에 따른 양심의 가책 때문에 불법적인 수단을 사용할 능력이 없는 결과 때문에 나타난다.
④ [×] 동조형(순응형)에 대한 설명이다. 정상적인 기회구조에 접근할 수는 없지만, 그래도 문화적 목표와 사회적으로 제도된 수단을 통하여 목표를 추구하는 적응방식으로, 반사회적인 행위유형이 아니다.

정답 ②

04 머튼(Merton)의 아노미이론에 대한 설명으로 옳지 않은 것은?

2020. 보호 7급

① 순응(Conformity)은 문화적 목표와 제도화된 수단을 모두 승인하는 적응방식으로 반사회적인 행위유형이 아니다.
② 혁신(Innovation)은 문화적 목표는 승인하지만 제도화된 수단을 부정하는 적응방식으로 마약밀매, 강도, 절도 등이 이에 해당한다.
③ 퇴행(Retreatism)은 문화적 목표와 제도화된 수단을 모두 부정하고 사회활동을 거부하는 적응방식으로 만성적 알코올 중독자, 약물 중독자, 부랑자 등이 이에 해당한다.
④ 의식주의(Ritualism)는 문화적 목표와 제도화된 수단을 모두 부정하고 기존의 사회질서를 다른 사회질서로 대체할 것을 요구하는 적응방식으로 혁명을 시도하는 경우 등이 이에 해당한다.

해설

④ [×] 아노미 상황에서 개인의 적응 방식 중 반역형(혁명형, 전복형)에 대한 설명이다.

✅ 아노미 상황에서 개인의 적응 방식

정상적인 기회구조에 접근하기 어려운 사람들이 본인의 곤경을 해결하는 방법으로 머튼은 다음과 같은 유형을 거론하였다.

동조형 (순응형)	1. 정상적인 기회구조에 접근할 수는 없지만, 그래도 문화적 목표와 사회적으로 제도화된 수단을 통하여 목표를 추구하는 적응방식이다. 2. 반사회적인 행위유형이 아니다(아노미가 아님). 3. 비록 자신은 충분한 교육을 받지 못했지만 주어진 조건 내에서 돈을 많이 벌려고 노력하는 자
혁신형 (개혁형)	1. 범죄자들의 전형적인 적응방식으로 문화적 목표는 수용하지만, 제도화된 수단은 거부하는 형태이다. 2. 대부분의 범죄가 비합법적인 수단을 통하여 자신들이 원하는 목표를 달성하려고 한다는 점에서 이러한 적응방식에 해당한다. 3. 범죄학상 문제되는 유형이다. 4. 하류계층의 재산범죄를 설명하는데 상당한 설득력이 있다. 5. 정상적인 방법으로는 부자가 될 수 없다고 판단하고 사기, 횡령, 마약밀매, 강도, 절도 등을 행하는 자
의례형 (의식형)	1. 문화적 목표를 거부하고, 제도화된 수단만을 수용하는 적응방식이다. 2. 이들은 아예 목표 자체를 포기했기 때문에 목표를 달성하지 못했다고 실망하지 않으며, 모든 제도화된 수단을 따르기 때문에 실제 큰 문제는 야기하지도 않는다. 3. 머튼은 사회적으로 중하층에 속해 있는 사람들에게 흔히 볼 수 있는 적응방식이라고 보았다. 4. 자기가 하는 일의 목표는 안중에 없고 무사안일하게 절차적 규범이나 규칙만을 준수하는 관료
도피형 (회피형) (퇴행형)	1. 문화적 목표와 제도화된 수단을 모두 거부하고, 사회로부터 도피해 버리는 적응방식이다. 2. 합법적인 수단을 통한 목표성취 노력의 계속적인 실패와 제도화된 수단에 대한 내면화에 따른 양심의 가책 때문에 불법적인 수단을 사용할 능력이 없는 결과 때문에 나타난다. 3. 정신병자, 빈민층, 방랑자, 폭력배, 만성적 알코올중독자 및 마약상습자 4. 사업이 수차례 실패로 끝나자 자신의 신세를 한탄하면서 부랑생활을 하는 자
반역형 (혁명형) (전복형)	1. 기존의 문화적 목표와 제도화된 수단을 모두 거부하면서 동시에 새로운 목표와 수단으로 대체하려는 형태의 적응방식이다. 2. 정치범에서 나타나는 유형이다. 3. 보수적 이데올로기에 반항하여 욕구불만의 원인을 현존 사회구조에서 규명하고 욕구불만이 없는 사회주의 국가의 건설을 문화적 목표로 설정하고, 이를 달성할 수 있는 수단으로 폭력혁명을 주장하는 형태를 들 수 있다. 4. 이들은 대부분 사적인 목적달성보다는 공동체 전체를 위한다는 동기에서 새로운 목표와 수단을 도모하는 경향이 강하다(환경보호론자, 낙태금지론자, 동물보호론자 등). 5. 환경보호를 이유로 공공기관이 시행하는 댐건설현장에서 공사 중단을 요구하며 시위를 하는 자

정답 ④

05 다음 중 머튼(Merton)의 아노미이론에 대한 설명으로 가장 옳지 않은 것은? 2022. 해경 경위

① '순응형(Conformity)'은 문화적 목표와 제도화된 수단을 모두 승인하는 적응방식으로 반사회적인 행위유형이 아니다.
② '퇴행형(Retreatism)'은 문화적 목표와 제도화된 수단을 모두 부정하고 사회활동을 거부하는 적응방식으로 만성적 알코올 중독자, 약물 중독자, 부랑자 등이 이에 해당한다.
③ '순응형(Conformity)'은 안정적인 사회에서 가장 보편적인 행위유형으로서 문화적 목표와 제도화된 수단을 부분적으로만 수용할 때 나타난다.
④ '혁신형(Innovation)'은 문화적인 목표에 집착하여 부당한 수단을 통해서라도 성공을 달성하려는 행위유형으로 이욕적 범죄가 대표적이다.

해설
③ [×] 동조형(순응형)의 적응 양식을 택한 개인은 문화적으로 설정된 목표와 이를 달성하기 위한 제도적 수단 모두를 받아들인다. 사회의 문화적 요구와 기존 사회구조에 순응하는 것으로 모든 사회에서 가장 일반적이고 보편적인 적응 양식이다.

정답 ③

06 머튼(Merton)의 아노미이론에서 제시한 개인의 적응방식 중 다음의 사례에서 찾을 수 없는 유형은?

2014. 보호 7급

> ㉠ 비록 자신은 충분한 교육을 받지 못했지만 주어진 조건 내에서 돈을 많이 벌려고 노력하는 자
> ㉡ 정상적인 방법으로는 부자가 될 수 없다고 판단하고 사기, 횡령 등을 행하는 자
> ㉢ 사업이 수차례 실패로 끝나자 자신의 신세를 한탄하면서 부랑생활을 하는 자
> ㉣ 환경보호를 이유로 공공기관이 시행하는 댐건설현장에서 공사 중단을 요구하며 시위를 하는 자

① 혁신형(Innovation) ② 회피형(Retreatism)
③ 의례형(Ritualism) ④ 반역형(Rebellion)

해설

③ [×] 사례를 찾을 수 없는 유형은 의례형이다.
㉠ 동조형: 정상적인 기회구조에 접근할 수는 없지만, 그래도 문화적 목표와 사회적으로 제도화된 수단을 통하여 목표를 추구하는 적응방식으로 반사회적인 행위유형이 아니다.
㉡ 혁신형(개혁형): 범죄자들의 전형적인 적응방식으로 문화적 목표는 수용하지만, 제도화된 수단은 거부하는 형태이다. 대부분의 범죄가 비합법적인 수단을 통하여 자신들이 원하는 목표를 달성하려고 한다는 점에서 이러한 적응방식에 해당한다.
㉢ 도피형(은둔형, 회피형, 퇴행형): 문화적 목표와 제도화된 수단을 거부하고, 사회로부터 도피해 버리는 적응방식이다. 합법적인 수단을 통한 목표성취 노력의 계속적인 실패와 제도화된 수단에 대한 내면화에 따른 양심의 가책 때문에 불법적인 수단을 사용할 능력이 없는 결과 때문에 나타난다.
㉣ 혁명형(반역형, 전복형): 기존의 문화적 목표와 제도화된 수단을 모두 거부하면서 동시에 새로운 목표와 수단으로 대체하려는 형태의 적응방식으로 정치범, 확신범에서 나타나는 유형이다.

정답 ③

07 머튼(Merton)이 제시한 아노미 상황에서의 적응양식 중에서 기존 사회체제를 거부하는 혁명가(A)와 알코올 중독자(B)에 해당하는 유형을 옳게 짝지은 것은?

2018. 교정 9급

적응양식의 유형	문화적 목표	제도화된 수단
㉠	+	+
㉡	+	-
㉢	-	+
㉣	-	-
㉤	±	±

* +는 수용, -는 거부, ±는 제3의 대안을 추구하는 것을 의미

	(A)	(B)
①	㉣	㉢
②	㉡	㉤
③	㉤	㉣
④	㉤	㉢

해설

- ㉠ 동조형: 정상인
- ㉡ 개혁·혁신형: 대부분의 범죄(성매매, 마약거래, 강도, 사기, 횡령 등)
- ㉢ 의례·의식형: 사회적으로 중하층인, 자기가 하는 일의 목표는 안중에 없고 무사안일하게 절차적 규범이나 규칙만을 준수하는 관료 등
- ㉣ 도피·회피·퇴행형: 정신병자, 빈민층, 방랑자, 폭력배, 만성적 알코올중독자 및 마약상습자 등
- ㉤ 혁명·전복·반역형: 정치범, 환경보호론자, 낙태금지론자, 동물보호론자 등

정답 ③

---

08 머튼(R. Merton)의 아노미(긴장)이론에 대한 설명으로 옳지 않은 것은? 2024. 교정 7급

① 사람들이 추구하는 목표는 선천적인 것이 아니며, 문화적 전통과 같은 사회환경에 의해 형성된다고 보았다.
② 사회적으로 인정되는 목표를 달성하기 위한 수단은 공평하게 주어지지 않는다고 보았다.
③ 개인적 수준의 긴장은 목표 달성의 실패, 긍정적 가치를 갖는 자극의 상실, 부정적 자극으로부터 발생한다고 보았다.
④ 개인의 목표는 다양하지만, 경제적 성공에만 집중하고 다른 목표를 경시한다는 비판을 받았다.

해설

① [○] 사람들이 추구하는 목표는 문화적 전통과 같은 사회환경에 의해 형성된다고 보았다. 머튼은 아노미의 사회적 조건을 문화의 측면과 사회구조의 측면으로 구분하였다. 문화는 우리가 무엇에 가치를 두고 어떤 목표를 추구해야 할지, 그 목표를 어떻게 추구하며 살아야 할지를 규정해주고, 사회구조는 그러한 목표를 달성하기 위해 필요한 수단을 제공하거나 제한한다.
② [○] 머튼은 성공목표를 달성하기 위한 수단이 주로 사회경제적 계층에 따라 차등적으로 분배되어 목표와 수단의 괴리(분리)가 커지게 될 때 범죄가 발생한다고 보았다. 부(富)의 성취는 미국사회에 널리 퍼진 문화적 목표이고, 목표달성을 위한 합법적 수단에 대한 접근은 하류계층에게 더 제한되어 있으며, 합법적 수단이 제한된 하류계층 사람들은 비합법적인 수단을 통해서라도 목표를 달성하려고 한다.
③ [×] 에그뉴(Agnew)의 일반긴장이론에 대한 설명이다. 개인적 수준에서의 열망과 기대 간의 괴리, 열망과 실체 성취 간의 괴리, 기대와 실제 성취 간의 괴리, 공정한 결과와 실제 결과 간의 괴리로 인해 긴장 및 스트레스가 발생하고 이는 범죄를 유발하는 요인이 된다고 보고, 범죄발생의 원인으로 목표달성의 실패, 기대와 성취 사이의 괴리, 긍정적 자극의 소멸, 부정적 자극의 발생을 제시했다.
④ [○] 모든 인간이 일률적으로 부의 성취라는 목표를 공유하고 있는지 의문스럽고, 특정 사회 내의 다양한 문화와 추구하는 목표의 다양성을 무시한다는 비판이 있다.

정답 ③

---

09 1990년대에 등장한 긴장이론의 하나인 메스너(Messner)와 로젠펠드(Rosenfeld)의 제도적 아노미이론(Institutional Anomie Theory)에 대한 설명으로 가장 적절하지 않은 것은? 2022(72). 경위

① 아메리칸 드림이라는 문화사조는 경제제도와 다른 사회제도 간 '힘의 불균형' 상태를 초래했다고 주장한다.
② 머튼의 긴장이론이 갖고 있던 거시적 관점을 계승하여 발전시켰다.
③ 아메리칸 드림이라는 문화 사조의 저변에는 성취지향, 개인주의, 보편주의, 물신주의(fetishism of money)의 네 가지 주요 가치가 전제되어 있다고 분석한다.
④ 머튼의 긴장개념을 확장하여 다양한 상황이나 사건들이 긴장상태를 유발할 수 있다고 하였다.

해설

① [○] 경제제도, 정치제도, 가족제도, 교육제도 등의 사회제도들은 각기 고유한 기능을 수행하면서서 상호 의존한다. 사회가 안정적으로 작동하기 위해서는 이 제도들 간의 조화와 협조가 필수적이다. 그런데 아메리칸 드림이라는 문화사조는 경제제도가 다른 사회제도들을 지배하는 '제도적 힘의 불균형' 상태를 초래했다는 것이 메스너와 로젠펠드의 주장이다. 경제제도의 지배는 평가절하, 적응, 침투라는 세 가지 상호 연관된 방식으로 나타난다고 하였다.
② [○] 머튼과 같은 입장에서 '사회학적 지식과 원칙의 체계적 적용'을 통해 '범죄의 국가 간 변이'에 대한 거시적 설명을 추구한다. 메스너와 로젠펠드 역시 미국 사회의 문화와 사회구조에 주목하여 범죄현상에서 보이는 "미국 예외주의"를 사회학적으로 설명하였다. 문화적 측면은 기본적으로 머튼의 생각과 유사하지만, 사회구조적 측면에서는 머튼의 이론과 많은 차이를 보인다.
③ [○] 아메리칸 드림을 "개인들의 열린 경쟁이라는 조건에서 사회의 모든 이들이 추구해야 할 물질적 성공이라는 목표에 대한 헌신을 낳는 문화 사조"로 정의하고, 그 저변에는 성취지향, 개인주의, 보편주의, 물신주의의 네 가지 주요 가치가 전제되어 있다고 분석한다.
④ [×] 에그뉴의 일반긴장이론에 대한 설명이다.

정답 ④

---

10 메스너(Messner)와 로젠펠드(Rosenfeld)의 제도적 아노미이론(Institutional Anomie Theory)에 관한 설명으로 가장 적절한 것은? 2024. 경찰2차

① 탈상품화(decommodification)가 치열한 경쟁을 줄이고 궁극적으로 범죄를 감소시킬 것이라고 설명한다.
② 애그뉴(Agnew)의 일반긴장이론을 구조적 차원에서 재해석하고 확장한 이론으로 평가된다.
③ 성취 지향(achievement), 개인주의(individualism), 보편주의(universalism), 행위규범(conduct norms) 및 물질만능주의(money fetish)의 다섯 가지 하위 가치관이 범죄행위를 유도한다고 주장한다.
④ 다른 사회제도가 경제에 종속되어 있어 비경제적 기능과 역할이 평가절하되는 사회제도의 불균형과 개인의 관심적 초점(focal concerns)이 미국의 높은 범죄율의 원인이라고 설명한다.

해설

① [○] 메스너와 로젠펠드는 '탈상품화' 개념으로 경제제도에 대한 정치제도의 힘을 간접적으로 측정하여 국제비교 연구를 통해 그 효과를 분석하였다. 분석결과 탈상품화 지수가 높은 국가일수록 살인율이 낮은 것으로 나타났다. 이는 제도적 아노미이론의 예측대로 정치제도의 힘이 경제제도의 힘을 상쇄할 수 있다면 범죄문제를 개선할 수 있음을 간접적으로 보여주는 결과라고 할 수 있다.
② [×] 「범죄와 아메리칸 드림」(1994)에서 머튼의 아노미이론이 갖고 있던 거시적 관점을 그대로 계승하여 발전시켰으며, 머튼과 같은 입장에서 사회학적 지식과 원칙의 체계적인 적용을 통해 범죄의 국가 간 변이에 대한 거시적 설명을 추구한다. 미국 사회의 문화와 사회구조에 주목하여 범죄현상에서 보이는 '미국 예외주의'를 사회학적으로 설명하였다.
③ [×] 아메리칸 드림을 '개인들의 열린 경쟁이라는 조건에서 사회의 모든 이들이 추구해야 할 물질적 성공이라는 목표에 대한 헌신을 낳는 문화사조'로 정의하고, 그 저변에는 성취지향, 개인주의, 보편주의, 물신주의의 네 가지 주요 가치가 전제되어 있다고 분석한다. 메스너와 로젠펠드는 이러한 아메리칸 드림이 미국의 번영에 크게 기여한 것이 사실이지만, 그 이면에는 심각한 사회문제의 근본원인이 되기도 하는 '양날의 칼'이라고 보았다.
④ [×] 다른 사회제도가 경제에 종속되어 있어 비경제적 기능과 역할이 평가절하되는 사회제도의 불균형이 미국의 높은 범죄율의 원인이라고 설명한다. 기본적 속성상 개인을 통제하는 기능이 가장 취약한 경제제도가 다른 사회제도를 지배하게 되면 사회제도들의 통제력이 약해질 수밖에 없다. 이것이 바로 아메리칸 드림이라는 미국 자본주의의 문화사조가 낳는 사회구조적 특성인 '제도적 아노미'인 것이다. 사회 규범의 규제력이 약화되는 아노미 상황은 경제제도가 지배하는 제도적 힘의 불균형 상태와 밀접한 관련이 있으며, 이는 사회구성원에 대한 사회제도들의 통제력 약화로 이어진다. 아메리칸 드림과 같은 문화사조와 경제제도의 지배는 서로 상호작용을 하면서 미국의 심각한 범죄문제를 일으킨다고 주장한다.

정답 ①

11 애그뉴(Agnew)의 일반긴장이론에 대한 설명으로 적절한 것은 모두 몇 개인가?

2024(74). 경위

㉠ 거시적 수준에서 하류층뿐만 아니라 다양한 계층의 긴장원인을 설명하고자 하였다.
㉡ 인간은 부·명예와 같은 목표의 달성에 실패하였을 때, 긴장하게 된다.
㉢ 인간은 이혼, 해고, 친구의 죽음 등 긍정적인 자극이 제거되었을 때, 긴장하게 된다.
㉣ 인간은 직장 내 갑질, 가정폭력, 선생님의 꾸중 등 부정적인 자극을 받았을 때, 긴장하게 된다.
㉤ 특히 청소년들은 긴장상태가 지속되면 부정적인 감정에 의해 비행에 빠지기 쉽다.
㉥ 하류계층 청소년들이 중류사회의 성공목표를 합법적으로 성취할 수 없는 긴장상태에 놓였을 때, 경험하는 죄책감, 불안감, 증오심을 지위좌절(Status Frustration)이라고 하였다.

① 3개 ② 4개
③ 5개 ④ 6개

해설

적절한 것은 ㉡, ㉢, ㉣, ㉤ 4개이다.

㉠ [×] 에그뉴는 머튼의 '긴장이론'의 수정이 필요하다는 점을 지적하며 '수정된 긴장이론'을 제시하였고, 이후 스트레스에 대한 심리학 연구들을 참고하여 '일반긴장이론'으로 발전시켰다. 따라서 일반긴장이론은 머튼의 이론을 수정하고 미시적으로 계승한 이론이라 할 수 있다. 머튼의 긴장이론에 그 이론적 기초를 두고 있지만, 머튼의 이론과 달리 계층과 상관없는 긴장의 개인적, 사회심리학적 원인을 다루고 있다. 따라서 일반긴장이론은 하류계층의 범죄 행위가 아닌 사회의 모든 구성요소의 범죄 행위에 대한 일반적 설명을 제공하고 있다.

㉡, ㉢, ㉣ [○] 개인적 수준에서의 열망과 기대 간의 괴리, 열망과 실체 성취 간의 괴리, 기대와 실제 성취 간의 괴리, 공정한 결과와 실제 결과 간의 괴리로 인해 긴장 및 스트레스가 발생하고 이는 범죄를 유발하는 요인이 된다. 에그뉴는 범죄발생의 원인으로 목표달성의 실패, 기대와 성취 사이의 괴리, 긍정적 자극의 소멸, 부정적 자극의 발생을 제시했다.

목표달성의 실패	머튼의 긴장이론이 지목한 요인이지만, 경제적 목표나 지위달성의 목표에 한정하는 것이 아니라 당장의 다양한 목표들까지도 포함한다.
기대와 성취 사이의 괴리	동료와의 비교에서 느끼는 상대적인 감정
긍정적 자극의 소멸	• 사람은 자신에게 긍정적인 가치를 갖는 무엇인가를 상실했을 때 또는 그럴 것이라고 예상될 때 긴장을 겪는다. • 자신에게 중요한 이성 친구와의 결별이나 실연, 이혼, 친한 친구나 가족의 사망 등
부정적 자극의 발생	• 사람은 자신에게 괴로움과 고통을 주는 자극이 주어지거나 주어질 것으로 예상될 때, 그리고 이를 피할 수가 없을 때, 긴장을 겪는다. • 아동학대, 범죄피해, 체벌, 가족 또는 또래집단에서의 갈등, 학업실패 등의 유해한 자극에 노출

㉤ [○] 에그뉴는 청소년 비행을 대상으로 연구하였고, 청소년 입장에서 그들이 중요시하는 목표와 현실적인 긴장이 무엇인지에 주목하였다. 청소년의 긴장의 원인을 '당장의 다양한 목표 추구에 대한 장애'에서 찾아야 하며, '고통스러운 상황을 회피하려는 시도에 대한 장애에서도 찾아야 한다고 하였다. 또한 긴장과 감정의 관련성에 주목하였다. 목표 달성에 실패하는 좌절 상황과 불쾌하고 고통스러운 자극으로 인한 긴장은 분노와 같은 부정적 감정을 유발하고, 이러한 부정적 감정에 의해 비행을 저지르게 된다는 것이다.

㉥ [×] 코헨(Cohen)의 비행하위문화이론에 대한 설명이다. 코헨은 하류계층의 비행이 중류계층의 가치와 규범에 대한 저항이라고 보았다. 사회적 조건이 하류계층의 청소년들로 하여금 사회적으로, 특히 중류사회의 성공목표를 합법적으로 성취할 수 없게 하기 때문에 하류계층의 청소년들은 스스로의 열악한 지위에 대한 욕구불만과 자신감 상실로 지위좌절이라는 일종의 문화갈등을 경험하게 된다. 이러한 지위좌절을 경험하는 하류계층의 청소년들 중 다수는 비행집단을 형성하여 비공식적이고, 악의적이며, 부정적인 행위에 가담하게 된다.

정답 ②

12 다음 〈보기〉 중 메스너(Messner)와 로젠펠드(Rosenfeld)의 제도적 아노미 이론(Institutional Anomie Theory)에 대한 설명으로 옳은 것은 모두 몇 개인가?

2024. 해경 경위

─〈보기〉─

㉠ 머튼(Merton)의 아노미 이론을 확장하여 여러 사회제도들의 밀접한 연관성과 어떻게 문화가 경제영역을 과도하게 강조하게 되는지를 연구하였다.
㉡ 아메리칸 드림(American Dream)이 규범적 통제의 붕괴를 촉진한다고 보았다.
㉢ 제도적 힘의 불균형 상태는 비공식적 사회통제를 약화시킨다.

① 없음 ② 1개
③ 2개 ④ 3개

해설

모두 옳은 설명이다.
㉠ [○] 메스너와 로젠펠은 「범죄와 아메리칸 드림」(1994)에서 머튼의 아노미이론이 갖고 있던 거시적 관점을 그대로 계승하여 발전시켰다. 머튼과 같은 입장에서 '사회학적 지식과 원칙의 체계적 적용'을 통해 '범죄의 국가 간 변이'에 대한 거시적 설명을 추구하며, 여러 사회제도들의 밀접한 연관성과 어떻게 문화가 경제영역을 과도하게 강조하게 되는지를 연구하였다.
㉡ [○] 경제제도, 정치제도, 가족제도, 교육제도 등의 사회제도들은 각기 고유한 기능을 수행하면서서 상호 의존한다. 사회가 안정적으로 작동하기 위해서는 이 제도들 간의 조화와 협조가 필수적이다. 그런데 아메리칸 드림이라는 문화사조는 경제제도가 다른 사회제도들을 지배하는 '제도적 힘의 불균형'상태를 초래했다는 것이 메스너와 로젠펠드의 주장이다. 경제제도의 지배는 평가절하, 적응, 침투라는 세 가지 상호 연관된 방식으로 나타난다고 하였다.
㉢ [○] 기본적 속성상 개인을 통제하는 기능이 가장 취약한 경제제도가 다른 사회제도를 지배하게 되면 사회제도들의 통제력이 약화될 수밖에 없다. 이것이 바로 아메리칸 드림이라는 미국 자본주의의 문화사조가 낳는 사회구조적 특성인 '제도적 아노미'인 것이다. 사회 규범의 규제력이 약화되는 아노미 상황은 경제제도가 지배하는 제도적 힘의 불균형 상태와 밀접한 관련이 있으며, 이는 사회구성원에 대한 사회제도들의 통제력 약화로 이어진다.

정답 ④

13 애그뉴(Agnew)의 일반긴장이론에 대한 설명으로 가장 옳지 않은 것은?

2023. 해경 경위

① 아노미 이론에 비해 긴장을 보다 개인적 수준에서 바라보았다.
② 긴장의 원인을 다양화하였다.
③ 아노미 이론에 비해 긴장에 대한 폭력적 반응도 잘 설명할 수 있다.
④ 긴장 상태에 있는 모두가 범죄를 행하는 것은 아니라는 점에 대한 적절한 해명을 하지 못한다.

해설

① [○] 에그뉴(Agnew)는 머튼(Merton)의 '긴장이론'의 수정이 필요하다는 점을 지적하며 '수정된 긴장이론'을 제시하였고, 이후 스트레스에 대한 심리학 연구들을 참고하여 '일반긴장이론'으로 발전시켰다. 따라서 일반긴장이론은 머튼의 이론을 수정하고 미시적으로 계승한 이론이라 할 수 있다.
② [○] 개인적 수준에서의 열망과 기대 간의 괴리, 열망과 실체 성취 간의 괴리, 기대와 실제 성취 간의 괴리, 공정한 결과와 실제 결과 간의 괴리로 인해 긴장 및 스트레스가 발생하고 이는 범죄를 유발하는 요인이 된다. 범죄발생의 원인으로 목표달성의 실패, 기대와 성취 사이의 괴리, 긍정적 자극의 소멸, 부정적 자극의 발생을 제시했다. 이렇게 다양한 유형의 긴장을 고려한다는 의미에서 이론의 이름이 '일반'긴장이론이다.
③ [○] 목표 달성의 실패, 긍정적 자극의 제거나 상실, 부정적 자극의 존재나 발생과 같은 다양한 상황이나 사건들이 긴장을 유발하고, 이러한 긴장은 부정적 감정(분노, 좌절, 실망, 우울, 공포)을 낳게 되며, 결과적으로 범죄나 비행을 저지를 가능성을 높인다. 특히 만성적이고 반복적인 긴장은 범죄 성향을 강화한다. 부정적 감정 중에서 분노는 특히 중요한 감정적 반응으로 간주되며, 공격적인 비행과 범죄로 이어질 가능성이 크다.

④ [×] 긴장을 경험하고 부정적 감정을 갖는 모든 사람이 범죄를 저지른다거나 범죄에 의존하게 되는 것은 아니다. 이에 대한 추가 설명으로 에그뉴는 긴장에 대처하는 인지적·행동적·감정적 차원의 대응전략들이 다양하게 존재할 수 있고, 여기에서 개인 차이가 존재한다고 보았다. 이러한 대응전략에서의 차이로 인해 긴장을 겪을 때 범죄나 비행으로 나아가는 사람들이 있는 반면, 그렇지 않은 사람들도 있는 것이다.

정답 ④

14

일반긴장이론(General Strain Theory)에서 애그뉴(Agnew)가 주장하는 세 가지 긴장 원인 유형의 예에 해당하지 않는 것은?

2023. 경찰2차

① 수년 동안 부모의 학대와 방임을 경험한 사람
② 가장 친한 친구의 죽음을 경험한 사람
③ 학교 시험에서 기대한 점수를 받지 못해 속상한 사람
④ 반사회적이고 공격적인 성향을 가진 사람

해설

① [○] 부정적이거나 해로운 자극의 존재
② [○] 긍정적 가치를 갖는 자극의 제거
③ [○] 긍정적 가치를 갖는 목표 달성의 실패
④ [×] 에그뉴(Agnew)는 머튼(Merton)의 '긴장이론'의 수정이 필요하다는 점을 지적하며 '수정된 긴장이론'을 제시하였고, 이후 스트레스에 대한 심리학 연구들을 참고하여 '일반긴장이론'으로 발전시켰다. 따라서 일반긴장이론은 머튼의 이론을 수정하고 미시적으로 계승한 이론이라 할 수 있다. 일반긴장이론은 스트레스와 긴장을 느끼는 개인이 범죄를 저지르기 쉬운 이유를 미시적 관점에서 설명하는 이론으로, 긴장은 스트레스와 같은 의미로 보아도 무방하다.

에그뉴는 긴장의 출처(원인), 즉 스트레스를 주는 상황을 세 가지로 파악하였다.

긍정적 가치를 갖는 목표 달성의 실패	• 기존의 긴장이론(머튼)이 지목하는 요인이지만, 경제적 목표나 지위달성의 목표에 한정하는 것이 아니라 당장의 다양한 목표들을 포함한다는 중요한 차이점이 있다. • 열망과 기대 간의 격차뿐만 아니라, 열망과 실제 성취 간의 격차, 특히 기대와 실제 성취 간의 격차가 오히려 더 중요한 긴장의 출처가 될 수 있다고 보았다. • 그뿐만 아니라 공정한 결과와 실제 결과 간의 격차도 큰 긴장을 불러일으킬 수 있다고 하였다.
긍정적 가치를 갖는 자극의 제거	• 사람은 자신에게 긍정적인 가치를 갖는 무엇인가를 상실했을 때 또는 그럴 것이라고 예상될 때 긴장을 겪는다. • 자신에게 중요한 이성 친구와의 결별이나 실연, 이혼, 친한 친구나 가족의 사망 등이 그 예가 된다.
부정적이거나 해로운 자극의 존재	• 사람은 자신에게 괴로움과 고통을 주는 자극이 주어지거나 주어질 것으로 예상될 때, 그리고 이를 피할 수가 없을 때, 긴장을 겪는다. • 아동학대, 범죄피해, 체벌, 가족 또는 또래집단에서의 갈등, 학업실패 등의 유해한 자극에 노출 등이 그 예가 된다.

▶ '목표달성의 실패'의 내용 중에서 '기대와 성취 사이의 괴리'를 분리하여 ㉠ 목표달성의 실패, ㉡ 기대와 성취 사이의 괴리, ㉢ 긍정적 자극의 소멸, ㉣ 부정적 자극의 발생 등 네 가지 유형으로 구분하는 경우도 있음.

정답 ④

15. 에그뉴(Agnew)의 일반긴장이론(General Strain Theory)에 관한 설명 중 옳은 것은 모두 몇 개인가?

2022. 경찰2차

> ㉠ 모든 사회인구학적 집단의 범죄행위와 비행행위를 설명하는 일반이론 중 하나이다.
> ㉡ 개인적인 스트레스와 긴장이 범죄의 유발요인이므로 미시적 수준의 범죄이론으로 볼 수 있다.
> ㉢ 긴장 원인의 복잡성과 부정적 감정의 상황들을 밝혀내어 결국 아노미 이론을 축소시켰다.
> ㉣ 부정적 자극의 발생(presentation of negative stimuli)은 일상생활에서 자신이 통제할 수 없는 부정적 사건의 발생을 의미하며, 부모의 사망, 이혼 등이 대표적 사례이다.

① 0개 ② 1개
③ 2개 ④ 3개

해설

옳은 것은 ㉠, ㉡ 2개이다.
㉠ [O] 머튼의 긴장이론에 그 이론적 기초를 두고 있지만, 머튼의 이론과 달리 계층과 상관없는 긴장의 개인적, 사회심리학적 원인을 다루고 있다. 따라서 일반긴장이론은 하류계층의 범죄 행위가 아닌 사회의 모든 구성요소의 범죄 행위에 대한 일반적 설명을 제공하고 있다.
㉡ [O] 스트레스와 긴장을 느끼는 개인이 범죄를 저지르기 쉬운 이유를 미시적 관점에서 설명하는 이론으로, 긴장은 스트레스와 같은 의미로 보아도 무방하다.
㉢ [×] 일반긴장이론은 기존 긴장이론이 제시한 긴장의 원인에 더해서 부정적인 사회 관계나 환경과 관련된 긴장을 포함하여 '일반'긴장으로 개념 범주를 크게 확장하였다.
㉣ [×] 긍정적 자극의 소멸에 대한 설명이다. 에그뉴는 범죄발생의 원인으로 목표달성의 실패, 기대와 성취 사이의 괴리, 긍정적 자극의 소멸, 부정적 자극의 발생을 제시하였으며, 부정적 자극의 발생이란 사람은 자신에게 괴로움과 고통을 주는 자극이 주어지거나 주어질 것으로 예상될 때, 그리고 이를 피할 수가 없을 때, 긴장을 겪게 되는 것을 말한다. 아동학대, 범죄피해, 체벌, 가족 또는 또래집단에서의 갈등, 학업실패 등의 유해한 자극에 노출 등이 이에 해당한다.

정답 ③

16. 애그뉴(R. Agnew)의 일반긴장이론(General Strain Theory)에 대한 설명으로 옳지 않은 것은?

2020. 5급 승진

① 개인적 수준에서의 열망(Aspiration)과 기대(Expectation) 간의 괴리로 인해 긴장 및 스트레스가 발생하고 이는 범죄를 유발하는 요인이 된다.
② 아노미 이론에 기초를 두고 있는 점에서 주된 연구들은 거시적 범죄이론으로 분류된다.
③ 목표달성의 실패, 긍정적 자극의 소멸, 부정적 자극의 발생을 통해 범죄가 유발된다.
④ 자신에게 중요한 이성 친구와의 결별이나 실연, 친한 친구나 가족의 사망 등은 긍정적 자극이 소멸한 예라 할 수 있다.
⑤ 같은 수준의 긴장이 주어졌다 하더라도 모든 사람이 동일한 정도로 범죄를 저지르는 것은 아니다.

해설

② [×] 애그뉴(Agnew)의 일반긴장이론은 머튼의 아노미이론(긴장이론)에 그 이론적 뿌리를 두고 있지만, 머튼의 이론과 달리 계층과 상관없는 긴장의 개인적, 사회심리학적 원인을 다루고 있으며, 스트레스와 긴장을 느끼는 개인이 범죄를 저지르기 쉬운 이유를 설명하는 이론으로 미시적 관점에 해당한다.

정답 ②

17 애그뉴(R. Agnew)의 일반긴장이론에 대한 설명으로 옳은 것만을 모두 고른 것은?
2017. 교정 9급

> ㉠ 머튼(Merton)의 아노미이론에 그 이론적 뿌리를 두고 있다.
> ㉡ 거시적 수준의 범죄이론으로 분류된다.
> ㉢ 범죄발생의 원인으로 목표달성의 실패, 기대와 성취 사이의 괴리, 긍정적 자극의 소멸, 부정적 자극의 발생을 제시했다.
> ㉣ 긴장을 경험하는 모든 사람이 범죄를 저지른다거나 범죄에 의존하게 되는 것은 아니다.

① ㉠, ㉣
② ㉠, ㉡, ㉢
③ ㉠, ㉢, ㉣
④ ㉠, ㉡, ㉢, ㉣

해설
옳은 것은 ㉠, ㉢, ㉣이다.
다양한 원인으로부터 긴장이 발생하여 부정적 감정 상태(분노, 좌절, 실망, 의기소침, 두려움)로 이어지고, 반사회적 행위(약물남용, 비행, 폭력, 낙오)에 이르게 된다는 것이 일반긴장이론의 논리구조이다. 스트레스와 긴장을 느끼는 개인이 범죄를 저지르기 쉬운 이유를 설명하는 이론으로 미시적 관점에 해당한다.

✓ 머튼 vs 애그뉴

머튼	애그뉴
사회적 수준의 긴장	개인적 수준의 긴장
문화적 목표와 제도적 수단의 괴리에 의한 긴장	다양한 원인에 의한 긴장 또는 스트레스
범죄율에서 사회계층의 차이를 설명	스트레스와 긴장을 느끼는 개인이 범죄를 저지르기 쉬운 이유를 설명(긴장의 개인적 영향을 밝히는 데 도움을 줌)
하류층의 범죄에 국한	모든 계층(하류층, 중·상류층)의 범죄에 대한 설명 가능
거시 환경이론	미시 환경이론

정답 ③

제4절 | 하위문화이론

01 밀러(Miller)가 주장한 하위계층문화이론(Lower Class Culture Theory)의 '관심의 초점(focal concerns)'에 관한 설명으로 가장 적절하지 않은 것은?
2023. 경찰1차

① 말썽부리기(trouble) - 싸움이나 폭주 등 문제행동을 유발할수록 또래들로부터 인정받기 때문에 말썽을 일으키는 것
② 강인함(toughness) - 감성적으로 정에 이끌리는 태도보다는 힘의 과시나 남자다움을 중시하는 것
③ 영악함(smartness) - 사기나 도박 등과 같이 남을 속임으로써 영리함을 인정받는 것
④ 운명주의(fatalism) - 자기 마음대로 자신의 일을 처리하는 것으로, 경찰이나 부모 등 어느 누구로부터의 통제나 간섭을 기피하는 것

해설
④ [×] 자율·자립(Autonomy)에 대한 설명이다.
운명·숙명(Fatalism)은 자신의 미래가 스스로의 노력보다는 스스로 통제할 수 없는 운명에 달려 있다는 믿음이다. 하위계급은 행운이나 불행에 많은 관심을 갖고 있으며 범죄를 저지르고 체포되더라도 이를 운수가 좋지 않았기 때문이라고 판단한다.

정답 ④

02 밀러(Miller)의 하류계층 문화이론(Lower Class Culture Theory)에 대한 설명으로 옳지 않은 것은?

2023. 보호 7급

① 밀러는 하류계층의 문화를 고유의 전통과 역사를 가진 독자적 문화로 보았다.
② 하류계층의 여섯 가지 주요한 관심의 초점은 사고치기(Trouble), 강인함(Toughness), 영악함(Smartness), 흥분추구(Excitement), 운명(Fate), 자율성(Autonomy)이다.
③ 중류계층의 관점에서 볼 때, 하류계층 문화는 중류계층 문화의 가치와 갈등을 초래하여 범죄적·일탈적 행위로 간주된다.
④ 범죄와 비행은 중류계층에 대한 저항으로서 하류계층 문화 자체에서 발생한다.

해설
① [O] 밀러는 하위문화를 중산층과 상관없이 고유의 전통과 역사를 가진 독자적 문화로 보았으며, 코헨은 하위문화를 중산층의 보편적인 문화에 대항하고 반항하기 위해서 형성되는 것이라고 보았다.
② [O] 하류계층의 여섯 가지 주요 관심사(관심의 초점)는 말썽·걱정·사고치기(Trouble), 강인·완강함(Toughness), 교활·영악·영리함(Smartness), 흥분·자극·스릴추구(Excitement), 운명·숙명(Fate), 자율·자립성(Autonomy)이다.
③ [O] 하류계층의 대체문화가 갖는 상이한 가치는 지배계층의 문화와 갈등을 초래하며, 지배집단의 문화와 가치에 반하는 행위들이 지배계층에 의해 범죄적·일탈적 행위로 간주된다고 주장한다.
④ [×] 밀러(Miller)는 범죄행위를 독특한 하류계층 하위문화의 가치와 규범에 대한 정상적인 반응으로 본다. 하계계층 청소년들은 하위계층문화의 '주요 관심사'에 따라 학습하고 행동하며 비행청소년들은 특히 이를 과장된 방법으로 표현하고 행위로 나타낸다. 다만, 이러한 관심은 중류계층의 규범에 위반이지만 악의적인 원한이나 울분 또는 저항을 표시하는 것은 아니라는 점에서 코헨(Cohen)의 비행적 하위문화이론과 다르다. 즉, 하류계층의 비행을 '중류층에 대한 반발에서 비롯된 것'이라는 코헨의 주장에 반대하고 그들만의 독특한 하류계층문화 자체가 집단비행을 발생시킨다고 보았다.

정답 ④

03 밀러(Miller)의 하류계층 문화이론(Lower-Class Culture Theory)에 대한 설명으로 옳지 않은 것은?

2013. 보호 7급

① 하류계층의 비행을 '중류층에 대한 반발에서 비롯된 것'이라는 코헨(Cohen)의 주장에 반대하고 그들만의 독특한 하류계층문화 자체가 집단비행을 발생시킨다고 보았다.
② 하류계층의 대체문화가 갖는 상이한 가치는 지배계층의 문화와 갈등을 초래하며, 지배집단의 문화와 가치에 반하는 행위들이 지배계층에 의해 범죄적·일탈적 행위로 간주된다고 주장한다.
③ 하류계층의 비행이 반항도 혁신도 아닌 그들만의 독특한 '관심의 초점'을 따르는 동조행위라고 보았다.
④ 하류계층의 문화를 범죄적 하위문화, 갈등적 하위문화, 도피적 하위문화로 분류하였다.

해설
④ [×] 하류계층의 문화를 범죄적 하위문화, 갈등적 하위문화, 도피적 하위문화로 분류한 것은 클라워드(Cloward)와 오린(Ohlin)의 차별적 기회구조이론(Differential Opportunity Theory)이다.

차별적 기회구조이론 vs 하위계층 문화이론

차별적 기회구조이론	성공을 위한 목표로의 수단이 합법적·비합법적인 두 가지 기회구조가 있음을 전제로 하고, 두 가지 기회구조 중 어느 수단을 취하는가는 사회구조와의 관계에서 어떠한 수단을 취할 수 있는 위치에 있는가에 달려 있다고 보고, 범죄는 개인의 심리적 결단의 문제가 아니라 어떤 하위문화(범죄적·갈등적·도피적)에 속해 있느냐의 문제로 보았다. 적법한 기회가 막혀있다는 이유만으로 불법적 기회를 무조건 선택할 수 있는 것은 아니라고 주장하였고, 적법한 기회에 못지않게 범죄행위를 위해 필요한 불법적 기회 역시 불균등하게 배분되어 있다고 보았다.
하위계층 문화이론	하층계급의 독자적인 문화규범에 동조하는 것 자체가 중산층문화의 법규범에 위반함으로써 범죄가 발생한다는 것으로, 중류계층의 가치를 거부하거나 반항하는 것이 아니고 그들만의 문화에 따르는 행동 자체가 중류계층의 가치나 행동패턴과 상치되어 범죄가 된다는 것이다.

정답 ④

04 다음 중 밀러(Miller)의 하류계층문화이론(Lower Class Culture Theory)에 대한 설명으로 가장 옳지 않은 것은?
2024. 해경 경위

① 범죄와 비행은 중류계층의 가치를 거절하는 것이 아니라 그들만의 독특한 하류계층문화 자체가 집단비행을 발생시킨다고 보았다.
② 밀러(Miller)가 하류계층 사람들의 중심적인 관심사항으로 제시한 내용 중 자율성(autonomy)은 코헨(Cohen)이 주장한 비행하위문화이론의 자율성과 동일한 개념에 해당한다.
③ 하류계층의 비행은 그들만의 독특한 관심을 따르는 동조행위이며 반항이나 혁신은 아니라고 보았다.
④ 하류계층의 중점적인 관심사항(focal concern)에는 운명주의(fatalism), 강인함(toughness), 사고치기(trouble) 등이 있다.

해설
① [○] 하류계층의 비행을 중류층에 대한 반발에서 비롯된 것이라는 코헨(Cohen)의 주장에 반대하고 그들만의 독특한 하류계층문화 자체가 집단비행을 발생시킨다고 보았다.
② [×] 밀러가 하위계층의 주요 관심사(관심의 초점)로 제시한 자율·자립성은 다른 사람의 간섭을 받기 싫어하는 태도나 자기 마음대로 행동하려는 태도로서 일종의 방종을 의미하며, 사회의 권위 있는 기구들에 대하여 경멸적인 태도를 취하게 된다. 코헨이 비행하위문화의 특징으로 제시한 집단 자율성은 외부에 대한 극도의 적개심(반항)과 내부에 대한 응집력을 말한다.
③ [○] 중류계층의 가치를 거부하는 것이 아니고 그들만의 문화에 따르는 행위를 하다 보니 그 자체가 중류계층의 가치나 행동패턴과 상치되어 그것이 범죄원인이 된다.
④ [○] 하위계층의 주요 관심사(관심의 초점)로 말썽·걱정·사고치기(Trouble), 강인·완강(Toughness), 교활·영악·영리함(Smartness), 흥분·자극·스릴(Excitement), 운명·숙명(Fatalism), 자율·자립(Autonomy)이 있다.

정답 ②

05 다음 중 밀러(Miller)의 하류계층 하위문화이론에 대한 설명으로 가장 옳지 않은 것은?
2022. 해경 경위

① 하류계층의 비행이 반항도 혁신도 아닌 그들만의 독특한 관심의 초점을 따르는 동조행위라고 보았다.
② 하류계층의 비행을 중류층에 대한 반발에서 비롯된 것이라는 코헨(Cohen)의 주장에 반대하고 그들만의 독특한 하류계층문화 자체가 집단비행을 발생시킨다고 보았다.
③ 하류계층의 문화를 범죄적 하위문화, 갈등적 하위문화, 도피적 하위문화로 분류하였다.
④ 하류계층의 대체문화가 갖는 상이한 가치는 지배계층의 문화와 갈등을 초래하며, 지배집단의 문화와 가치에 반하는 행위들이 지배계층에 의해 범죄적·일탈적 행위로 간주된다고 주장하였다.

해설
③ [×] 하류계층의 문화를 범죄적 하위문화, 갈등적 하위문화, 도피적 하위문화로 분류한 것은 클라워드(Cloward)와 오린(Ohlin)의 차별적 기회구조이론(differential opportunity theory)이다. 성공을 위한 목표로의 수단이 합법적·비합법적인 두 가지 기회구조가 있음을 전제로 하고, 두 가지 기회구조 중 어느 수단을 취하는가는 사회구조와의 관계에서 어떠한 수단을 취할 수 있는 위치에 있는가에 달려 있다고 보고, 범죄는 개인의 심리적 결단의 문제가 아니라 어떤 하위문화(범죄적·갈등적·도피적)에 속해 있느냐의 문제로 보았다. 적법한 기회가 막혀있다는 이유만으로 불법적 기회를 무조건 선택할 수 있는 것은 아니라고 주장하였고, 적법한 기회에 못지않게 범죄행위를 위해 필요한 불법적 기회 역시 불균등하게 배분되어 있다고 보았다.

정답 ③

06 코헨(Cohen)의 비행하위문화이론에 대한 비판으로 가장 적절하지 않은 것은? 2023(73). 경위

① 청소년비행의 원인을 자본주의 체제에 책임을 전가함으로써 사회구성원 간의 상호작용 과정에서 주로 발생하는 대부분의 비행행위를 객관적으로 설명하지 못한다.
② 상당수의 청소년비행은 비행하위문화에 속한 청소년들에 의해 집단적으로 발생하기 보다는 청소년 각자의 개인적 이유 때문에 발생한다.
③ 하류층의 청소년 중에서 비행을 저지르지 않는 청소년들이 많다는 사실을 간과하였다.
④ 비행하위문화이론은 중산층 또는 상류층 청소년이 저지르는 비행에 대해서는 잘 설명하지 못한다.

해설
① [×] 갈등론적 범죄학(비판범죄학, 급진범죄학)에 대한 비판이다.

정답 ①

07 코헨(Cohen)이 1955년에 발표한 비행하위문화이론에 대한 설명으로 가장 적절하지 않은 것은? 2022(72). 경위

① 주로 사회학습이론의 틀을 빌어 비행하위문화의 형성과정 및 유래를 제시한다.
② 하층 비행청소년들의 비행 하위문화가 비실리적이고, 악의적이며, 부정적인 특성을 갖는다고 하였다.
③ 중간계급의 문화에 잘 적응하지 못하는 하층 청소년들이 하위문화 형성을 통해 문제를 해결하고자 하는 과정을 문화적 혁신이라고 하였다.
④ 경제적 목표와 수단 사이의 괴리가 긴장을 유발하는 것이 아니라 중간계급의 문화적 가치에 대한 부적응이 긴장을 유발한다고 하였다.

해설
① [×] 코헨(Cohen)은 노동계급의 남자 청소년들에게서 발견되는 비행적인 하위문화의 형성과정을 아노미이론의 틀을 빌려서 설명한다. 갱을 거점으로 하층계급의 비행청소년들이 공유하고 있는 하위문화는 사회의 규범적 상식으로 이해하기 어려운 특징들을 보이는데, 왜 그리고 어떻게 이처럼 특이한 문화 형태가 노동계급의 하층 청소년들 사이에서 나타나게 되었는지를 아노미이론으로 이해할 수 있다는 것이다.
② [○] 하층 비행청소년들의 비행 하위문화는 비실리적이고, 악의적이며, 부정적인 특성을 갖는다고 하였다. 그들은 필요에 의해서 비행을 저지르는 것도 아니고 그렇다고 뚜렷한 비행 동기가 있는 것도 아니라는 점에서 비실리적 특성을 보이고, 특별한 이유 없이 남들에게 피해를 주는 비행을 저지른다는 면에서 그들의 하위문화는 악의적이라고 할 수 있으며, 기성세대의 규범과 갈등하는 문화적 코드를 공유하며 규범적 요구에 반항한다는 점에서 부정적 특성을 갖는다.
③ [○] 지위 좌절을 겪는 하층의 청소년들은 그들의 지위문제를 해결하기 위해 나름대로 해결책을 강구한다. 동일한 적응의 문제를 겪는 하층 청소년들은 서로 상호작용하면서 그들만의 새로운 문화를 형성함으로써 그들의 집단을 통해 지위문제를 해결한다는 것이다. 코헨은 이를 문화적 혁신이라고 표현하였다.
④ [○] 중산층의 가치나 규범을 중심으로 형성된 사회의 중심문화와 빈곤계층 출신소년들이 익숙한 생활 사이에 긴장이나 갈등이 발생하며 이러한 긴장관계를 해결하려는 시도에서 비행하위문화가 형성되며 비행이 발생한다고 보았다.
코헨의 이론은 사회의 계급구조에 주목하여 하층이 목표 달성을 위한 대안적 수단을 찾는 과정을 묘사하고 있다는 점에서 머튼(Merton)의 이론적 영향을 찾을 수 있다. 하지만 경제적 성공 목표가 아닌 보다 본질적인 차원의 지위문제 해결을 목표로 설정하였다는 점, 개인의 적응이나 대응 방식이 아닌 공통된 긴장 상황에서의 집합적 해결책을 강조했다는 점에서 중요한 차이가 있다.

정답 ①

08 코헨(Cohen)의 비행하위문화이론(Delinquent Subculture Theory)에 대한 설명으로 옳지 않은 것은?

2014. 사시

① 하위문화(Subculture)란 지배집단의 문화와는 별도로 특정한 집단에서 강조되는 가치나 규범체계를 의미한다.
② 하위문화이론에 속하는 여러 견해들의 공통점은 특정한 집단이 지배집단의 문화와는 상이한 가치나 규범체계에 따라 행동하며, 그 결과가 범죄와 비행이라고 보는 것이다.
③ 코헨은 하위계층 청소년들 사이에서 반사회적 가치나 태도를 옹호하는 비행문화가 형성되는 과정을 규명하였다.
④ 비행하위문화이론은 중산층 또는 상류계층 청소년의 비행이나 범죄를 잘 설명하지 못한다.
⑤ 코헨은 비행하위문화의 특징으로 사고치기, 강인함, 기만성, 흥분 추구, 운명주의, 자율성 등을 들었다.

해설
⑤ [×] 밀러(Miller)의 하위계층의 주요 관심사(관심의 초점)에 대한 설명이다.
코헨(Cohen)은 비행하위문화의 특징으로 비공리성(Nonutilitarian), 악의성(Malice), 부정성(Negativistic. 거부주의), 변덕, 단기적 쾌락주의, 집단자율성의 강조 경향을 들고 있다.

정답 ⑤

09 다음 중 코헨(Cohen)이 주장한 비행하위문화의 특징으로 가장 옳지 않은 것은?

2022. 해경 경위

① 부정성(Negativism)
② 악의성(Malice)
③ 자율성(Autonomy)
④ 비합리성(Non-utilitarianism)

해설
③ [×] 자율성(autonomy)은 밀러(Miller)의 하위계층의 주요 관심사(관심의 초점. focal concerns)에 해당한다. 하위계층 청소년들은 하위계층문화의 '주요 관심사'에 따라 학습하고 행동하며, 비행청소년들은 특히 이를 과장된 방법으로 표현하고 행위로 나타낸다. 하위계층의 주요 관심사에는 Trouble(말썽·걱정·사고치기), Toughness(강인·완강), Smartness(교활·영악·영리함), Excitement(흥분·자극·스릴), Fatalism(운명·숙명), Autonomy(자율·자립) 등이 있다.
코헨(Cohen)이 주장한 비행하위문화의 특징으로는 비실리성(비합리성, 비공리성), 악의성, 부정성, 변덕, 단락적 쾌락주의, 집단 자율성 등이 있다.

정답 ③

10 코헨(Cohen)이 주장한 비행하위문화의 특징에 해당하지 않는 것은?

2021. 보호 7급

① 자율성(Autonomy): 다른 사람의 간섭을 받기 싫어하는 태도나 자기 마음대로 행동하려는 태도로서 일종의 방종을 의미한다.
② 악의성(Malice): 중산층의 문화나 상징에 대한 적대적 표출로서 다른 사람에게 불편을 주는 행동, 사회에서 금지하는 행동을 하는 것을 즐긴다.
③ 부정성(Negativism): 기존의 지배문화, 인습적 가치에 반대되는 행동을 추구하며, 기존 어른들의 문화를 부정하는 성향을 갖는다.
④ 비합리성(Non-Utilitarianism): 합리성의 추구라는 중산층 가치에 반대되는 것으로 합리적 계산에 의한 이익에 따라서 행동하는 것이 아니라 스릴과 흥미 등에 따른 행동을 추구한다.

해설
① [×] 밀러(Miller)의 하위계층의 주요 관심사(관심의 초점. Focal Concerns) 중 자율성(Autonomy)에 대한 설명이다.

정답 ①

---

11 코헨(A. Cohen)이 주장한 비행하위문화(delinquent subculture)에 대한 설명으로 옳지 않은 것은?

2024. 보호 7급

① 부정성(negativism)은 사회의 지배적 가치체계에 대해 무조건 거부반응을 보이는 것이다.
② 운명주의(fatalism)는 하층계급의 구성원들이 자신의 미래가 스스로의 노력보다는 운명에 달려 있다고 믿는 것이다.
③ 악의성(maliciousness)은 다른 사람이 고통을 당하는 모습에서 쾌감을 느끼는 속성을 의미한다.
④ 비공리성(non-utilitarianism)은 범죄행위로부터 얻는 물질적 이익보다 동료들로부터 얻는 신망과 영웅적 지위 때문에 범죄를 저지른다는 것이다.

해설
① [O] 부정성(거부주의)은 기존의 지배문화, 인습적 가치에 반대되는 행동을 추구하며, 기존 어른들의 문화를 부정하는 성향을 갖고, 기성세대의 규범과 갈등하는 문화적 코드를 공유하며 규범적 요구에 반항한다.
② [×] 밀러(Miller)의 하위계층의 주요 관심사 중 '운명·숙명'에 대한 설명이다. 하위계층의 주요 관심사(관심의 초점)에는 ㉠ 말썽·걱정·사고치기(Trouble), ㉡ 강인·완강함(Toughness), ㉢ 교활·영악·영리함(Smartness), ㉣ 흥분·자극·스릴추구(Excitement), ㉤ 운명·숙명(Fate), ㉥ 자율·자립성(Autonomy)이 있다.
③ [O] 악의성은 중산층의 문화나 상징에 대한 적대적 표출로서 다른 사람에게 불편을 주는 행동, 사회에서 금지하는 행동을 하는 것을 즐긴다. 특별한 이유 없이 남들에게 피해를 주는 비행을 저지르고, 다른 사람들에게 불편을 주고 고통당하는 모습에서 쾌감을 느낀다.
④ [O] 비공리성(비합리성, 비실리성)은 필요에 의해서 비행을 저지르는 것도 아니고 그렇다고 뚜렷한 비행 동기가 있는 것도 아니다. 합리성의 추구라는 중산층 가치에 반대되는 것으로 합리적 계산에 의한 이익에 따라서 행동하는 것이 아니라 스릴과 흥미 등에 따른 행동을 추구하며, 다른 사람의 물건을 훔치는 경우에 그 경제적 효용가치보다 스릴이나 동료들로부터 인정받고 지위를 얻기 위한 행위로 생각한다.

정답 ②

12 다음 중 코헨(Cohen)의 비행하위문화이론(Delinquent Subculture Theory)에 대한 설명으로 가장 옳지 않은 것은?

2024. 해경 경위

① 중간계층이 향유하고 있는 문화적 가치에 대한 부적응이 긴장을 낳는다고 주장한다.
② 모든 하류계층 청소년이 비행을 저지르는 것은 아니라는 비판을 받는다.
③ 비행하위문화의 특성 중 '부정성(negativism)'은 사회적으로 널리 보편화되어 있는 하류계층의 가치관을 거부하는 속성을 말한다.
④ 비행하위문화의 특성으로 '악의성(maliciousness)', '단기적 쾌락주의(short-term hedonism)' 등이 있다.

해설
① [O] 중간계층의 가치나 규범을 중심으로 형성된 사회의 중심문화와 하류계층 청소년들의 익숙한 생활 사이에 긴장이나 갈등이 발생하며, 이러한 긴장관계를 해결하려는 시도에서 비행하위문화가 형성되며 비행이 발생한다.
② [O] 중산층 또는 상류계층 청소년의 비행이나 범죄를 잘 설명하지 못하며, 하류계층 출신 중에는 범죄를 저지르지 않는 소년이 많다는 점을 간과하였다는 비판이 있다.
③ [×] 부정성은 기존의 지배문화, 인습적 가치에 반대되는 행동을 추구하며, 기존 어른들의 문화를 부정하는 성향을 말한다. 기성세대의 규범과 갈등하는 문화적 코드를 공유하며 규범적 요구에 반항한다.
④ [O] 비행하위문화의 특성으로 비합리성(비실리성. 비공리성), 악의성, 부정성(거부주의), 변덕, 단기적 쾌락주의, 집단자율성이 있다.

정답 ③

13 클로워드(Cloward)와 올린(Ohlin)의 차별적 기회이론에 관한 설명으로 가장 적절한 것은?

2024. 경찰2차

적응유형	합법적 수단	비합법적 수단	폭력 수용
㉠	−	+	
㉡	−	−	+
도피적 하위문화	−	−	−

① ㉠은 비합법적 기회가 많은 지역에서 형성된 하위문화로, 주로 과시적 폭력범죄나 조직폭력범죄 간의 다툼 등이 빈번하게 발생한다.
② ㉡은 사회해체 정도가 심한 지역에서 형성된 하위문화로, 이중의 실패(double failures)를 경험한 사람들이 주를 이룬다.
③ 합법적 수단 사용이 차단된 개인은 곧바로 비합법적 수단을 사용할 것이라는 머튼(Merton)의 가정에 동의하지 않는다.
④ 격정범 및 하위계층 청소년의 하위문화 형성을 밝히는 데 많은 기여를 하였다.

해설

㉠은 범죄적 하위문화, ㉡은 갈등적 하위문화이다.
합법적 수단, 비합법적 수단, 폭력의 수용 여부에 따라 하류계층의 비행이나 범죄는 범죄적, 갈등적, 도피적 유형으로 구분된다. 범죄적 하위문화는 경제적 수입을 보장하는 범죄를 중심으로 조직화된 갱(gang)에서 특징적으로 나타나는 유형이고, 갈등적 하위문화는 지위 획득을 위한 방법으로 폭력이 만연하는 갱(gang)에서 주로 발견되는 유형이며, 도피적 하위문화는 마약 소비 행태가 두드러지게 나타나는 갱(gang)에서 주로 발견되는 유형이다.

① [×] ㉠의 범죄적 하위문화는 합법적 기회는 없고, 비합법적 기회와는 접촉이 가능하여 범행이 장려되고 불법이 생활화되는 유형으로, 주로 성인범죄자들과의 연계가 긴밀한 안정적 하류계층 사회에서 나타나며, 재산범죄가 발생하기 쉽다. ㉡의 갈등적 하위문화는 합법적 기회뿐만 아니라 비합법적 기회에도 접근하지 않고, 자신들의 욕구불만을 폭력으로 표현하는 투쟁적인 하위문화유형으로, 범죄조직에 대한 통제가 확고하지 않은 관계로 과시적인 폭력과 무분별한 갱 전쟁 등이 빈번하게 발생한다.
② [×] 도피적 하위문화에 대한 설명이다. 성공을 위한 합법적 수단에 대한 접근 기회뿐만 아니라 폭력을 포함한 모든 불법적 수단에 대한 접근 기회마저도 주어지지 않는, '이중의 실패'를 겪는 청소년들은 도피적 하위문화를 선택할 가능성이 크다. 폭력 능력마저 없는 청소년들은 폭력을 통한 지위 경쟁에서도 밀려나기 때문에 모든 수단과 목표를 포기해 버리고 도피하는 것이다.
③ [○] 성공을 위한 합법적인 수단이 없다고 하여 곧바로 비합법적 수단을 사용한다는 머튼의 가정에 동조하지 않는다. 머튼은 성공 목표 달성을 위한 합법적 수단에 대한 접근이 계급에 따라 차별적으로 주어진다는 점만을 고려하여, 불법적 수단에는 누구나 접근할 수 있는 것처럼 가정하였지만, 클라워드와 오린은 이 부분을 비판하며 성공을 위한 불법적 수단에 대한 접근 역시 모두에게 동등하게 주어지는 것은 아니라고 하였다. 즉, '차별 기회'를 합법적 수단뿐만 아니라 불법적 수단에 대해서도 고려해야 한다는 것이다.
④ [×] 하위계층 청소년의 하위문화 형성을 밝히는 데에는 기여를 하였지만, 격정범에 대한 설명이 곤란하다.

정답 ③

14 다음 중 클로워드(Cloward)와 올린(Ohlin)의 차별적 기회이론(Differential Opportunity Theory)에서 주장한 범죄적 하위문화(criminal subculture)에 대한 설명으로 가장 옳은 것은?   2024. 해경 경위

① 성공을 위한 합법적인 기회도 없고, 성인들의 범죄도 조직화되지 않아 소년들이 범죄기술을 배울 수 있는 환경이 없는 지역에서 형성되는 하위문화이다.
② 성공을 위한 합법적 수단의 이용이 어렵고 비합법적 수단을 동원할 수도 없는 이중의 실패를 경험한 집단에서 형성되는 하위문화이다.
③ 개인적이고, 조직되지 못한 무분별한 조직폭력배들의 폭력이 빈번하게 발생하는 지역에서 형성되는 하위문화이다.
④ 범죄행위가 장려되고 불법이 생활화된 지역에서 형성되는 안정적인 하위문화이다.

해설

① [×] 갈등적 하위문화에 대한 설명이다. 지위 획득을 위한 방법으로 폭력이 만연하는 갱(gang)에서 주로 발견되는 유형이다. 범죄기술을 전수할 수 있는 환경이나 기회가 없기 때문에 이러한 지역에서는 안정된 범죄적 하위문화가 형성되지 못한다.
② [×] 도피적 하위문화에 대한 설명이다. 마약 소비 행태가 두드러지게 나타나는 갱(gang)에서 주로 발견되는 유형이다. 문화적 목표의 가치는 인정하지만 이를 달성하기 위한 수단이 모두 봉쇄되어 있고 이를 해소할 폭력도 사용하지 못하는 자포자기 집단의 유형으로, 합법적 기회와 비합법적 기회가 모두 결여된 사람들을 이중실패자라 분류하였다.
③ [×] 갈등적 하위문화에 대한 설명이다. 합법적 기회뿐만 아니라 비합법적 기회에도 접근하지 않고, 자신들의 욕구불만을 폭력으로 표현하는 투쟁적인 하위문화유형으로, 범죄조직에 대한 통제가 확고하지 않은 관계로 과시적인 폭력과 무분별한 갱 전쟁 등이 빈번하게 발생한다.
④ [○] 범죄적 하위문화에 대한 설명이다. 경제적 수입을 보장하는 범죄를 중심으로 조직화된 갱(gang)에서 특징적으로 나타나는 유형으로, 합법적 기회는 없고, 비합법적 기회와는 접촉이 가능하여 범행이 장려되고 불법이 생활화되는 유형이다.

정답 ④

15 차별적 기회구조이론(Differential Opportunity Theory)에 대한 설명으로 옳지 않은 것은? 2012. 사시

① 클로워드(Cloward)와 올린(Ohlin)이 제시한 이론이다.
② 머튼(Merton)의 아노미이론과 서덜랜드(Sutherland)의 차별적 접촉이론의 영향을 받았다.
③ 불법적 수단에 대한 접근기회의 차이가 그 지역의 비행적 하위문화의 성격 및 비행의 종류에 영향을 미친다고 한다.
④ 합법적 수단을 사용할 수 없는 사람들은 곧바로 불법적 수단을 사용할 것이라는 머튼(Merton)의 가정을 계승하고 있다.
⑤ 비행적 하위문화로 범죄적 하위문화, 갈등적 하위문화, 도피적 하위문화 등 세 가지를 제시하고, 범죄적 가치나 지식을 습득할 기회가 가장 많은 문화는 범죄적 하위문화라고 주장하였다.

해설
④ [×] 아노미현상을 비행적 하위문화의 촉발요인으로 본다는 점에서 머튼(Merton)의 영향을 받았으나, 성공이나 출세를 위하여 합법적 수단을 사용할 수 없는 사람들은 바로 비합법적 수단을 사용할 것이라는 머튼의 가정에 동의하지 않는다.
적법한 기회가 막혀있다는 이유만으로 불법적 기회를 무조건 선택할 수 있는 것은 아니라고 주장하였고, 적법한 기회에 못지않게 범죄행위를 위해 필요한 불법적 기회 역시 불균등하게 배분되어 있다고 보았다.

정답 ④

16 다음 <보기>중 밀러(Miller)가 하층계급 사람들의 중심적인 관심사항(Focal Concerns)으로 제시한 항목들만으로 묶인 것은? 2023. 해경 경위

<보기>
㉠ 자율성(Autonomy)
㉡ 악의성(Maliciousness)
㉢ 운명주의(Fatalism)
㉣ 부정성(Negativism)
㉤ 쾌락주의(Hedonism)
㉥ 자극(Excitement)
㉦ 영악함(Smartness)
㉧ 강인함(Toughness)
㉨ 비실리성(Non-utility)

① ㉠, ㉡, ㉦, ㉨
② ㉠, ㉢, ㉥, ㉧
③ ㉢, ㉤, ㉥, ㉨
④ ㉢, ㉤, ㉦, ㉧

해설
• 밀러의 하위계층의 주요 관심사: ㉠, ㉢, ㉥, ㉦, ㉧
밀러(Miller)는 하위계층의 주요 관심사(관심의 초점)로 말썽·걱정·사고치기(Trouble), 강인·완강(Toughness), 교활·영악·영리함(Smartness), 흥분·자극·스릴(Excitement), 운명·숙명(Fatalism), 자율·자립(Autonomy)을 들고 있다.
• 코헨의 비행하위문화의 특징: ㉡, ㉣, ㉤, ㉨
코헨(Cohen)은 비행하위문화의 특징으로 비공리성(비실리성. nonutilitarian), 악의성(malice), 부정성(negativistic. 거부주의), 변덕, 단기적 쾌락주의, 집단자율성의 강조 경향을 들고 있다.

정답 ②

17 울프강(Wolfgang)과 페라쿠티(Ferracuti)의 폭력적 하위문화이론을 설명한 것으로 가장 옳지 않은 것은?

2023. 해경 경위

① 폭력적 하위문화에서 폭력은 불법적인 행동으로 간주되지 않는다.
② 폭력적 하위문화에서 폭력적 태도는 차별적 접촉을 통하여 형성된다.
③ 폭력적 하위문화라도 모든 상황에서 폭력을 사용하지는 않는다.
④ 폭력적 하위문화는 주류문화와 항상 갈등상태를 형성한다.

해설

④ [×] 폭력적 하위문화는 주류문화와 항상 갈등상태를 형성하는 것은 아니다.

☑ 폭력적 하위문화이론
㉠ 밀러의 이론을 계승한 것으로서 울프강(Wolfgang)과 페라쿠티(Ferracuti)가 주장한 이론이다.
㉡ 지배적인 문화와는 별도로 특정지역을 중심으로 폭력사용을 용인하고 권장하는 폭력하위문화가 존재한다.
㉢ 이러한 지역의 사람들은 일반인들에 비해 자신의 명예, 집안의 명예, 남자의 명예 등을 지나치게 강조하고 인간의 생명을 가볍게 보는 경향이 있다.
㉣ 이러한 문화적 특성은 이들의 생활양식, 사회화과정, 대인관계면에서 폭력사용을 정상적인 행위양식으로 정립한다.
㉤ 대표적인 예로는 미국의 필라델피아 지역이 다른 지역보다 살인사건이 많은 것은 바로 이 지역에 폭력하위문화가 존재하기 때문이라고 설명하고 있다.
㉥ 폭력적 하위문화는 주류문화와 항상 갈등상태를 형성하는 것은 아니며, 폭력적 하위문화라도 모든 상황에서 폭력을 사용하지는 않는다.

정답 ④

---

18 범죄학자와 그 견해에 관한 설명으로 가장 적절하지 않은 것은?

2023. 경찰2차

① 코헨(Cohen)은 하류계층의 비행이 중류계층의 가치와 규범에 대한 저항이라고 설명하였다.
② 클로워드(Cloward)와 올린(Ohlin)은 머튼(Merton)의 아노미이론(Anomie Theory)과 사이크스(Sykes)와 맛차(Matza)의 중화이론(Neutralization Theory)을 확장하여 범죄원인을 설명하였다.
③ 밀러(Miller)는 하류계층에 중류계층의 문화와는 구별되는 독자적인 문화가 있다고 설명하였다.
④ 울프강(Wolfgang)과 페라쿠티(Ferracuti)는 폭력사용이 사회적으로 용인되는 폭력하위문화가 존재한다고 설명하였다.

해설

① [○] 코헨(Cohen)의 비행하위문화이론은 하류계층의 비행이 중류계층의 가치와 규범에 대한 저항이라고 보았다. 사회적 조건이 하류계층의 청소년들로 하여금 사회적으로, 특히 중류사회의 성공목표를 합법적으로 성취할 수 없게 하기 때문에 하류계층의 청소년들은 신분좌절(status frustration)이라는 일종의 문화갈등을 경험하게 된다. 이러한 지위좌절을 경험하는 하류계층의 청소년들 중 다수는 비행집단을 형성하여 비공식적이고, 악의적이며, 부정적인 행위에 가담하게 된다.
② [×] 클라워드(Cloward)와 오린(Ohlin)의 차별적 기회이론은 일탈에 이르는 압력의 근원에 초점을 맞춘 머튼의 아노미이론과 비행을 학습의 결과로 파악하는 서덜랜드의 차별적 접촉이론으로 대도시 하층 거주 지역에서 하위문화가 형성되는 과정을 설명하였다.
③ [○] 밀러(Miller)는 하류계층에 중류계층과 상관없이 고유의 전통과 역사를 가진 독자적인 문화가 있다고 설명하였다. 하위계층문화이론은 하류계급의 독자적인 문화규범에의 동조가 중류계층 문화의 법규범에 위반함으로써 범죄가 발생한다는 것으로, 중류계급의 규범에 대한 악의성의 표출이 아닌 그들의 집중된 관심의 추구가 범죄원인이 된다고 보았다. 즉, 이러한 관심은 중류계층의 규범에 위반이지만 악의적인 원한이나 울분 또는 저항을 표시하는 것은 아니라는 점에서 중류계층 문화의 대항문화를 형성하는 코헨(Cohen)의 비행하위문화이론과 구별된다.
④ [○] 울프강(Wolfgang)과 페라쿠티(Ferracuti)의 폭력하위문화론에 의하면 대인적 폭행을 나쁘거나 반사회적이라고 규정하지 않는 폭력의 하위문화가 있으며, 그 하위문화에서는 신체적 공격에 대한 즉각적인 호소가 용인되고 있다고 주장하였다.

정답 ②

19. 하위문화이론(Subcultural Theory)에 관한 설명이다. 이와 관련된 <보기 1>의 설명과 <보기 2>의 학자를 가장 적절하게 연결한 것은?

2022. 경찰2차

<보기 1>

㉠ 하류계층의 비행은 범죄적(criminal), 갈등적(conflict), 은둔(도피)적(retreatist) 유형으로 구분된다.
㉡ 하류계층의 청소년들은 중류사회의 성공목표를 합법적으로 성취할 수 없기 때문에 지위좌절(status frustration)이라고 하는 문화갈등을 경험하게 된다.
㉢ 하류계층 비행청소년들의 비행하위문화는 비실리적(nonutilitarian), 악의적(malicious), 부정적(negativistic)이라는 특성을 보인다.
㉣ 「비행과 기회(Delinquency and Opportunity)」라는 저서를 통해 불법적인 기회에 대한 접근이 불평등하게 분포되어 있다고 주장하였다.
㉤ 신체적 강건함, 싸움능력 등을 중시하는 강인함(toughness)이 하류계층의 주된 관심 중 하나라고 주장한다.

<보기 2>

ⓐ 코헨(Cohen)
ⓑ 클라워드(Cloward)와 올린(Ohlin)
ⓒ 밀러(Miller)

	㉠	㉡	㉢	㉣	㉤
①	ⓐ	ⓑ	ⓒ	ⓒ	ⓑ
②	ⓑ	ⓐ	ⓐ	ⓑ	ⓒ
③	ⓑ	ⓑ	ⓐ	ⓒ	ⓐ
④	ⓑ	ⓐ	ⓑ	ⓐ	ⓒ

해설

㉠ 클라워드와 올린의 차별적 기회이론: 합법적 수단, 비합법적 수단, 폭력의 수용 여부에 따라 하류계층의 비행이나 범죄는 범죄적, 갈등적, 도피(은둔)적 유형으로 구분된다.

㉡ 코헨의 비행하위문화이론: 하류계층의 청소년들은 중류사회의 성공목표를 합법적으로 성취할 수 없기 때문에 지위좌절이라고 하는 문화갈등을 경험하게 되고, 지위좌절을 겪는 하위계층 청소년들은 지위문제를 해결하기 위해 나름대로 해결책을 강구한다. 동일한 적응의 문제를 겪는 하층 청소년들은 서로 상호작용하면서 그들만의 새로운 문화(비행하위문화)를 형성함으로써 그들의 집단을 통해 지위문제를 해결한다(집합적 해결책). 코헨은 이를 문화적 혁신이라고 표현하였다.

㉢ 코헨의 비행하위문화이론: 하류계층 비행청소년들의 비행하위문화는 비실리성(비합리성, 비공리성), 악의성, 부정성, 변덕, 단락적 쾌락주의, 집단 자율성이라는 특성을 보인다.

㉣ 클라워드와 올린의 차별적 기회이론: 머튼(Merton)은 성공 목표 달성을 위한 합법적 수단에 대한 접근이 계급에 따라 차별적으로 주어진다는 점만을 고려하여, 불법적 수단에는 누구나 접근할 수 있는 것처럼 가정했지만, 클라워드와 올린은 이 부분을 비판하며, 성공을 위한 불법적 수단에 대한 접근 역시 모두에게 동등하게 주어지는 것은 아니라고 하였다. 즉, '차별 기회'를 합법적 수단뿐만 아니라 불법적 수단에 대해서도 고려해야 한다는 것이다.

㉤ 밀러의 하위계층(계급)문화이론: 하위계층 청소년은 하위계층문화의 '주요 관심사'에 따라 학습하고 행동하며, 비행청소년들은 특히 이를 과장된 방법으로 표현하고 행위로 나타낸다. 하위계층의 주요 관심사(관심의 초점)에는 Trouble(말썽·걱정·사고치기), Toughness(강인·완강), Smartness(교활·영악·영리함), Excitement(흥분·자극·스릴), Fatalism(운명·숙명), Autonomy(자율·자립) 등이 있다.

정답 ②

20 다음 개념을 모두 포괄하는 범죄이론은?　　　2022. 보호 7급

> - 울프강(Wolfgang)의 폭력사용의 정당화
> - 코헨(Cohen)의 지위좌절
> - 밀러(Miller)의 주요 관심(Focal Concerns)

① 갈등이론
② 환경범죄이론
③ 하위문화이론
④ 정신분석이론

해설
③ [○] 울프강의 폭력하위문화이론, 코헨의 비행하위문화이론, 밀러의 하위계층(계급)문화이론은 하위문화이론(Subcultural Theory)에 속한다.

　　　　　　　　　　　　　　　　　　　　　　　　　　　　　　　　　　정답 ③

21 문화적 비행이론(Cultural Deviance Theory)에 대한 설명으로 옳지 않은 것은?　　　2020. 보호 7급

① 밀러(Miller)는 권위적 존재로부터 벗어나고 다른 사람으로부터 간섭을 받는 것을 혐오하는 자율성(Autonomy)이 하위계층의 주된 관심 중 하나라고 한다.
② 코헨(Cohen)은 비행하위문화가 비합리성을 추구하기 때문에 공리성, 합리성을 중요시하는 중심문화와 구별된다고 한다.
③ 코헨(Cohen)의 비행하위문화이론은 중산계층이나 상류계층 출신이 저지르는 비행이나 범죄를 설명하지 못하는 한계가 있다.
④ 클로워드(Cloward)와 오린(Ohlin)의 범죄적 하위문화는 합법적인 기회구조와 비합법적인 기회구조 모두가 차단된 상황에서 폭력을 수용한 경우에 나타나는 하위문화이다.

해설
④ [×] 클라워드(Cloward)와 오린(Ohlin)의 하위문화유형 중 갈등적 하위문화에 대한 설명이다.
범죄적 하위문화는 합법적 기회는 없고 비합법적 기회와는 접촉이 가능하여 범행이 장려되고 불법이 생활화되는 하위문화유형이다.

　　　　　　　　　　　　　　　　　　　　　　　　　　　　　　　　　　정답 ④

제10장 | 사회학적 범죄원인론 - 사회과정이론

제1절 | 사회학습이론

01 서덜랜드(Sutherland)의 차별접촉이론(Differential Association Theory)에 관한 설명으로 가장 적절하지 않은 것은?
2022. 경찰2차

① 기존 생물학적 범죄이론에서 강조한 개인의 범인성을 부정한다.
② 범죄행위를 학습할 때 학습은 범죄기술, 구체적 동기나 욕구, 합리화, 태도 등을 포함한다.
③ 범죄행위의 학습은 타인과의 의사소통과정에서 이루어지는 상호작용의 산물이다.
④ 갓프레드슨(Gottfredson)과 허쉬(Hirschi)의 자기통제이론과 달리 하류계층의 반사회적 행동을 설명하는 데 국한된다.

해설
① [O] 범죄행동이 기본적으로 인적 교류를 통한 차별접촉의 결과물이라 가정하며, 기존 생물학적 범죄학과 심리학적 범죄학이 강조한 개인의 범인성(정신질환, 유전적 특성, 신체적 특성, 성격적 특성 등)을 부정한다.
② [O] 차별적 접촉의 원리 중 제4명제에 대한 설명으로, 범죄행위의 학습은 범죄를 성공적으로 완수하기 위한 범행기술의 습득에서부터 범죄행위의 의미와 이 행위를 외면하기 위한 변명 및 합리화 방법 그리고 그 행위에 대한 태도 학습까지를 포함한다.
③ [O] 차별적 접촉의 원리 중 제2명제에 대한 설명으로, 미드(Mead)의 상징적 상호작용론에 영향을 받았으며, 범죄행위가 학습되기 위해서는 학습과정이 필요하며, 범죄행위의 학습은 의사소통과정에서 이루어진다고 보았다.
④ [X] 하위계층의 청소년비행을 중심으로 하는 사회구조이론과는 달리 전 계층의 모든 사람들의 모든 범죄유형을 일관적으로 설명한다는 점에서 적용범위가 넓다.
갓프레드슨과 허쉬의 자기통제이론은 문제행동에서부터 재산, 폭력범죄를 포함한 모든 유형의 범죄를 설명하며, 모든 연령층과 모든 국가, 문화권에도 적용되는 이론이다.

정답 ④

02 서덜랜드(Sutherland)의 차별접촉이론(Differential Association Theory)에서 제시하는 명제로 가장 적절하지 않은 것은?
2022(72). 경위

① 범죄행위의 학습과정은 일반적 학습과정의 기제와 다르다.
② 범죄행위는 타인과의 의사소통에서 이루어지는 상호작용으로 학습된다.
③ 차별적 접촉은 교제의 빈도, 기간, 우선성, 강도에 있어 다양할 수 있다.
④ 범죄행위는 일반적인 욕구와 가치관으로 설명될 수 없다.

해설

① [×] 범죄적 또는 비범죄적 유형과의 접촉에 의한 범죄행위의 학습과정은 다른 일반적 학습과정의 모든 기제를 포함한다(제8명제). 범죄행위와 그 내용에 있어서 비범죄적 유형의 행위와 다르지만, 그 학습의 과정은 다른 행위의 학습과 동일하다.
② [○] 범죄행위는 의사소통과정에 있는 다른 사람과의 상호작용에서 학습된다(제2명제).
  사람이 단지 범죄환경에 산다거나 범죄적 특성을 가지는 것 외에도 범죄에 대한 안내자와 교사로서의 다른 사람과 상징적 상호작용과정을 통한 학습으로서 법률위반자가 될 수 있는 것이다.
③ [○] 차별적 접촉은 교제의 빈도, 기간, 우선순위, 강도에 있어 다양할 수 있다(제7명제).
  범죄적 또는 비범죄적 가치, 사람, 집단과의 모든 접촉이 동일하지 않다. 또한 집단규정의 습득에 대한 접촉의 영향은 접촉상 사회적 상호작용의 질에 의해 좌우된다. 그리고 사회적 상호작용의 질은 자주 오래 접촉할수록, 어릴 때 시작될수록(우선순위), 중요성이나 특전이 주어지는 접촉일수록(강도) 강해진다.
④ [○] 범죄행위는 일반적 욕구와 가치의 표현이지만, 비범죄적 행위도 똑같은 욕구와 가치의 표현이므로 일반적 욕구와 가치로는 범죄행위를 설명할 수 없다(제9명제).
  도둑과 정직한 근로자가 모두 돈에 대한 욕구는 같지만 수단은 다르다. 즉, 두 사람 모두 돈을 필요로 하지만 한 사람은 훔치고, 다른 한 사람은 열심히 일을 하기 때문에 단순히 돈에 대한 욕망이나 욕구가 왜 훔치거나 정직하게 일하는지에 대해 설명할 수는 없다.

정답 ①

03 서덜랜드(Sutherland)의 차별적 접촉이론에 대한 설명으로 옳지 않은 것은? 2022. 보호 7급

① 차별접촉은 빈도, 기간, 우선순위, 그리고 강도(强度) 등에 의하여 차이가 발생한다고 주장한다.
② 범죄학습이 신문·영화 등 비대면적인 접촉수단으로부터도 큰 영향을 받는다는 점을 간과하고 있다.
③ 범죄원인으로는 접촉의 경험이 가장 큰 역할을 한다고 보아, 나쁜 친구들을 사귀면 범죄를 저지를 것이라는 단순한 등식을 제시했다.
④ 범죄인과 가장 접촉이 많은 경찰·법관·형집행관들이 범죄인이 될 확률이 높지 않다는 비판이 있다.

해설
① [○] 차별적 접촉은 빈도, 기간, 우선성 그리고 강도에 있어 다양할 수 있다(제7명제).
② [○] 차별적 접촉이론에 대한 비판에 대한 설명으로, 이러한 비판에 대한 대안으로서 글래저(Glaser)는 차별적 동일시라는 개념을 제시하여 범죄학습대상을 확대하였다. 그는 사람은 범죄적 행동양식과 직접 접촉하지 않더라도 TV나 영화 속에 등장하는 주인공과 자신의 이상형을 일치시키면 관념적 동일화를 거쳐 범죄를 학습할 수 있다고 하였다.
③ [×] 법률위반에 대한 호의적인 정의가 법률위반에 대한 비호의적인 정의보다 클 때 개인은 범죄를 저지르게 된다(제6명제). 즉, 사람들이 법률을 위반해도 무방하다는 생각을 학습한 정도가 법률을 위반하면 안 된다는 생각을 학습한 정도보다 클 때에 범죄를 저지르게 된다는 것이다. 이처럼 차별적 접촉이론은 나쁜 친구들을 사귀면 범죄를 저지를 것이라는 식의 단순한 등식이 아니라 불법적인 생각과 접촉한 정도와 준법적인 생각과 접촉한 정도와의 차이가 범죄유발의 중요한 요인이라고 본다.
④ [○] 범죄인과 가장 접촉이 많은 경찰·법관·형집행관들이 범죄인으로 될 확률이 높아야 함에도 불구하고 그렇지 않은 점을 설명할 수 없다는 비판이 있다. 교도관이 범죄인과 함께 장시간 생활을 함에도 수용자문화에 물들지 않는 이유는 상대방에 느끼는 존경이나 권위의 정도인 강도(제7명제)가 매우 약하기 때문으로 이해될 수 있다.

정답 ③

04 서덜랜드(E. H. Sutherland)의 차별적 접촉이론에 대한 설명으로 옳은 것은?
2018. 교정 7급

① 범죄행위의 학습 과정과 정상 행위의 학습 과정은 동일하다.
② 범죄행위는 유전적인 요인뿐만 아니라 태도, 동기, 범행 수법의 학습 결과이다.
③ 법에 대한 개인의 태도는 개인이 처한 경제적 위치와 차별 경험에서 비롯된다.
④ 타인과 직접 접촉이 아닌 매체를 통한 특정 인물의 동일시에 의해서도 범죄행위는 학습된다.

해설
① [O] 범죄행위의 학습과정은 다른 행위의 학습과정과 동일한 메커니즘을 가진다. 범죄자와 준법자와의 차이는 접촉양상에 있을 뿐 학습이 진행되는 과정에는 아무런 차이가 없다.
② [×] 범죄행위는 의사소통과정에 있는 다른 사람과의 상호작용을 수행하는 과정에서 학습된다는 이론으로, 범죄행위는 유전적인 요인과는 관계가 없다.
③ [×] 법에 대한 비우호적 정의가 우호적 정의보다 클 때 범죄를 실행한다는 이론으로, 개인이 처한 경제적 위치와 차별경험은 관계가 없다.
④ [×] 글래저(Glaser)의 차별적 동일화이론에 대한 설명이다. 차별적 접촉이론은 범죄행위 학습의 중요한 부분은 친밀 관계를 맺고 있는 집단들에서 일어난다고 한다.

정답 ①

05 서덜랜드(Sutherland)의 차별접촉이론(Differential Association Theory)의 9가지 명제로 옳지 않은 것은?
2021. 교정 7급

① 범죄행위의 학습은 다른 사람들과의 의사소통과정을 통하여 이루어진다.
② 법 위반에 대한 비우호적 정의에 비해 우호적 정의를 더 많이 학습한 사람은 비행을 하게 된다.
③ 범죄행위가 학습될 때 범죄의 기술, 동기, 충동, 합리화, 태도 등도 함께 학습된다.
④ 금전적 욕구, 좌절 등 범죄의 욕구와 가치관이 범죄행위와 비범죄행위를 구별해 주는 변수가 된다.

해설
① [O] 범죄행위는 의사소통과정에 있는 다른 사람과의 상호작용에서 학습된다(제2명제).
사람이 단지 범죄환경에 산다거나 범죄적 특성을 가지는 것 외에도 범죄에 대한 안내자와 교사로서의 다른 사람과 상징적 상호작용과정을 통한 학습으로서 법률위반자가 될 수 있다.
② [O] 법률위반에 대한 호의적인 규정이 법률위반에 대한 비호의적인 규정을 초과하기 때문에 사람이 일탈자 또는 범죄자가 된다(제6명제).
차별적 접촉이론의 핵심으로, 범죄행위는 법을 비호의적으로 보는 집단과의 접촉을 통하여 습득된 법에 대한 부정적 규정이 법을 호의적으로 보는 규정을 능가하기 때문에 일어난다는 것이다.
③ [O] 범죄행위의 학습은 때로는 매우 복잡하고 때로는 매우 단순하기도 한 범행기술의 학습과 동기, 욕망, 합리화, 태도와 구체적 방향의 학습을 포함한다(제4명제).
범죄행위는 다른 일반적 행위와 마찬가지로 학습되기 때문에 범행의 기술은 물론이고 동기, 욕구, 가치 그리고 합리화 등도 학습되어야 한다.
④ [×] 범죄행위는 일반적 욕구와 가치의 표현이지만, 비범죄적 행위도 똑같은 욕구와 가치의 표현이므로 일반적 욕구와 가치로는 범죄행위를 설명할 수 없다(제9명제).
도둑과 정직한 근로자가 모두 돈에 대한 욕구는 같지만 수단은 다르다. 즉, 두 사람 모두 돈을 필요로 하지만 한 사람은 훔치고, 다른 한 사람은 열심히 일을 하기 때문에 단순히 돈에 대한 욕망이나 욕구가 왜 훔치거나 정직하게 일하는지에 대해 설명할 수는 없다.

정답 ④

06

서덜랜드(Sutherland)의 차별접촉이론을 보완하는 주장들에 대한 설명으로 옳은 것으로만 묶인 것은?

2013. 보호 7급

㉠ 범위반에 우호적인 대상과 반드시 대면적 접촉을 필요로 하는 것은 아니므로 영화나 소설 등을 통한 간접적인 접촉을 통해서도 범죄행동을 모방할 수 있다.
㉡ 사람들이 사회와 맺는 사회유대의 정도에 따라 범죄행동이 달라질 수 있다.
㉢ 하층이나 소수민, 청소년, 여성처럼 사회적 약자에게 법은 불리하게 적용될 수 있다.
㉣ 비행은 주위 사람들로부터 학습되지만 학습원리, 즉 강화의 원리에 의해 학습된다.
㉤ 비합법적인 수단에 대한 접근가능성에 따라서 비행하위문화의 성격 및 비행의 종류도 달라진다.

① ㉠, ㉡
② ㉠, ㉣, ㉤
③ ㉡, ㉢
④ ㉡, ㉤

해설

옳은 것은 ㉠, ㉣, ㉤이다.
㉠ [○] 차별적 동일화이론(글래저): 차별적 접촉의 방법으로 직접적인 접촉에 한정되지 않고 대중매체를 통한 간접적 접촉으로도 범죄학습이 이루어짐을 설명하고 있다(매스미디어 등 준거되는 접촉집단을 확대하여 적용).
㉣ [○] 차별적 강화이론(버제스와 에이커스): 범죄행위의 결과로서 보상이 취득되고 처벌이 회피될 때 그 행위는 강화되는 반면, 보상이 상실되고 처벌이 강화되면 그 행위는 약화된다는 것이다(학습과정에 대한 설명을 보완).
㉤ [○] 차별적 기회구조이론(클라워드와 오린): 비합법적인 수단이 어떻게 분포되어 있느냐에 따라 그 지역의 비행하위문화의 성격 및 비행의 종류도 달라진다(학습환경에의 접근가능성 문제를 보완).
☑ 그 외에 차별적 접촉이론을 보완하는 이론으로 퀴니의 기호이론(학습된 행위양식의 비율이나 접촉의 강도, 우선순위 등 측정과 검증의 곤란에 대한 보완), 레크리스의 자기관념이론(차별적 반응의 무시에 대한 비판을 보완), 맛차와 사이크스의 중화이론(범죄인이 되는 과정의 차이 수정) 등이 있다.
허쉬의 사회유대이론(㉡), 비판범죄학(㉢)은 차별접촉이론을 보완하는 이론이 아니다.

정답 ②

07

서덜랜드(Sutherland)의 차별적 접촉이론을 수정·보완한 이론들에 대한 설명으로 옳지 않은 것은?

① Reckless의 자기관념이론 – 차별적 반응의 무시에 대한 비판을 보완
② Burgess & Akers의 차별적 강화이론 – 학습과정에 대한 설명을 보완
③ Glaser의 차별적 동일화이론 – 범죄인이 되는 과정의 차이 수정(합리화)
④ Cloward & Ohlin의 차별적 기회구조이론 – 학습환경에의 접근가능성 문제

해설

☑ 차별적 접촉이론을 수정·보완한 이론
1. 퀴니의 기호이론: 학습된 행위양식의 비율이나 접촉의 강도, 우선 순위 등 측정과 검증의 곤란에 대한 보완
2. 레크리스의 자기관념이론: 차별적 반응의 무시에 대한 비판을 보완
3. 버제스와 에이커스의 차별적 강화이론: 학습과정에 대한 설명을 보완
4. 글래저의 차별적 동일화이론: 매스미디어 등 준거되는 접촉집단을 확대하여 적용
5. 맛차와 사이크스의 중화이론: 범죄인이 되는 과정의 차이 수정(합리화)
6. 클라워드와 오린의 차별적 기회구조이론: 학습환경에의 접근가능성 문제

정답 ③

08 학습이론가들과 그들의 핵심 주장을 가장 옳지 않게 연결한 것은?
2023. 해경 경위

① 서덜랜드(Sutherland) - 범죄행위는 의사소통 과정에서 다른 사람과 상호작용하는 가운데 학습된다.
② 글레이저(Glaser) - 사람들은 물리적 접촉을 통해서뿐만 아니라, 주관적 애착을 통해서도 영향을 받는다.
③ 버제스(Robert L. Burgess) - 범죄로부터 얻을 만족에 대한 기대감이 부정적 기대감을 상회할 때 범행하기 쉽다.
④ 렉클리스(Reckless) - 동일한 비행적 접촉 환경 속에서도 사람들이 다른 반응을 하는 이유는 자아관념의 차이 때문이다.

해설
① [○] 범죄행위는 의사소통과정에 있는 다른 사람들과의 상호작용에서 학습된다(제2명제). ⇨ 범죄행위가 학습되기 위해서는 학습과정이 필요하며, 범죄행위의 학습은 의사소통과정에서 이루어진다. 사람이 단지 범죄환경에 산다거나 범죄적 특성을 가지는 것 외에도 범죄에 대한 안내자와 교사로서의 다른 사람과 상징적 상호작용과정을 통한 학습으로서 법률위반자가 될 수 있다.
② [○] 글레이저(Glaser)의 차별적 동일시이론에 대한 설명이다. 사람은 누구나 자신을 누군가와 동일시하려는 경향이 있고, 자신의 범죄행위를 수용할 수 있다고 생각되는 실재의 인간이나 관념상의 인간에게 자신을 동일화시키는 과정을 통해 자기 자신을 합리화하고 용납하면서 범죄를 저지른다고 한다.
③ [×] 글레이저(Glaser)의 차별적 기대이론에 대한 설명이다. 글래저는 차별적 접촉, 차별적 기회구조, 사회통제를 기초로 차별적 접촉이론이 무시한 기회구조의 문제에 대응하고 사회통제이론의 요소를 가미하려는 시도로서 자신의 차별적 동일시이론을 차별적 기대이론으로 재구성하였다. 사람이 범죄로부터의 만족감에 대한 기대감이 사회적 유대, 차별적 학습 그리고 기회의 인식의 결과로 이들 요소들로부터의 부정적 기대감을 상회할 경우에 범행하고자 한다는 것이다.
④ [○] 렉클리스(Reckless)와 디니츠(Dinitz)의 자아관념이론에 대한 설명이다. 자아관념이론은 긍정적인 자아관념이 있다면 아무리 범죄자인 친구들과 접촉을 한다고 하더라도 범죄를 실행하지 않는다는 것으로, 렉클리스에 의해 봉쇄이론으로 발전하였는데, 그는 자아관념을 내적 봉쇄요인으로 보았다.

정답 ③

09 학습이론에 대한 설명으로 옳지 않은 것은?
2021. 보호 7급

① 타르드(Tarde)는 인간은 다른 사람들과 접촉하면서 관념을 학습하며, 행위는 자신이 학습한 관념으로부터 유래한다고 주장하였다.
② 서덜랜드(Sutherland)의 차별적 접촉이론(Differential Association Theory)은 범죄자도 정상인과 다름없는 성격과 사고방식을 갖는다고 보는 데에서 출발한다.
③ 그레이저(Glaser)의 차별적 동일시이론(Differential Identification Theory)은 자신과 동일시하려는 대상이나 자신의 행동을 평가하는 준거집단의 성격보다는 직접적인 대면접촉이 범죄학습 과정에서 더욱 중요하게 작용한다고 본다.
④ 조작적 조건화의 논리를 반영한 사회적 학습이론은 사회적 상호작용과 더불어 물리적 만족감(굶주림, 갈망, 성적욕구 등의 해소)과 같은 비사회적 사항에 의해서도 범죄행위가 학습될 수 있다고 본다.

해설
① [○] 타르드(Tarde)는 롬브로조(Lombroso)의 생물학적 원인론을 부정하고, 인간은 다른 사람들과 접촉하면서 관념을 학습하며, 행위는 자기가 학습한 관념으로부터 유래하는 것이라고 주장하였다. 즉, 모든 사회현상이 모방이듯이 범죄행위도 모방한다고 보았다. 따라서 사람은 태어날 때는 모두 정상인이지만, 이후 범죄가 생활방식의 하나인 분위기에서 양육됨으로써 범죄자가 된다는 것이다.
② [○] 서덜랜드(Sutherland)의 차별적 접촉이론은 분화된 집단 가운데 어느 집단과 친밀감을 가지고 차별적 접촉을 갖느냐에 따라 백지와 같은 인간의 본성에 특정집단의 행동양식을 배우고 익혀나간다는 이론으로, 범죄자는 정상인과 원래 다르다는 심리학적 분석을 수용하지 않고, 범죄자도 정상인과 다름없는 성격과 사고방식을 갖는다는 데서 출발한다.
③ [×] 차별적 접촉이론이 차별적 반응의 문제를 해결하지 못하고, 또한 범죄의 학습이 반드시 친근한 집단과의 직접적인 접촉을 통해서만 학습되는 것이 아니라는 비판에 대한 대안으로서 글래저(Glaser)는 차별적 동일시라는 개념을 제시하였다. 즉, 실제로 반법률적 규정을 야기시키는 접촉을 하지 않은 사람이라도 그들이 반법률적 규정이 기대되는 사람과 자신을 동일시한다면 범죄행위가 가능해진다는 것이다. 예를 들어 청소년들이 텔레비전이나 영화의 범죄적 주인공을 모방하고 흉내 내는 것은 청소년들이 그들을 직접 만나거나 접촉한 적이 없음에도 불구하고 범죄를 학습한 경우라고 할 수 있다.

글래저(Glaser)는 차별적 접촉보다 역할이론에 기초한 범죄적 역할과의 동일시를 강조하였다. 범죄행위는 일종의 역할수행이며 따라서 범죄적 역할이 왜 선택되는가를 이해할 필요가 있고, 이러한 선택은 범죄자와의 직접적인 접촉을 통해서도 가능하지만 대중매체로부터 보고 들은 사람과의 동일시를 통해서 또는 범죄반대세력에 대한 부정적 반응으로서 이루어질 수도 있다는 것이다. 그래서 사람은 그들의 관점에서 볼 때 자신의 범행이 받아들여질 것 같은 실제 인물이나 그 밖에 상상된 다른 사람과 자신을 동일시하면서 범죄행위를 추구하게 된다.

④ [○] 차별적 접촉이론(Sutherland)은 범죄의 학습환경으로 사람들과의 접촉을 고려하였지만, 조작적 조건화의 논리를 반영한 사회학습이론(Akers)은 학습환경으로 사회적 상호작용과 비사회적 환경 모두를 고려하였다. 즉, 사회적 상호작용과 함께 물리적 만족감(굶주림, 갈망, 성적욕구 등의 해소)과 같은 비사회적 환경에 의해서도 범죄행위가 학습될 수 있다고 넓게 보았다.

정답 ③

10 학습이론(Learning Theory)에 대한 설명으로 옳은 것은?
2014. 보호 7급

① 버제스(Burgess)와 에이커스(Akers)에 따르면 범죄행위를 학습하는 과정은 과거에 이러한 행위를 하였을 때에 주위로부터 칭찬, 인정, 더 나은 대우를 받는 등의 보상이 있었기 때문이다.

② 타르드(Tarde)의 모방의 법칙에 따르면 학습의 방향은 대개 우월한 사람이 열등한 사람을 모방하는 방향으로 진행된다.

③ 서덜랜드(Sutherland)에 따르면 범죄자와 비범죄자의 차이는 접촉유형의 차이가 아니라 학습과정의 차이에서 발생한다.

④ 글레이저(Glaser)에 따르면 범죄를 학습하는 과정에 있어서는 누구와 자신을 동일시하는지 또는 자기의 행동을 평가하는 준거집단의 성격이 어떠한지보다는 직접적인 대면접촉이 더욱 중요하게 작용한다.

해설
① [○] 서덜랜드(Sutherland)의 차별적 접촉이론을 보완한 이론이며, 사회학습이론인 버제스(Burgess)와 에이커스(Akers)의 차별적 강화이론은 차별적 접촉이론에 대한 비판 중 하나였던 특정인이 범죄자가 되기 전에 거쳐야 하는 학습의 과정이 명확하지 않다는 점에 착안하여, 사회학습이론(에이커스)은 조작적 조건화의 논리를 반영하였다. 즉, 범죄행위는 과거에 이러한 행위를 했을 때에 주위로부터 칭찬을 받거나 인정을 받거나 더 나은 대우를 받거나 하는 등의 보상이 있었기 때문이라는 것이다. 차별적 접촉 ⇨ 차별적 강화 ⇨ 범죄행위라고 하는 범죄학습과정을 설명하였다.

② [×] 일반적으로 열등한 사람이 우월한 사람을 모방하는 경향이 있다(위에서 아래로). 즉, 모방은 사회적 지위가 우월한 자를 중심으로 이루어지는데, 예를 들면 사회의 상류계층 ⇨ 하층계급, 도시 ⇨ 농촌으로 전해지게 된다.

③ [×] 범죄자와 비범죄자 간의 차이는 학습과정의 차이가 아니라 접촉유형의 차이에서 발생한다.

④ [×] 범죄를 학습하는 과정에 있어서 누구와 자신을 동일시하는지 또는 자기의 행동을 평가하는 준거집단의 성격이 어떠한지가 더욱 중요하게 작용한다고 보았다. 서덜랜드는 친밀한 집단들과의 직접적 접촉을 중요하게 여겼다.

☑ 차별적 강화이론(Differential Identification Theory)
인간의 행위는 직접적인 상황이나 다른 사람의 행위모방(Imitation)을 통하여 습득된다. 특정행위의 결과로서 보상의 취득(긍정적 재강화)과 처벌의 회피(부정적 재강화), 즉 긍정적인 보상이 얻어지거나 부정적인 처벌이 회피될 때 그 특정행위는 강화되고, 반면에 그 행위의 결과 긍정적 처벌이라는 혐오스러운 자극을 받거나 보상의 상실이라는 부정적 처벌을 받게 될 때 그 행위는 약화된다는 것이다. 이처럼 처벌과 보상의 조화는 차별적 재강화를 구성하게 된다. 따라서 특정행위가 일탈적이거나 관습적인 것은 그 행위에 대한 과거와 현재의 보상·처벌 및 그 대안적 행위에 대한 보상과 처벌이라는 차별적 재강화에 따르는 것이다. 쉽게 설명하면, 사람이란 자신의 행위결과 보상적인 행위는 지속하는 반면, 처벌되는 행위는 그만두게 되는데, 범죄의 경우에도 범행의 결과 자신이 보상된다면 범죄행위를 지속하게 될 것이다. 즉 사람은 관습적인 것보다 일탈적인 것이 더 만족스럽다면 관습성보다 범인성을 선택할 것이다.

정답 ①

11 차별적 접촉이론, 차별적 동일시이론 및 차별적 강화이론에 대한 설명으로 옳지 않은 것은? 2018. 보호 7급

① 서덜랜드(Sutherland)의 차별적 접촉이론은 범죄자의 학습과정과 비범죄자의 학습과정에 차이가 있다는 데에서 출발한다.
② 서덜랜드(Sutherland)의 차별적 접촉이론에 따르면 범죄행위는 타인과의 의사소통을 통한 상호작용으로 학습된다.
③ 글래저(Glaser)의 차별적 동일시이론에 따르면 범죄자와의 직접적인 접촉이 없이도 범죄행위의 학습이 가능하다.
④ 버제스(Burgess)와 에이커스(Akers)의 차별적 강화이론도 차별적 접촉이론과 마찬가지로 범죄행위의 학습에 기초하고 있다.

해설
① [×] 범죄행위의 학습과정은 다른 행위의 학습과정과 동일한 메커니즘을 가진다. 범죄자와 준법자와의 차이는 접촉양상에 있을 뿐 학습이 진행되는 과정에는 아무런 차이가 없다(범죄자와 비범죄자 간의 차이는 학습과정의 차이가 아니라 접촉유형의 차이이다).

✓ 차별적 강화이론의 가정
1. 일탈행위는 시행착오적 학습(Operant Conditioning)원리에 따라 학습된다.
2. 일탈행위는 차별하거나 재강화하는 비사회적 상황과 다른 사람의 행위가 그 행위에 대하여 차별하거나 재강화하는 사회적 상호작용을 통해서 학습된다.
3. 일탈행위에 대한 학습의 중요한 부분은 한 개인의 중요한 재강화의 근원을 통제하거나 절충하는 집단에서 일어난다.
4. 특정 기술·태도 그리고 회피절차를 포함하는 일탈행위의 학습은 효과적이고 유용한 강화재와 기존의 강화가능성의 기능이다.
5. 학습된 행위의 특정 계층과 행위발생의 빈도는 효과적이고 유용한 강화재와 과거 강화를 수반하였던 규범·규칙 그리고 규정의 일탈적 또는 비일탈적 방향의 기능이다.
6. 동조적 행위보다 큰 일탈적 행위에 대한 차별적 강화의 과정에서 개인이 일탈행위를 할 확률은 차별적 가치를 습득해 온 규범적 진술·규정 그리고 어구화가 존재할 때 증대된다.
7. 일탈행위의 강점은 일탈행위강화의 가능성·빈도·양의 직접적인 기능이다. 일탈적 유형과 접촉하는 양식은 일탈유형의 강화의 계획·양 그리고 근원에 영향을 미치는 중요한 요인이다.

정답 ①

12 중학생 甲은 친구들의 따돌림을 받고 인터넷에 빠져 살던 중 어느 조직폭력단 두목의 일대기에 심취하여 그의 행동을 흉내 내다가 범죄를 저지르기에 이르렀다. 甲의 범죄화 과정을 설명하는 이론으로 적절한 것은? 2014. 사시

① 머튼(Merton)의 아노미이론(Anomie Theory)
② 서덜랜드(Sutherland)의 차별적 접촉이론(Differential Association Theory)
③ 레머트(Lemert)의 낙인이론(Labeling Theory)
④ 셀린(Sellin)의 문화갈등이론(Culture Conflict Theory)
⑤ 글레이저(Glaser)의 차별적 동일시이론(Differential Identification Theory)

해설

☑ 차별적 동일시이론(글래저. Glaser)

사람은 누구나 자신을 누군가와 동일화하려는 경향이 있고 자신의 범죄행위를 수용할 수 있다고 생각되는 실재의 인간이나 관념상의 인간에게 자신을 동일화시키는 과정을 통해 자기 자신을 합리화하고 용납하면서 범죄를 저지른다는 이론이다.

범죄를 학습의 결과로 보는 차별적 접촉이론의 관점과 공통되나, 서덜랜드(Sutherland)의 '접촉' 대신 '동일화'라는 개념을 사용하여 범죄학습대상을 확대하여 차별적 접촉이론을 수정·보완하였는데 사람들이 동일화되어가는 과정에서 범죄행동을 수행한다고 보았다(동일화 ⇨ 합리화 ⇨ 범죄행위).

차별적 동일시이론은 범죄를 학습할 수 있는 대상이 텔레비전이나 영화의 주인공처럼 관념상의 인간으로까지 확장될 수 있다고 보았다.

☑ 차별적 기대이론(Differential Anticipation Theory)

글래저(Glaser)는 차별적 접촉, 차별적 기회구조, 사회통제를 기초로 차별적 접촉이론이 무시한 기회구조의 문제에 대응하고 사회통제이론의 요소를 가미하려는 시도로서 자신의 차별적 동일시이론을 차별적 기대이론으로 재구성하였다.

차별적 기대이론에 따르면, 개인적 범죄성은 행위의 결과에 대한 자신의 기대감의 산물이라는 것이다. 여기서 기대감이란 행위에 대한 상대적 보상과 처벌을 의미하는 인간의 범죄적 또는 반범죄적 사회적 유대, 범죄행위를 유발하거나 조장하는 기술과 태도 및 합리화 등의 차별적 학습, 그리고 범행의 기회와 위험성에 대한 자신의 인식에 의해서 영향을 받게 되는 것을 말한다. 그런데 인간은 인식된 또는 기대되는 최선의 대안을 선택할 때 실제로 최선의 대안을 중요시하는 것이 아니라 최선의 대안에 대한 자신의 기대감을 중요시하고 있다.

결론적으로 차별적 기대이론은 "사람이 범죄로부터의 만족감에 대한 기대감이 – 사회적 유대, 차별적 학습 그리고 기회의 인식의 결과로 – 이들 요소들로부터의 부정적 기대감을 상회할 경우에 범행하고자 한다."는 것이다.

정답 ⑤

---

13 중학생 A는 어느 조직폭력단 두목의 일대기에 심취하여 그의 행동을 흉내 내다가 범죄를 저지르기에 이르렀다. 다음 중 A의 범죄화 과정을 설명하는 이론으로 가장 옳은 것은? 2022. 해경 경위

① 머튼(Merton)의 아노미이론
② 그레이저(Glaser)의 차별적 동일시이론
③ 셀린(Sellin)의 문화갈등이론
④ 터크(Turk)의 권력갈등론

해설

② [○] 그레이저(Glaser)의 차별적 동일시이론은 사람은 누구나 자신을 누군가와 동일화하려는 경향이 있고 자신의 범죄행위를 수용할 수 있다고 생각되는 실재의 인간이나 관념상의 인간에게 자신을 동일화시키는 과정을 통해 자기 자신을 합리화하고 용납하면서 범죄를 저지른다는 이론이다.

범죄를 학습의 결과로 보는 차별적 접촉이론의 관점과 공통되나, 서덜랜드(Sutherland)의 '접촉' 대신 '동일화'라는 개념을 사용하여 범죄학습대상을 확대하여 차별적 접촉이론을 수정·보완하였는데 사람들이 동일화되어가는 과정에서 범죄행동을 수행한다고 보았다 (동일화 ⇨ 합리화 ⇨ 범죄행위).

차별적 동일시이론은 범죄를 학습할 수 있는 대상이 텔레비전이나 영화의 주인공처럼 관념상의 인간으로까지 확장될 수 있다고 보았다.

정답 ②

14 에이커스(R. Akers)의 사회학습이론이 개인의 범죄활동을 설명하기 위하여 제시한 네 가지 개념이 아닌 것은?

2016. 5급 승진

① 차별접촉(Differential Association)
② 정의(Definition)
③ 차별강화(Differential Reinforcement)
④ 모방(Imitation)
⑤ 동일시(Identification)

해설
☑ 학습과정의 4가지 주요 초점

에이커스(Akers)는 일탈적 집단과의 차별적 접촉을 규정하고 모방하며 사회적 환경을 제공해 주는 과정을 기술함으로써 차별적 강화이론을 요약하고 있으며, 학습된 규정은 미래행위에 대한 판별적 자극으로 작용한다고 하였다.
최초의 행동이 있은 후에는 모방의 중요성을 떨어지고 대신 사회적 또는 비사회적 강화재와 처벌재가 중요성을 더하게 된다. 이를 바탕으로 에이커스는 이론상 확인된 자신의 학습과정에서 중요한 네 가지 개념, 즉 모방, 차별적 접촉, 규정(정의), 차별적 강화를 제시하였다.

모방	다른 사람들이 하는 행동을 관찰하고 모방하는 것을 말한다.
차별적 접촉	대부분 서덜랜드의 명제를 받아들이지만, 차별적 접촉의 내용으로 사람들 간의 직접적인 의사소통까지 포함시킨다는 점에서 차이가 있다.
정의	사람들이 자신의 행위에 대해 부여하는 의미를 말한다.
차별적 강화	행위에 대해 기대되는 결과가 다를 수 있다는 것으로, 즉 자기 행위에 대한 보답이나 처벌에 대한 생각의 차이가 사회적 학습에서 나름의 의미를 지닌다는 것을 말한다.

▶ 이를 종합하면, 차별적 강화이론이 차별적 접촉이론에서 지적되었던 접촉과 범죄행위 사이의 부족한 연계를 '차별적 강화'라는 개념으로 채워주어 '차별적 접촉 → 차별적 강화 → 범죄행위'와 같은 인과관계의 형태를 띠게 된다.
즉, 범죄행위의 학습이 일어나는 일련의 귀결은 – 범죄행위에 대해서 역할모형으로 작용하고 사회적 강화를 제공하는 – 범죄행위에 대한 긍정적인 규정을 가진 다른 사람과의 개인적 차별적 접촉으로부터 시작한다. 최초의 범죄는 이렇게 시작하나 범행의 지속 여부는 범죄행위의 실제 결과에 의해서 결정되는 것이다.

정답 ⑤

15 에이커스(Akers)의 사회학습이론에서 제시한 주요 개념에 대한 설명으로 가장 적절한 것은? 2024(74). 경위

① 차별적 접촉이란 개인이 법 준수나 법 위반에 대한 우호적 또는 비우호적 정의에 노출되어 있는 과정을 의미하는데, 직접 접촉은 물론 영상 등을 통한 간접 접촉도 포함된다.
② 정의란 개인이 특정 행위에 부여하는 의미 또는 태도를 말하며, 여기에는 범죄에 대한 긍정적 정의와 부정적 정의는 포함되나 중화적 정의는 포함되지 않는다.
③ 차별적 강화는 행위로부터 얻게 되거나 예상되는 보상과 처벌의 균형을 의미하고, 주변으로부터의 인정이나 금전적 보상 등이 빈번하고 강할수록 차별적 강화는 약하게 나타난다.
④ 모방은 다른 사람의 행동을 관찰함으로써 행위를 따라 하는 것으로, 새로운 행위의 시도나 범죄 수법에 영향을 미치지만 행위의 지속에는 영향을 미치지 않는다.

해설

① [○] 차별적 접촉이란 개인이 법 준수나 법 위반에 대해 우호 또는 비우호적인 규범적 정의에 노출되어 있는 과정을 말한다. 서덜랜드의 차별적 접촉이론이 직접적인 접촉에 기초한 상호작용을 강조하였다면, 에이커스의 사회학습이론은 직접적 접촉뿐만 아니라 간접적 접촉(스마트폰, 인터넷, TV, 신문 등)과 준거집단에 대한 동일시를 포함하고 있다.
② [×] 정의는 특정 행위에 대하여 사람들이 부여하는 의미와 태도를 말하며, 여기에는 범죄에 대한 긍정적 정의, 부정적 정의, 중화적 정의가 포함된다. 에이커스는 행위에 대한 사람들의 긍정적 혹은 부정적 태도가 행위가담 가능성을 결정한다고 보았다. 사람들은 어떤 행위를 거부하는 태도를 견지할수록 그 행위를 덜 하게 된다. 따라서 범죄나 일탈행위를 거부하는 도덕적·인습적 태도는 범죄에 대한 부정적 정의라 할 수 있다. 반대로 어떤 행위를 허용 가능하며 도덕적으로도 문제가 없다고 인식하는 태도나 정의를 긍정적 정의라 한다. 또한 긍정적 정의와 유사하게 중화적 정의 역시 존재한다. 중화적 정의란 사람들은 비록 어떤 행위가 바람직하지 않다고 생각할지라도 그 행위가 특정 상황에서는 정당화될 수 있고 나쁜 것이 아니며 필요하다고 변명하려는 태도를 가질 수 있다는 것이다. 결국 범죄에 긍정적 정의나 중화적 정의를 더 많이 가진 사람일수록 보다 더 범죄행위에 가담할 가능성이 높아진다. 에이커스는 대부분의 경우 범죄는 범죄행위에 대한 우호적 정의가 너무 강하기 때문이 아니라 인습적 신념이 너무 약해서 절제를 못하거나 법위반에 대한 적극적 또는 중화적 태도를 견지하기 때문에 발생한다고 하였다.
③ [×] 차별적 강화는 행위의 결과로 얻게 되는 보상과 처벌에 의해 영향을 받는다. 주변 사람들로부터 얻게 되는 인정, 돈, 음식, 칭찬 등이 빈번하고 강하며 강화가능성이 높을수록 차별강화는 더 크게 나타난다고 한다. 일반적으로 강화는 어떤 행동을 지속하게 만든다.
④ [×] 모방이란 다른 사람의 행동을 관찰함으로써 그 행위를 따라하는 것이다. 대리강화라 불리는 간접적 체험을 통해서도 행위가 모방이 될 수 있으며, 미디어를 통한 행위학습은 대리강화의 원리가 반영된 대표적인 예이다. 모방은 주로 새로운 행위의 시도나 범행수법의 도입에 더 큰 영향을 미치지만, 행위의 지속에도 영향을 미친다.

정답 ①

16 버제스와 에이커스(Burgess & Akers)의 차별강화이론에 대한 설명으로 가장 적절하지 않은 것은?

2023(73). 경위

① 범죄행위에 대해 처벌이 이루어지지 않아 범죄행위가 지속·강화된다면 이것은 부정적 처벌이다.
② 범죄행동은 행위의 결과로 얻게 되는 보상과 처벌에 의해 영향을 받게 된다.
③ 범죄행위에 대한 보상이 제공됨으로써 범죄행위가 지속·강화된다면 이것은 긍정적 강화이다.
④ 차별접촉이론과 심리학적 학습이론을 접목하였다.

해설

① [×] 부정적 강화(Negative Reinforcement)에 대한 설명이다. 어떤 아이가 착한 일을 했음에도 불구하고 보상이 주어지지 않는다면 향후 그 행위를 지속할 가능성이 낮아지는데, 이를 부정적 처벌(Negative Punishment)이라 한다.
② [○] 차별적 강화이론은 범죄행위의 결과로서 보상이 취득되고 처벌이 회피될 때 그 행위는 강화되는 반면, 보상이 상실되고 처벌이 강화되면 그 행위는 약화된다고 설명한다.
③ [○] 어린아이가 어떤 행위에 대하여 부모로부터 보상을 받았다면 그 행위를 지속할 가능성이 높아진다. 행위에 대한 보상이 주어지는 경우를 긍정적 강화(Positive Reinforcement)라 한다.
④ [○] 심리학의 행동주의 학습이론을 사회학에 적용하여, 서덜랜드의 상징적 상호작용론에 기초한 차별접촉의 원리를 스키너(Skinner)의 조작적 조건화로 재구성한 것이 차별적 접촉강화이론이다.

정답 ①

17 다음 중 버제스(Burgess)와 에이커스(Akers)의 차별접촉강화이론(Differential Association Reinforcement)에 대한 설명으로 가장 옳지 않은 것은?

2024. 해경 경위

① 사회학습 요소로서 차별접촉, 차별강화, 정의, 모방을 제시하였다.
② 차별강화는 행위의 결과로 얻게 되는 보상과 처벌에 의해 영향을 받는다.
③ 어린아이가 나쁜 짓을 했을 때 부모가 적절하게 훈육을 한다면 그 아이는 나쁜 짓을 덜 하게 되며, 이는 부정적 처벌(negative punishment)에 해당한다.
④ 행위에 대해 보상이 주어지는 경우 그 행위를 지속할 가능성이 높아지는데 이를 긍정적 강화(positive reinforcement)라 한다.

해설
① [○] 개인의 범죄활동을 설명하기 위하여 차별적 접촉, 정의, 차별적 강화, 모방을 중심으로 학습과정의 핵심 개념을 제시하였다.
② [○] 차별적 강화는 행위의 결과로 얻게 되는 보상과 처벌에 의해 영향을 받는다. 주변 사람들로부터 얻게 되는 인정, 돈, 음식, 칭찬 등이 빈번하고 강하며 강화가능성이 높을수록 차별강화는 더 크게 나타난다고 한다. 일반적으로 강화는 어떤 행동을 지속하게 만든다.
③ [×] 긍정적 처벌에 대한 설명이다. 처벌에는 행위에 대한 보상을 철회하거나 그 행위에 대해 처벌하는 긍정적 처벌과 착한 행위를 했음에도 불구하고 보상이 주어지지 않는 부정적 처벌이 있다. 처벌은 그 행위를 감소시킨다.
④ [○] 강화에는 행위에 대해 보상이 주어지는 긍정적 강화와 처벌이 제공되지 않아 강화가 이루어지는 부정적 강화가 있다. 강화는 지속적으로 그 행위를 하게 만든다.

정답 ③

제2절 | 사회통제이론

01 초기 통제이론들에 대한 다음 설명 중 가장 적절하지 않은 것은?

2022(72). 경위

① 나이(Nye)는 가정을 사회통제의 가장 중요한 근본이라고 주장하였다.
② 리스(Reiss)는 개인이 스스로 욕구를 참아내는 능력인 개인적 통제력의 개념을 제시하였다.
③ 레클리스(Reckless)의 봉쇄이론(Containment Theory)은 청소년 비행의 요인으로 내적 배출요인과 외적 유인요인이 있다고 하였다.
④ 토비(Toby)의 통제이론은 범죄를 통제하는 기제로서 자아의 역할을 특히 강조하였다.

해설
① [○] 나이(Nye)는 가정을 사회통제의 가장 중요한 근본임을 강조하였다. 그는 대부분의 청소년비행이 불충분한 사회통제의 결과라고 보았다. 그는 비행자들은 부모에게 거부당하거나 인정받지 못하였고, 비행을 저지르지 않은 청소년들은 부모의 훈육과 부모와 시간을 보내는 것에 긍정적인 태도를 갖고 있다는 설문조사의 결과를 제시하며 청소년비행에서 가정의 중요성을 강조하였다.
② [○] 라이스(Reiss)는 청소년범죄의 원인이 청소년 개인의 통제력에 있다고 보았고, 그것을 사회의 규범을 위반하는 욕구를 절제하는 능력이라고 보았다. 그는 소년비행의 원인을 개인통제력의 미비와 사회통제력의 부족으로 파악하였다.
③ [○] 레클리스(Reckless)의 봉쇄이론은 내부적·외부적 통제개념에 기초하여 범죄유발요인과 범죄차단요인으로 나누고, 만약 범죄를 이끄는 힘이 차단하는 힘보다 강하면 범죄나 비행을 저지르게 되고, 차단하는 힘이 강하면 비록 이끄는 힘이 있더라도 범죄나 비행을 자제한다는 이론이다. 범죄나 비행을 유발하는 요인으로 내적 배출요인, 외적 유인요인, 외적 압력요인으로 나누었고, 범죄나 비행을 차단하는 요인으로 내적 통제, 외적 통제로 나누었다.
④ [×] 레클리스(Reckless)는 범죄를 통제하는 기제로서 자아의 역할을 특히 강조한 자아관념이론을 제시하고, 긍정적인 자아관념이 있다면 아무리 범죄자인 친구들과 접촉을 한다고 하더라도 범죄를 실행하지 않는다고 하였다. 그는 비행행위에 대한 내적 견제로 좋은 자아관념이 가장 중요하며 그 밖에 목표지향성과 현실적 목적, 좌절감의 인내, 합법성에 대한 일체감을 들었다. 토비(J. Toby)는 경제환경과 범죄에 대해 설명하면서 자신이 속한 사회에서 스스로 느끼고 경험하는 상대적 결핍감이 범죄원인이 된다고 하였다.

정답 ④

02 렉클리스(Reckless)의 봉쇄이론(Containment Theory)이 말하는 범죄유발요인에 해당하지 않는 것은?

2023. 해경 경위

① 합리화(Rationalization)
② 유인(Pull)
③ 배출(Push)
④ 압력(Pressure)

해설

① [×] 렉크리스(Reckless)의 봉쇄이론은 범죄율이 높은 빈곤지역에 사는 사람이 어떻게 범죄적 환경의 영향을 뿌리치고 범죄활동에의 가담에 저항할 수 있으며, 어떠한 개인적 자질이 그 사람을 범죄유발의 영향으로부터 멀어지게 할 수 있는가라는 의문에 답하고자 하는 이론이다. 즉, 범죄적 영향이 왜 어떤 사람에게는 영향을 미치고, 어떤 사람에게는 영향을 미치지 않는가를 알고자 하는 것이다. 렉크리스는 내부적·외부적 통제개념에 기초하여 범죄유발요인과 범죄차단요인으로 나누고, 만약 범죄를 이끄는 힘이 차단하는 힘보다 강하면 범죄나 비행을 저지르게 되고, 차단하는 힘이 강하면 비록 이끄는 힘이 있더라도 범죄나 비행을 자제한다고 하였다.

☑ 범죄나 비행을 유발하는 요인

압력요인 (외적 압력)	불만족한 상태에 들게 하는 조건을 지칭한 것으로 빈곤·실업 등 열악한 생활조건, 가족갈등, 열등한 신분적 지위, 성공기회의 박탈 등
유인요인 (외적 유인)	정상적인 생활로부터 이탈하도록 유인하는 요소로 주위의 비행친구, 비행이나 범죄하위문화, 범죄조직, 불건전한 대중매체, 유흥업소 등의 유해환경 등
배출요인 (내적 배출)	비행을 하려는 욕구와 충동, 불안감, 불만감, 내적 긴장감, 적의감, 공격성, 즉흥성, 반역성 등과 같이 범죄나 비행을 저지르도록 하는 각 개인의 생물학적 혹은 심리적 요소들을 말한다.

☑ 범죄나 비행을 차단하는 요인

내적 통제	사람들이 내면화한 사회적 규칙 또는 규범으로 자기통제력 및 자아나 초자아의 능력과 좌절감을 인내할 수 있는 능력, 책임감, 집중력, 성취지향력, 대안을 찾을 수 있는 능력 등
외적 통제	가족이나 주위사람들과 같이 외부적으로 범죄를 차단하는 요인들로 일관된 도덕교육, 교육기관의 관심, 합리적 규범과 기대체계, 집단의 포용성, 효율적인 감독과 훈육, 소속감과 일체감의 배양 등

정답 ①

03 통제이론에 대한 설명으로 옳지 않은 것은?

2024. 보호 7급

① 라이스(A. Reiss)는 개인적 통제 및 사회적 통제의 실패가 범죄의 원인이라고 보고, 가족 등 일차집단의 역할수행에 주목하였다.
② 레클리스(W. Reckless)는 대부분의 사람이 수많은 압력과 유인에도 불구하고 범행에 가담하지 않고 순응 상태를 유지하는 이유 중의 하나를 사회화 과정에서 형성되는 내적(자기) 통제에서 찾았다.
③ 나이(F. Nye)는 가정이나 학교에서 소년에게 자신의 행위가 주위 사람에게 실망과 고통을 줄 것이라고 인식시키는 것이 소년비행을 예방할 수 있는 가장 효율적인 방법이라고 하였다.
④ 허쉬(T. Hirschi)는 전념(commitment)은 참여(involvement)의 결과물로 장래의 목표성취와 추구에 관한 관심과 열망이 강한 경우 범죄나 비행이 감소한다고 하였다.

해설
① [○] 라이스는 「개인적·사회적 통제실패로 인한 일탈」(1951)에서 개인의 자기통제력과 범죄와의 관계에 주목하여, 청소년비행의 원인을 개인통제력의 부족과 사회통제력의 부족으로 파악하고, 가족 등 일차집단의 역할수행에 주목하였다.
② [○] 차별적 접촉이론이 각각의 개인들의 차별적 반응에 대한 문제를 도외시하고 있다는 비판에 대해서 레크리스와 디니츠는 자아관념이라는 개념으로 설명하고자 하였다. 즉 '왜 범죄적 문화와 접촉한 사람 중에서 어떤 사람은 범죄에 빠지지 않는가?'라는 비행다발지역의 비비행소년에 대한 의문을 풀려고 하였다. 자아관념이론은 긍정적인 자아관념이 있다면 아무리 범죄자인 친구들과 접촉을 한다고 하더라도 범죄를 실행하지 않는다는 것으로, 레크리스에 의해 봉쇄이론으로 발전하였는데, 그는 자아관념을 내적 봉쇄요인으로 보았다.
③ [○] 나이(Nye)는 소년비행을 가장 효율적으로 예방할 수 있는 방법으로 가정이나 학교와 같은 비공식기관들이 소년들에게 본인들의 행위가 주위사람들에게 실망과 고통을 줄 것이라고 인식시키는 비공식적인 간접통제방법을 들었다.
④ [×] 전념이 참여의 결과물이 아니라, 참여가 전념의 결과물이다. 전념은 관습적인 생활방식과 활동에 투자하는 시간과 정열을 의미한다. 즉 교육적 또는 직업적 목표의 성취와 추구에 대한 열망이 비행에 대한 제재로 해석되는데, 이는 이러한 열망의 소유자는 자신의 비행으로 미래의 희망을 망칠 수도 있다고 우려하기 때문에 비행과 같은 위험을 무릅쓴 행동을 하지 않는 반면, 관습적인 일에 대한 열망이 적고 전념하지 못하는 청소년은 그만큼 잃어버릴 것이 적기 때문에 비행과 같은 위험성이 있는 행위에도 가담할 수 있는 것이다. 참여는 전념의 결과로서, 실제로 관습적인 일에 참여하는 것을 말한다. 학업에 열중하고 가족과 시간을 보내는 청소년은 그만큼 비관습적인 일에 참여할 수 있는 시간과 기회가 적어지는 반면, 그렇지 못한 청소년은 학업에 열중할 수 있는 시간과 기회가 적기 때문일 것이다.

정답 ④

04 봉쇄이론(Containment Theory)에 대한 설명으로 옳지 않은 것은?

① 나쁜 친구들, 불건전한 대중매체 등은 유인요인에 해당한다.
② 가족갈등, 열등한 신분적 지위 등은 배출요인에 해당한다.
③ 열악한 생활조건, 성공기회의 박탈은 압력요인에 해당한다.
④ 가족이나 주위사람들은 외적 봉쇄요인에 해당한다.

해설
☑ 레크리스(Reckless)의 봉쇄(견제)이론
범죄유발요인과 범죄차단요인으로 나누고, 만약 범죄를 이끄는 힘이 차단하는 힘보다 강하면 범죄나 비행을 저지르게 되고, 차단하는 힘이 강하면 비록 이끄는 힘이 있더라도 범죄나 비행을 자제한다는 것이다.

정답 ②

05 사이크스(Sykes)와 마짜(Matza)가 제시한 중화의 기법과 사례의 연결이 가장 적절하지 않은 것은?
2024(74). 경위

① 가해(손상)의 부인: 타인의 재물을 횡령하면서 사후에 대가를 지불하면 아무런 문제가 없다고 주장하는 경우
② 충성심(상위가치)에 대한 호소: 특수절도를 하는 과정에서 공범인 A, B와의 친분관계 때문에 의리상 어쩔 수 없었다고 주장하는 경우
③ 피해자의 부인: 성범죄를 저지르면서 피해자가 야간에 혼자 외출하였기 때문에 발생한 것이라고 주장하는 경우
④ 비난자에 대한 비난: 폭력을 행사하면서 어린 시절 부모로부터 학대를 당해 그럴 수밖에 없었다고 주장하는 경우

해설

① [O] 가해(손상)의 부정은 훔친 것을 빌린 것이라고 하는 등 자신의 행위가 위법한 것일지는 몰라도 실제로 자신의 행위로 인하여 손상을 입은 사람은 아무도 없다고 주장하며 합리화하는 경우가 이에 해당한다(자신의 범죄사실을 부정하는 것).

② [O] 상위가치(충성심)에 대한 호소는 자신의 행위가 옳지는 않지만, 친구 등 중요한 개인적 친근집단에 대한 충성심이나 의리에서 어쩔 수 없었다는 주장으로 중화시키는 것을 말한다.

③ [O] 피해자의 부정은 자신의 행위가 피해를 유발한 것은 인정하지만, 그 피해는 당해야 마땅한 사람에 대한 일종의 정의로운 응징이라고 주장하거나(도덕적 복수자) 피해를 본 사람이 노출되지 않은 경우에 피해자의 권리를 무시함으로써 중화시키는 것을 말한다(자신의 범죄사실은 인정하지만, 범행 행위의 원인을 피해자가 제공).

④ [×] 책임의 부정에 해당한다. 책임의 부정은 의도적인 것이 아니었거나 자기의 잘못이 아니라 주거환경, 친구 등에 책임을 전가하거나 또는 자신도 자기를 통제할 수 없는 외부세력의 피해자라고 여기는 경우가 이에 해당한다(자신의 범죄사실은 인정하지만, 사람·환경에 책임을 전가하는 것). 비난자에 대한 비난은 자신을 비난하는 사람, 즉 경찰·기성세대·부모·선생님 등이 더 나쁜 사람이면서 소년 자신의 작은 잘못을 비난하는 것은 모순이라는 식으로 합리화해 가는 것을 말한다.

정답 ④

06 다음은 사이크스(Sykes)와 마차(Matza)의 중화기술에 관한 내용이다. ㉠, ㉡에 해당되는 유형이 가장 적절하게 짝지어진 것은?

2022. 경찰2차

> ㉠ 범죄자 甲은 이 세상은 타락했고 경찰도 부패했다며 '왜 나만 갖고 그래!'라고 소리쳤다.
> ㉡ 범죄자 乙은 자신에게 폭행당한 사람에게 '네가 힘없는 부녀자를 때렸기 때문에 넌 맞아도 돼!'라고 말했다.

① ㉠ 비난자에 대한 비난(Condemnation of condemners)
㉡ 피해자의 부정(Denial of Victim)

② ㉠ 책임의 부정(Denial of Responsibility)
㉡ 피해의 부정(Denial of Injury)

③ ㉠ 책임의 부정(Denial of Responsibility)
㉡ 피해자의 부정(Denial of Victim)

④ ㉠ 비난자에 대한 비난(Condemnation of condemners)
㉡ 책임의 부정(Denial of Responsibility)

해설

㉠ 비난자에 대한 비난: 자신을 비난하는 사람, 즉 경찰·기성세대·부모·선생님 등이 더 나쁜 사람이면서 소년 자신의 작은 잘못을 비난하는 것은 모순이라는 식으로 합리화해 가는 것을 말한다.

㉡ 피해자의 부정: 자신의 행위가 피해를 유발한 것은 인정하지만, 그 피해는 당해야 마땅한 사람에 대한 일종의 정의로운 응징이라고 주장하거나 피해를 본 사람이 노출되지 않은 경우에 피해자의 권리를 무시함으로써 중화시키는 것을 말한다.

정답 ①

07 중화의 기법 중 다음 <보기>의 연구와 관련성이 가장 적은 것은?

2023. 해경 경위

> 1971년 메나헴 아미르(Menachem Amir)는 필라델피아에서 강간범죄 피해자에 대한 연구를 수행하였다. 이 연구에서 아미르는 여성피해자가 흔히 도발적인 복장을 하거나 외설적인 언어를 사용하거나 심지어 일부는 마조히즘 성향을 보이며 강간범과 관계를 가지려고 함으로써 공격에 원인을 제공하였다고 주장하였다.

① 책임의 부정
② 가해의 부정
③ 피해자의 부정
④ 비난자에 대한 비난

해설

① [O] 책임의 부정: 사람이나 어쩔 수 없는 환경상황에서 그럴 수밖에 없었다고 자신의 책임을 전가하는 것을 말한다. 여성피해자가 나(강간범)와 관계를 가지려고 하였기에, 피해자의 잘못이지 나의 잘못이 아니다(자신의 범죄사실은 인정하지만, 사람·환경에 책임을 전가하는 것).
② [O] 가해의 부정: 피해자의 피해가 그다지 크지는 않다고 그 손상을 부인하는 것을 말한다. 여성피해자가 마조히즘(타인으로부터 물리적이거나 정신적인 고통을 받고 성적 만족을 느끼는 병적인 심리상태) 성향을 보이며 나(강간범)와 관계를 가지려고 하였기에, 누구도 법적 책임을 질 필요가 없다고 주장하는 경우에 해당한다(자신의 범죄사실을 부정하는 것).
③ [O] 피해자의 부정: 비행의 상대 피해자가 잘못을 했고 피해를 당할만했다고 피해자를 부정하는 것을 말한다. 여성피해자가 흔히 도발적인 복장을 하거나 외설적인 언어를 사용하였기에, 보호받을 가치 없는 정조라고 강간범이 자신의 행위를 정당화한 경우에 해당한다(범행 행위의 원인을 피해자가 제공).
④ [×] 비난자에 대한 비난: 자신들의 비행을 나무라는 어른이나 경찰들도 법을 위반하기 때문에 자신들만을 나무라는 것은 잘못되었다는 것을 말한다. 제시된 사례와 관련성이 없다.

정답 ④

08 범죄자들이 사용하는 중화기술에 해당하지 않는 것은?

2016. 사시

① 범죄자 甲은 타인 乙의 재물을 절취하면서 자신은 아무런 재산이 없기 때문에 그러한 행위를 하였다고 하면서 자신의 책임을 부정하였다.
② 범죄자 甲은 타인 乙의 재물을 횡령하면서 사후에 대가를 지불하면 아무런 문제가 없다고 변명하였다.
③ 범죄자 甲은 병역의무가 있음에도 불구하고 관련 법률이 개인의 자유권을 침해했다는 이유로 이를 부정하였다.
④ 범죄자 甲은 특수절도를 하는 과정에서 공범인 乙 및 丙과의 친분관계 때문에 어쩔 수 없었다고 주장하였다.
⑤ 범죄자 甲은 수뢰죄 혐의로 수사를 받으면서 사건 담당 사법경찰관 乙의 강제추행사실을 비난하였다.

해설

① [O] 책임의 부정(Denial of Responsibility)
② [O] 가해(손상)의 부정(Denial of Injury)
③ [×] 사이크스(Sykes)와 맛차(Matza)가 제시한 중화기술유형에 해당하지 않는다.
④ [O] 상위가치에 대한 호소(고도의 충성심에의 호소, Appeal to Higher Loyalties)
⑤ [O] 비난자에 대한 비난(Condemnation of Condemners)

정답 ③

09 사이크스(Sykes)와 마짜(Matza)가 제시한 중화의 기법 중 '(A) 책임의 부인'과 '(B) 상위의 충성심에 호소'에 해당하는 것을 바르게 연결한 것은?

2019. 5급 승진

> ㉠ 무엇인가가 나를 그렇게 하도록 만들었어. 어쩔 수 없었잖아.
> ㉡ 난 단지 그것을 잠시 빌린 것뿐이야.
> ㉢ 다른 사람들은 더 나쁜 짓을 하고서도 처벌받지 않잖아.
> ㉣ 나는 내 가족의 생계를 위해서 훔쳤어.

	(A)	(B)
①	㉠	㉡
②	㉠	㉣
③	㉠, ㉡	㉢
④	㉠, ㉣	㉢
⑤	㉡, ㉢	㉠, ㉣

해설
㉠ 책임의 부정
㉡ 가해(손상)의 부정
㉢ 비난자에 대한 비난
㉣ 상위가치에 대한 호소(고도의 충성심에의 호소)

정답 ②

---

10 다음 중 사이크스(Sykes)와 맛차(Matza)의 중화이론(theory of Neutralization)에 대한 설명으로 가장 옳지 않은 것은?

2024. 해경 경위

① 법 위반자는 때로는 위반행위가 단순히 자신의 잘못 때문만이 아니라 자신의 통제에서 벗어난 어쩔 수 없는 힘에 의한 결과였다고 생각한다.
② 범죄란 불법행위에 직면할 때 도덕적 고민을 해결하기 위해 사회적으로 용인된 일정의 표준화된 기술을 학습하여 얻은 극복의 결과로 여긴다.
③ 훔친 물건은 잠시 빌리는 것뿐이며, 물건 파손은 이미 쓸모없는 물건에 해를 입히는 것뿐이라고 여긴다.
④ 범죄란 사회의 문화적이고 제도적 영향의 결과로 바라본다.

해설
① [O] 중화기술의 유형 중 책임의 부정에 대한 설명이다.
② [O] 비행을 해서는 안 된다고 생각하면서도 순간적으로 표류하여 비행을 하게 될 때 비행 전에 자신의 비행행위를 정당화하고 중화하는 것이 비행의 원인이라고 보았다. 즉, 불법적 행위에 대한 일련의 표준적 합리화를 수용함으로써 사회적으로 수용된 가치를 중화시킨 결과가 비행이라고 파악하였다.
③ [O] 중화기술의 유형 중 가해의 부정에 대한 설명이다.
④ [×] 메스너와 로젠펠드의 제도적 아노미이론에 대한 설명이다. 중화기술이론에 따르면 범죄는 사회적으로 용인된 기술을 학습하여 얻은 자기합리화의 결과이다.

정답 ④

11 다음 사례에 해당하는 중화의 기술을 옳게 짝지은 것은?
2018. 교정 9급

> ㉠ 친구의 물건을 훔치면서 잠시 빌린 것이라고 주장하는 경우
> ㉡ 술에 취해서 자기도 모르는 사이에 저지른 범행이라고 주장하는 경우

	㉠	㉡
①	가해(손상)의 부정	책임의 부정
②	가해(손상)의 부정	비난자에 대한 비난
③	책임의 부정	비난자에 대한 비난
④	피해자의 부정	충성심에 대한 호소

해설
㉠ 가해(손상)의 부정: 훔친 것을 빌린 것이라고 하는 등 자신의 행위가 위법한 것일지는 몰라도 실제로 자신의 행위로 인하여 손상을 입은 사람은 아무도 없다고 주장하며 합리화하는 경우가 이에 해당한다(자신의 범죄사실을 부정하는 것).
㉡ 책임의 부정: 의도적인 것이 아니었거나 자기의 잘못이 아니라 주거환경, 친구 등에 책임을 전가하거나 또는 자신도 자기를 통제할 수 없는 외부세력의 피해자라고 여기는 경우가 이에 해당한다(자신의 범죄사실은 인정하지만, 사람·환경에 책임을 전가하는 것).

정답 ①

---

12 사이크스(Sykes)와 맛차(Matza)는 청소년들이 표류상태에 빠지는 과정에서 '중화기술'을 습득함으로써 자신의 비행을 합리화한다고 하였다. <보기 1>의 중화기술의 유형과 <보기 2>의 구체적인 사례를 바르게 연결한 것은?
2018. 보호 7급

― <보기 1> ―
㉠ 책임의 부정(Denial of Responsibility)
㉡ 가해의 부정(Denial of Injury)
㉢ 피해(자)의 부정(Denial of Victim)
㉣ 비난자에 대한 비난(Condemnation of The Condemners)

― <보기 2> ―
A. 甲은 경찰, 검사, 판사는 부패한 공무원들이기 때문에 자신의 비행을 비난할 자격이 없다고 합리화한다.
B. 乙은 자신이 비행을 범한 것은 열악한 가정환경과 빈곤, 불합리한 사회적 환경 탓이라고 합리화한다.
C. 丙은 마약을 사용하면서 마약은 누구에게도 피해를 주지 않는다고 합리화한다.
D. 점원 丁은 점주의 물건을 훔치면서 점주가 평소 직원들을 부당하게 대우하여 노동을 착취해왔기 때문에 그의 물건을 가져가는 것은 당연하다고 합리화한다.

	㉠	㉡	㉢	㉣
①	B	A	D	C
②	B	C	D	A
③	B	D	C	A
④	D	C	B	A

해설
㉠ 책임의 부정 – B
㉡ 가해의 부정 – C
㉢ 피해자의 부정 – D
㉣ 비난자에 대한 비난 – A

정답 ②

13 중화기술이론의 사례에서 '책임의 부정'에 해당하는 것은? 2022. 보호 7급

① 기초수급자로 지정받지 못한 채 어렵게 살고 있던 중에 배가 고파서 편의점에서 빵과 우유를 훔쳤다고 주장하는 사람
② 성매수를 했지만 성인끼리 합의하여 성매매를 한 것이기 때문에 누구도 법적 책임을 질 필요가 없다고 주장하는 사람
③ 부정한 행위로 인하여 사회적 비난을 받는 사람의 차량을 파손하고 사회정의를 실현한 것이라고 주장하는 사람
④ 교통범칙금을 부과하는 경찰관에게 단속실적 때문에 함정단속을 한 것이 아니냐고 따지는 운전자

해설
① [○] 책임의 부정은 어쩔 수 없는 환경상황에서 그럴 수밖에 없었다고 자신의 책임을 전가하는 것을 말한다.
② [×] 가해의 부정
③ [×] 피해자의 부정
④ [×] 비난자에 대한 비난

정답 ①

14 다음 〈보기〉는 사이크스(Sykes)와 마차(Matza)의 중화기술에 관한 내용이다. 이에 해당되는 유형은 무엇인가? 2022. 해경 경위

─〈보기〉─
범죄자 A는 경찰, 검사, 판사들은 부패한 공무원들이기 때문에 자신의 비행을 비난할 자격이 없다고 합리화한다.

① 책임의 부정(Denial of Responsibility)
② 가해의 부정(Denial of Injury)
③ 비난자에 대한 비난(Condemnation of the Condemners)
④ 피해자의 부정(Denial of Victim)

해설
③ [○] 사이크스(Sykes)와 맛차(Matza)의 중화기술의 유형 중 '비난자에 대한 비난'에 해당한다.
자신을 비난하는 사람, 즉 경찰·기성세대·부모·선생님 등이 더 나쁜 사람이면서 소년 자신의 작은 잘못을 비난하는 것은 모순이라는 식으로 합리화해 가는 것을 말한다.

정답 ③

15 다음은 사이크스(Sykes)와 마차(Matza)의 중화기술에 관한 내용이다. 해당되는 유형은 무엇인가?

2022(72). 경위

> 이 사회를 운영하는 지도층도 다들 부패했고 도둑놈들이기 때문에 법을 어기는 것은 괜찮아. 그들은 내가 하는 것에 대해서 비판하는 위선자들일 뿐이야. 그렇게 존경받는 사람들이 저지르는 화이트칼라범죄를 봐.

① 책임의 부정(Denial of Responsibility)
② 피해의 부정(Denial of Injury)
③ 피해자의 부정(Denial of Victim)
④ 비난자에 대한 비난(Condemnation of Condemners)

해설
④ [O] 사이크스(Sykes)와 맛차(Matza)의 중화기술의 유형 중 '비난자에 대한 비난'에 해당한다. 자신을 비난하는 사람, 즉 경찰·기성세대·부모·선생님 등이 더 나쁜 사람이면서 소년 자신의 작은 잘못을 비난하는 것은 모순이라는 식으로 합리화 가는 것을 말한다.

정답 ④

16 소년비행의 원인에 대한 설명으로 옳지 않은 것은?

2014. 보호 7급

① 맛차(Matza)와 사이크스(Sykes)에 따르면 일반소년과 달리 비행소년은 처음부터 전통적인 가치와 문화를 부정하는 성향을 가지고 있으며, 차별적 접촉과정에서 전통규범을 중화시키는 기술이나 방법을 습득한다.
② 레크리스(Reckless)에 따르면 누구든지 비행으로 이끄는 힘과 이를 차단하는 힘을 받게 되는데, 만일 비행으로 이끄는 힘이 차단하는 힘보다 강하면 범죄나 비행을 저지르게 된다.
③ 허쉬(Hirschi)에 따르면 누구든지 비행가능성이 잠재되어 있고, 이를 통제하는 요인으로 개인이 사회와 맺고 있는 일상적인 유대가 중요하다.
④ 나이(Nye)에 따르면 소년비행을 예방할 수 있는 방법 중 가장 효율적인 것은 비공식적 간접통제방법이다.

해설
① [X] 비행소년은 대부분의 경우 다른 사람들과 마찬가지로 일상적이고 준법적인 행위를 하며 특별한 경우에 한하여 위법적인 행위에 빠져들고, 규범위반에 대해 일련의 표준적 합리화(중화)를 통한 내적 통제의 약화가 범죄의 원인이 된다고 보았다.

☑ 사이크스(Sykes)와 맛차(Matza)도 범죄자가 되는 과정을 학습경험으로 간주하지만, 다른 학습이론과는 상당한 차이가 있다. 차별적 접촉이론 등은 범죄행위를 수행하는 데 필요한 태도·가치·기술의 학습을 중시하는 데 비해, 사이크스와 맛차는 대부분의 비행자와 범죄자들이 관습적인 가치와 태도를 견지하지만 그들은 이들 가치를 중화(합리화, 정당화)시키는 기술을 배워서 비합법적 행위와 관습적 행위 사이를 왔다갔다 표류(Drift)한다고 주장한다.

이 표류의 개념은 비행이 특별한 수단의 상황이나 여건에 따른 개인의 '규제되지 않은 선택'에 주로 기초한다는 것으로서, 이른바 행위에 대한 개인판단의 중요성이 청소년 행위에 대해 개인적 또는 환경적인 측면에서 결정적 요인을 중시하는 다른 학습이론과는 구별된다.

대부분의 사람들은 완전한 자유와 완전한 제재 사이라는 연속선상의 어떤 한 곳에서 행동하고 자신의 생을 살아가는데, 표류라는 것은 개인이 때로는 완전히 비관습적이고 일탈적인 방법으로 행동하거나, 때로는 그 반대로 행동하여 연속선상의 양극단 중 어느 하나로부터 다른 하나로 옮기는 과정을 말한다.

정답 ①

17 허쉬(Hirschi)의 사회유대이론에 대한 설명으로 가장 적절하지 않은 것은? 2024(74). 경위

① 누구나 범죄를 저지를 가능성이 있지만, 그것을 통제하는 요인은 개인이 사회와 맺고 있는 일상적인 유대이며, 그 유대가 약화되거나 단절되었을 때 범죄를 저지르게 된다고 하였다.
② 사회유대의 요소에는 애착(Attachment), 전념(Commitment), 참여(Involvement), 신념(Belief)이 있다.
③ 사회유대이론은 형사사법기관에 의한 공식적 통제를 강조하였다.
④ 사회유대이론과 억제이론은 통제력을 강조한다는 공통점이 있다.

해설

① [○] 허쉬는 사회통제(유대)이론에서 범죄동기는 누구에게나 주어지는 것이라고 가정하였고, 모두가 범죄동기를 가지고 있음에도 왜 대부분의 사람들이 법과 규범을 지키는 것인지를 설명하고자 했고, 그들에게는 사회통제 또는 사회유대가 작동하기 때문이라고 보았다.
② [○] 사회유대의 요소에는 애착, 전념, 참여, 믿음(신념)이 있으며, 개인이 사회와 유대를 맺는 방법인 애착, 전념, 참여, 믿음의 정도에 따라 비행을 저지를지 여부가 결정된다고 보았다.
③ [×] 사회통제이론은 비공식적 통제를 강조한다. 차별적 접촉이론이나 사회학습이론가들이 문화규범의 갈등을 가정하고 범죄에 호의적 문화와 규범 그리고 범죄에 호의적이지 않는 문화와 규범의 존재 모두를 가정했지만, 허쉬는 사회가 범죄에 호의적이지 않은 인습적 규범만이 존재한다고 가정한다. 따라서 사회의 가정, 교육기관, 종교 등 다양한 기구와 제도들은 범죄에 부정적이고, 그래서 사회통제의 기제로 작용한다고 보았다. 그리고 대다수의 많은 사람들은 이러한 인습적인 사회와 유대를 맺음으로서 자신의 범죄동기를 통제할 수 있게 되어 범죄를 저지르지 않는다고 보았다. 그렇지만 일부 사회유대가 약한 사람들은 범죄동기를 통제하지 못해 범죄의 가능성이 높다고 주장한다. 결국 범죄는 범죄동기가 아니라 그것을 통제해 줄 수 있는 사회유대의 여부에 달려있다고 본다.
④ [○] 사회통제이론과 억제이론은 통제력을 강조한다는 공통점이 있다. 사회통제이론은 범죄의 설명요인으로 범죄 여부는 범죄동기가 아니라 이러한 범죄동기를 통제해 줄 수 있는 통제기제의 여부에 달려있다고 본다. 억제이론은 고전주의 범죄학의 기본전제인 인간의 자유의지와 합리성을 기반으로 처벌의 확실성, 엄격성, 신속성에 의해 계량된 처벌의 고통과 범죄로 인한 이익 사이의 함수관계로 범죄를 이해한다. 고전주의 범죄학자들은 이러한 개념을 모든 인간과 모든 범죄에 적용될 수 있는 범죄에 대한 일반이론으로 설명하였으며, 처벌이 강화되면 범죄가 감소되는 것으로 보았다.

정답 ③

18 허쉬(Hirschi)의 사회유대이론에 관한 설명으로 가장 적절하지 않은 것은? 2023(73). 경위

① 모든 사람이 범죄성을 지니고 있는 것은 아니지만 사회적 유대가 약해질 때 범죄를 저지르게 된다.
② 사회유대이론은 「비행원인론」(Causes of Delinquency)이라는 저서를 통하여 발표되었다.
③ 사회유대이론 중 애착(Attachment)이란 청소년이 상대방과의 관계를 중요하게 생각하고 감정적으로 유대감을 가지는 것을 의미한다.
④ 허쉬의 이론은 주로 청소년비행을 설명하기 위해 이론을 제시했지만, 다양한 범죄에 적용할 수 있다.

해설

① [×] 범죄동기는 누구에게나 주어지는 것이라고 가정하였고, 모두가 범죄동기를 가지고 있음에도 왜 대부분의 사람들이 법과 규범을 지키는 것인지를 설명하고자 했고, 그들에게는 사회통제 또는 사회유대가 작동하기 때문이라고 보았다. 사회통제(유대)이론에 따르면 범죄는 범죄동기가 아니라 그것을 통제해 줄 수 있는 사회유대의 여부에 달려있다고 본다. 즉, 범죄의 설명요인은 사회유대의 정도라 했고, 사회와의 유대가 높은 사람은 범죄를 하지 않지만 사회유대가 낮은 사람들은 범죄동기를 통제하지 못하고 범죄를 저지른다고 보았다.
② [○] 허쉬는 「비행의 원인」(Causes of Delinquency. 1969)에서 뒤르껭(Durkheim)의 아노미이론(범죄는 정상적인 사회현상이다)과 반대로 규범 준수행위가 정상적이고 규범위반행위는 비정상적이라고 보면서, 우리 사회는 비행을 저지르도록 강요하는 긴장은 없다고 보았다.
③ [○] 애착은 청소년의 부모, 친구, 학교선생 등 사회의 중요한 다른 사람과의 애정적 결속관계를 말한다.
④ [○] 허쉬의 저서 「비행의 원인」은 주로 청소년비행을 설명하기 위해 제시하였지만, 이 이론은 다양한 범죄에 적용될 수 있다. 하위 계층 사람이 더 범죄를 하는 것이 아니라고 보았고, 계층과 상관없이 누구나 사회유대가 약하면 범죄를 한다고 보았다.

정답 ①

19 허쉬(Hirschi)가 주장한 사회유대이론(Social Bond Theory)을 바탕으로 다음 사례에서 도출 가능한 유대 개념을 가장 적절하게 연결한 것은?　　　2023. 경찰1차

> 경찰관이 되고자 하는 甲은 본인의 꿈을 달성하기 위하여 다음과 같은 노력을 기울이고 있다.
> ⓛ 경찰관련 학과에 진학하여 전공과목에서 A+학점을 취득하기 위해 수업에 집중하고 있다.
> ⓒ 학과에서 실시하고 있는 학생 순찰대에 가입하여 방과 후 대부분의 시간을 순찰활동에 할애하였다.

① ⓛ 전념(commitment)　　ⓒ 참여(involvement)
② ⓛ 참여(involvement)　　ⓒ 전념(commitment)
③ ⓛ 전념(commitment)　　ⓒ 신념(belief)
④ ⓛ 신념(belief)　　ⓒ 참여(involvement)

해설
허쉬(Hirschi)는 사회유대이론에서 개인이 사회와 유대를 맺는 방법인 애착, 전념, 참여, 믿음의 정도에 따라 비행을 저지를지 여부가 결정된다고 보았다.
ⓛ 전념(commitment)에 대한 설명이다. 사회에서의 주요 활동에 대한 관여 또는 투자하는 정도를 말하며, 규범준수에 따른 사회적 보상에 얼마나 관심을 갖는가에 관한 것이다. 미래를 위해 교육에 투자하고 저축하는 것처럼 관습적 활동에 소비하는 시간과 에너지, 노력 등으로, 시간과 노력을 투자할수록 비행을 저지름으로써 잃게 되는 손실이 커져 비행을 저지르지 않는 것을 말한다.
ⓒ 참여(involvement)에 대한 설명이다. 행위적 측면에서 개인이 사회와 맺고 있는 유대의 형태로, 개인이 인습적인 활동에 얼마나 많은 시간을 투여하고 있는가에 따라 평가할 수 있다. 관습적 활동 또는 일상적 활동에 열중하는 것으로, 참여가 높을수록 범죄에 빠질 기회와 시간이 적어져 범죄를 저지를 가능성이 감소되는 것을 말한다.

정답 ①

20 허쉬(Hirschi)의 사회유대이론에 대한 설명으로 옳지 않은 것은?　　　2020. 보호 7급

① 신념(Belief)은 지역사회가 청소년의 초기 비행행동에 대해 과잉반응하지 않고 꼬리표를 붙이지 않는 것을 말한다.
② 애착(Attachment)은 개인이 다른 사람과 맺는 감성과 관심으로, 이를 통해서 청소년은 범죄를 스스로 억누르게 되는 것을 말한다.
③ 관여 또는 전념(Commitment)은 관습적 활동에 소비하는 시간·에너지·노력 등으로, 시간과 노력을 투자할수록 비행을 저지름으로써 잃게 되는 손실이 커져 비행을 저지르지 않는 것을 말한다.
④ 참여(Involvement)는 관습적 활동 또는 일상적 활동에 열중하는 것으로, 참여가 높을수록 범죄에 빠질 기회와 시간이 적어져 범죄를 저지를 가능성이 감소되는 것을 말한다.

해설
① [×] 믿음(신념)이란 내적 통제를 의미하는 것으로 사람들마다 사회규범을 준수해야 한다고 믿는 정도에는 차이가 있고 규범에 대한 믿음이 약할수록 비행이나 범죄를 저지를 가능성이 높다고 보았다.
탄넨바움(Tannenbaum)은 공공(公共)에 의해 부여된 범죄자라는 꼬리표에 비행소년 스스로가 자신을 동일시하고 그에 부합하는 역할을 수행하게 되는 과정을 '악의 극화'라고 하였다. 따라서 지역사회가 청소년의 초기 비행행동에 대해 과잉반응하지 않고 꼬리표를 붙이지 않는다면, 이들 청소년의 비행교우와 비행활동이 그만큼 적어질 수 있고, 결과적으로 자신을 정상적으로 생각하게 되어 비행이나 범죄적 생활에 전념하는 것을 방지할 수 있는 것이다.

정답 ①

21 허쉬(T. Hirschi)의 사회유대이론의 요소에 대한 설명으로 옳게 짝지어진 것은?

2014. 교정 9급

> ㉠ 부자지간의 정, 친구 사이의 우정, 가족끼리의 사랑, 학교 선생님에 대한 존경 등 다른 사람과 맺는 감성과 관심을 의미한다.
> ㉡ 미래를 위해 교육에 투자하고 저축하는 것처럼 관습적 활동에 소비하는 시간과 에너지, 노력 등을 의미한다.
> ㉢ 학교, 여가, 가정에서 많은 시간을 보내게 되면 범죄행위의 유혹에서 멀어진다는 것을 의미한다.
> ㉣ 관습적인 규범의 내면화를 통하여 개인이 사회와 맺고 있는 유대의 형태로 관습적인 도덕적 가치에 대한 믿음을 의미한다.

	㉠	㉡	㉢	㉣
①	애착	전념	참여	신념
②	애착	전념	신념	참여
③	전념	애착	신념	참여
④	전념	참여	애착	신념

해설

☑ 개인이 사회와 유대를 맺는 방법(사회연대의 요소)

애착 (Attachment)	1. 애정과 정서적 관심을 통하여 개인이 사회와 맺고 있는 유대관계로 부자지간의 정, 친구 사이의 우정, 가족구성원끼리의 사랑, 학교선생에 대한 존경심 등을 들 수 있다. 2. 자식이 비행을 저지르려 하다가도 부모가 실망하고 슬퍼할 것을 우려해서 그만둔다면 이는 애착에 의하여 사회통제가 이행되는 사례라 할 수 있다. 3. 허쉬는 사회의 가치나 규범을 개인이 내면화하기 위해서는 다른 사람들에 대한 애착관계가 형성됨으로써 가능하다는 점에서 애착에 의한 사회유대를 가장 강조하였다.
전념 (관여·수용) (Commitment)	1. 규범준수에 따른 사회적 보상에 얼마나 관심을 갖는가에 관한 것이다. 2. 미래를 위해 교육에 투자하고 저축하는 것처럼 관습적 활동에 소비하는 시간과 에너지, 노력 등을 의미한다. 3. 애착이 감정적·정서적인 관계에 기초한 것이라면 전념은 각자의 합리적인 판단을 바탕으로 개인과 사회의 유대가 형성되고 유지되는 형태이다. 4. 전념에 의한 통제는 규범적인 생활에 집착하고 많은 관심을 두었던 사람은 그렇지 않은 사람들에 비해 잃을 것이 많기 때문에 비행이나 범죄를 자제하도록 한다고 본다.
참여 (Involvement)	1. 행위적 측면에서 개인이 사회와 맺고 있는 유대의 형태로 개인이 관습적인 활동에 얼마나 많은 시간을 투여하고 있는가에 따라 평가할 수 있다. 2. 학교, 여가, 가정에서 많은 시간을 보내게 되면 범죄행위의 유혹에서 멀어진다는 것을 의미한다. 3. 참여와 범죄발생의 관계에 대해서 허쉬는 마치 '게으른 자에게 악이 번창하듯이' 사회생활에 대하여 참여가 낮으면 그만큼 일탈행동의 기회가 증가됨으로써 비행이나 범죄를 저지를 가능성이 높다고 보았다.
믿음 (신념) (Belief)	1. 관습적인 규범의 내면화를 통하여 개인이 사회와 맺고 있는 유대의 형태로 관습적인 도덕적 가치에 대한 믿음을 의미한다. 2. 믿음이란 내적 통제를 의미하는 것으로 사람들마다 사회규범을 준수해야 한다고 믿는 정도에는 차이가 있고 규범에 대한 믿음이 약할수록 비행이나 범죄를 저지를 가능성이 높다고 보았다.

정답 ①

22 허쉬(Hirschi)가 말한 사회적 유대의 네 가지 요소 중 '규범준수에 따른 사회적 보상에 대한 관심'을 나타내는 것으로 가장 옳은 것은?

2023. 해경 경위

① 애착(Attachment)
② 관여(Commitment)
③ 참여(Involvement)
④ 신념(Belief)

해설
① [×] 애착: 개인이 다른 사람과 맺는 감성과 관심으로, 이를 통해서 청소년은 범죄를 스스로 억누르게 되는 것을 말한다.
② [○] 전념(관여, 수용): 사회에서의 주요 활동에 대한 관여 또는 투자하는 정도를 말하며, 규범준수에 따른 사회적 보상에 얼마나 관심을 갖는가에 관한 것이다.
③ [×] 참여: 행위적 측면에서 개인이 사회와 맺고 있는 유대의 형태로, 개인이 인습적인 활동에 얼마나 많은 시간을 투여하고 있는가에 따라 평가할 수 있다.
④ [×] 믿음(신념): 사회의 관습적인 가치, 규범을 얼마나 받아들이고 있는가의 정도를 말한다.

정답 ②

---

23 다음은 고등학교 야구선수 A의 비행시작과 비행중단에 대한 이론적 설명이다. 가장 적절하지 않은 것은?

2023(73). 경위

> 어려서부터 유망한 야구선수였던 A는 고교 진학 후 좋은 성적을 내야 한다는 심리적 부담과 급작스런 부상으로 야구를 그만두고 비행친구와 어울리게 된다. 하지만, 소속팀을 떠나 음주, 흡연, 성인오락실 출입 등 방황과 일탈로 시간을 보내던 중, 자신이 정말 원하고 좋아하는 일이 야구 그 자체였음을 깨닫고 다시 어렵사리 야구부로 돌아왔다. 일탈적 생활습관이 추후 선수생활을 유지하는 데 지장을 줄 수 있다고 생각하여 비행친구의 유혹을 뿌리치고 운동에만 매진하게 되었다.

① 애그뉴(Agnew)의 일반긴장이론에 따르면 야구선수 A의 부상과 성적에 대한 부담은 긴장으로 볼 수 있다.
② 허쉬(Hirschi)의 사회유대이론에 따르면 A가 야구부 복귀 후 비행친구의 유혹을 뿌리치고 운동에만 매진하는 것은 전념(Commitment)에 해당한다.
③ 레클리스(Reckless)의 봉쇄이론에 따르면 A의 비행중단은 외적 봉쇄요인보다 내적 봉쇄요인의 작용이 컸다.
④ 갓프레드슨과 허쉬(Gottfredson & Hirschi)의 자기통제이론에 따르면 A의 비행은 전형적인 낮은 자기통제력 사례에 해당한다.

해설
④ [×] A의 비행은 낮은 자기통제력과 관련이 없다.
갓프레드슨과 허쉬는 자기통제이론에서 자기통제력은 어릴 때 부모의 양육방법에 의해 결정된다고 하면서, 부모로부터 감독이 소홀하거나 애정 결핍 속에 무계획적 생활습관이 방치되고, 잘못된 행동에 일관적이고도 적절한 처벌이 없이 자란 아이들이 자기통제력이 낮다고 보았다.

정답 ④

24 갓프레드슨(Gottfredson)과 허쉬(Hirschi)의 자기통제이론(Self Control Theory)에 관한 설명으로 가장 적절한 것은? *2023. 경찰2차*

① 갓프레드슨과 허쉬는 자기통제이론이 모든 인구사회학적 집단에 의해 발생하는 모든 유형의 범죄행위와 범죄유사 행위를 설명할 수 있다고 주장하였다.
② 유년기에 형성된 자기통제력은 개인의 상황과 생애과정의 경험에 따라 변화한다.
③ 낮은 자기통제력의 주요 원인은 청소년기 동안 경험한 비행친구와의 교제이다.
④ 청소년은 사회통제로부터 벗어나 합법과 위법의 사이를 표류하여 비행을 저지른다.

해설

① [O] 허쉬(Hirschi)는 1969년 사회통제이론 이후에 갓프레드슨(Gottfredson)과 함께 1990년에 자기통제이론을 제시하였다. 이 이론은 범죄에 대한 일반이론으로도 불리며, 기존의 실증주의 학파와 고전주의 학파를 통합하려 했다. 문제행동에서부터 재산, 폭력범죄를 포함한 모든 유형의 범죄를 설명하며, 모든 연령층과 모든 국가, 문화권에도 적용된다고 하였다. 이 이론에서 어릴 때 형성된 자기통제력이라는 내적 성향 요소가 어려서의 다양한 문제행동, 그리고 청소년비행뿐만 아니라 성인들의 범죄도 설명할 수 있는 유일하면서도 중요한 원인이 된다는 점을 강조하였다. 따라서 비행친구와의 차별적 접촉과 같은 요인들은 비행의 원인이 될 수 없다고 하였다.
② [×] 자기통제력은 순간만족과 충동을 조절할 수 있는지, 스릴과 모험을 추구하기보다는 분별력과 조심성이 있는지, 근시한적이기보다는 앞으로의 일을 생각하는지, 쉽게 흥분하는 성격인지 등을 말한다. 자기통제력이라는 내적 성향은 어릴 때 형성되며, 아동기에 형성된 자기통제력은 청소년기를 지나 성인이 되어서도 변하지 않는 안정적이고도 지속적인 성향이 된다고 한다.
③ [×] 모든 범죄의 원인은 '낮은 자기통제력' 때문이며, 부모의 부적절한 자녀 양육이 자녀의 낮은 자기통제력의 원인이라고 보았다. 자기통제력이 낮은 아이들은 어려서부터 문제행동을 보이고, 청소년이 되어서도 지속적으로 비행을 저지르며, 성인이 되어서도 범죄를 저지를 가능성이 높으며, 결국 어려서 형성된 자기통제력의 결핍이 지속적인 범죄의 주요 원인이 된다.
④ [×] 사이크스(Sykes)와 맛차(Matza)의 중화이론에 대한 설명이다.

정답 ①

25 통제이론(Control Theories)에 관한 설명으로 가장 적절하지 않은 것은? *2023. 경찰1차*

① 레클리스(Reckless)는 긍정적 자아관념이 청소년을 범죄환경의 압력과 유인으로부터 보호한다고 주장하였다.
② 나이(Nye)는 직접통제가 공식적 제재를 통해 행사될 수 있음을 인정하면서도, 가정에서의 비공식적 간접통제를 강조하였다.
③ 마차(Matza)는 비행청소년들이 비행가치를 받아들여 비행이 나쁘지 않다고 생각하기 때문에 비행을 저지른다고 보았다.
④ 갓프레드슨(Gottfredson)과 허쉬(Hirschi)는 낮은 수준의 자기통제력이 범죄행동의 주요 원인이라고 보았다.

해설

① [○] 레크리스(Reckless)의 봉쇄(견제)이론은 범죄율이 높은 빈곤지역에 사는 사람이 어떻게 범죄적 환경의 영향을 뿌리치고 범죄활동의 가담에 저항할 수 있으며, 어떠한 개인적 자질이 그 사람을 범죄유발의 영향으로부터 멀어지게 할 수 있는가라는 의문에 답하고자 하는 이론으로, 범죄를 통제하는 기제로서 자아의 역할을 특히 강조하였다.

② [○] 나이(Nye)는 직접통제가 공식적 제재를 통해 행사될 수 있음을 인정하면서도, 가정을 사회통제의 가장 중요한 근본이라고 주장하며 가정에서의 비공식적 간접통제를 강조하였다.

③ [×] 밀러(Miller)의 하위계층(계급)문화이론에 대한 설명으로, 범죄행위를 독특한 하류계층 하위문화의 가치와 규범에 대한 정상적인 반응으로 보고 있다.
사이크스(Sykes)와 맛차(Matza)는 중화이론에서 비행을 해서는 안 된다고 생각하면서도 순간적으로 표류하여 비행을 하게 될 때 비행 전에 자신의 비행행위를 정당화하고 중화하는 것이 비행의 원인이라고 보았다. 즉, 불법적 행위에 대한 일련의 표준적 합리화를 수용함으로써 사회적으로 수용된 가치를 중화시킨 결과가 비행이라고 파악하였다.

④ [○] 갓프레드슨(Gottfredson)과 허쉬(Hirschi)는 자기통제이론에서 모든 범죄의 원인은 '낮은 자기통제력' 때문이며, 부모의 부적절한 자녀 양육이 자녀의 낮은 자기통제력의 원인이라고 보았다. 자기통제력이 낮은 아이들은 어려서부터 문제행동을 보이고, 청소년이 되어서도 지속적으로 비행을 저지르며, 성인이 되어서도 범죄를 저지를 가능성이 높으며, 결국 어려서 형성된 자기통제력의 결핍이 지속적인 범죄의 주요 원인이 된다고 보았다.

정답 ③

26 다음은 두 명의 학생 사이에 이루어지는 가상의 대화이다. 이들 주장의 근거가 되는 범죄학자들의 이름이 올바르게 짝지어진 것은?
2022(72). 경위

> ㉠ 인간의 본성은 악하기 때문에 그냥 두면 범죄를 저지를 위험성이 높습니다. 그래서 어릴 때부터 부모나 주변 사람들과의 정서적 유대를 강화하여 행동을 통제해야 합니다.
> ㉡ 저는 다르게 생각합니다. 사람이 악하게 태어나는 것이 아니라 주변 환경의 영향 때문에 악해지는 것입니다. 따라서 아동이 범죄자로 성장하지 않도록 하기 위해서는 범죄행동을 부추기는 사람들과의 접촉을 차단하는 것이 더 중요합니다.

	㉠	㉡
①	갓프레드슨(Gottfredson)	허쉬(Hirschi)
②	허쉬(Hirschi)	서덜랜드(Sutherland)
③	에이커스(Akers)	서덜랜드(Sutherland)
④	갓프레드슨(Gottfredson)	에이커스(Akers)

해설

㉠ 허쉬의 사회통제이론에 대한 설명으로, 반사회적 행위를 자행하게 하는 근본적인 원인은 인간의 본성에 있다고 보았으며, 누구든지 범행 가능성이 잠재되어 있음에도 불구하고 이를 통제하는 요인으로 허쉬가 지적한 것은 개인이 사회와 맺고 있는 일상적인 유대이다.

㉡ 서덜랜드의 차별적 접촉이론에 대한 설명으로, 분화된 집단 가운데 어느 집단과 친밀감을 가지고 차별적 접촉을 갖느냐에 따라 백지와 같은 인간의 본성에 특정집단의 행동양식을 배우고 익혀나간다는 이론이다.

정답 ②

27 갓프레드슨(Gottfredson)과 허쉬(Hirschi)의 자기통제이론에 대한 설명으로 가장 적절하지 않은 것은?

2022(72). 경위

① 갓프레드슨과 허쉬는 성인기 사회유대의 정도가 한 개인의 자기통제능력을 변화시킬 수 있다고 주장한다.
② 갓프레드슨과 허쉬는 자기통제능력의 상대적 수준이 부모의 양육방법으로부터 큰 영향을 받는다고 주장한다.
③ 갓프레드슨과 허쉬는 어린 시절 형성된 자기통제능력의 결핍이 모든 범죄의 원인이라고 주장한다.
④ 범죄를 설명함에 있어 청소년기에 경험하는 다양한 환경적 영향요인을 충분히 고려하지 않는다는 비판이 제기되어 왔다.

해설

① [×], ③ [○] 갓프레드슨과 허쉬에 따르면 어릴 때 형성된 자기통제력은 청소년기를 지나 성인이 되어서도 변하지 않는 안정적이고도 지속적인 성향이 된다고 한다. 따라서 자기통제력이 낮은 아이들은 어려서부터 문제행동을 보이고, 청소년이 되어서도 지속적으로 비행을 저지르며, 성인이 되어서도 범죄를 저지를 가능성이 높으며, 결국 어려서 형성된 자기통제력의 결핍이 지속적인 범죄의 주요 원인이 된다고 주장하였다.
② [○] 자기통제력이라는 내적 성향은 어릴 때 형성된다고 주장한다. 즉, 자기통제력은 어릴 때 부모의 양육방법에 의해 결정된다고 하면서, 부모로부터 감독이 소홀하거나 애정 결핍 속에 무계획적 생활습관이 방치되고, 잘못된 행동에 일관적이고도 적절한 처벌이 없이 자란 아이들이 자기통제력이 낮다고 보았다.
④ [○] 자기통제이론에서는 자기통제력을 범죄 설명에 있어 유일한 원인이라고 주장하지만, 청소년비행이나 범죄가 성장 시기의 가정, 학교, 친구 등의 환경요인과 상관없이 어릴 때의 성향에 의해서만으로 설명될 수 있는지에는 많은 논란과 비판이 제기되어 왔다.

정답 ①

28 갓프레드슨(Gottfredson)과 허쉬(Hirschi)의 낮은 자기통제(Low Self-Control)에 대한 설명으로 옳지 않은 것은?

2023. 보호 7급

① 폭력범죄부터 화이트칼라범죄에 이르기까지 모든 범죄를 낮은 자기통제의 결과로 이해한다.
② 순간적인 쾌락과 즉각적 만족에 대한 욕구가 장기적 관심보다 클 때 범죄가 발생한다.
③ 비효율적 육아와 부적절한 사회화보다는 학습이나 문화전이와 같은 실증적 근원에서 낮은 자기통제의 원인을 찾는다.
④ 자기통제가 결여된 자도 범죄기회가 주어지지 않는 한 범죄를 저지르지 않는다.

해설

① [○] 갓프레드슨과 허쉬의 자기통제이론(1990)은 범죄에 대한 일반이론으로도 불리며, 기존의 실증주의 학파와 고전주의 학파를 통합하려 했다. 자기통제이론은 문제행동에서부터 재산, 폭력범죄를 포함한 모든 유형의 범죄를 설명하며, 모든 연령층과 모든 국가, 문화권에도 적용되는 이론이다.
② [○] 대부분의 범죄가 우연히 즉각적이면서도 우발적으로 발생한다는 점에서 고전주의 학파를 따랐지만, 또한 그러한 점에서 실증주의에서처럼 범죄자의 특성으로 범죄자는 그와 관련된 개인의 안정된 성향으로 순간만족과 충동성을 통제·조절할 수 있는 능력이 부족하다고 보았다. 자기통제력은 순간만족과 충동을 조절할 수 있는지, 스릴과 모험을 추구하기보다는 분별력과 조심성이 있는지, 근시안적이기보다는 앞으로의 일을 생각하는지, 쉽게 흥분하는 성격인지 등을 말한다.
③ [×] 모든 범죄의 원인은 '낮은 자기통제력' 때문이며, 부모의 부적절한 자녀 양육이 자녀의 낮은 자기통제력의 원인이라고 보았다. 또한 낮은 자기통제와 관련하여 사회화의 결여가 비행·범죄활동으로 이어진다고 주장한다.
④ [○] 범죄의 발생에는 개인의 자기통제력도 중요하지만 범죄의 기회도 중요한 기능을 한다고 주장한다. 충동적인 성격으로 인해 자기 통제력이 약한 사람은 범죄를 범할 위험성이 있지만, 그들의 충동적인 욕구를 만족시켜 줄 만한 범죄기회가 없다면 범죄를 범하지 않게 되고, 반대로 비교적 자기 통제력이 강한 사람도 욕구충족을 위한 기회가 발견된다면, 범죄행동을 저지르게 된다. 범죄에 대한 유인이 크다면, 즉 기회가 좋다면 자기 통제력은 범죄기회에 굴복하게 되는 것이다.

정답 ③

29 다음 중 갓프레드슨(Gottfredson)과 허쉬(Hirschi)의 자기통제이론에 대한 설명으로 가장 옳지 않은 것은?

2022. 해경 경위

① 범죄를 설명함에 있어 청소년기에 경험하는 다양한 환경적 영향요인을 충분히 고려하지 않는다는 비판이 제기되어 왔다.
② 갓프레드슨과 허쉬는 어린 시절 형성된 자기통제능력의 결핍이 범죄의 원인이라고 주장하였다.
③ 갓프레드슨과 허쉬는 성인기 사회유대의 정도가 한 개인의 자기통제능력을 변화시킬 수 있다고 주장하였다.
④ 갓프레드슨과 허쉬는 자기통제능력의 상대적 수준이 부모의 양육방법으로부터 큰 영향을 받는다고 주장하였다.

해설

① [○] 자기통제이론에서는 자기통제력을 범죄 설명에 있어 유일한 원인이라고 주장하지만, 청소년비행이나 범죄가 성장 시기의 가정, 학교, 친구 등의 환경요인과 상관없이 어릴 때의 성향에 의해서 만으로 설명될 수 있는지에는 많은 논란과 비판이 제기되어 왔다.
② [○], ③ [×] 갓프레드슨과 허쉬에 따르면 어릴 때 형성된 자기통제력은 청소년기를 지나 성인이 되어서도 변하지 않는 안정적이고도 지속적인 성향이 된다고 한다. 따라서 자기통제력이 낮은 아이들은 어려서부터 문제행동을 보이고, 청소년이 되어서도 지속적으로 비행을 저지르며, 성인이 되어서도 범죄를 저지를 가능성이 높으며, 결국 어려서 형성된 자기통제력의 결핍이 지속적인 범죄의 주요 원인이 된다고 주장하였다.
④ [○] 자기통제력이라는 내적 성향은 어릴 때 형성된다고 주장한다. 즉, 자기통제력은 어릴 때 부모의 양육방법에 의해 결정된다고 하면서, 부모로부터 감독이 소홀하거나 애정 결핍 속에 무계획적 생활습관이 방치되고, 잘못된 행동에 일관적이고도 적절한 처벌이 없이 자란 아이들이 자기통제력이 낮다고 보았다.

정답 ③

30 범죄이론에 대한 설명으로 옳지 않은 것은?

2024. 보호 9급

① 에이커스(Akers)의 사회학습이론에 따르면, 비행이나 일탈은 사회구성원 간의 상호작용을 통해 학습된다.
② 라이스(Reiss)와 나이(Nye)의 내적·외적 통제이론에 따르면, 애정·인정·안전감 및 새로운 경험에 대한 청소년의 욕구가 가족 내에서 충족될수록 범죄를 저지를 확률이 낮아진다.
③ 허쉬(Hirschi)의 사회유대이론에 따르면, 모든 사람은 잠재적 범죄자로서 자신의 행위로 인해 주변인과의 관계가 악화하는 것을 두려워하기 때문에 범죄를 저지르게 된다.
④ 사이크스(Sykes)와 맛차(Matza)의 중화(기술)이론에 따르면, 자신의 비행에 대하여 책임이 없다고 합리화하는 것도 중화기술의 하나에 해당한다.

해설

① [○] 에이커스(Akers)는 차별적 강화이론에 모방의 개념을 포함시켜 사회학습이론을 제시하였다. 즉, 반두라(Bandura)의 사회학습이론을 차용하여 모방과 관찰을 통한 모델링(Modeling)을 추가하여 사회학습 요소로 차별적 접촉, 정의, 차별적 강화, 모방을 제시하였다. 차별적 접촉이론이 범죄의 학습환경으로 고려한 것은 사람들과의 접촉이었으나, 사회학습이론은 학습환경으로 사회적 상호작용과 비사회적 환경 모두를 고려하였다. 즉, 사회적 상호작용과 함께 물리적 만족감(굶주림, 갈망, 성적욕구 등의 해소)과 같은 비사회적 환경에 의해서도 범죄행위가 학습될 수 있다고 넓게 보았다.
② [○] 청소년비행은 욕구의 미충족으로 인해 유발된다. 즉, 애정, 인정, 보호, 새로운 경험 등에 대한 욕구가 가정 내에서 충족되지 못함으로써 가정 외에서 비정상적인 방법으로 욕구를 해소하는 과정에서 소년비행이 발생한다.
③ [×] 누구든지 범행 가능성이 잠재되어 있지만, 자신의 행위로 인해 주변인과의 관계가 악화되는 것을 두려워하기 때문에 범죄를 저지르지 않게 된다(사회유대요소 중 애착에 의한 사회통제).
▶ 누구든지 범행 가능성이 잠재되어 있음에도 불구하고 이를 통제하는 요인으로 허쉬(Hirschi)가 지적한 것은 개인이 사회와 맺고 있는 일상적인 유대이다. 따라서 비행이 발생한 경우에 비행문화를 내면화하였다든지, 불량친구의 영향을 받았다든지 하는 측면에서 설명하지 않는다. 대신에 해당소년과 사회와의 유대가 약화되거나 단절됨으로써 소년의 타고난 비행성향이 노출된 것으로 이해한다.
④ [○] 자신의 범죄사실은 인정하지만, 사람·환경에 책임을 전가하는 '책임의 부정'에 대한 설명이다.

정답 ③

31 다음 중 허쉬(Hirschi)의 사회유대이론에 대한 설명으로 가장 옳지 않은 것은?

2022. 해경 경위

① '애착(Attachment)'은 개인이 다른 사람과 맺는 감성과 관심으로, 이를 통해서 청소년은 범죄를 스스로 억누르게 되는 것을 말한다.
② '참여(Involvement)'는 관습적 활동 또는 일상적 활동에 열중하는 것으로, 참여가 높을수록 범죄에 빠질 기회와 시간이 적어져 범죄를 저지를 가능성이 감소되는 것을 말한다.
③ '신념(Belief)'은 지역사회가 청소년의 초기 비행행동에 대해 과잉반응하지 않고 꼬리표를 붙이지 않는 것을 말한다.
④ '관여 또는 전념(Commitment)'은 관습적 활동에 소비하는 시간·에너지·노력 등으로, 시간과 노력을 투자할수록 비행을 저지름으로써 잃게 되는 손실이 커져 비행을 저지르지 않는 것을 말한다.

해설

③ [×] 믿음(신념)이란 내적 통제를 의미하는 것으로 사람들마다 사회규범을 준수해야 한다고 믿는 정도에는 차이가 있고 규범에 대한 믿음이 약할수록 비행이나 범죄를 저지를 가능성이 높다고 보았다.
탄넨바움(Tannenbaum)은 공공(公共)에 의해 부여된 범죄자라는 꼬리표에 비행소년 스스로가 자신을 동일시하고 그에 부합하는 역할을 수행하게 되는 과정을 '악의 극화'라고 하였다. 따라서 지역사회가 청소년의 초기 비행행동에 대해 과잉반응하지 않고 꼬리표를 붙이지 않는다면, 이들 청소년의 비행교우와 비행활동이 그만큼 적어질 수 있고, 결과적으로 자신을 정상적으로 생각하게 되어 비행이나 범죄적 생활에 전념하는 것을 방지할 수 있는 것이다.

정답 ③

32 통제이론에 대한 설명으로 옳지 않은 것은?

2020. 교정 7급

① 라이스(A. Reiss) - 소년비행의 원인을 낮은 자기통제력에서 찾았다.
② 레크리스(W. Reckless) - 청소년이 범죄환경의 압력을 극복한 것은 강한 자아상 때문이다.
③ 허쉬(T. Hirschi) - 범죄행위의 시작이 사회와의 유대약화에 있다고 보았다.
④ 에그뉴(R. Agnew) - 범죄는 사회적으로 용인된 기술을 학습하여 얻은 자기합리화의 결과이다.

해설

① [○] 라이스의 개인통제이론
② [○] 레크리스의 봉쇄(견제)이론
③ [○] 허쉬의 사회통제(유대)이론
④ [×] 사이크스(Sykes)와 맛차(Matza)의 중화기술이론(Techniques of Neutralization Theory)에 대한 설명이다.
에그뉴(Agnew)의 일반긴장이론(General Strain Theory)은 스트레스와 긴장을 느끼는 개인이 범죄를 저지르기 쉬운 이유를 설명하는 이론으로, 긴장의 개인적 영향을 밝히는 데 도움을 주었다.

정답 ④

33 통제이론에 대한 설명으로 옳은 것은? 2020. 보호 7급

① 나이(Nye)는 범죄통제방법 중 비공식적인 직접통제가 가장 효율적인 방법이라고 주장하였다.
② 레크리스(Reckless)는 외부적 통제요소와 내부적 통제요소 중 어느 한 가지만 제대로 작동되어도 범죄는 방지될 수 있다고 보았다.
③ 맛차(Matza)와 사이크스(Sykes)가 주장한 중화기술 중 '가해의 부정'은 자신의 행위로 피해를 입은 사람은 그러한 피해를 입어도 마땅하다고 합리화하는 기술이다.
④ 통제이론은 "개인이 왜 범죄로 나아가지 않게 되는가"의 측면이 아니라 "개인이 왜 범죄를 하게 되는가"의 측면에 초점을 맞춘다.

해설
① [O] 나이(Nye)는 소년비행을 가장 효율적으로 예방할 수 있는 방법으로 비공식적인 간접통제방법을 들었다.
② [×] 레크리스(Reckless)의 봉쇄(견제)이론에 대한 설명이다. 내부적·외부적 통제개념에 기초하여 범죄유발요인과 범죄차단요인으로 나누고, 만약 범죄를 이끄는 힘이 차단하는 힘보다 강하면 범죄나 비행을 저지르게 되고, 차단하는 힘이 강하면 비록 이끄는 힘이 있더라도 범죄나 비행을 자제한다는 것이다. 이때 외부적 통제요소와 내부적 통제요소 중 어느 한 가지만 제대로 작동되어도 범죄는 방지될 수 있다고 보았다.
③ [O] 피해자의 부정에 대한 설명이다.
④ [O] 사회통제이론은 "사람들이 왜 범죄를 저지르는가?"보다는 "왜 많은 사람들이 범죄를 저지르지 않는가?"를 설명하려고 한다.

정답 ②

34 사회학적 범죄원인론 중 통제이론을 주장한 학자만을 모두 고르면? 2022. 교정 9급

| ㉠ 서덜랜드(Sutherland) | ㉡ 나이(Nye) | ㉢ 애그뉴(Agnew) |
| ㉣ 라이스(Reiss) | ㉤ 베커(Becker) | |

① ㉠, ㉢
② ㉡, ㉣
③ ㉡, ㉢, ㉣
④ ㉢, ㉣, ㉤

해설
통제이론을 주장한 학자는 ㉡, ㉣이다.
통제이론은 개인적 통제(라이스와 나이의 개인통제, 디니츠의 자기관념이론, 레크리스의 봉쇄이론, 브라이어와 필리아빈의 동조성 전념이론, 사이크스와 맛차의 표류이론·중화기술이론 등), 사회적 통제(허쉬의 사회통제이론 등), 법률적 통제(고전학파의 억제이론, 현대적 억제이론, 클라크와 코니쉬의 합리적 선택이론 등)가 있다.
㉠ [×] 서덜랜드(Sutherland)는 사회학습이론(차별적 접촉이론)을 주장하였다.
㉡ [O] 나이(Nye)는 통제이론을 주장하였으며, 청소년의 비행을 예방할 수 있는 통제방법의 종류를 직접통제(공식통제, 비공식통제), 간접통제, 내부적 통제로 분류하였다.
㉢ [×] 애그뉴(Agnew)는 일반긴장이론을 주장하였다.
㉣ [O] 라이스(Reiss)는 통제이론을 주장하였으며, 개인의 자기통제력과 범죄와의 관계에 주목하여 소년비행의 원인을 개인통제력의 미비와 사회통제력의 부족으로 파악하였다.
㉤ [×] 베커(Becker)는 낙인이론(사회적 지위로서의 일탈)을 주장하였다.

정답 ②

35 통제이론(Control Theory)에 대한 설명으로 옳은 것은?

2016. 사시

① 통제이론은 사회적 상호작용과정에서 행해지는 주위 사람들의 반응이 범죄문제를 더욱 악화시킨다고 본다.
② 통제이론은 특히 하층계급의 중범죄를 설명하는 데 적절하다.
③ 허쉬(Hirschi)는 개인의 사회적 활동에 대한 참여가 높을수록 일탈행동의 기회가 증가하여 비행이나 범죄를 저지를 가능성이 많다고 보았다.
④ 나이(Nye)는 사회통제방법을 직접통제, 간접통제, 내부통제로 나누고, 소년비행예방에 가장 효율적인 방법은 내부통제라고 보았다.
⑤ 레크리스(Reckless)는 올바른 자아관념이 비행에 대한 절연체라고 보았다.

해설

① [×] 낙인이론에 대한 설명이다.
통제이론은 누구나 범죄 또는 일탈동기를 가지고 있으나 개인이나 사회적 통제에 의해 제지되고 있다는 이론이다.
② [×] 대체로 사소한 비행만을 연구대상으로 하였다는 한계가 있어 강력범죄와 같은 유형의 경우에는 설득력을 갖지 못한다.
③ [×] 허쉬(Hirschi)는 개인이 사회와 유대를 맺는 방법(사회연대의 요소)으로 애착·전념·참여·믿음을 제시하였고, 참여와 범죄발생의 관계에 대해서 마치 '게으른 자에게 악이 번창하듯이' 사회생활에 대하여 참여가 낮으면 그만큼 일탈행동의 기회가 증가됨으로써 비행이나 범죄를 저지를 가능성이 높다고 보았다.
④ [×] 나이(Nye)는 소년비행을 가장 효율적으로 예방할 수 있는 방법으로 가정이나 학교와 같은 비공식기관들이 소년들에게 본인들의 행위가 주위사람들에게 실망과 고통을 줄 것이라고 인식시키는 비공식적인 간접통제 방법을 들었다.
⑤ [○] 레크리스(Reckless)는 자아관념을 비행에 대한 절연체라고 주장하면서 선량한 소년들로 하여금 비행을 멀리하게 하는 중요한 절연체의 역할을 하는 요소는 가족관계에 있으며 이를 바탕으로 형성된 무비행적 태도의 내면화, 즉 사회적으로 용인된 적정한 자기 관념의 획득과 유지가 범죄로부터 멀어지게 되는 요인이 된다고 한다.

☑ 레크리스(Reckless)의 봉쇄(견제)이론(Containment Theory)은 범죄율이 높은 빈곤지역에 사는 사람이 어떻게 범죄적 환경의 영향을 뿌리치고 범죄활동에의 가담에 저항할 수 있으며, 어떠한 개인적 자질이 그 사람을 범죄유발의 영향으로부터 멀어지게 할 수 있는가 라는 의문에 답하고자 하는 이론이다. 즉, 범죄적 영향이 왜 어떤 사람에게는 영향을 미치고, 어떤 사람에게는 영향을 미치지 않는가를 알고자 하는 것이다.

정답 ⑤

36 다음 중 통제이론에 대한 설명으로 가장 옳은 것은?

2022. 해경 경위

① 통제이론은 "개인이 왜 범죄로 나아가지 않게 되는가"의 측면이 아니라 "개인이 왜 범죄를 하게 되는가"의 측면에 초점을 맞춘다.
② 나이(Nye)는 범죄 통제방법 중 비공식적인 직접통제가 가장 효율적인 방법이라고 주장하였다.
③ 레크리스(W.Reckless)는 외부적 통제요소와 내부적 통제요소 중 어느 한 가지만 제대로 작동되어도 범죄는 방지될 수 있다고 보았다.
④ 마차(Matza)와 사이크스(Sykes)가 주장한 중화기술 중 '가해의 부정'은 자신의 행위로 피해를 입은 사람은 그러한 피해를 입어도 마땅하다고 합리화하는 기술이다.

해설
① [×] 사회통제이론은 "사람들이 왜 범죄를 저지르는가?"보다는 "왜 많은 사람들이 범죄를 저지르지 않는가?"를 설명하려고 한다.
② [×] 나이(Nye)는 소년비행을 가장 효율적으로 예방할 수 있는 방법으로 비공식적인 간접통제방법을 들었다.
③ [○] 레크리스(Reckless)의 봉쇄(견제)이론에 대한 설명이다. 내부적·외부적 통제개념에 기초하여 범죄유발요인과 범죄차단요인으로 나누고, 만약 범죄를 이끄는 힘이 차단하는 힘보다 강하면 범죄나 비행을 저지르게 되고, 차단하는 힘이 강하면 비록 이끄는 힘이 있더라도 범죄나 비행을 자제한다는 것이다. 이때 외부적 통제요소와 내부적 통제요소 중 어느 한 가지만 제대로 작동되어도 범죄는 방지될 수 있다고 보았다.
④ [×] 피해자의 부정에 대한 설명이다.

정답 ③

37 다음 중 학자와 그 주장의 내용이 가장 옳지 않은 것은? 2022. 해경 경위

① 나이(Nye)는 가정을 사회통제의 가장 중요한 근본이라고 주장하였다.
② 레크리스(W.Reckless)의 봉쇄이론(Containment Theory)은 청소년비행의 요인으로 내적배출요인과 외적유인요인이 있다고 하였다.
③ 코헨(Cohen)의 비행하위문화이론은 중산계층이나 상류계층 출신이 저지르는 비행이나 범죄를 설명하지 못하는 한계가 있다.
④ 클로워드(Cloward)와 오린(Ohlin)의 범죄적 하위문화는 합법적인 기회구조와 비합법적인 기회구조 모두가 차단된 상황에서 폭력을 수용한 경우에 나타나는 하위문화이다.

해설
① [○] 나이(Nye)는 가정을 사회통제의 가장 중요한 근본임을 강조하였다. 그는 대부분의 청소년비행이 불충분한 사회통제의 결과라고 보았으며, 비행자들은 부모에게 거부당하거나 인정받지 못하였고, 비행을 저지르지 않은 청소년들은 부모의 훈육과 부모와 시간을 보내는 것에 긍정적인 태도를 갖고 있다는 설문조사의 결과를 제시하며 청소년비행에서 가정의 중요성을 강조하였다.
② [○] 레크리스(Reckless)의 봉쇄이론은 내부적·외부적 통제개념에 기초하여 범죄유발요인과 범죄차단요인으로 나누고, 만약 범죄를 이끄는 힘이 차단하는 힘보다 강하면 범죄나 비행을 저지르게 되고, 차단하는 힘이 강하면 비록 이끄는 힘이 있더라도 범죄나 비행을 자제한다는 이론이다. 범죄나 비행을 유발하는 요인으로 내적 배출요인, 외적 유인요인, 외적 압력요인으로 나누었고, 범죄나 비행을 차단하는 요인으로 내적 통제, 외적 통제로 나누었다.
③ [○] 코헨(Cohen)은 노동계급의 남자 청소년들에게서 발견되는 비행적인 하위문화의 형성과정을 아노미이론의 틀을 빌려서 설명하였다. 그러므로 중산계층이나 상류계층 출신이 저지르는 비행이나 범죄를 설명하지 못하는 한계가 있다.
④ [×] 클라워드(Cloward)와 오린(Ohlin)의 하위문화유형 중 갈등적 하위문화에 대한 설명이다. 범죄적 하위문화는 합법적 기회는 없고 비합법적 기회와는 접촉이 가능하여 범행이 장려되고 불법이 생활화되는 하위문화유형이다.

정답 ④

제3절 | 사회반응이론 - 낙인이론

01 낙인이론에 대한 평가로 가장 적절하지 않은 것은? 2024(74). 경위

① 낙인이론에 관한 경험적 연구들은 개인이 독립적인 주체로서 낙인을 내면화하는 과정을 명확하게 실증하고 있다.
② 탄넨바움(Tannenbaum)은 악의 극화(Dramatization of Evil)라는 개념을 사용하여 범죄행위의 원인은 사회적으로 부여된 낙인의 결과라고 하였다.
③ 공식적 형사처벌의 긍정적 효과보다는 부정적 효과에 주목하였다.
④ 슈어(Schur)는 이차적 일탈로의 발전이 정형적인 것은 아니며, 사회적 반응에 대한 개인의 적응노력에 따라 달라질 수 있다고 주장하였다.

해설

① [×] 깁스(Gibbs)는 낙인의 비행자아관념에 대한 효과가 과장되었다고 비판한다. 즉, 타인에게 비행행위자로 낙인찍힌 사람들 모두가 순순히 타인의 평가를 내면화하여 비행자아관념을 갖게 되는 것은 아니며, 때로는 타인들의 평가를 부인하거나 거부할 수도 있다는 것이다. 또한 개인이 단순히 주어진 낙인을 받기만 하는 것이 아니라, 낙인을 찾아나서는 경우도 있다는 것이다. 낙인이론에 관한 실증연구들 역시 한 개인이 독립적인 주체로서 낙인을 내면화하는 과정을 제대로 반영하지 못하고 있다.
② [○] 탄넨바움은 「범죄와 지역공동체」(1938)라는 저서에서 소년들이 지역사회로부터 범죄자로 낙인되는 과정을 묘사하였다. 공공에 의해 부여된 범죄자라는 꼬리표에 비행소년 스스로 자신을 동일시하고 그에 부합하는 역할을 수행하게 되는 과정을 '악의 극화'라고 하였다. 즉, 부정적 낙인은 부정적 자아관념을 심어 일단 자신에게 일탈자로서 낙인이 붙게 되면 스스로 일탈자로 치부하여 일탈행위를 지속한다고 보았다.
③ [○] 공식적 처벌(형사사법기관에 의한 처벌)이 가지는 긍적적 효과보다는 부정적 효과에 주목한다.
④ [○] 이차적 일탈로의 발전은 레머트의 주장처럼 정형화된 발전단계를 거치는 것이 아니라, 그 사람이 사회적 반응에 어떻게 반응하느냐에 따라 외부적 낙인이 자아정체성에 영향을 미칠 수도 있고 미치지 않을 수도 있다고 한다. 이차적인 일탈로의 발전은 개인이 어떻게 사회적 낙인에 반응하느냐에 따라 달라질 수 있다든지, 본인 스스로의 자아낙인을 고려했다는 점에서 다른 낙인이론가들과는 차이가 있다.

정답 ①

02 다음은 범죄이론가 – 주요개념 – 정책함의를 연결한 것이다. 빈칸의 내용을 적절하게 짝지은 것은?

2023(73). 경위

범죄이론가	주요 개념	주요 정책함의
서덜랜드 (Sutherland)	(가)	또래집단 예방 및 개입 프로그램
(나)	재통합적 수치심 (Reintegrative Shaming)	회복적 사법
레머트(Lemert), 베커(Becker)	낙인 (Labeling)	(다)

(가)	㉠ 사회학습(Social Learning)	㉡ 차별접촉/교제(Differential Association)	㉢ 사회유대(Social Bond)
(나)	ⓐ 패터노스터(Paternoster)	ⓑ 브레이스웨이트(Braithwaite)	ⓒ 헤어(Hare)
(다)	㉮ 치료적 처우	㉯ 직업기술훈련	㉰ 전환처우

① ㉠ - ⓐ - ㉰
② ㉡ - ⓒ - ㉯
③ ㉢ - ⓐ - ㉮
④ ㉡ - ⓑ - ㉰

해설

④ [○] ㉡ - ⓑ - ㉰

범죄이론가	주요 개념	주요 정책함의
서덜랜드	차별접촉/교제	또래집단 예방 및 개입 프로그램
브레이스웨이트	재통합적 수치심	회복적 사법
레머트, 베커	낙인	전환처우

정답 ④

03 낙인이론에 대한 설명으로 가장 적절한 것은?

2023(73). 경위

① 최초 일탈의 발생 원인과 가해자에 대한 관심이 적다는 비판이 있다.
② 레머트(Lemert)는 사회로부터 부정적인 반응을 받은 소년이 스스로 이를 동일시하고 부정적 역할을 수행하게 되는 악의 극화(Dramatization of Evil)에 빠지게 된다고 하였다.
③ 탄넨바움(Tannenbaum)은 일차적 일탈에 대한 부정적인 주변의 반응이 이차적 일탈을 유발한다고 하였다.
④ 베커(Becker)는 일탈자는 공식적인 일탈자라는 주지위를 얻게 되어 교육과 직업 등에 방해를 받게 되며 이로 인해 일탈을 반복하게 된다고 하였다.

해설

① [×] 최초의 일탈에 대한 원인설명이 부족하며, 범죄피해자에 대한 관심이 적었다는 비판이 있다. 낙인이론의 주요 관심사는 비행을 저지른 소년들에 대한 사회의 차별적 반응과 그러한 사회적 반응이 한 개인에게 미치는 영향이다.
② [×] 탄넨바움(Tannenbaum)의 악의 극화(Dramatization of Evil. 일탈강화의 악순환)에 대한 설명이다.
③ [×] 레머트(Lemert)의 사회적 낙인(Social Label)으로서의 일탈에 대한 설명이다.
④ [○] 베커(Becker)는 사람에게 범죄적 낙인이 일단 적용되면, 그 낙인이 다른 사회적 지위나 신분을 압도하게 되므로 일탈자로서의 신분이 그 사람의 '주지위'로 인식되어 교육과 직업 등에 방해를 받게 되며 이로 인해 일탈을 반복하게 된다고 하였다.

정답 ④

04 일차적 일탈에 대한 사회적 반응(낙인)의 결과로 나타날 수 있는 현상의 개념과 그것을 제시한 학자를 옳지 않게 짝지은 것은?

2023. 해경 경위

① 이차적 일탈(Secondary Deviance) - 레머트(Lemert)
② 주 지위(Master Status) - 베커(Becker)
③ 자기완성적 예언(Self-fulfilling Prophecy) - 슈어(Schur)
④ 악의 극화(Dramatization of Evil) - 탄넨바움(Tannenbaum)

해설

① [○] 레머트(Lemert)는 일차적 일탈에 대하여 부여된 사회적 낙인으로 인해 일탈적 자아개념이 형성되고, 이 자아개념이 직접 범죄를 유발하는 요인으로 작용하여 이차적 일탈이 발생된다고 하였다. 즉, 일차적 일탈에 대한 부정적 사회반응이 이차적 일탈을 만들어 낸다고 하였다.
② [○] 베커(Becker)는 금지된 행동에 대한 사회적 반응이 이차적 일탈을 부추길 뿐 아니라 사회집단이 만든 규율을 특정인이 위반한 경우 '이방인(outsider)'으로 낙인찍음으로써 일탈을 창조하며, 사람에게 범죄적 낙인이 일단 적용되면, 그 낙인이 다른 사회적 지위나 신분을 압도하게 되므로 일탈자로서의 신분이 그 사람의 '주지위'로 인식된다고 하였다.
③ [×] 슈어(Schur)는 규범위반을 하였다고 하여 바로 낙인이 되는 것이 아니고 낙인이 이루어졌더라도 이차적 일탈자로 되는 과정이 단계적으로 진행되지 않는다고 보았다. 즉, 낙인과정에서 개인의 적응노력에 따라 어떤 사람은 낙인을 수용하며 어떤 사람은 여러 가지 협상이나 타협을 통해 낙인을 회피할 수도 있다는 것이다. 이차적 일탈로의 발전은 레머트의 주장처럼 정형화된 발전단계를 거치는 것이 아니라, 그 사람이 사회적 반응에 어떻게 반응하느냐에 따라 외부적 낙인이 자아정체성에 영향을 미칠 수도 있고 미치지 않을 수도 있다고 한다.
④ [○] 탄넨바움(Tannenbaum)은 공공에 의해 부여된 범죄자라는 꼬리표에 비행소년 스스로가 자신을 동일시하고 그에 부합하는 역할을 수행하게 되는 과정을 '악의 극화'라고 하였다. 즉, 부정적 낙인은 부정적 자아관념을 심어 일단 자신에게 일탈자로서 낙인이 붙게 되면 스스로 일탈자로 치부하여 일탈행위를 지속한다고 보았다.

정답 ③

05 사회학적 범죄이론과 범죄예방대책의 연결이 가장 적절하지 않은 것은?

2023. 경찰2차

	학자	범죄이론	범죄예방대책
①	샘슨(Sampson)과 동료들	집합효율성이론 (Collective Efficacy Theory)	지역사회 구성원의 상호유대와 신뢰도 향상
②	메스너(Messner)와 로젠펠드(Rosenfeld)	제도적 아노미이론 (Institutional Anomie Theory)	경제적 안전망 제공
③	허쉬(Hirschi)	사회유대론 (Social Bond Theory)	개인과 사회 간의 연결 강화
④	레머트(Lemert)	낙인이론 (Labeling Theory)	건전한 가정양육환경 조성

해설

④ [×] 낙인이론의 범죄예방대책은 비범죄화 또는 다이버전(전환)이다.

정답 ④

06 다음 사례를 읽고 ㉠, ㉡에 적용 가능한 이론에 관한 설명으로 가장 적절하지 않은 것은? 2023. 경찰1차

이론	사례
㉠	甲은 고등학교 시절 학교 친구들의 따돌림을 받고 게임에 빠져 지내던 중 TV에서 본 조직폭력배 두목의 일대기에 심취하여 그의 행동을 흉내 내다가 범죄를 저질렀다.
㉡	乙은 소년교도소 출소 후 전과자라는 부정적 인식으로 인해 정상적인 사회생활이 어려워지자 다시 범죄조직에 가담하여 범죄자로서의 삶을 살았다.

① ㉠은 개인이 범죄자가 되어가는 과정을 설명하는 사회과정이론 중 하나이다.
② ㉡은 상징적 상호작용론을 바탕으로 한 사회반응이론 중 하나이다.
③ ㉠을 주장한 글레이저(Glaser)는 직·간접적 접촉을 통한 동일시에 의해 범죄행위가 학습될 수 있다고 보았다.
④ ㉡을 주장한 베커(Becker)는 일탈행위를 일차적 일탈과 이차적 일탈로 구분하였다.

해설
㉠ 글래저(Glaser)의 차별적 동일시이론, ㉡ 베커(Becker)의 사회적 지위로서의 일탈
① [O] ㉠은 학습이론에 속하는 이론으로, 미시적 관점이다.
② [O] ㉡은 상징적 상호작용론을 바탕으로 한 사회반응이론(사회 반작용이론, 낙인이론) 중 하나이다.
③ [O] ㉠을 주장한 글래저(Glaser)는 사람은 범죄적 행동양식과 직접 접촉하지 않더라도 TV나 영화 속에 등장하는 주인공과 자신의 이상형을 일치시키면 관념적 동일화를 거쳐 범죄를 학습할 수 있다고 보았다.
④ [X] 레머트(Lemert)의 '사회적 낙인으로서의 일탈'에 대한 설명이다. ㉡을 주장한 베커(Becker)는 범죄행위로 낙인을 찍는 것은 사회적 지위와 같은 효과를 주어 낙인 찍힌 자에게 '주지위'를 부여하는 결과가 되고, 낙인 찍힌 일탈자는 다른 영역에서 정상적인 사회생활을 하는 것이 힘들게 되는 반면 일탈은 더욱 용이하다고 보았다.

정답 ④

07 낙인이론에 대한 설명 중 가장 적절하지 않은 것은? 2022(72). 경위

① 레머트(Lemert)는 조직적이고 일관성 있게 일어나는 일차적 일탈을 막기 위해서는 지역사회의 관심과 역할이 중요하다고 주장하였다.
② 탄넨바움(Tannenbaum)은 「범죄와 지역공동체」(Crime and the Community, 1938)라는 저서에서 소년들이 지역사회로부터 범죄자로 낙인되는 과정을 묘사하였다.
③ 패터노스터(Paternoster)와 이오반니(Iovanni)에 의하면 낙인이론의 뿌리는 갈등주의와 상징적 상호작용이론으로 볼 수 있다.
④ 낙인이론에 따르면 범죄자의 인구통계학적 특성에 따라 낙인 가능성 및 정도가 달라질 수 있다.

해설
① [×] 일차적 일탈이란 낙인을 받기 전에 행하는 비행행위들로 조직적이지 않고, 일관성이 없으며, 자주 일어나지 않는 사소한 일탈행위라고 레머트(Lemert)는 정의하였다.
② [○] 탄넨바움(Tannenbaum)은 그의 저서 「범죄와 지역공동체」에서 지역사회의 개인에 대한 낙인 과정을 다음과 같이 묘사하였다. 청소년들과 지역사회 구성원들 간 몇몇 행위들에 대한 가치판단의 차이가 존재한다. 예를 들어 청소년들은 남의 집 창문을 깨는 행위, 무단으로 결석하는 행위 등을 단순한 모험이나 놀이 정도로 여기지만, 지역사회 구성원들은 일종의 일탈행위로 인식하고 부정적인 시각으로 바라보며 나쁘고 치유할 수 없는 존재들로 규정짓게 되고, 이러한 규정짓기는 공식 낙인 또는 비공식 낙인의 형태로 이루어진다. 결국 해당 청소년들은 자신들을 바라보는 지역사회의 시선, 즉 자신들에 대한 지역사회의 낙인을 인식하게 되고 비행청소년으로서의 자아관념을 갖게 된다.
③ [○] 패터노스터(Paternoster)와 이오반니(Iovanni)에 의하면 갈등주의 관점과 상징적 상호작용이론은 낙인이론의 형성에 큰 영향을 미쳤다고 한다. 이들의 연구는 낙인이론의 기원, 낙인이론의 이론적 주장, 낙인이론에 대한 비판의 반박, 초창기 실증연구들의 문제점을 체계적으로 정리하고 향후 연구들이 나아가야 할 방향을 제시함으로써 낙인이론이 다시 범죄학의 주요 이론으로 자리매김하는 데 크게 기여한 것으로 평가받는다.
④ [○] 낙인이론에 따르면 똑같이 비행을 저지르더라도 사회적 약자계층에 속한 사람들은 그렇지 않은 사람들보다 낙인을 경험할 가능성 및 낙인의 정도가 더 높다고 한다. 한 개인이 사회적 약자계층에 속하는지 여부는 주로 인종, 소득, 사회적 지위 등 인구통계학적 요인들을 중심으로 논의되어 왔다. 즉, 한 국가에서 소수인종 또는 저소득층에 속하거나 사회적 지위가 낮을수록 더 가혹한 낙인을 경험하게 된다는 것이다.

정답 ①

08 낙인이론에 대한 설명으로 옳지 않은 것은? 2014. 사시

① 다이버전(Diversion)의 확대나 비범죄화 등 인도주의적 형사정책을 주장하는 근거가 된다.
② 범죄행위보다는 범죄행위에 대한 통제기관의 반작용에 관심을 가진다.
③ 레머트(Lemert)에 의하면 이차적 일탈은 일반적으로 오래 지속되며, 행위자의 정체성이나 사회적 역할들의 수행에 중요한 영향을 미친다.
④ 범죄의 원인을 범죄자의 개인적 특징에서 찾는다.
⑤ 일차적 일탈의 원인이나 범죄피해자에 대한 관심이 적다는 비판이 있다.

해설
④ [×] 범죄인과 사회의 상호작용에 의한 사회적 낙인과 반작용, 특히 낙인의 주체인 법집행기관의 역할에 초점을 맞춘 규범회의주의의 입장에 있으며, 범죄가 범죄통제를 야기하기보다는 범죄통제가 오히려 범죄를 야기한다고 보았다.

정답 ④

09 낙인이론(Labeling Theory)에 대한 설명 중 옳은 것만을 모두 고르면? `2019. 5급 승진`

> ㉠ 공식적 처벌이 가지는 긍정적 효과보다는 부정적 효과에 주목하였다.
> ㉡ 범죄자에 대한 시설 내 처우의 축소와 사회 내 처우의 확대를 주장하였다.
> ㉢ 사회적 위험성이 없는 행위는 범죄목록에서 제외해야 한다고 주장하였다.
> ㉣ 다이버전(Diversion)에 대해서는 사회적 통제망의 확대를 이유로 반대하였다.
> ㉤ 일탈과 비일탈을 뚜렷하게 구분하면서 일차적 일탈의 근본원인을 설명하였다.

① ㉠, ㉡, ㉢
② ㉠, ㉡, ㉣
③ ㉠, ㉢, ㉣
④ ㉠, ㉡, ㉢, ㉤
⑤ ㉡, ㉢, ㉣, ㉤

해설
옳은 것은 ㉠, ㉡, ㉢이다.
㉣ [×] 소년사법분야나 경미범죄, 과실범죄 등에 대해 그 예방차원으로 비범죄화, 다이버전, 시설 내 구금수용의 철폐 등을 주장하여 사회 내 처우의 근거가 되었으며, 시설 내 처우의 문제점을 지적하면서 사회 내 처우의 필요성을 강조하였다.
㉤ [×] 최초의 일탈에 대한 원인설명이 부족하다는 비판을 받는다.

정답 ①

10 레머트(E.M. Lemert)가 주장한 낙인효과에 대한 설명이 바르게 짝지어지지 않은 것은? `2024. 보호 7급`

① 오명씌우기(stigmatization): 일차적 일탈자에게 도덕적 열등아라는 오명이 씌워져서 이후 정상적인 자아정체성을 회복하는 것이 곤란해진다.
② 제도적 강제(institutional restraint)의 수용: 공식적 처벌을 받게 되면 스스로 합리적·독자적 사고를 하지 못하고 사법기관의 판단을 수용할 수밖에 없게 된다.
③ 부정적 정체성의 긍정적 측면(positive side of negative identity): 일차적 일탈자는 자신에 대한 부정적 평가를 거부하는 과정을 통해 긍정적 정체성을 형성한다.
④ 일탈하위문화에 의한 사회화(socialization of deviant subculture): 공식적인 처벌을 집행하는 시설 특유의 일탈하위문화에 의하여 범죄를 옹호하는 가치나 새로운 범죄기술을 습득하게 된다.

해설
일차적 일탈자를 이차적 일탈자로 악화시키는데 공식반응이 미치는 낙인효과는 오명씌우기, 불공정에 대한 자각, 제도적 강제의 수용, 일탈하위문화에 의한 사회화, 부정적 정체성의 긍정적 측면이 있다.
① [○] 오명씌우기: 사법기관에 의한 공식반응이 행해짐으로써 일차적 일탈자에게 도덕적 열등아라는 오명이 씌워진다. 특히 공식처벌은 대중매체를 통해 알려지고 전과자로 기록되면서 종전과는 달리 타인과의 관계설정이 어려워지고 구직이 어려워지는 등 정상적인 사회생활을 하지 못하게 되므로 이차적 일탈로 이어진다.
② [○] 제도적 강제의 수용: 일차적 일탈자는 공식적 처벌을 받게 되면 자신에 대한 사법기관의 판단을 수용할 수밖에 없게 된다는 것이다.
③ [×] 부정적 정체성의 긍정적 측면: 사법기관이 일탈자에게 부정적인 정체성을 부여하지만, 이것을 수용했을 때에 얻게 되는 책임감에 대한 면책이나 죄책감으로부터 도피 등의 이익 때문에 일차적 일탈자는 자신에 대한 부정적인 평가를 거부하지 않는다.
④ [○] 일탈하위문화에 의한 사회화: 집행시설 내에서는 그 특유한 일탈하위문화가 존재한다. 공식처벌에 따라 일차적 일탈자는 이를 접하게 되면서 범죄를 옹호하는 가치나 새로운 범죄기술을 습득하게 된다는 것이다.

정답 ③

11 낙인이론에 대한 설명으로 옳은 것은?

2015. 사시

① 범죄는 귀속과 낙인의 산물이 아니라 일정한 행위의 속성이라고 본다.
② 범죄행위 자체보다 범죄행위에 대한 형사사법기관의 반작용에 관심을 둔다.
③ 랑에(Lange)는 일탈을 일차적 일탈과 이차적 일탈로 구분하고, 이차적 일탈에 이르는 과정에서 협상의 중요성을 강조한다.
④ 베커(Becker)는 직업, 수입, 교육정도와 무관하게 낙인은 주지위가 될 수 없다고 한다.
⑤ 국가가 범죄자의 적발과 교정에 더욱 노력할 것을 범죄대책으로 제시한다.

해설
① [×] 범죄는 일정한 행위속성의 결과가 아니라 귀속과 낙인의 산물이다. 즉, 통제기관에 의해 범죄로 규정된다.
② [○] 낙인이론은 일탈의 원인을 정적인 실체로 일탈을 해석하지 않고, 일탈자와 비일탈자 간의 상징적 상호작용에 의한 동적 과정으로 이해한다. 결과적으로 "무엇이 일탈행위를 야기하는가?"라는 의문 대신에 "누가 누구에게 낙인을 찍고, 그 낙인의 결과는 무엇인가."를 의문의 주체로 삼는다. 즉, 상호작용적 관점에서 본다면 누가 누구의 행위를 일탈로 해석하며, 이러한 해석이 상호작용의 당사자의 행위에 어떠한 영향을 미치는가를 관심의 대상으로 한다.
③ [×] 레머트(Lemert)의 '사회적 낙인으로서의 일탈'에 대한 설명이다.
④ [×] 베커(Becker)에 의하면 일탈자라는 낙인은 하나의 사회적 지위로서 그 사람을 대변하는 주지위(Master Status)가 된다고 한다.
⑤ [×] 비범죄화, 전환(다이버전), 탈제도화·탈시설수용화, 탈낙인화 등을 범죄대책으로 제시한다.

정답 ②

12 낙인이론에 대한 설명으로 옳지 않은 것은?

2021. 보호 7급

① 낙인이론에 따르면 범죄자에 대한 국가개입의 축소와 비공식적인 사회 내 처우가 주된 형사정책의 방향으로 제시된다.
② 슈어(Schur)는 이차적 일탈로의 발전은 정형적인 것이 아니며 사회적 반응에 대한 개인의 적응노력에 따라 달라질 수 있다고 주장하였다.
③ 레머트(Lemert)는 일탈행위에 대한 사회적 반응은 크게 사회구성원에 의한 것과 사법기관에 의한 것으로 구분할 수 있고, 현대사회에서는 사회구성원에 의한 것이 가장 권위 있고 광범위한 영향력을 행사하는 것으로 보았다.
④ 베커(Becker)는 일탈자라는 낙인은 그 사람의 지위를 대변하는 주된 지위가 되어 다른 사람들과의 상호작용에 부정적인 영향을 미치는 요인이 되는 것으로 설명하였다.

해설
① [○] 낙인이론은 형사정책적 대안으로 비범죄화, 전환, 탈제도화·탈시설수용화, 탈낙인화를 주장하였으며, 이에 따라 범죄자에 대한 국가개입은 가능한 축소하고 대신에 비공식적인 사회 내 처우가 새로운 범죄자의 교화방법으로 제시되기도 하였다.
② [○] 슈어(Schur)는 이차적 일탈로의 발전은 레머트(Lemert)의 주장처럼 정형화된 발전단계를 거치는 것이 아니라, 그 사람이 사회적 반응에 어떻게 반응하느냐에 따라 외부적 낙인이 자아정체성에 영향을 미칠 수도 있고 미치지 않을 수도 있다고 한다.
③ [×] 레머트(Lemert)가 특히 관심을 두고 분석한 사항은 이차적 일탈에 관한 것으로, 일탈행위에 대한 사회적 반응의 종류를 크게 사회구성원에 의한 반응과 사법기관에 의한 공식적인 반응으로 나누었다. 사회적 반응 중에서 특히 사법기관에 의한 공식적인 반응(처벌은 일차적 일탈자에게 오명을 씌우고, 사법제도의 불공정성을 자각하게 하고, 제도적으로 강제당하고, 일탈하위문화를 사회화하고, 죄책감이나 책임감을 회피할 수 있는 긍정적 이익을 제공)은 일상생활에서 행해지는 비공식적 반응들보다 심각한 낙인효과를 끼쳐 일차적 일탈자가 이차적 일탈자로 발전하게 된다고 하였다.
④ [○] 베커(Becker)는 사람에게 범죄적 낙인이 일단 적용되면, 그 낙인이 다른 사회적 지위나 신분을 압도하게 되므로 일탈자로서의 신분이 그 사람의 '주지위'로 인식되며, 일탈자라는 낙인은 그 사람의 사회적 지위와 타인과의 상호작용에 부정적인 영향을 미친다고 하였다.

정답 ③

13 낙인이론이 주장하는 형사정책적 결론에 부합하는 것만을 모두 고른 것은?

2014. 보호 7급

㉠ 기존 형법의 범죄목록 중에서 사회변화로 인하여 더 이상 사회위해성이 없는 행위로 평가되는 것은 범죄목록에서 삭제해야 한다.
㉡ 가능한 한 범죄에 대한 공식적 반작용은 비공식적 반작용으로, 중한 공식적 반작용은 경한 공식적 반작용으로 대체되어야 한다.
㉢ 가능한 한 범죄자를 자유로운 공동체 내에 머물게 하여 자유로운 상태에서 그를 처우하여야 한다.
㉣ 범죄자의 재사회화가 성공적으로 이루어진 후에는 그의 사회적 지위를 되돌려주는 탈낙인화가 뒤따라야 한다.

① ㉠, ㉢
② ㉡, ㉣
③ ㉠, ㉡, ㉢
④ ㉠, ㉡, ㉢, ㉣

해설
모두 낙인이론이 주장하는 형사정책적 결론에 부합한다.
낙인이론은 소년사법분야나 경미범죄자, 과실범죄자 등에 대한 부분에서는 이차적 일탈의 예방차원으로 비범죄화, 다이버전, 시설 내 구금수용의 철폐 등을 주장하여 사회 내 처우의 근거가 되었다.

정답 ④

14 낙인이론에 대한 설명으로 옳지 않은 것은?

2018. 보호 7급

① 낙인이론은 범죄행위에 대하여 행해지는 부정적인 사회적 반응이 범죄의 원인이라고 보며 이를 통해 1차적 일탈과 2차적 일탈의 근본원인을 설명한다.
② 탄넨바움(Tannenbaum)에 따르면, 청소년의 사소한 비행에 대한 사회의 부정적 반응이 그 청소년으로 하여금 자신을 부정적인 사람으로 인식하게 한다.
③ 레머트(Lemert)에 따르면, 1차적 일탈에 대한 사회적 반응이 2차적 일탈을 저지르게 한다.
④ 베커(Becker)에 따르면, 일탈자라는 낙인은 그 사람의 사회적 지위와 타인과의 상호작용에 부정적인 영향을 미친다.

해설
① [×] 낙인이론은 일차적 일탈의 원인, 즉 이차적 일탈을 유발하는 일차적 일탈의 근본원인을 설명하지 않았다는 비판을 받는다. 즉, 개인 간·집단 간·사회 간 범죄율의 차이나 일탈과정에 있어서의 개인적 의사결정상 차이 등은 개인적 인격특성 또는 상황적 특성 및 동기의 차이가 있음을 암시해 줌에도 불구하고, 지나치게 사회적 반응만을 강조한 나머지 이런 사항들이 무시되고 있다는 것이다. 따라서 일탈과 비일탈의 구분이 뚜렷할 수 없다는 지적이다.

정답 ①

15 낙인이론(Labeling Theory)에 대한 설명으로 옳지 않은 것은? *2015. 교정 7급*

① 레머트(Lemert)는 1차적 일탈에 대한 부정적 사회반응이 2차적 일탈을 만들어 낸다고 하였다.
② 베커(Becker)는 일탈자의 지위는 다른 대부분의 지위보다도 더 중요한 지위가 된다고 하였다.
③ 중요한 정책으로는 다이버전, 비범죄화, 탈시설화 등이 있다.
④ 사회 내 처우의 문제점을 지적하면서 시설 내 처우의 필요성을 강조하였다.

해설
① [○] 레머트(Lemert)는 일차적 일탈에 대하여 부여된 사회적 낙인으로 인해 일탈적 자아개념이 형성되고, 이 자아개념이 직접 범죄를 유발하는 요인으로 작용하여 이차적 일탈이 발생된다고 하였다.
② [○] 베커(Becker)는 사람에게 범죄적 낙인이 일단 적용되면, 일탈자로서의 신분이 그 사람의 '주지위(Master Status)'로 인식된다고 하였다. 여기서 주지위는 그 사람의 사회적 상호작용의 과정과 형태에 영향을 미치는 다른 지위나 신분을 제압하는 신분이며 지위이다. 그러므로 일탈자로서의 공식낙인 또는 신분은 그 사람의 주지위로 기능하여 그 사람의 취업이나 인간관계 등에 영향을 미치게 되어 그 사람을 일종의 체계적 규범 위반자로 전이시킨다는 것이다.
③ [○] 낙인이론은 경미한 일탈에 대해서는 낙인의 방지와 제한을 통한 이차적 일탈의 예방을 목표로 비범죄화시켰고, 공적 개입과 그로 인한 공식적 낙인보다는 다양한 대체처분으로서 전환시켰으며, 교정시설의 선별적 수용 등으로 교정시설의 다양한 대체처분을 활용하는 등 형사정책분야에 공헌하였다.
④ [×] 시설 내 처우의 문제점을 지적하면서 사회 내 처우의 필요성을 강조하였다.

정답 ④

16 다음 중 낙인이론에 대한 설명으로 가장 옳지 않은 것은? *2022. 해경 경위*

① 슈어(Schur)는 이차적 일탈로의 발전은 정형적인 것이 아니며 사회적 반응에 대한 개인의 적응 노력에 따라 달라질 수 있다고 주장하였다.
② 베커(Becker)는 일탈자라는 낙인은 그 사람의 지위를 대변하는 주된 지위가 되어 다른 사람들과의 상호작용에 부정적인 영향을 미치는 요인이 되는 것으로 설명하였다.
③ 형사사법기관의 역할에 대해 회의적이며, 공식적 낙인은 사회적 약자에게 차별적으로 부여될 가능성이 높다고 본다.
④ 레머트(Lemert)는 일탈행위에 대한 사회적 반응은 크게 사회구성원에 의한 것과 사법기관에 의한 것으로 구분할 수 있고, 현대사회에서는 사회구성원에 의한 것이 가장 권위 있고 광범위한 영향력을 행사하는 것으로 보았다.

해설
① [○] 슈어(Schur)는 이차적 일탈로의 발전은 레머트(Lemert)의 주장처럼 정형화된 발전단계를 거치는 것이 아니라, 그 사람이 사회적 반응에 어떻게 반응하느냐에 따라 외부적 낙인이 자아정체성에 영향을 미칠 수도 있고 미치지 않을 수도 있다고 한다.
② [○] 베커(Becker)는 사람에게 범죄적 낙인이 일단 적용되면, 그 낙인이 다른 사회적 지위나 신분을 압도하게 되므로 일탈자로서의 신분이 그 사람의 '주지위'로 인식되며, 일탈자라는 낙인은 그 사람의 사회적 지위와 타인과의 상호작용에 부정적인 영향을 미친다고 하였다.
③ [○] 낙인이론은 범죄인과 사회의 상호작용에 의한 사회적 낙인과 반작용, 특히 낙인의 주체인 법집행기관의 역할에 초점을 맞춘 규범회의주의의 입장으로, 공식적 처벌(형사사법기관에 의한 처벌)이 가지는 긍정적 효과보다는 부정적 효과에 주목하여 형사사법기관의 역할에 대해 회의적이며, 똑같이 비행을 저지르더라도 사회적 약자계층에 속한 사람들은 그렇지 않은 사람들보다 낙인을 경험할 가능성 및 낙인의 정도가 더 높다고 한다.
④ [×] 레머트(Lemert)가 특히 관심을 두고 분석한 사항은 이차적 일탈에 관한 것으로, 일탈행위에 대한 사회적 반응의 종류를 크게 사회구성원에 의한 반응과 사법기관에 의한 공식적인 반응으로 나누었다. 사회적 반응 중에서 특히 사법기관에 의한 공식적인 반응(처벌은 일차적 일탈자에게 오명을 씌우고, 사법제도의 불공정성을 자각하게 하고, 제도적으로 강제당하고, 일탈하위문화를 사회화하고, 죄책감이나 책임감을 회피할 수 있는 긍정적 이익을 제공)은 일상생활에서 행해지는 비공식적 반응들보다 심각한 낙인효과를 끼쳐 일차적 일탈자가 이차적 일탈자로 발전하게 된다고 하였다.

정답 ④

17 다음 중 브레이스웨이트(Braithwaite)의 재통합적 수치심에 대한 설명으로 가장 옳지 않은 것은?

2024. 해경 경위

① 일반예방 및 특별예방 효과가 있다.
② 피해자의 참여와 용서는 중요한 요소가 아니다.
③ 수치심은 비공식적 사회통제의 강력한 수단이다.
④ 양심의 가책을 느끼도록 하되 지역사회와 재통합하는 노력을 병행함으로써 미래 범죄의 가능성을 줄이려는 의도를 내포하고 있다.

해설
① [○] 특별예방 및 일반예방의 효과를 가지고 있다. 첫째, 가해자가 피해자와 대화할 기회를 부여함으로써 피해자의 고통을 깨닫고 자신의 행위를 반성하게 하여, 규범적 행동양식으로 회복할 수 있도록 촉진한다. 뿐만 아니라 피해자 및 지역사회와의 화해를 통하여 원활한 사회복귀를 조장한다는 의미에서 특별예방에 기여할 수 있다. 둘째, 소극적 일반예방과 적극적 일반예방에도 기여한다. 지역 주민들을 비롯하여 피해자와 함께 참여하는 사람들에게는 범죄피해의 양상을 체험을 통하여 깨닫게 하고 불법행위에 대한 반작용으로서의 처벌위협 및 피해회복을 위한 압력이 존재한다는 사실을 인식하게 함으로써 범죄의 동기를 억제한다는 의미에서 소극적 일반예방에도 기여한다고 할 수 있다. 또한 가해자와 피해자 또는 그 가족 및 지역사회 구성원이 협의과정에 함께 참여하여 피해자와 그 가족의 고통을 공유하고 적정한 급부를 모색하는 과정을 반복함으로써 사건 관여자를 포함한 일반시민에 대한 도덕형성력을 발휘할 수 있다는 의미에서 적극적 일반예방에도 기여한다고 할 수 있다.
② [×] 재통합적 수치심부여 이론에 의하면, 범죄자는 피해자가 앞에 있고 피해자가 적극적으로 참여하게 되면 자신의 범죄를 대면(직면)하지 않을 수 없게 되고 자신이 가한 피해에 대한 자신의 책임을 회피하거나 중립화시킬 가능성은 그만큼 더 적어진다. 감정이 섞이지 않은 판사 앞에서보다는 '의미있는 타인들' 앞에서 수치심을 입을 때가 범죄자에게 더 큰 영향력이 생긴다는 것이다.
③ [○] 전통적 낙인이론을 새롭게 보완한 브레이스웨이트는 재통합적 수치심부여 이론을 통해 비공식적 사회통제는 법적·공식적 통제보다 영향력이 커서 개인적 수치심을 경험하는 것이 법적 처벌을 받는 것보다 범죄예방효과가 더 크다고 주장하며, 수치심은 비공식적 사회통제의 강력한 수단이 될 수 있으므로, 범죄를 예방하기 위해서는 사회는 재통합적 수치심을 진작시켜야 한다고 주장하였다. 이러한 그의 주장은 회복적 사법제도 발전에 중요한 촉진제가 되었다.
④ [○] 재통합적 수치는 제재를 가하되 범죄자라는 낙인으로부터 벗어나도록 해주기 위한 의식, 용서의 말과 몸짓 등을 수반한다. 즉, 재통합적 수치는 일정한 제재를 통해 범죄자로 하여금 양심의 가책을 느끼도록 하되, 지역사회의 구성원으로 재통합하려는 노력을 병행함으로써 미래 범죄의 가능성을 줄이고자 하는 의도를 포함한 수치를 의미한다.

정답 ②

제4절 | 범죄사회학 통합문제

01 범죄학 이론에 대한 설명으로 옳지 않은 것은?

2022. 교정 9급

① 레머트(Lemert)는 1차적 일탈과 2차적 일탈의 개념을 제시하였다.
② 허쉬(Hirschi)는 사회통제이론을 통해 법집행기관의 통제가 범죄를 야기하는 과정을 설명하였다.
③ 머튼(Merton)은 아노미 상황에서 긴장을 느끼는 개인이 취할 수 있는 5가지 적응유형을 제시하였다.
④ 갓프레드슨과 허쉬(Gottfredson & Hirschi)는 부모의 부적절한 자녀 양육이 자녀의 낮은 자기통제력의 원인이라고 보았다.

해설

① [○] 레머트(Lemert)는 1차적 일탈에 대하여 부여된 사회적 낙인으로 인해 일탈적 자아개념이 형성되고, 이 자아개념이 직접 범죄를 유발하는 요인으로 작용하여 2차적 일탈이 발생된다고 하였다.
② [×] 허쉬(Hirschi)는 누구든지 비행가능성이 잠재되어 있고, 이를 통제하는 요인으로 개인이 사회와 맺고 있는 일상적인 유대가 중요하다고 하였으며, 개인이 사회와 유대관계를 맺는 방법으로 애착, 전념, 믿음, 참여를 제시하였다.
낙인이론은 범죄가 범죄통제를 야기하기보다는 범죄통제가 오히려 범죄를 야기한다고 주장하였으며, 국가의 범죄통제가 오히려 범죄를 증가시키는 경향이 있으므로 과감하게 이를 줄여야 한다고 하였다.
③ [○] 머튼(Merton)은 정상적인 기회구조에 접근하기 어려운 아노미 상황에서 사람들이 본인의 곤경을 해결하는 방법으로 동조형(순응형), 혁신형(개혁형), 의례형(의식형), 도피형(회피형, 퇴행형), 반역형(혁명형, 전복형)의 5가지 개인적 적응유형을 제시하였다.
④ [○] 갓프레드슨(Gottfredson)과 허쉬(Hirschi)는 범죄에 대한 일반이론(General Theory of Crime)에서 범죄성향을 인간의 자기통제능력에서 찾고, 모든 범죄의 원인은 '낮은 자기통제력' 때문이며, 낮은 자기통제력의 근본적인 원인을 타고난 것으로 보지 않고 부모의 부적절한 양육에 의해 형성된다고 주장한다. 자기통제력 부족 현상은 아주 어릴 때 형성되고, 성인이 되었어도 안정적인 상태로 계속 존재한다고 보았다.

정답 ②

02 학자들과 그들의 주장을 연결한 것으로 옳지 않은 것은? 2021. 교정 7급

① 갓프레드슨과 허쉬(Gottfredson & Hirschi) - 모든 범죄의 원인은 '낮은 자기통제력' 때문이며, 이러한 '자기통제력'은 아동기에 형성된다.
② 코헨(Cohen) - 합법적 수단이 이용가능하지 않을 때 비합법적 수단에 호소하게 되지만, 이러한 합법적 및 비합법적 수단이 모두 이용가능하지 않을 때 이중의 실패자(Double Failures)가 된다.
③ 샘슨(Sampson) - 지역사회의 구성원들이 범죄문제를 공공의 적으로 인식하고 이를 해결하기 위하여 적극적으로 참여하는 것이 범죄문제 해결의 열쇠가 된다.
④ 레크리스(Reckless) - 범죄다발지역에 살면서 범죄적 집단과 접촉하더라도 비행행위에 가담하지 않는 청소년들은 '좋은 자아개념'을 가지고 있기 때문이다.

해설

① [○] 갓프레드슨(Gottfredson)과 허쉬(Hirschi)의 범죄에 대한 일반이론(General Theory of Crime)은 범죄성향을 인간의 자기통제능력에서 찾으며, 낮은 자기 통제력은 충동성, 쾌락추구, 고통에 대한 둔감성, 무모성 그리고 범죄성격과 경향을 의미한다. 어릴 때 형성된 낮은 자기통제력이 성인에 이르기까지 지속적으로 문제행동과 비행, 범죄의 성향으로 이어진다고 보았다.
② [×] 클라워드(Cloward)와 오린(Ohlin)의 도피적 하위문화(Retretist Subculture)에 대한 설명이다. 문화적 목표를 추구하는 데 필요한 합법적인 수단을 이용하기도 어렵고 비합법적인 기회도 결여된 사람들은 이중실패자로 분류되며, 이들은 합법적인 세계와 불법적인 세계로부터 모두 차단됨으로써 문화적 목표 추구를 포기한 채 도피적 생활양식(약물중독, 정신장애, 알코올중독)에 빠져든다.
코헨(Cohen)의 비행하위문화이론(Delinquent Subculture Theory)은 하류계층의 비행이 중류계층의 가치와 규범에 대한 저항이라고 보았다. 사회적 조건이 하류계층의 청소년들로 하여금 사회적으로, 특히 중류사회의 성공목표를 합법적으로 성취할 수 없게 하기 때문에 하류계층의 청소년들은 신분좌절(Status Frustration)이라는 일종의 문화갈등을 경험하게 된다. 이러한 지위좌절을 경험하는 하류계층의 청소년들 중 다수는 비행집단을 형성하여 비공식적이고, 악의적이며, 부정적인 행위에 가담하게 된다.
③ [○] 샘슨(Sampson)은 지역주민 간의 상호신뢰 또는 연대감과 범죄에 대한 적극적인 개입을 강조하는 '집합효율성이론'을 주장하였다.
④ [○] 레크리스(Reckless)의 봉쇄(견제)이론(Containment Theory)은 범죄율이 높은 빈곤지역에 사는 사람이 어떻게 범죄적 환경의 영향을 뿌리치고 범죄활동에의 가담에 저항할 수 있으며, 어떠한 개인적 자질이 그 사람을 범죄유발의 영향으로부터 멀어지게 할 수 있는가라는 의문에 답하고자 하는 이론이다. 즉, 범죄적 영향이 왜 어떤 사람에게는 영향을 미치고, 어떤 사람에게는 영향을 미치지 않는가를 알고자 하는 것이다. 레크리스는 비행행위에 대한 내적 견제로 좋은 자아관념(Self-Concept)이 가장 중요하며 그 밖에 목표지향성과 현실적 목적, 좌절감의 인내, 합법성에 대한 일체감을 들었다.

☑ **집합효율성이론(Collective Efficacy Theory)**

의의	1. 1997년 로버트 샘슨(Robert Sampson)을 중심으로 전개되었고, 시카고 학파의 사회해체이론을 현대 도시에 맞게 계승·발전시켰다. 2. 지역사회의 구성원들(지역주민, 사업체, 지방자치단체 등)이 범죄문제를 공공의 적으로 생각하고 이를 해결하기 위해 적극적으로 참여하는 것이 범죄예방의 열쇠가 된다고 보는 이론이다. 3. 지역사회의 범죄율에 차이가 나는 것을 사회구조적으로 설명하였다.
내용	비공식적 사회통제의 중요성: 지역사회 구성원 간의 유대를 강화하고, 범죄 등 사회문제에 대해 적극적으로 개입하는 등 공동의 노력이 중요한 범죄예방의 방법이라고 보았다.
비판	공식적 사회통제(경찰 등 법집행기관)의 중요성을 간과하였다는 비판을 받는다.

정답 ②

03 범죄원인에 대한 설명으로 옳은 것은?

2021. 교정 7급

① 퀴니(Quinney)는 대항범죄(Crime of Resistance)의 예로 살인을 들고 있다.
② 레크리스(Reckless)는 범죄를 유발하는 압력요인으로 불안감을 들고 있다.
③ 중화기술이론에서 세상은 모두 타락했고, 경찰도 부패했다고 범죄자가 말하는 것은 책임의 부정에 해당한다.
④ 부모 등 가족구성원이 실망할 것을 우려해서 비행을 그만두는 것은 사회유대의 형성 방법으로서 애착(Attachment)에 의한 것으로 설명할 수 있다.

해설

① [×] 퀴니(Quinney)는 범죄발생은 개인의 소질이 아니라 자본주의의 모순으로 인해 자연적으로 발생하는 사회현상이라고 보고, 자본가 계층의 억압적 전술로부터 살아남기 위한 노동자 계급(피지배 집단)의 범죄를 적응(화해)범죄와 대항(저항)범죄로 구분하였다. 적응범죄의 예로 절도, 강도, 마약거래 등과 같은 경제적 약탈범죄와 살인, 폭행, 강간 등 같은 계층에 대해 범해지는 대인범죄를 들고 있으며, 대항범죄의 예로 시위, 파업 등을 들고 있다.
② [×] 레크리스(Reckless)는 범죄나 비행을 유발하는 요인으로 압력요인, 유인요인, 배출요인으로 구분하고, 압력요인으로 열악한 생활조건(빈곤, 실업), 가족갈등, 열등한 신분적 지위, 성공기회의 박탈 등을 들고 있으며, 유인요인으로 나쁜 친구들, 비행이나 범죄하위문화, 범죄조직, 불건전한 대중매체 등을 들고 있고, 배출요인으로 불안감, 불만감, 내적 긴장감, 증오심, 공격성, 즉흥성, 반역성 등을 들고 있다.
③ [×] 세상은 모두 타락했고, 경찰도 부패했다고 범죄자가 말하는 것은 중화기술의 유형 중 '비난자에 대한 비난'에 해당한다.
④ [○] 부모 등 가족구성원이 실망할 것을 우려해서 비행을 그만두는 것은 사회연대의 요소 중 애착(Attachment)에 의하여 사회통제가 이행되는 사례라 할 수 있다.

정답 ④

04 다음의 범죄이론과 그 내용이 바르게 짝지어진 것은?

2013. 보호 7급

㉠ 억제이론(Deterrence Theory)
㉡ 차별접촉이론(Differential Association Theory)
㉢ 사회유대이론(Social Bond Theory)
㉣ 낙인이론(Labeling Theory)
㉤ 사회해체이론(Social Disorganization Theory)

A. 도심지역의 주민이동과 주민이질성이 범죄발생을 유도한다.
B. 지하철에 정복경찰관의 순찰을 강화하자 범죄가 감소했다.
C. 부모와의 애착이 강한 청소년일수록 비행가능성이 낮다.
D. 청소년 비행의 가장 강력한 원인은 비행친구에 있다.
E. 어려서부터 문제아로 불리던 사람은 성인이 되어서도 범죄성향이 강하게 나타난다.

	㉠	㉡	㉢	㉣	㉤
①	A	B	E	C	D
②	A	E	D	B	C
③	B	C	D	A	E
④	B	D	C	E	A

해설

④ [O] ㉠-B, ㉡-D, ㉢-C, ㉣-E, ㉤-A

㉠ 억제이론: 범죄로부터의 이익이 비행의 원인이라면, 범죄에 대한 처벌의 고통은 비행을 제재하는 요인이므로 범죄의 이익이 처벌의 고통보다 크면 범죄가 발생할 것이고, 처벌의 고통이 범죄의 이익보다 크다면 범죄는 일어나지 않을 것이다. 즉, 처벌이 사회적 또는 외적 통제의 수단이 되는 것이다. 따라서 경찰관의 순찰이 강화되면 처벌의 위험성이 높아지므로 범죄가 줄어들 것이다.

㉡ 차별적 접촉이론: 사회조직은 서로 다른 특성을 가진 이질적 이익과 이질적 목표를 가진 잡다한 조직으로 분화되어 있는데, 그 가운데 어느 집단과 친밀감을 가지고 차별적 접촉을 갖느냐에 따라 백지와 같은 인간의 본성에 특정집단의 행동양식을 배우고 익혀 나간다는 이론으로, 최우선적 접촉대상은 부모, 가족, 친구 등이라고 보았다. 따라서 비행친구와의 접촉을 통하여 청소년 비행이 전이된다고 본다.

㉢ 사회유대이론: 누구나 반사회적 행위를 하려는 본성을 가지고 있다고 전제하고, 우리 사회는 비행을 저지르도록 강요하는 긴장은 없으며 오히려 범죄를 저지르지 못하게 하는 요인인 '사회연대의 요소'만이 있다고 보았다. 부모와의 애착과 같은 유대관계는 비행가능성을 줄여준다.

㉣ 낙인이론: 일탈행위에 대한 '사회적 반응'에 관심을 두고, 범죄원인은 범죄인과 사회의 상호작용에 의한 사회적 낙인과 반작용의 결과라는 이론으로, 범죄가 범죄통제를 야기하기보다는 범죄통제가 오히려 범죄를 야기한다고 보았다. 어려서부터 문제아로 불리던 사람은 낙인 효과에 의하여 성인이 되어서도 범죄성향이 나타난다고 본다.

㉤ 사회해체이론: 급격한 도시화, 산업화에 따라 지역사회에 기초한 통제의 붕괴, 사회해체, 구성원의 일탈로 이어진다는 이론이다. 사회해체의 원인을 지역이전과 주민 이질성으로 보았으며, 사회해체지역에서는 전통적인 사회통제기관들이 규제력을 상실하면서 반사회적 가치를 옹호하는 범죄하위문화가 형성되어 범죄가 발생된다고 본다.

정답 ④

05 다음 〈보기〉 중 낙인이론에 대하여 옳은 내용만으로 짝지은 것은?

2024. 해경 경위

―〈보기〉―

㉠ 낙인이론에 의하면 범죄자의 인구통계학적 특성에 따라 낙인 가능성 및 정도가 달라질 수 있다.
㉡ 헤이건(Hagan)은 사회로부터 부정적인 반응을 받은 소년들이 지역사회로부터 범죄자로 낙인받는 과정을 묘사하였다.
㉢ 허쉬(Hirschi)는 1차적 일탈과 2차적 일탈이란 용어를 사용하여 일탈행위를 설명하였는데, 2차적 일탈은 심리적 구조와 사회적 역할에 큰 영향을 미치지 않는다고 보았다.
㉣ 패터노스터(Paternoster)와 이오반니(Iovanni)에 의하면 낙인이론의 이론적 뿌리는 갈등주의와 상징적 상호작용주의로 볼 수 있다.

① ㉠, ㉡
② ㉡, ㉢
③ ㉠, ㉣
④ ㉡, ㉣

해설

옳은 것은 ㉠, ㉣이다.

㉠ [O] 낙인이론에 따르면 똑같이 비행을 저지르더라도 사회적 약자계층에 속한 사람들은 그렇지 않은 사람들보다 낙인을 경험할 가능성 및 낙인의 정도가 더 높다고 한다. 한 개인이 사회적 약자계층에 속하는지 여부는 주로 인종, 소득, 사회적 지위 등 인구통계학적 요인들을 중심으로 논의되어 왔다. 즉, 한 국가에서 소수인종 또는 저소득층에 속하거나 사회적 지위가 낮을수록 더 가혹한 낙인을 경험하게 된다는 것이다.

㉡ [×] 탄넨바움(Tannenbaum)은 소년들이 지역사회로부터 범죄자로 낙인되는 과정을 묘사하였다. 그의 저서 「범죄와 지역공동체」(Crime and the Community, 1938)에서 지역사회의 개인에 대한 낙인 과정을 다음과 같이 묘사하였다. 청소년들과 지역사회 구성원들 간 몇몇 행위들에 대한 가치판단의 차이가 존재한다. 예를 들어 청소년들은 남의 집 창문을 깨는 행위, 무단으로 결석하는 행위 등을 단순한 모험이나 놀이 정도로 여기지만, 지역사회 구성원들은 일종의 일탈행위로 인식하고 부정적인 시각으로 바라보며 나쁘고 치유할 수 없는 존재들로 규정짓게 되고, 이러한 규정짓기는 공식 낙인 또는 비공식 낙인의 형태로 이루어진다. 결국 해당 청소년들은 자신들을 바라보는 지역사회의 시선, 즉 자신들에 대한 지역사회의 낙인을 인식하게 되고 비행청소년으로서의 자아관념을 갖게 된다.

㉢ [×] 레머트(Lemert)는 일차적 일탈과 이차적 일탈이란 용어를 사용하여 일탈행위를 설명하였다. 일차적 일탈에 대하여 부여된 사회적 낙인으로 인해 일탈적 자아개념이 형성되고, 이 자아개념이 직접 범죄를 유발하는 요인으로 작용하여 이차적 일탈이 발생된다고 한다. 이차적(경력적) 일탈은 일차적 일탈에 대한 사회적 반응, 즉 비행 낙인이 있은 후에 발생하는 일탈 및 심각한 범죄행위들을 말한다. 일반적으로 오래 지속되며, 행위자의 정체성이나 사회적 역할들의 수행에 중요한 영향을 미친다.

㉣ [O] 패터노스터와 이오반니에 의하면 갈등주의 관점과 상징적 상호작용이론은 낙인이론의 형성에 큰 영향을 미쳤다고 한다. 이들의 연구는 낙인이론의 기원, 낙인이론의 이론적 주장, 낙인이론에 대한 비판의 반박, 초창기 실증연구들의 문제점을 체계적으로 정리하고 향후 연구들이 나아가야 할 방향을 제시함으로써 낙인이론이 다시 범죄학의 주요 이론으로 자리매김하는데 크게 기여한 것으로 평가받는다.

정답 ③

06 범죄원인론에 대한 설명과 그에 해당하는 이론이 올바르게 연결된 것은?

2015. 사시

> ⊙ 범죄는 하나의 단일문화가 독특한 행위규범을 갖는 여러 개의 상이한 하위문화로 분화될 때, 사람들이 자신이 속한 문화의 행위규범을 따르다 보면 발생할 수 있다.
> ⓒ 지역사회의 전통적인 기관들이 주민들의 행동을 규제하지 못하고, 지역사회의 공통문제를 자체적으로 해결할 수 있는 능력을 상실하면 범죄율이 높아진다.
> ⓒ 인간은 범죄성을 본질적으로 지니고 있기 때문에 그대로 두면 누구든지 범죄를 저지를 것이라는 가정에서 출발한다.

> ⓐ 사회해체이론   ⓑ 통제이론   ⓒ 문화갈등이론

① ㉠-ⓐ, ㉡-ⓑ, ㉢-ⓒ
② ㉠-ⓑ, ㉡-ⓐ, ㉢-ⓒ
③ ㉠-ⓑ, ㉡-ⓒ, ㉢-ⓐ
④ ㉠-ⓒ, ㉡-ⓐ, ㉢-ⓑ
⑤ ㉠-ⓒ, ㉡-ⓑ, ㉢-ⓐ

해설
④ [○] ㉠ - ⓒ 문화갈등이론, ㉡ - ⓐ 사회해체이론, ㉢ - ⓑ 통제이론

정답 ④

07 다음 ㉠, ㉡에 들어갈 용어가 바르게 연결된 것은?

2016. 보호 7급

> • 뒤르껭(Durkheim)에 의하면 (㉠)는 현재의 사회구조가 구성원 개인의 욕구나 욕망에 대한 통제력을 유지할 수 없을 때 발생한다고 보았으며, 머튼(Merton)에 의하면 문화적 목표와 이를 달성하기 위한 제도적 수단 사이에 간극이 있고 구조적 긴장이 생길 경우에 발생한다고 보았다.
> • 밀러(Miller)에 의하면 (㉡)는 중산층과 상관없이 고유의 전통과 역사를 가진 독자적 문화로 보았으며, 코헨(Cohen)에 의하면 중산층의 보편적인 문화에 대항하고 반항하기 위해서 형성되는 것이라고 보았다.

	㉠	㉡
①	아노미	저항문화
②	아노미	하위문화
③	사회해체	저항문화
④	사회해체	하위문화

해설
② [○] ㉠ 아노미, ㉡ 하위문화

정답 ②

08 범죄원인론에 대한 설명으로 옳지 않은 것은?   2015. 사시

① 레크리스(Reckless)는 압력, 유인, 배출 요인이 범행을 유발한다고 보았다.
② 허쉬(Hirschi)는 개인이 사회와 유대관계를 맺는 방법으로 애착, 전념, 믿음, 참여를 제시하였다.
③ 맛짜(Matza)와 사이크스(Sykes)는 범죄자가 피해자 혹은 사회일반에 책임을 전가하거나 더 높은 가치에 의지하는 등 범죄행위를 정당화하는 방법을 '중화기술'이라고 하였다.
④ 머튼(Merton)은 사람들이 사회적 긴장에 반응하는 방식 중 '혁신형'은 문화적 목표와 사회적 수단을 모두 자신의 의지에 따라 새로운 것으로 대체하려는 특성을 갖는다고 하였다.
⑤ 서덜랜드(Sutherland)의 '차별적 접촉이론'은 범죄자와 비범죄자의 차이는 접촉유형의 차이에서 생긴다고 보았다.

해설
④ [×] 반역(혁명·전복)형에 대한 설명이다.
   혁신(개혁)형은 문화적 목표는 수용하지만 제도화된 수단은 거부하는 형태이다.

정답 ④

09 범죄원인에 관한 학자들의 주장으로 옳지 않은 것은?   2019. 교정 7급

① 샘슨(R.J. Sampson)과 라웁(J.H. Laub) - 어려서 문제행동을 보인 아동은 부모와의 유대가 약화되고, 학교에 적응하지 못하며, 성인이 되어서도 범죄를 저지르게 되므로, 후에 사회와의 유대가 회복되더라도 비행을 중단하지 않고 생애 지속적인 범죄자로 남게 된다.
② 클라우드(R.A. Cloward)와 올린(L.E. Ohlin) - 하류계층 청소년들이 합법적 수단에 의한 목표달성이 제한될 때 비합법적 수단에 호소하게 되는 경우에도, 비행의 특성은 불법행위에 대한 기회에 영향을 미치는 지역사회의 특성에 따라 달라진다.
③ 머튼(R.K. Merton) - 문화적으로 규정된 목표는 사회의 모든 구성원이 공유하고 있으나 이들 목표를 성취하기 위한 수단은 주로 사회경제적인 계층에 따라 차등적으로 분배되며, 이와 같은 목표와 수단의 괴리가 범죄의 원인으로 작용한다.
④ 글레이저(D. Glaser) - 범죄의 학습에 있어서는 직접적인 대면접촉보다 자신의 범죄적 행동을 지지해 줄 것 같은 실존 또는 가상의 인물과 자신을 동일시하는가가 더욱 중요하게 작용한다.

해설
① [×] 청소년기에 비행을 저지른 아이들도 사회유대 혹은 사회자본의 형성을 통해 취업과 결혼으로 가정을 이루는 인생의 전환점을 만들면 성인이 되어 정상인으로 돌아가게 된다고 주장하였다.

발전범죄이론 – 생애과정이론

샘슨과 라웁	1. 샘슨(Sampson)과 라웁(Laub)은 범죄경력의 발전과정에서 통제이론과 낙인이론을 중심으로 숀베리(Thornberry)와 유사한 설명을 하고 있다. 2. 비행은 비공식적 사회통제 혹은 유대의 결과라는 점을 강조했는데, 이에 따르면 어려서 문제행동을 보였던 아이들이 지속적으로 혹은 보다 심각한 비행을 저지르게 되는 이유가 그들의 어릴 때의 경험들이 사회와의 유대를 약화시켰기 때문이라고 설명한다. 즉, 어려서 문제성향을 보인 아동은 부모와의 유대가 약화되고, 학교에 적응하지 못하며, 친구들과의 관계도 원만하지 못해 점차 비행소년, 더 나아가서는 성인 범죄자로 전락하게 된다. 3. 그러나 한편으로 어려서 문제행동을 보였던 아동이 사회와의 유대가 회복되거나 강화될 경우 더 이상 비행을 저지르지 않고 비행을 중단하게 된다고도 주장하였다. 또한 청소년기에 비행을 저지르게 된 아이들도 성인기에 직업을 갖게 되거나 결혼으로 가정을 이루게 될 경우 정상인으로 돌아간다고 하였는데, 그들은 이러한 사회 유대 혹은 사회자본의 형성이 인생의 전환점이 된다고 주장하였다.
모핏	1. 모핏(Moffitt)은 신경심리학, 낙인이론, 긴장이론 입장에서 범죄경력의 발전과정을 논의하고 있다. 2. 범죄자를 청소년한정형 범죄자와 인생지속형 범죄자로 분류하고, 청소년한정형 범죄자보다 인생지속형 범죄자가 정신건강상의 문제를 더 많이 가지고 있다고 하였다. 3. 인생지속형 범죄자들은 아동기 때부터 비행행위를 시작해서 청소년기와 성년기를 거치는 전 생애 과정 동안 지속적으로 일탈을 일삼게 되고, 이들은 정상인에 비해 뇌신경학적 손상을 가지고 있고 또 어린 나이에 부모로부터 학대를 당하는 등 부모와 정상적인 애착관계를 형성하지 못하였다고 한다. 4. 소년시절 반사회적 행위가 성인까지 이어지는 이유는 낮은 언어능력, 과잉활동, 충동적 성격 때문이며, 인생지속형 범죄자에 대한 친구의 영향은 미미하다. 5. 한편 성인에 이르기까지 비행을 지속하지 않는 청소년한정형 범죄자는 친구의 영향을 보다 강하게 받는다. 6. 패터슨(Patterson)의 연구와 일정부분 유사한 면도 있지만, 패터슨은 조기에 비행을 시작하는 자에게도 친구의 영향이 중요하다고 보았다.

정답 ①

---

10 다음 학자들의 범죄이론에 대한 설명으로 옳지 않은 것은? 2013. 사시

① 레크레스(Reckless)는 범죄를 법제정 과정에 참여하여 자기의 이익을 반영하지 못한 집단의 구성원이 일상생활 속에서 법을 위반하며 자기의 이익을 추구하는 행위라고 주장하였다.
② 헨티히(Hentig)는 피해자를 일반적 피해자 유형, 심리학적 피해자 유형으로 구분하고, 피해자도 범죄 발생의 원인이 될 수 있다고 주장하였다.
③ 서덜랜드(Sutherland)는 범죄행위는 다른 사람들과의 상호작용과정에서 의사소통을 통해 학습되며, 범죄행위 학습의 중요한 부분은 친밀한 관계를 맺고 있는 집단들에서 일어난다고 주장하였다.
④ 레머트(Lemert)는 범죄를 포함한 일탈행위를 일차적 일탈과 이차적 일탈로 구분하고, 이차적 일탈은 일차적 일탈에 대한 사회적 반응으로 야기된 문제들에 대한 행위자의 반응에 의해 발생하는 것이라고 주장하였다.
⑤ 케틀레(Quetelet)는 기후, 연령분포, 계절 등 사회환경적 요인들이 범죄 발생과 함수관계에 있다는 것을 밝힘으로써 범죄가 사회환경적 요인에 의해 유발된다고 주장하였다.

해설
① [×] 볼드(Vold)의 집단갈등이론에 대한 설명이다.
레크리스(Reckless)의 봉쇄이론(Containment Theory)은 내부적·외부적 통제개념에 기초하여 범죄유발요인과 범죄차단요인으로 나누고, 만약 범죄를 이끄는 힘이 차단하는 힘보다 강하면 범죄나 비행을 저지르게 되고, 차단하는 힘이 강하면 비록 이끄는 힘이 있더라도 범죄나 비행을 자제한다는 이론이다.

정답 ①

11 다음 설명 중 옳지 않은 것은? 2014. 보호 7급

① 라까사뉴(Lacassagne)는 사회는 범죄의 배양기이고 범죄자는 그 미생물에 해당한다고 하여 범죄원인은 결국 사회와 환경에 있다는 점을 강조하였다.
② 셀린(Sellin)은 동일한 문화 안에서의 사회변화에 의한 갈등을 1차적 문화갈등이라고 하고, 이질적 문화 간의 충돌에 의한 갈등을 2차적 갈등이라고 설명하였다.
③ 뒤르켐(Durkheim)은 집단적 비승인이 존재하는 한 범죄는 모든 사회에 어쩔 수 없이 나타나는 현상으로 병리적이기보다는 정상적인 현상이라고 주장하였다.
④ 코헨(Cohen)은 중산층 문화에 적응하지 못한 하위계층 출신 소년들이 자신을 궁지에 빠뜨린 문화나 가치체계와는 정반대의 비행하위문화를 형성한다고 보았다.

해설
② [×] 셀린(Sellin)은 이질적 문화 간의 충돌에 의한 갈등을 일차적 문화갈등이라고 하고, 동일한 문화 안에서의 사회변화에 의한 갈등을 이차적 문화갈등이라고 설명하였다.

정답 ②

12 다음 범죄이론의 내용과 주장자를 올바르게 연결한 것은? 2016. 사시

㉠ 어떤 사람이 범죄자가 되는 것은 법률 위반을 긍정적으로 생각하는 정도가 부정적으로 생각하는 정도보다 크기 때문이다.
㉡ 범죄로 이끄는 힘이 범죄를 차단하는 힘보다 강하면 범죄나 비행을 저지르게 된다.
㉢ 성공목표를 달성하기 위한 수단이 주로 사회경제적 계층에 따라 차등적으로 분배되어 목표와 수단의 괴리가 커지게 될 때 범죄가 발생한다.
㉣ 개인이 일상적 사회와 맺고 있는 유대가 범죄발생을 통제하는 기능을 하며, 개인과 사회 간의 애착, 전념, 참여, 믿음의 네 가지 관계를 중요시 한다.
㉤ 하류계층의 비행은 범죄적·갈등적·은둔적 세 가지 차원에서 발생한다.

A. 허쉬(Hirschi)의 사회통제이론
B. 레크리스(Reckless)의 봉쇄이론
C. 클로이드(Cloward)와 올린(Ohlin)의 차별적 기회이론
D. 서덜랜드(Sutherland)의 차별적 접촉이론
E. 머튼(Merton)의 아노미이론

① ㉠ - D, ㉡ - B
② ㉠ - B, ㉢ - E
③ ㉡ - A, ㉤ - C
④ ㉢ - D, ㉣ - A
⑤ ㉣ - D, ㉤ - C

해설
① [O] ㉠ - D, ㉡ - B, ㉢ - E, ㉣ - A, ㉤ - C

정답 ①

13 다음 설명의 내용과 범죄이론을 올바르게 연결한 것은?   2016. 사시

> ㉠ 소년범은 우리가 그를 나쁘다고 규정하고, 그를 선하다고 믿지 않기 때문에 오히려 나쁘게 된다.
> ㉡ 입법이나 사법활동은 사회구성원 대부분의 가치를 반영하는 것이 아니라 강력한 권력과 높은 지위를 차지한 집단의 이익을 도모하는 방향으로 운용된다.
> ㉢ 비행을 저지르려고 하다가 부모가 실망하고 슬퍼할 것을 떠올리고 그만두었다.
> ㉣ 싸움이나 사고치는 것은 스릴 있는 일이며, 사고를 치더라도 체포와 처벌을 교묘히 피한다면 멋있다.
> ㉤ 오로지 기업이익을 추구하는 사람들을 계속 접하다 보니 기업이윤을 위해서라면 규범위반을 하는 것을 대수롭지 않다고 생각하게 되었다.

> A. 갈등론적 범죄론   B. 범죄적 하위문화론   C. 낙인이론
> D. 학습이론   E. 통제이론

① ㉠ - C, ㉡ - A, ㉢ - D
② ㉠ - B, ㉡ - C, ㉣ - E
③ ㉡ - D, ㉢ - A, ㉣ - B
④ ㉡ - C, ㉣ - B, ㉤ - E
⑤ ㉢ - E, ㉣ - B, ㉤ - D

해설

⑤ [O] ㉠ - C, ㉡ - A, ㉢ - E, ㉣ - B, ㉤ - D
㉠ 사회반응이론인 낙인이론에 해당한다.
㉡ 갈등이론에 대한 설명이다. 갈등론자들은 사회생활의 기본 성질을 집단 간의 갈등으로 가정한다. 법을 만들고 범죄를 규정하고 범죄자를 색출하고 처벌하는 국가사법기관의 활동 역시 집단 간 갈등의 산물이라는 견해이다. 즉, 입법이나 사법활동은 사회구성원 대다수의 가치를 반영하고 공공이익을 대변하기보다는 강력한 권력과 높은 지위를 차지한 집단의 이익을 도모하는 방향에서 운용된다고 보고 있다. 갈등론은 이러한 점에서 사회구성원의 가치합의와 국가기관의 중립성을 강조하는 합의론과는 대립되는 견해이다.
㉢ 통제이론 중 나이(Nye)의 사회통제유형 중 간접통제에 해당하고, 허쉬(Hirschi)의 사회연대요소 중 '애착'에 해당한다.
㉣ 하위문화이론 중 밀러(Miller)의 하위계층의 주요 관심사 중 흥분성·자극성·스릴(Excitement)에 해당한다.
㉤ 학습이론 중 서덜랜드(Sutherland)의 차별적 접촉이론은 화이트칼라범죄에 해당하는 기업가의 범죄행위를 설명하는 데에 유용하다. 기업인들이 사회 주류로부터 소외되거나 가난 때문에 범행을 하는 것이 아니라 오히려 이들의 범죄원인은 사회적 학습방법에 있다고 본다. 즉, 이윤추구를 위해서는 규범위반을 대수롭지 않게 여기거나 오로지 사업만을 생각하고 기업이익의 추구를 제한하는 법 규범에는 무관심한 태도에서 비롯된다.

정답 ⑤

14 범죄이론에 대한 설명으로 옳지 않은 것은?   2016. 보호 7급

① 서덜랜드(Sutherland)에 의하면 범죄행동은 학습되며 범죄자와 비범죄자의 차이는 학습과정의 차이가 아니라 접촉유형의 차이라고 한다.
② 글래저(Glaser)에 의하면 범죄는 행위자가 단순히 범죄적 가치와 접촉함으로써 발생하는 것이 아니라, 행위자 스스로 그것을 자기 것으로 동일시하는 단계로까지 나가야 발생한다고 한다.
③ 사이크스(Sykes)와 맛짜(Matza)에 의하면 비행소년들이 범죄자와 접촉하는 과정에서 전통의 규범을 중화시키는 기술을 습득하게 된다고 한다.
④ 머튼(Merton)에 의하면 반응양식 중 혁신(Innovation)은 문화적 목표는 부정하지만 제도화된 수단은 승인하는 형태라고 한다.

해설

② [○] 글래저(Glaser)는 차별적 동일시이론에서 차별적 동일시라는 개념을 제시하였다. 즉, 실제로 반법률적 규정을 야기시키는 접촉을 하지 않은 사람이라도 그들이 반법률적 규정이 기대되는 사람과 자신을 동일시한다면 범죄행위가 가능해진다는 것이다.
이 이론은 범죄행위를 이해할 때 사람과 환경 또는 상황과의 상호작용은 물론 사람들과의 상호작용도 고려하는 등 일종의 통합적인 노력을 하고 있다는 점에서 긍정적으로 평가를 받고 있다. 그러나 왜 사람에 따라서 상이한 역할모형을 선택하고 자기와 동일시하는가, 즉 왜 어떤 사람은 범죄적 역할모형과 자신을 동일시하고, 어떤 사람은 관습적인 역할모형과 자기를 동일시하는가라는 차별적 동일시의 근원을 제시하지는 못하였다.

④ [×] 아노미 상황에서 개인의 적응방식 중 개혁·혁신형은 문화적 목표는 수용하지만 그것을 성취하기 위한 문화적·합법적 수단은 수용하지 않는 반응형태로서, 목표성취에 대한 강력한 동기에 비해 합법적 수단에 대한 접근이 제한되는 데 대한 직접적인 반응이다. 이 유형의 사람은 자신의 성공을 비관습적인 방법으로 달성하려는 사람으로 주로 절도 등이 대표적인 전형이다.
비숙련노동자의 낮은 지위와 낮은 임금 그리고 이들 하류계층에게 주어지는 기본적인 직업적 기회로서는 소득과 권력이라는 측면에서 높은 지위를 성취할 수 없어 일탈적인 행위에 눈을 돌리게 된다는 것이다. 즉, 목표를 성취하려는 사회–구조적 압력을 받으면서도 그것을 이룰 수 있는 합법적인 수단은 사회–구조적으로 제한되기 때문이다.

☑ 서덜랜드(Sutherland)는 ⊙ 왜 사람의 집단에 따라 범죄율이 서로 다른가 하는 이유를 설명하고자 하였고, ⓒ 왜 대부분의 사람들이 범죄자가 되지 않는 데도 불구하고 일부 사람들은 범죄자가 되는지 그 이유를 설명하고자 하였다. ⊙의 의문, 즉 특정 지역의 범죄성을 범죄적 전통에서 그 원인을 찾고자 하였고, ⓒ의 의문, 즉 개인의 범죄성은 개인의 차별적 접촉에서 그 원인을 찾고 있다. 그래서 차별적 접촉이론은 특정인이 어떻게 범죄행위에 가담하게 되는가를 9가지 명제로 설명한다.

정답 ④

15 범죄사회학의 주요이론에 대한 설명으로 옳지 않은 것은? 2020. 5급 승진

① 머튼(R. Merton)의 아노미 이론은 기회구조가 차단된 하류계층의 범죄를 설명하는 데에는 유용하지만 최근 증가하는 중산층 범죄나 상류층의 범죄를 설명하는 데에는 한계가 있다.
② 클로워드와 올린(R. Cloward & L. Ohlin)의 차별적 기회구조이론은 성공하기 위하여 합법적인 수단을 사용할 수 없는 사람들은 비합법적 수단을 사용한다는 머튼(Merton)의 가정에 동조하지 않는다.
③ 쇼와 맥캐이(C. Shaw & H. McKay)의 사회해체이론은 지역사회에 새로운 거주자들이 증가하면 과거 이 지역을 지배하였던 여러 사회적 관계가 와해되고 시간이 흐르면서 새로운 관계가 형성되는 생태학적 과정을 거친다고 주장한다.
④ 레머트(E. Lemert)의 낙인이론은 일차적 일탈자가 이차적 일탈자로 발전하는 데에 일상생활에서 행해지는 비공식적 반응이 공식적 반응보다 더욱 심각한 낙인효과를 끼친다고 주장한다.
⑤ 갓프레드슨과 허쉬(M. Gottfredson & T. Hirschi)의 범죄의 일반이론은 범죄의 발생에는 개인의 자기통제력도 중요하지만 범죄의 기회도 중요한 기능을 한다고 주장한다.

해설

① [○] 머튼(Merton)의 아노미 이론은 특정 개인이 비행자가 되는 이유보다는 수단의 불공평한 분배로 인한 특정 사회계층이나 인종집단의 높은 범죄율을 설명하는 데 도움이 되고 있으나, 하류계층에 주목하게 함으로써 하층에 대한 비난을 함축하고, 중·상류층의 범죄 등에 대한 설명이 곤란하다.
② [○] 클라워드(Cloward)와 오린(Ohlin)의 차별적 기회구조이론은 성공을 위한 합법적인 수단이 없다고 하여 곧바로 비합법적 수단을 사용한다는 머튼(Merton)의 가정에 동조하지 않는다. 합법적인 수단에 대한 접근의 차단이나 제한이 자동적으로 형성된 비합법적인 수단에의 접근을 의미하지 않는다는 것이다. 즉, 합법적 기회의 차단이 비행으로 이루어지기 위해서는 범죄자가 되는 방법을 학습할 기회를 필요로 하는 것이다.
③ [○] 쇼(Shaw)와 맥케이(McKay)는 생태학적 변화과정을 이용하여 버제스(Burgess)의 지대연구를 범죄 및 비행분석에 적용시켜 범죄생태이론을 전개하였다. 지역사회는 새로운 거주자들이 증가하면 과거 이 지역을 지배하였던 여러 사회적 관계가 와해되고, 시간이 흐르면 새로운 관계가 형성되는 생태학적 과정을 거친다는 것이다.
④ [×] 레머트(Lemert)가 특히 관심을 두고 분석한 사항은 이차적 일탈에 관한 것으로, 사회반응의 종류를 크게 사회구성원에 의한 반응과 사법기관에 의한 공식적인 반응으로 나누었다. 사회적 반응 중에서 특히 사법기관에 의한 공식적인 반응은 일상생활에서 행해지는 비공식적 반응들보다 심각한 낙인효과를 끼쳐 일차적 일탈자가 이차적 일탈자로 발전하게 된다고 하였다.
⑤ [○] 갓프레드슨(Gottfredson)과 허쉬(Hirschi)의 범죄의 일반이론은 충동적인 성격으로 인해 자기 통제력이 약한 사람은 범죄를 범할 위험성이 있지만, 그들의 충동적인 욕구를 만족시켜줄 만한 범죄기회가 없다면 범죄를 범하지 않게 되고, 반대로 비교적 자기 통제력이 강한 사람도 욕구충족을 위한 기회가 발견된다면, 범죄행동을 저지르게 된다고 한다.

정답 ④

16 범죄이론에 대한 설명으로 옳은 것은? 2016. 5급 승진

① 밀러(W. Miller)의 하층계급문화이론에서 자율성(Autonomy)이란 자신의 미래가 노력보다는 스스로 통제할 수 없는 운명에 달려있다는 믿음이다.
② 허쉬(T. Hirschi)의 사회유대이론에 따르면, 모든 사람들은 범죄나 비행을 저지를 가능성에서 차이가 없는 본성을 가지고 있다고 주장한다.
③ 클로워드(Cloward)와 올린(Ohlin)의 차별적 기회구조이론은 뒤르켐(E. Durkheim)의 아노미이론과 하위문화이론을 통합하여 만든 이론이다.
④ 코헨(A. Cohen)의 비행하위문화이론에 따르면, 비행하위문화는 중산층 문화에 대한 거부감에서 비롯되는 것이 아니라 하류계층 고유의 독자성을 가지고 형성된 것이다.
⑤ 낙인이론은 어떤 행위가 범죄인지 아닌지는 사람들과의 관계가 아닌 그 행위자체가 가지고 있는 속성에 의해서 판명되는 것이라고 주장한다.

해설

① [×] 밀러(Miller)의 하위계층의 주요 관심사 중 '운명·숙명'에 대한 설명이다. '자율·자립'은 권위로부터 벗어나고, 다른 사람으로부터 간섭을 받는 것을 혐오한다.
② [○] 허쉬(Hirschi)는 누구든지 범죄를 저지를 수 있다고 단언하면서 반사회적 행위를 자행하게 하는 근본적인 원인은 인간의 본성에 있다고 보았다.
③ [×] 차별적 기회구조이론은 문화전달이론(퇴행변이지역), 차별적 접촉이론(친밀한 집단과의 직접적 접촉), 아노미이론(문화적 목표와 제도화된 수단 간의 괴리)을 종합한 것으로 기회구조의 개념을 도입하여 성공을 위한 목표로의 수단이 합법적·비합법적인 두 가지 기회구조가 있음을 전제로 한다.
④ [×] 비행하위문화를 밀러(Miller)는 중산층과 상관없이 고유의 전통과 역사를 가진 독자적 문화로 보았으며, 코헨(Cohen)은 중산층의 보편적인 문화에 대항하고 반항하기 위해서 형성되는 것이라고 보았다.
⑤ [×] 낙인이론은 범죄는 일정한 행위속성의 결과가 아니라 통제기관에 의해 범죄로 규정된다고 주장한다. 따라서 낙인이론에서 관심을 두는 것은 범죄행위가 아니라 범죄행위에 대한 통제기관의 반작용이다.

정답 ②

17 학자와 이론적 주장을 연결한 것으로 옳지 않은 것은? 　　　　　　　　　　　　　　　　　　　2016. 5급 승진

① 머튼(R. Merton) - 하층계급은 성공을 위한 전통적 교육과 직업의 기회로부터 상대적으로 차단되어 있다.
② 샘슨(R. Sampson) - 열악한 환경에도 불구하고 많은 소년들이 비행을 저지르지 않고 정상적인 사회구성원으로 성장할 수 있는 것은 올바른 자아관념이 있기 때문이다.
③ 서덜랜드(E. Sutherland) - 범죄는 일반적 욕구와 가치의 표현이지만 그 욕구와 가치로는 설명되지 않는다.
④ 맛차(D. Matza) - 비행소년도 다른 일반적인 사람들과 마찬가지로 대부분의 시간을 법을 준수하며 보낸다.
⑤ 볼드(G. Vold) - 입법이나 법집행 등의 모든 과정이 집단 간 이해갈등의 결과로 빚어지며 국가의 경찰력 역시 자신의 이익에 도움이 되는 방향으로 유도하려는 집단들 간의 경쟁을 반영한다.

해설

① [O] 문화적 목표를 달성할 수 있는 기회란 흔히 높은 교육수준, 전문적 능력의 소지, 좋은 사회적 배경 등이라 할 수 있으나 도시빈민 계층과 같은 특정의 사회계층이 이러한 기회에 접근한다는 것은 중상류 계층에 비해 상당히 어렵다.
② [X] 레크리스(Reckless)와 디니츠(Dinitz)의 자기관념이론에 대한 설명이다.
서덜랜드(Sutherland)의 차별적 접촉이론이 차별적 반응의 문제를 도외시하고 있다는 문제점에 대해 레크리스와 디니츠는 자아관념(Self Concept)이라는 개념으로 설명하고자 하였다.
비행다발지역의 청소년들이 범죄적 접촉은 하면서도 이들 중 다수가 비행에 가담하지 않는 것은 그들이 사회적으로 적절하게 수용되는 자아관념을 습득하고 유지하는 것이 외부의 비행적 영향이나 환경적 압력과 유인에 대한 절연체 및 내적 견제요소 또는 장애물로 작용하기 때문이라는 것이다. 즉, 동일한 범죄적 접촉하에서도 비행에 가담하고 비행에 가담하지 않는 개인적 반응의 차이는 바로 자아관념의 차이때문이라는 주장이다.
③ [O] 범죄행위는 일반적 욕구와 가치의 표현이지만, 비범죄적 행위도 동일한 욕구와 가치의 표현이므로 그러한 일반적 욕구와 가치로는 설명되지는 않는다. 도둑과 정직한 근로자가 모두 돈에 대한 욕구는 같지만 수단은 다르다. 즉, 두 사람 모두 돈을 필요로 하지만, 한 사람은 훔치고 다른 한 사람은 열심히 일을 하기 때문에 단순히 돈에 대한 욕망이나 요구가 왜 훔치거나 정직하게 일하는지에 대해 설명할 수 없다.
④ [O] 비행소년은 대부분의 경우 다른 사람들과 마찬가지로 일상적이고 준법적인 행위를 하며 특별한 경우에 한하여 위법적인 행위에 빠져든다고 하였다.
⑤ [O] 법이란 집단 간 투쟁에서 이긴 정치지향의 집단이 자신들의 이익과 권한을 보호·방어하고, 상대집단의 이익은 제거·방해하기 위해 만들어 진 것이다. 그래서 입법적 다수를 점한 집단이 국가경찰권에 대한 통제력을 갖게 되며, 법률위반에 가담할 확률이 높은 자를 결정짓는 정책을 내리는 것이다. 그러므로 법률의 제정·위반 그리고 집행이라는 전체 과정은 집단이익 간의 근본적 갈등과 국가경찰권의 통제에 대한 집단 간 일반적 투쟁을 직접적으로 반영하는 것이다.

　　　정답 ②

18 전과자 A는 교도소에서 배운 미용기술로 미용실을 개업하여 어엿한 사회인으로 돌아오고, 범죄와의 고리를 끊었다. 다음 중 이 사례를 설명할 수 있는 것으로 가장 거리가 먼 것은? 　　　　　　2014. 교정 7급

① 허쉬(Hirschi)의 사회유대
② 샘슨(Sampson)과 라웁(Laub)의 사회자본
③ 베커(Becker)의 일탈자로서의 지위
④ 머튼(Merton)의 제도화된 수단

해설

① [O] 허쉬(Hirschi)의 사회유대이론 중 전념으로 설명이 가능하다. 전념은 각자의 합리적인 판단을 바탕으로 개인과 사회의 유대가 형성되고 유지되는 형태이며, 미래를 위해 교육에 투자하고 저축하는 것처럼 관습적 활동에 소비하는 시간과 에너지, 노력 등을 의미한다.
② [O] 사회자본(사회유대)은 결혼, 직업 등을 의미하는 것으로, 샘슨(Sampson)과 라웁(Laub)은 어릴 때 비행소년이었던 사람이 후에 범죄를 저지르지 않고 다른 사람들과 같이 정상적인 삶을 살게 되는 것은 결혼이나 군복무, 직업, 형사사법절차에의 경험과 같은 요소에서 찾고 있으며, 이와 같은 인생에서의 계기를 통해 공식적 혹은 비공식적 통제가 가능하게 되고 그런 통제를 통해 범죄에서 탈출하게 된다는 것으로, A의 정상적인 사회생활에 대한 설명이 가능하다.
③ [X] 베커(Becker)는 범죄행위로 낙인을 찍는 것은 사회적 지위와 같은 효과를 주어 낙인 찍힌 자에게 '주지위'를 부여하는 결과가 되고, 낙인 찍힌 일탈자는 다른 영역에서 정상적인 사회생활을 하는 것이 힘들게 되는 반면 일탈은 더욱 용이하다고 보았다. 그러므로 베커의 '사회적 지위로서의 일탈'은 정상적인 사회생활을 하고 있는 A에 대해 설명하기 어렵다.
④ [O] 머튼(Merton)은 문화적 목표를 달성할 수 있는 제도화된 수단이 제한되었을 때 개인의 적응방식에 따라 비행이 발생한다고 보았으므로, 제도화된 수단을 가진 A의 사회생활 적응에 대한 설명이 가능하다.

정답 ③

19 범죄원인론의 내용과 이론에 대한 설명으로 옳은 것만을 모두 고르면? 2024. 보호 7급

㉠ 서덜랜드(E. Sutherland)의 차별적 교제이론(differential association theory)에 따르면 범죄행위는 학습되며, 법위반에 대한 우호적 정의(definition)가 비우호적 정의보다 클 때 개인은 비행을 저지르게 된다.
㉡ 베커(H.S. Becker)의 낙인이론에 따르면 일탈자라는 낙인은 그 사람의 지위를 대변하는 주 지위(master status)가 되기 때문에 다른 사람들과의 원활한 상호작용에 부정적인 영향을 미치는 장애요인이 된다.
㉢ 머튼(R. Merton)의 아노미이론에 따르면 아노미 상태에 있는 개인의 적응방식 중 혁신형(innovation)은 범죄자들의 전형적인 적응방식으로, 문화적 목표는 수용하지만 제도화된 수단은 거부하는 형태이다.
㉣ 타르드(G. Tarde)의 학습이론에 따르면 "사람들이 왜 범죄를 저지르는가?"에 대한 질문보다는 "왜 누군가는 규범에 순응하며 합법적인 행동을 하는가?"라는 질문이 중요하다.

① ㉡, ㉢
② ㉠, ㉡, ㉢
③ ㉠, ㉡, ㉣
④ ㉠, ㉢, ㉣

해설

옳은 것은 ㉠, ㉡, ㉢이다.
㉠ [O] 법률위반에 대한 호의적인 정의가 법률위반에 대한 비호의적인 정의보다 클 때 개인은 범죄를 저지르게 된다. 사람들은 차별접촉의 과정에서 주변인들의 법위반에 대한 정의를 학습하게 되는데 법위반에 보다 호의적인 정의를 가지면 결국 범죄행위를 더 많이 할 것이다. 서덜랜드는 법위반에 대한 호의도와 비호의도의 차이는 차별접촉의 차이라고 주장하였다.
㉡ [O] 베커는 사람에게 범죄적 낙인이 일단 적용되면, 그 낙인이 다른 사회적 지위나 신분을 압도하게 되므로 일탈자로서의 신분이 그 사람의 '주지위'로 인식되고, 일탈자라는 낙인은 그 사람의 사회적 지위와 타인과의 상호작용에 부정적인 영향을 미친다고 하였다.
㉢ [O] 혁신형(개혁형)은 범죄자들의 전형적인 적응방식으로 문화적 목표는 수용하지만, 제도화된 수단은 거부하는 적응 방식으로, 문화적 목표를 강하게 내면화하여 경제적 성공에의 강한 열망을 갖지만, 구조적 여건상 제도적 수단으로는 목표를 달성할 수 없을 때, 제도적 수단을 거부하고 불법적 수단으로 목표를 달성하려고 하는 경우이다. 목표 달성을 위해 기존의 수단을 버리고 새로운 수단을 택한다는 의미에서 혁신이며, 그 새로운 수단이 사회적으로 금지하는 비제도적 수단이기 때문에 범죄적 행위 유형으로 분류될 수 있다.
㉣ [X] 사회통제이론에 대한 설명이다. 사회통제이론에서는 기존 이론들과는 달리 어떤 사람들이 왜 범죄를 저지르는가의 질문보다는 왜 많은 대다수의 사람들이 범죄를 저지르지 않는가의 질문에 답을 하려고 한다. 즉, '범죄의 원인은 무엇인가?'보다는 '왜 대부분의 사람들은 일탈하지 않고 사회규범에 동조하는가?'를 설명하는 이론으로, 누구나 범죄 또는 일탈동기를 가지고 있으나 개인이나 사회적 통제에 의해 제지되고 있다는 이론이다. 따르드의 초기학습이론에 의하면, 인간행위는 다른 사람들과 접촉하면서 관념을 학습하며, 행위는 자기가 학습한 관념으로부터 유래하는 것이라고 한다. 즉 모든 사회현상이 모방이듯이 범죄행위도 모방한다고 보았다.

정답 ②

20 다음 중 범죄원인에 대한 설명으로 가장 옳은 것은? 2022. 해경 경위

① 퀴니(Quinney)는 대항범죄(Crime of resistance)의 예로 살인을 들고 있다.
② 부모 등 가족구성원이 실망할 것을 우려해서 비행을 그만두는 것은 사회유대의 형성 방법으로서 애착(Attachment)에 의한 것으로 설명할 수 있다.
③ 중화기술이론에서 세상은 모두 타락했고, 경찰도 부패했다고 범죄자가 말하는 것은 책임의 부정에 해당한다.
④ 레크리스(W.Reckless)는 범죄를 유발하는 압력요인으로 불안감을 들고 있다.

해설

① [×] 퀴니(Quinney)는 범죄발생은 개인의 소질이 아니라 자본주의 모순으로 인해 자연적으로 발생하는 사회현상이라고 보고, 자본가 계층의 억압적 전술로부터 살아남기 위한 노동자 계급(피지배 집단)의 범죄를 적응(화해)범죄와 대항(저항)범죄로 구분하였다. 적응범죄의 예로 절도, 강도, 마약거래 등과 같은 경제적 약탈범죄와 살인, 폭행, 강간 등 같은 계층에 대해 범해지는 대인범죄를 들고 있으며, 대항범죄의 예로 시위, 파업 등을 들고 있다.
② [○] 부모 등 가족구성원이 실망할 것을 우려해서 비행을 그만두는 것은 사회연대의 요소 중 애착(attachment)에 의하여 사회통제가 이행되는 사례라 할 수 있다.
③ [×] 세상은 모두 타락했고, 경찰도 부패했다고 범죄자가 말하는 것은 중화기술의 유형 중 '비난자에 대한 비난'에 해당한다.
④ [×] 레크리스(Reckless)는 범죄나 비행을 유발하는 요인으로 압력요인, 유인요인, 배출요인으로 구분하고, 압력요인으로 열악한 생활조건(빈곤, 실업), 가족갈등, 열등한 신분적 지위, 성공기회의 박탈 등을 들고 있으며, 유인요인으로 나쁜 친구들, 비행이나 범죄하위문화, 범죄조직, 불건전한 대중매체 등을 들고 있고, 배출요인으로 불안감, 불만감, 내적 긴장감, 증오심, 공격성, 즉흥성, 반역성 등을 들고 있다.

정답 ②

21. 범죄원인론에 대한 설명으로 옳은 것은?

2024. 교정 7급

① 고링(C. Goring)은 생물학적 결정론과 내적 요인에 관한 탐구의 필요성을 역설하고, 생래적 범죄인설을 지지하였다.
② 나이(F. Nye)는 청소년들의 비행을 예방할 수 있는 사회통제방법으로 직접통제, 간접통제, 내부통제, 욕구충족의 가능성(availability of need satisfaction)으로 분류하고, 소년비행을 예방할 수 있는 가장 효율적인 방법은 내부통제라고 하였다.
③ 콜버그(L. Kohlberg)는 상당수의 범죄자는 도덕발달 6단계 중 관습적(conventional) 수준인 3~4단계에 해당한다고 주장하였다.
④ 퀴니(R. Quinney)는 범죄를 정치적으로 조직화된 사회에서 권위가 부여된 공식기관들에 의해 만들어진 인간의 행동으로 정의하였다.

해설

① [×] 고링은 체중, 청력, 미간, 눈의 색깔 등과 같은 특징을 측정함에 있어서 범죄자와 비범죄자 사이에 아무런 차이가 없음을 기초로 롬브로조의 생물학적 결정론을 반대하였다. 그 대신 그는 범죄행위가 '결손적 지능'이라고 말하는 조건과 밀접한 관련이 있는 것으로 보고, 결과적으로 범죄행위는 유전되며 따라서 이러한 문제 있는 가족의 재생산을 규제함으로써 범죄를 통제해야 한다고 주장한다.
② [×] 나이(Nye)는 청소년들의 비행을 예방할 수 있는 사회통제방법으로 직접통제, 간접통제, 내부통제, 공식통제, 비공식통제로 분류하고, 소년비행을 가장 효율적으로 예방할 수 있는 방법으로 가정이나 학교와 같은 비공식기관들이 소년들에게 본인들의 행위가 주위 사람들에게 실망과 고통을 줄 것이라고 인식시키는 비공식적인 간접통제방법을 들었다.
③ [×] 콜버그는 도덕발전 단계를 관습 이전 – 관습 – 관습 이후 등 3단계로 나누고, 그에 따라 인간의 추론능력도 발전한다고 하였다. 이후 발전단계를 6단계로 수정하였는데, 대부분의 일반청소년은 3~4단계, 대부분의 비행청소년은 1~2단계에 속한다고 주장하였다.
④ [○] 퀴니의 주장은 그의 저서 「범죄의 사회적 현실」에서 여섯 개의 가정으로 기술하고 있다.

범죄의 정의	범죄는 정치적으로 조직된 사회의 권한 있는 기관에 의해서 만들어지는 인간행위의 규정이다.
범죄규정의 형성	범죄규정은 공공정책을 형성하는 힘을 가진 사회계층의 이익에 갈등적인 행위를 기술한다.
범죄규정의 적용	범죄규정은 형법의 운용과 집행을 형성하는 힘을 가진 사회계층에 의해서 적용된다.
범죄규정과 관련된 행위유형의 발전	행위유형은 분파적으로 조직된 사회에서 범죄규정과 관련하여 구축되고, 이러한 구조 내에서 사람들은 범죄로 규정될 상대적 확률이 있는 행동에 가담하게 된다.
범죄인식의 구성	범죄의 인식은 다양한 방법의 의사소통에 의해서 사회의 계층에서 구축되고 전파된다.
범죄의 사회적 현실	범죄의 사회적 현실은 범죄규정의 형성과 적용, 범죄규정과 관련된 행위유형의 발전, 범죄인식의 구성에 의해서 구축된다.

정답 ④

제11장 | 갈등론적 범죄원인론(비판범죄학)

제1절 | 개관

01 낙인이론과 비판범죄학에 대한 설명으로 옳지 않은 것은?
2016. 사시

① 양자 모두 범죄에 대한 상대적 개념을 전제하고 있다.
② 낙인이론이 범죄인 개인과 형사사법기관 간의 상호작용에 초점을 맞춘다면 비판범죄학은 범죄인 집단과 국가권력의 문제를 다루고 있다.
③ 낙인이론은 국가의 범죄통제가 오히려 범죄를 증가시키는 경향이 있으므로 과감하게 이를 줄여야 한다고 주장한다.
④ 비판범죄학에 의하면 범죄인 가운데 하층계급의 사람들이 많은 것은 국가가 이들의 범죄만을 집중적으로 통제하기 때문이다.
⑤ 비판범죄학자들은 자본주의의 불평등으로 인해 야기되는 일상범죄에 초점을 맞추었으므로, 국가범죄나 기업범죄 등 자본가계급의 범죄는 범죄학과는 다른 차원에서 접근해야 한다고 보았다.

해설

⑤ [×] 비판범죄학은 범죄의 연구대상을 사회적 상호작용이 아닌 '비행에 대한 사회통제 메커니즘'으로 옮겨 놓은 거시적(구조적) 이론이다. 범죄행위의 개별적 원인을 규명하기보다는 어떤 행위가 범죄로 규정되는 과정에 더 관심을 가졌고, 연구초점을 일탈자 개인으로부터 자본주의 체제로 전환시켜 연구의 범위를 확대하여 일탈의 문제도 자본주의 사회의 모순에 대한 총체적 해명 속에서 이해하고자 하였다.
퀴니(Quinney)는 범죄원인과 유형을 적응과 저항의 범죄, 지배와 억압의 범죄로 구분하고, 적응과 저항의 범죄는 대부분의 노상범죄와 자본주의하에서 생존을 위하여 노동자 계층에서 범하는 것이며, 지배와 억압의 범죄는 국가나 사회통제기관이 기득권을 유지하기 위하여 범하는 범죄로 화이트칼라범죄, 경제범죄 및 산업범죄 등이 해당한다.

정답 ⑤

02 갈등론적 관점에 대한 설명으로 가장 적절하지 않은 것은?
2024(74). 경위

① 법의 제정과 집행은 사회 일반의 이익을 보호하기 위해서가 아니라, 국가운영을 통제하는 지배계층의 이익을 보호하기 위해 존재한다.
② 범죄원인을 밝히기보다는 '대부분의 사람은 왜 범죄를 저지르지 않고, 사회규범에 동조하는가'라는 의문에서 출발하고 있다.
③ 살인, 강도, 절도, 도박 등 일반범죄의 원인을 설명하는 것은 한계가 있다.
④ 볼드(Vold)의 집단갈등이론은 인종분쟁, 노사분쟁과 같은 이익집단 간의 갈등에서 비롯된 범죄현상을 설명하는 데 유용하다.

해설
① [O] 갈등론은 법을 만들고, 범죄를 규정하고, 범죄자를 색출하고, 처벌하는 국가사법기관의 활동 역시 집단 간 갈등의 산물로 본다. 즉, 입법이나 사법활동은 사회구성원 대다수의 가치를 반영하고 공공이익을 대변하기보다는 강력한 권력과 높은 지위를 차지한 집단의 이익을 도모하는 방향에서 운용된다는 것이다. 그렇기 때문에 갈등론에 의하면 한 사회의 법률을 위반하는 범죄의 문제도 도덕성의 문제가 아니라 사회경제적이고 정치적인 함의를 지니는 문제일 뿐이라고 한다. 터크(Turk)는 법이란 영향력 있는 집단의 이익을 보호하기 위한 하나의 무기라고 주장했으며, 챔블리스(Chambliss)와 사이드만(Seidman)은 법을 지배집단이 자신들의 우월성을 보장하기 위한 행위규범이라고 규정하고 있다.
② [×] 사회통제이론에 대한 설명이다. 갈등론적 관점은 누가 범죄를 저지르는가보다는 어떤 행위가 국가의 형사법에 의해 범죄로 규정이 되는가를 살펴보아야 한다고 주장한다.
사회통제이론에서는 기존 이론들과는 달리 어떤 사람들이 왜 범죄를 저지르는가의 질문보다는 왜 많은 대다수의 사람들이 범죄를 저지르지 않는가의 질문에 답을 하려고 한다. 즉, '범죄의 원인은 무엇인가?'보다는 '왜 대부분의 사람들은 일탈하지 않고 사회규범에 동조하는가?'를 설명하는 이론으로, 누구나 범죄 또는 일탈동기를 가지고 있으나 개인이나 사회적 통제에 의해 제지되고 있다는 이론이다.
③ [O] 갈등론적 범죄학은 범죄의 연구대상을 사회적 상호작용이 아닌 '비행에 대한 사회통제 메커니즘'으로 옮겨 놓은 거시적(구조적) 이론이다. 범죄행위의 개별적 원인을 규명하기보다는 어떤 행위가 범죄로 규정되는 과정에 더 관심을 가졌고, 연구초점을 일탈자 개인으로부터 자본주의체제로 전환시켜 연구의 범위를 확대하여 일탈의 문제도 자본주의 사회의 모순에 대한 총체적 해명 속에서 이해하고자 하였다. 즉, 범죄는 자본주의 사회의 본질적인 불평등과 밀접한 관련이 있다고 보기 때문에 살인, 강도, 절도, 도박 등 일반범죄의 원인을 설명하는 것은 한계가 있다.
④ [O] 볼드는「이론범죄학」(1958)에서 이해관계의 갈등에 기초한 집단갈등이론을 주장하였다. 이 이론은 정치적 갈등으로 야기된 범죄, 노사 간의 이익갈등으로서 범죄, 노동조합 간의 관할권 분쟁으로서 범죄, 인종적 갈등으로서 범죄에 가장 적합한 설명이라고 할 수 있다.

정답 ②

03 비판범죄학에 대한 설명으로 옳은 것은? 2012. 보호 7급

① 어떤 행위가 범죄로 규정되는 과정보다 범죄행위의 개별적 원인을 규명하는 데 주된 관심이 있다.
② 비판범죄학에는 노동력 착취, 인종차별, 성차별 등과 같이 인권을 침해하는 사회제도가 범죄적이라고 평가하는 인도주의적 입장도 있다.
③ 자본주의 사회의 모순이 범죄원인이라는 관점에서 범죄에 대한 다양하고 구체적인 대책들을 제시하지만 급진적이라는 비판이 제기된다.
④ 형사사법기관은 행위자의 경제적·사회적 지위에 관계없이 중립적이고 공평하게 법을 집행한다는 것을 전제한다.

해설
① [×] 범죄행위의 개별적 원인을 규명하기보다는 어떤 행위가 범죄로 규정되는 과정에 더 관심을 가졌다(범죄발생의 저변에 작용하고 있는 구조적 요인을 거시적 시각에서 분석).
② [O] 휴머니즘 비판범죄학에 대한 설명이다.
③ [×] 범죄통제의 측면에 대한 지나친 관심으로 범죄의 원인에 대한 규명이 제대로 행해지지 못하고, 자본주의 구조 혹은 국가가 범죄를 생산한다는 지극히 일차적이고 막연한 논의에 그치고 있으며, 범죄통제를 위한 구체적인 대안도 제시하지 못하였다(이념적·사변적·이념지향적으로 현실적으로 형사사법체계의 개선을 위한 구체적 대안을 제시하지 못함).
비판범죄학의 범죄대책은 자본주의 타파와 사회주의로의 전환을 주장하는데, 이는 지나치게 이데올로기적이고 추상적이라는 비판을 받는다.
④ [×] 형사사법기관은 사회구성원 대다수의 이익보다는 권력과 지위를 차지하고 있는 소수집단의 이익을 위해 차별적으로 법을 집행한다고 보며 법의 내용은 권력을 차지한 집단의 이익을 도모하는 방향으로 정해진다고 한다(형사사법기관의 선별적 형사소추에 대한 비판을 제시).

정답 ②

제2절 | 보수적 갈등론

01 갈등이론에 대한 설명으로 가장 적절하지 않은 것은? 2023(73). 경위

① 봉거(Bonger)는 자본주의 사회에서의 생산수단 소유 여부, 즉 자본주의적 경제조건 때문에 범죄가 발생한다고 하였다.
② 볼드(Vold)는 사회의 주도권을 쟁취한 권력집단이 스스로의 이익을 지키기 위해 법규범과 범죄를 규정하고 국가경찰력을 통제한다고 하였다.
③ 셀린(Sellin)은 문화갈등에 따른 행위규범의 갈등은 심리적 갈등을 유발하고 이것이 범죄의 원인이 된다고 하였다.
④ 챔블리스(Chambliss)는 범죄를 지배적 범죄와 저항적 범죄로 구분하고, 자본가들의 지배에 대항하는 범죄형태를 저항적 범죄라고 하였다.

해설
① [O] 봉거는 계급갈등과 경제적 불평등을 범죄원인으로 보았으며, 범죄문제에 대한 정책은 사회주의 사회의 달성에 있다고 보았다.
② [O] 볼드는 법의 제정, 위반 및 법집행의 전 과정은 집단이익의 갈등이나 국가의 권력을 이용하고자 하는 집단 간 투쟁의 결과라고 보았다. 특히 법 제정을 권력집단의 협상의 결과로 보고 범죄를 개인적 법률 위반이 아니라 비권력 소수계층의 집단투쟁으로 이해한다.
③ [O] 셀린의 문화갈등이론은 인간의 사회행동을 결정하는 데는 한 사회의 문화적 가치체계가 결정적 작용을 한다는 전제로부터 출발한다. 그리고 일탈행동은 개인이 사회의 지배적 가치와 다른 규범 체계, 즉 하위문화 또는 이주자의 생소한 문화로부터 배운 가치체계를 지향할 때 발생하는 것으로 설명한다.
④ [X] 퀴니(Quinney)의 경제계급론에 대한 설명이다. 챔블리스(Chambliss)와 사이드만(Seidman)은 법을 지배집단이 자신들의 우월성을 보장하기 위한 행위규범이라고 규정하였다. 즉, 법은 공공이익을 대변하지도 않고, 모든 시민을 동등하게 취급하지도 않으며, 사회 최고의 이익에 봉사하지도 않는다고 한다.

정답 ④

02 범죄원인론 중 갈등이론에 대한 설명으로 가장 옳지 않은 것은? 2023. 해경 경위

① 터크(Turk)는 갈등의 개연성은 지배집단과 피지배집단 양자의 조직화 정도와 세련됨의 수준에 의해 영향을 받는다고 한다.
② 셀린(Sellin)은 전체 사회의 규범과 개별집단의 규범 사이에는 갈등이 존재하고, 개인도 이러한 종류의 갈등이 내면화됨으로써 인격해체가 이루어지고 범죄원인으로 작용하게 된다고 한다.
③ 볼드(Vold)는 범죄를 법제정과정에 참여하여 자기의 이익을 반영시키지 못한 집단의 구성원이 일상생활 속에서 법을 위반하며 자기의 이익을 추구하는 행위로 본다.
④ 갈등이론에 의하면 한 사회의 법률을 위반하는 범죄 문제는 사회경제적이고 정치적인 함의를 지니는 문제가 아니라 도덕성의 문제로 다루어진다.

해설

① [○] 터크(Turk)의 권력갈등이론에 대한 설명이다. 터크는 문화규범과 사회규범을 구별하여 문화규범은 가치의 언어적 형성물, 예컨대 법조문에 관계한다면 사회규범은 그러한 법이 실제로 집행되는 실제적 행동양식과 관련된다고 한다. 그리고 지배집단과 피지배자 사이에 문화적·사회적 규범의 차이가 있다는 점에서 출발한다면, 피지배들이 그들의 행동양식, 즉 그들의 사회규범을 방어할 수 있는 수단으로 자신들의 성숙된 언어와 철학, 즉 문화규범을 가지고 있을 때 갈등의 개연성은 가장 커진다고 한다. 또한 갈등의 개연성은 지배집단과 피지배자, 양자의 조직화의 정도와 세련됨의 수준에 의해 영향을 받는다고 한다. 그러나 그는 모든 갈등이 언제나 피지배자의 범죄화를 유발하는 것은 아니며, 이러한 갈등이 범죄화를 유발하는 요인들이 존재한다고 한다.
② [○] 셀린(Sellin)의 문화갈등이론에 대한 설명이다. 법은 그 사회의 다양한 구성원들의 합의를 대변하는 것이 아니라, 지배적인 문화의 행위규범을 반영하는 것이고, 전체 사회의 규범과 개별집단의 규범 사이에는 갈등이 존재하며, 개인도 이러한 종류의 갈등이 내면화됨으로써 인격해체가 이루어지고 범죄원인으로 작용하게 된다.
③ [○] 볼드(Vold)의 집단갈등이론에 대한 설명이다. 법의 제정, 위반 및 법집행의 전 과정은 집단이익의 갈등이나 국가의 권력을 이용하고자 하는 집단 간 투쟁의 결과로 본다. 특히 법 제정을 권력집단의 협상의 결과로 보고 범죄를 개인적 법률 위반이 아니라 비권력 소수계층의 집단투쟁으로 이해한다. 집단 간의 이익갈등이 가장 첨예한 상태로 대립하는 영역을 입법정책 부분으로 보며, 범죄를 법제정과정에 참여하여 자기의 이익을 반영시키지 못한 집단의 구성원이 일상생활 속에서 법을 위반하며 자기의 이익을 추구하는 행위로 본다.
④ [×] 갈등론은 법을 만들고, 범죄를 규정하고, 범죄자를 색출하고, 처벌하는 국가사법기관의 활동 역시 집단 간 갈등의 산물로 본다. 즉 입법이나 사법활동은 사회구성원 대다수의 가치를 반영하고 공공이익을 대변하기보다는 강력한 권력과 높은 지위를 차지한 집단의 이익을 도모하는 방향에서 운용된다는 것이다. 그렇기 때문에 갈등론에 의하면 한 사회의 법률을 위반하는 범죄의 문제도 도덕성의 문제가 아니라 사회경제적이고 정치적인 함의를 지니는 문제로 다루어진다.

정답 ④

03 다음 중 사회갈등이론에 대한 설명으로 가장 옳지 않은 것은? 2024. 해경 경위

① 범죄는 피지배계층을 통제하기 위한 지배계층의 억압적 노력의 결과물이다.
② 볼드(Vold)는 입법정책 영역에서 집단갈등이 가장 격렬하게 나타난다고 주장하였다.
③ 터크(Turk)는 우리 사회의 갈등과 그로 인한 범죄성을 지배와 복종관계에서 규명하려고 했기에 그의 이론을 지배-복종(authority-subject)이론이라고 한다.
④ 한 사회의 법률을 위반하는 범죄 문제는 도덕성의 문제로 다루어진다.

해설

① [○] 범죄는 하류층의 희생에 기초해서 상류층의 권력과 지위를 보호하기 위해 고안된 정치적인 개념이라고 본다.
② [○] 볼드는 이해관계의 갈등에 기초한 집단갈등론을 주장하였으며, 특히 집단 간의 이익갈등이 가장 첨예한 상태로 대립하는 영역으로 입법정책 부문을 지적하였다.
③ [○] 터크의 범죄화이론은 "왜 관련기관에서 그들의 관심을 일부 집단의 행위에 초점을 맞추면서 일부 집단의 행위는 무시하는가?"의 이유를 설명하기 위해서 고안된 이론이다. 터크에 의하면 법 제정자나 집행자의 관심을 가장 많이 끄는 사람들은 높은 수준의 조직성을 가진 사람들, 법의 제정이나 집행에 있어서 약삭빠른 사람, 불법행위에 가담하는 사람들이다. 즉, 터크의 이론은 법집행기관이 자신들의 자기이익에 기초하여 법집행을 차별한다고 주장한다. 따라서 그의 이론은 우리 사회의 갈등과 그로 인한 범죄성을 지배와 복종의 관계에서 규명하려고 했기에 '지배-복종이론'이라고도 한다. 한편, 이러한 지배-복종의 관계는 어떤 조건에서 갈등을 초래하며 이 갈등은 어떤 조건에서 범죄성을 야기시키는가에 대해 그 요소를 규명하였다고 하여 '범죄화의 요소이론'이라고도 한다. 결국 그는 이론은 법률 갈등과 범죄화에 초점을 맞추었다.
④ [×] 갈등론은 법을 만들고, 범죄를 규정하고, 범죄자를 색출하고, 처벌하는 국가사법기관의 활동 역시 집단 간 갈등의 산물로 본다. 즉, 입법이나 사법활동은 사회구성원 대다수의 가치를 반영하고 공공이익을 대변하기보다는 강력한 권력과 높은 지위를 차지한 집단의 이익을 도모하는 방향에서 운용된다는 것이다. 그렇기 때문에 갈등론에 의하면 한 사회의 법률을 위반하는 범죄의 문제도 도덕성의 문제가 아니라 사회경제적이고 정치적인 함의를 지니는 문제일 뿐이라고 한다.

정답 ④

04 갈등이론에 대한 설명으로 옳지 않은 것은? 2022. 보호 7급

① 셀린(Sellin)은 이민 집단의 경우처럼 특정 문화집단의 구성원이 다른 문화의 영역으로 이동할 때에 발생할 수 있는 갈등을 이차적 문화갈등으로 보았다.
② 볼드(Vold)는 이해관계의 갈등에 기초한 집단갈등론을 주장하였으며, 특히 집단 간의 이익갈등이 가장 첨예한 상태로 대립하는 영역으로 입법정책 부문을 지적하였다.
③ 터크(Turk)는 사회를 통제할 수 있는 권력 또는 권위의 개념을 범죄원인과 대책 분야에 적용시키고자 하였다.
④ 퀴니(Quinney)는 노동자계급의 범죄를 자본주의 체제에 대한 적응범죄와 대항범죄로 구분하였다.

해설
① [×] 셀린은 특정 문화집단의 구성원이 다른 문화의 영역으로 이동할 때에 발생할 수 있는 갈등을 일차적 문화갈등으로 보았고, 하나의 단일문화가 각기 독특한 행위규범을 갖는 여러 개의 상이한 하위문화로 분화될 때 일어나는 갈등을 이차적 문화갈등으로 보았다.
② [○] 셀린의 문화갈등이론이 행위규범들의 갈등에 기초한 반면, 볼드는 「이론범죄학」(1958)에서 이해관계의 갈등에 기초한 집단갈등이론을 주장하였으며, 범죄를 법제정과정에 참여하여 자기의 이익을 반영시키지 못한 집단의 구성원이 일상생활 속에서 법을 위반하며 자기의 이익을 추구하는 행위로 본다.
③ [○] 터크는 사회적으로 권력이 있는 집단이 하층계급의 사람들에게 그들의 실제 행동과는 관계없이 범죄자라는 신분을 부여할 수 있다는 측면에서 피지배집단의 범죄현상을 이해한다.
④ [○] 퀴니는 자본주의 사회에서 불평등에 시달리는 하류계층 노동자계급(피지배 집단)이 저지르는 범죄를 자본주의 체계에 대한 적응범죄와 저항범죄로 나누어 설명한다.

정답 ①

05 갈등이론에 대한 설명으로 옳지 않은 것은? 2010. 보호 7급

① 셀린(T. Sellin)의 문화갈등론 - 문화갈등에 따른 행위규범의 갈등은 심리적 갈등의 원인이 되고, 나아가 범죄의 원인이 된다.
② 볼드(G. Vold)의 집단갈등론 - 범죄는 집단사이에 갈등이 일어나고 있는 상황에서 자신들의 이익과 목적을 제대로 방어하지 못한 집단의 구성원들이 자기의 이익을 추구하기 위해 표출하는 행위이다.
③ 봉거(W. Bonger)의 급진적 갈등론 - 범죄와 같은 현행규범에서의 일탈을 이탈(離脫)로 하고, 고차원의 도덕성을 구하기 위해 현행규범에 반대하거나 어긋나는 일탈을 비동조로 구분한다.
④ 터크(A. Turk)의 범죄화론 - 사회적으로 권력이 있는 집단이 하층계급의 사람들에게 그들의 실제 행동과는 관계없이 범죄자라는 신분을 부여할 수 있다는 측면에서 피지배집단의 범죄현상을 이해한다.

해설
③ [×] 봉거(Bonger)의 급진적 갈등론은 마르크스주의의 입장에서 범죄원인론을 처음으로 체계화한 이론으로, 롬브로조(Lombroso)의 범죄생물학에 대항하여 범죄원인을 경제적 이유에서 찾았다. 봉거는 범죄에 영향을 미치는 것은 부의 불평등한 분배의 문제로 자본주의 사회는 경제영역에서 소수가 다수를 지배하는 체계로서 범죄는 하위계층에 집중되며 부의 재분배가 가능한 사회주의 사회가 되면 궁극적으로 범죄가 없어진다고 보았다.

정답 ③

06 다음 범죄학자들의 주장 중 가장 옳지 않은 것은?

2023. 해경 경위

① 코헨(Cohen)은 중산층 문화에 적응하지 못한 하위계층 출신 소년들이 자신을 궁지에 빠뜨린 문화나 가치체계와는 정반대의 비행하위문화를 형성한다고 보았다.
② 머튼(Merton)은 문화적 목표와 제도화된 수단 간의 불일치로 범죄를 설명하였다.
③ 셀린(Sellin)은 동일한 문화 안에서의 사회변화에 의한 갈등을 1차적 문화갈등이라고 하고, 이질적 문화 간의 충돌에 의한 갈등을 2차적 갈등이라고 설명하였다.
④ 라까사뉴(Lacassagne)는 사회는 범죄의 배양기이고 범죄자는 그 미생물에 해당한다고 하여 범죄원인은 결국 사회와 환경에 있다는 점을 강조하였다.

해설

① [O] 코헨(Cohen)은 중간계급의 가치나 규범을 중심으로 형성된 사회의 중심문화와 하위계층 청소년들의 익숙한 생활 사이에 긴장이나 갈등이 발생하며, 이러한 긴장관계를 해결하려는 시도에서 비행하위문화가 형성되며 비행이 발생한다고 보았다.
② [O] 머튼(Merton)은 문화적으로 규정된 목표는 사회의 모든 구성원이 공유하고 있으나 이들 목표를 성취하기 위한 수단은 주로 사회경제적인 계층에 따라 차등적으로 분배되며, 이와 같은 목표와 수단의 괴리가 범죄의 원인으로 작용한다고 보았다.
③ [X] 셀린(Sellin)은 상이한 문화 안에서 갈등이 생기는 경우를 일차적(횡적) 문화갈등이라고 하고, 동일한 문화 안에서 사회변화에 의하여 갈등이 생기는 경우를 이차적(종적) 문화갈등이라고 설명하였다. 일차적 문화갈등은 상이한 두 문화 사이의 경계지역에서 일어나는 것으로, 주로 시민과 관련된 문제를 분석하는 데 적용되고 있다. 이차적 문화갈등은 한 문화 내에서의 갈등으로 하나의 문화가 각자 자신의 고유한 행동규범을 가지는 여러 가지 상이한 부문화로 진화될 때 일어나는 것이다.
④ [O] 라까사뉴(Lacassagne)는 사회환경은 범죄의 배양기이며 범죄자는 미생물에 해당하므로, 벌해야 할 것은 범죄자가 아니라 사회라고 하면서 사회환경의 영향을 강조하였다.

정답 ③

07 범죄나 비행을 갈등이론적 입장에서 설명하는 학자들이 있는데 터크(A. Turk)는 어떤 갈등이론을 형성하였는가?

① 문화갈등이론
② 가정갈등이론
③ 법적 갈등이론
④ 급진적 범죄이론

해설

③ [O] 갈등이론 중 법률적 접근을 한 이론에는 터크의 범죄화이론, 챔블리스(Chambliss)와 사이드만(Seidman)의 법집행이론, 볼드(Vold)의 집단가치이론, 버나드(Bernard)의 통합갈등이론 등이 있는데 그중 터크(Turk)의 범죄화이론은 막시스트 관점에 내재된 개념에 주로 의존하고 있지만, 그의 이론이 갈등이론의 한 부분으로 분류되는 것은 도덕성에 대해서 상대주의적 관점을 견지하기 때문이다. 이러한 터크의 범죄화이론은 "왜 관련기관에서 그들의 관심을 일부 집단의 행위에 초점을 맞추면서 일부 집단의 행위는 무시하는가?"의 이유를 설명하기 위해서 고안된 이론이다.
터크에 의하면 법 제정이나 집행자의 관심을 가장 많이 끄는 사람들은 높은 수준의 조직성을 가진 사람들, 법의 제정이나 집행에 있어서 약삭빠른 사람, 불법행위에 가담하는 사람들이다. 즉, 터크의 이론은 법집행기관이 자신들의 자기이익에 기초하여 법집행을 차별한다고 주장한다. 따라서 그의 이론은 우리 사회의 갈등과 그로 인한 범죄성을 지배와 복종의 관계에서 규명하려고 했기에 '지배 – 복종이론'이라고도 한다. 한편, 이러한 지배 – 복종의 관계는 어떤 조건에서 갈등을 초래하며 이 갈등은 어떤 조건에서 범죄성을 야기시키는가에 대해 그 요소를 규명하였다고 하여 '범죄화의 요소이론'이라고도 한다. 결국 그는 이론은 법률 갈등과 범죄화에 초점을 맞추었다.

정답 ③

제3절 | 급진적 갈등론

01 비판범죄학에 관한 설명으로 가장 적절한 것은?   2023. 경찰1차

① 비판범죄학자들은 범죄를 하류층의 권력과 지위를 보호하기 위해 고안된 정치적 개념으로 본다.
② 터크(Turk)는 법이 집행되는 과정에서 특정한 집단의 구성원이 범죄자로 규정되는 과정에 주목하였고, 이를 '비범죄화(decriminalization)'라고 규정하였다.
③ 볼드(Vold)의 집단갈등이론(Group Conflict Theory)은 범죄를 집단 간 투쟁의 결과로 보았으며, 강도·강간·사기와 같은 개인 차원의 전통적 범죄를 설명하는 데 유용한 것으로 평가된다.
④ 퀴니(Quinney)는 노동자 계급의 범죄를 자본주의 체계에 대한 적응범죄와 저항범죄로 구분하였다.

해설
① [×] 비판범죄학자(갈등론자)들은 범죄를 하류층의 희생에 기초해서 상류층의 권력과 지위를 보호하기 위해 고안된 정치적인 개념이라고 본다.
② [×] 터크(Turk)의 권력갈등이론은 다른 갈등이론과 달리 법제도 자체보다는 법이 집행되는 과정에서 특정집단의 구성원이 범죄자로 규정되는 과정을 중시하였는데, 이를 '범죄화(criminalization)'라고 규정하였다.
③ [×] 볼드(Vold)의 집단갈등이론은 법의 제정, 위반 및 법집행의 전 과정은 집단이익의 갈등이나 국가의 권력을 이용하고자 하는 집단 간 투쟁의 결과로 파악한다. 이러한 맥락에서 범죄행위도 집단갈등 과정에서 자신들의 이익과 목적을 제대로 방어하지 못한 집단의 행위로 인식하였다. 볼드의 이론은 정치적 갈등으로 야기된 범죄, 노사 간의 이익갈등으로서 범죄, 노동조합 간의 관할권 분쟁으로서 범죄, 인종적 갈등으로서 범죄에 가장 적합한 설명이라고 할 수 있다.
④ [○] 퀴니(Quinney)는 범죄발생은 개인의 소질이 아니라 자본주의의 모순으로 인해 자연적으로 발생하는 사회현상이라고 보고, 자본가 계층의 억압적 전술로부터 살아남기 위한 노동자 계급(피지배 집단)의 범죄를 적응(화해)범죄와 대항(저항)범죄로 구분하였다. 적응범죄의 예로 절도, 강도, 마약거래 등과 같은 경제적 약탈범죄와 살인, 폭행, 강간 등 같은 계층에 대해 범해지는 대인범죄를 들고 있으며, 대항범죄의 예로 시위, 파업 등을 들고 있다.

정답 ④

02 갈등이론에 관한 아래 ㉠부터 ㉣까지의 설명 중 옳고 그름의 표시(○, ×)가 모두 바르게 된 것은?   2022. 경찰2차

㉠ 범죄는 자본주의 사회의 본질적인 불평등과 밀접한 관련이 있다고 본다.
㉡ 터크(Turk)는 자본가들의 지배에 대항하는 범죄형태를 저항범죄(crime of resistance)라고 정의하였다.
㉢ 볼드(Vold)는 범죄를 개인적 법률위반이 아니라 집단 간 투쟁의 결과로 보았다.
㉣ 퀴니(Quinney)는 법이 집행되는 과정에서 특정한 집단의 구성원이 범죄자로 규정되는 과정에 주목하였다.

	㉠	㉡	㉢	㉣
①	○	×	○	×
②	○	×	×	○
③	×	○	○	×
④	×	○	×	○

해설

㉠ [○] 갈등론적 범죄학은 범죄행위의 개별적 원인을 규명하기보다는 어떤 행위가 범죄로 규정되는 과정에 더 관심을 가졌고, 연구초점을 일탈자 개인으로부터 자본주의체제로 전환시켜 연구의 범위를 확대하여 일탈의 문제도 자본주의 사회의 모순에 대한 총체적 해명 속에서 이해하고자 하였다. 즉, 범죄는 자본주의 사회의 본질적인 불평등과 밀접한 관련이 있다고 본다.
㉡ [×] 퀴니는 범죄란 자본주의의 물리적 상황에 의해 어쩔 수 없이 유발된다고 주장하며, 자본주의 사회에서 불평등에 시달리는 하류계층 노동자계급이 저지르는 범죄를 자본주의 체계에 대한 적응범죄와 저항범죄로 나누어 설명한다. 저항범죄는 자본가의 지배에 대항하는 노동자계급의 범죄로, 비폭력적이거나 잠재적인 불법행위와 자본주의에 직접적으로 대항하는 혁명적인 행위들을 포함한다.
㉢ [○] 볼드는 법의 제정, 위반 및 법집행의 전 과정은 집단이익의 갈등이나 국가의 권력을 이용하고자 하는 집단 간 투쟁의 결과로 보았다. 특히 법 제정을 권력집단의 협상의 결과로 보고 범죄를 개인적 법률 위반이 아니라 비권력 소수계층의 집단투쟁으로 이해한다.
㉣ [×] 터크의 권력갈등이론은 다른 갈등이론과 달리 법제도 자체보다는 법이 집행되는 과정에서 특정집단의 구성원이 범죄자로 규정되는 과정을 중시하였는데, 법집행기관이 자신들의 이익을 위해 차별적 법집행을 한다고 보았다.

정답 ①

03 법과 형사사법에 대한 갈등주의적 관점과 가장 거리가 먼 이론은? 　2022(72). 경위

① 챔블리스(Chambliss)의 마르크스주의 범죄이론
② 체스니 - 린드(Chesney-Lind)의 페미니스트 범죄이론
③ 블랙(Black)의 법행동이론
④ 메스너(Messner)와 로젠펠드(Rosenfeld)의 제도적 아노미이론

해설

갈등주의적 관점의 이론은 ①, ②, ③이다.
① [○] 챔블리스(Chambliss)의 마르크스주의 범죄이론은 범죄원인을 자본주의 경제체제의 속성에 따른 분배구조의 불평등에서 찾는다.
② [○] 체스니 - 린드(Chesney-Lind)의 페미니스트 범죄이론은 가부장제의 형성과 강화를 통해 여성에 대한 억압과 여성의 성에 대한 통제가 어떻게 이루어졌는지에 대한 분석이 필요하다고 주장한다.
③ [○] 블랙(Black)의 법행동이론은 종적분화·횡적분화·문화·사회조직·대체적 사회통제의 5가지 관점에 의하여 사회적 요인을 분석하였다.
④ [×] 메스너(Messner)와 로젠펠드(Rosenfeld)의 제도적 아노미이론은 아노미(긴장)이론에 속하며, 제도적 불균형과 이로 인한 규범적 통제 요소의 부재가 일탈행동을 유발하게 된다는 이론으로, 경제적 제도와 비경제적 제도의 영향력 간 차이가 클수록 일탈행동이 빈번해질 수 있다고 한다.

정답 ④

04 다음 〈보기〉 중 비판범죄학에 대한 설명으로 옳은 것을 모두 고른 것은? 　2022. 해경 경위

〈보기〉

㉠ 마르크스(Marx)는 범죄발생의 원인을 계급갈등과 경제적 불평등으로 설명하고, 생활에 필요한 물적 자산을 충분히 갖지 못한 피지배계급이 물적 자산 내지 지배적 지위에 기존 사회가 허락하지 않는 방법으로 접근하는 행위를 범죄로 인식했다.
㉡ 봉거(Bonger)는 사법체계가 가진 자에게는 그들의 욕망을 달성할 수 있는 합법적인 수단을 허용하는 반면, 가난한 자에게는 이러한 기회를 허용하지 않기 때문에 범죄는 하위계급에 집중된다고 주장했다.
㉢ 퀴니(Quinney)는 마르크스의 경제계급론을 부정하면서 사회주의 사회에서의 범죄 및 범죄통제를 분석하였다.
㉣ 볼드(Vold)는 집단갈등이 입법정책 영역에서 가장 첨예하게 나타난다고 보았다.

① ㉠, ㉡, ㉢
② ㉠, ㉡, ㉣
③ ㉠, ㉢, ㉣
④ ㉡, ㉢, ㉣

해설

옳은 것은 ㉠, ㉡, ㉢이다.

㉠ [○] 마르크스(Marx)는 범죄발생의 원인을 계급갈등과 경제적 불평등으로 설명하고, 생활에 필요한 물적 자산을 충분히 갖지 못한 피지배계급이 물적 자산 내지 지배적 지위에 기존사회가 허락하지 않는 방법으로 접근하는 행위를 범죄로 인식했으며, 산업화된 자본주의 사회에서 실업이나 불완전 고용의 상태에 처하게 된 수많은 사람들은 비생산적이기 때문에 타락하게 되고 여러 종류의 범죄와 악습에 물들게 된다고 하였다. 즉, 범죄는 산업자본주의하에서 실업과 노동착취로 인해 도덕적으로 타락한 사람들의 개별적인 적응이라 하였다.

㉡ [○] 봉거(Bonger)는 사법체계는 가진 자에게는 그들의 욕망을 달성할 수 있는 합법적 수단을 허용하는 반면, 가난한 자에게는 이러한 기회를 허용하지 않기 때문에 범죄는 하위계급에 집중된다고 하였다. 그리하여 가진 자와 못 가진 자의 갈등적 양상이 심화되면서 양자는 모두 비인간화되고 여기서 범죄생산의 비도덕성(탈도덕화)이 형성된다고 하였다.

㉢ [×] 퀴니(Quinney)의 초기 연구는 터크(Turk)와 비슷하게 경쟁적 이해관계라는 측면에서 다양한 집단들의 갈등 현상을 다루었으나, 후기 연구에서 범죄는 자본주의 물질적 상황에 의해 어쩔 수 없이 유발되는 것이라고 보는 마르크스주의적 관점을 취하였으며, 마르크스 이후 발전된 경제계급론을 총체적으로 흡수하여 자본주의 사회에서의 범죄 및 범죄통제를 분석하였다.

㉣ [○] 볼드(Vold)는 집단 간의 이익갈등이 가장 첨예한 상태로 대립하는 영역은 입법정책 부분이라고 보았으며, 범죄를 법제정과정에 참여하여 자기의 이익을 반영시키지 못한 집단의 구성원이 일상생활 속에서 법을 위반하며 자기의 이익을 추구하는 행위로 보았다.

정답 ②

---

05 갈등이론에 대한 설명으로 옳은 것(○)과 옳지 않은 것(×)을 올바르게 조합한 것은? 2015. 사시

㉠ 퀴니(Quinney)는 피지배집단(노동자계급)의 범죄를 적응범죄와 대항범죄로 구분하였다.
㉡ 볼드(Vold)는 법제정과정에서 자신들의 이익을 반영시키지 못한 집단 구성원이 법을 위반하며 자기의 이익을 추구하는 행위를 범죄로 보았다.
㉢ 터크(Turk)는 피지배집단의 저항력이 약할수록 법의 집행가능성이 높아진다고 보았다.
㉣ 봉거(Bonger)는 범죄발생의 원인을 계급갈등과 경제적 불평등으로 보고, 근본적 범죄대책은 사회주의 사회의 달성이라고 하였다.

	㉠	㉡	㉢	㉣
①	○	×	○	×
②	×	○	×	×
③	○	○	×	×
④	×	○	×	○
⑤	○	○	○	○

해설

㉠ [○] 퀴니(Quinney)는 범죄원인과 유형을 적응(화해)과 저항(대항)의 범죄, 지배와 억압의 범죄로 구분하고, 적응과 저항의 범죄는 대부분의 노상범죄와 자본주의하에서 생존을 위하여 노동자 계층에서 범하는 것이며, 지배와 억압의 범죄는 국가나 사회통제기관이 기득권을 유지하기 위하여 범하는 범죄로 정부통제의 범죄, 화이트칼라범죄, 환경범죄, 조직범죄와 같은 경제적 지배의 범죄가 이에 해당한다.
적응 및 저항의 범죄는 생산수단을 소유, 통제하지 못하는 노동자 계급이 개별적으로 자본주의의 기본모순에 반응하는 형태를 말한다. 퀴니의 연구를 종합하면, 그는 범죄의 정치적 특성을 강조하여, 왜 사람들이 법질서를 위반하는가가 아니라 법질서 그 자체를 연구의 주제로 삼고 있다.

㉡ [○] 볼드(Vold)는 범죄를 법제정과정에 참여하여 자기의 이익을 반영시키지 못한 집단의 구성원이 일상생활 속에서 법을 위반하며 자기의 이익을 추구하는 행위로 본다.

㉢ [○] 터크(Turk)는 권력집단보다 피지배집단의 권력이 약할수록 법이 집행될 가능성이 커진다고 보았다.

㉣ [○] 봉거(Bonger)는 범죄발생의 원인을 계급갈등과 경제적 불평등으로 보고, 생산과 수단이 공유되며 부의 재분배가 가능한 사회주의 사회가 되면 부유한 자에 대한 법적 편향성을 제거하고 전체 사회의 복지를 배려할 것이기 때문에 궁극적으로 범죄가 없어질 것이라고 보았다.

정답 ⑤

06 범죄원인론 중 갈등이론에 대한 설명으로 옳지 않은 것은? 2017. 5급 승진

① 갈등이론에 의하면 한 사회의 법률을 위반하는 범죄 문제는 사회경제적이고 정치적인 함의를 지니는 문제가 아니라 도덕성의 문제로 다루어진다.
② 베버(M. Weber)는 범죄를 사회 내 여러 집단들이 자기의 생활기회를 증진시키기 위해 하는 정치적 투쟁 내지 권력투쟁의 산물이라고 본다.
③ 볼드(G. B. Vold)는 범죄를 법제정과정에 참여하여 자기의 이익을 반영시키지 못한 집단의 구성원이 일상생활 속에서 법을 위반하며 자기의 이익을 추구하는 행위로 본다.
④ 셀린(T. Sellin)은 전체 사회의 규범과 개별집단의 규범 사이에는 갈등이 존재하고, 개인도 이러한 종류의 갈등이 내면화됨으로써 인격해체가 이루어지고 범죄원인으로 작용하게 된다고 한다.
⑤ 터크(A. Turk)는 갈등의 개연성은 지배집단과 피지배자 양자의 조직화 정도와 세련됨의 수준에 의해 영향을 받는다고 한다.

해설

① [×] 범죄에 대한 갈등론적 관점은 이익갈등론과 강제론을 전제로 한다. 그리고 범죄에 대한 대책에서도 개혁적·변혁적 경향을 띠고 있다. 갈등론자들은 우선 법을 사회구성원의 합의의 산물로 보는 전통적 관점을 배척하고 법의 기원을 선별적인 과정으로 본다. 즉, 사회의 다양한 집단들 중에서 자신들의 정치적·경제적 힘을 주장할 수 있는 집단이 자신들의 이익과 기득권을 보호하기 위한 수단으로 만들어 낸 것이 법이라는 것이다. 그렇기 때문에 갈등론에 의하면 한 사회의 법률을 위반하는 범죄의 문제도 도덕성의 문제가 아니라 사회경제적이고 정치적인 함의를 지니는 문제일 뿐이라는 것이다.
② [○] 베버(Weber)는 권력개념 내지 사회의 권력갈등을 범죄의 해명에 이용한다. 즉, 범죄를 사회 내 여러 집단들이 자기의 생활기회를 증진시키기 위해 하는 정치적 투쟁 내지 권력투쟁의 산물이라고 본다. 따라서 범죄는 사회체제 여하를 떠나서 권력체계, 즉 정치체계가 조직되어 있는 모든 사회에 존재한다고 한다.
③ [○] 볼드(Vold)의 집단갈등이론은 법의 제정, 위반 및 법집행의 전 과정은 집단이익의 갈등이나 국가의 권력을 이용하고자 하는 집단 간 투쟁의 결과로 파악한다. 이러한 맥락에서 범죄행위도 집단갈등 과정에서 자신들의 이익과 목적을 제대로 방어하지 못한 집단의 행위로 인식하였다.
④ [○] 셀린(Sellin)은 법은 그 사회의 다양한 구성원들의 합의를 대변하는 것이 아니라, 지배적인 문화의 행위규범을 반영하는 것이고, 전체 사회의 규범과 개별집단의 규범 사이에는 갈등이 존재하고, 개인도 이러한 종류의 갈등이 내면화됨으로써 인격해체가 이루어지고 범죄원인으로 작용하게 된다고 하였다.
⑤ [○] 터크(Turk)는 갈등의 확률은 권력자와 종속자 양자 간의 정교함(세련됨)과 조직화 정도에 따라 영향을 받는다고 한다.
터크에 의하면 조직화는 권력을 쟁취하고 유지하기 위한 하나의 전제이기 때문에 권력집단은 조직화되기 마련이지만, 종속자는 조직화될 수도 있고 그렇지 않을 수도 있다는 것이다. 그런데 종속자가 조직화될 때 갈등의 가능성이 높아지는데, 그 이유는 개인이 자신의 행위에 대하여 집단의 지지를 받을 때 가장 큰 힘을 가지기 때문이다.
그리고 세련됨이란 다른 사람을 이용하기 위한 행위유형에 대한 지식이라고 할 수 있는 것으로, 이 경우 종속자나 권력자가 상대의 약점과 강점을 잘 알고 있어서 서로를 이용할 수 있을 때에 이를 세련되었다고 규정할 수 있다. 따라서 양자가 세련되지 못할 때 갈등의 소지가 커지게 된다.
그러므로 종속자가 권력자보다 조직화되고 세련되지 못할 때 갈등의 소지가 많다고 가정할 수 있다.

정답 ①

07 비판범죄학에 대한 설명으로 옳지 않은 것은?
2016. 보호 7급

① 비판범죄학의 기초가 되는 마르크스(Marx)는 범죄발생의 원인을 계급갈등과 경제적 불평등으로 설명하고, 생활에 필요한 물적 자산을 충분히 갖지 못한 피지배계급이 물적 자산 내지 지배적 지위에 기존사회가 허락하지 않는 방법으로 접근하는 행위를 범죄로 인식했다.
② 봉거(Bonger)는 사법체계가 가진 자에게는 그들의 욕망을 달성할 수 있는 합법적인 수단을 허용하는 반면, 가난한 자에게는 이러한 기회를 허용하지 않기 때문에 범죄는 하위계급에 집중된다고 주장했다.
③ 퀴니(Quinney)는 마르크스의 경제계급론을 부정하면서 사회주의 사회에서의 범죄 및 범죄통제를 분석하였다.
④ 볼드(Vold)는 집단갈등이 입법정책 영역에서 가장 첨예하게 나타난다고 보았다.

해설
① [○] 마르크스(Marx)는 범죄발생의 원인을 계급갈등과 경제적 불평등으로 설명하고, 생활에 필요한 물적 자산을 충분히 갖지 못한 피지배계급이 물적 자산 내지 지배적 지위에 기존사회가 허락하지 않는 방법으로 접근하는 행위를 범죄로 인식했으며, 산업화된 자본주의 사회에서 실업이나 불완전 고용의 상태에 처하게 된 수많은 사람들은 비생산적이기 때문에 타락하게 되고 여러 종류의 범죄와 악습에 물들게 된다고 하였다. 즉, 범죄는 산업자본주의하에서 실업과 노동착취로 인해 도덕적으로 타락한 사람들의 개별적인 적응이라 하였다.
② [○] 봉거(Bonger)는 사법체계는 가진 자에게는 그들의 욕망을 달성할 수 있는 합법적 수단을 허용하는 반면, 가난한 자에게는 이러한 기회를 허용하지 않기 때문에 범죄는 하위계급에 집중된다고 하였다. 그리하여 가진 자와 못 가진 자의 갈등적 양상이 심화되면서 양자는 모두 비인간화되고 여기서 범죄생산의 비도덕성(탈도덕화)이 형성된다고 하였다.
③ [×] 퀴니(Quinney)의 초기 연구는 터크(Turk)와 비슷하게 경쟁적 이해관계라는 측면에서 다양한 집단들의 갈등현상을 다루었으나, 후기 연구에서 범죄는 자본주의 물질적 상황에 의해 어쩔 수 없이 유발되는 것이라고 보는 마르크스주의적 관점을 취하였으며, 마르크스 이후 발전된 경제계급론을 총체적으로 흡수하여 자본주의 사회에서의 범죄 및 범죄통제를 분석하였다.
④ [○] 볼드(Vold)는 집단 간의 이익갈등이 가장 첨예한 상태로 대립하는 영역은 입법정책 부분이라고 보았으며, 범죄를 법제정과정에 참여하여 자기의 이익을 반영시키지 못한 집단의 구성원이 일상생활 속에서 법을 위반하며 자기의 이익을 추구하는 행위로 보았다.

정답 ③

08 갈등이론에 대한 설명으로 옳지 않은 것은?
2024. 보호 9급

① 터크(Turk)는 법제도 자체보다는 법이 집행되는 과정에서 특정집단의 구성원이 범죄자로 규정되는 과정에 주목하였다.
② 셀린(Sellin)은 이질적인 문화 사이에서 발생하는 갈등을 일차적 문화갈등이라고 하고, 하나의 단일 문화가 각기 독특한 행위규범을 갖는 여러 개의 상이한 하위문화로 분화될 때 일어나는 갈등을 이차적 문화갈등이라고 하였다.
③ 스핏처(Spitzer)는 후기 자본주의 사회에서는 생산활동에서 소외되는 인구가 양산됨에 따라 이로 인해 많은 일탈적 행위가 야기될 것이라고 보았다.
④ 봉거(Bonger)는 법규범과 문화적·사회적 규범의 일치도, 법 집행자와 저항자 간의 힘의 차이, 법규범 집행에 대한 갈등의 존재 여부가 범죄화에 영향을 미친다고 보았다.

해설

① [O] 터크(Turk)의 범죄화론은 다른 갈등이론과 달리 법제도 자체보다는 법이 집행되는 과정에서 특정집단의 구성원이 범죄자로 규정되는 과정을 중시하였는데, 이를 '범죄화'라고 하였으며, 법집행기관이 자신들의 이익을 위해 차별적 법집행을 한다고 보았다.
② [O] 셀린(Sellin)은 문화갈등의 유형을 일차적 문화갈등과 이차적 문화갈등으로 나누어 설명하였는데, 여기에서 중요한 것은 갈등의 구조·동태가 아니라 비관습적 규범과 가치가 대대로 전승되는 사회적 과정에 있다고 한다.
③ [O] 스핏쩌(Spitzer)는 대량생산과 대량소비를 주축으로 하는 후기 자본주의 시대의 경제활동이나 계급갈등을 중심으로 범죄발생이나 사회통제에 관심을 두었다. 후기 자본주의에서는 생산활동의 기계화·자동화에 따른 전문적인 숙련노동자들을 필요로 하기 때문에 전문성이 없는 다수의 비숙련노동자들은 점차 생산활동에서 소외되는 잉여인구 또는 문제인구가 되어, 후기 자본주의에서 가장 중요한 사회문제 중의 하나가 된다. 생산활동에서 소외된 이들은 부유한 사람들의 물건을 탈취하거나 자본주의 이념에 도전하는 정치적 행동을 하는 등 자본주의에 위협이 되는 일탈과 범죄행동을 하게 된다고 보았다.
④ [X] 터크(Turk)의 범죄화론에 대한 설명이다. 봉거(Bonger)에 의하면, 사법체계는 가진 자에게는 그들의 욕망을 달성할 수 있는 합법적 수단을 허용하는 반면, 가난한 자에게는 이러한 기회를 허용하지 않기 때문에 범죄는 하위계급에 집중된다. 그리하여 가진 자와 못 가진 자의 갈등적 양상이 심화되면서 양자는 모두 비인간화되고 여기서 범죄생산의 비도덕성(탈도덕화)이 형성된다는 것이다.

정답 ④

09 비판범죄학에 대한 설명으로 옳은 것은?

① 자본주의 사회의 모순이 범죄원인이라고 하면서 구체적 범죄대책을 제시하지만 너무 급진적이라는 비판이 제기된다.
② 어떤 행위가 범죄로 규정되는 과정보다 범죄행위의 개별적 원인을 규명하는 데 주된 관심이 있다.
③ 휴머니즘 비판범죄학에서는 노동력착취, 인종차별, 성차별 등과 같이 제도적으로 인권을 침해하는 사회제도도 범죄적이라고 평가한다.
④ 형사사법기관은 행위자의 빈부나 사회적 지위에 관계없이 중립적으로 법을 집행한다는 전제에서 논의를 시작한다.

해설

① [X] 비판범죄학에서는 자본주의 체제를 종식시키는 것이 근본적 범죄대책이라고 보기 때문에 즉각 실행할 만한 구체적 범죄대책을 제시하지 못한다.
② [X] 범죄행위의 개별적 원인보다는 어떤 행위가 범죄로 규정되는 과정, 즉 범죄화 과정을 규명하는 데 관심을 둔다.
④ [X] 비판범죄학은 형사사법기관이 행위자의 빈부나 사회적 지위에 따라 선별적으로 범죄를 소추하는 것을 비판한다.

정답 ③

제12장 | 여성범죄와 페미니즘 범죄학

제1절 | 여성범죄론

01 다음은 범죄학자 A의 여성범죄의 원인에 대한 내용이다. 이를 주장한 범죄학자 A는 누구인가? 2023(73). 경위

> ㉠ 자신의 저서 「여성의 범죄성」(The Criminality of Women)에서 여성의 범죄는 대개 사적인 영역에서 발생하며 잘 들키지 않는다고 주장하였다.
> ㉡ 여성범죄가 감추어져 있는 것이지 실제로는 남성의 범죄와 비슷한 양을 가지고 있을 것이라고 추정하였다.
> ㉢ 여성은 그들의 범죄를 잘 감추는 능력을 타고났다고 보았으며, 범죄를 교사하여 자신은 체포되지 않거나, 들키지 않는 방법으로 범죄를 행하는 특성이 있다고 하였다.

① 프로이트(Freud)
② 폴락(Pollak)
③ 롬브로조(Lombroso)
④ 애들러(Adler)

해설
폴락(Pollak)에 대한 설명이다.
① [×] 여성범죄인은 남성에 대한 자연적인 시기심을 억제할 수 없어서 규범으로부터 일탈한 것으로 프로이드(Freud)는 간주하고 있다. 따라서 여성범죄인을 병약자처럼 취급하여 대부분의 여성범죄인 교정의 기초가 되고 있다.
② [○] 폴락(Pollak)은 여성이 남성보다 더 일탈적이고, 약으며, 생리적이고, 사회적으로 어떤 유형의 범죄에 대해서는 더 용이하다고 보고 있다. 따라서 여성이 남성에 못지않은 범죄를 하지만, 단지 여성의 범죄는 은폐되거나 편견적인 선처를 받기 때문에 통계상 적은 것으로 보인다는 것이다.
③ [×] 롬브로조(Lombroso)는 「The Female Offender」(여성범죄자. 1895)에서 여성은 남성에 비해 수동적이며 범죄성이 약하지만 경건함, 모성애, 저지능, 약함 등 여성의 전형적인 특징이 부족한 소수의 여성범죄 집단이 있다고 주장하였다.
④ [×] 아들러(Adler)는 전통적으로 여성범죄율이 낮은 이유를 여성의 사회경제적 지위가 낮기 때문이라고 보고, 여성의 사회적 역할이 변하고 생활형태가 남성의 생활상과 유사해지면서 여성의 범죄활동도 남성의 그것과 닮아간다고 주장하였다.

정답 ②

02 여성과 범죄에 대한 설명으로 가장 적절하지 않은 것은? 2024(74). 경위

① 폴락(Pollak)은 여성이 남성에 비해 범죄행위를 덜 할 뿐만 아니라, 은폐되는 경향이 있기 때문에 통계상 적게 나타난다고 하였다.
② 여성이 남성에 비해 가벼운 처벌을 받는 이유로는 사법당국의 남성들이 발휘하는 기사도 정신이나 여성에 대한 온정주의가 있다.
③ 데일리(Daly)와 체스니-린드(Chesney-Lind)는 여성이 남성보다 일관되게 가벼운 처벌을 받는 것은 아니며, 전통적인 여성성을 위반했다고 인정되는 경우에는 오히려 더 엄중한 처벌을 받는다고 하였다.
④ 헤이건(Hagen)은 권력-통제이론에서 계급, 성별 불평등과 청소년의 성별 범죄율 차이를 분석하였다.

해설
① [×] 폴락은 여성이 남성 못지않게 범죄행위를 저지르지만, 은폐 또는 편견적 선처에 의해 통계상 적게 나타나는 것일 뿐이라고 지적하였다. 그는 「여성의 범죄성」(1950)에서 여성의 범죄는 사적인 영역에서 발생하며, 잘 들키지 않는다고 주장하였다. 즉, 여성범죄가 감추어져 있는 것이지 실제로는 남성의 범죄와 비슷한 양을 가지고 있을 것이라고 추정하였다. 이렇게 감추어지는 이유를 설명하는 데 있어서 그는 첫째, 형사사법이 여성에게 기사도적이고 관대한 처분을 내리기 때문이며, 둘째, 여성은 그들의 범죄를 잘 감추는 능력을 타고나기 때문이라고 주장하였다.
② [○] 폴락의 기사도 가설(chivalry hypothesis)에 따르면 형사사법기관 종사자들이 남성범죄자보다 여성범죄자를 더 관대하게 대하는 태도를 가졌다고 본다.
③ [○] 체스니-린드는 형사사법체계에서 여자청소년의 비행과 범죄는 남자청소년에 비해 더 엄한 법적 처벌을 받는다며 소년범들의 성별에 따른 차별적 대우가 존재한다고 보았으며, 특히 성(性)과 관련된 범죄에서는 더욱 그렇다고 주장하였다.
④ [○] 헤이건의 권력통제이론은 마르크스주의 범죄이론과 페미니스트 범죄이론과 같은 비판적 범죄학을 사회통제이론과 결합한 통합이론을 제시하였다. 성과 계급, 가족구조를 하나의 이론적 틀 안에서 고려하면서 범죄를 설명하였으며, 사회의 계급구조와 전통적 가부장제가 어떻게 가정 내에서 자녀의 성별에 따른 차별적인 양육방식으로 적용되고, 범죄성의 차이로 이어지는지 설명하고자 하였다. 가부장적 가정에서는 아들에 비해 딸의 행동을 더 엄격히 감시·통제하고, 평등적 가정에서는 딸과 아들에 대한 부모의 감시와 통제가 별반 다르지 않다고 한다.

정답 ①

03 여성범죄에 대한 설명으로 가장 옳지 않은 것은? 2023. 해경 경위

① 롬브로조(Lombroso)는 범죄여성은 신체적으로 다른 여성과 구별되는 특징이 없지만, 감정적으로는 다른 여성과 구별되는 특징이 있다고 설명하였다.
② 신여성범죄자 개념은 여성의 사회적 역할변화와 그에 따른 여성범죄율 변화와의 관계에 초점을 맞추어 등장하였다.
③ 폴락(Pollak)은 여성이 남성 못지않게 범죄행위를 저지르지만, 은폐 또는 편견적 선처에 의해 통계상 적게 나타나는 것일 뿐이라고 지적하였다.
④ 여성범죄는 우발적이거나 상황적인 경우가 많고 경미한 범행을 반복해서 자주 저지르는 경향이 있다.

해설
① [×] 롬브로조(Lombroso)는 「The Female Offender」(여성범죄자. 1895)에서 여성은 남성에 비해 수동적이며 범죄성이 약하지만 경건함, 모성애, 저지능, 약함 등 여성의 전형적인 특질이 부족한 소수의 여성범죄 집단이 있다고 주장하였다. 여성은 남성보다 진화가 덜 되었으며, 보다 어린애 같으며, 덜 감성적이며, 지능이 낮다고 한다. 즉, 범죄를 범하는 여성은 몸에 털이 많이 나는 등 신체적 특성으로 정상적인 여성과 구별될 수 있다는 것이다. 신체적 특성뿐 아니라 감정적인 면에서도 다른 여성보다 비행여성은 범죄적 또는 비범죄적 남성과 더 가까운 것으로 보인다고 주장하였다. 이러한 롬브로조의 주장을 '남성성 가설'이라고 한다. 여성범죄자는 정상인과 다를 뿐만 아니라 일반적 여성과도 다른 특이한 존재로서의 이중적인 의미를 지닌 '괴물'이라 하였다.
② [○] 1970년대에 들어서는, 여성범죄의 원인에 대한 새로운 주장이 등장하였으며, 이는 여성의 사회적 역할의 변화와 그에 따른 여성범죄율의 변화의 관계에 초점을 맞추고 있다. 전통적으로 여성범죄율이 낮은 이유를 여성의 사회경제적 지위가 낮기 때문이라고 보고, 여성의 사회적 역할이 변하고 생활형태가 남성의 생활상과 유사해지면서 여성의 범죄활동도 남성의 그것과 닮아간다는 주장이다(아들러. Adler). 이러한 주장을 '신여성범죄자'로 지칭하고 있으며, 최근의 여성범죄의 증가로 인하여 많은 설득력을 얻기도 하였다.
③ [○] 폴락(Pollak)은 「여성의 범죄성」(1950)에서 여성의 범죄는 사적인 영역에서 발생하며, 잘 들키지 않는다고 주장하였다. 즉, 여성범죄가 감추어져 있는 것이지 실제로는 남성의 범죄와 비슷한 양을 가지고 있을 것이라고 추정하였다. 이렇게 감추어지는 이유를 설명하는 데 있어서 그는 첫째, 형사사법이 여성에게 기사도적이고 관대한 처분을 내리기 때문이며, 둘째, 여성은 그들의 범죄를 잘 감추는 능력을 타고나기 때문이라고 주장하였다.
④ [○] 여성범죄의 특징 중 가장 대표적인 것은 은폐된 범죄성으로, 여성이 주로 범하는 범죄의 유형이 가시적이지 않아서 인지되기가 힘들고 여성범죄자가 자신을 은폐하기도 쉽기 때문이다. 또한 여성범죄의 대부분은 우발적이거나 상황적 범죄이며, 배후에서의 공범으로 가담하는 경우가 많다는 것이다. 그리고 여성은 대개 자신이 잘 아는 사람을 주로 범행의 대상으로 삼고 있으며, 범행의 수법도 독살 등 비신체적 수법을 택하는 경우가 많고, 경미한 범행을 반복해서 자주 행하는 것이 특징이다.

정답 ①

04 여성범죄에 관한 설명으로 가장 적절하지 않은 것은?
2022. 경찰2차

① 아들러(Adler)는 여성해방운동이 여성범죄를 증가시켰다고 주장하였다.
② 폴락(Pollak)의 기사도 가설(chivalry hypothesis)에 따르면 형사사법기관 종사자들이 남성범죄자보다 여성범죄자를 더 관대하게 대하는 태도를 가졌다고 본다.
③ 체스니 - 린드(Chesney-Lind)는 형사사법체계에서 소년범들의 성별에 따른 차별적 대우가 존재한다고 보았다.
④ 헤이건(Hagan)과 그의 동료들은 테스토스테론(testosterone)이 남성을 여성보다 폭력적으로 만든다고 주장하였다.

해설

① [O] 성평등 가설 또는 여성해방가설이라고 불리는 아들러의 주장은 전반적인 사회발전은 여성의 지위를 향상시켜 점차 남성과 평등해지며, 이 향상된 지위가 합법적인 영역에서의 남녀평등과 함께 비합법적인 영역, 즉 범죄영역에 있어서도 남녀가 범죄의 양과 질에 있어 유사해 진다고 보았다.
② [O] 폴락은 「여성의 범죄성」(1950)에서 여성의 범죄는 사적인 영역에서 발생하며, 잘 들키지 않는다고 주장하였다. 즉, 여성범죄가 감추어져 있는 것이지 실제로는 남성의 범죄와 비슷한 양을 가지고 있을 것이라고 추정하였다. 이렇게 감추어지는 이유를 설명하는 데 있어서 그는 첫째, 형사사법이 여성에게 기사도적이고 관대한 처분을 내리기 때문이며, 둘째, 여성은 그들의 범죄를 잘 감추는 능력을 타고나기 때문이라고 주장하였다.
③ [O] 체스니 - 린드는 형사사법체계에서 여자청소년의 비행과 범죄는 남자청소년에 비해 더 엄한 법적 처벌을 받는다며 소년범들의 성별에 따른 차별적 대우가 존재한다고 보았다.
④ [X] 헤이건(Hagan)은 마르크스주의 범죄이론과 페미니스트 범죄이론과 같은 비판적 범죄학을 사회통제이론과 결합한 통합이론을 제시하였다. 사회학적 범죄이론인 권력통제이론(power-control theory)은 사회의 계급구조와 전통적 가부장제가 어떻게 가정 내에서 자녀의 성별에 따른 차별적인 양육방식으로 적용되고, 범죄성의 차이로 이어지는지 설명하고자 하였다.
생물학적 범죄이론에서 남성호르몬인 테스토스테론이 남성의 범죄적 폭력성과 관계가 있다는 주장이 있으며, 테스토스테론 호르몬의 차이는 최소한 남자와 여자의 범죄율 차이의 일부와 관련된 것으로 이해할 수 있다.

정답 ④

05 여성범죄에 대한 설명으로 옳지 않은 것은?
2016. 보호 7급

① 여성범죄는 우발적이거나 상황적인 경우가 많고 경미한 범행을 반복해서 자주 저지르는 성향이 있다.
② 폴락(Pollak)은 여성이 남성 못지않게 범죄행위를 저지르지만, 은폐 또는 편견적 선처에 의해 통계상 적게 나타나는 것일 뿐이라고 지적하였다.
③ 신여성범죄자(New Female Criminals) 개념은 여성의 사회적 역할변화와 그에 따른 여성범죄율의 변화와의 관계에 초점을 맞추어 등장하였다.
④ 롬브로조(Lombroso)는 범죄여성은 신체적으로는 다른 여성과 구별되는 특징이 없지만, 감정적으로는 다른 여성과 구별되는 특징이 있다고 설명하였다.

해설

① [O] 여성범죄의 특징 중 가장 대표적인 것은 은폐된 범죄성으로, 여성이 주로 범하는 범죄의 유형이 가시적이지 않아서 인지되기가 힘들고 여성범죄자가 자신을 은폐하기도 쉽기 때문이다. 또한 여성범죄의 대부분은 우발적이거나 상황적 범죄이며, 배후에서의 공범으로 가담하는 경우가 많다는 것이다. 그리고 여성은 대개 자신이 잘 아는 사람을 주로 범행의 대상으로 삼고 있으며, 범행의 수법도 독살 등 비신체적 수법을 택하는 경우가 많고, 경미한 범행을 반복해서 자주 행하는 것이 특징이다.
② [O] 폴락(Pollak)은 여성범죄를 기본적인 자연적 여성성향으로부터의 일탈로 보지 않고, 자연적으로 범죄지향적인 성향이 있다고 보고 있다. 여성이 남성보다 더 일탈적이고, 약으며, 생리적이고, 사회적으로 어떤 유형의 범죄에 대해서는 더 용이하다는 것이다. 따라서 여성이 남성에 못지않은 범죄를 하지만, 단지 여성의 범죄는 은폐되거나 편견적인 선처를 받기 때문에 통계상 적은 것으로 보일 뿐이라는 것이다. 폴락의 주장을 '기사도정신 가설'이라고 하는데, 여성이 남성에 의해 이용되기보다는 그들의 남성동료로 하여금 범죄를 수행하도록 남성을 이용한다고 보고 있다.

③ [O] 1970년대에 들어서는, 여성범죄의 원인에 대한 새로운 주장이 등장하였다. 이는 여성의 사회적 역할의 변화와 그에 따른 여성범죄율의 변화의 관계에 초점을 맞추고 있다. 전통적으로 여성범죄율이 낮은 이유를 여성의 사회경제적 지위가 낮기 때문이라고 보고, 여성의 사회적 역할이 변하고 생활형태가 남성의 생활상과 유사해지면서 여성의 범죄활동도 남성의 그것과 닮아간다는 주장이다. 이러한 주장을 '신여성범죄자'로 지칭하고 있으며, 최근의 여성범죄의 증가로 인하여 많은 설득력을 얻기도 하였다.

④ [×] 롬브로조(Lombroso)는 「The Female Offender」(여성범죄자. 1895)에서 여성은 남성에 비해 수동적이며 범죄성이 약하지만, 경건함, 모성애, 저지능, 약함 등 여성의 전형적인 특질이 부족한 소수의 여성범죄집단이 있다고 주장한다. 여성은 남성보다 진화가 덜 되었으며, 보다 어린애 같으며, 덜 감성적이며, 지능이 낮다고 한다. 즉, 예를 들어 범죄를 범하는 여성은 몸에 털이 많이 나는 등 신체적 특성으로 정상적인 여성과 구별될 수 있다는 것이다.

이러한 신체적 특성뿐 아니라 감정적인 면에서도 다른 여성보다 비행여성은 범죄적 또는 비범죄적 남성과 더 가까운 것으로 보인다고 주장하였다. 이러한 롬브로조의 주장을 '남성성 가설'이라고 한다.

정답 ④

제2절 | 페미니즘(여성주의) 범죄학

01 다음 설명에 해당하는 범죄이론으로 가장 적절한 것은? 2024(74). 경위

> 여성 억압은 사유재산제의 도입과 함께 시작되었으며, 여성 억압과 불평등을 해결하려면 사유재산의 불평등이 극대화된 자본주의에 대해 투쟁해야 한다고 주장한다. 이 이론에 따르면 자본주의 - 가부장제 체제를 위협하는 행동은 형법과 형사사법기관에 의해 범죄로 정의된다.

① 차별적 페미니즘(Differential Feminism)
② 자유주의적 페미니즘(Liberal Feminism)
③ 포스트모던 페미니즘(Postmodern Feminism)
④ 마르크스주의 페미니즘(Marxist Feminism)

해설

① [×] 차별적 페미니즘은 문화적 페미니즘에 대비되는 분파로 남성성에 대한 비판, 여성성의 새로운 발견, 양자간의 정체성확립이라고 하는 여성주의 이론이다.

② [×] 자유주의적 페미니즘에 의하면 여성차별은 법과 제도의 기회불평등에 기인하므로 기회의 동등한 부여와 선택의 자유를 허용하고, 교육·취업·정치적 기회 등 공적영역에서 동등한 기회를 제공할 것을 주장한다.

③ [×] 포스트모던 페미니즘은 급진적 페미니즘이 남성과 여성이라는 이분법적 구분으로 여성의 주체성을 여성의 한계에 머무르게 했다는 점을 비판하고, 남녀를 떠나 인간으로서의 주체성확립을 강조하는 제3세대 여성주의 운동이라고 할 수 있다.

④ [O] 마르크스주의적 페미니즘에서는 마르크스주의의 핵심적 주장을 성 불평등을 설명하는데 분석틀로 사용한다. 이들은 자유주의적 페미니스트들이 자유주의적 세계관에 갇혀서 계급 불평등과 성 불평등의 구조적 본질을 간과하고 있다고 비판한다. 여성억압은 사유재산제의 도입과 함께 시작되었으며, 따라서 여성억압과 불평등을 해결하려면 사유재산의 불평등이 극대화된 자본주의에 대해 투쟁해야 한다고 주장한다. 계급사회가 타파되면 여성은 남성에게 더 이상 경제적으로 의존하지 않고 자유로워질 수 있다. 마르크스주의적 페미니즘에서는 여성의 억압이 자본주의의 정치적·경제적·사회적 구조 때문이라고 보았으며, 임금차별은 자본주의의 속성과 관련되어 있는 것으로 분석하고 있다. 자본주의 하에서 저임금 노동과 불안정한 노동이 여성의 삶을 고통으로 내몰고 있다는 점을 강조한다(벨크냅. Belknap). 자본주의 체제로 인해 남성이 경제권을 장악하고 여성은 가사노동으로 내몰리면서 남성의 경제적 지배를 위협하는 여성의 행동은 범죄로 규정되었다고 한다.

정답 ④

02 페미니즘 범죄이론에 대한 설명으로 가장 적절하지 않은 것은?
2023(73). 경위

① 자유주의적 페미니즘은 성 불평등의 원인은 법적·제도적 기회의 불평등이므로 여성에게 동등한 기회를 부여하고 선택의 자유를 허용한다면 성 불평등은 해결될 수 있다고 한다.
② 사회주의적 페미니즘은 계급불평등과 함께 가부장제로 인한 성 불평등을 분석해야 한다고 한다.
③ 급진적 페미니즘에 따르면 남성은 생물학적 우월성을 근거로 여성이 자신보다 나약한 존재이기 때문에 통제나 지배를 할 수 있는 대상이라고 인식한다.
④ 페미니즘 범죄이론은 1970년대에 다양한 실증적 연구가 이루어져 1980년대부터 주류 범죄학 이론 중 하나로 완전히 자리매김하였다.

해설

① [○] 자유주의적 페미니즘은 성 불평등의 원인은 법적·제도적 기회의 불평등으로 인한 것이므로, 여성에게 기회를 동등하게 부여하고 선택의 자유를 허용한다면 성 불평등은 해결될 수 있다고 주장한다. 더 나아가 법적·제도적 불평등은 성별 분업과 전통적 성역할 때문이며 교육의 기회, 취업의 기회, 정치적 기회 등 공적 영역에서 동등한 기회를 여성에게 제공한다면 불평등은 낮아질 것이라고 낙관한다.
② [○] 사회주의적 페미니즘은 마르크스주의적 페미니즘이 사유재산으로 인한 계급 불평등을 지나치게 강조하다보니 성 불평등이 핵심적으로 부각되지 못했다는 점을 비판하면서 계급 불평등과 함께 가부장제로 인한 성 불평등을 분석해야 한다고 주장한다. 계급 하나로만 여성의 종속을 설명할 수는 없으며, 계급 불평등과 가부장제를 양대 지배체계로 진단해야 함을 강조한다.
③ [○] 급진적 페미니즘은 가부장제에 의한 여성억압은 남성의 여성에 대한 공격과 여성의 성에 대한 통제로 나타난 것이라고 주장한다. 여성은 임신과 출산을 위한 기간에는 자신과 아이의 생존을 위해 남성에게 의존적일 수밖에 없으며, 이것이 남성으로 하여금 쉽게 여성을 지배하고 통제하도록 만들었다고 한다.
④ [×] 1970년대에 여성해방과 범죄에 대한 논쟁을 시작으로 해서 여성의 범죄행동을 이해하기 위해서는 '젠더(Gender)'라는 렌즈가 필요하다는 것을 인식하였고 이후 여성범죄자의 삶에서 피해와 가해의 중첩이 특징적으로 나타나고 있음을 밝혀냈다. 또한 피해자로서의 여성이 형사사법기관에서 어떤 방식으로 처리되는지에 대한 관심, 양형에 있어서의 성차에 대한 연구, 여성의 범죄경로에 대한 연구 등이 진행되고 있지만, 여성주의 범죄학이 범죄학의 주류에 포함되고 있느냐에 대해서는 많은 여성주의 범죄학자들은 동의하고 있지 않다. 여성이 미국 범죄학회 회장이 된 경우는 역대 40명의 회장 중에서 11명으로 26%만을 차지하고 있고, 여전히 명망있는 저널에 게재되는 논문의 주저자의 성비를 보아도 높지 않다. 이것은 여전히 여성범죄학자, 구체적으로는 여성주의 범죄학자들의 위상이 높지 않다는 것을 의미한다(체스니-린드. Chesney-Lind).

정답 ④

03 범죄현상에 대한 급진적 페미니즘의 설명으로 가장 적절한 것은?
2022(72). 경위

① 임신, 출산, 육아에 있어 여성의 생물학적 특성에서 비롯된 역할로 인해 노동의 성 분업이 이루어졌고, 남성에 대한 여성의 의존도가 높아졌으며, 남성에게 더 많은 범죄기회가 주어졌다.
② 가부장제에서 비롯된 남성우월주의에 대한 믿음과 남성지배 - 여성종속의 위계구조가 사회 전반으로 확대되면서 여성에 대한 남성의 폭력이 정당화되었다.
③ 자본주의 체제로 인해 남성이 경제권을 장악하고 여성은 가사노동으로 내몰리면서 남성의 경제적 지배를 위협하는 여성의 행동은 범죄로 규정되었다.
④ 사회적·문화적으로 요구되는 전통적 성 역할의 차이로 인해 여성보다 남성이 더 많은 범죄를 저지른다.

해설

② [○] 급진적 페미니즘에서는 가부장제에 의한 여성억압은 남성의 여성에 대한 공격과 여성의 성에 대한 통제로 나타난 것이라고 주장한다. 급진적 페미니스트들은 여성의 성에 대한 억압과 통제를 분석의 핵심으로 삼는다. 즉, 가부장제의 형성과 강화를 통해 여성에 대한 억압과 여성의 성에 대한 통제가 어떻게 이루어졌는지에 대한 분석이 필요하다고 주장한다.

정답 ②

제13장 | 잠재적 특질이론과 통합이론

제1절 | 잠재적 특질이론

01 티틀(Title)의 통제균형이론(Control-Balance Theory)에 관한 설명으로 가장 적절하지 않은 것은?

2024. 경찰2차

① 개인이 받는 통제의 양과 개인이 행사할 수 있는 통제의 양이 일탈의 확률을 결정한다는 '통제 비율(control ratio)'을 제시하였다.
② 통제 결손(control deficit)이 발생할 경우 약탈적이거나 반항적 행동을 저지를 가능성이 더 높다고 주장하였다.
③ 극단적인 억압은 굴종형(submission)과 가장 관련성이 높다고 주장하였다.
④ 강제적이고 비일관적인 통제가 가장 심각한 범죄를 유발한다고 주장하였다.

해설
④ [×] 티틀의 통제균형이론은 또 하나의 뛰어난 잠재적 특질 이론으로, 범죄성향의 요인으로서 개인적 통제요인을 확대하는 이론이다. 통제의 개념을 개인에 의해 통제받는 양(통제량)과 개인을 통제하는 양(피통제량)으로 구분하고, 이 두 개의 통제량이 균형을 이루면 개인은 순응적이 되고, 불균형을 이루면 일탈적이고 범죄적인 행동을 하게 된다고 보았다. 사람들이 범죄나 비행을 하지 않고 순응하도록 하는 것은 통제 그 자체가 아니라 '통제의 균형'이라고 하였다.
통제를 계속적인 변수로서 생각하고, 자신에 대한 타인의 통제량과 타인에 대한 자신의 통제량은 고정되어 있는 것이 아니라 사회적 환경이나 사회적 위치의 변화에 따라 계속 변화한다. 통제결핍과 통제과잉(잉여)는 하나의 연속선상에 존재하는 통제에 관련된 현상으로서 중앙의 균형점으로 이동하면 범죄가 감소하고 결핍과 과잉의 양극단으로 갈수록 범죄는 증가한다.

정답 ④

02 다음 〈보기〉의 내용은 어느 학자의 이론을 언급한 것인가?

2023. 해경 경위

────────〈보기〉────────
㉠ 한 사람이 다른 사람에게 행사하는 통제의 양과 다른 사람으로부터 받게 되는 피통제 양의 비율(통제비)로써 범죄와 피해를 설명한다.
㉡ 두 개의 요소가 균형을 이루면 순응이 발생하나, 그것이 불균형을 이루면 범죄와 피해가 발생한다.

① 티틀(Tittle)
② 패링턴(Farrington)
③ 콜빈(Colvin)
④ 헌스타인(Herrnstein)

해설
① [○] 티틀(Tittle)의 통제균형이론은 또 하나의 뛰어난 잠재적 특질 이론으로, 범죄성향의 요인으로서 개인적 통제요인을 확대하는 이론이다. 통제의 개념을 개인에 의해 통제받는 양(통제량)과 개인을 통제하는 양(피통제량)으로 구분하고, 이 두 개의 통제량이 균형을 이루면 개인은 순응적이 되고, 불균형을 이루면 일탈적이고 범죄적인 행동을 하게 된다. 통제의 균형은 네 개의 주요 변수, 즉 경향(범죄동기), 도발(상황적 자극), 범죄기회, 억제 등의 관계에 의해서 결정된다. 이러한 변수들은 사회학습이론, 아노미이론, 범죄억제·합리적 선택이론 그리고 사회유대이론의 개념들을 통합한다.

정답 ①

03 잠재적 특질이론에 대한 설명으로 옳지 않은 것은?

① 세상의 많은 사람들이 범죄행동의 성향이나 경향을 통제하는 개인적 속성이나 특질을 가지고 있다고 가정하고 이러한 성향이나 특질은 태어나면서 가지고 태어나거나 생애 초기에 형성되고, 세월이 흘러도 아주 안정적으로 존재한다는 것이 이 이론의 개념적 본질이다.
② 갓프레드슨(Gottfredson)과 허쉬(Hirschi)는 사회통제이론에서 밝힌 통제의 개념을 생물사회적 이론, 심리학적 이론, 일상활동이론 그리고 합리적 선택이론의 통제개념과 통합함으로써 사회통제 이론의 일부 원리에 대한 수정과 재정의를 시도했다.
③ 콜빈(Colvin)은 「범죄와 강압」에서 개인이 강압(Coercion)이라고 하는 거대한 사회적 힘을 경험함으로써 낮은 자기 통제력 상태에 있게 된다고 주장한다. 이는 낮은 자기 통제력이 충동적인 성격의 함수라고 주장하는 갓프레드슨과 허쉬의 견해와 일치한다.
④ 티틀(Tittle)의 통제균형이론은 범죄성향의 요인으로서 개인적 통제요인을 확대하여 통제의 개념을 개인에 의해 통제받는 양과 개인을 통제하는 양으로 구분한다.

해설
③ [×] 콜빈(Colvin)은 낮은 자기 통제력이 충동적인 성격의 함수라고 주장하는 갓프레드슨(Gottfredson)과 허쉬(Hirschi)의 견해와는 달리 「범죄와 강압」에서 개인이 강압(Coercion)이라고 하는 거대한 사회적 힘을 경험함으로써 낮은 자기 통제력 상태에 있게 된다고 주장한다. 다시 말해, 개인의 낮은 통제력은 충동적 성격이 원인이 아니라 개인으로서도 어쩔 수 없는 강력한 힘의 작용이 원인이라는 것이다.

정답 ③

제2절 | 통합이론

01 다음은 통합이론과 관련된 설명이다. ㉠, ㉡, ㉢에 해당하는 이론으로 가장 적절한 것은? 2024. 경찰2차

> 엘리엇(Elliott)과 동료들은 ㉠, ㉡, ㉢을 결합한 통합이론을 제시하였다. ㉠과 ㉡의 연결고리 역할은 '성공에 대한 열망'이지만, '성공에 대한 열망'이 범죄에 미치는 영향은 서로 정반대 방향으로 작용한다. 이후 두 이론과 ㉢을 결합하여 관습집단과의 사회적 유대 강도에 따라 범죄에 이르게 되는 다양한 경로를 제시하였다.

	㉠	㉡	㉢
①	사회통제이론	긴장이론	사회학습이론
②	사회통제이론	사회유대이론	사회학습이론
③	사회학습이론	긴장이론	사회유대이론
④	사회학습이론	사회통제이론	긴장이론

해설

① [○] 엘리엇과 동료들은 사회통제이론, 긴장이론, 사회학습이론을 결합한 통합이론을 제시하였다. 먼저 긴장이론과 사회통제이론을 결합하여 성공 기회의 제약으로 인해 유발된 긴장이 어떻게 사회유대의 개인차에 의해 조건화되는지 설명하였다. 두 이론의 연결고리 역할은 '성공에 대한 열망'이 담당했다. 성공에 대한 열망이 범죄에 미치는 영향은 긴장이론과 사회통제이론에서 정반대 방향으로 작동한다. 긴장이론에 의하면 긍정적 목표를 달성하기 위한 기회가 차단되었다고 느끼는 개인에게 성공에 대한 높은 열망은 관습적 수단을 포기하고 불법적 수단을 선택하게 만드는 요인이 된다. 반면 사회통제이론의 경우 높은 성공 열망은 교육과 같은 제도화된 수단에 대한 몰입을 높여 범죄의 유혹에 빠지지 않도록 하는 규범적 통제기제로 작용한다. 이후 두 이론과 사회학습이론을 결합하여 관습집단과의 사회적 유대 강도에 따라 범죄에 이르게 되는 다양한 경로를 제시하였다.

정답 ①

02 엘리엇(Elliott)과 동료들의 통합이론(Integrated Theory)이 주장하는 내용으로 가장 적절한 것은?

2022(72). 경위

① 노동자 계급 가정에서 양육된 청소년은 부모의 강압적 양육방식으로 인해 부모와의 유대관계가 약해져 범죄를 저지를 가능성이 크다.
② 사회유대가 강한 청소년일수록 성공기회가 제약되면 긴장을 느끼고 불법적 수단으로 목표를 달성하려 할 가능성이 크다.
③ 가부장적 가정은 양성 평등적 가정보다 청소년비행에 있어 성별 차이가 크다.
④ 범죄행위에 대한 비난을 받더라도 사회유대가 강한 청소년은 재범을 저지를 가능성이 적다.

해설

① [×] 콜빈(Colvin)과 폴리(Poly)의 마르크스주의 통합이론에 대한 설명이다. 마르크스주의 범죄이론과 사회통제이론을 결합한 통합이론으로, 노동자의 지위에 따라 차별적인 통제방식이 가정에서 이루어지는 부모의 양육방식과 연관되어 있다고 주장한다.
② [○] 엘리엇(Elliott)과 동료들은 긴장이론, 사회통제이론, 사회학습이론을 결합한 통합이론을 제시하였다. 그들은 개인에 따라 사회질서와의 유대정도가 다르다고 가정한다. 관습적 목표를 달성하기 위한 제도적 기회가 차단되었을 때 사회유대의 개인차가 상이한 방식으로 개인의 행동에 영향을 미친다고 한다. 사회유대가 강하고 관습적 목표에 대한 전념 정도가 높은 사람은 기회가 차단되었을 때 긴장이론의 주장대로 긴장이 발생하고 이를 해소하기 위한 방편으로 비제도적, 즉 불법적 수단을 동원하게 된다. 하지만 처음부터 사회유대가 약하고 제도적 목표에 그다지 전념하지 않는 사람은 성공기회가 제약되더라도 이로 인한 부정적 영향을 별로 받지 않는다.
③ [×] 헤이건(Hagan)의 권력통제이론에 대한 설명이다. 마르크스주의 범죄이론과 페미니스트 범죄이론과 같은 비판적 범죄학을 사회통제이론과 결합한 통합이론으로, 가부장적 가정에서는 아들에 비해 딸의 행동을 더 엄격히 감시·통제하고, 평등적 가정에서는 딸과 아들에 대한 부모의 감시와 통제가 별반 다르지 않다고 한다.
④ [×] 허쉬의 사회통제(연대, 유대, 결속)이론에 대한 설명이다.

정답 ②

03 다음 〈보기〉의 내용을 주장한 학자는 누구인가?

2023. 해경 경위

―――――――〈보기〉―――――――

㉠ 성과 계급, 가족구조를 하나의 이론적 틀 안에서 고려하면서 범죄를 설명하였다.
㉡ 부모는 가족 내에서 자신들의 직장 내 권력관계를 재생산한다. 따라서 부모의 직업과 지위가 자녀의 범죄성에 영향을 준다.
㉢ 부모가 직장이나 가정에서 비슷한 권력을 소유하는 평등한 가정에서 자란 딸은 아들과 비슷한 수준의 비행을 저지른다.

① 헤이건(Hagan)
② 메셔슈미트(Messerschmidt)
③ 티프트(Tifft)
④ 설리번(Sullivan)

해설
① [O] 헤이건(Hagan)의 권력통제이론(power-control theory)에 대한 설명이다. 헤이건은 마르크스주의 범죄이론과 페미니스트 범죄이론과 같은 비판적 범죄학을 사회통제이론과 결합한 통합이론을 제시하였다. 사회의 계급구조와 전통적 가부장제가 어떻게 가정 내에서 자녀의 성별에 따른 차별적인 양육방식으로 적용되고, 범죄성의 차이로 이어지는지 설명하고자 하였다.

정답 ①

04 헤이건(Hagan)과 동료들의 권력통제이론(Power Control Theory)에 관한 설명으로 가장 적절한 것은?

2023. 경찰2차

① 아노미(anomie)의 발생원인을 문화적 목표와 제도화된 수단 간의 괴리에서 찾는다.
② 부모가 아들보다 딸을 더 많이 통제하기 때문에 결과적으로 소녀가 소년보다 더 위험한 행동을 한다.
③ 부모의 직장에서의 권력적 지위가 부부 간의 권력관계에 반영되고, 이는 자녀에 대한 감독·통제 수준과 연계된다.
④ 부모의 권력이 평등한 가정의 자녀들은 성별에 따른 범죄 정도의 차이가 뚜렷하지만, 가부장적 가정의 자녀들은 성별에 따른 범죄 정도의 차이가 상대적으로 뚜렷하지 않다.

해설
① [✕] 머튼(Merton)의 아노미이론에 대한 설명이다.
②, ④ [✕] 헤이건(Hagan)은 직장에서의 권력적 지위가 가족구성원 간의 권력관계에 반영된다고 주장하며, 모든 가정을 가부장적 권력구조를 가진 가정(가부장적 가정)과 평등한 권력구조를 가진 가정(양성 평등적 가정)으로 구분하였다. 그는 가정 내에서 권력이 젠더구조화된 정도는 부모가 자녀를 양육하는 방식에 영향을 미친다고 하였다.

가부장적 가정	• 아들에 비해 딸의 행동을 더 엄격히 감시하고 통제한다. • 딸은 모험적이거나 일탈적 행동을 못하도록 제약당하기 때문에 사춘기 동안 비행이나 범죄에 별고 가담하지 않는다. • 아들은 상대적으로 자유롭게 위험하거나 일탈적인 행동들을 저지른다. • 또한 아들은 어려서부터 다른 사람을 통제하는 데 익숙해지도록 사회화되어, 그 결과 여자형제에 비해 더 많은 범죄와 비행을 저지르게 된다. • 종합하면, 가부장적 가정은 양성 평등적 가정보다 청소년비행에 있어 성별 차이가 크다.
양성 평등적 가정	• 딸과 아들에 대한 부모의 감시와 통제가 별반 다르지 않다. • 젠더 사회화를 통해 자녀들이 고정된 성역할을 받아들이도록 하지도 않는다. • 양성 평등적 가정에서는 자녀들이 저지르는 비행과 범죄의 정도에 있어서 성별 차이가 뚜렷하게 나타나지 않는다.

③ [O] 헤이건은 마르크스주의 범죄이론과 페미니스트 범죄이론과 같은 비판적 범죄학을 사회통제이론과 결합한 통합이론을 제시하며, 사회의 계급구조와 전통적 가부장제가 어떻게 가정 내에서 자녀의 성별에 따른 차별적인 양육방식으로 적용되고, 범죄성의 차이로 이어지는지 설명하고자 하였다. 권력통제이론은 모든 성인 가족구성원이 그가 속한 직장과 가정에서 특정한 권력적 지위를 차지하고 있다고 전제하고, 직장에서의 권력적 지위는 가정 내에서 가족구성원들과의 사회적 관계 속에 작동되는 권력과 밀접하게 연관되어 있다고 가정한다. 헤이건은 부모의 직장에서의 권력적 지위가 부부 간의 권력관계에 반영되고, 이는 자녀에 대한 감독·통제 수준과 연계된다고 하였다.

정답 ③

05 다음 〈보기〉는 통합이론 및 발달이론에 대한 학자들의 주장을 나열한 것이다. 〈보기〉의 내용을 주장한 학자를 가장 옳게 짝지은 것은?

2024. 해경 경위

─〈보기〉─
㉠ 연령에 따른 범죄행위의 지속성과 가변성이 인생의 중요한 전환기에 발생하는 사건과 그 결과에 영향을 받는다.
㉡ 비행청소년이 되어가는 경로를 조기개시형(early starters)과 만기개시형(late starters)으로 구분하였다.
㉢ 범죄자를 청소년기 한정형(adolescent-limited)과 생애지속형(life-course persistent)으로 분류하였다.

	㉠	㉡	㉢
①	패터슨(Patterson)	샘슨(Sampson)과 라웁(Laub)	모핏(Moffitt)
②	모핏(Moffitt)	패터슨(Patterson)	샘슨(Sampson)과 라웁(Laub)
③	샘슨(Sampson)과 라웁(Laub)	패터슨(Patterson)	모핏(Moffitt)
④	샘슨(Sampson)과 라웁(Laub)	모핏(Moffitt)	패터슨(Patterson)

해설
㉠ 샘슨과 라웁의 생애과정이론은 다른 발달범죄학 이론들과 마찬가지로 어린아이에서 성인에 이르는 과정에 범죄성이 지속되거나 범죄가 중단되는 현상을 설명하고자 했다. 또한 범죄행위의 지속성과 가변성이 어린 시절의 특성이나 경험에 의해 결정된다기보다는 인생의 중요한 전환기에 발생하는 사건들과 그 결과에 의해 영향을 받는다고 보았다.
㉡ 패터슨은 성장과정 속에서 아동의 문제행동과 주변 환경 간의 상호작용을 통해 반사회성이 형성되는 점에 주목하였으며, 비행청소년이 되어가는 두 가지 경로에 따라 조기 개시형(초기 진입자)과 만기 개시형(후기 진입자)으로 구분하였다.
㉢ 모핏은 신경심리학, 낙인이론, 긴장이론의 입장에서 범죄경력의 발전과정을 설명하였고, 생물사회이론 범죄학자답게 생물학적 특성을 보다 강조하였다. 패터슨의 유형화와 비슷하게 범죄자를 청소년기 한정형 범죄자와 인생(생애)지속형 범죄자로 분류하고, 청소년기 한정형 범죄자보다 인생지속형 범죄자가 정신건강상의 문제를 더 많이 가지고 있다고 하였다.

정답 ③

제14장 | 발달범죄학

제1절 | 발달범죄학의 의의

01 범죄학이론 중 발달이론(Developmental Theory)에 대한 설명으로 옳지 않은 것은?   2017. 5급 승진

① 이 이론은 1990년대 샘슨(R. Sampson)과 라웁(J. Laub)이 1930년대 글룩(Glueck) 부부의 연구를 재분석하며 활성화된 이론이다.
② 범죄자의 삶의 궤적을 통해 범죄를 지속하는 요인과 중단하는 요인이 무엇인지를 찾아내는 데 관심이 있다.
③ 심리학자 모핏(Moffitt)은 범죄자를 청소년한정형 범죄자와 인생지속형 범죄자로 분류하면서 이들 중 인생지속형 범죄자는 아주 이른 나이에 비행을 시작하고 성인이 되어서도 범죄를 지속하는 유형이라고 정의하였다.
④ 인생지속형 범죄자보다 청소년한정형 범죄자가 정신건강상의 문제를 더 많이 가지고 있다.
⑤ 발달이론에서 범죄경력을 중단하는 계기가 되는 사건으로 결혼, 취직 등이 있다.

해설
① [○] 1930년대 글룩(Glueck)부부의 종단연구는 발달범죄학이론의 토대가 되었으며, 1990년대 샘슨(Sampson)과 라웁(Laub)이 글룩부부의 연구를 재분석하며 활성화된 이론이다. 발달범죄학이론은 1990년대 이후 개인의 범죄경력이 연령의 증가에 따라 발전하는 과정을 이론화하려는 시도에서 출발한다.
② [○] 상습 범죄자의 성장 역사와 범죄경력의 발달과정을 추적하여 범죄성의 원인을 밝히고, 범죄자의 삶의 궤적을 통해 범죄를 지속하는 요인과 중단하는 요인이 무엇인지를 찾아내는 데 관심이 있다.
③ [○], ④ [×] 모핏(Moffitt)은 범죄자를 청소년한정형 범죄자와 인생지속형 범죄자로 분류하고, 청소년한정형 범죄자보다 인생지속형 범죄자가 정신건강상의 문제를 더 많이 가지고 있다고 하였다.
생애지속형 범죄자들은 비교적 소수에 불과하지만, 이들은 아동기 때부터 비행행위를 시작해서 청소년기와 성년기를 거치는 전 생애과정 동안 지속적으로 일탈을 일삼게 된다. 이들은 정상인에 비해 뇌신경학적 손상을 가지고 있고 또 어린 나이에 부모로부터 학대를 당하는 등 부모와 정상적인 애착관계를 형성하지 못하였다. 따라서 어릴 때부터 심각한 반사회적 성향과 행동을 보이고, 이로 인해 가족, 학교, 친구, 기타 사회의 구성원들과 친사회적 유대 관계를 형성하지 못하며, 결국 평생 동안 범죄의 소용돌이에서 헤어나지 못하게 된다.
⑤ [○] 청소년기에 비행을 저지르게 되던 아이들도 성인기에 직업을 갖게 되거나 결혼으로 가정을 이루게 될 경우 정상인으로 돌아간다고 하였는데, 그들은 이러한 사회유대 혹은 사회자본(결혼, 직업 등)의 형성이 인생의 전환점이 된다고 주장하였다.

정답 ④

02 발달범죄학이론에 대한 설명으로 옳지 않은 것은?   2020. 교정 7급

① 1930년대 글룩(Glueck) 부부의 종단연구는 발달범죄학이론의 토대가 되었다.
② 인생항로이론은 인간의 발달이 출생 시나 출생 직후에 나타나는 주된 속성에 따라 결정된다고 주장한다.
③ 인생항로이론은 인간이 성숙해 가면서 그들의 행위에 영향을 주는 요인도 변화한다는 사실을 인정한다.
④ 인생항로이론은 첫 비행의 시기가 빠르면 향후 심각한 범죄를 저지를 것이라고 가정한다.

해설

② [×] 잠재적 특질이론에 대한 설명이다.
　　잠재적 특질이론은 범죄행동이 출생 또는 그 직후에 나타나고, 평생을 통해서 변화하지 않는 주요한 특질에 의해 통제되기 때문에 인간은 변하지 않고 기회가 변할 뿐이라는 관점을 취한다.
　　생애과정(경로)이론(인생항로이론)은 인간의 범죄성이란 개인적 특질뿐만 아니라 사회적 경험에 의해서도 영향받는 역동적인 과정에 의해서 형성된다는 관점을 취하기 때문에 인간은 변하고 계속 성장한다는 입장이다.
③ [○] 다양한 사회적·개인적 그리고 경제적 요인들은 범죄성에 영향을 주며, 이러한 요인들은 시간이 흐름에 따라서 변화하고 범죄성도 역시 변화한다. 생애의 성장 전환점마다 사회적 상호작용의 성질은 변화하기 때문에, 사람의 행동은 바뀌게 된다.
④ [○] 대부분의 생애과정 이론은 범죄성이 아주 어린 시기에 형성되고, 어린 나이에 일탈행위를 경험한 자는 후에 더 심각한 범죄성을 나타낼 것이라고 강조한다. 다시 말해, 범죄성 개시의 나이가 어릴수록, 범죄경력은 더 빈번하고 다양하며, 지속될 것이라는 것이다.

정답 ②

제2절 ┃ 발달범죄학 이론

01 발달범죄이론에 대한 설명으로 가장 적절하지 않은 것은?　　　　　2024(74). 경위

① 범죄자 삶의 궤적을 통해 범행의 지속 및 중단 요인을 밝히는 데 관심을 둔다.
② 모피트(Moffitt)에 따르면 청소년기 한정형(Adolescence-limited)은 신경심리학적 결함으로 각종 문제행동을 일으키는 경우가 많다고 하였다.
③ 샘슨과 라웁(Sampson & Laub)은 글룩(Glueck)부부의 연구를 재분석하여 생애과정이론을 제시하였다.
④ 범죄경력을 중단하는 계기가 되는 중요한 사건으로는 결혼과 취업이 있다.

해설

① [○] 발달범죄학은 1990년대 샘슨(Sampson)과 라웁(Laub)이 글룩(Glueck)부부의 연구를 재분석하며 활성화된 이론으로 행위자의 생애과정이라는 맥락 속에서 범죄를 설명하려는 이론적 사조를 일컫는다. 발달범죄학 이론가들에게 범죄성이란 행위자가 태어나고 성장하고 살아가는 전 과정 속에서 경험하는 다양한 요인들과의 상호작용 속에서 변화해 가는 역동적인 개념이다.
② [×] 인생(생애)지속형 범죄자는 유아기부터 문제행동이 시작되어 평생 동안 범죄행동을 지속하는 유형으로, 생래적인 신경심리학적 결함으로 인해 유아기 동안 언어 및 인지능력에서 장애증상을 보이며, 각종 문제를 일으킨다. 청소년기 한정형 범죄자는 아동기까지는 반사회적 행동을 하지 않다가 사춘기에 접어들면서 집중적으로 일탈행동을 저지르다가 성인이 되면 일탈행동을 멈추는 유형으로, 사춘기 초기에 일탈행동에 가담하게 되는 주된 이유는 성장 격차(성숙의 차이) 때문이다. 즉, 사춘기는 생물학적 나이와 사회적 나이 간에 격차가 발생하는 시기이다.
③ [○] 1993년 샘슨과 라웁은 1930년대 글룩부부의 종단연구의 타당성을 검증하였을 뿐만 아니라, 보다 정교한 연구결과를 바탕으로 생애과정이론을 제시하였다. 다른 발달범죄학 이론들과 마찬가지로 어린아이에서 성인에 이르는 과정에 범죄성이 지속되거나 범죄가 중단되는 현상을 설명하고자 하였다. 패터슨이나 모핏의 이론처럼 청소년 집단을 인위적으로 구분하지는 않았으며, 그 대신 누구든지 생애과정 속에서 범죄행위를 지속하거나 중지할 수 있다고 전제하였다.
④ [○] 샘슨과 라웁은 범죄성에는 지속성이라는 특성과 함께 가변성도 존재한다고 주장한다. 인간의 삶 속에는 장기간에 걸쳐 반복되는 행동패턴이 하나의 궤적을 이루는데, 범죄행위와 이에 대한 반응이 반복되면서 인생 전반에 걸쳐 범죄궤적을 형성한다. 이 궤적 속에는 단기간에 걸쳐 발생하는 다양한 인생사건이 내재되어 있는데 이것이 인생의 변곡점이 되어 범죄궤적을 올바른 방향으로 바꿀 수 있다는 것이다. 대표적인 인생의 변곡점으로 결혼, 취업, 군 입대를 강조한다.

정답 ②

02 다음 중 샘슨(Sampson)과 라웁(Laub)의 생애과정이론(연령 – 단계이론)의 주장으로 가장 옳지 않은 것은?

2022. 해경 경위

① 타고난 기질과 어린 시절의 경험만이 범죄행위의 지속과 중단에 가장 큰 영향을 미친다.
② 행위자를 둘러싼 상황적·구조적 변화가 범죄로부터 단절된 삶으로 이끈다.
③ 생애과정을 통해 사회유대와 범죄행위가 서로 영향을 미친다.
④ 결혼, 취업, 군 입대는 범죄궤적을 올바른 방향으로 바꾸는 인생의 변곡점이다.

해설
① [×] 샘슨(Sampson)과 라웁(Laub)은 생애과정이론을 제시하였다. 이 이론은 다른 발달범죄학 이론들과 마찬가지로 어린아이에서 성인에 이르는 과정에 범죄성이 지속되거나 범죄가 중단되는 현상을 설명하고자 했다. 또한 범죄행위의 지속성과 가변성이 어린 시절의 특성이나 경험에 의해 결정된다기보다는 인생의 중요한 전환기에 발생하는 사건들과 그 결과에 의해 영향을 받는다고 보았다.
② [○] 사회유대의 회복을 통해 범죄와의 단절이 이루어지는 과정에 관하여 샘슨과 라웁은 행위자를 둘러싼 상황적, 구조적 변화가 장기적인 행동의 변화를 이끈 것이라고 설명한다.
③ [○] 생애과정이론은 사회유대의 약화를 범죄행위의 직접적인 원인으로 간주한다는 점에서 사회통제이론의 핵심 주장을 그대로 차용한다. 하지만 허쉬(Hirschi)의 사회유대가 아동기와 청소년기에 국한되었다면, 샘슨과 라웁은 사회유대의 강화, 약화, 단절이 한 사람의 생애 전 과정에서 반복되는 현상으로 보았다는 점에서 차이가 있다.
④ [○] 대표적인 인생의 전환점으로 결혼, 취업, 군 입대를 강조한다. 이러한 변곡점들은 이미 약화되었거나 단절된 사회유대를 새롭게 복원시키는 기능을 하기 때문이다.

정답 ①

03 통합 및 발달범죄이론에 관한 설명으로 가장 적절하지 않은 것은?

2023. 경찰1차

① 패터슨(Patterson)은 비행청소년이 되어가는 경로를 조기 개시형(early starters)과 만기 개시형(late starters)으로 구분하였다.
② 손베리(Thornberry)는 비행청소년을 청소년기 한정형(adolescence-limited)과 생애지속형(life-course-persistent)으로 분류하였다.
③ 엘리엇(Elliott)과 동료들은 사회유대가 강한 청소년일수록 성공기회가 제약되면 긴장을 느끼게 되고, 불법적 수단을 활용할 가능성이 크다고 주장하였다.
④ 샘슨(Sampson)과 라웁(Laub)은 연령에 따른 범죄행위의 지속성과 가변성이 인생의 중요한 전환기에 발생하는 사건들과 그 결과에 의해 영향을 받는다고 주장하였다.

해설
① [○] 패터슨(Patterson)은 성장과정 속에서 아동의 문제행동과 주변 환경 간의 상호작용을 통해 반사회성이 형성되는 점에 주목하였으며, 비행청소년이 되어가는 두 가지 경로에 따라 조기 개시형(초기 진입자)과 만기 개시형(후기 진입자)으로 구분하였다.
② [×] 모핏(Moffitt)에 대한 설명이다. 모핏은 신경심리학, 낙인이론, 긴장이론의 입장에서 범죄경력의 발전과정을 설명하였고, 생물사회이론 범죄학자답게 생물학적 특성을 보다 강조하였다. 패터슨의 유형화와 비슷하게 범죄자를 청소년기 한정형 범죄자와 인생(생애)지속형 범죄자로 분류하고, 청소년기 한정형 범죄자보다 인생지속형 범죄자가 정신건강상의 문제를 더 많이 가지고 있다고 하였다. 손베리(Thornberry)의 상호작용이론은 사회유대이론과 사회학습이론을 결합한 합성이론으로, 어린 시기에는 부모와의 애착과 같은 유대가 비행을 하지 않게 만들지만, 학교에 다니게 되면 비행친구와의 접촉과 같은 학습이 비행을 하게 만들지만, 다시 성인기 초기에는 유대가 범죄를 하지 않게 만든다고 설명한다. 이 이론은 사회유대이론에서 도출된 개념인 부모에 대한 애착, 학교에 대한 전념, 관습적 가치의 믿음과 사회학습이론의 이론적 개념인 비행친구와의 교류와 비행가치의 수용으로 구성되어 있다. 청소년 시기에 따라 이러한 변수들 간의 인과관계가 변화한다고 가정하고, 이론모형을 청소년 초기(11~13세), 청소년 중기(15~16세), 청소년 후기(18~20세)로 구분하여 제시하고 있다.

③ [○] 엘리엇과 동료들의 통합모형에서 중요한 점은 관습적 목표를 달성하기 위한 제도적 기회가 차단되었을 때 사회유대의 개인차가 상이한 방식으로 개인의 행동에 영향을 미친다는 사실이다. 사회유대가 강하고 관습적 목표에 대한 전념 정도가 높은 사람은 기회가 차단되었을 때 긴장이론의 주장대로 긴장이 발생하고 이를 해소하기 위한 방편으로 비제도적, 즉 불법적 수단을 동원하게 된다. 하지만 처음부터 사회유대가 약하고, 따라서 제도적 목표에 그다지 전념하지 않는 사람은 비록 성공기회가 제약되더라도 이로 인한 부정적 영향을 별로 받지 않게 된다.

④ [×] 샘슨과 라웁의 생애과정이론은 패터슨이나 모핏의 이론처럼 청소년 집단을 인위적으로 구분하지는 않았으며, 그 대신 누구든지 생애과정 속에서 범죄행위를 지속하거나 중지할 수 있다고 전제하였다. 범죄행위의 지속성과 가변성이 어린 시절의 특성이나 경험에 의해 결정된다기보다는 인생의 중요한 전환기에 발생하는 사건들과 그 결과에 의해 영향을 받는다고 보았다.

정답 ②

04 발달범죄학의 주요 이론에 대한 설명으로 적절한 것은 모두 몇 개인가?
2023(73). 경위

㉠ 쏜베리(Thornberry)의 상호작용이론은 사회유대의 약화를 비행이 시작되는 출발점으로 보았다.
㉡ 패터슨(Patterson)은 비행청소년을 생애 지속형(Life Persistent)과 청소년기 한정형(Adolescent Limited)으로 구분하였다.
㉢ 모핏(Moffitt)은 비행청소년이 되어가는 경로에 따라 조기 개시형(Early Starters)과 후기 개시형(Late Starters)으로 구분하였다.
㉣ 샘슨과 라웁(Sampson & Laub)의 생애과정이론은 사회유대이론과 사회학습이론을 결합한 합성이론이다.
㉤ 티틀(Tittle)의 통제균형이론은 타인으로부터 받는 통제와 자신이 행사하는 통제의 양이 균형을 이룰 때 순응이 발생하고 통제의 불균형이 비행과 범죄행위를 발생시킨다고 설명한다.

① 2개
② 3개
③ 4개
④ 5개

해설
적절한 것은 ㉠, ㉤ 2개이다.
㉠ [○] 쏜베리(Thornberry)의 상호작용이론에서 사회유대의 약화는 비행이 시작되는 출발점으로써 그의 이론모형에서 가장 핵심적인 요인이다. 그런데 그는 사회유대를 고정불변의 특성이 아니라 다양한 요인들의 영향을 받아 지속적으로 변화하는 변수로 이해하였다.
㉡ [×] 모핏(Moffitt)의 범죄자 분류에 대한 설명이다.
㉢ [×] 패터슨(Patterson)의 범죄자 분류에 대한 설명이다.
㉣ [×] 샘슨과 라웁(Sampson & Laub)의 생애과정이론은 사회유대이론과 사회학습이론을 결합한 발달범죄이론이다(합성이론, 즉 통합이론이 아님). 이 이론은 사회유대의 약화를 범죄행위의 직접적인 원인으로 간주한다는 점에서 사회통제(유대)이론의 핵심 주장을 그대로 차용한다. 하지만 허쉬(Hirschi)의 사회유대가 아동기와 청소년기에 국한되었다면, 샘슨과 라웁은 사회유대의 강화, 약화, 단절이 한 사람의 생애 전 과정에서 반복되는 현상으로 보았다.
㉤ [○] 티틀(Tittle)의 통제균형이론은 통제의 개념을 개인에 의해 통제받는 양(통제량)과 개인을 통제하는 양(피통제량)으로 구분하고, 이 두 개의 통제량이 균형을 이루면 개인은 순응적이 되고, 불균형을 이루면 일탈적이고 범죄적인 행동을 하게 된다고 보았다.

정답 ①

05 발달범죄학에 관한 설명으로 가장 적절하지 않은 것은?

2023. 경찰2차

① 손베리(Thornberry)는 사회통제이론(Social Control Theory)과 사회학습이론(Social Learning Theory)을 통합하여 범죄행위는 행위자와 환경이 상호작용하는 발전적 과정에 의하여 발생한다고 주장하였다.
② 샘슨(Sampson)과 라웁(Laub)은 아동기, 청소년기를 거쳐 성인기까지의 생애과정에 걸친 범죄의 지속성과 가변성을 설명하였다.
③ 샘슨과 라웁은 행위자를 둘러싼 상황적·구조적 변화로 인해 범죄가 중단된다고 주장하였다.
④ 모핏(Moffitt)의 비행청소년 분류에서 청소년기 한정형(adolescent-limited) 집단이 저지르는 범죄와 반사회적 행위는 전 생애에 걸쳐 안정성이 두드러지며 가변성을 특징으로 하지 않는다.

해설

① [O] 손베리(Thornberry)의 상호작용이론은 발달범죄학의 초기 이론이면서 동시에 통합이론에 해당된다. 상호작용이론은 사회유대이론과 사회학습이론을 결합한 합성이론이다. 사회유대이론에 의하면 가정, 학교 등 관습적 사회제도들과의 유대 약화는 비행의 증가에 직접적인 영향을 미친다고 하지만, 손베리는 사회유대의 약화가 비행으로 바로 이어지는 것이 아니라 단지 청소년들에게 더 많은 행동의 자유를 부여할 뿐이라고 하였다. 따라서 늘어난 행동의 자유가 비행으로 진행되기 위해서는 매개 요인이 필요한데 비행친구들과의 교류와 반사회적 가치의 수용 등이 그 역할을 담당한다는 것이다.
② [O] 1993년 샘슨(Sampson)과 라웁(Laub)은 1930년대 글룩부부의 종단연구의 타당성을 검증하였을 뿐만 아니라, 보다 정교한 연구결과를 바탕으로 생애과정이론을 제시하였다. 다른 발달범죄학 이론들과 마찬가지로 어린아이에서 성인에 이르는 과정에 범죄성이 지속되거나 범죄가 중단되는 현상을 설명하고자 하였으며, 범죄행위의 지속성과 가변성이 어린 시절의 특성이나 경험에 의해 결정된다기보다는 인생의 중요한 전환기에 발생하는 사건들과 그 결과에 의해 영향을 받는다고 보았다.
③ [O] 사회유대의 회복을 통해 범죄와의 단절이 이루어지는 과정에 관하여 샘슨과 라웁은 행위자를 둘러싼 상황적·구조적 변화가 장기적인 행동의 변화를 이끈 것이라고 설명한다.
④ [X] 청소년기 한정형은 반사회적 행동의 불연속성을 특징으로 하며, 아동기까지는 반사회적 행동을 하지 않다가 사춘기에 접어들면서 집중적으로 일탈행동을 저지르다가 성인이 되면 일탈행동을 멈추는 유형이다. 청소년기 동안 성인들의 역할과 지위를 갈망하게 되고 인생지속형 범죄자들을 흉내 내며(사회모방) 흡연, 음주 등 경미한 지위비행 등을 일삼게 된다. 사춘기를 벗어나면서 성인으로서의 지위와 역할이 부여되고, 범죄에 수반되는 처벌이 심각하게 인식되면서 비행을 멈추게 된다.

정답 ④

06 다음 甲의 성장과정에서 나타나는 범죄경향의 변화를 설명할 수 있는 이론으로 가장 적절하지 않은 것은?

2023. 경찰2차

> 甲은 평범한 중산층 가정에서 태어나 부족함 없이 자랐으나 고등학교 진학 후 비행친구들과 어울리면서 절도에 가담하게 되었다. 이 사건으로 甲은 법원으로부터 소년보호처분을 받게 되었으며, 주변 친구들로부터 비행청소년이라는 비난을 받고 학교 생활에 적응하지 못하여 자퇴를 하게 되었다. 甲은 가출 후 비행친구들과 더 많은 범죄를 저지르고 급기야 불법도박에 빠지게 되었고 많은 재산을 탕진하게 되었다. 甲은 경제적 어려움으로 인해 방황을 하다가 군대에 입대하게 되었고, 규칙적이고 통제된 군대 생활 속에서 삶에 대해 고민하는 계기를 가지게 되었다. 甲은 군 전역 이후 기술을 배워 안정적인 직장을 다니면서 더 이상 범죄를 저지르지 않게 되었다.

① 차별접촉이론(Differential Association Theory)
② 문화갈등이론(Culture Conflict Theory)
③ 생애과정이론(Life Course Theory)
④ 낙인이론(Labeling Theory)

해설

① [○] 차별적 접촉이론에 의하면, 범죄는 의사소통을 통한 타인과의 상호작용 과정에서 학습된다고 한다.
② [×] 문화갈등이론은 인간의 사회행동을 결정하는 데는 한 사회의 문화적 가치체계가 결정적 작용을 한다는 전제로부터 출발한다. 그리고 일탈행동은 개인이 사회의 지배적 가치와 다른 규범 체계, 즉 하위문화 또는 이주자의 생소한 문화로부터 배운 가치체계를 지향할 때 발생하는 것으로 설명한다. 사회 내의 서로 다른 문화집단들 간의 갈등에 기초한 이론으로, 문화갈등이란 사회적 가치에 대한 이해 및 규범 등의 충돌을 의미한 것으로 보았다.
③ [○] 샘슨과 라웁은 범죄성에는 지속성이라는 특성과 함께 가변성도 존재한다고 주장한다. 인간의 삶 속에는 장기간에 걸쳐 반복되는 행동패턴이 하나의 궤적을 이루는데, 범죄행위와 이에 대한 반응이 반복되면서 인생 전반에 걸쳐 범죄궤적을 형성한다. 궤적 속에는 단기간에 걸쳐 발생하는 다양한 인생사건이 내재되어 있는데 이것이 인생의 변곡점이 되어 범죄궤적을 올바른 방향으로 바꿀 수 있다는 것이다. 대표적인 인생의 변곡점으로 결혼, 취업, 군 입대를 강조한다.
④ [○] 낙인은 당사자로 하여금 비행자아관념을 갖도록 하여 또 다른 범죄 및 비행을 야기하는 원인이 된다고 한다.

정답 ②

07 다음은 발달범죄학 이론에 관한 설명이다. ㉠, ㉡ 이론을 주장한 학자를 가장 적절하게 연결한 것은?

2022. 경찰2차

㉠ 범죄자를 청소년기 한정형 범죄자와 생애지속형 범죄자로 분류하였다. 청소년기 한정형은 사춘기에 집중적으로 일탈행동을 저지르다가 성인이 되면 일탈행동을 멈추는 유형이고, 생애지속형은 유아기부터 문제행동이 시작되어 평생 동안 범죄행동을 지속하는 유형이다.
㉡ 범죄의 시작, 유지, 중단의 연령에 따른 변화는 생애과정에서의 비공식적 통제와 사회유대를 반영하고, 인생의 중요한 전환기에 발생하는 사건들과 그 결과에 영향을 받는다고 보았다.

① ㉠ 모핏(Moffitt)　　㉡ 패터슨(Patterson)
② ㉠ 모핏(Moffitt)　　㉡ 샘슨과 라웁(Sampson & Laub)
③ ㉠ 패터슨(Patterson)　　㉡ 모핏(Moffitt)
④ ㉠ 패터슨(Patterson)　　㉡ 샘슨과 라웁(Sampson & Laub)

해설

㉠ 모핏은 신경심리학, 낙인이론, 긴장이론의 입장에서 범죄경력의 발전과정을 설명하였고, 생물사회이론 범죄학자답게 생물학적 특성을 보다 강조하였으며, 패터슨의 유형화와 비슷하게 범죄자를 청소년기 한정형 범죄자와 인생(생애)지속형 범죄자로 분류하고, 청소년기 한정형 범죄자보다 인생지속형 범죄자가 정신건강상의 문제를 더 많이 가지고 있다고 하였다.
㉡ 샘슨과 라웁의 생애과정이론은 다른 발달범죄학 이론들과 마찬가지로 어린아이에서 성인에 이르는 과정에 범죄성이 지속되거나 범죄가 중단되는 현상을 설명하고자 하였고, 패터슨이나 모핏의 이론처럼 청소년 집단을 인위적으로 구분하지는 않았으며, 그 대신 누구든지 생애과정 속에서 범죄행위를 지속하거나 중지할 수 있다고 전제하였다.

정답 ②

08 샘슨(Sampson)과 라웁(Laub)의 생애과정이론(연령 – 단계이론)의 주장으로 가장 적절하지 않은 것은?

2022(72). 경위

① 타고난 기질과 어린 시절의 경험이 범죄행위의 지속과 중단에 가장 큰 영향을 미친다.
② 행위자를 둘러싼 상황적·구조적 변화가 범죄로부터 단절된 삶으로 이끈다.
③ 생애과정을 통해 사회유대와 범죄행위가 서로 영향을 미친다.
④ 결혼, 취업, 군 입대는 범죄궤적을 올바른 방향으로 바꾸는 인생의 변곡점이다.

해설

① [×] 샘슨(Sampson)과 라웁(Laub)은 생애과정이론을 제시하였다. 이 이론은 다른 발달범죄학 이론들과 마찬가지로 어린아이에서 성인에 이르는 과정에 범죄성이 지속되거나 범죄가 중단되는 현상을 설명하고자 했다. 또한 범죄행위의 지속성과 가변성이 어린 시절의 특성이나 경험에 의해 결정된다기보다는 인생의 중요한 전환기에 발생하는 사건들과 그 결과에 의해 영향을 받는다고 보았다.
② [○] 사회유대의 회복을 통해 범죄와의 단절이 이루어지는 과정에 관하여 샘슨과 라웁은 행위자를 둘러싼 상황적, 구조적 변화가 장기적인 행동의 변화를 이끈 것이라고 설명한다.
③ [○] 생애과정이론은 사회유대의 약화를 범죄행위의 직접적인 원인으로 간주한다는 점에서 사회통제이론의 핵심 주장을 그대로 차용한다. 하지만 허쉬(Hirschi)의 사회유대가 아동기와 청소년기에 국한되었다면, 샘슨과 라웁은 사회유대의 강화, 약화, 단절이 한 사람의 생애 전 과정에서 반복되는 현상으로 보았다는 점에서 차이가 있다.
④ [○] 대표적인 인생의 전환점으로 결혼, 취업, 군 입대를 강조한다. 이러한 변곡점들은 이미 약화되었거나 단절된 사회유대를 새롭게 복원시키는 기능을 하기 때문이다.

정답 ①

09 생애과정이론에 대한 설명으로 옳지 않은 것은?

① 생애과정이론은 생물학적, 발달론적, 사회유대, 사회학습 그리고 기타 기존의 통제이론의 개념을 통합하려는 시도이다.
② 생애과정 이론가들은 범죄는 개인생애에 관련되는 것으로 사회적·경제적 요인들이 범죄성에 직접적인 영향을 미치지는 않는다고 가정한다.
③ 대부분의 생애과정이론은 범죄성이 아주 어린 시기에 형성되고, 어린 나이에 일탈행위를 경험한 자는 후에 더 심각한 범죄성을 나타낼 것이라고 강조한다.
④ 생애과정이론은 범죄자의 범죄경로도 다르지만, 범죄를 범하는 시기, 즉 나이도 다르다고 가정한다.

해설

② [×] 생애과정 이론가들은 다양한 사회적·개인적 그리고 경제적 요인들이 범죄성에 영향을 미친다고 주장한다. 이러한 요인들은 시간이 흐름에 따라서 변화하고 범죄성도 역시 변화한다. 생애의 성장 전환점마다 사회적 상호작용의 성질은 변화하기 때문에, 사람의 행동은 바뀌게 된다.
샘슨(Sampson)과 라웁(Laub)의 연구와 관련하여 티틀(Tittle)은 범죄경력의 발전과정에 대한 낙인이론의 타당성을 지적하였다. 즉, 낙인이 찍힌 사람의 경우 이 낙인이 범죄행동을 향한 지속적인 동기를 만들어내기 때문에 그의 생애과정을 통해 범죄를 계속하는 반면, 낙인을 받지 않은 사람의 경우 범죄의 동기가 감소되는 것을 경험한다는 것이다.
특히 낙인이론적 설명틀에서는 그동안의 쟁점이 되었던 연령/범죄곡선의 시간 및 공간적 유사성을 쉽게 설명할 수 있을 뿐 아니라, 여러 가지 맥락적 요인에 의한 연령/범죄곡선의 변이도 설명할 수 있다는 것이다.

정답 ②

10 다음에서 설명하는 범죄학 이론을 주창한 이론가는? *2020. 5급 승진*

> 반사회적 범죄자를 두 가지 발달경로로 분류하여 설명한 이론으로 청소년 범죄를 청소년기 한정형(Adolescence-Limited)과 생애과정 지속형(Life Course-Persistent)으로 구분하여 설명하였다. 청소년기 한정형은 늦게 비행을 시작해서 청소년기에 비행이 한정되는 유형을 의미하며, 생애과정 지속형은 오랜 기간에 걸쳐 비행행위가 지속된다는 것을 의미하고 있어 지속 또는 변화를 설명하는 대표적인 이론이라고 할 수 있다.

① 쏜베리(T. Thornberry)
② 라이스(A. Reiss)
③ 샘슨과 라웁(R. Sampson & J. Laub)
④ 브레이쓰웨이트(J. Braithwaite)
⑤ 모피트(T. Moffitt)

해설
⑤ [○] 발달범죄이론(생애경로이론) 학자 중 심리학자 모피트(Moffitt)에 대한 설명이다.
모피트는 범죄자를 청소년한정형 범죄자와 인생지속형 범죄자로 분류하고, 청소년한정형 범죄자보다 인생지속형 범죄자가 정신건강상의 문제를 더 많이 가지고 있다고 한다.

정답 ⑤

---

11 모피트(Moffitt)의 청소년기 한정형(Adolescence-Limited) 일탈의 원인으로 옳은 것만을 모두 고르면? *2022. 보호 7급*

> ㉠ 성숙의 차이(Maturity Gap)
> ㉡ 신경심리적 결함(Neuropsychological Deficit)
> ㉢ 사회모방(Social Mimicry)
> ㉣ 낮은 인지 능력(Low Cognitive Ability)

① ㉠, ㉡
② ㉠, ㉢
③ ㉡, ㉣
④ ㉢, ㉣

해설
옳은 것은 ㉠, ㉢이다.
㉠, ㉢ [○] 청소년기 한정형은 아동기까지는 반사회적 행동을 하지 않다가 사춘기에 접어들면서 집중적으로 일탈행동을 저지르다가 성인이 되면 일탈행동을 멈추는 유형으로, 사춘기 초기에 일탈행동에 가담하게 되는 주된 이유는 성장 격차 때문이다. 즉, 사춘기는 생물학적 나이와 사회적 나이 간에 격차가 발생하는 시기이다. 또한 청소년기 동안 성인들의 역할과 지위를 갈망하게 되고 인생지속형 범죄자들을 흉내 내며 흡연, 음주 등 경미한 지위비행 등을 일삼게 된다.
㉡, ㉣ [×] 인생(생애)지속형은 유아기부터 문제행동이 시작되어 평생 동안 범죄행동을 지속하는 유형으로, 생래적인 신경심리학적 결함으로 인해 유아기 동안 언어 및 인지능력에서 장애증상을 보이며, 각종 문제를 일으킨다.

정답 ②

12 모피트(Moffitt)의 발전이론과 관련성이 가장 적은 것은? 2023. 해경 경위

① 청소년기 한정형 범죄자
② 거리 효율성(Street Efficacy)
③ 성숙 격차(Maturity Gap)
④ 생애지속형 범죄자

해설

② [×] 모피트(Moffitt)는 신경심리학, 낙인이론, 긴장이론의 입장에서 범죄경력의 발전과정을 설명하였고, 생물사회이론 범죄학자답게 생물학적 특성을 보다 강조하였다. 패터슨의 유형화와 비슷하게 범죄자를 청소년기 한정형 범죄자와 인생(생애)지속형 범죄자로 분류하고, 청소년기 한정형 범죄자보다 인생지속형 범죄자가 정신건강상의 문제를 더 많이 가지고 있다고 하였다. 사춘기 초기에 일탈행동에 가담하게 되는 주된 이유는 성장 격차(성숙의 차이) 때문이다. 즉, 사춘기는 생물학적 나이와 사회적 나이 간에 격차가 발생하는 시기이다.

샘슨(Sampson)의 집합효율성 이론을 확장하는 이론으로, 집합효율성을 거리의 개념에서 측정하는 것이다. 이를 거리 효율성(Street Efficacy)이라 부르며 거리 효율성이 높은 청소년은 폭력적 행동을 회피하는 것으로 나타났다(Sharkey. 2006).

정답 ②

MEMO

해커스경찰
police.Hackers.com

제3편
범죄현상과 범죄유형론

제15장　범죄현상론
제16장　범죄유형론
제17장　전통범죄 유형론
제18장　특수범죄 유형론

제15장 | 범죄현상론

제1절 | 환경과 범죄

01 환경과 범죄현상에 대한 설명으로 옳지 않은 것은? 2010. 보호 7급

① 급격한 도시화는 인구의 이동이나 집중으로 인해 그 지역의 사회관계의 혼란을 초래하고, 지역사회의 연대를 어렵게 하여 범죄의 증가를 초래할 수 있다고 한다.
② 케틀레(A. Quetelet)는 인신범죄는 따뜻한 지방에서, 재산범죄는 추운 지방에서 상대적으로 많이 발생한다고 한다.
③ 경기와 범죄는 상관관계가 없다는 주장도 있지만, 일반적으로 불황기에는 호황기에 비해 재산범죄가 많이 발생한다고 한다.
④ 전체주의 사회에서는 소수집단의 공격성 때문에 다수집단의 구성원이 대량 희생되어 모든 범죄가 전체적으로 감소하게 된다고 한다.

해설
④ [×] 전제적 강권정치가 횡행하는 시기에는 힘에 밀려 일반범죄가 감소한다는 주장도 있다. 즉, 전체주의 사회체제의 범죄율은 자유·민주국가의 경우보다 일반적으로 낮다는 주장이다.
전체주의 사회에서는 다수집단의 공격성 때문에 소수집단의 구성원이 희생되어 범죄가 전체적으로 감소하게 된다고 한다.
일정한 정치적 이데올로기의 열병이 사회를 지배하게 되면 그 사회를 구성하는 다수집단의 가치합의가 강화되고 전체주의적 성격을 띠게 됨으로써 일시적으로는 범죄를 감소시키는 효과를 가질 수도 있다. 그러나 이러한 효과는 언제나 다수집단의 공격성이 희생양으로 삼는 소수집단 내지 소외집단의 희생 위에서만 가능하다.

정답 ④

02 클리나드(Clinard)의 도시화에 따라서 발생하는 범죄경향의 네 가지 단계에 대한 설명으로 옳지 않은 것은?

① 부족문화 단계에서 범죄는 낮은 수준을 유지한다.
② 근대화 단계에서는 범죄가 현저하게 증가한다.
③ 교육, 경제, 사회서비스 부문의 개선 단계에서는 소속 구성원들의 높은 욕구수준으로 범죄증가 경향을 보인다.
④ 미래 복지사회 단계에서 소외계층이 형성된다.

해설
☑ 클리나드(Clinard)의 도시화 4단계

부족문화 단계	거의 완벽하게 통합된 부족집단에 의하여 소속 구성원들이 통제됨으로써 범죄는 낮은 수준을 유지한다.
근대화 단계	빠른 도시화가 가족의 유대를 약화시키고, 많은 농촌 주민들이 도시로 집중하게 됨으로써 전통적인 부족의 결속력과 전통적 관습의 통제력이 약화되어 범죄가 현저하게 증가한다.
교육·경제·사회서비스 부문의 개선 단계	새로운 공동체의 가치와 규범이 형성되고 주민들은 이러한 가치규범에 동조함으로써 범죄가 감소한다.
미래 복지사회 단계	소속 구성원들의 높은 욕구수준, 사회공동체로부터 야기된 불안감, 극단적인 개인주의, 한정된 사람들과의 인간관계 및 의사소통 등으로 인해 사회적으로 소외된 일탈집단이 형성될 가능성이 있다.

정답 ③

03 룬덴(Lunden)의 지역사회 범죄발생론에 대한 설명으로 옳지 않은 것은?

① 산업사회와 도시는 전통사회와 농촌보다 범죄발생률이 높다.
② 상호적·공식적 계약에 의한 사회는 가족적·종족적 연대에 의한 사회보다 범죄율이 낮다.
③ 공식적 규범과 비공식적 규범 간의 갈등이 심한 사회는 두 요소가 일치하는 사회보다 범죄율이 높다.
④ 홍수, 지진 등의 갑작스런 재해는 도덕과 규범적 통제를 약화시켜 범죄발생을 증가시킨다.
⑤ 계급 간의 차이가 큰 사회는 계급 간의 차이가 작은 사회보다 범죄율이 높다.

해설
② [×] 상호적·공식적 계약에 의한 사회는 가족적·종족적 연대에 의한 사회보다 범죄율이 높다.

정답 ②

04 경제환경과 범죄에 대한 설명으로 옳지 않은 것은? 2011. 사시

① 글룩(Glueck) 부부는 절대적 빈곤과 범죄가 비례한다고 주장한다.
② 봉거(W. Bonger)는 자본주의의 경쟁적·착취적 특성이 불가피하게 범죄를 야기한다고 한다.
③ 엑스너(F. Exner)는 불경기와 범죄는 상관관계가 없다고 주장한다.
④ 토비(J. Toby)는 자신이 속한 사회에서 스스로 느끼고 경험하는 상대적 결핍감이 범죄원인이 된다고 한다.
⑤ 렝거(E. Renger)는 실질임금에 대한 범죄의 의존성을 지적한다.

해설
③ [×] 엑스너(Exner)는 독일의 범죄학자로 1882년에서 1936년까지 범죄통계를 기초로 경제발전과 범죄와의 관계를 연구하였으며, 경제여건과의 관련성에서 인플레이션은 범죄에 중요한 변동을 가져왔다고 하였다.

정답 ③

05 부유지역과 빈곤지역에서의 범죄율을 비교하여 상대적 빈곤이 범죄의 원인이라고 주장한 학자는?

① 서덜랜드(Sutherland)   ② 케틀레(Quetelet)
③ 쉐프(Scheff)   ④ 랑게(Lange)
⑤ 아들러(Adler)

해설
② [○] 케틀레(Quetelet), 스토우퍼(Stouffer), 머튼(Merton), 토비(Toby)는 범죄발생에 있어 빈곤의 영향은 단지 하류계층에 국한된 현상이 아니라 어떤 계층이든지 느낄 수 있는 것이기 때문에 광범위한 사회계층에 작용한다는 상대적 빈곤이 범죄원인이라 주장한다.

정답 ②

06 빈곤과 범죄에 대한 설명으로 옳지 않은 것은?

① 과거 절대적 빈곤에 따른 재산범 등의 연구에서 최근에는 상대적 빈곤으로 인한 박탈감이나 열등감, 목표와 수단의 좌절 등의 요인을 연구하는 방향으로 발전되고 있다.
② 일반적으로 빈곤과 관련한 범죄원인연구 결과는 절대적 빈곤과 범죄의 상관성을 인정하는 추세이다.
③ 상대적 빈곤은 타인과 비교함으로써 느끼는 심리적 박탈감을 뜻하는 것으로 이러한 연구결과는 범죄발생에 있어 빈곤의 영향은 단지 하류계층에 국한된 현상이 아니라 어떤 계층이든지 느낄 수 있는 것이기 때문에 광범위한 사회계층에 작용하는 문제라고 한다.
④ 밀러(Miller)는 빈민 유형을 안정된 빈민, 긴장된 빈민 2가지 유형으로 나눈다.

해설
④ [×] 밀러는 빈민 유형을 4가지로 나눈다.

밀러(Miller)의 빈민 유형과 범죄와의 관계

안정된 빈민	가족관계와 직업 양 측면에서 안정적이다.
긴장된 빈민	경제면에서는 다소 안정적이나 가족 간의 인간관계에 문제가 있어 불안정이므로, 문제아가 발생할 가능성이 있다.
노력하는 빈민	경제면에서는 다소 불안정하나, 가족관계가 건전하여 문제를 일으키지 않는다.
불안정한 빈민	가족관계 및 경제면에 모두 불안정하여 가장 문제시되는 유형으로 소년비행이나 성인범죄가 발생할 가능성이 있다.

정답 ④

07 경제상태와 범죄에 대한 설명으로 옳지 않은 것은?

① 봉거(Bonger)는 「경제적 조건과 범죄성」을 통해 경제적 결정설의 입장에서 사회주의적 범죄관인 환경설을 최초로 주장하였다.
② 반칸(Van Kan)은 자본주의 사회를 범죄의 온상으로 보았지만, 빈곤의 문제는 개인적인 문제로 보고 빈곤의 범죄결정력을 비판했다.
③ 엑스너(Exner)는 독일의 범죄학자로 1882~1936년까지 범죄통계를 기초로 경제발전과 범죄와의 관계를 연구하였다.
④ 마이어(Mayer)는 곡가변동과 절도범의 상관관계를 최초로 연구하였다.

해설
② [×] 반칸(Van Kan)은 자본주의 사회를 범죄의 온상으로 보고 빈곤의 범죄결정력에 주목하였다.

정답 ②

08 매스컴과 범죄의 관계에 대한 설명으로 옳지 않은 것은? *2012. 사시*

① 자극성가설에 의하면 매스컴이 묘사하는 범죄실행장면이 모방심리를 자극함으로써 범죄를 유발한다고 한다.
② 카타르시스가설에 의하면 일반인들이 매스컴의 범죄장면을 보고 스스로 카타르시스를 얻기 위해 범죄행위에 나설 수 있기 때문에 매스컴이 범죄를 유발한다고 한다.
③ 습관성가설에 의하면 매스컴의 폭력장면에 장기적으로 노출되다 보면 폭력에 무감각해지고 범죄를 미화하는 가치관이 형성되므로 범죄가 유발된다고 한다.
④ 억제가설에 의하면 매스컴의 범죄묘사는 폭력피해에 대한 책임감과 보복에 대한 공포심을 불러일으켜 일반인들의 공격적 성향을 억제한다고 한다.
⑤ 텔레비전이 가족의 대화를 단절시키고 구성원을 고립시킴으로써 범죄를 유발한다는 주장도 제기된다.

해설
② [×] 카타르시스가설이란 매스컴의 범죄에 대한 영향력을 부정하는 견해(범죄억제기능)로, 영화 속의 폭력 시청은 시청자로 하여금 자기가 하지 못하는 폭력행위에 대해 대리만족을 얻게 하고, 그의 공격적 성향을 자제시킨다는 이론이다.

정답 ②

09 환경과 범죄원인에 대한 설명으로 옳지 않은 것은? *2016. 보호 7급*

① 물가와 범죄의 관계에 대한 경험적 연구는 주로 곡물류 가격과 범죄의 관계를 대상으로 하였다.
② 계절과 범죄의 관계에 대한 연구에 의하면 성범죄와 폭력범죄는 추울 때보다 더울 때에 더 많이 발생한다고 알려져 있다.
③ 범죄인자 접촉빈도와 범죄발생과의 관계에 대한 이론인 습관성가설은 마약범죄 발생의 원인규명에 주로 활용되었다.
④ 엑스너(Exner)는 전쟁을 진행 단계별로 나누어 전쟁과 범죄의 관련성을 설명하였다.

해설
① [○] 곡물 가격과 범죄의 관계: 식량비의 변동은 재산범죄에 정비례하고 임금변동과 재산범은 반비례한다.
② [○] 케틀레(Quetelet)는 인신범죄는 따뜻한 지방에서, 재산범죄는 추운지방에서 상대적으로 많이 발생한다고 한다.
③ [×] 범죄인자 접촉빈도와 범죄발생과의 관계에 대한 이론인 습관성가설은 매스컴과 범죄의 관계에 대한 이론으로 매스컴의 폭력장면을 장기적으로 보게 되면 범죄행위에 대해 무감각하게 되고, 범죄를 미화하는 가치관이 형성되어서 장기적으로 범죄가 유발된다는 것이다. 마약범죄 발생의 원인규명에 주로 활용되는 것은 도파민 가설이다. 도파민 가설에 의하면 마약중독은 인체가 약물에 의해 도파민의 적정량을 유지하는 기능을 상실했을 때 발생한다고 한다.
④ [○] 엑스너(Exner)는 제1차 세계대전 당시 독일의 범죄현상에 대해 연구하여, 전쟁의 추이가 범죄에 미치는 영향을 네 단계(감격기, 의무이행기, 피로기, 붕괴기)로 나누어 전쟁과 범죄의 관련성을 설명하였다.

정답 ③

10 사회·문화적 환경과 범죄에 대한 설명으로 옳지 않은 것은? 2022. 보호 7급

① 체스니 – 린드(Chesney-Lind)는 여성범죄자가 남성범죄자보다 더 엄격하게 처벌받으며, 특히 성(性)과 관련된 범죄에서는 더욱 그렇다고 주장하였다.
② 스토우퍼(Stouffer), 머튼(Merton) 등은 상대적 빈곤론을 주장하면서 범죄발생에 있어 빈곤의 영향은 단지 빈곤계층에 국한된 현상이 아니라고 지적하였다.
③ 매스컴과 범죄에 대하여 '카타르시스 가설'과 '억제가설'은 매스컴의 역기능성을 강조하는 이론이다.
④ 서덜랜드(Sutherland)는 화이트칼라범죄를 직업활동과 관련하여 존경과 높은 지위를 가지고 있는 사람이 저지르는 범죄라고 정의했다.

해설
① [O] 체스니 – 린드는 형사사법체계에서 여자청소년의 비행과 범죄는 남자청소년에 비해 더 엄한 법적 처벌을 받는다며 소년범들의 성별에 따른 차별적 대우가 존재한다고 보았으며, 특히 성(性)과 관련된 범죄에서는 더욱 그렇다고 주장하였다.
② [O] 상대적 빈곤은 타인과 비교함으로써 느끼는 심리적 박탈감을 뜻하는 것으로, 이러한 연구결과는 범죄발생에 있어 빈곤의 영향은 단지 하류계층에 국한된 현상이 아니라 어떤 계층이든지 느낄 수 있는 것이기 때문에 광범위한 사회계층에 작용하는 문제라고 지적한다. 케틀레(Quetelet), 스토우퍼(Stouffer), 머튼(Merton), 토비(Toby) 등이 상대적 빈곤론을 주장하였다.
③ [×] 매스컴의 범죄무관론(범죄억제기능, 매스컴의 순기능, 정화론적 입장)에는 민감화작용, 정화작용(카타르시스), 문화계발이론, 억제가설 등이 있다.
매스컴의 범죄유관론(매스컴의 역기능, 학습이론적 입장)에는 단기(직접) 효과이론, 장기(간접) 효과이론, 공동연대성 해체 작용 등이 있다.
④ [O] 화이트칼라범죄라는 용어는 상류계층의 사람이나 권력이 있는 사람들이 자신의 직업활동 과정에서 자신의 지위를 이용하여 저지르는 범죄를 의미하며, 1939년 서덜랜드가 부유한 사람과 권력 있는 사람들의 범죄활동을 기술하기 위해 처음 사용한 용어이다.

정답 ③

11 가정환경과 범죄와의 관계에 대한 설명으로 옳지 않은 것은?

① 결손가정이란 양친 전부 또는 일방이 결손된 가정을 말한다.
② 빈곤가정의 경우 빈곤 그 자체보다도 간접적인 원인에 의해 범죄와 친화력이 높다.
③ 부도덕가정이란 가족 간에 심리적 갈등이 있어 인간관계의 융화가 결여된 가정을 말한다.
④ 시설가정이란 고아원 기타 아동양육시설이 가정의 역할을 하는 경우이다.

해설
③ [×] 갈등가정에 대한 설명이며, 부도덕가정이란 반드시 범죄자가 아니더라도 사회적 부적응자(전과자 또는 정신질환자, 이복형제 등)가 가족의 구성원으로 되어 있는 가정을 말한다.

정답 ③

12 엑스너(Exner)의 전쟁과 범죄의 관련성에 대한 설명으로 옳지 않은 것은?

① 감격기인 전쟁발발단계에는 국민적 불안감이 증폭되면서 범죄발생은 급격하게 증가한다.
② 전쟁이 어느 정도 진행되는 단계인 의무이행기에는 물자가 부족하게 되지만 국민은 각자 인내심을 가지고 의무를 이행하여 범죄율에는 특별한 변화가 없게 된다.
③ 전쟁이 장기화된 단계인 피로기에는 인내심의 약화로 범죄는 증가하게 된다. 특히 청소년범죄와 여성범죄가 늘어난다.
④ 패전이 임박한 단계(붕괴기)에는 도덕심이 극도로 약화되어 각종 범죄가 급속히 증가한다.

해설
① [×] 감격기인 전쟁발발단계에는 국민적 통합 분위기에 의해 범죄발생이 감소한다.

정답 ①

제2절 | 인구사회학적 특성과 범죄

01 다음 중 아동학대에 관한 설명으로 가장 옳지 않은 것은? 2024. 해경 경위

① 심리적 특징으로는 냉담한 태도로 사람을 피하면서 눈동자만은 끊임없이 주위를 살피며 위험이 있는지 탐색하는 '얼어붙은 감시상태(frozen watchfulness)'가 있다.
② 학대 피해자가 성인이 되어 폭력의 가해자가 될 가능성이 높은 폭력의 대물림이라는 특징이 있다.
③ 「아동학대범죄의 처벌 등에 관한 특례법」상 방임과 무관심도 아동학대의 유형에 해당한다.
④ 암수범죄가 많고, 장기간 은폐되는 특징이 있다.

해설
① [×] 얼어붙은 감시상태는 아이가 통증에 대해 무표정·무감동한 상태를 뜻한다.
② [○] 어릴 때 학대받은 경험이 있는 부모가 아동 학대를 하는 경우가 많다.
③ [○] 아동학대란 「아동복지법」 제3조 제7호에 따른 아동학대를 말한다. 다만, 「유아교육법」과 「초·중등교육법」에 따른 교원의 정당한 교육활동과 학생생활지도는 아동학대로 보지 아니한다(「아동학대범죄의 처벌 등에 관한 특례법」 제2조 제3호). 아동학대란 보호자를 포함한 성인이 아동의 건강 또는 복지를 해치거나 정상적 발달을 저해할 수 있는 신체적·정신적·성적 폭력이나 가혹행위를 하는 것과 아동의 보호자가 아동을 유기하거나 방임하는 것을 말한다(「아동복지법」 제3조 제7호).
④ [○] 아동학대는 사건 대부분이 집안에서 은밀하게 벌어지다 보니 학대 사실을 파악하기조차 힘들어 대표적인 암수범죄로 꼽힌다.

정답 ①

제16장 | 범죄유형론

제1절 | 초기실증주의 범죄유형론

01 다음 설명 중 옳지 않은 것은? 2014. 보호 7급

① 롬브로조(Lombroso)는 범죄인류학적 입장에서 범죄인을 분류하였으나, 페리(Ferri)는 롬브로조가 생물학적 범죄원인에 집중한 나머지 범죄인의 사회적 영향을 무시한다고 비판하고 범죄사회학적 요인을 고려하여 범죄인을 분류하였다.
② 가로팔로(Garofalo)는 생물학적 요소에 사회심리학적 요소를 덧붙여 범죄인을 자연범과 법정범으로 구분하고, 과실범은 처벌하지 말 것을 주장하였다.
③ 아샤펜부르그(Aschaffenburg)는 개인적 요인과 환경적 요인을 결합하여 범죄인으로부터 생겨나는 법적 위험성을 기준으로 범죄인을 분류하였다.
④ 리스트(Liszt)는 형벌의 목적을 개선, 위하, 무해화로 나누고 선천적으로 범죄성향이 있으나 개선이 가능한 자에 대해서는 개선을 위한 형벌을 부과해야 한다고 하면서, 이러한 자에 대해서는 단기자유형이 효과적이라고 주장하였다.

해설
④ [×] 선천적·후천적으로 범죄성향이 있으나 개선이 가능한 자에 대해서는 개선을 위한 형벌을 부과하여야 한다. 다만, 단기자유형은 피해야 한다고 주장했다.

정답 ④

02 형사정책의 연구대상인 범죄와 범죄인분류에 대한 설명으로 옳은 것은? 2011. 사시

① 그룰레(H. Gruhle)는 범죄를 자연범과 법정범으로 구분한다.
② 젤리히(E. Seelig)는 성격학, 유전생물학, 범죄심리학, 범죄사회학, 형사정책학 등을 기준으로 범죄인을 분류한다.
③ 슈툼플(F. Stumpfl)은 범죄인의 인격적 특성과 행동양식을 종합하여 범죄인을 8가지 유형으로 분류한다.
④ 아샤펜부르그(G. Aschaffenburg)는 개인적 요인과 환경적 요인을 고려하여 범죄인을 7가지 유형으로 분류한다.
⑤ 국제형사학협회(IKV)는 범죄인을 기회범과 상태범으로 분류한다.

해설
① [×] 범죄인 분류를 자연범과 법정범으로 구분한 이는 가로팔로(Garofalo)이다.
② [×] 젤리히(Seelig)는 범죄인의 인격적 특성과 행동양식의 양면을 종합하여 8가지 유형으로 분류하였고, 성격학, 유전생물학, 범죄심리학, 범죄사회학, 형사정책학 등 다원적 기준에 의해 범죄인의 유형을 분류한 학자는 엑스너(Exner)이다.
③ [×] 슈툼플(Stumpfl)의 범죄인 분류는 범죄인의 성격적 태도에 의한 분류(경범죄인, 중범죄인)와 범죄인의 장래에 대한 징후를 기준으로 한 분류(조발성 범죄인, 지발성 범죄인)가 있다.
④ [○] 아샤펜부르그(Aschaffenburg)는 범죄인의 행위로 인한 법적 안정성의 위험성 정도를 기준으로 국제형사학협회(I.K.V)의 분류(3분법)를 세분화하여 7가지 유형으로 분류(7분법)하였는데, 가장 전통적인 분류방법으로 이해된다.
⑤ [×] 국제형사학협회(I.K.V)는 행위자의 사회적 위험성 관점에서 개선가능(순간적 범죄인), 개선곤란(사회생활 적응능력이 약화된 자), 개선불가능(사회적응을 기대할 수 없는 자)로 범죄인을 분류하였다.

✓ 아샤펜부르그의 범죄인 분류

우발범죄인	과실에 의한 범죄로 법적 안정성을 해롭게 할 의도는 발견할 수 없으나 사회방위의 관점에서 적당한 대책이 필요한 자
격정범죄인	순간적인 정서의 폭발로 인해 범죄를 저지르는 자로 해를 끼치려는 의도는 적지만 위험성이 있으므로 일정한 조치가 필요한 자
기회범죄인	• 격정범죄인과 유사하지만 감정·흥분 때문이 아니라 우연한 기회가 동기가 되어 범죄를 하는 자 • 사려부족이나 유혹에 잘 빠지는 것이 특징
예비·모의범죄인	• 기회를 노리고 찾으려는 자로 고도의 공공위험성을 보임 • 사전에 심사숙고하여 냉정한 계획 하에 죄를 범한 자(사전 범죄계획)
누범범죄인	범죄를 반복하는 자로 전과 유무를 불문하고 심리적 동기에서 범행을 반복하는 자
관습범죄인	부랑자나 성매매여성 기타 범죄적 환경에서 형벌을 불명예로 보지 않고 범죄에 익숙하여 나태와 무기력으로 살아가는 자
직업범죄인	지능적 방법에 의한 사기나 조직적 인신매매, 대규모 절도 등과 같이 적극적 범죄 욕구를 가진 자로 환경보다는 이상성격이 그 원인이 되는 경우가 많음

정답 ④

제2절 ㅣ 범죄유형론의 다양화

01 다음의 학자들이 사용한 유형분류의 기준이 아닌 것은? 2023(73). 경위

> ㉠ 가로팔로(Garofalo)의 범죄자유형
> ㉡ 페리(Ferri)의 범죄자유형
> ㉢ 린드스미스와 던햄(Lindesmith & Dunham)의 범죄유형
> ㉣ 클리나드(Clinard)의 범죄유형
> ㉤ 트레비노(Trevino)의 범죄유형

① 개인적 유형화(Individualistic Typologies)
② 법률적 유형화(Legalistic Typologies)
③ 사회적 유형화(Social Typologies)
④ 다차원적 유형화(Multi-Dimensional Typologies)

해설

✓ 범죄유형화의 기준
• 법률적 유형화
• 개인적 유형화: ㉠, ㉡
• 사회적 유형화: ㉢
• 다차원적 유형화: ㉣, ㉤

정답 ②

제17장 | 전통범죄 유형론

제1절 | 살인

01 홈즈와 드버거(Holmes & DeBurger)의 연쇄살인범 유형 중 다음 사례에 해당하는 것으로 가장 적절한 것은?

2024(74). 경위

> 연쇄살인범 A는 보험금을 노리고 가족과 지인 등을 대상으로 범행을 저질렀다. A의 범행으로 5명이 사망하고 5명이 실명하였으며 1명이 화상을 입었다. 사망한 사람은 A의 첫 번째와 두 번째 남편, 친아들과 친딸, 지인의 남편이었고, 실명한 사람은 친모와 친오빠 등이었다.

① 망상형 연쇄살인범(Visionary Serial Killers)
② 사명형 연쇄살인범(Mission-Oriented Serial Killers)
③ 쾌락형 연쇄살인범(Hedonistic Serial Killers)
④ 권력형 연쇄살인범(Power-Control Serial Killers)

해설
① [×] 망상형 연쇄살인범은 환청이나 환각 등의 망상증을 포함한 정신적 장애를 앓고 있는 자가 누군가를 살해해야 한다는 망상 때문에 살인을 하는 유형이다.
② [×] 사명형 연쇄살인범은 정상인이 특정 집단에 대한 혐오 등의 이유로 특정한 사람들을 세상에서 제거해야 한다는 신념으로 살해하는 유형을 말한다.
③ [○] 쾌락형 연쇄살인범은 본인의 쾌락을 충족하기 위해 살해를 하는 유형을 말한다. 쾌락의 유형에 따라, 성적욕구를 충족하기 위한 성욕형, 피해자의 고통을 즐기면서 쾌감을 느끼는 스릴형, 경제적 이익을 목적으로 하는 재물형으로 세분된다.
④ [×] 권력형 연쇄살인범은 피해자를 완전히 지배할 수 있다는 정복감과 힘의 우위를 통한 만족감을 얻기 위해 타인을 살해하는 유형을 말한다.

정답 ③

02 홈즈와 드버거(Holmes & DeBurger)의 연쇄살인범 유형에 대한 설명으로 가장 적절하지 않은 것은?

2023(73). 경위

① 망상형(Visionary Serial Killers) - 환각, 환청 또는 망상이 살인의 원인이 된다. 정신적 장애를 수반하며 망상형 연쇄살인범은 신의 지시 명령에 따른 것이라고 주장하기도 한다.
② 사명형(Mission-Oriented Serial Killers) - 성매매 여성, 동성애자, 범죄자 같은 특정 유형의 사람들을 사회에서 제거해야 한다는 신념으로 살해하는 경우로 정신이상이 아니며 환청이나 환각을 경험하지 않는다.
③ 쾌락형(Hedonistic Serial Killers) - 본인의 쾌락을 충족하기 위해 살해하는 유형으로 이들이 추구하는 쾌락에 따라 성욕형, 스릴형, 재물형으로 구분할 수 있다.
④ 권력형(Power/Control Serial Killers) - 정치적·경제적 권력을 쟁취하기 위하여 자신에게 방해되는 사람들을 무자비하게 살해하는 폭군이나 독재자 같은 포식자 유형이다.

해설

④ [×] 홈즈와 드버거(Holmes & DeBurger, 1988)는 연쇄 살인범을 범행 동기와 특성에 따라 망상형, 사명형, 쾌락형, 권력형으로 분류했다. 권력형 연쇄살인범은 피해자를 완전히 지배할 수 있다는 정복감과 힘의 우위를 통한 만족감을 얻기 위해 타인을 살해하는 유형을 말한다.

권력형 연쇄살인범은 다른 사람을 통제하고 힘을 휘두르고 싶어 하는 사람으로 피해자의 삶과 죽음을 완전히 통제하는 과정에서 오는 만족감 때문에 살인을 한다. 이들은 범행대상자의 삶 자체를 통제하려 하고 이들을 지배할 수 있다는 정복감을 느끼려고 한다. 이들의 피해자는 주로 여성, 노인, 어린이 대상이 많다. 많은 연쇄살인범들의 살인행동 원천은 성적인 즐거움을 추구하기 위한 것이 아닌 피해자를 통제하려는 만족에서 나온다. 이 유형 중에 성적인 면모를 띄고 있는 연쇄살인범들은 성적 만족감이 살인을 위한 부차적인 것이지 주요요인은 아니다. 이들의 과거력을 살펴보면, 성장과정에서 권위적인 인물이나 가족들로부터 부정적인 영향을 가진 경우가 많으며, 자아상에 문제가 있는 경향이 있다.

정답 ④

03 폭스(Fox)와 레빈(Levin)이 분류한 대량 살인범의 유형에 포함되지 않는 것은? 2023. 해경 경위

① 복수형 살인범(Revenge Killers)
② 사명형 살인범(Mission Killers)
③ 이익형 살인범(Profit Killers)
④ 사랑형 살인범(Love Killers)

해설

② [×] 복수의 피해자를 가지는 살인 범죄 일반을 지칭하는 다수살인(multiple murder) 중 대량살인은 복수의 피해자를 같은 장소에서 살해하는 행위를 말한다.

대량살인의 개념에 대해서 폭스(Fox)와 레빈(Levin)은 4명 이상의 피해자를 가지는 것을 대량살인이라 지칭했으며, 홈즈(Holmes)와 홈즈(Holmes)는 3명 이상의 피해자를 가지는 것을 대량살인이라 지칭하고 있다.

☑ 대량살인의 범죄자 분류

1. 폭스(Fox)와 레빈(Levin)은 복수형 살인범(Revenge Killers), 사랑형 살인범(Love Killers), 이익형 살인범(Profit Killers), 테러형 살인범(terror Killers)으로 구분하였다.
2. 디츠(Dietz)는 가족학살자(family annihilator), 무기도착자(pseudo-commandos), 설치 – 도주형 살인자(set-and-runkillers) 등의 세 유형으로 구분하였다.
3. 홈즈(Holmes)와 홈즈(Holmes)는 디츠(Dietz)의 세 유형에 더해 추종자(disciples), 불만 많은 피고용자(disgruntled employees), 불만 많은 시민(disgruntled citizens), 미친 대량살인자(psychotic mass murderers) 등의 네 가지의 유형을 추가하여 모두 일곱 가지의 유형으로 구분하였다.

정답 ②

04 다음 (   ) 안에 들어갈 내용으로 가장 적절한 것은?

2023. 경찰1차

> 살인범죄는 피해자의 수에 따라 일반살인과 다수(다중)살인으로 구분할 수 있다. 보통 일반살인은 피해자가 1명인 경우를 말하며, 다수살인은 피해자가 2~4명 이상인 경우를 의미한다. 다수살인을 시간과 장소에 따라 보다 세분화 하면, (㉠)은 한 사건에서 다수의 피해자를 발생시키는 행위를 말하고, (㉡)은 심리적 냉각기를 거치지 않고 여러 장소를 옮겨 다니면서 살해하는 행위이며, (㉢)은 한 사건과 그 다음 사건 사이에 심리적 냉각기가 존재하는 살인행위를 의미한다.

① ㉠ 대량살인 ㉡ 연쇄살인 ㉢ 연속살인
② ㉠ 연속살인 ㉡ 연쇄살인 ㉢ 대량살인
③ ㉠ 대량살인 ㉡ 연속살인 ㉢ 연쇄살인
④ ㉠ 연속살인 ㉡ 연속살인 ㉢ 대량살인

해설
③ [O] ㉠ 대량살인, ㉡ 연속살인, ㉢ 연쇄살인

☑ 피해자 수에 따른 구분

1. 피해자 수에 따라 살인의 유형은 크게 희생자가 한 명인 개인 사이에 발생하는 일반살인과 2명 이상의 피해자가 발생하는 다중살인으로 구분되고, 다중살인은 대량살인, 연속살인, 연쇄살인으로 세분된다.

대량살인	한 장소에서 4명 이상의 희생자가 발생하는 경우를 말한다.
연속살인 연쇄살인	한 사건이나 한 장소가 아닌 여러 장소를 이동하며 살인이 발생하는 경우를 말한다.

2. 연속살인과 연쇄살인은 한 사건과 다음 사건 사이에 일정 기간의 심리적 냉각기(일반적으로 만 24시간 이상을 의미)의 존재 여부에 따라 구분된다.

연속살인	심리적 냉각기가 없이 여러 장소를 이동하면서 복수의 사람을 살해하는 행위를 말한다.
연쇄살인	사건과 사건 사이에 심리적 냉각기를 거친 후 복수의 사람을 살해하는 행위를 말한다.

정답 ③

제2절 | 강도, 성폭력

01 그로스(Groth)의 폭력적 강간의 유형으로 가장 옳지 않은 것은? 2023. 해경 경위

① 가학성 변태성욕 강간
② 지배 강간
③ 스릴추구적 강간
④ 분노 강간

해설

③ [×] 범행동기에 따른 강간범은 권력 재확인형, 권력 독단형, 분노 보복형, 분노 흥분형으로 구분된다(그로스, Groth).

권력 재확인형	성적 무능력에 대한 불안을 해소하고 자신의 남성성을 확인하고 싶어 하는 유형의 강간범으로, 통상 피해자에 대해 높은 배려심을 보여준다.
권력 독단형	강간을 자신의 남성다움과 힘을 과시하기 위한 수단으로 범행을 저지르며, 피해자의 안위는 전혀 관심 없이 여성을 자신의 성적 만족을 위한 도구로 간주한다.
분노 보복형	강간을 통해 자신의 분노를 해소하고 여성을 처벌하고 모욕하려는 유형을 말하며, 대개 충동적이고 폭력적인 성향을 보인다.
분노 흥분형	가학형이라고도 하며, 피해자의 육체적·정신적 고통을 즐기고, 피해자가 극도로 두려워하거나 완전히 복종했을 때 성적으로 흥분되는 경향이 있다.

정답 ③

02 다음에서 설명하는 그로스(Groth)의 강간유형으로 가장 적절한 것은? 2023. 경찰2차

> 피해자를 자신의 통제 하에 놓고 싶어하는 강간으로, 여성을 성적으로 지배하기 위한 목적으로 행하는 강간의 유형이다.

① 권력형(지배형) 강간
② 분노형 강간
③ 스릴추구형 강간
④ 가학성 변태성욕 강간

해설

① [○] 그로스(Groth)는 강간범을 범행동기에 따라 권력 재확인형, 권력 독단형, 분노 보복형, 분노 흥분형으로 구분하였다.

권력 재확인형	성적 무능력에 대한 불안을 해소하고 자신의 남성성을 확인하고 싶어 하는 유형의 강간범으로, 통상 피해자에 대해 높은 배려심을 보여준다.
권력 독단형	강간을 자신의 남성다움과 힘을 과시하기 위한 수단으로 범행을 저지르며, 피해자의 안위는 전혀 관심 없이 여성을 자신의 성적 만족을 위한 도구로 간주한다.
분노 보복형	강간을 통해 자신의 분노를 해소하고 여성을 처벌하고 모욕하려는 유형을 말하며, 대개 충동적이고 폭력적인 성향을 보인다.
분노 흥분형	가학형이라고도 하며, 피해자의 육체적·정신적 고통을 즐기고, 피해자가 극도로 두려워하거나 완전히 복종했을 때 성적으로 흥분되는 경향이 있다.

정답 ①

제3절 | 폭력

01 「가정폭력범죄의 처벌 등에 관한 특례법」에 대한 설명으로 적절하지 않은 것은 모두 몇 개인가?

2024(74). 경위

> 가. 피해자에게 고소할 법정대리인이나 친족이 없는 경우에 이해관계인이 신청하면 검사는 10일 이내에 고소할 수 있는 사람을 지정하여야 한다.
> 나. 검사는 가정폭력범죄로서 사건의 성질·동기 및 결과, 가정폭력행위자의 성행 등을 고려하여 이 법에 따른 보호처분을 하는 것이 적절하다고 인정하는 경우에는 가정보호사건으로 처리할 수 있다. 이 경우 검사는 피해자의 의사를 존중하여야 한다.
> 다. 법원은 가정폭력행위자에 대하여 유죄판결(선고유예는 제외한다)을 선고하거나 약식명령을 고지하는 경우에는 200시간의 범위에서 재범예방에 필요한 수강명령(「보호관찰 등에 관한 법률」에 따른 수강명령을 말한다)을 병과할 수 있다. 이 경우 수강명령은 형의 집행을 유예할 경우에는 그 집행유예기간이 종료된 다음날부터 6개월 이내에 집행한다.
> 라. 사법경찰관이 긴급임시조치를 한 때에는 지체 없이 검사에게 임시조치를 신청하고, 신청받은 검사는 법원에 임시조치를 청구하여야 한다. 이 경우 임시조치의 청구는 응급조치를 한 때부터 48시간 이내에 청구하여야 한다.

① 0개 ② 1개
③ 2개 ④ 3개

해설
적절하지 않은 것은 다, 라 2개이다.
가. [○] 동법 제6조 제3항
나. [○] 동법 제9조 제1항
다. [×] 법원은 가정폭력행위자에 대하여 유죄판결(선고유예는 제외한다)을 선고하거나 약식명령을 고지하는 경우에는 200시간의 범위에서 재범예방에 필요한 수강명령(「보호관찰 등에 관한 법률」에 따른 수강명령을 말한다)을 병과할 수 있다. 이 경우 수강명령은 형의 집행을 유예할 경우에는 그 집행유예기간 내에서 병과하고, 그 집행유예기간 내에 집행한다(동법 제3조의2 제1항·제2항·제4항).
라. [×] 사법경찰관이 긴급임시조치를 한 때에는 지체 없이 검사에게 임시조치를 신청하고, 신청받은 검사는 법원에 임시조치를 청구하여야 한다. 이 경우 임시조치의 청구는 긴급임시조치를 한 때부터 48시간 이내에 청구하여야 한다(동법 제8조의3).

정답 ③

02 범죄유형에 대한 설명으로 가장 적절한 것은?

2024(74). 경위

① 화이트칼라 범죄는 사회적 지위가 높은 사람이 주로 직업 및 업무수행 과정에서 범하는 범죄를 의미하고, 피해가 직접적이고 암수범죄의 비율이 낮으며 선별적 형사소추가 문제된다.
② 화이트칼라 범죄는 범행동기에 따라 조직적 범죄와 직업적 범죄로 나눌 수 있는데, 직업적 범죄는 사기기만형, 시장통제형, 뇌물매수형, 기본권 침해형으로 구분된다.
③ 피해자 수에 따라 살인은 일반살인과 다중살인으로 구분되며 다중살인은 다시 한 사건과 다음 사건 사이에 심리적 냉각기의 존재 여부에 따라 연속살인과 대량살인으로 구분된다.
④ 「아동복지법」에서는 가정폭력에 아동을 노출시키는 행위를 정서적 학대에 포함한다.

해설

① [×] 피해가 직접적이지 않고 간접적이고 장기간에 걸쳐 나타나는 경우가 많아 피해자의 피해의식이나 저항감이 낮다. 피해의 규모가 큰 반면 법률의 허점을 교묘히 이용하거나 권력과 결탁하여 조직적으로 은밀히 이루어지기 때문에 암수범죄가 많이 발생한다.
② [×] 조직적 범죄는 사기기만형, 시장통제형, 뇌물매수형, 기본권 침해형으로 구분되고, 직업적 범죄는 범죄자의 신분에 따라 기업범죄, 정부범죄, 전문가범죄 등으로 분류된다.
③ [×] 피해자 수에 따라 살인의 유형은 크게 희생자가 한 명인 개인 사이에 발생하는 일반살인과 2명 이상의 피해자가 발생하는 다중살인으로 구분되고, 다중살인은 대량살인, 연속살인, 연쇄살인으로 세분된다.
연속살인과 연쇄살인은 한 사건과 다음 사건 사이에 일정 기간의 심리적 냉각기(일반적으로 만 24시간 이상을 의미)의 존재 여부에 따라 구분된다.
④ [O] 누구든지 아동의 정신건강 및 발달에 해를 끼치는 정서적 학대행위(「가정폭력범죄의 처벌 등에 관한 특례법」 제2조 제1호에 따른 가정폭력에 아동을 노출시키는 행위로 인한 경우를 포함한다)를 하여서는 아니 된다(아동복지법 제17조 제5호).

정답 ④

제4절 | 절도, 사기

01 다음 절도범죄와 관련한 내용으로 옳지 않은 것은?

① 절도란 타인의 재물을 불법적으로 취득하는 일련의 행위를 의미한다.
② 형법상 절도죄는 타인의 재물을 그 의사에 반하여 절취함으로써 성립하는 범죄로 절도, 야간주거침입절도, 특수절도, 자동차 등 불법 사용으로 구분된다.
③ 절도범의 특성은 절도범죄행위의 지속성에 따라 비상습적 절도범과 전문 절도범의 두 가지 관점에서 살펴볼 수 있다.
④ 비상습적 절도범은 범죄에서 얻을 수 있는 이익이 의사결정과정에서 가장 중요한 요인이 된다.

해설
④ [×] 범죄에서 얻을 수 있는 이익이 의사결정과정에서 중요한 요인 중 하나인 것은 전문 절도범이다.

비상습적 절도범	• 매년 발생하는 절도 범죄 중에서 상당수는 비상습적 절도범에 의해 우발적으로 저질러지는 것으로 조사되었다. • 범죄를 저지를 기회나 상황적 유인이 있을 때 주로 발생한다. • 일반적으로 기술이 서툴고 충동적이며 무계획적으로 범행을 저지르는 경우가 대다수이다. • 동기화된 범죄자, 적절한 범행대상, 범죄를 억제할 수 있는 보호 및 감시의 부재라는 세 가지 요소가 시·공간에서 수렴되는 경우, 범죄의 발생이 커진다고 주장하는 일상활동이론적 측면에서 이해할 수 있다.
전문 절도범	• 범죄에서 얻을 수 있는 이익이 의사결정과정에서 중요한 요인 중 하나이다. • 즉, 우발적 범행이 아닌 경찰에 체포될 가능성을 최소화하면서 금전적 이익을 극대화하는 방법을 강구하고, 고도의 기술을 활용하여 매우 치밀하게 준비하여 실행에 옮긴다. • 범죄자들은 자신의 자유의지에 따라 범죄로 인한 경제적 혜택과 비용의 합리적 계산을 통해 범행대상을 선정하고 이익이 비용보다 클 경우, 범죄의 확률이 높아진다는 합리적 선택이론의 관점으로 설명이 가능하다.

정답 ④

02 다음 사기범죄에 대한 설명으로 옳지 않은 것은?

① 형법에서는 사람을 기망하여 재물을 교부받거나 재산상 이익을 취득하는 것으로 규정하고 있고, 일반사기, 컴퓨터 등 사용사기, 준사기, 편의시설부정이용, 부당이득 등의 범죄행위를 포함한다.
② 경찰청 범죄분류에서는 사기, 컴퓨터 등 사용사기, 준사기, 편의시설부정이용, 부당이득을 지능범죄의 한 유형인 사기로 분류하고 있다.
③ 범죄자의 고의와 계획성에 따라 연성사기, 경성사기, 악성사기로 구분된다.
④ 연성사기는 처음부터 피해자를 기망하여 재산상 이익을 취득하는 사기행위를 말한다.

해설
④ [×] 처음부터 피해자를 기망하여 재산성 이익을 취득하는 사기행위는 '경성사기'이다.

연성사기	처음부터 사기를 계획하지 않았지만 사업의 실패, 과다한 채무발생, 불의의 사고 등으로 인해 중간에 변제능력이 없어져 발생하는 사기범죄를 말한다.
경성사기	처음부터 피해자를 기망하여 재산상 이익을 취득하는 사기행위를 말한다.
악성사기	보이스피싱이나 다단계 투자사기와 같이 2인 이상이 공모한 계획적 사기행위를 의미한다.

정답 ④

제18장 | 특수범죄 유형론

제1절 | 화이트칼라범죄

01 화이트칼라 범죄의 통제방법 중 법을 따르도록 시장의 인센티브를 만들려는 시도로 행위자보다 행위에 초점을 맞추는 전략으로 가장 옳은 것은? 2023. 해경 경위

① 분산전략
② 환원전략
③ 억제전략
④ 준수전략

해설
④ [○] 준수전략은 법을 따르도록 시장의 인센티브를 만들려는 시도로 행위자보다 행위에 초점을 맞추는 전략이다.

정답 ④

02 범죄유형에 대한 설명으로 가장 적절한 것은? 2024(74). 경위

① 화이트칼라 범죄는 사회적 지위가 높은 사람이 주로 직업 및 업무수행 과정에서 범하는 범죄를 의미하고, 피해가 직접적이고 암수범죄의 비율이 낮으며 선별적 형사소추가 문제된다.
② 화이트칼라 범죄는 범행동기에 따라 조직적 범죄와 직업적 범죄로 나눌 수 있는데, 직업적 범죄는 사기기만형, 시장통제형, 뇌물매수형, 기본권 침해형으로 구분된다.
③ 피해자 수에 따라 살인은 일반살인과 다중살인으로 구분되며 다중살인은 다시 한 사건과 다음 사건 사이에 심리적 냉각기의 존재 여부에 따라 연속살인과 대량살인으로 구분된다.
④ 「아동복지법」에서는 가정폭력에 아동을 노출시키는 행위를 정서적 학대에 포함한다.

해설
① [×] 피해가 직접적이지 않고 간접적이고 장기간에 걸쳐 나타나는 경우가 많아 피해자의 피해의식이나 저항감이 낮다. 피해의 규모가 큰 반면 법률의 허점을 교묘히 이용하거나 권력과 결탁하여 조직적으로 은밀히 이루어지기 때문에 암수범죄가 많이 발생한다.
② [×] 조직적 범죄는 사기기만형, 시장통제형, 뇌물매수형, 기본권 침해형으로 구분되고, 직업적 범죄는 범죄자의 신분에 따라 기업범죄, 정부범죄, 전문가범죄 등으로 분류된다.
③ [×] 피해자 수에 따라 살인의 유형은 크게 희생자가 한 명인 개인 사이에 발생하는 일반살인과 2명 이상의 피해자가 발생하는 다중살인으로 구분되고, 다중살인은 대량살인, 연속살인, 연쇄살인으로 세분된다.
연속살인과 연쇄살인은 한 사건과 다음 사건 사이에 일정 기간의 심리적 냉각기(일반적으로 만 24시간 이상을 의미)의 존재 여부에 따라 구분된다.
④ [○] 누구든지 아동의 정신건강 및 발달에 해를 끼치는 정서적 학대행위(「가정폭력범죄의 처벌 등에 관한 특례법」 제2조 제1호에 따른 가정폭력에 아동을 노출시키는 행위로 인한 경우를 포함한다)를 하여서는 아니 된다(아동복지법 제17조 제5호).

정답 ④

03 화이트칼라범죄(White-Collar Crime)에 대한 설명으로 옳지 않은 것은?

2022. 교정 7급

① 화이트칼라범죄는 경제적·사회적 제도에 대한 불신감을 조장하여 공중의 도덕심을 감소시키고 나아가 기업과 정부에 대한 신뢰를 훼손시킨다.
② 화이트칼라범죄의 폐해가 심각한 것은 청소년비행과 기타 하류계층 범인성의 표본이나 본보기가 된다는 사실이다.
③ 오늘날 화이트칼라범죄의 존재와 현실을 부정하는 사람은 없으나, 대체로 초기 서덜랜드(Sutherland)의 정의보다는 그 의미를 좁게 해석하여 개념과 적용범위를 엄격하게 적용하려는 경향이 있다.
④ 화이트칼라범죄는 피해규모가 큰 반면 법률의 허점을 교묘히 이용하거나 권력과 결탁하여 조직적으로 은밀히 이뤄지기 때문에 암수범죄가 많다.

해설

③ [×] 오늘날 화이트칼라범죄의 존재와 현실을 부정하는 사람은 없으나, 대체로 초기 서덜랜드의 정의보다는 그 의미를 확대해석하여 화이트칼라범죄의 개념과 적용범위를 넓게 보는 경향이 있다. 즉, 서덜랜드가 정의하였던 사회적 지위와 직업적 과정이라는 두 가지 특성으로 화이트칼라범죄를 특정지었던 것을 중심으로 새롭게 개념을 재정립하게 되었다.

정답 ③

04 화이트칼라범죄에 대한 설명으로 옳지 않은 것으로만 묶인 것은?

2013. 보호 7급

㉠ 화이트칼라범죄는 사회지도층에 대한 신뢰를 파괴하고, 불신을 초래할 수 있다.
㉡ 화이트칼라범죄는 청소년비행이나 하류계층 범인성의 표본이나 본보기가 될 수 있다.
㉢ 화이트칼라범죄는 폭력성이 전혀 없다는 점에서 전통적인 범죄유형과 구별된다.
㉣ 화이트칼라범죄는 업무활동에 섞여 일어나기 때문에 적발이 용이하지 않고 증거수집이 어려운 특성이 있다.
㉤ 경제발전과 소득증대로 화이트칼라범죄를 범하는 계층은 점차 확대되어가는 경향이 있다.
㉥ 서덜랜드는 사회적 지위와 직업활동이라는 요소로 화이트칼라범죄를 개념 정의한다.
㉦ 화이트칼라범죄는 직접적인 피해자를 제외하고는 다른 사람들에게 영향을 미치지 않는다.
㉧ 화이트칼라범죄는 전문적 지식이나 기법을 기반으로 행해지기 때문에 대체로 위법성의 인식이 분명한 특성이 있다.

① ㉠, ㉣, ㉤
② ㉡, ㉦
③ ㉢, ㉦, ㉧
④ ㉤, ㉥, ㉦

해설

옳지 않은 것은 ㉢, ㉦, ㉧이다.
㉢ [×] 화이트칼라범죄는 폭력성이 전혀 없는 것이 아니라, 약하고 복잡하다는 특징을 가진다.
㉦ [×] 화이트칼라범죄는 살인, 강도, 폭행과 같이 개인을 직접적인 피해자로 하기보다는 사회 전체에 광범위한 피해를 야기하는 점에서 일반 범죄와 구분된다.
㉧ [×] 화이트칼라범죄는 전문적 지식이나 기법을 기반으로 업무활동에 섞여 일어나기 때문에 대체로 위법하다는 인식이 적은 경향이 있다.

정답 ③

05 화이트칼라범죄에 대한 설명으로 옳지 않은 것은?
2018. 보호·교정 7급

① 서덜랜드(Sutherland)에 따르면 사회적 지위가 높은 사람이 그 직업 활동과 관련하여 행하는 범죄로 정의된다.
② 범죄로 인한 피해의 규모가 크기 때문에 행위자는 죄의식이 크고 일반인은 범죄의 유해성을 심각하게 생각하는 것이 특징이다.
③ 범죄행위의 적발이 용이하지 않고 증거수집에 어려움이 있다.
④ 암수범죄의 비율이 높고 선별적 형사소추가 문제되는 범죄유형이다.

해설
② [×] 화이트칼라범죄는 피해의 규모가 큰 반면, 교묘하고 계획적인 범죄가 많아 피해자가 느끼는 피해감정이 미약하며, 가해자도 살인·강도 등을 저지른 것과 같은 죄책감을 갖지 않는 특징을 가진다.

정답 ②

06 다음 중 화이트칼라범죄에 대한 설명으로 가장 옳지 않은 것은?
2022. 해경 경위

① 서덜랜드(Sutherland)에 따르면 사회적 지위가 높은 사람이 그 직업 활동과 관련하여 행하는 범죄로 정의된다.
② 범죄행위의 적발이 쉽지 않고 증거수집에 어려움이 있다.
③ 암수범죄의 비율이 높고 선별적 형사소추가 문제되는 범죄유형이다.
④ 범죄로 인한 피해의 규모가 크기 때문에 행위자는 죄의식이 크고 일반인은 범죄의 유해성을 심각하게 생각하는 것이 특징이다.

해설
④ [×] 화이트칼라 범죄는 피해의 규모가 큰 반면, 교묘하고 계획적인 범죄가 많아 피해자가 느끼는 피해감정이 미약하며, 가해자도 살인·강도 등을 저지른 것과 같은 죄책감을 갖지 않는 특징을 가진다.

정답 ④

제2절 | 조직범죄

01 아바딘스키(Abadinsky)가 제시한 조직범죄의 특성에 대한 설명으로 옳지 않은 것은? 2023. 보호 7급

① 정치적 목적이나 이해관계가 개입되지 않는 점에서 비이념적이다.
② 내부 구성원이 따라야 할 규칙을 갖고 있고, 이를 위반한 경우에는 상응한 응징이 뒤따른다.
③ 조직의 활동이나 구성원의 참여가 일정 정도 영속적이다.
④ 조직의 지속적 확장을 위하여, 조직구성원이 제한되지 않고 배타적이지 않다.

해설
④ [×] 조직구성원은 매우 제한적이며 배타적이다.

☑ 조직범죄의 특성(아바딘스키. Abadinsky)
1. 정치적 목적이나 이해관계가 개입되지 않으며, 일부 정치적 참여는 자신들의 보호나 면책을 위한 수단에 지나지 않는 비이념적인 특성을 가지고 있다.
2. 매우 위계적·계층적이다.
3. 조직구성원은 매우 제한적이며 배타적이다.
4. 조직활동이나 구성원의 참여가 거의 영구적일 정도로 영속적이다.
5. 목표달성을 쉽고 빠르게 하기 위해서 조직범죄는 불법적 폭력과 뇌물을 활용한다.
6. 전문성에 따라 또는 조직 내 위치에 따라 임무와 역할이 철저하게 분업화되고 전문화되었다.
7. 이익을 증대시키기 위해서 폭력을 쓰거나 관료를 매수하는 등의 방법으로 특정 지역이나 사업분야를 독점한다.
8. 합법적 조직과 마찬가지로 조직의 규칙과 규정에 의해 통제된다.

☑ 조직범죄의 특성(하스켈과 야블론스키. Haskell & Yablonsky)
1. 대기업이나 군대와 유사한 계층구조를 가지고 있다.
2. 통상 무력을 사용하거나 무력으로 위협한다.
3. 기업운영, 인사관리, 정치인과 경찰과의 관계, 이익 배분 등에 관한 철저한 계획을 한다.
4. 비교적 형사처벌로부터 면책되는 경우가 많다.
5. 관련된 집단의 지도자들끼리 상호 맞물려 있다.

정답 ④

02 조직범죄에 대한 설명으로 옳지 않은 것은?

① 불법적 활동을 통해 이득을 추구하고 위협이나 무력을 사용하고 법집행을 면하기 위한 집단에 의하여 행해진 범죄로 조직폭력범죄만을 의미한다.
② 조직범죄는 마약과 같은 불법적인 재화와 성매매 같은 용역에 대한 국민의 수요를 만족시켜주는 특성을 가진다. 이러한 경우에는 특별한 범죄피해자가 없고 범죄사실을 수사기관에 적극적으로 알리는 자가 없으며 따라서 그만큼 수사기관이 범죄사실을 발견하기 어렵게 된다.
③ 조직범죄자는 계속적인 범죄행위로 생계를 유지하는 직업범죄자이다. 따라서 그들은 범죄실행의 전문가일 뿐만 아니라 체포를 회피하는 전문가이기도 하다.
④ 조직범죄자는 체포와 처벌을 회피하기 위하여 엄격한 내부규율, 공무원의 매수 및 보복살상 등의 방법을 사용하는 특징을 지닌다.

해설
① [×] 조직범죄란 불법적 활동을 통해 이득을 추구하고 위협이나 무력을 사용하고 법집행을 면하기 위한 집단에 의하여 행해진 범죄이지만, 조직범죄가 조직폭력범죄를 의미하는 것은 아니다. 다만, 우리나라에서는 주로 조직폭력범죄가 문제시되고 있다.

정답 ①

제3절 | 표적범죄(증오범죄와 스토킹범죄)

01 증오범죄(hate crime)에 관한 설명으로 옳지 않은 것은 모두 몇 개인가? *2024. 경찰2차*

> ㉠ 증오범죄는 특정 대상에 대한 편견을 바탕으로 범행을 실행하므로 표적범죄(target crime)의 한 유형으로 볼 수 있다.
> ㉡ 증오범죄의 유형 중 스릴추구형은 특정 대상에게 고통을 주는 행위를 통한 가학성 스릴을 즐기는 경향이 있다.
> ㉢ 증오범죄의 유형 중 사명형은 특정 대상을 괴롭히는 것이 세상의 악을 없애기 위해 자신에게 부여된 신성한 사명이라고 여긴다.
> ㉣ 증오범죄는 피해자에 대한 개인적 원한이나 복수심에 의하여 주로 발생되며, 증오범죄자는 자신의 행동이 옳다고 믿는다.

① 없음   ② 1개
③ 2개   ④ 3개

해설
옳지 않은 것은 ㉣ 1개이다.
㉣ [×] 증오범죄는 인종, 종교, 장애, 성적 지향, 성별 또는 성정체성에 대한 범죄자의 편견이 범행의 전체 또는 일부 동기가 되어 발생하고, 피해자에 대한 개인적 원한이나 복수심 때문에 발생하는 것이 아니다. 증오범죄를 범하는 범죄자는 자신의 행동이 옳다고 확신하고 피해자는 그러한 운명을 받을 만하다고 믿는다.

☑ 증오범죄

1. **증오범죄의 개념**
   증오범죄란 가해자가 특정 사회집단 또는 인종을 별다른 이유 없이 표적으로 삼아 범행을 저지르는 범죄의 유형을 말하며, 특정 대상을 표적으로 삼아 범행을 실행하기 때문에 표적범죄의 한 유형으로 본다.
   미국 FBI의 정의에 의하면, 증오범죄(hate crime, 혐오범죄)란 범죄자가 인종, 종교, 장애, 성적 성향 또는 민족, 출신국가에 대한 범죄자의 전체적 혹은 부분적인 편견 또는 제노포비아(xenophobia)에 의하여 동기화되어 사람 또는 재산에 대해 불법적인 행위를 하는 것을 말한다.

2. **증오범죄의 유형**
   맥데빗(Jack NcDevitt)과 레빈(Jack Levin)은 증오범죄를 그 동기에 의하여 네 가지 유형으로 분류하였다. 그들의 연구에 의하면 증오범죄는 스릴추구형이 66%로 가장 많고, 그 다음이 방어형 25%, 보복형 8% 순이었고, 사명형 증오범죄는 극소수에 불과했다.

스릴추구형	소수집단에 대한 편견이 심한 사람들이 힘을 합쳐 소수집단의 사람들을 괴롭히고 그들의 재산을 파괴하는 행위를 통하여 가학성 스릴을 즐기는 경우이다.
반응형 (방어형)	자신의 공동체나 생활을 위협한다고 생각하는 외부인에 대항하여 방어적 차원에서 공격을 하는 것이라면서 자신들의 행위를 합리화하는 경우이다.
보복형 (복수형)	증오범죄를 응징하기 위하여 저질러지는 또 다른 증오범죄를 말한다. 이것은 또 추가적인 보복을 촉발시킨다.
사명형	특정한 사람을 괴롭히는 것이 세상의 악을 제거하기 위해 자신에게 부여된 신성한 사명으로 여기는 경우이다.

정답 ②

02 각 유형별 범죄에 대한 설명으로 가장 적절하지 않은 것은?
2022(72). 경위

① 화이트칼라범죄(white-collar crime)라는 용어는 서덜랜드(Sutherland)가 최초로 사용하였다.
② 미국 FBI의 정의에 따르면, 증오범죄란 피해자에 대한 개인적 원한 또는 복수심이 원인이 되어 발생하는 범죄를 말한다.
③ 일상생활에 도움이 필요한 아동과 노인을 적절히 돌보지 않는 행위도 가정폭력의 범주에 포함될 수 있다.
④ 어떠한 범죄가 화이트칼라범죄인지 여부는 범죄자의 사회적 지위만으로 판단할 수 있는 것이 아니다.

해설
① [○] 화이트칼라범죄라는 용어는 상류계층의 사람이나 권력이 있는 사람들이 자신의 직업활동 과정에서 자신의 지위를 이용하여 저지르는 범죄를 의미하며, 1939년 서덜랜드가 부유한 사람과 권력 있는 사람들의 범죄활동을 기술하기 위해 처음 사용한 용어이다.
② [×] 증오범죄(hate crimes)란 가해자가 특정 사회집단 또는 인종을 별다른 이유 없이 표적으로 삼아 범행을 저지르는 범죄의 유형을 말한다. 특정 대상을 표적으로 삼아 범행을 실행하기 때문에 표적범죄(target crimes)의 한 유형으로 본다. 미국 FBI의 정의에 따르면, 증오범죄란 인종, 종교, 장애, 성적 지향, 성별 또는 성정체성에 대한 범죄자의 편견이 범행의 전체 또는 일부 동기가 되어 발생하는 범죄를 의미한다.
③ [○] 가정폭력은 폭력의 대상에 따라 신체적 폭력, 정신적 폭력, 성폭력, 방임 등으로 구분된다. 이 중 방임은 아동학대와 노인학대에서 주로 많이 나타나는 가정폭력의 유형의 하나로 경제적 자립 능력이 부족하거나 일상생활에 도움이 필요한 아동과 노인을 방치하는 행위를 말한다.
④ [○] 서덜랜드에 따르면 화이트칼라범죄는 높은 사회적 지위를 가지고 존경받고 있는 사람이 자신의 직업 활동과 관련하여 행하는 범죄로 정의된다.

정답 ②

03 미국의 전국범죄피해자센터(The National Center for Victims of Crime)에서 제시한 스토킹의 4가지 유형에 대한 설명으로 가장 적절하지 않은 것은?
2023(73). 경위

① 단순 집착형(Simple Obsessional Stalking) - 전남편, 전처, 전 애인 등 주로 피해자와 스토커가 서로 잘 알고 있는 관계에서 많이 발생하는 유형으로 위험성이 가장 높다.
② 애정 집착형(Love Obsessional Stalking) - 피해자와 스토커 사이에 기존에 특별한 교류가 없어 서로 잘 모르는 관계에서 발생하는 유형으로 단순 집착형에 비해서 피해자에 대한 직접적인 피해는 적은 편이다.
③ 증오 망상형(Hate Obsessional Stalking) - 피해자와 스토커 사이에 원한 관계가 있는 경우로 피해자에게 심리적 고통을 주기 위해 스토킹하는 유형이다.
④ 허위 피해 망상형(False Victimization Syndrome) - 실제로는 스토커가 없는데 피해자 자신이 스토킹 피해를 당하고 있다는 망상에 빠진 유형이다.

해설
③ [×] 미국의 전국범죄피해자센터(The National Center for Victims of Crime)에서 제시한 스토킹의 4가지 유형은 단순 집착형(Simple obessional type), 애정 집착형(Love obessional type), 연애 망상형(Erotomanic type), 허위 피해 망상형(False victimational syndrome)이다.
연애 망상형은 자신이 피해자에 의해 사랑을 받고 있다는 환상을 가지고 있다는 점에서 애정 집착형과 구별된다. 이 유형은 타인의 성적인 매력보다는 타인과 자신 사이에 낭만적 사랑과 영적 결합이 있다고 망상하는 데서 주로 발생한다. 이들은 주로 정신분열증과 편집증을 가지고 있으며, 통상의 방법으로 타인과 관계를 맺지 못하여 타인과 환상적 관계를 상상하여 그 속에서 살아간다. 연애 망상형의 중요한 특징은 스토커의 대부분이 여성이라는 사실로 높은 사회적 지위를 지닌 중년 남성을 주요 대상으로 삼는다는 점이다. 그런 이유로 해결책을 구하기가 더욱 어렵다. 이런 유형의 스토커들은 피해자와 관계를 맺기 위해서 매우 폭력적 성향을 띠지만, 실제 신체적 위해를 가하는 경우는 적은 편이다.

정답 ③

04 다음 중 유형별 범죄에 대한 설명으로 가장 옳지 않은 것은?

2022. 해경 경위

① 스토킹 범죄는 대체로 안면이 있거나 과거의 친밀한 관계에 있는 사람들에 의해서 행해진다.
② 미국 FBI의 정의에 따르면, 증오범죄란 피해자에 대한 개인적 원한 또는 복수심이 원인이 되어 발생하는 범죄를 말한다.
③ 일상생활에 도움이 필요한 아동과 노인을 적절히 돌보지 않는 행위도 가정폭력의 범주에 포함될 수 있다.
④ 어떠한 범죄가 화이트칼라범죄인지 여부는 범죄자의 사회적 지위만으로 판단할 수 있는 것이 아니다.

해설
① [O] 스토킹(stalking)이란 개인 또는 집단이 원치 않는 타인을 반복적으로 따라다니거나 감시하는 행위를 말하며, 괴롭힘, 협박과 밀접한 관련이 있다. 특정한 사람이 원하지 않는데도 불구하고 방문하거나, 물건을 전달하거나, 협박하는 등의 행위를 2회 이상 반복적으로 행함으로써 해당인에게 공포감을 주는 모든 일체의 행위를 말한다. 스토킹범죄자(stalker)는 범행동기에 따라 친밀감 추구자(사랑하는 사람을 따라다니는 유형), 거부된 스토커(전처 또는 전 여자 친구를 스토킹하는 유형), 화난 스토커(피해자에 대한 보복을 추구하는 유형), 약탈적 스토커(힘으로 스토킹 대상을 제압하려고 공격을 계획하는 유형), 무능한 구혼자(관계 형성을 위한 적절한 사회성이 부족한 스토커 유형) 5가지 유형으로 구분된다.
② [×] 증오범죄(hate crimes)란 가해자가 특정 사회집단 또는 인종을 별다른 이유 없이 표적으로 삼아 범행을 저지르는 범죄의 유형을 말한다. 특정 대상을 표적으로 삼아 범행을 실행하기 때문에 표적범죄(target crimes)의 한 유형으로 본다. 미국 FBI의 정의에 따르면, 증오범죄란 인종, 종교, 장애, 성적 지향, 성별 또는 성정체성에 대한 범죄자의 편견이 범행의 전체 또는 일부 동기가 되어 발생하는 범죄를 의미한다.
③ [O] 가정폭력은 폭력의 대상에 따라 신체적 폭력, 정신적 폭력, 성폭력, 방임 등으로 구분된다. 이 중 방임은 아동학대와 노인학대에서 주로 많이 나타나는 가정폭력의 유형의 하나로 경제적 자립 능력이 부족하거나 일상생활에 도움이 필요한 아동과 노인을 방치하는 행위를 말한다.
④ [O] 서덜랜드에 따르면 화이트칼라범죄는 높은 사회적 지위를 가지고 존경받고 있는 사람이 자신의 직업 활동과 관련하여 행하는 범죄로 정의된다.

정답 ②

05 다음 중 현행 「스토킹범죄의 처벌 등에 관한 법률」상 신고를 받은 사법경찰관리가 즉시 현장에 나가서 취해야 할 응급조치로 가장 옳지 않은 것은?

2024. 해경 경위

① 스토킹행위의 제지
② 재발 우려 시 임시조치를 신청할 수 있음을 통보
③ 스토킹행위자와 피해자 등의 분리
④ 피해자 등이 동의한 경우 스토킹 피해 관련 보호시설로의 피해자 등 인도

해설
☑ 스토킹행위 신고 등에 대한 응급조치
사법경찰관리는 진행 중인 스토킹행위에 대하여 신고를 받은 경우 즉시 현장에 나가 다음 각 호의 조치를 하여야 한다(스토킹범죄의 처벌 등에 관한 법률 제3조).
1. 스토킹행위의 제지, 향후 스토킹행위의 중단 통보 및 스토킹행위를 지속적 또는 반복적으로 할 경우 처벌 서면경고
2. 스토킹행위자와 피해자 등의 분리 및 범죄수사
3. 피해자 등에 대한 긴급응급조치 및 잠정조치 요청의 절차 등 안내
4. 스토킹 피해 관련 상담소 또는 보호시설로의 피해자 등 인도(피해자 등이 동의한 경우만 해당한다)

정답 ②

제4절 | 사이버 범죄

01 사이버범죄의 유형을 나타내는 용어 중 성격이 가장 다른 하나는? 2023. 해경 경위

① e-후킹(Hooking)
② 스푸핑(Spoofing)
③ 스미싱(Smishing)
④ 비싱(Vishing)

해설
①은 정보통신망 침해 범죄에 해당하고, 나머지는 정보통신망 이용 범죄에 해당한다.
① [×] e-후킹(Hooking)은 해킹기법의 하나로, PC이용자가 키보드를 누른 정보를 밖으로 빼돌리는 것으로, 신용카드번호나 각종 비밀번호 등 중요한 정보를 유출시키는 기법이다.
② [○] 스푸핑(spoofing)이란, 눈속임(spoof)에서 파생된 용어로, 직접적으로 시스템에 침입을 시도하지 않고 피해자가 공격자의 악의적인 시도에 의한 잘못된 정보, 혹은 연결을 신뢰하게끔 만드는 일련의 기법들을 의미한다.
③ [○] 스미싱(Smishing, SMS + Phishing)은 인터넷이 가능한 휴대폰 사용자에게 문자 메시지를 보낸 후, 사용자가 웹사이트에 접속하면, 트로이목마를 주입해 휴대폰을 통제하는 수법을 말한다.
④ [○] 비싱(Vishing, VoIP + Phishing)은 피싱이 발전된 수법으로, 인터넷 전화(VoIP)를 이용하여 은행계좌에 문제가 있다는 자동 녹음된 메시지를 보낸 뒤, 사용자가 비밀번호 등을 입력하면 미리 설치한 중계기로 이를 빼내가는 수법을 말한다.

정답 ①

02 다음에서 설명하고 있는 사이버금융범죄에 해당하는 것은? 2024(74). 경위

'무료쿠폰 제공', '돌잔치 초대장' 등을 내용으로 하는 문자메시지 내 인터넷 주소를 클릭하면, 악성코드가 스마트폰에 설치되어, 피해자가 모르는 사이에 소액이 결제되거나 개인·금융정보를 탈취해가는 수법을 말한다.

① 피싱(Phishing)
② 파밍(Pharming)
③ 스미싱(Smishing)
④ 메모리해킹(Memory Hacking)

해설
① [×] 피싱은 개인정보(Private data)와 낚는다(Fishing)의 합성어로 피해자를 기망 또는 협박하여 개인정보 및 금융거래정보를 요구하거나 피해자의 금전을 이체하도록 하는 수법을 말한다.
② [×] 파밍은 피싱(Phishing)과 조작하다(Farming)의 합성어로 피해자 PC를 악성프로그램에 감염시켜 정상적인 사이트 주소를 입력하더라도 가짜 사이트로 접속되도록 조작한 후 금융거래정보를 빼내 금전을 부당하게 인출하는 수법을 말한다.
③ [○] 스미싱은 문자메시지(SMS)와 피싱(Phishing)의 합성어로, 문자메시지를 이용하여 소액결제를 유도하거나, 스마트폰에 악성프로그램을 유포하여 개인정보 및 금융거래정보를 편취하는 수법을 한다.
④ [×] 메모리해킹은 피해자 PC 메모리에 상주한 악성프로그램으로 인하여 정상 사이트에 접속하더라도 거래오류를 발생시키거나 팝업창을 띄워 금융거래정보를 입력하게 한 후 금전을 부당하게 인출하는 수법을 말한다.

정답 ③

03 사이버범죄에 관한 설명으로 가장 적절하지 않은 것은?   2022. 경찰2차

① 사이버범죄란 일반적으로 사이버공간을 범행의 수단, 대상, 발생 장소로 하는 범죄행위를 의미한다.
② 전통적 범죄와 달리 사이버범죄는 비대면성, 익명성, 피해의 광범위성 등의 특성이 있다.
③ 경찰청 사이버범죄 분류(2021년 기준)에 따르면 몸캠피싱은 불법 컨텐츠 범죄 중 사이버 성폭력에 속한다.
④ 경찰청 사이버범죄 분류(2021년 기준)에 따르면 메모리해킹은 정보통신망 이용범죄 중 사이버 금융범죄에 속한다.

해설
① [○] 일반적으로 컴퓨터를 포함한 사이버공간에서 행해지는 모든 범죄행위를 포괄적으로 지칭하며, 현행법상으로는 정보통신망에서 일어나는 범죄로 정의된다. 즉, 사이버범죄란 사이버공간을 범행의 수단, 표적, 범죄발생 장소로 삼는 모든 범죄행위를 말한다.
② [○] 전통적인 범죄와 구별되는 특징으로는 비대면성, 익명성, 용이성, 탈규범성(놀이성), 전문성, 암수성, 피해의 광범위성 등이 있다.
③ [×], ④ [○] 경찰청 사이버안전국의 사이버범죄 분류에 따르면 몸캠피싱은 정보통신망 이용범죄 중 사이버 금융범죄에 속한다. 정보통신망 이용범죄에는 사이버 사기, 사이버 금융범죄(피싱, 파밍, 스미싱, 메모리해킹, 몸캠피싱 등), 개인·위치정보 침해, 사이버 저작권 침해, 사이버 스팸메일, 기타 정보통신망 이용형 범죄 등이 있다.

                                                                  정답 ③

04 경찰청은 사이버범죄를 '정보통신망 침해 범죄', '정보통신망 이용 범죄', '불법 컨텐츠 범죄'로 구분하고 있다 (2021년 기준). 다음 중 '정보통신망 침해범죄'와 가장 거리가 먼 것은?   2022(72). 경위

① 해킹
② 사이버 도박
③ 서비스 거부 공격(DDos 등)
④ 악성 프로그램 전달 및 유포

해설
② [×] 사이버 도박은 불법 컨텐츠 범죄이다.

☑ 경찰청 사이버범죄의 유형 구분

정보통신망 침해 범죄	해킹, 서비스거부 공격, 악성프로그램, 기타 정보통신망 침해형 범죄 등
정보통신망 이용 범죄	사이버 사기, 사이버금융범죄(피싱, 파밍, 스미싱, 메모리해킹, 몸캠피싱 등), 개인·위치정보 침해, 사이버 저작권 침해, 사이버스팸메일, 기타 정보통신망 이용형 범죄 등
불법 컨텐츠 범죄	사이버성폭력, 사이버도박, 사이버 명예훼손·모욕, 사이버스토킹, 사이버스팸메일, 기타 불법 콘텐츠 범죄 등

                                                                  정답 ②

05 범죄유형에 관한 설명으로 가장 적절하지 않은 것은?

2023. 경찰1차

① 화이트칼라범죄(white-collar crimes)란 사회적 지위가 높은 사람이 주로 직업 및 업무 수행의 과정에서 범하는 범죄를 의미한다.
② 증오범죄(hate crimes)란 인종, 종교, 장애, 성별 등에 대한 범죄자의 편견이 범행의 전체 또는 일부 동기가 되어 발생하는 범죄를 의미한다.
③ 피해자 없는 범죄(victimless crimes)란 전통적인 범죄와 마찬가지로 피해자와 가해자의 관계가 명확하여 피해자를 특정하기 어려운 범죄를 의미한다.
④ 사이버범죄(cyber crimes)란 사이버공간을 범행의 수단·대상·발생장소로 하는 범죄행위로 비대면성, 익명성, 피해의 광범위성 등의 특성이 있는 범죄를 의미한다.

해설
③ [×] 강도나 강간 등 전통적 범죄가 가해자와 피해자가 분명한 상대방으로서 존재하는 데 비해, 피해자 없는 범죄는 전통적 범죄와는 달리 가해자와 피해자의 관계가 분명치 않다는 점에서 피해자가 없는 것으로 간주하는 것이다. 그리고 전통적 범죄와 구별하기 위해서 이를 통칭하여 피해자 없는 범죄(Victimless Crimes)라고 칭하고 있다.
피해자 없는 범죄는 개인적 차원의 범죄로서 범죄의 가해자와 피해자와 동일인인 경우(성매매, 도박, 약물남용 등)와 기업범죄로서 기업이 범죄의 가해자인 반면 그 피해자는 불특정 다수여서 가해자와의 관계가 분명하지 않은 경우로 나눌 수 있다.

정답 ③

06 다음 두 사람의 대화에서 설명하고 있는 사이버범죄에 해당하는 것으로 가장 옳은 것은?

2024. 해경 경위

<보기>

민지: 유진아, 그 메일 열지마!
유진: 왜? 여기 내 정보가 정확하게 기재되어 있어.
민지: 아니야. 이거 요즘 신종수법인데, SNS에서 얻은 네 정보가 포함된 이메일을 발송해서 마치 합법적인 것처럼 가장하는 거야. 악성코드가 이름, 비밀번호, 은행 계좌 정보, 신용카드 번호 및 기타 개인 정보와 같은 세부 정보를 수집하기 위해 이메일 첨부파일을 열도록 요청하는 사기의 유형이야.

① 스피어피싱(spearphishing)
② 살라미 기술(salami technique)
③ 돼지도살 사기(pig butchering scam)
④ 슈퍼재핑(super zapping)

해설
① [○] 불특정 다수의 개인정보를 빼내는 피싱(phising)과 달리 특정인의 정보를 캐내기 위한 피싱 공격을 말한다. 특정 목표자나 조직의 정보를 정밀하게 수집하고 그 정보를 활용하여 타깃에게 신뢰성 있는 메일을 보내는 특징이 있다.
② [×] 많은 사람들로부터 눈치 채지 못할 정도의 적은 금액을 빼내는 컴퓨터 사기수법의 하나이다.
③ [×] 피해자가 점차적으로 사기성 암호화폐 계획에 암호화폐 형태로 기부금을 늘리도록 유도하는 일종의 장기 사기 및 투자 사기이다.
④ [×] 컴퓨터가 고장으로 가동이 불가능할 때 비상용으로 쓰이는 프로그램. 패스워드나 각종 보안 장치 기능을 일시적으로 마비시켜 컴퓨터의 기억 장치에 수록된 모든 파일에 접근해 자료를 몰래 복사해 가는 수법이다.

정답 ①

제5절 | 마약범죄와 약물범죄

01 약물범죄에 대한 설명으로 가장 적절하지 않은 것은? 2023(73). 경위

① 약물은 생산방식에 따라 천연약물, 합성약물, 대용약물로 구분되는데 합성약물에는 메스암페타민, LSD, 엑스터시 등이 있다.
② 약물범죄는 약물사용자 스스로가 가해자인 동시에 피해자가 되는 것이지 특정인이나 제3자가 범죄피해자가 되는 것이 아니라는 점에서 대표적인 피해자 없는 범죄(Victimless Crime)로 구분된다.
③ 대마는 세계에서 가장 널리 남용되고 있는 마약류로 세계 전역에서 생산되어 마리화나, 해시시, 대마유 등의 형태로 가공되어 유통되고 있다.
④ 마약의 주생산지 중 황금의 삼각지대와 황금의 초생달지역에서 세계 아편과 코카인의 대부분을 생산하고 있다.

해설
④ [×] 세계 아편 생산량의 90% 이상은 황금의 삼각지대(Golden Triangle. 태국, 미얀마, 라오스)와 황금의 초생달 지역(Golden Crescent. 아프가니스탄, 이란, 파키스탄)에서 생산되며, 세계 남용인구의 절반 이상도 이들 인접국에 집중되어 있다.
코카인은 대부분 코카나무 자생지인 콜롬비아(50%), 페루(32%), 볼리비아(15%) 등 남미 안데스 산맥의 3개국에서 생산되고 있다.

정답 ④

02 약물 범죄에 관한 설명으로 옳은 것은 모두 몇 개인가? 2023. 경찰2차

㉠ 「마약류 관리에 관한 법률」에 따르면 마약류란 마약·향정신성의약품 및 대마를 말한다.
㉡ 클로워드(Cloward)와 올린(Ohlin)의 차별기회이론(Differential Opportunity Theory)과 머튼(Merton)의 아노미이론(Anomie Theory) 등으로 약물 범죄의 원인을 설명할 수 있다.
㉢ 세계보건기구(WHO)는 마약을 '사용하기 시작하면 사용하고 싶은 충동을 느끼고(의존성), 사용할 때마다 양을 증가시키지 않으면 효과가 없으며(내성), 사용을 중지하면 온몸에 견디기 힘든 이상을 일으키며(금단증상), 개인에게 한정되지 않고 사회에도 해를 끼치는 물질'로 정의하고 있다.
㉣ 마약류는 특정 직업 및 계층에 국한되어 남용되고 있다.

① 1개 ② 2개
③ 3개 ④ 4개

해설
옳은 것은 ㉠, ㉡, ㉢ 3개이다.
㉠ [○] 마약류 관리에 관한 법률 제2조 제1호
㉡ [○] 머튼의 아노미이론에 의하면, 문화적 목표와 제도화된 수단의 괴리에 대해서 사람들은 동조, 혁신, 의례, 도피, 반역 등의 양식으로 반응하는데, 약물남용은 도피(은둔)형의 반응양식이다. 즉, 문화적 목표와 제도화된 수단을 모두 수용하지 못하는 일종의 사회로부터의 탈출기제인 도피적 반응의 결과로 마약을 남용한다는 것이다. 클라워드와 오린의 차별직 기회구조이론에 의하면, 합법적 방법으로 성공을 성취할 기회가 주어지지 않듯이 범죄적 방법으로 성공을 성취할 기회마저도 주어지지 않기 때문에 은둔하여 약물을 남용한다. 즉 이들은 관습적 수단과 범죄적 수단 모두에 의해서도 성공을 성취하지 못한 사람들로서 이들을 이중실패자라 한다.
㉢ [○] 세계보건기구(WHO)는 마약을 ⓐ 약물사용의 욕구가 강제에 이를 정도로 강하고(의존성), ⓑ 사용약물의 양이 증가하는 경향이 있으며(내성), ⓒ 사용 중지 시, 온몸에 견디기 어려운 증상이 나타나며(금단증상), ⓓ 개인에 한정되지 아니하고 사회에도 해를 끼치는 약물로 정의하고 있다.
㉣ [×] 마약류와 연관된 문제는 특정계층에 국한되지 않고 주부나 학생, 그리고 일반인에 이르기까지 다양한 연령층과 직업군에 모두 해당한다.

정답 ③

03 약물범죄에 대한 설명으로 가장 적절하지 않은 것은? 2024(74). 경위

① 약물범죄는 대표적인 피해자 없는 범죄로 불법약물의 사용, 제조, 판매, 유통하는 행위를 통칭한다.
② 작용에 따른 약물의 종류 중 각성제는 중앙신경계통 자극제로 아편, 몰핀, 헤로인, 합성제제 등이 있다.
③ 작용에 따른 약물의 종류 중 환각제는 환각을 일으키는 물질로 LSD, 마리화나 등이 있다.
④ 세계적인 헤로인 생산지에는 미얀마, 태국, 라오스 3국의 접경지역에 있는 황금의 삼각지대와 아프가니스탄, 파키스탄, 이란 3국의 접경지역에 있는 황금의 초승달 지역이 있다.

해설
① [O] 약물범죄의 심각성은 의존성과 내성에 의한 신체적·정신적 피해가 심각하다는 점에 있다.
② [×], ③ [O] 작용에 따른 약물의 종류는 진정제, 각성제, 환각제가 있다.
　아편, 몰핀, 헤로인, 합성제제 등은 진정제이다.

진정제	신경활동을 줄이고 이완을 촉진하는 작용으로 감마 아미노뷰티르산 (GABA)이라고 불리는 뇌의 화학 물질의 활성을 증가시킴으로써 작용한다. 예 알코올, 아편, 몰핀, 헤로인, 합성제제 등
각성제	주의력, 주의력, 그리고 에너지 레벨을 증가, 도파민과 노르에피네프린과 같은 뇌의 특정 화학물질의 수치를 증가시킴으로써 작용 예 카페인, 니코틴, 암페타민, 코카인
환각제	지각, 기분, 그리고 사고 과정을 바꾸는 약, 기분 조절, 지각, 감각 처리에 관여하는 뇌의 세로토닌 시스템에 영향, 환각제는 기분과 사고 패턴의 변화뿐만 아니라 시각적, 청각적 환각과 같은 감각적 왜곡 예 LSD, 마리화나, 프실로시빈, 메스칼린

정답 ②

04 다음 중 마약류에 관한 설명으로 가장 옳지 않은 것은? 2024. 해경 경위

① 코카인에 베이킹파우더를 섞어 담배형태로 피울 수 있는 크랙(crack)은 가격이 저렴하여 흑인, 유색인종들에게 애용되고 있다.
② L.S.D는 호밀에 생기는 곰팡이인 맥각에서 추출된 물질로 향정신성의약품에 해당한다.
③ YABA는 주로 종이에 묻혔다가 뜯어서 혓바닥을 통해 입에 넣는 방법으로 남용된다.
④ 황금의 초승달 지대란 이란·아프가니스탄·파키스탄의 접경지역에 위치하는 아편 생산지대이다.

해설
③ [×] L.S.D에 대한 설명이다. 향정신성의약품 야바(YABA)는 태국어로 '미친 약'이란 뜻으로 강력한 각성(흥분) 효과를 가진 필로폰과 카페인의 합성물(붉은색 알약 형태)로 대부분 태국에서 제조·유통되는 것으로 알려진다.

정답 ③

05 약물범죄와 약물치료프로그램에 대한 설명으로 옳지 않은 것은?

① 약물의존문제는 초기에는 주로 개인의 심리적 요인만을 중시하였으나 향후 신체적·사회적 요인까지 연계되었다.
② 약물범죄를 '피해자 없는 범죄'라고 한다.
③ 시나논(Synanon)과 같은 프로그램은 약물 없이 치료하는 것을 특징으로 한다.
④ 금주동맹과 같은 자조회(Self-Help)의 성공은 약물남용자의 치료와 재활에 큰 영향을 미쳤다.
⑤ 약물남용자 치료모델로서 의학적 모델에는 해독프로그램과 길항제(Antagonist) 프로그램이 포함된다.

해설
① [×] 약물의존문제는 초기 개인의 신체적·심리적 요인에 대한 관심에서 점차 사회적 요인으로까지 확대되었다고 본다.
③ [○] 시나논(Synanon)은 약물중독자 치료센터로 엄격한 공동생활, 집단극기훈련, 극기 마라톤, 정기적 상호 조언회 등을 통해 극심한 금단증상으로 고통받는 중독자 치료프로그램이다.
④ [○] 금주동맹과 같은 자조회는 주로 중산층 이상의 이용자로 인하여 하위계층에게 크게 도움이 되지 않는 점을 들어 그 효과에 의문을 제기하는 경우도 있으나, 본 문제의 경우 정답을 상대적으로 골라야 한다.
⑤ [○] 길항제는 의존성 등 부작용을 유발하지 않으면서 진통효과가 나타나도록 개발된 약품으로 약물남용자의 치료에 쓰인다.

정답 ①

제6절 | 정치, 경제, 환경범죄

01 정치범죄에 대한 설명으로 옳지 않은 것은?

① 정치범죄는 범행의 동기가 정치적이거나 정치적 권한을 이용하여 정부 또는 정치권력에 저항하거나 도전하는 행위이다.
② 하그(Hagg)는 권력을 얻기 위해서, 권력을 행사하기 위해서, 권위에 도전하기 위해서, 권위를 집행하기 위해서 이용되는 법률위반으로 정치적 범죄를 규정하고 있다.
③ 로벅(Roebuck)과 베버(Weber)는 정치범죄를 정부를 위한 범죄와 정부에 대항하는 범죄로 구분하였다.
④ 하스켈(Haskell)과 야블론스키(Yablonsky)는 정치적 범죄를 3가지 형태로 분류하였다.

해설

③ [×] 로벅(Roebuck)과 베버(Weber)는 정치범죄를 정부에 대한 범죄와 정부에 의한 범죄로 구분하였다.

정부에 대한 범죄	• 개인적 목적이 아닌 정치적 이유로 법이나 공공의 안녕을 침해하는 행위로, 특정 정부나 정치 체제를 공격의 주요 대상으로 한다. • 정치범은 자신의 정치적 신념에 따라 사회구조를 공격하여 체제를 재편하는 불법행위를 저지른 개인으로 정의될 수 있다. • 정치범죄는 정부에 대한 저항운동이나 테러행위 등을 포함한 정부 또는 정치 체제의 이익을 침해하는 명백한 범죄행위를 말한다.
정부에 의한 범죄	• 정치적 부패 또는 개인적 이득을 위한 공직자의 정치범죄가 대표적 유형이다. • 뇌물수수 등 재정적 이익을 취할 목적과 정치적 반대집단에 대한 도전으로부터 정권을 유지하기 위한 목적으로 행해지며, 선거법 위반, 불법 정치자금 모금, 선거자금 불법 사용 등이 이에 해당한다. • 권력남용과 같이 정부나 공무원이 자신의 지위와 권한을 과시할 목적으로 시민을 억압하고 군림하는 행위도 정치범죄의 한 유형이다.

④ [O] 하스켈(Haskell)과 야블론스키(Yablonsky)는 테러나 혁명세력과 같이 정치적·사회적 제도의 변화에 영향을 미칠 목적으로 형법을 위반하는 행위나 형법에 규정된 의무를 다하지 않는 행위, 정치권력을 유지하기 위한 목적으로 행해지는 범죄로서 정치적 반대세력을 정부권력으로서 대항한다거나 정치권력에 도전하는 사람에 대한 불법적 체포, 불법선거자금 사용 등의 행위, 불법적 정치자금의 수수, 뇌물수수와 같이 선거에 의해 선출되거나 정치적으로 임명된 공직을 이용하여 개인적 이득을 취하는 행위 등 정치범죄를 세가지 형태로 구분하였다.

정답 ③

02 다음 경제범죄에 대한 설명으로 옳지 않은 것은?

① 국가사회의 경제구조 내지 기능을 침해 범죄로 개인의 이욕적 재산범죄를 포함한다.
② 영리성, 모방성 및 상호연쇄성의 특징이 있다.
③ 지능성 및 전문성, 신분성 및 권력성을 띤다.
④ 화이트칼라신분자의 권력과의 결탁은 주요한 사례에 속한다.

해설
① [×] 경제범죄에는 개인의 이욕적 재산범죄는 포함하지 않는다.

정답 ①

MEMO

해커스경찰
police.Hackers.com

제4편

범죄피해자론

제19장 피해자학의 발전과 설명이론
제20장 범죄피해자 보호와 법제
제21장 회복적 사법

제19장 | 피해자학의 발전과 설명이론

제1절 | 피해자학의 역사와 의의

01 피해자학 또는 범죄피해자에 대한 설명으로 옳지 않은 것은? 2014. 교정 7급

① 멘델존(Mendelsohn)은 피해자학의 아버지로 불리며 범죄피해자의 유책성 정도에 따라 피해자를 유형화하였다.
② 「범죄피해자 보호법」에서는 대인범죄 피해자와 재산범죄 피해자를 모두 범죄피해 구조대상으로 본다.
③ 마약 복용, 성매매 등의 행위는 '피해자 없는 범죄(Victimless Crimes)'에 해당한다.
④ 정당방위(형법 제21조 제1항)에 해당하여 처벌되지 않는 행위 및 과실에 의한 행위로 인한 피해는 범죄피해 구조대상에서 제외된다.

해설
① [○] 멘델존(Benjamin Mendelsohn)은 설문조사를 통하여 범죄피해자를 피해자의 책임 정도에 따라 범죄피해자의 유형을 제시하였다. 그의 분류는 주로 법률적 책임의 정도에 따라 분류되었지만, 동시에 죄가 없는 피해자는 좋은 사람이고, 중간쯤의 사람은 그리 좋은 사람이 못되며, 자신의 운명에 대해 전적으로 책임이 있는 피해자는 나쁜 범죄자와 동일할 정도로 도덕적 비난을 받아야 한다는 도덕적 기준까지도 내포하고 있다.
② [×] 범죄피해자 보호법은 사람의 생명 또는 신체를 해치는 죄에 해당하는 행위로 인하여 사망하거나 장해 또는 중상해를 입은 것을 구조대상 범죄피해로 규정하고 있으므로(범죄피해자 보호법 제3조 제1항 제4호), 대인범죄 피해자에 대해서만 구조대상으로 하고 있다.
③ [○] 강도나 강간 등 전통적 범죄가 가해자와 피해자가 분명한 상대방으로서 존재하는 데 비해 피해자 없는 범죄는 전통적 범죄와는 달리 가해자와 피해자의 관계가 분명치 않다는 점에서 피해자가 없는 것으로 간주하는 것이다. 그리고 전통적 범죄와 구별하기 위해서 이를 통칭하여 피해자 없는 범죄(Victimless Crimes)라고 칭하고 있다.
피해자 없는 범죄는 개인적 차원의 범죄로서 범죄의 가해자와 피해자와 동일인인 경우(성매매, 도박, 약물남용 등)와 기업범죄로서 기업이 범죄의 가해자인 반면 그 피해자는 불특정 다수여서 가해자와의 관계가 분명하지 않은 경우로 나눌 수 있다.
④ [○] 범죄피해자 보호법 제3조 제1항 제4호

정답 ②

제2절 | 범죄피해자 분류

01 멘델존(Mendelsohn)은 범죄피해자 유형을 5가지로 분류하였다. 분류의 기준은 무엇인가? 2022(72). 경위

① 피해자의 유책성(귀책성)
② 피해자의 외적특성과 심리적 공통점
③ 피해자의 도발유무
④ 일반적 피해자성과 잠재적 피해자성

해설
① [○] 멘델존은 범죄피해자 유형을 피해자의 유책성(귀책성) 정도를 기준으로 책임이 없는 피해자, 책임이 조금 있는 피해자, 가해자와 동등한 책임이 있는 피해자, 가해자보다 더 유책한 피해자, 가해자보다 책임이 많은 피해자로 분류하였다.

정답 ①

02 다음 중 멘델존(Mendelsohn)이 분류한 피해자의 유형이 가장 옳게 연결된 것은? 2024. 해경 경위

① 자신에 대한 살인을 촉탁 또는 승낙한 자 – 상상적 피해자
② 범죄피해를 가장하고 타인을 무고한 자와 같은 기만적인 피해자 – 완전히 유책성이 없는 피해자
③ 상대방에게 학대적인 언행을 하다가 맞은 사람 – 가해자와 같은 정도의 유책성이 있는 피해자
④ 자신의 무지로 낙태를 감행하다가 사망한 임산부 – 경미한 유책성이 있는 피해자

해설
① [×] 자신에 대한 살인을 촉탁 또는 승낙한 자 – 가해자와 동등한 책임이 있는 피해자(자발적 피해자)
② [×] 범죄피해를 가장하고 타인을 무고한 자와 같은 기만적인 피해자 – 가해자보다 책임이 많은 피해자(가해자보다 범죄발생에 더 큰 영향을 미친 피해자)
③ [×] 상대방에게 학대적인 언행을 하다가 맞은 사람 – 가해자보다 더 유책한 피해자(유발적 피해자, 부주의에 의한 피해자)
④ [○] 자신의 무지로 낙태를 감행하다가 사망한 임산부 – 책임이 조금 있는 피해자(경미한 유책성이 있는 피해자, 무지에 의한 피해자)

정답 ④

03 범죄피해자에 관한 설명으로 가장 적절한 것은? 2023. 경찰2차

① 레클리스(Reckless)는 피해자의 도발을 기준으로 피해자 유형을 '가해자 – 피해자'모델과 '피해자 – 가해자 – 피해자' 모델로 분류하였다.
② 멘델존(Mendelsohn)은 심리학적 기준으로 피해자 유형을 잠재적 피해자와 일반적 피해자로 분류하였다.
③ 헨티히(Hentig)는 피해자의 유책성을 기준으로 피해자 유형을 이상적인 피해자, 무지에 의한 피해자, 자발적 피해자, 유발적 피해자 및 기망적 피해자 5가지 유형으로 분류하였다.
④ 엘렌베르거(Ellenberger)는 '피해자를 위한 정의'라는 논문을 통하여 피해자의 공적 구제에 대한 관심을 촉구하였다.

해설
① [○] 레클리스(Reckless)는 피해자의 도발을 기준으로 피해자 유형을 순수한 피해자('가해자 – 피해자'모델)와 도발한 피해자('피해자 – 가해자 – 피해자'모델)로 분류하였다.
② [×] 엘렌베르거(Ellenberger)의 분류에 대한 설명이다. 멘델존(Mendelsohn)은 피해자의 유책성 정도를 기준으로 피해자 유형을 ㉠ 책임이 없는 피해자, ㉡ 책임이 조금 있는 피해자, ㉢ 가해자와 동등한 책임이 있는 피해자, ㉣ 가해자보다 더 유책한 피해자, ㉤ 가해자보다 책임이 많은 피해자로 분류하였다.
③ [×] 멘델존(Mendelsohn)에 대한 설명이다. 헨티히(Hentig)는 피해자의 범죄 취약성 기준으로 피해자 유형을 일반적 피해자와 심리학적 피해자로 분류하였다.
④ [×] 프라이 여사(Mrs. Fry)에 대한 설명이다. 1957년 영국의 여성 형벌개량가이며 범죄피해자 보상제도의 어머니라고 불리는 프라이는 「피해자를 위한 정의」에서 범죄자를 피해자와 화해시키고 법평화를 재생시키기 위하여는 원상회복제도가 고려되어야 한다고 주장하였다.

정답 ①

04 다음 중 레크리스(W.Reckless)의 범죄피해자 유형 분류 기준으로 가장 옳은 것은? 2022. 해경 경위

① 피해자의 유책성(귀책성)
② 피해자의 도발유무
③ 피해자의 외적특성과 심리적 공통점
④ 일반적 피해자성과 잠재적 피해자성

해설
② [O] 레크리스는 피해자의 도발을 기준으로 순수한 피해자(가해자 - 피해자 모델)과 도발한 피해자(피해자 - 가해자 - 피해자 모델)로 구분하고 있다.

정답 ②

05 피해자 유형의 분류에 대한 설명으로 옳지 않은 것은? 2010. 보호 7급

① 엘렌베르거(Ellenberger)는 피해자 유형을 일반적 피해자성과 잠재적 피해자성으로 나누며, 피학대자를 잠재적 피해자성으로 분류한다.
② 헨티히(Hentig)는 피해자 유형을 일반적 피해자와 심리학적 피해자로 나누며, 심신장애자를 심리학적 피해자로 분류한다.
③ 멘델존(Mendelsohn)은 피해자 유형을 피해자 측의 귀책성 여부에 따라 나누며, 영아살해죄의 영아를 완전히 유책성이 없는 피해자로 분류한다.
④ 레크리스(Reckless)는 피해자 유형을 피해자의 도발유무를 기준으로 하여 순수한 피해자와 도발한 피해자로 나눈다.

해설
② [×] 헨티히(Hentig)는 피해자 유형을 일반적 피해자와 심리학적 피해자로 나누고, 심신장애자를 일반적 피해자로 분류하였다.
☑ 가로팔로(Garofalo)가 처음으로 범죄피해자가 다른 사람으로 하여금 공격하도록 유발시킬 수도 있음을 인식하였다면, 멘델존(Mendelsohn)은 전적으로 죄가 있다고 고려되는 범죄자들과 범죄자보다 오히려 더 많은 책임이 있는 피해자를 구분하는 범죄피해자의 유형론을 제시하였으며, 헨티히(Hentig)는 범죄피해자의 특성을 중심으로 한 피해자의 계층과 범죄에 대한 취약성을 증대시키는 인성과 관계되는 특성을 기술하였다.

정답 ②

06 피해자학에서의 피해자 유형에 대한 설명으로 옳지 않은 것은? 2024. 보호 7급

① 레클리스(W. Reckless)는 피해자 도발을 기준으로 '가해자 - 피해자 모델'과 '피해자 - 가해자 - 피해자 모델'로 구분하였다.
② 헨티히(H. Hentig)는 사회구조적 요인을 기초로 하여 피해자 유형을 구분하고자 하였으며, 피해자를 크게 '일반적 피해자 유형'과 '심리적 피해자 유형'으로 구분하였다.
③ 멘델존(B. Mendelsohn)은 피해자가 범죄행위에 어떠한 역할을 하는지 파악하기 위해 피해자 유책의 개념을 제시하였고, 피해자를 책임 정도에 따라 구분하였다.
④ 엘렌베르거(H. Ellenberger)는 개인의 심리학적 특성을 기준으로 하여 피해자의 유형을 피해자가 되기 쉬운 특성을 지닌 '잠재적 피해자성'과 그렇지 아니한 '일반적 피해자성'으로 구분하였다.

해설

① [○] 레클리스는 피해자 유형을 피해자의 도발유무를 기준으로 하여 순수한 피해자(가해자 – 피해자 모델)와 도발한 피해자(피해자 – 가해자 – 피해자 모델)로 구분한다.
② [×] 헨티히는 피해자 유형을 피해자의 범죄 취약성을 기준으로 일반적 피해자(생물학적·사회적 취약성 기준: 젊은 사람, 여성, 노인, 정신장애자, 이민자, 소수자, 아둔한 사람으로 분류)와 심리학적 피해자(심리적 취약성 기준: 우울한 사람, 탐욕스러운 사람, 자유분방한 사람, 고독한 사람, 괴롭히는 사람, 고립된 사람으로 분류)로 구분한다.
③ [○] 멘델존은 설문조사를 통하여 피해자의 유책성(책임, 귀책성) 정도를 기준으로 '완전히 죄가 없는 피해자'에서부터 '피해자 자신만이 유죄인 피해자'에 이르는 범죄피해의 유형을 제시하였다. 그의 분류는 주로 법률적 책임의 정도에 따라 분류되었지만, 동시에 죄가 없는 피해자는 좋은 사람이고 중간쯤의 사람은 그리 좋은 사람이 못되며 자신의 운명에 대해 전적으로 책임이 있는 피해자는 나쁜 범죄자와 동일할 정도로 도덕적 비난을 받아야 한다는 도덕적 기준까지도 내포하고 있다.
④ [○] 엘렌베르거는 피해자 유형을 심리학적 기준에 따라 피해자가 되기 쉬운 경향을 가진 자인 잠재적 피해자와 잠재적 피해자와 같은 특수한 원인을 갖고 있지 않은 사람인 일반적 피해자로 분류한다.

정답 ②

07 쉐이퍼(Schafer)의 피해자 분류 및 주장에 관한 설명으로 가장 적절하지 않은 것은? 2024. 경찰2차

① 피해자를 '기능적 책임성'에 따라 분류하였다.
② 1968년 그의 저서 「피해자와 그의 범죄자(The Victim and His Criminal)」에서 피해자 유형을 분류하였다.
③ 범죄를 단지 개인적 행동으로만 평가해서는 안 되고, 사회적 현상의 일종으로 평가되어야 한다고 주장하였다.
④ 피해자의 유형으로는 범죄와 무관한(unrelated), 피해를 유발한(provocative), 피해를 촉진시키는(precipitative), 생물학적으로 취약한(biologically weak), 사회적으로 취약한(socially weak), 자신에게 피해를 야기한(self-victimizing), 윤리적(ethical) 피해자 등 7가지로 분류하였다.

해설

④ [×] 쉐이퍼는 범죄피해자를 기능적 책임성(Functional Responsibility)을 기준으로 무관한 피해자(unrelated victim), 유발적 피해자(provocative victim), 촉진적 피해자(precipitative victim), 생물학적으로 연약한 피해자(biologically weak victim), 사회적으로 연약한 피해자(socially weak victim), 자기피해자화(self-victimizing), 정치적 피해자(political victim)로 분류하였다.

정답 ④

08 쉐이퍼(Schafer)가 제시한 범죄피해자 유형의 분류기준으로 가장 적절한 것은? 2023(73). 경위

① 범죄피해 위험요인(Risk Factors)
② 피해자 책임공유(Shared Responsibility)
③ 피해자에 대한 비난(Victim Blaming)
④ 기능적 책임성(Functional Responsibility)

해설

④ [○] 쉐이퍼(Schafer)는 범죄피해자를 기능적 책임성(Functional Responsibility)을 기준으로 무관한 피해자(unrelated victim), 유발적 피해자(provocative victim), 촉진적 피해자(precipitative victim), 생물학적으로 연약한 피해자(biologically weak victim), 사회적으로 연약한 피해자(socially weak victim), 자기피해자화(self-victimizing), 정치적 피해자(political victim)로 분류하였다.

정답 ④

제3절 | 범죄 피해발생 설명이론

01 피해자에 대한 설명 중 가장 적절하지 않은 것은? 2024(74). 경위

① 멘델손(Mendelsohn)은 비난 정도를 고려한 법적 유책성에 따라 피해자를 분류하였다.
② 헨티히(Hentig)는 개인의 의지와 무관하게 피해 가능성을 높이는 취약한 피해자가 있음을 지적하면서, 일반적인 피해자 유형과 심리학적 피해자 유형으로 구분하였다.
③ 울프강(Wolfgang)은 살인사건 기록을 분석하여, 피해자가 범죄유발 동기를 제공하는 경우도 있다는 것을 설명하였다.
④ 미쓰와 메이어(Miethe & Meier)는 생활양식 - 노출이론에서 피해자와 가해자의 상호작용을 통해 범죄피해의 과정을 설명하고자 하였다.

해설
④ [×] 하인드랑(Hindelang)과 갓프레드슨(Gottfredson)의 생활양식 - 노출이론에 대한 설명이다. 미테(Miethe)와 메이어(Meier)는 생활양식노출이론과 일상활동이론을 통합하여 범죄발생의 네 가지 요인을 범행기회와 대상선택이라는 두 가지 관점으로 압축하여 구조적 - 선택모형이론을 제시하였다.

정답 ④

02 범죄피해이론에 대한 설명으로 가장 적절하지 않은 것은? 2023(73). 경위

① 일상활동이론은 범죄자와 피해자의 일상활동이 특정 시간과 공간에 걸쳐 중첩되는 양식을 고려하여 범죄피해를 설명한다.
② 생활양식 · 노출이론은 직장과 학교 등 직업적 활동과 여가활동을 포함한 매일의 일상적 활동이 범죄피해에 미치는 영향에 주목하였다.
③ 구조적 - 선택이론은 생활양식 · 노출이론과 집합효율성이론을 통합하여 기회이론의 의미를 심화시킨 이론이다.
④ 피해자 - 가해자 상호작용이론은 가해자와 피해자의 상호작용 등을 포함한 일련의 범죄피해의 전개 과정에 주목했다.

해설
① [○] 코헨(Cohen)과 펠슨(Felson)의 일상활동이론은 범죄자와 피해자가 함께 시간과 공간에 걸쳐 분포되는 양식과 그들의 일상활동을 고려하여 피해를 설명한다. 동기화된 범죄자, 범행에 적합한 대상, 범죄발생을 저지할 수 있는 보호자의 부재의 세 가지 기본요소가 시간적, 공간적으로 일치해야 범죄가 발생한다고 본다.
② [○] 하인드랑(Hindelang)과 갓프레드슨(Gottfredson)의 생활양식 · 노출이론은 직장과 학교 등 직업적 활동과 여가활동을 포함한 매일의 일상적 활동이 범죄피해에 미치는 영향에 주목하였다. 개인의 다양한 생활양식은 범죄피해의 위험성이 높은 시간대나 장소에의 노출, 타인과의 상호작용이나 위험에의 노출 등에 영향을 주게 되고, 이것이 범죄피해의 확률을 달리한다고 설명한다.
③ [×] 미테(Miethe)와 메이어(Meier)의 구조적 - 선택이론은 생활양식 · 노출이론과 일상활동이론을 통합하여 범죄발생의 네 가지 요인을 범행기회와 대상선택이라는 두 가지 관점으로 압축한다. 두 이론을 통합하여 구조적 - 선택의 관점에서 범죄피해를 봄으로써 일상활동이론에 의해 범죄기회구조에 기여하는 거시적 영향과 생활양식 · 노출이론에 의한 특정 범죄대상의 선택을 결정하는 미시적 과정을 모두 설명할 수 있다.
④ [○] 피해자 - 가해자 상호작용이론은 범죄피해자를 범죄과정에서 일정한 역할을 담당하는 행위자로 인식하고, 피해자의 행동이나 반응이 범죄 진행과정에 미치는 영향을 고려하여 범죄의 발전과정을 설명한다. 클렉(Kleck)과 맥얼라스(McElrath)는 범죄발생이 항상 가해자의 의도대로 발생하는 것은 아니며, 범죄의 개시 이후에 전개되는 양상은 가해자와 피해자의 상호작용 및 여러 요인에 따라 다양하게 달라질 수 있음을 지적하였다.

정답 ③

03 다음 중 일상활동이론(Routine Activity Theory)의 범죄발생 요소에 해당하지 않는 것은?   2022. 해경 경위

① 동기화된 범죄자(Motivated offenders)
② 비범죄적 대안의 부재(Absence of non-criminal alternatives)
③ 적절한 대상(Suitable targets)
④ 보호의 부재(Absence of capable guardians)

해설
② [×] 범인성이론과 피해이론의 통합모형인 발견적 모형의 '범법자 동기의 요소'에 대한 내용이다.
코헨(Cohen)과 펠슨(Felson)의 일상활동이론은 범죄자가 아니라 피해자를 둘러싸고 있는 범행의 조건을 강조하는 이론으로, 약탈적 범죄의 설명을 위하여 시작하였으며, 그러한 범죄가 발생하기 위해서는 범행을 동기화한 사람(범행동기를 가진 잠재적 범죄자), 적절한 범행대상(합당한 표적), 범행을 막을 수 있는 사람의 부존재(보호할 수 있는 능력의 부재)의 세 가지 요소가 시간과 공간적으로 융합되어야 한다고 가정한다. 이 이론은 잠재적 범죄자는 이미 정해진 것으로 간주하고, 나머지 두 요소에 초점을 맞춘다.

정답 ②

04 미스(Miethe)와 마이어(Meier)의 구조적 선택이론을 구성하는 핵심 개념에 포함되지 않는 것은?   2023. 해경 경위

① 동기화된 범죄자
② 대상의 매력성
③ 노출의 정도
④ 보호력의 부재

해설
① [×] 미테(Miethe)와 메이어(Meier)는 생활양식노출이론과 일상활동이론을 통합하여 범죄발생의 네 가지 요인을 범행기회와 대상선택이라는 두 가지 관점으로 압축한다.
사회적 상호작용의 특성과 개인의 특성이 가져오는 범행기회(구조적 요인 - 근접성과 노출)가 있고, 주어진 사회적·공간적 상황에서 범죄자의 주관적 선택, 즉 범죄표적의 선택(대상선택)에 영향을 미치는 요인들(상황적 요인 - 표적의 매력성, 보호능력)이 있다.

정답 ①

05 다음이 설명하는 범죄피해에 관한 이론으로 가장 적절한 것은?   2023. 경찰1차

> 인구통계학적·사회구조적 요인이 개인별 생활양식의 차이를 야기하고 이러한 생활양식의 차이가 범죄피해 가능성의 차이로 이어진다고 본다. 예컨대, 밤늦은 시간 술집에 가거나 혼자 밤 늦게까지 일하는 생활양식을 가진 사람은 그렇지 않은 사람에 비해 상대적으로 범죄피해의 가능성이 증가한다는 것이다.

① 집합효율성이론(Collective Efficacy Theory)
② 생활양식·노출이론(Lifestyle-Exposure Theory)
③ 생애과정이론(Life-Course Theory)
④ 합리적 선택이론(Rational Choice Theory)

해설
하인드랑(Hindelang)과 갓프레드슨(Gottfredson)의 생활양식 – 노출이론에 대한 설명이다.
① [×] 샘슨(Sampson)의 집합효율성이론은 지역주민 간의 상호신뢰 또는 연대감과 범죄에 대한 적극적인 개입을 강조한다. 지역사회의 구성원들(지역주민, 사업체, 지방자치단체 등)이 범죄문제를 공공의 적으로 생각하고 이를 해결하기 위해 적극적으로 참여하는 것이 범죄예방의 열쇠가 된다고 본다.
② [○] 생활양식 – 노출이론의 기본적 가설은 범죄피해의 가능성에 있어서 인구학적 차이는 피해자의 개인적 생활양식의 차이에 기인한다는 것이다. 즉, 사람은 그 생활환경에 따라 범죄피해의 위험이 높은 상황·지역·시간에 노출되는 정도가 다르기 때문에 범죄피해에 대한 위험부담 또한 다르게 된다는 것이다.
③ [×] 생애과정이론은 범죄성의 원인을 부적응적 성격, 교육실패 그리고 가족관계 등으로 보는 다차원적 이론으로 생물학적, 발달론적, 사회유대, 사회학습 그리고 기타 기존의 통제이론의 개념을 통합하려는 시도이다. 샘슨(Sampson)과 라웁(Laub)의 생애과정이론은 다른 발달범죄학 이론들과 마찬가지로 어린아이에서 성인에 이르는 과정에 범죄성이 지속되거나 범죄가 중단되는 현상을 설명하고자 하였다.
④ [×] 코니쉬(Cornish)와 클라크(Clarke)의 합리적 선택이론은 고전주의적 가정에 기초하여 범죄자의 의사결정과정에서 고려되는 요인들(개인적 요인과 상황적 요인)로 범죄행위를 설명하고자 한 이론으로, 범죄는 합리적·이성적 인간의 계산된 결과로 보는 현대적 고전주의 이론이다.

정답 ②

---

06 코헨(Cohen)과 펠슨(Felson)의 일상활동이론(Routine Activity Theory)에 관한 설명으로 가장 적절하지 않은 것은?

2022. 경찰2차

① 범죄기회가 주어지면 누구든지 범죄를 저지를 수 있다고 본다.
② 범죄를 저지르고자 하는 동기화된 범죄자(motivated offender), 적절한 범행대상(suitable target), 보호(감시)의 부재(absence of capable guardian)라는 세 가지 조건이 충족될 때 범죄가 발생한다고 가정한다.
③ 도시화, 여가활동 증대 등 가정 밖에서 일어나는 활동을 증가시킴으로써 피해자와 범죄자가 시·공간적으로 수렴할 가능성을 증대시킨다고 본다.
④ 형사사법체계에 의해서 수행되는 공식적 통제를 통한 범죄예방을 설명하는 데 유용하다.

해설
① [○] 어느 시대나 사회에도 범죄를 범할 개연성이 있는 사람의 수는 일정하다고 가정하며, 범죄기회가 주어지면 누구든지 범죄를 저지를 수 있다고 본다.
② [○] 동기화된 범죄자, 범행에 적합한 대상, 사람이나 재산에 대한 감시(보호자)의 부재가 동일한 시간과 공간에서 만나면 범죄발생의 가능성이 높아진다고 한다.
③ [○] 제2차 세계대전 이후 직업이나 여가에서의 일상활동의 변화로 사람들이 특정한 장소와 시간에 모이는 상황이 조성되었고 이러한 일상활동의 변화가 범죄대상이 될 가능성을 증가시키고 재산을 감시할 능력을 감소시켰다고 설명하였다.
④ [×] 펠슨은 감시인 또는 보호자는 경찰이나 민간경비원 등의 공식 감시인을 의미하는 것이 아니라, 그 존재나 근접성 자체가 범죄를 좌절시킬 수 있는 사람들을 의미하는 것으로 의도하지 않더라도 사람들이 친지나 친구 또는 모르는 사람들로부터 보호받게 되는 측면을 의미한다고 설명하였다. 즉, 일상활동이론은 비공식적 통제체계에서의 자연스러운 범죄예방과 억제를 중요시한다.

정답 ④

07 범죄피해에 관한 이론들의 내용으로 가장 적절하지 않은 것은?

2022(72). 경위

① 생활양식 · 노출이론(Lifestyle-Exposure Theory)은 인구통계학적, 사회구조적 요인이 개인별 생활양식의 차이를 야기하고 이러한 생활양식의 차이가 범죄피해 가능성의 차이로 이어진다고 본다.
② 코헨(Cohen)과 펠슨(Felson)의 일상활동이론(Routine Activity Theory)은 사람들의 일상활동에 영향을 미친 사회변화에 관한 거시적 차원의 고찰이 없다는 비판을 받는다.
③ 코헨(Cohen)과 펠슨(Felson)의 일상활동이론(Routine Activity Theory)은 동기가 부여된 범죄자, 적합한 표적(범행대상), 보호(감시)의 부재라는 세 가지 요소가 합치할 때 범죄피해가 발생한다고 본다.
④ 펠슨(Felson)은 경찰과 같은 공식적 감시자의 역할보다 가족, 이웃, 지역사회 등 비공식적 통제수단에 의한 범죄예방과 억제를 강조하였다.

해설

① [○] 하인드랑(Hindelang)과 갓프레드슨(Gottfredson)의 생활양식 · 노출이론은 개인의 직업적 활동 · 여가활동 등 모든 일상적 활동의 생활양식이 그 사람의 범죄피해 위험성을 높이는 중요한 요인이 된다는 이론으로, 인구학적 · 사회학적 계층 · 지역에 따른 범죄율의 차이는 피해자의 개인적 생활양식의 차이를 반영한다고 한다.
② [×], ③ [○] 일상활동이론은 1970년대 미국의 범죄증가율을 설명하기 위하여 코헨과 펠슨이 제안한 이론으로, 억제이론과 합리적 선택이론의 요소들을 근간으로 한다. 이 이론은 범죄율을 설명함에 있어서 미시적이고 거시적인 접근을 시도한다.
미시적인 차원에서 코헨과 펠슨은 시간, 공간, 대상물, 사람을 기본요소로 범죄에 대한 일상활동이론을 발전시켰으며, 핵심은 범죄삼각형이라는 동기화된 범죄자, 범행에 적합한 대상, 보호(감시)의 부재라는 세 가지 요소가 동일한 시간과 공간에서 만나면 범죄발생의 가능성이 높아진다는 것이다.
거시적인 차원에서의 일상활동이론은 거대 사회와 지역사회의 어떠한 특징이 미시적 차원에서 세 가지 핵심요소의 결합을 통한 범죄발생을 더 용이하게 한다고 설명한다.
④ [○] 펠슨은 감시인 또는 보호자는 경찰이나 민간경비원 등의 공식 감시인을 의미하는 것이 아니라, 그 존재나 근접성 자체가 범죄를 좌절시킬 수 있는 사람들을 의미하는 것으로 의도하지 않더라도 사람들이 친지나 친구 또는 모르는 사람들로부터 보호받게 되는 측면을 의미한다고 설명하였다. 즉, 일상활동이론은 비공식적 통제체계에서의 자연스러운 범죄예방과 억제를 중요시한다.

정답 ②

08 범죄피해에 대한 대안이론의 설명으로 옳지 않은 것은?

① 미테(Mieth)와 메이어(Meier)의 구조적 선택모형이론에 의하면 생활양식·노출이론과 일상활동이론을 통합하여 범죄발생의 네 가지 요인을 범행기회와 대상선택이라는 두 가지 관점으로 압축했다.
② 클라크(Clarke)와 코니쉬(Gornish)의 표적선택과정이론에 의하면 사고하는 범죄자의 범죄선택이라는 측면에 초점을 두고 범죄자가 범행을 결정하고 실제 범행을 저지르는 범행동기에 관심을 둔다.
③ 휴(Hough)의 선정모형에 의하면 나이·성별·사회적 계급 등의 인구학적 특성이 직업·소득·거주지역 등 사람의 생활양식의 구조적 특징을 결정하고 나아가서 이것이 그 사람의 일상생활에도 영향을 미친다.
④ 범죄대체효과이론에 의하면 그 지역에 거주하는 특정인이 개인적인 생활양식상 범죄의 위험성이 높다할지라도 그 지역이 보안수준이 높으면 범죄피해의 위험성이 줄어든다고 한다.

해설

④ [×] 무임승차효과에 대한 설명이다.

☑ **범죄대체효과와 무임승차효과**(토마스 가보, Thomas Gabor)
1. 피해자이론이 주로 개인적 원인을 통한 분석이라면, 가보(Gabor)는 특정지역의 보호·보안수준의 차이는 지역적·집단적 측면에서 범죄발생에 영향을 줄 수 있다고 한다.
2. 범죄대체효과란 특정지역의 범죄를 예방하기 위하여 사전조치가 철저하게 이루어지고 있다면 이로 인하여 범죄의 보안수준이나 보호수준이 낮은 지역으로 옮겨가는 효과를 말한다.
3. 무임승차효과란 그 지역에 거주하는 특정인이 개인적인 일상활동이나 생활양식상 범죄의 위험성이 높다할지라도 그 지역이 보안수준이나 보호수준이 높아 범죄피해의 위험성이 줄어드는 효과를 말한다.

① [○] 구조적 선택모형은 범죄기회구조와 표적선택을 통합한 이론모형으로서 미테(Mieth)와 메이어(Meier)가 생활양식·노출이론과 일상활동이론을 통합하여 범죄발생의 네 가지 요인(범죄근접성, 범죄노출성, 표적의 매력성, 보호능력)을 범행기회와 대상의 선택이라는 두 가지 관점으로 압축한다.
② [○] 클라크(Clarke)와 코니쉬(Gornish)의 표적선택과정이론은 범행대상을 선정하여 범행을 실행하기까지는 범죄자가 의사결정을 통하여 선택한다는 이론이다.
③ [○] 휴(Hough)의 선정모형은 동기부여된 범죄자에게 쉽게 노출되고(근접성), 범행대상으로서 잠재적 수확가능성이 있으며(보상), 접근 또한 용이하여 범행대상으로 매력이 있을 뿐만 아니라 충분한 방어수단이 갖추어져 있지 않으면(보호성 부재) 범행대상으로 선정될 위험성이 높다고 본다.

정답 ④

제20장 | 범죄피해자 보호와 법제

제1절 | 형사절차상 피해자 보호

01 형사절차상 피해자에 대한 설명으로 옳지 않은 것은? 2014. 보호 7급

① 범죄로 인해 인적 또는 물적 피해를 받은 자가 가해자의 불명 또는 무자력의 사유로 인하여 피해의 전부 또는 일부를 배상받지 못하는 경우 국가는 피해자 또는 유족에게 범죄피해 구조금을 지급한다.
② 제1심 또는 제2심 형사공판절차에서 일정한 범죄에 관하여 유죄판결을 선고할 경우, 법원은 범죄행위로 인하여 발생한 직접적인 물적 피해, 치료비 손해 및 위자료의 배상을 명할 수 있다.
③ 범죄로 인한 피해자는 고소할 수 있고, 고소는 제1심판결 선고 전까지 취소할 수 있다.
④ 법원은 범죄 피해자의 신청이 있는 때에는, 당해 사건에 관하여 공판절차에서 충분히 진술하여 다시 진술할 필요가 없거나 공판절차가 현저하게 지연될 우려가 있는 경우를 제외하고는 피해자를 증인으로 신문하여야 한다.

해설
① [×] 물적 피해는 구조대상 범죄피해에 해당하지 않으며(범죄피해자 보호법 제3조 제1항 제4호), 가해자 불명, 무자력 사유, 피해자의 생계유지 곤란 등은 구조금 지급요건에 해당하지 않는다(동법 제16조).
② [○] 소송촉진 등에 관한 특례법 제25조 제1항
③ [○] 형사소송법 제223조, 제232조 제1항
④ [○] 동법 제294조의2 제1항

정답 ①

02 「형사소송법」상 피해자 등 진술권에 대한 설명으로 옳지 않은 것은? 2021. 보호 7급

① 범죄로 인한 피해자 등의 신청으로 그 피해자 등을 증인으로 신문하는 경우, 신청인이 출석통지를 받고도 정당한 이유 없이 출석하지 아니한 때에는 그 신청을 철회한 것으로 본다.
② 법원은 범죄로 인한 피해자를 증인으로 신문하는 경우 당해 피해자·법정대리인 또는 검사의 신청에 따라 피해자의 사생활의 비밀이나 신변보호를 위하여 필요하다고 인정하는 때에는 결정으로 심리를 공개하지 아니할 수 있다.
③ 법원은 동일한 범죄사실에서 피해자 등의 증인신문을 신청한 그 피해자 등이 여러 명이라도 진술할 자의 수를 제한할 수 없다.
④ 법원이 범죄로 인한 피해자의 신청에 의하여 신문할 증인의 신문방식은 재판장이 정하는 바에 의한다.

해설
① [○] 법원은 범죄로 인한 피해자 또는 그 법정대리인(피해자 등)의 신청이 있는 때에는 그 피해자 등을 증인으로 신문하여야 하며(동법 제294조의2 제1항 본문), 신청인이 출석통지를 받고도 정당한 이유 없이 출석하지 아니한 때에는 그 신청을 철회한 것으로 본다(동법 제294조의2 제4항).
② [○] 동법 제294조의3 제1항
③ [×] 법원은 동일한 범죄사실에서 피해자 등의 증인신문을 신청한 사람이 여러 명인 경우에는 진술할 자의 수를 제한할 수 있다(형사소송법 제294조의2 제3항).

④ [○] 법원이 직권으로 신문할 증인이나 범죄로 인한 피해자의 신청에 의하여 신문할 증인의 신문방식은 재판장이 정하는 바에 의한다(동법 제161조의2 제4항).

정답 ③

03 형사절차에서 피해자보호에 대한 설명으로 옳지 않은 것은? 2016. 사시

① 「가정폭력범죄의 처벌 등에 관한 특례법」에 따르면 피해자는 행위자가 자기 또는 배우자의 직계존속인 경우에도 고소할 수 있게 하여 피해자를 보호하고 있다.
② 현행법상 피해자는 공판절차에서 증인으로서 일정한 범위 내에서 형사절차에 참여할 수 있는 지위를 보장받고 있다.
③ 「형사소송법」은 피의자 또는 피고인이 피해자 등에게 해를 가하거나 가할 염려가 있는 경우 보증금납입조건부 석방 내지 보석을 제한하여 범죄피해자를 보호하고 있다.
④ 「특정범죄신고자 등 보호법」에 따르면 법원은 범죄신고자 등이 보복을 당할 우려가 있는 경우에 사법경찰관 또는 검사의 신청에 따라 수사 및 공판과정에서 필요한 협력을 할 수 있는 보좌인을 지정할 수 있다.
⑤ 형사공판절차에서 상해죄에 관하여 유죄판결을 선고할 경우, 법원은 피고사건의 범죄행위로 인하여 발생한 직접적인 물적 피해, 치료비 손해 및 위자료의 배상을 명할 수 있다.

해설
① [○] 피해자는 가정폭력행위자가 자기 또는 배우자의 직계존속인 경우에도 고소할 수 있다(가정폭력범죄의 처벌 등에 관한 특례법 제6조 제2항).
② [○] 법원은 범죄로 인한 피해자 또는 그 법정대리인의 신청이 있는 때에는 그 피해자 등을 증인으로 신문하여야 한다(형사소송법 제294조의2 제1항).
③ [○] '피해자, 당해 사건의 재판에 필요한 사실을 알고 있다고 인정되는 사람 또는 그 친족의 생명·신체나 재산에 해를 가하거나 가할 염려가 있다고 믿을 만한 충분한 이유가 있는 때'는 보증금납입조건부 피의자석방결정의 불허사유(형사소송법 제214조의2 제5항 제2호), 필요적 보석의 예외사유(동법 제95조 제6호), 보석의 취소사유(동법 제102조 제2항 제4호), 구속집행정지의 취소사유(동법 제102조 제2항 제4호)에 해당한다.
④ [×] 사법경찰관, 검사 또는 법원은 범죄신고자 등이나 그 친족 등이 보복을 당할 우려가 있는 경우에는 직권으로 또는 범죄신고자 등(범죄신고 등을 한 자), 그 법정대리인이나 친족 등(범죄신고자 등의 친족 또는 동거인, 그 밖의 밀접한 인적 관계에 있는 자)의 신청에 의하여 보좌인을 지정할 수 있다(특정범죄신고자 등 보호법 제6조 제1항).
⑤ [○] 소송촉진 등에 관한 특례법 제25조 제1항

정답 ④

04 범죄의 피해자에 대한 설명으로 옳지 않은 것은? 2022. 보호 7급

① 「형법」에 의하면 피해의 정도뿐만 아니라 가해자와 피해자의 관계도 양형에 고려된다.
② 피해자는 제2심 공판절차에서는 사건이 계속된 법원에 「소송촉진 등에 관한 특례법」에 따른 피해배상을 신청할 수 없다.
③ 레크리스(Reckless)는 피해자의 도발을 기준으로 '가해자 - 피해자 모델'과 '피해자 - 가해자 - 피해자 모델'로 구분하고 있다.
④ 「범죄피해자보호기금법」에 의하면 「형사소송법」에 따라 집행된 벌금의 일부도 범죄피해자보호기금에 납입된다.

해설
① [O] 형을 정함에 있어서는 ㉠ 범인의 연령, 성행, 지능과 환경, ㉡ 피해자에 대한 관계, ㉢ 범행의 동기, 수단과 결과, ㉣ 범행 후의 정황을 참작하여야 한다(형법 제51조).
② [×] 제1심 또는 제2심의 형사공판 절차에서 일정한 범죄에 관하여 유죄판결을 선고할 경우, 법원은 직권에 의하여 또는 피해자나 그 상속인의 신청에 의하여 피고사건의 범죄행위로 인하여 발생한 직접적인 물적 피해, 치료비 손해 및 위자료의 배상을 명할 수 있다(소송촉진 등에 관한 특례법 제25조 제1항).
③ [O] 레크리스는 피해자의 도발을 기준으로 순수한 피해자(가해자 - 피해자 모델)과 도발한 피해자(피해자 - 가해자 - 피해자 모델)로 구분하고 있다.
④ [O] 정부는 형사소송법 제477조 제1항에 따라 집행된 벌금에 100분의 6 이상의 범위에서 대통령령으로 정한 비율(100분의 8)을 곱한 금액을 범죄피해자보호기금에 납입하여야 한다(범죄피해자보호기금법 제4조 제2항).

정답 ②

제2절 | 범죄피해자 보호법과 소송촉진법

01 범죄피해자학 또는 범죄피해자에 대한 설명으로 가장 옳지 않은 것은? 2023. 해경 경위

① 정당방위에 해당하여 처벌되지 않는 행위 및 과실에 의한 행위로 인한 피해자는 범죄피해 구조대상에서 제외된다.
② 마약 복용, 성매매 등 행위는 피해자 없는 범죄에 해당한다.
③ 「범죄피해자 보호법」에서는 대인범죄 피해자와 재산범죄 피해자를 모두 범죄피해 구조대상으로 본다.
④ 멘델존(Mendelsohn)은 피해자학의 아버지로 불리며 범죄피해자의 유책성 정도에 따라 피해자를 유형화하였다.

해설
① [O] 형사미성년자, 심신상실자, 강요된 행위, 긴급피난에 따라 처벌되지 아니하는 행위로 인한 피해자는 범죄피해 구조대상에 포함되며, 정당행위, 정당방위에 해당하여 처벌되지 않는 행위 및 과실에 의한 행위로 인한 피해자는 범죄피해 구조대상에서 제외된다(범죄피해자 보호법 제3조 제1항 제4호).
② [O] 성매매, 마리화나 흡연 등 경미한 마약사용, 단순도박 등 행위는 피해자 없는 범죄(victimless crimes)에 해당한다.
③ [×] 구조대상 범죄피해란 대한민국의 영역 안에서 또는 대한민국의 영역 밖에 있는 대한민국의 선박이나 항공기 안에서 행하여진 사람의 생명 또는 신체를 해치는 죄에 해당하는 행위로 인하여 사망하거나 장해 또는 중상해를 입은 것을 말한다(범죄피해자 보호법 제3조 제1항 제4호).
④ [O] 멘델존(Mendelsohn)은 범죄피해자 유형을 피해자의 유책성(귀책성) 정도를 기준에 따라 구분하여 제시하였고, 국제적 규모의 조직을 통한 피해자학 연구의 활성화를 주장하였다.

정답 ③

02 범죄피해자에 대한 설명으로 옳지 않은 것은? 2018. 보호 7급

① 멘델존(Mendelsohn)은 범죄발생에 있어 귀책성의 정도에 따라 피해자를 구분하였고, 엘렌베르거(Ellenberger)는 심리학적 기준에 따라 피해자를 분류하였다.
② 「범죄피해자 보호법」상 범죄피해자의 개념에는 타인의 범죄행위로 피해를 당한 사람의 배우자는 포함되지 않는다.
③ 피해자는 공판절차에서 증인으로 신문을 받는 경우 자신과 신뢰관계에 있는 자의 동석을 신청할 수 있다.
④ 회복적 사법은 범죄피해자의 피해회복을 통하여 사회적 화합을 성취하고 이를 통하여 가해자에게도 사회복귀의 기회와 가능성을 높여주기 위한 프로그램이다.

해설
② [×] 범죄피해자란 타인의 범죄행위로 피해를 당한 사람과 그 배우자(사실상의 혼인관계를 포함), 직계친족 및 형제자매를 말한다(범죄피해자 보호법 제3조 제1항 제1호).
③ [○] 형사소송법 제163조의2 제1항

정답 ②

03 「범죄피해자 보호법」상 범죄피해 구조제도에 대한 설명으로 가장 적절하지 않은 것은? _{2024(74). 경위}

① 구조금은 유족구조금, 장해구조금 및 중상해구조금으로 구분하며, 일시금으로 지급한다.
② 외국인이 구조피해자이거나 유족인 경우에는 해당 국가의 상호보증이 있는 경우에만 적용한다.
③ 구조피해자가 사망할 당시에 아직 출생하지 않은 태아는 구조금을 받을 수 있는 유족의 범위에 포함되지 않는다.
④ 구조금을 받을 권리는 양도하거나 담보로 제공하거나 압류할 수 없다.

해설
① [○] 동법 제17조 제1항
② [○] 동법 제23조
③ [×] 유족의 범위에서 태아는 구조피해자가 사망할 때 이미 출생한 것으로 본다(범죄피해자 보호법 제18조 제2항).
④ [○] 동법 제32조

정답 ③

04 「범죄피해자 보호법」상 범죄피해자 구조제도에 대한 설명으로 옳은 것만을 모두 고르면? _{2019. 5급 승진}

㉠ 구조금은 유족구조금, 장해구조금 및 중상해구조금으로 구분하며, 일시금으로 지급한다.
㉡ 정당행위나 정당방위, 긴급피난에 의해 처벌되지 아니하는 행위로 인한 피해는 구조대상 범죄피해에서 제외한다.
㉢ 외국인이 구조피해자이거나 유족인 경우에도 해당 국가의 상호보증 유무와 관계없이 구조금을 지급하여야 한다.
㉣ 구조금을 받을 권리는 양도하거나 담보로 제공하거나 압류할 수 없다.
㉤ 구조금을 받을 권리는 구조대상 범죄피해가 발생한 날부터 2년간 행사하지 아니하면 시효로 인하여 소멸된다.

① ㉠, ㉣
② ㉡, ㉢
③ ㉠, ㉡, ㉣
④ ㉠, ㉣, ㉤
⑤ ㉠, ㉡, ㉢, ㉤

해설
옳은 것은 ㉠, ㉣이다.
㉠ [○] 범죄피해자 보호법 제17조 제1항
㉡ [×] 형법상 형사미성년자, 심신상실자, 강요된 행위, 긴급피난에 의해 처벌되지 아니하는 행위로 인한 피해는 구조대상 범죄피해에 포함하며, 형법상 정당행위나 정당방위에 의해 처벌되지 아니하는 행위 및 과실에 의한 행위로 인한 피해는 구조대상 범죄피해에서 제외한다(동법 제3조 제4호).
㉢ [×] 범죄피해자 보호법은 외국인이 구조피해자이거나 유족인 경우에는 해당 국가의 상호보증이 있는 경우에만 적용한다(동법 제23조).
㉣ [○] 동법 제32조
㉤ [×] 구조금을 받을 권리는 그 구조결정이 해당 신청인에게 송달된 날부터 2년간 행사하지 아니하면 시효로 인하여 소멸된다(동법 제31조).

정답 ①

05 「범죄피해자 보호법」에 대한 설명으로 옳지 않은 것은?
2014. 사시

① 유족구조금을 지급받을 수 있는 유족의 범위에서 태아는 구조피해자가 사망할 때 이미 출생한 것으로 본다.
② 범죄행위 당시 구조피해자와 가해자가 사실상 혼인관계에 있는 경우 구조금을 지급하지 않는 것이 원칙이지만, 지급하지 않는 것이 사회통념에 위배된다고 인정할 만한 특별한 사정이 있는 경우에는 구조금의 전부 또는 일부를 지급할 수 있다.
③ 국가는 구조피해자나 유족이 해당 구조대상 범죄피해를 원인으로 하여 손해배상을 받았으면 그 범위에서 구조금을 지급하지 아니한다.
④ 구조금 지급의 대상범죄는 살인, 폭행, 상해와 같은 생명과 신체에 관한 범죄 및 절도, 강도와 같은 재산범죄이다.
⑤ 구조금을 받을 권리는 그 구조결정이 해당 신청인에게 송달된 날로부터 2년간 행사하지 아니하면 시효로 인하여 소멸된다.

해설
① [O] 동법 제18조 제2항
② [O] 동법 제19조 제1항·제7항
③ [O] 동법 제21조 제1항
④ [×] 구조대상 범죄피해란 대한민국의 영역 안에서 또는 대한민국의 영역 밖에 있는 대한민국의 선박이나 항공기 안에서 행하여진 사람의 생명 또는 신체를 해치는 죄에 해당하는 행위로 인하여 사망하거나 장해 또는 중상해를 입은 것을 말한다(범죄피해자 보호법 제3조 제1항 제4호). 즉, 재산범죄는 구조대상 범죄피해에 해당하지 않는다.
⑤ [O] 동법 제31조

정답 ④

06 「범죄피해자 보호법」상 국가에 의한 범죄피해자구조금의 지급대상이 되는 경우는?
2012. 사시

① 전치 8주의 폭행치상을 당한 자가 피해의 전부를 가해자로부터 배상받은 경우
② 10억원의 사기피해를 당한 자가 가해자로부터 5억원만 배상받은 경우
③ 강도상해를 당하여 반신불수가 된 자가 가해자로부터 배상받지 못한 경우
④ 단순폭행을 당한 자가 가해자로부터 일부 배상을 받았지만 피해자가 가난하여 생계유지가 곤란한 경우
⑤ 명예훼손을 당한 자가 심한 정신적 고통을 겪다가 결국 우울증에 걸려 자살하였고, 피해자의 유족인 처는 가해자의 행방불명으로 피해를 전혀 배상받지 못한 경우

해설
① [×] 국가는 구조피해자나 유족이 해당 구조대상 범죄피해를 원인으로 하여 손해배상을 받았으면 그 범위에서 구조금을 지급하지 아니한다(동법 제21조 제1항).
② [×] 구조대상 범죄피해란 대한민국의 영역 안에서 또는 대한민국의 영역 밖에 있는 대한민국의 선박이나 항공기 안에서 행하여진 사람의 생명 또는 신체를 해치는 죄에 해당하는 행위로 인하여 사망하거나 장해 또는 중상해를 입은 것을 말한다(동법 제3조 제1항 제4호). 그러므로 재산범죄인 사기피해는 구조대상 범죄피해에 해당되지 않는다.
③ [O] 강도상해는 사람의 신체를 해치는 죄에 해당하고, 반신불수는 중상해를 입은 것에 해당하며(범죄피해자 보호법 제3조 제1항 제4호), 구조피해자가 피해의 전부 또는 일부를 배상받지 못하는 경우(동법 제16조 제1호)이므로 범죄피해자구조금의 지급대상이 된다.
④ [×] 단순폭행은 구조대상 범죄피해에 해당되지 않으며(동법 제3조 제1항 제4호), 생계유지 곤란은 구조금 지급요건이 아니다(동법 제16조).
⑤ [×] 명예훼손은 사람의 생명 또는 신체를 해치는 죄에 해당하지 않으므로 범죄피해자구조금의 지급대상이 될 수 없다(동법 제3조 제1항 제4호).

정답 ③

07 「범죄피해자 보호법」상 구조금 지급에 대한 설명으로 옳지 않은 것은? 2016. 사시

① 범죄행위 당시 구조피해자와 가해자가 사실상의 혼인관계에 있는 경우 원칙적으로 구조금을 지급하지 아니한다.
② 구조피해자나 유족이 해당 구조대상 범죄피해를 원인으로 하여 손해배상을 받았으면 그 범위에서 구조금을 지급하지 아니한다.
③ 유족구조금을 받을 유족 중 부모의 경우 양부모를 선순위로 하고 친부모를 후순위로 한다.
④ 자기 또는 타인의 형사사건의 수사 또는 재판에서 고소·고발 등 수사단서를 제공하거나 진술, 증언 또는 자료제출을 하다가 구조피해자가 된 경우에도 구조금을 지급받을 수 있다.
⑤ 외국인이 구조피해자이거나 유족인 경우 해당 국가의 상호보증 유무와 관계없이 구조금을 지급하여야 한다.

해설
① [○] 동법 제19조 제1항 제1호
② [○] 동법 제21조 제1항
③ [○] 동법 제18조 제3항
④ [○] 동법 제16조
⑤ [×] 범죄피해자 보호법은 외국인이 구조피해자이거나 유족인 경우에는 해당 국가의 상호보증이 있는 경우에만 적용한다(범죄피해자 보호법 제23조).

정답 ⑤

08 다음 중 「범죄피해자 보호법」의 구조금 지급에 관한 설명으로 가장 옳지 않은 것은? 2022. 해경 경위

① 구조피해자나 유족이 해당 구조대상 범죄피해를 원인으로 하여 손해배상을 받았으면 그 범위에서 구조금을 지급하지 아니한다.
② 유족구조금을 받을 유족 중 부모의 경우 양부모를 선순위로 하고 친부모를 후순위로 한다.
③ 외국인이 구조피해자이거나 유족인 경우에도 구조금을 지급하여야 한다.
④ 범죄행위 당시 구조피해자와 가해자가 사실상의 혼인관계에 있는 경우 원칙적으로 구조금을 지급하지 아니한다.

해설
① [○] 동법 제21조 제1항
② [○] 동법 제18조 제3항
③ [×] 범죄피해자 보호법은 외국인이 구조피해자이거나 유족인 경우에는 해당 국가의 상호보증이 있는 경우에만 적용한다(범죄피해자 보호법 제23조).
④ [○] 동법 제19조 제1항 제1호

정답 ③

09 범죄피해자 보호법령상 형사조정에 대한 설명으로 옳지 않은 것은? 2021. 보호 7급

① 피의자가 도주하거나 증거를 인멸할 염려가 있는 경우에는 형사조정에 회부하여서는 아니 된다.
② 각 형사조정사건에 대한 형사조정위원회(개별 조정위원회)는 3명 이내의 조정위원으로 구성한다.
③ 검사는 형사조정이 성립되지 아니하였다는 사정을 피의자에게 불리하게 고려하여서는 아니 된다.
④ 형사조정에 회부하는 것이 분쟁해결에 적합하다고 판단되는 경우에는 당사자의 동의가 없어도 조정절차를 개시할 수 있다.

해설

① [○] 형사조정에 회부할 수 있는 형사사건의 구체적인 범위는 대통령령으로 정한다. 다만, ㉠ 피의자가 도주하거나 증거를 인멸할 염려가 있는 경우, ㉡ 공소시효의 완성이 임박한 경우, ㉢ 불기소처분의 사유에 해당함이 명백한 경우(다만, 기소유예처분의 사유에 해당하는 경우는 제외한다)에는 형사조정에 회부하여서는 아니 된다(동법 제41조 제2항).

② [○] 형사조정위원회의 위원장은 대외적으로 형사조정위원회를 대표하고 형사조정위원회의 업무를 총괄하며, 형사조정위원 중에서 3명 이내의 형사조정위원을 지정하여 각 형사조정사건에 대한 형사조정위원회(개별 조정위원회)를 구성한다(동법 시행령 제48조 제1항).

③ [○] 검사는 형사사건을 수사하고 처리할 때 형사조정 결과를 고려할 수 있다. 다만, 형사조정이 성립되지 아니하였다는 사정을 피의자에게 불리하게 고려하여서는 아니 된다(동법 제45조 제4항).

④ [×] 형사조정절차를 개시하기 위해서는 당사자의 동의가 있어야 하며(범죄피해자 보호법 시행령 제52조 제1항), 동의권자가 제1회 형사조정절차 개시 이전까지 출석하여 또는 전화, 우편, 팩스, 그 밖의 방법으로 형사조정절차에 동의하지 않을 뜻을 명확히 한 경우에는 형사조정위원회는 담당 검사에게 사건을 회송해야 한다(동법 시행령 제52조 제2항).

▶ 당사자: 형사조정의 당사자는 피의자와 타인의 범죄행위로 피해를 당한 사람이 되는 것을 원칙으로 한다(동법 시행령 제47조).

✅ 형사조정 대상 사건(동법 시행령 제46조)

법 제41조 제2항에 따라 형사조정에 회부할 수 있는 형사사건은 다음과 같다.
1. 차용금, 공사대금, 투자금 등 개인 간 금전거래로 인하여 발생한 분쟁으로서 사기, 횡령, 배임 등으로 고소된 재산범죄 사건
2. 개인 간의 명예훼손·모욕, 경계 침범, 지식재산권 침해, 임금체불 등 사적 분쟁에 대한 고소사건
3. 제1호 및 제2호에서 규정한 사항 외에 형사조정에 회부하는 것이 분쟁 해결에 적합하다고 판단되는 고소사건
4. 고소사건 외에 일반 형사사건 중 제1호부터 제3호까지에 준하는 사건

정답 ④

---

10 「범죄피해자 보호법」상 범죄피해자를 위한 지원에 대한 설명으로 옳지 않은 것은?   2016. 보호 7급

① 국가 또는 지방자치단체는 법무부장관에게 등록한 범죄피해자 지원법인의 건전한 육성과 발전을 위하여 등록법인에 운영 또는 사업에 필요한 경비를 보조할 수 있다.

② 범죄피해구조금 지급에 관한 사항을 심의·결정하기 위하여 각 지방검찰청에 범죄피해구조심의회를 둔다.

③ 검사는 피의자와 범죄피해자 사이에 범죄피해자가 입은 피해를 실질적으로 회복하는데 필요하다고 인정되더라도 당사자의 신청이 없으면 수사 중인 형사사건을 형사조정에 회부할 수 없다.

④ 국가는 구조피해자나 유족이 해당 구조대상 범죄피해를 원인으로 하여 손해배상을 받았으면 그 범위에서 구조금을 지급하지 아니한다.

해설

① [○] 국가 또는 지방자치단체는 법무부장관에게 등록한 범죄피해자 지원법인(등록법인)의 건전한 육성과 발전을 위하여 필요한 경우에는 예산의 범위에서 등록법인에 운영 또는 사업에 필요한 경비를 보조할 수 있다(동법 제34조 제1항).

② [○] 구조금 지급에 관한 사항을 심의·결정하기 위하여 각 지방검찰청에 범죄피해구조심의회(지구심의회)를 두고 법무부에 범죄피해구조본부심의회(본부심의회)를 둔다(동법 제24조 제1항).

③ [×] 검사는 피의자와 범죄피해자(당사자) 사이에 형사분쟁을 공정하고 원만하게 해결하여 범죄피해자가 입은 피해를 실질적으로 회복하는 데 필요하다고 인정하면 당사자의 신청 또는 직권으로 수사 중인 형사사건을 형사조정에 회부할 수 있다(범죄피해자 보호법 제41조 제1항).

④ [○] 동법 제21조 제1항

정답 ③

11 「범죄피해자 보호법」상 범죄피해의 구조에 대한 설명으로 옳지 않은 것은? 2023. 보호 7급

① 범죄피해 구조금을 받을 권리는 그 구조결정이 해당 신청인에게 송달된 날부터 2년간 행사하지 아니하면 시효로 인하여 소멸된다.
② 구조대상 범죄피해를 받은 사람이 해당 범죄피해의 발생 또는 증대에 가공한 부적절한 행위를 한 때에는 범죄피해 구조금의 일부를 지급하지 아니한다.
③ 범죄피해구조심의회에서 범죄피해 구조금 지급신청을 일부기각하면 신청인은 결정의 정본이 송달된 날부터 2주일 이내에 그 범죄피해구조심의회를 거쳐 범죄피해구조본부심의회에 재심을 신청할 수 있다.
④ 범죄피해 구조금을 받은 사람이 거짓이나 그 밖의 부정한 방법으로 범죄피해 구조금을 받은 경우, 국가는 범죄피해 구조심의회 또는 범죄피해구조본부심의회의 결정을 거쳐 그가 받은 범죄피해 구조금의 전부를 환수해야 한다.

해설
① [○] 동법 보호법 제31조
② [○] 동법 제19조 제4항 제2호
③ [○] 동법 제27조 제1항
④ [×] 국가는 이 법에 따라 구조금을 받은 사람이 ㉠ 거짓이나 그 밖의 부정한 방법으로 구조금을 받은 경우, ㉡ 구조금을 받은 후 제19조(구조금을 지급하지 아니할 수 있는 경우)에 규정된 사유가 발견된 경우, ㉢ 구조금이 잘못 지급된 경우에는 범죄피해구조심의회(지구심의회) 또는 범죄피해구조본부심의회(본부심의회)의 결정을 거쳐 그가 받은 구조금의 전부 또는 일부를 환수할 수 있다(범죄피해자 보호법 제30조 제1항).

정답 ④

---

12 「범죄피해자 보호법」상 형사조정에 대한 설명으로 옳은 것은? 2018. 보호 7급

① 공소시효의 완성이 임박한 형사사건이라도 형사조정에 회부할 수 있다.
② 형사조정위원회는 2명 이상의 형사조정위원으로 구성한다.
③ 형사조정위원회는 형사조정의 결과에 이해관계가 있는 사람의 신청이 없는 한 직권으로 이해관계인을 형사조정에 참여하게 할 수 없다.
④ 기소유예처분의 사유에 해당하는 형사사건은 형사조정에 회부할 수 없다.

해설
①, ④ [×] ㉠ 피의자가 도주하거나 증거를 인멸할 염려가 있는 경우, ㉡ 공소시효의 완성이 임박한 경우, ㉢ 불기소처분의 사유에 해당함이 명백한 경우(다만, 기소유예의 사유에 해당하는 경우는 제외한다)에는 형사조정에 회부하여서는 아니 된다(동법 제41조 제2항).
② [○] 범죄피해자 보호법 제42조 제2항
③ [×] 형사조정위원회는 필요하다고 인정하면 형사조정의 결과에 이해관계가 있는 사람의 신청 또는 직권으로 이해관계인을 형사조정에 참여하게 할 수 있다(동법 제43조 제3항).

정답 ②

13 「범죄피해자 보호법」상 형사조정에 대한 설명으로 옳지 않은 것은? 2023. 보호 7급

① 검사는 피의자와 범죄피해자 사이에 형사분쟁을 공정하고 원만하게 해결하여 범죄피해자가 입은 피해를 실질적으로 회복하는 데 필요하다고 인정하면 직권으로 수사 중인 형사사건을 형사조정에 회부할 수 있다.
② 형사조정위원회는 필요하다고 인정하면 직권으로 형사조정의 결과에 이해관계가 있는 사람을 형사조정에 참여하게 할 수 있다.
③ 검사는 형사사건을 수사하고 처리할 때 형사조정이 성립되지 아니하였다는 사정을 피의자에게 불리하게 고려하여서는 아니 된다.
④ 검사는 기소유예처분 사유에 해당함이 명백한 형사사건을 형사조정에 회부하여서는 아니 된다.

해설
① [○] 검사는 피의자와 범죄피해자(당사자) 사이에 형사분쟁을 공정하고 원만하게 해결하여 범죄피해자가 입은 피해를 실질적으로 회복하는 데 필요하다고 인정하면 당사자의 신청 또는 직권으로 수사 중인 형사사건을 형사조정에 회부할 수 있다(동법 제41조 제1항).
② [○] 형사조정위원회는 필요하다고 인정하면 형사조정의 결과에 이해관계가 있는 사람의 신청 또는 직권으로 이해관계인을 형사조정에 참여하게 할 수 있다(동법 제43조 제3항).
③ [○] 검사는 형사사건을 수사하고 처리할 때 형사조정 결과를 고려할 수 있다. 다만, 형사조정이 성립되지 아니하였다는 사정을 피의자에게 불리하게 고려하여서는 아니 된다(동법 제45조 제4항).
④ [×] 형사조정에 회부할 수 있는 형사사건의 구체적인 범위는 대통령령으로 정한다. 다만, ⊙ 피의자가 도주하거나 증거를 인멸할 염려가 있는 경우, ⓒ 공소시효의 완성이 임박한 경우, ⓒ 불기소처분의 사유에 해당함이 명백한 경우(다만, 기소유예의 사유에 해당하는 경우는 제외한다)에는 형사조정에 회부하여서는 아니 된다(범죄피해자 보호법 제41조 제2항).

정답 ④

14 「범죄피해자 보호법」상 형사조정위원회에 대한 설명으로 옳지 않은 것은? 2020. 5급 승진

① 형사조정을 담당하기 위하여 각급 지방검찰청 및 지청에 형사조정위원회를 둔다.
② 형사조정위원회는 2명 이상의 형사조정위원으로 구성한다.
③ 형사조정위원은 형사조정에 필요한 법적 지식 등 전문성과 덕망을 갖춘 사람 중에서 관할 지방검찰청 또는 지청의 장이 미리 위촉한다.
④ 형사조정위원회의 위원장은 관할 지방검찰청 또는 지청의 장이 형사조정위원 중에서 위촉한다.
⑤ 형사조정위원의 임기는 3년으로 하며, 연임할 수 있다.

해설
① [○] 동법 제42조 제1항
② [○] 동법 제42조 제2항
③ [○] 동법 제42조 제3항
④ [○] 동법 제42조 제6항
⑤ [×] 형사조정위원의 임기는 2년으로 하며, 연임할 수 있다(범죄피해자 보호법 제42조 제5항).

정답 ⑤

15 배상명령에 대한 설명으로 옳지 않은 것은?
2013. 보호 7급

① 배상신청은 항소심 공판의 변론이 종결되기 전까지 피해자나 그 상속인이 신청할 수 있다. 다만, 다른 절차에 따른 손해배상 청구가 법원에 계속 중일 때에는 배상신청을 할 수 없다.
② 신청인 및 그 대리인은 재판장의 허가를 받아 소송기록을 열람할 수 있고, 공판기일에 피고인을 신문할 수 있다. 재판장이 이를 불허하는 때에는 이의신청을 할 수 있다.
③ 배상명령은 유죄판결의 선고와 동시에 하고, 배상의 대상과 금액을 유죄판결의 주문에 표시하여야 하되, 배상명령의 이유는 기재하지 않을 수 있다.
④ 유죄판결에 대한 상소가 제기된 경우에는 배상명령은 피고사건과 함께 상소심으로 이심되고, 상소심은 원심판결을 유지하는 경우에도 원심의 배상명령을 취소하거나 변경할 수 있다.

해설
① [O] 피해자(피해자나 그 상속인)는 제1심 또는 제2심 공판의 변론이 종결될 때까지 사건이 계속된 법원에 피해배상을 신청할 수 있다(동법 제26조 제1항). 피해자는 피고사건의 범죄행위로 인하여 발생한 피해에 관하여 다른 절차에 따른 손해배상 청구가 법원에 계속 중일 때에는 배상신청을 할 수 없다(동법 제26조 제7항).
② [X] 신청인 및 그 대리인은 공판절차를 현저히 지연시키지 아니하는 범위에서 재판장의 허가를 받아 소송기록을 열람할 수 있고, 공판기일에 피고인이나 증인을 신문할 수 있으며, 그 밖에 필요한 증거를 제출할 수 있다(소송촉진 등에 관한 특례법 제30조 제1항). 허가를 하지 아니한 재판에 대하여는 불복을 신청하지 못한다(동법 제30조 제2항).
③ [O] 배상명령은 유죄판결의 선고와 동시에 하여야 한다(동법 제31조 제1항). 배상명령은 일정액의 금전 지급을 명함으로써 하고 배상의 대상과 금액을 유죄판결의 주문에 표시하여야 한다. 배상명령의 이유는 특히 필요하다고 인정되는 경우가 아니면 적지 아니한다(동법 제31조 제2항).
④ [O] 유죄판결에 대한 상소가 제기된 경우에는 배상명령은 피고사건과 함께 상소심으로 이심된다(동법 제33조 제1항). 상소심에서 원심판결을 유지하는 경우에도 원심의 배상명령을 취소하거나 변경할 수 있다(동법 제33조 제4항).

정답 ②

---

16 범죄피해자와 관련한 현행 제도에 대한 설명으로 옳지 않은 것은? (다툼이 있는 경우 판례에 의함)
2020. 보호 7급

① 「소송촉진 등에 관한 특례법」제25조 제1항에 따른 배상명령은 피고사건의 범죄행위로 발생한 직접적인 물적 피해, 치료비 손해와 위자료에 대하여 피고인에게 배상을 명함으로써 간편하고 신속하게 피해자의 피해회복을 도모하고자 하는 제도이다.
② 「범죄피해자 보호법」은 피해자와 피의자 사이의 합의가 이루어졌더라도 기소유예처분의 사유에 해당함이 명백한 경우 형사조정에 회부하지 못하도록 하고 있다.
③ 「범죄피해자 보호법」상 범죄피해자란 타인의 범죄행위로 피해를 당한 사람과 그 법률상·사실상 배우자, 직계친족 및 형제자매를 말한다.
④ 「성폭력범죄의 처벌 등에 관한 특례법」에 따르면 검사는 성폭력범죄 피해자에게 변호사가 없는 경우 국선변호사를 선정하여 형사절차에서 피해자의 권익을 보호할 수 있다.

해설
① [O] 대법원 2019.1.17. 2018도17726
② [X] 검사는 불기소처분(혐의 없음, 죄가 안됨, 공소권 없음, 각하, 기소유예, 기소중지, 참고인중지)의 사유에 해당함이 명백한 경우에는 형사조정에 회부하여서는 아니 되지만, 기소유예처분의 사유에 해당하는 경우에는 형사조정에 회부할 수 있다(범죄피해자 보호법 제41조 제2항 제3호).
③ [O] 범죄피해자 보호법 제3조 제1항 제1호
④ [O] 성폭력범죄의 처벌 등에 관한 특례법 제27조 제6항

정답 ②

17 「범죄피해자 보호법」상 범죄피해 구조제도에 대한 설명으로 옳은 것은? (다툼이 있는 경우 판례에 의함)

2021. 보호 7급

① 사실혼 관계에 있는 배우자는 구조금을 받을 수 있는 유족에 포함되지 않는다.
② 유족구조금은 범죄행위로 인한 손실 또는 손해를 전보하기 위하여 지급된다는 점에서 불법행위로 인한 소극적 손해의 배상과 같은 종류의 금원에 해당하지 않는다.
③ 국가 간 상호보증과 무관하게 구조피해자나 유족이 외국인이라도 구조금 지급대상이 된다.
④ 범죄피해자 구조청구권의 대상이 되는 범죄피해에 해외에서 발생한 범죄피해의 경우를 포함하고 있지 아니한 것은 평등원칙에 위배되지 아니한다.

해설

① [×] 사실혼 관계에 있는 배우자는 구조금을 받을 수 있는 유족에 포함된다(범죄피해자 보호법 제18조 제1항 제1호).
② [×] 범죄피해자 보호법에 의한 범죄피해 구조금 중 법 제17조 제2항의 유족구조금은 사람의 생명 또는 신체를 해치는 죄에 해당하는 행위로 인하여 사망한 피해자 또는 그 유족들에 대한 손실보상을 목적으로 하는 것으로서, 위 범죄행위로 인한 손실 또는 손해를 전보하기 위하여 지급된다는 점에서 불법행위로 인한 소극적 손해의 배상과 같은 종류의 금원이라고 봄이 타당하다(대법원 2017.11.9. 2017다228083).
③ [×] 범죄피해자 보호법은 외국인이 구조피해자이거나 유족인 경우에는 해당 국가의 상호보증이 있는 경우에만 적용한다(동법 제23조).
④ [○] 범죄피해자 구조청구권을 인정하는 이유는 크게 국가의 범죄방지책임 또는 범죄로부터 국민을 보호할 국가의 보호의무를 다하지 못하였다는 것과 그 범죄피해자들에 대한 최소한의 구제가 필요하다는데 있다. 그런데 국가의 주권이 미치지 못하고 국가의 경찰력 등을 행사할 수 없거나 행사하기 어려운 해외에서 발생한 범죄에 대하여는 국가에 그 방지책임이 있다고 보기 어렵고, 상호보증이 있는 외국에서 발생한 범죄피해에 대하여는 국민이 그 외국에서 피해구조를 받을 수 있으며, 국가의 재정에 기반을 두고 있는 구조금에 대한 청구권 행사대상을 우선적으로 대한민국의 영역 안의 범죄피해에 한정하고, 향후 해외에서 발생한 범죄피해의 경우에도 구조를 하는 방향으로 운영하는 것은 입법형성의 재량의 범위 내라고 할 것이다. 따라서 범죄피해자 구조청구권의 대상이 되는 범죄피해에 해외에서 발생한 범죄피해의 경우를 포함하고 있지 아니한 것이 현저하게 불합리한 자의적인 차별이라고 볼 수 없어 평등원칙에 위배되지 아니한다(헌재 2011.12.29. 2009헌마354).

정답 ④

18 현행법상 피해자보호에 대한 설명으로 옳지 않은 것은?

① 구속적부심사를 청구한 피의자가 피해자의 생명·신체나 그 재산에 해를 가하거나 가할 염려가 있다고 믿을만한 충분한 이유가 있는 때에는 보증금납입조건부 석방의 예외사유가 된다.
② 검사는 고소사건에 관하여 공소를 제기하지 아니하는 처분을 한 경우에 피해자인 고소인의 청구가 있는 때에는 14일 이내에 고소인에게 그 이유를 서면으로 설명하여야 한다.
③ 「성폭력범죄의 처벌 등에 관한 특례법」에 의하면 성폭력범죄에 대하여는 자기 또는 배우자의 직계존속을 고소할 수 있다.
④ 「소송촉진 등에 관한 특례법」에 의하면 법원은 특정범죄에 관하여 유죄판결을 선고할 경우 피고사건의 범죄행위로 인하여 발생한 직접적인 물적 피해, 치료비 손해 및 위자료의 배상을 명할 수 있다.
⑤ 「범죄피해자 보호법」에 의하면 범죄피해자 보호·지원에 관한 기본계획 및 주요사항 등을 심의하기 위하여 법무부장관 소속으로 범죄피해자보호위원회를 둔다.

해설
① [○] '피해자, 당해 사건의 재판에 필요한 사실을 알고 있다고 인정되는 사람 또는 그 친족의 생명·신체나 재산에 해를 가하거나 가할 염려가 있다고 믿을 만한 충분한 이유가 있는 때'는 보증금납입조건부 피의자석방결정의 불허사유(형사소송법 제214조의2 제5항 제2호)에 해당한다.
② [×] 검사는 고소 또는 고발있는 사건에 관하여 공소를 제기하지 아니하는 처분을 한 경우에 고소인 또는 고발인의 청구가 있는 때에는 7일 이내에 고소인 또는 고발인에게 그 이유를 서면으로 설명하여야 한다(형사소송법 제259조).
③ [○] 성폭력범죄의 처벌 등에 관한 특례법 제18조
④ [○] 소송촉진 등에 관한 특례법 제25조 제1항
⑤ [○] 범죄피해자 보호법 제15조 제1항

정답 ②

19 「소송촉진 등에 관한 특례법」상 배상명령에 대한 설명으로 옳지 않은 것은?

① 배상명령은 유죄판결의 선고와 동시에 하여야 하며, 가집행할 수 있음을 선고할 수 있다.
② 상소심에서 원심의 유죄판결을 파기하고 피고사건에 대하여 공소기각의 재판을 할 때에는 원심의 배상명령을 취소하여야 한다.
③ 법원은 피해 금액이 특정되지 아니한 경우에도 피해자의 구조에 특히 필요한 경우에는 배상명령을 할 수 있다.
④ 배상명령이 확정된 경우 피해자는 그 인용된 금액의 범위에서 다른 절차에 따른 손해배상을 청구할 수 없다.

해설
① [○] 동법 제31조 제1항·제3항
② [○] 상소심에서 원심의 유죄판결을 파기하고 피고사건에 대하여 무죄, 면소 또는 공소기각의 재판을 할 때에는 원심의 배상명령을 취소하여야 한다. 이 경우 상소심에서 원심의 배상명령을 취소하지 아니한 경우에는 그 배상명령을 취소한 것으로 본다(동법 제33조 제2항).
③ [×] 법원은 피해 금액이 특정되지 아니한 경우에는 배상명령을 하여서는 아니 된다(소송촉진 등에 관한 특례법 제25조 제3항 제2호).
④ [○] 동법 제34조 제2항

정답 ③

제21장 | 회복적 사법

제1절 | 의의와 발전

01 응보적 사법과 회복적 사법에 대한 설명으로 가장 적절하지 않은 것은? 2023(73). 경위

① 응보적 사법은 응보, 억제, 무력화를 위한 유죄확정과 처벌을 목표로 한다.
② 회복적 사법은 범죄의 본질을 특정인 또는 지역사회에 대한 침해행위라고 본다.
③ 응보적 사법에서 피해자는 사법절차의 직접 참여자, 범죄 해결 과정의 중심인물이다.
④ 회복적 사법에서 가해자는 책임을 수용하고 배상과 교화의 대상으로 인식된다.

해설
③ [×] 응보적 사법에서 피해자는 고소인이나 기소를 위한 증인에 한정하는 것으로 인식되는 반면, 회복적 사법에서의 피해자는 사법절차의 직접 참여자로써 범죄 해결과정의 중심인물로 인식된다.

정답 ③

02 회복적 사법에 기초한 프로그램으로 가장 옳지 않은 것은? 2023. 해경 경위

① 가족집단회합
② 전자장치부착
③ 양형써클
④ 피해자와 가해자의 화해

해설
② [×] 형사사법기관과 공무원에 의해 처리 되는 전자장치부착은 지역사회 구성원에 의해 처리되는 회복적 사법과 관련이 없다. 회복적 사법에 기초한 프로그램으로는 피해자 – 가해자 중재, 양형서클, 가족집단 회합 등이 있다.

정답 ②

03 회복적 사법(Restorative Justice)에 관한 설명으로 가장 적절하지 않은 것은?

① 회복적 사법에서는 자발적인 피해자의 참여를 필요로 한다.
② 회복적 사법 프로그램으로는 피해자 – 가해자 중재, 가족회합 등이 있다.
③ 회복적 사법은 가해자에게는 엄격한 처벌을, 피해자에게는 회복을 중심으로 두고 있다.
④ 국제연합(UN)은 회복적 사법의 개념을 대면, 변환, 회복(배상) 3가지 개념으로 분류하고 있다.

해설
③ [×] 가해자에 대한 엄격한 처벌은 응징적 사법에 해당한다.

정답 ③

04 회복적 사법(Restorative Justice)에 관한 설명으로 가장 적절하지 않은 것은? 2023. 경찰1차

① 피해자, 가해자 및 지역사회 등의 참여를 중시한다.
② 중재나 협상 및 합의 등을 통해 피해자 회복과 가해자의 처벌에 그 목표를 둔다.
③ 양형서클은 피해자와 가해자를 공동체 내로 재통합하려는 시도로써 회복적 사법에 해당한다.
④ 이론적 근거로는 브레이스웨이트(Braithwaite)의 재통합적 수치이론(Reintegrative Shaming Theory)을 들 수 있다.

해설
① [O] 회복적 사법은 중재자의 도움으로 범죄로 인한 피해자와 가해자, 그 밖의 관련자 및 지역공동체가 함께 범죄로 인한 문제를 치유하고 해결하는 데에 적극적으로 참여하는 절차를 의미한다.
② [X] 범죄를 특정 개인 또는 지역사회에 대한 침해행위로 이해하며 중재나 협상, 합의 등을 통해 피해자 회복과 가해자 교화개선 등에 그 목표를 둔다.
③ [O] 양형서클(sentencing circle)모델은 회복적 사법의 주요 모델 중 하나로, 범죄상황을 정리하여 피해자와 가해자를 공동체 내로 재통합하려는 시도이다.
④ [O] 브레이스웨이트의 재통합적 수치심부여이론은 회복적 사법의 기본적 이론 틀이다. 회복적 사법을 지지할 수 있는 이론으로 레머트의 낙인이론, 퀴니와 페핀스키의 평화구축범죄학, 브레이스웨이트의 재통합적 수치심부여이론 등이 있다.

정답 ②

05 다음 ⊙과 ⓒ에 관한 설명으로 가장 적절하지 않은 것은? 2022. 경찰2차

> ⊙ 피해자에 대한 피해의 원상회복, 범죄에 대한 보상, 지역사회 내에서의 가해자와 피해자의 재통합을 추구하며, 궁극적으로는 범죄로 발생한 손상을 복구하고 나아가 범죄를 예방함으로써 미래의 손상을 감소시키고자 하는 전략을 의미한다.
> ⓒ 사법기관의 공식적 개입을 최소화함으로써 부정적 영향을 감소시키는 전략을 의미하며, 검찰 단계에서의 소년범에 대한 선도조건부 기소유예제도 등이 대표적이다.

① ⊙은 브레이스웨이트(Braithwaite)의 재통합적 수치이론(Reintegrative Shaming Theory)을 근거로 하고 있다.
② ⓒ은 리스(Reiss)와 나이(Nye)의 사회통제이론(social control theories)을 근거로 하고 있다.
③ ⊙의 대표적 프로그램으로는 피해자 - 가해자 중재(victim - offender mediation)모델, 양형서클(sentencing circles) 등이 있다.
④ ⓒ의 대표적 프로그램으로는 경찰 단계에서의 훈방, 통고처분 등이 있다.

해설
⊙은 회복적 사법에 대한 설명이고, ⓒ은 다이버전(Diversion. 전환)에 대한 설명이다.
① [O] 재통합적 수치이론은 낙인이론을 확장한 이론으로, 브레이스웨이트는 「범죄, 수치와 재통합」(1989)에서 낙인이론에 대한 실증연구의 지지가 제한적인 이유는 낙인의 종류를 제대로 구분하지 못하였기 때문이라고 주장하면서, 이에 대한 대안으로 재통합적 수치이론을 제시하였다. 이론의 핵심개념인 '수치'란 낙인이론에서의 '낙인'에 상응하는 개념으로 볼 수 있으며, 재통합적 수치는 일정한 제재를 통해 범죄자로 하여금 양심의 가책을 느끼도록 하되, 지역사회의 구성원으로 재통합하려는 노력을 병행함으로써 미래 범죄의 가능성을 줄이고자하는 의도를 포함한 수치를 의미한다. 그러므로 회복적 사법은 재통합적 수치이론을 근거로 하고 있다.
② [X] 범죄인에 대한 형사처벌 및 형집행이 낙인효과를 가져와 오히려 범죄인의 사회복귀를 힘들게 할 뿐만 아니라 범죄인의 자아의식을 왜곡시켜 재범으로 나아가게 한다는 사실이 다이버전을 모색하게 된 동기이다. 즉, 다이버전은 낙인이론의 산물이다.
③ [O] 회복적 사법의 주요 모델로는 피해자 - 가해자 중재모델, 양형서클모델, 가족집단 회합모델 등이 있다.
④ [O] 경찰단계에서 훈방, 경고, 통고처분, 보호기관 위탁 등이 있고, 검찰단계에서 기소유예, 불기소처분, 선도조건부 기소유예, 약식명령청구 등이 있으며, 법원단계에서 선고유예, 집행유예, 약식명령 등이 있다.

정답 ②

06 브레이스웨이트(Braithwaite)의 재통합적 수치이론(Reintegrative Shaming Theory)에 대한 설명으로 가장 적절하지 않은 것은?

2022(72). 경위

① 수치란 일종의 불승인 표시로서 당사자에게 양심의 가책을 느끼게 하는 것을 의미한다.
② 브레이스웨이트는 상호의존적이고 공동체 지향적인 사회일수록 재통합적 수치의 효과가 더 크다고 주장하였다.
③ 재통합적수치이론은 형사처벌의 효과에 대하여 엇갈리는 연구결과들을 통합하려는 시도의 일환이라고 할 수 있다.
④ 브레이스웨이트는 낙인으로부터 벗어나도록 하기 위한 의식, 용서의 말과 몸짓만으로는 재통합적수치가 이루어지기 어렵다고 주장하였다.

해설
① [○] 재통합적 수치이론의 핵심개념인 '수치'란 낙인이론에서의 '낙인'에 상응하는 개념으로 볼 수 있는데, 브레이스웨이트는 수치를 '불승인 표시'로서 "당사자에게 양심의 가책을 느끼게 하는 것"으로 정의하였다.
② [○] 브레이스웨이트는 상호의존적이고 공동체 지향적인 사회일수록 재통합적 수치의 효과는 더 클 것이라고 주장하였다.
③ [○] 형사처벌과 이차적 일탈 간의 관계를 살펴본 실증연구들의 결론은 일관되지 않다. 이렇듯 엇갈리는 연구결과는 형사처벌의 효과를 설명하는 두 가지 상반된 이론의 존재와 무관하지 않다. 낙인이론은 형사처벌, 즉 공식낙인이 향후 범죄 및 비행을 유발한다고 보는 반면, 전통적 억제이론은 형사처벌이 향후 범죄를 억제한다고 본다. 재통합적 수치이론은 이렇듯 엇갈리는 형사처벌의 효과에 대한 이론 및 실증연구의 결과들을 통합하고자 하는 시도의 일환이라고 볼 수 있다.
④ [×] 재통합적 수치는 제재를 가하되 범죄자라는 낙인으로부터 벗어나도록 해주기 위한 의식, 용서의 말과 몸짓 등을 수반한다. 즉, 재통합적 수치는 일정한 제재를 통해 범죄자로 하여금 양심의 가책을 느끼도록 하되, 지역사회의 구성원으로 재통합하려는 노력을 병행함으로써 미래 범죄의 가능성을 줄이고자하는 의도를 포함한 수치를 의미한다.

정답 ④

07 회복적사법에 대한 설명 중 가장 적절하지 않은 것은?

2022(72). 경위

① 최초의 공식적인 회복적사법 프로그램은 미국 오하이오 주에서 도입된 피해자-가해자 화해프로그램(victim-offender mediation)이다.
② 가족집단 회합모델(family group conference)은 뉴질랜드 마오리족의 전통에서 유래하였다.
③ 써클 모델(circle)은 아메리칸 인디언과 캐나다 원주민들에 의해 사용되던 것으로 범죄상황을 정리하여 피해자와 가해자를 공동체 내로 재통합하려는 시도이다.
④ 미국에서 시행된 가장 대규모의 회복적 사법제도는 버몬트주의 배상적 보호관찰 프로그램이다.

해설
① [×] 피해자-가해자 중재(조정) 모델은 범죄자와 피해자 사이에 제3자가 개입하여 화해와 배상 등을 중재하는 프로그램을 의미한다. 1974년 캐나다 온타리오 주의 피해자-가해자 화해 프로그램에서 시작되었으며, 가장 오래된 회복적 사법 프로그램의 모델이다.
② [○] 가족집단 회합 모델은 뉴질랜드 마오리족의 전통에 기원을 두고 있는데, 1989년 뉴질랜드의 소년범 중 마오리족 청소년들이 높은 비중을 차지하는 문제를 해결하기 위한 방안으로 「아동·청소년 및 그 가족들에 관한 법」에 의해 도입되었다.
③ [○] 써클 모델은 범죄의 상황을 정리하는 치유 써클에서 기원하며, 아메리칸 인디언과 캐나다 원주민들에 의해 사용되던 것으로 범죄상황을 정리하여 피해자와 가해자를 공동체 내로 재통합하려는 시도이다. 이 제도에 기인하여 이후 가해자 처벌과 관련하여 형사사법기관에 적절한 양형을 권고하는데 중점을 둔 제도가 양형 써클이다.

정답 ①

08 브레이스웨이트(Braithwaite)의 재통합적 수치심부여이론(Reintegrative Shaming Theory)에 대한 설명으로 옳지 않은 것은? 2022. 보호 7급

① 재통합적 수치심 개념은 낙인이론, 하위문화이론, 기회이론, 통제이론, 차별접촉이론, 사회학습이론 등을 기초로 하고 있다.
② 해체적 수치심(Disintegrative Shaming)을 이용한다면 범죄자의 재범확률을 낮출 수 있으며, 궁극적으로는 사회의 범죄율을 감소시키는 효과를 기대할 수 있다.
③ 재통합적 수치심의 궁극적인 목표는 범죄자가 자신의 잘못을 진심으로 뉘우치고 사회로 복귀할 수 있도록 그들이 수치심을 느끼게 할 방법을 찾아내는 것이다.
④ 브레이스웨이트는 형사사법기관의 공식적 개입을 지양하며 가족, 사회지도자, 피해자, 피해자 가족 등 지역사회의 공동체 강화를 중시하는 '회복적 사법(Restorative Justice)'에 영향을 주었다.

해설
② [×] 브레이스웨이트는 사회가 범죄를 감소시키기 위해서는 좀 더 효과성 있게 수치심부여를 하여야 한다고 주장하고, 이를 재통합과 거부(해체)로 나누었다. 재통합적 수치심부여는 범죄자를 사회와 결속시키기 위한 고도의 낙인을 주는 것이고, 거부적 수치심부여는 범죄자에게 명백한 낙인을 찍어 높은 수치심을 주는 것으로 전자는 범죄율이 보다 낮은 반면, 후자는 범죄율이 더 높은 결과가 초래된다고 하였다.

정답 ②

09 다음 중 회복적 사법(Restorative Justice)에 대한 설명으로 가장 옳은 것은? 2024. 해경 경위

① 회복적 사법 프로그램으로 양형 서클 모델, 피해자 - 가해자 중재모델 등이 있다.
② 회복적 사법은 범죄감소를 위한 공동 협력을 국가에게만 맡긴다.
③ 응보적 사법에서 피해자는 사법절차의 직접 참여자로서 범죄해결 과정에 중심적 역할을 담당한다.
④ 회복적 사법의 목표는 가해자의 처벌과 피해자의 회복이다.

해설
① [○] 회복적 사법의 주요 모델로는 피해자 - 가해자 중재모델, 양형서클모델, 가족집단 회합모델 등이 있다.
② [×] 중재자의 도움으로 범죄로 인한 피해자와 가해자, 그 밖의 관련자 및 지역공동체가 함께 범죄로 인한 문제를 치유하고 해결하는 데에 적극적으로 참여하는 절차를 의미한다.
③ [×] 응보적 사법에서 피해자는 고소인이나 기소를 위한 증인에 한정되는 것으로 인식되는 반면, 회복적 사법에서의 피해자는 사법 절차의 직접 참여자로써 범죄 해결과정의 중심인물로 인식된다.
④ [×] 범죄를 특정 개인 또는 지역사회에 대한 침해행위로 이해하며 중재나 협상, 합의 등을 통해 피해자 회복과 가해자 교화개선 등에 그 목표를 둔다.

정답 ①

10 회복적 사법에 대한 설명으로 옳지 않은 것은? 2023. 보호 7급

① 범죄로 인한 피해에는 지역사회가 겪는 피해가 포함된다.
② 시민에게 갈등과 사회문제의 해결에 참여하는 기회를 제공함으로써 공동체 의식을 강화하는 것을 목표로 한다.
③ 지역사회 내에서 범죄자와 그 피해자의 재통합을 추구한다.
④ 가해자는 배상과 교화의 대상으로서 책임을 수용하기보다는 비난을 수용하여야 한다.

해설
① [○] 회복적 사법의 시각에서 보면, 범죄행동은 법을 위반한 것일 뿐만 아니라 피해자와 지역사회에 해를 끼친 것이다.
② [○] 회복적 사법은 피해의 회복, 가해자의 재통합, 공동체 강화를 목표로 한다. 공동체 강화는 가해자와 피해자 모두 사건이 적절하게 마무리되었다고 느끼고 지역사회로 통합되는 것을 의미한다. 또한 시민들에게 갈등과 사회문제의 해결에 참여하는 기회를 제공함으로써 스스로 공동체 의식을 강화할 수 있도록 돕는다.
③ [○] 회복적 사법은 피해자에 대한 피해의 원상회복, 범죄에 대한 보상, 지역사회 내에서의 가해자와 피해자의 재통합을 추구하며, 궁극적으로는 범죄로 발생한 손상을 복구하고 나아가 범죄를 예방함으로써 미래의 손상을 감소시키고자 하는 전략을 의미한다.
④ [×] 응보적 사법에서 피해자는 고소인이나 기소를 위한 증인에 한정하고, 가해자는 비난을 수용하고 결과를 견디내야 하는 것으로 인식되는 반면, 회복적 사법에서 피해자는 직접참여자로써 범죄 해결과정의 중심 인물로 인식되고, 가해자는 책임을 수용하고 배상과 교화의 대상으로 인식된다.

정답 ④

11 회복적 사법(restorative justice)을 지지할 수 있는 이론으로 옳지 않은 것은? 2021. 보호 7급

① 코헨과 펠슨(Cohen & Felson)의 일상활동이론(routine activities theory)
② 레머트(Lemert)의 낙인이론(labeling theory)
③ 퀴니와 페핀스키(Quinney & Pepinsky)의 평화구축범죄학(peace-making criminology)
④ 브레이스웨이트(Braithwaite)의 재통합적 수치심부여이론(reintegrative shaming theory)

해설
① [×] 코헨(Cohen)과 펠슨(Felson)의 일상활동이론은 시간의 흐름에 따른 범죄율의 변화를 설명하기 위해 등장한 이론으로, 일상활동 유형의 구조적 변화가 동기부여된 범죄자, 적절한 범행대상 및 보호의 부재라는 세 가지 요소에 대해 시간적·공간적으로 영향을 미친다고 한다. 따라서 이것이 범죄율에 영향을 미치게 된다고 한다. 즉, 이들 세 가지 조건 중 어느 하나라도 부족하다면 범죄활동은 예방될 수 없다는 것이다. 그러므로 중재자의 도움으로 범죄로 인한 피해자와 가해자, 그 밖의 관련자 및 지역공동체가 함께 범죄로 인한 문제를 치유하고 해결하는 데에 적극적으로 참여하는 회복적 사법과는 관련이 없다.
② [○] 소년사법분야나 경미범죄자, 과실범죄자 등에 대한 부분에서 이차적 일탈의 예방에 초점이 맞추어져 많은 공헌을 하였다. 즉, 경미한 일탈에 대해서는 낙인의 방지와 제한을 통한 이차적 일탈의 예방을 목표로 비범죄화시켰으며, 공적 개입과 그로 인한 공식낙인보다는 다양한 대체처분으로 전환시켰다.
③ [○] 퀴니(Quinney)와 페핀스키(Pepinsky)는 평화구축범죄학에서 평화롭고 정의로운 사회를 실현하는 데 범죄학의 목표가 있다고 보고, 경험적 연구보다는 종교적이고 철학적인 가르침으로부터 영감을 얻는 것에 관심을 가졌다. 평화주의 범죄학의 기본적인 주제는 연락, 관심, 배려 등으로, 중재와 갈등해결, 화해 그리고 고통의 완화와 범죄를 줄이려는 노력을 통해 범죄자를 지역공동체에 재통합시켜야 한다고 주장한다.
④ [○] 회복적 사법이 재통합적 수치심이론을 그 근본 배경이론으로 삼는 이유는, 이 이론이 범죄자 하나에 초점을 두고 범죄자를 비난하는 것이 아니라, 객관적인 범죄행동에 관심을 갖고 가족, 친구, 지역사회 시민들 전체가 자발적 참여와 문제해결에 관심을 두어 실천방안을 제시하기 때문이다. 재통합적 수치는 용서의 단어나 몸짓 또는 일탈자라는 낙인을 벗겨주는 의식을 통하여 범법자가 법을 준수하고 존중하는 시민의 공동체로 돌아가도록 재통합시키는 노력을 의미한다.

정답 ①

12 회복적 사법에 대한 설명으로 옳지 않은 것은?   2012. 보호 7급

① 범죄피해자의 피해회복을 통하여 사회적 화합을 성취하고자 한다.
② 브레이스웨이트의 재통합적 수치이론(reintegrative shaming theory)은 회복적 사법의 기본적 이론 틀이다.
③ 유엔에서 분류한 회복적 사법의 세 가지 분류는 대면개념(encounter conception), 해체적 수치개념(disintegrative shaming conception), 변환개념(transformative conception)이다.
④ 회복적 사법의 목표는 사회복귀와 더불어 재범의 감소에 있다.

해설
③ [✕] 유엔에서 분류한 회복적 사법의 세 가지 분류는 대면개념, 회복(배상)개념, 변환개념이다.

☑ **재통합적 수치심부여이론**
1. 브레이스웨이트는 낙인이론, 하위문화이론, 기회이론, 통제이론, 차별적 접촉이론, 사회학습이론을 통합하였다.
2. 사회가 범죄를 감소시키기 위해서는 좀 더 효과성 있게 수치심부여를 하여야 한다고 주장하고, 이를 재통합과 거부로 나누었다. 재통합적 수치심부여는 범죄자를 사회와 결속시키기 위한 고도의 낙인을 주는 것이고, 거부적 수치심부여는 범죄자에게 명백한 낙인을 찍어 높은 수치심을 주는 것으로 전자는 범죄율이 보다 낮은 반면, 후자는 범죄율이 더 높은 결과가 초래된다고 하였다.
3. 이 관점은 지역사회에서 범죄자에게 수치심을 주는 태도 및 방법의 차이를 잘 설명하면서 회복적 사법을 지지한다.
4. 회복적 사법이 재통합적 수치심이론을 그 근본 배경이론으로 삼는 이유는, 이 이론이 범죄자 하나에 초점을 두고 범죄자를 비난하는 것이 아니라, 객관적인 범죄행동에 관심을 갖고 가족, 친구, 지역사회 시민들 전체가 자발적 참여와 문제해결에 관심을 두어 실천방안을 제시하기 때문이다.
5. 결국 피해자와 지역사회가 원하는 것이 무엇인지 논의하고 가해자에게 그 메시지를 명확하게 전달하여 가해자로 하여금 재통합적 수치심을 느끼게 하고, 가해자가 피해자의 욕구를 받아들임으로써 궁극적으로는 지역사회의 회복적 사법을 통해 재범을 예방하는 것이다.

정답 ③

13 브레이스웨이트(Braithwaite)의 재통합적 수치심부여이론(reintegrative shaming theory)에 대한 설명으로 옳지 않은 것은?   2022. 7급

① 재통합적 수치심 개념은 낙인이론, 하위문화이론, 기회이론, 통제이론, 차별접촉이론, 사회학습이론 등을 기초로 하고 있다.
② 해체적 수치심(disintegrative shaming)을 이용한다면 범죄자의 재범확률을 낮출 수 있으며, 궁극적으로는 사회의 범죄율을 감소시키는 효과를 기대할 수 있다.
③ 재통합적 수치심의 궁극적인 목표는 범죄자가 자신의 잘못을 진심으로 뉘우치고 사회로 복귀할 수 있도록 그들이 수치심을 느끼게 할 방법을 찾아내는 것이다.
④ 브레이스웨이트는 형사사법기관의 공식적 개입을 지양하며 가족, 사회지도자, 피해자, 피해자 가족 등 지역사회의 공동체 강화를 중시하는 '회복적 사법(restorative justice)'에 영향을 주었다.

해설
② [✕] 브레이스웨이트는 사회가 범죄를 감소시키기 위해서는 좀 더 효과성 있게 수치심부여를 하여야 한다고 주장하고, 이를 재통합과 거부(해체)로 나누었다. 재통합적 수치심부여는 범죄자를 사회와 결속시키기 위한 고도의 낙인을 주는 것이고, 거부적 수치심부여는 범죄자에게 명백한 낙인을 찍어 높은 수치심을 주는 것으로 전자는 범죄율이 보다 낮은 반면, 후자는 범죄율이 더 높은 결과가 초래된다고 하였다.

정답 ②

14 회복적 사법(restorative justice)에 대한 설명으로 옳지 않은 것은? 2015. 7급

① 회복적 사법은 가해자에 대한 강한 공식적 처벌과 피해의 회복을 강조한다.
② 회복적 사법은 공식적인 형사사법이 가해자에게 부여하는 오명 효과를 줄이는 대안이 될 수 있다.
③ 회복적 사법의 시각에서 보면 범죄행동은 법을 위반한 것일 뿐만 아니라 피해자와 지역사회에 해를 끼친 것이다.
④ 회복적 사법 프로그램으로는 피해자 – 가해자 중재, 가족회합 등이 있다.

해설
① [×] 회복적 사법은 피해자와 가해자의 합의와 조정을 강제하는 것이 아니라 가해자와 피해자의 깨어진 신뢰를 회복하도록 유도하는 것으로, 비공식적 절차를 통한 범죄자의 책임감 강조와 집단적 갈등의 해결에 역점을 둔다. 공식적 절차(국가에 의한 것)에 의한 처벌은 응징적 사법을 의미한다.

정답 ①

15 형사사법정책의 새로운 방향으로서 회복적 사법(Restorative Justice)에 대한 설명으로 옳지 않은 것은 몇 개인가? 2012. 9급

㉠ 회복적 사법의 핵심가치는 피해자, 가해자 욕구뿐만 아니라 지역사회 욕구까지 반영하는 것이다.
㉡ 범죄를 개인 대 국가의 갈등으로 인식한다.
㉢ 회복적 사법은 범죄가 발생하는 여건·환경에 관심을 둔다.
㉣ 회복적 사법은 범죄로 인한 손해의 복구를 위해 중재, 협상, 화합의 방법을 강조한다.
㉤ 회복적 사법은 범죄자의 교화개선이라는 교정의 이념을 실현시키기 위해 등장했으며 피해자 권리운동의 발전과는 관련이 없다.

① 1개 ② 2개
③ 3개 ④ 4개

해설
옳지 않은 것은 ㉡, ㉤ 2개이다.
원상회복주의 또는 보상주의와 회복주의로 불리는 현대적 처벌관으로 1970년대 후반에 이글래시(Albert Eglash)가 처음 사용한 용어에서 비롯되었다. 과거 응징적·강제적·사후대응적 사법제도에 대한 반성에서 출발하여 범죄자들로 하여금 보다 생산적이고 책임감 있는 시민이 되도록 능력개발이 이루어져야 한다는 목표를 지향하는 적극적인 형사패러다임의 강조사상으로 일반적인 형사사법보다는 소년사법에서 중시되고 있다.
회복적 사법의 핵심가치는 피해자, 가해자 욕구뿐만 아니라 지역사회 욕구까지 반영하는 것이며 범죄가 발생하는 여건·환경에 관심을 둔다. 범죄로 인한 손해의 복구를 위해 중재, 협상, 화합의 방법을 강조하며 피해자 권리운동의 발전과 관련이 깊다. 개인 대 국가의 갈등으로 범죄를 인식한 것은 응징적 사법이다.

정답 ②

16 회복적 사법에 대한 설명으로 옳지 않은 것은? 2013. 보호 7급

① 회복적 사법은 지역사회의 피해를 복구하고 사회적 화합을 도모할 수 있다.
② 회복적 사법은 가해자에게 진심으로 반성할 수 있는 기회를 제공함으로써 재사회화에도 도움이 된다.
③ 회복적 사법은 회복목표가 명확하고 재량이 광범위하여 평가 기준이 가변적이라는 장점이 있다.
④ 회복적 사법은 형사화해를 통해 형벌이 감면되는 경우 낙인 효과를 경감시킬 수 있다.

해설
③ [×] 회복적 사법은 회복목표가 불명확하고 재량이 광범위하여 평가기준이 가변적이라는 문제가 있다.

정답 ③

제2절 | 회복적 사법 법제

01 소년법령상 화해권고제도에 대한 설명으로 옳지 않은 것은? 2021. 보호 7급

① 소년부 판사는 소년의 품행을 교정하고 피해자를 보호하기 위하여 필요하다고 인정하면 소년에게 피해 변상 등 피해자와의 화해를 권고할 수 있다.
② 소년부 판사는 피해자와의 화해를 위하여 필요하다고 인정하면 기일을 지정하여 소년, 보호자 또는 참고인을 소환할 수 있다.
③ 소년부 판사는 소년이 화해권고에 따라 피해자와 화해하였을 경우에는 보호처분을 결정할 때 이를 고려할 수 있다.
④ 소년부 판사는 심리를 시작하기 전까지 화해를 권고할 수 있고, 화해권고기일까지 소년, 보호자 및 피해자의 서면 동의를 받아야 한다.

해설
① [○] 소년법 제25조의3 제1항
② [○] 동법 제25조의3 제2항
③ [○] 동법 제25조의3 제3항
④ [×] 소년부 판사는 보호처분을 하기 전까지 화해를 권고할 수 있다. 이 경우 화해를 권고하기 위한 기일(화해권고기일)까지 소년, 보호자 및 피해자(피해자가 미성년자인 경우 그 보호자도 포함)의 서면에 의한 동의를 받아야 하며(소년심판규칙 제26조의2 제1항), 소년, 보호자 및 피해자는 화해권고절차가 종료할 때까지 동의를 서면에 의하여 철회할 수 있다(동 규칙 제26조의2 제2항).

정답 ④

MEMO

해커스경찰
police.Hackers.com

제5편
범죄예측과 범죄예방론

제22장 범죄예측
제23장 범죄예방

제22장 | 범죄예측

제1절 | 개관

01 범죄예측의 네 가지 요소에 관한 설명으로 가장 적절한 것은? 2024. 경찰2차

① 경제성: 예측이 과학적으로 이루어져서 예측자가 누가 되더라도 결과가 동일해야 한다.
② 객관성: 예측방법과 결과가 쉽게 이해될 수 있어야 한다.
③ 단순성: 예측에 소요되는 비용과 시간이 과다하지 않아야 한다.
④ 타당성: 예측의 목적에 따라서 예측이 합목적적 방법으로 수행되는 것을 의미한다.

해설
① [×] 객관성에 대한 설명이다. 판단자의 주관을 배제하고 과학적으로 이루어져서 누가 예측을 하더라도 동일한 결과가 나오도록 신뢰성이 담보되어야 한다.
② [×] 단순성에 대한 설명이다.
③ [×] 경제성에 대한 설명이다.
④ [○] 타당성에 대한 설명이다. 예측의 목적에 따라 합목적적 방법으로 예측이 수행되어야 한다.

정답 ④

02 특정한 개인의 범행가능성에 대한 범죄예측의 문제점 및 한계에 대한 설명으로 가장 적절하지 않은 것은? 2024(74). 경위

① 아직 발생하지 않은 미래에 대한 예측을 근거로 불이익한 처우를 하는 것은 죄형법정주의나 책임원칙에 반할 수 있다.
② 기술적인 측면에서 100%의 정확도를 가진 예측은 현실적으로 불가능하므로, 오류 긍정(False Positive)과 오류 부정(False Negative)의 잘못된 결과가 나타날 가능성이 있다.
③ 예측 항목에 성별, 직업, 소득수준 같은 개인의 사회·경제적 지위와 관련된 내용이 포함되는 경우에, 이로 인해 차별대우 등 공평한 사법처리에 반하는 윤리적 문제가 발생할 수 있다.
④ 범죄예측은 형사사법 절차 중 예방 및 재판 단계에서는 유용하나, 수사 및 교정 단계에서는 유용하지 않다.

해설
④ [×] 범죄예측은 예방단계 예측과 수사·재판·교정단계의 예측이 있다. 예방단계의 예측은 주로 소년범죄 예측에 사용되는데 잠재적인 비행소년을 식별함으로써 비행을 미연에 방지하고자 하는 방법이다. 수사단계의 예측은 경찰·검찰이 범죄자나 비행자에 대한 수사를 종결하면서 내릴 처분내용을 결정할 때 사용하는 예측을 말하며, 재판단계의 예측은 재판단계에서 유무죄 판결이나 처분의 종류를 정하는 과정에서의 예측은 양형책임을 결정하는 중요한 수단으로 작용하며, 재범예측과 적응예측이 있고, 교정단계의 예측은 주로 가석방 시 예측으로 교도소 및 소년원에서 가석방 및 임시퇴원을 결정할 때 그 대상자의 누범 및 재범위험성을 예측하는 것이다.

정답 ④

제2절 | 형사사법 각 단계별 범죄예측

01 범죄예측에 관한 내용으로 가장 적절하지 않은 것은? 2023(73). 경위

① 범죄예측은 크게 범죄사건예측, 범죄자예측, 범죄자신원(동일성)예측, 피해자예측 등 4가지 영역으로 구분된다.
② 현재 우리나라 경찰청에서는 CCTV를 활용한 AI인식시스템으로 프리카스(Pre-CAS)를 활용하고 있다.
③ 범죄를 예측하고 경찰활동에 체계적으로 적용한 미국 내 최초의 사례는 뉴욕경찰국(NYPD)의 공간지각시스템(DAS)이다.
④ 미국 법무부산하 국립사법연구소(NIJ)는 예측적 경찰활동이란 "다양한 분석기법을 활용하여 경찰개입이 필요한 목표물을 통계적으로 예측함으로써 범죄를 예방하거나 해결하는 제반활동"이라고 정의하였다.

해설
③ [×] 범죄를 예측하고 경찰활동에 체계적으로 적용한 미국 내 최초의 사례는 미국 캘리포니아주 LA경찰국(LAPD)과 산타크루즈 경찰서(SCPD)에서 시행한 프레드폴(PredPol)로 알려져 있다.

정답 ③

02 범죄예측에 관한 설명으로 옳은 것은 모두 몇 개인가? 2023. 경찰2차

> ㉠ 범죄예측이란 예방, 수사, 재판, 교정의 각 단계에서 잠재적 범죄자의 범행가능성이나 범죄자의 재범가능성을 판단하는 것이다.
> ㉡ 버제스(Burgess)는 가중실점방식이라는 조기예측법을 소개하였다.
> ㉢ 교정단계의 예측은 가석방 여부와 가석방 시기를 결정하기 위해 필요하다.
> ㉣ 우리나라에서 범죄예측은 청소년의 재범을 예측하기 위해서 시작되었다.

① 0개 ② 1개
③ 2개 ④ 3개

해설
옳은 것은 ㉠, ㉢, ㉣ 3개이다.
㉠ [O] 범죄예측이란 범죄를 저지를 가능성이 있는 사람 또는 범죄자를 대상으로 추후 범죄개연성을 사전에 판별하는 활동을 의미한다. 즉 범죄예방, 수사, 재판, 교정의 각 단계에서 잠재적 범죄자의 범행가능성이나 범죄자의 재범 가능성을 판단하는 것이다.
㉡ [×] 버제스(Burgess)는 1928년 일리노이 주에서 3,000명의 가석방자를 대상으로 21개의 인자를 분석하여 공통점을 추출함으로써 경험표에 해당하는 예측표(실점부여방식)를 작성하였고, 글룩(Glueck)부부는 1940년대 메사추세츠 주의 비행소년 500명과 보스턴의 일반소년 500명에 대해 약 300개의 인자를 가지고 비교 연구하여, 아버지의 훈육, 어머니의 감독, 아버지의 애정, 어머니의 애정, 가족의 결집력 등 다섯 가지 요인을 가중실점방식(특정항목의 점수를 가중하거나 감점하는 방식)에 의한 조기예측법을 소개하였다.
㉢ [O] 교정단계의 예측은 주로 가석방 시 예측으로 교도소 및 소년원에서 가석방 및 임시퇴원을 결정할 때 그 대상자의 누범 및 재범 위험성을 예측하는 것이다. 석방 시 사후관리, 사회보호를 위한 보호관찰이나 갱생보호의 위탁 등의 결정에 필요한 예측을 포함한다.
㉣ [O] 글룩부부의 범죄예측이 전파되면서 우리나라에서도 청소년들의 재범을 예측하고자 하는 몇 개의 연구가 수행되었다. 이러한 연구의 대부분은 주로 비행소년문제를 실제 관리하는 실무가들에 의해 실시되었다.

정답 ④

03 범죄예측에 대한 설명으로 옳지 않은 것은? 2018. 보호 7급

① 수사단계에서의 범죄예측은 수사를 종결하면서 범죄자에 대한 처분을 내리는 데에 중요한 역할을 할 수 있다.
② 범죄예측은 재판단계 및 교정단계에서도 행해지지만 교정시설의 과밀화 현상을 해소하는 데는 기여할 수 없다.
③ 범죄예측의 방법 중 '임상적 예측법(경험적 예측법)'은 대상자의 범죄성향을 임상전문가가 종합분석하여 대상자의 범죄가능성을 판단하는 것이므로 대상자의 특성을 집중관찰할 수 있는 장점이 있다.
④ 범죄예측의 방법 중 '통계적 예측법'은 여러 자료를 통하여 범죄예측요인을 수량화함으로써 점수의 비중에 따라 범죄 또는 비행을 예측하는 것으로 점수법이라고도 한다.

해설
② [×] 수사종결처분, 양형의 산정, 가석방 결정 등에 필요한 범죄예측은 교정시설의 과밀화 현상을 해소하는 데에 기여될 수 있다.

정답 ②

04 다음 중 범죄예측에 대한 설명으로 가장 옳지 않은 것은? 2022. 해경 경위

① 수사단계에서의 범죄예측은 수사를 종결하면서 범죄자에 대한 처분을 내리는 데에 중요한 역할을 할 수 있다.
② 통계적 예측방법은 여러 자료를 통하여 범죄예측 요인을 수량화함으로써 점수의 비중에 따라 범죄 또는 비행을 예측하는 것으로 점수법이라고도 한다.
③ 임상적 예측방법은 전문가의 개인적 판단을 배제할 수 있는 장점이 있다.
④ 글룩(Glueck) 부부는 범죄예측과 관련하여 가중실점방식이라는 조기예측법을 소개하였다.

해설
① [○] 수사단계에서의 범죄예측은 경찰·검찰이 범죄자나 비행자에 대한 수사를 종결하면서 내릴 처분내용을 결정할 때 사용하는 예측을 말한다. 기소 또는 기소유예처분 여부, 소년의 경우에는 가정법원 송치나 훈계결정 등 주로 장래의 수사방향이나 재판가능성 등을 내다보는 것으로 매우 중요한 의미를 가진다.
② [○] 통계적 예측방법은 점수법이라고도 하며, 여러 자료를 통하여 범죄예측요인을 수량화함으로써 점수의 비중에 따라 범죄나 비행을 예측하는 방법으로 예측표를 작성하여 활용된다. 누구나 쉽게 사용할 수 있고(전문가의 개입을 요하지 않는다), 객관적 기준에 의해 실효성·공평성이 높으며 비용도 절감된다.
③ [×] 임상적 예측방법은 정신건강의학과 의사나 범죄심리학자가 행위자의 성격분석을 위한 조사와 관찰, 임상실험의 도움을 통해 내리는 예측을 말한다. 각 개인에 내재하는 특수성이나 특이성을 집중적으로 관찰할 수 있다.
④ [○] 글룩(Glueck)부부는 1940년대 메사추세츠 주의 비행소년 500명과 보스턴의 일반소년 500명에 대해 약 300개의 인자를 가지고 비교 연구하여, 아버지의 훈육, 어머니의 감독, 아버지의 애정, 어머니의 애정, 가족의 결집력 등 다섯 가지 요인을 가중실점방식(특정항목의 점수를 가중하거나 감점하는 방식)에 의한 조기예측법을 소개하였다.

정답 ③

제3절 | 범죄예측의 분류와 한계

01 범죄예측에 관한 설명 중 가장 옳지 않은 것은? 2023. 해경 경위

① 범죄예측은 사실상 범죄자의 재범위험성에 대한 예측이기 때문에, 브랜팅햄(Brantingham)과 파우스트(Faust)의 범죄예방모형에 따르면, 3차적 범죄예방에 해당한다.
② 전체적 평가법은 대상자의 소질과 인격 전체에 대한 구체적 상황을 종합분석하여 그 사람의 범죄성향을 임상적 경험에 의하여 예측하는 방법이다.
③ 통계적 예측법은 여러 자료를 통하여 범죄예측 요인을 수량화함으로써 점수의 비중에 따라 범죄 또는 비행을 예측하는 것이다.
④ 1928년에 버제스(E.W. Burgess)는 '경험표'라고 불렀던 예측표를 작성하여 객관적인 범죄예측의 기초를 마련하였다.

해설
① [×] 범죄예측이란 범죄를 저지를 가능성이 있는 사람 또는 범죄자를 대상으로 추후 범죄개연성을 사전에 판별하는 활동을 의미한다. 즉, 범죄예방, 수사, 재판, 교정의 각 단계에서 잠재적 범죄자의 범행가능성이나 범죄자의 재범 가능성을 판단하는 것이다.
② [○] 전체적 평가법은 예측자의 직관적 예측능력을 토대로 하는 예측방법으로, 실무에서 자주 사용되는 방법이다. 인간의 보편적 예측능력, 판사·검사·교도관 등 범법자를 대상으로 한 직업경험이 중요한 역할을 한다.
③ [○] 통계적 예측법은 전체적 평가법에서 범하기 쉬운 객관성 문제를 개선하기 위해 개발된 방법이다. 여러 자료를 통하여 범죄예측요인을 수량화함으로써 점수의 비중에 따라 범죄나 비행을 예측하는 방법으로 예측표를 작성하여 활용된다.
④ [○] 버제스(Burgess)는 1928년 일리노이 주에서 3,000명의 가석방자를 대상으로 21개의 인자를 분석하여 공통점을 추출함으로써 경험표에 해당하는 예측표(실점부여방식)를 작성하였다.

정답 ①

02 다음의 내용은 범죄예측 방법 중 어느 것에 해당되는가? 2022(72). 경위

> 정신과 의사나 범죄학을 교육받은 심리학자가 행위자의 성격 분석을 위한 조사와 관찰 등을 토대로 내리는 예측을 말한다.
> 대상자에게 내재되어 있는 특성을 집중적으로 관찰할 수 있는 장점이 있는 반면, 판단자의 자료해석 오류가능성이나 주관적 평가가 개입될 위험으로 인해 객관성이 결여될 수 있고, 비용이 많이 든다는 단점이 있다.

① 전체적 관찰법(직관적 관찰법)
② 경험적 개별예측(임상적 예측법)
③ 점수법(통계적 예측법)
④ 구조예측(통합적 예측법)

해설
① [×] 예측자의 직관적 예측능력을 토대로 하는 예측방법으로, 실무에서 자주 사용되는 방법이다. 인간의 보편적 예측능력, 판사·검사·교도관 등 범법자를 대상으로 한 직업경험이 중요한 역할을 한다.
② [○] 범죄예측 방법 중 경험적 개별예측(임상적 예측법)에 대한 설명이다.
③ [×] 전체적 평가법에서 범하기 쉬운 객관성 문제를 개선하기 위해 개발된 방법이다. 여러 자료를 통하여 범죄예측요인을 수량화함으로써 점수의 비중에 따라 범죄 또는 비행을 예측하는 방법으로 예측표를 작성하여 활용된다.
④ [×] 직관적 방법과 통계적 예측방법을 조합하여 각각의 단점을 보완하고자 하는 방법이다.

정답 ②

03 범죄예측에 대한 설명으로 옳은 것은?

2020. 교정 7급

① 전체적 평가법은 통계적 예측법에서 범하기 쉬운 객관성 문제를 개선하기 위해 개발된 방법이다.
② 통계적 예측법은 범죄자의 소질과 인격에 대한 상황을 분석하여 범죄자의 범죄성향을 임상적 경험에 의하여 예측하는 방법이다.
③ 버제스(E. W. Burgess)는 경험표(Experience Table)라 불렸던 예측표를 작성·활용하여 객관적인 범죄예측의 기초를 마련하였다.
④ 가석방시의 예측은 교도소에서 가석방을 결정할 때 수용생활 중의 성적만을 고려하여 결정한다.

해설

① [×] 통계적 예측법은 전체적 평가법에서 범하기 쉬운 객관성 문제를 개선하기 위해 개발된 방법이다.
② [×] 전체적 평가법 또는 임상적 예측법에 대한 설명이다.
  통계적 예측법은 여러 자료를 통하여 범죄예측요인을 수량화함으로써 점수의 비중에 따라 범죄를 예측하는 것이다.
③ [○] 버제스(Burgess)는 1928년 일리노이주에서 3,000명의 가석방자를 대상으로 21개의 인자를 분석하여 공통점을 추출함으로써 경험표에 해당하는 예측표(실점부여방식)를 작성하였다.
④ [×] 가석방시의 예측은 가석방을 결정할 때 그 대상자의 재범위험성 등을 예측하는 것으로, 과거에는 수용생활 중의 성적을 위주로 하여 가석방 여부를 결정하였으나, 최근에는 수용성적뿐만 아니라 사회복귀 후의 환경 등을 고려하여 가석방 여부를 결정한다.

정답 ③

04 범죄예측에 대한 설명으로 옳은 것을 모두 고른 것은?

2016. 사시

㉠ 범죄예측이란 예방, 수사, 재판, 교정의 각 단계에서 잠재적 범죄자의 범행가능성이나 범죄자의 재범가능성을 판단하는 것이다.
㉡ 통계적 예측법은 범죄자의 특징을 계량화하여 그 점수에 따라 범죄행동을 예측하므로 실효성이 높고, 비교적 공평하며, 예측비용이 절감되는 장점이 있다.
㉢ 임상적 예측법은 정신과 의사나 범죄심리학자가 조사와 관찰 등에 의해 행위자의 성격분석을 토대로 내리는 예측이므로 판단자의 자료해석의 오류나 주관적 평가가 개입할 위험이 있다.
㉣ 글룩(Glueck)부부는 범죄예측과 관련하여 특정항목의 점수를 가중하거나 감점하는 '가중실점방식'이라는 조기예측법을 소개하였다.

① ㉠, ㉡
② ㉠, ㉣
③ ㉡, ㉢
④ ㉠, ㉢, ㉣
⑤ ㉠, ㉡, ㉢, ㉣

해설

모두 옳은 설명이다.
㉠ [○] 범죄예측이란 범죄를 저지를 가능성이 있는 사람 또는 범죄자를 대상으로 추후 범죄개연성을 사전에 판별하는 활동을 의미하며, 범죄자나 비행소년을 조사하여 그 장래의 범죄나 비행을 예측하는 것으로 사회적 예후라고도 한다.
㉡ [○] 통계적 예측법은 전체적 평가법에서 범하기 쉬운 객관성 문제를 개선하기 위해 개발된 방법이다. 여러 자료를 통하여 범죄예측요인을 수량화함으로써 점수의 비중에 따라 범죄 또는 비행을 예측하는 방법으로 예측표를 작성하여 활용된다.
㉢ [○] 임상적 예측법은 판단자의 주관적 평가의 개입가능성이 있어 객관성이 결여될 수 있고, 판단자의 자료해석의 오류가능성, 비용이 많이 소요된다.
㉣ [○] 글룩(Glueck)부부는 1940년대 메사추세츠주의 비행소년 500명과 보스턴의 일반소년 500명에 대해 약 300개의 인자를 가지고 비교 연구하여, 아버지의 훈육, 어머니의 감독, 아버지의 애정, 어머니의 애정, 가족의 결집력 등 다섯 가지 요인을 가중실점방식(특정항목의 점수를 가중하거나 감점하는 방식)에 의한 조기예측법을 소개하였다.

정답 ⑤

05 범죄예측에 대한 설명으로 옳지 않은 것은? 2016. 5급 승진

① 재판단계에서의 예측은 효율적인 양형산정의 기준이 될 수 있다.
② 교정단계에서는 주로 가석방시 예측이 중요하다.
③ 통계적 예측방법은 범죄자의 특징을 계량화하여 그 점수의 많고 적음에 따라 장래의 범죄활동을 예측하는 것이다.
④ 임상적 예측방법은 판단자의 주관적 평가를 배제하고 객관성을 확보할 수 있는 장점이 있다.
⑤ 통계적 예측방법은 이미 만들어진 판정척도를 사용하므로 전문가의 개입을 요하지 않고 예측을 할 수 있는 장점이 있다.

해설
④ [×] 임상적 예측법은 판단자의 주관이 개입되기 쉬워 객관성이 결여될 수 있다는 단점이 있다.

정답 ④

06 범죄예측에 대한 설명으로 옳지 않은 것을 모두 고른 것은? 2016. 보호 7급

> ㉠ 글룩(Glueck) 부부는 아버지의 훈육, 어머니의 감독, 아버지의 애정, 어머니의 애정, 가족의 결집력 등 다섯 가지 요인으로 구분하여 범죄예측표를 작성하였다.
> ㉡ 통계적 예측법은 많은 사례를 중심으로 개발된 것이기 때문에 개별 범죄자의 고유한 특성이나 편차를 충분히 반영할 수 있다는 장점이 있다.
> ㉢ 직관적 예측법은 실무에서 자주 사용되는 방법이지만, 이는 판단자의 주관적 입장에 의존한다는 점에서 비판을 받는다.
> ㉣ 예방단계의 예측은 주로 소년범죄 예측에 사용되는데 잠재적인 비행소년을 식별함으로써 비행을 미연에 방지하고자 하는 방법이다.
> ㉤ 재판단계에서 행해지는 예측은 주로 가석방결정에 필요한 예측이다.

① ㉠, ㉢
② ㉠, ㉣
③ ㉡, ㉢
④ ㉡, ㉤

해설
옳지 않은 것은 ㉡, ㉤이다.
㉠ [O] 다섯 가지 요인을 가중실점방식(특정항목의 점수를 가중하거나 감점하는 방식)에 의한 범죄예측표를 작성하였다.
㉡ [×] 통계적 예측방법은 개인의 다양성을 지나치게 단순화하여 재범가능성 판단에서는 임상적 예측법보다 예측력이 부족하다.
㉢ [O] 직관적 예측방법은 형사사법종사자들의 직업경험 등에 의한 인간의 보편적인 직관적 예측능력에 기초한 예측으로, 전문성의 결여 및 객관적 기준확보가 곤란하고 허위긍정의 예측오류가능성이 높다.
㉣ [O] 조기예측은 특정인에 대해 범행 이전에 미리 그 위험성을 예측하는 것을 말한다. 잠재적 비행자를 조기에 식별하여 위험한 사람을 분류함으로써 범죄예방에 도움을 주기 위한 목적을 가지고 있어 사법예측이 아니라는 특징이 있다.
㉤ [×] 재판단계예측은 재범예측과 적응예측이 있으며, 가장 중요한 양형의 기준(효율적인 양형산정의 기준)이 되며 처우의 개별화를 위해서도 필요하다.

정답 ④

07 다음 중 범죄예측에 대한 설명으로 가장 옳은 것은?

2024. 해경 경위

① 워너(Warner)는 '경험표'라고 불린 예측표를 작성하여 객관적인 범죄예측에 기초를 마련하였다.
② 예측방법 중 '통계적 예측'은 실무에서 가장 많이 사용되는 방법으로, 판단자의 주관적 평가가 개입되어 자료를 객관적으로 분석할 수 있는 장점이 있다.
③ 미래에 범죄를 범할 것이라고 예측하였으나 실제로는 범죄를 저지르지 않은 '오류부정(false negative)'의 경우 개인의 자유가 부당하게 침해된다는 단점이 있다.
④ 수사단계에서의 소년사건에 대한 범죄예측은 수사 종료 시 비행소년 처우 결정의 기초 자료가 된다.

해설
① [×] 버제스(Burgess)는 1928년 일리노이 주에서 3,000명의 가석방자를 대상으로 21개의 인자를 분석하여 공통점을 추출함으로써 경험표에 해당하는 예측표(실점부여방식)를 작성하여 객관적인 범죄예측에 기초를 마련하였다.
② [×] 통계적 예측은 전체적 평가법에서 범하기 쉬운 객관성 문제를 개선하기 위해 개발된 방법으로, 여러 자료를 통하여 범죄예측 요인을 수량화함으로써 점수의 비중에 따라 범죄 또는 비행을 예측하는 것이다. 누구나 쉽게 사용할 수 있고(전문가의 개입을 요하지 않는다), 객관적 기준에 의해 실효성·공평성이 높으며 비용도 절감된다.
③ [×] 미래에 범죄를 범할 것이라고 예측하였으나 실제로는 범죄를 저지르지 않은 잘못된 긍정(오류 긍정. false positive)의 경우 개인의 자유가 부당하게 침해되는 요인이 되며, 미래에 범죄가 없을 것이라고 예측하였으나 실제로는 범죄를 저지르는 잘못된 부정(오류 부정. false negative)의 경우 사회와 구성원의 안전에 위협이 될 수 있다.
④ [○] 수사단계에서의 예측은 경찰·검찰이 범죄자나 비행자에 대한 수사를 종결하면서 내릴 처분내용을 결정할 때 사용하는 예측을 말한다. 범죄자나 비행소년에 대한 위험성 판정을 전제로 하며, 이에 대한 적정한 예측은 수사종결 후 처분 선정을 하는 데 있어서 중요한 역할을 한다.

정답 ④

제23장 | 범죄예방

제1절 | 범죄예방의 의의와 범죄예방모델

01 범죄예방과 형사사법제도의 비교에 관한 설명으로 가장 적절한 것은? 2024. 경찰2차

① 범죄예방은 사후 대응적(reactive)인 반면, 형사사법제도는 사전 예방적(proactive)이다.
② 범죄예방의 범주는 범죄행동에 중점을 두는 반면, 형사사법제도는 범죄행동뿐 아니라 범인성, 두려움 등에도 중점을 둔다.
③ 범죄예방의 접근방법은 개입에만 중점을 두는 반면, 형사사법제도는 개입뿐 아니라 예측 및 평가도 포함한다.
④ 범죄예방은 비공식적 사회통제에 중점을 두는 반면, 형사사법제도는 공식적 사회통제에 중점을 둔다.

해설
① [×] 형사사법제도는 사후 대응적인 반면, 범죄예방은 사전 예방적이다.
② [×] 형사사법제도의 범주는 범죄행동에 중점을 두는 반면, 범죄예방의 범주는 범죄행동뿐 아니라 범인성, 두려움 등에도 중점을 둔다.
③ [×] 형사사법제도의 접근방법은 개입에만 중점을 두는 반면, 범죄예방의 접근방법은 개입뿐 아니라 예측 및 평가도 포함한다.
④ [O] 형사사법제도는 공식적 사회통제에 중점을 두는 반면, 범죄예방은 비공식적 사회통제에 중점을 둔다.

정답 ④

02 범죄대책과 예방에 관한 내용으로 가장 적절하지 않은 것은? 2023(73). 경위

① 제프리(Jeffery)는 범죄예방이란 범죄발생 이전의 활동이며, 범죄행동에 대한 직접적 통제이며, 개인의 행동에 초점을 맞추는 것이 아니라 개인이 속한 환경과 그 환경내의 인간관계에 초점을 맞춰야 하며, 인간의 행동을 연구하는 다양한 학문을 배경으로 하는 것이라고 하였다.
② 브랜팅햄과 파우스트(Brantingham & Faust)는 범죄예방을 1차적 범죄예방, 2차적 범죄예방, 3차적 범죄예방으로 나누었다.
③ 제프리(Jeffery)는 범죄예방모델로 범죄억제모델(Deterrent Model), 사회복귀모델(Rehabilitation Model), 환경공학적 범죄통제모델(Crime Control Through Environmental Engineering)을 제시하였으며, 세 가지 모델은 상충관계에 있다.
④ 랩(Lab)은 범죄예방의 개념을 실제의 범죄발생 및 시민의 범죄에 대해서 가지는 두려움을 제거하는 활동이라고 하였다.

해설
③ [×] 제프리(Jeffery)는 범죄대책모델로 범죄억제모델, 사회복귀모델, 환경개선을 통한 범죄예방모델을 제시하였으며, 이 세 가지 모델은 상호보완관계에 있다.

정답 ③

03 다음 중 범죄예방에 관한 설명으로 가장 옳지 않은 것은?

2022. 해경 경위

① '상황적 범죄예방 모델'은 범죄기회를 감소시키는 것만으로는 범죄를 예방하는 데 한계가 있다는 생각에서 출발한다.
② '범죄자 치료와 갱생을 통한 사회복귀모델'은 주로 형집행단계에서 특별예방의 관점을 강조하고 있다.
③ '형벌을 통한 범죄억제모델'은 범죄예방의 효과를 높이기 위해서 처벌의 신속성, 확실성, 엄격성을 요구한다.
④ '환경설계를 통한 범죄예방'은 주택 및 도시설계를 범죄예방에 적합하도록 구성하려는 생각이다.

해설
① [×] 범죄행위에 대한 위험과 어려움을 높여 범죄기회를 줄임으로써 범죄예방을 도모하려는 방법을 상황적 범죄예방모델이라고 한다. 범죄예방은 특별한 범죄기회를 감소시킴으로써 성취될 수 있다는 것이 상황적 범죄예방모델이다. 범죄예방 활동은 잠재적 범죄자들의 범죄기회를 제거하는 것이 최선의 대안이며, 이러한 정책대안은 사람이나 재물 같은 범죄표적물에 대한 주의 깊은 보호, 범죄수단에 대한 통제, 잠재적 범죄자들의 행동에 대한 주의 깊은 추적 등 세 가지 요소를 기초로 이루어진다.

정답 ①

04 다음 중 브랜팅햄(Brantingham)과 파우스트(Faust)의 범죄예방모델에 대한 설명으로 가장 옳지 않은 것은?

2022. 해경 경위

① 브랜팅햄과 파우스트의 범죄예방모델은 질병예방의 보건의료모형을 차용하였다.
② 범죄 실태에 대한 대중교육을 실시하는 것은 1차적 범죄예방에 가장 가깝다.
③ 잠재적 범죄자를 조기에 판별하고 이들이 불법행위를 저지르기 전에 개입하려는 시도는 2차적 범죄예방에 해당한다고 볼 수 있다.
④ 2차적 범죄예방은 특별예방과 관련이 있다.

해설
① [○] 브랜팅햄과 파우스트의 범죄예방모델은 질병예방의 보건의료모형을 차용하였다. 1차적 예방은 질병예방을 위해 주변환경의 청결·소독과 같은 위생상태를 개선하는 것과 유사하고, 2차적 예방은 질병에 걸린 사람들을 격리하고 주변 사람들에게 예방접종을 하는 것과 유사하며, 3차적 예방은 중병에 걸린 사람을 입원시켜 치료하는 것과 유사하다.
② [○] 1차적 범죄예방의 방법으로는 조명·자물쇠장치·접근통제 등과 같은 환경설비, 감시·시민순찰 등과 같은 이웃감시, 경찰방범활동, 범죄예방교육, 민간경비 등이 있다(대상: 일반인).
③ [○] 2차적 범죄예방은 범행가능성이 있는 잠재적 범죄자를 조기에 발견하고 그를 감시·교육함으로써 반사회적 행위에 이르기 전에 미리 예방하는 것을 말한다(대상: 우범자, 우범집단).
④ [×] 2차적 예방은 범죄가능성이 높은 취약지역이나 개인을 대상으로 하기 때문에 이들과 많이 접촉하는 지역사회의 지도자나 부모, 교사 등에게 많이 의존하게 된다. 3차적 범죄예방은 범죄자를 대상으로 하는 예방조치로서 과거에 범행한 적이 있는 범죄자를 대상으로 재범하지 않도록 하는 것이며(특별예방), 이 기능의 대부분은 형사사법기관에 의해 이루어지고 있으며 구금, 교정 및 치료, 사회복귀, 갱생보호사업, 지역사회교정 등이 여기에 해당한다(대상: 범죄자).

정답 ④

05 브랜팅햄(Brantingham)과 파우스트(Faust)의 범죄예방모형에 따를 때 다음 중 성격이 다른 하나는?

2023. 해경 경위

① 이웃감시
② 상황적 범죄예방
③ 민간경비
④ 환경설계 범죄예방

해설
①, ③, ④ [○] 범죄예방모형 중 1차적 범죄예방에 해당한다. 1차적 범죄예방은 범죄행위를 야기할 가능성이 있는 문제들을 미연에 방지할 목적으로 하며, 방법으로는 조명·자물쇠장치·접근통제 등과 같은 환경설계, 감시·시민순찰 등과 같은 이웃감시, 범죄 실태에 대한 대중교육 등과 같은 범죄예방교육, 경찰방범활동, 민간경비 등이 있다.
② [×] 상황적 범죄예방은 범죄기회가 주어지면 누구든지 저지를 수 있는 행위로 보고, 범죄예방은 범죄기회를 감소시킴으로써 성취될 수 있다고 한다. 그러므로 범죄예방모형 중 2차적 범죄예방에 해당한다. 2차적 범죄예방은 범행가능성이 있는 잠재적 범죄자를 조기에 발견하고 그를 감시·교육함으로써 반사회적 행위에 이르기 전에 미리 예방하는 것을 말한다.

범죄예방모델(브랜팅햄과 파우스트, Brantingham & Faust)

1차적 범죄예방	1. 사회정책적 측면에서 이루어지는 범죄예방으로, 범죄행위를 야기할 가능성이 있는 문제들을 미연에 방지할 목적으로 범죄기회를 제공하거나 범죄를 촉진하는 물리적·사회적 환경조건을 변화시키는 것을 말한다. 2. 방법으로는 조명·자물쇠장치·접근통제 등과 같은 환경설비, 감시·시민순찰 등과 같은 이웃감시, 경찰방범활동, 범죄예방교육, 민간경비 등이 있다.
2차적 범죄예방	1. 범행가능성이 있는 잠재적 범죄자를 조기에 발견하고 그를 감시·교육함으로써 반사회적 행위에 이르기 전에 미리 예방하는 것을 말한다. 2. 방법으로는 비행가능성이 있는 소년의 직업훈련 및 교육프로그램 실시, 범죄발생지역의 분석, 전환제도 등이 있다.
3차적 범죄예방	1. 범죄자를 대상으로 하는 예방조치로써 과거에 범행한 적이 있는 범죄자를 대상으로 재범하지 않도록 하는 것이 주된 임무이다. 2. 이 기능의 대부분은 형사사법기관에 의해 이루어지고 있으며 구금, 교정 및 치료, 사회복귀, 갱생보호사업, 지역사회 교정 등이 여기에 해당한다.

정답 ②

06 범죄예방에 관한 설명으로 가장 적절하지 않은 것은?

2023. 경찰2차

① 상황적 범죄예방모델은 브랜팅햄(Brantingham)과 파우스트(Faust)의 범죄예방모델 중에서 2차적 범죄예방에 속한다.
② 깨진 유리창 이론(Broken Windows Theory)을 근거로 도출된 범죄예방모델에서는 무관용 원칙을 중요시한다.
③ 랩(Lab)은 범죄예방의 개념을 '실제의 범죄발생 및 범죄두려움(fear of crime)을 제거하는 활동'이라 정의하고, 범죄예방은 범죄의 실질적인 발생을 줄이려는 정책과 일반시민이 범죄에 대하여 가지는 막연한 두려움과 공포를 줄여나가는 정책을 포함하여야 한다고 주장한다.
④ 제프리(Jeffery)가 제시한 범죄대책 중 범죄억제모델은 주로 형집행단계에서 특별예방의 관점을 강조하고 있다.

해설
① [○] 상황적 범죄예방모델은 범죄기회가 주어지면 누구든지 저지를 수 있는 행위로 보고, 범죄예방은 범죄기회를 감소시킴으로써 성취될 수 있다고 하였고, 2차적 범죄예방은 범행가능성이 있는 잠재적 범죄자를 조기에 발견하고 그를 감시·교육함으로써 반사회적 행위에 이르기 전에 미리 예방하는 것을 말한다. 그러므로 상황적 범죄예방모델은 브랜팅햄과 파우스트의 범죄예방모델 중에서 2차적 범죄예방과 비슷한 개념이다.
④ [×] 사회복귀모델에 대한 설명이다. 범죄억제모델은 처벌을 통하여 범죄자들의 잠재적 범죄를 예방하고, 이를 통하여 사회를 안전하게 보호하는데 중점을 두며, 처벌을 통한 범죄예방의 효과를 높이기 위하여 처벌의 확실성, 엄격성, 신속성을 요구한다.

정답 ④

07 브랜팅햄(Brantingham)과 파우스트(Faust)가 제시한 범죄예방모델을 1차, 2차, 3차 예방활동의 순서대로 나열한 것은?

2023. 경찰1차

① 시민순찰 - 범죄예측 - 구금
② 이웃감시 - 특별예방 - 우범지역순찰
③ 우범지역순찰 - 비상벨 설치 - 재소자 교육
④ 비상벨 설치 - 이웃감시 - 구금

해설
① [○] 시민순찰(1차적 범죄예방) - 범죄예측(2차적 범죄예방) - 구금(3차적 범죄예방)
② [×] 이웃감시(1차적 범죄예방) - 특별예방(3차적 범죄예방) - 우범지역순찰(1차적 범죄예방)
③ [×] 우범지역순찰(1차적 범죄예방) - 비상벨 설치(1차적 범죄예방) - 재소자 교육(3차적 범죄예방)
④ [×] 비상벨 설치(1차적 범죄예방) - 이웃감시(1차적 범죄예방) - 구금(3차적 범죄예방)

정답 ①

---

08 브랜팅햄(Brantingham)과 파우스트(Faust)의 범죄예방모델에 대한 다음 설명 중 가장 적절하지 않은 것은?

2022(72). 경위

① 잠재적 범죄자를 조기에 판별하고 이들이 불법행위를 저지르기 전에 개입하려는 시도는 2차적 범죄예방에 해당한다고 볼 수 있다.
② 범죄 실태에 대한 대중교육을 실시하는 것은 1차적 범죄예방에 가장 가깝다.
③ 2차적 범죄예방은 대부분 형사사법기관에 의해 이루어진다.
④ 브랜팅햄과 파우스트의 범죄예방모델은 질병예방의 보건의료모형을 차용하였다.

해설
① [○] 2차적 범죄예방은 범행가능성이 있는 잠재적 범죄자를 조기에 발견하고 그를 감시·교육함으로써 반사회적 행위에 이르기 전에 미리 예방하는 것을 말한다(대상: 우범자, 우범집단).
② [○] 1차적 범죄예방의 방법으로는 조명·자물쇠장치·접근통제 등과 같은 환경설비, 감시·시민순찰 등과 같은 이웃감시, 경찰방범활동, 범죄예방교육, 민간경비 등이 있다(대상: 일반인).
③ [×] 2차적 예방은 범죄가능성이 높은 취약지역이나 개인을 대상으로 하기 때문에 이들과 많이 접촉하는 지역사회의 지도자나 부모, 교사 등에게 많이 의존하게 된다. 3차적 범죄예방은 범죄자를 대상으로 하는 예방조치로써 과거에 범행한 적이 있는 범죄자를 대상으로 재범하지 않도록 하는 것이며, 이 기능의 대부분은 형사사법기관에 의해 이루어지고 있으며 구금, 교정 및 치료, 사회복귀, 갱생보호사업, 지역사회교정 등이 여기에 해당한다(대상: 범죄자).
④ [○] 브랜팅햄과 파우스트의 범죄예방모델은 질병예방의 보건의료모형을 차용하였다. 1차적 예방은 질병예방을 위해 주변환경의 청결·소독과 같은 위생상태를 개선하는 것과 유사하고, 2차적 예방은 질병에 걸린 사람들을 격리하고 주변 사람들에게 예방접종을 하는 것과 유사하며, 3차적 예방은 중병에 걸린 사람을 입원시켜 치료하는 것과 유사하다.

정답 ③

09 범죄예방모델에 대한 설명으로 옳지 않은 것은?

2018. 보호 7급

① 범죄억제모델은 고전주의의 형벌위하적 효과를 중요시하며 이를 위하여 처벌의 신속성, 확실성, 엄격성을 요구한다.
② 사회복귀모델은 범죄자의 재사회화와 갱생에 중점을 둔다.
③ 제프리(Jeffery)는 사회환경개선을 통한 범죄예방모델로 환경설계를 통한 범죄예방(Crime Prevention Through Environmental Design: CPTED)을 제시하였다.
④ 상황적 범죄예방모델은 한 지역의 범죄가 예방되면 다른 지역에도 긍정적 영향이 전해진다는 소위 범죄의 전이효과(Displacement Effect)를 주장한다.

해설
④ [×] 한 지역의 상황적 범죄예방활동의 효과는 다른 지역으로 확산되어 다른 지역의 범죄예방에도 긍정적인 영향을 미치게 된다는 것은 '이익의 확산효과(Diffusion of Benefit)'이다.
특정지역을 범죄로부터 보호하고자 경찰을 집중배치하거나, CCTV를 집중적으로 설치하는 등의 안전정책을 도입하였다면 해당지역의 범죄발생은 감소할 것이다. 하지만, 안전정책을 도입한 지역에서 감소한 범죄는 실제 감소한 것이 아니고 인근지역으로 옮겨가 인근지역에서 발생한다는 것이 풍선효과(Balloon Effect) 또는 범죄전이효과(Crime Displacement Effects)이다.

정답 ④

10 범죄예방에 대한 설명으로 옳지 않은 것은?

2024. 보호 9급

① 적극적 일반예방 이론은 형벌이 사회의 규범의식을 강화해 주는 효과를 가짐으로써 범죄가 예방된다고 보는 것이다.
② 브랜팅햄(Brantingham)과 파우스트(Faust)가 제시한 범죄예방 구조모델에 따르면, 사회환경 가운데 범죄의 원인이 될 수 있는 것을 정화하는 것은 3차 예방에 해당한다.
③ 환경설계를 통한 범죄예방(CPTED)모델은 사전적 범죄예방을 지향한다.
④ 일상활동이론(Routine Activity Theory)에서는, 범죄예방에 관하여 범죄자의 범죄 성향이나 동기를 감소시키는 것보다는 범행 기회를 축소하는 것이 강조된다.

해설
① [○] 소극적 일반예방은 준엄한 형집행을 통해 일반인을 위하함으로써 범죄예방의 목적을 달성하고, 적극적 일반예방은 형벌을 통해 일반인의 규범의식을 강화하여 사회의 규범 안정을 도모한다.
② [×] 1차적 범죄예방에 대한 설명이다. 1차적 범죄예방은 범죄행위를 야기할 가능성이 있는 문제들을 미연에 방지할 목적으로 범죄기회를 제공하거나 범죄를 촉진하는 물리적·사회적 환경조건을 변화시키는 것을 말한다.
▶ 범죄예방모델은 질병예방의 보건의료모형을 차용하였다. 1차적 예방은 질병예방을 위해 주변환경의 청결·소독과 같은 위생상태를 개선하는 것과 유사하고, 2차적 예방은 질병에 걸린 사람들을 격리하고 주변 사람들에게 예방접종을 하는 것과 유사하며, 3차적 예방은 중병에 걸린 사람을 입원시켜 치료하는 것과 유사하다.
③ [○] 셉테드(CPTED)는 주거 및 도시지역의 물리적 환경설계 또는 재설계를 통하여 범죄를 예방하고자 하는 전략을 말한다. 접근통제, 감시, 활동지원, 동기강화가 자연스럽게 이루어지는 환경을 설계하여 잠재적인 범죄자가 범행을 포기하는 결정을 하도록 합리적이고 과학적으로 유도하는 것을 목표로 한다.
④ [○] 범죄발생의 원인에 대하여 범죄자의 동기적 측면을 주로 강조하는 기존의 범죄이론과 달리 일상활동이론은 피해자를 둘러싸고 있는 범행의 조건을 강조한다. 범행을 촉발하는 요인으로 동기화된 범죄자, 범행에 적합한 대상, 그리고 감시의 부재를 들고, 범죄기회가 주어지면 누구든지 범죄를 저지를 수 있는 것으로 본다.

정답 ②

11. 범죄예방에 대한 설명으로 옳지 않은 것은?

2023. 보호 7급

① 생활양식이론에 의하면, 범죄예방을 위하여 체포가능성의 확대와 처벌의 확실성 확보를 강조한다.
② 브랜팅햄(Brantingham)과 파우스트(Faust)는 질병예방에 관한 보건의료모형을 응용하여 단계화한 범죄예방모델을 제시하였다.
③ 일상활동이론에 의하면, 동기 부여된 범죄자와 매력적인 목표물, 보호능력의 부재나 약화라는 범죄의 발생조건의 충족을 제지함으로써 범죄를 예방할 수 있다.
④ 이웃감시는 일반시민을 대상으로 한 1차적 범죄예방모델의 예에 해당한다.

해설

① [×] 하인드랑(Hindelang)과 갓프레드슨(Gottfredson)의 생활양식 - 노출이론에 따르면, 개인의 직업적 활동과 여가활동을 포함하는 일상적 활동의 생활양식이 그 사람의 범죄피해위험성을 결정하는 중요한 요인이 된다고 한다. 범죄피해자화의 위험은 범죄자와의 접촉 및 노출수준에 의해 결정되고, 접촉과 노출수준은 개인의 생활양식에 따라 달라지므로 범죄예방을 위해서는 범죄자와의 접촉과 노출이 적은 생활양식을 가져야 한다고 한다.
② [○] 브랜팅햄과 파우스트의 범죄예방모델은 질병예방의 보건의료모형을 차용하였다. 1차적 예방은 질병예방을 위해 주변환경의 청결·소독과 같은 위생상태를 개선하는 것과 유사하고, 2차적 예방은 질병에 걸린 사람들을 격리하고 주변 사람들에게 예방접종을 하는 것과 유사하며, 3차적 예방은 중병에 걸린 사람을 입원시켜 치료하는 것과 유사하다.
③ [○] 코헨(Cohen)과 펠슨(Felson)의 일상활동이론에 따르면, 동기화된 범죄자, 범행에 적합한 대상, 사람이나 재산에 대한 감시(보호자)의 부재가 동일한 시간과 공간에서 만나면 범죄발생의 가능성이 높아진다는 것이다. 범죄삼각형이라는 세 가지 요소의 발생조건을 제지함으로써 범죄를 예방할 수 있다고 한다.
④ [○] 브랜팅햄(Brantingham)과 파우스트(Faust)의 범죄예방모델에서 1차적 범죄예방모델은 사회정책적 측면에서 이루어지는 범죄예방으로, 범죄행위를 야기할 가능성이 있는 문제들을 미연에 방지할 목적으로 범죄기회를 제공하거나 범죄를 촉진하는 물리적·사회적 환경조건을 변화시키는 것을 말한다. 방법으로는 조명·자물쇠장치·접근통제 등과 같은 환경설비, 감시·시민순찰 등과 같은 이웃감시, 범죄 실태에 대한 대중교육 등과 같은 범죄예방교육, 경찰방범활동, 민간경비 등이 있다.

정답 ①

12. 범죄예방에 대한 설명으로 가장 적절하지 않은 것은?

2024(74). 경위

① 브랜팅햄과 파우스트(Brantingham & Faust)는 질병예방에 관한 보건의료모형을 응용하여 3단계로 분류한 범죄예방모델을 제시하였다.
② 이웃감시와 주민순찰은 브랜팅햄과 파우스트(Brantingham & Faust)가 제시한 1차적 범죄예방과 관련이 있다.
③ 코니쉬와 클락(Cornish & Clarke, 2003)이 제시한 상황적 범죄예방에서, 관련 규정과 규칙을 명확하게 하고 표시판 등을 통해 양심에 호소하는 것은 '변명의 제거'를 목표로 하는 기법이다.
④ 코니쉬와 클락(Cornish & Clarke, 2003)은 상황적 범죄예방의 목표를 '노력의 증가', '위험의 감소', '보상의 감소', '변명의 제거' 네 가지로 제시하였다.

해설

① [○] 범죄예방모델은 질병예방의 보건의료모형을 차용하였다. 1차적 예방은 질병예방을 위해 주변환경의 청결·소독과 같은 위생상태를 개선하는 것과 유사하고, 2차적 예방은 질병에 걸린 사람들을 격리하고 주변 사람들에게 예방접종을 하는 것과 유사하며, 3차적 예방은 중병에 걸린 사람을 입원시켜 치료하는 것과 유사하다.
② [○] 1차적 범죄예방은 사회정책적 측면에서 이루어지는 범죄예방으로, 범죄행위를 야기할 가능성이 있는 문제들을 미연에 방지할 목적으로 범죄기회를 제공하거나 범죄를 촉진하는 물리적·사회적 환경조건을 변화시키는 것을 말한다. 방법으로는 조명·자물쇠장치·접근통제 등과 같은 환경설비, 감시·시민순찰 등과 같은 이웃감시, 범죄 실태에 대한 대중교육 등과 같은 범죄예방교육, 경찰방범활동, 민간경비 등이 있다.
③ [○] 규칙 명확화(괴롭힘 방지규정, 주택임대규정), 지침의 게시(주차금지, 사유지), 양심에 호소(도로 옆의 속도알림 표지판, 세관신고서 작성), 준법행동 보조(간편한 도서관 체크아웃, 공중화장실, 쓰레기통), 약물과 알코올 통제(술집에 음주측정기 비치, 알코올 없는 행사 진행)는 '변명의 제거'를 목표로 하는 기법이다.

④ [×] 상황적 범죄예방의 5가지 목표(노력의 증가, 위험의 증가, 보상의 감소, 자극의 감소, 변명의 제거)와 25가지 구체적 기법을 제시하였다.

정답 ④

13 브랜팅햄(Brantingham)과 파우스트(Faust)가 제시한 범죄예방 모델 중 2차적 범죄예방에 해당하는 것으로 가장 옳은 것은? 2024. 해경 경위

① 이웃상호감시활동
② 전과자 고용
③ 시민에 대한 범죄예방교육
④ 상황적 범죄예방

해설

①, ③ [×] 1차적 범죄예방. 사회정책적 측면에서 이루어지는 범죄예방으로, 범죄행위를 야기할 가능성이 있는 문제들을 미연에 방지할 목적으로 범죄기회를 제공하거나 범죄를 촉진하는 물리적·사회적 환경조건을 변화시키는 것을 말한다.
② [×] 3차적 범죄예방. 범죄자를 대상으로 하는 예방조치로써 과거에 범행한 적이 있는 범죄자를 대상으로 재범하지 않도록 하는 것이 주된 임무이다.
④ [○] 2차적 범죄예방. 상황적 범죄예방은 범죄를 범죄기회가 주어지면 누구든지 저지를 수 있는 행위로 보고, 범죄예방은 범죄기회를 감소시킴으로써 성취될 수 있다고 한다. 그러므로 범죄예방모델 중 2차적 범죄예방에 해당한다. 2차적 범죄예방은 범행가능성이 있는 잠재적 범죄자를 조기에 발견하고 그를 감시·교육함으로써 반사회적 행위에 이르기 전에 미리 예방하는 것을 말한다.

정답 ④

14 뉴먼(Newman)과 레피토(Reppetto)의 범죄예방모델에 대한 설명으로 옳지 않은 것은? 2022. 보호 7급

① 뉴먼은 주택건축과정에서 공동체의 익명성을 줄이고 순찰·감시가 용이하도록 구성하여 범죄예방을 도모해야 한다는 방어공간의 개념을 사용하였다.
② 범죄행위에 대한 위험과 어려움을 높여 범죄기회를 줄임으로써 범죄예방을 도모하려는 방법을 '상황적 범죄예방모델'이라고 한다.
③ 레피토는 범죄의 전이양상을 시간적 전이, 전술적 전이, 목표물 전이, 지역적 전이, 기능적 전이의 5가지로 분류하였다.
④ 상황적 범죄예방활동에 대해서는 '이익의 확산효과'로 인해 사회 전체적인 측면에서는 범죄를 줄일 수 없게 된다는 비판이 있다.

해설

① [○] 뉴먼은 주택건축과정에서 공동체의 익명성을 줄이고 범죄자의 침입과 도주를 차단하며, 순찰·감시가 용이하도록 구성하여 범죄예방을 도모하여야 한다는 방어공간의 개념을 사용하였다.
② [○] 상황적 범죄예방모델은 범죄기회가 주어지면 누구든지 저지를 수 있는 행위로 보고, 범죄예방은 범죄기회를 감소시킴으로써 성취될 수 있다고 한다.
③ [○] 레피토는 범죄의 전이는 '범죄예방활동으로 장소, 시간 또는 범죄유형 등이 다른 형태로 변경되는 것'이라고 정의하고, 범죄전이의 유형을 공간적(지역적) 전이, 시간적 전이, 전술적 전이, 목표물 전이, 기능적 전이의 5가지로 분류하였다.
④ [×] 상황적 범죄예방활동은 전이효과를 가지기 때문에 사회의 전체적인 측면에서 범죄를 줄일 수 없게 된다는 비판이 있다.

정답 ④

15 뉴만(Newman)의 방어공간이론에 대한 설명으로 가장 적절하지 않은 것은? 2024(74). 경위

① 방어공간이론은 많은 도시시설 가운데 특히, 주거시설에 초점을 두고 정립되었다.
② 방어공간에는 영역성, 자연적 감시, 이미지, 환경의 네 가지 구성요소가 있는데, 이 가운데 영역성을 강조하였다.
③ 방어공간 구성요소 가운데 이미지는 특정 지역·장소에 있는 특정한 사람이 범행하기 쉬운 대상으로 인식되지 않도록 하는 것을 의미한다.
④ 방어공간의 영역은 사적 영역, 준사적 영역, 준공적 영역, 공적 영역으로 나뉘는데, 이 가운데 준공적 영역과 공적 영역의 범죄발생 위험성이 높다고 하였다.

해설
④ [×] 사적 영역과 준사적 영역의 범죄발생 위험성이 높다고 하였다.

정답 ④

제2절 | 환경범죄학

01 환경설계를 통한 범죄예방(CPTED)에 대한 설명으로 옳지 않은 것은? 2022. 보호 7급

① 자연적 감시(Natural Surveillance): 건축물이나 시설을 설계함에 있어서 가시권을 최대한 확보하고, 범죄행동에 대한 감시기능을 확대함으로써 범죄발각 위험을 증가시켜 범죄기회를 감소시키거나 범죄를 포기하도록 하는 원리
② 접근통제(Access Control): 일정한 지역에 접근하는 사람들을 정해진 공간으로 유도하거나 외부인의 출입을 통제하도록 설계함으로써 접근에 대한 심리적 부담을 증대시켜 범죄를 예방하는 원리
③ 영역성 강화(Territorial Reinforcement): 레크레이션 시설의 설치, 산책길에의 벤치설치 등 당해 지역에 일반인의 이용을 장려하여 그들에 의한 감시기능을 강화하는 전략
④ 유지·관리(Maintenance·Management): 시설물이나 장소를 처음 설계된 대로 지속해서 이용할 수 있도록 관리함으로써 범죄예방 환경설계의 장기적·지속적 효과를 유지

해설
③ [×] 주민에 의한 방범활동 지원에 대한 설명으로, 제이콥스가 제안한 거리의 눈, 즉 일반 주민들의 눈을 적극적으로 활용하는 설계전략이다. 주거지 주변에 레크레이션 시설의 설치, 산책로 주변에 벤치 설치, 주택단지 안에 농구장이나 테니스장 설치 등에 의해 범법자들의 이동을 감시하는 기능을 강화할 수 있으며, 일반 주민들의 방범협조는 주민들의 방범의식 강화와 함께 경찰과의 협조체계가 확립되어야 하는 것이 선결조건이다.
영역성 강화는 주거지의 영역을 공적 영역보다 사적 영역화함으로써 외부인을 통제하고 또한 외부인은 자신이 통제대상이라는 것을 자각하게 함으로써 범죄를 예방하려는 전략이다. 조경, 도로의 포장, 특수 울타리 설치, 출입구 통제 강화, 표지판 설치, 내부 공원조성 등은 주민들의 소유재산이나 자기의 사적 영역이라는 인식을 강화한다.

정답 ③

02 1세대 환경설계를 통한 범죄예방(CPTED) 전략을 활용한 범죄예방 방안으로 가장 거리가 먼 것은?

2023(73). 경위

① CCTV 설치
② 벽화 그리기
③ 출입구 단일화
④ 시민방범순찰

해설
④ [×] 시민방범순찰은 2세대 CPTED 전략을 활용한 범죄예방 방안이다.
　1세대 CPTED는 자연적 감시, 접근 통제, 영역성의 강화 등 셉테드의 기본 원리에 입각하여, 범죄예방에 효과적인 물리 환경을 설계·개선하는 하드웨어 중심의 접근 방법으로, 가로등 세우기, CCTV 설치, 쓰레기 치우기 등과 같이 물리적 환경을 설계하고 개선하는 접근이 많다.

정답 ④

---

03 다음 사례에 적용된 환경설계를 통한 범죄예방(CPTED)의 원리로 가장 적절한 것은?

2023. 경찰1차

> ○○경찰서에는 관할구역 내 방치된 공·폐가와 인적이 드문 골목길에 대한 민원이 자주 접수되고 있다. 이에 경찰서는 관할 구청과 협조하여 방치된 공·폐가는 카페로 조성하고 골목길에는 벤치와 운동기구를 설치하였다. 새로 조성된 카페와 시설물을 주민들이 적극적으로 이용하면서 자연스럽게 감시 기능이 향상되는 결과가 나타났다.

① 접근통제(access control)
② 영역성(territoriality)
③ 활동성 지원(activity support)
④ 유지·관리(maintenance & management)

해설
활동성 지원에 대한 설명이다.
① [×] 접근통제는 일정한 지역에 접근하는 사람들을 정해진 공간으로 유도하거나 외부인의 출입을 통제하도록 설계함으로써 접근에 대한 심리적 부담을 증대시켜 범죄를 예방하려는 원리이다.
② [×] 영역성은 사적 공간, 준사적 공간, 공적 공간 사이의 경계를 분명히 하여 공간이용자들이 사적 공간에 들어갈 때 심리적 부담을 주는 원리이다.
③ [○] 활동성 지원은 시민들이 공공장소를 그 목적에 맞게 활발하게 활용하도록 유도하여 비행이나 범죄행위를 억제하는 원리이다.
④ [×] 유지·관리는 장소나 건물을 설계목적대로 사용할 수 있도록 보수하고 관리하는 것을 말한다.

정답 ③

---

04 환경설계를 통한 범죄예방(CPTED)에 관한 설명으로 가장 적절하지 않은 것은?

2022. 경찰2차

① CPTED는 물리적 환경설계를 통한 범죄예방전략을 의미한다.
② 목표물 견고화(target hardening)란 잠재적 범행대상이 쉽게 피해를 보지 않도록 하는 일련의 조치를 말한다.
③ CPTED의 기본원리 중 자연적 접근통제(natural access control)란 사적 공간, 준사적 공간, 공적 공간상의 경계를 분명히 하여 공간이용자들이 사적 공간에 들어갈 때 심리적 부담을 주는 원리를 의미한다.
④ 2세대 CPTED는 범죄예방에 필요한 매개요인들에 대한 직접 개입을 주목적으로 하지만, 3세대 CPTED는 장소, 사람, 기술 및 네트워크를 핵심요소로 하여 안전한 공동체 형성을 지향한다.

해설
① [○] 셉테드(CPTED)는 신고전주의 범죄학이론에 근거한 대표적인 범죄예방정책으로, 건축학자 뉴먼의 방어공간이론을 환경범죄학적 견지에서 발전시킨 범죄학자 제프리(Jeffery)에 의해서 CPTED로 개념화되었으며, 주거 및 도시지역의 물리적 환경설계 또는 재설계를 통하여 범죄를 예방하고자 하는 전략을 말한다.
② [○] 목표물 견고화(강화)란 잠재적 범행대상이 쉽게 피해를 보지 않도록 하는 일련의 조치를 말하는 것으로, 범죄에 대한 물리적 장벽을 설치하거나 강화하고, 또는 범죄의 표적이 되는 대상물의 약점을 보강함으로써 범죄의 실행을 곤란하게 하는 것이다.
③ [×] CPTED의 기본원리 중 영역성에 대한 설명이다. 자연적 접근통제란 일정한 지역에 접근하는 사람들을 정해진 공간으로 유도하거나 외부인의 출입을 통제하도록 설계함으로써 접근에 대한 심리적 부담을 증대시켜 범죄를 예방하려는 원리이다.
④ [○] 1세대 CPTED는 자연적 감시, 접근 통제, 영역성의 강화 등 셉테드의 기본 원리에 입각하여, 범죄예방에 효과적인 물리 환경을 설계·개선하는 하드웨어 중심의 접근 방법이며, 2세대 CPTED는 범죄의 원인이 물리적 환경뿐만 아니라 주민이 직접적으로 관계를 맺고 살아가는 사회 환경에도 영향을 받는다는 점에 착안하여, 주민이 환경 개선 과정에 직접 참여하여 물리적 개선과 함께 유대감을 재생하는 소프트웨어적 접근 방법이고, 3세대 CPTED는 제2세대 셉테드에 대한 접근을 확장하여, 지역 구성원이 스스로 필요한 서비스를 결정하고 추진하는 공동체적 추진 절차를 구축하는 것을 말한다.

정답 ③

05 환경설계를 통한 범죄예방(CPTED)에 관한 설명으로 가장 적절하지 않은 것은? 2022(72). 경위

① CPTED는 주거 및 도시지역의 물리적 환경설계 또는 재설계를 통해 범죄기회를 감소시키고자 하는 기법이다.
② CPTED의 기본원리 중 자연적 감시는 사적 공간에 대한 경계를 제거하여 주민들의 책임의식과 소유의식을 감소시킴으로써 사적공간에 대한 관리권을 약화시키는 원리이다.
③ 뉴먼(Newman)은 방어공간의 4가지 구성요소로 영역성, 자연적 감시, 이미지, 환경을 제시하였다.
④ CPTED의 기본원리 중 자연적 접근통제는 일정한 지역에 접근하는 사람들을 정해진 공간으로 유도하거나 외부인의 출입을 통제하도록 설계함으로써 접근에 대한 심리적 부담을 증대시켜 범죄를 예방하려는 원리이다.

해설
① [○] 셉테드는 '환경설계를 통한 범죄예방'(Crime Prevention Through Environmental Design: CPTED)의 영문 첫 글자를 따서 만든 용어이다. 셉테드는 주거 및 도시지역의 물리적 환경설계 또는 재설계를 통하여 범죄를 예방하고자 하는 전략이다.
② [×] CPTED의 기본원리 중 자연적 감시는 주민들이 자연스럽게 낯선 사람을 볼 수 있도록 건물과 시설물을 배치하는 것을 말한다. 영역성은 사적 공간, 준사적 공간, 공적 공간 사이의 경계를 분명히 하여 공간 이용자들이 사적공간에 들어갈 때 심리적 부담을 주는 원리이다.
③ [○] 뉴만(Newman)은 주택건설설계를 통해서 범죄자의 범죄기회를 제거하거나 감소시킬 수 있다는 방어공간이론을 제기하였다. 그는 환경설계 4원칙으로 영역성 설정 원칙, 자연스런 감시의 확보 원칙, 거주지 이미지 형성 원칙, 입지조건(환경) 원칙을 제시하였다.
④ [○] 자연적 접근통제는 범죄 표적대상 강화라고도 하며 건물 출입구의 수 줄이기, 특수 잠금장치 설치, 방범경보장치 설치, 차단기·방범창 설치, 방범견 배치, 경비원 배치 등이 있다.

정답 ②

06 환경설계 범죄예방(CPTED)의 배경이 되는 범죄학이론으로 보기 가장 어려운 것은? 2023. 해경 경위

① 뉴먼(Newman)의 방어공간이론
② 윌슨(Wilson)의 합리적 선택이론
③ 콜빈(Colvin)의 잠재특성이론
④ 클라크(Clarke)의 상황적 범죄예방론

해설
③ [×] 잠재적 특질이론 중 콜빈(Colvin)의 차별적 강압이론은 낮은 자기 통제력이 충동적인 성격의 함수라고 주장하는 갓프레드슨과 허쉬의 견해와는 달리 「범죄와 강압」에서 개인이 강압(Coercion)이라고 하는 거대한 사회적 힘을 경험함으로써 낮은 자기 통제력 상태에 있게 된다고 주장한다. 개인의 낮은 통제력은 충동적 성격이 원인이 아니라 개인으로서도 어쩔 수 없는 강력한 힘의 작용이 원인이라는 것이다. 강압은 사회적 유대를 약화시키는 강압적 가족훈육(가족모형), 긴장의 원인(일반긴장이론), 경제적 불평등(아노미 이론), 억압(통제균형 이론)이 포함되는 통합개념이다.

정답 ③

07 다음 중 환경설계를 통한 범죄예방(CPTED)에 대한 설명으로 가장 옳은 것은? 〈2024. 해경 경위〉

① 자연적 감시(Natural surveillance)란 사적 공간에 대한 경계표시를 강화하여 공간이용자가 사적공간에 들어갈 때 심리적 부담을 주는 원리를 의미한다.
② 활동성의 증대(Activity support)란 주민이 모여서 상호의견을 교환하고 유대감을 증대할 수 있는 공공장소를 설치하고 시민의 눈에 의한 감시를 이용하여 범죄위험을 감소시키는 원리를 의미한다.
③ 영역성의 강화(Territorial)란 건축물 설계 시 가시권을 최대한 확보하여 범죄발각 위험을 증가시키는 원리를 의미한다.
④ 자연적 접근통제(Access control)란 시설물이나 장소를 처음 설계대로 유지하여 범죄예방의 지속적 효과를 유지하는 원리를 말한다.

해설
① [×] 자연적 감시는 주민들이 자연스럽게 낯선 사람을 볼 수 있도록 건물과 시설물을 배치하는 것을 말한다.
② [○] 활동성의 증대는 시민들이 공공장소를 그 목적에 맞게 활발하게 활용하도록 유도하여 비행이나 범죄행위를 억제하는 원리이다.
③ [×] 영역성의 강화는 사적 공간, 준사적 공간, 공적 공간 사이의 경계를 분명히 하여 공간이용자들이 사적 공간에 들어갈 때 심리적 부담을 주는 원리이다.
④ [×] 자연적 접근통제는 일정한 지역에 접근하는 사람들을 정해진 공간으로 유도하거나 외부인의 출입을 통제하도록 설계함으로써 접근에 대한 심리적 부담을 증대시켜 범죄를 예방하려는 원리이다.

정답 ②

08 환경범죄학(Environmental Criminology)에 대한 설명으로 옳지 않은 것은? 〈2016. 교정 7급〉

① 범죄사건을 가해자, 피해자, 특정 시공간상에 설정된 법체계 등의 범죄환경을 통해 설명하였다.
② 브랜팅햄(Brantingham) 부부의 범죄패턴이론(Crime Pattern Theory)에 따르면 범죄자는 일반인과 같은 정상적인 시공간적 행동패턴을 갖지 않는다.
③ 환경설계를 통한 범죄예방(CPTED)을 주장한 제프리(Jeffrey)는 "세상에는 환경적 조건에 따른 범죄행동만 있을 뿐 범죄자는 존재하지 않는다."라고 주장하였다.
④ 환경범죄학의 다양한 범죄분석 기법은 정보주도 경찰활동(Intelligence-Led Policing: ILP)에 활용되고 있다.

해설

① [○] 환경범죄학을 주창한 브랜팅햄 부부는 범죄사건을 가해자, 피해자, 범행대상, 특정 시공간상에 설정된 법체계 등의 범죄환경에 대해 관심을 가졌다. 특히, '언제', '어디에서' 범죄가 발생하는지에 대해 연구한 브랜팅햄 부부는 환경범죄학이 사회적 상상력과 결합한 지리적 상상력이 범죄사건을 설명하고, 이해하며 통제하기 위해 활용된다고 보았다.

② [×] 범죄패턴이론은 범죄는 일정한 장소적 패턴이 있으며 이는 범죄자의 일상적인 행동패턴과 유사하다는 논리로 범죄자의 여가활동 장소나 이동경로·이동수단 등을 분석하여 범행지역을 예측함으로써 연쇄살인이나 연쇄강간 등의 연쇄범죄해결에 도움을 줄 수 있다는 범죄예방이론이다. 범죄의 공간적 패턴을 분석할 때 범죄자들이 평범한 일상생활 속에서 범죄기회와 조우하는 과정을 설명한다.

③ [○] 제프리(Jeffrey)는 광범위한 사회정책에서부터 개인의 심리적 수준까지 다양한 차원의 범죄예방전략을 제안하였다. 특히, "세상에는 환경적 조건에 따른 범죄행동만 있을 뿐 범죄자는 존재하지 않는다."라고 주장하여, 매우 급진적인 시각을 갖고 있음을 알 수 있다.

④ [○] 환경범죄학은 인간과 상황의 상호작용 기제나 범죄패턴의 묘사보다는 범죄예방 전략의 제시방법에 더 관련이 있다. 즉, 경찰에게 환경적 측면의 중재를 실시하도록 하는 방법이나 도구를 제공하는 것에 더 관심을 갖는다. 대표적으로 골드스타인(Goldstein)의 문제지향 경찰활동(POP)이나 윌슨(Wilson)과 켈링(Kelling)의 깨진 유리창 개념을 통해 환경범죄학의 교훈이 전달되고 있다. 최근에는 정보주도 경찰활동(ILP)에 환경범죄학의 다양한 범죄분석 기법이 활용되고 있다.

☑ 브랜팅햄(Brantingham) 부부는 범죄패턴이론(Crime Pattern Theory)을 제시하면서 8가지 주요 법칙을 정리하였다.
- 제6법칙: 범죄자는 일반인과 같은 정상적인 시공간적 행동패턴을 갖는다. 범죄 개연성이 높은 장소 역시 정상적인 활동이 이루어지는 공간이다.
- 제7법칙: 잠재적 목표물 내지 피해자는 잠재적 범죄자의 활동공간과 교차하는 활동공간이나 위치를 갖는다. 잠재적 목표물과 피해자는 잠재적 범죄자의 범행의지가 촉발되었을 때와 범죄자의 범죄템플릿(범죄의 추상적인 안내판)에 적합할 때 실제 목표물이나 피해자가 된다.

정답 ②

---

09 사빌과 클리블랜드(Saville & Cleveland)가 제시한 2세대 환경설계를 통한 범죄예방(CPTED)의 구성요소 가운데 핵심 전략(Core Strategy)에 해당하는 것은? 　　　2024(74). 경위

① 사회적 응집(Social Cohesion)
② 연계성(Connectivity)
③ 지역사회 문화(Community Culture)
④ 한계수용량(Threshold Capacity)

해설

① [○] 2세대 환경설계를 통한 범죄예방(CPTED)은 범죄의 원인이 물리적 환경뿐만 아니라 주민이 직접적으로 관계를 맺고 살아가는 사회 환경에도 영향을 받는다는 점에 착안하여, 주민이 환경 개선 과정에 직접 참여하여 물리적 개선과 함께 유대감을 재생하는 소프트웨어적 접근 방법이다. 범죄예방에 필요한 매개요인들에 대한 직접 개입을 주목적으로 하며, 주민 커뮤니티 시설을 만들거나 주민 쉼터, 안전지도 제작 등과 같이 주민들이 참여해 물리적 개선과 유대감을 키우는 것을 목적으로 한다. 연계성은 지역안전을 위한 내외부 관계 기관과의 네트워크를 말하고, 지역사회 문화는 공유문화의 활성화, 한계수용량은 인구나 공공시설의 적절성을 의미한다.

정답 ①

제3절 | 상황적 범죄예방

01 CCTV 설치를 통한 범죄예방에 대한 설명으로 옳지 않은 것은? 2012. 보호 7급

① CCTV의 범죄예방 효과는 잠재적 범죄자에 대한 심리적 억제력이 작용하여 범죄의 기회를 줄이는 것이다.
② CCTV의 범죄예방 전략은 범죄발생 건수의 감소와 함께 시민들이 느끼는 범죄의 두려움을 줄이는 것을 목적으로 한다.
③ CCTV 설치로 인한 범죄통제이익의 확산효과가 문제점으로 지적된다.
④ CCTV 설치로 인한 범죄발생의 전이효과에 대한 우려가 제기된다.

해설
③ [×] 한 지역의 범죄예방이 다른 지역의 범죄예방에도 긍정적인 영향을 미치며, 다른 지역의 범죄감소에도 영향이 확산되고 범죄자에게 체포의 두려움을 증가시키고 이러한 두려움의 지속이 범죄행동의 의지를 약화시켜 범행을 포기하게 하는 범죄통제이익의 확산효과는 CCTV 설치로 인한 긍정적인 점이지 문제점이 아니다.
④ [○] 범죄 목표물을 막는 행위는 결코 범죄를 예방하지 못하고, 다른 유형이나 다른 시간, 다른 장소에서의 범죄행위로 전이된다는 전이효과는 강도범죄의 경우 범죄자의 입장에 더욱 친숙한 지역을 범행대상으로 삼아 이동한다는 범죄의 공간적 전이현상이 나타나 우려가 제기된다.

정답 ③

02 코니쉬(Cornish)와 클락(Clarke)의 상황적 범죄예방 기법 25개 중 '노력의 증가(increasing efforts)'에 해당하지 않는 것은? 2023. 경찰1차

① 대상물 강화(hardening targets) - 운전대 잠금장치, 강도방지 차단막
② 시설접근 통제(control access to facilities) - 전자카드 출입, 소지품 검색
③ 출구검색(screen exits) - 전자식 상품 태그, 퇴장 시 티켓 확인
④ 자연적 감시 지원(assist natural surveillance) - 가로등 개선, 방어적 공간설계

해설
④ [×] 자연적 감시는 5가지 목표 중 '위험의 증가'의 기법에 해당한다.
코니쉬(Cornish)와 클라크(Clarke)의 상황적 범죄예방이란 사회나 사회제도 개선에 의존하는 것이 아니라 단순히 범죄기회의 감소에 의존하는 예방적 접근을 말한다. 상황적 범죄예방의 5가지 목표(노력의 증가, 위험의 증가, 보상의 감소, 자극의 감소, 변명의 제거)와 25가지 구체적 기법을 제시하였다.

☑ 상황적 범죄예방의 5가지 목표와 25가지 구체적 기법

목표	구체적 기법
노력의 증가	대상물 강화, 시설 접근통제, 출구검색, 잠재적 범죄자 분산, 도구·무기 통제
위험의 증가	보호기능 확장, 자연적 감시, 익명성 감소, 장소 감독자 활용, 공식적 감시 강화
보상의 감소	대상물 감추기, 대상물 제거, 소유자 표시, 장물시장 교란, 이익 불허
자극의 감소	좌절감과 스트레스 감소, 논쟁 피하기, 감정적 자극 감소, 친구압력 중화, 모방 좌절시키기
변명의 제거	규칙 명확화, 지침의 게시, 양심에 호소, 준법행동 보조, 약물과 알코올 통제

정답 ④

03 클락(Clarke)이 제시한 상황적 범죄예방 기법 중 보상의 감소에 해당하는 것은?   2022(72). 경위

① 목표물 견고화   ② 접근통제
③ 자연적 감시   ④ 소유자 표시

해설
코니쉬(Cornish)와 클라크(Clarke)의 상황적 범죄예방이란 사회나 사회제도 개선에 의존하는 것이 아니라 단순히 범죄기회의 감소에 의존하는 예방적 접근을 말하며, 구체적인 범죄를 대상으로 체계적이고 장기적으로 직접적인 환경을 관리·조정하며 범죄기회를 감소시키고 잠재적 범죄자로 하여금 범행이 위험할 수 있음을 인지하도록 하는데 목표를 두고 있다. 코니쉬와 클라크는 상황적 범죄예방의 5가지 목표(노력의 증가, 위험의 증가, 보상의 감소, 자극의 감소, 변명의 제거)와 25가지 구체적 기법을 제시하였다.
①, ② [×] 목표물 견고화(대상물 강화), 접근통제(시설 접근통제) 기법은 5가지 목표 중 노력의 증가에 해당한다.
③ [×] 자연적 감시 기법은 5가지 목표 중 위험의 증가에 해당한다.
④ [○] 소유자 표시 기법은 5가지 목표 중 보상의 감소에 해당한다.

정답 ④

04 상황적 범죄예방의 5가지 전략과 구체적인 전술을 잘못 짝지은 것은?   2023. 해경 경위

① 노력의 증가 - 범행대상의 견고화, 시설의 접근통제
② 보상의 감소 - 자산 식별하기, 목표물 제거
③ 위험의 증가 - 자연적 감시력 제고, 마약 및 알콜 통제
④ 변명의 제거 - 안내문 게시, 규칙 정하기

해설
③ [×] 마약 및 알콜 통제는 '위험의 증가'의 구체적 기법에 해당한다.

정답 ③

05 다음 중 레페토(Reppetto)가 분류한 전이(Displacement)의 유형과 유형별 사례가 가장 부합하지 않는 것은?   2023. 해경 경위

① 영역적(Territorial) 전이 - 상점의 경비가 강화되자 주택을 범행대상으로 선택하는 것
② 전술적(Tactical) 전이 - 열린 문을 통해 침입하다가 문에 자물쇠가 설치되자 창문을 깨고 침입하는 것
③ 기능적(Functional) 전이 - 경비 강화로 절도가 어려워지자 대신 강도를 저지르는 것
④ 시간적(Temporal) 전이 - 야간에 절도를 하다가 야간 시민순찰이 실시되자 오전에 절도를 하는 것

해설
① [×] 상점의 경비가 강화되자 주택을 범행대상으로 선택하는 것은 목표물 전이에 해당한다.
레페토(Reppetto)는 범죄의 전이는 '범죄 예방활동으로 장소, 시간 또는 범죄유형 등이 다른 형태로 변경되는 것'이라고 정의하고, 범죄전이의 유형을 다음과 같이 분류하였다.

✓ 범죄전이의 유형

공간적 전이	한 지역에서 다른 지역, 일반적으로 인접지역으로의 이동
시간적 전이	낮에서 밤으로와 같이 한 시간에서 다른 시간으로의 범행의 이동
전술적 전이	범행에 사용하는 방법을 바꿈
목표물 전이	같은 지역에서 다른 피해자를 선택
기능적 전이	범죄자가 한 범죄를 그만두고, 다른 범죄유형으로 옮겨감

정답 ①

06 레페토(Reppetto)가 주장한 범죄전이(Crime Displacement)에 대한 내용으로 가장 적절하지 않은 것은?

2023(73). 경위

① 범죄의 전이(Crime Displacement)는 개인 또는 사회의 예방활동에 의한 범죄의 변화를 의미한다.
② 기능적 전이(Functional Displacement)란 기존 범죄자의 활동 중지가 또 다른 범죄자에 의해 대체되는 것을 의미한다.
③ 목표의 전이(Target Displacement)란 같은 지역에서 다른 피해자 또는 범행대상을 선택하는 것을 의미한다.
④ 전술적 전이(Tactical Displacement)란 범죄에 사용하는 범행수법을 바꾸는 것을 의미한다.

해설

② [×] 기능적 전이는 범죄자가 한 범죄를 그만두고, 다른 범죄유형으로 옮겨가는 것을 의미한다.

정답 ②

07 클라크(Clarke)는 절도범죄와 관련하여 VIVA 모델과 CRAVED 모델을 제시하였다. 두 모델의 구성 개념들은 일부 중첩되는데, VIVA 모델에서 말한 관성(Inertia)은 CRAVED 모델의 무엇과 가장 가까운 개념인가?

2023. 해경 경위

① 가치성(Valuable)
② 접근성(Available)
③ 이동성(Removable)
④ 처분성(Disposable)

해설

③ [○] VIVA 모델에서 말한 관성(Inertia)은 CRAVED 모델의 이동성(Removable)과 가장 가까운 개념이다.
일상활동이론을 주장한 코헨(Cohen)과 펠슨(Felson)은 절도범죄를 설명하면서 VIVA 모델을 제시했는데, 알파벳 I는 Inertia의 약자로서 '이동의 용이성'을 의미한다.
클라크(Clarke)는 취약물품의 특성을 설명하기 위해 코헨(Cohen)과 펠슨(Felson)의 VIVA 개념을 확장하여 CRAVED 개념을 제시하였다. 알파벳 R은 Removable의 약자로서 '이동성'을 의미한다.

정답 ③

08 범죄전이에 관한 설명으로 가장 적절하지 않은 것은? 　　　　　　　　　　　　　　　　　　　　　　　　　2023. 경찰2차

① 레페토(Reppetto)는 범죄는 탄력적이며, 범죄자들은 합리적 선택을 한다고 가정하였다.
② 레페토가 제안한 전이의 유형 중 전술적 전이는 범죄자가 동종의 범죄를 저지르기 위해 새로운 수단을 사용하는 것을 말한다.
③ 레페토가 제안한 전이의 유형 중 목표의 전이는 범죄자가 같은 지역에서 다른 피해자를 선택하는 것을 말한다.
④ CCTV의 증설로 인하여 차량절도범이 인접 지역으로 이동해 범행을 저지르는 것은 레페토가 제안한 전이의 유형 중 영역적 전이에 해당한다.

해설

① [×] 전이(Displacement)란 용어는 레페토의 논문에서 소개된 바 있다. 그러나 당시 언급한 전이는 단순한 현상을 규명하기 위한 용어였을 뿐이며, 그 개념이 학문적으로 정의되지 않았다.
　이후 범죄의 전이에 대하여 랩(Lab)은 '개인적 또는 사회적 범죄예방활동에 따라 범죄에 변화가 일어나는 것'이라고 정의하였다. 이때 범죄의 전이는 다음 세 가지 가설을 바탕으로 한다. 첫째, 범죄의 총량 및 종류는 비탄력적이기 때문에 범죄예방활동으로서 범죄를 완전히 제거할 수 없다. 하지만 첫 번째 가설은 우발적으로 범죄를 행하는 범죄자, 합리적 의사결정을 전제로 범죄를 저지르는 범죄자에게 적용하기에는 다소 무리가 있다. 둘째, 범죄자는 이동가능한 주체이다. 즉, 범죄의 전이는 단순한 부분적 이동이 아닌, 각 범죄자가 이동 가능한 반경에 따라 그 정도가 달라진다. 셋째, 잠재적 범죄자는 범행에 대한 의지, 판단능력을 갖는다. 이는 합리적 선택이론으로 보다 쉽게 설명할 수 있다. 잠재적 범죄자는 물리적·사회적·환경적 요인 등 다양한 요인에 반응하여 합리적 의사결정을 내리며, 범행여부를 결정한다. 때문에 다양한 요인의 변화는 범죄의 전이를 유도 할 수 있다.

정답 ①

09 다음은 범죄자 甲과 乙의 범행장소 선정에 관한 가상 시나리오이다. 경찰의 순찰강화가 B지역과 C지역에 미친 효과에 해당하는 것으로 가장 적절하게 연결한 것은? 　　　　　　　　　　　　　　2022. 경찰2차

- 범죄자 甲은 A지역에서 범죄를 할 예정이었으나, A지역의 순찰이 강화된 것을 확인하고 C지역으로 이동해서 범죄를 저질렀다.
- 범죄자 乙은 B지역에서 범행을 계획하였으나, A지역의 순찰이 강화된 것을 인지하고 A지역과 인접한 B지역 대신 멀리 떨어진 C지역으로 이동해서 범죄를 저질렀다.

① B지역 - 이익의 확산(diffusion of benefits)
　C지역 - 범죄전이(crime displacement)
② B지역 - 범죄전이(crime displacement)
　C지역 - 억제효과(deterrent effect)
③ B지역 - 범죄전이(crime displacement)
　C지역 - 이익의 확산(diffusion of benefits)
④ B지역 - 이익의 확산(diffusion of benefits)
　C지역 - 억제효과(deterrent effect)

해설

- B지역 - 한 지역의 상황적 범죄예방활동의 효과는 다른 지역으로 확산되어 다른 지역의 범죄예방에도 긍정적인 영향을 미치게 된다는 것이 이익의 확산효과이다. 범죄전이 효과는 범죄발생 예방책을 시행한 대상에서 범죄감소효과가 다른 방식으로 재발생하는 현상을 설명하는 반면, 범죄통제 이익의 확산효과는 예방책의 대상을 비롯한 다른 대상에게도 범죄감소효과가 나타나는 현상을 설명한다.
- C지역 - 특정지역을 범죄로부터 보호하고자 경찰을 집중배치하거나, CCTV를 집중적으로 설치하는 등의 안전정책을 도입하였다면 해당지역의 범죄발생은 감소할 것이다. 하지만, 안전정책을 도입한 지역에서 감소한 범죄는 실제 감소한 것이 아니고 인근지역으로 옮겨가 인근지역에서 발생한다는 것이 풍선효과(Balloon Effect) 또는 범죄전이효과이다.

정답 ①

10 다음 〈보기〉 중 레페토(Reppetto)의 범죄 전이(crime displacement)의 예시와 전이유형을 올바르게 짝지은 것은?

2024. 해경 경위

〈보기〉

㉠ 어떤 지역에서 범죄 예방활동이 행해지면 그러한 범죄 예방 활동이 없는 다른 지역으로 이동하는 경우
㉡ 범죄자가 경찰순찰 때문에 다른 시간에 범죄를 범하는 경우

	㉠	㉡
①	지역적(Territorial) 전이	시간적(Temporal) 전이
②	지역적(Territorial) 전이	기능적(Functional) 전이
③	전술적(Tactical) 전이	시간적(Temporal) 전이
④	전술적(Tactical) 전이	기능적(Functional) 전이

해설

① [O] ㉠ 지역적(Territorial) 전이, ㉡ 시간적(Temporal) 전이
레페토는 범죄의 전이는 '범죄 예방활동으로 장소, 시간 또는 범죄유형 등이 다른 형태로 변경되는 것'이라고 정의하고, 범죄전이의 유형을 다음과 같이 분류하였다.

공간적 전이	한 지역에서 다른 지역, 일반적으로 인접지역으로의 이동
시간적 전이	낮에서 밤으로와 같이 한 시간에서 다른 시간으로의 범행의 이동
전술적 전이	범행에 사용하는 방법을 바꿈
목표물 전이	같은 지역에서 다른 피해자를 선택
기능적 전이	범죄자가 한 범죄를 그만두고, 다른 범죄유형으로 옮겨감

정답 ①

---

11 브랜팅햄 부부(P. Brantingham & P. Brantingham)의 범죄패턴이론에 대한 설명으로 옳은 것만을 모두 고르면?

2018. 5급 승진

㉠ 개인은 의사결정을 통해 일련의 행동을 하게 되는데, 활동들이 반복되는 경우 의사결정과정은 규칙화된다.
㉡ 범죄자들은 평범한 일상생활 속에서 범행기회와 조우하게 된다.
㉢ 범죄자는 일반인과 같은 정상적인 시공간적 행동패턴을 갖지 못한다.
㉣ 잠재적 피해자는 잠재적 범죄자의 활동공간과 교차하는 활동공간이나 위치를 갖는다.
㉤ 사람들이 활동하기 위해 움직이고 이동하는 것과 관련하여 축(교차점, Nodes), 통로(경로, Paths), 가장자리(Edges)의 세 가지 개념을 제시한다.

---

① ㉠, ㉤
② ㉡, ㉢
③ ㉠, ㉡, ㉣
④ ㉡, ㉢, ㉤
⑤ ㉠, ㉡, ㉣, ㉤

해설
옳은 것은 ㉠, ㉡, ㉢, ㉣이다.
- ㉠ [○] 개인은 의사결정을 통해 일련의 행동을 하게 되는데, 활동들이 반복되는 경우 의사결정과정은 규칙화되며, 이러한 규칙은 추상적인 안내판을 형성한다. 범죄 실행의 의사결정과정에서 이것을 '범죄템플릿'이라고 부른다.
- ㉢ [×] 범죄자는 일반인과 같은 정상적인 시공간적 행동패턴을 갖는다. 범죄 개연성이 높은 장소 역시 정상적인 활동이 이루어지는 공간이다.
- ㉣ [○] 잠재적 목표물 내지 피해자는 잠재적 범죄자의 활동공간과 교차하는 활동공간이나 위치를 갖는다. 잠재적 목표물과 피해자는 잠재적 범죄자의 범행의지가 촉발되었을 때와 범죄자의 범죄템플릿에 적합할 때 실제 목표물이나 피해자가 된다.

정답 ⑤

---

12 다음 중 클라크(Clarke)가 주장한 자주 도난당하는 제품(취약물품)의 특징으로 가장 옳지 않은 것은? 2024. 해경 경위

① 처분 가능한(disposable)
② 즐거운(enjoyable)
③ 이용 가능한(available)
④ 숨길 수 없는(unconcealable)

해설
④ [×] 취약 물품(Hot products)은 범죄자의 주의를 끌고 절도의 대상이 되기 쉬운 물건을 의미한다.
클라크는 취약물품의 특성을 설명하기 위해 코헨과 펠슨의 VIVA 개념을 확장하여 CRAVED 개념을 제시하였다.
CRAVED: Concealable(숨길 수 있는), Removable(제거할 수 있는), Available(이용할 수 있는), Valuable(가치 있는), Enjoyable(즐거운), Disposable(처분할 수 있는)
취약물품으로서 MP3, PDA, 휴대폰 등과 같은 전자장비는 쉽게 숨길 수 있고, 가격이 비싸고, 소형이므로 가져가기도 쉽고, 쉽게 처분할 수 있어서 CRAVED 성격에 더 가깝다.

정답 ④

---

13 깨진 유리창 이론(Broken Window Theory)에 대한 설명으로 가장 적절하지 않은 것은? 2023(73). 경위

① 이웃사회의 무질서는 비공식적 사회통제 참여활동을 감소시켜 이로 인해 지역사회가 점점 더 무질서해지는 악순환에 빠져 지역사회의 붕괴로 이어지게 된다.
② 기존 범죄대책이 범죄자 개인에 집중하는 개인주의적 관점을 취하는 것에 반하여 공동체적 관점으로의 전환을 주장하고 범죄예방활동의 중요성을 강조하였다.
③ 깨진 유리창 이론은 윌슨과 켈링(Wilson & Kelling)이 발표하였다.
④ 1990년대 미국 시카고시에서 깨진 유리창 이론을 적용하여 사소한 범죄라도 강력히 처벌하는 무관용주의(Zero Tolerrance)를 도입하였다.

해설
④ [×] 1990년대 미국 뉴욕 시에서 깨진 유리창 이론을 적용하여 사소한 범죄라도 강력히 처벌하는 무관용주의(Zero Tolerrance)를 도입하였다.

정답 ④

14 깨어진 유리창 이론(Broken Windows Theory)에 대한 설명으로 옳지 않은 것은? 2012. 보호 7급

① 종래의 형사정책이 범죄자 개인에 집중하는 개인주의적 관점을 취한다는 점을 비판하고, 공동체적 관점으로의 전환을 주장한다.
② 법률에 의한 범죄화와 범죄에 대한 대응을 중시한다.
③ 경찰의 역할로서 지역사회의 물리적·사회적 무질서를 집중적으로 다룰 것을 강조한다.
④ 개인의 자유와 권리, 법의 지배라는 기본적 가치가 상실될 수 있다는 비판의 소지가 있다.

해설
② [×] 직접적인 피해가 없는 사소한 무질서 행위에 대한 경찰의 강경한 대응(Zero Tolerance)을 강조한다(무관용의 원칙).

☑ 깨진 유리창 이론(Broken Windows Theory)
1. 스탠포드 대학교의 심리학자인 짐바르도(Zimbardo)에 의해서 개발된 이론으로 사회의 기초적인 무질서를 간과하면 그로 인해 보다 중한 범죄의 발생가능성이 커진다고 보는 범죄이론이다.
2. 무질서와 심각한 범죄를 이론적으로 연결시킨 최초의 시도로 범죄학자인 윌슨(Wilson)과 켈링(Kelling)이 제시하였다(1982). → 무관용(Zero Tolerance) 경찰활동
3. 윌슨과 켈링은 지역사회 환경의 퇴락이 범죄 증가를 초래하기 때문에 범죄예방을 위해서는 환경적 퇴락을 방지하는 것이 중요하다고 보았다.
4. 강력 및 흉악 범죄의 해결만이 중요한 것이 아니라 범죄의 근본원인인 사회의 여러 가지 문제를 해결하는 것이 우선되어야 한다고 주장하였다.
5. 무질서한 행위(구걸, 성매매, 음주소란 등)와 환경(쓰레기, 낙서, 빈 집, 버려진 자동차 등)을 그대로 방치하면, 주민들은 공공장소를 회피하게 되고 범죄 두려움을 증가시키며, 증가된 무질서와 악화된 비공식적 사회통제는 범죄를 증가시킨다고 보았다. → 무질서에 대한 엄격한 통제관리가 요구되었다.
6. 공공의 안전을 결정하는데 있어서 주변의 사소한 생활환경이 중요함을 강조하는 이론 → 인식의 중요성을 강조하였다.

정답 ②

15 다음 중 깨어진 유리창 이론(Broken Windows Theory)에 대한 설명으로 가장 옳지 않은 것은? 2022. 해경 경위

① 법률에 의한 범죄화와 범죄에 대한 대응을 중시한다.
② 종래의 형사정책이 범죄자 개인에 집중하는 개인주의적 관점을 취한다는 점을 비판하고, 공동체적 관점으로의 전환을 주장한다.
③ 경찰의 역할로서 지역사회의 물리적·사회적 무질서를 집중적으로 다룰 것을 강조한다.
④ 개인의 자유와 권리, 법의 지배라는 기본적 가치가 상실될 수 있다는 비판의 소지가 있다.

해설
① [×] 깨진 유리창이 상징하는 것은 지역사회의 무질서이다. 깨진 유리창이론은 특정 지역사회에 무질서가 확산되면 지역주민들은 그 지역이 안전하지 않다는 불안감을 느끼게 되고, 이는 범죄에 대한 두려움으로 이어진다고 주장한다. 무질서가 두려움을 초래하고 사회통제의 붕괴로 이어지며 결국 범죄가 발생하는 논리이다. 따라서 직접적인 피해가 없는 사소한 무질서 행위에 대한 경찰의 강경한 대응(Zero Tolerance)을 강조한다(무관용의 원칙).

정답 ①

16 깨진 유리창 이론(Broken Window Theory)에 대한 설명으로 옳지 않은 것은?

① 윌슨(Wilson)과 켈링(Kelling)은 지역사회 환경의 퇴락이 범죄 증가를 초래하기 때문에 범죄예방을 위해서는 환경적 퇴락을 방지하는 것이 중요하다고 보았다.
② 강력 및 흉악 범죄의 해결만이 중요한 것이 아니라 범죄의 근본원인인 사회의 여러 가지 문제를 해결하는 것이 우선되어야 한다고 주장한다.
③ 기물 손괴행위, 쓰레기 투기, 난폭한 행동, 공공연한 추태, 새치기와 같은 경미한 질서위반행위들이 방치되면, 지역사회를 통제하는 비공식적 통제능력이 약화되고 유사한 기초질서 위반행위와 경범죄가 증가하게 된다고 보았다.
④ 유리창이 깨진 자동차를 거리에 방치하는 것은 강력범죄의 온상이 되기 때문에 경범죄로 다룰 것이 아니라 강력한 처벌이 뒤따라야 한다는 주장이다.

해설
④ [×] 깨진 유리창 이론은 사회의 기초적인 무질서를 간과하면 그로 인해 보다 중한 범죄의 발생가능성이 커진다고 보는 범죄이론이다. 깨진 유리창을 방치하지 말자는 것이지 그러한 대상자를 엄중처벌하자는 논의는 아니다.
미국 스탠포드 대학교의 심리학과 교수 필립 짐바르도(Philip Zimbardo)는 1969년 깨진 유리창 이론과 유사한 실험을 진행하였다. 그는 두 대의 자동차를 보닛을 열어놓은 상태에서 한 대는 유리창을 깨 놓고, 다른 한 대는 깨지 않은 상태로 일주일 동안 방치해 두었다. 그 결과 유리창이 깨지지 않은 자동차는 아무 이상 없이 처음 상태 그대로를 유지했지만, 유리창이 깨진 자동차는 차에 부속된 물건들이 없어진 것을 발견하였다. 이 실험에서 또한 주목할 만한 점은 이 같은 행동이 어느 정도 교양이 있고 평범한 시민들로 보이는 사람들에 의해 일어났다는 것이었다. 이 실험은 이후 윌슨과 켈링이 깨진 유리창 이론을 발표하는 모태가 되었다.
미국의 범죄학자 제임스 윌슨(James Q. Wilson)과 조지 켈링(George L. Kelling)은 「깨진 유리창 이론」(1982년)에서 자동차의 작은 깨진 유리창과 같은 사소한 무질서가 더 큰 범죄와 무질서 상태를 가져올 수 있으며, 따라서 사소한 무질서에 대해서 경각심을 가지고 질서정연한 상태로 유지하는 것이 미래의 더 큰 범죄를 막는 데 중요한 역할을 한다고 하였다.
1990년대 높은 범죄율로 고민하던 뉴욕시에서는 깨진 유리창 이론을 활용하여 지하철의 낙서를 지우는 프로젝트를 대대적으로 진행하였다. 5년간에 걸친 낙서 지우기 작업이 진행되는 동안 뉴욕의 범죄율은 서서히 감소하는 추세를 보였다.

정답 ④

제4절 | 범죄방지활동

01 초범방지대책으로 볼 수 있는 것은 모두 몇 개인가?

㉠ 형벌의 일반예방	㉡ 선시제도
㉢ 지역사회의 조직화	㉣ 그룹워크(Group Work)
㉤ 임상적 개선법	㉥ 경찰의 범죄예방활동
㉦ 가석방제도	

① 1개 ② 2개 ③ 3개
④ 4개 ⑤ 5개

해설
범죄예방(초범예방)을 위한 대책에 해당하는 것은 ㉠, ㉢, ㉣, ㉥ 4개이다.
형벌의 일반예방기능과 특별예방기능, 지역사회의 조직화, 경찰의 범죄예방활동, 매스컴의 범죄예방활동, 그룹워크(Group Work), 여가지도, 협력회의의 편성과 활동이 초범예방을 위한 대책에 해당한다.

정답 ④

제5절 | 경찰의 범죄예방

01 에크와 스펠만(Eck & Spelman)이 제시한 SARA 모델에 대한 설명으로 가장 적절하지 않은 것은?

2023(73). 경위

① 탐색(Scanning) 단계는 지역사회 문제, 쟁점, 관심사 등을 인식하고 범주화하는 단계이다.
② 분석(Analysis) 단계는 경찰 내부 조직을 통해 문제의 범위와 성격에 따라 문제에 대한 원인을 파악하기 위해 데이터를 수집하고 분석하는 단계이다.
③ 대응(Response) 단계는 경찰과 지역사회의 다양한 주체가 협력하여 분석된 문제의 원인을 제거하고 해결하는 단계이다.
④ 평가(Assessment) 단계는 대응 후의 효과성을 검토하는 단계로서 문제해결의 전 과정에 대한 문제점을 분석하고 환류를 통해 대응방안 개선을 도모한다.

해설

② [×] 분석단계는 문제의 원인과 기여 요인들을 분석하는 것으로, 데이터 수집, 패턴 인식, 통계 분석 등을 통해 범죄 발생 원인, 영향 요인 등을 면밀히 파악하게 된다. 이때의 자료는 경찰내부 자료뿐 아니라 지역사회 자료, 설문조사, 인터뷰 등 다양한 방법을 사용해 데이터를 확보한다.
에크(Eck)와 스펠만(Spelman)은 경찰의 문제해결과정으로 SARA모델을 제시하였다. SARA모델은 조사(탐색), 분석, 대응, 평가의 과정을 통하여 문제를 해결하는 과정을 설명한다.

정답 ②

02 지역사회 경찰활동 프로그램 중 이웃 지향적 경찰활동(Neighborhood-oriented Policing)에 관한 설명으로 가장 적절한 것은?

2024(74). 경위, 경찰학

① 확인된 문제에 대응하기 위해 전략적으로 경찰인력과 자원을 배치하여 범죄나 무질서에 대한 예방을 강조한다.
② 시민의 서비스 요청에 반응하는 경찰활동의 반응적 기능, 경찰관들이 확인된 범죄문제에 대해 조직화된 순찰전략을 개발·기획하는 사전적 기능과 범죄와 무질서 문제를 확인하고 알려주기 위한 경찰과 시민 사이의 적극적인 협력적 기능을 연결하고자 시도한다.
③ 범죄자의 활동과 조직범죄집단·중범죄자 등에 대한 관리·예방 등에 초점을 두며 증가되는 범죄를 감소시키기 위해 범죄정보를 통합한 법집행 위주의 경찰활동을 강조한다.
④ 형법에 지나치게 의존하는 것 대신에 문제해결에 대한 합리적·분석적 접근법을 강조한다.

해설

① [×] 지역중심 경찰활동에 대한 설명이다. 경찰과 지역사회 구성원과 함께 마약·범죄와 범죄에 대한 두려움, 사회적·물리적 무질서 그리고 전반적인 지역의 타락과 같은 당면의 문제들을 확인하고 우선순위를 정하여 해결하고자 함께 노력하는 것을 목표로 한다.
② [○] 윌리엄스에 의해 주장된 이웃지향적 경찰활동에 대한 설명이다. 지역조직은 거주자들에게 지역에 관한 정보를 제공하며 경찰과 협동하여 범죄억제기능을 수행한다.
③ [×] 법집행위주 전통적 경찰활동에 대한 설명이다.
④ [×] 문제지향적 경찰활동에 대한 설명이다. 특정한 문제들을 해결하기 위해서 경찰과 지역사회가 함께 노력하고 적절한 대응방안을 개발함으로써, 문제해결에 대한 특별한 관심을 이끌어내는 것이다. 에크(Eck)와 스펠만(Spelman)은 경찰의 문제해결과정으로 SARA 모델을 제시하였다.

정답 ②

03 다음은 각 경찰활동과 해당 경찰활동의 근거가 되는 대표적인 범죄학 이론을 짝지은 것이다. 이 중 옳은 내용을 모두 고른 것은?

2022(72). 경위

> ㉠ 순찰을 통해 경찰력을 주민들에게 자주 노출시키는 것 - 억제이론(Deterrence Theory)
> ㉡ 전환처우(다이버전)를 통해 형사처벌의 부작용을 줄이는 것 - 자기통제이론(Self-Control Theory)
> ㉢ 지역주민들을 범죄예방활동에 참여하도록 유도하는 것 - 사회해체이론(Social Disorganization Theory)
> ㉣ 방범용 CCTV를 설치함으로써 범죄 위험 지역의 감시를 강화하는 것 - 허쉬의 사회통제이론(Social Control Theory)
> ㉤ 지역 내 무질서 행위를 철저히 단속하는 것 - 깨어진 유리창이론(Broken Windows Theory)

① ㉠, ㉢, ㉣
② ㉠, ㉢, ㉤
③ ㉠, ㉣, ㉤
④ ㉡, ㉢, ㉤

해설

옳은 것은 ㉠, ㉢, ㉤ 3개이다.
㉡ [×] 전환처우(다이버전)를 통해 형사처벌의 부작용을 줄이는 것 - 낙인이론
㉣ [×] 방범용 CCTV를 설치함으로써 범죄 위험 지역의 감시를 강화하는 것 - 합리적 선택이론, 환경설계를 통한 범죄예방(CPTED)

정답 ②

---

04 지역사회경찰활동(Community Policing)에 대한 설명으로 옳지 않은 것은?

2012. 보호 7급

① 발생한 범죄와 범죄자에 대한 대응활동에 중점을 둔 경찰활동을 말한다.
② 범죄와 비행의 원인이 되는 지역사회의 문제를 주민과의 연대를 통하여 해결하는 것을 지향한다.
③ 지역사회경찰활동이 성공을 거두기 위해서는 경찰조직의 중앙집권적 지휘명령체계를 변화시키는 것이 필요하다.
④ 지역사회 및 주민들의 비공식적인 네트워크가 갖는 사회통제 능력을 강조하는 전략이다.

해설

① [×] 경찰이 범죄예방활동을 효율적으로 수행해 나가기 위해서는 지역주민의 적극적인 참여가 전제되어야 한다. 경찰이 지역사회와 공동으로 범죄예방활동을 해 나가는 것을 지역사회경찰활동(Community Policing)이라 한다. 범죄예방에 중점을 둔 경찰활동이다.

정답 ①

05 민간경비의 필요성에 대한 설명으로 옳지 않은 것은? 2012. 보호 7급

① 갈수록 복잡·다원화되는 사회에서 경찰 등 공권력의 공백을 메워줄 수 있다.
② 국민의 요구에 부합하는 양질의 치안서비스를 제공하고 사회 형평성을 증대하는 효과가 있다.
③ 수익자부담 원칙에 따라 국가의 치안관련예산을 절감할 수 있다.
④ 경찰력을 보다 필요한 곳에 집중 배치할 수 있게 된다.

해설
② [×] 일반국민이 아니라 특정 의뢰자와의 계약에 의하여 받은 보수만큼 서비스를 제공하고(대가의 유무나 다소에 따라 서비스의 내용이 달라지는 경합적 서비스) 특별한 개인적 서비스에 대한 수익자부담원칙이므로 사회형평성을 저해한다.

정답 ②

해커스경찰
police.Hackers.com

제6편
형벌과 보안처분

제24장 형벌론
제25장 형벌의 종류
제26장 교정론
제27장 보안처분론
제28장 보안처분 관계 법령과 판례
제29장 소년사법론

제24장 | 형벌론

제1절 | 형벌이론

01 형벌의 목적 중 소극적 일반예방에 대한 설명으로 가장 적절한 것은?
2022(72). 경위

① 형벌을 통해 범인을 교육·개선함으로써 범죄자의 재범을 예방한다.
② 형벌을 통해 일반인의 규범의식을 강화하여 사회의 규범 안정을 도모한다.
③ 준엄한 형집행을 통해 일반인을 위하함으로써 범죄예방의 목적을 달성한다.
④ 형벌의 고통을 체험하게 함으로써 범죄자가 스스로 재범을 억제하도록 한다.

해설
예방이론은 형벌이 그 자체로 성립되는 것이 아니라 예방이라는 목적에 의하여 정당화된다는 입장이다.
예방이론은 그 대상에 따라 일반예방과 특별예방으로 나누어지는데, 일반예방은 일반인에 대한 형벌위하 내지 규범의식의 강화를 수단으로 범죄의 예방을 꾀하는 것이고, 특별예방은 범죄인 개개인을 중심으로 범죄를 예방하려는 것이다.
일반예방은 일반인에 대한 위하를 추구하는 소극적 일반예방과 일반인의 규범의식의 강화를 추구하는 적극적 일반예방으로, 특별예방은 범죄인의 격리를 추구하는 소극적 특별예방과 범죄인의 재사회화를 추구하는 적극적 특별예방으로 구분할 수 있다.
① [×] 적극적 특별예방
② [×] 적극적 일반예방
③ [○] 소극적 일반예방
④ [×] 소극적 특별예방

정답 ③

02 형벌의 목적에 대한 설명으로 옳지 않은 것은?
2021. 교정 7급

① 응보형주의는 개인의 범죄에 대하여 보복적인 의미로 형벌을 과하는 것이다.
② 교육형주의는 범죄인의 자유박탈과 사회로부터의 격리를 교육을 위한 수단으로 본다.
③ 응보형주의에 의하면 범죄는 사람의 의지에 의하여 발생하는 것이 아니라 사회 환경 및 사람의 성격에 의하여 발생하는 것이다.
④ 현대의 교정목적은 응보형주의를 지양하고, 교육형주의의 입장에서 수형자를 교정·교화하여 사회에 복귀시키는 데에 중점을 둔다.

해설
③ [×] 응보형주의란 형벌의 본질을 범죄에 대한 정당한 응보에 있다고 하는 사상이다. 즉, 범죄는 위법한 해악이므로 범죄를 행한 자에게는 그 범죄행위에 상응하는 해악을 가하는 것이 바로 형벌이며, 따라서 형벌의 본질은 응보에 있고 형벌의 내용은 악에 대한 보복적 반동으로서의 고통을 의미한다고 한다.
응보형주의는 사람은 자유의지를 가지고 자신의 행위를 스스로 결정한다는 고전주의 사상을 배경으로 하기 때문에 범죄는 사람의 의지에 의하여 발생하는 것으로 본다.

정답 ③

03 형벌의 본질과 목적에 대한 설명으로 옳지 않은 것은? 2018. 보호 7급

① 응보형주의에 따르면 범죄는 정의에 반하는 악행이므로 범죄자에 대해서는 그 범죄에 상응하는 해악을 가함으로써 정의가 실현된다.
② 목적형주의에 따르면 형벌은 과거의 범행에 대한 응보가 아니라 장래의 범죄예방을 목적으로 한다.
③ 일반예방주의는 범죄자에게 형벌을 과함으로써 수형자에 대한 범죄예방의 효과를 기대하는 사고방식이다.
④ 특별예방주의는 형벌의 목적을 범죄자의 사회복귀에 두고 형벌을 통하여 범죄자를 교육·개선함으로써 그 범죄자의 재범을 예방하려는 사고방식이다.

해설
③ [×] 일반예방주의는 목적형주의의 입장에서 범죄예방의 대상을 일반인에게 두고 형벌에 의하여 일반인을 위하·경계시킴으로써 범죄를 행하지 않도록 하는 데에 형벌의 목적을 두는 것을 말한다.

정답 ③

제2절 | 미결구금제도와 공소단계 형사정책

01 미결구금에 대한 설명으로 옳지 않은 것은? (다툼이 있는 경우 판례에 의함) 2022. 보호 7급

① 미결구금의 폐해를 줄이기 위한 정책으로는 구속영장실질심사제, 신속한 재판의 원칙, 범죄피해자보상제도, 미결구금 전용수용시설의 확대 등이 있다.
② 미결구금된 사람을 위하여 변호인이 되려는 자의 접견교통권은 변호인의 조력을 받을 권리의 실질적 확보를 위해서 헌법상 기본권으로서 보장되어야 한다.
③ 판결선고 전 미결구금일수는 그 전부가 법률상 당연히 본형에 산입되므로 판결에서 별도로 미결구금일수 산입에 관한 사항을 판단할 필요가 없다.
④ 재심재판에서 무죄가 확정된 피고인이 미결구금을 당하였을 때에는 국가에 대하여 그 구금에 대한 보상을 청구할 수 있다.

해설
① [×] 범죄피해자보상제도는 미결구금의 폐해를 줄이기 위한 정책과는 관련이 없다.
 미결구금의 폐해를 줄이기 위한 정책으로는 불구속수사를 원칙으로 한 구속수사의 지양, 구속영장실질심사제, 수사 및 법원 심리의 신속화, 보상제도의 현실화(무죄석방자에 대한 손실보상 등), 석방제도의 적극 활용, 피구금자의 가족보호, 미결구금시설의 개선, 실질적인 접견·교통권의 보장 등이 있다.
② [○] 헌재 2019.2.28. 2015헌마1204
③ [○] 대법원 2009.12.10. 2009도11448
④ [○] 형사소송법에 따른 일반 절차 또는 재심이나 비상상고 절차에서 무죄재판을 받아 확정된 사건의 피고인이 미결구금을 당하였을 때에는 국가에 대하여 그 구금에 대한 보상을 청구할 수 있다(형사보상 및 명예회복에 관한 법률 제2조 제1항).

정답 ①

02 기소유예제도에 대한 설명으로 옳은 것만을 모두 고른 것은?

2014. 보호 7급

㉠ 초범자와 같이 개선의 여지가 큰 범죄자를 모두 기소하여 전과자를 양산시키고, 무의미한 공소제기와 무용한 재판 등으로 인하여 소송경제에 반하는 문제점이 있다.
㉡ 「소년법」상 검사는 피의자에 대하여 범죄예방자원봉사 위원의 선도를 받게 하고 공소를 제기하지 아니할 수 있으며, 이 경우 소년과 소년의 친권자·후견인 등 법정대리인의 동의를 받아야 한다.
㉢ 공소권행사에 있어 법 앞의 평등을 실현하고 공소권 행사에 정치적 영향을 배제할 수 있다.
㉣ 피의자에게 전과의 낙인 없이 기소 전 단계에서 사회복귀를 가능하게 하고, 법원 및 교정기관의 부담을 덜 수 있다.

① ㉠, ㉢
② ㉡, ㉢
③ ㉡, ㉣
④ ㉠, ㉣

해설
옳은 것은 ㉡, ㉣이다.
㉠ [×] 기소법정주의의 문제점(단점)에 해당한다.
㉡ [○] 소년법 제49조의3
㉢ [×] 정치적 개입이나 부당한 불기소처분의 가능성 등 검사의 지나친 자의적 재량의 여지가 있다.
㉣ [○] 기소유예제도의 장점에 해당한다.

정답 ③

03 기소유예제도에 대한 설명으로 옳은 것은?

2014. 사시

① 기소유예는 「형법」 제51조의 양형의 조건을 참작하여 검사가 결정한다.
② 기소유예제도는 처벌의 공백을 두지 않음으로써 철저한 법집행을 기할 수 있다는 장점이 있다.
③ 기소유예제도의 견제 및 보완책으로는 재정신청제도, 검찰항고제도, 공소권 남용에 따른 공소기각제도 등을 들 수 있다.
④ 기소유예 결정에 불복하는 고소인의 재정신청에 대해서는 헌법재판소가 당부에 관한 결정을 한다.
⑤ 기소유예의 결정권자인 검사의 재량을 통제하기 위하여 재정신청 대상범죄의 축소, 강제적 기소유예 등이 제시된다.

해설
① [○] 기소유예제도는 공소를 제기하기에 충분한 범죄의 혐의가 있고 소송조건도 구비되었으나 범인의 연령·성행·지능과 환경, 피해자에 대한 관계, 범행의 동기·수단과 결과, 범행 후의 정황 등(형법 제51조) 양형인자를 참작하여 검사의 재량에 의하여 공소를 제기하지 않는 처분을 말한다(형사소송법 제247조).
② [×] 기소유예제도는 구체적 정의의 실현과 실질적 공평의 추구에 필요한 탄력성을 제공하며, 기소 전의 단계에서 형사정책적 고려로 사회복귀가 가능하여 단기자유형의 폐해를 방지할 수 있으나, 기소만을 유예하는 것이므로 처벌의 공백이 발생하여 법집행이 약화될 수 있다.
③ [×] 현행법상 부당한 불기소처분 또는 기소유예의 억제조치에는 재정신청(형사소송법 제260조), 고소·고발인의 검찰항고·재항고제도(검찰청법 제10조), 헌법소원(헌법재판소법 제68조 제1항), 불기소처분 통지제도(형사소송법 제258조 제1항), 불기소처분 이유고지제도(동법 제259조) 등이 있다.
공소권 남용이란 공소제기가 형식적으로 적법하지만 실질적으로 위법·부당한 경우를 말하며, 공소권 남용이론이란 공소권 남용이 있을 때 유무죄의 실체재판을 하지 말고 공소기각판결 등의 형식재판으로 소송을 종결하여 검사의 공소권을 규제하자는 이론이다.
공소권 남용에 따른 공소기각제도는 현행법상 채택하고 있지 않고, 기소유예제도의 견제 및 보완책에도 해당하지 않는다.
④ [×] 고소권자로서 고소를 한 자는 검사로부터 공소를 제기하지 아니한다는 통지를 받은 때에는 그 검사 소속의 지방검찰청 소재지를 관할하는 고등법원에 그 당부에 관한 재정을 신청할 수 있다(형사소송법 제260조 제1항).
⑤ [×] 재정신청의 대상범죄를 축소하면 오히려 검사의 재량이 확대된다. 검사의 재량을 통제하기 위하여 재정신청 대상범죄의 확대, 강제적 공소제기 등이 제시된다.

정답 ①

04 기소유예제도에 대한 설명으로 옳지 않은 것은?

2017. 교정 7급

① 피의자의 법적 안전성을 침해할 수 있다.
② 법원 및 교정시설의 부담을 줄여줄 수 있다.
③ 단기자유형의 폐해를 막는 방법이 될 수 있다.
④ 피의자에 대한 형벌적 기능을 수행하지 않는다.

해설

①[○], ④[×] 기소유예제도는 무죄결정을 내리는 것이 아니라 시효가 완성될 때까지 기소를 유예하는 것이므로 법적 안정성을 침해할 수 있다. 왜냐하면 기소유예기간 동안 피의자는 불안한 법적 지위를 가져야 하기 때문이다. 그러나 이러한 피의자의 불이익 때문에 기소유예제도는 오히려 형벌적 기능을 담당할 수 있다고 한다.
②, ③[○] 기소유예제도의 장점에 해당한다.

정답 ④

05 다음 〈보기〉 중 기소유예제도에 대한 설명으로 옳은 것만을 모두 고른 것은?

2022. 해경 경위

─〈보기〉─

㉠ 초범자와 같이 개선의 여지가 큰 범죄자를 모두 기소하여 전과자를 양산시키고, 무의미한 공소제기와 무용한 재판 등으로 인하여 소송경제에 반하는 문제점이 있다.
㉡ 「소년법」상 검사는 피의자에 대하여 범죄예방 자원봉사위원회의 선도를 받게 하고 공소를 제기하지 아니할 수 있으며, 이 경우 소년과 소년의 친권자·후견인 등 법정대리인의 동의를 받아야 한다.
㉢ 공소권 행사에 있어 법 앞의 평등을 실현하고 공소권 행사에 정치적 영향을 배제할 수 있다.
㉣ 피의자에게 전과의 낙인 없이 기소 전 단계에서 사회복귀를 가능하게 하고, 법원 및 교정기관의 부담을 덜 수 있다.

① ㉠, ㉢
② ㉡, ㉢
③ ㉡, ㉣
④ ㉠, ㉣

해설

옳은 것은 ㉡, ㉣이다.
㉠[×] 기소법정주의의 문제점(단점)에 해당한다.
㉡[○] 소년법 제49조의3
㉢[×] 정치적 개입이나 부당한 불기소처분의 가능성 등 검사의 지나친 자의적 재량의 여지가 있다.
㉣[○] 기소유예제도의 장점에 해당한다.

정답 ③

제3절 | 재판단계 형사정책

01 우리나라의 현행 양형기준제도에 대한 설명으로 가장 옳지 않은 것은? *2023. 해경 경위*

① 양형기준은 법적 구속력을 갖지 아니한다.
② 법정형 - 처단형 - 선고형의 3단계 과정을 거쳐서 이루어진다.
③ 특별양형인자들이 일반양형인자들보다 더 중요하게 고려된다.
④ 형량범위 결정 시 해당 특별양형인자의 개수보다 그 내용과 질을 더 중요하게 고려한다.

해설

① [O] 법관은 형의 종류를 선택하고 형량을 정할 때 양형기준을 존중하여야 한다. 다만, 양형기준은 법적 구속력을 갖지 아니한다(법원조직법 제81조의7 제1항). ⇨ 양형기준은 법관이 형종을 선택하고 형량을 정함에 있어 참고하여야 하지만, 법적 구속력은 갖지 않는 권고적 기준에 해당한다.

② [O] 양형기준이란 법관이 형을 정함에 있어 참고할 수 있는 기준을 말한다. 법관이 법정형(각 범죄에 대응하여 법률에 규정되어 있는 형벌) 중에서 선고할 형의 종류(예컨대, 징역 또는 벌금형)를 선택하고, 법률에 규정된 바에 따라 형의 가중·감경을 함으로써 주로 일정한 범위의 형태로 처단형이 정하여 지는데, 처단형의 범위 내에서 특정한 선고형을 정하고 형의 집행유예 여부를 결정함에 있어 참조되는 기준이 바로 양형기준이다.

③ [O] 특별양형인자는 일반양형인자에 비하여 양형에 대한 영향력이 큰 인자로서 일반양형인자보다 중하게 고려된다. 특별양형인자는 3단계 권고 영역 자체를 변동시킬 수 있도록 한 반면, 일반양형인자는 결정된 권고 영역 내에서 선고형을 정할 때 고려되도록 함으로써 양자의 영향력과 그에 따른 역할을 구분하였다.

④ [×] 형량범위 결정 시 해당 특별양형인자의 내용과 질보다 개수를 더 중요하게 고려한다. 양형기준에 의한 최종 형량범위의 결정은 각 유형별로 제시된 3단계 권고 영역 중 하나를 선택한 다음 이를 조정하는 과정을 거쳐 이루어진다. 구체적으로, ㉠ 양형인자의 존부 확정 → ㉡ 복수 특별양형인자의 평가 → ㉢ 형량범위의 특별 조정 및 서술식 기준 적용 → ㉣ 다수범죄 처리기준 적용의 순으로 진행된다.

정답 ④

---

02 재판단계의 형사정책에 대한 다음의 설명 중에서 옳은 것(○)과 옳지 않은 것(×)이 바르게 짝지어진 것은? *2013. 보호 7급*

㉠ 유일점 형벌이론은 형이상학적 목적형사상을 기초로 한 절대적 형벌이론이다.
㉡ 공판절차 이분론은 소송절차를 범죄사실의 인정절차와 양형절차로 나누자는 주장을 말한다.
㉢ 판결 전 조사제도는 보호관찰의 활성화에 기여할 수 있는 장점이 있다.
㉣ 가석방자에 대한 보호관찰은 필요적 사법처분이므로 반드시 보호관찰을 부과하여야 한다.

	㉠	㉡	㉢	㉣
①	×	○	○	×
②	×	×	○	×
③	○	×	○	○
④	○	×	×	○

해설

- ㉠ [×] 유일점 형벌이론은 책임은 언제나 고정된 일정한 크기를 가지므로 정당한 형벌은 오직 하나일 수밖에 없다는 이론으로, 다만 책임에 상응한 형벌을 찾아내는 과정에서 우리는 인식능력의 불완전성 내지 법관의 불확실성으로 인하여 산술적으로 정확히 확인할 수 없을 뿐이라는 것이다. 범주 이론은 행위자의 책임만을 기준으로 양형을 할 수 없으며 일반예방이나 특별예방의 목적도 고려하여야 한다고 주장하는 이론 중의 하나이다.
- ㉡ [○] 공판절차 이분론은 소송절차를 범죄사실의 인정절차와 양형절차로 나누자는 주장으로, 범죄사실의 인정절차를 순화하고, 양형을 과학화·합리화하여, 변호권을 보장하고 피고인을 보호하여야 한다는 주장이다.
- ㉢ [○] 판결 전 조사란 재판부의 요청에 따라 판결선고 전에 보호관찰관이 피고인의 성격, 성장과정, 범행동기, 피해회복 여부 등에 대한 제반사항을 조사하여 그 결과를 형량에 참고하도록 하는 제도이다.
  미국에서 보호관찰제도와 밀접한 관련을 가지고 발전되어 온 제도로서 법관의 양형의 합리화에 도움을 주며, 변호인의 변호활동 보완, 피고인의 인권보장에 도움이 되며, 교정시설에서 개별처우의 자료로 활용할 수 있고, 지역사회에서 범죄인처우지침으로 활용될 수 있다.
- ㉣ [×] 가석방된 자는 가석방기간 중 보호관찰을 받는다. 다만, 가석방을 허가한 행정관청이 필요가 없다고 인정한 때에는 그러하지 아니하다(형법 제73조의2 제2항).

정답 ①

03 양형에 관한 이론 및 현행법에 대한 설명으로 옳은 것은?

① 단계이론은 책임에 상응하는 형벌이 법정형의 범위 내에서 특정된 하나의 형으로 존재하는 것이 아니라 폭으로 존재한다고 본다.
② 위가이론은 정당한 형벌이 언제나 하나일 수밖에 없다고 한다.
③ 양형위원회는 양형기준을 설정할 때에는 범행 후의 정황은 고려하되, 피고인의 범죄전력을 고려해서는 안 된다.
④ 양형위원회의 양형기준은 법적 구속력을 갖는다.
⑤ 법원이 양형기준을 벗어난 판결을 하는 경우에는 판결서에 양형이유를 기재하여야 한다.

해설

① [×] 독일 연방대법원(BGH)이 취하고 있는 '폭의 이론'에 대한 설명이다.
  단계이론(위가이론)은 유일점 이론과 폭의 이론이 대립하는 과정에서 폭의 이론을 변형하기 위한 시도로 등장한 이론으로, 양형의 단계에 따라 개별적인 형벌목적의 의의와 가치를 결정해야 한다는 이론이다.
② [×] 유일점 형벌이론은 책임은 언제나 고정된 일정한 크기를 가진 것이므로 정당한 형벌은 하나일 수밖에 없다(책임에 상응하는 형벌은 하나의 점의 형태로 존재한다)고 한다.
③ [×] 양형위원회는 양형기준을 설정·변경할 때에는 ㉠ 범죄의 유형 및 법정형, ㉡ 범죄의 중대성을 가중하거나 감경할 수 있는 사정, ㉢ 피고인의 나이, 성품과 행실, 지능과 환경, ㉣ 피해자에 대한 관계, ㉤ 범행의 동기, 수단 및 결과, ㉥ 범행 후의 정황, ㉦ 범죄 전력, ㉧ 그 밖에 합리적인 양형을 도출하는 데 필요한 사항을 고려하여야 한다(법원조직법 제81조의6 제3항).
④ [×] 법관은 형의 종류를 선택하고 형량을 정함에 있어서 양형기준을 존중하여야 한다. 다만, 양형기준은 법적 구속력을 갖지 아니한다(동법 제81조의7 제1항).
⑤ [○] 법원이 양형기준을 벗어난 판결을 하는 경우에는 판결서에 양형의 이유를 기재하여야 한다. 다만, 약식절차 또는 즉결심판절차에 의하여 심판하는 경우에는 그러하지 아니하다(법원조직법 제81조의7 제2항).

정답 ⑤

04 양형이론에 대한 설명으로 옳지 않은 것은?

2013. 보호 7급

① 형벌책임의 근거를 비난가능성에서 구하는 것은 객관적이고 중립적이어야 할 국가형벌권의 행사가 감정에 치우칠 위험이 있다.
② 양형이론 중 범주이론 또는 재량여지이론(Spielraumtheorie)은 예방의 관점을 고려한 것으로 법관에게 일정한 형벌목적으로 고려할 수 있는 일정한 재량범위를 인정하는 장점을 가지고 있다.
③ 유일점 형벌이론(Punktstrafentheorie)에 의하면 책임은 언제나 하나의 고정된 크기를 가지므로 정당한 형벌은 언제나 하나일 수밖에 없다.
④ 양형에서 법적 구성요건의 표지에 해당하는 사정이 다시 고려되어도 무방하다는 이중평가의 원칙이 적용된다.

해설
④ [×] 양형에는 법적 구성요건의 표지에 해당하는 사정은 다시 고려될 수 없다는 이중평가금지의 원칙이 적용된다.

정답 ④

05 대법원 양형위원회가 작성한 양형기준표에 대한 설명으로 옳지 않은 것은?

2022. 보호 7급

① 주요 범죄 대부분에 대하여 공통적, 통일적으로 적용되는 종합적 양형기준이 아닌 범죄 유형별로 적용되는 개별적 양형기준을 설정하였다.
② 양형인자는 책임을 증가시키는 가중인자인 특별양형인자와 책임을 감소시키는 감경인자인 일반양형인자로 구분된다.
③ 양형인자 평가결과에 따라 감경영역, 기본영역, 가중영역의 3가지 권고영역 중 하나를 선택하여 권고형량의 범위를 정한다.
④ 양형에 있어서 권고형량범위와 함께 실형선고를 할 것인가, 집행유예를 선고할 것인가를 판단하기 위한 기준을 두고 있다.

해설
① [○] 양형위원회는 모든 범죄에 통일적으로 적용되는 단일한 양형기준을 설정하는 방식이 아닌, 개별 범죄의 특성을 반영하여 범죄군별로 독립적인 양형기준을 설정하는 방식을 채택하였다. 즉, 보호법익과 행위태양을 기준으로 유사한 범죄군을 통합하고, 그 범죄군 내에서 다시 범죄의 특수성을 고려하여 개별적인 양형기준을 설정하는 방식을 취하고 있다.
② [×] 양형인자는 ⊙ 다양한 양형인자의 기본적인 성격(행위인자, 행위자인자/기타인자), ⓒ 책임의 경중에 영향을 미치는 내용(가중인자, 감경인자), ⓒ 그 정도(특별양형인자, 일반양형인자)에 따라 구분된다.
가중인자는 책임을 증가시키는 역할을 하는 인자를 말하고, 감경인자는 그와 반대로 책임을 감소시키는 역할을 하는 인자를 말한다. 특별양형인자는 당해 범죄유형의 형량에 큰 영향력을 갖는 인자로서 권고 영역을 결정하는 데 사용되는 인자를 말하며, 일반양형인자는 그 영향력이 특별양형인자에 미치지 못하는 인자로서 권고 영역을 결정하는 데에는 사용되지 못하고, 결정된 권고 형량범위 내에서 선고형을 정하는 데 고려되는 인자를 말한다.
③ [○] 양형기준은 범죄군을 여러 유형으로 분류하고, 각 유형에 상응하는 일정한 형량범위를 부여하였다. 이와 같이 유형 분류만으로도 형량범위가 전체 법정형 범위 내에서 일정한 구간으로 제한되지만, 양형기준은 이에 그치지 않고 각 유형의 형량범위를 다시 감경영역, 기본영역, 가중영역이라는 3단계 권고 영역으로 나눈 다음 각 사안별로 존재하는 구체적인 양형인자를 비교·평가하는 방법으로 3단계 권고 영역 중 적정한 영역을 선택하도록 하고 있다.
④ [○] 양형기준은 형종 및 형량 기준과 집행유예 기준으로 구성된다. 형종 및 형량 기준은 범죄군별로 범죄유형을 구분한 다음 각 유형별로 감경, 기본, 가중의 3단계 권고 형량범위를 제시하고 있으므로 법관은 양형기준을 적용함에 있어 해당 범죄유형을 찾아 권고 형량범위를 결정한 다음 최종 선고형을 정하게 된다. 이어 선고형이 3년 이하의 징역 또는 금고에 해당하는 경우에는, 실형이 권고되는 경우, 집행유예가 권고되는 경우, 어느 쪽도 권고되지 않는 경우(실형과 집행유예 중에서 선택 가능)를 구분하고 있는 집행유예 기준에 따라 법관은 집행유예 여부를 결정하게 된다. 양형기준은 책임단계와 예방단계를 구별하는 전제에서 형종 및 형량 기준과 별도로 집행유예 기준을 두고 있다.

정답 ②

06 양형의 합리화를 위한 방안과 그에 대한 설명을 옳게 짝지은 것은?

2024. 보호 7급

㉠ 양형기준표의 마련
㉡ 양형위원회의 설치 및 운영
㉢ 판결 전 조사제도
㉣ 공판절차이분론

A. 공판절차를 사실인정 절차와 양형 절차로 분리하자는 주장
B. 판결 전 피고인의 성향과 환경을 과학적으로 조사하여 이를 양형의 기초 자료로 이용하는 제도
C. 법관의 양형을 일정 부분 통제할 수 있도록 양형기준표를 개발하는 것을 주된 임무로 삼는 제도
D. 특정 범죄에 대해 어떤 형벌과 어느 정도의 형량이 선고될지를 예측할 수 있게 만드는 업무 지침

	㉠	㉡	㉢	㉣
①	B	C	D	A
②	C	B	A	D
③	D	B	C	A
④	D	C	B	A

해설

양형의 합리화를 위한 방안으로 양형지침서(양형기준표)의 마련, 적응예측표의 활용, 양형위원회의 설치 및 운영, 판결 전 조사제도의 활용, 공판절차의 이분화(유무죄 인부절차와 형의 양형절차), 검사 구형의 합리화, 판결서에 양형이유의 명시 등을 들 수 있다.

㉠ - D 양형기준표: 특정 범죄에 대해 어떤 형벌과 어느 정도의 형량이 선고될지를 예측할 수 있게 만드는 업무 지침으로, 양형위원회에서 흔히 발생하는 20대 주요 범죄의 유형별로 선고형 범위와 집행유예 여부의 대략적인 기준을 마련해놓은 것을 말한다.

㉡ - C 양형위원회: 법관의 양형을 일정 부분 통제할 수 있도록 양형기준표를 개발하는 것을 주된 임무로 삼는 제도이다. 형을 정할 때 국민의 건전한 상식을 반영하고 국민이 신뢰할 수 있는 공정하고 객관적인 양형을 실현하기 위하여 대법원에 양형위원회를 두고(법원조직법 제81조의2 제1항), 위원회는 법관이 합리적인 양형을 도출하는 데 참고할 수 있는 구체적이고 객관적인 양형기준을 설정하거나 변경한다(동법 제81조의6 제1항).

㉢ - B 판결 전 조사제도: 재판부의 요청에 따라 판결선고 전에 보호관찰관이 피고인의 성격, 성장과정, 범행동기, 피해회복 여부 등에 대한 제반사항을 조사하여 그 결과를 형량에 참고하도록 하는 제도이다. 미국에서 보호관찰제도와 밀접한 관련을 가지고 발전되어 온 제도로서 법관의 양형의 합리화에 도움을 주며, 변호인의 변호활동 보완, 피고인의 인권보장에 도움이 되며, 교정시설에서 개별처우의 자료로 활용할 수 있고, 지역사회에서 범죄인처우지침으로 활용될 수 있다.

㉣ - A 공판절차 이분론: 소송절차를 범죄사실의 인정절차와 양형절차로 나누자는 주장으로, 범죄사실의 인정절차를 순화하고, 양형을 과학화·합리화하여, 변호권을 보장하고 피고인을 보호하여야 한다는 주장이다.

정답 ④

07 판결 전 조사제도에 대한 설명으로 옳지 않은 것은?
2012. 교정 7급

① 「보호관찰 등에 관한 법률」에 의하면 판결 전 조사의 대상자를 소년으로 한정하고 있다.
② 사실심리절차와 양형절차를 분리하는 소송절차이분(訴訟節次二分)을 전제로 하며, 미국에서 보호관찰(Probation) 제도와 밀접한 관련을 가지고 발전되어 온 제도이다.
③ 판결 전 조사보고서의 내용에 대하여 피고인에게 반대신문권을 인정할 것인지의 여부가 문제되는데, 미국은 법원이 피고인과 변호인에게 보고서에 대하여 논박할 기회를 충분히 제공하도록 하고 있다.
④ 형사정책적으로 양형의 합리화 뿐만 아니라 사법적 처우의 개별화에도 그 제도적 의의가 있다.

해설
① [×] 종전에는 판결 전 조사제도가 소년범에 대해서만 인정되었으나, 2008년 12월 26일 보호관찰 등에 관한 법률이 개정되면서 그 대상이 성인범까지 확대되었다. 즉, 보호관찰 등에 관한 법률 제19조 제1항에서 피고인이라 함은 소년·성인 피고인을 말한다.

정답 ①

08 판결 전 조사제도에 대한 설명으로 옳은 것을 모두 고른 것은?

㉠ 판결 전 조사제도는 형사절차가 유무죄인부절차와 양형절차로 분리되어 있는 미국의 보호관찰(Probation)제도와 밀접한 관련을 가지고 발전되어 왔다.
㉡ 법원은 피고인에 대하여 「형법」 제59조의2 및 제62조의2에 따른 보호관찰, 사회봉사 또는 수강을 명하기 위하여 필요하다고 인정하면 범행 동기, 직업, 생활환경, 교우관계, 가족상황, 피해회복 여부 등 피고인에 관한 사항의 조사를 요구할 수 있다.
㉢ 판결 전 조사 요구는 제1심 또는 항소심뿐만 아니라 상고심에서도 할 수 있다.
㉣ 판결 전 조사제도는 개별사건에 대하여 구체적이고 실제적으로 적절히 처우할 수 있도록 하는 처우의 개별화와 관련이 있으며, 양형의 합리화에 기여한다.
㉤ 현행법상 판결 전 조사의 주체는 조사를 요구하는 법원의 소재지 또는 피고인의 주거지를 관할하는 경찰서장이다.

① ㉠, ㉡, ㉢
② ㉠, ㉡, ㉣
③ ㉡, ㉢, ㉣
④ ㉢, ㉣, ㉤

해설
옳은 것은 ㉠, ㉡, ㉣이다.
㉠ [O] 판결 전 조사제도는 소송절차가 이분된 영미법계의 나라에서 보호관찰(Probation)과 밀접한 관련을 가지고 발전한 제도로, 1911년 미국의 일리노이주 시카고시에서 처음 실시되었고, 1940년 표준보호관찰법(SPA)에서 공식화되었다.
㉡ [O] 법원은 (소년·성인)피고인에 대하여 형법 제59조의2 및 제62조의2에 따른 보호관찰, 사회봉사 또는 수강을 명하기 위하여 필요하다고 인정하면 그 법원의 소재지 또는 피고인의 주거지를 관할하는 보호관찰소의 장에게 범행 동기, 직업, 생활환경, 교우관계, 가족상황, 피해회복 여부 등 피고인에 관한 사항의 조사를 요구할 수 있다(보호관찰 등에 관한 법률 제19조 제1항).
㉢ [×] 판결 전 조사는 형을 선고하기 전에 실시하므로 상소심에는 실시하지 않는다.
㉣ [O] 판결 전 조사제도는 교화개선주의, 교육형주의에 바탕을 둔 제도로서, 재판단계에서 처우를 개별화하기 위해 피고인과 관련된 자료를 조사하는 제도이며, 판사가 가장 유효·적절한 판결을 할 수 있도록 양형의 합리화에 도움을 준다.
㉤ [×] 경찰서장이 아니라 보호관찰소의 장이다(보호관찰 등에 관한 법률 제19조 제1항).

정답 ②

제4절 | 재판단계 전환정책(선고유예와 집행유예)

01 형의 유예에 대한 설명으로 옳은 것은?

2020. 보호 7급

① 형의 선고유예를 받은 날로부터 2년을 경과한 때에는 기소유예된 것으로 간주한다.
② 형의 선고를 유예하거나 형의 집행을 유예하는 경우 보호관찰의 기간은 1년으로 한다.
③ 형의 집행유예 시 부과되는 수강명령은 집행유예기간이 완료된 이후에 이를 집행한다.
④ 형을 병과할 경우에는 그 형의 일부에 대하여 집행을 유예할 수 있다.

해설
① [×] 형의 선고유예를 받은 날로부터 2년을 경과한 때에는 면소된 것으로 간주한다(동법 제60조).
② [×] 형의 선고를 유예하는 경우 보호관찰의 기간은 1년으로 하고(동법 제59조의2 제2항), 형의 집행을 유예하는 경우 보호관찰의 기간은 집행을 유예한 기간으로 한다(동법 제62조의2 제2항).
③ [×] 형의 집행유예 시 부과되는 수강명령은 집행유예기간 내에 이를 집행한다(동법 제62조의2 제3항).
④ [○] 형법 제62조 제2항

정답 ④

02 다음 甲, 乙, 丙의 사례를 읽고 집행유예가 실효되는 경우를 모두 고른 것은?

2012. 사시

甲: 절도죄로 징역 1년에 집행유예 2년을 선고받고 확정된 이후 집행유예기간 중 사기죄를 범하여 집행유예기간 중 재판을 받아 징역 1년의 실형이 확정되었다.
乙: 절도죄로 징역 1년에 집행유예 2년을 선고받고 확정된 이후 그 절도범행 이전에 범한 사기죄가 발각되어 절도죄 집행유예기간 중 재판을 받아 징역 1년에 집행유예 2년을 추가로 선고받고 판결이 확정되었다.
丙: 절도죄로 징역 1년에 집행유예 2년을 선고받고 확정된 이후 집행유예기간 중 업무상과실치사죄를 범하여 집행유예기간 중 재판을 받아 금고 1년의 실형이 확정되었다.

① 甲
② 甲, 乙
③ 甲, 丙
④ 乙, 丙
⑤ 甲, 乙, 丙

해설
- 甲: 집행유예의 선고를 받은 자가 유예기간 중 고의로 범한 죄로 금고 이상의 실형을 선고받아 그 판결이 확정된 때에는 집행유예의 선고는 효력을 잃는다(형법 제63조).
- 乙: 집행유예기간 중 고의범에 대해 금고이상의 실형을 선고받아 그 판결이 확정되더라도 그 범죄가 그 집행유예 선고 이전에 범한 것이라면 앞의 집행유예의 선고는 실효되지 않는다.
- 丙: 실형이 아니라 집행이 유예된 형이 확정되거나 금고 이상의 실형이 과실범인 경우에는 집행유예의 선고는 실효되지 않는다.

정답 ①

03 다음 설명 중 옳지 않은 것은? (다툼이 있는 경우 판례에 의함) 2016. 사시

① 기소유예는 기소 전의 단계에서 피의자에 대한 형사정책적 고려를 통하여 사회복귀를 가능하게 하고 단기 자유형의 폐해를 방지할 수 있다.
② 1년 이하의 징역이나 금고, 자격정지 또는 벌금의 형을 선고할 경우에 「형법」 제51조(양형의 조건)의 사항을 고려하여 뉘우치는 정상이 뚜렷할 때에는 그 형의 선고를 유예할 수 있다.
③ 선고유예는 유예기간을 실효됨이 없이 경과하면 면소된 것으로 간주함으로써 피고인의 사회복귀를 용이하게 하는 특별예방적 목적을 달성할 수 있다.
④ 하나의 형의 일부에 대한 집행유예는 허용되지만, 형을 병과하는 경우 그 일부의 형에 대하여는 집행유예를 선고할 수 없다.
⑤ 선고유예는 형의 선고 자체를 유예한다는 점에서 형을 선고하되 집행만을 유예하는 집행유예와 다르다.

해설

① [○] 기소유예는 피의자에게 전과의 낙인 없이 기소 전 단계에서 형사정책적 고려를 통하여 사회복귀를 가능하게 하고, 단기자유형의 폐해를 방지할 수 있다.
② [○] 형법 제59조 제1항
③ [○] 선고유예는 범정이 비교적 경미한 범죄인에 대해 일정기간 형의 선고를 유예하고 그 유예기간(2년)을 실효됨이 없이 경과하면 면소된 것으로 간주하는 제도(동법 제60조)로 이는 처벌의 오점을 남기지 않음으로써 장차 피고인의 사회복귀를 용이하게 하는 특별예방적 목적을 달성하기 위한 제도라는 점에서 특별예방을 위해 책임주의를 양보한 것이라 할 수 있다.
④ [×] 하나의 자유형 중 일부에 대해서는 실형을, 나머지에 대해서는 집행유예를 선고하는 것은 허용되지 않지만(대법원 2007.2.22. 2006도8555), 형을 병과할 경우에는 그 형의 일부에 대하여 집행을 유예할 수 있다(형법 제62조 제2항).
⑤ [○] 선고유예는 형의 선고 자체를 유예한다는 점에서 형을 선고하되 그 집행만을 유예하는 집행유예와는 다르며, 유죄판결이지만 형을 선고하지 않고 일정기간 유예한다는 점에서 형법상의 제재 중 가장 가벼운 제재라고 할 수 있다.

정답 ④

04 「형법」상 집행유예에 대한 설명으로 옳은 것은? (다툼이 있는 경우 판례에 의함) 2015. 사시

① 하나의 자유형으로 징역 1년의 형을 선고할 경우 그 일부인 6개월에 대해서만 형의 집행을 유예할 수 있다.
② 형의 집행을 유예하는 경우 보호관찰을 받을 것을 명하여야 한다.
③ 형의 집행을 유예하는 경우 보호관찰과 사회봉사를 동시에 명할 수 있다.
④ 집행유예기간 중 과실로 범한 죄로 금고 1년의 형이 확정된 때에는 집행유예의 선고는 효력을 잃는다.
⑤ 집행유예의 선고를 받은 후 그 선고의 실효 또는 취소됨이 없이 유예기간을 경과한 때에는 형의 집행을 종료한 것으로 본다.

해설
① [×] 집행유예의 요건에 관한 형법 제62조 제1항이 '형'의 집행을 유예할 수 있다고만 규정하고 있다고 하더라도, 이는 제62조 제2항이 그 형의 '일부'에 대하여 집행을 유예할 수 있는 때를 형을 '병과'할 경우로 한정하고 있는 점에 비추어 보면, 조문의 체계적 해석상 하나의 형의 전부에 대한 집행유예에 관한 규정이라 할 것이고, 또한 하나의 자유형에 대한 일부집행유예에 관하여는 그 요건, 효력 및 일부 실형에 대한 집행의 시기와 절차, 방법 등을 입법에 의해 명확하게 할 필요가 있어, 그 인정을 위해서는 별도의 근거규정이 필요하므로 하나의 자유형 중 일부에 대해서는 실형을, 나머지에 대해서는 집행유예를 선고하는 것은 허용되지 않는다(대법원 2007.2.22. 2006도8555).
② [×] 형의 집행을 유예하는 경우에는 보호관찰을 받을 것을 명하거나 사회봉사 또는 수강을 명할 수 있다(형법 제62조의2 제1항).
③ [○] 형법 제62조에 의하여 집행유예를 선고할 경우에는 제62조의2 제1항에 규정된 보호관찰과 사회봉사 또는 수강을 동시에 명할 수 있다고 해석함이 상당하다(대법원 1998.4.24. 98도98).
④ [×] 집행유예의 선고를 받은 자가 유예기간 중 고의로 범한 죄로 금고 이상의 실형을 선고받아 그 판결이 확정된 때에는 집행유예의 선고는 효력을 잃는다(동법 제63조).
⑤ [×] 집행유예의 선고를 받은 후 그 선고의 실효 또는 취소됨이 없이 유예기간을 경과한 때에는 형의 선고는 효력을 잃는다(동법 제65조).

정답 ③

05 「형법」상 형의 선고유예에 대한 설명으로 옳지 않은 것은? (다툼이 있는 경우 판례에 의함) 2023. 보호 7급

① 주형의 선고유예를 하는 경우 몰수의 요건이 있더라도 몰수형만의 선고를 할 수는 없다.
② 피고인이 범죄사실을 자백하지 않고 부인할 경우에는 언제나 선고유예를 할 수 없다고 해석할 것은 아니다.
③ 형의 선고를 유예하는 경우에 재범방지를 위하여 지도 및 원호가 필요한 때에는 보호관찰을 받을 것을 명할 수 있는데, 이에 따른 보호관찰의 기간은 1년으로 한다.
④ 형의 선고유예 판결이 확정된 후 2년을 경과한 때에는 면소된 것으로 간주하고, 그 뒤에는 실효의 대상이 되는 선고유예의 판결이 존재하지 않으므로 선고유예 실효의 결정을 할 수 없다.

해설
① [×] 형의 선고유예를 하는 경우에도 몰수의 요건이 있는 때에는 몰수형만의 선고를 할 수 있다고 해석함이 상당하다(대법원 1973.12.11. 73도1133).
② [○] 선고유예의 요건 중 '개전의 정상이 현저한 때'라고 함은, 반성의 정도를 포함하여 널리 형법 제51조가 규정하는 양형의 조건을 종합적으로 참작하여 볼 때 형을 선고하지 않더라도 피고인이 다시 범행을 저지르지 않으리라는 사정이 현저하게 기대되는 경우를 가리킨다고 해석할 것이고, 이와 달리 여기서의 '개전의 정상이 현저한 때'가 반드시 피고인이 죄를 깊이 뉘우치는 경우만을 뜻하는 것으로 제한하여 해석하거나, 피고인이 범죄사실을 자백하지 않고 부인할 경우에는 언제나 선고유예를 할 수 없다고 해석할 것은 아니다(대법원 2003.2.20. 2001도6138).
③ [○] 형법 제59조의2 제1항·제2항
④ [○] 형의 선고유예 판결이 확정된 후 2년을 경과한 때에는 형법 제60조에 따라 면소된 것으로 간주하고, 그 뒤에는 실효의 대상이 되는 선고유예의 판결이 존재하지 않으므로 선고유예 실효의 결정을 할 수 없다. 이는 원결정에 대한 집행정지의 효력이 있는 즉시항고 또는 재항고로 인하여 아직 선고유예 실효 결정의 효력이 발생하기 전 상태에서 상소심 절차 진행 중에 선고유예 기간이 그대로 경과한 경우에도 마찬가지이다(대법원 2018.2.6. 2017모3459).

정답 ①

06 다음 중 형의 선고유예, 집행유예에 대한 설명으로 가장 옳지 않은 것은?
2022. 해경 경위

① 판례에 따르면 집행유예기간의 시기(始期)에 관하여 명문의 규정을 두고 있지 않으므로 법원은 그 시기를 집행유예를 선고한 판결 확정일 이후의 시점으로 임의로 선택할 수 있다.
② 집행유예의 선고를 받은 자가 유예기간 중 고의로 범한 죄로 금고 이상의 실형을 선고받아 그 판결이 확정된 때에는 집행유예의 선고는 효력을 잃는다.
③ 형의 선고유예를 받은 날로부터 2년을 경과한 때에는 면소된 것으로 간주한다.
④ 형의 선고를 유예하는 경우에 재범방지를 위하여 지도 및 원호가 필요한 때에는 1년의 보호관찰을 받을 것을 명할 수 있다.

해설
① [×] 우리 형법이 집행유예 기간의 시기에 관하여 명문의 규정을 두고 있지는 않지만, 형사소송법 제459조가 "재판은 이 법률에 특별한 규정이 없으면 확정한 후에 집행한다."라고 규정한 취지나 집행유예 제도의 본질 등에 비추어 보면 집행유예를 함에 있어 그 집행유예 기간의 시기는 집행유예를 선고한 판결 확정일로 하여야 한다(대법원 2019.2.28. 2018도13382).
② [○] 형법 제63조
③ [○] 동법 제60조
④ [○] 동법 제59조의2 제1항·제2항

정답 ①

07 선고유예 및 가석방에 대한 설명으로 옳지 않은 것은? (다툼이 있는 경우 판례에 의함)
2021. 보호 7급

① 선고유예 판결에서도 그 판결 이유에서는 선고형을 정해 놓아야 하고, 그 형이 벌금형일 경우에는 벌금액뿐만 아니라 환형유치처분까지 해 두어야 한다.
② 형의 집행유예의 선고가 실효 또는 취소됨이 없이 정해진 유예기간을 경과하여 형의 선고가 효력을 잃게 되었더라도, 이는 선고유예 결격사유인 자격정지 이상의 형을 받은 전과가 있는 경우에 해당한다.
③ 형기에 산입된 판결선고 전 구금일수는 가석방을 하는 경우 집행한 기간에 산입한다.
④ 사형을 무기징역으로 특별감형한 경우, 사형집행 대기기간을 처음부터 무기징역을 받은 경우와 동일하게 가석방요건 중의 하나인 형의 집행기간에 산입할 수 있다.

해설
① [○] 형법 제59조에 의하여 형의 선고를 유예하는 판결을 할 경우에도 선고가 유예된 형에 대한 판단을 하여야 하므로, 선고유예 판결에서도 그 판결 이유에서는 선고형을 정해 놓아야 하고, 그 형이 벌금형일 경우에는 벌금액뿐만 아니라 환형유치처분까지 해 두어야 한다(대법원 2015.1.29. 2014도15120).
② [○] 형법 제59조 제1항은 형의 선고유예에 관하여 "1년 이하의 징역이나 금고, 자격정지 또는 벌금의 형을 선고할 경우에 제51조의 사항을 고려하여 뉘우치는 정상이 뚜렷할 때에는 그 형의 선고를 유예할 수 있다. 다만, 자격정지 이상의 형을 받은 전과가 있는 사람에 대하여는 예외로 한다."고 규정하고 있다. 여기서 그 단서에서 정한 "자격정지 이상의 형을 받은 전과"라 함은 자격정지 이상의 형을 선고받은 범죄경력 자체를 의미하는 것이고, 그 형의 효력이 상실된 여부는 묻지 않는 것으로 해석함이 상당하다.
한편 형의 집행유예를 선고받은 사람이 형법 제65조에 의하여 그 선고가 실효 또는 취소됨이 없이 정해진 유예기간을 무사히 경과하여 형의 선고가 효력을 잃게 되었더라도, 이는 형의 선고의 법적 효과가 없어질 뿐이고 형의 선고가 있었다는 기왕의 사실 자체까지 없어지는 것은 아니므로, 그는 형법 제59조 제1항 단서에서 정한 선고유예 결격사유인 "자격정지 이상의 형을 받은 전과가 있는 사람"에 해당한다고 보아야 한다(대법원 2012.6.28. 2011도10570).
③ [○] 형법 제73조 제1항

④ [×] 사형집행을 위한 구금은 미결구금도 아니고 형의 집행기간도 아니며, 특별감형은 형을 변경하는 효과만 있을 뿐이고 이로 인하여 형의 선고에 의한 기성의 효과는 변경되지 아니하므로, 사형이 무기징역으로 특별감형된 경우 사형의 판결확정일에 소급하여 무기징역형이 확정된 것으로 보아 무기징역형의 형기 기산일을 사형의 판결 확정일로 인정할 수도 없고, 사형집행대기 기간이 미결구금이나 형의 집행기간으로 변경된다고 볼 여지도 없으며, 또한 특별감형은 수형 중의 행장의 하나인 사형집행대기기간까지를 참작하여 되었다고 볼 것이므로 사형집행대기기간을 처음부터 무기징역을 받은 경우와 동일하게 가석방요건 중의 하나인 형의 집행기간에 다시 산입할 수는 없다(대법원 1991.3.4. 90모59).

정답 ④

08 다음 설명 중 옳지 않은 것은? (다툼이 있는 경우에는 판례에 의함) 2013. 사시

① 징역형 수형자에게 정역의무를 부과하는 것은 헌법상 신체의 자유를 침해하지 않는다.
② 사형은 일반국민에 대한 심리적 위하를 통하여 범죄의 발생을 예방하며 극악한 범죄에 대한 정당한 응보를 실현하는 형벌로 위헌이라 할 수 없다.
③ 청소년 성매수자에 대한 신상공개는 성매수자의 일반적 인격권과 사생활의 비밀의 자유가 제한되는 정도가 청소년 성보호라는 공익적 요청에 비해 크다고 할 수 없어 과잉금지원칙에 위배되지 않는다.
④ 형의 집행을 유예하면서 사회봉사를 명할 수 있도록 한 것은 사회와 통합하여 재범 방지 및 사회복귀를 용이하게 하는 것이 아니므로 과잉금지원칙에 위배된다.
⑤ 성매매에 제공되는 사실을 알면서 건물을 제공하여 얻은 임대수익 전부를 몰수·추징하는 것을 규정한 법률조항은 중대한 공익을 달성하기 위한 것으로 헌법규정이나 헌법상의 제 원리에 반하여 입법재량권이 자의적으로 행사되었다고 볼 수 없다.

해설
① [○] 헌재 2012.11.29. 2011헌마318
② [○] 헌재 2010.2.25. 2008헌가23
③ [○] 헌재 2003.6.26. 2002헌가14
④ [×] 형의 집행을 유예하면서 사회봉사를 명할 수 있도록 한 것은 범죄인에게 근로를 강제하여 형사제재적 기능을 함과 동시에 사회에 유용한 봉사활동을 통하여 사회와 통합하여 재범방지 및 사회복귀를 용이하게 하려는 것으로서, 이에 근거하여 부과되는 사회봉사명령이 자유형 집행의 대체수단으로서 자유형의 집행으로 인한 범죄인의 자유의 제한을 완화하여 주기 위한 수단인 점, 기간이 500시간 이내로 제한되어 있는 점 등을 종합하여 보면 과잉금지원칙에 위배되지 아니한다(헌재 2012.3.29. 2010헌바100).
⑤ [○] 헌재 2012.12.27. 2012헌바46

정답 ④

제5절 | 형의 실효 및 사면제도

01 현행법상 형의 실효에 대한 설명으로 옳지 않은 것은? 2017. 교정 9급

① 수형인이 3년 이하의 징역형인 경우, 자격정지 이상의 형을 받지 아니하고 형의 집행을 종료하거나 그 집행이 면제된 날부터 5년이 경과한 때에 그 형은 실효된다.
② 구류와 과료는 형의 집행을 종료하거나 그 집행이 면제된 날부터 1년이 경과한 때에 그 형은 실효된다.
③ 하나의 판결로 여러 개의 형이 선고된 경우에는 각 형의 집행을 종료하거나 그 집행이 면제된 날부터 가장 무거운 형에 대한 「형의 실효 등에 관한 법률」에서 정한 형의 실효기간이 경과한 때에 형의 선고는 효력을 잃는다. 이때 징역과 금고는 같은 종류의 형으로 보고 각 형기를 합산한다.
④ 징역 또는 금고의 집행을 종료하거나 집행이 면제된 자가 피해자의 손해를 보상하고 자격정지 이상의 형을 받음이 없이 7년을 경과한 때에는 본인 또는 검사의 신청에 의하여 법원은 그 재판의 실효를 선고할 수 있다.

해설
① [○], ② [×] 수형인이 자격정지 이상의 형을 받지 아니하고 형의 집행을 종료하거나 그 집행이 면제된 날부터 3년을 초과하는 징역·금고는 10년, 3년 이하의 징역·금고는 5년, 벌금은 2년이 경과한 때에 그 형은 실효된다. 다만, 구류와 과료는 형의 집행을 종료하거나 그 집행이 면제된 때에 그 형이 실효된다(형의 실효 등에 관한 법률 제7조 제1항).
③ [○] 동법 제7조 제2항
④ [○] 형법 제81조

정답 ②

02 「사면법」상 사면에 대한 설명으로 옳지 않은 것은? 2023. 보호 7급

① 특별사면은 형을 선고받은 자를 대상으로 한다.
② 일반사면이 있으면 특별한 규정이 없는 한 형을 선고받지 아니한 자에 대하여는 공소권이 상실된다.
③ 형의 집행유예를 선고받은 자에 대하여는 형 선고의 효력을 상실하게 하는 특별사면을 할 수 없다.
④ 일반사면은 죄의 종류를 정하여 대통령령으로 한다.

해설
① [○] 동법 제3조 제2호
② [○] 일반사면이 있으면 형 선고의 효력이 상실되며, 형을 선고받지 아니한 자에 대하여는 공소권이 상실된다. 다만, 특별한 규정이 있을 때에는 예외로 한다(동법 제5조 제1항 제1호).
③ [×] 형의 집행유예를 선고받은 자에 대하여는 형 선고의 효력을 상실하게 하는 특별사면 또는 형을 변경하는 감형을 하거나 그 유예기간을 단축할 수 있다(사면법 제7조).
④ [○] 일반사면, 죄 또는 형의 종류를 정하여 하는 감형 및 일반에 대한 복권은 대통령령으로 한다. 이 경우 일반사면은 죄의 종류를 정하여 한다(동법 제8조).

정답 ③

03 형의 실효와 복권에 대한 설명으로 옳지 않은 것은? 2024. 교정 9급

① 벌금형을 받은 사람이 자격정지 이상의 형을 받지 아니하고 그 형의 집행을 종료한 날부터 2년이 경과한 때에 그 형은 실효된다.
② 자격정지의 선고를 받은 자가 피해자의 손해를 보상하고 자격정지 이상의 형을 받음이 없이 정지기간의 2분의 1을 경과한 때에는 본인 또는 검사의 신청에 의하여 법원은 자격의 회복을 선고할 수 있다.
③ 징역 5년 형의 집행을 종료한 사람이 형의 실효를 받기 위해서는 피해자의 손해를 보상하고 자격정지 이상의 형을 받음이 없이 7년을 경과한 후 해당 사건에 관한 기록이 보관되어 있는 검찰청에 형의 실효를 신청하여야 한다.
④ 「형법」 제81조(형의 실효)에 따라 형이 실효되었을 때에는 수형인명부의 해당란을 삭제하고 수형인명표를 폐기한다.

해설

① [○] 수형인이 자격정지 이상의 형을 받지 아니하고 형의 집행을 종료하거나 그 집행이 면제된 날부터 ㉠ 3년을 초과하는 징역·금고는 10년, ㉡ 3년 이하의 징역·금고는 5년, ㉢ 벌금은 2년이 경과한 때에 그 형은 실효된다. 다만, 구류와 과료는 형의 집행을 종료하거나 그 집행이 면제된 때에 그 형이 실효된다(형의 실효 등에 관한 법률 제7조 제1항).
② [○] 형법 제82조
③ [×] 징역 또는 금고의 집행을 종료하거나 집행이 면제된 자가 피해자의 손해를 보상하고 자격정지 이상의 형을 받음이 없이 7년을 경과한 때에는 본인 또는 검사의 신청에 의하여 그 재판의 실효를 선고할 수 있다(형법 제81조).
④ [○] ㉠ 형의 실효 등에 관한 법률 제7조(형의 실효) 또는 형법 제81조(형의 실효)에 따라 형이 실효되었을 때, ㉡ 형의 집행유예기간이 경과한 때, ㉢ 자격정지기간이 경과한 때, ㉣ 일반사면이나 형의 선고의 효력을 상실하게 하는 특별사면 또는 복권이 있을 때의 어느 하나에 해당하는 경우에는 수형인명부의 해당란을 삭제하고 수형인명표를 폐기한다(형의 실효 등에 관한 법률 제8조 제1항).

정답 ③

제25장 | 형벌의 종류

제1절 | 사형제도

01 사형폐지론을 주장한 학자만을 모두 고르면?   2023. 교정 9급

> ㉠ 베카리아(C. Beccaria)   ㉡ 루소(J. Rousseau)
> ㉢ 캘버트(E. Calvert)   ㉣ 리프만(M. Liepmann)

① ㉠, ㉡
② ㉠, ㉢
③ ㉠, ㉢, ㉣
④ ㉡, ㉢, ㉣

해설

③ [×] 루소는 사형제도 존치론자에 해당한다. 그는 사회적 원리를 침해하는 악인은 자신의 범죄로 인하여 조국에의 반역자, 배신자가 되는 것이므로 추방에 의하여 격리되거나 공중의 적으로서 죽음에 의해 격리되어야 한다고 보면서도 무제한적 사형집행을 시인하지는 않았다.
- 사형폐지론자: 베카리아, 존 하워드, 페스탈로치, 빅토르 위고, 리프만, 앙셀, 셀린, 캘버트, 서덜랜드 등
- 사형존치론자: 칸트, 헤겔, 루소, 비르크메이어, 로크 등

정답 ③

02 사형제도에 대한 설명으로 옳은 것은?   2013. 보호 7급

① 「형법」상 절대적 법정형으로서 사형을 과할 수 있는 죄는 적국을 위하여 모병한 모병이적죄뿐이다.
② 죄를 범할 당시 만 18세 미만인 소년에 대하여 사형으로 처할 경우에는 25년의 유기징역으로 한다.
③ 헌법재판소에 의하면, 사형제도를 법률상 존치시킬 것인지 또는 폐지할 것인지의 문제는 사형제도의 존치가 바람직한지에 관한 평가를 통하여 민주적 정당성을 가진 입법부가 결정할 입법정책적 문제이지 헌법재판소가 심사할 대상은 아니라고 한다.
④ 현재 우리나라는 거의 매년 사형이 집행되어 국제사면위원회(Amnesty International)가 규정한 실질적 사형존속국에 속한다.

해설

① [×] 형법상 절대적 법정형으로서 사형을 과할 수 있는 죄는 여적죄(적국과 합세하여 국가에 항전하는 죄, 형법 제93조)뿐이다.
② [×] 죄를 범할 당시 18세 미만인 소년에 대하여 사형 또는 무기형으로 처할 경우에는 15년의 유기징역으로 한다(소년법 제59조).
③ [○] 헌재 2010.2.25. 2008헌가23
④ [×] 우리나라는 1997년 12월 30일 마지막으로 사형을 집행한 이래 현재까지 사형집행을 하지 않고 있어, 국제사면위원회는 실질적 사형폐지국가로 분류하고 있다.

정답 ③

03 사형제도에 대한 설명으로 옳은 것은?

2010. 사시

① 현행법상 사형은 교수형의 방식으로만 가능하며, 가스살이나 독살은 허용되지 않는다.
② 20세 미만의 소년에 대해서는 사형을 선고할 수 없고, 사형 또는 무기형으로 처할 경우에는 15년의 유기징역으로 한다.
③ 사형선고에 대한 상고는 포기할 수 없으며, 대법원은 전원재판부 3분의 2 이상의 찬성으로만 사형을 선고할 수 있다.
④ 현행법은 사형을 제한한다는 취지에 따라 피해자가 사망하지 않는 범죄에 대해서는 사형을 규정하고 있지 않다.
⑤ 현행법상 사형집행의 명령은 검찰총장이 아닌 법무부장관의 권한이며 그 명령은 판결이 확정된 날로부터 6개월 이내에 하여야 한다.

해설

① [×] 사형은 교정시설 안에서 교수하여 집행하며(형법 제66조), 사형은 소속 군 참모총장 또는 군사법원의 관할관이 지정한 장소에서 총살로써 집행한다(군형법 제3조).
② [×] 죄를 범할 당시(행위시·범죄시) 18세 미만인 소년에 대하여 사형 또는 무기형으로 처할 경우(처단형 ○, 법정형 ×)에는 15년의 유기징역으로 한다(소년법 제59조).
③ [×] 피고인 또는 상소대리권자는 사형 또는 무기징역이나 무기금고가 선고된 판결에 대하여는 상소의 포기를 할 수 없다(형사소송법 제349조 단서). 대법원이 전원재판부 3분의 2 이상의 찬성으로만 사형을 선고할 수 있도록 하자는 사형개선책이 학계에 논의되고 있지만, 현재 실시하지는 않는다.
④ [×] 형법상 피해자가 사망하지 않는 범죄에 대해 사형을 선고할 수 있는 죄로 내란죄(형법 제87조), 외환유치죄(동법 제92조), 여적죄(동법 제93조), 모병이적죄(동법 제94조), 시설파괴이적죄(동법 제96조), 간첩죄(동법 제98조), 폭발물사용죄(동법 제119조) 등이 있으며, 기타 특별법에도 규정되어 있다.
⑤ [○] 사형은 법무부장관의 명령에 의하여 집행하고(형사소송법 제463조), 사형집행의 명령은 판결이 확정된 날로부터 6월 이내에 하여야 하며(동법 제465조 제1항), 법무부장관이 사형의 집행을 명한 때에는 5일 이내에 집행하여야 한다(동법 제466조).

정답 ⑤

04 사형제도에 대한 설명으로 옳지 않은 것은?

① 근대 이후 자본주의 사회가 발전함에 따라 노동력을 활용해야 한다는 것도 사형을 폐지해야 한다는 논거의 하나였다.
② 사형의 일반예방효과를 주장하는 입장에서는 통계학상 근거를 들어 사형제도의 존치를 주장한다.
③ 사형은 범죄억지력이 없으므로 종신징역형으로 대체하여야 한다고 빅토르 위고(Victor Marie Hugo)는 주장하였다.
④ 라드부르흐(Radbruch)는 사형폐지는 역사발전의 귀결이고 형사정책 발전의 최종귀착지라고 주장하며 사형폐지를 주장했다.

해설

① [○] 근대 이후 자본주의 사회에서의 노동력은 매우 큰 가치개념이 되었으며, 교도소는 값싼 노동력을 활용할 수 있다는 점에서 경제적 효용가치가 인정되었다. 일부이긴 하지만 사형폐지론의 주장논거가 되었다.
② [×] 일반예방론자들의 사형폐지론은 관념론에 입각한 것이다. 통계학상의 근거를 가지고 사형제도의 존폐를 논하는 것은 실증주의의 연구결과이다.
③, ④ [○] 사형폐지론자로 베카리아, 존 하워드, 페스탈로치, 빅토르 위고, 리프만, 앙셀, 캘버트, 서덜랜드, 라드부르흐, 셀린 등을 들 수 있다.

정답 ②

05 사형제도 폐지론자들의 주장에 대한 설명으로 옳지 않은 것은?

① 사형제도는 죽음에 대한 인간의 본능적인 공포심과 범죄에 대한 응보욕구가 서로 맞물려 고안된 필요악이다.
② 사형은 생명권을 박탈하는 것으로 인간의 존엄성에 반한다.
③ 사형은 국가에 의한 합법적 살인행위로 이는 국가가 살인을 금지하는 사상과 충돌된다.
④ 사형은 일반 사회인이 기대하는 것처럼 위하적인 효과를 가지지 못한다.

해설
① [×] 사형제도가 '필요악'이라고 주장하는 것은 사형 존치론자들의 주장이며, 이들은 사형제도가 일반예방효과가 있다고 본다.

정답 ①

제2절 | 자유형제도

01 「형법」상 형벌제도에 대한 설명으로 옳지 않은 것은? _{2022. 보호 7급}

① 유기징역 또는 유기금고는 1개월 이상 25년 이하로 하되, 형을 가중하는 때에는 50년까지로 한다.
② 유기징역 또는 유기금고에 자격정지를 병과한 때에는 징역 또는 금고의 집행을 종료하거나 면제된 날로부터 정지기간을 기산한다.
③ 벌금을 납입하지 아니한 자는 1일 이상 3년 이하, 과료를 납입하지 아니한 자는 1일 이상 30일 미만의 기간 노역장에 유치하여 작업에 복무하게 한다.
④ 벌금에 대한 노역장 유치기간을 정하는 경우, 선고하는 벌금이 1억원 이상 5억원 미만인 경우에는 300일 이상, 5억원 이상 50억원 미만인 경우에는 500일 이상, 50억원 이상인 경우에는 1천일 이상의 유치기간을 정하여야 한다.

해설
① [×] 징역 또는 금고는 무기 또는 유기로 하고 유기는 1개월 이상 30년 이하로 한다. 단, 유기징역 또는 유기금고에 대하여 형을 가중하는 때에는 50년까지로 한다(형법 제42조).
② [○] 동법 제44조 제2항
③ [○] 동법 제69조 제2항
④ [○] 동법 제70조 제2항

정답 ①

02 현행법상 자유형제도에 대한 설명으로 옳지 않은 것은? _{2013. 사시}

① 징역 또는 금고는 무기 또는 유기로 하고 유기는 1개월 이상 30년 이하로 한다.
② 무기징역의 집행 중에 있는 자에 대하여 20년이 경과하면 법원의 결정으로 가석방을 할 수 있다.
③ 유기징역 또는 유기금고에 대하여 형을 가중하는 때에는 50년까지로 한다.
④ 금고는 노역에 복무하지 않지만 수형자의 신청이 있으면 작업을 하도록 할 수 있다.
⑤ 구류는 수형자의 신청이 있으면 작업을 하도록 할 수 있다.

해설
① [○] 동법 제42조 본문
② [×] 징역이나 금고의 집행 중에 있는 사람이 행상이 양호하여 뉘우침이 뚜렷한 때에는 무기형은 20년, 유기형은 형기의 3분의 1이 지난 후 행정처분으로 가석방을 할 수 있다(형법 제72조 제1항).
③ [○] 동법 제42조 단서
④, ⑤ [○] 소장은 금고형 또는 구류형의 집행 중에 있는 사람에 대하여는 신청에 따라 작업을 부과할 수 있다(형집행법 제67조).

정답 ②

03 단기자유형에 대한 설명으로 옳지 않은 것은?   2015. 사시

① 어느 정도 기간까지의 자유형이 단기자유형인지를 현행 「형법」은 규정하고 있지 않다.
② 단기자유형을 받는 수형자가 개선되기는커녕 시설 내의 다른 범죄자들로부터 악영향을 받는다는 비판이 제기되고 있다.
③ 단기자유형의 예로 현행 「형법」의 구류형이 언급된다.
④ 단기자유형의 대체방안으로 벌금형의 활용, 선고유예나 집행유예제도의 활용 등이 거론된다.
⑤ 현행법은 단기자유형의 폐단을 방지하기 위해 충격구금(Shock Probation), 주말구금, 휴일구금을 도입하고 있다.

해설
⑤ [×] 현행법은 도입하고 있지 않으며 주말구금, 휴일구금 등은 단기자유형의 개선방안으로 제시되고 있다.

정답 ⑤

04 단기자유형의 대체방안으로 적절하지 않은 것은?   2017. 교정 9급

① 주말구금제도
② 귀휴제도
③ 사회봉사명령제도
④ 벌금형제도

해설
② [×] 귀휴제도는 사회적 처우에 해당한다.
단기자유형의 대체방안으로 벌금형의 활용, 선고유예·집행유예·기소유예제도의 활용, 주말구금, 휴일구금, 단속구금, 원상회복, 사회봉사명령제도 등이 거론된다.

정답 ②

05 단기자유형에 대한 설명으로 옳지 않은 것은?
2017. 5급 승진

① 단기자유형의 개선방안으로 주말구금, 휴일구금 등을 통한 탄력적인 구금제도의 활용이 있다.
② 우리나라의 경우 총액벌금제를 취하고 있으므로 단기자유형을 벌금형으로 대체한다면 경제적으로 부유한 사람에 대하여 큰 형벌효과를 가져올 수 있다.
③ 단기자유형의 경우 수형시설 내 범죄자들의 범죄성향에 오염될 위험성이 높아 형벌의 예방적 효과를 위태롭게 한다는 문제점이 지적된다.
④ 단기자유형을 선고받고 복역한 후에는 누범문제가 제기되어 3년 동안 집행유예 결격 사유가 발생할 수 있다.
⑤ 단기자유형으로 인하여 수형시설의 부족현상을 가중한다는 점이 문제점으로 지적된다.

해설
② [×] 단기자유형을 벌금형으로 대체하더라도 총액벌금제를 취하고 있는 우리나라에서는 실효성이 없는 것으로 사료된다. 왜냐하면, 벌금형으로 대체하더라도 자유형을 부과하는 것과 동일한 형벌효과가 기대되어야 하는데 통상의 경제능력을 기준으로 하는 벌금액만으로는 일반인, 특히 경제적으로 부유한 사람에 대하여 형벌효과를 기대하기 어렵기 때문이다. 벌금형으로의 대체제도는 독일과 같이 일수벌금제도를 취할 때 비로소 실효성이 있을 것이다.

정답 ②

06 자유형 중 부정기형제도에 대한 설명으로 가장 적절하지 않은 것은?
2022(72). 경위

① 수형자의 개선의욕을 촉진할 수 있다.
② 책임을 초과하는 형벌을 가능하게 하는 문제가 있다.
③ 상대적 부정기형은 죄형법정주의에 반한다.
④ 소년법은 부정기형을 선고할 수 있도록 규정하고 있다.

해설
① [○] 부정기형 도입 찬성 논거에 해당한다.
② [○] 부정기형 도입 반대 논거로, 부정기형은 행위 당시의 책임을 넘어서는 처벌을 가능하게 할 수 있어 형의 판단은 행위 당시의 책임을 기준으로 하여야 한다는 죄형법정주의 이념에 위배된다고 주장한다.
③ [×] 부정기형은 자유형을 선고할 때 형기를 확정하지 않는 것으로서 형기는 형집행단계에서 결정된다. 절대적 부정기형과 상대적 부정기형이 있으며, 절대적 부정기형은 전혀 형기를 정하지 않는 것으로 죄형법정주의의 명확성의 원칙에 반한다.
④ [○] 소년이 법정형으로 장기 2년 이상의 유기형에 해당하는 죄를 범한 경우에는 그 형의 범위에서 장기와 단기를 정하여 선고한다. 다만, 장기는 10년, 단기는 5년을 초과하지 못한다(소년법 제60조 제1항).

정답 ③

07 부정기형제도에 대한 설명으로 옳지 않은 것은?

① 수형자 형기의 영구한 미확정 상태의 방치는 인권옹호상 용납될 수 없고, 범죄사실이 중대함에도 교정할 필요가 없다고 해서 조기 석방함은 일반예방정책상 용납되지 않는 점이 한계점으로 지적된다.
② 교도관과 수형자 간의 왜곡가능성이 있고, 부당한 장기수용은 인권침해 우려가 있다는 점은 부정기형의 반대론자의 주장이다.
③ 교육형·응보형자들의 견해는 형기의 상한은 좁게 잡고 형기의 하한은 넓게 잡아 부정기형에 대한 폐단을 최소화하려고 하고 있다.
④ 형기가 부정기라는 사실 그 자체가 범죄인에게 위하효과가 있고, 교화정도에 따라 석방하므로 사회와 수형자 모두에게 이익이 된다는 주장은 부정기형의 찬성론자들의 주장이다.

해설
③ [×] 부정기형의 찬성논거에 의하면 부정기형은 교화개선목적에 가장 적합한 제도이자 위험한 범죄자나 상습적 누범자에 대하여 장기간 구금이 확보되기 때문에 사회방위에 효율적인 제도라고 주장한다.
또한, 교육형·개선형론자들은 형기의 상한과 하한을 넓게 잡으려는 경향이 있고, 책임형·응보론자는 그 범위를 좁게 잡으려는 경향이 있다.

정답 ③

08 부정기형제도에 대한 설명으로 옳지 않은 것은? 2022. 보호 7급

① 부정기형은 범죄인의 개선에 필요한 기간을 판결선고시에 정확히 알 수 없기 때문에 형을 집행하는 단계에서 이를 고려한 탄력적 형집행을 위한 제도로 평가된다.
② 부정기형은 범죄자에 대한 위하효과가 인정되고, 수형자자치제도의 효과를 높일 수 있으며, 위험한 범죄자를 장기 구금하게 하여 사회방위에도 효과적이다.
③ 부정기형은 형벌개별화원칙에 반하고, 수형자의 특성에 따라서 수형기간이 달라지게 되는 문제점이 있으며, 교도관의 자의가 개입할 여지가 있고, 석방결정과정에서 적정절차의 보장이 결여될 위험이 있다.
④ 「소년법」 제60조 제1항은 "소년이 법정형으로 장기 2년 이상의 유기형에 해당되는 죄를 범한 경우에는 그 형의 범위 내에서 장기와 단기를 정하여 형을 선고하되, 장기는 10년, 단기는 5년을 초과하지 못한다."고 규정하여 상대적 부정기형제도를 채택하였다.

해설
③ [×] 부정기형은 형벌 개별화의 필연적 결과이고, 수형자의 특성에 따라서 수형기간이 달라지는 문제점이 있으며, 교도관의 자의가 개입할 여지가 있고, 석방결정과정에서 적정절차의 보장이 결여될 위험이 있다.

정답 ③

09 부정기형 제도에 대한 설명으로 옳지 않은 것은?
2024. 보호 9급

① 소년이 법정형으로 장기 2년 이상의 유기형에 해당하는 죄를 범한 경우에는 그 형의 범위에서 장기와 단기를 정하여 선고한다.
② 「특정강력범죄의 처벌에 관한 특례법」 소정의 특정강력범죄를 범한 소년에 대하여 부정기형을 선고할 때에는 장기는 15년, 단기는 7년을 초과하지 못한다.
③ 소년교도소의 장은 부정기형을 선고받은 소년이 단기의 3분의 1을 경과한 때에는 소년교도소의 소재지를 관할하는 보호관찰소의 장에게 그 사실을 통보하여야 한다.
④ 판례에 따르면, 상고심에서의 심판대상은 항소심 판결 당시를 기준으로 하여 그 당부를 심사하는 데에 있는 것이므로 항소심 판결 선고 당시 미성년이었던 피고인이 상고 이후에 성년이 되었다고 하여 항소심의 부정기형의 선고가 위법이 되는 것은 아니다.

해설
① [○] 소년이 법정형으로 장기 2년 이상의 유기형에 해당하는 죄를 범한 경우에는 그 형의 범위에서 장기와 단기를 정하여 선고한다. 다만, 장기는 10년, 단기는 5년을 초과하지 못한다(소년법 제60조 제1항).
② [○] 특정강력범죄의 처벌에 관한 특례법 제4조 제2항
③ [×] 교도소·구치소·소년교도소의 장은 징역 또는 금고의 형을 선고받은 소년(소년수형자)이 소년법 제65조의 기간(무기형의 경우에는 5년, 15년 유기형의 경우에는 3년, 부정기형의 경우에는 단기의 3분의 1)이 지나면 그 교도소·구치소·소년교도소의 소재지를 관할하는 보호관찰심사위원회에 그 사실을 통보하여야 한다(보호관찰 등에 관한 법률 제21조 제1항).
④ [○] 대법원 1998.2.27. 97도3421

정답 ③

제3절 | 재산형제도

01 재산형에 대한 설명으로 옳은 것만을 모두 고르면?
2020. 5급 승진

㉠ 500만원 이하의 벌금형이 확정된 벌금 미납자는 검사의 납부명령일부터 30일 이내(검사로부터 벌금의 일부납부 또는 납부연기를 허가받은 자는 그 허가기한 내)에 사회봉사를 신청할 수 있지만, 징역 또는 금고와 동시에 벌금을 선고받은 경우에는 사회봉사를 신청할 수 없다.
㉡ 과료의 선고를 받은 사람이 그 금액의 일부를 납입한 경우에는 과료액과 노역장 유치기간의 일수에 비례하여 납입금액에 해당하는 일수를 뺀다.
㉢ 형의 시효는 벌금형을 선고하는 재판이 확정된 후 그 집행을 받지 아니하고 3년이 지나면 완성된다.
㉣ 1천만원 이하의 벌금의 형을 선고할 경우에 「형법」 제51조의 사항을 참작하여 그 정상에 참작할 만한 사유가 있는 때에는 1년 이상 5년 이하의 기간 형의 집행을 유예할 수 있다.
㉤ 사회봉사 집행 중에 벌금을 내려는 사회봉사 대상자는 보호관찰소의 장으로부터 사회봉사집행확인서를 발급받아 주거지를 관할하는 지방검찰청의 검사에게 제출하여야 한다.

① ㉠, ㉡, ㉢
② ㉠, ㉡, ㉤
③ ㉠, ㉢, ㉣
④ ㉢, ㉣, ㉤
⑤ ㉠, ㉡, ㉣, ㉤

해설

옳은 것은 ㉠, ㉡, ㉤이다.
- ㉠ [O] 벌금 미납자의 사회봉사 집행에 관한 특례법 제4조 제1항·제2항
- ㉡ [O] 형법 제71조
- ㉢ [×] 형의 시효는 벌금형을 선고하는 재판이 확정된 후 그 집행을 받지 아니하고 5년이 지나면 완성된다(동법 제78조).
- ㉣ [×] 500만원 이하의 벌금의 형을 선고할 경우에 형법 제51조의 사항을 참작하여 그 정상에 참작할 만한 사유가 있는 때에는 1년 이상 5년 이하의 기간 형의 집행을 유예할 수 있다(동법 제62조 제1항).
- ㉤ [O] 벌금 미납자의 사회봉사 집행에 관한 특례법 제12조 제2항

정답 ②

02 벌금형의 특성에 대한 설명으로 옳지 않은 것은? _{2014. 교정 9급}

① 제3자의 대납이 허용되지 않는다.
② 국가에 대한 채권과 상계가 허용된다.
③ 공동연대책임이 허용되지 않는다.
④ 벌금은 범죄인의 사망으로 소멸된다.

해설

② [×] 국가에 대한 채권과 상계할 수 없다.
④ [O] 벌금은 상속되지 않는 일신전속적 성격, 즉 벌금납부 의무자가 사망하면 납부의무까지도 소멸하지만, 예외적으로 소멸하지 않는 경우도 있다(형사소송법 제478조, 제479조).

정답 ②

03 「형법」상 벌금형에 대한 설명으로 옳지 않은 것은? _{2016. 보호 7급}

① 벌금을 선고할 때에는 동시에 그 금액을 완납할 때까지 노역장에 유치할 것을 명하여야 한다.
② 벌금을 납입하지 아니한 자는 1일 이상 3년 이하의 기간 노역장에 유치하여 작업에 복무하게 한다.
③ 벌금은 5만원 이상으로 한다. 다만, 감경하는 경우에는 5만원 미만으로 할 수 있다.
④ 선고하는 벌금이 1억원 이상 5억원 미만인 경우에는 300일 이상, 5억원 이상 50억원 미만인 경우에는 500일 이상, 50억원 이상인 경우에는 1천일 이상의 노역장 유치기간을 정하여야 한다.

해설

① [×] 벌금을 선고할 때에는 동시에 그 금액을 완납할 때까지 노역장에 유치할 것을 명할 수 있다(형법 제69조 제1항 단서).
② [O] 동법 제69조 제2항
③ [O] 동법 제45조
④ [O] 동법 제70조 제2항

정답 ①

04 벌금형에 대한 설명으로 옳은 것은? 2014. 보호 7급

① 벌금은 판결확정일로부터 30일 이내에 납입하여야 하고, 벌금을 납입하지 아니한 자는 1년 이상 3년 이하의 기간 동안 노역장에 유치하여 작업에 복무하게 한다.
② 벌금은 상속이 되지 않으나 몰수 또는 조세, 전매 기타 공과에 관한 법령에 의하여 벌금의 재판을 받은 자가 재판확정 후 사망한 경우에는 그 상속재산에 관하여 집행할 수 있다.
③ 벌금형의 확정판결을 선고받은 자는 법원의 허가를 받아 벌금을 분할납부하거나 납부를 연기받을 수 있다.
④ 500만원 이하의 벌금형이 확정된 벌금 미납자는 검사의 허가를 받아 사회봉사를 할 수 있고, 이 경우 사회봉사시간에 상응하는 벌금액을 낸 것으로 본다.

해설
① [×] 벌금은 판결확정일로부터 30일 이내에 납입하여야 하고(형법 제69조 제1항), 벌금을 납입하지 아니한 자는 1일 이상 3년 이하의 기간 노역장에 유치하여 작업에 복무하게 한다(동법 제69조 제2항).
② [○] 형사소송법 제478조
③ [×] 검사의 허가를 받아 벌금을 분할납부하거나 납부를 연기받을 수 있다(재산형 등에 관한 검찰 집행사무규칙 제12조 제1항).
④ [×] 500만원 범위 내의 벌금형이 확정된 벌금 미납자는 법원의 허가를 받아 사회봉사를 할 수 있고(벌금 미납자의 사회봉사 집행에 관한 특례법 제6조 제1항), 이 경우 사회봉사시간에 상응하는 벌금액을 낸 것으로 본다(동법 제13조).

정답 ②

05 벌금형과 관련하여 현행법에 도입된 제도가 아닌 것은? 2018. 보호 7급

① 벌금형에 대한 선고유예
② 벌금의 연납·분납
③ 일수벌금제
④ 벌금미납자에 대한 사회봉사허가

해설
① [○] 형법 제59조 제1항
② [○] 형사소송법 제477조 제6항, 재산형 등에 관한 검찰 집행사무규칙 제12조
③ [×] 현행법상 총액벌금제도이다.
④ [○] 벌금 미납자의 사회봉사 집행에 관한 특례법 제6조

정답 ③

06 「형법」상 형의 집행에 대한 설명으로 옳지 않은 것은?

2024. 교정 9급

① 징역은 교정시설에 수용하여 집행하며, 정해진 노역(勞役)에 복무하게 한다.
② 유기징역 또는 유기금고에 자격정지를 병과한 때에는 징역 또는 금고의 집행을 종료하거나 면제된 날로부터 정지기간을 기산한다.
③ 벌금과 과료는 판결확정일로부터 30일 내에 납입하여야 한다. 다만, 벌금을 선고할 때에는 동시에 그 금액을 완납할 때까지 노역장에 유치할 것을 명하여야 한다.
④ 벌금이나 과료의 선고를 받은 사람이 그 금액의 일부를 납입한 경우에는 벌금 또는 과료액과 노역장 유치기간의 일수(日數)에 비례하여 납입금액에 해당하는 일수를 노역장 유치일수에서 뺀다.

해설
① [○] 동법 제67조
② [○] 동법 제44조 제2항
③ [×] 벌금과 과료는 판결확정일로부터 30일 내에 납입하여야 한다. 단, 벌금을 선고할 때에는 동시에 그 금액을 완납할 때까지 노역장에 유치할 것을 명할 수 있다(형법 제69조 제1항).
④ [○] 동법 제71조

정답 ③

07 「벌금 미납자의 사회봉사 집행에 관한 특례법」에 대한 설명으로 옳지 않은 것은?

2019. 교정 7급

① 대통령령으로 정한 금액 범위 내의 벌금형이 확정된 벌금 미납자는 검사의 납부명령일부터 30일 이내에 주거지를 관할하는 지방검찰청(지방검찰청지청을 포함한다)의 검사에게 사회봉사를 신청할 수 있다. 다만, 검사로부터 벌금의 일부납부 또는 납부연기를 허가받은 자는 그 허가기한 내에 사회봉사를 신청할 수 있다.
② 사회봉사 대상자는 법원으로부터 사회봉사 허가의 고지를 받은 날부터 7일 이내에 사회봉사 대상자의 주거지를 관할하는 보호관찰소의 장에게 주거, 직업, 그 밖에 대통령령으로 정하는 사항을 신고하여야 한다.
③ 사회봉사는 1일 9시간을 넘겨 집행할 수 없다. 다만, 사회봉사의 내용상 연속집행의 필요성이 있어 보호관찰관이 승낙하고 사회봉사 대상자가 분명히 동의한 경우에만 연장하여 집행할 수 있다.
④ 사회봉사의 집행은 사회봉사가 허가된 날부터 6개월 이내에 마쳐야 한다. 다만, 보호관찰관은 특별한 사정이 있으면 검사의 허가를 받아 6개월의 범위에서 한 번 그 기간을 연장하여 집행할 수 있다.

해설
① [○] 동법 제4조 제1항
② [×] 사회봉사 대상자는 법원으로부터 사회봉사 허가의 고지를 받은 날부터 10일 이내에 사회봉사 대상자의 주거지를 관할하는 보호관찰소의 장에게 주거, 직업, 그 밖에 대통령령으로 정하는 사항을 신고하여야 한다(벌금 미납자의 사회봉사 집행에 관한 특례법 제8조 제1항).
③ [○] 동법 제10조 제2항
④ [○] 동법 제11조

정답 ②

08 벌금 미납자의 사회봉사 집행에 대한 설명으로 옳은 것은?

2015. 5급 승진

① 벌금 미납자의 사회봉사는 검사가 집행한다.
② 보호관찰관은 검사에게 사회봉사 집행실태에 대한 관련 자료의 제출을 요구할 수 있고 사회봉사 집행방법 및 내용이 부적당하다고 인정하는 경우에는 이에 대한 변경을 요구할 수 있다.
③ 사회봉사는 원칙적으로 1일 5시간을 넘겨 집행할 수 없다.
④ 사회봉사의 집행은 특별한 사정이 있어서 관계기관의 허가를 받아 연장한 경우를 제외하고는, 사회봉사가 허가된 날부터 3개월 이내에 마쳐야 한다.
⑤ 사회봉사의 집행시간은 사회봉사 기간 동안의 집행시간을 합산하여 시간 단위로 인정한다. 다만, 집행시간을 합산한 결과 1시간 미만이면 1시간으로 인정한다.

해설
① [×] 벌금 미납자의 사회봉사는 보호관찰관이 집행한다(동법 제9조 제1항).
② [×] 검사가 보호관찰관에게 요구할 수 있다(동법 제9조 제2항).
③ [×] 사회봉사는 원칙적으로 1일 9시간을 넘겨 집행할 수 없다(동법 제10조 제2항).
④ [×] 사회봉사의 집행은 사회봉사가 허가된 날부터 6개월 이내에 마쳐야 한다. 다만, 보호관찰관은 특별한 사정이 있으면 검사의 허가를 받아 6개월의 범위에서 한 번 그 기간을 연장하여 집행할 수 있다(동법 제11조).
⑤ [○] 벌금 미납자의 사회봉사 집행에 관한 특례법 제10조 제3항

정답 ⑤

09 「벌금 미납자의 사회봉사 집행에 관한 특례법」상 벌금 미납자의 사회봉사에 대한 설명으로 옳지 않은 것은?

2018. 5급 승진

① 「형법」제69조 제1항 단서에 따라 법원으로부터 벌금 선고와 동시에 벌금을 완납할 때까지 노역장에 유치할 것을 명받은 사람은 사회봉사를 신청할 수 있다.
② 사회봉사 신청인은 사회봉사의 신청을 기각하는 검사의 처분에 대하여 재판을 선고한 법원에 이의신청을 할 수 있다.
③ 사회봉사 신청인이 일정한 수입원이나 재산이 있어 벌금을 낼 수 있다고 판단되는 경우에는 법원은 사회봉사를 허가하지 아니한다.
④ 법원은 사회봉사를 허가하는 경우 벌금 미납액에 의하여 계산된 노역장 유치 기간에 상응하는 사회봉사시간을 산정하여야 한다. 다만, 산정된 사회봉사시간 중 1시간 미만은 집행하지 아니한다.
⑤ 보호관찰관은 사회봉사 대상자의 성격, 사회경력, 범죄의 원인 및 개인적 특성 등을 고려하여 사회봉사의 집행분야를 정하여야 한다.

해설
① [×] 법원으로부터 벌금 선고와 동시에 벌금을 완납할 때까지 노역장에 유치할 것을 명받은 사람은 사회봉사를 신청할 수 없다(벌금 미납자의 사회봉사 집행에 관한 특례법 제4조 제2항 제2호).
② [○] 동법 제5조 제6항
③ [○] 동법 제6조 제2항 제4호
④ [○] 동법 제6조 제4항
⑤ [○] 동법 제10조 제1항

정답 ①

10 현행법상 노역장 유치에 대한 설명으로 옳지 않은 것은? (다툼이 있는 경우 판례에 의함)　　2019. 5급 승진

① 노역장 유치는 그 실질이 신체의 자유를 박탈하는 것으로서 징역형과 유사한 형벌적 성격을 가지므로 형벌불소급원칙의 적용대상이 된다.
② 벌금이나 과료를 선고할 때에는 이를 납입하지 아니하는 경우의 노역장 유치기간을 정하여 동시에 선고하여야 한다.
③ 과료를 납입하지 아니한 자는 1일 이상 30일 미만, 벌금을 납입하지 아니한 자는 1개월 이상 3년 이하의 기간 노역장에 유치하여 작업에 복무하게 한다.
④ 벌금을 선고하는 경우 벌금액이 50억 원인 때에는 1천일 이상의 노역장 유치기간을 정하여야 한다.
⑤ 징역 또는 금고와 동시에 벌금을 선고받은 사람은 노역장 유치를 대신하기 위한 사회봉사를 신청할 수 없다.

해설
① [○] 형벌불소급원칙에서 의미하는 '처벌'은 형법에 규정되어 있는 형식적 의미의 형벌 유형에 국한되지 않으며, 범죄행위에 따른 제재의 내용이나 실제적 효과가 형벌적 성격이 강하여 신체의 자유를 박탈하거나 이에 준하는 정도로 신체의 자유를 제한하는 경우에는 형벌불소급원칙이 적용되어야 한다. 노역장유치는 그 실질이 신체의 자유를 박탈하는 것으로서 징역형과 유사한 형벌적 성격을 가지고 있으므로 형벌불소급원칙의 적용대상이 된다(헌재 2017.10.26. 2015헌바239).
② [○] 형법 제70조 제1항
③ [×] 벌금을 납입하지 아니한 자는 1일 이상 3년 이하, 과료를 납입하지 아니한 자는 1일 이상 30일 미만의 기간 노역장에 유치하여 작업에 복무하게 한다(형법 제69조 제2항).
④ [○] 동법 제70조 제2항
⑤ [○] 벌금 미납자의 사회봉사 집행에 관한 특례법 제4조 제2항 제1호

정답 ③

11 「형법」상 벌금에 대한 설명으로 옳지 않은 것은? (다툼이 있는 경우 판례에 의함)　　2023. 보호 7급

① 벌금을 감경하는 경우에는 5만원 미만으로 할 수 있다.
② 벌금을 선고하는 재판이 확정된 후 그 집행을 받지 아니하고 5년이 지나면 형의 시효가 완성된다.
③ 60억원의 벌금을 선고하면서 이를 납입하지 아니하는 경우의 노역장 유치기간을 700일로 정할 수 있다.
④ 「형법」 제55조 제1항 제6호의 벌금을 감경할 때의 '다액의 2분의 1'이라는 문구는 '금액의 2분의 1'을 뜻하므로 그 상한과 함께 하한도 감경되는 것으로 해석하여야 한다.

해설
① [○] 벌금은 5만원 이상으로 한다. 다만, 감경하는 경우에는 5만원 미만으로 할 수 있다(형법 제45조).
② [○] 동법 제78조 제6호
③ [×] 벌금을 선고할 때에는 이를 납입하지 아니하는 경우의 노역장 유치기간을 정하여 동시에 선고하여야 하고(동법 제70조 제1항), 선고하는 벌금이 1억원 이상 5억원 미만인 경우에는 300일 이상, 5억원 이상 50억원 미만인 경우에는 500일 이상, 50억원 이상인 경우에는 1천일 이상의 노역장 유치기간을 정하여야 한다(동법 제70조 제2항).
④ [○] 대법원 1978.4.25. 78도246

정답 ③

12 벌금형 제도에 대한 설명으로 옳지 않은 것은? (다툼이 있는 경우 판례에 의함)　　2021. 보호 7급

① 벌금형의 집행을 위한 검사의 명령은 집행력 있는 채무명의와 동일한 효력이 있다.
② 500만원 이하 벌금형을 선고할 경우 피고인의 사정을 고려하여 100만원만 집행하고 400만원은 집행을 유예할 수 있다.
③ 벌금을 납입하지 아니한 자는 1일 이상 3년 이하의 기간 노역장에 유치하여 작업에 복무하게 한다.
④ 벌금형에 따르는 노역장 유치는 실질적으로 자유형과 동일하므로, 그 집행에 대하여는 자유형의 집행에 관한 규정이 준용된다.

해설
① [O] 벌금, 과료, 몰수, 추징, 과태료, 소송비용, 비용배상 또는 가납의 재판은 검사의 명령에 의하여 집행하고(형사소송법 제477조 제1항), 검사의 명령은 집행력 있는 채무명의와 동일한 효력이 있다(동법 제477조 제2항).
② [X] 집행유예의 요건에 관한 형법 제62조 제1항이 '형'의 집행을 유예할 수 있다고만 규정하고 있다고 하더라도, 이는 같은 조 제2항이 그 형의 '일부'에 대하여 집행을 유예할 수 있는 때를 형을 '병과'할 경우로 한정하고 있는 점에 비추어 보면, 조문의 체계적 해석상 하나의 형의 전부에 대한 집행유예에 관한 규정이라 할 것이고, 또한 하나의 자유형에 대한 일부집행유예에 관하여는 그 요건, 효력 및 일부 실형에 대한 집행의 시기와 절차, 방법 등을 입법에 의해 명확하게 할 필요가 있어, 그 인정을 위해서는 별도의 근거 규정이 필요하므로 하나의 자유형 중 일부에 대해서는 실형을, 나머지에 대해서는 집행유예를 선고하는 것은 허용되지 않는다(대법원 2007.2.22. 2006도8555).
③ [O] 형법 제69조 제2항
④ [O] 대법원 2013.9.12. 2012도2349

정답 ②

---

13 다음 설명 중 옳은 것을 모두 고른 것은? (다툼이 있는 경우 판례에 의함)　　2016. 사시

㉠ 벌금형이 확정된 미납자는 검사의 납부명령이 고지된 날로부터 30일 이내에 사회봉사명령을 신청할 수 있다.
㉡ 하나의 죄에 대하여 징역형과 벌금형을 병과하여야 할 경우에 징역형에만 작량감경할 수 있다.
㉢ 주형에 대해 선고를 유예하는 경우에 그에 부가하는 몰수에 대하여도 선고를 유예할 수 있다.
㉣ 징역형의 집행유예와 추징의 선고를 받은 자에게 징역형에 대해 특별사면이 있으면 추징에 대한 형 선고의 효력도 당연히 상실한다.
㉤ 벌금은 확정판결일로부터 30일 내에 납입하여야 하고, 벌금을 납입하지 아니한 자는 1일 이상 3년 이하의 기간 노역장에 유치한다.

① ㉠, ㉡
② ㉠, ㉢
③ ㉠, ㉢, ㉤
④ ㉡, ㉢, ㉤
⑤ ㉢, ㉣, ㉤

해설
옳은 것은 ㉠, ㉢, ㉤이다.
㉠ [O] 벌금 미납자의 사회봉사 집행에 관한 특례법 제4조 제1항
㉡ [X] 하나의 죄에 대하여 징역형과 벌금형을 병과하여야 할 경우에 특별한 규정이 없는 한 징역형에만 작량감경을 하고 벌금형에는 작량감경을 하지 않는 것은 위법하다(대법원 2011.5.26. 2011도3161).
㉢ [O] 대법원 1988.6.21. 88도551
㉣ [X] 추징은 부가형이지만 징역형의 집행유예와 추징의 선고를 받은 사람에 대하여 징역형의 선고의 효력을 상실케 하는 동시에 복권하는 특별사면이 있은 경우에 추징에 대하여도 형 선고의 효력이 상실된다고 볼 수는 없다(대법원 1996.5.14. 96모14).
㉤ [O] 형법 제69조

정답 ③

14 몰수와 추징에 관한 설명 중 옳지 않은 것은? (다툼이 있는 경우 판례에 의함) 2012. 사시

① 몰수는 범죄의 반복을 막거나 범죄로부터 이득을 얻지 못하게 할 목적으로 범죄행위와 관련된 재산을 박탈하는 것을 내용으로 한다.
② 주형의 선고를 유예하지 않으면서 몰수와 추징에 대해서만 선고를 유예할 수는 없다.
③ 범인의 소유에 속하는 물건은 타인이 점유하더라도 몰수의 대상이 된다.
④ 행위자에게 유죄의 재판을 하지 않을 경우에도 몰수만을 선고할 수는 있다.
⑤ 추징가액은 범죄행위시의 가격을 기준으로 한다.

해설
① [O] 몰수는 범죄의 반복을 방지하거나 범죄로부터 이득을 얻지 못하게 할 목적으로 범죄행위와 관련된 재산을 박탈하여 이를 국고에 귀속시키는 재산형을 말한다.
② [O] 형법 제59조(선고유예의 요건)에 의하더라도 몰수는 선고유예의 대상으로 규정되어 있지 아니하고 다만 몰수 또는 이에 갈음하는 추징은 부가형적 성질을 띄고 있어 그 주형에 대하여 선고를 유예하는 경우에는 그 부가할 몰수 추징에 대하여도 선고를 유예할 수 있으나, 그 주형에 대하여 선고를 유예하지 아니하면서 이에 부가할 몰수 추징에 대하여서만 선고를 유예할 수는 없다(대법원 1988.6.21. 88도551).
③ [O] 범인의 소유에 속하는 물건은 타인이 점유하더라도 몰수의 대상이 된다.
④ [O] 몰수는 타형에 부가하여 과한다. 단, 행위자에게 유죄의 재판을 아니할 때에도 몰수의 요건이 있는 때에는 몰수만을 선고할 수 있다(형법 제49조).
⑤ [×] 몰수의 취지가 범죄에 의한 이득의 박탈을 그 목적으로 하는 것이고 추징도 이러한 몰수의 취지를 관철하기 위한 것이라는 점을 고려하면 몰수하기 불능한 때에 추징하여야 할 가액은 범인이 그 물건을 보유하고 있다가 몰수의 선고를 받았더라면 잃었을 이득상당액을 의미한다고 보아야 할 것이므로 그 가액산정은 재판 선고시의 가격을 기준으로 하여야 할 것이다(대법원 1991.5.28. 91도352).

정답 ⑤

제4절 | 명예형제도

01 「형법」상 당연 정지되는 자격이 아닌 것은?

① 법률로 요건을 정한 공법상의 업무에 관한 자격
② 공법상의 선거권과 피선거권
③ 공무원이 되는 자격
④ 법인의 이사·감사 또는 지배인 기타 법인의 업무에 관한 감사역이나 재산관리인이 되는 자격

해설
④ [×] 사형, 무기징역 또는 무기금고의 판결을 받은 자는 법인의 이사, 감사 또는 지배인 기타 법인의 업무에 관한 검사역이나 재산관리인이 되는 자격을 상실한다(형법 제43조 제1항 제4호).

정답 ④

02 명예형에 대한 설명으로 옳지 않은 것은?

① 유기징역의 판결을 받은 자도 별도의 명예형이 병과되지 않는 한 법률에 정한 일정한 자격이 당연히 정지되는 것은 아니다.
② 범죄인을 불명예자 혹은 자격결함자로 규정함으로써 형벌의 재사회화 목적에 배치된다는 비판이 있다.
③ 모든 형벌은 그 자체로서 범죄자에게 불명예인데 따로 명예형을 부과하는 것은 이중형벌이 될 위험성이 크다는 비판이 있다.
④ 명예형의 낙인효과는 개인의 주관적 명예감정에 따라 다르게 나타날 수 있다.

해설
① [×] 유기징역 또는 유기금고의 판결을 받은 자는 그 형의 집행이 종료하거나 면제될 때까지 공무원이 되는 자격, 공법상의 선거권과 피선거권, 법률로 요건을 정한 공법상의 업무에 관한 자격이 정지된다(형법 제43조 제2항. 당연정지).

정답 ①

제5절 | 형벌론 통합문제

01 「형법」상 형벌제도에 대한 설명으로 옳지 않은 것은?
2018. 보호 7급

① 유기징역의 기간은 1개월 이상 30년 이하이지만 형을 가중하는 경우에는 50년까지 가능하다.
② 무기징역은 종신형이지만 20년이 경과하면 가석방이 가능하다.
③ 형의 선고를 유예하는 경우에 보호관찰을 받을 것을 명하거나 사회봉사 또는 수강을 명할 수 있다.
④ 벌금을 납입하지 않은 자는 1일 이상 3년 이하의 기간 노역장에 유치하여 작업에 복무하게 한다.

해설
① [○] 동법 제42조
② [○] 동법 제72조 제1항
③ [×] 형의 선고를 유예하는 경우에 보호관찰을 받을 것을 명할 수는 있으나(형법 제59조의2 제1항), 사회봉사 또는 수강을 명할 수는 없다.
④ [○] 동법 제69조 제2항

정답 ③

02 현행 법령상 형벌에 대한 설명으로 옳지 않은 것은?
2018. 교정 9급

① 형의 선고유예를 받은 날부터 1년을 경과한 때에는 면소된 것으로 간주한다.
② 형을 병과할 경우에는 그 형의 일부에 대하여 집행을 유예할 수 있다.
③ 유기징역은 1개월 이상 30년 이하로 하며, 형을 가중하는 경우에는 50년까지 가능하다.
④ 죄를 범할 당시 18세 미만인 소년에 대해서는 사형을 선고할 수 없다.

해설
① [×] 형의 선고유예를 받은 날로부터 2년을 경과한 때에는 면소된 것으로 간주한다(형법 제60조).
② [○] 동법 제62조 제2항
③ [○] 동법 제42조
④ [○] 죄를 범할 당시 18세 미만인 소년에 대하여 사형 또는 무기형으로 처할 경우에는 15년의 유기징역으로 한다(소년법 제59조). 즉, 죄를 범할 당시 18세 미만인 소년에 대하여는 사형 또는 무기형을 선고할 수 없다.

정답 ①

03 형벌에 대한 설명으로 옳은 것은?
2015. 5급 승진

① 징역 또는 금고의 집행을 종료하거나 집행이 면제된 자가 피해자의 손해를 보상하고 벌금 이상의 형을 받음이 없이 5년을 경과한 때에는 본인 또는 검사의 신청에 의하여 그 재판의 실효를 선고할 수 있다.
② 선고하는 벌금이 1억원 이상 5억원 미만인 경우에는 300일 이상, 5억원 이상 50억원 미만인 경우에는 500일 이상, 50억원 이상인 경우에는 1천일 이상의 노역장 유치기간을 정하여야 한다. 다만, 그 상한은 3년으로 제한된다.
③ 판결선고 전의 구금일수는 그 전부 또는 일부를 유기징역, 유기금고, 벌금이나 과료에 관한 유치 또는 구류에 산입하여야 한다.
④ 벌금과 과료는 판결확정일로부터 15일 이내에 납입하여야 한다. 단, 벌금 또는 과료를 선고할 때에는 동시에 그 금액을 완납할 때까지 노역장에 유치할 것을 명할 수 있다.
⑤ 형의 시효는 형 집행의 유예나 정지 또는 가석방 기타 집행할 수 없는 기간 및 형이 확정된 후 그 형의 집행을 받지 아니한 자가 형의 집행을 면할 목적으로 국외에 있는 기간 동안에도 진행된다.

해설
① [×] 징역 또는 금고의 집행을 종료하거나 집행이 면제된 자가 피해자의 손해를 보상하고 자격정지 이상의 형을 받음이 없이 7년을 경과한 때에는 본인 또는 검사의 신청에 의하여 그 재판의 실효를 선고할 수 있다(동법 제81조).
② [○] 형법 제70조 제2항, 벌금을 납입하지 아니한 자는 1일 이상 3년 이하의 기간 노역장에 유치하여 작업에 복무하게 한다(형법 제69조 제2항).
③ [×] 판결선고 전의 구금일수는 그 전부를 유기징역, 유기금고, 벌금이나 과료에 관한 유치 또는 구류에 산입한다(동법 제57조 제1항).
④ [×] 벌금과 과료는 판결확정일로부터 30일내에 납입하여야 한다. 단, 벌금을 선고할 때에는 동시에 그 금액을 완납할 때까지 노역장에 유치할 것을 명할 수 있다(동법 제69조 제1항).
⑤ [×] 형의 시효는 형의 집행의 유예나 정지 또는 가석방 기타 집행할 수 없는 기간 및 형이 확정된 후 그 형의 집행을 받지 아니한 자가 형의 집행을 면할 목적으로 국외에 있는 기간 동안은 진행되지 아니한다(동법 제79조).

정답 ②

04 「형법」상 형벌의 종류와 경중에 대한 설명 중 옳은 것만을 모두 고르면?

2019. 5급 승진

㉠ 유기징역 또는 유기금고에 대하여 형을 가중하는 때에는 50년까지로 한다.
㉡ 법률이 정한 자격의 전부 또는 일부에 대한 정지는 1년 이상 20년 이하로 한다.
㉢ 벌금을 감경하는 경우에는 5만원 미만으로 할 수 있다.
㉣ 구류는 1일 이상 30일 이하로 한다.
㉤ 과료는 2천원 이상 5만원 미만으로 한다.

① ㉠, ㉡   ② ㉠, ㉢   ③ ㉠, ㉢, ㉤
④ ㉡, ㉢, ㉤   ⑤ ㉢, ㉣, ㉤

해설
옳은 것은 ㉠, ㉢, ㉤이다.
㉠ [O] 형법 제42조
㉡ [×] 자격의 전부 또는 일부에 대한 정지는 1년 이상 15년 이하로 한다(동법 제44조 제1항).
㉢ [O] 동법 제45조
㉣ [×] 구류는 1일 이상 30일 미만으로 한다(동법 제46조).
㉤ [O] 동법 제47조

정답 ③

05 현행법상 형벌제도에 대한 설명으로 옳은 것은?

2018. 5급 승진

① 2 이상의 형을 집행하는 경우에 자격상실, 자격정지, 벌금, 과료와 몰수 외에는 무거운 형을 먼저 집행한다. 다만, 검사는 소속 장관의 허가를 얻어 무거운 형의 집행을 정지하고 다른 형의 집행을 할 수 있다.
② 사형선고를 받은 사람이 심신의 장애로 의사능력이 없는 상태이거나 임신 중인 여자인 때에는 대통령의 명령으로 집행을 정지한다.
③ 무기징역형을 선고받은 소년은 7년, 15년 유기징역형을 선고받은 소년은 3년이 각각 지나야만 가석방을 허가할 수 있다.
④ 징역 또는 금고는 무기 또는 유기로 하고, 유기는 1개월 이상 30년 이하로 한다. 단, 유기징역 또는 유기금고에 대하여 형을 가중하는 때에는 60년까지로 한다.
⑤ 3년 이하의 징역이나 금고 또는 500만원 이하의 벌금의 형을 선고할 경우에 「형법」 제51조의 사항을 참작하여 그 정상에 참작할 만한 사유가 있는 때에는 1년 이상 5년 이하의 기간 형의 집행을 유예할 수 있다. 다만, 벌금 이상의 형이 확정된 때부터 그 집행을 종료하거나 면제된 후 3년까지의 기간에 범한 죄에 대하여 형을 선고하는 경우에는 그러하지 아니하다.

해설
① [O] 형사소송법 제462조
② [×] 사형선고를 받은 사람이 심신의 장애로 의사능력이 없는 상태이거나 임신 중인 여자인 때에는 법무부장관의 명령으로 집행을 정지한다(동법 제469조 제1항).
③ [×] 징역 또는 금고를 선고받은 소년에 대하여는 무기형의 경우에는 5년, 15년 유기형의 경우에는 3년, 부정기형의 경우에는 단기의 3분의 1이 지나면 가석방을 허가할 수 있다(소년법 제65조).
④ [×] 유기징역 또는 유기금고에 대하여 형을 가중하는 때에는 50년까지로 한다(형법 제42조).
⑤ [×] 금고 이상의 형을 선고한 판결이 확정된 때부터 그 집행을 종료하거나 면제된 후 3년까지의 기간에 범한 죄에 대하여 형을 선고하는 경우에는 그러하지 아니하다(동법 제62조 제1항).

정답 ①

06 「형법」상 형벌에 대한 설명으로 옳지 않은 것은?

2015. 교정 9급

① 과료를 납입하지 아니한 자도 노역장 유치가 가능하다.
② 유기징역 또는 유기금고에 자격정지를 병과한 때에는 징역 또는 금고의 집행을 종료하거나 면제된 날로부터 정지기간을 기산한다.
③ 벌금형의 선고유예는 인정되지만, 500만원을 초과하는 벌금형의 집행유예는 인정되지 않는다.
④ 행위자에게 유죄의 재판을 아니할 때에는 몰수의 요건이 있는 때에도 몰수만을 선고할 수는 없다.

해설
① [○] 과료를 납입하지 아니한 자는 1일 이상 30일 미만의 기간 노역장에 유치하여 작업에 복무하게 한다(동법 제69조 제2항).
② [○] 동법 제44조 제2항
③ [○] 벌금형에 대하여는 선고유예가 가능(동법 제59조 제1항)하고, 500만원 이하의 벌금형에 대하여는 집행유예가 가능하나 500만원을 초과하는 벌금형에 대하여는 집행유예를 할 수 없다(동법 제62조 제1항).
④ [×] 몰수는 타형에 부가하여 과한다. 단, 행위자에게 유죄의 재판을 아니할 때에도 몰수의 요건이 있는 때에는 몰수만을 선고할 수 있다(형법 제49조).

☑ 집행유예의 요건 (형법 제62조)
1. 3년 이하의 징역이나 금고 또는 500만원 이하의 벌금의 형을 선고할 경우에 형법 제51조의 사항을 참작하여 그 정상에 참작할 만한 사유가 있는 때에는 1년 이상 5년 이하의 기간 형의 집행을 유예할 수 있다. 다만, 금고 이상의 형을 선고한 판결이 확정된 때부터 그 집행을 종료하거나 면제된 후 3년까지의 기간에 범한 죄에 대하여 형을 선고하는 경우에는 그러하지 아니하다.
2. 형을 병과할 경우에는 그 형의 일부에 대하여 집행을 유예할 수 있다.

정답 ④

07 다음 설명 중 옳지 않은 것은?

2014. 보호 7급

① 형의 선고유예를 받은 날로부터 2년을 경과한 때에는 면소된 것으로 간주한다.
② 형의 집행유예를 받은 후 실효 또는 취소됨이 없이 유예기간을 경과한 때에는 형의 집행이 면제된다.
③ 가석방의 처분을 받은 후 그 처분이 실효 또는 취소되지 아니하고 가석방기간을 경과한 때에는 형의 집행을 종료한 것으로 본다.
④ 일반사면을 받은 경우 특별한 규정이 있을 때를 제외하고는 형 선고의 효력이 상실되며, 형을 선고받지 아니한 자에 대해서는 공소권이 상실된다.

해설
① [○] 동법 제60조
② [×] 집행유예의 선고를 받은 후 그 선고의 실효 또는 취소됨이 없이 유예기간을 경과한 때에는 형의 선고는 효력을 잃는다(형법 제65조).
③ [○] 동법 제76조 제1항
④ [○] 사면법 제5조 제1항 제1호

정답 ②

제26장 | 교정론

제1절 | 교정과 교정학

01 교정학에 대한 설명으로 옳지 않은 것은? 2014. 교정 7급

① 교정학은 교화개선 및 교정행정과 관련된 일련의 문제들을 이론적·과학적으로 연구하는 학문이다.
② 교정학은 감옥학에서 시작되어 행형학, 교정교육학, 교정보호론의 명칭으로 발전해왔다.
③ 교정은 수형자에 대해 이루어지므로 교정학의 연구대상은 형벌부과대상인 범죄인에 국한된다.
④ 교정학은 자유형의 집행과정 등을 중심으로 교정 전반에 관한 이념과 학리를 계통적으로 연구하는 학문일 뿐만 아니라 사회학, 심리학, 정신의학 등 관련 학문의 종합적 응용이 요청되는 분야이다.

해설
③ [×] 교정의 영역은 자유형 집행대상자 이외에 노역장유치자, 사형확정자, 미결수용자, 보안처분 및 보호처분의 대상자까지 포함시킨다. 대체적으로 비행이나 범죄를 저지른 사람들의 재사회화 처우기법을 연구하는 영역과 그 목적을 수행하고 있는 미결구금시설, 기결구금시설, 보호관찰과 갱생보호 조직의 관리연구를 포함하는 종합적인 영역을 의미한다.

정답 ③

02 교정(행형)의 목적에 대한 설명으로 옳지 않은 것은? 2007. 교정 7급

① 「형의 집행 및 수용자의 처우에 관한 법률」은 교정교화와 건전한 사회복귀를 선언하고 있어 특별예방 내지 재사회화를 추구하고 있다.
② 「형의 집행 및 수용자의 처우에 관한 법률」은 행형의 목적으로 수형자의 재사회화를 규정하고 있으나, 행형의 구체적 내용이나 기간에 있어서는 수형자의 책임도 고려하고 있다.
③ 행형단계에서 일반예방을 추구하는 것은 교정의 목적과 일치한다고 보기 어렵다.
④ 특별예방은 수형자의 재사회화를 위하여 제한 없이 인정되고, 헌법에 근거를 두고 있다.

해설
④ [×] 특별예방은 수형자의 재사회화를 위하여 반드시 필요한 것이나, 제한 없이 인정할 경우 수형자의 인권침해를 위한 도구로 전락하기 쉽다.

정답 ④

03 협의의 교정의 개념에 해당되지 않는 것은?

2015. 9급 경채

① 자유형 집행자
② 미결수용자
③ 자유박탈적 보안처분
④ 노역장 유치명령자

해설
③ [×] 협의의 교정은 최협의의 교정(자유형과 노역장유치자의 형집행 절차)에 미결수용자 및 사형확정자에 대한 처우, 법률과 적법한 절차에 따라 교정시설에 수용된 사람(보호관찰대상자의 유치, 감치명령을 받은 자, 일시수용자, 피보호감호자)에 대한 처우를 포함한다. 즉, 형집행법상 수용자의 개념이다.

정답 ③

04 다음 중 「형의 집행 및 수용자의 처우에 관한 법률」 제1조에 규정된 목적이 아닌 것은?

2015. 9급 경채

① 수형자의 교정교화
② 수용자의 건전한 사회복귀
③ 수용자의 권리
④ 교정시설의 운영

해설
② [×] 형집행법은 수형자의 교정교화와 건전한 사회복귀를 도모하고, 수용자의 처우와 권리 및 교정시설의 운영에 관하여 필요한 사항을 규정함을 목적으로 한다(형집행법 제1조).

정답 ②

05 교정제도의 역사적 발전 단계를 시대순으로 바르게 나열한 것은?

2019. 교정 7급

㉠ 일반예방에 입각한 심리강제와 가혹하고 준엄한 형벌부과를 강조하였다.
㉡ 실증적인 범죄분석과 범죄자에 대한 개별적 처우를 실시하였다.
㉢ 인간다운 삶의 권리, 법률구조, 종교의 자유 등 헌법상 보장된 기본적 인권을 수형자들에게도 폭넓게 인정하였다.
㉣ 공리주의의 영향을 받았으며, 국가형벌권의 행사에 있어서도 박애주의 사상이 도입되었다.

① ㉠ → ㉡ → ㉣ → ㉢
② ㉠ → ㉢ → ㉣ → ㉡
③ ㉠ → ㉣ → ㉡ → ㉢
④ ㉡ → ㉠ → ㉢ → ㉣

해설
③ [O] ㉠ 위하적 단계 → ㉣ 교육적 개선단계 → ㉡ 과학적 처우단계 → ㉢ 사회적 권리보장단계

정답 ③

06 형의 집행 및 수용자의 처우에 관한 법령상 수용자의 권리구제에 대한 설명으로 옳은 것은? 2024. 교정 7급

① 처우에 불복하는 수용자는 소장에게 말로 하거나 청원서를 작성하여 봉한 후 제출하여 청원할 수 있다.
② 수용자가 처우에 관하여 각각 다른 사유로 반복하여 소장에게 면담을 신청하는 경우, 소장은 면담을 아니 할 수 있다.
③ 법무부장관, 지방교정청장 또는 소장은 청구일로부터 7일 이내에 정보의 공개 및 우송 등에 들 것으로 예상되는 비용을 산정하여, 정보공개를 청구한 수용자에게 미리 납부할 것을 통지하여야 한다.
④ 순회점검공무원은 수용자로부터 말로 청원을 받고 그 청원에 관하여 결정을 한 경우, 청원 및 결정의 요지를 청원부에 기록하여야 한다.

해설
① [×] 처우에 불복하여 청원하려는 수용자는 청원서를 작성하여 봉한 후 소장에게 제출하여야 한다. 다만, 순회점검공무원에 대한 청원은 말로도 할 수 있다(동법 제117조 제2항). 즉, 말로 하는 청원의 상대방은 순회점검공무원에 한정한다.
② [×] 장은 수용자의 면담신청이 있으면 ㉠ 정당한 사유 없이 면담사유를 밝히지 아니하는 때, ㉡ 면담목적이 법령에 명백히 위배되는 사항을 요구하는 것인 때, ㉢ 동일한 사유로 면담한 사실이 있음에도 불구하고 정당한 사유 없이 반복하여 면담을 신청하는 때, ㉣ 교도관의 직무집행을 방해할 목적이라고 인정되는 상당한 이유가 있는 때를 제외하고는 면담을 하여야 한다(동법 제116조 제2항). 즉, 소장면담 제외사유(㉠~㉣)가 있으면 소장은 면담을 아니 할 수 있다.
③ [×] 법무부장관, 지방교정청장 또는 소장은 ㉠ 정보공개청구를 한 후 정당한 사유 없이 그 청구를 취하한 사실이 2회 이상 있는 수용자, ㉡ 정보공개청구를 한 후 정당한 사유 없이 정보공개결정 후 정보공개 등에 소요되는 비용을 납부하지 아니한 사실이 2회 이상 있는 수용자가 정보공개청구를 한 경우에는 청구를 한 날부터 7일 이내에 소요 비용을 산정하여 해당 수용자에게 미리 납부할 것을 통지할 수 있다(동법 시행령 제139조의2 제2항). 즉, 비용산정 선납통지는 임의적 규정이다.
④ [○] 순회점검공무원은 수용자가 말로 청원하는 경우에는 청원의 요지를 청원부에 기록하여야 하며(형집행법 시행령 제139조 제2항), 청원에 관하여 결정을 한 경우에는 결정의 요지를 청원부에 기록하여야 한다(동법 시행령 제139조 제3항).

정답 ④

---

07 교도소화(prisonization)에 대한 설명으로 옳은 것만을 모두 고르면? 2018. 교정 7급

㉠ 교정시설에서 문화, 관습, 규범 등을 학습하는 과정을 의미한다.
㉡ 박탈모형은 수형자의 문화를 사회로부터 수형자와 함께 들어온 것으로 파악한다.
㉢ 유입모형은 교도소화의 원인을 수용으로 인한 고통 및 각종 권익의 상실로 본다.
㉣ 자유주의자들은 박탈모형을, 보수주의자들은 유입모형을 지지하는 경향이 있다.

① ㉠, ㉡
② ㉠, ㉢
③ ㉠, ㉣
④ ㉢, ㉣

해설
옳은 것은 ㉠, ㉣이다.
㉡ [×] 유입모형에 대한 설명이다.
㉢ [×] 박탈모형에 대한 설명이다.
㉣ [○] 박탈모형에 따르면 교도소화는 수용에 따른 고통, 각종 권익의 박탈에 대한 수형자들의 저항이므로, 이러한 문제점을 해소하고자 자유주의자들은 시설 내 처우를 피하고 사회 내 처우를 실시할 것을 주장한다. 그러므로 자유주의자들은 박탈모형을 지지한다. 유입모형에 따르면 교정시설 내 수형자의 행위유형은 수형자가 사회로부터 함께 들여 온 것이므로, 사회에서 나쁜 문화를 가지고 있는 범죄자들을 교도소에 수용함으로써 사회의 부문화가 교도소로 유입되는 것을 방지하고자 하는 보수주의자들은 시설 내 처우를 실시할 것을 주장한다. 그러므로 보수주의자들은 유입모형을 지지한다.

☑ 어린이가 사회의 행위유형을 학습하는 것을 사회화(socialization)라고 한다면, 수형자가 교정시설에서의 행위유형을 학습하는 과정을 교도소화(prisonization)라고 할 수 있다. 사회화와 교도소화가 다른 것은 일반인은 자신에게 주어진 행위유형을 거부하거나 수용할 수 있는 중립적인 입장인 데 반해, 수형자는 자신에게 주어진 행위유형을 거부하거나 수용할 수 있는 중립적인 입장이 아니라는 사실이다.

클레머(Clemmer)는 "교정시설의 일반적 문화, 관습, 규범 그리고 민속 등을 다소간 취하는 것"으로 교도소화를 규정하고 있다. 신입 수형자가 교정시설의 규범과 가치에 익숙해지고, 그것을 내재화하는 과정으로 교도소화를 보고 있는 것이다.

정답 ③

08 교도소화(prisonization)에 대한 설명으로 옳지 않은 것은?

2021. 교정 7급

① 교도소화란 교정당국과 교도관에 대해 적대적인 태도를 학습하는 것을 말한다.
② 클레머(Clemmer)는 수형기간이 증가함에 따라 수형자의 교도소화가 강화된다고 보았다.
③ 수형지향적 하위문화에 속하는 수형자는 교도소 내의 지위획득에 관심이 없다.
④ 휠러(Wheeler)는 형기의 중간단계에서 수형자가 교도관에 대해 가장 적대적으로 된다고 보았다.

해설

① [○] 교도소화(prisonization)란 수형자가 교도소 안에서 비공식적인 사회화를 통해 교도소의 반문화에 적응함으로써 범죄행위가 악화되고 조장되는 과정을 말한다.
처음으로 교도소화에 대한 논의를 시작한 클레머(Clemmer)는 "교정시설의 일반적 문화, 관습, 규범 그리고 민속 등을 다소간 취하는 것"으로 교도소화를 규정하고 있다. 교도소화는 ⊙ 신입 수형자가 교정시설의 규범과 가치에 익숙해지고, 그것을 내재화하는 과정으로, ⊙ 수형자가 교도소화되면 대부분은 관습적 가치체계의 영향으로부터 벗어나게 되고, ⊙ 수형자는 수형자강령에의 동화에 초점을 맞추게 되며, ⊙ 이는 교도관에 반대하는 행동과 태도를 신봉하는 정도를 의미한다.
② [○] 클레머는 수형자의 수용기간이 길수록 반교정적·반사회적·친범죄적 부문화에의 재현이 더 커진다고 보고, 수용기간의 장기화에 따라 수형자의 교도소화 정도도 강화된다고 주장했다.
③ [×] 수형지향적 하위문화(convict-oriented subculture)에 속하는 수형자는 교도소 사회에서의 모든 생활방식을 수용하고 적응하려고 하며, 자신의 수용생활을 보다 쉽고 편하게 보내기 위해 교도소 내에서의 지위획득에만 몰두하며 출소 후의 생활에 대해서는 관심을 두지 않는다.
④ [○] 휠러(Wheeler)는 클레머의 가설을 검증하기 위해서 수형자표본을 형기의 초기단계에 있는 수형자, 형기의 중간단계에 있는 수형자, 형기의 마지막 단계에 있는 수형자로 구분하였다. 초기단계의 수형자가 가장 높은 친교도관적 태도를 견지하였고, 중기단계의 수형자가 친교도관적 태도가 가장 낮았으며, 말기단계의 수형자는 친교도관적 태도를 견지하고 수형자강령을 거부하는 것으로 나타났다. 그래서 이를 U형 곡선이라고 한다.

정답 ③

09 재소자의 교도소화와 하위문화에 대한 설명으로 옳지 않은 것은?
2019. 교정 9급

① 클레머(D. Clemmer)는 수용기간이 장기화될수록 재소자의 교도소화가 강화된다고 한다.
② 휠러(S. Wheler)는 재소자의 교도관에 대한 친화성 정도가 입소 초기와 말기에는 높고, 중기에는 낮다고 하면서 교도소화의 정도가 U자형 곡선 모양을 보인다고 한다.
③ 서덜랜드(E. Sutherland)와 크레시(D. Cresey)는 재소자가 지향하는 가치를 기준으로 범죄지향적 부문화, 수형지향적 부문화, 합법지향적 부문화로 구분하고, 수형지향적 재소자는 자신의 수용생활을 보다 쉽고 편하게 보내는 데 관심을 둘 뿐만 아니라, 이를 이용하여 출소 후의 생활을 원활히 하는 데 많은 관심을 둔다고 한다.
④ 슈랙(C. Schrag)은 재소자의 역할유형을 고지식자(square Johns), 정의한(right guys), 정치인(politcians), 무법자(outlaws)로 구분하고, 고지식자는 친사회적 수형자로서 교정시설의 규율에 동조하며 법을 준수하는 생활을 긍정적으로 지향하는 유형이라고 한다.

해설
③ [×] 수형지향적 부문화는 교도소 사회에서의 모든 생활방식을 수용하고 적응하려고 하며, 자신의 수용생활을 보다 쉽고 편하게 보내기 위해 교도소 내에서의 지위획득에만 몰두하며 출소 후의 생활에 대해서는 관심을 두지 않는다. 수형자 사회의 부문화집단 중에서 교도소화가 가장 쉽게, 빨리 그리고 많이 되며(교정시설에 가장 빨리 적응), 출소 후 재입소율(재범률)이 가장 높은 유형이다.

정답 ③

10 서덜랜드와 크레시(Sutherland & Cressey)가 제시한 수형자 하위문화에 대한 설명으로 옳은 것은?
2023. 교정 9급

① 수형자들이 지향하는 가치를 기준으로 하위문화를 구분했다.
② 범죄 지향적 하위문화를 수용하는 수형자들은 교도소 내에서의 지위 확보에 관심을 가진다.
③ 수형 지향적 하위문화를 수용하는 수형자들은 모범적으로 수형생활을 하며 성공적인 사회복귀의 가능성이 높다.
④ 합법 지향적 하위문화를 수용하는 수형자들은 수형자의 역할 중 '정의한'에 가깝고, 교도관보다는 재소자와 긍정적인 관계를 유지하며 가급적 교정시설의 규율에 따른다.

해설
① [○] 수형자 문화(수형자 사회의 부문화)는 수형자들이 가지고 있는 문화적 성향이나 지향성 또는 가치와 규범에 관한 것으로 교도소 문화라고도 부른다. 서덜랜드와 크레시는 수형자들이 지향하는 가치를 기준으로 범죄지향적 부문화, 수형지향적 부문화, 합법지향적 부문화로 구분하였다.
② [×] 수형지향적 부문화를 수용하는 수형자에 대한 설명이다. 범죄지향적 부문화를 수용하는 수형자들은 교도소 내에서의 어떤 공식적 지위를 얻고자 하는 일 없이 그냥 반교도소적이거나 조용한 수형생활을 보낸다.
③ [×] 합법지향적 부문화를 수용하는 수형자에 대한 설명이다. 수형지향적 부문화를 수용하는 수형자들은 교도소 사회에서의 모든 생활방식을 수용하고 적응하려고 하며, 자신의 수용생활을 보다 쉽고 편하게 보내기 위해 교도소 내에서의 지위획득에만 몰두하며 출소 후의 생활에 대해서는 관심을 두지 않는다.
④ [×] 수형자의 역할유형 중 '정의한'에 가까운 것은 수형지향적 부문화를 수용하는 수형자이다. 합법지향적 부문화를 수용하는 수형자들은 수형자의 역할 중 '고지식자'에 해당되는 경우로 이들은 교정시설에 입소할 때도 범죄지향적 부문화에 속하지 않았고, 수용생활 동안에도 범죄나 수형생활지향적 부문화를 받아들이지 않는다. 가급적 교정시설의 규율을 따르려고 하며, 교정당국이나 직원과도 긍정적인 관계를 유지하는 편이다.

정답 ①

제2절 | 교정처우 모델

01 다음이 설명하는 교정처우모델로 가장 적절한 것은? 2022. 경찰2차

> 범죄자의 문제는 범죄가 발생한 사회 내에서 해결되어야 한다는 전제를 기초로 한 교정처우모델로 지역사회에 기반한 교정프로그램을 강조한다.

① 정의모델(justice model)
② 의료모델(medical model)
③ 적응모델(adjustment model)
④ 재통합모델(reintegration model)

해설
④ [○] 교화개선모델에는 의료모델(치료모델, 갱생모델), 개선모델(적응모델, 경제모델, 처우모델), 재통합모델(재사회화모델)이 있으며, 재통합모델은 범죄자의 사회재통합을 위해서는 지역사회와의 접촉과 유대 관계가 중요한 전제이므로 지역사회에 기초한 교정을 강조한다.

정답 ④

02 범죄인처우모델(교정처우모델) 중 교화개선을 위한 모델과 가장 거리가 먼 것은? 2022(72). 경위

① 의료모델(치료모델)
② 경제모델(적응모델)
③ 재사회화모델(재통합모델)
④ 정의모델(공정모델)

해설
①, ②, ③ [○] 교화개선을 위한 모델(교화개선모델)
④ [×] 사법정의를 위한 모델

정답 ④

03 선별적 무능력화(selective incapacitation)에 대한 설명으로 옳지 않은 것은? 2013. 교정 7급

① 집합적 무능력화(collective incapacitation)에 비하여 교정예산의 절감에 도움이 되지 않는다.
② 범죄자 대체효과를 야기할 가능성이 있어 범죄예방에 도움이 되지 않는다는 비판이 있다.
③ 잘못된 부정(false negative)과 잘못된 긍정(false positive)의 문제를 야기할 수 있다.
④ 과학적 방법에 의하여 재범의 위험성이 높은 것으로 판단되는 개인을 구금하는 방법이다.

해설

① [×], ④ [○] 선별적 무능력화는 과학적 방법에 의해 재범의 위험성이 높은 것으로 판단되는 개인을 구금하는 전략으로, 집합적 무능력화에 비하여 교정예산의 절감에 도움이 된다. 또 상습적 누범자들의 격리를 통해 범죄를 감소시키고, 교정시설의 과밀화를 해소하는 효과를 거둘 수 있으며, 경미한 범죄자의 사회 내 처우를 활성화하는 데 유리하다.
② [○] 선별적 무능력화의 대표적인 반론이 범죄자 대체이다. 이들 중 누범자가 구금되더라도 그 자리는 다른 범죄자들이 대신 차지하게 되어 범죄감소효과는 사실상 기대하기 어렵다는 것이다.
③ [○] 무능력화의 중요한 문제는 장기간 무능력화시킬 대상자의 선별에 있다. 현재의 과학수준으로서는 정확한 예측이 가능하지 않으며, 이러한 예측의 어려움으로 인하여 파생되는 문제는 잘못된 긍정과 잘못된 부정이다.

정답 ①

04 다음의 괄호 안에 들어갈 내용으로 옳은 것은? 2010. 교정 7급

집합적 무력화(collective incapacitation)란 (A)를 정해진 기간 동안 구금함으로써 범죄를 예방할 수 있다고 보는 것이다. 반면에 선별적 무력화(selective incapacitation)란 (B)를 장기간 구금함으로써 대부분의 중요범죄를 예방할 수 있다고 주장한다. 그런데 선별적 무력화는 (C)으로 개인의 자유와 인권을 침해할 우려가 있으며, (D)으로 인하여 안전한 사람을 지속적으로 수용할 우려가 있다.

㉠ 모든 범죄자 ㉡ 소수의 위험한 범죄자
㉢ 잘못된 긍정(false positive) ㉣ 잘못된 부정(false negative)

	A	B	C	D
①	㉠	㉡	㉢	㉣
②	㉠	㉡	㉣	㉢
③	㉡	㉠	㉣	㉣
④	㉠	㉡	㉢	㉢

해설

④ [○] 잘못된 긍정(false positive)은 위험성이 있는 것으로 예측되었으나 사실은 아무런 위험성이 없는 경우, 즉 위험성이 없음에도 위험한 것으로 예측되어 장기간 구금되어 무능력화되는 경우로서, 개인의 자유 및 인권침해와 관련되기 때문에 심각한 윤리적·도덕적 문제뿐만 아니라 법률적 문제도 야기시킬 수 있다.
반면, 잘못된 부정(false negative)은 위험성이 없는 것으로 예측되었으나 사실은 위험성이 높은 경우, 즉 위험이 있음에도 없는 것으로 예측되어 구금되지 않음으로써 범죄능력이 무능력화되지 않아 사회에 대한 위험을 야기시키는 경우를 말한다.
C와 D는 모두 잘못된 긍정에 해당하는 것으로 범죄의 위험성이 없음에도 사회적으로 안전한 사람을 지속적으로 수용하여 개인의 자유와 인권을 침해할 우려가 있음을 나타내고 있다.

정답 ④

05 다음 글에서 설명하는 것으로 옳은 것은?   2020. 교정 7급

> 재범위험성이 높다고 판단되는 상습범죄자를 장기간 구금한다면 사회 내의 많은 범죄를 줄일 수 있다.

① 다이버전
② 충격구금
③ 중간처우소
④ 선택적 무력화

해설
④ [○] 선택적 무능력화(selective incapacitation)에 대한 설명이다. 선택적 무능력화는 경력범죄자의 연구에서 비롯된 것으로 재범가능성에 대한 개인별 예측에 의해 범죄성이 강한 개별 범죄자를 선택적으로 구금하거나 형량을 강화하는 것이다.

정답 ④

06 교정의 이념으로서 재통합(reintegration)을 채택할 때 가장 가능성이 높을 것으로 예상되는 교도행정의 변화는?   2020. 5급 승진

① 가석방 및 부정기형 폐지
② 교도소에서의 엄격한 질서유지 강조
③ 보호감호제도 신설
④ 교도소에서 재소자를 위한 대인관계 개선프로그램 신설
⑤ 중간처우소 신설

해설
⑤ [○] 재통합모형의 가장 기본적인 가정은 범죄자의 문제는 범죄문제가 시작된 바로 그 사회에서 해결되어야 한다는 것이며, 범죄자의 사회재통합을 위해서는 지역사회와의 의미 있는 접촉과 유대 관계가 중요한 전제이다. 이러한 가정과 전제를 가장 효율적으로 달성할 수 있는 대안으로서 지역사회에 기초한 교정을 강조한다. 재통합적 지역사회교정의 대표적인 프로그램으로 중간처우소(Halfway house), 집단가정(group house) 등이 있다.

정답 ⑤

07 교정의 이념에 대한 설명으로 옳지 않은 것은?   2015. 교정 7급

① 사회적 결정론자들은 사회경제적 조건을 범죄의 원인으로 보기 때문에 시장성 있는 기술 교육과 취업기회의 제공 등으로 범죄자를 복귀시키는 경제모델(economic model)을 지지한다.
② 재통합모델(reintegration model)은 범죄자의 사회재통합을 위해서 지역사회와의 의미 있는 접촉과 유대관계를 중시하므로 지역사회 교정을 강조한다.
③ 의료모델(medical model)은 범죄자가 자신의 의지에 따라 의사를 결정하고 선택할 능력이 없으며 교정을 통해서도 치료할 수 없기 때문에 선택적 무력화(selective incapacitation)를 주장한다.
④ 정의모델(justice model)은 형사사법기관의 재량권 남용은 시민에 대한 국가권력의 남용이라고 보아 공정성으로서 정의를 중시한다.

해설
① [O] 사회학적 결정론자들은 사회경제적 조건을 범죄행위의 주요 원인으로 보아 범죄자는 시장성 있는 기술이 부족하기 때문에 합법적 취업기회가 없어서 범죄행위를 하게 된다고 규정하고, 범죄자들에 대한 처우방법으로 사회경제적 기회의 제공을 강조하는 경제적 모형(economic model)을 주장한다.
이들 경제적 모형론자들은 취업시장에서 경쟁성을 제고하기 위한 기술을 범죄자에게 제공하는 것과 취업알선이나 취업기회의 증대 등 출소 후 합법적 기회를 향상시키고자 하는 두 가지 방법으로 범죄자를 사회에 복귀시키고자 한다.
③ [×] 의료모델은 범죄자는 자신의 의지에 따라 의사를 결정하고 선택할 능력이 없으며, 교정을 통해서 치료될 수 있다고 한다. 결정론적 시각에서 범죄자를 사회화나 인성에 결함이 있는 환자로 취급하면서, 범죄의 원인은 치료의 대상이고 완치될 수 있다고 보아 치료모델이라고도 한다.
선택적 무력화(선별적 무능화)는 정의모델에서 제시한 내용이다.

정답 ③

08 교정의 이념에 대한 설명으로 옳지 않은 것은? 2016. 5급 승진

① 교화개선(rehabilitation)은 범죄자에 초점을 맞춘 것으로 재소자들에게 기술과 지식을 습득하게 하여 사회복귀를 도모하는 것이다.
② 선택적 무력화(selective incapacitation)는 범죄자의 특성에 기초하여 행해지고, 범죄자의 개선을 의도하지 않는 점에 특색이 있으며, 비슷한 정도의 범죄를 저지른 사람들에게 비슷한 정도의 장기형이 선고되어야 한다는 입장이다.
③ 응보주의(retribution)는 탈리오(Talio) 법칙과 같이 피해자에게 가해진 해악에 상응하는 처벌을 하는 것이다.
④ 억제(deterrence)는 처벌의 확실성, 엄중성, 신속성의 3가지 차원에서 결정되므로 재소자에 대한 엄정한 처벌이 강조된다.
⑤ 정의모델(just deserts)은 사법기관이나 교정기관의 재량권 남용에 대하여 비판하고 부정기형의 폐지를 주장한다.

해설
① [O] 교화개선은 지역사회의 안전에 초점을 맞추는 제지나 무능력화와는 달리 범죄자에 초점을 맞추고 있으며, 수형기간은 사회에서 건설적인 생활을 추구하고 영위하는 데 필요한 준비와 자격을 얻을 수 있도록 하는 데 초점이 모아져야 한다고 한다.
② [×] 선택적 무력화는 범죄자의 특성에 기초하여 행해지고, 범죄자를 개선하고자 의도하지 않는다.
비슷한 정도의 범죄를 저지른 사람들에게 비슷한 정도의 장기형이 선고되어야 한다는 것은 집합적 무력화의 입장이다.
③ [O] 처벌이란 피해자에게 가해진 해악의 정도뿐만 아니라 그 피해가 가해진 방법과 형태에도 상응해야 한다.
④ [O] 제지(억제)이론은 처벌을 강화하면 두려움과 공포로 인하여 사람들의 범죄동기가 억제되고 범죄는 줄어들 것이라는 가정에 기초한 이론으로 범죄억제요소로 처벌의 확실성, 엄중성, 신속성이 있다.
⑤ [O] 정의모델은 형사사법기관의 재량권 남용은 시민에 대한 국가권력의 남용이라고 보아 공정성으로서 정의를 중시한다.

정답 ②

09 교정의 이념에 대한 설명으로 옳지 않은 것은? 2021. 교정 7급

① 집합적 무력화(collective incapacitation)는 과학적 방법을 활용하여 재범의 위험성이 높은 것으로 판단되는 개인을 구금하기 위해서 활용되고 있다.
② 범죄자를 건설적이고 법을 준수하는 방향으로 전환시키기 위해 범죄자를 구금하는 것을 교정의 교화개선(rehabilitation)적 목적이라고 할 수 있다.
③ 무력화(incapacitation)는 범죄자가 구금기간 동안 범행할 수 없도록 범행의 능력을 무력화시키는 것을 의미한다.
④ 형벌의 억제(deterrence)효과는 처벌의 확실성, 엄중성 그리고 신속성의 세 가지 차원에 의해 결정된다.

해설
① [×] 선별적 무능력화(selective incapacitation)는 과학적 방법에 의해 재범의 위험성이 높은 것으로 판단되는 개인을 구금하기 위해서 활용되고 있으며, 위험성이 높은 범죄자일수록 장기간 수용되는 부정기형제도와 궤를 같이한다.
집합적 무력화(collective incapacitation)는 유죄가 확정된 모든 강력범죄자에 대한 장기형의 선고를 권장한다.
② [○] 형벌과 교정의 목적 중에서 공리적 측면으로, 범죄자를 건설적이고 법을 준수하는 방향으로 전환시키기 위해 범죄자를 구금하는 것을 교정의 교화개선적 목적이라고 할 수 있으며, 지역사회의 안전에 초점을 맞추는 제지나 무능력화와는 달리 범죄자에 초점을 맞추고 있다.
교화개선을 통해 재소자들은 잃어버린 기술과 지식을 재습득하는 것이 아니라 처음부터 필요한 기술과 지식을 습득하는 것이다. 따라서 수형기간은 사회에서 건설적인 생활을 추구하고 영위하는 데 필요한 준비와 자격을 얻을 수 있도록 하는 데 초점이 모아져야 한다고 한다.
③ [○] 무능력화란 소수의 위험한 범죄인들이 사회의 다수 범죄를 범한다는 현대 고전주의 범죄학의 입장에서 제기된 것으로, 범죄성이 강한 자들을 추방·구금 또는 사형에 처함으로써 이들 범죄자가 사회에 존재하면서 행할 가능성이 있는 범죄를 원천적으로 행하지 못하도록 범죄의 능력을 무력화시키자는 논리이다.
④ [○] 형벌의 억제(제지)효과는 처벌의 확실성, 엄중성 그리고 신속성의 세 가지 차원에 의해 결정된다.
처벌의 확실성은 범죄의 결과로 처벌을 경험할 가능성을 의미하며 처벌받을 확률이 높을수록, 즉 처벌이 확실할수록 법률위반의 정도는 줄어들 것이라고 가정한다.
처벌의 엄중성은 벌금의 액수나 형기 등 형벌의 정도 또는 강도를 말하는데, 일반적으로 처벌이 강하고 엄하게 집행될수록 법률위반의 정도는 낮아진다는 가정이다.
처벌의 신속성은 범죄행위와 처벌 경험의 시간적 간격을 말하는 것으로 범행 후 빨리 처벌될수록 범죄가 더 많이 제지될 것이라고 가정한다.

정답 ①

10 교정이념 중 무력화(incapacitation)에 대한 설명으로 옳지 않은 것은? 2023. 교정 7급

① 일반적으로 구금을 의미하고, 국외추방이나 사형집행도 포함한다.
② 집단적 무력화(collective incapacitation)란 재범의 위험성이 높다고 판단되는 상습범죄자의 구금을 통해 추가적인 범죄가 발생할 가능성을 제거하는 것을 의미한다.
③ 선택적 무력화(selective incapacitation)는 과학적인 방법으로 범죄를 예측하며, 교정자원을 효율적으로 활용할 수 있다.
④ 무력화 대상자 선택에 있어 잘못된 긍정(false positive)과 잘못된 부정(false negative)의 문제를 야기할 수 있다.

해설
① [○] 무능력화란 소수의 위험한 범죄인들이 사회의 다수 범죄를 범한다는 현대 고전주의 범죄학의 입장에서 제기된 것으로, 범죄자를 국외추방하거나 사형집행, 구금함으로써 그 범죄자가 만약 사회에 그대로 있었다면 저지를 수 있는 범죄를 행하지 못하게 범죄의 능력을 무력화시키자는 논리이다.
② [×] 선별(선택)적 무능력화에 대한 설명이다. 집합(집단)적 무능력화는 유죄가 확정된 모든 강력범죄자에 대해 장기형의 선고를 권장하는 것을 말한다.
③ [○] 선별(선택)적 무능력화는 과학적 방법에 의해 재범의 위험성이 높은 것으로 판단되는 개인을 구금하는 전략으로 집합적 무능력화에 비하여 교정예산의 절감에 도움이 되며, 교정자원을 효율적으로 활용할 수 있고, 과밀수용문제도 해소할 수 있다.
④ [○] 무력화 대상자 선택에 있어 잘못된 긍정과 잘못된 부정의 문제를 야기할 수 있다. 잘못된 긍정은 위험성이 있는 것으로 예측되었으나 사실은 아무런 위험성이 없는 경우, 즉 위험성이 없는 데도 위험한 것으로 예측되어 장기간 구금되어 선별적으로 무능력화되는 경우를 말하고, 잘못된 부정은 위험성이 없는 것으로 예측되었으나 사실은 위험성이 높은 경우로서, 위험이 있음에도 없는 것으로 예측되어 수용을 통해 구금되지 않음으로써 범죄능력이 무력화되지 않아 사회에 대한 위험을 야기시키는 경우를 말한다.

정답 ②

11 교화개선모형에 대한 설명으로 옳지 않은 것은? 2021. 교정 7급

① 범죄자의 형기는 범죄행위에 대한 것이 아니라 범죄자를 교화개선시키는 데 요구되는 시간이 되어야 한다.
② 적응모형(adjustment model)의 처우기법은 주로 지역사회에 기초한 사회복귀프로그램이다.
③ 교화개선모형에 입각한 대부분의 처우 프로그램은 효과가 없다고 비판받는다.
④ 범죄자의 사회재통합을 위해서는 지역사회와의 의미 있는 접촉과 유대관계가 전제되어야 한다.

해설
① [○] 아메리카 프렌드 교도봉사위원회(AFSC)는 특정범죄자 유형을 분류하고 처우하는 데 중요한 의미를 갖지 못한다면 특정범죄행위는 교정에 있어서 아무런 의미가 없으며, 범죄자에 대한 형기는 범죄행위에 대한 것이 아니라 범죄자를 교화개선시키는 데 요구되는 시간이어야 한다고 주장하면서, 의료모형을 합리화하였다.
② [×] 적응(개선, 경제, 처우)모형은 범죄자들이 사회에서 보다 잘 적응할 수 있도록 도와주는 것이 주요 관심사이기 때문에 시설수용의 지나친 이용에는 반대하고 있다. 그러나 주로 사용하는 처우기법은 시설 내 처우인 현실요법, 교류분석, 집단상호작용, 환경요법, 요법처우공동체, 행동수정 등이 있다.
지역사회에 기초한 사회복귀프로그램은 재통합모형(reintegration model)과 관련이 있다.
③ [○] 교화개선모형에 대한 실증적인 비판은, 범죄자의 교화개선은 가능하며 얼마나 효과적인가 하는 것이다. 결론부터 말하면 대체로 부정적인 평가를 받고 있다. 즉, 교화개선이 재범률에 미치는 영향이 크지 않다는 것이다.
마틴슨(Martinson)은 대부분의 교화개선적 노력이 재범률을 크게 개선하지는 못하여 교정교화는 무의미하다(Nothing Works)고 하였고, 배일리(Bailey)는 교정처우가 효과적이라는 증거는 거의 없다고 주장하였으며, 워드(Ward)는 교정처우가 오히려 처우 참여자에게 부정적인 영향을 미쳤다고 주장하였다.
④ [○] 재통합모형의 가장 기본적인 가정은 범죄자의 문제는 범죄문제가 시작된 바로 그 사회에서 해결되어야 한다는 것이며, 범죄자의 사회재통합을 위해서는 지역사회와의 의미 있는 접촉과 유대 관계가 전제되어야 한다는 것이다. 그러므로 범죄자는 일반시민으로서, 직장인으로서, 가족구성원으로서 자신의 정상적인 역할을 수행할 수 있는 기회를 가질 수 있어야 한다.

정답 ②

12 다음에서 설명하는 교화개선모형은? 2022. 교정 9급

- 1920년대 말과 1930년대 초에 미국 교정국 등의 주도하에 발전한 모델로 범죄 원인은 개인에게 있으므로 진단하고 치료할 수 있다고 본다.
- 처벌은 범죄자 문제를 해결하는 데 전혀 도움이 되지 않고, 오히려 범죄자의 부정적 관념을 강화시킬 수 있으므로 범죄자를 치료할 수 있는 치료 프로그램을 개발하고 적용하는 것이 필요하다.

① 적응모형(adjustment model)
② 의료모형(medical model)
③ 재통합모형(reintegration model)
④ 무력화모형(incapacitation model)

해설
② [○] 의료모형에 대한 설명이다.
범죄는 우리가 밝힐 수 있는 원인에 의해서 이루어지며 치료하고 완치시킬 수 있으므로 처벌은 범죄자의 문제를 해결하는 데는 아무런 도움이 안 되며, 오히려 범죄자가 이미 가지고 있는 부정적인 관념을 재강화시키기 때문에 범죄자의 처벌은 바람직하지 않다고 한다. 즉, 범죄자는 자신의 이성을 이용하여 자신의 자유에 따라 의사결정을 하고 선택할 능력을 결하고 있기 때문에 이들의 책임을 묻는 것으로 볼 수 있는 처벌은 옳지 못하다는 것이다. 그래서 범죄자의 치료를 위하여 다양한 정신건강시설의 폭넓은 활용을 권장하고 있다.

정답 ②

13 교정처우의 모델 중 재통합모델(또는 재사회화 모델)에 대한 설명으로 옳지 않은 것은? 2014. 교정 7급

① 수형자의 주체성과 자율성을 중시하여 수형자를 처우의 객체가 아니라 처우의 주체로 보기 때문에 처우행형과 수형자의 법적 지위확립은 조화를 이루기 어렵다고 본다.
② 범죄자의 사회재통합을 위해서는 지역사회와의 접촉과 유대 관계가 중요한 전제이므로 지역사회에 기초한 교정을 강조한다.
③ 수형자의 처우프로그램은 교도관과 수형자의 공동토의에 의해 결정되므로 처우프로그램에 수형자를 강제로 참여시키는 것은 허용되지 않는다고 본다.
④ 범죄문제의 근본적 해결을 위해서는 수형자 스스로의 행동 변화는 물론 범죄를 유발했던 지역사회도 변화되어야 한다는 입장이다.

해설
① [×] 수형자의 주체성과 자율성을 인정하면서 수형자의 동의와 참여하에 처우프로그램을 결정하고 시행하게 되며, 수형자를 처우의 객체가 아니라 처우의 주체로 보므로 처우행형과 수형자의 법적 지위확립은 조화를 이루게 된다.

정답 ①

14 교정 이념으로서의 정의모형에 대한 설명으로 옳지 않은 것은? 2018. 교정 7급

① 교화개선모형을 통한 수형자의 성공적인 사회복귀는 실패하였다고 주장한다.
② 처벌은 범죄로 인한 사회적 해악이나 범죄의 경중에 상응해야 한다고 주장한다.
③ 교화개선보다 사법정의의 실현이 바람직하고 성취 가능한 형사사법의 목표라고 주장한다.
④ 범죄자는 정상인과 다른 병자이므로 적절한 처우를 통하여 치료해 주어야 한다고 주장한다.

해설
① [O] 교화개선모형이 추구하는 교정의 목적, 즉 수형자의 사회복귀는 효과적인 결과를 성취하지 못하였다고 주장한다. 적지 않은 비용을 투자하여 차별적 형사정책이라는 비난을 받아가면서 추진한 교화개선이 만족할 만한 성과를 두지 못할 바에야 형사정책의 가장 기본적인 목적이라고 할 수 있는 사법정의의 실현이라도 추구하는 편이 더 바람직할 수 있다는 데서 정의모형은 출발한다.
② [O] 범죄자에게 가해지는 처벌은 범죄로 인하여 사회에 가해진 사회적 해악이나 범죄의 경중에 상응한 것이어야 한다. 이것이 당위적 공과론(just deserts. 범죄자가 당연히 벌을 받아야 마땅하기 때문에 가해지는 것이어야 한다는 논리)으로서 정의모형의 철학적 기초가 되고 있다.
③ [O] 포겔(Fogel)은 사법정의가 교화개선보다 바람직하고 성취 가능한 형사사법목표이며, 이는 공정하고 합리적이며 인본적이고 합헌적인 관행에 의해서 이루어질 수 있다고 주장하였다.
④ [×] 의료모델에 대한 설명이다. 생물학적 결정론자들에 의하면 범죄자는 법을 준수하는 사람들과는 다른 일종의 병자이고, 이들의 반사회적 인성은 치료될 수 있다고 보는 의료모형(medicsl model)이 그들의 주요 처우방법이다.
정의모델은 자유의사론의 시각에서 정당한 처벌을 통하여 사법정의의 확보와 그에 따른 인권보호의 차원에 초점을 맞추고 있다.

정답 ④

15 다음에 제시된 〈보기 1〉의 수용자 처우모형과 〈보기 2〉의 그에 대한 설명이 모두 바르게 연결된 것은?

2008. 교정 7급

─ 〈보기 1〉 ─
㉠ 의료모형(medical model)　　　　　　㉡ 적응모형(adjustment model)
㉢ 재통합모형(reintegtation model)　　　㉣ 사법모형(justice model)

─ 〈보기 2〉 ─
A. 범죄자의 문제는 범죄문제가 시작된 바로 그 사회에서 해결되어야 한다는 가정 아래 지역사회에 기초한 교정을 강조한다.
B. 범죄인을 결정론적 관점에서 바라보며, 범죄원인에 따라 인성의 결함을 치료해야 한다는 모형으로 부정기형 제도의 이론적 기초가 되었다.
C. 교도소는 사회복귀실행의 장소가 아니라 처벌의 장소라는 입장에서 정기형의 유지 및 가석방 폐지 등을 강조한다.
D. 범죄자는 병자이므로 처우를 필요로 하며 치료될 수 있다고는 믿지만, 동시에 자신의 행위에 대해서 책임질 수 있고 준법여부에 대한 의사결정을 스스로 할 수 있다고 본다.

① ㉠ - A, ㉡ - D, ㉢ - B, ㉣ - C
② ㉠ - B, ㉡ - D, ㉢ - A, ㉣ - C
③ ㉠ - B, ㉡ - D, ㉢ - C, ㉣ - A
④ ㉠ - B, ㉡ - C, ㉢ - A, ㉣ - D

해설
- ㉠에 대한 설명은 B이다. 의료모델은 범죄인을 결정론적 관점에서 바라보며, 범죄원인에 따라 인성의 결함을 치료해야 한다는 모형으로 부정기형 제도의 이론적 기초가 되었다. 의료모형에 의하면 범죄자는 법을 준수하는 사람들과는 다른 일종의 병자이고, 이들의 반사회적 인성은 치료될 수 있다고 보는 처우방법이다.
- ㉡에 대한 설명은 D이다. 적응모형은 의료모형과 같이 범죄자는 병자이므로 처우를 필요로 하며 치료될 수 있다고는 믿지만, 동시에 자신의 행위에 대해서 책임질 수 있고 준법 여부에 대한 의사결정을 스스로 할 수 있다고 본다.
- ㉢에 대한 설명은 A이다. 재통합모형에 의하면 범죄자의 문제는 범죄문제가 시작된 바로 그 사회에서 해결되어야 한다는 가정 아래 범죄인의 변화를 위해서는 범죄인뿐만 아니라 지역사회의 변화 또한 중요하다고 보고, 지역사회에 기초한 교정을 강조한다.
- ㉣에 대한 설명은 C이다. 사법모형은 교화개선모형을 비판하면서 교도소는 사회복귀실행의 장소가 아니라 처벌의 장소라는 입장에서 정기형의 유지 및 가석방 폐지 등을 강조한다.

정답 ②

16 수용자 처우 모델에 대한 설명으로 옳은 것만을 모두 고르면? 2024. 교정 9급

> ㉠ 정의모델(Justice Model)은 범죄자의 법적 지위와 권리보장이라는 관점에서 처우의 문제에 접근하는 것으로, 형 집행의 공정성과 법관의 재량권 제한을 강조한다.
> ㉡ 의료모델(Medical Model)은 치료를 통한 사회복귀를 목적으로 하는 것으로, 가석방제도를 중요시한다.
> ㉢ 적응모델(Adjustment Model)은 정의모델에 대한 비판·보완을 위해 등장한 것으로, 교정처우기법으로 현실요법과 교류분석을 중요시한다.
> ㉣ 재통합모델(Reintegration Model)은 사회도 범죄유발의 책임이 있으므로 지역사회에 기초한 교정을 강조한다.

① ㉡, ㉢
② ㉢, ㉣
③ ㉠, ㉡, ㉢
④ ㉠, ㉡, ㉣

해설
옳은 것은 ㉠, ㉡, ㉣이다.
㉢ [×] 개선(적응, 경제, 처우)모델은 1960~1970년대에 의료모델을 비판하면서 등장한 이론으로 결정론적 시각에서 19세기 후반 진보주의자(실증주의자)들과 교육형사상에 기초하고 있다. 의료모형과 같이 범죄자는 비범죄자와 다른 병자이며 처우를 필요로 하고 치료될 수 있다고 믿고 있지만, 범죄자도 자신에 대해서 책임질 수 있고 법을 준수하는 의사결정을 할 수 있다고 주장한다. 주로 사용하는 교정처우기법으로 현실요법, 교류분석, 집단지도상호작용, 환경요법, 요법처우공동체, 행동수정 등이 있다.

정답 ④

17 다음 중 구금에 의한 무능력화(incapacitation) 전략에 대한 설명으로 가장 옳지 않은 것은? 2024. 해경 경위

① 범죄자가 교도소를 출소한 이후의 어떤 행동을 할 것인지에 대해서도 예측이 가능하다는 장점이 있다.
② 범죄자들을 감금함으로써 그들이 범죄를 범할 기회를 줄이려는 시도이다.
③ 각종 범죄자들에 대한 무능력화가 늘어나게 되면 교도소가 만원이 되어 교정시스템의 운영에 막대한 예산이 투입된다는 단점이 있다.
④ 선별적 무능력화(selective incapacitation)는 재범의 위험성이 높은 소수의 범죄자들만 선별적으로 장기수용하는 것을 의미한다.

해설
① [×] 무능력화에 있어 가장 중요한 문제점은 장기간 무능력화 시킬 대상자의 선별에 있다. 예측의 어려움으로 인하여 파생되는 문제는 첫째, 잘못된 긍정(가긍정, 허위긍정)의 경우이고 둘째, 잘못된 부정(가부정, 허위부정)의 경우이다. 잘못된 긍정(false positive)은 위험성이 없음에도 위험성이 있는 것으로 예측되어 장기간 구금됨으로써 무능력화되는 경우를 말하며, 개인의 자유 및 인권침해와 관련되기 때문에 심각한 윤리적·도덕적 문제 뿐만 아니라 법률적 문제도 야기시킬 수 있다. 잘못된 부정(false negative)은 위험이 있음에도 위험성이 없는 것으로 예측되어 구금되지 않음으로써 범죄능력이 무력화되지 않아 사회에 대한 위험을 야기시키는 경우를 말하며, 범죄자가 사회에 위험을 야기시킬 수 있다는 점에서 잘못된 예측에 해당한다.
② [○] 무능력화란 소수의 위험한 범죄인들이 사회의 다수 범죄를 범한다는 현대 고전주의(신고전주의) 범죄학의 입장에서 제기된 것으로, 범죄방지 및 피해자 보호를 위해서는 범죄성이 강한 자들을 추방·구금 또는 사형에 처함으로써 이들 범죄자가 사회에 존재하면서 행할 가능성이 있는 범죄를 원천적으로 행하지 못하도록 범죄능력을 무력화시키자는 주장을 말한다.
③ [○] 집합적 무능력화에 대한 설명이다. 집합적 무능력화는 유죄 확정된 모든 강력범죄자에 대해 장기형의 선고를 권장하는 것을 의미한다.
④ [○] 선별적 무능력화는 비교적 소수의 중누범자 또는 직업범죄자가 대부분의 강력범죄를 저지른다는 사실을 바탕으로 재범가능성에 대한 개인별 예측에 의해 범죄성이 강한 개별 범죄자를 선별적으로 구금하거나 형량을 강화하는 것을 의미한다.

정답 ①

제3절 | 구금제도

〈처우의 유형〉

01 사회적 처우(개방처우)에 관한 설명으로 가장 적절하지 않은 것은? 2024. 경찰2차

① 보스탈(Borstal) 제도는 경미범죄를 저지른 성인범죄자의 교정·교화를 위한 사회적 처우이다.
② 가족, 친지 등과의 유대를 지속시켜 범죄자의 갱생 의욕을 자극할 수 있다.
③ 귀휴, 외부통근제, 주말구금제, 가족만남의 날(가족·부부접견)은 사회적 처우에 해당된다.
④ 통상적 형벌관념이나 일반국민의 법감정에 적합하지 않다는 단점이 있다.

해설
① [×] 보스탈이란 보호 또는 피난시설이란 뜻을 갖고 있으며, 영국 켄트지방의 Borstal이란 곳에서 이런 시설이 있었던 것에서 일반화되었다. 주로 16세부터 21세까지의 범죄소년을 1년 이상 3년 이하의 부정기간 수용하고 직업훈련·학과 교육 등을 실시하여 교정·교화하는 것이다.
② [○] 사회적 처우(개방처우)의 기초는 수형자에 대한 신뢰와 수형자 각자의 자율에 두는 것으로, 시설 내 처우에 기반을 두면서 시설의 폐쇄성을 완화하여 구금의 폐해를 최소화하고 그 생활조건을 일반 사회생활에 접근시킴으로써 수형자의 재사회화 내지 개선효과를 얻고자 하는 처우방법이다.
③ [○] 귀휴제도, 외부통근제도, 가족만남의 집, 가족만남의 날, 사회견학과 봉사활동, 주말구금제도 등이 사회적 처우에 해당된다.
④ [○] 통상적 형벌관념이나 일반국민의 법감정에 부합하지 않으며, 도주의 위험이 증가하며 완화된 계호와 감시를 이용하여 외부인과의 부정한 거래를 꾀할 수 있고, 대상자 선정에 있어 사회의 안전을 지나치게 강조할 경우 수용의 필요성이 없는 수형자를 개방처우하게 되어 결과적으로 형사사법망의 확대를 초래할 수 있다는 단점이 있다.

정답 ①

02 교정처우를 시설 내 처우, 사회적 처우(개방처우·중간처우) 및 사회 내 처우(지역사회교정)의 세 가지로 구분할 때, 사회적 처우에 해당하는 것만을 모두 고르면? 2020. 5급 승진

㉠ 사회봉사·수강명령	㉡ 하프웨이 하우스(halfway house)
㉢ 보호관찰	㉣ 외부통근
㉤ 주말구금	㉥ 갱생보호
㉦ 귀휴	㉧ 가석방

① ㉠, ㉡, ㉤, ㉧
② ㉠, ㉢, ㉥, ㉧
③ ㉡, ㉢, ㉣, ㉦
④ ㉡, ㉣, ㉤, ㉦
⑤ ㉢, ㉣, ㉥, ㉧

해설
- 사회적 처우: ㉡, ㉣, ㉤, ㉦
  ㉡의 하프웨이 하우스(halfway house)는 중간처우에 해당한다.
- 사회 내 처우: ㉠, ㉢, ㉥, ㉧

✅ 사회적 처우 vs 사회 내 처우

사회적 처우	1. 보안 상태나 행동의 자유에 대한 제한 등이 완화된 시설에서 또는 폐쇄된 시설이라도 시설 내 처우와 연계되면서 사회생활의 준비가 필요한 수형자를 대상으로 사회적응력을 배양시키려는 개방된 처우 형태이다. 2. 19C 아일랜드에서 실시된 중간교도소 등에서 기원을 찾고 있다. 3. 귀휴제도, 외부통근제도, 가족만남의 집, 주말구금제도 등이 있다.
사회 내 처우	1. 범죄자를 교정시설에 수용하지 않고 사회 내에서 통상의 생활을 영위하도록 하면서 지도·개선 등에 의해 그 범죄자의 개선·사회복귀를 도모하는 제도를 말한다. 2. 시설 내 처우에 대응하는 개념으로서, 시설 내 처우의 폐단을 극복하기 위한 형사정책적 관심에서 등장한 것이다. 3. 가석방, 보호관찰, 사회봉사·수강명령, 갱생보호, 전자감시, 가택구금, 외출제한명령 등이 있다.

정답 ④

03 다음 중 옳지 않은 것은?
2009. 교정 9급

① 개방처우는 전통적인 폐쇄형 처우에 비해 상대적으로 가족과의 유대를 잘 지속할 수 있는 장점이 있다.
② 귀휴는 6개월 이상 형을 집행받은 수형자 중에서 형기의 4분의 1이 지나고 교정성적이 우수한 사람에게 허가될 수 있다.
③ 주말구금제도는 단기 자유형의 폐해를 제거할 수 있고, 직장 및 가정생활을 원만하게 유지할 수 있다.
④ 소장은 수형자의 교정성적이 우수하거나 교화 또는 건전한 사회복귀를 위하여 특히 필요하다고 인정되는 경우에는 접촉차단시설이 설치되지 아니한 장소에서 접견하게 할 수 있다.

해설
② [×] 소장은 6개월 이상 형을 집행받은 수형자로서 그 형기의 3분의 1(21년 이상의 유기형 또는 무기형의 경우에는 7년)이 지나고 교정성적이 우수한 사람이 일반귀휴 사유에 해당하면 1년 중 20일 이내의 귀휴를 허가할 수 있다(형집행법 제77조 제1항).
③ [○] 주말구금제도란 구금을 가정이나 직장생활에 지장이 없는 토요일과 일요일인 주말에 실시하는 제도로 매 주말마다 형이 집행되는 형의 분할집행방법으로, ㉠ 경범죄자에 대한 명예감정을 자각시켜 자신의 범죄적 책임을 반성하도록 촉구하고, ㉡ 단기자유형의 악성감염 등 폐해를 제거하며, ㉢ 직장과 가정생활을 원만하게 하고, ㉣ 피해자에 대한 손해배상에도 유리하다.
④ [○] 동법 시행령 제59조 제3항 제1호

✅ 개방처우의 장·단점

장점	단점
㉠ 완화된 시설과 감시가 수형자의 신체적·정신적 건강에 유리하게 작용한다. ㉡ 교정당국에 대한 신뢰감 증가로 자발적 개선의욕을 촉진시킨다. ㉢ 가족이나 친지 등과의 유대감 지속으로 정서적 안정을 도모할 수 있다. ㉣ 통제와 감시에 소요되는 비용을 절감할 수 있다는 점에서 경제적이다. ㉤ 수형자의 사회적응력 향상에 적합하며 사회복귀를 촉진시킨다. ㉥ 형벌의 인도화에 기여한다.	㉠ 통상적 형벌관념이나 일반국민의 법감정에 부합하지 않는다. ㉡ 도주의 위험이 증가하며 완화된 계호와 감시를 이용하여 외부인과의 부정한 거래를 꾀할 수 있다. ㉢ 대상자 선정에 있어 사회의 안전을 지나치게 강조할 경우 수용의 필요성이 없는 수형자를 개방처우하게 되어 결과적으로 형사사법망의 확대를 초래할 수 있다.

정답 ②

04 개방처우에 대한 설명으로 옳지 않은 것은?
2013. 교정 7급

① 개방처우의 유형으로는 외부통근제도, 주말구금제도, 부부접견제도 그리고 민영교도소제도 등을 들 수 있다.
② 개방시설에서의 처우는 유형적·물리적 도주방지장치가 전부 또는 일부가 없고 수용자의 자율 및 책임감에 기반을 둔 처우제도이다.
③ 외부통근제도는 수형자를 주간에 외부의 교육기관에서 교육을 받게 하거나, 작업장에서 생산작업에 종사하게 하는 것으로 사법형, 행정형 그리고 혼합형으로 구분된다.
④ 우리나라는 가족만남의 집 운영을 통해 부부접견제도를 두고 있다고 해석할 수 있고, 외부통근제도도 시행하고 있으나 주말구금제도는 시행하고 있지 않다.

해설
① [×] 민영교도소는 개방처우를 위한 시설이 아니므로 개방처우의 유형에 포함되지 않는다. 민영교도소는 그 운영의 주체가 국가가 아닌 민간일 뿐, 국가교정시설과 동일한 시설이다.

정답 ①

05 형의 집행 및 수용자의 처우에 관한 법령상 귀휴제도에 대한 설명으로 옳은 것은?
2023. 교정 7급

① 소장은 6개월 이상 형을 집행받은 수형자로서 그 형기의 3분의 1이 지나고 교정성적이 우수한 사람이 가족 또는 배우자의 직계존속이 위독한 때에는 형기 중 20일 이내의 귀휴를 허가할 수 있다.
② 귀휴자는 귀휴 중 천재지변이나 그 밖의 사유로 자신의 신상에 중대한 사고가 발생한 경우에는 가까운 교정시설이나 경찰관서에 신고하여야 한다.
③ 귀휴기간은 형 집행 기간에 포함되나 특별귀휴기간은 형 집행 기간에 포함되지 않는다.
④ 귀휴자의 여비는 본인이 부담하지만, 귀휴자가 신청할 경우 소장은 예산의 범위 내에서 지원할 수 있다.

해설
① [×] 소장은 6개월 이상 형을 집행받은 수형자로서 그 형기의 3분의 1(21년 이상의 유기형 또는 무기형의 경우에는 7년)이 지나고 교정성적이 우수한 사람이 가족 또는 배우자의 직계존속이 위독한 때에는 1년 중 20일 이내의 귀휴를 허가할 수 있다(동법 제77조 제1항 제1호).
② [○] 형집행법 시행령 제97조 제2항
③ [×] 일반귀휴와 특별귀휴의 기간은 형 집행기간에 포함한다(동법 제77조 제4항).
④ [×] 귀휴자의 여비와 귀휴 중 착용할 복장은 본인이 부담한다(동법 시행규칙 제142조 제1항). 소장은 귀휴자가 신청할 경우 작업장려금의 전부 또는 일부를 귀휴비용으로 사용하게 할 수 있다(동법 시행규칙 제142조 제2항).

정답 ②

06 특별귀휴를 허가할 수 있는 사유를 모두 고른 것은?

2019. 7급 승진

㉠ 가족 또는 배우자의 직계존속이 사망한 때
㉡ 가족 또는 배우자의 직계존속이 위독한 때
㉢ 질병이나 사고로 외부의료시설에의 입원이 필요한 때
㉣ 직계비속의 혼례가 있는 때
㉤ 본인 또는 형제자매의 혼례가 있는 때

① ㉠, ㉡
② ㉠, ㉣
③ ㉢, ㉣
④ ㉢, ㉤

해설
- 일반귀휴사유(형집행법 제77조 제1항): ㉡, ㉢, ㉤
- 특별귀휴사유(동법 제77조 제2항): ㉠, ㉣

정답 ②

07 「형의 집행 및 수용자의 처우에 관한 법률」상 귀휴에 대한 설명으로 옳은 것(O)과 옳지 않은 것(×)을 바르게 연결한 것은?

2019. 교정 7급

㉠ 소장은 수형자의 가족 또는 배우자의 직계존속이 위독한 때 특별귀휴를 허가할 수 있다.
㉡ 소장은 귀휴의 허가사유가 존재하지 아니함이 밝혀진 때에는 그 귀휴를 취소하여야 한다.
㉢ 소장은 미결수용자의 신청이 있는 경우 필요하다고 인정하면 귀휴를 허가할 수 있다.
㉣ 특별귀휴 기간은 1년 중 5일 이내이다.

	㉠	㉡	㉢	㉣
①	O	×	×	×
②	×	O	×	O
③	×	×	O	O
④	×	×	×	×

해설
모두 옳지 않은 설명이다.
㉠ [×] 소장은 수형자의 가족 또는 배우자의 직계존속이 위독한 때 일반귀휴를 허가할 수 있다(형집행법 제77조 제1항 제1호).
㉡ [×] 소장은 귀휴의 허가사유가 존재하지 아니함이 밝혀진 때에는 그 귀휴를 취소할 수 있다(동법 제78조 제1호).
㉢ [×] 귀휴는 6개월 이상 형을 집행받은 수형자를 대상으로 한다(동법 제77조 제1항).
㉣ [×] 특별귀휴는 기간 제한이 없으며, 한번의 사유로 5일 이내의 귀휴가 가능하다(동법 제77조 제2항).

정답 ④

08 귀휴에 대한 설명으로 옳지 않은 것은? _{2018. 7급 승진}

① 소장은 수형자에게 귀휴를 허가한 경우 필요하다고 인정하면 교도관을 동행시킬 수 있다.
② 귀휴심사위원회의 외부위원은 2명 이상으로 한다.
③ 귀휴심사위원회의 회의는 재적위원 과반수의 출석으로 개의하고, 출석위원 과반수의 찬성으로 의결한다.
④ 본인의 혼례가 있는 때에는 특별귀휴를 허가할 수 있다.

해설
① [○] 동법 시행규칙 제141조 제1항
② [○] 동법 시행규칙 제131조 제3항
③ [○] 동법 시행규칙 제133조 제2항
④ [×] 본인 또는 형제자매의 혼례가 있는 때에는 일반귀휴를 허가할 수 있고(형집행법 시행규칙 제129조 제3항 제2호), 직계비속의 혼례가 있는 때에는 특별귀휴를 허가할 수 있다(동법 제77조 제2항 제2호).

☑ 일반귀휴 사유

법으로 정하는 일반귀휴 사유	법무부령으로 정하는 일반귀휴 사유
1. 가족 또는 배우자의 직계존속이 위독한 때 2. 질병이나 사고로 외부의료시설에의 입원이 필요한 때 3. 천재지변이나 그 밖의 재해로 가족, 배우자의 직계존속 또는 수형자 본인에게 회복할 수 없는 중대한 재산상의 손해가 발생하였거나 발생할 우려가 있는 때 4. 그 밖에 교화 또는 건전한 사회복귀를 위하여 법무부령으로 정하는 사유가 있는 때	1. 직계존속, 배우자, 배우자의 직계존속 또는 본인의 회갑일이나 고희일인 때 2. 본인 또는 형제자매의 혼례가 있는 때 3. 직계비속이 입대하거나 해외유학을 위하여 출국하게 된 때 4. 직업훈련을 위하여 필요한 때 5. 「숙련기술장려법」 제20조 제2항에 따른 국내기능경기대회의 준비 및 참가를 위하여 필요한 때 6. 출소 전 취업 또는 창업 등 사회복귀 준비를 위하여 필요한 때 7. 입학식·졸업식 또는 시상식에 참석하기 위하여 필요한 때 8. 출석수업을 위하여 필요한 때 9. 각종 시험에 응시하기 위하여 필요한 때 10. 그 밖에 가족과의 유대강화 또는 사회적응능력 향상을 위하여 특히 필요한 때

정답 ④

09 형의 집행 및 수용자의 처우에 관한 법령상 귀휴에 대한 설명으로 옳은 것은? _{2024. 교정 7급}

① 재해로 수형자 본인에게 회복할 수 없는 중대한 재산상의 손해가 발생하였거나 발생할 우려가 있는 때는 귀휴 허가 사유에 해당하지 아니한다.
② 2개 이상의 징역형 또는 금고형을 선고받은 수형자의 경우, 그중 중한 형을 기준으로 귀휴 허가요건으로서의 형기를 계산하여야 한다.
③ 소장은 귀휴를 허가하면서 교도관을 동행시킨 경우, 귀휴자의 가족 또는 보호관계에 있는 사람으로부터 보호서약서를 제출받지 아니할 수 있다.
④ 무기형을 선고받은 수형자가 형의 집행을 받은 기간이 7년이 지났다면, 귀휴 허가요건으로서의 형기를 충족한다.

해설
① [×] 소장은 6개월 이상 형을 집행받은 수형자로서 그 형기의 3분의 1(21년 이상의 유기형 또는 무기형의 경우에는 7년)이 지나고 교정성적이 우수한 사람이 ㉠ 가족 또는 배우자의 직계존속이 위독한 때, ㉡ 질병이나 사고로 외부의료시설에의 입원이 필요한 때, ㉢ 천재지변이나 그 밖의 재해로 가족, 배우자의 직계존속 또는 수형자 본인에게 회복할 수 없는 중대한 재산상의 손해가 발생하였거나 발생할 우려가 있는 때, ㉣ 그 밖에 교화 또는 건전한 사회복귀를 위하여 법무부령으로 정하는 사유가 있는 때에는 1년 중 20일 이내의 (일반)귀휴를 허가할 수 있다(형집행법 제77조 제1항).
② [×] 일반귀휴의 형기를 계산할 때 부정기형은 단기를 기준으로 하고, 2개 이상의 징역 또는 금고의 형을 선고받은 수형자의 경우에는 그 형기를 합산한다(동법 시행규칙 제130조 제1항).
③ [×] 소장이 귀휴를 허가하면서 교도관을 동행시킨 경우 귀휴지에서 매일 1회 이상 소장에게 전화보고의 귀휴조건을 붙일 수 없을 뿐이다(동법 시행규칙 제140조 제4호). 소장은 귀휴자의 가족 또는 보호관계에 있는 사람으로부터 보호서약서를 제출받아야 한다(동법 시행규칙 제141조 제2항). ⇨ 동행귀휴의 경우에도 보호서약서를 제출받아야 한다.
④ [○] 소장은 6개월 이상 형을 집행받은 수형자로서 그 형기의 3분의 1(21년 이상의 유기형 또는 무기형의 경우에는 7년)이 지나고 교정성적이 우수한 사람이 일반귀휴 허가사유의 어느 하나에 해당하면 1년 중 20일 이내의 (일반)귀휴를 허가할 수 있다(동법 제77조 제1항).

정답 ④

10 외부통근제도에 대한 설명으로 옳지 않은 것은? 2009. 교정 9급

① 영국은 호스텔(Hostel)이라는 개방시설을 설치하여 행정형 외부통근제를 실시한다.
② 사법형 외부통근제는 수용으로 인한 실업의 위험을 해소할 수 있다는 장점이 있다.
③ 우리나라는 사법형 외부통근제를 원칙으로 하면서 행정형을 예외로 인정하고 있다.
④ 행정형 외부통근제의 경우 장기수형자의 사회적 접촉기회를 제공하여 성공적인 사회복귀를 도모할 수 있다.

해설
① [○] 영국은 1954년 외부통근 수형자를 수용하는 호스텔(Hostel)이라는 개방시설을 일반교도소의 개방구역이나 교도소 외의 시가지에 특별히 설치하여 호스텔제의 형태로 행정형 외부통근제를 실시하였다.
② [○] 사법형은 형벌의 일종으로서 법원에서 외부통근을 선고하는 것으로, 수용으로 인한 실업의 위험을 해소하고, 주말구금이나 야간구금과 같은 반구금제도와 함께 활용될 수 있다.
③ [×] 우리나라는 행정형 외부통근제를 실시하고 있다.
④ [○] 행정형 외부통근제는 장기수형자들에게 사회의 접촉기회를 증가시켜 타성적인 습성을 교정하고 사회인으로서의 자율성 배양을 가능하게 한다.

정답 ③

11 사회 내 처우에 대한 설명으로 옳지 않은 것은? 2013. 교정 7급

① 시설 내 처우의 범죄학습효과와 낙인효과를 피할 수 있다.
② 형법, 치료감호 등에 관한 법률, 청소년보호법, 성폭력범죄의 처벌 등에 관한 특례법은 보호관찰 규정을 두고 있다.
③ 사회 내 처우에는 전자감시, 가택구금, 사회봉사명령 그리고 외출제한명령 등이 포함된다.
④ 사회 내 처우의 주대상자는 원칙적으로 비행청소년이나 경미범죄자 또는 과실범이다.

해설
② [×] 청소년보호법에는 보호관찰이 규정되어 있지 않다.

☑ 보호관찰 vs 사회봉사·수강명령

보호관찰이 규정되어 있는 법률	사회봉사·수강명령이 규정되어 있는 법률
1. 보호관찰 등에 관한 법률 2. 형법 3. 소년법 4. 성매매알선 등 행위의 처벌에 관한 법률 5. 아동·청소년의 성보호에 관한 법률 6. 성폭력범죄의 처벌 등에 관한 특례법 7. 가정폭력범죄의 처벌 등에 관한 특례법 8. 치료감호 등에 관한 법률 9. 전자장치 부착 등에 관한 법률 10. 성폭력범죄자의 성충동 약물치료에 관한 법률	1. 보호관찰 등에 관한 법률 2. 형법 3. 소년법 4. 성매매알선 등 행위의 처벌에 관한 법률 5. 아동·청소년의 성보호에 관한 법률 6. 성폭력범죄의 처벌 등에 관한 특례법 7. 가정폭력범죄의 처벌 등에 관한 특례법

정답 ②

---

12 사회 내 처우제도에 대한 설명으로 옳지 않은 것은? 2014. 교정 7급

① 지역사회의 자원이 동원됨으로써 교정에 대한 시민의 관심이 높아지고, 나아가 이들의 참여의식을 더욱 강화할 수 있다.
② 수용시설의 제한된 자원과는 달리 지역사회에서는 다양한 자원을 쉽게 발굴 및 활용할 수 있다.
③ 범죄인이 경제활동을 포함하여 지역사회에서 일상생활을 하는 것이 가능하므로, 범죄인 개인의 사회적 관계성을 유지할 수 있다.
④ 전자감시제도의 경우, 처우대상자의 선정에 공정성을 기하기 용이하다.

해설
④ [×] 대상자 선정에 있어 재량권 남용 등의 문제로 공정성을 기하기가 용이하지 않다.

정답 ④

---

13 구금제도에 대한 설명으로 가장 적절하지 않은 것은? 2024(74). 경위

① 오번제(Auburn System)는 엄정독거제의 결점을 보완하고 혼거제의 폐해를 제거하기 위한 목적으로 고안된 것으로, 주간에는 침묵상태에서 혼거작업하고 야간에는 독거수용하는 제도이다.
② 우리나라는 독거수용을 원칙으로 하고 있으나, 현실적으로는 독거실 부족 등의 사유로 혼거수용이 일반적으로 이루어지고 있다.
③ 귀휴제는 행형성적이 우수한 수형자를 일정 기간 동안 가정이나 사회에 내보내어 장기간 수형생활로 인하여 단절된 사회 사정을 접할 수 있는 기회를 줌으로써 사회적응을 보다 용이하게 하는 제도이다.
④ 일반귀휴는 형집행기간에 포함하나, 특별귀휴는 형집행기간에 포함하지 않는다.

해설
④ [×] 일반귀휴와 특별귀휴의 기간은 형 집행기간에 포함한다(형집행법 제77조 제4항).

정답 ④

〈펜실베니아제도와 오번제도〉

14 펜실베니아제(Pennsylvania System) 구금방식의 장점으로 옳지 않은 것은? 2013. 교정 9급

① 자신의 범죄에 대한 회오와 반성의 기회를 주어 교화에 효과적이다.
② 교정교육, 운동, 의료활동, 교도작업 등의 운영에 가장 편리하다.
③ 수형자의 사생활 침해를 방지하는 데 효과적이다.
④ 다른 수형자로부터 악습 전파 및 죄증 인멸 행위를 방지할 수 있다.

해설
② [×] 펜실베니아제는 엄정독거방식이므로 질병방지에 있어서는 유리할지 모르나, 교정교육이나 운동, 교도작업 등의 운영이 어렵다. 이들의 운영에 유용한 것은 혼거제이다.

정답 ②

15 〈보기 1〉의 수용자 구금제도와 〈보기 2〉의 설명이 바르게 연결된 것은? 2014. 교정 9급

─────────── 〈보기 1〉 ───────────
㉠ 펜실베니아제(Pennsylvania System)   ㉡ 오번제(Auburn System)
㉢ 엘마이라제(Elmira System)   ㉣ 카티지제(Cottage System)

─────────── 〈보기 2〉 ───────────
ⓐ 대규모 수형자자치제의 단점을 보완하기 위해 수형자를 소집단으로 처우하는 제도
ⓑ 수형자의 자력적 개선에 중점을 두며 사회복귀 프로그램의 동기부여 등 누진적 처우방법을 시도하는 제도
ⓒ 수형자의 개별처우에 적정을 기할 수 있고 범죄적 악성 오염을 예방하기 위한 제도
ⓓ 주간에는 작업에 종사하게 하고 야간에는 독방에 수용하여 교화개선을 시도하는 제도

	㉠	㉡	㉢	㉣
①	ⓒ	ⓑ	ⓓ	ⓐ
②	ⓒ	ⓓ	ⓑ	ⓐ
③	ⓓ	ⓐ	ⓒ	ⓑ
④	ⓓ	ⓒ	ⓐ	ⓑ

해설
㉠ 펜실베니아제: 절대침묵과 정숙을 유지하며 주야구분 없이 엄정한 독거수용을 통해 회오반성을 목적으로 한 구금방식으로 엄정독거제, 분방제, 필라델피아제로 불린다.
㉡ 오번제: 엄정독거제의 결점을 보완하고 혼거제의 폐해인 수형자 상호 간의 악풍감염을 제거하기 위한 구금형태로 절충제(엄정독거제와 혼거제를 절충), 완화독거제(반독거제. 엄정독거제보다 완화된 형태), 교담금지제(침묵제. 주간작업 시 엄중침묵 강요)라고도 한다.
㉢ 엘마이라제: 엘마이라 감화원에서 처음 실시한 것으로 마코노키의 잉글랜드제, 크로프톤의 아일랜드제 및 부정기형제도를 결합하여 최고 형기를 설정한 일종의 상대적 부정기형하에서 행형성적에 따라 진급하는 누진제를 채택하고 수형자의 발분노력을 통한 자력개선에 초점을 두었다.
㉣ 카티지제: 소집단 처우제도로서 기존의 대집단 처우제도가 대규모 시설에서의 획일적이고 기계적인 수용처우라는 단점을 보완하기 위한 대안적 제도로, 소집단으로 가족적인 분위기에서 처우한다.

정답 ②

16 구금제도 중 하나인 오번제(Auburn system)에 대한 설명으로 옳지 않은 것은? 2020. 5급 승진

① 1820년대 초 린즈(E. Lynds)에 의해 시행되었고 엄정독거제에 비하여 인간적이라는 평가가 있다.
② 주간에는 수형자를 공장에 혼거 취업하게 하되 상호 간의 교담을 엄격히 금지하고, 야간에는 독방에 구금하여 취침하게 하는 제도이다.
③ 완화독거제 또는 침묵제(silent system)라고도 불린다.
④ 인간의 본성인 공동생활의 습성을 박탈하지 않으므로 공동작업 중 악풍감염의 폐단이 발생한다는 단점이 있다.
⑤ 공모에 의한 도주·반항 등을 방지할 수 있다는 장점이 있다.

해설
① [○] 오번제도는 공동작업을 통하여 독거수용에 따른 문제점이 해결되고, 공동작업 중 엄중침묵을 강요함으로써 수형자 간 통모나 범죄학습 등의 문제도 해결할 수 있다. 따라서 엄정독거에 비하여 사회적 처우가 어느 정도 가능하기 때문에 보다 인간적이다.
② [○] 오번제도는 독거제의 단점과 혼거제의 결함을 동시에 보완할 수 있는 제도이다.
④ [×] 주간 작업 시 교담을 금지하고 야간에는 독거구금하므로 악풍감염의 문제가 해소된다.
⑤ [○] 펜실베니아제와 오번제의 공통적인 장점에 해당한다.

정답 ④

17 구금 및 교정처우제도에 대한 설명으로 옳지 않은 것은? 2024. 교정 7급

① 펜실베이니아제(Pennsylvania system)는 혼거구금을 통해 상호 간의 대화를 장려하여 자신의 범죄에 대해 반성하고 속죄케 하는 정신적 개선에 중점을 둔 구금제도이다.
② 오번제(Auburn system)는 주간에는 대화를 엄격히 금지한 가운데 수형자들을 공장에 혼거 취업하게 하고, 야간에는 독방에 구금하여 취침하게 하는 제도이다.
③ 보스탈제(Borstal system)는 주로 16세에서 21세까지의 범죄소년을 수용하여 직업훈련 및 학과교육 등을 실시함으로써 교정·교화하려는 제도이다.
④ 아일랜드제(Irish system)는 단계별 진급에 따라 수용자들을 관리하고 석방이나 조건부 석방이 가능한 제도이다.

해설
① [×] 펜실베니아제는 절대침묵과 정숙을 유지하며 주야구분 없이 엄정한 독거수용을 통해 회오반성을 목적으로 한 구금방식으로, 범죄의 원인은 범죄자의 마음에 근원하기 때문에 독거구금되어 침묵을 강요당함으로써 자신의 범죄에 대해서 반성하고 속죄케 하는 정신적 개선에 중점을 둔 구금제도이다.
② 오번제는 엄정독거제의 결점을 보완하고 혼거제의 폐해인 수형자 상호 간의 악풍감염을 제거하기 위한 구금형태로, 야간에는 독거구금하고 주간에는 침묵상태에서 동료 수형자들과 함께 작업을 실시하도록 하였다.
③ 보스탈이란 보호 또는 피난시설이란 뜻을 갖고 있으며 영국 켄트지방의 Borstal이란 곳에서 이런 시설이 있었던 것에서 일반화되었다. 주로 16세부터 21세까지의 범죄소년을 1년 이상 3년 이하의 부정기간 수용하고 직업훈련·학과 교육 등을 실시하여 교정·교화하는 것이다.
④ 아일랜드제는 마코노키의 점수제를 응용하여 1854년 아일랜드의 교정국장인 크로프톤이 창안한 것으로 매월의 소득점수로 미리 정한 책임점수를 소각하는 방법이며, 잉글랜드제의 독거구금·혼거작업·가석방이라는 3단계에 반자유구금인 중간교도소제를 둔 4단계 처우방식으로, 가석방자에 대해 경찰감시를 실시하였다. 당시 크로프톤은 휴가증제도를 시행했는데, 이것이 보호관찰부 가석방(parole)의 시초가 되었다고 한다.

정답 ①

18 형집행법상 혼거수용할 수 있는 사유로 옳지 않은 것은? *2019. 8급 승진*

① 독거실 부족 등 시설여건이 충분하지 아니한 때
② 수용자의 정서적 안정을 위하여 필요한 때
③ 교정시설의 운영을 위하여 필요한 때
④ 수형자의 건전한 사회복귀를 위하여 필요한 때

해설
③ [×] 수용자는 독거수용한다. 다만, 다음의 어느 하나에 해당하는 사유가 있으면 혼거수용할 수 있다(형집행법 제14조).
　1. 독거실 부족 등 시설여건이 충분하지 아니한 때
　2. 수용자의 생명 또는 신체의 보호, 정서적 안정을 위하여 필요한 때
　3. 수형자의 교화 또는 건전한 사회복귀를 위하여 필요한 때

정답 ③

〈과밀수용 해소방안〉

19 블럼스틴(A. Blumstein)이 주장한 교도소 과밀화의 해소방안을 모두 고른 것은? *2016. 교정 9급*

　㉠ 집합적 무력화(collective incapacitation)
　㉡ 정문정책(front-door policy)
　㉢ 후문정책(back-door policy)
　㉣ 교정시설의 확충

① ㉠, ㉡
② ㉠, ㉢, ㉣
③ ㉡, ㉢, ㉣
④ ㉠, ㉡, ㉢, ㉣

해설
③ [○] 집합적 무력화가 아니라 선별적 무력화를 주장하였다.

☑ 과밀수용 해소방안(블럼스틴)
1. 무익한 전략(null strategy)
2. 선별적 무능력화: 범죄인을 선별적으로 구금하여 교정시설 공간을 보다 효율적으로 운영하자는 내용으로 전체적으로 상당한 범죄감소효과를 거둘 수 있고 결과적으로 과밀수용을 해소할 수 있다는 전략이다.
3. 인구감소전략
　㉠ 정문정책: 교정이전 단계에서 범죄자를 보호관찰, 가택구금, 벌금형, 배상처분, 사회봉사명령, 선도조건부 기소유예 등의 비구금적 제재로 전환시킴으로써 수용 인구를 줄이자는 전략이다.
　㉡ 후문정책: 일단 수용된 범죄자를 보호관찰부 가석방, 선시제도 등을 이용하여 새로운 입소자들을 위한 공간 확보를 위해서 그들의 형기종료 이전에 미리 출소시키자는 것이다.
4. 사법절차와 과정의 개선
5. 교정시설의 증설

정답 ③

20 과밀수용 해소방안에 대한 설명으로 옳지 않은 것은?
2017. 5급 승진

① 정문(Front-Door) 전략은 구금 이전의 단계에서 범죄자를 보호관찰, 가택구금, 사회봉사명령 등의 비구금적 제재로 전환시킴으로써 수용인원을 줄이자는 것으로 강력범죄자들에게는 적용이 적절하지 않다.
② 후문(Back-Door) 전략은 일단 수용된 수용자를 대상으로 보호관찰부 가석방, 선도조건부 기소유예, 선시제도 등을 적용하여 새로운 입소자를 위한 공간을 확보하자는 것으로 형사사법망의 확대를 초래한다.
③ 사법절차와 과정의 개선은 형의 선고 시에 수용능력을 고려하고 검찰의 기소나 법원의 양형결정 시에 수용능력과 현황에 관한 자료를 참고하는 전략이며, 형사사법협의체의 구성과 형사사법체제 간의 협조를 강조한다.
④ 소극적 전략(Null-Strategy)은 수용인구가 증가하더라도 교정시설에서는 그만큼의 인구를 수용할 수밖에 없다는 전략으로 단기적으로 교정시설의 증설을 회피할 수 있으나 장기적으로는 과잉수용으로 인해 직원들의 재소자에 대한 통제력이 약화될 수 있다.
⑤ 선별적 무능력화(Selective Incapacitation)는 교정시설의 공간을 확보하는 데 비용이 과다하고 이용할 수 있는 공간이 제한되어 있기 때문에 재범의 위험성이 높은 수형자를 예측하여 선별적으로 구금함으로써 교정시설 공간을 효율적으로 운영하자는 것이다.

해설

② [×] 정문정책 전략은 형사사법망의 확대와 관계가 있지만, 후문정책 전략의 경우 관계가 없다. 또한 선도조건부 기소유예는 비구금적 제재로 정문정책 전략과 관계가 있다.

☑ 후문정책 전략은 일단 수용된 범죄자를 대상으로 보호관찰부 가석방, 선시제도 등을 이용하여 새로운 입소자들을 위한 공간을 확보하기 위해 그들의 형기종료 이전에 미리 출소시키는 전략이다.

정답 ②

21 다음에 제시된 <보기 1>의 과밀수용 해소방안과 <보기 2>의 전략이 바르게 연결된 것으로만 묶인 것은?
2008. 교정 7급

<보기 1>
㉠ 교정 이전 단계에서 범죄자를 보호관찰, 가택구금, 배상처분 등 비구금적 제재로 전환시킴으로써 수용인구를 줄일 수 있다.
㉡ 검찰의 기소나 법원의 양형결정시 수용능력과 현황에 관한 자료를 참고한다.
㉢ 별다른 대책 없이 증가되는 재소자만큼 더 수용시킬 수밖에 없다는 수용전략으로 단기적으로 교정시설의 증설을 회피할 수 있다.
㉣ 일단 수용된 범죄자들을 보호관찰부 가석방, 선시제도 등을 이용하여 새로운 입소자들을 위한 공간 확보를 위해서 그들의 형기종료 이전에 미리 출소시킨다.
㉤ 범죄인들을 선별적으로 구금하여 교정시설 공간을 보다 효율적으로 운영하자는 내용으로 전체적으로 상당한 범죄감소효과와 과밀수용을 해소할 수 있다.

<보기 2>
A. 정문정책(front-door)전략 B. 후문정책(back-door)전략
C. 선별적 무능력화 D. 무익한 전략(null strategy)
E. 교정시설의 증설 F. 사법절차와 과정의 개선

① ㉠ - A, ㉡ - B
② ㉡ - C, ㉢ - F
③ ㉢ - D, ㉣ - B
④ ㉣ - E, ㉤ - C

해설
③ [○] ㉠-A, ㉡-F, ㉢-D, ㉣-B, ㉤-C

정답 ③

〈수형자자치제〉

22 수형자자치제에 대한 설명으로 옳지 않은 것은?   2007. 6급 승진

① 엄정한 통제와 엄격한 계호주의는 수형자의 성공적인 사회복귀능력을 저해할 수 있다.
② 카티지제(Cottage System)는 수형자자치제의 한 형태이다.
③ 수형자자치제의 목표는 선량한 수형자를 만드는 데 있다.
④ 개방처우급·완화경비처우급 수형자가 자치제의 대상이 된다.

해설
② [○] 카티지제도는 소집단 처우제도로서 기존의 대집단 처우제도가 대규모시설에서의 획일적인 수용처우라는 단점을 보완하기 위한 대안적 제도이다. 이 제도는 미국의 오하이오주에서 처음 시작되었으며, 대부분 수형자자치제도와 유기적으로 운영되고 있는데, 그 이유는 수형자자치제도는 사회생활훈련에 용이하고, 카티지제도는 가족적인 공동생활을 영위할 수 있도록 하기 때문이다.
③ [×] 수형자자치제는 수형자들에게 자율과 책임을 주어 자치적으로 행형을 운용하도록 함으로써 수형자들로 하여금 질서의식과 사회적 훈련을 경험하게 하여 수형자가 법과 질서를 준수하는 정상적인 사회인으로 복귀하는 데 초점을 맞춘 제도이다. 전통적 행형이 교도관의 권위와 명령에 따라 수동적으로 움직이기 때문에 모범수형자는 될지언정 모범시민으로의 성장은 기대하기 힘들다는 것을 고려한 수용제도이다. 따라서 수형자자치제는 수형자의 책임과 자율성을 강조하여 사회적응력을 함양하고, 나아가 건전한 사회인으로의 복귀를 용이하게 한다는 데 가치를 두고 있다.
④ [○] 형집행법 시행규칙 제86조 제1항

정답 ③

23 수형자자치제(Inmate Self-government System)에 대한 설명으로 옳지 않은 것은?   2024. 교정 9급

① 수형자자치제는 부정기형제도하에서 효과적인 것으로, 수형자에 대한 과학적 분류심사를 전제로 한다.
② 수형자자치제는 수형자의 처우에 있어서 자기통제원리에 입각한 자기조절 훈련과정을 결합한 것으로, 수형자의 사회적응력을 키울 수 있다.
③ 오스본(T. Osborne)은 1914년 싱싱교도소(Sing Sing Prison)에서 행형시설 최초로 수형자자치제를 실시하였다.
④ 수형자자치제는 교도관의 권위를 저하시킬 수 있고, 소수의 힘 있는 수형자에 의해 대다수의 일반수형자가 억압·통제되는 폐단을 가져올 수 있다.

해설
① [○] 정기형제도하에서는 자치심이 형성되지 않은 수형자라도 형기가 종료되면 반드시 사회에 복귀시켜야 되므로 부정기형제도 하에서 운영되어야 하며, 자치제에 적합한 자를 선정하기 위해서는 수형자에 대한 과학적 조사 및 분류가 선행되어야 한다.
② [○] 자치생활은 자유에 상응한 책임을 부여하는 자기통제의 원리에 입각한 교육·훈련이라고 할 수 있으며, 수형자의 책임과 자율성을 강조하여 사회적응력을 함양하고, 건전한 사회인으로의 복귀를 용이하게 한다.
③ [×] 1914년 미국의 오스본은 오번교도소(Auburn Prison)에서 행형시설 최초로 수형자자치제를 실시하였다.
④ [○] 교도관의 권위를 하락시킬 수 있고, 수형자 중 소수의 힘 있는 수형자에게 권한이 집중될 수 있어 수형자에 의한 수형자의 억압과 통제라는 폐해를 유발할 수 있다.

정답 ③

24 수형자자치제에 대한 설명으로 옳지 않은 것으로만 묶인 것은?

2011. 교정 7급

- ㉠ 미국 메사추세츠주의 노포크(Norfolk) 교도소에서 최초로 시작되었다.
- ㉡ 과학적 분류처우가 전제돼야 하며, 대규모 시설보다 소규모 시설에서 효과적이다.
- ㉢ 사회 내 처우의 일환으로 혼거제 하에서 그 효율성이 높다.
- ㉣ 대규모 수형자처우제의 단점을 보완하기 위한 대안적 제도로 카티지 제도(cottage system)가 시행되었다.
- ㉤ 계호인원이 늘어 행형경비가 늘어날 수 있다.
- ㉥ 수형자의 자치의식과 책임감을 기본으로 하며, 정기형에서 실시하는 것이 효과적이다.

① ㉠, ㉢, ㉣, ㉤
② ㉠, ㉢, ㉤, ㉥
③ ㉡, ㉢, ㉣, ㉥
④ ㉡, ㉣, ㉤, ㉥

해설

옳지 않은 것은 ㉠, ㉢, ㉤, ㉥이다.
- ㉠ [×] 누진처우제도 중 하나인 잉글랜드제에 대한 설명이다.
  수형자 자치제는 1914년 미국의 오스본(Osborne)이 조지 소년공화국 제도를 오번감옥에 도입, '수형자들의 상호부조연맹'이라는 자치제를 조직하여 시도한 것이 행형시설 최초의 수형자자치제로 기록되고 있다.
- ㉡ [O] 수형자자치제도는 자치제도에 적합한 수형자를 선별하기 위한 수형자 분류제도가 과학화되고 정착되어야만 가능하며, 대규모 교정시설보다 소규모 교정시설에서 더욱 효과적이다.
- ㉢ [×] 수형자자치제는 사회 내 처우의 일환이 아니라 시설 내 처우의 일종으로, 혼거제를 필연조건으로 한다.
- ㉣ [O] 카티지제도는 기존의 대집단 처우제도가 대규모 시설에서의 획일적이고 기계적인 수용처우라는 단점을 보완하기 위한 대안적 제도로, 소집단으로 가족적인 분위기에서 처우한다.
- ㉤ [×] 수형자의 관리·감독이라는 계호의 부담이 줄어들어 행형경비도 줄일 수 있다.
- ㉥ [×] 수형자자치제도는 일종의 누진처우로서 모범수형자를 대상으로 하기 때문에 부정기형을 도입하여 사회적응력이 형성된 수형자에 대해서는 조기가석방을 통하여 사회에 복귀시킬 수 있어야 효과적으로 시행될 수 있는 제도이다. 정기형제도하에서는 자치심이 형성되지 않은 수형자라도 형기가 종료되면 반드시 사회에 복귀시켜야 되므로 부정기형제도하에서 운영되어야 한다.

정답 ②

〈카티지제와 보스탈제〉

25 카티지제에 대한 설명으로 옳지 않은 것은?

2006. 6급 승진

① 기존의 대형화·집단화 행형의 문제점에 대한 반성에서 비롯되었다.
② 1904년 뉴욕주의 소년보호수용소에서 채택한 이래 점차 여자·소년·성인 교도소로 확대 발전하였다.
③ 가족적 분위기를 창출할 수 있다는 장점이 있으나, 독거제와 혼거제의 단점이 모두 나타날 수 있다는 단점도 있다.
④ 과학적 분류제도가 완비된 시설에서 실효성을 거둘 수 있다.

해설

③ [×] 카티지제는 기존의 대집단 처우제도가 대규모 시설에서의 획일적이고 기계적인 수용처우라는 단점을 보완하기 위한 대안적 제도로, 소집단으로 가족적인 분위기에서 처우하므로 혼거제를 전제로 한다. 즉, 독거제하에서는 실시가 불가능하다. 카티지제는 점수제·독거제 및 혼거제의 단점을 보완할 수 있다.
카티지제는 1854년 미국 오하이오 학교에서 최초로 실시되었고, 1904년에는 뉴욕 청소년보호수용소에서 채택하였다.

정답 ③

〈선시제도〉

26 선시제도에 대한 설명으로 옳지 않은 것은? 2004. 5급 승진

① 선시제도는 사회 내 처우에 해당한다.
② 수형자가 교도소에서 선행을 함으로써 스스로 노력과 행장에 따라 법률적 기준 하에 석방 시기가 단축되는 제도이다.
③ 개선갱생을 촉진시켜 시설 내의 행장이 우수한 수형자는 조기에 석방되므로 수형자의 선행을 장려할 수 있다.
④ 교도소의 질서유지, 작업능률의 향상으로 수익증대 효과를 거둘 수 있다.
⑤ 교화개선의 효과보다는 수용자관리 위주로 운영될 수 있다는 비판이 있다.

해설
① [×] 선시제도는 시설 내 처우에 해당한다.

정답 ①

27 교정처우에 대한 설명으로 옳은 것은? 2019. 교정 7급

① 선시제도(good time system)는 대규모 시설에서의 획일적인 수용처우로 인한 문제점을 해소하기 위해 가족적인 분위기에서 소집단으로 처우하는 제도이다.
② 개방형(사회적) 처우는 폐쇄형(시설 내) 처우의 폐해를 최소화하기 위한 것으로, 개방시설에 대한 논의가 1950년 네덜란드 헤이그에서 개최된 제12회 '국제형법 및 형무회의'에서 있었다.
③ 사회형(사회 내) 처우의 유형으로는 민영교도소, 보호관찰제도, 중간처우소 등을 들 수 있다.
④ 수형자자치제는 부정기형제도보다 정기형제도하에서 더욱 효과적으로 운영될 수 있는 반면, 소수의 힘 있는 수형자에게 권한이 집중될 수 있어서 수형자에 의한 수형자의 억압과 통제라는 폐해를 유발할 수 있다.

해설
① [×] 카티지제도에 대한 설명이다.
선시제도는 수형자가 교도소 내에서 선행을 유지하고 작업에 자발적으로 참여함으로써 자기 스스로의 노력에 따라 일정한 법률적 기준 하에 석방의 시기가 단축되는 제도이다.
③ [×] 민영교도소는 시설 내 처우이다. 사회 내 처우는 가석방, 보호관찰, 사회봉사·수강명령, 갱생보호, 전자감시, 가택구금 그리고 외출제한명령 등이 있다
④ [×] 수형자자치제는 정기형제도보다 부정기형제도하에서 더욱 효과적으로 운영될 수 있으며, 소수의 힘 있는 수형자에게 권한이 집중될 수 있어서 수형자에 의한 수형자의 억압과 통제라는 폐해를 유발할 수 있다는 점이 문제로 지적되고 있다.

정답 ②

〈가석방제도〉

28 「형법」상 가석방제도에 대한 설명으로 옳은 것은? 2020. 보호 7급

① 형기에 산입된 판결선고 전 구금일수는 가석방을 하는 경우 집행한 기간에 산입하지 아니한다.
② 가석방의 기간은 무기형에 있어서는 20년으로 하고, 유기형에 있어서는 남은 형기로 하되, 그 기간은 10년을 초과할 수 없다.
③ 징역이나 금고의 집행 중에 있는 사람이 행상이 양호하여 뉘우침이 뚜렷한 때에는 무기형은 10년, 유기형은 형기의 3분의 1이 지난 후 행정처분으로 가석방을 할 수 있다.
④ 가석방의 처분을 받은 자가 감시에 관한 규칙을 위배하거나, 보호관찰의 준수사항을 위반하고 그 정도가 무거운 때에는 가석방처분을 취소할 수 있다.

해설
① [×] 형기에 산입된 판결선고 전 구금일수는 가석방을 하는 경우 집행한 기간에 산입한다(동법 제73조 제1항).
② [×] 가석방의 기간은 무기형에 있어서는 10년으로 하고, 유기형에 있어서는 남은 형기로 하되, 그 기간은 10년을 초과할 수 없다(동법 제73조의2 제1항).
③ [×] 징역이나 금고의 집행 중에 있는 사람이 행상이 양호하여 뉘우침이 뚜렷한 때에는 무기형은 20년, 유기형은 형기의 3분의 1이 지난 후 행정처분으로 가석방을 할 수 있다(동법 제72조 제1항).
④ [○] 형법 제75조

정답 ④

29 「형법」상 가석방제도에 대한 설명으로 옳지 않은 것은? (다툼이 있는 경우 판례에 의함) 2024. 보호 7급

① 가석방은 가석방심사위원회의 허가신청에 의해 법무부장관이 결정하는 행정처분이다.
② 형기에 산입된 판결선고 전 구금일수는 가석방을 하는 경우 집행한 기간에 산입한다.
③ 사형이 무기징역으로 특별감형된 경우 사형집행 대기기간을 가석방에 필요한 형의 집행기간에 산입할 수 있다.
④ 가석방의 처분을 받은 후 그 처분이 실효 또는 취소되지 아니하고 가석방기간을 경과한 때에는 형의 집행을 종료한 것으로 본다.

해설
① [○] 징역이나 금고의 집행 중에 있는 사람이 행상이 양호하여 뉘우침이 뚜렷한 때에는 무기형은 20년, 유기형은 형기의 3분의 1이 지난 후 행정처분으로 가석방을 할 수 있다(형법 제72조 제1항). 가석방은 가석방심사위원회의 허가신청에 의해(형집행법 제122조 제1항) 법무부장관이 결정한다(동법 제122조 제2항).
② [○] 동법 제73조 제1항
③ [×] 사형집행을 위한 구금은 미결구금도 아니고 형의 집행기간도 아니며, 특별감형은 형을 변경하는 효과만 있을 뿐이고 이로 인하여 형의 선고에 의한 기성의 효과는 변경되지 아니하므로, 사형이 무기징역으로 특별감형된 경우 사형의 판결확정일에 소급하여 무기징역형이 확정된 것으로 보아 무기징역형의 형기 기산일을 사형의 판결 확정일로 인정할 수도 없고, 사형집행대기 기간이 미결구금이나 형의 집행기간으로 변경된다고 볼 여지도 없으며, 또한 특별감형은 수형 중의 행장의 하나인 사형집행대기기간까지를 참작하여 되었다고 볼 것이므로 사형집행대기기간을 처음부터 무기징역을 받은 경우와 동일하게 가석방요건 중의 하나인 형의 집행기간에 다시 산입할 수는 없다(대법원 1991.3.4. 90모59).
④ [○] 동법 제76조 제1항

정답 ③

30 다음 중 가석방 제도에 대한 설명으로 가장 옳은 것은?   2022. 해경 경위

① 가석방된 자가 보호관찰의 준수사항을 위반한 때에는 가석방처분을 취소하여야 한다.
② 가석방은 특별예방보다는 일반예방을 중시하는 제도이다.
③ 가석방처분이 취소된 경우에도 가석방 중의 일수는 형기에 산입할 수 있다.
④ 가석방된 자는 가석방기간 중 보호관찰을 받는다. 다만, 가석방을 허가한 행정관청이 필요가 없다고 인정한 때에는 그러하지 아니하다.

해설
① [×] 가석방의 처분을 받은 자가 감시에 관한 규칙을 위배하거나, 보호관찰의 준수사항을 위반하고 그 정도가 무거운 때에는 가석방 처분을 취소할 수 있다(동법 제75조).
② [×] 가석방이란 수형자의 사회복귀를 촉진하기 위하여 징역 또는 금고의 집행 중에 있는 사람이 교정성적이 우수하고 재범의 위험성이 없다고 인정될 때 그 형기가 만료되기 전에 조건부로 석방을 하는 행정처분이다. 가석방은 일반예방보다는 특별예방을 중시하는 제도이다.
③ [×] 가석방이 실효 또는 취소되었을 경우 가석방 중의 일수는 형기에 산입하지 아니한다(동법 제76조 제2항).
④ [○] 형법 제73조의2 제2항

정답 ④

31 현행법상 가석방제도에 대한 설명으로 옳은 것은?   2019. 5급 승진

① 가석방 기간은 무기형에 있어서는 20년으로 하고, 유기형에 있어서는 남은 형기로 하되 그 기간은 20년을 초과할 수 없다.
② 가석방 기간 중 업무상과실치사의 죄로 금고형을 선고받아 그 판결이 확정된 경우에 가석방 처분은 효력을 잃지 않는다.
③ 가석방 처분을 받은 후 그 처분이 실효 또는 취소되지 아니하고 가석방 기간을 경과한 때에는 형의 선고는 효력을 잃은 것으로 본다.
④ 징역 또는 금고를 선고받은 소년에 대하여는 15년 유기형의 경우 5년이 지난 후부터 가석방을 허가할 수 있다.
⑤ 소년수형자의 가석방 적격 여부는 법무부장관 소속 가석방심사위원회가 심사하여 결정한다.

해설
① [×] 가석방의 기간은 무기형에 있어서는 10년으로 하고, 유기형에 있어서는 남은 형기로 하되, 그 기간은 10년을 초과할 수 없다(동법 제73조의2 제1항).
② [○] 가석방 기간 중 고의로 지은 죄로 금고 이상의 형을 선고받아 그 판결이 확정된 경우에 가석방 처분은 효력을 잃는다(형법 제74조). 그러므로 과실로 인한 죄로 형을 선고받아 그 판결이 확정된 경우에는 가석방 처분은 효력을 잃지 않는다.
③ [×] 가석방의 처분을 받은 후 그 처분이 실효 또는 취소되지 아니하고 가석방기간을 경과한 때에는 형의 집행을 종료한 것으로 본다(동법 제76조 제1항).
④ [×] 징역 또는 금고를 선고받은 소년에 대하여는 무기형의 경우에는 5년, 15년 유기형의 경우에는 3년, 부정기형의 경우에는 단기의 3분의 1이 지나면 가석방을 허가할 수 있다(소년법 제65조).
⑤ [×] 교도소의 장은 「소년법」 제65조(가석방)의 기간이 지난 소년수형자에 대하여 관할 보호관찰심사위원회에 가석방 심사를 신청할 수 있고(보호관찰 등에 관한 법률 제22조 제1항), 보호관찰심사위원회는 가석방 심사 신청을 받으면 소년수형자에 대한 가석방이 적절한 지를 심사하여 결정한다(동법 제23조 제1항).

정답 ②

32 가석방제도에 대한 설명으로 옳은 것은? 2015. 5급 승진

① 징역이나 금고의 집행 중에 있는 사람이 행상이 양호하여 뉘우침이 뚜렷한 때에는 무기형은 10년, 유기형은 형기의 3분의 1이 지난 후 행정처분으로 가석방을 할 수 있다.
② 소장이 가석방적격심사를 신청한 때에는 수형자가 동의하지 아니하더라도 신청사실을 보호자 등에게 알려야 한다.
③ 형기에 산입된 판결선고 전 구금일수는 가석방을 하는 경우 집행한 기간에 산입하지 아니한다.
④ 가석방 기간 중 고의 또는 과실로 지은 죄로 금고 이상의 형을 선고받아 그 판결이 확정된 경우에 가석방 처분은 효력을 잃는다.
⑤ 가석방처분을 받은 자가 감시에 관한 규칙을 위배하거나 보호관찰의 준수사항을 위반하였다고 하여 반드시 가석방 처분을 취소하여야 하는 것은 아니다.

해설
① [×] 무기형은 20년, 유기형은 형기의 3분의 1이 지난 후 행정처분으로 가석방을 할 수 있다(동법 제72조 제1항).
② [×] 소장은 위원회에 적격심사신청한 사실을 수형자의 동의를 받아 보호자 등에게 알릴 수 있다(형집행법 시행규칙 제250조 제3항).
③ [×] 형기에 산입된 판결선고 전 구금일수는 가석방을 하는 경우 집행한 기간에 산입한다(형법 제73조 제1항).
④ [×] 가석방 기간 중 고의로 지은 죄로 금고 이상의 형을 선고받아 그 판결이 확정된 경우에 가석방 처분은 효력을 잃는다(동법 제74조).
⑤ [○] 가석방의 처분을 받은 자가 감시에 관한 규칙을 위배하거나, 보호관찰의 준수사항을 위반하고 그 정도가 무거운 때에는 가석방 처분을 취소할 수 있다(형법 제75조).

정답 ⑤

33 가석방에 대한 설명으로 옳지 않은 것으로만 묶인 것은? 2011. 교정 7급

㉠ 가석방의 경우 보호관찰은 임의적 절차이다.
㉡ 노역장 유치자는 가석방대상이 될 수 없다.
㉢ 가석방 기간으로 무기형 10년, 유기형은 남은 형기로 하되, 그 기간은 15년을 초과할 수 없다.
㉣ 가석방은 행정처분이다.
㉤ 가석방심사위원회는 위원장을 포함한 5명 이상 9명 이하의 위원으로 구성한다.
㉥ 소장은 가석방이 허가되지 않은 수형자에 대하여는 다시 가석방심사신청을 할 수 없다.

① ㉠, ㉡, ㉣
② ㉠, ㉢, ㉥
③ ㉡, ㉢, ㉣
④ ㉡, ㉤, ㉥

해설
옳지 않은 것은 ㉠, ㉢, ㉥이다.
㉠ [×] 가석방된 자는 가석방기간 중 보호관찰을 받는다. 다만, 가석방을 허가한 행정관청이 필요가 없다고 인정한 때에는 그러하지 아니하다(형법 제73조의2 제2항). ⇨ 필요적 보호관찰을 규정하고 있다.
㉡ [○] 징역이나 금고의 집행 중에 있는 사람이 가석방의 대상이 된다(동법 제72조 제1항).
㉢ [×] 가석방의 기간은 무기형에 있어서는 10년으로 하고, 유기형에 있어서는 남은 형기로 하되, 그 기간은 10년을 초과할 수 없다(동법 제73조의2 제1항).
㉣ [○] 동법 제72조 제1항
㉤ [○] 형집행법 제120조 제1항
㉥ [×] 소장은 가석방이 허가되지 아니한 수형자에 대하여 그 후에 가석방을 허가하는 것이 적당하다고 인정하는 경우에는 다시 가석방 적격심사신청을 할 수 있다(동법 시행규칙 제251조).

정답 ②

34 가석방에 대한 설명으로 옳지 않은 것은? (다툼이 있는 경우 판례에 의함) 2018. 8급 승진

① 분류처우위원회는 가석방적격심사 신청 대상자 선정 등에 관한 사항을 심의·의결한다.
② 가석방은 형기만료 전에 조건부로 수형자를 석방하는 제도로서 수형자의 원활한 사회복귀를 주된 목적으로 하고 있으며, 수용질서를 유지하는 기능을 수행하는 것은 아니다.
③ 가석방심사위원회의 심의서는 해당 가석방 결정 등을 한 후부터 즉시 공개한다. 다만, 그 내용 중 개인의 신상을 특정할 수 있는 부분은 삭제하고 공개하되, 국민의 알권리를 충족할 필요가 있는 등의 사유가 있는 경우에는 위원회가 달리 의결할 수 있다.
④ 수형자의 가석방 적격심사신청을 위하여 사전조사하는 경우, 신원에 관한 사항에 대한 조사는 수형자를 수용한 날부터 1개월 이내에 하고, 그 후 변경할 필요가 있는 사항이 발견되거나 가석방 적격심사신청을 위하여 필요한 경우에 한다.

해설
① [○] 형집행법 시행규칙 제97조 제4호
② [×] 가석방은 형기만료 전에 조건부로 수형자를 석방하는 제도로서 수형자의 원활한 사회복귀를 주된 목적으로 하고 있으며, 간접적으로는 수용질서를 유지하는 기능도 수행한다(헌재 2017.4.4. 2017헌마260).
③ [○] 동법 제120조 제3항
④ [○] 동법 시행규칙 제249조 제1항

정답 ②

제27장 | 보안처분론

제1절 | 보안처분의 의의와 이론

01 보안처분에 대한 설명으로 옳지 않은 것은? (다툼이 있는 경우 판례에 의함) 2014. 보호 7급

① 일반적으로 보안처분은 반사회적 위험성을 가진 자에 대하여 사회방위와 교화를 목적으로 하는 예방적 처분이라는 점에서 범죄자에 대하여 응보를 주된 목적으로 하는 사후적 처분인 형벌과 그 본질을 달리한다.
② 「아동·청소년의 성보호에 관한 법률」상 신상정보 공개·고지명령은 아동·청소년대상 성폭력범죄 등을 효과적으로 예방하고 그 범죄로부터 아동·청소년을 보호함을 목적으로 하는 일종의 보안처분이다.
③ 「전자장치 부착 등에 관한 법률」상 성폭력범죄자에 대한 전자감시는 성폭력범죄자의 재범방지와 성행교정을 통한 재사회화를 위하여 위치추적 전자장치를 신체에 부착함으로써 성폭력범죄로부터 국민을 보호함을 목적으로 하는 일종의 보안처분이다.
④ 「가정폭력범죄의 처벌 등에 관한 특례법」이 정한 사회봉사명령은 가정폭력범죄를 범한 자에 대하여 환경의 조정과 성행의 교정을 목적으로 하는 보안처분으로서, 원칙적으로 형벌불소급의 원칙이 적용되지 않는다.

해설
① [○] 일반적으로 보안처분은 반사회적 위험성을 가진 자에 대하여 사회방위와 교화를 목적으로 격리수용하는 예방적 처분이라는 점에서 범죄행위를 한 자에 대하여 응보를 주된 목적으로 그 책임을 추궁하는 사후적처분인 형벌과 구별되어 그 본질을 달리하는 것으로서 형벌에 관한 죄형법정주의나 일사부재리 또는 법률불소급의 원칙은 보안처분에 그대로 적용되지 않는다(대법원 1988.11.16. 88초60).
② [○] 아동·청소년의 성보호에 관한 법률이 정한 공개명령 및 고지명령 제도는 아동·청소년대상 성폭력범죄 등을 효과적으로 예방하고 그 범죄로부터 아동·청소년을 보호함을 목적으로 하는 일종의 보안처분으로서, 그 목적과 성격, 운영에 관한 법률의 규정 내용 및 취지 등을 종합해 보면, 공개명령 및 고지명령 제도는 범죄행위를 한 자에 대한 응보 등을 목적으로 그 책임을 추궁하는 사후적 처분인 형벌과 구별되어 그 본질을 달리한다(대법원 2012.5.24. 2012도2763).
③ [○] 전자장치 부착 등에 관한 법률에 의한 성폭력범죄자에 대한 전자감시제도는, 성폭력범죄자의 재범방지와 성행교정을 통한 재사회화를 위하여 그의 행적을 추적하여 위치를 확인할 수 있는 전자장치를 신체에 부착하게 하는 부가적인 조치를 취함으로써 성폭력범죄로부터 국민을 보호함을 목적으로 하는 일종의 보안처분이다. 이러한 전자감시제도의 목적과 성격, 운영에 관한 법률의 규정 내용 및 취지 등을 종합해 보면, 전자감시제도는 범죄행위를 한 자에 대한 응보를 주된 목적으로 책임을 추궁하는 사후적 처분인 형벌과 구별되어 본질을 달리한다(대법원 2011.7.28. 2011도5813).
④ [×] 가정폭력범죄의 처벌 등에 관한 특례법이 정한 보호처분 중의 하나인 사회봉사명령은 가정폭력범죄를 범한 자에 대하여 환경의 조정과 성행의 교정을 목적으로 하는 것으로서 형벌 그 자체가 아니라 보안처분의 성격을 가지는 것이 사실이다. 그러나 한편으로 이는 가정폭력범죄행위에 대하여 형사처벌 대신 부과되는 것으로서, 가정폭력범죄를 범한 자에게 의무적 노동을 부과하고 여가시간을 박탈하여 실질적으로는 신체적 자유를 제한하게 되므로, 이에 대하여는 원칙적으로 형벌불소급의 원칙에 따라 행위시법을 적용함이 상당하다(대법원 2008.7.24. 2008어4).

정답 ④

02 보안처분에 대한 설명으로 옳지 않은 것은? (다툼이 있는 경우 판례에 의함) 2022. 보호 7급

① 성범죄 전력만으로 재범의 위험성이 있다고 간주하고 일률적으로 장애인복지시설에 10년간 취업제한을 하는 것은 헌법에 위반된다.
② 구「특정 성폭력범죄자에 대한 위치추적 전자장치 부착에 관한 법률」상 전자감시제도는 일종의 보안처분으로서, 범죄행위를 한 자에 대한 응보를 주된 목적으로 그 책임을 추궁하는 사후적 처분인 형벌과 구별되어 그 본질을 달리하는 것이다.
③ 취업제한명령은 범죄인에 대한 사회 내 처우의 한 유형으로 형벌 그 자체가 아니라 보안처분의 성격을 가지는 것이다.
④ 「성폭력범죄자의 성충동 약물치료에 관한 법률」상 약물치료명령은 헌법이 보장하고 있는 신체의 자유와 자기결정권에 대한 침익적인 처분에 해당하지 않는다.

해설
① [○] 헌재 2016.7.28. 2015헌마915
② [○] 대법원 2011.7.28. 2011도5813
③ [○] 취업제한명령은 범죄인에 대한 사회 내 처우의 한 유형으로서 형벌 그 자체가 아니라 보안처분의 성격을 가지는 것이지만, 실질적으로 직업선택의 자유를 제한하는 것이다(대법원 2019.10.17. 2019도11540).
④ [×] 성폭력범죄자의 성충동 약물치료에 관한 법률에 의한 약물치료명령은 사람에 대하여 성폭력범죄를 저지른 성도착증 환자로서 성폭력범죄를 다시 범할 위험성이 있다고 인정되는 19세 이상의 사람에 대하여 약물투여 및 심리치료 등의 방법으로 도착적인 성기능을 일정기간 동안 약화 또는 정상화하는 치료를 실시하는 보안처분으로, 원칙적으로 형 집행 종료 이후 신체에 영구적인 변화를 초래할 수도 있는 약물의 투여를 피청구자의 동의 없이 강제적으로 상당 기간 실시하게 된다는 점에서 헌법이 보장하고 있는 신체의 자유와 자기결정권에 대한 가장 직접적이고 침익적인 처분에 해당하므로, 장기간의 형 집행이 예정된 사람에 대해서는 그 형 집행에도 불구하고 재범의 방지와 사회복귀의 촉진 및 국민의 보호를 위한 추가적인 조치를 취할 필요성이 인정되는 불가피한 경우에 한하여 이를 부과함이 타당하다(대법원 2014.12.11. 2014도6930).

정답 ④

03 형벌과 보안처분에 대한 설명으로 옳지 않은 것은? (다툼이 있는 경우 판례에 의함) 2022. 해경 경위

① 형벌은 행위자가 저지른 과거의 불법에 대한 책임을 전제로 부과되는 제재이다.
② 보안처분은 행위자의 재범의 위험성에 근거한 것으로 책임능력이 있어야 부과되는 제재이다.
③ 이원주의에 따르면 형벌은 책임을, 보안처분은 재범의 위험성을 전제로 부과되는 것으로 양자는 그 기능이 다르다고 본다.
④ 일원주의에 따르면 형벌과 보안처분이 모두 사회방위와 범죄인의 교육 및 개선을 목적으로 하므로 본질적 차이가 없다고 본다.

해설
② [×] 형벌은 책임을 전제로 하고 책임주의의 범위 내에서 과하여 지지만, 보안처분은 행위자의 사회적 위험성을 전제로 하여 특별예방의 관점에서 과하여지는 제재이다.

정답 ②

04 형벌과 보안처분의 관계에 대한 설명으로 옳지 않은 것은? 2011. 사시

① 이원주의는 형벌의 본질이 책임을 전제로 한 응보이고, 보안처분은 장래의 위험성에 대한 사회방위처분이라는 점에서 양자의 차이를 인정한다.
② 대체주의는 형벌과 보안처분이 선고되어 보안처분이 집행된 경우 그 기간을 형기에 산입하여야 한다고 한다.
③ 일원주의는 형벌과 보안처분의 목적을 모두 사회방위와 범죄인의 교육·개선으로 보고, 양자 중 어느 하나만을 적용하자고 한다.
④ 이원주의는 형벌이 범죄라는 과거의 사실에 중점을 두는 반면, 보안처분은 장래에 예상되는 범죄의 예방에 중점을 둔다고 한다.
⑤ 일원주의는 행위자의 반사회적 위험성을 척도로 하여 일정한 제재를 부과하는 것이 행위책임원칙에 적합하다고 한다.

해설
⑤ [×] 행위자의 개별 책임뿐만 아니라 행위자의 반사회적 위험성까지 척도로 하여 일정한 제재를 가하게 되면 형벌의 대원칙인 책임주의에 반할 위험성이 있다는 문제점이 있다.

정답 ⑤

05 형벌과 보안처분의 관계에 대한 설명으로 옳지 않은 것은? 2024. 보호 7급

① 일원주의에 따르면 형벌과 보안처분은 모두 사회방위와 범죄인의 교육 및 개선을 목적으로 하므로 본질적인 차이가 없다고 본다.
② 이원주의에 따르면 형벌의 본질은 책임을 기초로 한 과거 행위에 대한 응보이고, 보안처분은 장래의 위험성에 대한 대책이므로 양자는 그 기능이 다르다고 본다.
③ 대체주의는 보안처분에 의해서도 형벌의 목적을 달성할 수 있는 경우 형벌을 폐지하고 이를 보안처분으로 대체해야 한다는 입장이다.
④ 대체주의에 대해서는 책임원칙에 어긋나고 정의 관념에 반한다는 비판이 있다.

해설
① [○] 일원주의는 교육형주의 관점에서 형벌이나 보안처분 가운데 어느 하나만을 선고·집행해야 한다는 주장으로, 형벌과 보안처분의 목적을 모두 사회방위와 범죄인의 교육·개선으로 본다.
② [○] 이원주의는 형벌의 본질이 책임을 전제로 한 과거 행위에 대한 응보이고, 보안처분은 장래에 예상되는 위험성에 대한 사회방위처분이라는 점에서 양자의 차이를 인정한다. 형벌이 범죄라는 과거의 사실에 중점을 두는 반면, 보안처분은 장래에 예상되는 범죄의 예방에 중점을 둔다.
③ [×] 대체주의는 형벌은 책임의 정도에 따라 선고하되 그 집행단계에서 보안처분에 의해 대체하거나 보안처분의 집행이 종료된 후에 집행하는 주의를 말한다. 범죄인의 사회복귀를 위해서는 보안처분의 선집행이 합리적이며, 보안처분도 자유박탈 내지 제한을 그 내용으로 하므로 이에 의해서도 형벌의 목적을 달성할 수 있다고 한다.
④ [○] 대체주의는 형벌과 보안처분의 교환이 책임형법에 합치되지 아니하고, 형벌과 보안처분의 한계가 불명확해지며, 보안처분을 받은 자가 형벌만을 선고받은 자보다 유리하게 되어 정의 관념에 반한다는 비판이 있다.

정답 ③

06 형벌과 보안처분의 관계에 대한 설명으로 옳지 않은 것은?   2012. 교정 9급

① 치료감호와 형이 병과된 경우에는 치료감호를 먼저 집행한다.
② 현행 헌법에서 보안처분 법정주의를 선언하고 있다.
③ 보안처분은 일반예방보다는 범죄자의 개선과 사회방위 등 특별예방을 중시한다.
④ 보안처분은 행위자의 책임에 의해 제한되는 한도 내에서만 정당성을 갖는다.

해설
① [○] 치료감호 등에 관한 법률 제18조
② [○] 헌법 제12조 제1항
④ [×] 행위자의 책임에 의해 제한되는 한도 내에서만 정당성을 갖는 것은 형벌이며, 보안처분은 책임과는 무관하다. 보안처분은 행위자의 미래의 범죄적 위험성에 대해서 과해지는 강제처분으로 범죄자에 대한 법익침해는 사회방위와 균형을 이루어야 하는 비례성의 원칙이 강조된다.

정답 ④

제2절 | 보호관찰제도와 갱생보호

01 보호관찰제도의 장점에 대한 설명으로 가장 적절하지 않은 것은?   2024(74). 경위

① 시설 내 처우가 초래하는 비인도성·낙인효과 등의 문제를 감소시킬 수 있다.
② 구금 비용의 절감으로 국가의 재정부담을 줄일 수 있다.
③ 사회를 보호하는 동시에 범죄자의 자유를 보장할 수 있다.
④ 재범 방지에 대한 실증적 효과가 탁월하고, 형사사법망을 축소시킬 수 있다.

해설
④ [×] 재범 방지에 대한 실증적 효과가 의문시되고, 형사사법망을 확대시킬 수 있다. 형사사법망의 확대는 망의 확대, 망의 강화, 새로운 망의 신설 등으로 나타난다.

정답 ④

02 「형법」상 보호관찰제도에 대한 설명으로 옳지 않은 것은?   2016. 보호 7급

① 형의 선고를 유예하는 경우에 재범방지를 위하여 지도 및 원호가 필요한 때에는 보호관찰을 받을 것을 명할 수 있으며, 이 경우 보호관찰의 기간은 1년 이내의 범위에서 법원이 정한다.
② 보호관찰을 명한 선고유예를 받은 자가 보호관찰기간 중에 준수사항을 위반하고 그 정도가 무거운 때에는 법원은 유예한 형을 선고할 수 있다.
③ 형의 집행을 유예하는 경우에 보호관찰을 받을 것을 명할 수 있으며, 이 경우 보호관찰의 기간은 원칙적으로 집행을 유예한 기간으로 하되, 다만 법원은 유예기간의 범위 내에서 보호관찰기간을 따로 정할 수 있다.
④ 가석방된 자는 가석방을 허가한 행정관청이 필요 없다고 인정한 때가 아닌 한 가석방기간 중 보호관찰을 받는다.

해설
① [×] 형의 선고를 유예하는 경우에 재범방지를 위하여 지도 및 원호가 필요한 때에는 보호관찰을 받을 것을 명할 수 있으며(형법 제59조의2 제1항), 이 경우 보호관찰의 기간은 1년으로 한다(동법 제59조의2 제2항).
② [○] 동법 제61조 제2항
③ [○] 동법 제62조의2 제1항·제2항
④ [○] 동법 제73조의2 제2항

정답 ①

---

03 보호관찰의 지도·감독 유형으로 올린(Ohlin)이 제시한 내용 중 지역사회보호와 범죄자보호 양쪽 사이에서 갈등을 가장 크게 겪는 보호관찰관의 유형은? 2017. 9급

① 보호적 보호관찰관
② 수동적 보호관찰관
③ 복지적 보호관찰관
④ 중개적 보호관찰관

해설
① [○] 올린(Ohlin)은 보호관찰관의 유형을 처벌적(Punitive), 보호적(Protective), 복지적(Welfare), 수동적(Passive) 보호관찰관으로 구분하였다.

처벌적 보호관찰관	• 통제는 강조하지만, 지원에는 소극적이다. • 위협과 처벌을 수단으로 범죄자를 사회에 동조하도록 강요한다. • 사회의 보호, 범죄자의 통제, 범죄자에 대한 체계적 의심 등을 중요시한다.
보호적 보호관찰관	• 통제나 지원 모두 강조한다. • 지역사회보호와 범죄자의 보호 양자 사이를 망설이는 유형으로, 주로 직접적인 지원이나 강연 또는 칭찬과 꾸중의 방법을 이용한다. • 지역사회와 범죄자의 입장을 번갈아 편들기 때문에 어정쩡한 입장에 처하기 쉽다.
복지적 보호관찰관	• 지원은 강조하지만, 통제에는 소극적이다. • 자신의 목표를 범죄자에 대한 복지의 향상에 두고 범죄자의 능력과 한계를 고려하여 적응할 수 있도록 도와주려고 한다. • 범죄자의 개인적 적응 없이는 사회의 보호도 있을 수 없다고 믿고 있다.
수동적 보호관찰관	• 통제나 지원 모두에 소극적이다. • 자신의 임무를 단지 최소한의 노력을 요하는 것으로 인식하는 사람이다.

정답 ①

---

04 다음에서 설명하는 오린(L. E. Ohlin)의 보호관찰관 유형은? 2021. 7급

> 이 유형의 보호관찰관은 주로 직접적인 지원이나 강연 또는 칭찬과 꾸중 등 비공식적인 방법을 이용한다. 또한 보호관찰관은 사회의 보호, 즉 사회방위와 범죄자 개인의 개선·보호를 조화시키고자 하므로 역할갈등을 크게 겪는다.

① 처벌적 보호관찰관(punitive probation officer)
② 보호적 보호관찰관(protective probation officer)
③ 복지적 보호관찰관(welfare probation officer)
④ 수동적 보호관찰관(passive probation officer)

해설

① [×] 처벌적 보호관찰관은 위협과 처벌을 수단으로 범죄자를 사회에 동조하도록 강요하며, 사회의 보호, 범죄자의 통제, 범죄자에 대한 체계적 의심 등을 중요시한다.
② [○] 보호적 보호관찰관은 지역사회보호와 범죄자의 보호 양자 사이를 망설이는 유형으로, 주로 직접적인 지원이나 강연 또는 칭찬과 꾸중 등 비공식적인 방법을 이용한다. 지역사회와 범죄자의 입장을 번갈아 편들기 때문에 어정쩡한 입장에 처하기 쉽다.
③ [×] 복지적 보호관찰관은 자신의 목표를 범죄자에 대한 복지의 향상에 두고 범죄자의 능력과 한계를 고려하여 적응할 수 있도록 도와주려고 한다.
④ [×] 수동적 보호관찰관은 자신의 임무를 단지 최소한의 노력을 요하는 것으로 인식하는 사람이다.

정답 ②

05 올린(L. E. Ohlin)의 관점에 따라 보호관찰관의 유형을 통제와 지원이라는 두 가지 차원에서 그림과 같이 구분할 때, ㉠~㉣에 들어갈 유형을 바르게 연결한 것은? 2018. 7급

	㉠	㉡	㉢	㉣
①	복지적 관찰관	보호적 관찰관	수동적 관찰관	처벌적 관찰관
②	보호적 관찰관	복지적 관찰관	수동적 관찰관	처벌적 관찰관
③	복지적 관찰관	보호적 관찰관	처벌적 관찰관	수동적 관찰관
④	보호적 관찰관	복지적 관찰관	처벌적 관찰관	수동적 관찰관

해설

① [○] 올린은 보호관찰관의 유형을 처벌적, 보호적, 복지적, 수동적 보호관찰관으로 분류하였다. 이러한 보호관찰관의 역할유형을 통제와 지원이라는 두 가지 차원에서 요약하면 다음과 같다.

구분	지원	통제
복지적	높음	낮음
보호적	높음	높음
수동적	낮음	낮음
처벌적	낮음	높음

정답 ①

06 다음 설명에 해당하는 스미크라(Smykla)의 보호관찰 모형은? 2017. 보호 7급

> 보호관찰관은 외부자원을 적극 활용하여 보호관찰대상자들이 다양하고 전문적인 사회적 서비스를 받을 수 있도록 사회기관에 위탁하는 것을 주요 일과로 삼고 있다.

① 프로그램모형(program model)
② 중재자모형(brokerage model)
③ 옹호모형(advocacy model)
④ 전통적모형(traditional model)

해설
② [O] 옹호모형에 대한 설명이다.

☑ **보호관찰의 모형화**
스미크라(Smykla)는 보호관찰관의 기능과 자원의 활용이라는 측면에서 보호관찰을 모형화하고 있다.

전통적 모형	보호관찰관이 지식인(generalist)으로서 내부자원을 이용하여 지역적으로 균등배분된 보호관찰대상자에 대해서 지도·감독에서 보도·원호에 이르기까지 다양한 기능을 수행하나 통제를 보다 중시하는 모형이다.
프로그램모형	• 보호관찰관은 전문가(specialist)를 지향하나 목적수행을 위한 자원은 내부적으로 해결하려는 모형이다. • 보호관찰관이 전문가로 기능하기 때문에 보호관찰대상자를 분류하여 보호관찰관의 전문성에 따라 배정하게 된다. • 이 모형의 문제는 범죄자의 상당수는 특정한 한 가지 문제만으로 범죄자가 된 것은 아니며, 한 가지의 처우만을 필요로 하는 것도 아니라는 것이다.
옹호모형	보호관찰관은 지식인(generalist)으로서 외부자원을 적극 활용하여 보호관찰대상자가 다양하고 전문적인 사회적 서비스를 제공받을 수 있도록 무작위로 배정된 대상자들을 사회기관에 위탁하는 것을 주된 임무로 한다.
중개모형	보호관찰관은 전문가(specialist)로서 자신의 전문성에 맞게 배정된 보호관찰대상자에 대하여 사회자원의 개발과 중개의 방법으로 외부자원을 적극 활용하여 전문적인 보호관찰을 한다.

☑ 스미크라(Smykla)는 기능적 측면에서 보호관찰관은 다양한 기능을 책임지는 지식인(generalist)이 될 수도 있고, 반면에 특수한 지식과 능력에 따라 각자의 책임영역을 제한하는 전문가(specialist)가 될 수도 있다고 보았다. 더불어 자원의 활용 측면에서는 보호관찰의 목적을 수행하기 위해서 외부자원을 적극적으로 활용하느냐 아니면 전적으로 내부자원에 의존하느냐의 문제로서, 외부자원을 강조하는 입장에서는 보호관찰대상자의 원호와 변화에 중심을 두나, 내부자원에 의존하는 보호관찰은 주로 보호관찰대상자에 대한 통제를 강조하는 것이 보통이다.

정답 ③

07 보호관찰 등에 관한 법령상 갱생보호제도에 대한 설명으로 옳지 않은 것은? 2024. 보호 7급

① 갱생보호의 방법 중 숙식 제공은 연장 기간을 포함하여 18개월을 초과할 수 없다.
② 갱생보호 신청은 갱생보호사업 허가를 받은 자 또는 한국법무보호복지공단 외에 보호관찰소의 장에게도 할 수 있다.
③ 갱생보호사업 허가를 받은 자가 정당한 이유 없이 허가를 받은 후 6개월 이내에 갱생보호사업을 시작하지 아니하거나 1년 이상 그 실적이 없는 경우, 법무부장관은 그 허가를 취소하여야 한다.
④ 갱생보호는 그 대상자가 자신의 친족 또는 연고자 등으로부터 도움을 받을 수 없거나 그 도움만으로는 충분하지 아니한 경우에 한하여 행한다.

해설

① [×] 숙식제공은 6월을 초과할 수 없다. 다만, 필요하다고 인정하는 때에는 매회 6월의 범위 내에서 3회에 한하여 그 기간을 연장할 수 있다(보호관찰 등에 관한 법률 시행령 제41조 제2항). ⇨ 숙식 제공은 연장 기간을 포함하여 24개월(6개월+18개월)을 초과할 수 없다.
② [○] 갱생보호 대상자와 관계 기관은 보호관찰소의 장, 갱생보호사업 허가를 받은 자 또는 한국법무보호복지공단에 갱생보호 신청을 할 수 있다(동법 제66조 제1항).
③ [○] 법무부장관은 사업자(갱생보호사업의 허가를 받은 자)가 ㉠ 부정한 방법으로 갱생보호사업의 허가를 받은 경우, ㉡ 갱생보호사업의 허가 조건을 위반한 경우, ㉢ 목적사업 외의 사업을 한 경우, ㉣ 정당한 이유 없이 갱생보호사업의 허가를 받은 후 6개월 이내에 갱생보호사업을 시작하지 아니하거나 1년 이상 갱생보호사업의 실적이 없는 경우, ㉤ 제69조에 따른 보고(다음 해의 사업계획과 전년도의 회계 상황 및 사업 실적을 법무부장관에게 보고)를 거짓으로 한 경우, ㉥ 이 법 또는 이 법에 따른 명령을 위반한 경우에는 그 허가를 취소하거나 6개월 이내의 기간을 정하여 그 사업의 전부 또는 일부의 정지를 명할 수 있다. 다만, ㉠ 또는 ㉣에 해당하는 때에는 그 허가를 취소하여야 한다.
④ [○] 동법 시행령 제40조 제1항

정답 ①

제3절 | 중간처우와 중간처벌

01 지역사회교정에 대한 설명으로 옳지 않은 것은? 2020. 교정 7급

① 교정의 목표는 사회가 범죄자에게 교육과 취업기회를 제공해주고 사회적 유대를 구축 또는 재구축하는 것이다.
② 구금이 필요하지 않은 범죄자들에게는 구금 이외의 처벌이 필요하다.
③ 전통적 교정에 대한 새로운 대안의 모색으로 지역사회의 책임이 요구되었다.
④ 교정개혁에 초점을 둔 인간적 처우를 증진하며 범죄자의 책임을 경감시키는 시도이다.

해설

④ [×] 지역사회교정은 범죄자에 대한 인도주의적 처우, 사회복귀의 긍정적 효과 그리고 교정경비의 절감과 재소자관리상 이익의 필요성 등의 요청에 의해 대두되었으며, 지역사회의 보호, 처벌의 연속성 제공, 사회복귀와 재통합 등을 목표로 하므로, 범죄자의 책임을 경감시키는 시도와는 관계가 없다.

정답 ④

02 지역사회교정(community-based corections)에 대한 설명으로 옳지 않은 것은? 2019. 교정 9급

① 범죄자에 대한 인도주의적 처우, 사회복귀의 긍정적 효과 그리고 교정경비의 절감과 재소자관리상 이익의 필요성 등의 요청에 의해 대두되었다.
② 통상의 형사재판절차에 처해질 알코올중독자, 마약사용자, 경범죄자 등의 범죄인에 대한 전환(diversion) 방안으로 활용할 수 있다.
③ 범죄자에게 가족, 지역사회, 집단 등과의 유대관계를 유지하게 하여 지역사회 재통합 가능성을 높여줄 수 있다.
④ 사회 내 재범가능자들을 감시하고 지도함으로써 지역사회의 안전과 보호에 기여하고, 사법통제망을 축소시키는 효과를 기대할 수 있다.

해설
② [○] 지역사회교정의 장점에 대한 설명이다. 대부분의 지역사회교정은 전환을 전제로 하며, 알코올중독자·마약사용자·경범죄인 등 시설 내 형사처벌이 부적당한 자에 대한 유용한 대책이다.
④ [×] 과거에는 범죄통제의 대상이 되지 않았던 대상자를 범죄의 통제대상이 되게 함으로써 형사사법망의 확대를 초래한다는 비판을 받고 있다.

정답 ④

03 지역사회 교정에 대한 설명으로 옳지 않은 것은? 2024. 교정 9급

① 교정시설의 과밀수용 문제를 해소하기 위한 방안 중 하나이다.
② 범죄자의 처벌·처우에 대한 인도주의적 관점이 반영된 것이다.
③ 형사제재의 단절을 통해 범죄자의 빠른 사회복귀와 재통합을 실현하고자 한다.
④ 실제로는 범죄자에 대한 통제를 증대시켰다는 비판이 있다.

해설
① [○] 현대교정이 안고 있는 가장 큰 문제 중의 하나가 과밀수용인데, 지역사회교정이 있음으로써 상당수 범죄자를 교도소에 수용하지 않고도 처우할 수 있기 때문에 과밀수용을 해소할 수 있고, 따라서 수용자의 수용관리도 그만큼 쉬워지며 더불어 교정경비 또한 절감될 수 있다.
② [○] 지역사회교정은 범죄자에 대한 인도주의적 처우, 사회복귀의 긍정적 효과 그리고 교정경비의 절감과 수용자관리상 이익의 필요성 등의 요청에 의해 대두되었다.
③ [×] 지역사회교정이란 지역사회와 범죄자와의 상호 의미 있는 유대라는 개념을 바탕으로 지역사회에서 행해지는 범죄자에 대한 다양한 제재와 비시설 내 교정프로그램을 말한다. 이는 지역사회의 보호, 처벌의 연속성 제공, 사회복귀와 재통합 등을 목표로 한다.
④ [○] 과거에는 범죄통제의 대상이 되지 않았던 대상자를 범죄의 통제대상이 되게 함으로써 형사사법망 확대를 초래한다는 비판을 받고 있다.

정답 ③

04 중간처우소(halfway house)에 대한 설명으로 옳지 않은 것은? 2021. 교정 7급

① 석방 전 중간처우소는 교도소에서 지역사회로 전환하는 데 필요한 도움과 지도를 제공한다.
② 석방 전 중간처우소는 정신질환 범죄자나 마약중독자에 유용하며 석방의 충격을 완화해주는 역할을 한다.
③ 우리나라의 중간처우소 사례인 밀양희망센터는 외부업체에서 일하고 지역사회 내의 기숙사에서 생활하는 형태로 운영된다.
④ 미국에서 가장 일반적인 중간처우소 유형은 수형자가 가석방 등 조건부 석방이 결정된 후 초기에 중간처우소에 거주하는 것이다.

해설

① [○] 석방 전 중간처우소(halfway-out house)는 출소와 지역사회에서의 독립적인 생활 사이의 과도기적 단계로서 주거서비스를 제공하여 가족과 지역사회의 유대관계를 회복할 수 있도록 도와주며, 취업 알선 프로그램이나 사회복귀 문제요인을 해결책으로 제시함으로써 사회에 적응을 할 수 있도록 도와준다.
② [×] 입소 전 중간처우소(halfway-in house)는 대체로 정신질환 범죄자나 마약중독 범죄자 등에게 유용한 것으로, 수형자가 겪고 있는 정신질환이나 중독증상이 치유된 이후에 수형생활을 하는 것이 교정의 효과를 높일 수 있기 때문이다.
③ [○] 밀양교도소 밀양희망센터는 출소예정자의 사회적응력 향상을 위해 지역사회 내에 설치된 중간처우시설로, 평일에는 중간처우시설에서 기업체 등으로 자율 출·퇴근을 실시하고, 취업시간 이후에는 중간처우시설에서 취·창업교육, 문화프로그램, 집단상담, 자치활동, 취미생활 등을 받는다.
④ [○] 미국의 중간처우소(halfway house)는 주로 교도소로부터 멀리 떨어진 곳에 독립된 시설을 두고 그곳에 석방준비단계의 수용자들을 수용한다. 민간인 위주로 운영하고 있으며, 가석방자를 대상으로 조기석방을 전제로 하고, 시설수용과 지역사회교정 모두에 대한 대안으로써 쓰이고 있다.

정답 ②

05 중간처우 제도와 시설에 대한 설명으로 옳지 않은 것은? 2018. 교정 7급

① 정신질환자 또는 마약중독자들이 겪는 구금으로 인한 충격을 완화해 주는 역할을 한다.
② 교도소 수용이나 출소를 대비하는 시설로 보호관찰 대상자에게는 적용되지 않는다.
③ 교정시설 내 중간처우로는 외부방문, 귀휴, 외부통근작업 및 통학제도 등을 들 수 있다.
④ 교도소 출소로 인한 혼란·불확실성·스트레스를 완화해 주는 감압실로 불리기도 한다.

해설

① [○] 입소 전 중간처우소는 대체로 정신질환범죄자나 마약중독범죄자 등에게 유용한 것으로, 수형자가 겪고 있는 정신질환이나 중독증상이 치유된 이후에 수형생활을 하는 것이 교정의 효과를 높일 수 있기 때문이다.
② [×] 중간처우소는 과도기적 시설과 기능 외에 직접적인 하나의 형벌의 대안으로써 이용되기도 한다. 즉, 시설수용과 거주 지역사회 교정 모두에 대안으로써 쓰이고 있다는 것이다. 다시 말해서 지금까지의 형벌이 사실상 완전한 구금과 완전한 자유라는 극단적인 두 가지로만 이루어져 왔으나, 이제는 극단적 두 처분의 중간에 위치할 수 있는 대안도 필요하다는 인식을 한 것이다.
따라서 일반적인 보호관찰이나 집중감시보호관찰 대상자들보다 좀 더 강한 통제와 체계가 필요하다고 판단되는 경우에 적용할 수 있고, 보호관찰 또는 가석방 규칙을 위반한 경우에도 중간처우소 제도를 적용하기도 한다.
④ [○] 중간처우소와 같은 과도기적 시설이 있음으로써 출소자들이 겪게 될지도 모를 혼란·불확실성·스트레스 등을 점차적으로 경험하게 하고 해결하게 하여 지역사회에서의 독립적인 생활에 재적응할 수 있는 적절한 시간적 여유를 제공할 수 있는 것이다. 이러한 관점에서 중간처우소(Halfway house)를 출소자들을 위한 감압실이라고도 한다.

☑ 중간처우소는 우선 과도기적 시설과 서비스를 필요로 하는 교도소에서 출소할 재소자, 구금의 대안으로서 보호관찰부 형의 유예자들에게 제공된다. 그리고 법원의 양형결정에 필요한 분류심사서비스로서도 활용되고 있다. 심지어 중간처우소가 출소자들에게는 외부통근이나 통학 또는 석방 전 처우센터로서도 이용되며, 특히 아동보호시설이나 재판 전 구치시설이나 소년원의 대안으로서도 이용되기도 한다.
중간처우소의 대상자는 마약중독자, 알코올중독자, 정신질환자(내담자) 등의 특수한 문제가 있는 범죄자에게만 제한하기도 한다. 그러나 일반적으로 중간처우소의 처우대상자는 청소년을 비롯한 젊은 사람, 초범자 등 범죄경력이 없거나 많지 않은 사람, 비폭력범죄자 등 위험성이 많지 않은 사람들을 포함시킨다.

정답 ②

06 중간처벌제도에 대한 설명으로 옳은 것은?   2019. 교정 7급

① 중간처벌은 중간처우에 비해 사회복귀에 더욱 중점을 둔 제도이다.
② 충격구금은 보호관찰의 집행 중에 실시하는 것으로, 일시적인 구금을 통한 고통의 경험이 미래 범죄행위에 대한 억지력을 발휘할 것이라는 가정을 전제로 한다.
③ 배상명령은 시민이나 교정당국에 비용을 부담시키지 않고, 범죄자로 하여금 지역사회에서 가족과 인간관계를 유지하며 직업활동에 전념할 수 있게 한다.
④ 집중감독보호관찰(intensive supervision probation)은 주로 경미범죄자나 초범자에게 실시하는 것으로, 일반보호관찰에 비해 많은 수의 사람을 대상으로 한다.

해설
① [×] 중간처벌이란 구금형과 일반보호관찰 사이에 존재하는 대체처벌로서, 중간처우가 사회복귀에 중점을 두는 것이라면 중간처벌은 제재에 보다 중점을 둔 제도이다.
② [×] 충격구금은 보호관찰에 앞서 일시적인 구금의 고통이 미래 범죄행위에 대한 억지력을 발휘할 것이라고 가정하는 처벌형태로, 이는 장기구금에 따른 폐해와 부정적 요소를 해소하거나 줄이고 대신 구금이 가질 수 있는 긍정적 측면을 강조하기 위한 것이다.
③ [○] 배상명령은 범죄자로 하여금 자신의 범죄로 인해 피해를 입은 범죄피해자에게 금전적으로 배상시키는 제도로, 피해자에 대한 단순한 금전적 배상이라는 점에서 하나의 처벌인 동시에 금전 마련을 위해서 일을 하거나 피해자를 배려한다는 등의 차원에서는 교화개선적 기능도 가지고 있다.
배상명령(restitution)은 시민이나 교정당국에 아무런 비용을 부담시키지 않으며, 범죄자를 사회로부터 격리수용하지 않고 지역사회에서 가족과 인간관계를 유지하며 직업활동에 전념할 수 있다는 장점이 있으며, 그 결과 수용으로 인한 낙인과 범죄학습 등의 폐해가 없다.
④ [×] 일반보호관찰은 주로 경미범죄자나 초범자 등을 대상으로 보호관찰관의 과중한 업무량 등을 이유로 간헐적인 직접접촉과 전화접촉에 그치지만, 집중보호관찰은 어느 정도의 강력범죄자까지도 대상으로 하며 10명 내외의 대상자를 상대로 매주 수회에 걸쳐 직접대면접촉을 보호관찰대상자의 직장이나 가정에서 수행하고 있다.
결국 집중보호관찰은 ㉠ 보호관찰관과 대상자의 대인적 접촉의 강화, ㉡ 범죄자의 범죄행위에 관련된 개인적 또는 사회적 필요성을 충족시키기 위한 유관기관이나 프로그램에의 강제적 회부, ㉢ 보호관찰조건의 강화와 엄격한 집행 등을 특징으로 한다. 따라서 집중보호관찰은 보호관찰부 가석방(parole)이나 보호관찰부 선고유예(probation) 두 가지 경우 모두 활용 가능한 제도이다.

정답 ③

07 충격구금(shock incarceration)에 대한 설명으로 옳지 않은 것은?   2015. 교정 7급

① 장기구금에 따른 폐해를 해소하거나 줄이는 대신 구금의 긍정적 측면을 강조하기 위한 것이다.
② 구금의 고통이 큰 기간을 구금하여 범죄억제효과를 극대화하는 데 제도적 의의가 있다.
③ 형의 유예 및 구금의 일부 장점들을 결합한 것으로 보호관찰과는 결합될 수 없다.
④ 짧은 기간 구금되지만 범죄자가 악풍에 감염될 우려가 있다.

해설
① [○] 충격구금은 글자 그대로 구금을 통하여 범죄자에게 충격을 가한다는 것이다. 이 제도는 장기구금에 따른 폐해와 부정적 요소를 해소하거나 줄이고 대신 구금이 가질 수 있는 긍정적 측면을 강조한 것이다.
② [○] 범죄자를 장기간 구금함으로써 부정적 낙인의 골은 깊어지고 악풍의 감염과 범죄의 학습은 심화되지만, 반대로 구금의 박탈과 고통으로 인한 제지효과는 점점 줄어들게 된다는 사실과 이러한 구금의 고통은 입소 후 6~7개월에 이르기까지 최고조에 달하다가 그 이후 급격히 떨어진다는 사실에 기초하여 구금의 고통이 가장 큰 짧은 기간 동안만 구금하여 구금으로 기대되던 고통과 그로 인한 제지효과를 극대화하는 대신 장기구금으로 인한 부정적 측면은 극소화하자는 데 제도적 의의가 있다.
③ [×] 충격구금은 보호관찰에 앞서 일시적인 구금의 고통이 미래 범죄행위에 대한 억지력을 발휘할 것이라고 가정하는 처벌형태로, 단기간의 구금을 경험하게 하여 형벌의 제지효과를 심어 준 다음 형의 선고를 유예하거나 보호관찰에 회부하는 등 구금을 대신할 수 있는 처분을 하는 것이다. 결국 이 제도는 보호관찰과 형의 유예 및 구금의 일부 장점들을 결합한 것이라고 볼 수 있다.
④ [○] 충격구금에 대해 부정적으로 평가하는 측에서는 아무리 단기간의 구금이라고 하지만 그 구금기간은 재소자에게 부정적인 경험과 영향을 미치기에는 짧지 않은 시간이라고 주장한다. 즉, 짧은 기간이라도 구금은 범죄자를 악풍에 감염시키고, 따라서 교화개선의 기회마저 상실하게 한다는 것이다. 한편 보호관찰은 구금을 피하자는 데 목적이 있는 것이지 구금을 보완하기 위한 것은 아니라는 주장이다.

정답 ③

08 집중보호관찰(intensive probation)에 대한 설명으로 옳지 않은 것은? 2020. 5급 승진

① 과밀수용의 해소방안으로서 중요한 의미를 가진다.
② 집중보호관찰 대상자 선정 시 약물남용경험, 가해자 - 피해자 관계, 초범 시 나이 등을 고려하지 않는다.
③ 일반보호관찰보다는 감독의 강도가 높고, 구금에 비해서는 그 강도가 낮다.
④ 집중보호관찰은 대개의 경우 야간 통행금지시간을 정하고, 일정시간의 사회봉사를 행하게 한다.
⑤ 집중보호관찰의 대상자는 재범의 위험성이 높은 보호관찰대상자가 보편적이다.

해설
① [○] 집중보호관찰은 수용인구의 폭증에 직면하여 구금하지 않고도 범죄자를 통제하고, 그들의 행위를 효과적으로 감시할 수 있는 장치가 필요하다는 인식에 기초하고 있다.
집중보호관찰은 과밀수용의 해소방안으로서 중요한 의미를 가지며, 전통적 보호관찰이 지나치게 전시효과를 노리는 눈가림식이라는 비판과 범죄자에 대한 처분이 지나치게 관대하다는 시민의식을 불식시킬 수 있는 장점이 있으며, 동시에 재범률을 낮출 수 있는 교화개선의 효과도 적지 않다는 경험적 평가를 받고 있다.
② [×], ⑤ [○] 대상자의 선정은 대체로 범죄자의 위험성을 기준으로 이루어지는데, 약물남용경험, 소년비행경력, 가해자와 피해자의 관계, 피해자에 대한 피해, 과거 보호관찰 파기 여부, 초범 당시의 나이 등을 고려하여 위험성이 높은 보호관찰대상자를 집중보호관찰의 대상자로 정하는 것이 보편적이다.
③ [○] 일반보호관찰이 주로 경미범죄자나 초범자 등을 대상으로 하는 반면, 집중보호관찰은 어느 정도의 강력범죄자까지도 대상으로 한다. 또한 감시·감독의 정도에 있어서도 일반보호관찰이 보호관찰관의 과중한 업무량 등을 이유로 간헐적인 직접접촉과 전화접촉에 만족하지만, 집중보호관찰은 10명 내외의 적은 수의 대상자를 상대로 매주 수회에 걸친 직접대면접촉을 보호관찰대상자의 직장이나 가정에서 수행하고 있다.
④ [○] 집중보호관찰은 대개의 경우 야간 통행금지시간을 정하고, 일정시간의 사회봉사를 행하게 하고, 취업을 증명할 수 있는 봉급명세서를 제출하게 하며, 보호관찰관의 감시·감독을 도울 수 있는 지역사회 후원자를 두도록 하기도 한다. 또한 경우에 따라서는 보호관찰 비용과 피해자에 대한 배상을 명하기도 하고, 알코올이나 마약에 대한 검사도 받게 한다.

정답 ②

09 전자감시의 장점으로 옳지 않은 것은?

2010. 교정 7급

① 시설구금의 대안으로 경비를 절감할 수 있다.
② 지역사회에서 가정생활, 직장생활을 영위함으로써 사회복귀에 도움이 된다.
③ 적절히 운영되면 교정시설의 과밀화 해소에 기여한다.
④ 대상자의 프라이버시를 보호하고 범죄로부터 지역사회를 더 안전하게 하는 데 기여한다.

해설
① [O] 시설에 구금하지 않고 가정에 구금하기 때문에 구금에 필요한 경비가 절감되고, 보호관찰관이 전자장치로 감시하기 때문에 그만큼 업무량이 줄어들어 경비가 절감된다.
② [O] 구금으로 인한 낙인이 없고, 지역사회에서 가족과 함께 생활하며 직장생활을 할 수 있고, 자신의 교화개선에 도움이 될 수 있는 각종 교육훈련과 상담도 받을 수 있어 사회복귀에 도움이 된다.
③ [O] 비구금적 대안인 전자감시제도를 활용함으로써 교정시설의 수용인구의 과밀을 줄일 수 있다.
④ [×] 범죄인을 시설구금이 아닌 사회 내에서 처우하는 것이므로 공공의 안전이 위협받으며, 국민의 법감정에 부합하지 않고, 대상자의 신체에 송신기를 부착하고 행동의 세세한 부분까지 감시하게 되므로 인간의 존엄성에 배치되며 지나치게 사생활을 침해한다는 비판이 있다.

정답 ④

10 사회봉사명령제도의 과제와 효율화 방안에 관한 설명으로 옳은 것은?

2007. 교정 7급

① 사회봉사명령제도는 본래 장기자유형에 대한 대체방안으로 논의되었다.
② 사회봉사명령 대상자에게 사회적으로 기피하는 일을 시킴으로 인해 인권침해라는 비난이 일 수도 있다.
③ 사회봉사명령제도는 사회 내 처우로서 범죄배양효과(crime breeding effect)를 방지하기 어렵다.
④ 제도의 목적이 다양함으로 인해 봉사명령의 효과가 증대되고 있다.

해설
① [×] 사회봉사명령은 본래 단기자유형의 대체방안의 하나로써, 유죄가 인정된 범죄인이나 비행소년을 교도소나 소년원에 구금하는 대신 정상적인 사회생활을 영위하게 하면서 일정한 기간 내에 지정된 시간 동안 무보수로 근로에 종사하도록 명하는 것을 말한다.
③ [×] 구금으로 인한 범죄배양효과 내지 낙인효과를 피할 수 있다.
④ [×] 사회 내 처우의 한 형태이기 때문에 재범의 가능성이 있고, 사회봉사명령의 목적이 지나치게 광범위하고 그 법적 성격이 확정되어 있지 않기 때문에 전국적으로 통용되는 일관된 기준이 없으며, 정상적인 직업활동을 저해할 우려가 있고, 또 다른 낙인으로 간주될 수 있다는 단점이 있다. 또한 사회봉사명령제도의 효율성 및 성과는 아직 검증되지 않고 있다.

정답 ②

11 사회 내 처우에 대한 설명으로 옳지 않은 것은? 2017. 교정 9급

① 배상제도는 범죄자로 하여금 범죄로 인한 피해자의 경제적 손실을 금전적으로 배상하게 하는 것으로, 범죄자의 사회복귀를 도울 수 있으며 범죄자에게 범죄에 대한 속죄의 기회를 제공한다.
② 사회봉사명령은 유죄가 인정된 범죄인이나 비행소년을 교화·개선하기 위해 이들로부터 일정한 여가를 박탈함으로써 처벌의 효과도 얻을 수 있고, 동시에 교육훈련을 통하여 자기 개선적 효과를 기대할 수 있다.
③ 집중감시(감독)보호관찰은 감독의 강도가 일반보호관찰보다는 높고 구금에 비해서는 낮은 것으로, 집중적인 접촉관찰을 실시함으로써 대상자의 욕구와 문제점을 보다 정확히 파악하고, 이에 알맞은 지도·감독 및 원호를 실시하여 재범방지의 효과를 높일 수 있다.
④ 전자감시(감독)제도는 처벌프로그램의 종류라기보다는 대상자의 위치를 파악할 수 있는 감시(감독)기술로서, 구금으로 인한 폐해를 줄일 수 있고 대상자가 교화·개선에 도움이 되는 각종 교육훈련과 상담을 받을 수 있다.

해설
② [×] 수강명령에 대한 설명이다. 수강명령은 유죄가 인정된 범죄인이나 보호소년을 교화·개선하기 위하여 일정한 강의나 교육을 받도록 명하는 것을 말한다.
사회봉사명령은 유죄가 인정된 범죄인이나 보호소년을 교도소나 소년원에 구금하는 대신에 정상적인 사회생활을 영위하면서 일정한 기간 내에 지정된 시간 동안 무보수로 근로에 종사하도록 명하는 것을 말한다.

정답 ②

제28장 | 보안처분 관계 법령과 판례

제1절 | 보안처분 관계 법률
제2절 | 보안처분 주요 5법

〈보호관찰 등에 관한 법률〉

01 보호관찰소의 조사제도에 대한 설명으로 옳지 않은 것은? 2020. 보호 7급

① 「보호관찰 등에 관한 법률」 제19조에 따른 판결 전 조사는 법원이 「형법」 제59조의2 및 제62조의2에 따른 보호관찰, 사회봉사 또는 수강을 명하기 위하여 필요하다고 인정되는 경우에 조사를 요구할 수 있는 것을 말한다.
② 「보호관찰 등에 관한 법률」 제19조의2에 따른 결정 전 조사는 법원이 「소년법」 제12조에 따라 소년보호사건뿐만 아니라 소년 형사사건에 대한 조사 또는 심리를 위하여 필요하다고 인정되는 경우에 조사를 의뢰하는 것을 말한다.
③ 「소년법」 제49조의2에 따른 검사의 결정 전 조사는 검사가 소년 피의사건에 대하여 소년부 송치, 공소제기, 기소유예 등의 처분을 결정하기 위하여 필요하다고 인정되는 경우에 조사를 요구할 수 있는 것을 말한다.
④ 「전자장치 부착 등에 관한 법률」 제6조에 따른 청구 전 조사는 검사가 전자장치 부착명령을 청구하기 위하여 필요하다고 인정하는 경우에 조사를 요청할 수 있는 것을 말한다.

해설

① [O] 법원은 (소년·성인)피고인에 대하여 형법 제59조의2(선고유예시 보호관찰) 및 제62조의2(집행유예시 보호관찰, 사회봉사·수강명령)에 따른 보호관찰, 사회봉사 또는 수강을 명하기 위하여 필요하다고 인정하면 그 법원의 소재지 또는 피고인의 주거지를 관할하는 보호관찰소의 장에게 범행 동기, 직업, 생활환경, 교우관계, 가족상황, 피해회복 여부 등 피고인에 관한 사항의 조사를 요구할 수 있다(동법 제19조 제1항).
② [X] 법원은 소년법 제12조(전문가의 진단)에 따라 소년보호사건에 대한 조사 또는 심리를 위하여 필요하다고 인정하면 그 법원의 소재지 또는 소년의 주거지를 관할하는 보호관찰소의 장에게 소년의 품행, 경력, 가정상황, 그 밖의 환경 등 필요한 사항에 관한 조사를 의뢰할 수 있다(보호관찰 등에 관한 법률 제19조의2 제1항).
▶ 판결 전 조사(동법 제19조 제1항)는 성인·소년 형사사건에 대한 조사이고, 결정 전 조사는 소년보호사건에 대한 조사이다.
③ [O] 검사는 소년 피의사건에 대하여 소년부 송치, 공소제기, 기소유예 등의 처분을 결정하기 위하여 필요하다고 인정하면 피의자의 주거지 또는 검찰청 소재지를 관할하는 보호관찰소의 장, 소년분류심사원장 또는 소년원장(보호관찰소장 등)에게 피의자의 품행, 경력, 생활환경이나 그 밖에 필요한 사항에 관한 조사를 요구할 수 있다(소년법 제49조의2 제1항).
④ [O] 검사는 부착명령을 청구하기 위하여 필요하다고 인정하는 때에는 피의자의 주거지 또는 소속 검찰청(지청을 포함) 소재지를 관할하는 보호관찰소(지소를 포함)의 장에게 범죄의 동기, 피해자와의 관계, 심리상태, 재범의 위험성 등 피의자에 관하여 필요한 사항의 조사를 요청할 수 있다(전자장치 부착 등에 관한 법률 제6조 제1항).

정답 ②

02 「보호관찰 등에 관한 법률」 및 「소년법」상 결정 전 조사 또는 판결 전 조사에 대한 설명으로 옳지 않은 것은?

2015. 5급 승진

① 「보호관찰 등에 관한 법률」에 의하면, 법원은 피고인에 대하여 「형법」 제59조의2 및 제62조의2에 따른 보호관찰, 사회봉사 또는 수강을 명하기 위하여 필요하다고 인정하면 보호관찰소의 장에게 범행동기 등 피고인에 관한 사항의 조사를 요구할 수 있다.
② 법원의 판결 전 조사 요구를 받은 보호관찰소의 장은 지체 없이 이를 조사하여 서면으로 해당 법원에 알려야 한다.
③ 보호관찰소의 장은 법원의 판결 전 조사 요구를 받더라도 피고인이나 그 밖의 관계인을 소환하여 심문할 수 없다.
④ 검사는 보호관찰소의 장 등으로부터 통보받은 조사 결과를 참고하여 소년피의자를 교화·개선하는 데에 가장 적합한 처분을 결정하여야 한다.
⑤ 검사는 소년 피의사건에 대하여 소년부 송치, 공소제기 등의 처분을 결정하기 위하여 필요하다고 인정하면 보호관찰소의 장 등에게 조사를 요구할 수 있다.

해설
① [○] 보호관찰소의 장에게 범행 동기, 직업, 생활환경, 교우관계, 가족상황, 피해회복 여부 등 피고인에 관한 사항의 조사를 요구할 수 있다(동법 제19조 제1항).
② [○] 동법 제19조 제2항
③ [×] 법원의 판결 전 조사의 요구를 받은 보호관찰소의 장은 지체 없이 이를 조사하여 서면으로 해당 법원에 알려야 한다. 이 경우 필요하다고 인정하면 피고인이나 그 밖의 관계인을 소환하여 심문하거나 소속 보호관찰관에게 필요한 사항을 조사하게 할 수 있다(보호관찰 등에 관한 법률 제19조 제2항).
④ [○] 소년법 제49조의2 제4항
⑤ [○] 검사는 소년 피의사건에 대하여 소년부 송치, 공소제기, 기소유예 등의 처분을 결정하기 위하여 필요하다고 인정하면 피의자의 주거지 또는 검찰청 소재지를 관할하는 보호관찰소의 장, 소년분류심사원장 또는 소년원장(보호관찰소장 등)에게 피의자의 품행, 경력, 생활환경이나 그 밖에 필요한 사항에 관한 조사를 요구할 수 있다(동법 제49조의2 제1항).

정답 ③

03 보호관찰 대상자의 보호관찰 기간으로 옳지 않은 것은?

2021. 교정 7급

① 「치료감호 등에 관한 법률」상 치료감호 가종료자: 3년
② 「소년법」상 단기 보호관찰처분을 받은 자: 1년
③ 「형법」상 보호관찰을 조건으로 형의 선고유예를 받은 자: 1년
④ 「가정폭력범죄의 처벌 등에 관한 특례법」상 보호관찰처분을 받은 자: 1년

해설
① [○] 피치료감호자에 대한 치료감호가 가종료되었을 때에 보호관찰이 시작되며(치료감호 등에 관한 법률 제32조 제1항 제1호), 보호관찰의 기간은 3년으로 한다(동법 제32조 제2항).
② [○] 보호관찰관의 단기 보호관찰기간은 1년으로 한다(소년법 제33조 제2항).
③ [○] 형법 제59조의2(선고유예시 보호관찰)에 따라 보호관찰을 조건으로 형의 선고유예를 받은 사람은 보호관찰 대상자가 되고(보호관찰 등에 관한 법률 제3조 제1항 제1호), 보호관찰의 기간은 1년이다(동법 제30조 제1호).
형의 선고를 유예하는 경우에 재범방지를 위하여 지도 및 원호가 필요한 때에는 보호관찰을 받을 것을 명할 수 있으며(형법 제59조의2 제1항), 보호관찰의 기간은 1년으로 한다(동법 제59조의2 제2항).
④ [×] 판사는 심리의 결과 보호처분이 필요하다고 인정하는 경우에는 결정으로 보호관찰 등에 관한 법률에 따른 보호관찰 처분을 할 수 있고(가정폭력범죄의 처벌 등에 관한 특례법 제40조 제1항 제5호), 보호관찰 처분의 기간은 6개월을 초과할 수 없으며(동법 제41조), 보호관찰 처분의 기간을 변경하는 경우 종전의 처분기간을 합산하여 1년을 초과할 수 없다(동법 제45조 제2항).

정답 ④

04 보호관찰이 가능한 기간으로 옳지 않은 것은?

2024. 보호 7급

① 형의 선고를 유예하면서 보호관찰을 명받은 자는 1년
② 소년부 판사로부터 장기 보호관찰을 명받은 소년으로 보호관찰관의 신청에 따른 결정으로 그 기간이 연장된 자는 최대 4년
③ 「가정폭력범죄의 처벌 등에 관한 특례법」상 보호처분으로 보호관찰을 명받은 후 법원의 결정으로 보호처분의 기간이 변경된 자는 종전의 처분기간을 합산하여 최대 1년
④ 「성매매알선 등 행위의 처벌에 관한 법률」상 보호처분으로 보호관찰을 명받은 후 법원의 결정으로 보호처분의 기간이 변경된 자는 종전의 처분기간을 합산하여 최대 1년

해설
① [O] 보호관찰 등에 관한 법률 제30조 제1호, 형법 제59조의2 제1항·제2항
② [X] 장기 보호관찰기간은 2년으로 한다. 다만, 소년부 판사는 보호관찰관의 신청에 따라 결정으로써 1년의 범위에서 한 번에 한하여 그 기간을 연장할 수 있다(소년법 제33조 제3항). ⇒ 장기 보호관찰은 연장 기간을 포함하여 3년(2년 + 1년)을 초과할 수 없다.
③ [O] 보호관찰기간은 6개월을 초과할 수 없으며(가정폭력범죄의 처벌 등에 관한 특례법 제41조), 보호처분의 종류와 기간을 변경하는 경우 종전의 처분기간을 합산하여 보호관찰기간은 1년을 초과할 수 없다(동법 제45조 제2항).
④ [O] 보호관찰기간은 6개월을 초과할 수 없으며(성매매알선 등 행위의 처벌에 관한 법률 제15조), 보호처분의 종류와 기간을 변경할 때에는 종전의 처분기간을 합산하여 보호관찰기간은 1년을 초과할 수 없다(동법 제16조 제2항).

정답 ②

05 「보호관찰 등에 관한 법률」상 사회봉사명령과 수강명령에 대한 설명으로 옳지 않은 것은?

2020. 교정 9급

① 법원은 「형법」 제62조의2에 따른 사회봉사를 명할 때에는 500시간, 수강을 명할 때에는 200시간의 범위에서 그 기간을 정하여야 한다. 다만, 다른 법률에 특별한 규정이 있는 경우에는 그 법률에서 정하는 바에 따른다.
② 법원은 「형법」 제62조의2에 따른 사회봉사 또는 수강을 명하는 판결이 확정된 때부터 3일 이내에 판결문 등본 및 준수사항을 적은 서면을 피고인의 주거지를 관할하는 보호관찰소의 장에게 보내야 한다.
③ 사회봉사·수강명령 대상자는 주거를 이전하거나 10일 이상의 국외여행을 할 때에는 미리 보호관찰관에게 신고하여야 한다.
④ 사회봉사·수강명령 대상자가 사회봉사·수강명령 집행 중 금고 이상의 형의 집행을 받게 될 때에는 해당 형의 집행이 종료·면제되거나 사회봉사·수강명령 대상자가 가석방된 경우 잔여 사회봉사·수강명령을 집행한다.

해설
① [O] 동법 제59조 제1항
② [O] 동법 제60조 제1항
③ [X] 사회봉사·수강명령 대상자는 주거를 이전하거나 1개월 이상 국내외 여행을 할 때에는 미리 보호관찰관에게 신고하여야 한다(보호관찰 등에 관한 법률 제62조 제2항 제2호).
④ [O] 동법 제63조 제2항

정답 ③

06 사회봉사명령에 대한 설명으로 옳지 않은 것은? (다툼이 있는 경우 판례에 의함) 2021. 보호 7급

① 법원이 형의 집행을 유예하는 경우 명할 수 있는 사회봉사는 500시간 내에서 시간 단위로 부과될 수 있는 일 또는 근로활동을 의미하는 것으로 해석된다.
② 보호관찰관은 사회봉사명령의 집행을 국공립기관이나 그 밖의 단체에 위탁한 때에는 이를 법원 또는 법원의 장에게 통보하여야 한다.
③ 사회봉사의 도움을 필요로 하는 일반 국민들에게 직접 지원 분야를 신청받아 관할 보호관찰소에서 적절성을 심사한 후, 사회봉사명령대상자를 투입하여 무상으로 사회봉사명령을 집행할 수 있다.
④ 500만원 이하의 벌금형이 확정된 벌금 미납자는 검사의 납부명령일로부터 30일 이내에 주거지를 관할하는 보호관찰관에게 사회봉사를 신청할 수 있다.

해설
① [O] 대법원 2020.11.5. 2017도18291
② [O] 보호관찰 등에 관한 법률 제61조 제2항
③ [O] 사회봉사 국민공모제에 대한 설명이다.
④ [×] 대통령령으로 정한 금액(500만원) 범위 내의 벌금형이 확정된 벌금 미납자는 검사의 납부명령일부터 30일 이내에 주거지를 관할하는 지방검찰청(지방검찰청지청을 포함)의 검사에게 사회봉사를 신청할 수 있다. 다만, 검사로부터 벌금의 일부납부 또는 납부연기를 허가받은 자는 그 허가기간 내에 사회봉사를 신청할 수 있다(벌금 미납자의 사회봉사 집행에 관한 특례법 제4조 제1항, 동법 시행령 제2조).

정답 ④

07 사회봉사명령제도에 대한 설명으로 옳지 않은 것은? (다툼이 있는 경우 판례에 의함) 2011. 교정 9급

① 다양한 형벌목적을 결합시킬 수 없어 자유형에 상응한 형벌효과를 거둘 수 없다.
② 자유형의 집행을 대체하기 위한 것이므로 피고인에게 일정한 금원을 출연하거나 이와 동일시할 수 있는 행위를 명하는 것은 허용될 수 없다.
③ 강제노역으로서 이론상 대상자의 동의를 요한다고 하여야 할 것이나, 현행법은 대상자의 동의를 요건으로 하고 있지 않다.
④ 일반인의 직업활동을 저해할 우려가 있고, 대상자에게 또 다른 낙인으로 작용할 수 있다.

해설
① [×] 사회봉사명령은 중간처벌에 해당하는 것으로, 다양한 형벌목적을 결합시킬 수 있어 자유형에 상응한 형벌효과를 거둘 수 있다.
② [O] 사회봉사는 형의 집행을 유예하면서 부가적으로 명하는 것이고 집행유예 되는 형은 자유형에 한정되고 있는 점 등에 비추어, 법원이 형의 집행을 유예하는 경우 명할 수 있는 사회봉사는 자유형의 집행을 대체하기 위한 것으로서 500시간 내에서 시간 단위로 부과될 수 있는 일 또는 근로활동을 의미하는 것으로 해석되므로, 법원이 형법 제62조의2의 규정에 의한 사회봉사명령으로 피고인에게 일정한 금원을 출연하거나 이와 동일시할 수 있는 행위를 명하는 것은 허용될 수 없다(대법원 2008.4.11. 2007도8373).
③ [O] 법원의 임의적 부과(형법 제62조의2 제1항, 보호관찰 등에 관한 법률 제3조 제2항 등)

정답 ①

08 현행법상 보호관찰명령을 부과하면서 사회봉사명령을 병과할 수 없는 것만을 모두 고른 것은? 2017. 5급 승진

㉠ 「형법」 제59조의2에 의한 선고유예자인 경우
㉡ 「형법」 제73조의2에 의한 가석방자인 경우
㉢ 「소년법」 제32조 제1항의 보호처분 대상 소년으로 12세인 경우
㉣ 「성폭력범죄의 처벌 등에 관한 특례법」상 성폭력범죄를 범한 사람에 대하여 형의 집행을 유예하는 경우
㉤ 「가정폭력범죄의 처벌 등에 관한 특례법」 제40조 제1항의 보호처분을 할 경우

① ㉠, ㉡, ㉢
② ㉠, ㉡, ㉣
③ ㉠, ㉣, ㉤
④ ㉡, ㉢, ㉤
⑤ ㉢, ㉣, ㉤

해설
보호관찰명령을 부과하면서 사회봉사명령을 병과할 수 없는 것은 ㉠, ㉡, ㉢이다.
㉠ [×] 형의 선고를 유예하는 경우에 재범방지를 위하여 지도 및 원호가 필요한 때에는 보호관찰을 받을 것을 명할 수 있다(형법 제59조의2 제1항).
㉡ [×] 가석방된 자는 가석방기간 중 보호관찰을 받는다(동법 제73조의2 제2항).
㉢ [×] 보호관찰관의 단기 보호관찰(제4호) 처분과 사회봉사명령(제3호) 처분 또는 보호관찰관의 장기 보호관찰(제5호) 처분과 사회봉사명령(제3호) 처분은 병합할 수 있으나(소년법 제32조 제2항 제1호·제2호), 사회봉사명령 처분은 14세 이상의 소년에게만 할 수 있다(동법 제32조 제3항).
㉣ [○] 법원이 성폭력범죄를 범한 사람에 대하여 형의 집행을 유예하는 경우에는 수강명령 외에 그 집행유예기간 내에서 보호관찰 또는 사회봉사 중 하나 이상의 처분을 병과할 수 있다(성폭력범죄의 처벌 등에 관한 특례법 제16조 제4항).
㉤ [○] 판사는 심리의 결과 보호처분이 필요하다고 인정하는 경우에는 결정으로 보호관찰 등에 관한 법률에 따른 보호관찰, 사회봉사·수강명령을 할 수 있다(가정폭력범죄의 처벌 등에 관한 특례법 제40조 제1항).

정답 ①

09 사회봉사명령 및 수강명령에 대한 설명으로 옳지 않은 것은? 2011. 교정 7급

① 사회봉사명령 및 수강명령의 집행을 완료하거나 형의 집행 유예기간이 지났을 때 사회봉사명령 및 수강명령은 종료된다.
② 보호관찰관은 사회봉사명령 또는 수강명령의 집행을 국공립기관에 위탁하였을 때 이를 법원 또는 법원의 장에게 통보해야 한다.
③ 사회봉사명령 및 수강명령 대상자는 법무부령으로 정하는 바에 따라 주거, 직업, 그 밖에 필요한 사항을 보호관찰소의 장에게 신고해야 한다.
④ 사회봉사명령 또는 수강명령은 보호관찰관이 집행하고, 보호관찰관은 국공립기관이나 그 밖의 단체에 그 집행의 전부 또는 일부를 위탁할 수 있다.

해설
① [○] 동법 제63조 제1항
② [○] 동법 제61조 제2항
③ [×] 사회봉사명령 및 수강명령 대상자는 대통령령으로 정하는 바에 따라 주거, 직업, 그 밖에 필요한 사항을 관할 보호관찰소의 장에게 신고하여야 한다(보호관찰 등에 관한 법률 제62조 제1항).
④ [○] 동법 제61조 제1항

정답 ③

10 사회봉사 명령 또는 허가의 대상이 될 수 없는 자를 모두 고른 것은? 2016. 보호 7급

> ㉠ 「가정폭력범죄의 처벌 등에 관한 특례법」의 가정폭력 행위자 중 보호처분이 필요하다고 인정되는 자
> ㉡ 「성매매 알선 등 행위의 처벌에 관한 법률」의 성매매를 한 자 중 보호처분이 필요하다고 인정되는 자
> ㉢ 「소년법」에 따라 보호처분을 할 필요가 있다고 인정되는 만 12세의 소년
> ㉣ 「벌금 미납자의 사회봉사 집행에 관한 특례법」상 징역과 동시에 벌금을 선고받아 확정되었음에도 불구하고 벌금을 미납한 자
> ㉤ 「아동·청소년의 성보호에 관한 법률」상 집행유예를 선고받은 성범죄자

① ㉠, ㉡
② ㉢, ㉣
③ ㉠, ㉣, ㉤
④ ㉡, ㉢, ㉤

해설

사회봉사 명령 또는 허가의 대상이 될 수 없는 자는 ㉢, ㉣이다.
㉠ [○] 판사는 심리의 결과 보호처분이 필요하다고 인정하는 경우에는 결정으로 보호관찰 등에 관한 법률에 따른 사회봉사명령을 할 수 있다(가정폭력범죄의 처벌 등에 관한 특례법 제40조 제1항).
㉡ [○] 판사는 심리 결과 보호처분이 필요하다고 인정할 때에는 결정으로 보호관찰 등에 관한 법률에 따른 사회봉사명령을 할 수 있다(성매매 알선 등 행위의 처벌에 관한 법률 제14조 제1항).
㉢ [×] 사회봉사명령 처분은 14세 이상의 소년에게만 할 수 있다(소년법 제32조 제3항).
㉣ [×] 징역 또는 금고와 동시에 벌금을 선고받은 사람은 사회봉사를 신청할 수 없으며(벌금 미납자의 사회봉사 집행에 관한 특례법 제4조 제2항), 사회봉사를 신청할 수 없는 사람이 신청을 한 경우에는 법원은 사회봉사를 허가하지 아니한다(동법 제6조 제2항).
㉤ [○] 법원이 아동·청소년대상 성범죄를 범한 사람에 대하여 형의 집행을 유예하는 경우에는 수강명령 외에 그 집행유예기간 내에서 보호관찰 또는 사회봉사 중 하나 이상의 처분을 병과할 수 있다(아동·청소년의 성보호에 관한 법률 제21조 제4항).

정답 ②

---

11 다음 중 현행법상 사회봉사명령에 대한 설명으로 가장 옳지 않은 것은? 2022. 해경 경위

① 형의 집행을 유예할 경우 부과할 수 있다.
② 소년범에 대하여는 사회봉사명령을 부과할 수 없다.
③ 사회봉사명령은 보호관찰관이 집행한다.
④ 보호관찰관은 사회봉사명령의 집행을 국공립기관이나 그 밖의 단체에 위탁한 때에는 이를 법원 또는 법원의 장에게 통보하여야 한다.

해설

① [○] 형의 집행을 유예하는 경우에는 보호관찰을 받을 것을 명하거나 사회봉사 또는 수강을 명할 수 있다(형법 제62조의2 제1항).
② [×] 소년부 판사는 심리 결과 보호처분을 할 필요가 있다고 인정하면 결정으로써 ㉠ 보호자 또는 보호자를 대신하여 소년을 보호할 수 있는 자에게 감호 위탁, ㉡ 수강명령, ㉢ 사회봉사명령, ㉣ 보호관찰관의 단기 보호관찰, ㉤ 보호관찰관의 장기 보호관찰, ㉥ 「아동복지법」에 따른 아동복지시설이나 그 밖의 소년보호시설에 감호 위탁, ㉦ 병원, 요양소 또는 「보호소년 등의 처우에 관한 법률」에 따른 의료재활소년원에 위탁, ㉧ 1개월 이내의 소년원 송치, ㉨ 단기 소년원 송치, ㉩ 장기 소년원 송치의 어느 하나에 해당하는 처분을 하여야 한다(소년법 제32조 제1항).
③ [○] 사회봉사명령 또는 수강명령은 보호관찰관이 집행한다. 다만, 보호관찰관은 국공립기관이나 그 밖의 단체에 그 집행의 전부 또는 일부를 위탁할 수 있다(보호관찰 등에 관한 법률 제61조 제1항).
④ [○] 동법 제61조 제2항

정답 ②

12 보호관찰을 규정하고 있지 않은 법률은? 2011. 교정 9급

① 형법
② 치료감호 등에 관한 법률
③ 청소년보호법
④ 성폭력범죄의 처벌 등에 관한 특례법

해설
① [○] 형법 제59조의2, 제62조의2, 제73조의2
② [○] 치료감호 등에 관한 법률 제32조
④ [○] 성폭력범죄의 처벌 등에 관한 특례법 제16조 제1항

☑ 보호관찰 vs 사회봉사 · 수강명령

보호관찰이 규정되어 있는 법률	사회봉사 · 수강명령이 규정되어 있는 법률
1. 형법	1. 형법
2. 보호관찰 등에 관한 법률	2. 보호관찰 등에 관한 법률
3. 소년법	3. 소년법
4. 성매매알선 등 행위의 처벌에 관한 법률	4. 성매매알선 등 행위의 처벌에 관한 법률
5. 아동 · 청소년의 성보호에 관한 법률	5. 아동 · 청소년의 성보호에 관한 법률
6. 성폭력범죄의 처벌 등에 관한 특례법	6. 성폭력범죄의 처벌 등에 관한 특례법
7. 가정폭력범죄의 처벌 등에 관한 특례법	7. 가정폭력범죄의 처벌 등에 관한 특례법
8. 치료감호 등에 관한 법률	
9. 전자장치 부착 등에 관한 법률	
10. 성폭력범죄자의 성충동 약물치료에 관한 법률	

정답 ③

---

13 「보호관찰 등에 관한 법률」상 사회봉사명령 및 수강명령에 대한 설명으로 옳은 것은? 2015. 5급 승진

① 사회봉사 · 수강명령 대상자는 주거를 이전하거나 15일 이상 국외 여행을 할 때에는 미리 보호관찰관에게 신고해야 한다.
② 사회봉사명령은 300시간, 수강명령은 200시간을 초과하여 명할 수 없다.
③ 사회봉사 · 수강명령 대상자의 준수사항은 그에게 구두로 명확하게 고지하여야 한다.
④ 보호관찰소는 사회봉사 또는 수강명령의 집행을 다른 기관에 위탁할 수 없다.
⑤ 사회봉사 · 수강은 사회봉사 · 수강명령 대상자가 선고받은 형의 집행유예 기간이 지나면 종료한다.

해설
① [×] 주거를 이전하거나 1개월 이상 국내외 여행을 할 때에는 미리 보호관찰관에게 신고해야 한다(동법 제62조 제2항 제2호).
② [×] 법원은 사회봉사를 명할 때에는 500시간, 수강을 명할 때에는 200시간의 범위에서 그 기간을 정하여야 한다(동법 제59조 제1항).
③ [×] 준수사항은 서면으로 고지하여야 한다(동법 제62조 제4항).
④ [×] 사회봉사명령 또는 수강명령은 보호관찰관이 집행한다. 다만, 보호관찰관은 국공립기관이나 그 밖의 단체에 그 집행의 전부 또는 일부를 위탁할 수 있다(동법 제61조 제1항).
⑤ [○] 보호관찰 등에 관한 법률 제63조 제1항 제2호

정답 ⑤

14 보호관찰, 사회봉사, 수강(受講)에 대한 설명으로 옳지 않은 것은? 2024. 보호 9급

① 「보호관찰 등에 관한 법률」상 보호관찰은 법원의 판결이나 결정이 확정된 때 또는 가석방·임시퇴원된 때부터 시작된다.
② 사회봉사명령 대상자가 사회봉사명령 집행 중 금고 이상의 형의 집행을 받게 된 때에는 해당 형의 집행이 종료·면제되거나 사회봉사명령 대상자가 가석방된 경우 잔여 사회봉사명령을 집행한다.
③ 판례에 따르면, 형의 집행을 유예하는 경우에 명해지는 보호관찰은 장래의 위험성으로부터 행위자를 보호하고 사회를 방위하기 위한 조치이다.
④ 판례에 따르면, 「보호관찰 등에 관한 법률」 제32조 제3항이 보호관찰 대상자에게 과할 수 있는 특별준수사항으로 정한 '범죄행위로 인한 손해를 회복하기 위하여 노력할 것(제4호)'은 수강명령대상자에 대해서도 부과할 수 있다.

해설
① [○] 보호관찰 등에 관한 법률 제29조 제1항
② [○] 동법 제63조 제2항
③ [○] 형법 제62조의2 제1항에 의하면 형의 집행을 유예를 하는 경우에는 보호관찰을 받을 것을 명할 수 있고, 같은 조 제2항에 의하면 제1항의 규정에 의한 보호관찰의 기간은 집행을 유예한 기간으로 하고, 다만 법원은 유예기간의 범위 내에서 보호관찰의 기간을 정할 수 있다고 규정되어 있는바, 위 조항에서 말하는 보호관찰은 형벌이 아니라 보안처분의 성격을 갖는 것으로서, 과거의 불법에 대한 책임에 기초하고 있는 제재가 아니라 장래의 위험성으로부터 행위자를 보호하고 사회를 방위하기 위한 합목적적인 조치이므로, 그에 관하여 반드시 행위 이전에 규정되어 있어야 하는 것은 아니며, 재판시의 규정에 의하여 보호관찰을 받을 것을 명할 수 있다고 보아야 할 것이고, 이와 같은 해석이 형벌불소급의 원칙 내지 죄형법정주의에 위배되는 것이라고 볼 수 없다(대법원 1997.6.13. 97도703).
④ [×] 사회봉사명령·수강명령 대상자에 대한 특별준수사항은 보호관찰 대상자에 대한 것과 같을 수 없고, 따라서 보호관찰 대상자에 대한 특별준수사항을 사회봉사명령·수강명령 대상자에게 그대로 적용하는 것은 적합하지 않다. 그러므로 보호관찰법 제32조 제3항이 보호관찰 대상자에게 과할 수 있는 특별준수사항으로 정한 '범죄행위로 인한 손해를 회복하기 위하여 노력할 것(제4호)' 등 제3항 제1호부터 제9호까지의 사항은 보호관찰 대상자에 한해 부과할 수 있을 뿐, 사회봉사명령·수강명령 대상자에 대해서는 부과할 수 없다(대법원 2020.11.5. 2017도18291).

정답 ④

---

15 「보호관찰 등에 관한 법률」상 보호관찰 심사위원회가 심사·결정하는 사항으로 옳지 않은 것은? 2020. 교정 9급

① 가석방과 그 취소에 관한 사항
② 임시퇴원, 임시퇴원의 취소 및 「보호소년 등의 처우에 관한 법률」 제43조 제3항에 따른 보호소년의 퇴원에 관한 사항
③ 보호관찰의 임시해제와 그 취소에 관한 사항
④ 보호관찰을 조건으로 한 형의 선고유예의 실효

해설
④ [×] 보호관찰을 조건으로 한 형의 선고유예의 실효 및 집행유예의 취소는 법원에서 한다.

☑ **보호관찰 심사위원회의 심사·결정사항**(보호관찰 등에 관한 법률 제6조)
1. (소년수형자에 대한) 가석방과 (보호관찰을 받는 성인·소년 가석방 대상자의) 그 취소에 관한 사항
2. 임시퇴원, 임시퇴원의 취소 및 보호소년의 퇴원에 관한 사항
3. 보호관찰의 임시해제와 그 취소에 관한 사항
4. 보호관찰의 정지와 그 취소에 관한 사항
5. 가석방 중인 사람의 부정기형의 종료에 관한 사항
6. 이 법 또는 다른 법령에서 심사위원회의 관장 사무로 규정된 사항
7. 제1호부터 제6호까지의 사항과 관련된 사항으로서 위원장이 회의에 부치는 사항

정답 ④

16 보호관찰 심사위원회의 심사·결정 사항으로 옳지 않은 것은? 2024. 교정 7급

① 소년수형자에 대한 가석방과 그 취소
② 성충동 약물치료의 치료명령을 받아 보호관찰 중인 자의 보호관찰 준수사항 위반 정도와 치료기간 연장
③ 가석방되는 성인수형자에 대한 보호관찰의 필요성과 보호관찰이 부과된 가석방의 취소
④ 가석방 또는 임시퇴원된 사람이 있는 곳을 알 수 없어 보호관찰을 계속할 수 없는 때의 보호관찰 정지 및 그 해제

해설

① [○] 보호관찰 심사위원회는 교도소·구치소·소년교도소 및 소년원(수용기관)의 장이 가석방·퇴원 및 임시퇴원의 신청을 하면 소년수형자에 대한 가석방 또는 보호소년에 대한 퇴원·임시퇴원이 적절한지를 심사하여 결정한다(보호관찰 등에 관한 법률 제23조 제1항). 보호관찰 심사위원회는 가석방 또는 임시퇴원된 사람이 보호관찰기간 중 준수사항을 위반하고 위반 정도가 무거워 보호관찰을 계속하기가 적절하지 아니하다고 판단되는 경우에는 보호관찰소의 장의 신청을 받거나 직권으로 가석방(보호관찰을 받는 성인·소년 가석방자) 및 임시퇴원의 취소를 심사하여 결정할 수 있다(동법 제48조 제1항).

② [×] 치료 경과 등에 비추어 치료명령을 받은 사람에 대한 약물치료를 계속 하여야 할 상당한 이유가 있거나 ㉠ 정당한 사유 없이 「보호관찰 등에 관한 법률」 제32조 제2항[일반준수사항. 제4호(주거를 이전하거나 1개월 이상 국내외 여행을 할 때에는 미리 보호관찰관에게 신고할 것)는 제외한다] 또는 제3항(특별준수사항)에 따른 준수사항을 위반한 경우, ㉡ 정당한 사유 없이 제15조 제2항을 위반하여 신고(10일 이내에 주거지를 관할하는 보호관찰소에 출석하여 서면으로 신고)하지 아니한 경우, ㉢ 거짓으로 제15조 제3항의 허가(주거 이전 또는 7일 이상의 국내여행을 하거나 출국할 때 미리 보호관찰관의 허가)를 받거나, 정당한 사유 없이 제15조 제3항을 위반하여 허가를 받지 아니하고 주거 이전, 국내여행 또는 출국을 하거나 허가기간 내에 귀국하지 아니한 경우에는 법원은 보호관찰소의 장의 신청에 따른 검사의 청구로 치료기간을 결정으로 연장할 수 있다. 다만, 종전의 치료기간을 합산하여 15년을 초과할 수 없다(성폭력범죄자의 성충동 약물치료에 관한 법률 제16조 제1항).

③ [○] 보호관찰 심사위원회는 「형의 집행 및 수용자의 처우에 관한 법률」 제122조(가석방 허가)에 따라 가석방되는 사람(가석방되는 성인수형자)에 대하여 보호관찰의 필요성을 심사하여 결정한다(보호관찰 등에 관한 법률 제24조 제1항). 보호관찰 심사위원회는 가석방 또는 임시퇴원된 사람이 보호관찰기간 중 준수사항을 위반하고 위반 정도가 무거워 보호관찰을 계속하기가 적절하지 아니하다고 판단되는 경우에는 보호관찰소의 장의 신청을 받거나 직권으로 가석방(보호관찰을 받는 성인·소년 가석방자) 및 임시퇴원의 취소를 심사하여 결정할 수 있다(동법 제48조 제1항).

④ [○] 보호관찰 심사위원회는 가석방 또는 임시퇴원된 사람이 있는 곳을 알 수 없어 보호관찰을 계속할 수 없을 때에는 보호관찰소의 장의 신청을 받거나 직권으로 보호관찰을 정지하는 결정을 할 수 있다(동법 제53조 제1항).

정답 ②

17 「보호관찰 등에 관한 법률」상 보호관찰 심사위원회에 대한 설명으로 옳은 것만을 모두 고르면? 2024. 보호 7급

㉠ 「보호관찰 등에 관한 법률」에 따른 가석방과 그 취소에 관한 사항을 심사·결정한다.
㉡ 검사가 보호관찰관의 선도를 조건으로 공소제기를 유예하고 위탁한 선도 업무를 관장한다.
㉢ 위원은 판사, 검사, 변호사, 교도소장, 소년원장, 경찰서장 및 보호관찰에 관한 지식과 경험이 풍부한 사람 중에서 보호관찰소장이 임명하거나 위촉한다.
㉣ 위원 중 공무원이 아닌 사람은 「형법」 제127조(공무상 비밀의 누설) 및 제129조(수뢰, 사전수뢰)부터 제132조(알선수뢰)까지의 규정을 적용할 때 공무원으로 본다.

① ㉠, ㉡
② ㉠, ㉣
③ ㉡, ㉢
④ ㉢, ㉣

해설
옳은 것은 ㉠, ㉣이다.
- ㉠ [O] (소년수형자에 대한)가석방과 (보호관찰을 받는 성인·소년 가석방 대상자의)그 취소에 관한 사항을 심사·결정한다(보호관찰 등에 관한 법률 제6조 제1호).
- ㉡ [×] 보호관찰소의 관장 사무에 대한 설명이다. 보호관찰소(보호관찰지소를 포함)는 ⓐ 보호관찰, 사회봉사명령 및 수강명령의 집행, ⓑ 갱생보호, ⓒ 검사가 보호관찰관이 선도함을 조건으로 공소제기를 유예[선도조건부 기소유예(성인·소년)]하고 위탁한 선도 업무, ⓓ 범죄예방 자원봉사위원에 대한 교육훈련 및 업무지도, ⓔ 범죄예방활동, ⓕ 이 법 또는 다른 법령에서 보호관찰소의 관장 사무로 규정된 사항의 사무를 관장한다(동법 제15조).
- ㉢ [×] 위원은 판사, 검사, 변호사, 보호관찰소장, 지방교정청장, 교도소장, 소년원장 및 보호관찰에 관한 지식과 경험이 풍부한 사람 중에서 법무부장관이 임명하거나 위촉한다(동법 제7조 제3항).
- ㉣ [O] 동법 제12조의2

정답 ②

---

18 「보호관찰 등에 관한 법률 시행규칙」상 원호협의회에 대한 설명으로 옳은 것은?   2014. 교정 9급

① 위원의 임기는 3년으로 한다.
② 원호협의회는 3명 이상 5명 이하의 위원으로 구성한다.
③ 위원장은 보호관찰 대상자에 대한 특정분야의 원호활동을 각 위원에게 개별적으로 의뢰할 수 있다.
④ 검사는 원호활동을 종합적이고 체계적으로 전개하기 위하여 원호협의회를 설치할 수 있다.

해설
① [×] 위원의 임기는 2년으로 한다(동법 시행규칙 제25조의2 제3항).
② [×] 원호협의회는 5명 이상의 위원으로 구성한다(동법 시행규칙 제25조의2 제2항).
③ [O] 위원장은 보호관찰 대상자와 그의 가족에 대한 특정 분야의 원호활동을 각 위원에게 개별적으로 의뢰할 수 있다(보호관찰 등에 관한 법률 시행규칙 제25조의2 제6항).
④ [×] 보호관찰소의 장은 원호활동을 종합적이고 체계적으로 전개하기 위하여 원호협의회를 설치할 수 있다(동법 시행규칙 제25조의2 제1항).

정답 ③

---

19 「보호관찰 등에 관한 법률」상 보호관찰 대상자의 준수사항에 해당하지 않는 것은?   2023. 교정 9급

① 주거지에 상주하고 생업에 종사할 것
② 보호관찰관의 지도·감독에 따르고 방문하면 응대할 것
③ 주거를 이전하거나 10일 이상 국내외 여행을 할 때에는 미리 보호관찰관에게 신고할 것
④ 범죄로 이어지기 쉬운 나쁜 습관을 버리고 선행을 하며 범죄를 저지를 염려가 있는 사람들과 교제하거나 어울리지 말 것

해설
☑ **보호관찰 대상자의 일반준수사항**(보호관찰 등에 관한 법률 제32조 제2항)
1. 주거지에 상주하고 생업에 종사할 것
2. 범죄로 이어지기 쉬운 나쁜 습관을 버리고 선행을 하며 범죄를 저지를 염려가 있는 사람들과 교제하거나 어울리지 말 것
3. 보호관찰관의 지도·감독에 따르고 방문하면 응대할 것
4. 주거를 이전하거나 1개월 이상 국내외 여행을 할 때에는 미리 보호관찰관에게 신고할 것

정답 ③

20 「보호관찰 등에 관한 법률 시행령」상 보호관찰 대상자가 지켜야 할 특별준수사항으로 옳지 않은 것은?

2013. 교정 7급

① 운전면허를 취득할 때까지 자동차(원동기장치자전거를 포함한다) 운전을 하지 않을 것
② 정당한 수입원에 의하여 생활하고 있음을 입증할 수 있는 자료를 정기적으로 보호관찰관에게 제출할 것
③ 주거지를 이전하는 경우 이전예정지, 이전이유, 이전일자를 신고할 것
④ 보호관찰 대상자가 준수할 수 있고 자유를 부당하게 제한하지 아니하는 범위에서 개선, 자립에 도움이 된다고 인정되는 구체적인 사항

해설
① [○] 동법 시행령 제19조 제1호
② [○] 동법 시행령 제19조 제5호
③ [×] 주거를 이전할 때에 미리 보호관찰관에게 신고하여야 하는 사항이다.
　보호관찰대상자는 법 제32조 제2항 제4호(주거를 이전하거나 1개월 이상 국내외 여행을 할 때에는 미리 보호관찰관에게 신고할 것)의 규정에 의한 신고를 할 때에는 법무부령이 정하는 바에 의하여 본인의 성명, 주거, 주거이전예정지 또는 여행지, 주거이전이유 또는 여행목적, 주거이전일자 또는 여행기간 등을 신고하여야 한다(보호관찰 등에 관한 법률 시행령 제18조 제1항).
④ [○] 동법 시행령 제19조 제8호

정답 ③

21 「보호관찰 등에 관한 법률」상 보호관찰 대상자의 구인 및 유치에 대한 설명으로 옳은 것은?

2019. 5급 승진

① 보호관찰소의 장은 보호관찰 대상자가 일정한 주거가 없는 경우, 준수사항을 위반하였다고 의심할 상당한 이유가 있다는 이유만으로도 구인장을 발부받아 보호관찰 대상자를 구인할 수 있다.
② 보호관찰소의 장은 보호관찰 대상자를 긴급구인한 경우에는 즉시 관할 지방검찰청의 검사에게 신청하여 검사의 청구로 관할 지방법원 판사의 구인장을 발부받아야 한다.
③ 보호관찰소의 장은 법률에 따라 보호관찰 대상자를 구인하였을 때에는 계속 구금을 위한 구속영장을 청구한 경우를 제외하고는 구인한 때부터 48시간 이내에 석방하여야 한다.
④ 보호관찰소의 장은 유치 허가를 받은 때부터 48시간 이내에 유치 사유에 따른 신청을 하여야 한다.
⑤ 보호관찰소의 장은 소년에 대한 보호관찰 처분의 변경 신청이 있는 경우에 보호관찰심사위원회의 심사에 필요하면 검사에게 신청하여 검사의 청구로 지방법원 판사의 허가를 받아 10일의 범위에서 한 차례만 유치기간을 연장할 수 있다.

해설
① [○] 보호관찰소의 장은 보호관찰 대상자가 제32조의 준수사항(일반준수사항, 특별준수사항)을 위반하였거나 위반하였다고 의심할 상당한 이유가 있고, ㉠ 일정한 주거가 없는 경우, ㉡ 심문·조사에 따른 소환에 따르지 아니한 경우(소환 불응), ㉢ 도주한 경우 또는 도주할 염려가 있는 경우에는 관할 지방검찰청의 검사에게 신청하여 검사의 청구로 관할 지방법원 판사의 구인장을 발부받아 보호관찰 대상자를 구인할 수 있다(보호관찰 등에 관한 법률 제39조 제1항).
② [×] 보호관찰소의 장은 보호관찰 대상자를 긴급구인한 경우에는 긴급구인서를 작성하여 즉시 관할 지방검찰청 검사의 승인을 받아야 하고(동법 제40조 제2항), 긴급구인승인신청은 보호관찰대상자를 구인한 때부터 12시간 이내에 하여야 하며(동법 시행령 제26조 제1항), 보호관찰소의 장은 검사의 승인을 받지 못하면 즉시 보호관찰 대상자를 석방하여야 한다(동법 제40조 제3항).
③ [×] 보호관찰소의 장은 보호관찰 대상자를 구인 또는 긴급구인하였을 때에는 유치 허가를 청구한 경우를 제외하고는 구인한 때부터 48시간 이내에 석방하여야 한다. 다만, 유치 허가를 받지 못하면 즉시 보호관찰 대상자를 석방하여야 한다(동법 제41조).
④ [×] 보호관찰소의 장은 유치 허가를 받은 때부터 24시간 이내에 유치 사유에 따른 신청을 하여야 한다(동법 제42조 제3항).
⑤ [×] 보호관찰소의 장은 가석방 및 임시퇴원의 취소 신청이 있는 경우에 보호관찰심사위원회의 심사에 필요하면 검사에게 신청하여 검사의 청구로 지방법원 판사의 허가를 받아 10일의 범위에서 한 차례만 유치기간을 연장할 수 있다(동법 제43조 제3항).

정답 ①

22 「보호관찰 등에 관한 법률」상 보호처분에 대한 설명으로 옳지 않은 것은? *2016. 5급 승진*

① 임시퇴원자의 보호관찰 기간은 퇴원일부터 2년 이상 5년 이하의 범위에서 보호관찰심사위원회가 정한 기간이다.
② 보호관찰은 보호관찰 대상자의 주거지를 관할하는 보호관찰소 소속 보호관찰관이 담당한다.
③ 보호관찰소의 장은 보호관찰 대상자가 준수사항을 위반하거나 위반할 위험성이 있다고 인정할 상당한 이유가 있는 경우에는 준수사항의 이행을 촉구하고 형의 집행 등 불리한 처분을 받을 수 있음을 경고할 수 있다.
④ 보호관찰소의 장은 보호처분의 변경 신청이 필요하다고 인정되면 구인한 보호관찰 대상자를 수용기관 또는 소년분류심사원에 유치할 수 있다.
⑤ 사회봉사 · 수강명령 대상자에 대한 형의 집행유예 기간이 지난 때에 사회봉사 · 수강은 종료한다.

해설
① [×] 임시퇴원자의 보호관찰 기간은 퇴원일부터 6개월 이상 2년 이하의 범위에서 보호관찰심사위원회가 정한 기간이다(보호관찰 등에 관한 법률 제30조).
② [○] 동법 제31조
③ [○] 동법 제38조
④ [○] 동법 제42조 제1항
⑤ [○] 동법 제63조 제1항

정답 ①

23 「보호관찰 등에 관한 법률」에 대한 설명으로 옳지 않은 것은? *2016. 보호 7급*

① 보호관찰은 법원의 판결이나 결정이 확정된 때 또는 가석방 · 임시퇴원된 때부터 시작된다.
② 보호관찰은 보호관찰 대상자의 행위지, 거주지 또는 현재지를 관할하는 보호관찰소 소속 보호관찰관이 담당한다.
③ 보호관찰소의 장은 범행 내용, 재범위험성 등 보호관찰 대상자의 개별적 특성을 고려하여 그에 알맞은 지도 · 감독의 방법과 수준에 따라 분류처우를 하여야 한다.
④ 보호관찰소 소속 공무원은 보호관찰 대상자가 자살 · 자해 또는 다른 사람에 대한 위해의 우려가 큰 때에 해당하고, 상황이 긴급하여 다른 보호장구만으로는 그 목적을 달성할 수 없는 경우에는 전자충격기를 사용할 수 있다.

해설
① [○] 동법 제29조 제1항
② [×] 보호관찰은 보호관찰 대상자의 주거지를 관할하는 보호관찰소 소속 보호관찰관이 담당한다(보호관찰 등에 관한 법률 제31조).
③ [○] 동법 제33조의2 제1항
④ [○] 동법 제46조의3 제2항

정답 ②

24 「보호관찰 등에 관한 법률」상 보호관찰의 종료와 임시해제에 대한 설명으로 옳은 것은? 2023. 보호 7급

① 보호관찰을 조건으로 한 형의 선고유예가 실효되더라도 보호관찰은 종료되지 않는다.
② 보호관찰의 임시해제 결정이 취소된 경우 그 임시해제 기간을 보호관찰 기간에 포함한다.
③ 보호관찰 대상자는 보호관찰이 임시해제된 기간 중에는 그 준수사항을 계속하여 지키지 않아도 된다.
④ 임시퇴원된 보호소년이 보호관찰이 정지된 상태에서 21세가 된 때에는 보호관찰이 종료된다.

해설
① [×] 보호관찰을 조건으로 한 형의 선고유예가 실효되거나 보호관찰을 조건으로 한 집행유예가 실효되거나 취소된 때에는 보호관찰은 종료한다(보호관찰 등에 관한 법률 제51조 제1항 제2호).
② [○] 동법 제52조 제4항
③ [×] 보호관찰의 임시해제 중에는 보호관찰을 하지 아니한다. 다만, 보호관찰 대상자는 준수사항을 계속하여 지켜야 한다(동법 제52조 제2항).
④ [×] 보호관찰이 정지된 임시퇴원자가 22세가 된 때에는 보호관찰은 종료한다(동법 제51조 제1항 제6호).

정답 ②

〈치료감호 등에 관한 법률〉

25 「치료감호 등에 관한 법률」상 치료감호의 내용에 대한 설명으로 옳은 것은? 2021. 교정 9급

① 치료감호 대상자는 의사무능력이나 심신미약으로 인하여 형을 감경할 수 있는 심신장애인으로서 징역형 이상의 형에 해당하는 죄를 지은 자이다.
② 피치료감호자를 치료감호시설에 수용하는 기간은 치료감호대상자에 해당하는 심신장애인과 정신성적 장애인의 경우 15년을 초과할 수 없다.
③ 피치료감호자의 치료감호가 가종료되었을 때 시작되는 보호관찰의 기간은 2년으로 한다.
④ 보호관찰 기간이 끝나더라도 재범의 위험성이 없다고 판단될 때까지 치료감호가 종료되지 않는다.

해설
① [×] 치료감호대상자는 형법 제10조 제1항(심신상실자)에 따라 벌하지 아니하거나 제2항(심신미약자)에 따라 형을 감경할 수 있는 심신장애인으로서 금고 이상의 형에 해당하는 죄를 지은 자이다(치료감호 등에 관한 법률 제2조 제1항 제1호).
② [○] 치료감호 등에 관한 법률 제16조 제2항
③ [×] 보호관찰의 기간은 3년으로 한다(동법 제32조 제2항).
④ [×] 피치료감호자에 대한 치료감호가 가종료되었을 때 또는 피치료감호자가 치료감호시설 외에서 치료받도록 법정대리인 등에게 위탁되었을 때에는 보호관찰기간이 끝나면 피보호관찰자에 대한 치료감호가 끝난다(동법 제35조 제1항).

정답 ②

26 「치료감호 등에 관한 법률」상 피치료감호자의 보호관찰에 대한 설명으로 옳지 않은 것은? 2022. 교정 7급

① 피치료감호자에 대한 치료감호가 가종료되면 보호관찰이 시작된다.
② 피치료감호자가 치료감호시설 외에서 치료받도록 법정대리인 등에게 위탁되었을 때 보호관찰이 시작된다.
③ 보호관찰의 기간은 3년으로 한다.
④ 피보호관찰자가 새로운 범죄로 금고 이상의 형의 집행을 받게 되었을지라도 보호관찰은 종료되지 아니하고 해당 형의 집행기간 동안 보호관찰기간은 정지된다.

해설
① [O] 동법 제32조 제1항 제1호
② [O] 동법 제32조 제1항 제2호
③ [O] 동법 제32조 제2항
④ [×] 피보호관찰자가 보호관찰기간 중 새로운 범죄로 금고 이상의 형의 집행을 받게 된 때에는 보호관찰은 종료되지 아니하며, 해당 형의 집행기간 동안 피보호관찰자에 대한 보호관찰기간은 계속 진행된다(치료감호 등에 관한 법률 제32조 제4항).

정답 ④

---

27 다음 중 「치료감호 등에 관한 법률」상 치료감호에 대한 설명으로 가장 옳지 않은 것은? 2022. 해경 경위

① 구속영장에 의하여 구속된 피의자에 대하여 검사가 공소를 제기하지 아니하는 결정을 하고 치료감호 청구만을 하는 때에는 구속영장은 치료감호영장으로 보며 그 효력을 잃지 아니한다.
② 검사는 심신장애인으로 금고 이상의 형에 해당하는 죄를 지은 자에 대하여 정신건강의학과 등의 전문의의 진단이나 감정을 받은 후 치료감호를 청구하여야 한다.
③ 피의자가 심신장애로 의사결정능력이 없기 때문에 벌할 수 없는 경우 검사는 공소제기 없이 치료감호만을 청구할 수 있다.
④ 피치료감호자 등의 텔레비전 시청, 라디오 청취, 신문·도서의 열람은 일과시간이나 취침시간 등을 제외하고는 자유롭게 보장된다.

해설
① [O] 치료감호 등에 관한 법률 제8조
② [×] 치료감호대상자에 대한 치료감호를 청구할 때에는 정신건강의학과 등의 전문의의 진단이나 감정을 참고하여야 한다. 다만, 소아성기호증, 성적가학증 등 성적 성벽이 있는 정신성적 장애인으로서 금고 이상의 형에 해당하는 성폭력범죄를 지은 자에 대하여는 정신건강의학과 등의 전문의의 진단이나 감정을 받은 후 치료감호를 청구하여야 한다(동법 제4조 제2항).
③ [O] 동법 제7조 제1호
④ [O] 동법 제27조

정답 ②

28 「치료감호 등에 관한 법률」상 치료감호에 대한 설명으로 옳지 않은 것은? 2021. 보호 7급

① 검사는 심신장애인으로 금고 이상의 형에 해당하는 죄를 지은 자에 대하여 정신건강의학과 등의 전문의의 진단이나 감정을 받은 후, 치료감호를 청구하여야 한다.
② 구속영장에 의하여 구속된 피의자에 대하여 검사가 공소를 제기하지 아니하는 결정을 하고 치료감호 청구만을 하는 때에는 구속영장은 치료감호영장으로 보며 그 효력을 잃지 아니한다.
③ 약식명령이 청구된 후 치료감호가 청구되었을 때에는 약식명령청구는 그 치료감호가 청구되었을 때부터 공판절차에 따라 심판하여야 한다.
④ 피치료감호자 등의 텔레비전 시청, 라디오 청취, 신문·도서의 열람은 일과시간이나 취침시간 등을 제외하고는 자유롭게 보장된다.

해설
① [×] 치료감호대상자에 대한 치료감호를 청구할 때에는 정신건강의학과 등의 전문의의 진단이나 감정을 참고하여야 한다. 다만, 소아성기호증, 성적가학증 등 성적 성벽이 있는 정신성적 장애인으로서 금고 이상의 형에 해당하는 성폭력범죄를 지은 자에 대하여는 정신건강의학과 등의 전문의의 진단이나 감정을 받은 후 치료감호를 청구하여야 한다(치료감호 등에 관한 법률 제4조 제2항).
② [○] 동법 제8조
③ [○] 동법 제10조 제3항
④ [○] 동법 제27조

정답 ①

29 「치료감호 등에 관한 법률」상 치료감호와 치료명령에 대한 설명으로 옳은 것은? 2020. 보호 7급

① 치료감호와 형이 병과된 경우 형 집행 완료 후 치료감호를 집행한다.
② 피의자가 심신장애로 의사결정능력이 없기 때문에 벌할 수 없는 경우 검사는 공소제기 없이 치료감호만을 청구할 수 있다.
③ 소아성기호증 등 성적 성벽이 있는 장애인으로서 금고 이상의 형에 해당하는 성폭력범죄를 지은 자에 대한 치료감호의 기간은 2년을 초과할 수 없다.
④ 법원은 치료명령대상자에 대하여 형의 선고를 유예하는 경우 치료기간을 정하여 치료를 받을 것을 명할 수 있으며, 이때 보호관찰을 병과할 수 있다.

해설
① [×] 치료감호와 형이 병과된 경우에는 치료감호를 먼저 집행한다(동법 제18조).
② [○] 치료감호 등에 관한 법률 제7조
③ [×] 치료감호의 기간은 15년을 초과할 수 없다(동법16조 제2항).
④ [×] 법원은 치료명령대상자에 대하여 형의 선고 또는 집행을 유예하는 경우에는 치료기간을 정하여 치료를 받을 것을 명할 수 있으며(동법 제44조의2 제1항), 치료를 명하는 경우 보호관찰을 병과하여야 한다(동법 제44조의2 제2항).

정답 ②

30. 「치료감호 등에 관한 법률」상 치료감호제도에 대한 설명으로 옳지 않은 것은?

2024. 보호 7급

① 금고 이상의 형에 해당하는 죄를 저지른 마약중독자라도 재범 위험성이 없는 경우라면 치료감호대상자에 해당하지 않는다.
② 검사는 성적가학증(性的加虐症) 등 성적 성벽이 있는 정신성적 장애인에 대해 정신건강의학과 등의 전문의의 진단이나 감정 결과에 따라 치료감호를 청구하여야 한다.
③ 치료감호와 형이 병과된 경우 치료감호를 먼저 집행하고, 이 경우 치료감호의 집행기간은 형 집행기간에 포함된다.
④ 피치료감호자에 대한 치료감호가 가종료되면 그 기간이 3년인 「보호관찰 등에 관한 법률」에 따른 보호관찰이 시작된다.

해설

① [○] 치료감호대상자란 ⊙「형법」제10조 제1항(심신상실자)에 따라 벌하지 아니하거나 제10조 제2항(심신미약자)에 따라 형을 감경할 수 있는 심신장애인으로서 금고 이상의 형에 해당하는 죄를 지은 자, ⓒ 마약·향정신성의약품·대마, 그 밖에 남용되거나 해독을 끼칠 우려가 있는 물질이나 알코올을 식음·섭취·흡입·흡연 또는 주입받는 습벽이 있거나 그에 중독된 자로서 금고 이상의 형에 해당하는 죄를 지은 자, ⓒ 소아성기호증, 성적가학증 등 성적 성벽이 있는 정신성적 장애인으로서 금고 이상의 형에 해당하는 성폭력범죄를 지은 자로서 치료감호시설에서 치료를 받을 필요가 있고 재범의 위험성이 있는 자를 말한다(동법 제2조 제1항).

② [×] 치료감호대상자에 대한 치료감호를 청구할 때에는 정신건강의학과 등의 전문의의 진단이나 감정을 참고하여야 한다. 다만, 제2조 제1항 제3호에 따른 치료감호대상자(소아성기호증, 성적가학증 등 성적 성벽이 있는 정신성적 장애인으로서 금고 이상의 형에 해당하는 성폭력범죄를 지은 자로서 치료감호시설에서 치료를 받을 필요가 있고 재범의 위험성이 있는 자)에 대하여는 정신건강의학과 등의 전문의의 진단이나 감정을 받은 후 치료감호를 청구하여야 한다(치료감호 등에 관한 법률 제4조 제2항).

③ [○] 동법 제18조

④ [○] 피치료감호자가 ⊙ 피치료감호자에 대한 치료감호가 가종료되었을 때, ⓒ 피치료감호자가 치료감호시설 외에서 치료받도록 법정대리인 등에게 위탁되었을 때, ⓒ 법 제16조 제2항 각 호에 따른 기간(치료감호시설 수용기간) 또는 같은 조 제3항에 따라 연장된 기간(살인범죄 피치료감호자의 연장된 수용 기간)이 만료되는 피치료감호자에 대하여 치료감호심의위원회가 심사하여 보호관찰이 필요하다고 결정한 경우에는 치료감호기간이 만료되었을 때에는 보호관찰이 시작된다(동법 제32조 제1항). 보호관찰의 기간은 3년으로 한다(동법 제32조 제2항).

정답 ②

31 「치료감호 등에 관한 법률」에 대한 설명으로 옳은 것은? 2013. 교정 9급

① 「치료감호 등에 관한 법률」은 죄의 종류와 상관없이 금고 이상의 형에 해당하는 죄를 지은 심신장애인, 마약 등 중독자, 정신성적 장애인 등 가운데 치료의 필요성과 재범의 위험성이 인정되는 경우를 치료감호의 대상으로 하고 있다.
② 검사는 범죄가 성립되지 않는 경우 공소를 제기할 수 없고, 따라서 치료감호만을 독립적으로 청구할 수도 없다.
③ 치료감호와 형이 병과된 경우에는 치료감호를 먼저 집행하고, 치료감호심의위원회가 치료감호 집행기간의 형 집행기간 산입 여부를 결정한다.
④ 법원은 공소제기된 사건의 심리결과 치료감호를 할 필요가 있다고 인정할 때에는 검사에게 치료감호의 청구를 요구할 수 있다.

해설
① [×] 「치료감호 등에 관한 법률」은 치료감호의 대상을 심신장애인, 마약류 및 알코올 중독자, 정신성적 장애인으로서 성폭력범죄를 지은 자 중 금고 이상의 형에 해당하는 죄를 지은 자로 규정하고(동법 제2조), 치료감호 대상 성폭력범죄의 범위를 형법, 성폭력범죄의 처벌 등에 관한 특례법, 아동·청소년의 성보호에 관한 법률상 성폭력범죄와 이들 범죄로서 다른 법률에 따라 가중 처벌되는 죄로 규정하고 있다(동법 제2조의2).
② [×] 검사는 피의자가 형법 제10조 제1항(심신상실)에 해당하여 벌할 수 없는 경우에는 공소를 제기하지 아니하고 치료감호만을 청구할 수 있다(동법 제7조 제1호).
③ [×] 치료감호와 형이 병과된 경우에는 치료감호를 먼저 집행한다. 이 경우 치료감호의 집행기간은 형 집행기간에 포함한다(동법 제18조). 즉, 치료감호의 집행기간은 법률에 따라 당연히 형 집행기간에 산입된다.
④ [○] 치료감호 등에 관한 법률 제4조 제7항

정답 ④

32 「치료감호 등에 관한 법률」상 치료감호 대상자가 아닌 자는? 2014. 사시

① 형법 제10조 제1항에 따라 벌하지 아니하는 심신장애인으로서 금고 이상의 형에 해당하는 죄를 지은 자
② 형법 제10조 제2항에 따라 형을 감경할 수 있는 심신장애인으로서 금고 이상의 형에 해당하는 죄를 지은 자
③ 알코올을 식음하는 습벽이 있는 자로서 금고 이상의 형에 해당하는 죄를 지은 자
④ 소아성기호증이 있는 정신성적 장애인으로서 금고 이상의 형에 해당하는 성폭력범죄를 지은 자
⑤ 마약류 중독 상태에 있지 아니한 정상적 상태에서 범한 마약판매 행위로 금고 이상의 형을 받았지만, 재범의 위험성이 인정되는 자

해설
☑ **치료감호대상자**(치료감호 등에 관한 법률 제2조 제1항)
치료감호대상자란 다음의 어느 하나에 해당하는 자로서 치료감호시설에서 치료를 받을 필요가 있고 재범의 위험성이 있는 자를 말한다.
1. 형법 제10조 제1항(심신상실자)에 따라 벌하지 아니하거나 제2항(심신미약자)에 따라 형을 감경할 수 있는 심신장애인으로서 금고 이상의 형에 해당하는 죄를 지은 자
2. 마약·향정신성의약품·대마, 그 밖에 남용되거나 해독을 끼칠 우려가 있는 물질이나 알코올을 식음·섭취·흡입·흡연 또는 주입받는 습벽이 있거나 그에 중독된 자로서 금고 이상의 형에 해당하는 죄를 지은 자
3. 소아성기호증, 성적가학증 등 성적 성벽이 있는 정신성적 장애인으로서 금고 이상의 형에 해당하는 성폭력범죄를 지은 자

정답 ⑤

33 「치료감호 등에 관한 법률」상 치료감호에 대한 설명으로 옳지 않은 것은? 2014. 보호 7급

① 심신장애, 마약류·알코올이나 그 밖의 약물중독, 정신성적 장애가 있는 상태 등에서 범죄행위를 한 자로서 재범위험성이 있고 특수한 교육·개선 및 치료가 필요하다고 인정되는 자에 대해 보호와 치료를 하는 것을 말한다.
② 피의자가 심신상실자(형법 제10조 제1항)에 해당하여 벌할 수 없는 경우 검사는 공소를 제기하지 아니하고 치료감호만을 청구할 수 있다.
③ 치료감호와 형이 병과된 경우에는 형을 먼저 집행하고, 이 경우 형의 집행기간은 치료감호 집행기간에 포함한다.
④ 소아성기호증, 성적가학증 등 성적 성벽이 있는 정신성적 장애인으로서 금고 이상의 형에 해당하는 성폭력범죄를 지은 자에 대한 치료감호는 15년을 초과할 수 없다.

해설
① [O] 동법 제1조
② [O] 동법 제7조
③ [×] 치료감호와 형이 병과된 경우에는 치료감호를 먼저 집행한다. 이 경우 치료감호의 집행기간은 형 집행기간에 포함한다(치료감호 등에 관한 법률 제18조).
④ [O] 동법 제16조 제2항

정답 ③

34 「치료감호 등에 관한 법률」상 치료감호제도에 대한 설명으로 옳지 않은 것은? 2015. 사시

① 치료감호사건의 제1심 재판관할은 지방법원합의부 및 지방법원지원 합의부로 한다.
② 검사는 친고죄에서 고소가 취소된 경우 공소를 제기하지 아니하고 치료감호만을 청구할 수 있다.
③ 구속영장에 의하여 구속된 피의자에 대하여 검사가 공소를 제기하지 아니하는 결정을 하고 치료감호 청구만을 하는 때에는 구속영장은 치료감호영장으로 보며 그 효력을 잃지 않는다.
④ 치료감호와 형이 병과된 경우 치료감호를 먼저 집행한다.
⑤ 치료감호와 형이 병과된 경우 치료감호의 집행기간은 형 집행기간에 포함되지 않는다.

해설
① [O] 동법 제3조 제2항
② [O] 동법 제7조
③ [O] 동법 제8조
④ [O], ⑤ [×] 치료감호와 형이 병과된 경우에는 치료감호를 먼저 집행한다. 이 경우 치료감호의 집행기간은 형 집행기간에 포함한다(치료감호 등에 관한 법률 제18조).

정답 ⑤

35 「치료감호 등에 관한 법률」상 치료감호에 대한 설명으로 옳지 않은 것은? 2016. 5급 승진

① 소아성기호증, 성적가학증 등 성적 성벽이 있는 정신성적 장애인으로서 금고 이상의 형에 해당하는 성폭력범죄를 지은 자로서 치료감호시설에서 치료를 받을 필요가 있고 재범의 위험성이 있는 자는 치료감호대상자에 해당한다.
② 치료감호를 선고받은 자의 텔레비전 시청, 라디오 청취, 신문·도서의 열람은 일과시간이나 취침시간 등을 제외하고는 자유롭게 보장된다.
③ 검사는 피의자가 「형법」 제10조 제1항(심신상실)에 해당하여 벌할 수 없는 경우에는 공소를 제기하지 아니하고 치료감호만을 청구할 수 있다.
④ 근로에 종사하는 치료감호를 선고받은 자에게는 근로의욕을 북돋우고 석방 후 사회정착에 도움이 될 수 있도록 법무부장관이 정하는 바에 따라 근로보상금을 지급하여야 한다.
⑤ 치료감호를 선고받은 자에 대한 치료감호가 가종료되었을 때에는 보호관찰이 시작되며, 이때 보호관찰의 기간은 2년으로 한다.

해설
① [O] 동법 제2조 제1항
② [O] 동법 제27조
③ [O] 동법 제7조
④ [O] 동법 제29조
⑤ [×] 치료감호 등에 관한 법률 제32조 제1항 제1호, 보호관찰의 기간은 3년으로 한다(동법 제32조 제2항).

정답 ⑤

36 「치료감호 등에 관한 법률」상 치료감호에 대한 설명으로 옳지 않은 것은? 2016. 교정 7급

① 구속영장에 의하여 구속된 피의자에 대하여 검사가 공소를 제기하지 아니하는 결정을 하고 치료감호 청구만을 하는 때에는 구속영장의 효력은 상실되므로 별도로 치료감호영장을 청구하여야 한다.
② 피치료감호자 등의 텔레비전 시청, 라디오 청취, 신문·도서의 열람은 일과시간이나 취침시간 등을 제외하고는 자유롭게 보장된다.
③ 치료감호와 형이 병과된 경우에는 치료감호를 먼저 집행하며, 이 경우 치료감호의 집행기간은 형 집행기간에 포함한다.
④ 피치료감호자에 대한 치료감호가 가종료되었을 때 보호관찰이 시작되며, 이때 보호관찰의 기간은 3년으로 한다.

해설
① [×] 구속영장에 의하여 구속된 피의자에 대하여 검사가 공소를 제기하지 아니하는 결정을 하고 치료감호 청구만을 하는 때에는 구속영장은 치료감호영장으로 보며 그 효력을 잃지 아니한다(치료감호 등에 관한 법률 제8조).
② [O] 동법 제27조
③ [O] 동법 제18조
④ [O] 동법 제32조 제1항·제2항

정답 ①

37 「치료감호 등에 관한 법률」상 치료감호에 대한 설명으로 옳은 것은? 2019. 교정 9급

① 「형법」상 살인죄(제250조 제1항)의 죄를 범한 자의 치료감호기간을 연장하는 신청에 대한 검사의 청구는 치료감호기간 또는 치료감호가 연장된 기간이 종료하기 3개월 전까지 하여야 한다.
② 치료감호심의위원회는 치료감호만을 선고받은 피치료감호자에 대한 집행이 시작된 후 6개월이 지났을 때에는 상당한 기간을 정하여 그의 법정대리인, 배우자, 직계친족, 형제자매에게 치료감호시설 외에서의 치료를 위탁할 수 있다.
③ 근로에 종사하는 피치료감호자에게는 근로의욕을 북돋우고 석방 후 사회정착에 도움이 될 수 있도록 법무부장관이 정하는 바에 따라 작업장려금을 지급할 수 있다.
④ 법원은 치료감호사건을 심리하여 그 청구가 이유 없다고 인정할 때 또는 피고사건에 대하여 심신상실 외의 사유로 무죄를 선고하거나 사형을 선고할 때에는 판결로써 청구기각을 선고하여야 한다.

해설
① [×] 살인범죄를 저질러 치료감호를 선고받은 피치료감호자가 살인범죄를 다시 범할 위험성이 있고 계속 치료가 필요하다고 인정되는 경우에는 법원은 치료감호시설의 장의 신청에 따른 검사의 청구로 3회까지 매회 2년의 범위에서 피치료감호자를 치료감호시설에 수용하는 기간을 연장하는 결정을 할 수 있고(동법 제16조 제3항), 검사의 청구는 피치료감호자를 치료감호시설에 수용하는 기간(치료감호기간) 또는 치료감호가 연장된 기간이 종료하기 6개월 전까지 하여야 한다(동법 제16조 제5항).
② [×] 치료감호심의위원회는 치료감호만을 선고받은 피치료감호자에 대한 집행이 시작된 후 1년이 지났을 때에는 상당한 기간을 정하여 그의 법정대리인, 배우자, 직계친족, 형제자매(법정대리인 등)에게 치료감호시설 외에서의 치료를 위탁할 수 있다(동법 제23조 제1항).
③ [×] 근로에 종사하는 피치료감호자에게는 근로의욕을 북돋우고 석방 후 사회정착에 도움이 될 수 있도록 법무부장관이 정하는 바에 따라 근로보상금을 지급하여야 한다(동법 제29조).
④ [○] 치료감호 등에 관한 법률 제12조 제1항

정답 ④

〈전자장치 부착 등에 관한 법률〉

38 「전자장치 부착 등에 관한 법률」상 검사가 성폭력범죄를 다시 범할 위험성이 있다고 인정되는 사람에 대하여 전자장치 부착명령을 청구할 수 있는 사유로 명시되지 않은 것은? 2022. 교정 7급

① 성폭력범죄로 징역형의 실형을 선고받은 사람이 그 집행을 종료한 후 또는 집행이 면제된 후 10년 이내에 성폭력범죄를 저지른 때
② 성폭력범죄를 2회 이상 범하여(유죄의 확정판결을 받은 경우를 포함한다) 그 습벽이 인정된 때
③ 신체적 또는 정신적 장애가 있는 사람이 성폭력범죄를 저지른 때
④ 19세 미만의 사람에 대하여 성폭력범죄를 저지른 때

해설

③ [×] '신체적 또는 정신적 장애가 있는 사람에 대하여 성폭력범죄를 저지른 때'가 해당된다.

▶ **전자장치 부착명령의 청구**(전자장치 부착 등에 관한 법률 제5조 제1항)
검사는 다음의 어느 하나에 해당하고, 성폭력범죄를 다시 범할 위험성이 있다고 인정되는 사람에 대하여 전자장치를 부착하도록 하는 명령을 법원에 청구할 수 있다.
1. 성폭력범죄로 징역형의 실형을 선고받은 사람이 그 집행을 종료한 후 또는 집행이 면제된 후 10년 이내에 성폭력범죄를 저지른 때
2. 성폭력범죄로 이 법에 따른 전자장치를 부착받은 전력이 있는 사람이 다시 성폭력범죄를 저지른 때
3. 성폭력범죄를 2회 이상 범하여(유죄의 확정판결을 받은 경우를 포함한다) 그 습벽이 인정된 때
4. 19세 미만의 사람에 대하여 성폭력범죄를 저지른 때
5. 신체적 또는 정신적 장애가 있는 사람에 대하여 성폭력범죄를 저지른 때

정답 ③

---

39 「전자장치 부착 등에 관한 법률」상 형기종료 후 보호관찰명령의 대상자가 아닌 것은? 2022. 보호 7급

① 성폭력범죄를 저지른 사람으로서 성폭력범죄를 다시 범할 위험성이 있다고 인정되는 사람
② 미성년자 대상 유괴범죄를 저지른 사람으로서 미성년자 대상 유괴범죄를 다시 범할 위험성이 있다고 인정되는 사람
③ 살인범죄를 저지른 사람으로서 살인범죄를 다시 범할 위험성이 있다고 인정되는 사람
④ 스토킹범죄를 저지른 사람으로서 스토킹범죄를 다시 범할 위험성이 있다고 인정되는 사람

해설

> 전자장치 부착 등에 관한 법률 제21조의2 【보호관찰명령의 청구】 검사는 다음의 어느 하나에 해당하는 사람에 대하여 형의 집행이 종료된 때부터 보호관찰 등에 관한 법률에 따른 보호관찰을 받도록 하는 명령(보호관찰명령)을 법원에 청구할 수 있다.
> 1. 성폭력범죄를 저지른 사람으로서 성폭력범죄를 다시 범할 위험성이 있다고 인정되는 사람
> 2. 미성년자 대상 유괴범죄를 저지른 사람으로서 미성년자 대상 유괴범죄를 다시 범할 위험성이 있다고 인정되는 사람
> 3. 살인범죄를 저지른 사람으로서 살인범죄를 다시 범할 위험성이 있다고 인정되는 사람
> 4. 강도범죄를 저지른 사람으로서 강도범죄를 다시 범할 위험성이 있다고 인정되는 사람
> 5. 스토킹범죄를 저지른 사람으로서 스토킹범죄를 다시 범할 위험성이 있다고 인정되는 사람

정답 없음

---

40 「전자장치 부착 등에 관한 법률」상 검사가 위치추적 전자장치 부착명령을 법원에 반드시 청구하여야 하는 경우는? 2020. 교정 9급

① 미성년자 대상 유괴범죄로 징역형의 실형 이상의 형을 선고받아 그 집행이 종료 또는 면제된 후 다시 미성년자 대상 유괴범죄를 저지른 경우
② 강도범죄를 2회 이상 범하여 그 습벽이 인정된 경우
③ 성폭력범죄로 징역형의 실형을 선고받은 사람이 그 집행을 종료한 후 또는 집행이 면제된 후 10년 이내에 성폭력범죄를 저지른 경우
④ 신체적 또는 정신적 장애가 있는 사람에 대하여 성폭력범죄를 저지른 경우

해설
① [○] 필요적 청구(전자장치 부착 등에 관한 법률 제5조 제2항 단서)
② [×] 임의적 청구(동법 제5조 제4항 제3호)
③ [×] 임의적 청구(동법 제5조 제1항 제1호)
④ [×] 임의적 청구(동법 제5조 제1항 제5호)

정답 ①

41 「전자장치 부착 등에 관한 법률」에 대한 설명으로 옳은 것은?   2020. 교정 7급

① 만 18세 미만의 자에 대하여 부착명령을 선고한 때에는 18세에 이르기까지 이 법에 따른 전자장치를 부착할 수 없다.
② 전자장치 부착기간은 이를 집행한 날부터 기산하되, 초일은 산입하지 아니한다.
③ 전자장치 부착명령의 청구는 공소제기와 동시에 하여야 한다.
④ 법원이 특정범죄를 범한 자에 대하여 형의 집행을 유예하고 보호관찰을 받을 것을 명하면서 전자장치를 부착할 것을 명한 경우 이 부착명령은 집행유예가 실효되면 그 집행이 종료된다.

해설
① [×] 만 19세 미만의 자에 대하여 부착명령을 선고한 때에는 19세에 이르기까지 이 법에 따른 전자장치를 부착할 수 없다(동법 제4조).
② [×] 전자장치 부착기간은 이를 집행한 날부터 기산하되, 초일은 시간을 계산함이 없이 1일로 산정한다(동법 제32조 제1항).
③ [×] 부착명령의 청구는 공소가 제기된 특정범죄사건의 항소심 변론종결 시까지 하여야 한다(동법 제5조 제5항).
④ [○] 전자장치 부착 등에 관한 법률 제28조 제1항, 동법 제30조 제2호

정답 ④

42 「전자장치 부착 등에 관한 법률」상 전자장치 부착에 대한 설명으로 옳지 않은 것은?   2019. 교정 9급

① 검사는 강도범죄로 징역형의 실형을 선고받은 사람이 그 집행을 종료한 후 8년 뒤 다시 강도범죄를 저지른 경우, 강도범죄를 다시 범할 위험성이 있다고 인정되는 때에는 부착명령을 법원에 청구할 수 있다.
② 전자장치 피부착자가 9일간 국내여행을 하거나 출국할 때에는 미리 보호관찰관의 허가를 받아야 한다.
③ 보호관찰소의 장 또는 피부착자 및 그 법정대리인은 해당 보호관찰소를 관할하는 심사위원회에 부착명령의 임시해제를 신청할 수 있으며, 이 신청은 부착명령의 집행이 개시된 날부터 3개월이 경과한 후에 하여야 한다.
④ 만 19세 미만의 자에 대해서는 부착명령을 선고할 수 없다.

해설
① [○] 검사는 강도범죄로 징역형의 실형을 선고받은 사람이 그 집행을 종료한 후 또는 집행이 면제된 후 10년 이내에 다시 강도범죄를 저지른 자로서 강도범죄를 다시 범할 위험성이 있다고 인정되는 사람에 대하여 부착명령을 법원에 청구할 수 있다(동법 제5조 제4항 제1호).
② [○] 피부착자는 주거를 이전하거나 7일 이상의 국내여행을 하거나 출국할 때에는 미리 보호관찰관의 허가를 받아야 한다(동법 제14조 제3항).
③ [○] 동법 제17조 제1항·제2항
④ [×] 만 19세 미만의 자에 대하여 부착명령을 선고한 때에는 19세에 이르기까지 이 법에 따른 전자장치를 부착할 수 없다(전자장치 부착 등에 관한 법률 제4조). 즉, 19세 미만의 자에 대해서도 전자장치 부착명령을 선고할 수 있으나, 19세에 이르기까지 부착할 수 없을 뿐이다.

정답 ④

43 다음 중 「전자장치 부착 등에 관한 법률」상 전자장치 부착명령에 대한 설명으로 가장 옳지 않은 것은?

2022. 해경 경위

① 전자장치 부착명령은 검사의 지휘를 받아 보호관찰관이 집행한다.
② 전자장치 부착명령의 임시해제 신청은 부착명령의 집행이 개시된 날부터 3개월이 경과한 후에 하여야 한다.
③ 전자장치가 부착된 자는 주거를 이전하거나 7일 이상의 국내여행을 하거나 출국할 때에는 미리 보호관찰관의 허가를 받아야 한다.
④ 성폭력범죄, 미성년자 대상 유괴범죄, 살인범죄, 강도범죄 및 방화범죄가 전자장치 부착 대상범죄이다.

해설
① [○] 동법 제12조 제1항
② [○] 동법 제17조 제2항
③ [○] 동법 제14조 제3항
④ [×] 성폭력범죄, 미성년자 대상 유괴범죄, 살인범죄 및 강도범죄가 전자장치 부착 대상범죄이다(전자장치 부착 등에 관한 법률 제2조 제1호).

정답 ④

---

44 「전자장치 부착 등에 관한 법률」상 법원이 19세 미만의 사람에 대해서 성폭력범죄를 저지른 사람에 대해서 전자장치 부착명령을 선고하는 경우, 반드시 포함하여 부과해야 하는 준수사항으로 옳은 것은?

2021. 교정 9급

① 어린이 보호구역 등 특정지역·장소에의 출입금지
② 주거지역의 제한
③ 피해자 등 특정인에의 접근금지
④ 특정범죄 치료 프로그램의 이수

해설

> 전자장치 부착 등에 관한 법률 제9조의2 제3항【준수사항】③ 제1항에도 불구하고 법원은 성폭력범죄를 저지른 사람(19세 미만의 사람을 대상으로 성폭력범죄를 저지른 사람으로 한정한다) 또는 스토킹범죄를 저지른 사람에 대해서 제9조 제1항에 따라 부착명령을 선고하는 경우에는 다음 각 호의 구분에 따라 제1항의 준수사항을 부과하여야 한다.
> 1. 19세 미만의 사람을 대상으로 성폭력범죄를 저지른 사람: 제1항 제1호(야간, 아동·청소년의 통학시간 등 특정 시간대의 외출제한) 및 제3호(피해자 등 특정인에의 접근금지)의 준수사항을 포함할 것. 다만, 제1항 제1호의 준수사항을 부과하여서는 아니 될 특별한 사정이 있다고 판단하는 경우에는 해당 준수사항을 포함하지 아니할 수 있다.
> 2. 스토킹범죄를 저지른 사람: 제1항 제3호(피해자 등 특정인에의 접근금지)의 준수사항을 포함할 것

정답 ③

---

45 「전자장치 부착 등에 관한 법률」상 전자장치 부착명령에 대한 설명으로 옳지 않은 것은?

2021. 보호 7급

① 만 19세 미만의 자에 대하여 부착명령을 선고한 때에는 19세에 이르기까지 전자장치를 부착할 수 없다.
② 검사는 미성년자 대상 모든 유괴범죄자에 대하여 전자장치 부착명령을 법원에 청구하여야 한다.
③ 전자장치 부착명령은 검사의 지휘를 받아 보호관찰관이 집행한다.
④ 전자장치 부착명령의 임시해제 신청은 부착명령의 집행이 개시된 날로부터 3개월이 경과한 후에 하여야 한다.

해설
① [○] 동법 제4조
② [×] 검사는 미성년자 대상 유괴범죄를 저지른 사람으로서 미성년자 대상 유괴범죄를 다시 범할 위험성이 있다고 인정되는 사람에 대하여 부착명령을 법원에 청구할 수 있다(초범 + 재범 위험성, 임의적 청구). 다만, 유괴범죄로 징역형의 실형 이상의 형을 선고받아 그 집행이 종료 또는 면제된 후 다시 유괴범죄를 저지른 경우에는 부착명령을 청구하여야 한다(재범, 필요적 청구)(전자장치 부착 등에 관한 법률 제5조 제2항).
③ [○] 동법 제12조 제1항
④ [○] 전자장치 부착명령의 임시해제 신청은 부착명령의 집행이 개시된 날부터 3개월이 경과한 후에 하여야 한다. 신청이 기각된 경우에는 기각된 날부터 3개월이 경과한 후에 다시 신청할 수 있다(동법 제17조 제2항).

정답 ②

46 「전자장치 부착 등에 관한 법률」상 전자장치 부착명령에 대한 설명으로 옳지 않은 것은? 2024. 보호 7급

① 부착명령의 집행 중 다른 죄를 범하여 구속영장의 집행을 받아 구금되거나 금고 이상의 형의 집행을 받게 된 때에는 부착명령의 집행이 정지된다.
② 법원은 스토킹범죄를 저지른 사람에 대해서 부착명령을 선고하는 경우에는 피해자 등 특정인에의 접근금지를 준수사항으로 반드시 부과하여야 한다.
③ 법원은 특정범죄사건에 대하여 벌금형을 선고하는 때에는 특정범죄사건의 판결과 동시에 부착명령을 선고하여야 한다.
④ 법원은 「형사소송법」에 따른 보석조건으로 전자장치 부착을 명하기 위하여 필요하다고 인정하면 그 법원의 소재지 또는 피고인의 주거지를 관할하는 보호관찰소의 장에게 피고인의 직업, 경제력, 가족상황, 주거상태, 생활환경 및 피해회복 여부 등 피고인에 관한 사항의 조사를 의뢰할 수 있다.

해설
① [○] ㉠ 부착명령의 집행 중 다른 죄를 범하여 구속영장의 집행을 받아 구금된 때, ㉡ 부착명령의 집행 중 다른 죄를 범하여 금고 이상의 형의 집행을 받게 된 때, ㉢ 가석방 또는 가종료된 자에 대하여 전자장치 부착기간 동안 가석방 또는 가종료가 취소되거나 실효된 때에는 부착명령의 집행이 정지된다(동법 제13조 제6항).
② [○] 법원은 성폭력범죄를 저지른 사람(19세 미만의 사람을 대상으로 성폭력범죄를 저지른 사람으로 한정한다)에 대해서 부착명령을 선고하는 경우에는 제1항 제1호(야간, 아동·청소년의 통학시간 등 특정 시간대의 외출제한) 및 제3호(피해자 등 특정인에의 접근금지)의 준수사항을 포함하여 준수사항을 부과하여야 한다. 다만, 제1항 제1호의 준수사항(야간, 아동·청소년의 통학시간 등 특정 시간대의 외출제한)을 부과하여서는 아니 될 특별한 사정이 있다고 판단하는 경우에는 해당 준수사항을 포함하지 아니할 수 있다(동법 제9조의2 제3항 제1호). 법원은 스토킹범죄를 저지른 사람에 대해서 부착명령을 선고하는 경우에는 제1항 제3호의 준수사항(피해자 등 특정인에의 접근금지)을 포함하여 준수사항을 부과하여야 한다(동법 제9조의2 제3항 제2호).
③ [×] 법원은 ㉠ 부착명령 청구가 이유 없다고 인정하는 때, ㉡ 특정범죄사건에 대하여 무죄(심신상실을 이유로 치료감호가 선고된 경우는 제외한다)·면소·공소기각의 판결 또는 결정을 선고하는 때, ㉢ 특정범죄사건에 대하여 벌금형을 선고하는 때, ㉣ 특정범죄사건에 대하여 선고유예 또는 집행유예를 선고하는 때[제28조 제1항(형의 집행유예 시 법원의 판결에 의한 부착명령)에 따라 전자장치 부착을 명하는 때를 제외한다]에는 판결로 부착명령 청구를 기각하여야 한다(전자장치 부착 등에 관한 법률 제9조 제4항).
④ [○] 동법 제31조의2 제2항

정답 ③

47 「전자장치 부착 등에 관한 법률」상 '특정범죄'에 관한 형 집행 종료 후의 전자장치 부착에 대한 설명으로 옳지 않은 것은?
2024. 보호 9급

① 검사는, 19세 미만의 사람에 대하여 성폭력범죄를 저지른 때에 성폭력범죄를 다시 범할 위험성이 있다고 인정되는 사람에 대하여 전자장치를 부착하도록 하는 명령을 법원에 청구할 수 있다.

② 검사는, 스토킹범죄를 2회 이상 범하여(유죄의 확정판결을 받은 경우를 제외한다) 그 습벽이 인정된 때에 스토킹범죄를 다시 범할 위험성이 있다고 인정되는 사람에 대하여 전자장치를 부착하도록 하는 명령을 법원에 청구할 수 있다.

③ 검사는, 미성년자 대상 유괴범죄를 저지른 사람으로서 미성년자 대상 유괴범죄를 다시 범할 위험성이 있다고 인정되는 사람에 대하여 전자장치를 부착하도록 하는 명령을 법원에 청구할 수 있다. 다만, 유괴범죄로 징역형의 실형 이상의 형을 선고받아 그 집행이 종료 또는 면제된 후 다시 유괴범죄를 저지른 경우에는 전자장치를 부착하도록 하는 명령을 청구하여야 한다.

④ 검사는, 강도범죄로 「전자장치 부착 등에 관한 법률」에 따른 전자장치를 부착하였던 전력이 있는 사람이 다시 강도범죄를 저지른 때에 강도범죄를 다시 범할 위험성이 있다고 인정되는 경우 전자장치를 부착하도록 하는 명령을 법원에 청구할 수 있다.

해설
① [○] 동법 제5조 제1항 제4호
② [×] 검사는 ㉠ 스토킹범죄로 징역형의 실형을 선고받은 사람이 그 집행을 종료한 후 또는 집행이 면제된 후 10년 이내에 다시 스토킹범죄를 저지른 때, ㉡ 스토킹범죄로 이 법에 따른 전자장치를 부착하였던 전력이 있는 사람이 다시 스토킹범죄를 저지른 때, ㉢ 스토킹범죄를 2회 이상 범하여(유죄의 확정판결을 받은 경우를 포함한다) 그 습벽이 인정된 때의 어느 하나에 해당하고 스토킹범죄를 다시 범할 위험성이 있다고 인정되는 사람에 대하여 부착명령을 법원에 청구할 수 있다(전자장치 부착 등에 관한 법률 제5조 제5항).
③ [○] 동법 제5조 제2항
④ [○] 동법 제5조 제4항 제2호

정답 ②

〈성폭력범죄자의 성충동 약물치료에 관한 법률〉

48 「성폭력범죄자의 성충동 약물치료에 관한 법률」상 성폭력 수형자의 치료명령 청구 및 가석방에 대한 설명으로 옳지 않은 것은?

2022. 교정 7급

① 교도소·구치소의 장은 가석방 요건을 갖춘 성폭력 수형자에 대하여 약물치료의 내용, 방법, 절차, 효과, 부작용, 비용부담 등에 관하여 충분히 설명하고 동의 여부를 확인하여야 한다.
② 가석방 요건을 갖춘 성폭력 수형자가 약물치료에 동의한 경우 수용시설의 장은 지체 없이 수용시설의 소재지를 관할하는 지방검찰청의 검사에게 인적사항과 교정성적 등 필요한 사항을 통보하여야 한다.
③ 수용시설의 장은 법원의 치료명령 결정이 확정된 성폭력 수형자에 대하여 가석방심사위원회에 가석방 적격심사를 신청하여야 한다.
④ 검사는 성폭력 수형자의 주거지 또는 소속 검찰청 소재지를 관할하는 교도소·구치소의 장에게 범죄의 동기 등 성폭력 수형자에 관하여 필요한 사항의 조사를 요청할 수 있다.

해설
① [○] 동법 제22조 제2항 제1호
② [○] 동법 제22조 제2항 제2호
③ [○] 동법 제23조 제1항
④ [×] 검사는 소속 검찰청 소재지 또는 성폭력 수형자의 주소를 관할하는 보호관찰소의 장에게 성폭력 수형자에 대하여 제5조 제1항에 따른 조사(범죄의 동기, 피해자와의 관계, 심리상태, 재범의 위험성 등 필요한 사항의 조사)를 요청할 수 있다(성폭력범죄자의 성충동 약물치료에 관한 법률 제22조 제2항 제3호).

정답 ④

49 「성폭력범죄자의 성충동 약물치료에 관한 법률」상 성충동 약물치료에 대한 설명으로 옳지 않은 것은?

2022. 보호 7급

① 법원은 성충동 약물치료명령 청구가 이유 있다고 인정하는 때에는 15년의 범위에서 치료기간을 정하여 판결로 치료명령을 선고하여야 한다.
② 성충동 약물치료명령의 대상은 사람에 대하여 성폭력범죄를 저지른 성도착증 환자로서, 성폭력범죄를 다시 범할 위험성이 있다고 인정되는 19세 이상의 사람이다.
③ 성충동 약물치료명령 청구는 검사가 하며, 성충동 약물치료명령 청구대상자에 대하여 정신건강의학과 전문의의 진단이나 감정을 받은 후 치료명령을 청구하여야 한다.
④ 징역형과 함께 성충동 약물치료명령을 받은 사람이 치료감호의 집행 중인 경우, 치료명령 대상자 및 그 법정대리인은 치료명령이 집행될 필요가 없을 정도로 개선되어 성폭력범죄를 다시 범할 위험성이 없음을 이유로, 주거지 또는 현재지를 관할하는 지방법원에 치료명령의 집행 면제를 신청할 수 있다.

해설
① [○] 동법 제8조 제1항
② [○] 검사는 사람에 대하여 성폭력범죄를 저지른 성도착증 환자로서 성폭력범죄를 다시 범할 위험성이 있다고 인정되는 19세 이상의 사람에 대하여 약물치료명령을 법원에 청구할 수 있다(동법 제4조 제1항).
③ [○] 검사는 치료명령 청구대상자(치료명령 피청구자)에 대하여 정신건강의학과 전문의의 진단이나 감정을 받은 후 치료명령을 청구하여야 한다(동법 제4조 제2항).
④ [×] 징역형과 함께 치료명령을 받은 사람 및 그 법정대리인은 주거지 또는 현재지를 관할하는 지방법원(지원을 포함)에 치료명령이 집행될 필요가 없을 정도로 개선되어 성폭력범죄를 다시 범할 위험성이 없음을 이유로 치료명령의 집행 면제를 신청할 수 있다. 다만, 징역형과 함께 치료명령을 받은 사람이 치료감호의 집행 중인 경우에는 치료명령의 집행 면제를 신청할 수 없다(성폭력범죄자의 성충동 약물치료에 관한 법률 제8조의2 제1항).

정답 ④

---

50 「성폭력범죄자의 성충동 약물치료에 관한 법률」에 대한 내용으로 옳지 않은 것은? 2021. 교정 9급

① 치료명령은 검사의 지휘를 받아 보호관찰관이 집행한다.
② 치료명령을 받은 사람은 형의 집행이 종료되거나 면제·가석방 또는 치료감호의 집행이 종료·가종료 또는 치료위탁되는 날부터 7일 이내에 주거지를 관할하는 보호관찰소에 출석하여 서면으로 신고하여야 한다.
③ 치료명령의 집행 중 구속영장의 집행을 받아 구금된 때에는 치료명령의 집행이 정지된다.
④ 치료기간은 연장될 수 있지만, 종전의 치료기간을 합산하여 15년을 초과할 수 없다.

해설
① [○] 동법 제13조 제1항
② [×] 치료명령을 받은 사람은 형의 집행이 종료되거나 면제·가석방 또는 치료감호의 집행이 종료·가종료 또는 치료위탁되는 날부터 10일 이내에 주거지를 관할하는 보호관찰소에 출석하여 서면으로 신고하여야 한다(성폭력범죄자의 성충동 약물치료에 관한 법률 제15조 제2항).
③ [○] ㉠ 치료명령의 집행 중 구속영장의 집행을 받아 구금된 때, ㉡ 치료명령의 집행 중 금고 이상의 형의 집행을 받게 된 때, ㉢ 가석방 또는 가종료·가출소된 자에 대하여 치료기간 동안 가석방 또는 가종료·가출소가 취소되거나 실효된 때에는 치료명령의 집행이 정지된다(동법 제14조 제4항).
④ [○] 동법 제16조 제1항

정답 ②

---

51 「성폭력범죄자의 성충동 약물치료에 관한 법률」상 약물치료에 대한 설명으로 옳지 않은 것은? 2014. 교정 7급

① 법원은 정신건강의학과 전문의의 진단 또는 감정의견만으로 치료명령 피청구자의 성도착증 여부를 판단하기 어려울 때에는 다른 정신건강의학과 전문의에게 다시 진단 또는 감정을 명할 수 있다.
② 치료명령을 선고받은 사람은 치료기간 동안 「보호관찰 등에 관한 법률」에 따른 보호관찰을 받는다.
③ 치료명령을 받은 사람은 치료기간 중 상쇄약물의 투약 등의 방법으로 치료의 효과를 해하여서는 아니 된다.
④ 국가는 치료명령의 결정을 받은 모든 사람의 치료기간 동안 치료비용을 부담하여야 한다.

해설
① [O] 동법 제9조
② [O] 동법 제8조 제2항
③ [O] 동법 제15조 제1항
④ [×] 치료명령의 결정을 받은 사람은 치료기간 동안 치료비용을 부담하여야 한다. 다만, 치료비용을 부담할 경제력이 없는 사람의 경우에는 국가가 비용을 부담할 수 있다(성폭력범죄자의 성충동 약물치료에 관한 법률 제24조 제1항).

정답 ④

52 「성폭력범죄자의 성충동 약물치료에 관한 법률」상 '성폭력 수형자 중 검사가 치료명령을 청구할 수 있는 대상자'에 대한 치료명령에 관한 설명으로 옳지 않은 것은?

2018. 교정 7급

① 법원의 치료명령 결정에 따른 치료기간은 10년을 초과할 수 없다.
② 치료비용은 법원의 치료명령 결정을 받은 사람이 부담하는 것이 원칙이다.
③ 가석방심사위원회는 성폭력 수형자의 가석방 적격심사를 할 때 치료명령이 결정된 사실을 고려하여야 한다.
④ 법원의 치료명령 결정이 확정된 후 집행을 받지 아니하고 10년이 경과하면 시효가 완성되어 집행이 면제된다.

해설
① [×] 법원의 치료명령 결정에 따른 치료기간은 15년을 초과할 수 없다(성폭력범죄자의 성충동 약물치료에 관한 법률 제22조 제3항).
② [O] 치료명령의 결정을 받은 사람은 치료기간 동안 치료비용을 부담하여야 한다. 다만, 치료비용을 부담할 경제력이 없는 사람의 경우에는 국가가 비용을 부담할 수 있다(동법 제24조 제1항).
③ [O] 동법 제23조 제2항
④ [O] 동법 제22조 제14항

정답 ①

53 「성폭력범죄자의 성충동 약물치료에 관한 법률」상 약물치료명령에 대한 설명으로 옳지 않은 것은?

2018. 5급 승진

① 보호관찰관의 약물치료명령 집행에 수용시설의 장, 치료감호시설의 장, 보호감호시설의 장은 약물의 제공, 의사·간호사 등 의료인력 지원 등의 협조를 하여야 한다.
② 치료기간은 최초로 성 호르몬 조절약물을 투여한 날 또는 법 제14조 제1항에 따른 심리치료 프로그램의 실시를 시작한 날부터 기산하되, 초일은 시간을 계산함이 없이 1일로 산정한다.
③ 약물치료명령을 받은 사람은 주거 이전 또는 5일 이상의 국내여행을 하거나 출국할 때에는 미리 보호관찰관의 허가를 받아야 한다.
④ 검사는 사람에 대하여 성폭력범죄를 저지른 성도착증 환자로서 성폭력범죄를 다시 범할 위험성이 있다고 인정되는 19세 이상의 사람에 대하여 약물치료명령을 법원에 청구할 수 있다.
⑤ 가석방심사위원회는 성폭력 수형자의 가석방 적격심사를 할 때에는 약물치료명령이 결정된 사실을 고려하여야 한다.

해설
① [O] 동법 제32조
② [O] 동법 제30조
③ [×] 치료명령을 받은 사람은 주거 이전 또는 7일 이상의 국내여행을 하거나 출국할 때에는 미리 보호관찰관의 허가를 받아야 한다(성폭력범죄자의 성충동 약물치료에 관한 법률 제15조 제3항).
④ [O] 동법 제4조 제1항
⑤ [O] 동법 제23조 제2항

정답 ③

54 「성폭력범죄자의 성충동 약물치료에 관한 법률」상 치료명령의 집행에 대한 설명으로 옳지 않은 것은?

2024. 보호 9급

① 치료명령은 범죄예방정책국장의 지휘를 받아 보호관찰관이 집행한다.
② 치료명령을 받은 사람은 주거 이전 또는 7일 이상 국내여행을 하거나 출국할 때에는 미리 보호관찰관의 허가를 받아야 한다.
③ 치료명령을 받은 사람이 형의 집행이 종료되거나 면제·가석방 또는 치료감호의 집행이 종료·가종료 또는 치료위탁으로 석방되는 경우, 보호관찰관은 석방되기 전 2개월 이내에 치료명령을 받은 사람에게 치료명령을 집행하여야 한다.
④ 치료명령의 집행 중 구속영장의 집행을 받아 구금된 때에는 치료명령의 집행이 정지되며, 이 경우 구금이 해제되거나 금고 이상의 형의 집행을 받지 아니하는 것으로 확정된 때부터 그 잔여기간을 집행한다.

해설
① [×] 치료명령은 검사의 지휘를 받아 보호관찰관이 집행한다(성폭력범죄자의 성충동 약물치료에 관한 법률 제13조 제1항).
② [O] 동법 제15조 제3항
③ [O] 동법 제14조 제3항
④ [O] 치료명령의 집행 중 구속영장의 집행을 받아 구금된 때에는 치료명령의 집행이 정지되며(동법 제14조 제4항 제1호), 이 경우 구금이 해제되거나 금고 이상의 형의 집행을 받지 아니하는 것으로 확정된 때부터 그 잔여기간을 집행한다(동법 제14조 제5항 제1호).

정답 ①

55 「성폭력범죄자의 성충동 약물치료에 관한 법률」상 치료명령에 대한 설명으로 옳은 것은?

2024. 교정 7급

① 치료감호심의위원회는 징역형과 함께 치료명령을 받은 자로 형기가 남아 있지 아니하거나 12개월 미만인 피치료감호자에 대하여 치료감호의 종료, 가종료, 치료위탁 결정을 하는 경우, 치료명령의 집행이 필요하지 아니하다고 인정되면 치료명령의 집행 면제를 결정할 수 있다.
② 교도소, 소년교도소, 구치소 및 치료감호시설의 장은 치료명령을 받은 사람이 석방되기 2개월 전까지 치료명령을 받은 사람의 주거지를 관할하는 보호관찰소의 장에게 그 사실을 통보하여야 한다.
③ 법원은 피고사건에 대하여 선고를 유예하거나 집행유예를 선고하는 때라도 치료명령을 선고할 수 있다.
④ 성폭력 수형자에게 고지된 법원의 치료명령 결정에 대한 항고와 그 항고법원의 결정에 대한 재항고는 치료명령 결정의 집행을 정지하는 효력이 없다.

해설

① [×] 치료감호심의위원회는 피치료감호자(치료감호를 선고받은 자) 중 치료명령을 받은 사람(피치료감호자 중 징역형과 함께 치료명령을 받은 사람의 경우 형기가 남아 있지 아니하거나 9개월 미만의 기간이 남아 있는 사람에 한정한다)에 대하여 치료감호의 종료·가종료 또는 치료위탁 결정을 하는 경우에 치료명령의 집행이 필요하지 아니하다고 인정되면 치료명령의 집행을 면제하는 결정을 하여야 한다(성폭력범죄자의 성충동 약물치료에 관한 법률 제8조의3 제1항).
② [×] 교도소, 소년교도소, 구치소 및 치료감호시설의 장은 치료명령을 받은 사람이 석방되기 3개월 전까지 치료명령을 받은 사람의 주거지를 관할하는 보호관찰소의 장에게 그 사실을 통보하여야 한다(동법 제11조 제2항).
③ [×] 법원은 ㉠ 치료명령 청구가 이유 없다고 인정하는 때, ㉡ 피고사건에 대하여 무죄(심신상실을 이유로 치료감호가 선고된 경우는 제외한다)·면소·공소기각의 판결 또는 결정을 선고하는 때, ㉢ 피고사건에 대하여 벌금형을 선고하는 때, ㉣ 피고사건에 대하여 선고를 유예하거나 집행유예를 선고하는 때에는 판결로 치료명령 청구를 기각하여야 한다(동법 제8조 제3항).
④ [○] 성폭력 수형자에게 고지된 법원의 치료명령 결정에 대한 항고(동법 제22조 제5항)와 그 항고법원의 결정에 대한 재항고(동법 제22조 제9항)는 치료명령 결정의 집행을 정지하는 효력이 없다(동법 제22조 제11항).

정답 ④

《스토킹범죄의 처벌 등에 관한 법률》

56 미국의 전국범죄피해자센터(The National Center for Victims of Crime)에서 제시한 스토킹의 4가지 유형에 대한 설명으로 가장 적절하지 않은 것은?

<small>2024. 경찰간부</small>

① 단순 집착형(Simple Obsessional Stalking) - 전남편, 전처, 전 애인 등 주로 피해자와 스토커가 서로 잘 알고 있는 관계에서 많이 발생하는 유형으로 위험성이 가장 높다.
② 애정 집착형(Love Obsessional Stalking) - 피해자와 스토커 사이에 기존에 특별한 교류가 없어 서로 잘 모르는 관계에서 발생하는 유형으로 단순 집착형에 비해서 피해자에 대한 직접적인 피해는 적은 편이다.
③ 증오 망상형(Hate Obsessional Stalking) - 피해자와 스토커 사이에 원한 관계가 있는 경우로 피해자에게 심리적 고통을 주기 위해 스토킹하는 유형이다.
④ 허위 피해 망상형(False Victimization Syndrome) - 실제로는 스토커가 없는데 피해자 자신이 스토킹 피해를 당하고 있다는 망상에 빠진 유형이다.

해설
③ [×] 미국의 전국범죄피해자센터(The National Center for Victims of Crime)에서 제시한 스토킹의 4가지 유형은 단순 집착형(Simple Obessional Type), 애정 집착형(Love Obessional Type), 연애 망상형(Erotomanic Type), 허위 피해 망상형(False Victimational Syndrome)이다.
연애 망상형은 자신이 피해자에 의해 사랑을 받고 있다는 환상을 가지고 있다는 점에서 애정 집착형과 구별된다. 이 유형은 타인의 성적인 매력보다는 타인과 자신 사이에 낭만적 사랑과 영적 결합이 있다고 망상하는 데서 주로 발생한다. 이들은 주로 정신분열증과 편집증을 가지고 있으며, 통상의 방법으로 타인과 관계를 맺지 못하여 타인과 환상적 관계를 상상하여 그 속에서 살아간다. 연애 망상형의 중요한 특징은 스토커의 대부분이 여성이라는 사실로 높은 사회적 지위를 지닌 중년 남성을 주요 대상으로 삼는다는 점이다. 그런 이유로 해결책을 구하기가 더욱 어렵다. 이런 유형의 스토커들은 피해자와 관계를 맺기 위해서 매우 폭력적 성향을 띠지만, 실제 신체적 위해를 가하는 경우는 적은 편이다.

정답 ③

57 「스토킹범죄의 처벌 등에 관한 법률」의 내용에 대한 설명으로 옳지 않은 것은?

<small>2023. 보호 7급</small>

① 스토킹행위가 지속적 또는 반복적으로 이루어진 경우가 아니라면 스토킹범죄에 해당하지 않는다.
② 법원이 스토킹범죄를 저지른 사람에 대하여 형의 선고를 유예하는 경우에는 200시간의 범위에서 재범 예방에 필요한 수강명령을 병과할 수 있다.
③ 상대방의 의사에 반하여 정당한 이유 없이 상대방 또는 그의 동거인, 가족을 따라다님으로써 상대방에게 불안감을 일으켰다면 스토킹행위에 해당한다.
④ 법원이 스토킹범죄를 저지른 사람에 대하여 벌금형의 선고와 함께 120시간의 스토킹 치료프로그램의 이수를 명한 경우 그 이수명령은 형 확정일부터 6개월 이내에 집행한다.

해설
① [○] 스토킹범죄란 지속적 또는 반복적으로 스토킹행위를 하는 것을 말한다(스토킹범죄의 처벌 등에 관한 법률 제2조 제2호).
② [×] 법원은 스토킹범죄를 저지른 사람에 대하여 유죄판결(선고유예는 제외한다)을 선고하거나 약식명령을 고지하는 경우에는 200시간의 범위에서 재범 예방에 필요한 수강명령 또는 스토킹 치료프로그램의 이수명령을 병과할 수 있다. ㉠ 수강명령은 형의 집행을 유예할 경우에 그 집행유예기간 내에서 병과하고, ㉡ 이수명령은 벌금형 또는 징역형의 실형을 선고하거나 약식명령을 고지할 경우에 병과한다(동법 제19조 제1항).
③ [○] 동법 제2조 제1호 가목
④ [○] 동법 제19조 제4항 제2호

정답 ②

58 「스토킹범죄의 처벌 등에 관한 법률」상 조치에 대한 설명으로 옳지 않은 것은? 2024. 보호 9급

① 사법경찰관리는 진행 중인 스토킹행위에 대하여 신고를 받은 경우, 즉시 현장에 나가 '스토킹행위자와 스토킹행위의 상대방의 분리 및 범죄수사' 조치를 하여야 한다.
② 사법경찰관은, 스토킹행위 신고와 관련하여 스토킹행위가 지속적 또는 반복적으로 행하여질 우려가 있고 스토킹범죄의 예방을 위하여 긴급을 요하는 경우, 직권으로 스토킹행위자에게 '스토킹행위의 상대방으로부터 100미터 이내의 접근 금지' 조치를 할 수 있다.
③ 법원은 스토킹범죄의 피해자 보호를 위하여 필요하다고 인정하는 경우, 결정으로 스토킹행위자에게 '피해자의 주거로부터 100미터 이내의 접근 금지' 조치를 할 수 있다.
④ 사법경찰관은 스토킹범죄의 원활한 조사·심리를 위하여 필요하다고 인정하는 경우, 직권으로 스토킹행위자에게 '국가경찰관서의 유치장 또는 구치소에의 유치' 조치를 할 수 있다.

해설
① [○] 스토킹범죄의 처벌 등에 관한 법률 제3조 제2호
② [○] 동법 제4조 제1항 제1호
③ [○] 동법 제9조 제1항 제2호
④ [×] 검사는 스토킹범죄가 재발될 우려가 있다고 인정하면 직권 또는 사법경찰관의 신청에 따라 법원에 스토킹행위자에 대한 잠정조치를 청구할 수 있다(동법 제8조 제1항). 법원은 스토킹범죄의 원활한 조사·심리 또는 피해자 보호를 위하여 필요하다고 인정하는 경우에는 결정으로 스토킹행위자에게 ㉠ 피해자에 대한 스토킹범죄 중단에 관한 서면 경고, ㉡ 피해자 또는 그의 동거인, 가족이나 그 주거 등으로부터 100미터 이내의 접근 금지, ㉢ 피해자 또는 그의 동거인, 가족에 대한 전기통신을 이용한 접근 금지, ㉣ 위치추적 전자장치의 부착, ㉤ 국가경찰관서의 유치장 또는 구치소에의 유치의 조치(잠정조치)를 할 수 있다(동법 제9조 제1항).

정답 ④

59 스토킹범죄에 관한 설명으로 가장 적절한 것은? (다툼이 있는 경우 판례에 의함) *2024. 경찰1차*

① 빌라 아래층에 살던 사람이 주변의 생활소음에 대한 불만으로 이웃을 괴롭히기 위해 불상의 도구로 수개월에 걸쳐 늦은 밤부터 새벽 사이에 반복하여 벽 또는 천장을 두드려 '쿵쿵' 소리를 내어 이를 위층에 살던 피해자의 의사에 반하여 피해자에게 도달하게 한 경우, 이는 객관적·일반적으로 상대방에게 불안감 내지 공포심을 일으키기에 충분한 행위라 볼 수 없어 스토킹범죄를 구성하지 않는다.

② 전화를 걸어 상대방의 휴대전화에 벨소리가 울리게 하거나 부재중 전화 문구 등이 표시되도록 하여 상대방에게 불안감이나 공포심을 일으키는 행위는 실제 전화통화가 이루어졌는지와 상관없이 구 「스토킹범죄의 처벌 등에 관한 법률」 제2조 제1호 (다)목에서 정한 스토킹행위에 해당한다.

③ 피해자와의 전화통화 당시 아무런 말을 하지 않은 경우, 이는 피해자가 전화를 수신하기 전에 전화 벨소리를 울리게 하거나 발신자 전화번호를 표시되도록 한 것까지 포함하여 피해자에게 불안감이나 공포심을 일으킨 것으로 평가되더라도 '음향, 글 등을 도달하게 하는 행위'로 볼 수 없어 스토킹행위에 해당하지 않는다.

④ 구 「스토킹범죄의 처벌 등에 관한 법률」 제2조 제1호 각 목의 행위가 객관적·일반적으로 볼 때 이를 인식한 상대방으로 하여금 불안감 또는 공포심을 일으키기에 충분한 정도라고 평가되는 경우라도 상대방이 현실적으로 불안감 내지 공포심을 갖게 되어야 스토킹행위에 해당한다.

해설

① [×] 빌라 아래층에 살던 피고인이 불상의 도구로 여러 차례 벽 또는 천장을 두드려 '쿵쿵' 소리를 내어 이를 위층에 살던 피해자의 의사에 반하여 피해자에게 도달하게 하였다는 공소사실로 스토킹범죄의 처벌 등에 관한 법률 위반죄로 기소된 사안에서, 이웃 간 소음 등으로 인한 분쟁과정에서 위와 같은 행위가 발생하였다고 하여 곧바로 정당한 이유 없이 객관적·일반적으로 불안감 또는 공포심을 일으키는 '스토킹행위'에 해당한다고 단정할 수는 없으나, 피고인이 층간소음 기타 주변의 생활소음에 불만을 표시하며 수개월에 걸쳐 이웃들이 잠드는 시각인 늦은 밤부터 새벽 사이에 반복하여 도구로 벽을 치거나 음향기기를 트는 등으로 피해자를 비롯한 주변 이웃들에게 큰 소리가 전달되게 하였고, 피고인의 반복되는 행위로 다수의 이웃들은 수개월 내에 이사를 갈 수밖에 없었으며, 피고인은 이웃의 112 신고에 의하여 출동한 경찰관으로부터 주거지 문을 열어 줄 것을 요청받고도 대화 및 출입을 거부하였을 뿐만 아니라 주변 이웃들의 대화 시도를 거부하고 오히려 대화를 시도한 이웃을 스토킹혐의로 고소하는 등 이웃 간의 분쟁을 합리적으로 해결하려 하기보다 이웃을 괴롭힐 의도로 위 행위를 한 것으로 보이는 점 등 피고인과 피해자의 관계, 구체적 행위 태양 및 경위, 피고인의 언동, 행위 전후의 여러 사정들에 비추어 보면, 피고인의 위 행위는 층간소음의 원인 확인이나 해결방안 모색 등을 위한 사회통념상 합리적 범위 내의 정당한 이유 있는 행위라고 볼 수 없고, 객관적·일반적으로 상대방에게 불안감 내지 공포심을 일으키기에 충분하며, 나아가 위와 같은 일련의 행위가 지속되거나 반복되었으므로 '스토킹범죄'를 구성한다(대법원 2023.12.14. 2023도10313).

② [○] 대법원 2023.5.18. 2022도12037

③ [×] 피고인이 피해자의 의사에 반하여 정당한 이유 없이 전화를 걸어 피해자와 전화통화를 하여 말을 도달하게 한 행위는, 전화통화 내용이 불안감 또는 공포심을 일으키는 것이었음이 밝혀지지 않더라도, 피고인과 피해자의 관계, 지위, 성향, 행위 전후의 여러 사정을 종합하여 전화통화 행위가 피해자의 불안감 또는 공포심을 일으키는 것으로 평가되면, 「스토킹범죄의 처벌 등에 관한 법률」 제2조 제1호 (다)목 스토킹행위에 해당하게 된다. 설령 피고인이 피해자와의 전화통화 당시 아무런 말을 하지 않아 '말을 도달하게 하는 행위'에 해당하지 않더라도 피해자의 수신 전 전화 벨소리가 울리게 하거나 발신자 전화번호가 표시되도록 한 것까지 포함하여 피해자에게 불안감이나 공포심을 일으킨 것으로 평가된다면 '음향, 글 등을 도달하게 하는 행위'에 해당하므로 마찬가지로 위 조항 스토킹행위에 해당한다(대법원 2023.5.18. 2022도12037).

④ [×] 스토킹행위를 전제로 하는 스토킹범죄는 행위자의 어떠한 행위를 매개로 이를 인식한 상대방에게 불안감 또는 공포심을 일으킴으로써 그의 자유로운 의사결정의 자유 및 생활형성의 자유와 평온이 침해되는 것을 막고 이를 보호법익으로 하는 위험범이라고 볼 수 있으므로, 구 「스토킹범죄의 처벌 등에 관한 법률」 제2조 제1호 각 목의 행위가 객관적·일반적으로 볼 때 이를 인식한 상대방에게 불안감 또는 공포심을 일으키기에 충분한 정도라고 평가될 수 있다면 현실적으로 상대방이 불안감 내지 공포심을 갖게 되었는지와 관계없이 '스토킹행위'에 해당하고, 나아가 그와 같은 일련의 스토킹행위가 지속되거나 반복되면 '스토킹범죄'가 성립한다. 이때 구 스토킹처벌법 제2조 제1호 각 목의 행위가 객관적·일반적으로 볼 때 상대방에게 불안감 또는 공포심을 일으키기에 충분한 정도인지는 행위자와 상대방의 관계·지위·성향, 행위에 이르게 된 경위, 행위 태양, 행위자와 상대방의 언동, 주변의 상황 등 행위 전후의 여러 사정을 종합하여 객관적으로 판단하여야 한다(대법원 2023.12.14. 2023도10313).

정답 ②

60 「스토킹범죄의 처벌 등에 관한 법률」에 대한 설명으로 옳지 않은 것은? (다툼이 있는 경우 판례에 의함)

2024. 보호 7급

① 검사는 기간이 만료된 접근금지 잠정조치를 청구했을 때와 동일한 스토킹범죄사실과 스토킹범죄 재발 우려를 이유로 다시 새로운 잠정조치를 청구할 수 있다.
② 법원이 기존에 내려진 잠정조치 결정 당시 스토킹범죄사실과 동일한 스토킹범죄사실만을 이유로 한 새로운 접근금지 잠정조치 결정을 하는 경우 각 2개월의 범위에서 두 차례에 한정해서만 추가로 가능하다.
③ 행위자가 전화를 걸어 피해자의 휴대전화에 벨소리가 울리게 하거나 부재중 전화 문구 등이 표시되도록 하여 피해자에게 불안감이나 공포심을 일으키는 행위는 스토킹행위에 해당한다.
④ 상대방을 따라다니는 행위가 객관적·일반적으로 볼 때 이를 인식한 상대방에게 불안감 또는 공포심을 일으키기에 충분한 정도라고 평가되더라도 현실적으로 상대방이 불안감 내지 공포심을 갖게 되지 않는 경우에는 스토킹행위에 해당하지 않는다.

해설

①, ② [○] 기간이 정하여져 있으나 연장이 가능한 접근금지 잠정조치(스토킹처벌법 제9조 제1항 제2호의 100m 이내 접근금지, 제3호의 전기통신을 이용한 접근금지) 결정은 특별한 사정이 없는 한 그 기간의 연장결정 없이 기간이 만료되면 효력을 상실하고, 그 이후에는 해당 잠정조치 기간을 연장하는 결정을 할 수 없다. 그러나 검사는 기간이 만료된 접근금지 잠정조치를 청구했을 때와 동일한 스토킹범죄사실과 스토킹범죄 재발 우려를 이유로 제8조 제1항에 의하여 다시 새로운 잠정조치를 청구할 수 있고, 법원도 제9조 제1항에 의하여 피해자 보호 등을 위하여 필요하다고 인정하면 다시 새로운 접근금지 잠정조치 결정을 할 수 있다. 다만, 접근금지 잠정조치 기간 연장과의 균형을 위해 기존에 내려진 잠정조치 결정 당시 스토킹범죄사실과 동일한 스토킹범죄사실만을 이유로 한 새로운 접근금지 잠정조치 결정은 각 2개월의 범위에서 두 차례에 한정해서만 추가로 가능하다(대법원 2023.2.23. 2022모2092).
③ [○] 피고인이 전화를 걸어 피해자의 휴대전화에 벨소리가 울리게 하거나 부재중 전화 문구 등이 표시되도록 하여 상대방에게 불안감이나 공포심을 일으키는 행위는 실제 전화통화가 이루어졌는지와 상관없이 스토킹처벌법 제2조 제1호 (다)목에서 정한 스토킹행위에 해당한다(대법원 2023.5.18. 2022도12037).
④ [×] 스토킹행위를 전제로 하는 스토킹범죄는 행위자의 어떠한 행위를 매개로 이를 인식한 상대방에게 불안감 또는 공포심을 일으킴으로써 그의 자유로운 의사결정의 자유 및 생활형성의 자유와 평온이 침해되는 것을 막고 이를 보호법익으로 하는 위험범이라고 볼 수 있으므로, 구 스토킹처벌법 제2조 제1호 각 목의 행위가 객관적·일반적으로 볼 때 이를 인식한 상대방으로 하여금 불안감 또는 공포심을 일으키기에 충분한 정도라고 평가될 수 있다면 현실적으로 상대방이 불안감 내지 공포심을 갖게 되었는지 여부와 관계없이 '스토킹행위'에 해당하고, 나아가 그와 같은 일련의 스토킹행위가 지속되거나 반복되면 '스토킹범죄'가 성립한다. 이때 구 스토킹처벌법 제2조 제1호 각 목의 행위가 객관적·일반적으로 볼 때 상대방으로 하여금 불안감 또는 공포심을 일으키기에 충분한 정도인지는 행위자와 상대방의 관계·지위·성향, 행위에 이르게 된 경위, 행위 태양, 행위자와 상대방의 언동, 주변의 상황 등 행위 전후의 여러 사정을 종합하여 객관적으로 판단하여야 한다(대법원 2023.9.27. 2023도6411).

정답 ④

제3절 | 기타법률

01 범죄대책에 대한 설명으로 적절한 것은 모두 몇 개인가? 2024(74). 경위

> ㉠ 국가는 모든 국민의 보호자이며 부모가 없는 경우나, 있더라도 자녀를 보호해 줄 수 없는 경우, 국가가 나서서 대신 보호해 주어야 한다는 소년보호제도의 기본이념은 국친 사상이다.
> ㉡ 우리나라의 양형기준은 효력이 발생 된 이후에 법원에 공소제기 된 범죄에 대하여 내·외국인 모두에게 적용되며, 모든 범죄에서 미수에 대해서는 적용되지 않고 기수에 대해서만 적용된다.
> ㉢ 수사단계에서의 피의자 신상공개는 피의자의 재범방지 및 범죄예방 등을 위하여 필요한 경우에 활용하므로 보안처분에 해당한다.
> ㉣ 우리나라에서는 소년형사범을 대상으로만 판결 전 조사가 이루어지고 있다.
> ㉤ 「개인정보 보호법」에 따르면 고정형 영상정보처리기기 운영자는 고정형 영상정보처리기기의 설치 목적과 다른 목적으로 고정형 영상정보처리기기를 임의로 조작하거나 다른 곳을 비춰서는 아니 되며, 녹음기능은 사용할 수 없다.

① 1개 ② 2개
③ 3개 ④ 4개

해설

적절한 것은 ㉠, ㉤ 2개이다.
- ㉠ [O] 국친사상은 부모가 소년을 보호하지 못하면, 국가를 대리하는 소년법원이 부모가 베풀지 않는 정도까지 부모의 책임을 인수한다는 사상이다.
- ㉡ [×] 양형기준은 양형기준의 효력이 발생된 이후 법원에 공소제기된 범죄에 대하여 적용한다. 양형기준은 내국인과 외국인을 구분하지 않고 적용한다. 양형기준은 살인미수범에 관하여 적용된다. 그러나 양형기준이 다른 대상범죄의 미수범죄 전반에 관하여 기준을 제시하고 있지 않기 때문에 살인죄를 제외한 다른 범죄군의 미수범에 대해서는 양형기준이 적용되지 않는다.
- ㉢ [×] 성범죄자 신상공개제도는 성범죄를 저지르고 유죄판결을 확정된 자에게 판결의 선고와 함께 법관에 의해 이루어지는 일종의 보안처분의 성격을 가진다. 이에 반해 피의자 신상공개제도는 유죄판결이 확정되지 않은 채 체포, 구속된 피의자에 대하여 경찰 또는 검찰 수사단계에서 신상이 공개되며, 법관이 아닌 검사 또는 사법경찰관의 결정에 의해 이루어지는바, 형벌이나 보안처분으로 보기는 어렵다.
- ㉣ [×] 판결 전 조사는 성인형사범, 소년형사범을 대상으로 하고 있다(보호관찰 등에 관한 법률 제19조 제1항).
- ㉤ [O] 개인정보 보호법 제25조 제5항

정답 ②

02 「특정중대범죄 피의자 등 신상정보 공개에 관한 법률」상 피의자의 신상정보에 대한 설명이다. 아래 가.부터 라.까지의 설명 중 옳고 그름의 표시(○, ×)가 바르게 된 것은?

2024(74). 경위, 경찰학

> 가. 검사는 이 법상 신상정보 공개요건을 모두 갖춘 특정중대범죄사건의 피의자에 대하여 법원에 신상정보 공개를 청구할 수 있다. 다만, 피의자가 미성년자인 경우에는 제외한다.
> 나. 검사와 사법경찰관은 피의자의 얼굴을 공개하기 위하여 필요한 경우 피의자를 식별할 수 있도록 피의자의 얼굴을 촬영할 수 있다. 이 경우 신상정보공개심의위원회에서 피의자의 의견을 청취해야 한다.
> 다. 검사와 사법경찰관은 피의자에게 신상정보 공개를 통지한 날부터 5일 이상의 유예기간을 두고 신상정보를 공개하여야 한다. 다만, 피의자가 신상정보 공개 결정에 대하여 서면으로 이의 없음을 표시한 때에는 유예기간을 두지 아니할 수 있다.
> 라. 신상정보를 공개하는 피의자의 얼굴은 특별한 사정이 없으면 공개 결정일 전후 30일 이내의 모습으로 한다. 이 경우 검사와 사법경찰관은 다른 법령에 따라 적법하게 수집·보관하고 있는 사진, 영상물 등이 있는 때에는 이를 활용하여 공개할 수 있다.

	가	나	다	라
①	○	○	○	○
②	○	×	○	×
③	×	×	○	○
④	×	○	○	×

해설

가. [×] 피의자인 경우 법원에 청구사항이 아니다. 검사와 사법경찰관은 다음 각 호의 요건을 모두 갖춘 특정중대범죄사건의 피의자의 얼굴, 성명 및 나이(이하 "신상정보"라 한다)를 공개할 수 있다. 다만, 피의자가 <u>미성년자인 경우에는 공개하지 아니한다</u>(동법 제4조 제1항).

나. [×] 사진촬영을 할 때에는 피의자는 이에 따라야 한다. 이를 위해 의견을 청취할 필요는 없다. 검사와 사법경찰관은 제1항에 따라 피의자의 얼굴을 공개하기 위하여 필요한 경우 피의자를 식별할 수 있도록 피의자의 얼굴을 촬영할 수 있다. 이 경우 피의자는 이에 따라야 한다. 신상정보공개심의위원회는 <u>신상정보 공개 여부에 관한 사항을</u> 심의할 때 피의자에게 의견을 <u>진술할 기회를</u> 주어야 한다(동법 제4조 제4항 및 제8조 제3항).

다. [○] 검사와 사법경찰관은 피의자에게 신상정보 공개를 통지한 날부터 <u>5일 이상의 유예기간을</u> 두고 신상정보를 공개하여야 한다. 다만, 피의자가 신상정보 공개 결정에 대하여 서면으로 이의 없음을 표시한 때에는 유예기간을 두지 아니할 수 있다(동법 제4조 제7항).

라. [○] 제1항에 따라 공개하는 피의자의 얼굴은 특별한 사정이 없으면 <u>공개 결정일 전후 30일 이내의 모습으로</u> 한다. 이 경우 검사와 사법경찰관은 다른 법령에 따라 적법하게 수집·보관하고 있는 사진, 영상물 등이 있는 때에는 이를 활용하여 공개할 수 있다(동법 제4조 제4항).

정답 ③

03 「특정중대범죄 피의자 등 신상정보 공개에 관한 법률」상 신상정보 공개에 대한 설명으로 옳지 않은 것은?

2024. 보호 7급

① 수사 및 재판 단계에서 신상정보의 공개에 대하여는 다른 법률의 규정에도 불구하고 「특정중대범죄 피의자 등 신상정보 공개에 관한 법률」을 우선 적용한다.
② 특정중대범죄사건의 피의자가 미성년자인 경우에는 신상정보를 공개하지 아니한다.
③ 검사와 사법경찰관은 피의자의 얼굴을 공개하기 위하여 필요한 경우 피의자를 식별할 수 있도록 피의자의 얼굴을 촬영할 수 있고, 이 경우 피의자는 이에 따라야 한다.
④ 검찰총장 및 경찰청장은 신상정보 공개 여부에 관한 사항을 심의하기 위하여 신상정보공개심의위원회를 두어야 한다.

해설
① [○] 동법 제3조
② [○] 동법 제4조 제1항 단서
③ [○] 동법 제4조 제5항
④ [×] 검찰총장 및 경찰청장은 신상정보 공개 여부에 관한 사항을 심의하기 위하여 신상정보공개심의위원회를 둘 수 있다(특정중대범죄 피의자 등 신상정보 공개에 관한 법률 제8조 제1항).

정답 ④

04 「아동·청소년의 성보호에 관한 법률」에 대한 설명으로 옳지 않은 것은?

2014. 사시

① 아동·청소년이란 19세 미만의 자를 말한다.
② 아동·청소년을 대상으로 성범죄를 저지른 경우 피고인이 아동·청소년이라 하더라도 유죄판결을 선고함과 동시에 신상정보의 공개명령을 하여야 한다.
③ 성을 사는 행위의 상대방이 된 아동·청소년에 대하여는 보호를 위하여 처벌하지 아니한다.
④ 음주 또는 약물로 인한 심신장애 상태에서 아동·청소년대상 성폭력범죄를 범한 경우 처벌할 수 있다.
⑤ 12세인 사람을 강간한 경우 공소시효를 적용하지 아니한다.

해설
① [○] 동법 제2조 제1호
② [×] 법원은 판결로 공개정보를 성폭력범죄의 처벌 등에 관한 특례법 제45조 제1항의 등록기간(법무부장관의 등록정보 10~30년간 보존·관리) 동안 정보통신망을 이용하여 공개하도록 하는 명령(공개명령)을 등록대상 사건의 판결과 동시에 선고하여야 한다. 다만, 피고인이 아동·청소년인 경우, 그 밖에 신상정보를 공개하여서는 아니 될 특별한 사정이 있다고 판단하는 경우에는 그러하지 아니하다(아동·청소년의 성보호에 관한 법률 제49조 제1항).
③ [○] 동법 제38조 제1항
④ [○] 음주 또는 약물로 인한 심신장애 상태에서 아동·청소년대상 성폭력범죄를 범한 때에는 형법 제10조 제1항(심신상실)·제2항(심신미약) 및 제11조(청각 및 언어 장애인)를 적용하지 아니할 수 있다(동법 제19조).
⑤ [○] 13세 미만의 사람 및 신체적인 또는 정신적인 장애가 있는 사람에 대하여 강간 등을 범한 경우에는 공소시효를 적용하지 아니한다(동법 제20조 제3항).

정답 ②

05 아동·청소년의 성보호를 위한 공개명령 및 고지명령 제도에 대한 설명으로 옳지 않은 것은? (다툼이 있는 경우 판례에 의함)

2017. 5급 승진

① 공개명령 및 고지명령 제도는 일종의 보안처분이므로 범죄행위를 한 자에 대한 응보 등을 목적으로 그 책임을 추궁하는 사후적 처분인 형벌과 구분되어 그 본질을 달리한다.
② 집행유예를 선고받은 고지대상자에 대한 고지명령은 신상정보 최초 등록일부터 1개월 이내에 하여야 한다.
③ 아동·청소년대상 성범죄 사건에서 공개명령 등의 예외사유로 규정되어 있는 '피고인이 아동·청소년인 경우'에 해당하는지는 사실심 판결의 선고시를 기준으로 판단하여야 한다.
④ 공개명령은 여성가족부장관이 정보통신망을 이용하여 집행하며, 고지명령의 집행은 여성가족부장관이 한다.
⑤ 법원은 고지명령의 판결이 확정되면 판결문 등본을 판결이 확정된 날부터 14일 이내에 여성가족부장관에게 송달하여야 한다.

해설
① [○] 공개명령 및 고지명령 제도는 아동·청소년대상 성폭력범죄 등을 효과적으로 예방하고 그 범죄로부터 아동·청소년을 보호함을 목적으로 하는 일종의 보안처분으로서, 범죄행위를 한 자에 대한 응보 등을 목적으로 그 책임을 추궁하는 사후적 처분인 형벌과 구별되어 그 본질을 달리한다(대법원 2012.5.24. 2012도2763).
② [○] 고지명령은 ⊙ 집행유예를 선고받은 고지대상자는 신상정보 최초 등록일부터 1개월 이내, ⓒ 금고 이상의 실형을 선고받은 고지대상자는 출소 후 거주할 지역에 전입한 날부터 1개월 이내, ⓒ 고지대상자가 다른 지역으로 전출하는 경우에는 변경정보 등록일부터 1개월 이내에 하여야 한다(아동·청소년의 성보호에 관한 법률 제50조 제3항).
③ [○] 아동·청소년의 성보호에 관한 법률 제49조 제1항 단서, 제50조 제1항 단서에서 '피고인이 아동·청소년인 경우, 그 밖에 신상정보를 공개하여서는 아니 될 특별한 사정이 있다고 판단되는 경우'를 공개명령 또는 고지명령 선고에 관한 예외사유로 규정하고 있는데, 공개명령 및 고지명령의 성격과 본질, 관련 법률의 내용과 취지 등에 비추어 공개명령 등의 예외사유로 규정되어 있는 '피고인이 아동·청소년인 경우'에 해당하는지는 사실심 판결의 선고시를 기준으로 판단하여야 한다(대법원 2012.5.24. 2012도2763).
④ [○] 공개명령은 여성가족부장관이 정보통신망을 이용하여 집행하며(아동·청소년의 성보호에 관한 법률 제52조 제1항), 고지명령의 집행은 여성가족부장관이 한다(동법 제51조 제1항).
⑤ [×] 법원은 고지명령의 판결이 확정되면 판결문 등본을 판결이 확정된 날부터 14일 이내에 법무부장관에게 송달하여야 하며, 법무부장관은 고지명령의 기간 내에 고지명령이 집행될 수 있도록 최초등록 및 변경등록 시 고지대상자, 고지기간 및 고지정보를 지체 없이 여성가족부장관에게 송부하여야 한다(아동·청소년의 성보호에 관한 법률 제51조 제2항).

정답 ⑤

06 성범죄자의 신상정보 등록·공개·고지에 대한 설명으로 옳지 않은 것은?

2024. 보호 9급

① 신상정보 등록의 원인이 된 성범죄로 형의 선고를 유예받은 사람이 선고유예를 받은 날부터 2년이 경과하여 면소된 것으로 간주되면 신상정보 등록을 면제한다.
② 성범죄자의 신상정보 등록·공개·고지에 관한 제도는 성범죄자의 교화·개선에 중점을 두기보다는 성범죄자의 정보를 제공하여 지역사회의 안전을 강화하고자 하는 것이다.
③ 신상정보의 등록은 여성가족부장관이 집행하고, 신상정보의 공개·고지는 법무부장관이 집행한다.
④ 판례에 따르면, 공개명령 및 고지명령 제도는 범죄행위를 한 자에 대한 응보 등을 목적으로 그 책임을 추궁하는 사후적 처분인 형벌과 구별되어 그 본질을 달리한다.

해설
① [○] 성폭력범죄의 처벌 등에 관한 특례법 제45조의2 제1항
② [○] 청소년 대상 성범죄는 재범율이 높아 성범죄자의 관리가 필요하고, 성범죄자의 정보를 제공하여 지역사회의 안전을 강화할 필요가 있다(아동·청소년 성보호에 관한 법률 제52조의2 신설이유).
③ [×] 신상정보의 등록은 법무부장관이 집행하고(동법 제44조 제1항), 신상정보의 공개·고지는 여성가족부장관이 집행한다(동법 제47조 제2항·제49조 제2항).
④ [○] 대법원 2012.5.24. 2012도2763

정답 ③

---

07 내란죄(형법 제88조)로 5년의 징역형을 선고받고 1년간의 형집행을 받은 자로서 다시 내란죄를 범할 가능성이 있다고 판단되는 자에게 내릴 수 있는 처분은?
2012. 교정 7급

① 보호감호처분
② 치료감호처분
③ 보안관찰처분
④ 보안감호처분

해설
①, ④ [×] 보호감호처분, 보안감호처분은 현행법상 인정되지 않는 보안처분이다.
② [×] 치료감호 등에 관한 법률 제2조, 제2조의2 참조
③ [○] 형법 제88조는 보안관찰해당범죄에 해당한다(보안관찰법 제2조 제1호).
보안관찰처분대상자라 함은 보안관찰해당범죄 또는 이와 경합된 범죄로 금고 이상의 형의 선고를 받고 그 형기합계가 3년 이상인 자로서 형의 전부 또는 일부의 집행을 받은 사실이 있는 자를 말한다(동법 제3조).
제3조에 해당하는 자 중 보안관찰해당범죄를 다시 범할 위험성이 있다고 인정할 충분한 이유가 있어 재범의 방지를 위한 관찰이 필요한 자에 대하여는 보안관찰처분을 한다(동법 제4조 제1항).
⇨ 보안관찰법 제2조 제1호, 제3조, 제4조 제1항이 결합되어 보안관찰처분을 할 수 있다.

정답 ③

---

08 「보안관찰법」에 대한 설명으로 옳지 않은 것은?
2014. 교정 9급

① 보안관찰처분의 기간은 2년이다.
② 검사가 보안관찰처분을 청구한다.
③ 보안관찰처분심의위원회의 위촉위원의 임기는 2년이다.
④ 보안관찰을 면탈할 목적으로 은신한 때에는 5년 이하의 징역에 처한다.

해설
① [○] 동법 제5조 제1항
② [○] 동법 제7조
③ [○] 동법 제12조 제5항
④ [×] 보안관찰처분대상자 또는 피보안관찰자가 보안관찰처분 또는 보안관찰을 면탈할 목적으로 은신 또는 도주한 때에는 3년 이하의 징역에 처한다(보안관찰법 제27조 제1항).

정답 ④

09 다음 중 현행법에 근거하여 부과할 수 있는 보안처분이 아닌 것은? (다툼이 있는 경우 판례에 의함)

2016. 사시

① 성폭력범죄자에 대한 약물치료명령
② 특정범죄자에 대한 전자장치 부착
③ 집행유예를 선고하는 경우에 명하는 보호관찰
④ 재범의 위험성이 있는 특정강력범죄자에 대한 보호감호
⑤ 아동·청소년 성범죄자에 대한 등록정보 공개명령 및 고지명령

해설
① [○] 성폭력범죄자의 성충동 약물치료에 관한 법률 제8조 제1항
② [○] 전자장치 부착 등에 관한 법률 제9조 제1항
③ [○] 형법 제62조의2 제1항, 보호관찰 등에 관한 법률 제3조 제1항
④ [×] 보호감호의 부과 근거 법률인 사회보호법의 폐지(2005.8.4.)로 보호감호는 더 이상 부과할 수 없다.
⑤ [○] 아동·청소년의 성보호에 관한 법률 제49조 제1항, 제50조 제1항

정답 ④

제29장 | 소년사법론

제1절 | 개관

01 아동이나 청소년의 연령에 대한 현행법상의 기준으로 옳지 않은 것은?　　　2010. 보호 7급

① 「청소년 보호법」상의 청소년 – 20세 미만인 자
② 「가정폭력방지 및 피해자보호 등에 관한 법률」상의 아동 – 18세 미만인 자
③ 「아동·청소년의 성보호에 관한 법률」상의 아동·청소년 – 19세 미만의 자
④ 「청소년 기본법」상의 청소년 – 9세 이상 24세 이하의 자(단, 다른 법률에 특별한 규정이 있는 경우에는 제외한다)

해설
① [×] 청소년이란 만 19세 미만인 사람을 말한다. 다만, 만 19세가 되는 해의 1월 1일을 맞이한 사람은 제외한다(청소년 보호법 제2조 제1호).
② [○] 아동이란 18세 미만인 자를 말한다(가정폭력방지 및 피해자보호 등에 관한 법률 제2조 제4호).
③ [○] 아동·청소년이란 19세 미만의 자를 말한다(아동·청소년의 성보호에 관한 법률 제2조 제1호).
④ [○] 청소년이란 9세 이상 24세 이하인 사람을 말한다. 다만, 다른 법률에서 청소년에 대한 적용을 다르게 할 필요가 있는 경우에는 따로 정할 수 있다(청소년 기본법 제3조 제1호).

☑ 소년사법상의 적용 나이

법률	규정	명칭	적용 범위
소년법	제2조	소년	19세 미만인 자
청소년 기본법	제3조 제1호	청소년	9세 이상 24세 이하인 사람
청소년 보호법	제2조 제1호	청소년	19세 미만인 사람
가정폭력범죄의 처벌 등에 관한 특례법	제2조 제8호	아동	18세 미만인 사람
가정폭력방지 및 피해자보호 등에 관한 법률	제2조 제4호	아동	18세 미만인 자
아동·청소년의 성보호에 관한 법률	제2조 제1호	아동·청소년	19세 미만의 자
아동복지법	제3조 제1호	아동	18세 미만인 사람
형법	제9조	형사미성년자	14세 미만인 사람

정답 ①

02 각종 법률에서 규정하고 있는 연령에 대한 설명으로 옳지 않은 것은? 2014. 보호 7급

① 「아동복지법」상 아동이란 18세 미만인 사람을 말한다.
② 「아동·청소년의 성보호에 관한 법률」상 아동·청소년이란 19세 미만의 자를 말한다. 다만, 19세에 도달하는 연도의 1월 1일을 맞이한 자는 제외한다.
③ 「청소년 보호법」상 청소년이란 만 19세 미만인 사람을 말한다. 다만, 만 19세가 되는 해의 1월 1일을 맞이한 사람은 제외한다.
④ 「청소년 기본법」상 청소년이란 9세 이상 19세 미만인 사람을 말한다.

해설
④ [×] 청소년 기본법상 청소년이란 9세 이상 24세 이하인 사람을 말한다(청소년 기본법 제3조 제1호).

정답 ④

03 법률상 소년 등의 연령 기준으로 옳지 않은 것은? 2023. 보호 7급

① 「형법」상 형사미성년자는 14세가 되지 아니한 자이다.
② 「소년법」상 소년은 19세 미만인 자를 말한다.
③ 「청소년 기본법」상 청소년은 8세 이상 24세 이하인 사람을 말한다. 다만, 다른 법률에서 청소년에 대한 적용을 다르게 할 필요가 있는 경우에는 따로 정할 수 있다.
④ 「아동·청소년의 성보호에 관한 법률」상 아동·청소년은 19세 미만의 자를 말한다. 다만, 19세에 도달하는 연도의 1월 1일을 맞이한 자는 제외한다.

해설
① [○] 형법 제9조
② [○] 소년법 제2조
③ [×] 청소년이란 9세 이상 24세 이하인 사람을 말한다. 다만, 다른 법률에서 청소년에 대한 적용을 다르게 할 필요가 있는 경우에는 따로 정할 수 있다(청소년 기본법 제3조 제1호).
④ [○] 아동·청소년의 성보호에 관한 법률 제2조 제1호

정답 ③

04 소년사법의 대표적 제도인 소년법원의 특성으로 옳지 않은 것은? 2021. 교정 9급

① 소년법원은 반사회성이 있는 소년의 형사처벌을 지양하며 건전한 성장을 도모하기 위한 교화개선과 재활철학을 이념으로 한다.
② 소년법원은 범죄소년은 물론이고 촉법소년, 우범소년 등 다양한 유형의 문제에 개입하여 비행의 조기발견 및 조기처우를 하고 있다.
③ 소년법원의 절차는 일반법원에 비해 비공식적이고 융통성이 있다.
④ 소년법원은 감별 또는 분류심사 기능과 절차 및 과정이 잘 조직되어 있지 못한 한계가 있다.

해설

④ [×] 일반법원에 비해 소년법원은 감별 또는 분류심사 기능과 절차 및 과정이 비교적 잘 조직되어 있다.

☑ 소년법원이 일반법원과 다른 특성

소년법원은 개별화된 처우를 강조하여 원래 법정이라기보다는 사회기관이나 의료기관으로 비추어졌었다. 즉, 소년법원은 아동을 보호하고 재활시키기 위한 것이지, 아동의 유죄를 재판하기 위해 만들어진 것이 아니기 때문에 소년법원과 성인법원은 차이가 있을 수밖에 없다.

1. 소년법원은 비행소년을 형사법원에서 재판할 때 생기는 부작용인 부정적 낙인으로부터 아동을 보호하기 위한 것이다.
   그래서 법정에서 사용하는 용어부터 차이가 있는데, 재판이 아니라 심판, 판결이 아니라 결정, 처벌이나 형벌이 아니라 처분이라고 한다. 절차상으로도 비공개를 원칙으로 하며, 비공식적으로 진행하는 것도 형사법원과 다른 점이다. 또 심판·결정·처분의 주요 관심사도 아동의 범죄사실과 유무죄의 판단이라기보다는 아동에게 최선의 이익이 무엇인지를 가장 중요한 기준으로 삼고 있다.
2. 소년법원은 처음부터 처벌과 억제 지향에 반대되는 교화개선과 재활의 철학을 지향하고 있다.
3. 소년법원의 관할대상이 범죄소년만을 대상으로 하지 않는다.
   소년법원은 그 관할대상을 비행소년은 물론이고, 지위비행자와 방치된 소년뿐만 아니라 다양한 유형의 가정문제까지도 대상으로 하고 있다. 특히 우범소년을 소년범죄의 대상으로 삼고 있는 소년법이 이를 잘 대변해 주고 있다.
4. 소년법원의 절차가 일반법원에 비해 훨씬 비공식적이고 융통성이 있다는 점이 있는 반면, 적법절차에 대한 관심은 적다.
   이 점은 법정에서의 용어부터 차이를 보이고 있는 데서 알 수 있다.
5. 일반법원에 비해 소년법원은 감별 또는 분류심사 기능과 절차 및 과정이 비교적 잘 조직되어 있다.
   이는 소년분류심사원이나 법원의 소년조사관제도에서 잘 엿볼 수 있는 부분이다.
6. 일반법원이 선택할 수 있는 형의 종류에 비해 소년법원에서 결정할 수 있는 처분의 종류가 더 다양하다.

정답 ④

제2절 | 소년사법의 추세와 처우모형

01 소년사법에 있어서 4D(비범죄화, 비시설수용, 적법절차, 전환)에 대한 설명으로 옳지 않은 것은? 2022. 교정 9급

① 비범죄화(Decriminalization)는 경미한 일탈에 대해서는 비범죄화하여 공식적으로 개입하지 않음으로써 낙인을 최소화하자는 것이다.
② 비시설수용(Deinstitutionalization)은 구금으로 인한 폐해를 막고자 성인교도소가 아닌 소년 전담시설에 별도로 수용하는 것을 의미한다.
③ 적법절차(Due Process)는 소년사법절차에서 절차적 권리를 철저하고 공정하게 보장하여야 한다는 것을 의미한다.
④ 전환(Diversion)은 비행소년을 공식적인 소년사법절차 대신에 비사법적인 절차에 의해 처우하자는 것이다.

해설

② [×] 소년사법의 개선은 대체로 소년사법의 개입을 최소화하고 개입 시 적법절차를 극대화하는 것으로 요약할 수 있으며, 소년사법의 개입을 최소화하는 것은 지위비행 등 일부 비행에 대한 비범죄화를 통해서 소년비행의 범위와 대상을 가급적 축소하는 것에서 시작하여 일단 소년사법의 대상이 된 비행에 대해서는 수용을 최소화하여 비시설수용적 대안을 적극 활용하고, 국가의 공적 개입을 줄이기 위해서 각종 전환제도를 최대한 활용하여 소년사법절차에 있어서 절차적 권리, 즉 적법절차를 극대화하자는 것이다. 이를 소년사법에 있어서 4D, 즉 비범죄화, 비시설수용, 적법절차, 전환이라고 한다.
비시설수용(Deinstitutionalization)은 청소년범죄자는 시설수용보다는 비시설수용적 처우와 지역사회 처우를 하여, 구금으로 인한 범죄의 학습과 악풍의 감염, 부정적 낙인 등의 폐해를 방지하고자 하는 것이다.

정답 ②

02 소년범죄의 원인과 대책에 대한 설명으로 옳지 않은 것은?　　2017. 교정 9급

① 모피트(T. E. Moffitt)는 사회적 자본(Social Capital) 개념을 도입하여 청소년기에 비행을 저지른 아이들도 사회유대 혹은 사회자본의 형성을 통해 취업과 결혼으로 가정을 이루는 인생의 전환점을 만들면 성인이 되어 정상인으로 돌아가게 된다고 주장하였다.

② 패터슨(G. R. Patterson) 등에 따르면 초기 비행을 경험한 소년들이 후반에 비행을 시작한 소년에 비하여 어릴 때부터 반사회적 환경과 밀접한 관계를 맺음으로써 또래집단 속에서 정상적 사회화를 경험할 기회가 상대적으로 적기 때문에 만성적 범죄자가 될 확률이 높다고 하였다.

③ 워렌(M. Q. Warren)에 따르면 비행소년 분류상 신경증적 비행소년에 대한 처우로는 가족집단요법과 개별심리요법이 적절하다고 한다.

④ 바톨라스(C. Bartollas)의 적응(개선)모델에 따르면 비행소년 스스로 책임 있는 선택과 합법적 결정을 할 수 있다고 하며, 이 모형에 따른 처우로서는 현실요법, 환경요법, 집단지도 상호작용, 교류분석 등의 방법이 이용되고 있다.

해설

① [×] 샘슨(Sampson)과 라웁(Laub)의 나이등급 이론에 대한 설명이다. 범죄에 대한 생애관점을 지지하는 샘슨과 라웁은 일탈행동이 생애 전 과정을 통해 안정적으로 유지된다는 관점에 반대하고 생애과정을 거치면서 범죄성의 안전성은 변화한다는 관점을 제시한다. 사회자본(사회유대)은 결혼, 직업 등을 의미하는 것으로, 샘슨과 라웁은 어릴 때 비행소년이었던 사람이 후에 범죄를 저지르지 않고 다른 사람들과 같이 정상적인 삶을 살게 되는 것은 결혼이나 군복무, 직업, 형사사법절차에의 경험과 같은 요소에서 찾고 있으며 이와 같은 인생에서의 계기를 통해 공식적 혹은 비공식적 통제가 가능하게 되고 그런 통제를 통해 범죄에서 탈출하게 된다는 것이다. 심리학자 모피트(Moffitt)는 범죄자를 청소년한정형 범죄자와 인생지속형 범죄자로 분류하고, 청소년한정형 범죄자보다 인생지속형 범죄자가 정신건강상의 문제를 더 많이 가지고 있으며, 탈비행과 관련하여 특단의 예외적 상황이 없는 한 청소년한정형 비행자들은 모두 탈비행을 하고, 인생지속형 범죄자들은 모두 탈비행에 실패한다고 주장하였다.

② [O] 패터슨(Patterson)은 아동기에서 청소년기를 통해서 나타나는 반사회적 행동의 발전과정을 초기 진입자와 후기 진입자의 두 가지 경로로 나누었다.
초기 진입자의 경우 아동기의 부적절한 양육에 원인이 있고, 이것은 후에 학업의 실패와 친구집단의 거부를 초래하게 되고, 이러한 이중적 실패는 비행집단에 참가할 가능성을 높이게 된다. 이러한 발전과정을 경험한 사람들은 아동기 후기와 청소년기 초기에 이르러 만성적 비행자가 될 가능성이 매우 높다.
청소년기 중기에서 청소년 후기에 처음 비행을 시작한 사람의 경우 이중적 실패를 경험하지 않게 되고 보다 쉽게 범죄경력에서 은퇴할 수 있게 된다고 한다.
이 이론을 더욱 발전시켜 나온 것이 모피트(Moffitt)의 이론이다.

③ [O] 워렌(Warren)은 비행소년을 6가지 유형으로 분류하고, 각 유형별 비행소년의 특성과 유형별 비행의 원인 및 적정한 처우기법을 소개하고 있다. 신경증적 비행소년의 특징은 위협적, 혼란스러운, 과다하게 억제된, 불안한, 우울한, 위축됨이며, 비행의 원인은 부모 불안 또는 신경증적 갈등의 피해자, 남성다움 동일시 추구이고, 처우기법으로는 가족집단요법, 소년에 대한 집단·개별심리요법 등이 있다.

④ [O] 바톨라스(Bartollas)의 적응(개선, 조정)모델은 실증주의와 국친사상 등 의료모형의 가정과 재통합의 철학을 결합시킨 것으로, 비행소년은 치료의 대상으로 과학적 전문가의 치료를 필요로 하지만, 환자가 아닌 스스로 책임 있는 선택과 합리적 결정을 할 수 있다고 간주한다. 처우기법으로는 현실요법, 환경요법, 집단지도 상호작용, 교류분석, 긍정적 동료문화 등이 있으며, 이를 통해 범죄소년의 사회재통합을 강조한다.

정답 ①

03 바톨라스(Bartollas)와 밀러(Miller)의 소년교정모델에 대한 설명으로 옳지 않은 것은?

2014. 교정 7급

① 의료모형(Medical Model) - 비행소년은 자신이 통제할 수 없는 요인에 의해서 범죄자로 결정되었으며, 이들은 사회적으로 약탈된 사회적 병질자이기 때문에 처벌의 대상이 아니라 치료의 대상이다.
② 적응모형(Adjustment Model) - 범죄자 스스로 책임 있는 선택과 합법적 결정을 할 수 없다. 그 결과, 현실요법, 환경요법 등의 방법이 처우에 널리 이용된다.
③ 범죄통제모형(Crime Control Model) - 청소년도 자신의 행동에 대해서 책임을 져야 하므로, 청소년 범죄자에 대한 처벌을 강화하는 것만이 청소년범죄를 줄일 수 있다.
④ 최소제한모형(Least-Restrictive Model) - 비행소년에 대해서 소년사법이 개입하게 되면, 이들 청소년들이 지속적으로 법을 위반할 가능성이 증대될 것이다.

해설

② [×] 적응모형은 의료모형과 거의 유사한 가정에 기초하고 있다. 즉, 범죄자는 비범죄자와 차이가 있으며, 그 차이점이 파악될 수 있고 처우를 필요로 하며 치료될 수 있다는 것이다.
그러나 실증주의와 국친사상이라는 의료모형의 가정 외에 적응모형은 재통합의 철학을 하나 더 추가하고 있어서 범죄자의 사회 재통합을 돕는 데 상당한 무게를 싣고 있다.
의료모형은 결정론적 입장에서 범죄자를 환자로 보지만, 적응모형에서는 범죄자를 환자가 아닌 스스로 책임 있는 선택과 합리적 결정을 할 수 있는 자로 간주한다. 그래서 현실요법, 환경요법, 집단지도 상호작용, 교류분석, 긍정적 동료문화 등의 방법이 적응모형에 따른 처우에서 널리 이용되고 있다.

☑ 소년교정모형

구분	내용	처벌	처우
의료모형	1. 국친사상의 철학 및 실증주의 범죄학과 결정론을 결합시킨 것이다 2. 비행소년은 자신이 통제할 수 없는 요인에 의해서 범죄자로 결정되었으며, 이들은 사회적으로 약탈된 사회적 병질자이다.	×	○
적응모형	1. 실증주의와 국친사상 등 의료모형의 가정과 재통합의 철학을 결합시킨 것이다. 2. 비행소년은 치료를 필요로 하지만, 환자가 아닌 스스로 책임 있는 선택과 합리적 결정을 할 수 있는 자이다.	×	○
범죄통제모형	1. 청소년 범죄자에 대한 강경대응정책 모형이다. 2. 청소년 범죄를 억제하는 가장 효과적인 수단은 훈육과 처벌이며, 그 처벌도 신속하고, 효과적이고, 공정하여야 한다.	○	×
최소제한모형	1. 청소년 범죄자에 대한 개입을 최소화하자는 것으로 비행소년에 대해서 소년사법이 개입하게 되면, 이들 청소년들이 지속적으로 법을 위반할 가능성이 증대될 것이다. 2. 낙인의 부정적 영향, 소년비행의 확산과 아마추어화와 그로 인한 보편화 그리고 소년교정의 비인간성 등이 최소제한모형의 주장을 뒷받침하는 가정들이다.	×	×

▶ 현재는 두 가지 모형이 주로 활용되고 있다. 즉, 폭력범죄자에 대해서는 범죄통제모형이, 지위나 신분비행자에 대해서는 비시설수용을 중심으로 하는 최소제한모형이 적용되고 있다.

정답 ②

04
바톨라스(C. Bartolas)의 소년교정모형에 대한 설명이다. <보기 1>에 제시된 설명과 <보기 2>에서 제시된 교정모형을 옳게 짝지은 것은?

2019. 교정 9급

―― <보기 1> ――
⊙ 비행소년은 통제할 수 없는 요인에 의해서 범죄자로 결정되어졌으며, 이들은 사회적 병질자이기 때문에 처벌의 대상이 아니라 치료의 대상이다.
ⓒ 범죄소년은 치료의 대상이지만 합리적이고 책임 있는 결정을 할 수 있다고 하면서, 현실요법·집단지도 상호작용·교류분석 등의 처우를 통한 범죄소년의 사회 재통합을 강조한다.
ⓒ 비행소년에 대해서 소년사법이 개입하게 되면 낙인의 부정적 영향 등으로 인해 지속적으로 법을 어길 가능성이 증대되므로, 청소년을 범죄소년으로 만들지 않는 길은 시설에 수용하지 않는 것이다.
② 지금까지 소년범죄자에 대하여 시도해 온 다양한 처우 모형들이 거의 실패했기 때문에 유일한 대안은 강력한 조치로서 소년범죄자에 대한 훈육과 처벌뿐이다.

―― <보기 2> ――
A. 의료모형 B. 적응(조정)모형
C. 범죄통제모형 D. 최소제한(제약)모형

	⊙	ⓒ	ⓒ	②
①	A	B	C	D
②	A	B	D	C
③	A	C	D	B
④	B	A	D	C

해설
② [○] ⊙ – A, ⓒ – B, ⓒ – D, ② – C
A. 의료모형: 교정은 질병치료라고 보고, 소년원에 있어 교정교육기법의 기저가 되었다.
B. 적응(개선, 조정)모형: 범죄자를 환자가 아닌 스스로 책임 있는 선택과 합리적 결정을 할 수 있는 자로 간주하고, 과학적 전문가의 치료를 필요로 한다.
C. 범죄통제모형: 범죄에 상응한 처벌이 범죄행동을 통제할 것이라고 보았다. 청소년도 자신의 행동에 대해서 책임을 져야 하므로, 청소년 범죄자에 대한 처벌을 강화하는 것만이 청소년범죄를 줄일 수 있다.
D. 최소제한(제약)모형: 낙인이론에 근거하여 시설수용의 폐단을 지적하며 처벌 및 처우개념을 모두 부정한다.

정답 ②

05
워렌(Waren)이 제시한 비행소년 유형분류에 대한 설명으로 옳지 않은 것은?

2019. 5급 승진

① 동조자 유형은 일관성 없는 훈육이나 적정한 성인모형의 부재에서 기인한다.
② 부문화 동일시자 유형은 일탈적 하위문화 가치체계의 내재화가 원인이다.
③ 반사회적 약취자 유형은 관습적인 규범이 내재화되어 있지 않고 죄의식이 없다.
④ 상황적 유형은 동료 일탈집단에 대한 강력한 지향과 비행자로서의 낙인에 대한 만족을 특징으로 한다.
⑤ 비사회적 유형은 심리요법보다 교육을 통하여 사회에 대한 거부감과 방치를 해소하는 처우가 적합하다.

해설

④ [×] 상황적 유형은 정신신경증이나 정신착란을 가진 증상 등을 특징으로 하고, 사고적 또는 특정한 상황이 비행의 원인이며, 처우기법은 없다.
부문화 동일시자 유형은 강한 동료집단 지향, 권위 비신뢰, 비행자 낙인에 대한 만족, 자기 만족적, 내적보다 외적 문제 등을 특징으로 하고, 내재화된 일탈하위문화 가치 체계가 비행의 원인이며, 처우기법은 억제통한 비행중지, 친사회적 동일시 모형과의 관계개발, 집단 내 자기 개념 확대 등이 있다.

정답 ④

---

06 미국의 데이비드 스트리트(David Street) 등의 학자들은 「처우조직(Organization for Treatment)」이라는 자신들의 저서에서 소년범죄자들에 대한 처우조직을 여러 유형으로 분류하였다. 다음 설명에 해당하는 유형은?

2016. 교정 7급

- 소년범죄자의 태도와 행동의 변화 그리고 개인적 자원의 개발에 중점을 둔다.
- 소년범죄자를 지역사회의 학교로 외부통학을 시키기도 한다.
- 처우시설의 직원들은 대부분 교사로서 기술 습득과 친화적 분위기 창출에 많은 관심을 둔다.
- 처우시설 내 규율의 엄격한 집행이 쉽지 않다.

① 복종 및 동조(Obedience/Conformity) 유형
② 처우(Treatment) 유형
③ 재교육 및 발전(Reeducation/Development) 유형
④ 변화 및 혁신(Changement/Innovation) 유형

해설

③ [×] 데이비드 스트리트(David Street) 등은 「처우조직」(1966)이라는 자신들의 저서에서 처우 - 구금 - 처우의 연속선상에서 처우 조직을 복종/동조, 재교육/발전, 그리고 처우의 세 가지 유형으로 분류하였다. 각 조직의 구조는 각 조직의 목표와 연관된다.

구금적 시설 (복종/동조 모형)	1. 대규모 보안직원에 비해 적은 수의 처우요원을 고용하고, 규율이 엄격히 집행되었으며, 수형자는 강제된 동조성을 강요당하는 준군대식 형태로 조직되었다. 2. 습관, 동조성훈련, 권위에 대한 복종 등이 강조되었고, 조절(Conditioning)이 주된 기술이었으며, 청소년은 외부통제에 대해 즉각적으로 동조하도록 요구받고 있었다. 3. 이러한 과정은 강력한 직원통제와 다양한 부정적 제재에 의해 추구되었는데, 이 모형이 현재 구금을 강조하는 대부분의 소년교정시설을 대표한다.
재교육과 개선을 강조하는 시설 (재교육/발전 모형)	1. 비교적 엄격한 규율과 규제가 적용되었으나 복종보다는 교육을 강조하여 청소년을 지역사회의 학교로 외부통학도 시키기 때문에 규율의 엄격한 집행이 쉽지 않으며, 직원들은 대부분이 교사로서 기술습득과 가족과 같은 분위기를 창출하는 데 관심을 두고 있었다. 2. 훈련을 통한 청소년의 변화를 강조하며, 복종/동조 모형에 비해 청소년과 직원의 밀접한 관계를 강조하고, 이를 통하여 청소년의 태도와 행동의 변화, 기술의 습득, 개인적 자원의 개발에 중점을 두고 있다.
처우를 중시하는 조직 (처우 모형)	1. 가능한 한 많은 처우요원을 고용하고 있어서 가장 복잡한 조직구조를 가졌으며, 각 청소년의 처우계획을 진전시키기 위하여 처우요원과 보안요원의 협조와 청소년 각자의 이해를 강조하였다. 2. 청소년의 인성변화를 강조하고, 청소년의 심리적 재편에 초점을 맞추고 있다. 3. 처벌은 자주 이용되지 않으나, 이용시에도 그렇게 엄하지 않고, 다양한 활동과 성취감이 강조되며, 자기 존중심의 개발과 자기 성찰을 강조하였다. 4. 개인적 통제와 사회적 통제를 동시에 강조하기 때문에 청소년의 개인적 문제해결에 도움을 주며, 지역사회생활에의 생활의 준비도 강조되었다.

정답 ③

제3절 | 소년법

〈소년보호이념〉

01 소년보호의 원칙에 관한 설명으로 가장 적절하지 않은 것은? 2024. 경찰2차

① 밀행주의와 협력주의는 절차법적 성격을 가진다.
② 소년범죄자에 대한 사회 내 처우는 보호주의 및 예방주의와 관련이 있다.
③ 「소년법」 제24조 제2항에서 규정한 심리의 비공개는 인격주의와 관련이 있다.
④ 소년분류심사원의 분류심사는 과학주의와 관련이 있다.

해설

① [O] 보호주의, 규범주의, 목적주의, 교육주의, 인격주의, 예방주의는 실체법적 성격을 가지고, 개별주의, 직권주의, 심문주의, 과학주의, 협력주의, 밀행주의, 통고주의는 절차법적 성격을 가진다.
② [O] 소년범죄자에 대한 보호관찰관의 단기 보호관찰, 보호관찰관의 장기 보호관찰, 수강명령, 사회봉사명령 등의 사회 내 처우는 보호주의 및 예방주의와 관련이 있다.
③ [×] 심리의 비공개(소년법 제24조 제2항), 보호사건·형사사건의 보도금지(동법 제68조 제1항), 보호사건의 응답금지(동법 제70조 제1항)는 밀행주의(비밀주의)와 관련이 있다.
④ [O] 소년법 제12조 "소년부는 조사 또는 심리를 할 때에 정신건강의학과의사·심리학자·사회사업가·교육자나 그 밖의 전문가의 진단, 소년 분류심사원의 분류심사 결과와 의견, 보호관찰소의 조사결과와 의견 등을 고려하여야 한다."는 규정은 과학주의를 표현한 것이다. 소년분류심사제도는 비행소년이 처한 환경적 특성과 비행소년의 개인적 특성에 대한 조사와 진단을 통해 적합한 처우방안을 제시하기 위한 제도이다. 분류심사결과는 법원의 처분결정 시 주요 참고자료로 활용되고, 여타 소년보호기관에서도 처우계획과 지도방향을 설정하는데 도움을 제공한다.

정답 ③

02 우리나라의 소년보호 이념에 대한 설명으로 가장 적절하지 않은 것은? 2023(73). 경위

① 인격주의는 소년사법절차에서 소년 개인을 단위로 한 독자적 사건으로 취급해야 한다는 것이다.
② 교육주의는 소년범죄자에 대한 처벌이 주된 수단이 되어서는 안 된다는 것이다.
③ 예방주의는 범법행위를 저지른 소년이 더 이상 규범을 위반하지 않도록 하고, 죄를 범할 우려가 있는 우범소년이 범죄에 빠지지 않도록 하는 데 소년법의 목적이 있다는 것이다.
④ 비밀주의는 소년범죄자가 사회에 적응하는 과정에서 다른 사람에게 범죄경력이 노출되지 않도록 하여 소년의 인권보장과 재범방지를 추구하는 것을 말한다.

해설

① [×] 개별주의에 대한 설명이다.
인격주의는 소년보호를 위해 개별 소년의 행위원인에 놓인 개성과 환경을 중시해야 한다는 것이다.

정답 ①

03 현행 법령에 저촉되는 행위를 할 우려가 있는 우범소년도 소년법의 규율대상으로 하는 것과 직접적으로 관계되는 원칙으로 가장 옳은 것은?

2023. 해경 경위

① 밀행주의
② 예방주의
③ 과학주의
④ 개별주의

해설
① [×] 밀행주의는 소년범죄자가 사회에 적응하는 과정에서 다른 사람들에게 범죄경력이 노출되지 않도록 하여 소년의 인권보장과 재범방지를 추구하는 것을 말한다.
② [○] 예방주의는 행위에 대한 응징으로서 처벌이 아니라 범법행위를 저지른 소년이 더 이상 규범을 위반하지 않도록 하고, 죄를 범할 우려가 있는 우범소년이 범죄에 빠지지 않도록 하는 데 소년법의 목적을 두어야 한다는 것이다.
③ [×] 과학주의는 소년사법이 예방주의와 개별주의를 추구하기 위해서는 개인성향과 범죄환경에 대한 실증 연구, 소년에게 어떤 종류의 형벌을 어느 정도 부과하는 것이 적당한가에 대한 과학적 분석과 검토가 필요하다는 것이다.
④ [×] 개별주의는 소년사법절차에서 언제나 소년 개인을 단위로 한 독자적 사건으로 취급해야 한다는 것이다.

정답 ②

04 소년범죄의 처리원칙에 대한 설명으로 가장 적절한 것은?

2022(72). 경위

① 소년보호조치를 할 때 소년 개개인을 독립된 단위로 하여 독자적인 사건으로 취급해야 한다.
② 비행소년의 처우는 법률전문가인 법관에 의한 분석과 검토만을 고려해서 결정해야 한다.
③ 소년보호절차에서는 객관적 판단이 중요하므로 개인적 환경 특성에 대한 판단을 최소화하고 비행사실 자체에 중점을 두어야 한다.
④ 소년범죄자에 대해서는 시설 내 처우를 우선적으로 고려하여야 한다.

해설
① [○] 소년보호의 원칙 중 개별주의에 대한 설명이다.
② [×] 과학주의: 예방주의와 개별주의를 추구하기 위해서는 소년의 범죄환경에 대한 연구와 소년 범죄자에게 어떤 종류의 형벌을 어느 정도 부과하는 것이 적당한가에 대한 연구·검토가 필요하다. 그러므로 소년범죄에 대한 법률의 단순한 적용보다 소년을 교육하고 보호하는데 적합한 대책을 전문가의 의견을 들어 결정하는 것이 중요하다.
③ [×] 인격주의: 소년을 보호하기 위해서는 소년의 행위·태도에서 나타난 개성과 환경을 중시하는 것을 말한다. 소년보호절차는 교육기능 및 사법기능을 동시에 수행하기 때문에 객관적 비행사실만 중요하게 취급되어서는 안 되고, 소년의 인격과 관련된 개인적 특성도 함께 고려되어야 한다.
④ [×] 교육주의: 사회 내 처우를 우선적으로 고려하여야 한다.

정답 ①

05 다음은 소년보호의 원칙에 대한 내용이다. ㉠, ㉡, ㉢에 해당되는 원칙이 가장 올바르게 짝지어진 것은?

2024. 해경 경위

<보기>

㉠ 우범소년이 범죄에 빠지지 않도록 하는데 중점을 두어야 한다는 것으로 「소년법」 제4조 제1항 제3호는 이를 구체화한 것이다.

㉡ 소년의 인권보장과 재범방지를 위한 필수적인 이념으로, 소년의 비행과 신상을 노출시키지 않아야 한다는 것으로 「소년법」 제68조 제1항 및 제70조 제1항은 이를 반영한 것이다.

㉢ 비행소년의 처우를 법관에게만 맡길 것이 아니라 여러 분야 전문가들의 조사결과와 분석을 검토하여 결정해야 한다는 원칙으로 「소년법」 제12조는 이를 반영한 것이다.

	㉠	㉡	㉢
①	예방주의	밀행주의	과학주의
②	교육주의	개별주의	인격주의
③	예방주의	인격주의	개별주의
④	밀행주의	개별주의	과학주의

해설

㉠ 예방주의는 행위에 대한 응징으로서 처벌이 아니라 범법행위를 저지른 소년이 더 이상 규범을 위반하지 않도록 하고, 죄를 범할 우려가 있는 우범소년이 범죄에 빠지지 않도록 하는 데 소년법의 목적을 두어야 한다는 것으로 「소년법」 제4조 제1항 제3호는 이를 구체화한 것이다.

㉡ 비밀(밀행)주의는 소년의 인권보장과 재범방지를 위한 필수적인 이념으로, 소년범죄자가 사회에 적응하는 과정에서 다른 사람들에게 범죄경력이 노출되지 않도록 하여 소년의 인권보장과 재범방지를 추구하는 것으로 「소년법」 제68조 제1항 및 제70조 제1항은 이를 반영한 것이다.

㉢ 과학주의는 소년사법이 예방주의와 개별주의를 추구하기 위해서는 개인성향과 범죄환경에 대한 실증 연구, 소년에게 어떤 종류의 형벌을 어느 정도 부과하는 것이 적당한가에 대한 과학적 분석과 검토가 필요하다는 것으로 「소년법」 제12조는 이를 반영한 것이다.

정답 ①

06 소년보호의 원칙에 대한 설명으로 옳지 않은 것으로만 묶인 것은?

2013. 보호 7급

㉠ 집단적으로 몰려다니며 주위 사람들에게 불안감을 조성하는 성벽이 있는 소년을 「소년법」의 규율대상으로 하는 것은 소년보호의 예방주의 원칙에서 나온 것이다.

㉡ 인격주의는 보호소년을 개선하여 사회생활에 적응시키고 건전하게 성장하도록 소년사법절차를 가급적 비공개로 해야 한다는 원칙이다.

㉢ 교육주의는 반사회성이 있는 소년이 건전하게 성장하도록 소년의 환경 조정과 품행 교정을 위한 보호처분 등의 필요한 조치를 하고, 형사처분에 관한 특별조치를 하여야 한다는 것을 말한다.

㉣ 소년사건조사에서 전문지식을 활용하여 소년과 보호자 또는 참고인의 품행·경력·가정상황 그 밖의 환경 등을 밝히도록 노력해야 한다고 규정한 것은 소년보호의 개별주의를 선언한 것이다.

㉤ 협력주의는 효율적 소년보호를 위해 국가는 물론이고 소년의 보호자를 비롯한 민간단체 등이 서로 협력해야 한다는 것을 말한다.

① ㉠, ㉡
② ㉠, ㉢, ㉤
③ ㉡
④ ㉣, ㉤

해설

옳지 않은 것은 ⓒ이다.
- ⊙ [○] 죄를 범한 소년뿐만 아니라 우범소년도 규율대상으로 하여 사전에 범죄를 예방할 수 있도록 하는 것은 소년보호의 예방주의 원칙에서 나온 규정이다(소년법 제4조 제1항 제3호).
- ⓒ [×] 보호소년을 개선하여 사회생활에 적응시키고 건전하게 성장하도록 소년사법절차를 가급적 비공개로 해야 한다는 원칙은 '밀행주의'이다.
  인격주의는 소년보호절차에서 객관적 비행사실만 중요시해서는 안 되며, 소년의 인격과 관련된 개인적 특성도 함께 고려하여야 함을 말한다(동법 제1조).
- ⓒ [○] 교육주의는 교육적 차원의 환경 조정과 품행 교정을 위한 보호처분 및 형사처분에 관한 특별조치 등을 의미한다(동법 제1조).
- ② [○] 개별주의는 소년과 보호자 또는 참고인의 품행·가정환경 등을 분석하여 구체적인 인격에 대한 개별적 처우가 가능하도록 하는 것을 말한다(동법 제9조).
- ⓜ [○] 협력주의는 효율적인 소년보호를 위한 민관 협력체제를 의미한다.

정답 ③

---

07 소년보호의 원칙에 대한 설명으로 옳은 것만을 모두 고르면? 2018. 보호 7급

⊙ 효율적 소년보호를 위해 국가는 물론이고 소년의 보호자를 비롯한 민간단체 등이 서로 협력해야 한다는 협력주의에 바탕을 둔 조치들이 필요하다.
ⓒ 보호소년을 개선하여 사회생활에 적응시키고 건전하게 육성하기 위해서는 소년사법절차를 가급적이면 비공개로 해야 한다는 밀행주의가 중요하다.
ⓒ 소년의 보호를 위하여 사후적 처벌보다는 장래에 다시 죄를 범하는 것을 예방하는 활동을 중시하는 예방주의에 비중을 두어야 한다.

① ⊙, ⓒ
② ⊙, ⓒ
③ ⓒ, ⓒ
④ ⊙, ⓒ, ⓒ

해설

모두 옳은 설명이다.
- ⊙ [○] 협력주의는 소년보호를 위해 행정기관·학교·병원 기타 공사단체에 필요한 협력 요구, 조사관의 조사 시 공무소나 공사단체에 조회나 서류송부의 요청 등 소년보호에 관계되는 사회자원의 총동원을 의미한다.
- ⓒ [○] 보호사건의 비공개 재판, 형사사건과 보호사건의 보도금지, 보호사건의 조회응답금지 등은 밀행주의의 표현이라 할 수 있다.
- ⓒ [○] 예방주의는 범행한 소년의 처벌이 소년법의 목적이 아니라, 이미 범행한 소년이 더 이상 범죄를 범하지 않도록 하고 장차 죄를 범할 우려가 있는 우범소년이 범죄에 빠지지 않도록 범죄예방에 비중을 두는 것을 말한다.

정답 ④

---

08 소년보호의 원칙에 대한 설명으로 옳지 않은 것은? 2024. 보호 9급

① 개별주의: 소년보호조치를 취할 때 소년사건을 형사사건과 병합하여 1개의 사건으로 취급한다.
② 인격주의: 소년보호사건에서는 소년의 행위에서 나타난 개성과 환경을 중시한다.
③ 과학주의: 소년범죄인의 처우를 법률가의 규범적 판단에만 맡기지 않고 여러 전문가의 조언·협조를 받아 그 과학적 진단과 의견을 바탕으로 행한다.
④ 협력주의: 소년사법에서는 국가가 전담하는 사법뿐만 아니라 보호자와 관계기관은 물론 사회 전반의 상호부조와 연대의식이 뒷받침되어야 한다.

해설

① [×] 개별주의는 소년사법절차에서 언제나 소년 개인을 단위로 한 독자적 사건으로 취급해야 한다는 것이다.

☑ 소년보호 이념

1. 인격주의는 소년보호를 위해 개별 소년의 행위원인에 놓인 개성과 환경을 중시해야 한다는 것이다.
2. 예방주의는 행위에 대한 응징으로서 처벌이 아니라 범법행위를 저지른 소년이 더 이상 규범을 위반하지 않도록 하고, 죄를 범할 우려가 있는 우범소년이 범죄에 빠지지 않도록 하는 데 소년법의 목적을 두어야 한다는 것이다.
3. 개별주의는 소년사법절차에서 언제나 소년 개인을 단위로 한 독자적 사건으로 취급해야 한다는 것이다.
4. 과학주의는 소년사법이 예방주의와 개별주의를 추구하기 위해서는 개인성향과 범죄환경에 대한 실증 연구, 소년에게 어떤 종류의 형벌을 어느 정도 부과하는 것이 적당한가에 대한 과학적 분석과 검토가 필요하다는 것이다.
5. 교육주의는 소년범죄자의 대응 수단으로 처벌이 주가 되어서는 안 된다는 것이다.
6. 협력주의는 효율적 소년보호를 위해 국가는 물론이고 소년의 보호자를 비롯한 민간단체 등이 서로 협력해야 한다는 것을 말한다.
7. 비밀주의는 소년범죄자가 사회에 적응하는 과정에서 다른 사람들에게 범죄경력이 노출되지 않도록 하여 소년의 인권보장과 재범방지를 추구하는 것을 말한다.

정답 ①

〈소년사건 처리 절차〉

09 소년범죄 및 소년사법제도에 대한 적절한 설명은 모두 몇 개인가?　　2024(74). 경위

> ㉠ 촉법소년과 우범소년에 해당하는 소년이 있을 때에는 경찰서장은 직접 관할 소년부에 송치하여야 한다.
> ㉡ 소년보호사건의 심리는 공개하지 아니한다. 다만, 중요 강력범죄의 경우에는 공개할 수 있다.
> ㉢ 소년 보호사건의 기록과 증거물은 소년부 판사의 허가를 받은 경우에만 열람하거나 등사할 수 있으며, 보조인이 심리 개시 결정 후에 소년 보호사건의 기록과 증거물을 열람하는 경우에 소년부 판사의 허가를 받아야 한다.
> ㉣ 형벌 법령에 저촉되는 행위를 한 10세 이상 14세 미만인 소년도 「소년법」의 규율대상으로 하는 것은 비밀주의와 직접 관련이 있는 규정이다.

① 0개　　② 1개
③ 2개　　④ 3개

해설

적절한 설명은 ㉠ 1개이다.
㉠ [○] 소년법 제4조 제2항
㉡ [×] 심리는 공개하지 아니한다. 다만, 소년부 판사는 적당하다고 인정하는 자에게 참석을 허가할 수 있다(동법 제24조 제2항).
㉢ [×] 소년 보호사건의 기록과 증거물은 소년부 판사의 허가를 받은 경우에만 열람하거나 등사할 수 있다. 다만, 보조인이 심리 개시 결정 후에 소년 보호사건의 기록과 증거물을 열람하는 경우에는 소년부 판사의 허가를 받지 아니하여도 된다(동법 제30조의2).
㉣ [×] 예방주의와 관련이 있다. 비밀주의는 소년범죄자가 사회에 적응하는 과정에서 다른 사람들에게 범죄경력이 노출되지 않도록 하여 소년의 인권보장과 재범방지를 추구하는 것을 말한다. 소년법 제68조 제1항(보도 금지)은 비밀주의와 관련이 있다.

정답 ②

10 「소년법」상 소년보호사건의 대상이 될 수 없는 경우는? 2013. 보호 7급

① 동생을 상해한 만 12세의 소년
② 정당한 이유 없이 상습으로 가출하는 등 형벌 법령에 저촉되는 행위를 할 우려가 있는 만 9세의 소년
③ 친구들과 몰려다니며 여학생들을 괴롭히는 등 장래에 범죄를 범할 우려가 있는 만 11세의 소년
④ 장난을 치다가 실수로 친구의 눈을 실명케 한 만 15세의 소년

해설
① [○] 촉법소년에 해당된다.
② [×] 정당한 이유 없이 상습으로 가출하는 등 형벌 법령에 저촉되는 행위를 할 우려가 있는 10세 이상 19세 미만의 소년은 우범소년에 해당되어 소년보호사건의 대상이 될 수 있으나, 만 10세 미만의 소년은 소년보호사건의 대상이 될 수 없다.
③ [○] 우범소년에 해당된다.
④ [○] 범죄소년에 해당된다.

✓ 소년보호의 대상

범죄소년	1. 죄를 범한 14세 이상 19세 미만의 소년 2. 보호처분이나 형사처분 모두 가능
촉법소년	1. 형벌 법령에 저촉된 행위를 한 10세 이상 14세 미만의 소년 2. 형사책임능력이 없으므로 형사처벌은 불가능하고 보호처분만 가능
우범소년	1. 성격 또는 환경에 비추어 장래에 형법에 저촉되는 행위를 할 우려가 있는 10세 이상의 소년으로 다음에 열거하는 사유가 있는 자 • 집단적으로 몰려다니며 주위 사람들에게 불안감을 조성하는 성벽이 있는 것 • 정당한 이유 없이 가출하는 것 • 술을 마시고 소란을 피우거나 유해환경에 접하는 성벽이 있는 것 2. 형사처벌은 불가능하고 보호처분만 가능

정답 ②

---

11 소년보호사건에 대한 설명으로 옳지 않은 것만을 모두 고른 것은? 2013. 교정 9급

> ⊙ 형벌 법령에 저촉되는 행위를 한 12세 소년이 있을 때에 경찰서장은 직접 관할 소년부에 소년을 송치하여야 한다.
> ⓒ 법으로 정한 사유가 있고 소년의 성격이나 환경에 비추어 향후 형벌 법령에 저촉되는 행위를 할 우려가 있더라도 10세 우범소년은 소년부에 송치할 수 없다.
> ⓒ 「소년법」상 14세의 촉법소년은 소년부 보호사건의 대상이 되고, 정당한 이유 없이 가출하는 9세 소년은 소년부 보호사건의 대상에서 제외된다.
> ⓔ 죄를 범한 소년을 발견한 보호자 또는 학교·사회복리시설·보호관찰소(보호관찰지소 포함)의 장은 이를 관할 소년부에 통고할 수 있다.

① ㉠, ㉡
② ㉠, ㉢
③ ㉡, ㉢
④ ㉢, ㉣

해설

옳지 않은 것은 ⓒ, ⓒ이다.
- ⓐ [O] 형벌 법령에 저촉되는 행위를 한 12세 소년(촉법소년)이 있을 때에는 경찰서장은 직접 관할 소년부에 송치하여야 한다(소년법 제4조 제2항).
- ⓑ [×] 법으로 정한 사유가 있고 그의 성격이나 환경에 비추어 앞으로 형벌 법령에 저촉되는 행위를 할 우려가 있는 10세 이상 19세 미만인 소년(우범소년)이 있을 때에는 경찰서장은 직접 관할 소년부에 송치하여야 한다(동법 제4조 제2항).
- ⓒ [×] 촉법소년은 형벌 법령에 저촉되는 행위를 한 10세 이상 14세 미만인 소년을 말한다(동법 제4조 제1항 제2호). 따라서 14세의 소년은 범죄소년 또는 우범소년이 될 수는 있으나 촉법소년은 될 수 없다.
- ⓓ [O] 동법 제4조 제3항

정답 ③

---

12 「소년법」상 사건의 송치 및 통고 등에 대한 설명으로 옳지 않은 것은? 2023. 보호 7급

① 형벌 법령에 저촉되는 행위를 한 10세 이상 14세 미만인 소년이 있을 때에는 경찰서장은 직접 관할 소년부에 송치하여야 한다.
② 법원이 소년에 대한 피고사건을 심리한 결과 보호처분에 해당할 사유가 있다고 인정하여 결정으로써 사건을 관할 소년부에 송치한 경우, 해당 소년부는 조사 또는 심리한 결과 사건의 본인이 19세 이상인 것으로 밝혀지면 결정으로써 송치한 법원에 사건을 다시 이송하여야 한다.
③ 소년부는 송치받은 보호사건이 그 관할에 속하지 아니한다고 인정하더라도 보호의 적정을 기하기 위하여 필요하다고 인정하면 그 사건을 관할 소년부에 이송하지 않을 수 있다.
④ 정당한 이유 없이 가출하고 그의 성격이나 환경에 비추어 앞으로 형벌 법령에 저촉되는 행위를 할 우려가 있는 10세의 소년을 발견한 보호자는 이를 관할 소년부에 통고할 수 있다.

해설

① [O] 촉법소년(14세 이상 19세 미만인 소년) 및 우범소년(10세 이상 14세 미만인 소년)이 있을 때에는 경찰서장은 직접 관할 소년부에 송치하여야 한다(동법 제4조 제2항).
② [O] 법원은 소년에 대한 피고사건을 심리한 결과 보호처분에 해당할 사유가 있다고 인정하면 결정으로써 사건을 관할 소년부에 송치하여야 하고(동법 제50조), 소년부는 법원으로부터 송치받은 사건을 조사 또는 심리한 결과 사건의 본인이 19세 이상인 것으로 밝혀지면 결정으로써 송치한 법원에 사건을 다시 이송하여야 한다(동법 제51조).
③ [×] 보호사건을 송치받은 소년부는 보호의 적정을 기하기 위하여 필요하다고 인정하면 결정으로써 사건을 다른 관할 소년부에 이송할 수 있으며(소년법 제6조 제1항), 소년부는 사건이 그 관할에 속하지 아니한다고 인정하면 결정으로써 그 사건을 관할 소년부에 이송하여야 한다(소년법 제6조 제2항).
④ [O] 범죄·촉법·우범소년을 발견한 보호자 또는 학교·사회복리시설·보호관찰소의 장은 이를 관할 소년부에 통고할 수 있다(동법 제4조 제3항).

정답 ③

13 「소년법」상 소년사건 처리절차에 대한 설명으로 옳지 않은 것은? 2021. 교정 9급

① 형벌 법령에 저촉되는 행위를 한 10세 이상 14세 미만의 소년에 대하여 경찰서장은 직접 관할 소년부에 송치할 수 없다.
② 보호사건을 송치받은 소년부는 보호의 적정을 기하기 위하여 필요하다고 인정하면 결정으로써 사건을 다른 관할 소년부에 이송할 수 있다.
③ 소년부 판사는 사건의 조사 또는 심리에 필요하다고 인정하면 기일을 지정하여 사건 본인이나 보호자 또는 참고인을 소환할 수 있다.
④ 소년부 판사는 심리 결과 보호처분을 할 수 없거나 할 필요가 없다고 인정하면 그 취지의 결정을 하고, 이를 사건 본인과 보호자에게 알려야 한다.

해설
① [×] 촉법소년(형벌 법령에 저촉되는 행위를 한 10세 이상 14세 미만의 소년)·우범소년(형벌 법령에 저촉되는 행위를 할 우려가 있는 10세 이상 19세 미만인 소년)이 있을 때에는 경찰서장은 직접 관할 소년부에 송치하여야 한다(소년법 제4조 제2항).
② [○] 동법 제6조 제1항
③ [○] 동법 제13조 제1항
④ [○] 동법 제29조 제1항

정답 ①

---

14 「소년법」상 보호사건의 처리절차에 대한 설명으로 옳은 것만을 모두 고른 것은? 2014. 보호 7급

㉠ 경찰서장이 촉법소년과 우범소년을 발견한 때에는 검사를 거쳐 소년부에 송치하여야 한다.
㉡ 검사는 소년에 대한 피의사건을 수사한 결과 보호처분에 해당하는 사유가 있다고 인정한 경우에는 사건을 관할 소년부에 송치하여야 한다.
㉢ 소년부 판사는 소년의 품행을 교정하고 피해자를 보호하기 위하여 필요하다고 인정하면 소년에게 피해 변상 등 피해자와의 화해를 권고할 수 있다.
㉣ 소년부 판사는 심리결과 보호처분을 할 수 없거나 할 필요가 없다고 인정하면 불처분 결정을 하고, 이를 사건 본인과 보호자에게 알려야 한다.
㉤ 보호처분의 결정에 대해서 본인·보호자·보조인 또는 그 법정대리인은 관할 가정법원 또는 지방법원 본원 합의부에 항고할 수 있고, 항고가 있는 경우 보호처분의 집행은 정지된다.

① ㉠, ㉡, ㉣
② ㉡, ㉢, ㉣
③ ㉡, ㉢, ㉤
④ ㉢, ㉣, ㉤

해설
옳은 것은 ㉡, ㉢, ㉣이다.
㉠ [×] 촉법·우범소년이 있을 때에는 경찰서장은 직접 관할 소년부에 송치하여야 한다(소년법 제4조 제2항). 즉, 검사는 촉법·우범소년과 관련이 없다.
㉡ [○] 동법 제49조 제1항
㉢ [○] 동법 제25조의3 제1항
㉣ [○] 동법 제29조 제1항
㉤ [×] 보호처분의 결정(동법 제32조) 및 부가처분 등의 결정(동법 제32조의2) 또는 보호처분·부가처분 변경 결정(동법 제37조)이 ⓐ 해당 결정에 영향을 미칠 법령 위반이 있거나 중대한 사실 오인이 있는 경우, ⓑ 처분이 현저히 부당한 경우에는 사건 본인·보호자·보조인 또는 그 법정대리인은 관할 가정법원 또는 지방법원 본원 합의부에 항고할 수 있다(동법 제43조 제1항). 항고는 결정의 집행을 정지시키는 효력이 없다(동법 제46조).

정답 ②

〈소년법상 보호사건〉

15 소년부 판사가 사건을 조사 또는 심리하는 데에 필요하다고 인정할 경우 소년의 감호에 관하여 결정으로써 할 수 있는 임시조치에 해당하지 않는 것은?　　　2010. 사시

① 보호자에 위탁
② 소년을 보호할 수 있는 적당한 자에 위탁
③ 병원이나 그 밖의 요양소에 위탁
④ 소년분류심사원에 위탁
⑤ 소년원에 위탁

해설

☑ **임시조치**(소년법 제18조 제1항. 보호사건의 미결구금 기능을 한다)
소년부 판사는 사건을 조사 또는 심리하는 데에 필요하다고 인정하면 소년의 감호에 관하여 결정으로써 다음의 어느 하나에 해당하는 조치를 할 수 있다.
1. 보호자, 소년을 보호할 수 있는 적당한 자 또는 시설에 위탁
2. 병원이나 그 밖의 요양소에 위탁
3. 소년분류심사원에 위탁

정답 ⑤

---

16 「소년법」상 조사와 소년분류심사에 대한 설명으로 옳지 않은 것은?　　　2024. 보호 7급

① 조사관은 소년부 판사의 명을 받아 사건 본인이나 보호자를 심문할 수 있지만, 참고인에 대한 심문은 허용되지 않는다.
② 소년부 판사는 사건의 조사에 필요한 경우 기일을 정하여 보호자 또는 참고인을 소환할 수 있고, 보호자가 정당한 이유 없이 이에 응하지 아니하면 동행영장을 발부할 수 있다.
③ 조사관이 범죄 사실에 관하여 소년을 조사할 때에는 미리 소년에게 불리한 진술을 거부할 수 있음을 알려야 한다.
④ 소년부 판사가 소년을 소년분류심사원에 위탁하는 조치를 하는 경우 위탁기간은 1개월을 초과하지 못하지만, 특별히 필요한 경우에는 결정으로 1회 연장할 수 있다.

해설

① [×] 소년부 판사는 조사관에게 사건 본인, 보호자 또는 참고인의 심문이나 그 밖에 필요한 사항을 조사하도록 명할 수 있다(소년법 제11조 제1항).
② [○] 소년부 판사는 사건의 조사 또는 심리에 필요하다고 인정하면 기일을 지정하여 사건 본인이나 보호자 또는 참고인을 소환할 수 있고(동법 제13조 제1항), 사건 본인이나 보호자가 정당한 이유 없이 소환에 응하지 아니하면 소년부 판사는 동행영장을 발부할 수 있다(동법 제13조 제2항).
③ [○] 소년부 또는 조사관이 범죄 사실에 관하여 소년을 조사할 때에는 미리 소년에게 불리한 진술을 거부할 수 있음을 알려야 한다(동법 제10조).
④ [○] 소년분류심사원에 위탁기간은 1개월을 초과하지 못한다. 다만, 특별히 계속 조치할 필요가 있을 때에는 한 번에 한하여 결정으로써 연장할 수 있다(동법 제18조 제3항).

정답 ①

17 「소년법」상 보호처분들 간의 병합이 가능하지 않은 경우는? 2016. 보호 7급

① 소년보호시설에 감호위탁과 보호관찰관의 단기 보호관찰
② 소년보호시설에 감호위탁과 보호관찰관의 장기 보호관찰
③ 1개월 이내의 소년원 송치와 보호관찰관의 단기 보호관찰
④ 보호자에게 감호위탁과 수강명령과 사회봉사명령과 보호관찰관의 장기 보호관찰

해설
③ [×] 1개월 이내의 소년원 송치와 보호관찰관의 단기 보호관찰은 병합할 수 없다(소년법 제32조 제2항).

보호처분의 병합(소년법 제32조 제2항)
다음의 처분 상호 간에는 그 전부 또는 일부를 병합할 수 있다.
1. 보호자 또는 보호자를 대신하여 소년을 보호할 수 있는 자에게 감호 위탁(제1호)·수강명령(제2호)·사회봉사명령(제3호)·보호관찰관의 단기 보호관찰(제4호) 처분
2. 보호자 또는 보호자를 대신하여 소년을 보호할 수 있는 자에게 감호 위탁(제1호)·수강명령(제2호)·사회봉사명령(제3호)·보호관찰관의 장기 보호관찰(제5호) 처분
3. 보호관찰관의 단기 보호관찰(제4호)·아동복지시설이나 그 밖의 소년보호시설에 감호 위탁(제6호) 처분
4. 보호관찰관의 장기 보호관찰(제5호)·아동복지시설이나 그 밖의 소년보호시설에 감호 위탁(제6호) 처분
5. 보호관찰관의 장기 보호관찰(제5호)·1개월 이내의 소년원 송치(제8호) 처분

정답 ③

18 「소년법」의 보호처분에 대한 설명으로 옳지 않은 것은? 2016. 사시

① 소년부 판사는 심리 결과에 따라서 사회봉사명령과 단기 보호관찰을 병합하여 처분할 수 있다.
② 단기 보호관찰 처분의 기간은 1년이며 1년의 범위 안에서 1회에 한해 그 기간을 연장할 수 있다.
③ 수강명령 처분은 12세 이상의 소년에게만 할 수 있다.
④ 수강명령은 100시간을, 사회봉사명령은 200시간을 초과할 수 없다.
⑤ 소년부 판사는 가정상황 등을 고려하여 필요하다고 판단되면 보호자에게 소년원에서 실시하는 소년의 보호를 위한 특별교육을 받을 것을 명할 수 있다.

해설
① [○] 동법 제32조 제2항
② [×] 단기 보호관찰 처분의 기간연장에 대한 규정이 없으므로, 그 기간을 연장할 수 없다(소년법 제33조 제2항).
③ [○] 동법 제32조 제4항
④ [○] 동법 제33조 제4항
⑤ [○] 동법 제32조의2 제3항

정답 ②

19 「소년법」상 소년범의 보호관찰에 대한 설명으로 옳지 않은 것은? 2019. 5급 승진

① 소년에게 단기 보호관찰 처분을 할 때에는 3개월 이내의 기간을 정하여 「보호소년 등의 처우에 관한 법률」에 따른 대안교육 또는 소년의 상담·선도·교화와 관련된 단체나 시설에서의 상담·교육을 받을 것을 동시에 명할 수 있다.
② 소년에게 장기 보호관찰 처분을 할 때에는 1년 이내의 기간을 정하여 야간 등 특정 시간대의 외출을 제한하는 명령을 보호관찰대상자의 준수 사항으로 부과할 수 있다.
③ 소년에 대하여 단기 보호관찰 처분을 하는 경우 「아동복지법」에 따른 아동복지시설이나 그 밖의 소년보호시설에 감호 위탁 또는 1개월 이내의 소년원 송치 처분을 병합할 수 있다.
④ 소년에 대한 장기 보호관찰의 기간은 2년으로 하되, 소년부 판사는 보호관찰관의 신청에 따라 결정으로써 1년의 범위에서 한 번에 한하여 그 기간을 연장할 수 있다.
⑤ 소년부 판사는 가정상황 등을 고려하여 필요하다고 판단되면 보호자에게 소년원·소년분류심사원 또는 보호관찰소 등에서 실시하는 소년의 보호를 위한 특별교육을 받을 것을 명할 수 있다.

해설
① [○] 동법 제32조의2 제1항
② [○] 동법 제32조의2 제2항
③ [×] 보호관찰관의 단기 보호관찰(제4호) 처분은 「아동복지법」에 따른 아동복지시설이나 그 밖의 소년보호시설에 감호 위탁(제6호) 처분과 병합할 수 있고(소년법 제32조 제2항 제3호), 1개월 이내의 소년원 송치(제8호) 처분은 보호관찰관의 장기 보호관찰(제5호) 처분과 병합할 수 있다(동법 제32조 제2항 제5호).
④ [○] 동법 제33조 제3항
⑤ [○] 동법 제32조의2 제3항

정답 ③

---

20 소년보호사건의 조사와 심리절차에 대한 설명으로 옳지 않은 것은? 2016. 사시

① 심리는 원칙적으로 공개하지 아니한다.
② 소년부는 조사 또는 심리할 때에 소년분류심사원의 분류심사 결과와 의견, 보호관찰소의 조사결과와 의견 등을 고려하여야 한다.
③ 대상 소년의 보호자가 정당한 이유 없이 소환에 응하지 아니하면 소년부 판사는 동행영장을 발부하여 동행할 수 있다.
④ 대상 소년이 소년분류심사원에 위탁되지 아니하였다면 법원이 직권으로 보조인을 선정할 수 없다.
⑤ 소년부 판사는 사건을 심리하는 데에 필요하다고 인정하면 대상 소년을 병원에 위탁하는 조치를 취할 수 있다.

해설
① [○] 심리는 공개하지 아니한다. 다만, 소년부 판사는 적당하다고 인정하는 자에게 참석을 허가할 수 있다(동법 제24조 제2항).
② [○] 소년부는 조사 또는 심리를 할 때에 정신건강의학과 의사·심리학자·사회사업가·교육자나 그 밖의 전문가의 진단, 소년 분류심사원의 분류심사 결과와 의견, 보호관찰소의 조사결과와 의견 등을 고려하여야 한다(동법 제12조).
③ [○] 동법 제13조 제2항
④ [×] 소년이 소년분류심사원에 위탁되지 아니하였을 때에도 ㉠ 소년에게 신체적·정신적 장애가 의심되는 경우, ㉡ 빈곤이나 그 밖의 사유로 보조인을 선임할 수 없는 경우, ㉢ 그 밖에 소년부 판사가 보조인이 필요하다고 인정하는 경우에는 법원은 직권에 의하거나 소년 또는 보호자의 신청에 따라 보조인을 선정할 수 있다(소년법 제17조의2 제2항).
⑤ [○] 소년부 판사는 사건을 조사 또는 심리하는 데에 필요하다고 인정하면 소년의 감호에 관하여 결정으로써 ㉠ 보호자, 소년을 보호할 수 있는 적당한 자 또는 시설에 위탁, ㉡ 병원이나 그 밖의 요양소에 위탁, ㉢ 소년분류심사원에 위탁하는 임시조치를 할 수 있다(동법 제18조 제1항).

정답 ④

21 「소년법」상 소년보호사건의 조사·심리절차에서 피해자 참여에 대한 설명으로 옳지 않은 것은? 2024. 보호 7급

① 피해자의 조부모는 피해자에게 법정대리인이나 변호인이 없는 경우에 한하여 의견진술의 기회를 가질 수 있다.
② 피해자의 변호인이 의견진술을 신청하였으나 신청인이 이미 심리절차에서 충분히 진술하여 다시 진술할 필요가 없다고 인정되는 경우에는 의견진술의 기회가 주어지지 않을 수 있다.
③ 소년부 판사는 피해자를 보호하고 소년의 품행을 교정하기 위하여 필요한 경우 피해자와의 화해를 권고할 수 있다.
④ 소년부 판사의 화해권고에 따라 소년이 피해자와 화해하였을 경우에 소년부 판사는 그 소년에 대한 보호처분의 결정에 이를 고려할 수 있다.

해설
① [×] 소년부 판사는 피해자 또는 그 법정대리인·변호인·배우자·직계친족·형제자매(대리인 등)가 의견진술을 신청할 때에는 피해자나 그 대리인 등에게 심리 기일에 의견을 진술할 기회를 주어야 한다. 다만, ⓐ 신청인이 이미 심리절차에서 충분히 진술하여 다시 진술할 필요가 없다고 인정되는 경우, ⓑ 신청인의 진술로 심리절차가 현저하게 지연될 우려가 있는 경우에는 그러하지 아니하다(소년법 제25조의2).
② [○]
③ [○] 소년부 판사는 소년의 품행을 교정하고 피해자를 보호하기 위하여 필요하다고 인정하면 소년에게 피해 변상 등 피해자와의 화해를 권고할 수 있다(동법 제25조의3 제1항).
④ [○] 소년부 판사는 소년이 화해의 권고에 따라 피해자와 화해하였을 경우에는 보호처분을 결정할 때 이를 고려할 수 있다(동법 제25조의3 제3항).

정답 ①

---

22 「소년법」상 보조인 제도에 대한 설명으로 옳지 않은 것은? 2022. 보호 7급

① 소년이 소년분류심사원에 위탁된 경우 보조인이 없을 때에는 법원은 변호사 등 적정한 자를 보조인으로 선정하여야 한다.
② 소년이 소년분류심사원에 위탁되지 아니하였을 때에도 소년에게 신체적·정신적 장애가 의심되는 경우에는 법원은 직권으로 보조인을 선정하여야 한다.
③ 소년이 보호자나 변호사를 보조인으로 선임하는 경우에 소년부 판사의 허가 없이 보조인을 선임할 수 있다.
④ 보조인의 선임은 심급마다 하여야 한다.

해설
① [○] 동법 제17조의2 제1항
② [×] 소년이 소년분류심사원에 위탁되지 아니하였을 때에도 ⓐ 소년에게 신체적·정신적 장애가 의심되는 경우, ⓑ 빈곤이나 그 밖의 사유로 보조인을 선임할 수 없는 경우, ⓒ 그 밖에 소년부 판사가 보조인이 필요하다고 인정하는 경우 법원은 직권에 의하거나 소년 또는 보호자의 신청에 따라 보조인을 선정할 수 있다(소년법 제17조의2 제2항).
③ [○] 동법 제17조 제2항
④ [○] 동법 제17조 제5항

정답 ②

23 「소년법」상 보조인 선임과 국선보조인에 대한 설명으로 옳은 것만을 모두 고르면? 2024. 보호 7급

> ㉠ 사건 본인이나 보호자가 변호사를 보조인으로 선임하려면 소년부 판사의 허가를 받아야 한다.
> ㉡ 소년이 소년분류심사원에 위탁되지 아니하였을 때에도 빈곤이나 그 밖의 사유로 보조인을 선임할 수 없는 경우에는 법원은 직권에 의하거나 소년 또는 보호자의 신청에 따라 보조인을 선정할 수 있다.
> ㉢ 소년부 판사는 보호자인 보조인이 소년의 이익에 반하는 행위를 할 우려가 있다고 판단되는 경우 보조인 선임의 허가를 취소할 수 있다.
> ㉣ 소년이 소년분류심사원에 위탁된 경우 보조인이 없을 때에는 법원은 변호사 등 적정한 자를 보조인으로 선정하여야 한다.

① ㉡, ㉣
② ㉢, ㉣
③ ㉠, ㉡, ㉢
④ ㉡, ㉢, ㉣

해설

옳은 것은 ㉡, ㉣이다.
㉠ [×] 사건 본인이나 보호자는 소년부 판사의 허가를 받아 보조인을 선임할 수 있다(소년법 제17조 제1항). 보호자나 변호사를 보조인으로 선임하는 경우에는 소년부 판사의 허가를 받지 아니하여도 된다(동법 제17조 제2항).
㉡ [○] 소년이 소년분류심사원에 위탁되지 아니하였을 때에도 ⓐ 소년에게 신체적·정신적 장애가 의심되는 경우, ⓑ 빈곤이나 그 밖의 사유로 보조인을 선임할 수 없는 경우, ⓒ 그 밖에 소년부 판사가 보조인이 필요하다고 인정하는 경우에는 법원은 직권에 의하거나 소년 또는 보호자의 신청에 따라 보조인을 선정할 수 있다(동법 제17조의2 제2항).
㉢ [×] 소년부 판사는 보조인이 심리절차를 고의로 지연시키는 등 심리진행을 방해하거나 소년의 이익에 반하는 행위를 할 우려가 있다고 판단하는 경우에는 보조인 선임의 허가를 취소할 수 있지만(동법 제17조 제4항), 보호자나 변호사의 보조인 선임은 소년부 판사의 허가 사항이 아니므로(동법 제17조 제2항), 보호자인 보조인이나 변호사인 보조인이 심리절차를 고의로 지연시키는 등 심리진행을 방해하거나 소년의 이익에 반하는 행위를 할 우려가 있다고 판단하는 경우에도 보조인 선임의 허가를 취소할 수는 없다. 다시 말해 보호자·변호사의 보조인 선임은 허가의 대상이 아니므로, 보조인 선임의 허가 취소의 대상이 아니다.
㉣ [○] 동법 제17조의2 제1항

정답 ①

---

24 「소년법」제32조에 따른 소년보호처분에 대한 설명으로 옳지 않은 것은? 2022. 보호 7급

① 제1호 처분은 보호자 또는 보호자를 대신하여 소년을 보호할 수 있는 자에게 감호 위탁하는 것이다.
② 제6호 처분은 「아동복지법」에 따른 아동복지시설이나 그 밖의 소년보호시설에 감호 위탁하는 것이다.
③ 제4호 처분을 할 때 6개월의 기간을 정하여 야간 등 특정 시간대의 외출을 제한하는 명령을 보호관찰대상자의 준수 사항으로 부과할 수 있다.
④ 제5호 처분을 할 때 6개월의 기간을 정하여 「보호소년 등의 처우에 관한 법률」에 따른 대안교육 또는 소년의 상담·선도·교화와 관련된 단체나 시설에서의 상담·교육을 받을 것을 동시에 명할 수 있다.

해설

① [○] 동법 제32조 제1항 제1호
② [○] 동법 제32조 제1항 제6호
③ [○] 보호관찰관의 단기 보호관찰(제4호) 또는 장기 보호관찰(제5호)의 처분을 할 때에 1년 이내의 기간을 정하여 야간 등 특정 시간대의 외출을 제한하는 명령을 보호관찰대상자의 준수 사항으로 부과할 수 있다(동법 제32조의2 제2항).
④ [×] 보호관찰관의 단기 보호관찰(제4호) 또는 장기 보호관찰(제5호)의 처분을 할 때에 3개월 이내의 기간을 정하여 「보호소년 등의 처우에 관한 법률」에 따른 대안교육 또는 소년의 상담·선도·교화와 관련된 단체나 시설에서의 상담·교육을 받을 것을 동시에 명할 수 있다(소년법 제32조의2 제1항).

정답 ④

25 다음 <보기>에서 현행 「소년법」에 규정된 보호처분 중 그 기간을 연장할 수 있는 것을 모두 고른 것은?

2022. 해경 경위

<보기>
㉠ 보호관찰관의 장기 보호관찰
㉡ 「아동복지법」에 따른 아동복지시설이나 그 밖의 소년보호시설에 감호 위탁
㉢ 보호자 또는 보호자를 대신하여 소년을 보호할 수 있는 자에게 감호 위탁
㉣ 「보호소년 등의 처우에 관한 법률」에 따른 의료재활소년원에 위탁

① ㉠, ㉡
② ㉠, ㉢
③ ㉠, ㉡, ㉢
④ ㉠, ㉡, ㉢, ㉣

해설
모두 기간을 연장할 수 있다.
장기 보호관찰(제5호)기간은 2년으로 한다. 다만, 소년부 판사는 보호관찰관의 신청에 따라 결정으로써 1년의 범위에서 한 번에 한하여 그 기간을 연장할 수 있다(소년법 제33조 제3항).
ⓐ 보호자 등에게 감호위탁(제1호), ⓑ 아동복지시설이나 그 밖의 소년보호시설에 감호위탁(제6호), ⓒ 병원·요양소 또는 의료재활소년원에 위탁(제7호)기간은 6개월로 하되, 소년부 판사는 결정으로써 6개월의 범위에서 한 번에 한하여 그 기간을 연장할 수 있다(동법 제33조 제1항).

정답 ④

---

26 「소년법」상 소년보호사건에 대한 설명으로 옳지 않은 것은?

2015. 사시

① 소년보호사건은 가정법원소년부 또는 지방법원소년부에 속한다.
② 보호처분이 계속 중일 때에 사건 본인이 처분 당시 19세 이상인 것으로 밝혀진 경우에는 소년부 판사는 결정으로써 그 보호처분을 취소하여야 한다.
③ 소년보호사건의 심리와 처분 결정은 소년부 단독판사가 한다.
④ 소년부 판사의 보호처분 결정에 대한 항고는 결정의 집행을 정지시키는 효력이 있다.
⑤ 소년부 판사는 소년이 소년부 판사의 권고에 따라 피해자와 화해하였을 경우에는 보호처분을 결정할 때 이를 고려할 수 있다.

해설
① [○] 동법 제3조 제2항
② [○] 동법 제38조 제1항
③ [○] 동법 제3조 제3항
④ [×] 항고는 결정의 집행을 정지시키는 효력이 없다(소년법 제46조).
⑤ [○] 동법 제25조의3 제3항

정답 ④

27 「소년법」상 보호처분과 그 변경 등에 대한 설명으로 옳지 않은 것은? 2023. 보호 7급

① 수강명령 및 장기 소년원 송치의 처분은 12세 이상의 소년에게만 할 수 있다.
② 소년부 판사는 보호관찰관의 장기 보호관찰의 처분을 할 때에 1년 이내의 기간을 정하여 야간 등 특정 시간대의 외출을 제한하는 명령을 보호관찰대상자의 준수 사항으로 부과할 수 있다.
③ 소년부 판사는 보호관찰관의 단기 보호관찰의 처분을 할 때에 3개월 이내의 기간을 정하여 「보호소년 등의 처우에 관한 법률」에 따른 대안교육을 받을 것을 동시에 명할 수 있다.
④ 보호처분을 집행하는 자의 신청이 없더라도 소년부 판사는 직권으로 1개월 이내의 소년원 송치의 처분을 변경할 수 있다.

해설
① [○] 소년법 제32조 제4항
② [○] 보호관찰관의 단기보호관찰 또는 장기보호관찰의 처분을 할 때에 1년 이내의 기간을 정하여 야간 등 특정 시간대의 외출을 제한하는 명령을 보호관찰대상자의 준수 사항으로 부과할 수 있다(동법 제32조의2 제2항).
③ [○] 보호관찰관의 단기보호관찰 또는 장기보호관찰의 처분을 할 때에 3개월 이내의 기간을 정하여 「보호소년 등의 처우에 관한 법률」에 따른 대안교육 또는 소년의 상담·선도·교화와 관련된 단체나 시설에서의 상담·교육을 받을 것을 동시에 명할 수 있다(동법 제32조의2 제1항).
④ [×] 소년부 판사는 위탁받은 자나 보호처분을 집행하는 자의 신청에 따라 결정으로써 보호처분과 부가처분을 변경할 수 있다. 다만, 보호자 등에게 감호 위탁(제32조 제1항 제1호), 아동복지시설이나 그 밖의 소년보호시설에 감호 위탁(제32조 제1항 제6호), 병원·요양소 또는 의료재활소년원에 위탁의 보호처분(제32조 제1항 제7호)과 보호관찰 처분 시 대안교육 또는 상담·교육 처분(제32조의2 제1항)은 직권으로 변경할 수 있다(동법 제37조 제1항). ⇨ 1개월 이내의 소년원 송치의 처분(제32조 제1항 제8호)은 소년부 판사의 직권으로 변경할 수 없다.

정답 ④

---

28 「소년법」상 보호사건의 조사와 심리에 대한 설명으로 옳지 않은 것은? 2023. 보호 7급

① 소년부 또는 조사관이 범죄 사실에 관하여 소년을 조사할 때에는 미리 소년에게 불리한 진술을 거부할 수 있음을 알려야 한다.
② 소년부는 조사 또는 심리를 할 때에 정신건강의학과의사 등 전문가의 진단, 소년분류심사원의 분류심사 결과와 의견, 보호관찰소의 조사결과와 의견 등을 고려하여야 한다.
③ 소년부 판사는 조사 또는 심리에 필요하다고 인정하여 기일을 지정해서 소환한 사건 본인의 보호자가 정당한 이유 없이 소환에 응하지 아니하면 동행영장을 발부할 수 있다.
④ 소년부 판사가 사건을 조사 또는 심리하는 데에 필요하다고 인정하여 소년의 감호에 관한 결정으로써 병원이나 그 밖의 요양소에 위탁하는 조치를 하는 경우 그 위탁의 최장기간은 2개월이다.

해설
① [○] 동법 제10조
② [○] 동법 제12조
③ [○] 동법 제13조 제2항
④ [×] 소년부 판사는 사건을 조사 또는 심리하는 데에 필요하다고 인정하면 소년의 감호에 관하여 결정으로써 ㉠ 보호자, 소년을 보호할 수 있는 적당한 자 또는 시설에 위탁(최장 3개월), ㉡ 병원이나 그 밖의 요양소에 위탁(최장 3개월), ㉢ 소년분류심사원에 위탁(최장 1개월)하는 조치를 할 수 있다(소년법 제18조 제1항·제3항).

정답 ④

⟨소년법상 형사처분 특례⟩

29 소년범죄의 형사처분에 대한 설명으로 옳지 않은 것은? 2024. 보호 7급

① 검사가 보호처분에 해당한다고 인정하여 소년부에 송치하였으나 소년부가 금고 이상의 형사처분을 할 필요가 있다고 인정하여 담당 검사에게 다시 송치한 사건은 검사가 이를 다시 소년부에 송치할 수는 없다.
② 소년형사사건에 있어 소년에 대한 구속영장은 부득이한 경우가 아니면 발부할 수 없고, 모든 사건은 필요적 변호사건에 해당한다.
③ 소년이 법정형으로 장기 2년 이상 유기형에 해당하는 죄를 범한 경우에 그 소년에게 선고할 수 있는 장기형의 상한은 10년이지만, 소년에 대하여 무기형으로 처할 경우에는 장기형의 상한이 15년이 된다.
④ 판결선고 전에 소년분류심사원에 위탁되었을 때에는 그 위탁기간 전부를 유기징역, 유기금고, 벌금이나 과료에 관한 유치 또는 구류에 산입한다.

해설
① [O] 검사는 소년에 대한 피의사건을 수사한 결과 보호처분에 해당하는 사유가 있다고 인정한 경우에는 사건을 관할 소년부에 송치하여야 한다(소년법 제49조 제1항). 소년부는 제1항에 따라 송치된 사건을 조사 또는 심리한 결과 그 동기와 죄질이 금고 이상의 형사처분을 할 필요가 있다고 인정할 때에는 결정으로써 해당 검찰청 검사에게 송치할 수 있다(동법 제49조 제2항). 제2항에 따라 송치한 사건은 다시 소년부에 송치할 수 없다(동법 제49조 제3항).
② [O] 동법 제55조 제1항, 형사소송법 제33조 제1항 제2호
③ [X] 소년이 법정형으로 장기 2년 이상의 유기형에 해당하는 죄를 범한 경우에는 그 형의 범위에서 장기와 단기를 정하여 선고한다. 다만, 장기는 10년, 단기는 5년을 초과하지 못한다(소년법 제60조 제1항). 죄를 범할 당시 18세 미만인 소년에 대하여 사형 또는 무기형으로 처할 경우에는 15년의 유기징역으로 한다(소년법 제59조).
④ [O] 판결선고 전에 소년보호사건에 대한 임시조치로서 소년분류심사원에 위탁되었을 때에는 그 위탁기간은 「형법」 제57조 제1항의 판결선고 전 구금일수로 본다(동법 제61조). 판결선고 전의 구금일수는 그 전부를 유기징역, 유기금고, 벌금이나 과료에 관한 유치 또는 구류에 산입한다(형법 제57조 제1항).

정답 ③

30 「소년법」상 형사사건의 심판에 대한 설명으로 옳지 않은 것은? 2022. 교정 7급

① 징역 또는 금고를 선고받은 소년에 대하여는 특별히 설치된 교도소 또는 일반 교도소 안에 특별히 분리된 장소에서 그 형을 집행한다. 다만, 소년이 형의 집행 중에 23세가 되면 일반 교도소에서 집행할 수 있다.
② 죄를 범할 당시 18세 미만인 소년에 대하여 사형 또는 무기형으로 처할 경우에는 15년의 유기징역으로 한다.
③ 징역 또는 금고를 선고받은 소년에 대하여는 무기형의 경우에는 5년, 15년 유기형의 경우에는 3년, 부정기형의 경우에는 단기의 3분의 1의 기간이 각각 지나면 가석방을 허가할 수 있다.
④ 소년에 대한 형사사건의 심리는 다른 피의사건과 관련된 경우 심리에 지장이 없으면 그 절차를 병합하여야 한다.

해설
① [O] 동법 제63조
② [O] 동법 제59조
③ [O] 동법 제65조
④ [X] 소년에 대한 형사사건의 심리는 다른 피의사건과 관련된 경우에도 심리에 지장이 없으면 그 절차를 분리하여야 한다(소년법 제57조).

정답 ④

31 소년 형사사건에 대한 설명으로 옳은 것은? (다툼이 있는 경우 판례에 의함) 2022. 보호 7급

① 「소년법」 제60조 제1항에 정한 '소년'은 「소년법」 제2조에 정한 19세 미만인 자를 의미하는 것으로, 이에 해당하는지는 행위시를 기준으로 판단하여야 한다.
② 소년에 대한 부정기형을 집행하는 기관의 장은 형의 단기가 지난 소년범의 행형(行刑) 성적이 양호하고 교정의 목적을 달성하였다고 인정되는 경우에는 관할 법원의 결정에 따라 그 형의 집행을 종료시킬 수 있다.
③ 15년 유기징역형을 선고받은 소년이 6년이 지나 가석방된 경우, 가석방된 후 그 처분이 취소되지 아니하고 9년이 경과한 때에 형의 집행을 종료한 것으로 한다.
④ 보호처분 당시 19세 이상인 것으로 밝혀진 경우를 제외하고는 「소년법」 제32조의 보호처분을 받은 소년에 대하여는 그 심리가 결정된 사건은 다시 공소를 제기하거나 소년부에 송치할 수 없다.

해설
① [×] 소년법은 인격이 형성되는 과정에 있기에 그 개선가능성이 풍부하고 심신의 발육에 따르는 특수한 정신적 동요상태에 놓여 있는 소년의 특수성을 고려하여 소년의 건전한 성장을 돕기 위해 형사처분에 관한 특별조치로서 제60조 제1항에서 소년에 대하여 부정기형을 선고하도록 정하고 있다. 다만, 소년법 제60조 제1항에 정한 '소년'은 소년법 제2조에 정한 19세 미만인 자를 의미하는 것으로 이에 해당하는지는 사실심판결 선고 시를 기준으로 판단하여야 하므로, 제1심에서 부정기형을 선고받은 피고인이 항소심 선고 이전에 19세에 도달하는 경우 정기형이 선고되어야 한다. 이 경우 피고인만이 항소하거나 피고인을 위하여 항소하였다면 형사소송법 제368조가 규정한 불이익변경금지 원칙이 적용되어 항소심은 제1심판결의 부정기형보다 무거운 정기형을 선고할 수 없다(대법원 2020.10.22. 2020도4140).
② [×] 소년에 대한 부정기형을 집행하는 기관의 장은 형의 단기가 지난 소년범의 행형 성적이 양호하고 교정의 목적을 달성하였다고 인정되는 경우에는 관할 검찰청 검사의 지휘에 따라 그 형의 집행을 종료시킬 수 있다(소년법 제60조 제4항).
③ [×] 징역 또는 금고를 선고받은 소년이 가석방된 후 그 처분이 취소되지 아니하고 가석방 전에 집행을 받은 기간과 같은 기간이 지난 경우에는 형의 집행을 종료한 것으로 한다(동법 제66조 본문). 그러므로 가석방된 후 그 처분이 취소되지 아니하고 6년이 경과한 때에 형의 집행을 종료한 것으로 한다.
④ [○] 제32조의 보호처분을 받은 소년에 대하여는 그 심리가 결정된 사건은 다시 공소를 제기하거나 소년부에 송치할 수 없다. 다만, 보호처분이 계속 중일 때에 사건 본인이 처분 당시 19세 이상인 것으로 밝혀져 소년부 판사가 결정으로써 그 보호처분을 취소하고 검찰청 검사에게 송치한 경우에는 공소를 제기할 수 있다(소년법 제53조).

정답 ④

32 소년형사사건에 대한 설명으로 옳지 않은 것은? 2014. 사시

① 소년에게 변호인이 없는 때에는 법원은 직권으로 국선변호인을 선정하여야 한다.
② 징역 또는 금고를 선고받은 소년에 대하여는 특별히 설치된 교도소 또는 일반 교도소 안에 특별히 분리된 장소에서 그 형을 집행한다.
③ 소년에게 형의 집행유예나 선고유예를 선고할 때에는 부정기형을 선고하지 못한다.
④ 부정기형을 선고받은 소년에 대하여는 단기의 2분의 1이 지나야 가석방을 허가할 수 있다.
⑤ 소년이 법정형으로 장기 2년 이상의 유기형에 해당하는 죄를 범한 경우에는 그 형의 범위에서 장기와 단기를 정하여 선고한다. 다만, 장기는 10년, 단기는 5년을 초과하지 못한다.

해설
① [○] 미성년자인 피고인이 변호인이 없는 때에는 법원은 직권으로 변호인을 선정하여야 한다(형사소송법 제33조 제1항 제2호).
② [○] 소년법 제63조
③ [○] 동법 제60조 제3항
④ [×] 징역 또는 금고를 선고받은 소년에 대하여는 무기형의 경우에는 5년, 15년 유기형의 경우에는 3년, 부정기형의 경우에는 단기의 3분의 1이 지나면 가석방을 허가할 수 있다(소년법 제65조).
⑤ [○] 동법 제60조 제1항

정답 ④

33 「소년법」상 소년형사사건에 대한 설명으로 옳지 않은 것은?

2015. 사시

① 법원은 소년에 대한 형사사건에 관하여 필요한 사항을 조사하도록 조사관에게 위촉할 수 있다.
② 소년에 대한 형사사건의 심리는 다른 피의사건과 관련된 경우에도 심리에 지장이 없으면 그 절차를 분리하여야 한다.
③ 보호처분이 계속 중일 때에 징역, 금고 또는 구류를 선고받은 소년에 대하여는 먼저 그 형을 집행한다.
④ 소년이 법정형으로 장기 2년 이상의 유기형에 해당하는 죄를 범한 경우에는 그 형의 범위에서 장기와 단기를 정하여 선고하되, 장기는 5년, 단기는 2년을 초과하지 못한다.
⑤ 소년이었을 때 범한 죄에 의하여 형의 선고유예나 집행유예를 선고받은 경우 자격에 관한 법령을 적용할 때 장래에 향하여 형의 선고를 받지 아니한 것으로 보지만, 형의 선고유예가 실효되거나 집행유예가 실효·취소된 때에는 그때에 형을 선고받은 것으로 본다.

해설
① [○] 동법 제56조
② [○] 동법 제57조
③ [○] 동법 제64조
④ [×] 소년이 법정형으로 장기 2년 이상의 유기형에 해당하는 죄를 범한 경우에는 그 형의 범위에서 장기와 단기를 정하여 선고한다. 다만, 장기는 10년, 단기는 5년을 초과하지 못한다(소년법 제60조 제1항).
⑤ [○] 동법 제67조 제1항·제2항

정답 ④

34 「소년법」상 소년사범의 형 집행 및 가석방에 대한 설명으로 옳은 것은?

2015. 5급 승진

① 소년에게 무기형을 선고할 때에는 15년의 유기징역으로 한다.
② 소년에게 2년 미만의 유기형을 선고하는 때에는 부정기형을 선고할 수 없다.
③ 소년에 대한 부정기형을 집행하는 기관의 장은 형의 단기가 지난 소년범의 행형성적이 양호하고 교정의 목적을 달성하였다고 인정되는 경우에는 교도관회의의 심의를 거쳐 그 형의 집행을 종료시킬 수 있다.
④ 소년이 부정기형을 선고받은 경우, 단기의 3분의 1을 경과한 때에는 가석방을 허가할 수 있다.
⑤ 소년이 가석방된 후 그 처분이 취소되지 아니하고 가석방심사위원회가 정한 가석방기간을 경과한 때에는 형의 집행을 종료한 것으로 본다.

해설
① [×] 죄를 범할 당시 18세 미만인 소년에 대하여 사형 또는 무기형으로 처할 경우에는 15년의 유기징역으로 한다(동법 제59조). 즉, 죄를 범할 당시 18세 미만인 소년에 대하여는 사형 또는 무기형을 선고할 수 없다.
② [×] 소년이 법정형으로 장기 2년 이상의 유기형에 해당하는 죄를 범한 경우에는 그 형의 범위에서 장기와 단기를 정하여 선고한다. 다만, 장기는 10년, 단기는 5년을 초과하지 못한다(동법 제60조 제1항). 즉, 법정형(정확히는 처단형)이 2년 이상의 유기형인 경우에 부정기형을 선고한다. 따라서 법정형(처단형)이 2년 이상의 유기형인 이상, 선고형이 2년 미만이어도 부정기형을 선고하여야 한다.
▶ 법정형과 선고형의 차이점에 유의할 것(법정형 → 선택형 → 처단형 → 선고형)
③ [×] 관할 검찰청 검사의 지휘에 따라 그 형의 집행을 종료시킬 수 있다(동법 제60조 제4항).
④ [○] 소년법 제65조
⑤ [×] 징역 또는 금고를 선고받은 소년이 가석방된 후 그 처분이 취소되지 아니하고 가석방 전에 집행을 받은 기간과 같은 기간이 지난 경우에는 형의 집행을 종료한 것으로 한다(동법 제66조).

정답 ④

35 다음 중 「소년법」상 소년형사사건에 대한 설명으로 가장 옳지 않은 것은? 2022. 해경 경위

① 징역 또는 금고를 선고받은 소년에 대하여는 특별히 설치된 교도소 또는 일반 교도소 안에 특별히 분리된 장소에서 그 형을 집행한다. 다만, 소년이 형의 집행 중에 19세가 되면 일반 교도소에서 집행할 수 있다.
② 징역 또는 금고를 선고받은 소년에 대하여는 무기형에서 5년, 15년 유기형에는 3년, 부정기형에는 단기의 3분의 1이 경과하면 가석방을 허가할 수 있다.
③ 보호처분이 계속 중일 때 징역, 금고 또는 구류를 선고받은 소년에 대하여는 먼저 그 형을 집행한다.
④ 죄를 범할 당시 18세 미만인 소년에 대하여 사형 또는 무기형으로 처할 경우에는 15년의 유기징역으로 한다.

해설
① [×] 징역 또는 금고를 선고받은 소년에 대하여는 특별히 설치된 교도소 또는 일반 교도소 안에 특별히 분리된 장소에서 그 형을 집행한다. 다만, 소년이 형의 집행 중에 23세가 되면 일반 교도소에서 집행할 수 있다(소년법 제63조).
② [○] 징역 또는 금고를 선고받은 소년에 대하여는 무기형의 경우에는 5년, 15년 유기형의 경우에는 3년, 부정기형의 경우에는 단기의 3분의 1이 지나면 가석방을 허가할 수 있다(동법 제65조).
③ [○] 동법 제64조
④ [○] 동법 제59조

정답 ①

36 「소년법」상 소년에 관한 형사사건에 대한 설명으로 옳지 않은 것은? 2015. 교정 7급

① 단기 3년, 장기 6년의 징역형을 선고받은 소년에게는 1년이 지나면 가석방을 허가할 수 있다.
② 소년에 대한 형사사건의 심리는 다른 피의사건과 관련된 경우에는 그 절차를 병합하여야 한다.
③ 보호처분이 계속 중일 때에 징역, 금고 또는 구류를 선고받은 소년에 대하여는 먼저 그 형을 집행한다.
④ 징역 또는 금고를 선고받은 소년에 대하여는 특별히 설치된 교도소 또는 일반 교도소 안에 특별히 분리된 장소에서 그 형을 집행하나, 소년이 형의 집행 중에 23세가 되면 일반 교도소에서 집행할 수 있다.

해설
① [○] 부정기형의 경우에는 단기의 3분의 1이 지나야 가석방 대상이 되므로 단기 3년, 장기 6년의 부정기형을 선고받은 소년은 1년이 지나면 가석방을 허가할 수 있다(동법 제65조).
② [×] 소년에 대한 형사사건의 심리는 다른 피의사건과 관련된 경우에도 심리에 지장이 없으면 그 절차를 분리하여야 한다(소년법 제57조).
③ [○] 동법 제64조
④ [○] 동법 제63조

정답 ②

37 「소년법」상의 부정기형에 대한 설명으로 옳지 않은 것은? 2014. 보호 7급

① 소년이 법정형으로 장기 2년 이상의 유기형에 해당하는 죄를 범한 경우 그 형의 범위에서 선고하되 장기는 10년, 단기는 5년을 초과하지 못한다.
② 형의 집행유예나 선고유예를 선고할 때에는 부정기형을 선고할 수 없다.
③ 검사는 형의 단기가 지난 소년범의 행형 성적이 양호하고 교정의 목적을 달성하였다고 인정되는 경우 법원의 허가를 얻어 형집행을 종료시킬 수 있다.
④ 부정기형을 선고받은 소년에 대해서는 단기의 3분의 1을 경과하면 가석방을 허가할 수 있다.

해설
① [○] 동법 제60조 제1항
② [○] 동법 제60조 제3항
③ [×] 소년에 대한 부정기형을 집행하는 기관의 장은 형의 단기가 지난 소년범의 행형 성적이 양호하고 교정의 목적을 달성하였다고 인정되는 경우에는 관할 검찰청 검사의 지휘에 따라 그 형의 집행을 종료시킬 수 있다(소년법 제60조 제4항).
④ [○] 동법 제65조

정답 ③

38 소년의 형사사건에 대한 설명으로 옳은 것은? 2021. 보호 7급

① 협의의 불기소처분 사건은 조건부 기소유예의 대상에서 제외된다.
② 법원은 판결만을 선고하는 경우라도 피고인인 소년에 대하여 변호인이 없거나 출석하지 아니한 때에는 국선변호인을 선정하여야 한다.
③ 소년에 대해 형의 선고유예 시에는 부정기형을 선고하지 못하나, 집행유예 시에는 부정기형을 선고할 수 있다.
④ 소년에 대한 부정기형을 집행하는 기관의 장은 교정 목적이 달성되었다고 인정되는 경우에는 법원의 결정에 따라 그 형의 집행을 종료할 수 있다.

해설
① [○] 선도조건부 기소유예제도는 소년보호선도제도의 하나로서 범죄소년을 소년절차의 초기단계에서 이탈시켜 민간선도위원의 선도보호를 받도록 함으로써 그 소년의 사회복귀와 재범방지를 도모하는 제도로, 기소나 소년부 송치에 대한 대안에 해당하므로 협의의 불기소처분 대상(혐의 없음, 죄가 안됨, 공소권 없음, 각하)의 사건은 당연히 조건부 기소유예의 대상에서 제외된다.
② [×] 소년에 대한 형사사건에 관하여는 「소년법」에 특별한 규정이 없으면 일반 형사사건의 예에 따른다(소년법 제48조).
피고인이 미성년자인 경우에 변호인이 없는 때에는 법원은 직권으로 변호인을 선정하여야 하고(형사소송법 제33조 제1항 제2호), 피고인이 미성년자인 사건에 관하여는 변호인 없이 개정하지 못한다. 단, 판결만을 선고할 경우에는 예외로 한다(동법 제282조). 제282조 본문의 경우 변호인이 출석하지 아니한 때에는 법원은 직권으로 변호인을 선정하여야 한다(동법 제283조).
③ [×] 형의 집행유예나 선고유예를 선고할 때에는 부정기형을 선고하지 못한다(소년법 제60조 제3항).
④ [×] 소년에 대한 부정기형을 집행하는 기관의 장은 형의 단기가 지난 소년범의 행형 성적이 양호하고 교정의 목적을 달성하였다고 인정되는 경우에는 관할 검찰청 검사의 지휘에 따라 그 형의 집행을 종료시킬 수 있다(동법 제60조 제4항).

정답 ①

39 다음 설명 중 옳지 않은 것은? (다툼이 있는 경우 판례에 의함) 2016. 사시

① 「소년법」의 적용대상인 '소년'인지의 여부는 사실심 판결 선고시가 아니라 범죄행위시를 기준으로 판단한다.
② 소년에 대한 형사사건의 심리는 다른 피의사건과 관련된 경우에도 심리에 지장이 없으면 그 절차를 분리하여야 한다.
③ 소년에 대한 구속영장은 부득이한 경우가 아니면 발부하지 못한다.
④ 「소년법」 제32조의 보호처분을 받은 사건과 동일한 사건에 관하여 다시 공소제기가 되었다면, 이는 공소제기 절차가 법률의 규정에 위배하여 무효인 때에 해당하므로 공소기각의 판결을 하여야 한다.
⑤ 보호처분이 계속 중일 때에 사건 본인에 대하여 새로운 보호처분이 있었을 때에는 그 처분을 한 소년부 판사는 이전의 보호처분을 한 소년부에 조회하여 어느 하나의 보호처분을 취소하여야 한다.

해설

① [×] 소년법이 적용되는 '소년'이란 심판시에 19세 미만인 사람을 말하므로, 소년법의 적용을 받으려면 심판시에 19세 미만이어야 한다. 따라서 소년법 제60조 제2항의 적용대상인 '소년'인지의 여부도 심판시, 즉 사실심판결 선고시를 기준으로 판단되어야 한다(대법원 2009.5.28. 2009도2682).
② [○] 소년법 제57조
③ [○] 동법 제55조 제1항
④ [○] 대법원 1985.5.28. 85도21
⑤ [○] 소년법 제40조

정답 ①

40 「소년법」에 규정된 소년범죄자에 대한 형사처분의 특례규정으로 볼 수 없는 것으로만 묶인 것은?

2013. 보호 7급

> ㉠ 구속영장의 발부제한
> ㉡ 구속 시 성인피의자, 피고인과의 분리수용
> ㉢ 소년형사사건의 필요사항에 대한 조사관의 필요적 위촉
> ㉣ 가석방조건의 완화
> ㉤ 소년분류심사원 위탁기간의 미결구금일수 산입
> ㉥ 보도금지의 완화
> ㉦ 보호처분 계속 중 징역형이 선고된 경우 보호처분 우선 집행

① ㉠, ㉢, ㉣
② ㉡, ㉤, ㉦
③ ㉢, ㉥, ㉦
④ ㉤, ㉥, ㉦

해설

특례규정으로 볼 수 없는 것은 ㉢, ㉥, ㉦이다.
㉠ [○] 소년에 대한 구속영장은 부득이한 경우가 아니면 발부하지 못한다(소년법 제55조 제1항).
㉡ [○] 소년을 구속하는 경우에는 특별한 사정이 없으면 다른 피의자나 피고인과 분리하여 수용하여야 한다(동법 제55조 제2항).
㉢ [×] 법원은 소년에 대한 형사사건에 관하여 필요한 사항을 조사하도록 조사관에게 위촉할 수 있다(동법 제56조. 임의적 위촉).
㉣ [○] 징역 또는 금고를 선고받은 소년에 대하여는 무기형의 경우에는 5년, 15년 유기형의 경우에는 3년, 부정기형의 경우에는 단기의 3분의 1이 지나면 가석방을 허가할 수 있다(동법 제65조).
㉤ [○] 소년보호사건에 대한 임시조치로서 소년분류심사원에 위탁되었을 때에는 그 위탁기간은 판결선고 전 구금일수로 본다(동법 제61조).
㉥ [×] 소년법에 따라 조사 또는 심리 중에 있는 보호사건이나 형사사건에 대하여는 성명·연령·직업·용모 등으로 비추어 볼 때 그 자가 당해 사건의 당사자라고 미루어 짐작할 수 있는 정도의 사실이나 사진을 신문이나 그 밖의 출판물에 싣거나 방송할 수 없다(동법 제68조 제1항). ⇨ 보도금지의 완화가 아니라 강화이다.
㉦ [×] 보호처분이 계속 중일 때에 징역, 금고 또는 구류를 선고받은 소년에 대하여는 먼저 그 형을 집행한다(동법 제64조).

정답 ③

41 현행법상 청소년보호에 대한 설명으로 옳은 것은? (다툼이 있는 경우 판례에 의함) 2013. 보호 7급

① 「청소년 보호법」상 '청소년'은 「아동·청소년의 성보호에 관한 법률」상의 '아동·청소년'과 범위가 같다.
② 인터넷게임의 제공자는 만 18세 미만의 청소년에게 오전 0시부터 오전 7시까지 인터넷 게임을 제공하여서는 안 된다.
③ 종래 「청소년 보호법」에는 청소년유해매체물임을 표시하지 아니하고 청소년에게 유해매체물을 제공한 업체의 이름·대표자명·위반행위의 내용 등을 공표할 수 있도록 규정하였으나, 이는 헌법이 보장하고 있는 프라이버시권을 침해한다는 이유로 헌법재판소에 의해 위헌 결정을 받았다.
④ 「아동·청소년의 성보호에 관한 법률」에 규정된 청소년 성매수자에 대한 신상공개는 이를 공개하는 과정에서 수치심 등이 발생하므로 기존의 형벌 외에 또 다른 형벌로서 수치형이나 명예형에 해당하여 이중처벌 금지원칙에 위배된다.

해설

① [×] 아동·청소년이란 19세 미만의 자를 말한다(아동·청소년의 성보호에 관한 법률 제2조 제1호).
청소년이란 만 19세 미만인 사람을 말한다. 다만, 만 19세가 되는 해의 1월 1일을 맞이한 사람은 제외한다(청소년 보호법 제2조 제1호).
② [×] 인터넷게임의 제공자는 16세 미만의 청소년에게 오전 0시부터 오전 6시까지 인터넷게임을 제공하여서는 아니 된다(청소년 보호법 제26조 제1항).
③ [×] 청소년 보호법상 청소년유해매체물임을 표시하지 아니하고 청소년에게 유해매체물을 제공한 업체의 이름·대표자명·위반행위의 내용 등을 공표할 수 있도록 한 규정(청소년 보호법 제23조)은 헌법재판소에 의해 위헌결정을 받은 바 없다.
④ [×] 헌법 제13조 제1항에서 말하는 '처벌'은 원칙적으로 범죄에 대한 국가의 형벌권 실행으로서의 과벌을 의미하는 것이고, 국가가 행하는 일체의 제재나 불이익처분을 모두 그 '처벌'에 포함시킬 수는 없다.
공개되는 신상과 범죄사실은 이미 공개재판에서 확정된 유죄판결의 일부로서, 개인의 신상 내지 사생활에 관한 새로운 내용이 아니고, 공익목적을 위하여 이를 공개하는 과정에서 부수적으로 수치심 등이 발생된다고 하여 이것을 기존의 형벌 외에 또 다른 형벌로서 수치형이나 명예형에 해당한다고 볼 수는 없다. 그렇다면, 신상공개제도는 헌법 제13조의 이중처벌금지 원칙에 위배되지 않는다(헌재 2003.6.26. 2002헌가14).

정답 없음

42 소년사건과 관련된 판례의 태도를 설명한 것으로 옳지 않은 것은?

2018. 5급 승진

① 「아동·청소년의 성보호에 관한 법률」에서는 아동·청소년대상 성범죄 사건에 대하여 피고인이 아동·청소년인 경우 신상정보 공개명령 선고에 관한 예외사유를 규정하고 있는데, 이때 '피고인이 아동·청소년인 경우'에 해당하는지는 사실심 판결의 선고시를 기준으로 판단하여야 한다.

② 「소년법」제60조(구「소년법」제54조) 제1항 단서는 소년에 대한 부정기 선고형의 상한을 정한 것에 불과하고 법정형을 정한 것이 아니므로, 「형법」제53조에 의한 작량감경 사유가 있다고 하여 「소년법」소정의 부정기 선고형의 상한도 아울러 감경되어야 하는 것은 아니다.

③ 「소년법」제32조의 보호처분은 확정판결에 준하는 법적 효력이 있으므로, 보호처분을 받은 사건과 동일한 사건에 대하여 다시 공소제기가 되었다면 이에 대하여 법원은 면소판결을 하여야 한다.

④ 법원은 과거 「소년법」에 의한 보호처분을 받은 사실을 범죄의 상습성 인정 자료로 삼을 수 있다.

⑤ 「소년법」제67조(소년이었을 때 범한 죄에 의하여 형을 선고받은 자가 그 집행을 종료하거나 면제받은 경우 자격에 관한 법령을 적용할 때에는 장래에 향하여 형의 선고를 받지 아니한 것으로 본다)의 규정은 '사람의 자격'에 관한 법령의 적용에 있어 장래에 향하여 형의 선고를 받지 아니한 것으로 본다는 취지에 불과할 뿐 전과까지 소멸한다는 것은 아니다.

해설

① [○] 아동·청소년의 성보호에 관한 법률 제49조 제1항 단서, 제50조 제1항 단서는 '피고인이 아동·청소년인 경우, 그 밖에 신상정보를 공개 또는 고지하여서는 아니 될 특별한 사정이 있다고 판단되는 경우'를 공개명령 또는 고지명령 선고에 관한 예외사유로 규정하고 있는데, 공개명령 및 고지명령의 성격과 본질, 관련 법률의 내용과 취지 등에 비추어 공개명령 등의 예외사유로 규정되어 있는 위 '피고인이 아동·청소년인 경우'에 해당하는지는 사실심 판결의 선고시를 기준으로 판단하여야 한다(대법원 2012.5.24. 2012도2763).

② [○] 형법 제53조에 의한 작량감경은 법정형을 감경하여 처단형을 정하는 과정이며 법원은 이 처단형의 범위 내에서 선고형을 양정하게 되는 것인바, 소년법 제60조 제1항 단서는 소년에 대한 부정기 선고형의 상한을 정한 것에 불과하고 법정형을 정한 것이 아니므로 피고인에게 형법 제53조에 의한 작량감경 사유가 있다고 하여 위 소년법 소정의 부정기 선고형의 상한도 아울러 감경되어야 하는 것은 아니다(대법원 1983.6.14. 83도993).

③ [×] 소년법 제32조의 보호처분을 받은 사건과 동일한 사건에 대하여 다시 공소제기가 되었다면 동조의 보호처분은 확정판결이 아니고 따라서 기판력도 없으므로 이에 대하여 면소판결을 할 것이 아니라 공소제기절차가 동법 제53조의 규정에 위배하여 무효인 때에 해당한 경우이므로 공소기각의 판결을 하여야 한다(대법원 1985.5.28. 85도21).

④ [○] 소년법 제1조나 제32조 제6항의 규정이 있다 하여 보호처분을 받은 사실을 상습성 인정의 자료로 삼을 수 없는 것은 아니다(대법원 1989.12.12. 89도2097).

⑤ [○] 소년법 제67조는 "소년이었을 때 범한 죄에 의하여 형을 선고받은 자가 그 집행을 종료하거나 면제받은 경우 자격에 관한 법령을 적용할 때에는 장래에 향하여 형의 선고를 받지 아니한 것으로 본다."라고 규정하고 있는바, 위 규정은 「사람의 자격」에 관한 법령의 적용에 있어 장래에 향하여 형의 선고를 받지 아니한 것으로 본다는 취지에 불과할 뿐 전과까지 소멸한다는 것은 아니다. 따라서 특정범죄 가중처벌 등에 관한 법률 제5조의4 제5항을 적용하기 위한 요건으로서 요구되는 과거 전과로서의 징역형에는 소년으로서 처벌받은 징역형도 포함된다고 보아야 한다(대법원 2010.4.29. 2010도973).

정답 ③

2025 대비 최신판

해커스경찰
이언담
범죄학
진도별 기출+실전문제집

초판 1쇄 발행 2024년 12월 4일

지은이	이언담 편저
펴낸곳	해커스패스
펴낸이	해커스경찰 출판팀
주소	서울특별시 강남구 강남대로 428 해커스경찰
고객센터	1588-4055
교재 관련 문의	gosi@hackerspass.com
	해커스경찰 사이트(police.Hackers.com) 교재 Q&A 게시판
	카카오톡 플러스 친구 [해커스경찰]
학원 강의 및 동영상강의	police.Hackers.com
ISBN	979-11-7244-618-5 (13350)
Serial Number	01-01-01

저작권자 ⓒ 2024, 이언담

이 책의 모든 내용, 이미지, 디자인, 편집 형태는 저작권법에 의해 보호받고 있습니다.
서면에 의한 저자와 출판사의 허락 없이 내용의 일부 혹은 전부를 인용, 발췌하거나 복제, 배포할 수 없습니다.

경찰공무원 1위,
해커스경찰(police.Hackers.com)

해커스경찰

· 정확한 성적 분석으로 약점 극복이 가능한 **경찰 합격예측 온라인 모의고사**(교재 내 응시권 및 해설강의 수강권 수록)
· 해커스 스타강사의 **범죄학 무료 특강**
· **해커스경찰 학원 및 인강**(교재 내 인강 할인쿠폰 수록)
· 다회독에 최적화된 **회독용 답안지**

한경비즈니스 2024 한국품질만족도 교육(온·오프라인 경찰학원) 부문 1위

Money can't buy happiness, but
neither can poverty.
행복은 돈으로 살 수 없지만
가난으로도 살 수 없다.

– 레오 로스텐 –

(2) 지방채의 발행 절차와 요건

① **지방자치단체장의 지방채 발행**
  ㉠ 발행조건 : 지방자치단체장은 다음 사유를 위한 자금 조달에 필요할 때에는 지방채를 발행할 수 있음
    - 공유재산의 조성 등 소관 재정투자사업과 그에 직접적으로 수반되는 경비의 충당
    - 재해예방 및 복구사업
    - 천재지변으로 발생한 예측할 수 없었던 세입결함의 보전
    - 지방채의 차환(借換)
  ㉡ 발행 절차

발행 한도액의 범위에서 발행	원칙	지방의회 의결(행정안전부장관의 사전 승인은 필요 없음)
	예외	외채(外債) 발행 시 행정안전부장관의 승인을 받고 지방의회의 의결을 거침
발행 한도액을 초과하여 발행	원칙	행정안전부 장관과 협의(승인×) + 협의한 범위에서 지방의회의 의결
	예외	재정책임성 강화를 위하여 재정위험수준, 재정 상황 및 채무 규모 등을 고려하여 대통령령으로 정하는 범위를 초과하는 지방채 발행 시 행정안전부장관의 승인 받은 후 지방의회 의결

② **지방자치단체조합장의 지방채 발행**
  ㉠ 발행조건
    - 지방자치단체조합의 투자사업과 긴급한 재난복구 등을 위한 경비를 조달할 필요가 있을 때
    - 투자사업이나 재난복구사업을 지원할 목적으로 지방자치단체에 대부할 필요가 있을 때
  ㉡ 절차 : 행정안전부장관의 승인을 받은 범위에서 조합 구성원인 각 지방자치단체 지방의회의 의결 필요

SEMI-NOTE

지방채의 종류
- **증권차입채** : 지방재정법 시행령상 차입금. 지방자치단체가 (차입)증서에 의하여 차입하는 지방채. 외국정부·국제기구 등으로부터 차관(현물차관 포함)을 도입하는 경우를 포함. 실제적으로 장기차입금이며 지명채권(指名債權)이므로 유통성이 없음
- **증권발행채** : 지방재정법 시행령상 지방채증권(협의의 지방채). 지방자치단체가 증권발행 방식에 의해 차입하는 지방채. 외국에서 발행하는 경우(외채)를 포함. 무기명이며 유통성이 있음
  - 모집공채 : 신규 발행 지방채 증권에 대해 청약서에 의하여 불특정 다수를 대상으로 공채매입자를 모집한 후 현금을 받고 지방채 증권을 발행하는 방식
  - 매출공채 : 지방자치단체로부터 인·허가나 등록·등기 등 특정 서비스를 제공받는 주민·법인을 대상으로 원인행위에 첨가하여 이미 발행한 지방채 증권을 강제 구입하게 하는 방식
  - 교부공채 : 지방자치단체가 현금지급 대신에 차후 연도에 지급을 약속하는 증권을 채권자에게 교부하는 방식

지방자치단체조합 지방채의 연대책임
조합이 발행한 지방채는 조합과 그 구성원인 지방자치단체가 상환과 이자 지급의 연대책임을 짐

4. 조정교부금

(1) 시·군 조정교부금

① 의의 : 광역시·도가 그 관할구역 내 시·군의 재정을 보전해주기 위해 시·군이 징수한 광역시세·도세 수입 일부를 일정기준에 따라 시·군에 배분하는 제도
② 종류
  ㉠ 일반조정교부금
   • 시·군의 행정운영에 필요한 재원을 보전하는 등 일반적 재정수요에 충당하기 위한 교부금. 일반재원
   • 재원은 조정교부금 총액의 90%
  ㉡ 특별조정교부금
   • 시·군의 지역개발사업 등 시책을 추진하는 등 특정한 재정수요에 충당하기 위한 교부금. 특정재원
   • 재원은 조정교부금 총액의 10%. 특별조정교부금은 보조사업의 재원으로 사용할 수 없음

(2) 자치구 조정교부금

① 의의 : 특별시·광역시가 부과하는 시세 수입 중 일정액을 관할구역의 자치구간 재정력 격차를 조정하기 위해 자치구에 지원하는 제도
② 종류
  ㉠ **자치구 일반조정교부금** : 일반적 재정수요에 충당하기 위한 교부금. 재원은 조정교부금 총액의 90%
  ㉡ **자치구 특별조정교부금** : 특정한 재정수요에 충당하기 위한 교부금. 재원은 조정교부금 총액의 10%

5. 지방채

(1) 지방채의 의의

① **지방채의 개념** : 지방자치단체가 재정수입의 부족을 보충하기 위하여 지방자치단체의 '과세권'을 실질적인 담보로 하여 증서차입 또는 증권발행의 형식에 의해 외부로부터 조달하는 차입(借入)자금
② **지방채의 특징**
  ㉠ **장기차입금** : 2년 이상에 걸쳐 장기 분할 상환. 해당 연도의 수입으로 상환하는 일시차입금과 다름
  ㉡ **무담보 무보증** : 지방자치단체의 과세권을 실질적인 담보로 하며 별도의 담보는 없음
  ㉢ **자주재원인가 의존재원인가에 대해서는 견해 대립** : 정부의 지방재정 지표에서는 자주재원 및 의존재원과 별도로 구분하여 파악하고 재정자립도 계산에서도 지방채를 빼고 계산

SEMI-NOTE

시·군 조정교부금의 재원
다음 금액의 27%(인구 50만 이상의 시와 자치구가 아닌 구가 설치되어 있는 시는 47%)에 해당하는 금액
• 시·군에서 징수하는 광역시세·도세(화력발전·원자력발전에 대한 지역자원시설세, 소방분 지역자원시설세 및 지방교육세는 제외)의 총액
• 해당 광역시·도의 지방소비세액을 전년도 말 광역시·도의 인구로 나눈 금액에 전년도 말의 시·군의 인구를 곱한 금액

자치구 조정교부금의 재원
특별시·광역시의 시세 중 보통세(광역시는 주민세 재산분·종업원분 제외)

지방채의 특징
• 특정재원, 임시재원
• 기채행위(채권발행) 시 자금이전 발생
• 국채와의 구별 : 지방채는 국채보다 탄력성이 적고 자주적으로 발행 곤란. 경제정책상 필요성에서 발행하는 국채와 달리 지방채는 주로 재정수입액의 부족 보존을 위해 발행
• 지방세와의 구별 : 지방채의 매입여부는 응모자의 자유의사이므로 지방세와 달리 조건만 갖추면 단기간 내 많은 수입을 확보할 수 있지만 예외적으로 강제로 인수시키는 공채(매출공채)도 있음

자주성 원칙	지방세는 지방자치단체가 과세행정상 자치성을 보장할 수 있어야 함. 탄력세율의 적용, 과세시가표준액의 결정 및 적용 비율의 고시, 과세면제조례의 제정시행 등은 과세 자주성에 기인한 것
편의 및 최소 비용의 원칙	징세가 간편하고, 경비가 적게 들어야 함
확실성 원칙	징세가 확실히 실행되어야 함

(2) 과세주체별 지방세의 종류

과세주체		보통세(9개)	목적세(2개)
광역자치단체	특별시세·광역시세	담배소비세, 자동차세, 지방소득세, 주민세	지방교육세, 지역자원시설세
		지방소비세, 취득세, 레저세	
	도세	등록면허세	
기초자치단체	시·군세	담배소비세, 자동차세, 지방소득세, 주민세	—
		재산세	
	자치구세	등록면허세	

3. 지방교부세

(1) 의의

① **개념** : 지방재정의 지역 간 불균형을 시정하기 위하여 국가가 일정 내국세액 총액의 19.24%, 종합부동산세 전액, 담배부과 개별소비세 45%를 재원으로 하여 일정한 기준에 따라 각 자치단체에 배분하여 교부하는 금액
② **기능** : 재원의 균형화, 재원 보장, 자주성 보장

(2) 지방교부세의 종류

① **보통교부세** : 모든 지방지방자치단체가 일정한 행정수준을 유지할 수 있도록 표준수준의 기본적 행정수행경비를 산출하고 지방세 등 일반재원수입으로 충당할 수 없는 부족분을 일반재원으로 보전하는 재원
② **특별교부세** : 보통교부세 산정 시 반영할 수 없었던 구체적인 사정, 지방재정여건의 변동, 예기치 못한 재정수요 등을 고려하여 특별히 교부하는 교부세
③ **부동산교부세** : 부동산 보유세제 개편으로 기존 지방세이던 종합토지세와 재산세의 일부를 국세인 종합부동산세로 전환함에 따라 지방자치단체의 재원 감소에 대한 보전과 지역균형발전을 도모하기 위하여 2005년부터 교부. 2010년도에 시·도세인 지방소비세가 도입되면서부터는 보유세 및 거래세 감소분 보전을 폐지하고 전액을 균형재원으로 특별자치도·특별자치시·시·군·자치구에 교부
④ **소방안전교부세** : 행정안전부장관이 지방자치단체의 소방인력 운용, 소방 및 안전시설 확충, 안전관리 강화 등을 위해 교부

SEMI-NOTE

지방세의 특성

- **강제적 부과·징수** : 법률에 근거해야 하지만 주민의 개별적 승낙의 의사표시를 요하지 않음
- **직접적 반대급부 없는 징수** : 개별적 반대급부 없이 주민 또는 일정구역 안에서 일정행위를 하는 자로부터 징수
- **독립세주의** : 국세는 국가 단일 과세주체이지만 지방세는 지방자치단체가 각각 독립된 과세주체가 됨

보통교부세의 재원

일정 내국세 총액의 19.24%의 금액 중 97%

특별교부세의 재원

일정 내국세 총액의 19.24%의 금액 중 3%

부동산교부세의 재원

종합부동산세 총액

소방안전교부세의 재원

담배에 부과하는 개별소비세 총액의 45%

⑧ **외부효과성** : 지방재정은 일정 구역을 배경으로 하므로 재정활동의 효과가 그 구역을 넘어서는 외부효과성을 지님

2. 자주재원 - 지방세

(1) 지방세의 원칙

① 재정 수입 측면

보편성 원칙	모든 자치단체에 세원(稅源)이 고르게 분포해야 함. 지역 간 경제력 불균형으로 인해 보편적으로 소재하는 세원 발굴이 어려우므로, 가능하면 보편성이 높은 세원을 지방세로 배분하고, 지방교부세 등 재정조정수단으로 보완
충분성 원칙	지방재정수요의 충족에 필요한 충분한 수입이 확보되어야 함
안정성 원칙	지방행정수요에 대처하는 재정이 일정수준으로 유지되어야 하고, 재정의 건전성을 유지해야 하므로, 지방세는 경기변동에 민감하지 않고 세수(稅收)가 안정되어야 함
신장성 원칙	세수가 지역경제 성장에 따라 증가되어야 함. 경제발전과 소득수준 상승에 따라 재정수요도 증가하므로, 이에 충당할 재원 확보를 위해 세수 증가가 필요. 소득과세나 소비과세는 세수의 신장성을 높임
신축성·탄력성 원칙	재정수요 변화에 따라 탄력적으로 대응하도록 법정 세목과 세율 외에 지방자치단체의 세목 결정 및 세율 조정권한 인정하는 것. 우리나라의 조세는 법률로써만 정하는 법정세주의이고, 세율의 경우 일부 지방세에 대해 예외적으로 지방세법상 표준세율 범위 내에서 조례로써 가감할 수 있는 탄력세율이 적용됨

② 주민 부담 측면

응익성 원칙	지방자치단체의 서비스 제공으로 지역주민이 이익을 향유할 경우 일정 경비를 부담시킴
부담분임 원칙	가능한 한 모든 주민이 지방자치단체의 행정에 소요되는 경비를 부담해야 함. 응익성은 개별적 수익에 대응하는 개념이며 부담분임은 자치단체 구성원으로서 일반적 수익에 대응하는 개념
부담보편 원칙	동등한 지위에 있는 자에게는 동등하게 과세하며, 조세감면 폭을 너무 넓히면 안 됨. 부담분임은 가급적 많은 주민이 고르게 부담하는 것이며, 부담보편은 주민이 공평하게 부담하는 것
효율성 원칙	시장의 효율적인 선택행위를 침해하지 않아야 함

③ 세무 행정 측면

정착성 원칙	과세대상(세원)은 자치단체 간 이동이 적고, 관할구역 내에 정착되어 있어야 함
귀속성 원칙	하나의 세원이 둘 이상의 자치단체와 관련된 경우 어느 특정 자치단체에게 귀속해야 하고, 해당 자치단체에서 징수할 것이 명백히 구분되는 세원을 지방세로 해야 함

SEMI-NOTE

지방세
지방자치단체가 지방재정수요 충당을 위해 주민 또는 이와 동일한 지위에 있는 법인으로부터 특정한 개별적 보상이나 반대급부 없이 강제적으로 징수하는 재화

탄력세율이 적용되는 지방세
레저세, 지방소비세, 담배소비세를 제외한 지방세

세외수입
자주재원 중 지방세 이외의 수입을 총칭하는 개념

세외수입의 구성
- **실질상 세외수입**
  - 경상적 수입
  - 사업수입
- **명목상 세외수입**
  - 임시적 수입
  - 사업 외 수입

ⓜ 근린행정
ⓑ 공공서비스 제공의 형평성 제고
ⓢ 현장에서의 신속한 업무처리
ⓞ 협력 및 광역행정 수행
② 단점
㉠ 기능 중복에 따른 비효율성
㉡ 집권화와 중앙통제 강화
㉢ 지방행정의 종합성 제약
㉣ 행정의 민주성 · 책임성 저해, 주민참여의 곤란과 지방자치의 저해
㉤ 주민의 혼란과 불편 초래
㉥ 기관 상호 간 수평적 조정 곤란
㉦ 행정절차의 번잡하고 신속한 결정 곤란

> **SEMI-NOTE**
>
> **특별지방행정기관의 특징**
> - 정치적이기보다는 관료적인 의미가 강함(중앙부처의 조직 구조와 계층의 일부분 구성)
> - 중앙부처의 공식적 선발과정에 의하여 담당 행정관료를 충원
> - 일선기관의 운영은 지역 사회에 의존하기보다 중앙정부의 의도에 의하여 운영됨

03절 지방재정

1. 지방재정체계

(1) 지방재정의 특성

① **다양성** : 지방자치단체의 여러 가지 여건에 따라 각각 재정규모나 성격이 다름
② **자주성에 대한 양면성** : 재정 면에서 자주성을 갖지만, 국가가 제정한 법규의 범위 안에서 이루어지며, 국가로부터 많은 통제를 받음
③ **재화의 성격 - 준공공재적 성격** : 국가재정은 순수공공재(국방 · 치안 · 사법 등)를 주로 공급하지만 지방재정은 비배제성과 비경합성이 약한 준공공재(상하수도 · 도로 · 교육 등)를 주로 공급
④ **재정의 기능 - 자원배분 기능 중심** : 국가재정은 자원배분(효율), 소득재분배(형평), 경제안정화, 경제성장 등 포괄적인 기능을 수행하는 반면, 지방재정은 주로 자원배분 기능을 중심적으로 수행
  ㉠ **효율성 중시** : 지방재정은 국가재정에 비해 형평성(공평성)보다는 효율성(자원배분의 효율성)을 더 중시
  ㉡ **생활관련성** : 지역 주민의 일상생활과 관련된 서비스를 제공하며 주민의 선호에 더 민감하게 반응
  ㉢ 소득재분배기능이나 경기안정화기능은 국가재정에서 수행함이 더 적합
⑤ **다양한 세입원** : 국가재정은 주로 조세 의존적, 지방재정은 조세 외에도 세외수입, 지방교부세, 국고보조금 등 다양
⑥ **경쟁성** : 재정운영에서 타 지방정부에 비해 더 나은 서비스를 경쟁적으로 제공하려 함(티부가설의 적용 가능)
⑦ **양입제출성** : 국가재정은 양출제입(量出制入)성격, 지방재정은 양입제출(量入制出) 성격이 강함(세입결정권한 없음)

> **준공공재적 성격**
> - **가격원리의 적용** : 준공공재를 공급하므로 배제성을 지닐 수 있어 가격원리가 적용되는 경우가 많음
> - **응익성, 개별적 보상관계** : 일반적으로 국가재정에는 응능주의가 지배적이지만, 지방재정에는 응익주의가 강하게 지배, 일반국민의 담세 능력에 따른 보편적인 부과인 일반적 보상관계보다는 개별 이용자에게 부담시키는 개별적 보상관계가 강함

SEMI-NOTE

ⓒ **사무위탁** : 지방자치단체나 그 장은 소관 사무의 일부를 다른 지방자치단체나 그 장에게 위탁하여 처리하게 할 수 있다(법 제168조).

ⓒ **행정협의회** : 지방자치단체는 2개 이상의 지방자치단체에 관련된 사무의 일부를 공동으로 처리하기 위하여 관계 지방자치단체 간의 행정협의회를 구성할 수 있다(법 제169조).

ⓔ **지방자치단체조합** : 2개 이상의 지방자치단체가 하나 또는 둘 이상의 사무를 공동으로 처리할 필요가 있을 때에는 규약을 정하여 지방의회의 의결을 거쳐 시·도는 행정안전부장관의 승인, 시·군 및 자치구는 시·도지사의 승인을 받아 지방자치단체조합을 설립할 수 있다(법 제176조).

ⓜ **지방자치단체장 등의 협의체와 연합체** : 지방자치단체의 장이나 지방의회의 의장은 상호 간의 교류와 협력을 증진하고, 공동의 문제를 협의하기 위해 전국적 협의체를 설립할 수 있다(법 제182조).

② 지방공기업법

ⓐ **공기업조합** : 지방자치단체는 지방직영기업의 경영에 관한 사무를 광역적으로 처리하기 위하여 필요한 경우 규약을 정하여 다른 지방자치단체와 공동으로 지방자치단체조합을 설립할 수 있다(법 제44조).

ⓒ **공동기업** : 지방자치단체는 상호 규약을 정하여 다른 지방자치단체와 공동으로 공사를 설립할 수 있다(법 제50조).

기타 광역행정 유형
흡수합병(권한·지위흡수), 구역확장(편입·흡수통합), 시·군 통합, 연락회의, 직원파견, 특별지방행정기관 등

6. 특별지방행정기관(특별일선기관)

(1) 의의

① 국가나 지방자치단체의 특정 행정기관에 소속되어 특수한 전문분야의 행정사무를 처리하는 지방행정기관으로 특별지방관서라고도 하며 대부분 시·군의 경계를 초월하는 광역권에서 업무를 수행

② 주로 국가업무의 효율적·광역적 추진을 위해 설치되며 중앙정부 부처에 소속되어 특정한 국가사무를 지역에서 대신 처리하는 것에 불과하므로 관치행정이며 지방분권과는 무관

③ 사무의 전문성이나 관할구역 통일성과 전문성의 요구 등에 따라 종합행정기관인 지방자치단체에 위임하여 처리하는 것이 적합하지 않을 경우 특히 필요한 경우에 한하여 예외적으로 설치

④ 특별지방행정기관 중 일부는 중앙정부의 소관 사무를 처리함과 동시에 지방자치단체의 소관 사무도 처리

(2) 특별지방행정기관의 장단점

① 장점
  ⓐ 행정의 전문성·통일성
  ⓒ 기능적 분권화
  ⓒ 국가의 업무부담 경감
  ⓔ 지역별 특성 반영

특별지방행정기관의 유형
- 소속별
  - 국가(중앙행정기관) 소속
  - 지방자치단체 소속
- 1차·2차 일선기관
  - 1차 일선기관 : 경찰서, 세무서 등 일선에서 직접 주민과 접촉하는 일선기관
  - 2차 일선기관 : 지방경찰청, 지방국세청 등 중앙과 1차 일선기관 사이에서 교량역할을 하는 일선기관
- 귤릭(Gulick)의 분류
  - 전지형 : 중앙과 최하위 특별지방행정기관 간에 중간기관이 없는 단층형
  - 단완장지형 : 중앙과 최하위 특별지방행정기관 사이에 관할구역이 광범위한 소수의 중간기관을 두어 다수의 최하위기관을 관할하도록 하는 유형
  - 장완단지형 : 중앙과 최하위 특별지방행정기관 간에 관할구역이 협소한 다수의 중간기관을 두어 소수의 최하위 기관을 관할하도록 하는 유형

ⓩ 이해관계범위 원칙
ⓚ 기타 : 포괄성의 원칙, 상호협력의 원칙, 행정수요의 특수성 적합 원칙, 자치단체의 규모 등 여건에 따른 차등 이양(차등 분권), 자치단체 능력한계 사무의 상급기관으로 이양, 민간부문에의 관여최소화 및 행정참여기회 확대

5. 광역행정

(1) 광역행정의 의의

① 기존 행정구역 또는 자치구역을 초월하여 발생되는 여러 행정수요를 통일적·종합적이고 현지성에 맞게 계획적으로 처리함으로써 행정의 능률성·경제성·효과성을 높이기 위한 현대행정국가 하의 지방행정 수행방식
② 국가행정의 효율성과 자치행정의 민주성이란 상반된 요구의 조화, 중앙집권과 지방분권의 조화를 위한 제도
③ 지방자치의 불신이나 지방자치의 필요성 소멸에서 나온 것이 아니며 행정구역이 새로운 사회환경에 부적합할 경우 더 넓게 처리하는 것으로 주민자치가 활성화된 영국·미국의 리저널리즘(regionalism ; 광역주의)이 시초. 신중앙집권화의 주된 요인이 되었으며 지방자치의 저해요인으로 작용
④ 분쟁조정과 광역행정
  ㉠ 분쟁조정 : 자치단체 간 타율적·소극적·수직적·하향적 협력. 분쟁 발생 후 상급기관·중앙정부가 해결
  ㉡ 광역행정 : 자치단체 간 능동적·적극적·수평적·자발적 협력. 분쟁 발생 전 지방자치단체 간 적극 협력

(2) 광역행정의 촉진요인

① 광역행정수요 증대에 대응
② 경제권·생활권의 확대에 따른 행정권과의 일치 요청
③ 급속한 도시화
④ 개발행정과 계획행정의 요청
⑤ 규모의 경제 실현(능률성의 요청)
⑥ 외부효과의 내부화
⑦ 지역 간 균형개발, 도·농간 서비스의 균질화·평준화 요청
⑧ 행정협력·조정 기능 보강, 지역갈등의 완화
⑨ 행정능력 향상의 요청
⑩ 집권(능률성)과 분권(민주성)의 조화, 중앙과 지방의 협력관계

(3) 우리나라의 광역행정 유형

① 지방자치법(2022. 1. 13. 시행)
  ㉠ 협력사업 : 지방자치단체는 다른 지방자치단체로부터 사무의 공동처리, 사무처리의 협의·조정·승인 또는 지원요청이 있는 경우 법령의 범위 내에서 협력하여야 한다(법 제164조).

SEMI-NOTE

광역행정의 장점
- 중앙집권과 지방분권의 조화
- 규모의 경제 실현
- 지역의 지리적·역사적 요인에 대한 고려
- 지방자치의 구역 – 계층 – 기능의 재편성 수단
- 제도와 사회 변화 사이의 괴리 완화
- 투자의 효율성 제고 및 자원의 효율적 이용
- 지방자치단체 간 협력을 촉진하여 자치단체 간 할거주의나 지역이기주의를 극복할 수 있음
- 자치단체의 행정적·재정적 격차를 완화하고 주민의 복지향상과 행정서비스 평준화 도모
- 막대한 자본 소요, 고도의 전문적 기술 요구 등 각 자치단체의 해결능력을 벗어나는 문제를 해결

광역행정의 단점
- 지방자치의 저해
- 지역주민의 접근성 및 자치의식 약화
- 지역별 특수성·개별성 경시
- 지역·지구제(zoning)와의 충돌
- 기타 : 재정적 책임부담과 이익형성 간 불일치 우려, 광역행정권 내 자치단체 간 동등한 권리·의무 확립 곤란, 거시적인 행정처리로 인해 행정의 말단 침투가 곤란해짐

(2) 지방자치단체의 사무배분

① 사무배분방식의 유형
  ㉠ 포괄적 수권형과 개별적 수권형

구분	포괄적 수권형	개별적 수권형
의의	법률에 특별히 금지된 사항이나 중앙정부의 전속적 관할에 속하는 사항을 제외하고는 자치단체의 구별 없이 모든 자치단체에 사무를 포괄적으로 배분하도록 지방자치에 관한 일반법에 규정하는 방식	지방자치단체가 처리할 수 있는 권한 사항을 사무종류별, 개개 지방단체별로 그때그때 필요할 때마다 수시로 국가의 개별 특별법에 의해 지정해 주는 방식
국가	주로 프랑스, 독일 등 유럽대륙형 단체자치제 국가	주로 영국형의 주민자치제 국가(영국 · 미국 · 캐나다)
장점	• 권한배분 방법 간단, 통일성 확보 • 운영상 유연성 · 융통성 • 사무를 개별적으로 지정하지 않으므로 지방재정에 융통성을 부여하여 행정수요와 재정력이 다양한 각 자치단체가 그 행정수요 · 재정력에 적합한 행정 가능	• 사무분배의 종류 · 한계가 명확, 책임한계 명확 • 지방자치단체의 특수성 · 개별성 고려 • 개별적으로 주어진 사무에 대해 자치권을 폭넓게 보장하고 중앙정부의 간섭을 최대한 배제하므로 자치권 영역이 넓어짐
단점	• 각 단계 정부단위의 사무 간 구분 불명확, 사무배분의 중복 · 혼란 • 지방자치단체의 특수성 · 개별성 무시 • 지방자치단체의 권한사항까지 국가나 상급자치단체의 관할로 법률에 규정하여 무제한적 통제를 초래하고 지방자치단체 권한이 유명무실화됨	• 무수한 법률의 제정을 요하므로, 의회의 업무량 폭주 • 법률 제정이 정치 쟁점화되어 장시일이 소요되는 경우 행정수요에 신속한 대응 곤란 • 법률 제정 때마다 중앙과 지방 간 관계가 계속 변동됨 • 지나친 개별성으로 인해 통일성 저해 • 사무를 구체적으로 지정하므로 운영상 유연성 저해

  ㉡ 절충적 수권방식 : 개별적 수권방식의 단점(경직성)과 포괄적 수권방식의 단점(사무구분의 모호성, 중앙정부의 간섭)을 보완한 방식으로서 사무를 예시하되, 모든 지방자치단체에 포괄되는 사무를 배분. 일본과 우리나라의 경우

② 사무배분의 원칙
  ㉠ 현지성 원칙
  ㉡ 보충성 원칙
  ㉢ 경제성 원칙
  ㉣ 공평성 원칙
  ㉤ 권한 · 책임 명확화 원칙
  ㉥ 지역종합성 원칙
  ㉦ 계획과 집행의 분업 원칙
  ㉧ 경비부담능력 원칙

SEMI-NOTE

국가사무의 처리 제한(지방자치법 제15조, 2022. 1. 13. 시행)

지방자치단체는 다음에 해당하는 국가사무를 처리할 수 없다. 다만, 법률에 이와 다른 규정이 있는 경우 국가사무를 처리할 수 있다.
- 외교, 국방, 사법(司法), 국세 등 국가의 존립에 필요한 사무
- 물가정책, 금융정책, 수출입정책 등 전국적으로 통일적 처리를 요하는 사무
- 농산물 · 임산물 · 축산물 · 수산물 및 양곡의 수급조절과 수출입 등 전국적 규모의 사무
- 국가종합경제개발계획, 국가하천, 국유림, 국토종합개발계획, 지정항만, 고속국도 · 일반국도, 국립공원 등 전국적 규모나 이와 비슷한 규모의 사무
- 근로기준, 측량단위 등 전국적으로 기준을 통일하고 조정하여야 할 필요가 있는 사무
- 우편, 철도 등 전국적 규모나 이와 비슷한 규모의 사무
- 고도의 기술을 요하는 검사 · 시험 · 연구, 항공관리, 기상행정, 원자력개발 등 지방자치단체의 기술과 재정능력으로 감당하기 어려운 사무

우리나라 사무배분의 문제점
- 사무구분의 모호성
  - 계층 간 사무배분의 불명확
  - 단위사무의 계층 간 분할 배분
- 자치단체의 특성을 무시한 획일적 사무배분
- 중앙정부 주도 사무배분
- 사무범위배분 규정의 실효성 미흡
- 사무배분과 재정배분의 불일치
- 기관위임사무 우위와 자주성 약화

3. 우리나라의 지방자치단체의 기관

(1) 지방의회 – 의결기관

① 의의 : 지방자치단체의 최고 의사결정기관. 주민에 의하여 선출된 지방의회의원을 구성원으로 하는 합의제 의사결정기관. 지방이익을 추구하는 점에서 국가이익을 추구하는 국회와 다름. 지방의회는 단원제로 운영
② **지방의회의 의결권** : 지방자치법 제47조 제1항에 따라 다음 사항을 의결
  ㉠ 조례의 제정·개정 및 폐지
  ㉡ 예산의 심의·확정
  ㉢ 결산의 승인
  ㉣ 법령에 규정된 것을 제외한 사용료·수수료·분담금·지방세 또는 가입금의 부과와 징수
  ㉤ 기금의 설치·운용
  ㉥ 대통령령으로 정하는 중요 재산의 취득·처분
  ㉦ 대통령령으로 정하는 공공시설의 설치·처분
  ㉧ 법령과 조례에 규정된 것을 제외한 예산 외의 의무부담이나 권리의 포기
  ㉨ 청원의 수리와 처리
  ㉩ 외국 지방자치단체와의 교류·협력
  ㉪ 그 밖에 법령에 따라 그 권한에 속하는 사항

4. 지방자치단체의 사무

(1) 지방자치단체의 사무의 종류

① **지방자치법상 구분** : 자치사무와 위임사무(단체위임사무와 기관위임사무)
② 행정실무상 자치사무와 단체위임사무를 지방사무, 기관위임사무를 국가사무라 함
③ **지방자치단체의 사무 비교**

구분	자치사무	단체위임사무	기관위임사무
의의	주민의 복리증진과 지방자치단체 존립과 관련된 본래적 사무	국가나 상급자치단체가 지방자치단체에게 개별 법령에 의해 위임한 사무	국가나 상급자치단체가 포괄적 법령 근거에 의해 지방자치단체의 집행기관에게 위임한 사무
사무처리주체	지방자치단체	지방자치단체	지방자치단체장
결정주체	지방의회	지방의회	국가
지방의회의 관여	가능	가능	불가능
자치입법	조례, 규칙	조례, 규칙	규칙
배상책임	지방 책임	국가·지방 공동책임	국가 책임

SEMI-NOTE

지방의회의 지위
- **주민의 대표기관** : 주민이 선출한 의원으로 구성. 선출된 선거구 주민이 아닌 전체 주민을 대표하는 기관
- **의결기관(의사기관)** : 지방자치단체의 의사를 최종적으로 확정하는 권한을 지님
- **입법기관** : 자치법규인 조례 제정권은 지방의회의 전속적 권한
- **행정감시기관** : 의회의 결정사항이 집행기관에 의해 실현되는지 감시·확인
- **헌법기관** : 헌법 제118조는 지방자치단체에 의회를 두도록 함

자치사무의 예
지역소방, 상하수도, 오물처리 및 청소, 시장·병원·공원·도서관·운동장 설치, 초등학교교육, 학교급식, 도시계획, 도서관, 지방세 부과·징수 등

단체위임사무의 예
보건소 운영, 시·군의 도세 징수, 시·도의 국세징수, 도의 국도 유지·수선, 광역자치단체의 하천 보수·유지, 국유하천 점용료 및 사용료 징수, 국민기초생활보장사무, 전염병 예방접종, 재해구호 등

기관위임사무의 예
경찰, 징병, 민방위, 선거, 인구조사, 경제통계, 농업개발, 상공업 및 수산업 진흥업무, 공유수면매립면허, 지적, 국세조사, 병역자원관리

SEMI-NOTE

국가별 계층구조
- 영국, 프랑스, 독일, 일본 등의 선진국은 대부분 중층제(점차 계층을 줄이는 추세)
- 미국의 경우 일반적으로 주(州)를 자치단체로 보지 않으므로 단층제로 봄
- 우리나라의 경우 자치계층은 2계층(광역·기초) 또는 1계층(세종특별자치시·제주특별자치도), 행정계층(자치층과 읍·면·동 및 행정구를 포괄)은 2~4계층

구역 설정 시 고려사항
- 광역자치단체의 구역은 광역행정기능, 보완·대행기능, 연락·조정기능, 지도·감독기능 등을 수행하기 용이해야 함
- 우리나라 시·읍의 설치기준은 인구를 가장 중요한 기준으로 함

구역 설정 기준 학설
- 훼슬러(J. Fesler)
  - 자연적·지리적 조건(특히 교통·통신 발달수준 고려)
  - 행정적 조건 : 행정처리의 능률성
  - 경제적 조건 : 자주재원 조달능력
  - 민주적 조건 : 자치행정에 대한 효과적인 주민통제(popular control)
- 밀스포우(A. Millspaugh)
  - 공동사회(community) : 자연발생적인 공동생활권과 일치시킴
  - 능률적 행정단위(service unit) : 주민의 행정수요 충족에 있어 최소의 경비로 행정효과를 올릴 수 있는 적정 인구규모와 행정량을 가진 구역
  - 자주적 재원조달단위(self-financing unit) : 자체수입으로 행정수요 감당
  - 주민의 행정편의(areas of convenience) : 주민이 집행기관에 접근이 용이하고 행정처리에 편리하도록 함

• 계층 수 축소는 구역의 크기를 확대시켜 다층제보다 행정서비스에 대한 주민의 접근성 저하, 주민참여 곤란, 행정수요에 대한 지방정부의 대응성·민감성 둔화	• 지역별 특수성·개별성 경시 • 국가와 주민 간 상향적 의사전달과 하향적 행정침투의 왜곡·저해

(2) 외국의 자치계층

① 후진국은 관리능력의 미약으로 세밀한 감독을 위해 가급적 관할 구역을 좁게 하여 다층제로 발전되는 반면, 선진국은 교통통신이 발달되고 행정능력이 높으므로 관할구역을 넓게 함으로써 계층구조가 축소됨

② 오늘날 지방자치단체 계층 수는 축소하고, 기초적 행정구역은 넓어지는 경향. 계층이 줄어드는 것은 행정의 신속성 확보를 위함이고, 구역이 넓어지는 것은 교통·통신의 발달로 지역 간 연계성 증가에 따른 광역행정의 필요성이 커졌기 때문

2. 지방자치단체의 구역

(1) 지방자치단체별 구역 설정 기준

광역자치단체의 구역 설정 기준	기초자치단체의 구역 설정 기준
• 기초자치단체 행정기능의 효과적 조정 • 지역개발의 효과적 추진 • 도·농행정 기능을 동시에 효율적 수행 • 기초자치단체의 행정기능 보완	• 공동사회와 공동생활권 확대 • 민주성과 능률성 요구 • 재정수요와 재정조달능력의 관계 • 행정의 편의와 주민의 편의

(2) 명칭·구역 등 조정 절차

구분	지방자치단체	읍·면·동, 자치구가 아닌 구	행정시	리
명칭·구역 변경	• 주민투표를 실시한 경우가 아니면, 관계 지방의회의 의견을 들어 법률로 정함 • 단, 관할구역 경계변경 및 한자 명칭 변경은 대통령령으로 정함	해당 자치단체의 조례로 정하고 광역자치단체장에게 보고	도의 조례로 정하고 특별자치도지사가 행안부장관에게 보고	해당 자치단체의 조례로 정함 (구역은 자연촌락 기준)
폐치분합 (폐지·설치, 나누거나 합침)	• 주민투표를 실시한 경우가 아니면, 관계 지방의회의 의견을 들어 법률로 정함 • 단, 관할구역 경계변경 및 한자 명칭 변경은 대통령령으로 정함	행정부장관의 승인을 얻어 해당 자치단체의 조례로 정함		
사무소 소재지	해당 자치단체 조례로 정함(지방의회 재적의원 과반수의 찬성 필요)			—

정부를 선택하게 하면 비슷한 선호와 소득을 가진 주민이 모여 살게 되고 지방공공재 규모가 적정수준이 됨

② **지역이기주의(Local Egoism)** : 단순한 향토애나 지역의식이 아닌 배타적이고 편협한 부정적 지역주의의 형태로, 국가이익·공동이익보다는 자기지역의 이익만을 추구하고, 우선시하는 지역주민 또는 자치단체의 경향 또는 태도

　㉠ 특징
- 지역주민들의 양면적 태도
- 다양한 원인과 이해 간의 마찰(복잡성)
- 해결곤란성(난해성)
- 불확실성으로 인한 두려움(시설의 위험성)

　㉡ 형태
- PIMFY(Put In My Front Yard) : 지역주민 또는 지방자치단체가 지역개발 촉진 등 자기지역에 이익이 되는 조치·시설을 적극 유치하려는 현상
- NIMBY(Not In My Back Yard) : 지역주민 또는 지방자치단체가 어떤 시설과 정책의 성격과 기능 및 역할에 관계없이 이를 기피하는 현상

SEMI-NOTE

지역이기주의에 대한 관점

- 부정론(전통적 입장)
  - 공리주의적 윤리관에 기초
  - 지역이기주의는 협소한 국지적 합리성의 주장에 불과하다고 봄
- 긍정론(현대적 입장)
  - 정의론에 입각하여 소수의 정당한 권리는 다수의 이익과 상반되더라도 보호되어야 한다고 봄
  - 지역이기주의의 본질은 지역보호주의에서 출발

02절 지방자치단체

1. 지방자치단체의 계층

(1) 단층제와 중층제(다층제) - 중간자치단체의 존재 여부 기준

① **단층제** : 하나의 구역 안에 단일의 자치단체만 존재. 국가와 자치단체 사이에 중간자치단체가 없음. 지방행정의 종합화를 추구하며 주민자치 전통이 강한 영국에서 유래

② **중층제(다층제)** : 하나의 구역 안에 여러 자치단체가 중첩된 구조. 국가와 기초자치단체 사이에 중간자치단체가 있음. 광역행정을 통해 능률성을 제고하고자 하며 단체자치 전통이 강한 프랑스에서 유래

우리나라 계층구조의 문제점

- 계층구조 중복에 따른 비효율성
- 책임성 확보 곤란
- 광역자치단체와 기초자치단체 간 협력행정의 부족과 갈등
- 도와 시·군의 기능 중복에 따른 행정 비효율, 도의 형식화와 경유기관화
- 계층을 법률에 획일적으로 정함에 따라 지역의 정치경제적 상황이나 지역사회의 특수성을 반영할 수 없음

구분	단층제	중층제(다층제)
장점	• 행정계층 수가 적어 이중행정이나 이중감독의 폐단을 방지, 경유기관을 줄여 행정의 지연을 방지하고 신속한 행정, 거래비용·의사전달비용 감소 • 행정책임의 명확화 • 다층제보다 자치단체의 자치권, 지역의 특수성·개별성 존중	• 지방정부 간 수직적 분업체계, 행정기능의 적정관리규모에 맞도록 행정구역을 구획하여 전문성·효율성 제고 • 중간자치단체가 보완, 대행, 감독, 광역행정기능 수행 • 국토가 넓고 인구가 많은 대규모 국가에 적합
단점	• 광역적 행정·개발사무처리에 부적합 • 자치단체 간 갈등이 중앙의 이슈로 될 가능성이 많으며 사전조정 곤란	• 이중감독, 이중행정의 폐단으로 인한 비능률 • 중간자치단체와 기초자치단체 간 행정책임의 불명확성

사무범위	• 자치사무, 단체위임사무에 대해 제정 가능 • 기관위임사무와 지방자치단체장 등의 집행기관의 전속적 권한에 속하는 것은 조례로 정할 수 없음이 원칙	자치사무, 단체위임사무, 기관위임사무를 불문하고 지방자치단체장의 권한에 속하는 모든 사항에 관하여 제정 가능. 단, 지방의회의 전속적 권한인 사항은 불가
효력발생	조례와 규칙은 특별한 규정이 없으면 공표한 날부터 20일이 지나고 효력 발생	

SEMI-NOTE

국가의 관여 · 감독 범위
- 영 · 미법계 : 지방자치단체가 원칙적으로 자치(고유)사무를 처리, 입법적 · 사법적 관여 위주, 기술적 · 재정적 지원
- 대륙법계 : 국가위임사무가 큰 비중, 행정적 관여가 강하며, 자치행정권의 범위가 좁음

ⓒ 자치행정권
- 지방자치단체가 국가의 관여 없이 자신의 독자적 사무(자치사무)를 자주적으로 처리할 수 있는 권한
- 우리나라의 경우 주무부장관은 자치단체장의 명령 · 처분에 대한 취소 · 정지권과 위임사무 불이행에 대한 직무이행명령권 및 대집행권을, 행정안전부장관은 자치사무에 대한 감사권을 가지므로 자치행정권이 상당히 제한됨

ⓒ 자치재정권 : 지방자치단체가 사무수행에 필요한 재원을 자율적으로 조달 · 관리하는 권한. 지방자치의 실질을 보장하기 위한 핵심적 요건

ⓒ 자치조직권
- 개념 : 지방자치단체가 사무의 수행을 위해 필요한 조직(인사)을 자율적으로 구성할 수 있는 권한. 주요 내용은 행정기구설치권과 공무원 임용권한
- 우리나라 : 헌법은 지방의회의 설치를 규정하고 지방의회의 조직 · 권한 · 의원선거와 지방자치단체장의 선임방법 기타 지방자치단체의 조직과 운영에 관한 사항을 법률로 정하도록 규정하여 자치조직권 보장

(3) 지방자치의 효용과 폐해

① 티부(C. Tiebout)의 이주에 의한 투표권 행사(티부가설)

ⓘ 의의
- 각 지역에서 제공하는 공공서비스와 조세 간의 묶음을 주민선호에 따라 자율적으로 선택하게 하여, 자신이 원하는 공공서비스를 제공하는 자치단체로 진입 · 퇴장을 보장하면 지방정부 간 경쟁을 유도하고, 서비스 공급의 효율성을 높일 수 있다는 가설(지방분권 옹호). 지방공공재의 시장배분적 과정 중시
- 공공재는 분권적인 배분체제가 효율적이지 못하며 중앙정부에 의한 공급이 필요하다는 새뮤얼슨(P. Samuelson)의 공공재 공급 이론을 반박한 것. 지방공공재의 효율적 공급방법이 지방분권임을 주장한 것이지 지방공공재의 최적 공급규모 결정 이론은 아님

티부가설의 한계
- 형평성 저해 가능 : '지역 내 동질성'은 높아지지만 지역 간 빈부격차가 심해져 '지역 간 이질성'은 더욱 심해짐(효율성을 위해 형평성을 희생함).
- 전제조건의 비현실성 : 현실의 직장 · 문화시설 · 지역에 대한 감정적 정서 · 지가 · 입지조건 및 관련 이주비용, 불완전정보, 외부효과 등을 무시

ⓛ 결론
- 지방정부가 독자적 조세징수와 지방공공재에 관한 의사결정을 하는 지방분권 시 효율적 자원배분(Pareto 효율) 달성
- 지방정부는 중앙정부와 달리 주민의 선호에 따른 선택이 가능하며, 시장처럼 주민들이 가장 저렴한 비용으로 큰 이득을 얻는 프로그램을 찾아 지방

② **지방자치의 3대 구성요소** : 지역(구역), 주민, 자치권

(2) 자치권

① 의의
- ㉠ 개념 : 지방자치단체가 그 존립목적을 실현하기 위해 가지는 일정한 범위의 권리나 권한. 해당 지역의 문제를 그 주민들이 스스로 처리하도록 제도적으로 보장하고 있는 권리
- ㉡ 특성 : 예속성과 자주성의 양면성(국가로부터 일정한 감독과 통제 + 일정 범위의 자주성·독립성 보장), 포괄성(원칙적으로 해당 관할구역 내에 있는 모든 인적·물적 자원에 포괄적인 영향력 행사)

② **자치권의 본질**
- ㉠ 고유권설(지방권설, 독립설, 확인설) : 주민자치와 관련. 지방자치단체는 독자적으로 고유한 정치적 지배권을 향유한다고 보는 이론으로 자연법사상과 역사적 유래관에 기반을 두고 있음
- ㉡ 전래권설(국권설) : 단체자치와 관련. 자치권은 국권으로부터 유래한 것으로 봄. 근대의 지방자치는 민족통일국가의 성립을 전제로 하므로, 지방자치단체는 국가 법률의 창조물이며 고유사무가 설정되어도 국가 법률에 의해 수탁된 결과이고, 사무집행 시 국가의 강력한 감독을 받음. 다만, 자치단체는 독립된 법인격을 가진 단체로서 자기이익을 위해 자기 권리로서 지배권을 행사할 수 있을 뿐임

③ **자치권의 내용**
- ㉠ 자치입법권 : 사무처리에 필요한 법규를 자율적으로 제정할 수 있는 권한. 조례와 규칙제정권이 있음

자치입법	조례	규칙
의의	지방자치단체가 법령의 범위 안에서 권한에 속하는 사무에 관하여 지방의회의 의결로 제정하는 규범	지방자치단체장이 법령이나 조례의 범위 안에서 그 권한에 속하는 사무에 관하여 제정하는 규범
제정권자	지방의회	지방자치단체장, 교육감

SEMI-NOTE

지방자치의 4대 구성요소
지역(구역), 주민, 자치권, 지방사무

자연법사상
사람이 천부의 기본권을 가진 것처럼 지방자치단체도 고유한 지방권을 가지므로 국가권력으로 이 권리를 침범할 수 없음

역사적 유래관
지방자치단체는 국가의 성립 이전부터 형성된 것으로 지방자치단체가 국가로부터 권리를 부여받은 것이 아니라 오히려 국가가 지방자치단체로부터 권리를 인수한 것으로 봄

07장 지방자치론

SEMI-NOTE

직접행정과 간접행정
- 직접행정(관치행정) : 국가 일선기관(특별지방행정기관)이 담당하는 행정
- 간접행정(자치행정+위임행정) : 자치단체가 고유사무만을 처리하는 자치행정과 위임사무를 처리하는 위임행정으로 구성

지방행정의 이념
- 자율성(자치행정)
- 경영성(경영행정)
- 봉사성(봉사행정)
- 형평성(복지행정)
- 대응성(생활행정·현장행정)
- 책임성(책임행정)
- 참여성(참여행정)
- 투명성·신뢰성(공개행정)

01절 지방자치와 지방행정

1. 지방행정

(1) 지방행정의 개념

① **광의의 지방행정** : 행정의 주체나 처리사무에 관계없이 일정한 지역 내에서 수행하는 일체의 행정, 즉 자치행정과 위임행정, 관치행정을 포괄하는 개념(자치행정+위임행정+관치행정)
② **협의의 지방행정** : 일정한 지역 내에서 지방자치단체가 처리하는 행정(자치행정+위임행정)
③ **최협의의 지방행정** : 지방행정의 개념을 자치행정과 동의어로 파악하여, 일정 지역 주민이 자신의 자치사무를 국가(중앙정부)의 간섭 없이 자주적으로 처리하는 것으로 봄(위임사무 제외)(자치행정)

(2) 지방행정의 특성

① **지역행정** : 국가행정이 전국을 단위로 통일적·일원적으로 실시되는 행정임에 비해, 지방행정은 일정 지역단위를 대상으로 개별적·다원적으로 실시되는 행정임
② **자치행정** : 일정한 지역에서 주민이나 독립된 법인격을 가진 자치단체, 또는 주민이 선출한 기관이 지방 사무를 자기 의사와 책임에 따라 자주적으로 처리하는 행정
③ **종합행정** : 국가행정은 전문적인 기능별·분야별 행정을 강조하는 데 비해, 지방행정은 지역 내 행정수요 전반을 종합적·포괄적으로 처리·수행하는 행정임
④ **생활행정·급부행정** : 주로 주민들의 일상생활에 직결되는 주택, 복지, 재산 등의 사무를 처리·수행하는 행정
⑤ **일선행정·대화행정** : 지역주민들과 접촉하면서 대화를 통하여 주민들의 의견을 청취하고 정책을 결정·집행해 가는 행정
⑥ **집행적 행정** : 국가행정이 계획 수립 및 통제기능을 주로 하는 반면, 지방정부는 집행기능을 주로 수행

2. 지방자치

(1) 지방자치의 개념

① **지방자치** : 일정한 지역의 주민이 그 지역 내 사무를 자주재원으로 자기책임 하에 스스로 또는 그 대표자를 통해 처리하는 것

07장 지방자치론

01절 지방자치와 지방행정

02절 지방자치단체

03절 지방재정

SEMI-NOTE

조례 제정 및 개폐 청구의 청구불가사항
- 법령을 위반하는 사항
- 지방세·사용료·수수료·부담금의 부과·징수 또는 감면에 관한 사항
- 행정기구의 설치·변경에 관한 사항 또는 공공시설의 설치를 반대하는 사항

이의신청	주무부장관이나 시·도지사는 이의신청을 받으면 14일 이내에 심사·결정하되, 그 신청이 이유 있다고 결정한 경우에는 청구인명부를 수정하고, 그 사실을 이의신청을 한 사람과 청구인의 대표자에게 알려야 하며, 그 이의신청이 이유 없다고 결정한 경우에는 그 사실을 즉시 이의신청을 한 사람에게 알려야 함
감사	주무부장관이나 시·도지사는 감사 청구를 수리한 날부터 60일 이내에 감사 청구된 사항에 대하여 감사를 끝내야 함

④ 조례 제정 및 개폐 청구(주민발안)

의의	주민들이 지방자치단체의 조례를 제정하거나 개폐할 것을 직접 제안하는 제도
청구권자	• 18세 이상의 주민으로서 다음 해당자 　- 해당 지방자치단체의 관할 구역에 주민등록이 되어 있는 사람 　- 영주의 체류자격 취득일 후 3년이 경과한 외국인으로서 지방자치단체의 외국인등록대장에 올라 있는 사람
청구절차	주민감사청구와 동일

⑤ 주민소송제도

의의	• 지방자치단체의 업무에 대해 감사청구한 주민이 감사결과에 불복이 있는 경우 지방자치단체장을 상대로 주민소송을 제기할 수 있는 제도 • 납세자소송의 일환이며 국가재정운영 관련 국민소송제도는 인정되고 있지 않음 • 주민은 공익적 소송이므로 소익(訴益)을 요건으로 하지 않음
소송제한	주민소송이 계속 중인 때 동일 사항에 대해 다른 주민이 별도의 소송을 제기하지 못함
문제점	주민감사청구 없이 직접 주민소송 불가능. 주민감사를 거친 뒤에도 비리당사자를 상대로 직접 주민소송을 못함(복잡한 절차와 감사청구전치주의)

② 주민소환 ★ 빈출개념

의의	선거에 의한 공직취임자의 파면을 유권자인 주민 일정 수가 요구하면 주민투표로 그 여부를 결정하는 제도

주민소환 투표권자	• 주민소환투표인명부 작성기준일 현재 다음에 해당하는 자
	  – 19세 이상의 주민으로서 해당 지방자치단체 관할구역에 주민등록이 되어 있는 자
	  – 19세 이상의 외국인으로서 출입국관리법 제10조의 영주 체류자격 취득일 후 3년이 경과한 자 중 해당 지방자치단체 관할구역의 외국인등록대장에 등재된 자

대상	• 선출직 지방공직자에 한함 • 지방자치법상 지방자치단체의 장 및 지방의회의원(비례대표 선거구 지방의회의원은 제외) • 지방교육자치에 관한 법률상 교육감 • 제주특별자치도 설치 및 국제자유도시 조성을 위한 특별법상 제주특별자치도의 교육의원

주민소환 투표청구	• 소환투표권자는 다음 주민의 서명으로 소환사유를 서면에 명시해 관할 선관위에 주민소환투표 실시를 청구할 수 있음
	  – 시·도지사: 당해 지방자치단체의 주민소환투표청구권자 총수의 10/100 이상
	  – 시장·군수·자치구의 구청장: 당해 지방자치단체의 주민소환투표청구권자 총수의 15/100 이상
	  – 지역구시·도의원 및 지역구자치구·시·군의원: 해당 지방의회의원의 선거구 안의 주민소환투표청구권자 총수의 20/100 이상

③ 주민감사청구(지방자치법 2022. 1. 13. 시행)

의의		주민이 지방자치단체와 그 장의 권한에 속하는 사무의 처리가 법령에 위반되거나 공익을 현저히 해친다고 인정되는 경우 감사를 청구할 수 있는 제도

청구권자		• 18세 이상의 주민으로서 다음 해당자
		  – 해당 지방자치단체의 관할 구역에 주민등록이 되어 있는 사람
		  – 영주의 체류자격 취득일 후 3년이 경과한 외국인으로서 지방자치단체의 외국인등록대장에 올라 있는 사람

감사 청구요건	주민서명	시·도는 300명, 인구 50만 이상 대도시는 200명, 그 밖의 시·군 및 자치구는 150명 이내에서 그 지방자치단체의 조례로 정하는 18세 이상의 주민 수 이상의 연서(連署)
	청구사유	지방자치단체와 그 장의 권한에 속하는 사무의 처리가 법령에 위반되거나 공익을 현저히 해친다고 인정되는 경우
	제기기한	청구는 사무처리가 있었던 날이나 끝난 날부터 2년이 지나면 제기할 수 없음
청구절차	대표자	청구인의 대표자를 선정하여 청구인명부에 적어야 하며, 청구인의 대표자는 감사청구서를 작성하여 주무부장관 또는 시·도지사에게 제출하여야 함
	공표·열람	주무부장관이나 시·도지사는 청구를 받으면 청구를 받은 날부터 5일 이내에 공표하여야 하며, 청구를 공표한 날부터 10일간 청구인명부나 그 사본을 공개된 장소에 갖추어 두어 열람할 수 있도록 하여야 함

SEMI-NOTE

주민소환투표의 청구제한기간
• 선출직 지방공직자의 임기개시일부터 1년이 경과하지 않은 때
• 선출직 지방공직자의 임기만료일부터 1년 미만일 때
• 해당 선출직 지방공직자에 대한 주민소환투표를 실시한 날부터 1년 이내인 때

주민감사청구의 청구불가사항
• 수사나 재판에 관여하게 되는 사항
• 개인의 사생활 침해의 우려가 있는 사항
• 다른 기관에서 감사하였거나 감사중인 사항
• 동일사항에 대해 주민소송이 계속 중이거나 그 판결이 확정된 사항

주민감사청구의 청구기관
• 광역자치단체의 경우 → 주무부장관에게 청구
• 기초자치단체의 경우 → 시·도지사에게(광역자치단체장) 청구

SEMI-NOTE

행정참여의 필요성
- 입법 및 사법통제의 무력화 극복
- 관료제의 비대화와 병리현상의 방지 및 해결
- 간접민주제(대의제)의 보완
- 공동생산기능의 촉진(선거·환경오염 감시 등)

행정참여(시민참여)의 단계(S. Arnstein)
정부에 대한 시민참여의 영향력을 다음과 같이 단계화함
- 1단계(하위단계): 실질적 비참여단계
  - 조작(manipulation)
  - 치료(치유, therapy)
- 2단계(중간단계): 명목적(형식적·상징적) 참여단계
  - 정보제공(informing)
  - 상담(consultation)
  - 회유(유화, placation)
- 3단계(상위단계): 실질적 참여단계, 시민권력의 단계(실질적 영향력)
  - 쌍방협동(동업자 관계, partnership)
  - 주민권력위임(권한위양, delegated power)
  - 시민통제(citizen control)

주민투표에 부칠 수 없는 사항
- 법령에 위반되거나 재판 중인 사항
- 국가 또는 다른 지방자치단체의 권한 또는 사무에 속하는 사항
- 지방자치단체의 예산·회계·계약 및 재산관리에 관한 사항과 지방세·사용료·수수료·분담금 등 각종 공과금의 부과 또는 감면에 관한 사항
- 행정기구의 설치·변경에 관한 사항과 공무원의 인사·정원 등 신분과 보수에 관한 사항
- 다른 법률에 의하여 주민대표가 직접 의사결정주체로서 참여할 수 있는 공공시설의 설치에 관한 사항
- 동일한 사항에 대하여 주민투표가 실시된 후 2년이 경과되지 않은 사항

---

② 특성
  ㉠ 전통적·포괄적 참여가 아닌 현대적·실질적·구체적 참여
  ㉡ 정책결정 및 집행, 평가 등 전반적 행정과정의 참여
  ㉢ 의회를 통한 간접참여가 아닌 주민의 명백하고 직접적인 참여

(2) 행정참여의 유형

① 제도화 여부에 의한 유형구분
  ㉠ **제도적 참여방법**: 협찬(명목적 참여), 자치
  ㉡ **비제도적 참여방법**: 운동, 교섭(타협)
② 주도권의 소재에 의한 유형구분
  ㉠ **주민주도형**: 주민이 주도적 역할을 담당하고 행정이 이를 수용하는 유형
  ㉡ **행정주도형**: 행정이 주도권을 행사하고 시민은 이를 따르는 수직적 관계 유형
  ㉢ **수평형**: 행정과 시민이 주도권을 공유하는 유형
  ㉣ **균형형**: 행정과 시민 사이에 제3자가 개입하여 균형을 이루게 하는 유형

(3) 행정참여의 장단점

① 장점
  ㉠ 정책능력의 제고
  ㉡ 권력의 재배분
  ㉢ 시민협동 증진, 민주시민의 양성
  ㉣ 간접민주주의(선거·국민투표)의 단점 보완
② 단점
  ㉠ 지엽적 특수이익에 집착, 보상만을 노린 맹목적인 집단이기주의의 횡포
  ㉡ 책임의 불명확
  ㉢ 행정의 전문화와 기술화 저해
  ㉣ 결정권의 분산 및 다원화로 행정조직의 안정성 저해(명령체계에 혼란 초래)

2. 우리나라의 주민참여제도

① 주민투표

의의	지방자치단체의 중요 사안에 대해 주민이 직접 결정권을 행사하는 제도

주민투표 권자	• 19세 이상의 주민 중 투표인명부 작성기준일 현재 다음 해당자
	  – 지방자치단체의 관할 구역에 주민등록이 되어 있는 사람
	  – 출입국관리 관계 법령에 따라 대한민국에 계속 거주할 수 있는 자격을 갖춘 외국인으로서 자치단체의 조례로 정한 사람

주민투표 대상	주민에게 과도한 부담을 주거나 중대한 영향을 미치는 지방자치단체의 주요 결정사항으로서 조례로 정하는 사항
주민투표 발의	• 주민투표의 요구나 청구는 중앙행정기관장, 주민, 지방의회가 할 수 있지만 주민투표 발의는 지방자치단체장만이 가능 • 관할구역 전부나 일부에서 공직선거법에 의한 선거가 실시되는 때에는 그 선거의 선거일 전 60일부터 선거일까지의 기간 동안에는 주민투표를 발의할 수 없음

하여 편차를 발견하고 평가·보고하는 과정
③ **시정조치** : 업무진행과정 중 잘못이 발견되거나 실적이 기준에 미달될 때 시정조치를 취하는 것으로, 가장 궁극적이고 본질적인 통제과정

(2) 행정통제의 유형

① **외부통제** ★ 빈출개념

공식적 통제	• 입법통제 : 입법 및 정책결정, 예산심의, 국정질의, 국정조사·감사, 임명동의, 탄핵소추권 등 • 사법통제 : 행정구제제도, 명령·처분의 위헌·위법 심사 • 옴부즈만제도(우리나라의 옴부즈만에 해당하는 국민권익위원회는 내부통제기관)
비공식적 통제	민중통제(선거·투표, 시민참여, 지식인의 영향력, 이익집단, 여론 및 언론기관, 정당 등)

② **내부통제**

공식적 통제	행정수반(대통령), 감사원, 국민권익위원회, 행정조직 및 기관(계층제, 계선기관, 상급자 등)에 의한 통제, 행정절차나 운영에 따른 통제, 교차기능조직(참모조직), 내부평가(심사평가 등) 및 감사·감찰제도
비공식적 통제	행정윤리(직업공무원의 공직윤리 등), 대표관료제, 공익, 공무원단체, 정치적 중립

알아두기 옴부즈만(Ombudsman)제도

- 옴부즈만은 공무원(행정)의 위법·부당한 행위로 권리를 침해당한 시민이 제기하는 민원이나 불평을 조사하여 관계기관에 시정을 권고하는 기관을 말함(호민관, 행정감찰관이라 불림)
- 입법부나 사법부의 통제를 보완하여 신속·공정하고 저렴한 비용으로 국민의 권익을 구제하기 위해 등장한 제도로, 외부통제·공식적 통제유형에 해당
- 전통적으로 입법부에 의한 행정통제수단으로 발전해왔으며, 기능적으로는 입법부 및 행정부로부터 독립적·자율적으로 활동
- 1809년 스웨덴에서 최초로 명문화되어 많은 나라에서 채택하고 있음
- 옴부즈만을 임명하는 주체는 국가별로 상이하여 스웨덴이나 핀란드는 의회소속의 기관이지만 우리나라는 행정부소속의 기관

03절 행정참여(시민참여)

1. 행정참여

(1) 행정참여의 의의
① **개념** : 시민이 정책결정과정에 개인적·집단적으로 참여하여 영향력을 행사하는 것

SEMI-NOTE

시정조치
- 소극적 환류 : 행정개선을 위한 환류 기능으로 단순히 오차를 시정
- 적극적 환류 : 목표 자체를 수정

우리나라의 옴부즈만(국민권익위원회)
- 목적 : 고충민원의 처리 및 이에 관련된 불합리한 행정제도의 개선, 부패의 발생 방지 및 부패행위의 효율적 규제
- 소속 및 지위
  - 우리나라의 국민권익위원회는 국무총리 소속기관이며, 소속상 외부통제가 아닌 내부통제기관
  - 직무상 독립성과 자율성이 어느 정도 보장되나 미흡
  - 스웨덴과 달리 헌법상 기관이 아니라 법률(부패방지 및 국민권익위원회의 설치와 운영에 관한 법률)상 기관(조직 안정성 부족)
- 특징 및 한계
  - 기존의 결정이나 행위를 무효로 하거나 취소·변경할 수 없으며 대상기관에 대한 직접적인 감독권·제재권이 없음(간접적 통제 제도)
  - 직권에 의한 조사는 불가능하고 고충민원 등의 신청이 있는 경우에만 조사할 수 있음(우리나라의 경우 자발적 조사권 결여)

행정참여(H. Simon)
의사결정권이 없는 자가 결정권자의 행동이나 판단에 영향을 미치는 것

02절 행정통제

1. 행정통제의 의의와 원칙 ⭐ 빈출개념

(1) 행정통제의 의의

① 개념 : 행정이 국민과 입법부의 요구·기대, 공익, 법규 등의 기준에 합당하게 이루어지고 있는가를 확인·평가하고 적절한 개선방안을 강구하는 것
② 특징
  ㉠ 목표 달성 및 행정책임 확보를 위한 수단이자 장치(강제성을 수반함)
  ㉡ 정치발전과 밀접한 함수관계이며, 행정계획과도 불가분의 관계
  ㉢ 행정목표 달성의 수단이자 목표 달성까지의 계속적·다원적·환류적 과정

(2) 행정통제의 원칙

① 예외의 원칙 : 대규모 조직의 관리자가 조직 전체를 통제하기 어려우므로 통제의 효율성을 위해 일상적·반복적 업무보다 특별히 비일상적·예외적인 사항만을 통제
② 합목적성의 원칙 : 목표에 기여하는 가장 합목적적인 통제
③ 명확성(이해가능성)의 원칙 : 통제의 목적·동기, 기준, 방법 등에 대해 명확히 인식·이해할 수 있어야 함
④ 경제적 효용성의 원칙 : 경제적 효용성을 극대화할 수 있는 통제(적은 통제로 최대의 통제 효과 확보)
⑤ 적량성의 원칙 : 과다통제와 과소통제는 행정통제의 효율성을 저하시키므로, 통제의 효율성을 제고하는 적절한 통제수준 유지
⑥ 적응성(신축성)의 원칙 : 예측하지 못한 사태에 대한 신축적·적응적 대응 요구

2. 행정통제의 절차와 유형

(1) 행정통제의 절차(과정)

① 통제기준의 설정(확인)
  ㉠ 통제는 목표와 계획에 실적을 일치시키는 과정이기 때문에 조직목표가 통제의 기준으로 설정되는 경우가 많음
  ㉡ 조직운영 전부를 통제한다는 것은 불가능하므로 단시간 내에 전체 상황을 알 수 있는 전략적 통제지점이 선정되어야 함
② 성과의 측정과 평가 및 보고 : 업무 시행성과를 이미 설정된 기준과 비교·분석

SEMI-NOTE

행정통제의 원칙
- **즉시성의 원칙** : 통제는 기획이 실천 단계에 들어가면서 신속히 시행되어야 함
- **일치의 원칙** : 피통제자의 권한과 책임이 일치하도록 통제
- **비교의 원칙** : 통제에 필요한 모든 실적자료는 본래의 명확한 기준과 비교해 판단
- **지속성의 원칙** : 일회성 있는 통제는 효과를 저해하므로 지속적인 통제 시스템 형성

전략적 통제지점 선정 시 고려사항
적시성, 포괄성, 사회적 가치성, 균형성, 경제성 등

(2) 행정책임의 유형 구분

① 외재적 책임과 내재적 책임

외재적 책임 (H. Finer 등)	외부적인 힘, 즉 법률이나 입법부, 사법부, 국민(국민정사나 요구 등)에 대하여 지는 책임(합법적·제도적·응답적 책임 등)
내재적 책임 (C. Freidrich 등)	직업적 전문지식이나 기술에 따른 책임(직업적·관료적·기능적 책임) 관료나 공무원 자신의 마음속 양심이나 윤리에 따른 책임(주관적·자율적·재량적·심리적 책임 등)

② 제도적 책임과 자율적 책임

제도적 책임 (accountability)	법령 등에 위반되지 않아야 할 책임을 말하며, 위반 시 제재가 수반되고 결코 분담(공유)될 수 없는 책임(공식적·객관적·설명적 책임)
자율적 책임 (responsibility)	국민의 수임자 내지 공복으로서의 책임으로, 국민의 요구에 대한 대응성이 핵심을 이루며 타인의 행위로 인해 분담될 수 있는 책임(임무적·포괄적 책임, 응답적·윤리적 책임 등)

③ 롬젝(B. Romzek)과 듀브닉(M. Dubnick)의 행정책임 유형

구분		통제의 원천(통제의 소재)	
		조직 내부(내부통제)	조직 외부(외부통제)
통제 정도 (자율성 정도)	높은 통제수준 (낮은 자율성 부여)	위계적(관료적) 책임성 • 조직 내외 상급자의 지시사항 중시 • 조직 내부통제를 통한 책임성 담보 • 효율성 중심의 책임성	법률적 책임성 • 법률적 의무사항 이행을 중시 • 외부감사기관의 합법성 감사를 통한 책임성 담보 • 법치(합법성) 중심의 책임성
	낮은 통제수준 (높은 자율성 부여)	전문가적 책임성 • 개인적 전문성과 조직의 자율적 운영을 존중 • 개별관료와 조직단위의 성과관리를 통한 책임성 담보 • 전문성 중심의 책임성	정치적 책임성 • 고객집단, 일반대중 등 외부 이해관계자의 만족도를 중시 • 대통령·의회의 통제와 고객만족도를 통한 책임성 담보 • 대응성(반응성) 중심의 책임성

책임성의 하위 범주	강조 가치	관계의 토대	유사 관계(통제자 → 행정가)	행태적 기대
위계적(관료적) 책임성	효율성	감독	상관 → 부하	조직의 지침과 감독에 복종
법률적 책임성	합법성	신탁	법 제정자(주인) → 법 집행자(대리인)	외부로부터의 강제·명령·위임에 순응
전문가적 책임성	전문성	전문가에 대한 존경	비전문가 → 전문가	개인의 판단과 전문성을 존중
정치적 책임성	대응성	선거구민에 대한 대응성	선거구민(유권자) → 대표자	주요 외부 이해관계자에 대한 대응

SEMI-NOTE

제도적 책임성(accountability)
- 문책자의 외재화
- 제재수단의 존재(제재 가능)
- 공식적·제도적 통제
- 절차에 대한 준수 강조
- 판단기준 및 절차의 객관화
- **관련된 책임**: 외재적 책임, 객관적 책임, 법적 책임, 합법적 책임

자율적 책임성(responsibility)
- 문책자의 내재화 또는 부재
- 제재수단의 부재(제재 불가)
- 공식적·제도적 통제로 확보 불가
- 절차의 준수와 책임완수는 별개
- 객관적인 기준이 존재하지 않음
- **관련된 책임**: 내재적 책임, 주관적 책임, 도덕적 책임, 재량적 책임

롬젝과 듀브닉의 행정책임 유형
- 통제의 소내(내부·외부)와 자율성(통제)의 정도에 따른 구분
- 통제의 방향은 외부통제에서 내부통제로, 높은 통제수준에서 낮은 통제수준으로 이동

06장 행정환류론

SEMI-NOTE

행정책임 개념의 다의성(이종수)
- Responsibility : 공복이자 행정의 수임자로서의 광범위한 도의적·자율적 책임
- Accountability : 제도적·법률적·변명적 책임이라는 비교적 한정된 의미의 책임
- Responsiveness : 국민의 의사에 대한 응답으로서의 책임

행정책임의 필요성
- 행정의 전문화·기술화·복잡화로 인한 행정권한 강화와 재량권 증가로 인한 권력남용 가능성의 확대
- 위임입법 증가 등 행정의 자율성·다양성 증대에 따른 책임의 확보
- 정부주도형 경제발전의 추진과 행정부의 막대한 예산권의 행사
- 국민의 낮은 정치의식과 권위적 정치문화로 인한 민중통제의 취약성

01절 행정책임

1. 행정책임의 의의 ★ 빈출개념

(1) 행정책임의 개념
① 행정책임이란 행정인 또는 행정기관이 국민의 기대에 부응하여 윤리적·기술적·법규적 기준에 따라 행동해야 할 의무를 말함
② 공무원이나 행정조직이 직무를 수행할 때 일정한 행동기준인 행정이념, 법령, 공익, 국민의 기대 등에 부응해 행동해야 할 의무라 할 수 있음
③ 행정책임은 개인적 차원에서 공무원 개개인에 대한 의무이며, 동시에 국가적 차원에서 국민 전체에 대한 국가역할의 정당성을 확인하는 것

(2) 행정책임의 특징
① 행정상 일정한 임무를 수행할 의무와 권한을 전제로 함
② 행정인의 재량권과 자율성에 기인하여 발생
③ 개인적 요구보다 상위차원의 공익이나 수익집단·법령의 요구, 윤리성 등에 기인(외연성)
④ 대물적 관계가 아닌 대인적 관계에서 발생(국민과 공무원의 관계에서 발생)

2. 행정책임의 유형

(1) 행정책임에 대한 논의(책임유형론 논의)
① 파이너(H. Finer)의 외재적 책임론(19세기 입법국가 대변)
  ㉠ 외부기관의 통제가 미약하면 관료권력이 강화된다고 주장(외부적 제재에 의한 통제 강조)
  ㉡ 진정한 행정의 책임은 입법·사법·정당 등 외재적·객관적 통제에 의하여 확보될 수 있음을 강조
  ㉢ 관료는 대중이 선출한 대표자들에게 책임을 져야 하며 그 책임에 있어 관료는 스스로의 행동에 대한 심판관이 될 수 없음
② 프리드리히(C. Friedrich)의 내재적 책임론(20세기 현대국가 대변)
  ㉠ 외재적 책임의 한계를 지적하면서 관료들의 내재적·자율적·도덕적 책임을 강조
  ㉡ 행정책임 확보를 위해서는 행정인의 내재적·주관적·도덕적 통제가 효율적이라고 하여, 심리적·행태적 변화에 의한 통제를 강조
  ㉢ 책임 있는 행위는 기술적 지식과 대중의 감정에 응답하는 것이라고 정의하고 개인의 내재적 책임감이 스스로 유도되어야 함을 강조(정치적·기능적·도의적 책임 강조)

06장 행정환류론

01절 행정책임

02절 행정통제

03절 행정참여(시민참여)

9급공무원

행정학개론

나두공

- 감사원은 대통령 소속의 헌법기관이며, 필수적 독립기관
- 감사위원회와 사무처로 구성
- 감사위원회는 원장을 포함해 5~11인 이하의 감사위원으로 구성되는 의결기관이며, 사무처는 조사·확인기관

ⓒ 주된 기능

결산의 확인 및 검사	국회에 제출된 국가기관의 세입 및 세출의 결산을 매년 사전 검사하여 대통령과 차년도 국회에 보고. 입법부와 사법부도 대상이지만 국가기관이 아닌 지방자치단체나 공기업 등 공공기관은 제외
회계검사	• 필요적 검사사항 : 국가, 지방자치단체, 한국은행의 회계, 국가 또는 지방자치단체가 자본금의 1/2 이상을 출자한 법인의 회계, 다른 법률에 따라 감사원의 회계검사를 받도록 규정된 단체 등의 회계 • 선택적 검사사항 : 감사원이 필요하다고 인정하거나 국무총리의 요구가 있는 경우 감사원법에 규정한 사항
직무감찰	공무원의 비위를 시정 및 방지하고, 행정운영 개선을 위하여 공무원의 직무와 행정 기관의 사무를 감찰

ⓒ 부수적 기능

검사·감찰 결과의 처리	변상책임의 판정, 징계·문책·해임의 요구, 시정·주의요구, 개선요구, 형사고발, 대통령에 대한 수시보고 등
심사청구의 심리·결정	이해관계인의 심사청구가 있을 때 이를 심리하고 결정(행정심판기능에 해당)
의견진술	회계관계법령 제정·개폐 시 감사원의 의견을 구하여야 함

실력up 세계잉여금

- 의의 : 매 회계연도 세입세출의 결산상 생긴 잉여금으로, 결산 시 수납된 세입액에서 지출된 세출액을 차감한 잔액. 일반회계, 특별회계가 포함되며 기금은 제외됨
- 발생원인 : 세입초과와 세출불용으로 구성

법령 국가재정법

제90조(세계잉여금 등의 처리) ① 일반회계 예산의 세입 부족을 보전(보전)하기 위한 목적으로 해당 연도에 이미 발행한 국채의 금액 범위에서는 해당 연도에 예상되는 초과 조세수입을 이용하여 국채를 우선 상환할 수 있다. 이 경우 세입·세출 외로 처리할 수 있다.
② 매 회계연도 세입세출의 결산상 잉여금 중 세계잉여금은 교부세의 정산 및 교부금의 정산에 사용할 수 있다.
③ 제2항의 규정에 따라 사용한 금액을 제외한 세계잉여금은 100분의 30 이상을 공적자금상환기금에 우선적으로 출연하여야 한다.
④ 제2항 및 제3항의 규정에 따라 사용하거나 출연한 금액을 제외한 세계잉여금은 100분의 30 이상을 다음 각 호의 채무를 상환하는데 사용하여야 한다.
 1. 국채 또는 차입금의 원리금
 2. 국가배상금
 3. 공공자금관리기금의 융자계정의 차입금(예수금을 포함)의 원리금
 4. 그 밖에 다른 법률에 따라 정부가 부담하는 채무

SEMI-NOTE

감사원의 지위
- **직무상의 독립성** : 직무수행에 있어 정치적 압력이나 간섭이 배제됨
- **인사상의 독립성** : 감사원장은 국회의 동의로 감사위원은 원장의 제청으로 각각 대통령이 임명하며, 임기는 4년으로 1차에 한하여 중임 가능
- **예산상의 자주성** : 감사원의 세출요구액의 감액 시 감사원장의 의견 청취
- **규칙 제정상의 독립성** : 감사 사무처리에 관한 규칙 제정 가능

구매행정(조달행정)
구매(조달)행정이란 행정업무를 수행하는데 필요한 수단인 재화, 즉 소모품, 비품, 시설 등을 적기적소에 적재로 적량을 적가로 구입·획득·공급하는 활동을 말함

세계잉여금의 사용 우선순위
- 지방교부세 및 지방교육재정교부금의 정산
- 공적자금상환기금에 출연
- 채무상환
- 추가경정예산안의 편성
- 다음 연도 세입에 이입

SEMI-NOTE

결산의 기능
- 정부가 재정활동을 예산의 범위 내에서 했는지를 사후확인(소극적 기능)
- 차기의 예산운영에 반영하도록 참고자료를 제공하는 기능(적극적 기능)
- 입법부의 의도가 구현되었는가를 확인

회계검사의 특징
- 회계검사의 대상은 회계기록
- 회계기록은 타인(제3의 기관)이 작성한 것이어야 함
- 회계기록의 정부(正否) 및 적부(適否)에 관한 비판적 검증절차

전통적 회계검사의 문제점
- 지출의 합법성에만 치중하여 대국민 행정책임의 확보 곤란(현대 회계검사는 경제성·능률성·효과성 중시)
- 법령에 대한 형식적 해석으로 소극적 법규만능주의 초래(적극적·능률적 행정 수행곤란)
- 불법에 이르지 않은 공금의 부당지출 방지가 곤란
- 정부지출의 전반적인 성과분석(효과성·합목적성 분석) 곤란(현대적 회계검사는 정책감사·성과감사에 중점)

5. 결산 및 회계검사

(1) 결산

① **결산의 개념** : 1회계연도 동안의 국가의 세입·세출의 실적을 확정적 계수로 표시하여 검증하는 행위로, 세입·세출의 실적에 대한 정부의 사후적 재무보고이며, 정부재정활동에 대한 사후적 통제, 넓게는 회계검사를 포함

② **결산의 절차**

한눈에 쏙~

출납사무의 완결 → 결산서의 작성·제출 → 감사원의 결산검사 → 국회의 결산심의

(2) 회계검사

① **개념** : 정부기관의 재정활동 및 그 수지결과를 제3의 기관이 확인·검증·보고하는 행위

② **회계검사의 방식**

㉠ 서면검사와 실지검사
- 서면검사 : 각 기관으로부터 제출되는 서류에 의한 검사
- 실지검사 : 직원이 현장에 직접 나가 확인하는 검사(파견검사)

㉡ 사전검사와 사후검사
- 사전검사 : 지출이 있기 전 실시하는 회계검사
- 사후검사 : 지출이 있은 후 실시하는 회계검사

㉢ 내부검사와 외부검사
- 내부검사 : 당해 기관의 자체 회계검사
- 외부검사 : 외부의 회계검사 담당기관이 실시하는 검사

㉣ 정밀검사와 표본검사
- 정밀검사 : 모든 수입·지출을 상세하게 검사(전수검사)
- 표본검사 : 검사의 일부를 표본 추출하여 선택적으로 검사

㉤ 감사초점에 따른 분류방식
- 재무감사 : 가장 보편적인 방식으로, 재무기록의 확인과 통제에 초점을 둠
- 합법성 감사 : 법령이나 규칙에 따라 수행했는가에 대한 감사로, 감사의 초점이 통제에 있으며 재무감사와 함께 가장 보편적으로 사용
- 능률성 감사 : 경제적·능률적으로 관리되었는지를 감사
- 성과감사(정책감사, 사업감사) : 오늘날 강조되는 것으로, 합법성 감사 외에 정부의 기능·사업·활동 등의 경제성·능률성·효과성 등까지 감사하는 것

㉥ 미국식 분류방식 : 일반검사, 상업식 검사, 종합검사(통합검사)

③ **우리나라의 회계검사기관(감사원)**

㉠ 성격 및 구성

총액과 연부액(年賦額)을 정하여 미리 국회의 의결을 얻은 범위 안에서 수년도에 걸쳐서 지출할 수 있는 경비

⑦ **국고채무부담행위** : 국가가 법률에 따른 것과 세출예산금액 또는 계속비의 총액의 범위 안의 것 외의 채무를 부담하는 행위를 말하며, 미리 예산으로써 국회의 의결을 얻어야 함

⑧ **수입대체경비** : 용역 및 시설을 제공하여 발생하는 수입과 관련되는 경비로서 지출이 직접 수입을 수반하는 경비를 말함

⑨ **총액계상예산제도** : 예산편성단계에서는 사업의 총액으로만 계상하고, 세부내역은 집행단계에서 각 중앙관서의 장이 자율적으로 결정하도록 하는 제도

⑩ **국고여유자금** : 기획재정부장관은 국고금 출납상 지장이 없다고 인정되는 때에는 그 회계연도 내에 한하여 정부 각 회계 또는 계정의 여유자금을 세입세출예산 외로 운용할 수 있음

⑪ **대통령의 재정·경제에 관한 긴급명령** : 국가가 재정·경제상 중대한 위기에 처하고 국회의 소집을 기다릴 여유가 없을 때 대통령은 긴급명령을 발할 수 있음 (다만 국회에 즉시 통보하여 승인을 얻지 못하면 그 때부터 효력을 상실

SEMI-NOTE

수입대체경비의 대상
등기소의 등기부 등본 및 사본 발행경비, 외교통상부의 여권발급경비, 교육과학기술부의 대학입시경비, 각 시험연구기관의 위탁시험연구비 등

(4) 정부회계

① **정부회계의 의의** : 정부조직의 경제적 정보를 식별·측정하여 정보이용자가 적절한 판단과 의사결정을 할 수 있도록 전달·보고하는 과정

② **현금주의와 발생주의**
　㉠ **현금주의** : 현금이 수납될 때 수익이 발생하는 것으로 기록하고, 현금이 지급될 때 비용이 발생하는 것으로 보는 방식. 가계부, 비영리 공공부문
　㉡ **발생주의** : 현금의 수납보다는 현금 이동을 발생시키는 경제적 사건이 실제로 발생한 시점에 거래를 인정하는 방식. 기업, 일부 비영리 공공부문

③ **정부회계의 회계처리방식 구분**
　㉠ **단식부기**
　　• 차변과 대변의 구분 없이 발생된 거래의 한쪽 면만 고려하여 기록하는 방식 (자기검증기능 없음)
　　• 현금 수지 및 채권·채무, 즉 재산의 증감만을 기록하는 것
　　• 현금주의에 주로 채택되며, 정부의 회계는 전통적으로 단식부기에 의함
　㉡ **복식부기**
　　• 자산·부채·자본을 인식하여 거래의 이중성에 따라 차변과 대변에 각각 계상하고 차변과 대변의 합계가 반드시 일치되도록 하여 자기검증기능을 가지는 기장방식(하나의 거래를 대차평균의 원리에 따라 차변과 대변에 기록하는 방식)
　　• 발생주의에서 주로 사용

복식부기의 구성항목

차변	대변
• 자산의 증가	• 자산의 감소
• 부채(차입금)의 감소	• 부채(차입금)의 증가
• 자본(순자산)의 감소	• 자본(순자산)의 증가
• 비용의 증가	• 비용의 감소
• 수익의 감소	• 수익의 증가

SEMI-NOTE

예비타당성조사제도의 대상사업
- 총사업비 500억 원 이상, 국가 재정지원 규모 300억 원 이상인 건설사업, 정보화 사업, 국가연구개발사업
- 국가재정법 제28조에 따라 제출된 중기재정지출이 500억원 이상인 사회복지, 보건, 교육, 노동, 문화 및 관광, 환경보호, 농림해양수산, 산업·중소기업 분야의 사업

재정민주주의의 저해
신축성 유지를 위한 제도인 예산의 전용 및 이용은, 국회의 통제를 강조하는 재정민주주의를 저해

이월의 종류
- **명시이월** : 예산편성 과정에서 세출예산 중 연도 내에 그 지출하지 못할 것이 예측될 때에는 미리 국회의 승인을 얻어서 다음 연도에 사용할 수 있게 한 것
- **사고이월** : 천재지변, 관급자재의 공급지연 등 불가피한 사유로 인하여 연도 내에 지출하지 못한 경비와 지출원인행위를 하지 않은 부대경비 이월

ⓒ **예산의 재배정** : 각 중앙관서의 장이 배정받은 예산액의 범위 내에서 다시 산하 재무관(부속기관 또는 하급기관)에게 월별 또는 분기별로 예산액을 다시 배정해주는 것

② **지출원인행위의 통제** : 지출원인행위란 국가 지출의 원인이 되는 계약이나 기타 행위를 말하며, 이를 담당하는 회계기관은 원칙상 중앙관서의 장(실제로는 재무관)이며, 담당기관은 그 실적을 월별로 기획재정부장관에게 보고해야 함

③ **우리나라 행정부의 예산집행 통제장치**

공무원 정원과 보수통제	공무원의 보수는 국가예산에서 큰 비중을 차지하고 있으므로, 예산한도액을 초과하지 않으려면 각 기관의 정원과 보수 등을 법정화하여 통제해야 함
예비타당성 조사제도	기존 타당성조사의 문제점을 보완하기 위하여 1999년에 도입된 제도로서, 대규모 재정사업에 대한 담당 부처의 본격적인 타당성조사 이전에 기획재정부가 객관적이고 중립적으로 타당성에 대한 개략적인 사전조사를 통해 재정사업의 신규투자를 우선순위에 입각하여 투명하고 공정하게 결정하도록 함으로써 예산낭비 방지, 신규 사업의 신중한 착수, 재정운영의 효율성 제고를 목적으로 하는 제도
회계기록 및 보고제도	각 중앙관서의 장은 월별로 기획재정부장관에게 사업집행 보고서를 제출해야 함
총사업비 관리제도	각 중앙관서의 장은 2년 이상 소요되는 사업 중 대통령령이 정하는 대규모사업에 대해 사업규모·총사업비·사업기간을 정해 미리 기획재정부장관과 협의해야 함

(3) 예산집행상의 신축성 확보방안

① **이용(移用)** : 입법과목 간 융통을 의미하는 것으로, 예산 집행상 필요에 따라 미리 예산으로써 국회의 의결을 얻은 때에는 기획재정부장관의 승인을 얻어 이용할 수 있음

② **전용(轉用)** : 행정과목인 세항(細項)과 목(目) 사이에 서로 융통하는 것

③ **이체(移替)** : 정부조직 등에 관한 법령의 제정·개정 또는 폐지로 인하여 중앙관서의 직무와 권한에 변동이 있을 때 예산의 책임소관이 기획재정부장관(중앙예산기관장)의 승인으로 변경되는 것(국회 승인 불요)

④ **이월(移越)** : 해당 회계연도에 집행되지 않을 예산을 다음 회계연도에 넘겨서 다음 해의 예산으로 사용하는 것(회계연도 독립 원칙의 예외)

⑤ **예비비** : 지출항목 중에서 예측이 불가능한 예산 외의 지출 또는 회계연도의 모든 지출예산보다 필요한 경비가 증가할 때를 대비하여, 이를 충당하기 위해 용도를 결정하지 않고 미리 예산에 계상하는 항목
  ㉠ **일반예비비** : 국가의 일반적 지출에 소용되는 경비(안전보장을 위한 예비비 포함)
  ㉡ **목적예비비** : 특정 목적의 지출에 소요되는 경비(봉급예비비, 공공요금예비비, 재해대책예비비 등)

⑥ **계속비** : 완성에 수년도를 요하는 공사나 제조 및 연구개발사업에서 그 경비의

⊙ **시정연설** : 회계연도 개시일 120일 전까지 예산안이 국회에 제출되면, 본회의에서 대통령의 시정연설과 기획재정부장관의 제안설명이 이루어짐
ⓒ **상임위원회별 예비심사** : '소관부처 장관의 제안 설명 → 전문위원의 검토 보고 → 정책질의 → 부별심의와 계수조정 → 결과보고'의 순으로 이루어짐
ⓒ **예산결산특별위원회의 종합심사**
- 의원 50인 이내로 구성되는 특별위원회(상설기구)로서, 예산심의의 핵심적 역할을 수행
- 종합심사절차 : 기획재정부장관의 예산안 제안 설명 → 전문위원의 검토보고 → 국정 전반에 대한 종합정책 질의 및 답변 → 부별 심사 또는 분과위원회 심사 → 예산안조정소위원회의 계수조정 → 예산결산특별위원회의 전체회의 의결(찬반토론 후 표결)
ⓔ **본회의 의결** : 회계연도 30일 전까지 의결해야 하며, 본회의 의결로 예산은 완전하게 성립함(공포절차 불요)

② **문제점(한계)**
⊙ 예산위원회와 결산위원회가 분리되지 못하며, 전문성이 부족함
ⓒ 심의과정에서 국민의 의견투입이 취약함
ⓒ 심의 기간이 짧아 비합리적이며, 획일적·일률적인 삭감이 난무함
ⓔ 국회의원의 이권추구 및 전근대적인 가치관

4. 예산의 집행

(1) 예산집행의 의의

① **개념** : 국가의 수입·지출을 실행·관리하는 모든 행위로, 예산에 계상된 세입·세출뿐만 아니라 예산 성립 후에 일어날 수 있는 세입·세출 전부를 포함한 국가의 모든 수입·지출행위를 말함

② **목표**
⊙ **재정통제** : 성립된 예산은 입법부와 국민의 의도를 계수적으로 표현한 것이므로, 재정상의 한계를 엄수해야 할 것이 요구됨(재정민주주의의 구현)
ⓒ **예산의 신축성 유지** : 예산은 어디까지나 예정적 수치이므로 예산 성립 후에 정세와 상황의 변동에 따라 예산과 현실의 괴리현상이 발생할 수 있는데, 이러한 변동에 적응하기 위해 집행에 있어 신축성이 요구됨
ⓒ **재정통제와 신축성의 조화** : 예산집행은 입법부의 의도와 재정한계를 엄수해야 하면서도 예산 성립 후의 여건변화에 적응하기 위해 신축성을 유지해야 하는 두 가지 대립적 목적을 달성해야 함

(2) 예산집행상의 재정통제

① **예산의 배정과 재배정**
⊙ **예산의 배정** : 자금의 집중적인 지출을 막기 위해 중앙예산기관의 장(기획재정부장관)이 각 중앙관서의 장에게 각 분기별로 집행할 수 있는 금액과 책임소재를 명확히 하는 절차

SEMI-NOTE

우리나라 예산심의 개선방안
- 충분한 심의 기간으로 합리성 있는 삭감기준 제시
- 예산전담기관을 국회직속 상설기관으로 설치
- 국회위원의 민주적 가치관의 확립
- 국민들의 예산에 대한 비판·통제 의견을 수렴
- 예산결산특별위원회와 상임위원회의 연계 및 국회와 감사원의 연계 강화

예산집행
예산서에 담긴 계획을 현실로 옮기는 행위를 말하는 것으로, 단순히 예산으로 정해진 금액을 국고에 수납하고 국고로부터 지불하는 것만을 말하는 것이 아니라 지출원인행위와 국고채무부담행위도 포함

예산의 배정
일반적으로 배정은 통제적 성격을 지닌 정기배정(연간배정계획에 따른 배정)을 말하며, 예외적으로 통제성보다 관리수단성에 중점을 두는 신축적 배정이 있음

3. 예산의 심의

(1) 예산심의의 의의

㉠ 개념 : 국민의 대표기관인 의회가 행정감독권을 행사하여 행정부가 수행할 사업계획의 타당성 · 효율성을 검토하고 예산안을 확정(성립)하는 것

㉡ 기능
- 행정부를 감독 · 통제하는 기능을 수행
- 정부가 추진해야 할 사업계획과 수준을 결정
- 국가발전의 목표 달성을 위한 자원의 합리적 배분을 실현
- 의회는 예산심의를 통해 세법 및 조세에 관한 법률의 제정 및 개정
- 의회는 정부 활동을 비판 · 감시하고, 그 효율성을 분석하여 예산심의에 반영

㉢ 예산심의의 변수

정부형태 (권력구조)	• 의원내각제(내각책임제) : 의회 다수당이 집행부(내각)를 구성하므로 예산심의과정이 엄격하지 않음. 실제 영국 · 일본은 의회에서 예산 수정이 거의 없음 • 대통령중심제 : 삼권분립에 입각하여 행정부와 입법부가 견제와 균형 관계이므로 의회의 예산심의 권한이 막강하고 예산심의가 엄격함
단원제와 양원제 (의회구조)	• 단원제 : 양원의 갈등관계가 문제되지 않으므로 신속한 심의가 가능하지만 신중한 심의는 곤란함. 우리나라의 경우 • 양원제 : 단원제보다 신중하고 양원 간 갈등이 존재하여 양원의 의견을 조율할 필요가 있으므로 예산통과를 위한 거부점 수가 더 늘어나 의회가 더 큰 영향력을 행사할 수 있음
본회의 중심주의와 위원회 중심주의	• 본회의 중심주의(전원위원회중심주의) : 예산심의를 모든 의원이 참석한 본회의에서 하는 제도. 공개토론이 이뤄지므로 민주주의 정신에 부합. 영국은 상임분과위원회 심의 없이 본회의에서만 심의 • 위원회중심주의(소위원회중심주의) : 능률성 · 전문성 · 신속성 · 탄력성을 통해 행정에 대한 감시 · 통제 강화. 우리나라 · 미국 · 일본의 경우
예산증액 제한	• 영국, 우리나라 : 폐지 · 삭감권만 가짐(우리나라는 지출항목 금액 증액이나 새 비목 설치 시 정부 동의 필요) • 미국, 일본 : 폐지 · 삭감권뿐만 아니라 새 비목 설치나 증액도 가능
예산의 형식	예산 형식은 의결의 형식(예산의결주의)보다 법률의 형식(예산법률주의)이 더 엄격함

(2) 우리나라의 예산심의 ★빈출개념

① 예산심의절차

국정감사 ▶ 시정연설 ▶ 상임위원회별 예비심사 ▶ 예산결산특별위원회의 종합심사 ▶ 본회의 의결

SEMI-NOTE

국회의 예산심의
행정부가 편성한 예산안을 국가가 심의하여 확정하는 것으로 예산총액을 결정하고, 사업의 정당성을 검토. 이 과정에서 국회는 행정부의 각종사업이나 행정관리방법 등을 검토하고, 궁극적으로는 행정부를 견제 · 통제할 수 있으므로 국회는 사업분석과 정책분석 능력을 갖춰야 함

미국의 대통령중심제
미국 의회는 새 비목 설치권과 증액권도 보유하며 행정부가 요구하지 않은 예산도 의회가 입안하여 의결하기도 함

미국과 영국의 양원제
동일한 양원제라도 미국은 상 · 하원의 예산심의 권한이 동등한 반면, 영국은 하원이 우선권을 가짐

예산심의의 한계
- 예산결정에 있어서 의회심의의 수동성
- 포괄적 예산조정이 아닌 한계적 조정
- 행정부 예산요구액에 대한 부종성(附從性)

국정감사
본격적 예산심의에 앞서 매년 국회 정기회 집회일(9월 1일) 이전에 감사 시작일부터 30일 이내의 기간을 정하여 소관 상임위원회별로 국정감사를 실시하고 예산운영에 대한 현장조사 및 자료수집을 하고 그 결과를 신년도 예산안에 반영(단 본회의 의결로 정기회 기간 중에 감사 실시 가능). 따라서 예산심의과정에 국정감사가 포함되지는 않음

㉠ **중기사업계획서 제출** : 각 중앙관서의 장은 미리 통보(전년도 12월 말까지 통보)된 국가재정운용계획 작성지침에 따라 매년 1월 31일까지 당해 회계연도부터 5회계연도 이상 기간 동안의 신규사업 및 기획재정부장관이 정하는 주요계속사업에 대한 중기사업계획서를 기획재정부장관에게 제출해야 함

㉡ **예산안편성지침의 통보**
- 기획재정부장관은 국무회의의 심의를 거쳐 대통령의 승인을 얻은 다음 연도의 예산안편성지침을 매년 3월 31일까지 각 중앙관서의 장에게 통보해야 함(국회 예산결산특별위원회에도 보고)
- 기획재정부장관은 국가재정운용계획과 예산편성을 연계하기 위하여 예산안편성지침에 중앙관서별 지출한도를 포함하여 통보할 수 있음

㉢ **예산요구서의 작성·제출** : 각 중앙관서의 장은 그 소관에 속하는 다음 연도의 세입세출예산·계속비·명시이월비 및 국고채무부담행위 요구서(예산요구서)를 작성하여 매년 5월 31일까지 기획재정부장관에게 제출해야 함

㉣ **예산사정** : 기획재정부는 각 부처의 예산요구서를 종합적으로 분석·검토

㉤ **예산안의 편성** : 기획재정부장관은 예산요구서에 따라 예산안을 편성하여 국무회의의 심의를 거친 후 대통령의 승인을 얻어야 함

㉥ **예산안의 국회제출** : 정부는 대통령의 승인을 얻은 예산안을 회계연도 개시 120일 전까지 국회에 제출해야 함

SEMI-NOTE

국가재정운용계획의 수립(국가재정법 제7조 제1항)

정부는 재정운용의 효율화와 건전화를 위하여 매년 해당 회계연도부터 5회계연도 이상의 기간에 대한 국가재정운용계획을 수립하여 회계연도 개시 120일 전까지 국회에 제출하여야 한다(제1항).

(3) 우리나라 예산편성의 구성형식

📖 한눈에 쏙~

① **예산총칙**
  ㉠ 세입세출예산, 계속비, 명시이월비, 국고채무부담행위에 관한 총괄적 규정
  ㉡ 국채와 차입금의 한도액 등 예산집행에 관하여 필요한 사항의 규정
② **세입세출예산** : 예산의 핵심 부분으로, 1회계연도의 모든 수입·지출의 예정액을 구체적으로 표시, 예비비도 여기에 포함됨
③ **계속비** : 완성에 수년을 요하는(5년 이내) 사업의 경비에 대해 그 총액과 연부액(年賦額)을 미리 정해 국회의 의결을 받음으로써, 매 회계연도마다 그 예산에 대해 국회의 의결을 받지 않고 지출할 수 있는 경비
④ **명시이월비** : 세출예산 중 경비의 성질상 연도 내에 지출을 하지 못할 것이 예측될 때에는 그 취지를 세입세출 예산에 명시, 미리 국회의 승인을 얻어 다음 연도에 이월하여 사용할 수 있는 비용
⑤ **국고채무부담행위** : 국가가 예산 확보 없이 미리 채무를 부담하는 행위

다양한 예산확보 전략
- **일반적 전략** : 수혜자 동원(파업, 시위 등), 사업의 중요성 부각, 신뢰의 확보 등
- **상황적 전략** : 방대한 자료 제시, 인맥동원이나 정치적 후견자 활용, 언론의 동원(언론플레이), 사업 우선순위의 조정(인기사업을 뒤로 배치), 인기사업과 신규사업의 결합(사업 끼워팔기식 전략), 공약사업 등 역점사업의 활용, 위기 시 혁신적 사업의 제시·착수, 기관장의 정치적 해결 모색, 정보격차의 활용, 기존예산의 삭감 저지(기득권 보호전략), 양보 및 획득전략(대를 위해 소를 희생하는 전략) 등

FY (회계 연도)	예산집행 (각 기관)	• 예산배정요구서 제출(중앙관서의 장 → 기획재정부 장관) • 예산배정계획서 작성(기획재정부 장관 → 국무회의에 제출, 대통령 승인) • 예산배정 통지(기획재정부 장관 → 감사원) • 예산 배정(기획재정부 장관 → 중앙관서의 장) • 예산 재배정(중앙관서의 장 → 산하기관의 장)
FY+1	결산 및 회계검사 (기획 재정부, 감사원, 국회)	• 출납기한(출납사무완결) • 중앙관서결산보고서 제출(중앙관서 장 → 기획재정부 장관) • 국가결산보고서 작성·제출(기획재정부장관 → 감사원) • 감사원의 결산검사 및 결산검사보고서 제출(감사원 → 기획재정부 장관) • 국가결산보고서 국회 제출(정부 → 국회) • 소관 상임위원회의 예비심사 → 예산결산특별위원회의 종합심사 → 본회의 심의 • 국회의 결산심의 완료(정기회 개회 전까지)

2. 예산의 편성

(1) 예산편성 및 편성기구

① 예산편성의 의의 : 정부가 다음 회계연도에 수행할 정책이나 사업계획을 재정적인 용어와 금액으로 표시하여 완전한 계획안으로서의 예산안을 확정하는 절차
② 예산편성기구

행정부형	행정부에서 예산을 편성하는 행정부 예산편성주의를 말하며, 우리나라를 비롯한 대부분의 국가에서 채택하고 있음
입법부형	예산을 법률의 형식으로 하고 있는 영국과 미국에서 취하는 형태로, 실질적으로는 행정부의 요구와 조서이송을 바탕으로 하는 행정부 편성주의
독립형	독립된 별도의 위원회에서 예산을 편성하는 유형(필리핀)

(2) 편성방식 및 절차

① 편성방식
  ㉠ 상향적 방식(bottom-up) : 각 부처에서 예산요구서를 제출하면 중앙예산기관에서 이를 검토·사정하여 예산을 확정
  ㉡ 하향적 방식(top-down) : 중앙에서 국가 전체의 전략적 재정계획에 따라 지출한도를 설정하면 그 범위 안에서 예산을 편성
② 편성절차

행정부형의 장단점
• 장점
  - 국회의 예산심의 및 파악이 용이
  - 전문성 제고
  - 관련 정보 및 자료관리의 용이
  - 예산집행 용이
  - 행정의 복잡·전문화 경향 반영
  - 행정수요의 객관적인 판단 및 반영 용이
• 단점
  - 대국민 책임 확보
  - 예산통제 곤란
  - 의회기능 약화

우리나라의 편성방식
상향적 방식(예산요구서 제출)에 하향식 방식(지출한도)을 결합한 방식을 취하고 있음

03절 예산과정

1. 예산과정의 개관

(1) 예산과정의 의의
- ⊙ 의의 : 일반적으로 예산은 매년 '편성 → 심의 → 집행 → 결산 및 회계검사'의 순환과정을 거치는데, 이를 예산과정이라 함
- ⓒ 특징
  - 합리성 : 한정된 자원의 합리적 배분에 관한 의사결정과정이면서 정책결정과정 – 경제적 합리성 확보를 위해 분석적·계량적 방법 활용
  - 정치성 : 가치배분을 둘러싼 정치투쟁과정으로서 고도의 정치적 성격 – 여러 참여자 간 영향력의 균형 및 상호조정을 통한 의사결정
  - 동태적 과정 : 여러 가지 복합적 요소가 작용하는 과정이며, 경제변동 등 상황변동에 따른 신축성 필요
  - 주기적·순환적 과정 : 예산과정은 일정기간 내에 완결되는 1회적인 현상이 아니라, 시간선상(회계연도)에서 지속적으로 진행되는 동태적 과정(예산주기)

(2) 회계연도(FY ; Fiscal Year) ★빈출개념
① 개념 : 일정 기간에 있어서의 수입과 지출을 구분·정리하여 양자의 관계를 명확하게 하기 위한 예산의 유효기간(예산집행의 유효기간)
② 중요성
  - ⊙ 회계연도 독립의 원칙 : 각 회계연도의 경비는 그 연도의 세입 또는 수입으로 충당하여야 한다는 원칙(예외로는 예산의 이월, 계속비, 과년도 수입·지출 등이 있음)
  - ⓒ 출납정리기한 : 한 회계연도에 속하는 세입과 세출은 원칙적으로 당해 연도 내에 완결되어야 함
③ 우리나라 회계연도(예산집행의 유효기간) : 우리나라의 회계연도는 1년(1월 1일~12월 31일)

FY-1년	예산편성 (행정부 -기획재정부)	• 중기사업계획서 제출(중앙관서의 장 → 기획재정부 장관) • 국가재정운용계획 수립. 기획재정부장관이 시안 작성. 국무회의 심의 • 예산편성지침 통보(기획재정부 장관 → 각 중앙관서의 장) • 예산요구서 제출 : 매년 6월 30일까지, 각 중앙관서의 장 → 기획재정부 장관 • 예산안 사정·편성(기획재정부 예산실) • 예산안 국회제출(회계연도 개시 120일 전까지)
	예산심의 (국회)	• 대통령 시정연설 • 각 상임위원회 예비심사 → 예산결산특별위원회 종합심사 • 본회의 의결(회계연도 개시 30일 전까지)

SEMI-NOTE

예산주기
예산과정의 4단계가 시간적 차원에서 단계적으로 반복되는 과정. 예산주기가 반복되므로 예산과정에서 새로운 정보를 흡수하여, 사업의 제안·심사에 반영하며, 정부의 책임을 물을 수 있음. 우리나라의 예산주기는 3년으로, 2022년에는 2021년도 예산의 결산, 2022년도 예산의 집행, 2023년도 예산의 편성·심의가 이루어짐

회계연도
- 통상 1년이나 2년(미국의 일부 주), 6개월인 경우도 있음
- 우리나라는 국가재정법 규정에 따라 1년(1월 1일~12월 31일)

각국의 회계연도
- 1월 1일~12월 31일 : 한국, 프랑스, 독일, 이탈리아, 스위스, 네덜란드, 터키, 아르헨티나, 브라질, 중국 등
- 4월 1일~3월 31일 : 영국, 캐나다, 일본, 파키스탄, 인도 등
- 7월 1일~6월 30일 : 스웨덴, 호주, 필리핀 등
- 10월 1일~9월 30일 : 미국

출납기한
출납은 회계연도 말일까지 완료(출납정리기한)

SEMI-NOTE

총액배분 · 자율예산편성제의 도입배경
상향식 예산편성제도의 한계로 인하여 개별사업별 검토중심의 단년도 · 상향식 예산편성방식을 탈피하고, 사전에 국가재원을 정책과 우선순위에 따라 전략적으로 배분하고, 이에 따라 각 부처가 예산을 자율적으로 편성하는 방식으로, 예산편성방식을 전면 혁신하여 2004년 도입. 참여정부의 4대 재정개혁과제로 추진

재정사업자율평가
- 각 부처가 재정사업을 자율적으로 평가하고 기획재정부가 이를 확인 · 점검하여 예산편성 시 활용
- 미국 OMB(관리예산처)의 PART(Program Assessment Rating Tools)를 우리 현실에 맞게 수정 적용한 것

재정사업심층평가
정밀검토가 필요하다고 판단되는 소수의 개별 재정사업에 대해 심층평가를 실시하고 재정운용에 활용

ⓒ 예산운용절차
- 국가재정운용계획수립 : 중앙예산기관은 각 부처가 제출한 중기사업계획서상의 신규사업 및 계속사업계획을 기초로 연차별 재정규모와 분야별 · 부처별 지출한도의 초안을 협의과정으로 통해 준비. 지출한도계획의 초안은 국무회의에 제출되고 국무회의는 국정목표와 우선순위에 따라 국가재정운용계획(5개년 연동계획)을 결정 · 공표
- 지출한도 설정 : 국가재정운용계획을 토대로 국무회의에서 분야별 · 부처별 지출한도를 미리 설정하여 기획재정부장관이 예산편성지침 · 기금운용계획안작성지침에 포함하여 통보(top-down). 지출한도는 칸막이식 재원확보 유인을 차단하기 위해 일반회계 · 특별회계 · 기금을 모두 포함하여 설정
- 각 부처의 예산 요구 : 각 부처는 부처별 · 부문별 지출한도와 편성기준에 따라 부처의 우선순위를 반영하는 예산요구서를 작성하여 기획재정부장관에게 제출
- 정부의 예산안 결정 : 기획재정부장관은 각 부처의 예산요구가 지출한도와 편성기준을 준수했는지 검토하고 국가재정운용계획의 정책방향과 우선순위에 부합되는지 확인한 후 각 부처의 예산요구를 수정 · 보완하여 정부 예산안 편성 · 확정

③ 성과관리제

ⓐ 도입목적
- 성과계획서에 명시된 성과지표의 목표치와 사업진행 후 실적치를 비교 · 분석하여 예산편성 과정에 환류시킴으로써 예산과정의 효율성 · 효과성 제고
- 예산편성 및 집행의 자율성과 책임성 · 투명성 제고

ⓒ 재정성과목표관리 : 매년 부처별로 전략목표-프로그램목표(성과목표)-단위사업 체계를 바탕으로 성과지표를 사전에 설정한 후 이에 따라 성과를 평가하고 재정운영에 환류. 미국의 GPRA(Governmnet Performance and Results Act)를 벤치마킹해 도입

(6) 최근의 개혁적 예산제도

① **총괄배정예산(bulk budgeting)** : 중앙예산기관이 상한선에 의하여 총괄적인 규모로 재원을 배분한 후, 각 부처로 하여금 분야별 재원범위 내에서 사업 우선순위에 따라 예산을 편성하도록 하고 다시 중앙예산기관이 이를 최종 조정하는 제도

② **지출통제예산(expenditure control budget)** : 각 부처가 부서 내 모든 지출항목을 없애고 중앙예산기관이 정해준 예산총액의 범위 내에서 구체적인 항목별 지출을 집행기관의 재량에 맡기는 성과지향적 예산제도

③ **산출예산(output budget)**
  ㉠ 의의 : 1989년 뉴질랜드 정부에서 실시한 제도로, 공공서비스의 생산과정인 '투입 – 산출 – 효과' 단계 중 재화 및 서비스의 산출에 모든 초점을 맞춰 예산을 편성하는 제도(정부가 재화와 서비스의 독점공급자이므로 산출물의 시장가격이 형성될 수 없기 때문에 등장한 개념)
  ㉡ 특징 : 실제 수입과 지출을 정확히 파악하기 위해 발생주의 회계방식을 사용하며, 재무성과표가 작성되므로 정부서비스의 가격을 정확히 산정하고 경영성과를 명확히 평가할 수 있음

④ **운영예산(operating budget)**
  ㉠ 의의 : 1987년에 호주에서 도입한 예산제도로서, 예산을 크게 사업비와 운영비로 구분하고, 경상비에 해당하는 행정경비를 운영경비라는 항목으로 통합하여 운영하는 제도
  ㉡ 특징 : 각종 행정경비를 하나로 통합하여 운영하며, 운영비의 신축적 운영으로 운영비의 상한선 내에서는 관리자가 재량적으로 운용할 수 있으며 각종 행정경비 간의 전용이 보다 용이함

⑤ **다년도예산(multi-year budget)** : 1년 단위의 단년도예산의 문제점을 극복하기 위해 3년 이상의 장기적 안목에서 자유로이 정책을 결정한 후, 이를 기초로 여러 해에 걸친 다년도예산을 편성할 수 있는 제도

(7) 최근 우리나라의 주요 재정개혁제도

① 의의 : 노무현 정부는 3대 재정개혁과제로 국가재정운용계획(2003년 도입), 성과관리제(2003년 도입), 총액배분자율편성제(top-down예산, 2004년 도입, 2005년도 예산편성부터 적용)를 시행하고 국가재정법에 명문으로 규정, 2007년부터 디지털 예산회계시스템을 도입

② **총액배분 · 자율예산편성제(사전재원배분제, top-down 방식)**
  ㉠ 의의 : 단년도 예산편성방식과 달리 재정당국(기획재정부)이 국정목표와 우선순위에 따라 장기(5개년) 재원배분계획을 수립하면, 국무위원들이 토론(국무회의)을 통해 연도별 · 분야별 · 부처별 지출한도를 미리 설정하고(Top-Down), 각 부처는 그 범위 내에서 사업의 우선순위에 따라 자율적으로 개별 사업별 예산을 편성 · 제출하여 협의 · 조정하고, 재정당국이 이를 심사하여 정부예산을 최종 확정하는 제도

SEMI-NOTE

지출통제예산의 특징
지출의 자율성, 전용의 신축성, 이월의 허용과 효율성 배당제도(지출수요에 따라 예산운용을 신축적으로 함으로써 절감된 예산은 다음 연도에 이월하여 해당 부처가 사용할 수 있도록 하는 것), 자율과 책임의 조화

신성과주의예산(NPB ; New Performance Budgeting)
예산집행 결과 어떠한 산출물을 생산하고 어떤 성과를 달성하였는가를 측정하여 이를 기초로 평가하는 결과 중심의 예산체계로 1990년대 책임성 확보를 강조하는 선진국 예산개혁 방향을 성과평가를 통해 연계시킨 제도를 말함

다년도예산의 특징
- 매년 예산편성 작업에 따른 업무의 부담을 경감
- 연도 말 과대집행(지출)에 따른 낭비 방지
- 충분한 심의 기간 확보에 따른 예산심의 충실화
- 예산편성보다 예산집행의 성과평가에 대한 관심을 제고

총액배분 · 자율예산편성제의 특징
- 전략적 재원배분(기획)과 부처 자율(분권적 접근)을 결합
  - 거시예산 : 정책과 우선순위에 입각한 전략적 재원배분 방식
  - 유사 소유권 개념이 부여된 예산 : 부처의 자율과 책임을 동시에 강조
  - 비교우위 개념에 부합하는 역할 분담 : 중앙예산기구는 재원배분 계획과 전략을 수립하고, 개별 사업부처는 집행업무를 담당하는 체계를 정립
- 예산에 대한 주된 관심을 금액에서 정책으로 전환
- 예산 배정과 집행관리의 강화와 수시 점검

③ 장단점

장점	단점
• 예산과 기획에 관한 의사결정의 연계(일원화)로 합리적 결정과 조직의 통합적 운영이 가능 • 절약과 능률을 제고하며 자원배분의 합리화에 기여 • 조직 간 장벽을 제거하고 활발한 의사교환으로 조직의 통합적 운영 실현(부서 갈등의 조정 등) • 정책목표를 명확히 하며 목표 달성을 위한 효율적 수단 분석이 가능	• 최고관리층의 권한 강화(의사결정의 중앙집권화)로 하급공무원 및 계선기관의 참여 곤란, 상황변화에 대한 신속한 적응 곤란 • 행정목표의 무형성·추상성으로 명확한 목표 설정 및 사업구조 작성이 곤란 • 목표 간 우선순위 결정이 곤란하여 목표 간의 갈등과 대립이 빈발 • 정치적 합리성이나 다원적 이해관계 반영을 경시(경제적 합리성에 치중)

(5) 영기준예산(ZBB)

① 편성 절차

② 장단점

장점	단점
• 모든 사업을 전면적·체계적으로 분석·평가하여 결정, 자원배분을 합리화 • 예산의 감축으로 자원난 극복에 기여 • 운영기준 및 정보제공으로 계층 간 상호정보교류 및 융통성 확보가 가능 • 하의상달로 각 수준의 관리자 참여가 가능하며 지도자 훈련의 기회 제공	• 기득권자의 저항 등으로 실제 정부사업 축소나 폐지가 곤란 • 소규모 조직이 희생될 가능성 증가 • 사업활동과 대안개발에 고도의 전문지식과 기술을 요하며, 업무량과 시간이 과중 • 가치판단영역에 비용효과분석의 적용과 경제적 서비스를 평가·결정하는 한계

실력UP 영기준예산과 일몰법(sunset law)의 비교

구분	영기준예산(ZBB)	일몰법(sunset law)
차이점	• 예산편성에 관련된 행정적 과정 • 조직 각 수준의 관리자(상층 + 중하층) 참여, 모든 수준의 정책심사 • 매년 사업재평가 실시(단기적)	• 예산에 관한 심의·통제를 위한 입법적 과정 • 행정 상위계층의 주요정책 심사 • 3~7년(장기적)
공통점	• 자원난 시대에 대비하는 감축관리의 일환 • 기득권의식을 없애고 자원의 합리적 배분을 기함 • 현 사업의 능률성·효과성을 검토하여 사업계속 여부를 결정하기 위한 재심사	
조화	매년 반복되는 단기적 예산심사인 ZBB는 장기적인 시야가 결여되므로 일몰법에 의해 이를 보완할 수 있고, 일몰법에 의한 사업의 장기적 권한 부여에 있어 자원, 실질목표, 사업의 성질, 예산결과를 ZBB 방법으로 파악할 수 있음	

SEMI-NOTE

ZBB와 PPBS의 의사결정단위
• PPBS : 의사결정단위는 사업단위 → 단위 설정의 경직성
• ZBB : 의사결정단위는 사업단위 또는 조직단위 → 단위 설정의 융통성

의사결정항목
ZBB의 핵심적인 작업으로, 의사결정단위에 대한 분석 및 평가결과를 명시해 놓은 기본문서

ZBB와 일몰법의 조화
일몰법의 기본적 목적은 행정기관이나 사업의 종결보다는 평가에 의한 행정부의 책임성의 증대와 비효율적 행정의 비대화를 방지하는 장치로서, 우선성을 기준으로 하는 자원배분인 점에서 ZBB와 유사함. ZBB는 매년 반복되는 단기적 예산심사여서 장기적 시야가 결여되므로 일몰법에 의해 이를 보완할 수 있고, 일몰법에 의한 사업의 장기적 권한부여에 있어 자원, 실질적 목표, 사업성질, 예산결과를 ZBB로 파악할 수 있음

(4) 계획예산(PPBS)

① 단계

- ㉠ 기획(planning, 장기 계획 수립) : 장기 재정계획을 수립하고 조직의 목표와 그 우선순위를 결정하는 단계로, 목표 달성을 위한 대안의 비교를 위해 비용편익분석 등 체제분석을 사용함
- ㉡ 사업계획 작성(programming) : PPBS 전체에서 핵심적인 단계
  - 실시계획 결정 : 장기 계획을 실행하기 위한 구체적 활동단계로, 실행 방법 및 가능성을 검토하여 사업의 실시계획을 작성
  - 사업구조 작성 : 사업을 세분화하여 사업구조(프로그램구조) 작성(사업범주 · 하위사업범주 · 사업요소)
  - 사업재정계획 작성 : 산출과 연차별 소요예산에 관한 종합표로서 보통 5년의 연동계획으로 작성
- ㉢ 예산편성(budgeting)
  - 구체적인 실시계획을 예산에 반영하는 단계로, 1회계연도의 실행예산을 편성(단기적 예산편성)
  - 채택된 프로그램의 초년도분을 실시하는 데 필요한 자금을 뒷받침하는 단계

② 특성
- ㉠ 목표지향성 : 조직목표를 구체적으로 설정하고 이를 효과적으로 달성할 수 있는 활동을 산출로 표시(목표의 명확한 정의)
- ㉡ 효과성 : 투입보다 최종산출물 등 목표 달성도를 중시(대안을 비교 · 평가하여 효과성 높은 대안을 선택)
- ㉢ 절약과 능률 추구 : 최소의 자원을 투입하여 최대의 효과 산출을 추구
- ㉣ 과학적 객관성과 합리성 : 주관과 편견을 배제하고 체제분석 등 과학적 분석기법을 이용하는 합리주의 예산(비용편익분석 등 계량적 · 체계적 분석 기법 사용을 강조)
- ㉤ 장기적 안목 : 장기적 시계에서 프로그램 선택 · 예산편성(장기계획과 예산을 유기적으로 연결시키는 연동예산)
- ㉥ 균형 조정 : 체제예산의 성격을 지니므로 균형과 조화를 추구하며 대립을 조정하는 특성을 지님

SEMI-NOTE

계획예산
장기적인 계획수립(planning)과 단기적인 예산(budgeting)을 프로그램 작성(programming)을 통하여 유기적으로 결합시킴으로써 자원배분에 관한 의사결정을 합리적으로 행하려는 제도

사업구조의 구성
- 사업범주(program category) : 조직 상층부가 전략적으로 결정하는 대단위사업
- 하위사업범주(program subcategory) : 사업범주를 다시 분류한 중간단위의 사업
- 사업요소(program element) : 사업구조의 기본단위로서 최종산물을 생산하는 부처의 활동(산출을 명백히 정의할 수 있어야 하며 부처의 최종산물이어야 함)

계획예산의 도입 및 채택
- 1958년 미국 랜드(RAND) 연구소의 노빅(Novick), 히치(Hitch) 등이 프로그램 예산을 개발, 국방성에 건의하면서 비롯됨
- 1960년 히치와 맥킨(McKean)은 《핵시대의 국방경제학》에서 계획예산제도의 채택을 주장
- 1963년 맥나마라(McNamara) 국방장관은 국방성에 계획예산을 시범적으로 도입
- 1965년 존슨(Johnson) 대통령에 의해 연방정부에 도입되었으나 1971년 닉슨(Nixon) 행정부 등장으로 중단
- 우리나라에서는 1979년 국방부가 도입하였고, 1983년 이후 본격적으로 채택됨

SEMI-NOTE

품목별예산제도의 연혁
- 근대 국가의 국왕이 가지고 있던 재정권을 의회가 통제하려는 노력에서 연유한 것으로 봄
- 20C 초 미국 정부운용의 부정부패를 막으려는 진보주의 운동으로 등장. 1912년 능률과 절약을 위한 대통령위원회(태프트 위원회)의 권고로 1921년 예산회계법 제정과 함께 행정부제출 예산제도가 확립되면서 대부분의 연방부처에 도입

품목
품목에는 일반적으로 인건비(기본급, 수당 등), 물건비(운영비, 여비, 장비구입비 등), 경상이전비(보조금, 출연금, 배상금 등), 자본지출(시설비, 토지매입비 등), 융자 · 출자, 보전재원, 정부내부거래, 예비비 등이 있음

성과주의예산의 도입
지출목적이나 사업성과가 불분명한 품목별예산의 문제점을 극복하기 위해 1950년대 행정국가의 등장과 함께 도입됨(1950년 미국 Truman 행정부에서 최초로 도입)

성과주의예산 관련 주의사항
성과주의예산은 사업계획과 예산을 연계시키며 정부계획 수립이 용이하지만 계획예산(PPBS)에 비하면 개별적인 단위사업을 중시하므로 장기적인 계획과의 연계가 약하며 정책목표달성을 위한 사업의 우선순위 분석이나 정책대안의 비교 · 평가 등 계획 · 기능 · 활동 간의 비교 · 측정에 관한 가치판단의 기준을 제공하지 못함

(2) 품목별예산제도(LIBS ; Line Item Budget System)

① 특징
  ㉠ 1년주의 : 매년 반복되는 1년 주기의 단기예산으로, 단년도 지출에 초점을 둠
  ㉡ 점증적 예산 결정 : 대안의 평가에 무관심하며 전년도 결정에 따라 점증적인 결정이 이루어짐
  ㉢ 투입(비용) 중심 : 기관의 지출에 대해서만 관심을 가지므로 지출효과나 예산절감에는 관심을 두지 않음
  ㉣ 품목별 분류 : 예산을 품목별로 표시하므로 사업별 비교가 불가능함
  ㉤ 통제 지향 : 예산의 통제기능을 강조하므로 입법부 우위의 예산원칙이 적용됨

② 장단점

장점	단점
· 편성 및 운영방법이 비교적 간단 · 용이하며, 이해가 용이(모든 예산편성의 기초) · 지출예산별 금액이 표시되므로 재정적 한계와 공무원의 회계책임이 명확하고, 부패가 억제됨 · 명시된 지출품목 이외에 지출 불가능(비능률적 지출이나 초과지출을 억제) · 정책에 대해 중립적이며 다양한 정책과 조화가 가능	· 예산의 지나친 세분화로 예산집행의 신축성 · 자율성 · 융통성을 저해 · 산출(사업)이 아닌 투입(예산) 중심의 예산편성으로 인해 정부 사업에 대한 전체적 상황파악이 곤란(각각의 예산항목만 강조하여 사업이나 정책우선순위를 경시) · 사업 성과와 정부생산성에 대한 정확한 평가가 곤란

(3) 성과주의예산(PBS ; Performance Budget System)

① 특징
  ㉠ 예산의 배정과정에서 필요 사업량이 제시되므로 예산과 사업의 연계가 가능
  ㉡ 주요사업을 세부 사업(활동)으로 나누고 각 세부 사업마다 업무측정단위(성과단위)를 선정한 후, 하나의 업무측정단위의 원가(단위원가)와 업무량을 통해 예산액을 산출
  ㉢ 품목별예산이 통제지향적 예산제도인 데에 비해, 성과주의예산은 능률 · 관리지향적 예산제도임

② 장단점

장점	단점
· 관리층에 효율적인 관리수단을 제공하며, 의사결정력 제고(의사결정의 합리화) · 국민과 의회가 정부사업의 목적과 활동을 이해하기 쉬움 · 실적평가 및 장기계획 수립 및 실시에 유용하며, 차기 회계연도 예산 반영 가능 · 예산편성에 있어 자원배분의 합리화 · 효율화에 기여함	· 품목별 분류에 비해 입법부의 엄격한 예산통제가 곤란함(통제지향이 아닌 능률 · 관리지향적 예산제도) · 이미 확정된 사업에 한정된 우선순위 분석이나 대안평가로는 합리적 검토가 곤란함 · 자원배분결정의 합리성이 부족함 · 업무측정단위(성과단위) 선정 및 단위원가 계산 등 기술적으로 곤란함

2. 예산제도 ⭐ 빈출개념

(1) 예산제도의 발달 단계

👓👓 한눈에 쏙~

① 통제지향적 예산
  ㉠ 전통적인 통제지향적 예산제도는 1920년대 품목별예산(LIBS)이 대표적
  ㉡ 수입과 지출에 적정화를 기하며, 특히 좁은 문제(투입)에 관심을 가져 세출예산에 있어서 낭비를 억제하는 데 중점을 둠
  ㉢ 통제기능에 중점을 두며, 합법성이나 민주성을 중시함

② 관리지향적 예산
  ㉠ 1950년대 성과주의예산(PBS)이 대표적
  ㉡ 다소 구체적인 문제(투입과 산출)에 관심을 가지며, 지출된 예산으로 최대의 성과를 얻으려는 능률성을 중시함

③ 계획지향적 예산
  ㉠ 1960년대 계획예산(PPBS)이 대표적
  ㉡ 광범위한 문제(장기적 목적)에 관심을 가지며, 장기목표의 달성을 위해 기획과 예산을 연결하여 효과성 제고를 추구함

④ 감축지향적 예산
  ㉠ 1970년대 영기준예산(ZBB)이 대표적
  ㉡ 석유파동을 계기로 재정난 해소를 위한 감축기능 중시
  ㉢ 영기준을 적용하여 사업의 우선순위에 따라 예산을 편성·결정

⑤ 하향적 예산
  ㉠ 미국 레이건(Reagan) 정부에서 적극적으로 추진되었으며, 성과주의예산과 계획예산, 영기준예산의 특징을 포괄하며, 특히 성과주의예산에 대하여 새로운 관심을 가짐
  ㉡ 하향적 예산(top-down budgeting)은 재정지출 증가를 억제하고 효과적인 목표 달성을 위해 행정수반(기관장)에게 예산에 대한 전반적인 관리권을 부여함

SEMI-NOTE

예산제도의 의의 및 발달
- 예산제도는 예산개혁의 결과로 새로 구성되는 예산과정을 말하며, 예산개혁은 예산과정에 합리적인 절차를 도입하려는 방향으로 전개되어 왔음
- 일반적인 예산제도의 발달과정(예산개혁의 과정)은 품목별예산에서 프로그램예산으로 전개·발달되어 왔으며, 프로그램예산은 성과주의, 계획예산, 영기준예산, 신성과주의예산의 순으로 전개됨

시대별 미국 예산개혁
- 1900년대 초반 : 품목별예산(LIBS)
- 1950년대 : 성과주의 예산(PBS)
- 1960년대 : 계획예산(PPBS)
- 1970~1980년대 : 영기준예산(ZBB)
- 1990년대~ : 결과지향예산

윌다브스키의 예산문화론(비교예산론)
예산결정의 중요한 환경변수인 국가의 경제력과 재정의 예측성을 통해 각국의 예산결정행태를 비교·설명. 예산결정은 기존예산에 공평한 몫의 배분이 추가된다는 점증주의의 우월성에 기초하여 미국 같은 다원주의 사회에서는 완전한 합리주의 예산의 도입은 불가능하며 바람직하지 않다고 봄

(2) 점증주의

① 의의
- ㉠ 전년도의 예산액을 기준으로 다음 연도의 예산액을 결정하는 방법
- ㉡ 총체주의의 비현실성을 완화하여, 상황의 불확실성과 인간 능력의 부족을 전제로 한 결정이론
- ㉢ 린드블롬(Lindblom), 윌다브스키(Wildavsky) 등이 의사결정의 점증모형을 예산에 적용
- ㉣ LIBS(품목별예산제도), PBS(성과주의예산제도) 등

② 원리
- ㉠ 과정

거시적 과정	수많은 관련 기관(입법부, 행정부, 각 부처, 관련 집단 등)의 정치적 상호작용(상호 조절)
미시적 과정	연속적이고 제한된 비교 분석으로, 모든 대안을 포괄적으로 검토하는 것이 아니라 제한된 수의 대안만을 비교하여 결정하는 방식을 따름

- ㉡ 결과
  - 총예산규모 : 뚜렷하게 점증적이면서, 예산은 전년도 예산(base)의 함수. 윌다브스키는 예산을 기초액(base)과 공평한 몫의 추가적 배분(fair share)으로 정의
  - 기관 간 관계 : 행정부와 의회 간 또는 기관 간 선형적·안정적·규칙적 함수 관계
  - 사업별 예산 : 총액이 아닌 사업(program)으로 볼 때에는 비점증적 형태

③ 특징
- ㉠ 예산결정은 보수적·단편적·선형적(경향적)·역사적 성격(전년도 예산을 기준으로 하여 소폭의 증감으로 결정)
- ㉡ 정치적·과정 중심적 예산결정(다원주의, 정치적 합리성)
- ㉢ 예산결정을 오류로부터 점차 수정 가능한 연속과정으로 파악
- ㉣ 전체 대안이 아닌 중요한 몇 가지 대안만 고려하며, 대안에 대한 부분적 분석에 치중
- ㉤ 비합리적이며 주먹구구식의 성향으로 품목별예산과 성과주의예산에 적합
- ㉥ 분석은 상향적·미시적으로 이루어짐

④ 한계
- ㉠ 보수주의적 성격(정치적 실현가능성과 결정체제의 안정성에 치중)
- ㉡ 예산개혁을 위한 규범이론으로서의 한계
- ㉢ 점증의 정도나 대상 등에 대한 합의 부족
- ㉣ 이론적 설명의 불충분(특히, 최근 예산감축을 강조하는 하향적·거시적 예산결정을 설명하지 못함)
- ㉤ 자원 부족 시 적용이 곤란

SEMI-NOTE

품목별예산제도(LIBS)
품목별예산(LIBS ; the Line Item Budgeting System)은 지출의 대상과 성질에 따라 세부 항목별로 분류하여 편성하는 예산

성과주의예산제도(PBS)
성과주의예산(PBS ; Performance Budgeting System)은 예산사업마다 업무단위를 선정한 후 업무단위의 원가와 업무량을 통해 예산액을 계산해서 사업별·활동별로 분류해 편성하는 예산제도

윌다브스키의 점증주의 예산의 특징
- 예산결정은 경험적임
- 예산결정은 단순화됨
- 예산결정은 만족화기준을 사용함
- 예산결정은 점증적임

선형적 함수관계
예산이 매년 5%씩 증가한다고 할 때 전년도 예산액(x)과 금년도 예산액(y) 간에는 'y = 1.05x'와 같은 일정한 규칙적인 함수관계가 존재한다는 것임

ⓒ 국가의 경제·사회적 목적 달성을 위해 비과세·감면·공제 등을 통해 특정 산업을 보호·육성하기 위한 정책적 수단

② 연혁
ⓐ 1967년 독일(서독)에서 처음 도입되었고, 1974년 미국의 예산개혁법에서 예산제출 시 조세지출 내역을 매년 함께 제출하도록 제도화한 이후 대부분의 선진국이 도입
ⓑ 우리나라 : 1999년부터 재정지출의 효율화를 위해 기획재정부가 재정지출보고서를 매년 의회에 제출하여 예산심의 자료로 활용하였고, 2007년 제정된 국가재정법에서 2011년 회계연도부터 기획재정부장관이 조세지출예산서를 작성·제출하도록 규정(지방정부의 경우 2010년부터 지방세지출예산제도를 도입)

02절 예산결정이론 및 예산제도론

1. 예산결정이론

(1) 합리주의

① 의의 : 예산결정과 관련된 모든 요소를 과학적 분석기법을 사용하여 총체적·종합적으로 검토·결정하는 예산이론. PPBS(계획예산제도), ZBB(영기준예산제도) 등

② 원리
ⓐ 과정 : 합리적·분석적 의사결정을 걸쳐 예산을 배분 및 결정
ⓑ 결과

거시적 배분	예산 총액의 적정규모와 관련된 것으로, 공공부문과 민간부문 간의 적절한 자원 배분을 뜻함. 합리주의에서는 공공재와 민간재 간의 사회무차별곡선과 생산가능곡선이 만나는 점에서 자원의 적정 배분이 이루어진다고 봄
미시적 배분	공공부문 내의 자원 배분 문제로서 주어진 예산 총액의 범위 내에서 각 사업 간의 자금 배분을 뜻함. 소비자가 주어진 소득으로 효용을 극대화하도록 재화의 소비량을 결정하는 원리인 '한계효용 균등의 원리'가 적용된다고 봄

③ 특징
ⓐ 의사결정의 합리모형을 예산결정에 적용(경제적 합리성을 중시)
ⓑ 목표와 수단을 구분하고, 목표 달성을 극대화할 수 있는 수단 강구
ⓒ 결정과 관련된 모든 요소를 종합적으로 검토하는 총체적·통합적 접근
ⓓ 대안에 대한 종합적이고 완전한 정보를 획득하고 최적의 대안을 선택
ⓔ OR(관리과학), 경제적 분석 등을 통해 정부 정책을 선택
ⓕ 절대적 합리성을 추구하고 사업비용의 극소화를 강조
ⓖ 분석은 하향적·거시적으로 이루어지는 경우가 많음

SEMI-NOTE

계획예산제도(PPBS)

계획예산(PPBS ; Planning Programming Budgeting System)이란 장기적인 계획 수립(planning)과 단기적인 예산(budgeting)을 프로그램 작성(programming)을 통하여 유기적으로 결합시킴으로써 자원배분에 관한 의사결정을 합리적으로 행하려는 제도

합리주의 예산이론의 한계

- 경제적·기술적 합리성의 지나친 강조
- 정치적 합리성 무시(이해관계의 조정을 경시, 의회 심의기능 약화)
- 인간의 인지적 한계, 과다한 비용 소모
- 문제나 목표의 불명확성 및 목표설정의 곤란
- 계량화가 불가능한 예산단위를 무리하게 수량화·전산화
- 예산결정의 집권화(PPBS 등)
- 절차의 복잡성과 공무원의 보수적 태도(PPBS, ZBB의 실패요인)

- 추가경정예산은 본예산과 별개로 성립하지만 성립 후에는 통합하여 운용됨
- 우리나라의 경우 매년 평균 1~2회 정도의 추가경정예산이 편성되고 있음

(5) 예산 불성립 시 제도 – 준예산, 가예산, 잠정예산

① 준예산
  ㉠ 의의 : 새로운 회계연도가 개시될 때까지 예산이 불가피하게 성립되지 못한 경우 정부가 국회에서 예산안이 의결될 때까지 일정 범위 내에서 전년도 예산에 준하여 경비를 지출할 수 있는 제도
  ㉡ 특징
    - 예산불성립 시 이용하도록 규정된 것으로 예산 사전의결의 원칙에 대한 예외
    - 지출기간의 제한이 없으며(해당 연도의 예산이 성립할 때까지 제한 없이 사용 가능), 국회의 의결도 불요
    - 해당 연도 예산이 성립되면 준예산은 효력을 잃으며, 그동안 집행된 예산은 성립된 예산에 의해 집행된 것으로 간주

② 가예산
  ㉠ 회계연도 개시일 전까지 예산안이 성립되지 못한 경우 최초 1개월분을 국회의 의결로 집행할 수 있는 예산제도
  ㉡ 1개월간의 기간 제한이 있다는 점에서 잠정예산과 다르며, 국회의결을 필요로 한다는 점에서 준예산과 다름
  ㉢ 우리나라는 제1공화국 때 사용된 적이 있으며(총 9차례 의결되어 6차례 사용됨), 프랑스는 제3 · 4공화국 때 실시한 적이 있음

③ 잠정예산
  ㉠ 회계연도 개시 전까지 본예산이 성립되지 않았을 때 잠정적으로 예산을 편성하여 의회에 제출하고 의회의 사전의결을 얻어 사용하는 제도. 사용기간은 대부분의 국가에서 규정되어 있지 않으며 의회 의결 시 정해지기도 함
  ㉡ 영국 · 미국은 예산심의 제도상 관행적으로 사용, 일본은 부득이한 경우 예외적으로 사용함. 우리나라는 사용한 적 없음

(6) 조세지출예산

① 의의
  ㉠ 조세지출은 각종 사회적 · 경제적 목적의 달성을 위해 세제상의 혜택(조세감면 · 비과세 등)을 통해 특정 활동이나 특정 집단에게 지원을 해주는 것. 정부가 특정목적을 달성하기 위해 당연히 징수해야 할 세금을 거두지 않는 세제상의 특혜적 지원책으로 통상적 예산에 나타나는 직접지출(direct expenditure)에 대비되는 개념

직접지출(예산지출)	재화나 용역을 구입하거나 민간에 보조금 형태로 지원
조세지출(간접지출)	• 징수해야 할 조세를 면세 · 감액함으로써 지원(조세우대조치) • 형식적으로는 조세의 일종이지만, 실질적으로는 보조금(숨은 보조금)

SEMI-NOTE

우리나라의 준예산
우리나라는 제2공화국 헌법 때(1960년)부터 현재까지 준예산 제도를 채택하고 있으나, 사유가 발생하지 않아 사용한 적은 없음(지방자치법상 지방정부의 준예산은 2004년 부안군, 2013년 성남시에서 사용한 적 있음)

준예산의 지출용도
- 헌법이나 법률에 의하여 설치된 기관 또는 시설의 유지 · 운영
- 법률상 지출의무가 있는 경비
- 이미 예산으로 승인된 사업의 계속을 위한 경비(계속비)

미국의 잠정예산
미국은 의회가 회계연도 개시 전에 예산법을 통과시키지 못하면 잠정예산법을 의결하여 운영하나 잠정예산법도 의결되지 않거나 의결된 잠정예산법을 대통령이 거부하여 잠정예산이 성립되지 못하면 예산부족이 발생하고 예산배정 및 예산집행이 불가능해져 연방정부폐쇄(shut-down)가 이루어짐

조세지출
- 예산상의 지출(직접지출)과 대비되는 간접지출 수단에 해당되며, 형식은 조세이나 실질은 지출에 해당된다는 점에서 '숨은 보조금'이라고도 함
- 지나치게 이용하면 국고수입의 상실과 과세 불공평, 자원배분의 비효율성 등을 초래하게 됨(조세특혜, 합법적 탈세 등)
- 직접지출보다 신설이 용이하며, 일단 신설되면 폐지가 곤란하고 법률에 따라서 이루어지므로 지속성과 경직성이 강함

산범위를 폭넓게 파악
ⓒ 내부 거래는 물론 실질적 내부 거래에 해당하는 회계 간의 예탁, 이자지급 등의 거래까지 모두 공제한 예산순계 개념으로 작성됨
ⓒ 재정의 국민경제적 효과를 분석할 수 있도록 경상거래와 자본거래를 구분하는 등 경제적 분류로 작성됨

(4) 예산절차상 분류 – 본예산, 수정예산, 추가경정예산

한눈에 쏙~

① 본예산
  ㉠ 정부가 예산을 편성하여 회계연도 개시 120일 전까지 국회에 제출하고 국회는 회계연도 개시 30일 전까지 의결하여 최초로 확정(성립)된 예산
  ㉡ 국회에 상정되어 정기국회에서 다음 회계연도 예산으로 정상적으로 의결·확정한 당초예산

② 수정예산
  ㉠ 정부가 예산안을 국회로 제출한 후 예산이 최종 성립(의결) 전에 국내외 여건의 변화로 부득이하게 예산안 내용의 일부를 수정하여 편성·제출한 예산
  ㉡ 제출된 수정예산안은 국회 상임위원회와 예산결산특별위원회의 심사를 받아야 함(이미 제출한 예산안에 대한 심사가 진행 중인 경우는 함께 심사하며, 이미 제출한 예산안의 심사가 종료된 경우에는 별도 수정예산안에 대한 소관 상임위원회와 예산결산특별위원회의 종합심사를 받아야 함)

③ 추가경정예산 ★빈출개념
  ㉠ 의의
    • 예산이 국회를 통과하여 확정(성립)된 후에 생긴 사유로 인하여 이미 성립된 예산에 추가·변경이 있을 때 편성되는 예산
    • 예산 단일성의 원칙에 대한 예외로, 마지막 추가경정예산을 최종예산이라고 함
  ㉡ 편성 사유 : 국가재정법에서는 재정건전성 제고를 위해 추가경정예산이 편성되는 경우를 다음으로 제한하고 있음
    • 전쟁이나 대규모 자연재해가 발생한 경우
    • 경기침체, 대량실업, 남북관계의 변화, 경제협력과 같은 대내·외 여건에 중대한 변화가 발생하였거나 발생할 우려가 있는 경우
    • 법령에 따라 국가가 지급하여야 하는 지출이 발생하거나 증가하는 경우
  ㉢ 특징
    • 정부는 국회에서 추가경정예산이 확정되기 전에 미리 배정·집행할 수 없음

SEMI-NOTE

통합재정의 유용성
• 정부의 전체적 재정규모 파악
• 재정운영의 건전성 파악
• 재정지표의 국가 간 비교 용이
• 재정의 국민경제적 효과 분석
• 정책수립의 능률화

우리나라의 수정예산
우리나라에서는 수정예산이 지금까지 총 4회 편성됨(1970년·1981년·2009년의 본예산, 1980년의 추가경정예산)

추가경정예산
본예산과 별개로 성립하지만, 본예산의 항목·금액을 추가하거나 수정하는 것으로, 추가경정예산이 일단 성립하면 본예산이 흡수되어 본예산과 추가경정예산을 통산하여 전체로서 집행하게 되므로 당해 회계연도 결산에 당연히 포함됨

수정예산과 추가경정예산의 비교
예산의 편성 후에 변경된다는 점에서 추가경정예산과 유사하나, 추가경정예산은 예산안이 국회를 통과하여 성립된 후에 변경되는 데 비해 수정예산은 예산안이 국회를 통과(최종의결·성립)하기 전에 수정된다는 점에 차이가 있음

SEMI-NOTE

기금관리주체
기금관리주체는 국정감사 및 조사에 관한 법률에 따른 감사의 대상기관임

ⓒ **기금운용계획안의 국회제출**
- 정부는 기금운용계획안을 회계연도 개시 120일 전까지 국회에 제출하여야 한다. 이 경우 기금운용계획안에 계상된 국채발행 및 차입금의 한도액은 예산총칙에 규정하여야 한다(법 제68조 제1항).
- 기금관리주체는 기금운용계획이 확정된 때에는 기금의 월별 수입 및 지출계획서를 작성하여 회계연도 개시 전까지 기획재정부장관에게 제출하여야 한다(법 제68조 제2항).

ⓒ **증액 동의** : 국회는 정부가 제출한 기금운용계획안의 주요항목 지출금액을 증액하거나 새로운 과목을 설치하고자 하는 때에는 미리 정부의 동의를 얻어야 한다(법 제69조).

ⓔ **기금운용계획의 변경**
- 기금관리주체는 지출계획의 주요항목 지출금액의 범위 안에서 대통령이 정하는 바에 따라 세부항목 지출금액을 변경할 수 있다(법 제70조 제1항).
- 기금관리주체는 기금운용계획 중 주요항목 지출금액을 변경하고자 하는 때에는 기획재정부장관과 협의·조정하여 마련한 기금운용계획변경안을 국무회의의 심의를 거쳐 대통령의 승인을 얻은 후 국회에 제출하여야 한다(법 제70조 제2항).
- 제2항에도 불구하고 주요항목 지출금액이 다음의 어느 하나에 해당하는 경우에는 기금운용계획변경안을 국회에 제출하지 아니하고 대통령령으로 정하는 바에 따라 변경할 수 있다(법 제70조 제3항).
  - 금융성 기금 외의 기금은 주요항목 지출금액의 변경범위가 10분의 2 이하
  - 금융성 기금은 주요항목 지출금액의 변경범위가 10분의 3 이하. 다만, 기금의 관리 및 운용에 소요되는 경상비에 해당하는 주요항목 지출금액에 대하여는 10분의 2 이하로 한다.

④ **기금결산** : 각 중앙관서의 장은 회계연도마다 소관 기금의 결산보고서를 중앙관서결산보고서에 통합하여 작성한 후 기획재정부장관에게 제출하여야 한다(법 제73조).

⑤ **기금운용의 평가**
- 기획재정부장관은 회계연도마다 전체 기금 중 3분의 1 이상의 기금에 대하여 대통령령이 정하는 바에 따라 그 운용실태를 조사·평가하여야 하며, 3년마다 전체 재정체계를 고려하여 기금의 존치 여부를 평가해야 한다(법 제82조 제1항).
- 기획재정부장관은 평가결과를 국무회의에 보고한 후 국회에 제출하는 국가결산보고서와 함께 국회에 제출해야 한다(법 제82조 제3항).

(3) 통합예산(통합재정)

① **의의** : 일반회계·특별회계, 기금 등을 모두 포함하는 정부의 재정활동을 체계적으로 한데 묶어 분류함으로써 재정규모의 파악과 재정이 국민경제에 미치는 효과를 파악하는 데 용이한 예산

② **특징**
  ⓐ 법정예산인 일반회계와 특별회계 외 기금, 세입·세출 외 자금까지 포함해 예

금융성 기금과 비금융성 기금

구분	주요항목 지출금액 변경범위	통합재정	국회 심의·의결
금융성 기금	30% 이하	통합재정에 포함 안 됨	국회 심의·의결 대상
비금융성 기금	20% 이하	통합재정에 포함 됨	

통합예산
정부부문에서 1년 동안 지출되는 재원의 총체적 규모로서, 국가는 물론 지방재정까지 포함하는 정부예산의 총괄표(회계가 아닌 재정통계이므로 현금주의로 작성됨)

2. 예산의 종류 ★ 빈출개념

(1) 일반회계예산과 특별회계예산

① 일반회계예산
  ㉠ 국가활동의 총세입·총세출을 포괄적으로 편성한 예산으로서, 일반적으로 예산이라 하면 일반회계를 의미함
  ㉡ 조세수입 등을 주요 세입으로 하여 국가의 일반적인 세출에 충당하기 위하여 설치

② 특별회계예산
  ㉠ 의의 : 국가에서 특정한 사업을 운영하고자 할 때, 특정한 자금을 보유하여 운용하고자 할 때, 특정한 세입(조세 외 수입)으로 특정한 세출에 충당함으로써 일반회계와 구분하여 회계처리할 필요가 있을 때에 법률로써 설치
  ㉡ 특징
    • 설치 목적 : 사업성이 강하거나 일반회계와 분리하는 것이 예산운영에 능률성이 있을 경우 설치
    • 예산원칙 : 특정 세입으로 특정 세출에 충당되므로 통일성 원칙의 예외, 일반회계와 분리되어 있으므로 단일성 원칙의 예외, 예산에 포함되어 국회의 사전의결을 받으므로 완전성 원칙에는 합치됨
    • 수입원 : 재원은 일반적 조세가 아닌 별도의 특정 수입 또는 일반회계로부터의 전입금으로 확보
    • 관리 : 중앙정부의 각 부처가 관리. 책임운영기관특별회계는 계정별로 중앙행정기관의 장이 운용하고 기획재정부장관이 통합관리
    • 정부기업예산법상 특징 : 원가계산, 감가상각, 예산집행상 신축성, 회계처리의 구분, 발생주의 회계

(2) 기금

① 개념 : 국가의 특수한 정책목적을 실현하기 위해 예산원칙의 일반적인 제약으로부터 벗어나 좀 더 탄력적으로 운용할 수 있도록 특정 사업을 위해 보유·운용하는 특정자금으로 예산에 의하지 않고 운용 가능

② 기금의 운용(국가재정법)
  ㉠ 기금운용계획안의 수립
    • 기금관리주체는 매년 1월 31일까지 당해 회계연도부터 5회계연도 이상의 기간 동안의 신규사업 및 기획재정부장관이 정하는 주요 계속사업에 대한 중기사업계획서를 기획재정부장관에게 제출하여야 한다(법 제66조 제1항).
    • 기획재정부장관은 자문회의의 자문과 국무회의의 심의를 거쳐 대통령의 승인을 얻은 다음 연도 기금운용계획안 작성지침을 매년 3월 31일까지 기금관리주체에게 통보하여야 한다(법 제66조 제2항).
    • 기금관리주체는 기금운용계획안 작성지침에 따라 다음 연도의 기금운용계획안을 작성하여 매년 5월 31일까지 기획재정부장관에게 제출하여야 한다(법 제66조 제5항).

SEMI-NOTE

특별회계예산의 필요성
• 특정사업의 안정적 추진 가능
• 정부가 자본을 투자하여 운영하는 사업의 수입·지출을 명확화함으로써 경영의 합리화
• 행정기관의 재량성 확대, 적극성·창의성 도모를 통한 행정능률의 증진
• 행정기능의 전문화·다양화에 부응

기금의 특징
• 예산의 단일성·완전성·통일성 원칙의 예외
• 예산과의 차이
  – 재원의 다양성, 유상급부
  – 자금 적립 가능
  – 특정 수입과 지출의 연계가 강함
  – 운용의 자율성·신축성

관리주체별 유형
• 정부관리기금(직접관리기금) : 공무원연금기금, 양곡증권정리기금 등
• 민간관리기금(간접관리기금) : 신용보증기금 등의 금융성기금

SEMI-NOTE

한정성(한계성)의 원칙
- 양적 한정성 : 금액 한도의 제한, 예산에 계상된 금액 이상의 지출 금지
- 질적 한정성 : 비용의 용도·목적의 제한
- 시기적 한정성 : 1회계연도 내에 세입·세출을 완료해야 한다는 원칙

사전의결이 필요한 사항
명시이월, 계속비, 국고채무부담행위, 일반회계, 특별회계, 기금, 추가경정예산, 이용, 가예산·잠정예산, 예비비 총액

전통적 예산원칙과 현대적 예산 원칙의 비교
- 전통적 예산원칙
  - 19세기 입법국가에서 발달
  - 통제지향성
  - 재정 통제
  - 조세부담 경감 및 위법한 지출 방지
- 현대적 예산원칙
  - 20세기 행정국가에서 발달
  - 행정관리지향성
  - 신축성 유지
  - 예산 집행의 효용성 제고

ⓓ 한정성(한계성)의 원칙
- 의의 : 예산의 각 항목은 상호 명확한 한계를 지녀야 한다는 원칙, 즉 예산의 사용목적·금액·사용기간 등에 명확한 한계가 있어야 한다는 원칙
- 예외 : 예산의 이용, 전용, 예비비, 추가경정예산, 이월, 계속비, 지난연도 지출 및 수입, 국고채무부담행위

ⓑ 정확성의 원칙 : 예산추계가 정확하도록 예산과 결산은 가급적 일치해야 한다는 원칙. 예비비 지출, 이용·전용·이월 등 예산의 신축성 확보수단이나 예산불용액의 발생은 예산과 결산의 불일치를 초래하는 원인이 됨

ⓐ 사전의결(사전승인)의 원칙
- 의의 : 행정부가 예산을 집행하기 전에 입법부의 심의·의결을 받아야 한다는 원칙
- 예외 : 준예산, 사고이월, 예비비 지출, 전용, 재정상의 긴급명령, 선결처분 등

ⓞ 통일성의 원칙
- 의의 : 전체 세입으로 전체 세출을 충당해야 한다는 국고통일의 원칙. 즉, 모든 수입을 하나의 공통된 일반세원에 포함하여 지출함으로써 특정 세출로 직접 연결시켜서는 안 된다는 원칙
- 예외 : 특별회계, 기금, 수입대체경비, 목적세(교육세, 농어촌특별세, 지방교육세, 지역자원시설세) 등

② 현대적 예산원칙(H. Smith)

행정부 계획의 원칙	예산은 행정부의 사업계획을 충실히 반영시켜야 한다는 원칙, 즉 사업계획과 예산편성을 유기적으로 연결시켜야 한다는 원칙
행정부 책임의 원칙	행정부는 예산을 집행함에 있어 입법부의 의도에 따라 합법성과 합목적성, 효과성·경제성을 고려해야 한다는 원칙
보고의 원칙	예산과정은 선례나 관습보다는 각 수요기관의 재정 및 업무보고에 기초를 두어야 한다는 원칙
적절한 관리 수단 구비의 원칙	예산의 효과적인 이용을 위하여 재정통제와 신축성 유지를 위한 적절한 수단이 구비되어야 한다는 것
협력적(상호교류적) 예산기구의 원칙	중앙예산기구와 각 부처예산기구는 상호 간 의사전달협력체계가 구축되어야 한다는 원칙으로, 활발한 상호작용과 의사소통을 통해 능률적·적극적인 협력관계를 확립하는 것
다원적 절차의 원칙	재정운영의 탄력성·효율성 제고를 위해 사업 성질에 따라 예산의 형식·절차를 다양하게 해야 한다는 원칙(특별회계, 기금제도 등을 운영)
시기 신축성 (융통성) 원칙	상황의 변화에 신속히 대응할 수 있는 장치를 마련하여 사업계획 실시 시기를 경제적 필요에 따라 융통성 있게 조정할 수 있어야 한다는 원칙 (계속비, 이월, 단년도 예산 등을 허용)
행정부 재량의 원칙	예산을 세목이 아닌 총괄사업으로 통과시키고 집행상의 재량범위를 확대해야 한다는 원칙

ⓒ 정치적 기능
- 예산의 배분과정은 단순히 합리적·총체적으로 결정되는 것이 아니며, 대립하는 다양한 정치적 이해관계를 조정·타협하는 과정을 통해 가치를 배분함(A. Wildavsky)
- 의회는 예산심의와 결산심사를 통해 행정부를 견제하고 감시
- 정책은 예산을 통해 형성·구체화됨(궁극적으로 예산에 반영되어 실현됨)

ⓒ 행정적 기능

통제(Control)기능 (1920~1930년대)	• 재정민주주의 실현을 위한 의회의 통제기능으로, 예산의 전통적 기능에 해당 • 의회의 재정통제와 중앙예산기관의 내부통제(품목별예산, 정기배정 등)가 포함
관리(management)기능 (1950년대)	행정부가 가용자원을 동원하여 경제적·효율적으로 관리하는 기능(성과주의예산, 배정유보 등)
계획(planning)기능 (1960년대)	자원 획득·배정·사용을 위해 정책을 직접 결정하는 기획과 예산의 연계기능(PPBS)
감축기능 (1970년대 후반 이후)	자원난 시대에 사업의 우선순위를 원점에서 검토·배분(ZBB)
결과 및 참여지향 기능 (1980년대~)	1980년대 신공공관리론 입장에서 투입보다는 결과(outcomes), 기관보다는 시민참여 중심의 개혁적 예산제도 도입

(3) 예산의 원칙

① 전통적 예산원칙(입법부 중심의 원칙)
  ㉠ 공개성의 원칙
    - 의의 : 예산과정의 주요한 단계 및 내역은 공개해야 한다는 원칙
    - 예외 : 신임예산, 국가 기밀에 속하는 국방비·외교활동비, 정보비
  ㉡ 명료성의 원칙
    - 의의 : 수입·지출 내역 및 용도를 명확히 하고, 예산을 합리적으로 분류하여 누구나 쉽게 이해할 수 있도록 하는 원칙
    - 예외 : 총괄(총액)예산, 안전보장 관련 예비비
  ㉢ 완전성의 원칙
    - 의의 : 한 회계연도의 모든 수입을 세입으로, 모든 지출을 세출로 한다는 원칙, 즉 정부의 세입·세출은 전부 예산에 계상되어야 한다는 원칙(예산총계주의)
    - 예외 : 순계예산, 기금, 현물출자, 전대차관, 차관물자대(借款物資貸), 초과수입을 관련 경비에 초과 지출할 수 있는 수입대체경비, 수입금마련지출제도
  ㉣ 단일성의 원칙
    - 의의 : 예산은 모든 재정활동을 포괄하여 하나의 단일예산(일반회계)으로 편성해야 한다는 원칙
    - 예외 : 특별회계, 기금, 추가경정예산 등

SEMI-NOTE

예산의 경제적 기능
- 경제안정기능
- 경제성장 촉진기능
- 소득재분배기능
- 자원배분기능

예산원칙의 의미
예산의 원칙은 예산안의 편성·심의·집행·회계검사 등 예산운영의 전반적 과정에서 지켜야 할 일반적 원칙(준칙)을 말하며, 특히 집행과정에서 강조

예산총계주의
국가재정법 제17조(예산총계주의)에 따르면 "한 회계연도의 모든 수입을 세입으로 하고, 모든 지출을 세출로 한다."라고 규정함으로써 예산완전성의 원칙을 천명하고 있음

재무행정론

SEMI-NOTE

예산의 정의(A. Wildavsky)
예산을 한정된 자원을 둘러싼 정치적 투쟁의 결과물이라 정의함

예산과 재정
- 예산 : 국가의 수입 및 지출 계획서이므로 국가재정의 핵심적 내용에 해당되며, 좁게는 일반회계만을 의미하지만 넓게는 일반회계와 특별회계를 포함
- 재정(공공재정) : 예산보다 넓은 개념으로, 예산과 기금, 조세, 차입금 등 포함

예산의 성격
- 자원배분계획
- 권력적 상호작용
- 보수적 영역
- 정책정보의 창출
- 공공정책의 회계적 표현
- 책임확보 수단

01절 예산의 기초이론

1. 예산의 의의 및 본질

(1) 예산의 의의 및 구성

① 예산의 개념
  ㉠ 일반적 개념 : 일정 기간(1회계연도) 동안의 국가의 수입과 지출에 관한 예정적 계산(정부사업의 예정계획서)
  ㉡ 형식적·실질적 개념
  - 형식적 개념(법적 개념) : 헌법이나 국가재정법에 의하여 행정부에서 일정 형식과 절차에 따라 편성하여, 국회에서 심의·의결하여 확정한 1회계연도의 재정계획
  - 실질적 개념 : 국가의 재정수요와 이에 충당할 재원을 비교·배정한 1회계연도 동안의 정부 세입·세출에 관한 예정적 계산
  ㉢ 전통적·현대적 개념
  - 전통적 개념 : 행정부에서 편성된 예산이 입법부의 심의·의결을 거쳐 집행되는 과정(입법부 통제 중심의 예산)
  - 현대적 개념 : 1회계연도에 있어서 계획된 목표들을 성취할 수 있도록 체계적으로 연관시키는 과정(관리·기획 중심의 개념)

② 예산의 구성

세입 예산	세입은 일정 회계연도에 있어 국가나 자치단체의 지출원인이 되는 모든 현금적 수입(조세와 공채, 국유재산매각, 수입, 사용료·수수료 등이 재원이 됨)
세출 예산	세출은 일정 회계연도에 있어 국가나 자치단체의 목적 수행을 위한 모든 지출(승인된 예산의 범위 안에서만 지출 가능)

(2) 예산의 성격 및 기능

① 예산의 성격
  ㉠ 자원배분
  ㉡ 정치적 게임의 과정
  ㉢ 보수적 영역
  ㉣ 책임성 확보
  ㉤ 다양한 형태의 정보
  ㉥ 정책결정자의 가치판단을 내포

② 예산의 기능
  ㉠ 법적 기능 : 입법부가 심의·확정한 용도와 액수의 범위 내에서만 지출되었는가, 즉 법률에 근거하여 지출이 이루어졌는가를 파악하는 기능

05장 재무행정론

01절 예산의 기초이론

02절 예산결정이론 및 예산제도론

03절 예산과정

백색부패	사회에 심각한 해가 없거나 사익 추구의 의사가 없는 선의의 부패로, 구성원 대다수가 어느 정도 용인할 수 있는 관례화된 부패
회색부패	• 사회에 영향을 미칠 수 있는 잠재성을 지닌 부패로, 사회구성원 일부는 처벌을 원하나 다른 일부는 용인하는 부패 • 과도한 선물수수와 같이 윤리적으로 문제될 수 있지만 법률로 규정하는 것에 대해서는 논란이 있는 경우 등

(3) 공무원의 정치적 중립

① 개념 : 공무원은 국민 전체에 대한 봉사자로서 그 직무를 수행함에 있어 어떤 특정 정당에 치우치지 않고 공평무사하게 봉사해야 한다는 것

② 확보방안
  ㉠ 직업공무원의 자율성 강화 및 공직윤리의 정착화
  ㉡ 공직의 정치의식 향상 및 권력 가치에 집중된 가치체계의 분화
  ㉢ 평화적인 정권교체 및 정치풍토의 건전화 · 정상화
  ㉣ 공무원 신분의 공평성 · 대표성 확보, 민중통제의 강화

③ 각 국가의 정치적 중립
  ㉠ 미국
    • 엽관주의의 폐단 극복을 위해 정치적 중립을 최초 규정(Pendleton 법)
    • 뉴딜정책 실시와 더불어 정치활동을 광범위하고 엄격하게 제한(Hatch 법)
    • 참정권 제한에 대한 비판으로 1974년 연방선거운동법이 개정되어 공무원의 정치적 중립이 완화됨
  ㉡ 영국
    • 법적 장치보다는 윤리적 차원에서 요청, 미국보다 상당히 완화
    • 1919년 휘틀리(Whitley) 협의회와 1948년 마스터맨(Masterman) 위원회의 활동이 결정적인 영향을 미침
  ㉢ 독일 · 프랑스 · 이탈리아 : 공무원이 국회의원직에 당선되면 공직을 사임, 의원직 사퇴 시 복직 허용

SEMI-NOTE

정치적 중립의 등장배경
• 실적주의와 직업공무원제의 본질적 내용의 하나로서 대두됨
• 특히 인사행정에 있어 정치적 중립이 주요하게 대두된 것은 실적주의 출현과 맥을 같이 함

정치적 중립의 기본이념
공평성(공익성), 비정치성(능률성)

정치적 중립의 특징
• 충원과정에서의 정치적 간섭 배제
• 정책수행에서의 공평성과 객관성
• 정치적 활동의 최소화
• 정치적 경쟁으로부터 초연

정치적 중립의 한계
• 공무원의 기본권(참정권) 제한
• 정당정치 발달 저해
• 대표관료제의 갈등
• 참여관료제의 저해

재산공개 의무	대통령, 국무총리, 국무위원, 국회의원, 국가정보원의 원장 및 차장 등 국가의 정무직공무원, 지방자치단체의 장, 지방의회의원 등 지방자치단체의 정무직공무원, 일반직 1급 국가공무원 및 지방공무원과 이에 상응하는 보수를 받는 별정직공무원, 대통령령으로 정하는 외무공무원 등의 공직자 본인과 배우자 및 본인의 직계존속·직계비속의 재산에 관한 등록사항과 변동사항 신고내용을 공개하여야 함
외국 정부 등으로부터 받은 선물 의 신고	공무원 또는 공직유관단체의 임직원은 외국으로부터 선물을 받거나 그 직무와 관련하여 외국인에게 선물을 받으면 지체 없이 소속 기관·단체의 장에게 신고하고 그 선물을 인도하여야 함. 이들의 가족이 외국으로부터 선물을 받거나 그 공무원이나 공직유관단체 임직원의 직무와 관련하여 외국인에게 선물을 받은 경우에도 또한 같음
퇴직 공직자의 취업제한	재산등록의무자와 부당한 영향력 행사 가능성 및 공정한 직무수행을 저해할 가능성 등을 고려하여 국회규칙, 대법원규칙, 헌법재판소규칙, 중앙선거관리위원회규칙 또는 대통령령으로 정하는 공무원과 공직유관단체의 직원은 퇴직일부터 3년간 취업심사대상기관에 취업할 수 없음. 다만, 관할 공직자윤리위원회로부터 취업심사대상자가 퇴직 전 5년 동안 소속하였던 부서 또는 기관의 업무와 취업심사대상기관 간에 밀접한 관련성이 없다는 확인을 받거나 취업승인을 받은 때에는 취업할 수 있음

(2) 공직부패

① 일반적 부패 유형

㉠ **직무유기형 부패** : 시민이 개입되지 않은 관료 개인의 부패로, 관료로서의 직무를 소홀히 하여 발생한 부패

㉡ **후원형 부패** : 관료가 정실이나 학연·지연 등을 토대로 특정 단체나 개인을 불법적으로 후원하는 부패

㉢ **사기형 부패(비거래형 부패)** : 공금의 유용이나 횡령, 회계부정 등 거래 상대방 없이 공무원에 의해 일방적으로 발생하는 부패

㉣ **거래형 부패** : 뇌물을 매개로 이권을 불법적으로 제공하는 부패로, 공무원과 민간인 간의 뇌물과 특혜의 교환 등이 거래형 부패(외부부패)의 예

㉤ **제도화된 부패(체제부패)**
- 행정체제에서 부패의 방법이나 과정, 범위, 수준, 금액 등이 어느 정도 일반화되어 있어 부패행위가 일정한 행위 유형을 나타내는 것
- 부패가 실질적인 규범으로 되는 경우, 즉 부패가 일상화되고 부패를 저지른 사람들이 조직의 옹호를 받고 당연시되는 부패

㉥ **우발적 부패(일탈형 부패)** : 구조화되지 않은 일시적 부패로서 공금횡령 등 주로 개인의 윤리적 일탈로 인한 개인적 부패(단속공무원이 돈 받고 단속 눈감아 주기 등)

② 부패의 용인 가능성에 따른 유형

흑색부패	사회체제에 명백하고 심각한 해악을 미치는 부패로, 구성원 대다수가 인정하고 처벌을 원하는 부패

SEMI-NOTE

공직부패의 특징
- 직무관련성
- 의식적 행동
- 다양성
- 권력작용의 산물
- 호혜성
- 은폐성
- 자기확산적 성격
- 영향의 포괄성

체제부패의 예
떡값이나 뇌물, 촌지, 민원처리과정에서의 급행료 등

권력형 부패와 생계형 부패
- **권력형 부패(정치적 부패)** : 상층부가 정치권력을 부당하게 행사하는 거대한 부패로, 겉으로 드러나지 않으며 주로 정책결정 이전 단계에서 영향력을 발휘
- **생계형 부패(행정적 부패)** : 하층부가 생계유지 목적의 차원에서 범하는 부패

SEMI-NOTE

• 정책결정에 관한 사항, 임용권의 행사 등 그 기관의 관리·운영에 관한 사항으로서 근무조건과 직접 관련되지 않은 사항은 교섭의 대상이 될 수 없음
② **조정신청** : 단체교섭이 결렬된 경우에는 당사자 어느 한 쪽 또는 양쪽은 중앙노동위원회에 조정을 신청할 수 있으며, 조정은 조정신청을 받은 날부터 30일 이내에 마쳐야 함
⑤ 공무원직장협의회와 중복 가입 가능(직장협의회 설립·운영 가능)
⑥ 복수노조가 인정됨(판례에서 인정, 복수노조를 금지하는 명문규정도 없음)

3. 공무원 윤리

(1) 공직윤리

① **자율적 규제윤리** : 공무원 스스로 직업윤리를 확립하고 이를 준수하는 것으로, 자율적이나 구속력과 구체성이 없어 실효성이 낮음
② **법률적·강제적 규제윤리**
  ㉠ 국가공무원법상 13대 의무 ★빈출개념
    • 선서 : 공무원은 취임할 때에 소속 기관장 앞에서 대통령령 등으로 정하는 바에 따라 선서(宣誓)하여야 함
    • 성실 의무
    • 복종의 의무
    • 직장 이탈 금지
    • 친절·공정의 의무
    • 종교중립의 의무 : 공무원은 종교에 따른 차별 없이 직무를 수행하여야 함
    • 비밀 엄수의 의무 : 공무원은 재직 중은 물론 퇴직 후에도 직무상 알게 된 비밀을 엄수(嚴守)하여야 함
    • 청렴의 의무
    • 외국 정부의 영예 등을 받을 경우 : 공무원이 외국 정부로부터 영예나 증여를 받을 경우에는 대통령의 허가를 받아야 함
    • 품위 유지의 의무
    • 영리 업무 및 겸직 금지
    • 정치 운동의 금지
    • 집단 행위의 금지 : 공무원은 노동운동이나 그 밖에 공무 외의 일을 위한 집단 행위를 하여서는 안 됨. 다만, 사실상 노무에 종사하는 공무원은 예외로 함
  ㉡ 공직자윤리법상의 의무

재산등록 의무	대통령·국무총리·국무위원·국회의원 등 국가의 정무직공무원, 지방자치단체의 장, 지방의회의원 등 지방자치단체의 정무직공무원, 4급 이상의 일반직 국가공무원 및 지방공무원과 이에 상당하는 보수를 받는 별정직공무원 등은 본인, 배우자, 본인의 직계존속·직계비속의 보유재산을 등록하고 변동사항을 신고해야 함

공무원 의무의 분류

구분	의무
기본적인 의무	성실
신분상의 의무	선서, 종교중립의 의무, 비밀 엄수의 의무, 외국 정부의 영예 등을 받을 경우, 품위 유지의 의무, 정치 운동의 금지, 집단 행위의 금지
직무상의 의무	복종의 의무, 직장 이탈 금지, 친절·공정의 의무, 청렴의 의무, 영리 업무 및 겸직 금지

공직윤리 확보방안
• 정부차원의 신뢰성·투명성 확보
• 공직 내부의 윤리시스템 정비 및 공직풍토의 개선
• 윤리 관련 법제도 등의 정비
• 공무원 윤리교육의 체계화
• 가치의 전환 및 재량권의 적정화, 사회 환경의 조성

공직윤리 확보의 전제조건
• 문화적 제약의 극복(유교이념의 극복)
• 법과 제도에 대한 신뢰
• 체념 및 냉소주의 극복
• 부패척결에 대한 지속적 관심과 부단한 노력
• 단기안적 정책의 오류 인식 및 극복

(6) 공무원단체

① **개념** : 공무원의 권익을 존중하고 근무조건을 개선하기 위하여 조직되는 공식적·합법적인 공무원 노동조합

② **공무원단체의 인정에 관한 논의**

인정론 (찬성론)	• 권익보장과 불만해소를 통한 사기진작 • 공무원의 의견전달 수단 • 관리층의 의사결정에 도움 • 대화와 협상을 통한 행정개선 및 행정의 민주화와 행정발전에 기여 • 실적주의의 강화 • 올바른 직업윤리의 확립과 부패 방지
제한론 (반대론)	• 국민 전체에 대한 봉사자로서의 공무원(공익에 반함) • 실적주의 인사원칙을 저해 • 행정능률 및 행정의 계속성 저해 • 특권집단화(국가와 특별권력관계), 관리층의 인사권 제약 • 노사구분이 애매하며 교섭대상의 확인도 어려움 • 사상적 혼란 및 국가 발전 저해

③ **공무원단체의 활동내용**
  ㉠ 단결권 : 공무원들이 근무조건 향상을 위하여 관리층과 대등한 교섭력을 가지기 위하여 자주적 단체를 구성하고 가입할 수 있는 권리
  ㉡ 단체교섭권 : 공무원이 근무조건을 향상시키기 위하여 단결체를 통하여 관리층과 자주적으로 교섭하는 권리
  ㉢ 단체행동권(노동쟁의권) : 공무원의 단체교섭이 순조롭지 않아 동맹파업·태업·직장폐쇄 등의 쟁의행위를 할 수 있는 권리

④ **우리나라의 공무원단체**
  ㉠ 가입 범위
    • 6급 이하의 일반직공무원 및 이에 상당하는 일반직공무원
    • 특정직공무원 중 6급 이하의 일반직공무원에 상당하는 외무행정·외교정보관리직공무원
    • 6급 이하의 일반직공무원에 상당하는 별정직공무원
  ㉡ 노동조합 전임자의 지위
    • 공무원은 임용권자의 동의를 받아 노동조합의 업무에만 종사할 수 있으며, 사실상 노무에 종사하는 공무원으로서 노동조합에 가입된 자가 조합 업무에 전임하려면 소속 장관의 허가를 받아야 함
    • 노동조합 전임자에 대하여는 그 기간 중 휴직명령을 하여야 함(보수를 지급하지 않는 직권휴직)
    • 공무원이 전임자임을 이유로 승급이나 신분 관련한 불리한 처우를 해서는 안 됨
  ㉢ 교섭 및 체결 권한 등
    • 노동조합의 대표자는 노동조합에 관한 사항이나 조합원의 보수·복지, 근무조건에 관하여 정부교섭대표와 교섭하고 단체협약을 체결할 권한을 가짐

SEMI-NOTE

공무원단체의 필요성
• 전반적인 행정개선에 기여
• 사기앙양을 위한 방안
• 공무원 수 증가에 따른 공무원 집단의 사의 통로
• 관리층과 직원의 상호이해 증진 및 대내적 민주화에 기여
• 공직윤리의 확립에 기여
• 직업공무원제 확립 및 실적주의의 강화에 기여

공무원의 노동조합 설립
노동조합을 설립하려는 경우에는 국회·법원·헌법재판소·선거관리위원회·행정부·특별시·광역시·특별자치시·도·특별자치도·시·군·구(자치구) 및 특별시·광역시·특별자치시·도·특별자치도의 교육청을 최소 단위로 하며, 고용노동부장관에게 설립신고서를 제출해야 함

쟁의행위의 금지
노동조합과 그 조합원은 파업, 태업 또는 그 밖에 업무의 정상적인 운영을 방해하는 일체의 행위를 해서는 안 됨

정치활동의 금지
노동조합과 그 조합원은 정치활동을 해서는 안 됨

공무원 노동관계 조정위원회의 구성
단체교섭이 결렬된 경우 이를 조정·중재하기 위하여 중앙노동위원회에 공무원 노동관계 조정위원회를 둠

자율적 규제윤리의 예
우리나라의 공무원윤리헌장, 공무원 윤리헌장실천강령 등

SEMI-NOTE

계급정년제의 장단점
- 장점
  - 퇴직률 제고로 공직 참여기회 확대 (관료제의 민주화)
  - 적정 유동률 유지로 신진대사 촉진
  - 관료침체 방지, 낡은 관료문화 타파, 인사적체 해소
  - 무능한 공무원 도태의 방편
- 단점
  - 획일적 적용 시(인위적인) 이직률 조절 곤란
  - 숙련공무원의 인위적 배제에 의한 공직손실
  - 대상 공무원의 신분 불안과 직업적 안정성 약화로 인한 사기 저하

징계기구
- **중앙징계위원회**: 국무총리 소속으로 설치되며, 위원장(인사혁신처장) 1인을 포함하여 17명 이상 33명 이하의 공무원위원과 민간위원으로 구성하며, 민간위원의 수는 위원장을 제외한 위원 수의 2분의 1 이상이어야 함
- **보통징계위원회**: 중앙행정기관 소속으로, 위원장 1명(설치기관의 장) 포함 9명 이상 15명 이하의 공무원위원과 민간위원으로 구성하며, 6급 이하 공무원, 연구사·지도사 등의 징계사건을 심의·의결

소청심사
- 징계에 대한 불복 시 소청심사위원회에 소청제기가 가능
- 신분상의 불이익(징계, 강임, 휴직, 직위해제, 면직처분 등)이나 부작위(복직거부, 급여 미지급 등)가 소청심사의 대상(근무성적평정 결과나 승진탈락 등은 대상이 아님)
- 소청심사위원회의 결정은 처분청의 행위를 기속하며, 소청심사를 거치지 않고서는 행정소송 제기 불가(필요·의무적 전치절차)

③ 종류

연령정년제	가장 일반적인 정년제도로, 법정연령에 달하면 자동 퇴직하는 제도. 우리나라는 60세가 정년(2013년부터 전 계급의 정년이 60세로 동일)
근속정년제	공직의 근속연한이 일정 기간에 달하면 자동 퇴직하는 제도
계급정년제	공무원이 특정 계급에서 법정기간 내에 승진하지 못하면 기간만료와 동시에 퇴직시키는 제도(우리나라의 경우 군인·경찰·검찰 등 일부 특정직의 상위직에서 적용하고 있음)

(5) 징계

① 개념: 법령이나 명령 등을 위반한 때 이에 대한 처벌로서 공무원의 신분을 변경하거나 상실하게 하는 것

② 국가공무원법상의 징계

㉠ 경징계
- 견책
  - 전과에 대하여 훈계하고 회개하게 하는 것으로, 6개월간 승진·승급이 제한됨
  - 가장 가벼운 징계이며 사용빈도가 높음
- 감봉
  - 1~3개월의 기간 동안 보수의 1/3을 감하는 처분
  - 징계처분 집행이 끝난 날부터 12개월간 승진·승급 제한

㉡ 중징계
- 정직
  - 1~3개월의 기간 동안 공무원 신분은 보유하나 직무에 종사하지 못함(별도의 보직이 없음)
  - 보수는 전액 삭감, 징계처분 끝난 날부터 18개월간 승진·승급 제한
- 강등
  - 1계급 아래로 직급을 내림(고위공무원단에 속하는 공무원은 3급으로 임용하고, 연구관 및 지도관은 연구사 및 지도사로 함)
  - 공무원 신분은 보유하나 3개월간 직무에 종사하지 못하며, 그 기간 중 보수는 전액을 감함
  - 징계처분 집행이 끝난 날부터 18개월간 승진·승급 제한
- 해임
  - 강제퇴직의 하나로 공무원직이 박탈되며, 3년간 재임용이 제한됨
  - 퇴직급여에는 영향이 없음(다만, 공금횡령 및 유용 등으로 해임된 경우는 퇴직급여의 1/8~1/4이 감액 지급되며, 징계부가금이 부과되는 경우도 있음)
- 파면
  - 공무원직이 박탈되며, 5년간 재임용이 제한됨
  - 재직기간에 따라 퇴직급여의 1/4 내지 1/2이 감액 지급됨

- 신상에 관한 고충 : 차별대우, 기타 직무수행과 관련된 것
ⓒ 처리절차
  - 비공식적 절차(감독자에 의한 고충처리) : 직원의 고충을 감독자가 일찍 포착하여 공식적인 고충제기에 이르지 않도록 하는 절차, 즉 공무원의 고충이 각 감독계층에서 감지·해결되는 것
  - 공식적 절차(전담기구에 의한 고충처리) : 고충처리 전담기구를 설치하고 이를 통해 고충을 처리하는 것(고충처리위원회)

(2) 신분보장

① 개념 : 공무원의 신분보장이란 잘못이 없는 한 공무원이 자신의 의사에 반하는 신분상의 불이익 처분을 당하지 않는 것을 말함
② 필요성
  ㉠ 행정의 안정성·지속성 확보
  ㉡ 부당한 압력 배제 및 행정의 중립성 보장
  ㉢ 행정의 능률성·합리성·전문화에 기여
  ㉣ 창의적·자율적 직무수행
  ㉤ 인사권자의 자의 배제 및 공무원의 심리적 안정으로 사기앙양
  ㉥ 공익 증진 및 공평한 행정의 구현에 기여

(3) 공무원 퇴직(면직)

① 강제퇴직
  ㉠ 당연퇴직 : 임용권자의 처분에 의해서가 아니라 재직 중에 법률에 규정된 일정한 사유의 발생으로 인하여 공무원관계가 소멸되는 경우(형사처벌 등의 임용결격사유가 발생하거나 사망·국적상실 등의 경우 등)
  ㉡ 직권면직 : 일정한 사유에 해당되는 경우 임용권자의 직권에 의해 공무원신분을 박탈하는 것
  ㉢ 징계면직 : 파면과 해임 등의 징계에 의해 면직되는 경우
② 임의퇴직
  ㉠ 의원(依願)면직 : 공무원 스스로의 희망에 의하여 면직되는 경우
  ㉡ 명예퇴직 : 공무원으로 20년 이상 근속(勤續)한 자가 정년 전에 자진하여 퇴직하는 경우 예산의 범위 안에서 명예퇴직수당을 지급하는 것

(4) 정년제도

① 의의 : 행정의 생산성과 정부 역량을 제고하고 새로운 인력충원을 통한 조직의 신진대사를 촉진하기 위해 일정한 법정시기에 도달된 공무원을 자동으로 퇴직시키는 제도
② 필요성
  ㉠ 행정의 생산성·유동성 확보
  ㉡ 직원의 신진대사 등의 인사관리, 고용증대효과
  ㉢ 새로운 기술의 도입을 통한 능률성 제고

SEMI-NOTE

고충처리제도와 인사상담
고충처리는 고충접수뿐 아니라 해결책 강구까지 포함한 개념이므로, 조직부적응을 스스로 해결하도록 하기 위한 면접 절차인 인사상담(과정상담)보다는 더 포괄적인 개념임

신분보장
공무원은 형의 선고나 징계처분 또는 국가공무원법에서 정하는 사유에 따르지 않고는 본인의 의사에 반하여 휴직·강임 또는 면직을 당하지 않음(1급 공무원과 직무등급이 가장 높은 등급의 직위에 임용된 고위공무원단 소속 공무원은 제외)

휴직
- 의의 : 공무원이 일정 사유로 직무에 종사할 수 없는 경우 면직시키지 않고 일정 기간 동안 신분을 유지하면서 직무에 종사하지 않아도 되도록 하는 조치
- 직위해제와 휴직 : 직무에 종사하지 않는 점은 같지만 직위해제는 제재적 의미를 가진 보직 해제이며 복직이 보장되지 않는 점에서 휴직과 다름
- 휴직의 종류
  - 직권휴직
  - 청원휴직

SEMI-NOTE

사기의 중요성
- 조직 효과성 제고
- 조직에 대한 충성심·일체감 고취 및 기강확립
- 법규나 규칙에 대한 자발적 준수
- 창의력과 자긍심 제고
- 역경 극복의 능력과 강한 응집력 배양
- 창의성의 합리적 발휘에 기여

사기의 결정요인

경제적 요인	사회심리적 요인	
생존욕구	관계욕구	성장욕구
· 보수 · 연금 · 안전 · 근무여건	· 귀속감 · 대인관계	· 성취감 · 성공감 · 참여의식

사기의 진작방안
- 인간관계의 개선 및 인간적 가치의 존중
- 휴가 및 포상제도
- 참여확대 및 권한위임
- 제안제도의 채택, 상담 및 고충처리의 확대

고충처리제도의 의의
공무원의 신분보장 및 사기앙양, 하의상달의 촉진 등을 통해 적극적 인사행정이나 직업공무원제의 발달에 기여함

(2) 사기측정방법

사회측정법 (sociometry)	구성원 간의 심리적 호(好)·오(惡)의 관계를 파악하며 호(好)의 관계가 지배적이어서 구성원 간 심리적 견인관계의 정도가 높을 때는 사기가 높고, 낮을 때는 사기가 낮다고 봄
태도조사와 의견조사	· 직원의 태도와 의견을 조사하는 것 · 조사방법 : 면접과 질문지를 통한 조사, 일상적 관찰과 정보수집, 사회측정법, 투사법(그림이나 잉크자국 등의 자극에 대한 반응상태를 관찰·파악하는 방법) 등
행동경향법	직무 만족도를 알아보기 위해 직무에 대하여 어떻게 행동하고 싶은지를 물어 파악하는 방법
외현행위관찰법 (근무관계기록조사)	생산성조사, 이직률조사, 출퇴근율(근태에 관한 기록)조사, 사고율조사 등

(3) 사기의 결정요인 및 진작방안

① 사기의 결정요인
  ㉠ 경제적·물질적 요인
    - 보수·연금, 작업환경, 안전 등을 포함한 물질적·일차원적 욕구
    - 일반적으로 경제적 요인을 중시하는 X이론에서는 사기의 극대화가 곤란함
  ㉡ 사회·심리적 요인
    - 사회적 요인 : 관계욕구와 관련된 요인으로, 귀속감·일체감, 원만한 대인관계욕구 등
    - 심리적 요인 : 성장욕구와 관련된 요인
    - 기타 요인 : 인정 및 성취감, 성공에 대한 욕구(승진욕구 등), 참여욕 등
② 사기의 진작방안
  ㉠ 공정하고 합리적인 승진보장
  ㉡ 공직에 대한 사회적 평가의 제고
  ㉢ 공무원단체의 인정 및 활성화
  ㉣ 공무원 보수의 적정화, 연금제도
  ㉤ 공무원 신분보장 및 능력발전

2. 공무원의 사기와 관련된 제도

(1) 고충처리제도

① 개념 : 고충처리는 공무원의 근무조건이나 인사관리, 신상문제, 직장생활 등과 관련된 불만인 고충을 심사하고 그 해결책을 강구하는 것을 말함
② 대상 및 절차
  ㉠ 고충처리 대상
    - 근무조건에 관한 고충 : 보수, 근무시간·휴가, 근무환경, 후생복지 등
    - 인사관리에 관한 고충 : 임용(승진·전보·전직 등), 인사행정(근무성적 및 경력평정, 교육훈련 등), 업적 성취(상훈, 제안 등)에 관한 것

㉠ 장점
- 공무원의 능력 및 조직 활력 증진
- 부서 및 부처 간의 갈등 완화
- 효율적 인력관리와 적재적소의 인력 배치
- 비공식집단의 폐해 제거
- 권태감 방지

㉡ 단점
- 전문행정가 양성의 어려움
- 부정부패 등의 악용 소지
- 행정의 안정성과 일관성 확보의 어려움

(5) 경력개발프로그램(CDP : Career Development Program)

① 의의 : 조직의 요구와 개인의 요구가 일치되도록 개인의 경력목표를 설정하고 이를 달성하기 위한 경력계획을 수립하여 각 개인의 경력을 개발하는 활동

② 특징
㉠ 부처의 조직을 몇 개의 전문분야와 하나의 공통분야로 구분하고 개인별 전문분야를 지정하여 지정된 전문분야 내에서 인사관리를 실시. 전문분야 내에서 이동할 수 있도록 보직경로를 운영하고 교육훈련과 연계
㉡ 연공서열 위주의 Z자형 순환형 보직경로를 직급별 맞춤형(행정직의 경우 工자형, 기술직은 T자형)으로 개선
㉢ 조직의 효율성 극대화와 개인의 생애설계 욕구를 결합시킨 제도로서 조직의 수요와 개인의 욕구가 전문성이라는 공통분모에서 접점을 찾아 결합(개인이 제시한 경력목표와 조직이 제시한 경력경로를 전문성이라는 공통분모 하에서 서로 접목시킴)
㉣ 직급이 아닌 직무중심의 경력계획 수립. 직무에서 요구되는 역량과 개인 보유 역량 간의 적합 여부 판단 및 필요역량 개발에 중점

03절 사기앙양 및 공무원 윤리

1. 공무원의 사기

(1) 사기와 생산성과의 관계

① **밀접한 관련성을 인정하는 입장(사기실재론)** : 동기부여 욕구이론(Herzberg는 개인의 심리적 만족감이나 근로의욕의 자극은 생산성 향상을 가져온다고 봄)
② **밀접한 관련성을 부정하는 입장(사기명목론)** : 동기부여 기대이론(Vroom, Coser, Schachter 등의 일반적 견해에 해당하며, 사기는 생산성을 결정하는 한 요인이지 필요충분조건이 아니라는 입장)

SEMI-NOTE

경력개발프로그램의 도입배경

순환보직제도(배치전환)의 폐해와 전문성 약화

경력개발프로그램의 유용성(목적)
- 조직목표와 개인목표의 통합을 통한 조직의 경쟁력 강화
- 업무의 전문성 제고
- 맞춤형 인재의 개발 및 확보
- 공무원의 역량 제고
- 개인의 자아실현욕구 충족
- 조직과의 일체감(조직몰입) 향상

사기와 생산성의 관계
- **사기실재론** : 사기는 생산성과 직접적 관계가 있으며, 사기는 생산성 향상의 충분조건임
- **사기명목론** : 사기는 생산성과 직접적 관계가 없으며, 사기는 생산성 향상의 필요조건에 불과함

SEMI-NOTE

이기적 착오
자신의 실패에 대한 책임은 지지 않고 성공에 대한 개인적 공로는 강조하려는 것

투사
자신의 감정이나 특성을 다른 사람에게 전가하려는 것

선택적 지각 및 방어적 지각의 착오
- **선택적 지각의 착오** : 자신에게 유리한 부분적인 정보만을 받아들여 판단을 내리는 것
- **방어적 지각의 착오** : 자신의 습성이나 고정관념에 어긋나는 정보를 회피하거나 왜곡시키는 것

기대성 착오
사전에 가지고 있는 기대에 따라 무비판적으로 사실을 지각하는 것

배치전환의 용도
- 소극적 용도
  - 징계의 수단 또는 사임 강요 수단
  - 개인적 특혜의 수단 또는 개인 세력 확대의 수단
  - 부정부패 방지 수단
- 적극적 용도
  - 공무원 능력 발전과 인간관계 개선
  - 권태방지와 조직의 활성화
  - 보직 부적응 해소와 부서 및 부처 간의 갈등 해소
  - 개인의 희망 존중 또는 승진 기회의 제공

(3) 평정의 오차(오류) ★ 빈출개념

① **연쇄효과(halo effect, 후광효과·현혹효과)의 오류** : 특정 평정요소에 대한 평정자의 판단이 연쇄적으로 다른 요소의 평정에도 영향을 미치거나, 피평정자의 막연하고 전반적인 인상이 평정에 영향을 미치는 현상

② **시간적 오차(근접효과의 오류, recency effect error)** : 평정실시 시점에 있어 쉽게 기억할 수 있는 최근의 실적이나 능력을 중심으로 평가하려는 데서 생긴 오차

③ **분포상의 오차(distributional error)**
   ㉠ **집중화 오차** : 평정자가 모든 피평정자들에게 대부분 중간 수준의 점수나 가치를 주는 심리적 경향으로 인해 중간 척도에 점수가 집중되는 오차
   ㉡ **관대화 오차와 엄격화 오차** : 상관이 부하와의 인간관계를 의식하여 평정등급을 전반적으로 높이거나(관대화) 낮추는(엄격화) 것

④ **규칙적(일관적) 오차와 불규칙적(총계적) 오차**
   ㉠ **규칙적(일관적·체계적) 오차** : 어떤 평정자의 가치관 및 평정기준의 차이 때문에 다른 평정자들보다 언제나 규칙적으로 후하거나 나쁘게 평정하는 것
   ㉡ **불규칙적(총계적) 오차** : 평정자의 평정기준이 일정하지 않아 관대화·엄격화 경향이 불규칙하게 나타나는 것

⑤ **논리적 오차(logical error)** : 평정요소의 논리적 상관관계에 의한 오차, 즉 어떤 평정요소가 특별히 좋거나 아주 나쁜 점수를 받은 경우 상관관계가 있는 다른 요소도 높게 또는 낮게 평정하는 오차

⑥ **상동적 오차(stereotyping, 유형화·정형화·집단화의 오차)** : 피평정자의 성별이나 출신 배경(학교·지역 등), 연령, 종교 등에 대한 평정자의 편견이나 선입견, 고정관념 등이 영향을 미치는 것

⑦ **해바라기효과(sunflower effect)** : 관리자가 최고관리자에 대하여 자신의 유능함을 나타내고자 자기 부하직원에 대한 평정을 모두 후하게 평정하는 것

⑧ **대비오차** : 특정 피평정자에 대한 평가를 바로 직전의 피평정자와 대비하여 평정하는 것

⑨ **유사적 오차(similarity error)** : 객관적 기준보다는 평정자 자신의 성향과 유사한 부하를 높이 평가하는 오차

(4) 배치전환(配置轉換)

① **의의** : 동일한 등급·계급 내에서 보수의 변동 없이 수평적으로 직위를 옮기는 것

② **유형**

구분	내용
전직	동일한 직급수준에서 다른 직렬로 수평적 이동(전직시험 존재)
전보	동일 직급·직렬 내에서 보직 변경(필수보직기간 2~3년 존재)
파견	임시적으로 국가기관이나 타 기관에 근무
겸임	한 공무원에서 둘 이상의 직위를 부여(겸임 기간은 2년 이내이나 2년 연장 가능)

③ **장단점**

(2) 평정기법(평정모형)

① 평정기법별 분류

도표식 평정 척도법	• 가장 광범위하게 이용되는 기법으로, 한쪽 편에는 실적·능력 등을 나타내는 평정요소를 표시하고 다른 편에는 우열을 나타내는 등급을 구분하여 표시 • 평정표 작성 : 목표를 명확히 설정하고 직무분석을 통해 적절한 수의 평정요소를 선택하며, 상대적 중요도에 따라 평정요소 간의 가중치를 부여
강제배분법	피평정자들을 우열의 등급에 따라 구분한 뒤 몇 개의 집단으로 분포비율에 따라 강제적으로 배치하는 방법
산출기록법	일정한 시간당 생산량을 기록하여 비교·평가하는 방법으로, 업무의 성질이 비교적 단순한 일상적·반복적 업무에 적용(상대평가방법)
서열법 (인물비교법)	• 피평정자 간의 근무성적을 서로 비교해서 서열을 정하는 방법 • 쌍쌍비교법(쌍대비교법, 2인비교법)은 피평정자를 두 사람씩 짝지어 비교를 되풀이하여 평정하는 방법으로, 서열법(인물비교법)의 일종
중요사건기록법	피평정자의 근무실적에 큰 영향을 주는 중요사건들을 평정자로 하여금 기술하게 하거나 중요사건들에 대한 설명구를 미리 만들어 평정자로 하여금 해당 사건에 표시하게 하는 방법
체크리스트법 (사실표지법)	적절한 평가의 판단 기준이 되는 표준행동목록을 미리 작성해 두고, 평정자가 피평정자에게 해당하는 목록의 항목을 골라 단순히 가부를 표시하게 한 후 선택 항목의 점수합계로 결정하는 방법
강제선택법	2개 또는 4~5개의 기술항목 가운데 피평정자의 특성에 가까운 것을 골라 표시하도록 강제선택시키는 방법으로, 강제선택식 체크리스트법이라고 함
직무기준법	직무수행의 구체적인 기준을 정하여 실적과 비교·평정하는 방법으로, 여러 가지 직무분석기법이 사용됨
목표관리법	조직 상하 구성원의 참여를 통해 단기 업무목표를 설정하고 그 결과를 공동으로 평가·환류시키는 목표관리(MBO)방식을 근무성적평정에 활용한 기법
행태기준 평정척도법	평정의 임의성과 주관성을 배제하기 위하여 도표식 평정척도법에 중요사건기록법을 절충한 방법
행태관찰 척도법 (BOS)	평정요소별 행태에 관한 구체적인 사건·사례를 기준으로 평정하는 한편, 등급에서는 도표식 평정척도법과 유사하게 사건을 빈도로 표시하는 척도를 구성하는 기법

② 평정주체별 분류

㉠ **감독자(상급자) 평정** : 상급자가 평정하는 가장 전통적인 방법으로, 수직적 계층구조가 강한 조직에 적합
㉡ **부하평정** : 부하가 상관을 평정하는 상향식 평정
㉢ **동료평정** : 동료에 의한 평정으로, 집단평정의 일종
㉣ **다면평정(집단평정·전방위평정)** : 감독자(상급자)뿐만 아니라 부하나 동료, 일반국민(민원인)까지 평가주체로 참여시키는 평가방법으로, 오늘날 수직적 구조가 완화되고 조직이 동태화됨에 따라 부각되고 있는 평정방법

SEMI-NOTE

도표식 평정척도법의 장단점
• 장점
  - 평가자의 직관과 선험을 바탕으로 하여 평가요소가 결정되기 때문에 작성이 빠르고 쉬우며 경제적임
  - 상벌목적에 이용하는 것이 편리함
  - 평정결과가 점수로 표시되므로 계량화와 통계적 조정에 용이
• 단점
  - 평정요소의 합리적 선정이 곤란
  - 등급의 비교기준 불명확
  - 연쇄효과와 집중화·관대화 경향
  - 일반적 요소를 기준으로 하므로 피평정자의 능력개발을 위한 자료 형성 곤란

중요사건기록법의 장단점
• 장점 : 피평정자와의 상담 촉진에 유용하고, 사실에 근거한 평가가 가능
• 단점 : 이례적인 행동을 지나치게 강조할 위험, 상호비교가 곤란

강제선택법의 장단점
• 장점 : 평정자의 편견이나 정실을 배제할 수 있으며, 신뢰성과 타당성이 높음
• 단점 : 기술항목의 작성이 어렵고 작성 비용도 많이 들며, 평정 결과에 대한 상의가 곤란

근무성적평정의 문제점
• 근무성적평정의 신뢰도와 타당도 등 효용도가 낮음
• 다목적인 단일 평정방법이 없음
• 집중화·관대화 경향, 연쇄효과의 억제 곤란
• 평정자의 주관적 가치의 배제가 곤란하여 공정한 평가가 곤란

| SEMI-NOTE |

우리나라 공무원 임용결격사유(국가공무원법 제33조)
- 피성년후견인
- 파산선고를 받고 복권되지 아니한 자
- 금고 이상의 실형을 선고받고 그 집행이 종료되거나 집행을 받지 아니하기로 확정된 후 5년이 지나지 아니한 자
- 금고 이상의 형을 선고받고 그 집행유예 기간이 끝난 날부터 2년이 지나지 아니한 자
- 금고 이상의 형의 선고유예를 받은 경우에 그 선고유예 기간 중에 있는 자
- 법원의 판결 또는 다른 법률에 따라 자격이 상실되거나 정지된 자
- 공무원으로 재직기간 중 직무와 관련하여 형법 제355조 및 제356조에 규정된 죄를 범한 자로서 300만 원 이상의 벌금형을 선고받고 그 형이 확정된 후 2년이 지나지 아니한 자
- 성폭력범죄의 처벌 등에 관한 특례법 제2조에 규정된 죄를 범한 사람으로서 100만 원 이상의 벌금형을 선고받고 그 형이 확정된 후 3년이 지나지 아니한 사람
- 미성년자에 대한 다음 어느 하나에 해당하는 죄를 저질러 파면 · 해임되거나 형 또는 치료감호를 선고받아 그 형 또는 치료감호가 확정된 사람(집행유예를 선고받은 후 그 집행유예기간이 경과한 사람을 포함한다)
  - 성폭력범죄의 처벌 등에 관한 특례법 제2조에 따른 성폭력범죄
  - 아동 · 청소년의 성보호에 관한 법률 제2조 제2호에 따른 아동 · 청소년대상 성범죄
- 징계로 파면처분을 받은 때부터 5년이 지나지 아니한 자
- 징계로 해임처분을 받은 때부터 3년이 지나지 아니한 자

근무성적평정과 직무평가(직위분류제)의 차이
직무평가는 직무자체를 객관적으로 평가하는 것이지만 근무성적평정은 사람을 기준으로 실현된 직무의 성과를 평정하는 것이므로 직무와 공무원의 관계를 주관적으로 평가하는 것임

- 시보제도는 응시자의 공직 적격성을 파악하는 최종적인 검증방법인 동시에 초임자의 적응훈련이라는 성격도 지님
  - ㉣ **배치(보직)** : 시보기간이 끝난 뒤 정규공무원으로 임용되고, 초임 보직을 부여받음

합격UP 적극적 모집

- **의의** : 자격요건의 강화 등을 통해 단순히 부적격자를 가려내는 소극적 모집과는 달리, 유능한 인재를 적극적으로 공직에 유치하는 활동을 말함
- **필요성**
  - 공직에 대한 낮은 사회적 평가
  - 공무원의 보수수준이 상대적인 저소득
  - 공무원의 승진기회 감소
  - 인력공급에 비해 인력수요 증가
  - 공무원 이직률의 증가
  - 정보 업무의 전문화 제고
- **자격요건**
  - 소극적 기준(외형적 · 형식적 기준) : '~는 안 된다.'고 규정. 최저자격요건 제시, 부적격자 사전 배제(국적, 연령, 지역, 성별, 학력 등)
  - 적극적 기준(내용적 · 실질적 기준) : '~를 갖추어야 한다.'고 규정. 일정 능력자의 적극적 유치(지식, 기술, 경험, 가치관, 태도 등)
- **모집방법**
  - 모집자격 및 기준의 완화와 기회균등 보장
  - 모집정책에 대한 사후평가 및 환류의 강화
  - 장기적이고 일관성 있는 인력 수급계획의 수립
  - 공직에 대한 사회적 평가의 제고
  - 수시접수제도, 제출서류 및 수험절차의 간소화

2. 근무성적평정

(1) 근무성적평정의 의의

① **개념** : 공무원이 근무하는 조직체에 있어서의 근무실적, 직무수행능력 및 태도 등을 일정 기준에 따라 체계적 · 정기적으로 평가하여 이를 인사행정자료로 활용하는 것
② **효용(용도)**
  ㉠ 인사행정의 기준 제공(상벌의 판단 기준, 적재적소 인사배치의 자료)
  ㉡ 교육훈련의 기초자료(훈련의 필요성 및 수요 파악을 위한 자료)
  ㉢ 채용시험의 타당도 측정 시 비교 자료
  ㉣ 직무수행능력 및 근무능력 향상의 토대(평정결과의 공개)
  ㉤ 상 · 하급자 간의 협조 및 의견교환, 이해의 증진

(2) 임용의 유형

① 외부임용(신규임용)
  ㉠ **공개경쟁채용** : 자격 있는 모든 사람에게 평등하게 지원 기회를 부여하고 공개경쟁시험을 통해 임용후보자를 선발하는 방법
  ㉡ **경력경쟁채용** : 공개경쟁채용이 부적당하거나 곤란한 경우 또는 특별한 자격이 있는 사람을 채용하는 경우에 실시되는 것으로, 경쟁을 제한하는 별도의 선발절차를 거쳐 공무원을 신규로 채용하는 것

② 신규임용절차

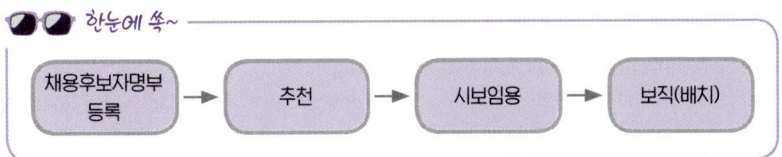

  ㉠ **채용후보자명부 등록**
  • 시험 실시기관의 장은 5급 이하의 시험합격자가 결정된 후 임명 전에 후보자명부에 등록(4급 이상은 적용되지 않음)
  • 명부의 유효기간은 2년이며, 1년 범위 내에서 연장 가능(교육훈련, 임용유예신청 등의 특별한 사유가 없이 추천된 7급 및 9급 공무원 채용후보자는 합격일로부터 1년 경과 시 의무적으로 임용하도록 규정됨)
  ㉡ **추천**
  • 시험 실시기관의 장은 각 기관의 결원 수 및 예상 결원 수를 고려하여 채용후보자 명부에 등재된 채용후보자를 시험성적, 훈련성적, 전공분야, 경력 및 적성 등을 고려하여 임용권을 갖는 기관에 추천
  • 단일추천제와 복수추천제 중 현재 우리나라는 단일추천제(동수추천제)가 일반적이며, 지정추천제(특별추천제)도 운영되고 있음
  ㉢ **시보임용**
  • 시험에 의하여 응시자의 모든 적격성을 판별할 수는 없으므로 임용권자는 추천된 임용후보자 가운데 적격자를 선발하여 일정한 기간 동안 시보공무원으로 임명함(미국의 조건부 임용제도와 유사)

SEMI-NOTE

인적자원계획 절차(Klingner)
조직목표 설정 → 인력 총수요 예측 → 인력 총공급 예측 → 실제 인력수요 예측(총수요−총공급) → 실제 수요인력 확보방안 결정 → 인력확보방안 시행 → 효과성 평가 및 환류

공개경쟁을 보장하는 요건
적절한 공고, 지원기회의 개방, 현실적 자격요건, 자격기준의 공평한 적용, 능력에 근거한 선발, 결과의 공개

시보임용의 대상 및 기간
우리나라의 경우 신규채용되는 5급 이하의 공무원에 대해 적용되며, 5급의 경우 1년, 6급 이하의 공무원은 6개월의 시보기간을 규정

우리나라의 시보임용
우리나라의 경우 선발과정으로서의 기능을 수행하지 못한 채 형식적으로 운용됨으로써, 기초 적응훈련의 실시라는 부수적 기능만을 소극적으로 수행

② 우리나라의 고위공무원단제도
  ㉠ 의의 : 실장·국장급 고위공무원들의 자질 향상과 안목 확대, 부처 간 정책 조정 및 협의 촉진, 책임성 향상, 성취동기 부여를 위해 국가공무원체계 중 이들을 중하위직과 구별하여 별도로 관리·운영하는 인사시스템
  ㉡ 핵심요소

개방과 경쟁	개방형 직위제도, 부처 간 직위공모 등
성과와 책임	직무성과계약제, 직무등급제, 적격성심사, 인사심사 등
능력발전	역량평가제, 교육훈련, 최소 보임기간 설정 등
범정부적 통합적 시야	부처 간 인사교류, 직위공모 등

  ㉢ 기본방향(도입에 따른 기본방향의 전환)
    • 자기 부처 중심의 폐쇄적 인사 → 경쟁과 개방 강화(개방형·직위공모)
    • 계급·연공 → 직무·성과 중심의 직무성과급제
    • 연공서열에 따른 자동 진입 → 체계적 검증과 경쟁을 통한 진입
    • 성과관리 미흡 → 직무성과계약제를 통한 성과관리 강화
    • 순환보직 → 최소 보임기간 설정, 능력개발을 통한 전문성 강화
    • 각 부처 소속 → 고위공무원단 소속으로 통합적 시야 배양
  ㉣ 한국 고위공무원단과 미국 SES의 차이

구분	미국	한국
혁신방향	직위분류제에 계급제 도입(직무 개념을 대신해 계급개념을 도입)	계급제에 직위분류제 도입(계급 개념을 대신해 직무개념 도입)
공무원의 자질	일반행정가 + 전문행정가	전문행정가 + 일반행정가
신분보장	강화	신분상 불이익 가능
보수	직무급 → 직무성과급	연공급 → 직무성과급

02절 임용

1. 공무원의 임용

(1) 의의

① 임용의 개념 : 공무원관계를 발생·변경·소멸시키는 일체의 인사행위
② 임용권자(국가공무원법)
  ㉠ 5급 이상 : 행정기관 소속 5급 이상 공무원 및 고위공무원단에 속하는 일반직 공무원은 소속 장관의 제청으로 인사혁신처장과 협의를 거친 후에 국무총리를 거쳐 대통령이 임용한다(법 제32조 제1항).
  ㉡ 6급 이하 : 소속 장관은 소속 공무원에 대하여 제1항 외의 모든 임용권을 가진다(법 제 32조 제2항).

SEMI-NOTE

역량평가
• 역량 : 조직의 목표 달성과 연계하여 뛰어난 직무수행을 보이는 고성과자의 차별화된 행동특성과 태도
• 역량평가의 의의 : 실제 직무상황과 유사한 모의상황을 피평가자에게 다양하게 제시하고, 그 상황에서 피평가자의 역할과 행동을 훈련된 다수의 전문 평가자가 관찰하고 합의하는 절차를 통해 역량을 평가하는 객관적이고 과학적인 기법

공무원관계의 발생·변경·소멸
• 발생 : 신규채용 등
• 변경 : 승진, 전직, 전보, 파견, 강임, 휴직, 직위해제, 정직, 복직, 겸임 등
• 소멸 : 면직, 해임, 파면, 퇴직 등

② 직위분류제
  ㉠ 의의
    - 각 직위에 내포된 직무의 종류와 곤란도, 책임도에 따라 공직을 수직적 · 수평적으로 분류하는 제도
    - 객관적인 직위 · 직무 중심의 공직분류라는 점에서 인간 중심의 분류인 계급제와 구별
  ㉡ 구성요소

직위(職位)	1명의 공무원에게 부여할 수 있는 직무와 책임
직급(職級)	직무의 종류 · 곤란성과 책임도가 상당히 유사한 직위의 군. 인사행정의 편의상 채용이나 보수 등에 있어서 동일한 취급을 할 수 있는 집단
등급	직렬과 직군을 초월하여 직무의 종류는 다르지만, 직무의 곤란도 · 책임도와 자격요건이 유사하여 채용이나 보수에 동일한 취급을 할 수 있는 직위의 군(직위의 횡적 집단, 우리나라의 경우 법령상 계급)
직렬(職列)	직무의 종류가 유사하고, 그 책임과 곤란성의 정도가 서로 다른 직급의 군
직군(職群)	직무의 성질이 유사한 직렬의 군
직류(職類)	같은 직렬 내에서 담당분야가 같은 직무의 군

  ㉢ 수립절차

(5) 고위공무원단제도 ★ 빈출개념

① 개관
  ㉠ 의의 : 정부의 주요 정책결정이나 관리에 있어서 핵심적 역할을 담당하는 실 · 국장급 공무원을 범정부적 차원에서 일반 공무원과 별도로 구분 · 관리하여 정부생산성을 향상시키는 데 기여하도록 편성된 전략적 인사시스템
  ㉡ 주요 국가의 고위공무원단 제도

구분	미국	영국	호주	네덜란드
명칭	SES	SCS	SES	SPS
도입	1978	1996	1995	1995
관리기관	OPM (인사관리처)	Cabinet Office (국무조정실)	–	–

SEMI-NOTE

직위분류제의 도입
1923년 직위분류법이 제정되어 본격적으로 도입됨

직위분류제의 특징
- 사회적 출신배경 · 학력에 관계없이 개인의 업무수행능력과 지식 · 기술을 중시함
- 직무 수행의 적격자를 공직의 내부에서만 찾지 않고 모든 계층에서 외부 인사의 임용이 자유로운 개방형의 인사제도
- 전문화된 분류체계로서 적재적소의 인사배치가 가능하며, 전문가를 선호함
- 직무분석과 직무평가를 통해 객관적 인사기준을 마련함으로써 적재적소의 인사배치와 인사행정의 능률화 · 합리화를 도모함
- 상하위직 간의 계급의식이나 위화감이 크지 않음

미국의 고위공무원단 SES(Senior Executive Service)
- 도입 : 1978년 카터(Carter) 정부의 공무원제도개혁법을 통하여 엄격한 직위분류제의 순환 곤란 등의 문제점 극복하기 위하여 도입
- 특징
  - 직무의 개념을 포기하고 계급(사람 중심)의 개념을 도입
  - 계급제적 직업공무원제 요소를 부분적으로 가미

영국의 고위공무원단 SCS(Senior Civil Service)
- 도입 : 1996년 메이저(Major) 정부가 계급제의 폐쇄적이고, 비전문성의 문제를 극복하기 위하여 도입
- 특징
  - 관리계층 집단으로의 통합
  - 직위분류제적 요소(전문성)를 부분적으로 가미

> SEMI-NOTE
>
> **우리나라 공직 분류 관련 주의사항**
> - 국회수석전문위원은 별정직, 국회전문위원은 일반직, 헌법재판관은 정무직, 헌법연구관은 특정직, 대법원장·대법관은 임명 시 국회의 동의를 요하지만 법관으로서 특정직
> - 중앙선관위 선거관리위원 및 상임위원은 정무직, 시·도 선관위 상임위원은 일반직
> - 국회·헌법재판소·중앙선관위의 사무차장은 정무직, 감사원 사무차장은 일반직, 법원행정처의 처장(대법관)·차장(판사)은 특정직

- 전문임기제 공무원 : 특정 분야에 대한 전문적 지식이나 기술 등이 요구되는 업무를 수행하기 위하여 임용
- 시간선택제 임기제 공무원 : 통상적인 근무시간보다 짧은 시간을 근무하는 공무원으로 임용되는 일반임기제 공무원 또는 전문임기제 공무원
- 한시임기제 공무원 : 휴직 공무원, 30일 이상의 병가 공무원, 출산·유산·사산으로 인한 30일 이상의 특별휴가 공무원, 시간선택제 전환공무원의 업무를 대행하기 위하여 1년 6개월 이내의 기간 동안 임용되는 공무원으로서 통상적인 근무시간보다 짧은 시간을 근무하는 임기제 공무원

② **전문경력관** : 계급 구분과 직군·직렬의 분류를 적용하지 않을 수 있는 일반직 공무원으로서 특수 업무에 종사하는 공무원

③ **시간선택제 채용공무원** : 통상적 근무시간을 근무하는 조건으로 신규채용하는 일반직 공무원. 일과 가정생활을 병행할 수 있는 근무여건을 조성하고 양질의 일자리 나누기를 통한 고용 창출을 유도하기 위해 도입

(4) 계급제와 직위분류제

① 계급제

㉠ 의의 : 직위·직무 중심의 직위분류제와 달리 인간 중심적 입장에서 개인의 자격, 능력, 학벌, 신분 등에 따라 계급을 분류하고 이에 따라 공직을 분류하는 제도

㉡ 특징

- 학력·신분 강조 : 계급제의 확립은 각 계급에 따른 학력이나 신분과 밀접히 관련됨
- 폐쇄형의 인사충원체제 : 공무원의 사기앙양과 직업공무원제의 확립이 용이함(강한 신분보장)
- 계급 간의 차별 : 계급에 따라 사회적 위신·보수·학력·사회적 출신성분 등의 차이가 심하며 계급 간 승진이 용이하지 않음
- 고위계급의 엘리트화 : 소수의 고위계급을 엘리트화하여 특권집단화를 형성
- 행정의 전문성 부족 : 외부 전문인력의 충원이 곤란하여 행정의 전문화 저해

㉢ 장단점

> **계급제의 특징**
> - 4대 계급제
> - 계급 간의 차별, 엄격한 계층제
> - 일반행정가 지향성
> - 탄력적 인사운영
> - 조직몰입의 제고
> - 강력한 신분보장과 직업공무원제

장점	단점
• 인사운영의 융통성·탄력성 확보, 적재적소의 인사배치(인사배치의 신축성)가 가능 • 일반적 교양·능력을 소유한 넓은 시야를 가진 인재의 등용이 용이(일반행정가 지향) • 직위분류제에 비해 행정조정·협조·협력이 원활	• 인사관리의 객관적 합리화 기준의 설정곤란 • 계급제와 엄격한 계층제로 환경변화에 탄력적 대응이 곤란(경직성) • 연공서열에 치우친 비합리적 보수 체계(직무등급 확립이 곤란함)

6. 공직의 분류

(1) 경력직과 특수경력직 ★ 빈출개념

① 경력직공무원

　㉠ 의의
- 실적과 자격에 따라 임용되고 그 신분이 보장되며 평생 동안(근무기간을 정하여 임용하는 경우에는 그 기간 동안) 공무원으로 근무할 것이 예정되는 공무원을 말함(국가공무원법 제2조)
- 실적주의 및 직업공무원제의 적용을 받으며, 시험을 통하여 임용

　㉡ 종류

일반직 공무원	• 기술·연구 또는 행정 일반에 대한 업무를 담당하는 공무원으로, 직업공무원의 주류를 형성 • 보통 1급에서 9급까지의 계급으로 구분하며, 직군(職群)과 직렬(職列)별로 분류
특정직 공무원	• 법관, 검사, 외무공무원, 경찰공무원, 소방공무원, 교육공무원, 군인, 군무원, 헌법재판소 헌법연구관, 국가정보원의 직원, 경호공무원과 특수 분야의 업무를 담당하는 공무원으로서 다른 법률에서 특정직공무원으로 지정하는 공무원(검찰공무원은 제외)

② 특수경력직 공무원

　㉠ 의의
- 경력직공무원 외의 공무원을 말하며, 직업공무원제나 실적주의의 획일적 적용을 받지 않고 정치적 임용이 필요하거나 특정한 직무를 담당하는 공무원
- 계급구분이 없고, 신분이 보장되지 않는 공무원

　㉡ 종류

정무직 공무원	• 선거로 취임하거나 임명할 때 국회의 동의가 필요한 공무원 • 고도의 정책결정 업무를 담당하거나 이러한 업무를 보조하는 공무원으로서 법률이나 대통령령에서 정무직으로 지정하는 공무원
별정직 공무원	• 비서관·비서 등 보좌업무 등을 수행하거나 특정한 업무 수행을 위하여 법령에서 별정직으로 지정하는 공무원 • 직무 성질이 공공성·기밀성, 특별한 신임을 요하는 직위에 있는 자 • 별정직공무원의 채용조건·임용절차·근무상한연령, 그 밖에 필요한 사항은 국회규칙, 대법원규칙 등의 법령에서 정함

(3) 특수한 일반직 공무원

① 임기제 공무원

　㉠ 개념 : 전문지식·기술이 요구되거나 임용관리에 특수성이 요구되는 업무를 위하여 경력직 공무원을 임용할 때에 일정기간을 정하여 임용하는 공무원

　㉡ 종류
- 일반임기제 공무원 : 직제 등 법령에 규정된 경력직 공무원의 정원에 해당하는 직위에 임용. 개방형 직위와 소속책임 운영기관의 장

SEMI-NOTE

우리나라의 공직분류
경력직과 특수경력직, 국가직과 지방직, 개방형과 폐쇄형, 정무관과 행정관, 직위분류제와 계급제로 구분

특정직 공무원의 특징
별도의 인사법령체계(외무공무원법, 경찰공무원법, 소방공무원법 등), 계급정년의 일부 적용, 별도의 계급체계 부여하는 등의 특징을 지님(외무공무원의 경우 직위분류제를 토대로 계급을 폐지하여 직무등급을 적용)

정무직 공무원
대통령, 국무총리, 국무위원(장관) 및 차관(차관급), 처장, 청장(경찰청장 및 해양경찰청장, 소방청장, 검찰총장은 특정직), 국가정보원장과 차장, 감사원장과 감사위원 및 사무총장, 중앙선거관리위원회 사무총장·차장 및 상임위원, 국회 사무총장·차장, 헌법재판소장 및 헌재 재판관, 국회의원, 지방자치단체장, 지방의회의원 등

별정직 공무원
국회수석전문위원, 국가정보원 기획조정실장, 비서관·비서, 장관정책보좌관 등

② 영국
  ㉠ 독립·합의제형 : 인사위원회(CSC ; Civil Service Commission)
  ㉡ 비독립·단독제형 : 내각사무처(Cabinet Office)
③ 프랑스 : 인사행정처(비독립·단독제형)
④ 일본
  ㉠ 독립·합의제형 : 인사원(NPA)
  ㉡ 비독립·단독제형 : 내각관방의 내각인사국

(3) 우리나라의 중앙인사기관

① 인사혁신처
  ㉠ 기능
    - 인사행정에 관한 기본정책 및 운영의 기본방침, 인사 관계법령 제정·개폐
    - 채용 및 교육, 성과관리, 공무원 처우 개선
    - 고위공무원단 소속공무원의 채용 및 승진 기준 및 심사 사항 관장
    - 직무분석의 원칙·기준에 관한 사항 관장
  ㉡ 조직과 구성
    - 인사정책과 집행기능을 담당하며, 인재개발국·인사혁신국·인사관리국·윤리복무국 등을 둠
    - 고위공무원 임용심사위원회 : 고위공무원의 채용 및 심사, 개방형직위·공모직위 임용후보자 심사업무 등을 담당
    - 소청심사위원회 : 소청심사기능, 중앙고충처리 기능
② 기타 인사 관련 소속기관 : 소청심사위원회, 국가공무원인재교육원 등
③ 소청심사위원회
  ㉠ 의의
    - 인사혁신처 소속기관으로, 행정기관 소속공무원의 징계처분 또는 기타 그 의사에 반하는 불리한 처분에 대한 소청의 심사·결정 및 그 재심청구 사건의 심사·결정에 관한 사무를 관장하는 상설합의제기관(준사법적·중립적 의결기관)
    - 위원회의 결정은 구속력이 인정되어 처분청의 행위를 기속
  ㉡ 조직구성
    - 위원장(정무직) 1인과 5~7명의 상임위원(고위공무원단 소속의 임기제공무원), 상임위원 수의 2분의 1 이상인 비상임위원으로 구성
    - 상임위원의 임기는 3년(한 번만 연임 가능), 정무직으로 보함
  ㉢ 소청심사위원회 위원의 결격사유(국가공무원법 제10조의2)
    - 공무원 임용 결격사유에 해당하는 자
    - 정당법에 따른 정당의 당원
    - 공직선거법에 따라 실시하는 선거에 후보자로 등록한 자

SEMI-NOTE

한국의 중앙인사기관 연혁
- 1999년 5월 : 정부조직 개편에서 중앙인사위원회가 최초로 구성, 인사행정이 행정자치부 인사국과 중앙인사위원회로 이원화
- 2004년 6월 : 참여정부의 조직 개편 시 행정자치부의 인사기능을 중앙인사위원회에 통폐합하여 일원화
- 2008년 2월 : 이명박 정부의 출범 시 중앙인사위원회를 폐지하고 행정안전부(비독립단독형)로 통합
- 2014년 3월 : 박근혜 정부의 출범 시 행정안전부를 폐지하고 안전행정부로 개편
- 2014년 11월 : 박근혜 정부의 조직 개편 시 안전행정부의 공무원 인사와 윤리·복무·연금기능을 인사혁신처로 이관 받아 인사혁신 전담기관으로 새롭게 재편, 인사처와 안전처를 분리하여 행정자치부로 개편
- 2017년 7월 : 문재인 정부의 출범 시 국민안전처를 통합하여 행정안전부로 개편
- 2019년 2월 : 문재인 정부의 조직 개편 시 행정안전부를 세종특별자치시로 이전

① 중앙행정기관의 개념 : 국가의 인사기준을 세우고 정부 전체의 인사행정을 전문적·집권적으로 총괄하는 인사행정기관을 말함
② 조직상의 성격

독립성	입법부와 사법부로부터의 독립 외에, 특히 정치적 권력을 지닌 행정부로부터의 독립을 의미
합의성	단독제 형태의 기관이 아니라 복수의 구성원으로 이루어지는 회의제식 위원회 형태
집권성	중앙인사기관의 권한을 강화하고 인사기능을 집중하여 인사행정의 공정성·통일성을 확보하고 인사기준 및 정책수립과 선발 등을 담당

실력UP 중앙인사기관의 유형

- 독립합의형(위원회형)
  - 엽관주의나 정실주의의 폐해를 방지하고 인사행정의 중립성을 보장하기 위한 형태로, 행정부에서 분리·독립된 지위를 가짐
  - 과거 미국연방인사위원회나 현재의 실적주의보호위원회(MSPB), 영국의 인사위원회 등이 이러한 형태에 속함
- 비독립단독형(집행부형)
  - 행정수반에 의해 임명된 1인의 기관장에 의해 관리됨
  - 미국의 인사관리처(OPM), 일본의 총무청 인사국, 과거 영국의 공공관리실(OPS) 등이 여기에 속함
- 절충형 : 독립성을 지니나 합의체 의사결정구조를 갖지 않는 독립단독형과, 독립성은 없으나 지도층이 합의체의 의사결정구조로 되어있는 비독립합의형이 있음
- 독립합의형과 비독립단독형의 장단점

	독립합의형	비독립단독형
장점	• 합의에 의한 결정으로 인사 전횡 방지, 실적주의 확립에 유리 • 인사의 안정성 확보 • 일반국민 및 행정부와 관계 원만	• 책임 명확화 • 집행부 형태로 신속한 결정 • 행정수반이 인사기관을 국정관리수단으로 삼아 강력한 인사정책 추진 • 환경 변화에 신축 대응 • 정부기관과의 기능적 연계의 효과성
단점	• 책임 분산 및 결정 지연 • 적극적 인사 곤란 • 강력한 정책 추진 곤란 • 행정변화에 신축적 대응 곤란	• 인사의 공정성 저해 • 독선적이고 자의적 정실 인사 • 인사정책의 안정성·일관성 저해 • 양당적·초당적 문제의 적절한 반영·해결 곤란

(2) 각국의 중앙인사기관

① 미국
  ㉠ 독립·합의제형 : 실적주의보호위원회(MSPB ; Merit Systems Protection Board)
  ㉡ 비독립·단독제형 : 인사관리처(OPM ; Office of Personnel Management)

SEMI-NOTE

중앙인사기관의 기능(F. Nigro)
- 준입법적 기능 : 법률의 범위 내에서 인사에 관한 규칙을 제정하는 독립적 기능을 수행함
- 준사법적 기능 : 위법 또는 부당한 처분에 대하여 공무원으로부터의 소청을 재결할 수 있는 권한을 가짐
- 기획기능 : 인사에 관한 기획과 선발 업무의 기능을 수행함
- 집행기능 : 인사행정에 관한 구체적 사무를 인사법령에 따라 수행함
- 감사 및 감독기능 : 인사업무의 위법성과 부당성을 조사하며, 공무원의 시정조치를 취함
- 권고·보좌적 기능 : 행정수반에게 인사행정에 관한 정책에 대해 권고·보좌하는 기능을 수행함

중앙인사기관의 유형 분류

특징	독립적	비독립적
합의적	독립합의형 (위원회형)	비독립합의형(절충형)
비합의적	독립단독형 (절충형)	비독립단독형(집행부형)

인사위원회(CSC)
인사관리국, 아래의 합의제의 독립기관으로, 기획 및 선발, 공익법·준사법 기능을 담당

SEMI-NOTE

대표관료제의 배경
- **실적주의의 한계** : 시험에 의한 공개 채용제도는 교육에 대한 기회균등이 보장되지 않은 상태에서 사회적 약자에 대한 고려가 없어 진정한 기회균등이 아님을 제기
- **특정 계층의 공직·권력 독점** : 특정 계층이 정부관료제의 인적 구성을 낙점함에 따라 사회적 이해관계와 민주성이 반영되지 않음
- **내부통제장치의 필요** : 선거를 통한 선출이 아닌 임명직 관료집단에 대한 강력한 민주적 통제장치가 필요함

실적관료제와 대표관료제의 비교

구분	실적관료제	대표관료제
임용 기준	개인 능력, 성적	집단별 할당
가치	생산성, 전문성	민주성, 형평성
형평성	기회의 평등	결과의 평등
초점	개인 중심	집단 중심
이념	자유주의	사회주의

ⓒ 개념상의 두 측면
- 소극적 대표 : 인구 구성상의 특징을 그대로 관료제 구성에 반영하는 피동적·비례적·1차적 대표(인적, 사회적, 태도적, 구성적 대표)
- 적극적 대표 : 인구 구성을 반영할 뿐만 아니라 출신 집단이나 계층을 적극 대변하고 책임을 진다는 능동적·역할론적·2차적 대표

② 대표관료제의 특징
㉠ 실질적이며, 적극적인 균등 기회를 제공함
㉡ 수직적 공평을 확보(역차별 논란)
㉢ 1차 사회화만 고려(2차 사회화는 고려하지 않음)
㉣ 비제도적 내부 통제 수단
㉤ 실적주의의 폐단 시정
㉥ 국민에 대한 대응성, 대표성, 책임성 향상

(2) 대표관료제의 효용성과 한계

① 효용성
㉠ **정부관료제의 대응성·대표성 제고** : 소수 집단의 의사를 보다 잘 반영하고 참여기회를 확대하며, 정부정책결정과 서비스 질을 제고하여 관료제의 대응성·대표성 제고
㉡ **내부적·비제도적 통제 강화** : 관료제에 대한 내부통제장치로 기능하며, 책임성 제고
㉢ **기회균등의 실질적·적극적 보장** : 실적주의 폐단을 시정하고, 수직적 형평과 민주성에 기여

② 한계
㉠ **국민주권과 민주주의 원리에 소홀** : 관료제 내부통제에 치중하여 외부통제에 소홀
㉡ **구성론적 대표성 확보의 곤란** : 인구 구성비율에 맞게 관료조직을 구성하는 것은 현실적·기술적으로 어려움
㉢ **역할론적 대표성 확보의 곤란** : 대표관료가 출신집단 및 계층의 의사와 이익을 적극 대변·반영한다는 보장이 없고, 책임성 확보가 경험적으로 입증되지 않음
㉣ **재사회화 문제를 고려하지 않음** : 임용 이후 대표성이나 이해관계가 변하는 경우를 고려하지 못함
㉤ 능력과 자질을 중심으로 하는 실적주의와 상충되며, 행정의 효율성·전문성 저해
㉥ 수평적 형평성의 저해 및 역차별의 우려가 존재
㉦ 인사권자의 자의적 운영가능성, 계층제의 권력불균형 등

5. 중앙인사기관

(1) 중앙인사기관의 의의

② 직업공무원제도의 장단점

장점	단점
• 공무원의 신분안정성 제고 • 공무원의 사기와 근무의욕 앙양 • 공무원의 직업의식 강화로 이직률 감소 • 행정의 지속성·안정성·일관성 유지 및 정치적 중립성 확보 • 유능한 인재 유치로 공무원의 질적 향상 • 전문 직업분야로서의 공직 확립 • 공직임용에서의 기회균등 중시(실적주의를 토대로 함)	• 특권집단화·관료주의화 초래 • 민주적 통제의 곤란과 무책임성, 신분보장에 따른 무사안일주의, 도덕적 해이 • 환경변동에의 저항 및 부적응 • 행정의 전문화·기술화 및 공직의 질 저하 (폐쇄형 충원으로 외부 전문가 진입 곤란) • 소수 집단의 독점성 초래, 공직으로의 기회균등 박탈(비민주성) • 공직의 성격상 직업전환 곤란

(2) 직업공무원제도의 확립요건과 위기

① 확립요건
  ㉠ 실적주의의 우선적 확립
  ㉡ 공직에 대한 높은 사회적 평가 유지
  ㉢ 적정보수와 연금제도 확립
  ㉣ 승진기회 보장 및 재직자훈련으로 능력발전
  ㉤ 유능하고 인품 있는 젊은 인재의 채용
  ㉥ 폐쇄형 인사제도 확립(개방형은 직업공무원제를 저해)
  ㉦ 장기적 인력수급 조절 및 직급별 인력계획 수립

② 위기
  ㉠ 개방형 인사제도의 도입 : 폐쇄적 직업관료제가 대응성이 떨어진다는 비판과 함께 최근 개방형의 계약 임용제가 선진국을 중심으로 일반화되면서 직업공무원제도는 중대한 도전에 직면함
  ㉡ 대표관료제의 대두 : 대표관료제는 정치적 중립과 실적만을 중시하는 직업관료제나 실적주의의 이념을 약화시킴
  ㉢ 정년 단축과 계급정년제 : 직업공무원의 정년이 날로 단축되고 상위직에 대한 계급정년제 도입이 논의되면서 직업관료제가 위협을 받고 있음
  ㉣ 후기관료제 모형 : 전문가 위주의 다원적·동태적 구조로 일시성·유동성을 특징으로 하므로, 일반행정가를 중심으로 구성되어 있는 직업관료제의 안정을 저해함

4. 대표관료제

(1) 대표관료제의 개념 및 특징

① 개념
  ㉠ 사회집단들이 한 국가의 인구 구성비율(인종이나 성별, 계층, 직업, 지역 등의 사회적 구성비율)에 맞게 관료조직을 차지해야 한다는 원리의 관료제
  ㉡ 공직임용 시 상대적 소외계층에 대한 임용할당제를 적용하는 것

SEMI-NOTE

직업공무원제도의 필요성
• 정권교체에 따른 행정 공백을 예방하여 행정의 계속성·안정성을 확보하는 제도적 장치
• 내각책임제의 정치와 행정의 분리로 인한 정권교체기의 혼란과 공백을 해소
• 공무원 신분보장을 통해 행정의 일탈을 극소화하고, 행정의 능률성을 확보

대표관료제
대표관료제라는 용어는 킹슬리(Kingsley)에 의하여 가장 먼저 사용되었으며, 대표관료제의 개념을 비례대표까지 확대한 인물은 크랜츠(Kranz)

> ⓒ **엽관주의의 가미** : 고위직에 정치적 임용이 부분적으로 가능하도록 탄력성을 부여
> ⓒ **인사권의 분권화(집권성 극복)** : 중앙인사기관의 인사권을 분리하여 각 부처에 위양함으로써 인사기능의 자율성 증대
> ⓔ **재직자의 능력발전** : 공무원의 교육훈련을 강화하고 합리적인 승진·전직·근무성적평정제도를 확립
> ⓕ **인사행정의 인간화(인간관계의 개선)** : 지나친 과학적 인사행정을 지양하고 인사상담제도·의사소통 등을 개선하여 행정의 인간화 및 사기앙양을 위해 노력
> ⓖ **공무원단체의 활용** : 공무원의 권익 및 단체 활동의 보장과 근로조건의 개선에 노력

③ **인적자원관리(HRM ; Human Resource Management)**
  ㉠ 의의
  - 인적자원관리는 기존의 인사관리나 인사행정을 대치하는 개념으로, 인적자원을 조직의 주요한 자산이자 전략적 자원으로 활용하고자 하는 후기 인간관계론의 하나임
  - 기존의 인사행정이 통제를 전제로 한 실적주의적 인사관리, 즉 개인과 조직목표를 상충관계로 인식하는 교환모형이라면, 인적자원관리는 조직과 개인을 조화·통합하려는 Y이론적 관점에서 출발
  ㉡ 전통적 인사관리와의 비교

구분	전통적 인사관리	인적자원관리(HRM)
구성원에 대한 관점	비용(cost)	자원(resources)
인사관리의 중점	직무에 적합한 인재의 능률적 선발	변화에 적응하기 위한 인재의 능력 개발
인사관리의 특징	• 소극적·경직적·집권적 인사행정 • 절차와 규정 중시	• 적극적·신축적·분권적 인사행정 • 성과(결과)와 책임 중시, 조직과 개인 목표의 통합
배경이론	과학적 관리론	후기인간관계론
인사관리모형	교환모형	통합모형

3. 직업공무원제도

(1) 직업공무원제도의 의의

① **개념** : 유능하고 인품 있는 젊은이에게 개방되어, 공직이 매력 있는 것으로 여겨지고 능력과 업적에 따라 명예롭고 높은 지위로 승진의 기회가 보장됨으로써, 공직을 전 생애를 바칠만한 보람 있는 일로 생각할 수 있도록 조치가 마련되어 있는 인사제도

SEMI-NOTE

인적자원관리의 특징
- 승진, 개발, 경력발전 등에 있어 비교적 잘 개발된 내부노동시장체제 중시
- 신축적인 업무조직체제를 특징으로 함
- 상황적응적인 보상체계와 지식에 기초한 보수구조를 지님
- 업무 관련 결정에 직원과 작업집단의 참여를 중시함
- 내부 커뮤니케이션구조의 활성화를 추구함

직업공무원제도의 일반적 특징
신분보장, 폐쇄형 인사제도(하위직 중심의 채용), 계급제 확립, 정치적 중립성 유지, 넓은 인사교류와 다양한 직무경험, 경력 중심의 일반행정가 양성 등

ⓒ 공개경쟁시험의 도입 및 공직의 기회균등 보장(공직 개방, 차별 배제)
ⓔ 공무원의 신분보장
ⓜ 정치적 중립(국민 전체에 대한 봉사자로서의 공무원 확립)
ⓗ 인사권의 집권화(독립된 중앙인사기구를 통한 통일적·집권적 인사행정)

④ 실적주의의 장단점
  ㉠ 장점
    • 임용의 기회균등으로 평등이념 실현 가능
    • 신분보장을 통해 행정의 계속성·안정성과 직업공무원제 확립에 기여
    • 능력·자격에 의한 인사관리를 통한 과학적·합리적·객관적 인사행정 기여
    • 공무원의 정치적 중립과 부패방지
    • 행정의 전문화·능률화 기여(전문적 관료제 실현)
  ㉡ 단점
    • 인사행정의 소극적·비융통성 초래
    • 중앙인사기관의 권한 강화로 각 부처의 탄력적·창의적인 인사 저해
    • 지나친 집권성과 독립성으로 외부에 대한 불신과 비협조 초래
    • 관료의 특권화를 유발하고 행정에 대한 민주통제 저해
    • 형식적인 인사행정으로 비인간화 초래
    • 행정의 민주적 책임성과 대응성 저해
    • 실질적인 기회균등의 문제(응시 기회의 균등이 곧 고용의 평등은 아님)

⑤ 엽관주의와의 관계
  ㉠ 가치의 측면 : 엽관주의는 상대적으로 민주성·대응성을 강조하고 실적주의는 능률성·안정성을 강조하나, 양자는 궁극적·기본적 가치로 민주성과 형평성을 추구한다는 점에서 상호 조화와 혼합 운용이 가능
  ㉡ 제도적 측면
    • 중요한 정책변동 시 정책의 강력한 추진을 위해서는 정실주의적·엽관주의적 임용이 요청됨
    • 신분이 철저히 보장되는 실적주의 관료제에 대한 효율적·민주적 통제 요청
    • 고위직에는 엽관주의적 요소의 가미가 요청됨
    • 개발도상국은 정당정치의 육성·발전을 위해서 엽관주의가 필요

(3) 적극적 인사행정

① 개념
  ㉠ 소극적인 실적주의와 과학적 인사행정만을 고수하지 않고, 엽관주의적 요소나 인간관계론, 대표관료제, 후기인간관계론, 신공공관리론에 의한 개방형 인사제도 등을 수용한 신축적이고 인간적·분권적인 인사관리방식
  ㉡ 실적주의의 지나친 소극성·비융통성, 인사권의 집권성, 직업공무원제의 폐쇄성 등의 한계를 보완·극복하기 위하여 등장한 발전적 인사관리방식

② 확립방안
  ㉠ **적극적 모집** : 실적주의의 소극성·비융통성을 극복·보완하여 유능한 인재를 외부로부터 적극적으로 모집하고, 모집방법을 다양화함

SEMI-NOTE

실적주의의 최근 경향
• 실적주의의 개념을 좀 더 적극적으로 해석하고 인사행정의 운영에 신축성과 경쟁성을 확대하려는 경향
• 인간관계론적 인사행정이나 대표관료제적 개념의 도입
• 엽관주의적 임용의 확대
• 정치적 중립성의 완화 등

엽관주의와 실적주의의 조화

구분	궁극적 가치	실현방법
엽관주의	민주성과 형평성	정치적·정당적 대응성
실적주의	민주성과 형평성	공개경쟁채용시험, 정치적 중립, 신분보장, 중앙인사기관 설치

적극적 인사행정의 성립배경
• 과학적 관리의 극복 및 인간관계론의 영향
• 대표관료제의 도입(소수자 평등고용제도, 고급행정관제 등)
• 후기 인간관계론(인적 자원관리, 직장생활의 질 운동 등)
• 신공공관리론에 의한 개방형 인사(외부 전문가 채용, 노동의 유연화, 정규직 감축 등)
• 직위분류제에 계급제적 융통성 가미 완화 등

SEMI-NOTE

우리나라의 엽관주의
우리나라 제도에서 엽관주의 원리가 공식적으로 완전히 배제되어 있는 것은 아니며, 정무직과 별정직의 많은 직위, 단순 노무종사자 등에 대한 엽관주의적 공직 임용이 공식적으로 허용되고 있음

실적주의의 기여요인과 위협요인(F. Mosher)
- 미국 실적주의 확립에 기여한 요인들 : 청교도적 윤리, 개인주의, 평등주의, 과학주의, 분리주의, 일방주의 (unilateralism)
- 미국 실적주의를 위협하는 요인들 : 전문가주의(전문직업주의), 직업공무원제도, 공무원단체(노조)

펜들턴법(Pendleton Act)의 주요 내용
- 공개경쟁시험에 의한 공무원 채용
- 제대군인에 대한 임용 시 특혜 인정
- 공무원의 정치적 중립을 최초로 규정 (정치자금 헌납과 정치활동금지)
- 전문과목 위주의 시험(시험제도의 실제적 성격)
- 초당적 · 독립적 · 집권적 중앙인사위원회(CSC)의 설치
- 민간부문과 정부조직 간의 인사 교류의 인정(개방형)
- 일정 기간의 시보(試補)기간 설정(조건부 임용제도)

---

④ 우리나라의 엽관주의 : 엽관주의를 공식적인 인사정책으로 채택한 적은 없으나 1950년대 이후 집권력 강화를 위한 비합리적 엽관주의가 만연했으며, 이는 정치이념의 실현과 책임정치의 구현이라는 엽관주의 취지와는 거리가 멀었음. 오늘날에는 한정된 엽관인사의 영역을 법적으로 용인하고 있는데, 특히 정책결정을 담당하는 고위직이나 특별한 신임을 요하는 직위 등에서 허용됨

(2) 실적주의

① 의의 및 성립배경

㉠ 개념
- 인사행정이나 공직임용의 기준을 당파성이나 정실, 혈연·지연이 아니라 개인의 객관적인 능력·실적·자격·업적·성적에 두는 제도
- 기회균등의 보장을 통하여 능력과 자질을 과학적·합리적으로 분석하고 능력중심으로 인물을 임용하는 과학적·합리적·객관주의적 인사행정
- 단순히 엽관주의의 방지에 주력한 소극적 인사행정이라 보기도 함

㉡ 성립 및 발전 배경
- 엽관주의 폐해의 극복 : 대량경질로 인한 신분불안 해소, 행정의 안정성·일관성 확보, 행정의 정치적 중립 확립(부패한 정치로부터의 분리)
- 정당정치의 부패 : 민주정치를 위한 공직경질의 본질 훼손, 당파성을 초월한 국민 전체에 대한 봉사를 추구
- 집권당(공화당)의 선거 참패 : 엽관주의를 포기하게 되는 계기로 작용
- 행정국가의 등장 : 행정기능의 확대와 질적 전문화·복잡화에 따른 전문행정가 확보의 필요성, 행정조사 및 개혁운동의 전개

② 실적주의의 수립과정

영국	• 실적주의 토대 구축 : 1853년 노스코트-트리벨리언(Northcote-Trevelyan) 보고서와 1855년 1차 추밀원령에 의한 공무원제도 개혁의 추진
	• 실적주의 확립
	  – 1870년의 글래드스톤(Gladstone) 내각의 2차 추밀원령에 의해 구축
	  – 공무원 자격시험을 실시, 공무원 계급 분류(행정, 집행, 서기, 서기보 계급), 재무권의 인사통제권 강화 등
	• 특징 : 재직자 중심의 폐쇄형 실적주의를 취해 신분보장을 통한 직업공무원제 확립에 기여

미국	• 배경
	  – 젠크스(Jenkes)의 공무원제도 개혁운동(1868)
	  – 영국의 실적주의를 연구한 이튼(Eaton) 보고서의 영향(1880)
	  – 가필드(Garfield) 대통령 암살 사건(1881)으로 엽관주의 폐해가 노출되고 실적주의 도입 필요성 제기(부패한 정치로부터 행정의 분리 요구)
	  – 펜들턴법(Pendleton Act) 제정(1883)으로 엽관주의를 극복하고 실적주의를 확립
	• 특징 : 직무 중심의 개방형 실적주의를 취해 직업공무원제 확립에는 기여하지 못함

③ 실적주의의 주요 내용(구성요소)

㉠ 인사행정의 과학화·합리화·객관화

㉡ 능력과 자격, 실적 중심의 공직임용(당파성과 정실 등을 배제)

ⓒ 현대국가의 인사행정 : 공무원을 국민에 대한 봉사자로 파악

고전적 인사행정 (19C 말~1930년대)	• 직무 중심의 과학적·합리적·객관적 인사(과학적 관리론) • 실적주의 인사, 직위분류제 등
신고전적 인사행정 (1930~1950년대)	인간의 가치를 중시하는 인간중심적·민주적 인사(인간관계론)
적극적 인사행정 (1950년대 이후)	• 체계적·적극적·효율적인 인적 자원 관리, 신축적·분권적 인사행정 • 적극적 모집, 능력발전, 정치적 임용의 허용, 인사권의 분권화, 인사행정의 인간화 등

2. 엽관주의와 실적주의 ★빈출개념

(1) 엽관주의

① 의의
  ㉠ 개념 : 공직임용이나 인사관리에 있어서의 기준을 정당에 대한 충성도와 공헌도에 두는 제도
  ㉡ 정실주의와의 비교

구분	발달국가	임용기준 및 근거	신분보장	대폭적 경질·교체
엽관주의	미국	정당에 대한 충성도(정치적 충성도), 정치적 보상	임의성(신분보장 안 됨)	있음(정권교체 시)
정실주의	영국	• 개인에 대한 충성도(개인적 충성도) • 혈연·학연·금력 등	종신제(보장)	없음

② 엽관주의의 연혁
  ㉠ 기반조성 : 미국 3대 대통령 제퍼슨(Jefferson)이 자신의 세력 확장을 위해 정당에 대한 기여도를 기준으로 공직경질·임용
  ㉡ 임기 4년제 : 1821년 임기 4년법을 제정하여 공무원 임기를 대통령의 임기와 일치시킴으로서 집권당과 공무원의 책임 일치를 도모
  ㉢ 공식적 채택 : 1829년 7대 대통령 잭슨(Jackson)이 엽관주의를 공식 인사정책으로 채택(잭슨 민주주의)

③ 엽관주의의 장단점

장점	단점
• 공무원의 적극적 충성심을 확보 • 공직경질제를 통한 공직특권화 방지 및 민주통제 강화(책임성과 대응성 증대) • 관료주의화와 공직침체의 방지(관료제의 쇄신) • 참여기회의 제공으로 평등이념에 부합	• 행정의 안정성·일관성·계속성·중립성 저해(행정의 단절성) • 행정능률의 저하, 위인설관(爲人設官)으로 인한 국가예산 낭비 • 공직의 정치적·행정적 부패, 공익 저해 • 공직의 기회균등정신 위배, 임용의 공평성 상실 • 관료의 정당사병화(위민행정의 확립을 저해)

SEMI-NOTE

적극적 인사행정의 흐름
• 후기인간관계론 : 개인목표와 조직목표의 통합
• 인적자원관리(HRM) : 구성원을 소중한 자원으로 인식하고 전략적으로 개발하고 활용
• 실적주의 인사의 한계 보완 : 대표관료제, 개방형 직위 등 엽관주의적 요소를 도입
• 직위분류제와 계급제의 상호접근 : 고위공무원단제(SES) 등

정실주의
영국에서 발달한 제도로, 개인적 친분 및 충성도에 따라 공직을 임용하는 제도(엽관주의보다 좀 더 넓은 개념)

엽관주의의 발달배경
• 민주정치와 정당정치의 발달, 다원주의 체제의 형성
• 집권자의 지지세력 확보의 필요성
• 공직특권화 방지 및 책임 확보를 위한 수단 확보
• 공직자의 직선제 효과의 구현

관료주의화
지나친 신분보장으로 관료집단이 특권집단화되는 현상

04장 인사행정론

SEMI-NOTE

현대 인사행정의 성격
- 개방체제성
- 가치갈등성
- 환경종속성
- 인적자원관리(HRM)
- 종합학문성

인사행정의 목표
- 유능한 인재의 등용
- 공무원의 능력발전
- 공무원의 능력발전을 통한 사기양양
- 개인목표와 조직목표와의 조화유지

인사행정의 변천
- 엽관주의, 정실주의
  - 관료주의화 방지
  - 대응성, 책임성 제고
  - 효율성, 안정성 저해
- 실적주의
  - 효율성, 전문성 제고
  - 대응성, 책임성 저해
- 적극적 인사행정 : 실적주의 개념 확대

01절 인사행정의 기초이론

1. 인사행정의 개관

(1) 인사행정의 의의

① 개념
  ㉠ 인사행정이란 행정의 효율을 제고하기 위해 정부조직에 필요한 인적 자원을 동원하고 관리하는 활동
  ㉡ 행정목표의 효율적 달성을 위하여 정부조직에 소요되는 인력을 채용·관리하는 것을 의미하며, 이를 위해서는 유능하고 참신한 인재 확보가 중요

② 특성
  ㉠ 일반적 특성 : 과학성, 전문성, 적극성, 적응성, 수단성(기술성), 기능의 다양성 및 통합성 등
  ㉡ 정부 인사행정의 특성(기업 인사관리와의 차이) : 정치적 비합리성, 비시장성, 법정주의(재량협소), 다양성·광범위성, 행정적 제약성(공익, 평등, 윤리) 등

(2) 인사행정의 변수 및 과정

① 인사행정의 3대 변수

임용	인력계획, 모집, 시험, 선발·배치 등
능력 발전	교육훈련, 근무성적평정, 승진, 전직, 전보, 파견, 제안제도 등
사기양양 (사기관리)	보수 및 연금, 복리후생, 인사상담, 고충처리, 인간관계, 신분보장, 직업공무원, 공무원단체, 공직윤리 등

② 인사행정의 과정

③ 인사행정제도의 변천
  ㉠ 절대군주시대의 인사행정(18C) : 군주의 사용인(종복)의 채용·관리(강력한 중앙집권화를 위한 절대관료제 형성)
  ㉡ 입법국가시대의 인사행정(19C)
    • 능력보다 정치적 충성도 등의 정치적 고려가 우선(정당의 사용인)
    • 영국의 정실주의와 미국의 엽관주의가 대표적 유형

04장 인사행정론

01절   인사행정의 기초이론

02절   임용

03절   사기앙양 및 공무원 윤리

SEMI-NOTE

그라이너(Greiner)의 위기 대응 전략

그라이너는 조직의 성장단계를 5단계로 제시하며 그에 따른 단계별 위기 대응 전략을 제시함

성장	위기
창조의 단계	리더십의 위기
지시의 단계	자율성의 위기
위임의 단계	통제의 위기
조정의 단계	관료주의 위기
협력의 단계	탈진의 위기

(3) 전략적 관리(SM ; Strategic Management)

① 의의
  ㉠ 개념 : 전략적 관리는 1980년대 신공공관리론에서 주장한 것으로, 개방체제 하에서 환경과의 관계를 중시하는 변혁적·탈관료적 관리전략
  ㉡ 특징
    • 조직의 환경 분석과 이를 통한 환경의 이해를 강조
    • 조직의 변화에는 장기간이 소요된다는 장기적 시간관과 계획수립을 강조
    • 보다 나은 상태로 발전해 나가는 관리로서 장기목표를 지향하는 목표지향성·개혁지향성을 지닌 관리체제
    • 미래의 목표 성취를 위한 전략의 개발 및 선택을 강조

② TOWS 전략
  ㉠ SWOT 분석 : 조직의 내부요인인 강점(Strength)과 약점(Weakness), 외부요인인 기회(Opportunities)와 위협(Threats)을 분석하여 전략을 수립하고 집행하기 위한 방법
  ㉡ TOWS 전략

구분	전략
SO 전략(maxi-maxi)	조직의 강점과 기회를 모두 극대화하는 공격적 전략
ST 전략(maxi-mini)	위협에 대처할 수 있는 조직의 강점을 기반으로 위협을 회피하고 최소화하는 다양화 전략
WO 전략(mini-maxi)	약점을 최소화하고 기회를 극대화하는 방향전환 전략
WT 전략(mini-mini)	약점과 위협을 모두 최소화하는 방어적 전략

- 산출과정의 초기에 품질 정착

② TQM의 효용과 한계

효용	• 오늘날 개혁이론이 추구하는 가치를 반영한 관리모형으로 효용성이 매우 높음 • TQM이 추구하는 고객중심주의, 통합주의, 인간주의, 총체주의, 과학주의, 무결점주의는 오늘날 조직사회의 요청에 부합됨 • TQM의 지향성은 환경적 격동성과 경쟁의 심화, 조직의 인간화·탈관료제화 요청, 소비자 존중의 요청 등의 최근 상황에도 부합됨
한계	• 정부서비스는 노동집약적이고 산출과 소비가 동시에 이루어지며, 질의 측정이 곤란 • 정부서비스 고객에 대한 범위 설정이 곤란하며, 서비스 수혜자인 고객과 일반 고객과의 갈등조정이 곤란 • 정부의 취약한 조직문화와 외부영향의 불가피성으로 인해 질에 대한 총체적 관심 형성이 곤란 • 최고관리자의 빈번한 교체, 민간조직과 같은 강력한 조직내부 권한이 없음 • 공공조직의 업무는 매우 다양하며 정치적 환경이 매우 유동적이므로 장기적인 사업의 추진이 곤란

(2) 균형성과관리(BSC, 균형성과표) ⭐빈출개념

① 의의
  ㉠ 조직 전체의 전략적 목표와 성과를 중시하여 이를 토대로 하위계층의 목표를 작성하고, 이전 성과에 대한 재무지표를 통해 미래의 성과를 창출하는 전략적 성과관리체제
  ㉡ 재무·고객·업무프로세스·학습 및 성장 등 4개의 관점에서 균형적·전략적 성과관리를 추구
  ㉢ 기존의 성과평가가 매출액 같은 재무적 관점만을 반영하고 조직 인적 자원의 역량이나 고객의 신뢰와 같은 비재무적 성과를 경시한 점을 지적·보완한 성과평가체제(비재무적 성과까지 포함한 통합성과관리체제)

② 균형성과관리의 관점

관점(지표)	개념	측정지표
재무적 관점	조직의 재무적 성과를 중시하며, 기업의 주주를 대상으로 하는 관점	매출, 자본수익률, 예산 대비 차이 등
고객 관점	서비스의 구매자인 고객들을 대상으로 하여 그들의 요구를 반영하기 위한 관점	고객만족도, 정책 순응도, 민원인의 불만율 등
프로세스 (절차) 관점	조직의 목표를 달성하기 위해 기업 내부의 업무 처리 방식과 과정을 어떻게 할 것인가에 대한 관점	시민참여, 적법절차, 의사소통 구조, 공개 등
학습과 성장 관점	4가지 관점 중 가장 하부구조에 해당하며, 변화와 개선의 능력을 어떻게 성장시킬 것인가에 대한 관점	내부 직원의 만족도, 학습 동아리의 수, 인적 자원의 역량, 지식 축적 등

SEMI-NOTE

TQM의 성공요건
- 최고관리자의 리더십과 지지(가장 중요한 요건)
- 장기적·전략적 기획
- 고객 중심
- 모든 직원의 참여, 권한부여, 팀워크
- 업무과정과 성과 개선을 위한 지속적인 노력
- 품질개선을 위한 훈련 및 기여에 대한 보상
- 객관적인 자료의 확보
- 품질보장(사전예방과 초기 감지를 통해 오류를 최소화하는 업무과정을 설계)

균형성과관리의 도입
균형성과관리가 공공부문에 도입된 것은 1993년 미국에 의해서이며, 우리나라의 경우에는 2001년부터 공공기관에 도입되고 2005년 이후에 정부 각 부처에 적극 도입·활용됨

균형성과관리의 필요성
기존 성과관리는 계량적 측정이 용이한 재무적 성과만 측정·관리했으나 재무적 성과는 과거 지향적 지표로서 지금까지 한 일의 결과만 보여주며 미래지향적 정보나 조직의 당면문제 해결방법을 제공하지 못함. 또한 지식정보사회에서 무형자산의 중요성이 커지는 상황에서 유형자산인 재무가치 중심의 성과평가는 순이익 같은 단기적 성과에만 집착하여 장기적 가치 창조나 미래의 성장을 낳는 무형 및 지적 자산에 대한 투자에 소홀했음

④ 과정상담과 개입전략
　㉠ 과정상담(P-C ; process consultation) : 개인 또는 집단이 조직 내의 과정적 문제를 지각하고 이해하며 해결할 수 있도록 제3자인 상담자가 도와주는 활동으로, 인간적 과정에 초점을 둠
　㉡ 개입전략 : 상담자가 조직에 참여하여 갈등 당사자끼리 갈등을 직접 공개적으로 해결하도록 유도하는 기법
⑤ 태도조사환류기법 : 조직구성원의 태도를 조직 전반에 걸쳐 체계적으로 조사하여, 그 결과를 조직 내의 모든 계층의 집단과 개인에 환류시켜 조직변화를 위한 기초 자료로서 활용하는 개입기법

(3) OD의 문제점과 극복방안

① OD의 문제점
　㉠ 구조적·기술적 요인 경시(심리적 요인에 치중)
　㉡ 효과의 장기적 지속이 불확실
　㉢ 전문가 확보 곤란 및 시간·비용의 과다 소요, 절차 복잡
　㉣ 외부 전문가와의 갈등, 상담자의 무능이나 상담에 대한 지나친 의존
　㉤ 엘리트주의의 병폐
　㉥ 최고관리층이 권력강화 수단으로 악용할 우려
② OD의 극복방안
　㉠ 전문가 초빙을 통한 객관적 조직진단
　㉡ 최고관리층의 지원과 적극적 관심, 기관장·인사담당자 등 참여
　㉢ 개혁 분위기 조성
　㉣ 지속적 분석과 평가·환류
　㉤ 훈련집단 구성 시 비친근자 선정

3. TQM과 균형성과관리

(1) TQM(Total Quality Management, 총체적 품질관리)

① TQM의 의의 및 특성
　㉠ 의의 : 고객만족을 위한 서비스 품질 제고를 1차적 목표로 삼고 구성원의 광범위한 참여 아래 조직의 과정·절차·태도를 지속적으로 개선하여 나가려는 고객지향적·장기적·전략적·총체적 품질관리철학을 말함
　㉡ TQM의 특성
　　• 고객 중심주의 - 고객이 품질의 최종결정자
　　• 통합주의 - 전체 구성원에 의한 서비스의 질 결정
　　• 조직의 총체적 헌신 요구
　　• 과학적 분석기법에 기초한 합리주의
　　• 무결점을 향한 지속적 개혁을 특징으로 하는 개혁·무결점주의
　　• 서비스의 변이성 방지(품질의 일관성)
　　• 구성원의 참여 강화

SEMI-NOTE

태도조사환류기법의 적용단계
• 상담자와 조직의 최고관리층이 합의하여 조사·설계
• 모든 조직구성원들로부터 자료를 수집
• 조직의 최고관리층으로부터 시작하여 계서제상의 모든 작업집단에 하향적으로 자료수집의 결과를 환류
• 각 작업집단의 상관은 부하들과 함께 환류된 자료에 관하여 연구집회를 가짐

OD의 행정 적용상의 문제점
• 권력적 요인으로 수평적 참여가 곤란
• 행정 계층적 요인에 따른 수평적 참여 곤란
• 참여자의 이질성·다양성으로 인한 문제
• 최고관리층의 빈번한 교체로 일관성 있는 추진 곤란
• 법령상 제약으로 상하 간 신축성 확보 곤란

TQM의 등장배경
• 1920년대에 쇼하트(W. Shewhart)가 통계적 품질관리(SQM) 기법을 도입
• 미국의 통계학자 데밍(E. Deming)이 2차 세계대전 이후 일본에 전파하고, 1960~70년대에 일본에서 성공적으로 적용된 후에 1980년대에 미국으로 역수입

한눈에 쏙~

문제인지 → 조직의 진단 → 대안의 작성과 선택 → 행동개입 (실시) → 평가 및 환류

- 문제의 인지 : 조직발전의 필요성을 인지하는 것
- 조직의 진단 : 조직의 문제점을 객관적으로 진단
- 대안의 작성과 선택 : 전략과 실시대안을 결정
- 행동개입(실시) : 행동이 개입되는 단계로, 가장 많은 저항을 유발하는 단계
- 평가 및 환류 : 평가결과에 따라 개선책을 마련·시행하는 단계

② OD의 특징
- ㉠ 행태과학의 기법을 응용하며, 행동연구를 강조
- ㉡ 자아실현적·참여적인 Y이론적 인간관을 바탕으로 함
- ㉢ 계획적·지속적 변화과정이며, 조직 전체의 변화를 강조하는 전체 체제론적 접근방법을 취함
- ㉣ 조직의 효율성·효과성·건전성 제고를 목적으로 하며, 개인의 발전목표와 조직의 목표와의 조화 및 통합을 강조

(2) OD의 주요 기법

① 감수성훈련
- ㉠ 의의 : 외부와 차단된 인위적인 고립상황에서 10여 명의 낯선 소집단 구성원들이 비정형적 접촉 등의 인간관계를 통해 스스로를 성찰하고 타인을 이해하며 대인적 수용능력을 제고하여 개인의 태도와 행동의 변화를 유도하는 개인적 차원의 조직발전 기법
- ㉡ 특성
  - 행태과학적 지식을 통해 태도와 행동을 스스로 변화시킴
  - 개방적인 대인관계 조성(자기표현적 인간관 조성)
  - 타인에 대한 관심과 인식능력 및 문제 해결능력 제고

② 관리망훈련
- ㉠ 의의 : 감수성훈련을 개인에서 조직 전반으로 확대·발전시킨 장기적·포괄적 접근으로, 개인 간·집단 간의 관계 개선 및 전체 조직의 효율화가 연쇄적으로 진행될 수 있도록 하는 체계적·장기적·종합적 접근방법
- ㉡ 특성
  - 인간관계뿐만 아니라 직무상의 업적도 대상이 됨
  - 훈련과정의 지속을 위한 사후관리의 고려
  - 장기적·종합적 과정의 훈련기법(3~5년 소요)

③ 팀 빌딩(team building) 기법 : 수직적 계층제가 상하 간의 수직성이 강해 자율적 집단형성을 어렵게 하므로, 응집적 집단(팀)을 형성하여 의사소통을 원활히 하고 협동적·수평적 인간관계를 도모하는 기법

SEMI-NOTE

OD의 특징
- 과업수행기능보다 인간관계나 행정개혁 및 쇄신, 조직 내의 민주화를 강조
- 추진방향은 하향적이나 일방적·인위적 추진이 아니라 상하계층의 협동과 참여에 바탕을 둠

감수성훈련의 한계
- 시간과 노력의 과다 소요, 참가 인원의 제한
- 효과의 지속성 결여
- 훈련으로 인한 태도변화의 어려움
- 개인보다 집단적 가치에 대한 지나친 강조

감수성훈련과 팀 빌딩의 구분
감수성훈련(실험실훈련)이 개개의 행태변화와 능력 개선에 중점을 두는 기법인 데 비해, 팀 빌딩(팀 형성)은 팀(집단)의 공통문제 해결을 다루는 집단능력 향상과 관리행태에 중점을 두는 기법

SEMI-NOTE

MBO와 OD(조직발전)의 비교

MBO	OD
• 단기적 목표 성취 • 상향적(구성원 참여) • 내부 인사(계선실무자), 폐쇄적 • 목표모형 • 결과지향적인 목표·내용 중시 • 계량화된 목표 중시, 양적 극대화 • 일반적·상식적 관리기법 • 단순성	• 전체적 발전을 통한 장기적 효율성의 제고 • 하향적(최고관리층이 지휘·통제) • 특별한 외부 전문가의 영입, 개방적 • 체제모형, 거시적·포괄적 • 과정 중시 • 계량화와 무관, 질적·가치관 변화 • 행태과학(감수성, 상담) 활용 • 다각적인 태도(조직의 실적, 효율성, 건강도, 환경대응성)

조직혁신(OI ; Organization Innovation)
구성원의 행태뿐만 아니라 조직의 구조와 관리기술적 측면의 변화까지도 포함하는 포괄적인 개념

② MBO의 특성

상하 간의 신축적인 참여적 관리	목표설정에서부터 환류의 과정까지 조직구성원이 공동 참여하는 대표적인 참여적 관리방법
Y이론 또는 Z이론적 인간관	자발적 참여로 조직목표와 개인목표를 조화시키려는 Y이론 또는 Z이론적 인간관에 입각
자율적·분권적인 관리	구성원의 상호의존과 팀워크를 강조
목표설정, 참여, 환류	최종결과를 평가하고 개선책을 강구하는 환류과정을 중시하며, 조직의 쇄신성 제고에 기여함
종합적 관리방식	통합적인 체제 아래 이루어지는 종합적 관리방법
계량 가능 단기 목표 중시	계량 가능한 양적·단기적·가시적인 목표를 중시
결과지향적 관리방식	효율적인 집행을 위한 결과지향적 관리방식

③ MBO의 장단점
 ㉠ 장점
  • 목표의 명확화로 조직의 효율성 제고
  • 참여적 방법으로 조직구성원의 사기앙양 및 동기부여에 기여
  • 전체 목표와 개별 목표, 집권화와 분권화를 효율적으로 조화한 관리방식
  • 효과적 의사전달체제 확립으로 목표와 성과의 연결
  • 목표 달성에 따른 개인별 보상체계로 효율적 인사관리
  • 책임한계 명확화로 환류기능 강화
  • 자율적 책임제로 관리의 융통성 제고
 ㉡ 단점
  • 행정의 권위적·수직적 계층구조로 참여관리가 곤란
  • 목표에 대한 계량화와 가치평가가 곤란하여 주관적 평가의 위험 존재
  • 단기적·양적 목표에 치중하여 목표의 전환 초래
  • 관료주의적 타성을 초래(문서주의, red tape)
  • 유동적이고 불확실하며 복잡한 행정환경에서는 목표의 잦은 수정으로 적용에 제약
  • 상황에 따라 계속성을 유지하기 곤란

2. 조직발전(OD ; Organization Development)

(1) 의의 및 특징
 ① OD의 의의
  ㉠ 개념 : 조직의 건전성·효과성을 제고하기 위하여 조직구성원의 가치관·신념·태도 등 인간의 행태를 의도적으로 변화시켜 조직의 환경변동 대응능력과 문제해결 능력을 향상시키려는 계획적·지속적·개방적·복합적인 교육전략 또는 관리전략
  ㉡ 과정

정보공개의 원칙	공공기관이 보유·관리하는 정보는 국민의 알 권리 보장 등을 위하여 이 법에서 정하는 바에 따라 적극적으로 공개하여야 한다(법 제3조).
정보공개 청구권자	모든 국민은 정보의 공개를 청구할 권리를 가진다(법 제5조 제1항).

- 정보공개의 절차

정보공개 여부의 결정	• 공공기관은 정보공개의 청구를 받으면 그 청구를 받은 날부터 10일 이내에 공개 여부를 결정하여야 한다(법 제11조 제1항). • 공공기관은 부득이한 사유로 제1항에 따른 기간 이내에 공개 여부를 결정할 수 없을 때에는 그 기간이 끝나는 날의 다음 날부터 기산하여 10일의 범위에서 공개 여부 결정기간을 연장할 수 있다. 이 경우 공공기관은 연장된 사실과 연장 사유를 청구인에게 지체 없이 문서로 통지하여야 한다(법 제11조 제2항).
부분공개	공개청구한 정보가 비공개대상정보에 해당하는 부분과 공개 가능한 부분이 혼합되어 있는 경우로서 공개청구의 취지에 어긋나지 않는 범위 안에서 두 부분을 분리할 수 있는 경우에는, 비공개대상정보에 해당하는 부분을 제외하고 공개하여야 한다(법 제14조).
정보의 전자적 공개	공공기관은 전자적 형태로 보유·관리하는 정보에 대하여 청구인이 전자적 형태로 공개하여 줄 것을 요청하는 경우에는 그 정보의 성질상 현저히 곤란한 경우를 제외하고는 청구인의 요청에 따라야 한다(법 제15조).
비용부담	정보의 공개 및 우송 등에 드는 비용은 실비(實費)의 범위에서 청구인이 부담한다(법 제17조).
불복구제 절차	청구인이 정보공개와 관련한 공공기관의 결정에 대하여 불복이 있거나 정보공개 청구 후 20일이 경과하도록 정보공개 결정이 없는 때에는 이의신청, 행정심판, 행정소송을 제기할 수 있다(법 제4장).

SEMI-NOTE

정보공개제도와 행정PR
- **공통점** : 국민의 알 권리 충족 및 민주행정의 기본요체라는 점에서는 동일함
- **차이점**
  - 정보공개제도 : 원하는 자에게만(제한성) 청구를 통해(수동성, 비자발성) 원래 상태의 정보를 그대로(비가공성) 제공하는 것
  - 행정PR : 일반국민이나 정책대상자 등에게(광범위성) 국가시책의 홍보 및 협조·지지확보(가공성)를 위해 청구가 없어도 제공(능동성)

정보공개청구권자
국내에 일정한 주소를 두고 거주하거나 학술·연구를 위하여 일시적으로 체류하는 외국인과 국내에 사무소를 두고 있는 외국 법인 또는 단체도 청구대상이 됨)

정보공개위원회의 설치
정보공개에 관한 정책의 수립 및 제도개선에 관한 사항과 기준수립에 관한 사항, 공공기관의 정보공개운영실태 평가 및 그 결과처리에 관한 사항 등을 심의·조정하기 위하여 행정안전부장관 소속으로 설치

04절 조직의 발전과 변동

1. 목표관리(MBO ; Management By Objectives)

(1) 의의 및 특성

① MBO의 의의
  ㉠ 조직구성원의 자발적 참여와 합의를 토대로 조직목표가 설정되고 조직단위와 개인의 개별 목표가 부과되며, 구성원 각자의 권한과 책임 아래에 직접 직무를 수행하고 결과를 평가·환류시켜 조직의 효율성 제고에 기여하고자 하는 참여적·민주적·자율적·쇄신적·결과지향적 관리기법
  ㉡ 원래는 조직발전(OD) 등과 함께 동태적 조직관리체제로 논의되었으나, 공공부문에서는 PPBS의 지나친 집권화에 따른 한계를 극복하기 위한 예산기법으로 도입함

목표관리(MBO)의 과정
- 전체 조직의 상위목표 설정
- 상·하급자 참여·합의를 통한 하위목표(팀 목표와 개인 목표) 설정
- 목표 추구 활동과 중간평가
- 참여식 기법에 의한 최종평가
- 결과의 환류

SEMI-NOTE

행정PR의 원칙
- **수평성(상호대등성)** : 행정PR은 언제나 주체와 객체의 대등한 지위를 전제로 함
- **의무성** : 국민은 정부활동에 대해 알 권리가 있고 정부는 이를 충족시킬 의무가 있음
- **교류성** : 행정PR은 정부의 입장만을 일방적으로 알리는 것이 아니라 국민의 의견을 듣기도 하는 상호 간의 의사전달과정임
- **객관성(진실성)** : 정부의 업무나 정책의 내용 및 성과에 대해 과장·왜곡·은폐해서는 안 되며, 사실 그대로를 알려야 함
- **교육성(계몽성)** : 국민을 계도·설득하고 건전한 여론이 조성되도록 함
- **공익성** : 행정PR은 개인적·정치적 목적을 위해 이용되어서는 안 됨

정보공개의 필요성
- 국민의 알 권리 보장 및 권익보호(정보공개제도에 의해 국민의 정보공개 청구권이 인정되고 공공기관의 정보공개가 의무화됨)
- 행정의 신뢰성·투명성 확보(행정통제)
- 행정부패 방지 및 개혁의 촉진
- 국민의 행정참여 신장

6. 행정PR(공공관계, 대민홍보)

(1) 행정PR(Public Relations)의 의의

① **개념** : 행정조직에 대한 공중의 태도를 평가하고 조직의 정책·사업에 대한 동의와 협조를 얻기 위한 적극적·계획적 활동

② **중요성**
  ㉠ **민주주의적 행정의 요청** : 공개행정과 주민참여를 보장하고 주권자인 시민에게 봉사하는 행정이 요구되고 있음
  ㉡ **합리적·능률적 행정이미지 확립** : 행정의 능률이나 효과는 국민의 실제 이미지에 많은 영향을 받으므로, 선입견이나 부정적 이미지를 벗고 긍정적 이미지를 알릴 필요가 있음
  ㉢ **인간적 행정의 부각** : 관료제의 경직성과 비인간적 측면을 방지하고 이를 극복

(2) 행정PR의 기능

순기능	• 주지기능 : 행정업적을 알리고 국민의 지지와 협조를 유도하는 기능 • 방어기능 : 정부활동의 정당성을 입증하고 반대파의 공격을 중화하는 기능 • 안정화기능 : 위기발생 시 민심을 수습하여 정부를 안정시키는 기능 • 중개기능 : 정부와 국민 사이의 의사교류를 위한 중개의 기능 • 교육기능 : 국민의 자질을 보다 바람직한 방향으로 향상시키는 기능 • 적응기능 : 급변하는 사회에 즉각 대응할 수 있게 태도를 유도하는 기능
역기능	• 국민의 자율적 결정·선택권을 침해하며 정확한 인식·전문성 형성을 제약 • 현실적인 사실이나 실책은 왜곡·은폐되고 여론 조종의 선전적 형태만 표현 • 정보 왜곡에 무감각하게 하여 정치적 무관심·무기력 초래 • 국가 기밀의 강조 등 행정의 비밀주의로 인한 제약

> **실력up 행정정보공개제도**
>
> - **정보공개의 개념**
>   - 일반적 개념 : 국가, 지방자치단체 및 공기업 등 공공기관이 보유하고 있는 정보를 국민이나 주민의 청구에 의하거나 자발적으로 공개하는 것을 말함
>   - 실정법상 개념 : 공공기관이 직무상 작성 또는 취득하여 관리하고 있는 정보를 법 규정에 따라 열람하게 하거나 그 사본·복제물을 제공하는 것
> - **정보공개제도의 효용과 폐단**
>
> | 효용 | 폐단 |
> |---|---|
> | • 정보민주주의(tele-democracy) 구현
• 행정의 투명성과 신뢰성 제고
• 국민참여 및 열린 행정 구현 | • 국가기밀의 유출과 사생활 침해의 우려
• 정보의 왜곡·조작 및 정보의 남용이나 오용 가능성
• 공개에 따른 비용과 업무부담의 증가
• 공무원의 위축 및 소극적 행정 조장, 업무수행의 유연성·창의성 저해
• 정보격차에 따른 공개 혜택의 형평성 저해 |
>
> - **우리나라의 정보공개제도(공공기관의 정보공개에 관한 법률)**
>   - 정보공개

ⓐ 유클(G. Yukl)의 다중연결모형 : 리더의 열한 가지 행동을 원인변수로 보면서, 여기에 여섯 가지의 매개변수와 세 가지 종류의 상황변수를 이용하여 부서의 효과성을 설명

④ 신속성론(신자질론)
  ㉠ 카리스마적 리더십(위광적 리더십) : 변혁적 리더십과 관련되며, 리더의 뛰어난 개인적 능력과 자신감, 도덕적 정당성 등에 대한 신념을 기초로 하는 신속성론의 리더십
  ㉡ 변혁적 리더십(Burns, Rainey & Watson 등) ★ 빈출개념

의의	거래적 리더십에 대응하는 개념으로 급변하는 환경에 적응하기 위한 변동추구적·개혁적 리더십. 현상유지를 거부하고 기존 사고의 틀을 벗어나 새로운 가치관과 시각에서 문제에 접근하고 해답을 구하도록 유도하며 기꺼이 위험을 감내하고 도전을 기회로 만들기 위해 노력하면서 미래의 비전을 실현하기 위한 변화를 선도함
카리스마적 리더십과의 차이	카리스마적 리더는 부하가 리더의 세계관에 따르도록 바랄 뿐이지만, 변혁적 리더는 카리스마적 리더십을 기반으로 하지만 부하에게 확립된 의견뿐 아니라 리더가 확립시킨 의견에도 문제를 제기할 수 있는 능력을 주입시킴
특징	• 새로운 비전 제시, 다른 사람들이 이를 내면화하여 탁월한 성취를 할 수 있도록 힘을 실어줌. 비전 달성을 위해서는 현상에 대한 점진적 변화가 아닌 과거와 단절된 변혁이 필요하며 그러한 변혁을 주도 • 추종자가 업무수행의 의미를 발견하고 몰입·헌신하도록 유도 • 사람들 사이에 신뢰 구축. 조직과 개인이 공생적 관계를 형성하고, 공동의 목표를 향해 단합하게 함 • 다양성과 창의성을 존중하고 지원 • 거래적 리더보다 낮은 이직률, 높은 생산성, 높은 직원만족.

  ㉢ 문화적 리더십 : 1980년대 이후의 새로운 리더십연구로서 변혁적 리더십이 진보한 것이나, 초점을 지도자와 추종자 간의 관계의 본질에 두는 것이 아니라 지도성-추종성 관계에 배어 있는 사회문화적 맥락에 둠
  ㉣ 발전적 리더십(서번트 리더십) : 부하에 대한 리더의 봉사적인 리더십으로, 리더의 종복정신을 강조
  ㉤ 촉매적 리더십 : 연관성이 높은 공공문제의 해결을 위해 리더가 전략적으로 생각하고 행동해야 하며 촉매작용적 기술과 능력이 필요하다는 이론
  ㉥ 분배된 리더십 : 리더십을 단일의 명령체제로 보지 않고 부하 등에게 힘을 실어주는, 즉 분배된(위임된) 공동의 리더십으로 봄
  ㉦ 영감적 리더십 : 리더가 향상된 목표를 설정하고 추종자들로 하여금 그 목표 성취에 대해 자신감을 가지도록 하는 리더십으로, 미래에 대한 구상이 핵심
  ㉧ 셀프 리더십 : 정보화 사회나 네트워크화 된 지능시대에서는 상호 연계된 리더십이나 구성원 모두가 리더라는 셀프 리더십이 필요
  ㉨ 참여지향 리더십 : 부하들이 의사결정에 어느 정도 참여해야 하는가 하는 규범적 리더십

SEMI-NOTE

카리스마적 리더의 특성(Conger & Kanungo)
• 현상에 반대하고 미래에 대한 이상적 비전을 가짐
• 개인적 위협과 대가를 무릅씀
• 현존 질서의 초월을 위하여 비인습적 수단을 활용하는 데 노력
• 과업환경에 민감하며, 목표를 강력히 명시
• 정예주의·창업가 정신을 추구

변혁적 리더십의 주된 구성요소
• 카리스마적 리더십
• 영감적 리더십
• 촉매적 리더십
• 개별적 배려
• 조직과 개인의 통합

슈퍼리더십(Super leadership)
사람들의 잠재능력과 최선의 노력을 끌어내고 개발하는 리더십. 모든 구성원이 충분한 잠재력을 가지며 좋은 성과를 낼 수 있다는 낙관주의에서 출발. 셀프리더십 역량이나 잠재력을 자극·촉진하여 부하가 자신의 일에 자발적 몰입과 책임감을 갖게 함

| SEMI-NOTE |

그랜과 단세로(Graen & Dansereau)의 수직적 쌍방관계연결이론
- 리더와 각각의 부하 간의 관계가 서로 다를 수 있다는 것을 강조함. 수직적-쌍방관계란 리더와 각각의 부하가 이루는 쌍(pair)을 의미하는데 리더가 신뢰하는 내집단과 그렇지 않은 외집단이 있음
- 내집단의 구성원들은 외집단의 구성원들보다 근무성과와 만족도가 높음

대체물과 중화물
- 대체 : 리더십을 불필요하게 만드는 요인으로, 과업이 일상적이거나 구조화되어 있고 환류가 빈번하게 이루어지며, 구성원이 과업 그 자체로 만족감을 느끼는 경우에는 리더십이 불필요하다고 주장
- 중화물 : 리더십의 필요성을 약화시키는 요인으로서, 명확한 계획과 목표, 규칙과 규정, 높은 응집력, 리더가 통제할 수 없는 보상체계, 리더와 부하 간의 긴 공간적 거리 등을 제시

- 친목형 : 인간에 대한 관심은 높으나 생산에 대한 관심은 낮아 인간적인 분위기를 조성하는 데 주력하는 유형
- 과업형 : 생산에 대한 관심은 높으나 인간에 대한 관심은 낮아 과업에 대한 능력을 중시하는 유형
- 타협형(절충형) : 인간과 생산에 절반씩 관심을 두고 적당한 수준의 성과를 지향하는 유형
- 단합형 : 생산과 인간 모두에 관심이 높아 조직과 구성원들의 상호의존관계와 공동체의식을 강조함으로써 조직목표 달성을 위해 헌신하도록 유도하는 유형

③ 상황론
  ㉠ 탄넨바움과 슈미트(Tannenbaum & Schmidt)의 리더십
    - 리더십 유형은 지도자와 집단이 처한 상황에 따라 결정
    - 효율적인 리더십의 세 가지 변수 : 지도자 요인, 비지도자 요인, 상황요인
    - 리더가 직면하는 의사결정을 어떻게 처리하느냐에 따른 리더십 유형 : 독재적 의사결정, 협의적 의사결정, 공동 의사결정
  ㉡ 피들러(F. Fiedler)의 상황이론(목표성취이론)
    - '가장 좋아하지 않는 동료(Least Preferred Co-worker ; LPC)'라는 척도에 의하여 리더십 유형을 관계지향적 리더십과 과업지향적 리더십으로 구분
    - 리더와 부하 간의 관계가 좋고 과업의 구조화 정도가 높으며, 리더의 직위권력이 강할수록 리더에게 유리하며, 리더십 상황이 리더에게 유리하거나 불리한 경우에는 과업지향적 리더가 효과적인 반면, 유리하지도 불리하지도 않은 상황에서는 관계지향적 리더가 효과적이라 주장
  ㉢ 하우스와 에반스(House & Evans)의 통로-목표이론 : 리더의 행동(원인변수)이 부하의 기대감 등에 영향을 미치는 정도에 따라 부하의 동기가 유발된다는 이론, 즉 리더는 부하가 바라는 목표를 얻게 해줄 수 있는 경로가 무엇인가를 명확하게 해줌으로써 성과를 높일 수 있다는 것
  ㉣ 커와 저미어(Kerr & Jermier)의 리더십대체물이론
    - 리더십을 필요 없게 만들거나 중요성을 감소시키는 상황적 요인으로 대체물과 중화물을 제시
    - 리더의 행동을 필요 없게 하거나 행동의 효과를 약화·중화시키는 부하의 특성으로 능력·경험·훈련·지식, 독립 욕구, 전문가 지향성, 보상에 대한 무관심 등을 제시
  ㉤ 레딘(W. J. Reddin)의 3차원적 리더십 : 과업을 지향하는가 인간관계를 지향하는가에 따라 리더 행동의 기본유형을 네 가지로 분류하고 이를 효과성 차원에 접목한 이론
  ㉥ 허쉬와 블랜차드(Hersey & Blanchard)의 3차원적 리더십이론 : 오하이오(Ohio) 그룹의 연구와 레딘(Reddin)의 3차원 유형을 종합한 이론으로, 리더십을 인간 중심적 리더십(관계지향)과 과업 중심적 리더십(과업지향)으로 나누고, 효율성이라는 차원을 추가하여 리더십이론을 제시

5. 리더십

(1) 의의 및 기능

① 의의 : 조직의 목표 달성을 위하여 구성원이 자발적으로 참여하도록 동기를 부여하고 영향력을 미치는 관리자의 쇄신적·창의적 능력·기술 등을 말함
② 리더십의 기능
  ㉠ 목표설정과 대표성 있는 목표수립에 기여
  ㉡ 목표 달성을 위한 인적·물적 자원을 동원
  ㉢ 불완전한 공식구조와 설계의 보완
  ㉣ 조직의 일체성과 적응성의 확보
  ㉤ 조직활동의 통합·조정과 통제
  ㉥ 환경변화에 대한 대응 및 변화의 유도

SEMI-NOTE

리더십의 성격
- 지도자와 추종자, 환경(상황) 변수 간의 의존성(변수의 상호의존성)
- 지도자와 추종자의 상호작용이면서 영향을 미치는 과정
- 조직의 목표 달성을 위한 목표지향적 개념
- 리더십의 효율성은 동태적·신축적·가변적 성격
- 지도자의 권위를 통해야만 발휘되는 기능

(2) 리더십의 본질에 관한 이론 유형

👓 한눈에 쏙~

① 특성론

통일적(단일적) 자질론	1940년대까지의 전통적 연구로서, 리더는 하나의 통일적·단일적 자질을 구비한다는 이론
성좌적 자질론	리더십에 있어 통일적·단일적 자질은 존재하지 않는다고 보는 이론

② 행태론
  ㉠ 아이오와(Iowa) 대학 연구(White & Lippitt)
   • 권위형 : 지도자가 주요한 결정을 내리고 부하에게 맹목적인 복종을 요구하는 형태로, 직무수행에 중점을 두는 유형
   • 민주형 : 의사결정이 상관과 부하의 참여·합의로 이루어지며, 생산량과 사기가 높은 최선의 유형
   • 자유방임형 : 리더가 결정권을 대부분 부하에게 위임하여 목표나 방법을 하급자가 설정하는 유형
  ㉡ 미시간(Michigan) 대학 연구 : 1960년대 리커트(Likert) 등이 주도한 연구로, 리더의 행동을 직무 중심적 행동과 부하 중심적 행동으로 구분하고 부하 중심적 행동이 생산성과 만족감 측면에서 효과적이라 주장
  ㉢ 오하이오(Ohio) 주립대학 연구 : 리더십을 '구조설정(initiating structure)'과 '배려(consideration)'의 조합으로 살펴보는 이론
  ㉣ 블레이크와 머튼(Blake & Mouton)의 관리망모형
   • 무관심형(빈약형) : 생산과 인간에 대한 관심이 낮아 주로 자신의 직분유지를 위한 최소의 노력만 기울이는 유형

특성론에 대한 비판
- 집단의 특징·조직목표·상황에 따라 요구되는 리더십의 자질도 변함
- 모든 지도자의 자질이 동일한 것은 아니며, 지도자의 보편적인 자질은 존재하지 않음
- 지도자가 되기 전과 후의 자질이 사실상 동일함을 설명하기 어려움

블레이크와 머튼의 관리망모형

SEMI-NOTE

무차별권의 범위
목표가 명확하고 명령이 정당하다고 인정되는 경우 확대되고, 조직의 현실적 목표와 불일치하고 계층 수가 많은 경우 축소됨

수용권의 범위
구성원의 교육수준이 높아지고 자아의식이 확립될수록 수용권은 좁아진다고 주장

정보권력
타인이 가치 있다고 생각하는 정보를 보유하거나 그 정보에 쉽게 접근할 수 있다는 사실에 근거한 권력

배경권력
조직 내외의 영향력 있고, 중요한 인물들과의 연결, 즉 교섭력이나 인맥을 보유하고 있다는 사실에 근거한 권력

---

② 권위수용이론

㉠ 버나드(C. Barnard)의 권위수용과 무차별권

권위수용의 전제조건	• 의사전달의 내용 파악 가능 • 권위 내용이 조직 목적에 부합 • 명령이 조직구성원의 개인적 이익과 모순되지 않음 • 정신적·육체적으로 의사전달에 대응 가능
무차별권	버나드는 권위의 수용형태를 명백히 수용할 수 없는 경우, 중립적인 경우, 이의 없이 수용하는 경우의 세 가지로 나누고, 이의 없이 수용하는 경우(무조건적 수용범위)를 무차별권이라 함

㉡ 사이먼(H. Simon)의 수용권

의사결정을 수용하는 경우	• 의사결정의 장단점을 파악하여 장점에 대하여 확신할 경우 • 의사결정의 장단점을 검토하지 않고 따르는 경우 • 의사결정의 검토 후 잘못되었음을 알면서도 따르는 경우
수용권 (zone of acceptance)	의사결정의 장단점을 검토하지 않고 따르는 경우와 검토 후 잘못되었음을 알면서도 따르는 경우가 권위의 수용권에 해당

실력up 프렌치와 레이븐(J. French & B. Raven)의 권력 유형

- **직위권력(지위권력)** : 조직 안에서 그가 맡은 직무나 직위와 관련해서 공식적으로 부여받은 권력 예 보상적 권력, 강요적 권력, 합법적 권력, 정보권력
- **개인권력** : 조직에서 지위권력 이외의 개인적 특성(전문성, 설득력, 카리스마 등)에서 비롯된 권력 예 준거적 권력, 전문가적 권력, 배경권력

보상적 (보수적) 권력	타인이 가치 있다고 생각하는 보상(예 봉급, 승진, 직위부여 등)을 줄 수 있는 능력에 근거를 둠
강요적 (강압적) 권력	인간의 공포에 기반을 둔 것으로 어떤 사람이 타인을 처벌할 수 있는 능력을 가지거나 육체적 또는 심리적으로 다른 사람에게 위해를 가할 수 있는 능력을 가진 경우 발생
합법적 (정통적) 권력	법·제도에 근거한 권력. 권력행사자가 정당한 권력을 행사할 수 있는 권리를 가지고 있다고 인정되는 경우 성립하며 '권한(authority)'이라고도 함. 상관이 보유한 직위에 기반을 두므로 지위가 높아질수록 커지며 조직에 의해 부여되고 보장됨. 기계적 조직에서는 엄격하며 유기적 조직일수록 불분명함
준거적 권력	복종자가 지배자와 일체감을 가지고, 자기의 행동모형을 권력행사자로부터 찾으려고 하는 역할모형화에 의한 권력으로 어떤 사람이 자신보다 월등하다고 느끼는 무언가의 매력이나 카리스마에 의한 권력. 일체감과 신뢰를 바탕으로 함
전문가적 권력	다른 사람들이 가치를 두는 정보를 갖고 있는 정도에 기반을 둔 것으로, 다른 사람이 필요로 하는 전문적 지식·기술을 지닐 때 발생하는 권력. 직위나 직무를 초월해 누구나 행사할 수 있으므로 공식적 직위와 일치하지 않을 수도 있음

하거나 부정적인 방향으로 유도하는 것도 포함하는 포괄적 개념
② 권위의 유형
   ㉠ 피프너(J. Pfiffner)의 공식성 유무 기준

공식적 권위	조직에서 어떤 직위의 담당자가 행사할 수 있는 영향력을 말하며, 합법화·제도화된 권위
비공식적 권위	상관과 부하 간의 공통된 감정을 기초로 형성되는 권위로서, 비공식적 조직구성원들 간의 사회적 상호작용을 통해 구체화됨

   ㉡ 베버(M. Weber)의 권위의 정당성 기준

전통적 권위	권위의 정당성을 신성시하는 전통이나 관행, 지배자의 권력에 대한 신념에 근거하는 권위
카리스마적 권위	지도자의 비범한 초월적 자질이나 능력, 영웅적 행위나 신비감에 대한 외경심 등에 근거하는 권위
합법적·합리적 권위	권위의 정당성을 법규화된 질서나 합법성에 대한 신념·동의에 두는 권위

   ㉢ 에치오니(A. Etzioni)의 기준

조직의 성격 기준	• 강제적 권위 : 강제적·물리적 힘이 통제수단이 되는 권위 • 공리적 권위 : 보수 같은 경제적 유인이 통제수단이 되는 권위 • 규범적 권위 : 도덕·규범·가치가 통제수단이 되는 권위
권위의 성격 기준	• 행정적 권위 : 공식적 지위(일반행정관리자의 지위)에 근거한 권위로, 부하·전문가의 활동을 조정·통제(전문적 권위와 대립관계) • 전문적 권위 : 전문적 지식 및 기술에 근거한 권위(전문가들의 권위)

   ㉣ 사이먼(H. Simon)의 심리적 동기의 기준

일체화(동일화)의 권위	조직이나 상관에 대한 부하의 일체감·동질감·충성심에 근거한 권위
신뢰의 권위	부하의 신뢰에 근거하는 권위로, 기능적(전문적) 권위와 계층적(행정적) 권위가 있음
제재의 권위	형벌 또는 보상에 근거한 권위
정당성의 권위	권위가 합법적이고 정당하다는 심리적·논리적 귀결에 근거하는 권위

(2) 권위의 수용이론
① 권위수용의 변수
   ㉠ 윤리적 신념 : 권위에 대한 윤리적 신념이 권위를 수용하게 함
   ㉡ 충성심·일체감 : 조직에 대한 충성심·일체감이 강할수록 권위를 잘 수용하게 됨
   ㉢ 보수·지위·위신 : 보수나 승진의 향상, 위신·지위가 고려되는 경우 권위가 잘 수용됨
   ㉣ 기타 연령이나 경력·경험, 전문기술, 제재의 수반 등

SEMI-NOTE

권위와 권력의 차이
권위가 정당성을 가진 권력으로서 자발적 복종을 전제로 함에 비해, 권력은 상대방의 의사와는 상관없이 명령이나 결정을 따르도록 하는 강제적·일방적인 힘을 말함

권위의 본질
• 하향적 권위설(명령권위설) : 전통적 조직이론은 권위를 상관이 공식적 직위에 근거하여 명령할 수 있는 권리로 봄으로써 하향적 권위로 인식
• 상향적 권위설(수용설 또는 동의설) : 인간관계론자들은 부하의 수용 정도에 따라서 권위가 좌우된다는 상향적 권위를 주장하고, 권위에 대한 하급자의 동의를 중시
• 종합적 인식 : 명령권리설은 조직 계층상 지위와 관련되며, 수용설은 개인의 속성·특성과 관련되므로 양자는 상호보완 관계에 있다고 보는 종합적인 인식이 요구됨

제재의 권위
• 소극적 제재(불리 : 해임·징계), 적극적 보상(유리 : 승진·승급)의 행사능력
• 부하 또는 외부인사도 가질 수 있음 (예 부하의 태업행위)

SEMI-NOTE

집단 간 갈등의 일반적 해결 방안
- 상위목표나 이념의 제시
- 자원의 확충
- 회피
- 완화
- 상관의 리더십이나 명령
- 행태변화
- 제도개혁
- 기타 방안으로 문제의 공동해결이나 상호작용의 촉진, 공동의 적 설정, 집단 간 상호의존성 감소, 조정기구의 설치, 조직개편 등

권위의 개념적 구성요소
정당성이 부여된 권력, 사회적 관계(상대방의 존재)가 전제, 타인의 행태에 영향, 명령에 대한 자발적 복종

🔍 한눈에 쏙~

[토마스의 다섯 가지 갈등관리전략]

ⓒ 내용
- 회피전략 : 갈등상황으로부터 벗어나 버리는 것으로, 사소한 문제이거나 자신의 욕구충족 기회가 없을 때 나타나는 비단정적·비협력적 전략
- 순응(수용·적응)전략 : 상대방의 주장을 받아들이는 것으로, 자신의 결정이 잘못되었거나 상대방과 화합하고 조직의 안정과 사회적 신뢰를 중요시할 때 나타나는 전략
- 타협전략 : 당사자들이 동등한 권력을 보유하고 시간적 여유가 없을 때 사용되는 임기응변적이고 잠정적인 전략으로, 협상을 통한 양보와 획득으로 자신과 상대방의 이익을 절충
- 경쟁·강제전략 : 위기상황이나 한쪽의 권한이 우위일 때 나타나는 전략
- 협력(협동·제휴)전략 : 갈등을 긍정적으로 받아들이며 상대에게 신뢰가 있는 경우와 공통의 관심사가 너무나 중요하여 통합적 해결전략이 필요할 때 나타나는 전략

4. 권위(Authority)

(1) 권위의 의의 및 유형

① 의의
- ㉠ 개념 : 제도화되고 정당성이 부여된 권력으로서 타인에 의해 자발적으로 수용되어 의사결정에 영향을 미치는 능력
- ㉡ 유사 개념
  - 권력(power) : 어떤 개인이나 집단이 다른 개인이나 집단의 행태에 영향을 미칠 수 있는 잠재적 능력
  - 영향력 : 잠재적인 능력을 실제의 행동으로 옮기는 과정으로, 행위를 거부

목표와 이해관계의 차이	서로 다른 조직이 양립 불가능한 목표를 동시에 추구하는 경우, 각 조직 간의 목표나 이해관계의 차이가 나타날 경우
자원의 한정에 따른 경쟁	한정된 자원에 공동으로 의존하고 있는 제로섬게임(Zero sum game) 상황인 경우
지위부조화	높아진 지위만큼 그에 따른 전문적인 능력이 부족하여 행동주체 간의 교호작용을 예측불가능하게 하는 경우
권력의 차이가 없는 경우	권력의 차이가 있는 경우에는 더 큰 권력을 가진 기관에 의해 조직의 조정과 통제가 가능하지만, 권력의 차이가 없는 경우에는 조정이 곤란하여 갈등을 유발
지각 및 인지의 차이	구성원 간의 성격, 태도, 가치관, 지각의 차이로 인하여 정보나 사실에 대하여 다르게 해석하고 평가하는 경우
과업의 상호의존성	과업이 독립적이거나 일방향 집중형일 경우 갈등 가능성이 낮지만, 상호의존적이거나 상호연계적일 경우 갈등 가능성이 증가
의사전달의 방해	의사전달에 대한 오해나 이해부족, 의사전달의 부족으로 인하여 정보의 교환이 불충분할 경우 갈등을 유발

(3) 갈등의 해결방안

① 사이먼과 마치(H. Simon & J. March)의 전략
  ㉠ 개인적 측면의 해결전략
    - 비수용성의 해결 : 새로운 대안의 탐색이나 목표의 수정
    - 비교불가능성의 해결 : 선택된 대안의 우선순위 선정기준과 비교기준을 명확히 하고, 대안이 제기된 전후관계의 분석
    - 불확실성의 해결 : 대안의 결과 예측을 위한 과학적 분석, 자료의 수집·탐색, 결과 예측이 가능한 새로운 대안 탐색
  ㉡ 복수의사주체 간의 갈등 해결전략
    - 문제해결(합리적·분석적 해결) : 갈등당사자 간의 자료수집과 제시, 새로운 쇄신적 대안의 모색 등을 통해 공동의 해결책을 찾아보는 방법
    - 설득(합리적·분석적 해결) : 하위목표와 공동목표의 조화를 검증하고 설득·이해를 통해 의견대립을 조정하는 방법
    - 협상(비합리적·정치적 해결) : 당사자 간의 직접적 해결방법으로, 양보와 획득을 위한 포기를 통해 조정하는 방법
    - 정략(비합리적·정치적 해결)
      – 이해관계나 기본목표를 조절하기 위한 방법으로서, 제3자를 통하여 해결하는 방법
      – 여론과 대중의 지지에 호소하는 방법 등이 있으며, 갈등의 원인이 가장 근원적인 목표·가치갈등인 경우의 해결전략

② 토마스(K. Thomas)의 전략
  ㉠ 의의 : 자신의 욕구(주장·이익)를 충족시키려는 욕구인 '단정'과 상대방의 욕구(주장·이익)를 만족시키려는 욕구인 '협조'라는 2차원적 요소에 근거해 다섯 가지 전략을 제시

SEMI-NOTE

갈등의 요인

개인적 요인	• 감정 • 상태 • 소통의 장애 • 문화적 차이 • 기술 및 능력 • 지각, 가치관, 윤리 • 성격 등
구조적 요인	• 목표의 차이 • 지위의 차이 • 권한 및 책임의 불명확성 • 상호의존성 및 협조 필요성 • 전문화 및 분업 • 한정된 자원의 공유(제로섬 게임)

갈등의 예방전략
- 사전참여를 통한 의사결정
- 권한과 책임의 명확화 또는 상호의존성의 감소
- 최고관리자의 균형적 자세와 조정역할 강화

SEMI-NOTE

갈등과 경쟁
- 차이점
  - 갈등 : 특정 집단의 목표 추구가 다른 집단의 목표를 위협하고 집단적 적대감이 존재하며, 규칙과 규정이 준수되지 않음
  - 경쟁 : 집단들이 동일한 목표를 추구하고 상호 적대감이 존재하지 않으며, 규칙이나 규정이 준수됨
- 공통점 : 대상 집단이나 개인이 상호적대적 행동을 보임

갈등의 기능
- 순기능(L. Coser, M. P. Follett 등)
  - 조직의 조화·통합의 새로운 계기로 작용
  - 선의의 경쟁을 촉진해 행정 발전·쇄신의 원동력이 됨
  - 갈등의 해결을 위한 조직의 문제해결능력·창의력·융통성·적응능력을 향상
  - 행정의 획일성 배제와 다양성·민주성 확보에 기여
  - 개인 및 집단의 동태적 성장의 계기
- 역기능(G. E. Mayo 등)
  - 조직 내 관계자의 심리적·신체적 안정 저해
  - 구성원과 조직 간에 적대감정과 반목을 유발
  - 직원이나 기관 간에 위계질서를 문란하게 하며, 공무원의 사기를 저하
  - 행정의 조정을 곤란하게 함
  - 조직의 효과성과 생산성을 저하

진행단계별 갈등의 분류(L. Pondy)
- 잠재적 갈등 : 갈등이 야기될 수 있는 상황 또는 조건
- 지각된 갈등 : 구성원들이 인지하게 된 갈등
- 감정적 갈등 : 구성원들이 감정(내면)적으로 느끼는 갈등
- 표면화된 갈등 : 표면적인 행동이나 대화로 표출된 갈등
- 갈등의 결과 : 조직이 갈등에 대처한 후에 남은 조건 또는 상황

갈등관리론 (현대의 갈등관) (1970년대 말~)	• 갈등의 양면성 인정, 갈등의 관리·활용 – 역기능적(파괴적) 갈등 → 갈등 완화·해소·억제 – 순기능적(건설적) 갈등 → 갈등 조장·촉진 • 갈등수준이 너무 낮으면 환경에의 적응력 저하, 독재와 획일주의, 무사안일, 의욕상실, 침체 등의 집단행동을 보이므로 적정한 갈등 수준을 유지하는 최적관리가 필요

(2) 갈등의 유형

① 밀러와 돌라드(N. Miller & J. Dollard)의 개인심리기준
  ㉠ 접근-접근 갈등 : 바람직한 가치(긍정적인 유인가)를 가진 두 가지 대안 중 하나를 선택해야 하는 경우의 갈등
  ㉡ 접근-회피 갈등 : 바람직한 긍정적 유인가와 회피하고 싶은 부정적 유인가를 함께 가진 대안 중 선택해야 하는 경우의 갈등
  ㉢ 회피-회피 갈등 : 회피하고 싶은 부정적인 가치를 가진 두 가지 대안 중 하나를 선택해야 하는 경우의 갈등

② 사이먼과 마치(H. Simon & J. March)의 갈등주체기준
  ㉠ 개인적 갈등
    • 수락불가능성 : 결정자가 각 대안의 결과를 알지만 만족기준을 충족하지 못해 수락할 수 없는 경우
    • 비교불가능성 : 결정자가 각 대안의 결과를 알지만 공통기준의 결여로 최선의 대안을 알지 못하는 경우
    • 불확실성 : 대안이 초래할 결과를 알 수 없는 경우
  ㉡ 집단 간 갈등
    • 분류 : 조직 내의 집단 간 갈등, 조직 간의 갈등
    • 원인 : 가치관·태도·인지의 차이, 공동의사결정의 필요성, 업무의 상호의존성(순차적 의존성), 대등한 권력의 존재(조정 곤란), 의사결정의 참여 증대, 전문가의 증가(계선과 참모의 갈등) 등

③ 폰디(L. Pondy)의 단위 및 영향 기준
  ㉠ 단위기준(조직 내 상하단위 기준)
    • 협상적 갈등 : 부족한 자원으로 인한 이해당사자 간에 겪게 되는 갈등
    • 체제적 갈등 : 동일 수준의 계층·기관이나 개인 간의 수평적 갈등
    • 관료제적 갈등 : 상하계층 간의 갈등
  ㉡ 영향(변화)기준
    • 마찰적 갈등 : 조직구조의 변화를 유발하지 않는 갈등
    • 전략적 갈등 : 조직구조의 변화를 유발하는 갈등

④ 집단 간 갈등(대인적 갈등)의 원인

구분	상황
공동의사결정의 필요성	조직상의 부처가 세분된 상태에서 다른 조직이나 집단과의 상호의존성에 의한 공동의사결정이 필요한 경우

(3) 조직문화의 경쟁적 가치접근(E. Quinn & R. Kimberly)

한눈에 쏙~

```
                    신축성(유연성·변화)
                    분권화, 차별화(다양성)

          ┌─────────────────────┬─────────────────────┐
          │  관계지향 문화        │  혁신지향 문화        │
          │  집단(clan)문화       │  발전(development)문화 │
          │  (인간관계모형)       │  (개방체계모형)        │
내부지향   │  clan(공동체, 가족)  │  adhocracy(애드호크라시)│  외부지향
(통합·    ├─────────────────────┼─────────────────────┤  (경쟁)
단합)     │  위계지향 문화        │  과업지향 문화        │
          │  위계(hierachy)문화   │  합리(rational)문화   │
          │  (내부과정모형)       │  (합리적 목표모형)     │
          │  hierachy(계층제)    │  market(시장)         │
          └─────────────────────┴─────────────────────┘

                    통제(질서·안정)
                    집권화, 집중화(통합)
```

① 수직 축(구조) : 유연성 지향의 가치는 분권화의 다양성(차별화)을 강조, 통제지향 가치는 집권화와 통합(집중화)을 강조하는데, 이는 조직의 유기적 특성과 기계적 특성의 구분을 의미함
② 수평 축(초점) : 내부지향성은 조직 유지를 위한 조정·통합 강조, 외부지향성은 조직 환경에 대한적응, 경쟁, 상호관계 강조
③ 조직문화유형 : 조직은 네 가지 조직문화 유형을 모두 가질 수 있으며 그 강도는 차이가 있음

3. 갈등

(1) 갈등의 의의

① 갈등의 개념 : 희소자원이나 업무의 불균형배분 또는 여건·목표·가치·인지 등에 있어서의 차이와 같은 원인과 조건으로 인해 개인이나 집단, 조직의 심리, 행동에 발생하는 대립적 교호작용
② 갈등관의 변화

갈등유해론, 갈등제거 (1930~ 1940년대)	• 갈등의 역기능. 모든 갈등은 제거대상 • 고전적 조직이론과 초기 인간관계론의 관점 • 갈등은 일종의 악, 조직의 효과성에 부정적 영향 • 직무의 명확한 규정 등을 통해 갈등을 제거할 수 있음
갈등불가피론, 갈등수용 (1940년대 말 ~1970년대)	• 갈등의 양면성(역기능 기능), 갈등의 불가피성·보편성 • 갈등은 조직 내에서 자연적으로 일어나는 불가피한 현상, 완전 제거 곤란 – 갈등 수용 • 갈등이 때로는 순기능을 한다고 보지만, 능동적으로 갈등을 추구하거나 조장할 상황요인을 만들어 낼 수 있다는 생각을 제시하지는 않음

SEMI-NOTE

관계지향문화
• 특징 : 유연성·변화/내부지향
• 핵심속성 : 협력, 가족적 인간관계, 응집성
• 리더 : 후견인(mentor), 촉진자, teambuilder
• 관리지향 : 의사소통, 인간적 배려, 헌신
• 조직형태 : 공동체, 가족

혁신지향문화
• 특징 : 유연성·변화/외부지향
• 핵심속성 : 창의성, 기업가정신
• 리더 : innovator, visionary, entrepreneur
• 관리지향 : 창의·혁신, 자율성, 지속적 변화
• 조직형태 : 애드호크라시

위계지향문화
• 특징 : 안정성·통제/내부지향
• 핵심속성 : 통제, 명령, 규칙, 규제, 능률
• 리더 : monitor, coordinator, organizer
• 관리지향 : 통제·조정, 능률성, 일관성·통합성
• 조직형태 : 계층제, 관료제

과업지향문화
• 특징 : 안정성·통제/외부지향
• 핵심속성 : 경쟁, 목표달성, 시장점유율
• 리더 : hard-driver, 경쟁자, 생산자
• 관리지향 : 경쟁력, 생산성, 고객초점
• 조직형태 : 시장조직

갈등
조직 내의 의사결정에 있어 대안선택기준이 모호하여 결정자인 개인이나 집단이 심리적으로 곤란을 겪는 상태(H. Simon)

조직구조 측면	• 집권적 계층구조 • 할거주의와 전문화 • 비공식적 의사전달의 역기능 • 정보전달 채널의 부족	• 계층제의 완화와 분권화 • 정보의 분산 • 정보채널의 다원화

2. 조직문화

(1) 조직문화의 의의 및 특성

① 조직문화의 의의 : 사회문화의 하위 체제로 조직의 구성원들이 공유하는 보편적인 생활양식 또는 행동양식의 총체
② 조직문화의 순환

구분	설명
형성	조직문화의 형성은 구성원들의 대외적 적응과 생존, 대내적 통합 등에 관한 문제 해결 방안을 수용하는 데에서부터 시작
보존 (사회화)	• 동화 : 신참자가 조직문화에 일방적으로 적응 • 격리 : 신참자가 조직문화에 반감을 가져 직무영역으로부터 고립 • 탈문화화 : 조직문화 혹은 신참자의 개인문화가 모두 지배력을 상실하여 문화적 정체성이 모호해짐 • 다원화 : 쌍방적 학습과 적응의 과정을 통하여 상호 장점을 수용하거나 공존
변동	조직문화는 안정적인 특성이 있지만 시간의 흐름에 따라 변동
개혁	의식적·계획적으로 조직문화를 개혁

(2) 조직문화의 순기능과 역기능

① 조직문화의 순기능
  ㉠ 문화는 조직의 안정성과 계속성을 유지시킴
  ㉡ 조직의 경계를 설정하여 조직의 정체성을 제공
  ㉢ 모방과 학습을 통하여 구성원을 사회화하는 기능을 함
  ㉣ 구성원들이 조직에 몰입하도록 만듦
  ㉤ 규범의 공유에 의해 조직의 생산성을 높이고, 조직에 대한 충성심과 복종심을 유도
  ㉥ 구성원을 통합하여 응집력, 동질감, 일체감을 높임
  ㉦ 구성원의 일탈 행위에 대한 통제기능을 함
② 조직문화의 역기능
  ㉠ 부서별 독자적인 조직문화로 인하여 조직 내부의 조정과 통합에 어려움이 생김
  ㉡ 집단사고의 폐단으로 조직의 유연성과 구성원들의 창의력을 저하
  ㉢ 초기에는 조직문화가 순기능을 하지만 장기적인 관점에서는 문화의 경직성으로 인해 변화와 개혁의 장애를 초래하기도 함

SEMI-NOTE

조직문화의 구성요소
• 규범
• 철학
• 지배적 가치관
• 행태 규칙성

문화의 개혁과 연관된 요인
• 충원
• 발전
• 평가 및 보상
• 조직 설계
• 의사소통
• 상징·언어·이야기

조직문화의 특성
• 사고와 행동의 결정요인
• 학습에 의한 공유
• 역사적 산물
• 집합체적·공유적 특성
• 지속성(경로의존성)과 변동저항성
• 통합성과 안정성
• 사회문화의 하위체제

④ 의사전달의 기능
  ㉠ 조정
  ㉡ 동기유발·촉진
  ㉢ 정책결정의 합리화
  ㉣ 사회적 욕구의 충족
  ㉤ 리더십의 발휘
  ㉥ 조직체의 유지

(2) 의사전달망의 유형

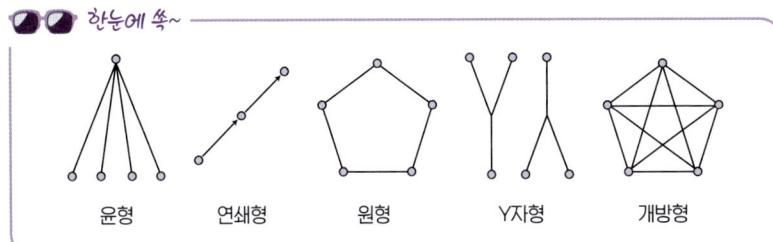

한눈에 쏙~
윤형 연쇄형 원형 Y자형 개방형

① **윤형(wheel, 바퀴형)** : 집단 안에 중심적인 인물이나 리더가 존재하며, 구성원 간의 정보전달이 중심에 있는 한 사람에게 집중되고 있는 형태
② **연쇄형(chain, 사슬형)** : 상사와 부하 간에만 의사전달이 이루어지며 수직적 계층만을 통하여 이루어지는 형태
③ **원형(circle, 반지형)** : 집단구성원 간의 서열이나 지위가 불분명하여 거의 동등한 입장에서 의사전달이 형성되는 유형
④ **Y자형** : 의사전달망의 최상층에 두 개의 대등한 지위가 있거나 반대로 최하위층에 두 개의 대등한 지위를 가진 사람이 있는 유형
⑤ **개방형(all channel, 전체경로형, 자유형)** : 집단 내의 모든 구성원들이 다른 구성원들과 자유롭게 정보를 교환하는 형태
⑥ **혼합형** : 윤형과 개방형이 혼합되어 있는 형태로, 구성원들이 자유롭게 의사전달을 하지만 리더로 여겨지는 한 사람이 중심적 위치를 차지

(3) 의사전달의 장애요인 및 개선방안

구분	장애요인	개선방안
의사소통자 (전달자· 피전달자) 측면	• 준거기준 차이 • 지위상의 차이 • 전달자의 의식적 제한 • 전달자의 자기방어	• 상호접촉 촉진 • 조직 내 관계의 개선 • 하의상달의 권장과 활성화 • 의사전달 조정 집단의 활용
전달수단 및 매개체 측면	• 정보의 과다로 인한 내용 파악 곤란 • 정보의 유실과 불충분한 보존 • 전달매체의 불완전성 • 업무의 과다·폭주로 인한 압박 • 지리적 거리	• 전달매체의 정밀성 제고 • 효율적인 관리정보체계(MIS)의 확립과 시설의 개선 • 의사전달의 반복과 환류·확인 메커니즘 확립

SEMI-NOTE

공식적 의사전달
- **개념** : 공식조직 내에서 계층제적 경로를 거쳐 공식적으로 행하여지는 의사전달. 고전적 조직론에서 강조
- **장점**
  - 상관의 권위 유지
  - 의사전달이 확실하고 편리하며 객관적임
  - 전달자·피전달자가 분명, 책임소재 명확
  - 정보의 신뢰성·정확성, 정책결정에 활용 용이
  - 정보나 근거의 보존 용이
- **단점**
  - 법규에 의거하므로 신축성·융통성이 없고 형식화되기 쉬움
  - 변동하는 사태에 신속한 적응 곤란
  - 복잡·다양한 의사표현 곤란
  - 배후사정을 전달하기 곤란
  - 근거가 남기 때문에 기밀유지 곤란

비공식적 의사전달
- **개념** : 계층제나 공식적 직책을 떠나 조직구성원 간의 친분, 상호신뢰와 현실적인 인간관계 등을 통해 이루어지는 의사전달
- **장점**
  - 형식에 구애되지 않아 신속성, 융통성, 적응성이 높음
  - 의사소통과정에서 구성원의 긴장감·소외감 해소, 개인적 욕구 충족
  - 배후사정까지 자세히 전달
  - 공식적 의사전달을 보완
  - 관리자에 대한 조언 기능
  - 구성원 간 행동의 통일성 확보
- **단점**
  - 수직적 계층 하에서 상관의 공식적 권위를 손상
  - 공식적 의사전달기능을 마비시킴
  - 의사전달에 대한 통제·조정 곤란, 책임소재의 불분명
  - 비신뢰성(애매·왜곡)·부정확성, 의사결정에 활용 곤란
  - 개인적 목적에 역이용, 목표 전환의 우려

② 한계
  ㉠ 책임운영기관의 비대화, 정부팽창 은폐 및 민영화의 회피수단의 악용 가능
  ㉡ 기관장의 신분보장 미흡으로 소신 있는 책임운영기관의 관리가 어려움
  ㉢ 기관장의 책무를 구체적으로 규정한다 해도 운영상의 책임한계 문제가 대두될 가능성이 높음
  ㉣ 정책과 집행기관의 분리는 강한 수직적 통합이 요구될 때 한계를 지님

03절 조직의 관리

1. 의사전달(communication, 의사소통)

(1) 의사전달의 의의

① 개념 : 복수의 행정주체가 결정에 필요한 정보나 자료 등을 서로 교환하여 의미를 공유하는 과정

② 특성
  ㉠ 의사전달은 원칙적으로 개인(정보 전달자와 피전달자) 간의 과정
  ㉡ 원칙적으로 목적 지향적(어떤 영향을 미치게 하거나 알리려 함)
  ㉢ 조직 내의 모든 상호작용은 의사전달을 내포
  ㉣ 의사전달이 없으면 조직은 성립될 수 없음(의사전달은 조직의 생명선에 해당)

③ 의사전달과정
  ㉠ 일반적 과정 : 발신자(전달자) → 코드화 및 발송 → 통로(전송채널이나 수단) → 수신자(피전달자) → 해독 → 환류(수신자의 반응)
  ㉡ 피셔(F. Fisher)모형

  ㉢ 레드필드(C. Redfield)모형

SEMI-NOTE

의사전달의 구성요소
전달자, 전달내용, 전달수단·매체와 방법, 피전달자, 반응 및 전달효과 등

의사전달과정의 핵심 요소
- 발신자와 수신자의 존재
- 발신자는 전달자를 의미하며, 전달자의 의도는 상징을 통해 기호화(coding)됨
- 수신자는 정보를 전달받는 사람을 말하며, 수신된 메시지는 상징을 의미로 전환하는 해독화(decoding) 과정을 거침
- 정보전달의 매체 또는 수단
- 정보전달 통로(전송 채널·수단)

경영위탁 (공동출자 법인)	• 설립 : 지방자치단체가 자본금 또는 재산을 민간과 공동 출자·출연(출연은 자치단체가 10% 이상일 것), 독립사업 경영 • 성격 : 법인(주식회사나 재단법인) • 관리책임 : 기관장(대표이사) • 근거법률 : 지방자치단체 출자·출연 기관의 운영에 관한 법률

② 경영에 대한 감독 및 통제
  ㉠ 경영평가 : 행정안전부장관은 지방공기업에 대한 경영평가를 하고, 그 결과에 따라 필요한 조치를 해야 함
  ㉡ 경영진단 및 경영 개선 명령 : 행정안전부장관은 경영평가를 하거나 경영평가 관련 서류 등을 분석한 결과 특별한 대책이 필요하다고 인정되는 지방공기업에 따로 경영진단을 실시하고, 그 결과를 공개할 수 있음

6. 책임운영기관

(1) 책임운영기관의 개념 및 특성

① 개념
  ㉠ 정부가 수행하는 사무 중 공공성을 유지하면서도 경쟁원리에 따라 운영하는 것이 바람직한 집행적 사무에 대하여 책임운영기관장에게 행정 및 재정상의 자율성을 부여하고 그 운영성과에 대하여 책임을 지도록 하는 행정기관
  ㉡ 인사·보수·조직관리 등의 면에서 책임운영기관이 자율적으로 운영하며, 장관과 책임운영기관장 사이에 계약한 사업계획·재정목표 등의 달성 정도에 따라 인사·보수(성과금) 등에 있어서 우대를 받도록 함

② 특성

결정과 집행의 분리 및 집행기능 중심	결정과 집행을 통합 수행하던 중앙정부의 기능 중 집행 및 서비스 기능을 분리하여 수행
성과 중심, 성과에 대한 책임	장관과 기관장 간의 성과협약을 통해 성과목표와 사업계획을 설정하며, 기관장은 결과 및 성과에 대해 책임을 짐
개방적 조직	공직 내외에서 인재를 공개모집하여 계약직을 채용하며, 성과급적 연봉을 지급함
융통성 및 자율성, 책임의 조화	운영에 필요한 인사·조직·예산 등에 있어 기관장에게 재량과 융통성을 부여하되 그 결과에 대해 책임을 지도록 함
내부시장화 조직	민간기업의 경쟁을 도입하고 수익자부담주의, 기업회계방식 등 기업화된 조직의 성격을 지님
기관장의 계약제	성과에 대한 책임추구를 용이하게 하기 위해 계약직으로 보하며, 계약 임용기간은 2~5년

(2) 책임운영기관의 기능 및 한계

① 기능 : 행정의 기능을 서비스와 규제, 조타수 역할(방향잡기)과 노젓기 역할로 나눌 때, 책임운영기관은 서비스 기능 중 노젓기 기능을 수행함

SEMI-NOTE

책임운영기관의 내부구조
책임운영기관의 내부구조는 전통적인 계층제 구조를 띠며, 구성원의 신분도 공무원임

책임운영기관의 기본성격
• 신공공관리론에서 주장하는 민간관리 방식을 도입하여 관리자에게 보다 많은 신축성(재량권)을 부여한 다음 그 성과에 따라 책임을 묻도록 함
• 국방이나 보건, 교도소 등의 순수 공공재는 성격상 대상 사업이 될 수 없음
• 책임운영기관의 성격은 정부조직이며, 구성원도 공무원 신분을 유지

책임운영기관의 구체적 적용 대상
• 공공성이 강하여 민영화가 곤란한 분야
• 성과관리가 용이한 분야
• 내부시장화가 필요한 분야
• 자체 재원 확보가 가능한 분야
• 중앙정부와 지방정부 간의 서비스 통합이 필요한 분야

SEMI-NOTE

공공기관으로 지정할 수 없는 기관
- 구성원 상호 간 상호부조·복리증진·권익향상 또는 영업질서 유지 등을 목적으로 설립된 기관
  예) 한국학교병명협회, 재향군인회, 공인회계사회 등
- 지방자치단체가 설립하고, 그 운영에 관여하는 기관
  예) 지방직영기업, 지방공사, 지방공단 등
- 방송법에 따른 한국방송공사(KBS)와 한국교육방송공사법에 따른 한국교육방송공사(EBS)

② 공기업·준정부기관의 운영

경영지침	기획재정부장관은 운영위원회의 심의·의결을 거쳐 공기업·준정부기관 및 주무기관의 장에게 조직운영, 정원, 인사, 예산 등에 관한 경영지침 통보
성과계약	주무기관장은 기관장과, 기관장은 상임이사 등과 성과계약 체결
경영목표 수립	기관장은 다음 연도를 포함한 5회계연도 이상의 중장기 경영목표를 설정, 이사회 의결을 거쳐 확정 후 매년 10월 31일까지 기획재정부장관과 주무기관의 장에게 제출
경영실적 등의 보고	매년 3월 20일까지 전년도의 경영실적을 기재한 경영실적보고서와 기관장이 체결한 계약의 이행에 관한 보고서를 작성하여 기획재정부장관과 주무기관의 장에게 제출
경영실적 평가	기획재정부장관은 경영실적을 평가하여 부진한 경우 운영위원회의 심의·의결을 거쳐 기관장·상임이사의 임명권자에게 그 해임을 건의·요구 가능
고객헌장 등	국민에게 직접 서비스를 제공하는 기관은 고객헌장 제정·공표, 연 1회 이상 고객만족도 조사 실시
회계원칙	정부회계연도를 따르되, 발생주의 적용 의무화
예산편성·의결	기관장은 예산안을 편성하여 다음 회계연도 개시 전까지 이사회에 제출. 예산안은 이사회 의결로 확정
예산의 보고	기관장은 예산 확정 또는 변경 시 지체 없이 기획재정부장관, 주무기관장 및 감사원장에게 보고하고 국회 소관 상임위원회에 그 내용을 제출
결산서 작성 및 회계감사	회계연도가 종료되면 지체 없이 그 회계연도의 결산서를 작성하고, 감사원규칙이 정하는 바에 따라 선임된 회계감사인의 회계감사를 받아야 함
결산승인	회계감사를 거친 결산서를 공기업은 기획재정부장관에게, 준정부기관은 주무기관의장에게 다음 연도 2월 말일까지 각각 제출하고 3월 31일까지 승인을 받아 결산을 확정
감사	감사원은 별도로 감사원법에 따라 공기업과 준정부기관의 업무와 회계에 관하여 감사 실시 가능

(4) 지방공기업

① 지방공기업의 유형

직접경영 (지방직영 기업)	• 설립 : 지방자치단체가 직접 경영. 공기업특별회계로 운영(상수도, 하수도, 공영개발, 지역개발기금, 도시개발 등), 수익성에 관계없이 공공서비스의 지속적 공급 가능 • 성격 : 정부조직(구성원은 공무원), 법인격 없음 • 관리책임 : 관리자(공무원) • 근거법률 : 지방공기업법
간접경영	• 지방공단 : 지방자치단체가 전액 출자, 민간 출자 불허, 지방정부의 특정 사무 대행(지방정부가 위탁한 것만) • 지방공사 : 지방자치단체가 전액 출자 또는 민간(외국인·외국법인 포함)과 공동출자(민간이 50% 미만 출자 가능), 독립사업 경영 + 지방정부의 특정 사무 대행 • 성격 : 법인(구성원은 공무원이 아님) • 관리책임 : 이사장(지방공단), 사장(지방공사) • 근거법률 : 지방공기업법

지방공기업의 공통 특징
- 설립주체 : 지방자치단체
- 경영의 기본원칙 : 공익성과 수익성의 조화(공기업의 경제성과 공공복리를 증대하도록 운영), 독립채산제 적용. 지방공기업 경영 시 민간경제를 위축시키거나, 공정하고 자유로운 경제질서를 해치거나, 환경을 훼손시키지 않도록 노력
- 재원조달 : 수익자 및 원인자 부담원칙
- 사업연도 : 지방자치단체의 일반회계의 회계연도에 따름
- 예산회계 : 발생주의·복식부기 적용
- 관리책임 : 지방직영기업은 관리자 지정. 지방공사는 사장을, 지방공단은 이사장을 임명

③ 공기업 유형의 비교

구분	정부부처형	주식회사형	공사형
독립성	없음	독립된 법인(법인격), 당사자능력 보유	
설치 근거	정부조직법	회사법 또는 특별법	특별법
정부 출자	전부 정부예산	5할 이상 정부 출자 (민·관 공동투자 주식 보유)	전부 정부 출자
이념	공공성 > 기업성	공공성 < 기업성	공공성 + 기업성(조화)
직원 신분	공무원	임원은 준공무원, 직원은 회사원(공무원 아님)	
예산회계	국가예산, 특별회계(정부기업예산법, 국가재정법)	국가예산 아니며, 독립채산제(공공기관의 운영에 관한 법률)	
예산 성립	국회의 예산의결 필요	국회의결 불필요(이사회 의결로 성립)	
해당기관 및 기업	우편사업·우체국예금사업·양곡관리사업·조달사업, 책임운영기관	한국전력공사, 한국도로공사 등	한국철도공사, 토지주택공사 등
도입 국가	관료주의 국가형	대륙형, 개발도상국형	영미형
조직 특징	독임형(이사회 없음)	의결기관(합의제, 이사회)과 집행기관(독임형, 사장·총재)이 분리된 이중기관제	

(3) 공공기관의 운영

① **공공기관의 유형** : 기획재정부장관은 공공기관을 공기업·준정부기관과 기타공공기관으로 구분하여 지정하되, 공기업과 준정부기관은 직원 정원이 50인 이상인 공공기관 중에서 지정

공기업		준정부기관	
직원 정원 50명 이상, 총수입액 30억원 이상, 자산규모 10억원 이상			
총수입액 중 자체수입액 비중이 50% 이상인 공공기관을 지정(시장성이 더 큼)		공기업이 아닌 공공기관 중 지정(시장성보다 공공성이 더 큼)	
시장형 공기업	준시장형 공기업	기금관리형 준정부기관	위탁집행형 준정부기관
• 자산규모가 2조원 이상 • 총수입액 중 자체수입액 비중이 85% 이상	시장형 공기업이 아닌 공기업	국가재정법에 따라 기금을 관리하거나 기금 관리를 위탁받은 준정부기관	기금관리형 준정부기관이 아닌 준정부기관

SEMI-NOTE

각 공기업의 특징
- 정부부처형 공기업
  - 철저한 공공성
  - 운영의 관료주의화 초래, 창의성·탄력성 부족, 만성적 재정적자
- 공사형 공기업
  - 영미형(전형적인 이상형)
  - 가장 합리적인 공기업 형태
- 주식회사형 공기업
  - 대륙계·개도국형(과도기형)
  - 혼합기업
  - 주식의 매입·매도를 통해 정부의 탄력적인 경제정책 추진
  - 운영이 너무 복잡

우리나라 공기업 현황

시장형 (16개)	준시장형 (20개)
인천국제공항공사, 한국공항공사, 부산항만공사, 인천항만공사, 한국지역난방공사, 한국전력공사, 한국석유공사, 한국가스공사, 한국수력원자력, 한국광물자원공사, 한국중부발전, 한국남부발전, 한국남동발전, 한국서부발전, 한국동서발전, 강원랜드	한국토지주택공사, 주택도시보증공사, 제주국제자유도시개발센터, 한국감정원, 한국도로공사, 한국철도공사, 한국수자원공사, 한국조폐공사, 한국마사회, 한국방송광고진흥공사, 대한석탄공사, 여수광양항만공사, 울산항만공사, 해양환경관리공단, 그랜드코리아레저, 한국전력기술, 한국가스기술공사, 한전KDN, 한전KPS, 주식회사 에스알

SEMI-NOTE

공공성과 기업성의 관계
공공성과 기업성을 동시에 추구해 나가는 것이 바람직함

공기업의 발달요인
- 사기업에 전담시킬 수 없는 독점성이 강한 서비스의 존재 예 철도, 통신, 전력
- 국방 및 국가 전략상의 고려 예 방위산업, 군수업
- 공공수요의 충족 예 주택
- 재정적 수요의 충족 예 과거의담배, 인삼
- 민간이 감당하기 어려운 막대한 고정자본 소요 예 전력, 철도
- 위기적 사업관리나 유도 · 개발 전략
- 사기업의 비대방지, 독과점 규제 등 경제적 수혜구조 조정의 필요
- 정당의 정강정책이나 정치적 신조 · 신념
- 정치적 유산 예 광복 후의 석탄, 전력 등 국가귀속산업

정부부처형 공기업의 제약
- 조직상의 제약 : 정부조직에 해당하므로 조직개편 시 법령 개정을 요함
- 재정상의 제약 : 예산의 국회의결을 요하며, 예산 전용 등에 제약이 있어 신축적 재정운영이 곤란
- 인사상의 제약 : 공무원의 신분이므로 임용, 승진, 보수 등에 있어 일반공무원과 동일한 절차를 요함

5. 공기업

(1) 공기업의 의의 ★ 빈출개념

① 개념 : 국가나 공공단체가 공공수요의 충족을 목적으로 주로 공채 및 차입금으로 출자 및 관리 · 지배하여 수행하는 기업적 성격의 사업으로, 공공성과 기업성을 갖춤

② 원칙 및 이념
  ㉠ 경영원칙

공공성의 원칙 (공공성)	• 이윤극대화보다 공공수요 충족과 공익 실현이 일차적 목적(공기업에 대한 통제 근거) • 공공서비스의 원칙과 공공규제의 원칙이 있음
기업성의 원칙 (기업성)	• 공기업은 원가보상주의적 · 수익주의적 형태를 지니고 이윤을 추구 • 자주성 · 융통성이 보장되어야 하며, 독립채산제 · 생산성의 원칙 등이 강조됨

  ㉡ 이념 : 민주성(책임성 · 통제성), 능률성(자율성 · 자주성)

(2) 공기업의 유형

① 공기업의 유형 분류(광의의 공기업 분류)
  ㉠ 강학상(이론상)의 유형 분류(Friedman) : 정부부처형, 주식회사형, 공사형 공기업(조직형태에 따른 일반적 분류)
  ㉡ 실정법상의 유형 분류

정부기업 (정부기업예산법 적용)	순수정부기업과 책임운영기관(기업형 기관) 형태로 분리 · 운영
공공기관 (공공기관의 운영에 관한 법률 적용)	• 공기업 : 시장형 공기업, 준시장형 공기업 • 준정부기관 : 기금관리형 준정부기관, 위탁집행형 준정부기관 • 기타 공공기관 : 공기업과 준정부기관을 제외한 공공기관

② 일반적인 공기업 유형(조직형태에 따른 분류)

정부 부처형 공기업 (정부기업)	• 실정법상의 정부기업을 말하는 것으로, 우편사업 · 우체국예금 · 조달사업 · 양곡관리사업, 책임운영기관 등이 있음 • 직원은 공무원이므로 일반공무원과 동일한 임용 및 근무조건이 적용됨 • 중앙관서나 소속기관(책임운영기관 등) 형태로 운영됨
주식 회사형 공기업	• 주식자본조직을 갖는 법인형 공기업으로서 민간자본과 정부가 결합된 혼합형 기업(유럽국가에서 주로 운영되는 유형) • 상법이나 특별법에 의해 주식회사 형태로 설립 • 임원은 주주총회에서 선출되며, 직원은 공무원 신분이 아님
공사형 공기업	• 주식자본조직을 갖지 않는 법인형 공기업으로서 정부가 전액 출자하여 설립하는 유형(공공성과 기업성의 조화를 추구) • 일반행정기관에 적용되는 예산 · 회계 관련 법령이 아닌 공공기관의 운영에 관한 법률과 감사원법 등이 적용됨 • 정부가 임명하는 임원은 준공무원의 신분을 가지나, 직원은 공무원이 아님

4. 위원회

(1) 위원회의 의의

① 개념 : 단독제 · 독임형에 대응하는 개념으로서, 민주적 정책결정과 조정 촉진을 위해 복수의 구성원으로 이루어진 합의제 행정기관을 말함

② 장단점

장점	단점
• 의사결정의 민주성 · 신중성 · 공정성 확보 • 정치적 중립성과 정책의 계속성 제고 • 집단결정을 통한 안정성 · 지속성 확보 • 전문지식 · 기술, 경험을 지닌 전문가 활용 • 의사소통의 원활화, 업무처리의 혼란방지 • 계층제의 경직성 완화와 창의적 결정 가능 • 권력재분배에 유리(분권적 의사결정) • 참여를 통한 관리자 양성의 계기, 사기앙양	• 신속한 의사결정이 곤란(의사결정의 지연) • 과다한 경비 지출 • 합의 도출의 곤란 • 비밀(기밀성) 확보 곤란 • 책임의 전가 우려 • 소수의 전제화 우려 • 통솔력의 약화 • 사무국의 우월화

(2) 위원회의 유형

① 일반적 유형

자문 위원회	• 조직이나 조직구성원에 대한 자문에 응하고, 시민의 의견을 집약하여 행정에 반영시키는 막료기관적 성격의 합의제 기관 • 공식적인 행정관청으로 볼 수 없고 독립성이 미약함 • 조언이나 정책에 대한 지지 유도기능 등을 주로 담당(결정의 법적 구속력 없음)
조정 위원회	• 행정기관이나 구성원의 상이한 의견을 통합 · 조정할 목적으로 설치된 합의제 조직 • 위원회의 결정은 건의 · 자문의 성질만 지니는 것(사학분쟁조정위원회 등)이 있고 법적 구속력(의결권)을 지니는 것도 있음(중앙환경분쟁조정위원회 등)
행정 위원회	• 어느 정도의 중립성과 독립성을 부여받아 설치되는 행정관청적 성격의 위원회 • 합의제 기관으로서, 그 결정은 법적 구속력을 가짐 • 원칙적으로 법률에 의해 설치되며, 사무기구와 상임위원회를 둠 • 미국의 독립규제위원회도 넓은 의미의 행정위원회에 속함
독립 규제 위원회	• 19세기 말 자본주의의 발달에 수반된 경제 · 사회문제의 규제를 위해 형성된 것으로, 행정부로부터 독립하여 준입법권 · 준사법권을 가지고 특수 업무를 수행하거나 규제하기 위하여 설치된 합의제 · 회의제 기관 • 주로 경제 · 사회분야 위원회라는 점에서 일반행정분야의 관청적 위원회와 구별됨 • 우리나라의 경우 미국의 독립규제위원회와 같은 위원회는 존재하지 않지만, 중앙선거관리위원회, 금융통화위원회, 공정거래위원회, 방송통신위원회, 중앙노동위원회, 국가인권위원회 등이 유사

SEMI-NOTE

위원회의 특징
- 다수의 결정에 의한 합의적 · 민주적 성격을 지님
- 계층제 조직에 비해 상대적으로 수평화되고 경직성이 완화된 형태
- 분권적이고 참여적 구조를 지니며, 다수지배적인 복합적 성격을 띰
- 전문가의 참여로 행정의 효율성 및 전문성을 제고
- 대부분 경제적 · 사회적 규제업무를 수행

사무국의 우월화
사실 확인 및 조사 등 위원회의 결정을 지원하는 사무기구가 위원회 결정에 주도적 영향을 미침

행정위원회의 특징
- 일선행정에 대한 규제, 정책 · 기획 · 조정 기능을 수행
- 준사법권(조정, 판정, 결정, 재결), 준입법권(규칙제정권)을 지님
- 법적 강력력이 있는 집행권을 지니며, 부처 편제에 있어 어느 정도 독립적

SEMI-NOTE

우리나라의 막료제도
- **보좌기관** : 행정기관이 그 기능을 원활히 수행할 수 있도록 그 기관장이나 보조기관을 보좌함으로써 행정기관의 목적달성에 공헌하는 기관. 보좌기관은 전문적 지식을 활용하여 정책의 기획, 계획의 입안, 연구·조사, 심사·평가 및 홍보와 행정개선 등에 관하여 행정기관의 장이나 그 보조기관을 보좌. 명칭은 정책관·기획관·담당관 등, 필요한 최소한의 하부조직을 둘 수 있음
- **차관보** : 행정각부의 장관이 지시하는 사항에 대하여 장관과 차관을 직접 보좌하는 공무원

행정농도(L. Pondy)
- 행정농도는 전체조직의 총인원에서 유지관리구조가 차지하는 비율을 의미함. 여기서 유지관리구조는 생산활동을 지원하고 조직을 유지하는 기능을 수행하는 인력으로서 참모나 일반관리자를 의미함
- 행정농도는 측정 가능하며 계층의 축소나 분권화 등 행정조직개혁의 지표로 사용되기도 함

② 장단점

장점	단점
• 기관장의 통솔범위의 확대 • 전문적 지식과 경험을 활용한 합리적·창의적결정 및 행정 전문화에 기여 • 조직의 신축성 및 적응성 확보 • 계층제의 형태를 띠지 않는 수평적인 업무	• 계선기관과 갈등·대립·불협화음 • 전문가적 안목의 한계 • 과다한 경비의 지출 • 계선과의 권한과 책임의 한계가 불투명

③ 계선과의 비교

구분	계선	막료
업무 성격	고유 업무수행	지원 업무수행
행정목표 달성	직접적 기여	간접적 기여
권한	결정·집행권	조언의 권한
규모	소규모·대규모 조직	대규모 조직
형태	수직적 계층제	수평적·부차적 조직
조직 원리	명령통일의 원리	행정기관장의 인격 확장
대국민적 관계	직접적·대면적 봉사	간접적 봉사
태도	현실적·실제적·보수적 성향	이상적·개혁적·비판적 성향

④ 계선과 막료의 갈등과 해결방안
  ㉠ 계선과 막료의 갈등 원인
   • 지식·능력·행태의 차이 : 막료는 교육수준이 높고 개인주의적인 반면, 계선은 상대적으로 교육수준이나 전문적 지식이 부족
   • 개혁과 현상유지 : 막료는 비판·개혁을 추구하고 미래지향적 성향이 강한 반면, 계선은 현상유지적·보수적 성향이 강함
   • 심리적 경쟁과 갈등 : 계선은 막료가 기관장을 통해 권한을 침해할 수 있다고 여김
   • 상호 간 직무에 대한 이해 부족
  ㉡ 갈등 해결방안
   • 상호 간 권한과 책임의 명료화를 통해 업무를 이해하고 협조함
   • 공동교육훈련 및 교육훈련 강화를 통해 계선의 능력을 배양하고 막료의 편견을 극복함
   • 의사전달 및 인사교류의 활성화를 통해 상호이해를 증진하고 의사소통을 활성화함
   • 상호접촉을 통한 친밀감을 형성함(대면기회의 확대)
   • 기관장의 인식을 제고하고 편견을 해소하여 상호협조할 수 있는 원만한 분위기를 조성함

- 변동·혁신에 신속하게 대응할 수 있어 높은 환경적응도와 창조성을 요구하는 조직에 적합
ⓒ 탈관료제의 한계
- 권위적인 계층의 명확한 구분이 없기 때문에 조정과 통합이 곤란
- 임시적인 조직이기 때문에 조직의 불안정성으로 인한 구성원들의 긴장과 심리적 불안을 유발
- 조직구조의 변경과 재설계 문제에만 중시하여 인간 본성에 대한 배려가 부족
- 관료제에서와 같은 기계적 모형이 갖추고 있는 조직의 정밀성·안정성·효율성·통일성·일관성이 결여

3. 계선과 막료

(1) 계선

① 특성
㉠ 계층제적 형태를 띠며, 명령통일·통솔범위의 원칙에 따라 편성됨
㉡ 최고책임자를 정점으로 하는 수직적 명령복종관계를 지님
㉢ 국민과 직접 접촉하는 대민성을 지님
㉣ 행정목표의 달성에 직접적으로 기여하며, 결정권과 집행권을 가짐

② 장단점

장점	단점
• 명확한 권한과 책임 • 신속한 결정으로 시간과 경비 절약 • 명령복종의 권한관계에 따라 강력한 통솔력 행사 • 조직의 안정을 기할 수 있으며, 단순한 업무와 소규모 조직에 적합	• 결정권이 최고관리층에 집중되어 주관적·독단적인 결정 초래 • 조직의 경직화로 민주성·신축성 결여 • 부문 간 업무 중복으로 조직운용의 효율성 저하 • 막료에 비하여 전문적인 지식과 기능을 불충분하게 활용

(2) 막료

① 특성 및 유형
㉠ 특성
- 전문지식을 가지고 계선기관의 기능을 인격적으로 보완
- 국민과 직접 접촉하지 않는 비대민성을 가짐
- 구체적인 집행권이나 명령권을 행사할 수 없음

㉡ 유형

화이트(L. White)의 분류	• 서비스형(보조형) 막료 : 조직을 유지·관리하는 보조기관으로, 계선기관에 서비스 제공 • 자문형 막료(정책자문기관) : 정책 자문이나 건의, 기획·조사·연구 등의 기능 담당
서비스의 종류에 따른 분류	일반막료, 특별막료(기술막료), 개인막료

SEMI-NOTE

관료제 옹호론
- 미국 관료제 옹호론(C. Goodsell) : 동태적 조직도 문제가 해결되고 난 후에는 관료제로 다시 회귀한다고 주장
- 카우프만(H. Kaufman) : 관료제에 대한 과다 포장된 두려움은 관료제가 인간에게 통제될 수 있다는 믿음의 붕괴 때문
- 페로우와 다운스(C. Perrow & A. Downs) : 미래에도 관료제조직은 지배적 조직구조가 됨

계선과 계선기관
- 계선 : 명령복종관계를 지닌 수직적 계층제 구조에서 조직 고유의 업무를 직접적으로 수행하는 중추적 기관
- 계선기관 : 장관, 차관, 실장, 국장, 본부장, 과장, 팀장 등

막료와 막료기관
- 막료 : 계선기관의 기능을 지원·보좌함으로써 조직목표 달성에 간접적으로 기여하는 기관, 즉 기획·자문·권고·조정 및 협의·정보수집과 판단·인사·회계·법무·공보·연구 등의 지적 기능을 수행하는 참모기관
- 막료기관 : 차관보, 기획실장, 심의관, 담당관, 위원회, 연구소 등

변증법적 조직 (O. White)		• 조직은 정·반·합의 변증법적 과정을 전부 거친 통합모형이 아니라, 스스로를 계속 발전시키는 단계에 있다며 주장하고 제시한 조직모형 • 고객과 조직 사이의 경직된 전통적인 경계 개념을 타파한 고객 중심의 조직
연합적 이념형 (L. Kirkhart)		• 조직의 기초적 업무 단위는 팀조직(프로젝트팀)으로, 고용관계가 잠정적 • 봉사 대상인 고객 집단의 대표들이 조직에 참여 • 같은 목표를 추구하는 팀조직은 각기 다른 방법을 통해 목표를 달성
비계서제 (F. Thayer)		• 계서제와 경쟁 원리가 인간소외를 초래했다고 여기며, 의사결정의 위임, 고객의 참여, 조직 경계의 개방 등을 통해 계서제의 타파를 주장 • 승진 개념과 보수 차등, 집단 간의 모호하고 유동적인 경계 등을 철폐하는 참여적이고 협동적인 문제해결장치를 발전시킴
견인이론적 조직구조 (Golembiewski)		• 자유로운 업무분위기를 조성하여 조직의 외재적 통제와 억압을 최소화하고 직무수행과 욕구충족의 조화를 이룸 • 업무 성과에 대한 평가를 기본으로 자율규제를 촉진하여 통솔 범위를 확대
이음매 없는 조직 (R. Linden)		• 분할적·편린적인 조직이 아니라 총체적으로 구성된 유기적 조직으로서, 기존의 관료제를 분산적 조직이라 비판하며 고객에게 다양한 통합서비스를 제공 • 성과와 고객만족을 중심으로 업무를 평가 • 조직 내부의 경계가 모호하며 네트워크로 전환 • 고객에 대응하도록 복수기능적 팀에 의해 업무를 수행
팀조직 (project team)		• 특정 사업(project)을 추진하거나 과제를 해결하기 위해서 조직 내의 인적·물적 자원을 결합하여 창설되는 동태적 조직 • 계층제 구조가 아닌 직무의 횡적 연관성을 중시하며 여러 기능을 통합하기 위해 조직된 잠정적인 조직 • 구성원은 정규부서에 소속을 유지하며, 한시적인 사업을 완료하면 복귀
태스크포스 (task force)		• 특별 임무 수행을 위해 각 조직의 전문가를 차출하여 한 사람의 책임자 아래 입체적으로 편성한 조직 • 팀조직에 비하여 존속기간이 길고 보다 대규모의 공식조직이며, 업무 내용의 변경이 가능 • 팀조직이 임시차출의 형식임에 반해, 태스크포스는 구성원이 정규부서에서 이탈하여 전임제로 참여(법적 근거 필요)
매트릭스 (matrix)조직		조직의 신축성 확보를 위해 전통적인 계선적·수직적 기능 구조에 횡적·수평적 사업구조(프로젝트 조직)를 결합시킨 혼합적·이원적 상설조직
네트워크조직		결정과 기획 같은 핵심 기능만 수행하는 조직을 중심에 놓고 다수의 독립된 조직들을 협력 관계로 묶어 수행하는 조직 형태로, 조직의 자체 기능은 핵심 역량 위주로 합리화하고 그 외의 기능은 외부와의 계약을 통해 수행하는 구조

⑤ 탈관료제에 대한 평가
   ㉠ 탈관료제의 장점
   • 전문성·합리성을 갖춘 다양한 전문가들의 협력을 통해 문제해결이 가능함
   • 환경이나 상황이 급변하거나 유동적인 경우에 적합

SEMI-NOTE

견인이론적 조직구조(Golembiewski)
• 수평적 분화의 기준은 기능의 동질성이 아니라, 일의 흐름에 대한 상호관련성으로 여김
• 권한의 흐름이 하향적·일방적인 것이 아니라, 상호적이며 상화(相和)·좌우적인 권한관계를 형성

이음매
조직에서 이음매는 엄격한 계층제와 분업으로 인한 수직적·수평적 분화 현상을 의미하며, 유기적 조직구조에선 이러한 분화보다는 통합을 추구

매트릭스조직의 특징
• 명령계통은 다원화되어 있고, 구성원은 양쪽 구조에 중복 소속되어 기능적 관리자(주로 인사)와 프로젝트 관리자(주로 사업) 간에 권한을 분담
• 환경적 압력이나 부서 간 상호의존관계가 존재하고, 내부자원 활용에 규모의 경제가 존재할 경우에 적절한 조직

ⓛ 비계서적 구조를 추구하며, 조직구조변수(복잡성·공식성·집권성)가 낮음
ⓒ 계선(현상유지)보다 막료의 비중이 큰 유기적 조직
ⓔ 상황적응성, 임무와 기구의 유동성, 조직의 잠정성(가변성)
ⓟ 의사전달의 공개주의
ⓗ 수평적 동료 관계, Y이론에 입각한 자기통제
ⓢ 막료나 전문가를 통한 수평적 분권 또는 조직 하부로의 수직적 분권(선택적 분권화)

③ 애드호크라시(adhocracy, 임시특별조직)
  ㉠ 개념
    • 관료제와 대조적인 조직 개념으로, 탈관료제화 현상에서 나온 평면조직의 일종
    • 문제 해결을 위한 다양한 전문적 지식이나 기술을 가진 이질적 집단으로, 융통성·적응성이 높고 혁신인 성격을 지닌 체제
    • 특별임시위원회, 임시적·역동적·유기적 조직이라고 함
  ㉡ 특성 : 복잡성·공식화·집권화 정도가 모두 낮음
    • 낮은 수준의 복잡성(낮은 수준의 분화) : 수직적 분화(계층화의 정도) 수준이 아주 낮음
    • 낮은 수준의 공식화 : 애드호크라시는 규칙과 규정이 거의 없으며, 신속한 결정과 유연성을 필요로 하기 때문에 공식화·표준화가 불필요함
    • 낮은 수준의 집권화(분권적 의사결정) : 융통성과 신속성을 확보하기 위해 분권적·민주적 의사결정이 요구됨
  ㉢ 형태 및 방식 : 프로젝트팀, 태스크포스, 매트릭스조직, 중복작업집단체제, collegia 조직, 자유형 조직구조 등
  ㉣ 기계적 구조와의 비교

기계적 구조(bureaucracy)	유기적 구조(adhocracy)
• 계층제 • 좁은 직무범위, 명확한 책임관계 • 표준운영절차 • 높은 예측가능성 • 공식적 대인관계 • 명확한 조직목표 • 명확하고 단순한 분업적 과제 • 성과측정 용이 • 금전적 동기부여 • 권위의 정당성 확보	• 다양한 의사전달 채널 • 넓은 직무범위, 모호한 책임관계 • 규칙과 절차의 축소 • 높은 상황적응성 • 비공식적·인간적 대면관계 • 모호한 조직목표 • 모호하고 복잡한 과제 • 성과측정 곤란 • 복합적 동기부여 • 도전받는 권위

④ 탈관료제의 조직 유형 ★ 빈출개념

적응적· 유기적 구조 (W. Bennis)	• 문제의 해결은 전문분야의 사람들이 모여 구성한 집단에 의해 이루어짐 • 의사전달과 조정을 위한 접합점의 역할을 할 사람을 지정 • 구조의 배열은 잠정적

SEMI-NOTE

탈관료제의 등장 배경
• 이론적 배경 : 베버 이론에 대한 비판을 시작으로 발전행정론과 신행정론의 장
• 시대적 배경 : 사회과학 전반의 인본주의적 성향, 환경의 급속한 변동, 지식과 기술의 고도화, 개인의 자율성 및 조직 내부 민주주의에 대한 요청, 인간주의적 사고 등

애드호크라시의 장단점
• 장점
  - 변화에 대한 신속한 대응과 높은 적응성·창의성이 요구되는 조직에 적합
  - 공동목표 달성을 위한 다양한 전문가의 협력을 통한 문제 해결
  - 기술혁신을 촉진함
  - 조직의 민주화 촉진에 기여함
• 단점
  - 상하위층의 업무 및 권한·책임의 불명확으로 갈등이 불가피함
  - 구성원의 대인관계에 문제를 야기하며 심리적 불안감을 조성함
  - 비효율적 구조, 관료제적 기계모형의 정확성이나 편리성이 결여됨
  - 전문화의 이점과 규모의 경제를 조화시키기 곤란함

적응적·유기적 구조의 특징
• 문제중심의 구조
• 집단에 의한 문제 해결
• 조정을 위한 접합점 운영
• 비계서제적 구조
• 구조적 배열의 잠정성
• 문제해결력이 지배하는 구조
• 민주적 리더십에 의한 감독

SEMI-NOTE

항구화 경향
관료제가 성숙하면 파괴하기 어려운 실체가 됨. 권력관계의 사회화를 통해 권력의 망을 형성하여 스스로 지속시키려는 관성과 변동 저항적 형태가 형성

비인간성(인격적 관계의 상실), 인간 소외
조직 내 대인관계의 지나친 몰인정성(impersonality)은 냉담과 무관심 등으로 나타나 인간성을 상실을 초래

문서주의 · 형식주의
문서에 의한 행정업무처리는 번문욕례(red tape, 문서다작주의)를 초래

애드호크라시(adhocracy)
후기관료제 혹은 반(反)관료제모형으로 불리는 애드호크라시는 높은 융통성과 적응성의 동태적 조직 모형으로서 임시특별위원회로 번역되며, 포스트모더니즘의 산물이라고 할 수 있음

④ 근대 관료제의 특징

법규에 의한 지배 (합법성 · 공식성)	관료의 직무와 기능, 책임, 권한배분, 자격요건 등이 명백히 법규에 규정되어 보편성에 근거한 객관적 업무수행이 용이함
공식화 및 문서주의	행정에 관한 결정이나 규칙은 모두 공식화되고, 업무나 직무수행은 문서에 의거해 처리되며 그 결과는 문서로 기록 · 보존됨
고도의 계층제	조직관계가 고도의 계층제의 원리에 의하여 확립되어 있음
업무의 전문화 (분업화) · 세분화	기술적 능력 · 자격에 따라 규정된 기능을 수행하며, 업무의 성질별 · 기능별 분할을 통해 능률성이 제고됨
직업의 전업화 및 전문직업관료제	전문직업관료제로서의 성격을 지니므로 신속 · 정확한 업무수행과 장기적 측면의 비용감축이 가능
공개적 채용	시험 또는 자격증 등을 통해 공개적으로 채용함
고용관계의 자유계약성	직무수행을 위한 신분보장과 평등한 고용관계를 전제로 한 고용의 자유계약성이 인정됨
예측가능성	미래 상황에 대한 명확한 예측을 전제로 목표의 명확화와 능률적 수행이 요구됨
공사분리주의	직무와 직무상의 설비나 재정 등에 있어서 공 · 사가 엄격히 구별됨
비정의성 (몰인간성 · 비인격성 ; impersonality)	• 법규에 근거한 지배로 감정이나 정의적 요소가 배제됨 • 국민의 사정이나 개별적 여건을 고려하기는 어려우며, 보편적 · 일반적 상황을 전제로 한 행정을 추구함
객관주의적 공평성	형식주의, 평등주의 등을 토대로 비개인적이고 객관적으로 업무를 수행함

⑤ 관료제의 순기능과 역기능(병리)

순기능	역기능(병리)
• 인간본성의 상승욕구를 충족시키는 승진제도 • 법 앞의 평등 및 법규에 따른 예측 가능한 행정 확보 • 업무의 표준화 • 신속하고 효율적인 행정 구현 • 고도의 합리주의(공직의 기회균등과 행정과정의 객관화 · 민주화에 기여) • 갈등의 구심적 통합 • 조직의 안정성 · 지속성 보장	• 법규에 의한 지배 • 비인간성(인격적 관계의 상실), 인간 소외 • 문서주의 · 형식주의 • 무사안일주의, 권위나 선례 의존성 • 전문화에 따른 무능 • 변화 · 변동에 대한 저항 • 관료독선주의와 권위주의 • 무능력자의 승진(Peter의 법칙) • 권력구조의 이원화 • 관료제의 과도한 팽창 · 확대(관료제국주의)

(2) 탈관료제(후기관료제)

① 의의 : 1970년대 전통적 관료제조직의 한계가 지적되면서 관료제조직과 반대되는 조직형태로 등장한 모형으로, 애드호크라시(adhocracy, 임시특별위원회)가 대표적 조직
② 탈관료제의 특징
 ㉠ 임무와 문제해결능력 중시, 문제의 집단적(협력적) 해결을 강조

2. 관료제(bureaucracy)

(1) 관료제의 본질

① 관료제의 개념

구조적 관점	관료제는 계층제 형태를 지니며 합법적·합리적 지배가 제도화되어 있는 대규모 조직(M. Weber, R. Merton, P. M. Blau)
정치적(권력적) 관점	관료제를 정치권력을 장악한 대규모 조직(특권집단 등)으로 파악(H. Laski, H. Finer)
구조기능적 관점	구조적 관점과 정치적 관점을 혼합한 접근으로, 관료제를 고도의 계층제 형태를 지니며 합리적·병리적 기능을 수행하는 조직체로 파악(F. Riggs)

② 베버(M. Weber)의 관료제이론
  ㉠ 의의 : 20세기 초 당대의 정치·경제적 현실을 토대로 연구된 가설적 모형(실제 조직에 대한 실존 연구모형이 아님)
  ㉡ 특징

이념형 (ideal type)	현존하는 관료제의 속성을 평균화한 것이 아니라 관료제의 가장 특징적인 것만 추출해서 정립한 가설적 모형(경험보다는 고도의 사유과정을 통해 구성)
합리성	관료제를 기계적 정형성을 가지며 목표 달성을 위하여 인적·물적 자원을 집중적이고 최고도로 활용하도록 편제된 가장 합리적 조직으로 봄
보편성	관료제는 국가뿐만 아니라 공·사의 모든 대규모 조직에 보편적으로 존재

  ㉢ 지배유형 : 베버는 관료제의 대표적인 형태인 이념형 관료제의 입장에서 권위의 정당성을 기준으로 지배의 유형을 세 가지로 분류함(현실에 그대로 적용되는 것이 아니라 많은 혼합형이 존재한다고 파악)

③ 근대 관료제의 성립 배경

화폐경제 발달	봉건관료의 현물급여와는 달리, 근대관료는 규칙적 화폐급여의 형태를 취하고 있기 때문에 화폐경제의 발달이 전제가 됨
행정업무의 양적 증대와 질적 발달	행정업무의 양적 증대와 질적 전문화 및 기술화가 합리적 관리를 내세운 관료제의 성립 배경이 됨
물적 관리수단의 집중화	물적 수단을 집중관리하는 데에 필요한 근대예산제도의 탄생은 관료제를 필요로 함
관료제적 조직의 기술적 우위성	직업관료제란 기술적 능력에 의한 기술관료제로서 정확성, 지속성, 통일성, 신속성, 엄격한 복종, 물적·인적 비용 절약 등의 기술적 우위성을 지님
기타	사회의 세속화, 자본주의 경제체제의 성장, 법 앞의 평등에 의한 사회적 차별의 평준화, 제2차 집단의 발달

SEMI-NOTE

이념형 관료제
이념형(ideal type) 관료제는 현존하는 관료제의 속성을 경험적으로 추출하거나 평균화하여 정립한 것이 아니라 사유작용에 의해 가장 합리적으로 작업능률을 극대화시키는 이상적 조직의 조건으로서 정립한 가설적 모형

지배의 세 가지 유형(M. Weber)
- **전통적 지배** : 정당성의 근거가 전통과 관례에 있다고 보는 입장이며, 가산관료제가 대표적 예 왕, 족장 등
- **카리스마적 지배** : 정당성의 근거가 개인의 비범한 능력이나 초인적인 품성에 있는 것으로 보는 입장으로, 위기나 재난 시 주로 등장하는 카리스마적 관료제가 대표적 예 종교지도자, 군지도자 등
- **합법적 지배** : 정당성의 근거가 근대 법치주의나 합리주의에 있다고 보는 입장으로, 근대사회를 특징짓는 합법적·합리적 근대 관료제가 대표적 예 가장 순수한 형태의 정통관료제, 근대 직업관료제·실적관료제 등

SEMI-NOTE

우드워드(J. Woodward)의 기술유형론(1965)

기술유형에 따른 조직구조의 적합성이 조직의 효과성을 좌우한다는 이론으로, 생산기술이 조직설계에 미치는 영향을 실증적 연구를 토대로 주장하여 구조적 상황이론의 발전에 기여. 소단위 생산체 → 대단위 생산체 → 연속 생산체로 갈수록 기술의 복잡성 증가, 관리계층 수 증가, 관리자 비율 증가

명령통일의 필요성(중요성)
- 조직 지위의 안정성과 질서 유지, 심리적 안정, 부하직원에 대한 통제
- 업무의 책임성 확보, 업무의 신속성과 의사전달의 효율성 향상

조정의 저해요인
- 조직의 거대화·비대화
- 행정의 전문화와 분권화, 행정기관의 할거주의, 횡적 의사전달의 미흡
- 정치적 압력이나 이해관계
- 전근대적 가치관 및 태도
- 관리자의 조정능력 부족 및 조정기구 결여

ⓒ 기술
- 의의 : 조직의 투입을 산출로 전환시키는 데 필요한 지식·과정·방법 등의 모든 활동
- 특성

기술과 복잡성	대체로 일상적 기술일수록 복잡성은 낮고, 비일상적 기술일수록 복잡성이 높음
기술과 공식성	대체로 일상적 기술일수록 공식성이 높고(표준화 용이), 비일상적인 기술일수록 공식성이 낮음
기술과 집권성	양자는 상관도가 낮고 타 변수의 개입에 따라 영향을 받는 경향이 있으나, 대체로 일상적 기술은 집권화를, 비일상적 기술은 분권화를 초래함

(2) 조직의 원리(조직구조의 형성원리)

① 개관
  ㉠ 의의 : 복잡하고 거대한 조직을 합리적으로 편제하고 능률적으로 관리하여 목표를 효율적으로 달성하기 위해 적용되는 일반적·보편적 원리
  ㉡ 구분

분업을 위한 원리	분업(전문화) 원리, 부성화 원리, 참모조직의 원리, 기능명시의 원리
조정을 위한 원리	조정의 원리, 계층제 원리, 통솔범위의 원리, 집권화의 원리, 목표 중시의 원리, 일치성의 원리, 예외성의 원리

② 주요 조직원리

계층제의 원리	계층제란 권한과 책임의 정도에 따라 직무를 등급화시키고 이에 따라 상하 계층을 설정하여 지휘 및 명령계통을 확립시킨 피라미드형의 직제를 말함
분업(전문화)의 원리	업무를 성질별·기능별로 분할하여 계속적인 수행을 거쳐 조직의 능률성을 제고하고자 하는 원리로, 기능의 원리라고도 함
명령통일의 원리	한 사람의 상관에게만 보고하고 명령을 받아야 한다는 원리
통솔범위의 원리	1인의 상관이 효과적으로 감독할 수 있는 부하의 수에 관한 원리
조정의 원리	공동목표 달성을 위해 행동의 통일을 이루도록 집단적 노력을 정연하게 배열하는 과정, 즉 분열된 의견과 세분화된 업무를 조직목표에 비추어 통합하는 것
부처편성의 원리 (부성화의 원리)	정부기능의 합리적·능률적 달성을 위해 조직을 편성하는 원리로, 수평적 전문화와 관리 단위의 분화기준 및 방법을 말함

역기능	• 지나친 공식화는 구성원의 자율성을 제약하고 소외감을 초래하며, 상하 간의 민주적·인간적 의존관계를 무너뜨림 • 비정형적 의사결정사항이 최고관리층에 집중되며, 집권화를 촉진 • 행정의 재량범위를 축소하며, 변화하는 조직환경에 대한 탄력적 대응이 곤란함 • 문서주의나 번문욕례의 폐단 발생

ⓒ 집권화(집권성)
- 의의 : 조직 내의 권력배분 양태에 관한 것으로, 권력 중추로부터 권력이 위임되는 수준을 말함
- 집권·분권의 촉진요인

집권의 촉진요인	분권의 촉진요인
• SOP, 규칙과 절차의 합리성·효과성 • 최고관리층의 권력욕 • 권위주의적 문화, 계서적 원리의 지배 • 역사가 짧은 소규모 신설 조직 • 조직 통일성·일관성에 대한 요청 • 정보통신기술의 발달(신속한 전달) • 재정 규모의 팽창 • 중요성·관심도가 높은 사항이나 기능	• 기술 및 환경변화의 격동성·불확실성 • 사회의 민주화 • 구성원의 참여와 자율적 동기유발 전략 • 조직참여자의 창의성 강조 • 현대조직의 규모 확대 • 기술수준의 고도화, 인적 전문화와 능력 향상 • 신속하고 상황적응적인 서비스의 요청

③ 상황변수
ⓐ 환경
- 의의 : 조직 경계 밖의 영역을 말하며, 조직과 상호작용하며 영향을 미치는 상위시스템
- 특성

환경의 불확실성과 복잡성은 역관계	불확실성이 높을 경우 복잡성이 낮음
환경의 불확실성과 공식화는 역관계	불확실성이 낮은 안정된 환경의 경우 집권화된 조직, 공식적인 조직, 생산 지향적인 조직이 유리
환경의 불확실성과 집권화는 역관계	불확실성이 낮은 안정된 환경에서는 집권화(관료제 조직)가, 불확실한 유동적 상황에서는 분권화(동태적 조직)가 유리

ⓑ 규모
- 의의 : 조직구성원의 수와 직결되나, 그 밖에 조직의 범위와 책임, 사업규모, 물적 수용규모, 업무량, 고객의 수, 순자산 등도 규모를 측정하는 구성요소(변수)가 됨
- 특성

규모와 복잡성	조직규모가 커지게 되면 어느 정도까지는 복잡성이 증대
규모와 공식화	조직규모가 커질수록 공식화가 촉진
규모와 집권화	조직규모가 커지면 대체로 일정 수준까지 분권화·전문화가 지속

SEMI-NOTE

집권과 분권의 유형
- 정치(통치)상의 집권·분권은 중앙행정기관과 지방 간의 권한배분 문제와, 행정상의 집권·분권은 행정조직체 내 상하계층으로의 권한배분 문제와 연결됨
- 수직적 분권(일반적 의미의 분권)은 하급자(일반관리자)로의 분권을 말하며, 수평적 분권은 전문가로의 분권을 의미함

환경의 불확실성
복잡성(다양성)과 불안정성(역동성·격동성)으로 구성되며, 복잡하고 불안정한 환경은 불확실성이 높고, 단순하고 안정적인 환경은 불확실성이 낮음

규모와 행정농도
견해가 대립되나 조직규모가 커질수록 부하 수가 증가하므로 관리자의 통솔범위가 확대되고 관리인력 규모가 상대적으로 적어져 행정농도(전체인력 중 유지관리구조의 비율)가 낮아짐

SEMI-NOTE

조직구조
- 조직의 기본적 골격에 해당하는 것으로, 조직구성원들의 '유형화된 교호작용'을 뜻함
- 목표 달성을 위한 협동과 지속적 교호작용 속에서 구성원들의 행위의 유형이 형성됨

기본변수와 상황변수
- 기본변수 : 조직구조의 구성요소(역할·지위·권력)가 지닌 특성이나 정도를 나타낸 것
- 상황변수 : 기본변수에 영향을 미치며, 기본변수가 결정되면 그에 따라 조직설계(처방)가 이루어짐

02절 조직의 구조

1. 조직구조의 본질

(1) 조직구조의 구성요소 및 변수

한눈에 쏙~

① 개관
  ㉠ 조직구조의 구성요소
  ㉡ 조직구조의 변수 : 조직의 효율성에 영향을 주는 구조적 요소나 지표이며, 기본변수와 상황변수로 구분함
② 기본변수
  ㉠ 복잡성(complexity)

수직적 분화	• 직무의 난이도와 책임·권한에 따른 계층화의 정도나 계층의 수, 계층제의 깊이 등을 의미 • 고전적인 기계적 구조는 통솔범위가 좁아 많은 계층이 만들어지므로 수직적 분화의 정도가 높은 반면, 유기적 구조는 수직적 분화의 정도가 낮음
수평적 분화	• 조직이 수행하는 업무(과업)의 세분화를 의미(전문화와 유사) • 직무의 전문화(업무의 분화 또는 분업화)와 사람의 전문화로 나누어짐
장소적 분산	특정 조직의 하위 단위나 인적·물적 시설 자원이 지역적·지리적·장소적으로 분산되어 있는 것

  ㉡ 공식화(공식성)

의의	조직 내의 직무가 표준화·정형화·법규화되어 있는 정도 또는 조직구성원의 행태에 대하여 조직이 규칙·절차에 의존하는 정도
순기능	• 불확실성이나 행동의 변이성을 감소시키고 구성원의 행동을 용이하게 규제 • 조직의 시간 및 활동비용 감소(표준운영절차 등) • 행정의 예측가능성과 안정성을 높여 주고, 조직활동의 혼란 방지 • 신뢰성 향상을 통한 대외관계의 일관성·안정성 유지

공식화의 척도
- 감독 정도 및 자유 재량권의 정도
- 직무기술서와 규정의 세분화 정도
- 법규나 규정의 존재 및 강제 정도
- 작업표준화의 정도

② 조직목표의 기능 ★ 빈출개념
  ㉠ 미래의 행정활동의 방향과 지침을 제시
  ㉡ 조직의 활동이나 목표에 대한 정당성의 근거가 됨
  ㉢ 효과성 및 행정의 성과, 능률성 등의 측정기준이 됨
  ㉣ 조직구성원을 평가할 수 있는 기준을 제시
  ㉤ 조직구성원의 응집성과 동기부여, 효율적인 목표관리(MBO)에 기여
  ㉥ 권위의 수용범위를 확대하며, 행정에 대한 일체감을 부여
③ 조직목표의 유형

기능성 기준 (A. Etzioni)	• 질서목표 : 강제적 조직(경찰서, 교도소, 격리·감금된 정신병원 등)이 내세우는 목표로서, 사회질서유지를 위하여 추구되는 목표 • 경제적 목표 : 공리적 조직(기업, 경제단체)이 내세우는 목표로서, 사회를 위해 재화를 생산·분배하려는 목표 • 문화적(상징적) 목표 : 규범적 조직(학교, 이데올로기 집단, 자선단체, 종교)이 내세우는 목표로서, 문화가치를 창조·발전시키고 상징적 대상이나 가치를 창출
계층성 기준	상위목표와 하위목표가 있으며, 하위목표는 상위목표를 달성하기 위한 수단이 됨(수단-목표의 연쇄관계)
유형성 기준	무형적 목표, 유형적 목표
공식성 기준 (C. Perrow)	공식적 목표, 실질적 목표
이익의 대상에 따른 기준	사회적 목표(사회의 기대), 생산목표(소비자), 투자자의 목표(투자자), 체제유지목표(최고관리자), 파생적 목표(부수적 목표)
목표 수에 따른 기준	단일목표, 다원적 목표
지향 상태에 따른 기준	치료적·소극적 목표, 창조적·적극적 목표

(2) 조직목표의 변동

① **목표의 전환**(전도·왜곡·도치·대치) : 본래의 목표가 다른 목표로 뒤바뀌어 조직의 목표가 왜곡되는 현상. 즉, 본래의 조직목표를 왜곡·망각하여 수단적 가치를 종국적 가치로 전환시키는 것
② **목표의 승계** : 목표 달성 또는 달성 불가능 시 새로운 목표를 재설정하는 것으로, 동태적 보수주의를 초래하여 조직팽창의 원인이 됨
③ **목표의 다원화** : 본래의 목표에 새로운 목표를 추가하는 것
④ **목표의 확대** : 목표의 양이나 수준 등 목표의 범위를 확장하는 것
⑤ **목표의 비중변동** : 조직이 여러 개의 복수목표를 가지고 있을 때 기존의 목표들 간의 우선순위나 비중이 달라지는 것
⑥ **목표의 종결** : 목표가 달성됨에 따라 목표를 폐지하는 것

SEMI-NOTE

조직의 목표 모호성
조직목표가 분명하지 않아 조직구성원이 조직목표를 여러 가지 의미로 받아들이고 해석하는 경우
• **사명이해의 모호성** : 조직의 사명을 이해하고 설명하고 의사소통함에 있어 발생하는 경쟁적 해석의 정도
• **지시적 모호성** : 조직의 사명이나 일반적 목표들을 그 사명을 달성하기 위한 구체적 행동을 위한 지침으로 전환하는 데 있어 발생하는 경쟁적 해석의 정도
• **평가적 모호성** : 조직의 사명을 얼마나 달성했는지 그 진전을 평가하는 데 있어 경쟁적 해석의 정도
• **우선순위 모호성** : 다수의 조직목표들 중 우선순위를 결정하는 데 있어 발생하는 경쟁적 해석의 정도

조직목표 전환의 원인
• 소수 간부의 권력욕(과두제의 철칙)
• 동조과잉현상과 형식주의
• 목표의 지나친 추상성·무형성
• 목표의 과다책정
• 행정의 내부성
• 전문화와 할거주의

3. 거시적 조직이론

(1) 거시적 조직이론의 개관

환경인식 분석수준	결정론적 입장	임의론적 입장
개별조직 관점	체제 구조적 관점 – 구조적 상황론(상황적응론)	• 전략적 선택 관점 – 전략적 선택이론 – 자원의존이론
조직군 관점	• 자연적 선택 관점 – 조직군생태학이론 – 조직경제학이론(대리인 이론, 거래비용이론) – 제도화이론	집단적 관점 – 공동체생태학이론

(2) 거시조직이론의 내용

구조적 상황론 (상황적응이론)	1970년대 전후 강조된 조직이론으로서, 상이한 상황에서 조직이 어떻게 기능하여야 하는가에 관심을 가짐
조직군생태학 이론	환경의 영향력을 중시하여, 조직의 성쇠가 자생적 힘이 아닌 환경의 특성과 선택에 따라 좌우된다는 이론
조직경제학 이론	• 대리인이론 • 거래비용경제학
제도화이론	조직은 사회문화적 규범이나 가치체계 등의 제도적 환경과 부합되도록 그 형태와 구조를 적응해야 한다는 이론으로, 행위가 반복되고 자기와 타인에 의하여 유사한 의미가 부여되는 과정으로 제도화를 이해
전략적 선택이론	조직이 스스로 구조를 결정할 수 있다고 보고, 조직의 생존과 발전을 좌우하는 것은 결국 환경이 아닌 관리자(인간)의 자율적 판단과 인지라 보는 임의론적 · 환경형성론적 이론
자원의존이론	조직의 필요한 모든 자원획득은 불가능하며 희소자원에 대한 통제능력이 관리자의 능력을 좌우한다는 이론으로, 환경에 대한 피동성보다 관리자의 통제능력에 의한 적극적 환경관리를 중시
공동체생태학 이론	조직군생태학이론이 환경에 능동적으로 대처해 나가는 조직의 공동노력을 설명하지 못한다고 비판하고, 조직의 행동과 환경적응 과정을 설명하려고 하는 거시적 이론의 한 분파

4. 조직과 목표

(1) 조직목표의 본질

① 조직목표의 의의
  ㉠ 조직목표는 조직이 달성하고자 하는 미래의 바람직한 상태를 의미함
  ㉡ 시대와 장소에 따라 그 중요성의 비중이 달라지며, 환경에 대응하기 위해 목표가 변동되기도 함

SEMI-NOTE

결정론과 임의론
- **결정론** : 개인이나 조직의 행동이 외부환경의 제약요인에 의해 결정되고, 관리자나 조직은 이에 소극적으로 반응한다는 실증주의 입장(조직을 수동적 종속변수로 인식)
- **임의론** : 조직이 자율적 · 능동적 · 적극적으로 행동하며 환경을 형성한다는 입장(조직을 독립변수로 인식)

대리인이론
- 조직을 주인(위임자)과 대리인 간 상충적 이해관계로 파악해 효용극대화를 추구
- 위임자는 자기의 의도대로 대리인이 일하도록 보수와 같은 유인을 제공하고 대리인의 업무수행을 감시통제
- 상충적 이해관계의 존재와 정보격차로 대리비용(대리손실) 발생(도덕적 해이, 역선택 현상)
- **도덕적 해이와 역선택을 극복하는 방안** : 정보공개, 공청회, 내부고발자보호, 정보공개법 · 행정절차법의 제정 등

조직목표의 특성
공공성, 공익성, 가치관련성, 다원성, 변동성, 단계성, 창조성

화, 부정적·소극적 강화, 처벌, 중단)을 제시하며 이 중 긍정적 강화를 가장 중시함
- 분류

고전적 학습이론 (조건화 이론)	• 고전적 조건화 이론(고전적 관점) : 가장 오래된 학습이론으로서, 조건화된 자극과 조건화된 반응의 과정을 설명한 이론 • 수단적 조건화 이론 : 강화요인(바람직한 결과) 획득을 위하여 어떤 행태적 반응을 보인다는 것을 설명한 이론 • 조작적(작동적) 조건화 이론 : 행동의 결과를 조건화함으로써 행태적 반응을 유발하는 과정을 설명한 것
현대적 학습이론	• 잠재적 학습이론 : 인위적 조작에 해당하는 강화가 없어도 잠재적 학습이 가능하다는 이론 • 자율규제 및 초인지이론 : 인지적 학습이론, 사회적 학습이론, 자율규제이론 등

ⓐ 로크(E. A. Locke)의 목표설정이론
- 목표의 곤란성(난이도)과 구체성(명확성)에 의해 개인성과가 결정된다는 이론
- 목표가 명확하고 구체적이며 적당히 곤란할 때 더욱 노력하게 됨

실력up 공공봉사동기(Public Service Motivation) ★빈출개념

- 의의 : 국민과 사회, 그리고 국가를 위해 봉사하려는 이타적 동기를 가지고 공익 증진 및 공공의 목표 달성을 위해 헌신적으로 기여하고자 하는 공무원들의 고유한 동기
- 특징
  - 개인의 공공봉사동기가 크면 클수록 개인이 공공조직의 구성원이 되고자 하려는 가능성이 더욱 클 것임
  - 공공조직에서는 공공봉사동기가 성과와 정(+)의 관계에 있음
  - 높은 공공봉사동기 수준을 갖는 사람을 유인하는 공공조직은 개인성과를 효과적으로 다루기 위하여 실용적인 인센티브에 보다 적게 의존할 것임
- 공공봉사동기의 세 가지 차원(Perry & Wise)
  - 합리적 차원 : 정책형성과정에 참여, 공공정책에 대한 일체감, 특정한 이해관계에 지지하는 정도
  - 규범적 차원 : 공익적 봉사에 대한 요구, 의무감과 정부 전체에 대한 충성도, 사회적 형평성의 추구
  - 감성적 차원 : 사회적으로 중요한 정책에 대한 몰입, 선의의 애국심

SEMI-NOTE

강화의 유형
- **적극적 강화** : 바람직한 결과의 제공 → 바람직한 행동의 반복을 유도
- **소극적 강화(회피)** : 바람직하지 않은 결과의 제거 → 바람직한 행동의 반복을 유도
- **처벌(제재)** : 바람직하지 않은 결과의 제공 → 바람직하지 않은 행동을 제거
- **소거(중단)** : 바람직한 결과의 제거 → 바람직하지 않은 행동을 제거

로크의 목표설정이론
인간의 행동이 가장 쾌락적인 쪽으로 동기화된다는 기대이론의 가정을 '인지적 쾌락주의'라고 비판하고, 인간의 행동(동기)은 쾌락 정도가 아닌 가치관과 의도에 의해 결정된다고 주장

• 내용

기대감 (expectancy)	자신의 노력이 실제로 성과를 가져오게 할 것이라고 믿는 정도(주관적 확률과 관련된 믿음)
수단성 (instrumentality)	목표 달성(성과)과 보상과의 상관관계(어떤 특정 수준의 성과를 이루면 이에 대한 보상이 적절하게 주어지는가에 대한 관계)에 관한 인지도
유인가 (valence, 유의성)	보상에 대한 개인의 선호 강도(어떤 결과에 대하여 개인이 가지는 가치나 중요성)

• 특징 : 능력이 실제 성과를 거두리라 기대하고, 실제 성과가 승진이나 보상 등의 결과를 가져오리라고 기대할수록 개인의 동기는 강하게 작용하며, 성과에 의심이 많고 성과와 원하는 보상 간에 상관관계가 없다고 믿을수록 동기는 낮게 나타남

ⓒ 포터(Porter)·롤러(Lawler)의 업적만족이론(EPRS이론)
• 만족이 직무성취나 업적 달성을 가져오는 것이 아니라 직무성취나 업적 달성이 만족을 가져다 줄 것이라는 기대가 직무수행능력과 생산성을 좌우한다는 이론
• 노력에 대한 업적이 나타나고 이에 대한 적절한 보상이 주어질 때 만족하여 동기부여가 형성된다는 이론(만족은 업적 달성에 대해 보상이 주어질 것이라는 기대감 또는 보상의 가능성에서 나옴)
• 보상에는 외재적 보상과 내재적 보상이 있으며, 내재적 보상이 외재적 보상보다 중요한 변수이나 보상 그 자체보다는 보상의 공평성에 대한 지각이 가장 중요한 변수가 됨
• 브룸의 기대이론에 기초하여 추가변수를 포함시켜 근무태도와 성과와의 관계에 관한 동기부여이론으로 제시

ⓓ 조고폴로스(B. Georgopoulos)의 통로−목표이론
• 조직의 목표(생산활동)가 구성원의 목표 달성의 통로로서 얼마나 유효하게 작용하는지가 동기부여를 결정한다는 이론
• 동기부여의 정도는 추구하는 목표가 얼마나 개인의 욕구를 충족시켜 줄 수 있느냐 또는 근로자의 생산성 제고 노력이 목표를 얼마나 잘 달성할 수 있느냐에 대한 인식에 달려 있다는 것

ⓔ 앳킨슨(J. Atkinson)의 기대이론
• 행위를 선택함에 있어 결과가 가져다 줄 유인과 행위를 달성할 수 있는 가능성, 행위를 하고 싶어하는 욕구의 정도가 복합적으로 작용하여 동기부여의 강도가 결정됨
• 어떤 행위 선택에 대하여 수행 또는 회피하려는 경우 두 가지를 고려하여 양자 간 교호작용에 의해 개인의 동기가 결정된다고 봄

ⓕ 학습이론(강화이론)
• 의의 : 외적 자극에 의하여 학습된 행동이 유발되는 과정 또는 어떤 행동이 왜 지속되는가를 밝히려는 이론으로, 네 가지 강화수단(긍정적·적극적 강

SEMI-NOTE

EPRS이론
노력(Effort), 업적(Performance), 보상(Reward), 만족(Satisfaction) 등의 변수와 그 상호관계에 중점

조고폴로스의 통로-목표이론
한 개인의 생산성은 매우 복잡한 개인 적 상황적 요인에 의하여 영향을 받으 며, 생산활동의 조직구성원의 개인목표 달성의 통로로서 유효하게 작용하는지 가 생산활동을 좌우함. 개인의 동기는 개인이 추구하는 목적에 반영되어 있 는 개인의 욕구와, 목표달성에 이르는 수단통로로서 생산성 제고 행동이 갖 는 상대적 유용성에 대한 개인의 지각 에 달려 있음

- 내용
  - 권력욕구 : 다른 사람에게 영향을 미치거나 환경을 통제하려는 욕구
  - 친교욕구 : 다른 사람들과 친근하고 인간적인 관계를 지속·발전시키려는 욕구(소속욕구, 결연욕구)
  - 성취욕구 : 어떤 목표나 과업을 성취하려는 욕구
- ⓒ 해크만(Hackman)·올드햄(Oldham)의 직무특성이론
  - 직무의 특성(환경적 요인)이 개인의 심리상태(개인적 요인)와 결합되어 직무수행자의 성장욕구수준에 부합될 때 긍정적인 동기유발효과를 얻게 된다는 내용적 차원의 동기부여이론
  - 동기부여요소(직무의 특성) : 기술다양성, 직무정체성, 직무중요성, 자율성, 환류의 5가지가 동기부여에 중요한 역할을 함(자율성과 환류가 특히 동기부여에 영향을 미친다고 주장)
- ⓒ Z이론
  - 런드스테트(Lundstedt)의 Z이론 : X이론·Y이론이 권위형과 민주형만으로 구분하여 이론을 단순화시켰다고 비판하고 Z이론(자유방임형 조직, 자유방임적 리더십 강조)을 추가
  - 롤리스(Lawless)의 Z이론 : X·Y이론이 절대적 적합성을 가지는 것이 아니며 때나 장소, 조직특성에 따라 적합성이 달라질 수 있다고 주장하여, 상황 적응적 관리와 융통성 있는 관리를 강조한 이론
  - 라모스(Ramos)의 Z이론 : 작용인(조작인, X이론)과 반응인(Y이론)에 이어, 이성과 자율성을 토대로 자기조직을 괄호로 묶어서 조직 밖에서 관조하는 괄호인(호형인, Z이론)을 제시
  - 베니스(Bennis)의 Z이론 : 유기적·적응적 조직의 탐구형 인간을 제시
  - 오우치(Ouchi)의 Z이론 : 미국에 적용한 일본식 Z이론(Z유형의 미국조직)을 제시
② 동기부여의 과정이론
  ㉠ 애덤스(J. S. Adams)의 공정성이론
  - 인간은 준거인과 비교하여 자신의 노력(투입)과 그 대가 간에 불일치(과다보상 또는 과소보상)를 지각하면 이를 제거하는 방향으로 동기가 부여된다는 이론
  - 과소보상을 소극적 비형평성, 과다보상을 적극적 비형평성이라 함
  - 타인과 공평한 교환을 하려는 호혜주의 규범과 생각과 행동을 일치시키고자 하는 인지일관성 정향이 행위유발요인이 됨
  - 비형평성 존재 시의 형평성 회복을 위한 방법으로는 일에 대한 투입의 변동, 받은 보상의 변동, 현장이탈, 준거인의 변경, 비교의 심리적 왜곡, 준거인의 투입 또는 산출에 대한 변동의 야기 등이 있음
  ㉡ 브룸(V. Vroom)의 기대이론(VIE이론)
  - 의의 : 욕구충족과 동기 사이에는 어떤 주관적 평가과정(지각과정)이 개재되어있다고 보며, 그 지각과정을 통한 기대요인의 충족에 의해 동기나 근무의욕이 결정된다는 이론

SEMI-NOTE

직무정체성(Hackman & Oldham)
직무특성의 하나인 직무정체성은 직무의 내용이 어떤 제품이나 서비스 완성에 기여하도록 구성된 정도에 관한 요소(제품이나 서비스를 처음부터 끝까지 완성시킬 수 있도록 구성된 것인가 또는 특정 부문만을 만드는 것인가에 대한 것)를 말함

타인(준거인)과의 비교결과에 대한 반응
- 타인과 투입-산출 비율이 일치하는 경우 : 만족(동기유발 없음)
- 자신의 투입-산출 비율이 작을 경우(과소보상) : 편익증대 요구, 투입 감소, 산출 왜곡(질 저하), 준거인물의 변경, 조직에서의 이탈 등
- 자신의 산출-투입 비율이 클 경우(과다보상) : 편익감소 요구, 투입 증대

예	정책과 관리(행정), 감독기술, 작업(업무)조건, 임금·보수, 인간관계(대인관계, 조직의 수직·수평적 관계)	성취감, 성취에 대한 인정감, 책임감, 안정감, 직무내용 자체에 대한 만족이나 보람 등

ⓜ **샤인(E. H. Schein)의 인간관**

구분	의의	관리전략
합리적 경제인관	인간을 합리적·이성적·경제적·타산적 존재로 간주하는 고전적 조직이론의 인간관	직무조직의 합리적 설계, 통치 및 유인체제의 확립, 개별적 관리, 성과급제 등
사회인관	인간관계론의 인간관과 동일하며, 업무수행과정에서 형성되는 인간관계·동료관계 등을 중시하는 신고전적 조직이론의 인간관	구성원의 욕구에 관심, 자생 집단의 인정 및 수용, 집단적 관리, 중간관리층의 가교역할 등
자아실현 인관	자신의 능력과 자질을 최고조로 생산·발휘하려는 욕구를 가진 존재로 파악하는 인간관으로, 자율적 자기규제를 긍정	도전적이며 의미 있는 직무, 권력 평등화, 자기통제와 자기계발, 참여적 관리, 내적인 보상, 면담자·촉매자의 역할 강조 등
복잡인관	오늘날의 복잡·다양한 상황조건 및 역할에 따라 인간도 복잡한 형태를 표출하는 다양한 존재로 파악하는 인간관으로, 현대조직이론에서 가장 중시	상황적합적 관리, 융통성·신축성 있는 대인관계기술, 진단가의 역할 강조 등

ⓑ **아지리스(C. Argyris)의 인간관**

미성숙인	성숙인
• 수동적 활동, 의존적 상태 • 산만하고 우발적이며 얕은 관심 • 단기적 전망, 현재에만 관심 • 단순한 행동 • 종속적 지위에 만족, 복종 • 자기의식의 결여	• 능동적 활동, 독립적 상태 • 신중하며 깊고 강한 관심 • 장기적 전망, 장기적 시간관 • 다양한 행동 • 대등 내지 우월한 지위에 만족 • 자기의식 및 자기규제 가능

ⓢ **리커트(R. Likert)의 관리체제이론**

체제 I (착취적·수탈적 권위형)	조직의 최고 책임자가 독단적으로 결정하며, 구성원의 이익은 고려되지 않음
체제 II (온정적 권위형)	주요 정책은 고위층에서 결정하되 하급자는 정해진 테두리에서 상급자의 동의를 거쳐 결정함(제한적 상의하달)
체제 III (협의적 민주형)	주요 정책은 위에서 결정하나 한정된 범위의 특정 사항은 하급자가 결정함
체제 IV (참여적 민주형)	조직의 구성원이 결정에 광범위하게 참여함

ⓞ **매클리랜드(McClelland)의 성취동기이론**
- 의의 : 인간의 동기는 사회문화와 상호작용하는 과정에서 취득되고 개발될 수 있다는 것을 전제로, 인간의 동기를 권력욕구·친교욕구·성취욕구로 분류함

SEMI-NOTE

샤인(E. H. Schein)의 인간관
샤인은 인간관이 합리적 경제인 → 사회인 → 자아실현인 → 복잡인의 순서로 발달한다고 주장하며, 복잡인을 현대사회에 가장 적합한 인간관으로 봄

아지리스 인간관의 특징
- 조직과 인간의 갈등 : 인간은 성숙상태로 발전해나가고자 하지만, 조직(관료제)은 X이론적 관리전략과 능률성·생산성을 강조하므로 성숙과 발전을 저해
- 갈등의 악순환 : 조직과의 갈등으로 인간 본연의 성숙욕구를 좌절당한 구성원은 수동적 무관심, 태업, 비공식 집단의 결성, 업무보다는 승진에 집착하는 태도 등을 보임
- 성숙한 인간실현을 위한 전략의 제시 : 아지리스는 성숙한 인간 실현을 위한 인간 중심적·민주적 가치체계를 갖출 것을 주장하고, 이를 위한 전략으로 조직발전(OD)과 조직학습(OL) 등을 제시

성취동기가 높은 사람의 특징
- 보상이나 지위보다는 목표달성을 통한 성취에 더 가치를 둠
- 적당히 어려운 목표를 설정하고 계산된 위험을 감수하려는 성향을 보임
- 일의 수행성과에 대한 즉각적이고 구체적인 피드백(평가와 환류)을 원함
- 문제 해결이나 결과 등에 대해 강한 책임을 느끼며 다른 사람의 개입을 꺼림
- 항상 계획을 수립·점검하며 목표를 향해 추진하는 미래지향적 성향을 지님

㉠ 매슬로(A. H. Maslow)의 욕구단계설

생리적 욕구	• 가장 기본적이며 우선되는 욕구로, 생리적 욕구 충족 이전에는 어떤 욕구도 일어나지 않음 • 의식주에 대한 욕구, 수면욕과 성욕, 근무환경, 경제적 보상(보수) 등
안전의 욕구	• 공포나 위험, 사고나 질병, 전쟁, 고용 및 신분적 불안, 경제적 불안 등으로부터의 해방과 관련된 욕구 • 후생복지(건강·재해보험, 연금), 직업의 안정성, 신분보장(정년) 등
사회적 욕구	• 집단에 소속하고 인간관계를 맺으며 교류하고 싶은 욕구 • 애정의 욕구 또는 친화의 욕구라고도 함 • 소속감 고취, 친교, 인사상담, 의사전달의 원활, 고충처리 등
존경의 욕구	• 타인으로부터 존경받고 싶어 하는 욕구 • 명예와 위신, 신망, 지위, 인정(제안제도, 참여, 권한 및 책임 강화)
자아 실현의 욕구	• 자신의 가능성과 능력을 개발하여 이를 구현하고자 하는 욕구(이상과 목적에 대한 성취욕) • 가장 추상적이고 고차원적인 욕구(최상위의 욕구) • 승진 및 사회적 평가의 제고, 도전적 직무와 일을 통한 성장, 성취, 능력발전, 자율성 부여, 창의적 직무수행, 직무충실·직무확대 등

㉡ 앨더퍼(C. P. Alderfer)의 ERG이론
• 의의 : 1970년대 매슬로의 욕구단계설을 수정하여 생존(존재)욕구·관계욕구·성장욕구의 세 가지를 제시
• 특징 : 앨더퍼는 인간의 욕구는 항상 단계적으로 성장하는 것이 아니며, 보통 만족하면 진행하지만 좌절하면 후진적·하향적으로 퇴행한다고 파악

㉢ 맥그리거(D. McGregor)의 X·Y이론

구분	X이론	Y이론
가정	인간은 근본 성격이 게으르고 무책임하며, 오로지 안정을 추구하며 새로운 도전을 좋아하지 않음(아동형, 경제적 인간관)	인간은 참여를 통해 자기를 표현하고 행동의 방향을 스스로 정하며, 자제할 능력이 있고 책임 있는 행동을 함(성인형, 자아실현인간관)
관리 전략	• 당근과 채찍이론(엄격한 감독과 구체적 통제) • 권위적 리더십 • 공식적 조직에서 중시 • 경제적 보상과 명령체계를 통한 계층제적 조직관리	• 조직목표와 개인목표의 조화 • 자율통제·자기책임 • 민주적 리더십(분권화와 권한의 위임) • 비공식적 조직의 활용 • 인간적 보상과 평면적 조직관리
관련 이론	합리적 경제인 모형, 과학적 관리론	사회인 모형, 인간관계론

㉣ 허즈버그(F. Herzberg)의 2요인 이론(동기-위생이론)

구분	위생요인(불만요인)	동기요인(만족요인)
의의	직무맥락이나 작업자의 환경 범주와 관련된 요인(물리적·환경적·대인적 요인), 사람과 직무상황·환경과의 관계	직무 자체와 관련된 심리적 요인(직무요인), 사람과 일 사이의 관계

SEMI-NOTE

욕구단계설의 한계
• 인간의 욕구를 체계적으로 분석하였으나, 개인차나 상황 등은 고려되지 않고 획일적으로 단계를 설정함
• 5단계 욕구는 단계에 따라 순차적으로 나타난다고 하였으나, 욕구는 역순으로 나타나거나 퇴행되기도 함
• 각 욕구의 단계는 고정되어 있지 않으며, 단계별 경계도 불명확하고 중복·복합현상이 나타나기도 함

매슬로의 욕구단계설과 앨더퍼의 ERG이론

매슬로의 욕구단계설	앨더퍼의 ERG이론
생리적 욕구	생존욕구
안전욕구	
사회적 욕구	관계욕구
존경의 욕구	
자아실현 욕구	성장욕구

X·Y이론
맥그리거는, X이론은 조직구성원에 대한 전통적 관리전략을 제시하는 이론이며, Y이론은 개인 목표와 조직목표의 통합을 추구하는 새로운 이론이라 주장함

2요인 이론의 특징
• 불만요인이 제거된다고 하여 만족하는 것이 아니며, 만족요인이 없다고 해서(만족하지 못한다고 해서) 불만이 야기되는 것도 아니라 함(불만의 역은 만족이 아니라 불만이 없는 것이라 봄)
• 불만요인(위생요인)의 충족은 불만을 제거할 뿐이며 직무수행에 대한 동기를 유발하지 못함(소극적·단기적 효과만 발생)
• 만족요인(동기요인)이 충족되어야 직무수행을 위한 동기가 유발됨(조직의 생산제고와 직결되는 것은 위생요인이 아니라 만족요인의 충족)
• 구성원들의 만족을 통해 직무동기를 높이기 위해서는 동기요인에 중점을 둔 동기화 전략이 중요하며, 그 처방으로서 직무충실을 제시

SEMI-NOTE

신고전적 조직이론의 환경관

신고전적 조직이론의 대표적인 이론인 환경유관론에서는 고전이론의 폐쇄적 환경관을 비판하고 조직과 환경이 상호작용하는 사실을 인정함으로써 개방체제적 접근방법으로의 토대를 닦았음. 그러나 환경 관계의 복잡한 변수에 대한 경험적 연구가 미흡해 본격적인 개방체제모형으로 볼 수 없음. 조직의 외부환경을 경시하였다는 점에서 대체로 폐쇄적 환경관을 취한다고 볼 수 있음

현대조직모형

- **의사결정모형** : 사이먼(Simon)에 의해 주장된 모형으로, 행정과정을 의사결정과정으로서 파악하고 의사결정을 행정행태의 기본적인 개념 도식으로 사용
- **체제모형** : 스콧(Scott)에 의해 제시된 것으로, 조직이란 공동목표를 달성하기 위해 환경에 대해 전체적 대응책을 강구한 유기체로 파악(투입에 대한 반응 중시)
- **사회체제모형** : 조직을 하위조직의 유기적 관련 아래에 전체 목표를 달성하기 위하여 AGIL기능을 수행하는 것으로 이해함
- **후기관료제 모형** : 베버(Weber)가 주장하고 블라우와 스콧(Blau & Scott)에 의해 발전된 모형으로, 탈관료제적 입장을 강조함

② 신고전적 조직이론

의의	• 1920년대 호손실험을 계기로 발전된 인간관계론이 신고전적 조직이론의 핵심 • 과학적 관리론의 문제를 지적하며, 인간 중심적 조직관리로 등장
특징	• 사회적 능률을 강조 • 조직의 비공식적 측면을 강조하고 조직참여자의 사회적 · 심리적 측면을 중시 • 사회적 인간모형(인간 중심주의)을 토대로 구성원을 사회적 인간으로 파악 • 인간주의 강조, 과학주의의 형식성을 비판하고 경험주의 · 실증주의를 추구 • 폐쇄적 환경관(내부환경과 조직의 상호관계에 주목하고 외부 환경 경시)

③ 현대조직이론

의의	고전적 조직이론과 신고전적 조직이론을 통합하고 조직 전체를 하나의 분석단위로 파악하는 이론으로, 산업화와 정보사회로의 이전 등으로 급속한 변동과 복잡성이 증가하는 현대사회의 특징을 반영
특징	• 개방적 환경관, 유기적 · 동태적 조직 강조(복잡하고 불확실한 환경에 대응) • 복잡인관(Z이론적 인간관)을 토대로 조직구조보다 인간행태나 발전적 가치관을 중시함 • 가치 및 문제의 다원화, 목표와 수단을 구분하지 않음 • 탈관료적 · 상황적응적 접근(애드호크라시, 혼돈이론, 상황적응론) • 정치 · 행정일원론의 시각 • 행정을 종합적으로 파악

2. 조직과 개인

(1) 조직과 개인의 관계

① 의의
  ㉠ 현대인은 조직인이라 할 수 있으며, 양자는 불가분의 관계에 있음
  ㉡ 조직 속 개인은 공식적 · 비공식적 행동으로 자아실현과 조직의 목표 달성에 관여하며, 조직은 구성원의 협동행위를 통해 조직목표를 달성하고자 함
  ㉢ 조직은 개인에게 권한과 지위, 책임, 자격, 보수 등을 부여함
  ㉣ 개인은 가치관과 태도, 특성, 지식, 기술 등을 통해 조직에 참여함
  ㉤ 조직의 목표와 개인의 욕구가 일치 · 조화되는 조직이 가장 이상적이나, 오늘날은 개인의 이성과 욕구의 다양성으로 인해 조화가 쉽지 않음(필연적인 갈등 · 대립요소를 내포)

② 조직과 개인의 상호작용(J. Pfiffner & F. Sherwood)
  ㉠ 사회화의 과정 : 개인이 조직에 동화되는 객관화 과정
  ㉡ 인간화의 과정 : 개인의 개성을 회복하는 주관화 과정(조직이 개인의 자아실현에 기여하는 활동)
  ㉢ 융합화의 과정(상호조화) : 개인의 조직목표를 통하여 자신의 목표를 실현시키는 과정으로서, 인간화와 사회화가 동시에 진행됨(오늘날의 보편적인 작용)

(2) 조직의 인간관계전략 – 동기부여이론 ★ 빈출개념

① 동기부여의 내용이론

전문적 관료제	• 전문가로 구성된 핵심운영계층이 중심이 되는 분권화된 조직으로, 전문적·기술적 구성원에 의한 작업 기술의 표준화와 자율적 과업 조정을 중시 • 핵심운영계층의 조직환경이 상대적으로 안정되고 외부통제가 없음 • 대학·종합병원·사회복지기관·컨설팅회사 등	
사업부제	• 독자적 분립구조, 할거구조, 산출물 표준화 중시, 성과관리에 적합 • 중간관리층(각 부서책임자)이 핵심적 역할을 수행(각 사업부는 자율적 활동을 수행) • 기능부서 간의 중복, 규모의 불경제로 인해 자원 소요가 많음 • 기업의 사업부, 대학분교, 종합병원의 지역병원 등	
애드호 크라시 (임시특별 조직)	• 고정된 계층구조를 갖지 않고, 기계적 관료제와 서로 다르게 분권화된 유기적 구조 • 공식화된 규칙이나 표준화된 절차를 거부 • 동태적이고 복잡한 환경에 적합 • 첨단기술연구소, 우주센터 등	

④ 파슨스(T. Parsons), 카츠(Katz) & 칸(Kahn)의 유형(조직의 기능 중심)

구분	적응기능(A)	목표 달성기능(G)	통합기능(I)	형상유지기능(L)
파슨스 (T. Parsons)	• 경제적 조직 • 회사 등 생산 조직	• 정치조직(정부) • 행정기관, 정당	• 통합조직 • 사법기관, 경찰서	• 체제유지조직 • 학교, 종교단체
카츠와 칸 (Katz & Kahn)	• 적응조직 • 연구소, 대학 등	• 경제적·산업적 조직 • 산업조직, 공기업	• 정치·관리적 조직 • 정부기관, 노조, 압력단체, 정당	• 형상유지조직 • 학교, 교회, 가정

(2) 조직이론의 변천(D. Waldo) ★ 빈출개념

① 고전적 조직이론

 ⊙ 의의 : 1900년대 과학적 관리론을 바탕으로 1930년대 완성된 전통적 조직이론(wilson-weberian paradigm)으로 행정관리론의 입장에서 조직을 분업화·전문화의 기계적인 체계로 이해하고, 절약과 능률, 최고관리층에 의한 행정통제에 중점을 둠

 ⊙ 특징
- 능률지상주의, 기계적 능률 강조
- 합리적·경제적 인간모형(X이론적 인간관)
- 공식적 구조 중시(권한의 계층, 절차, 분업, 조정 등을 강조)
- 조직관리의 원리로 POSDCoRB를 중시, 조직의 원리 중시(원리주의)
- 폐쇄적·기계적·정태적 환경론, 명확한 목표 제시
- 정치·행정이원론, 공·사행정일원론의 시각
- 하향적·통제적·단선적(單線的) 행정과정
- 형식적·미성숙한 과학성(엄밀한 이론분석 미흡)

SEMI-NOTE

민츠버그(H. Mintzberg)의 조직유형 분류 기준
민츠버그는 개방체제적·복수국면적 관점에서 주요 구성부분(핵심부문), 조정장치(조정기제), 상황요인을 기준으로 하여 조직유형을 5가지로 분류

민츠버그가 제시한 조직의 주요 구성부문(핵심부문)
- 전략부문(전략정점, 최고관리층)
- 기술분석부문(기술구조)
- 핵심운영부문(작업계층)
- 중간라인(중간계층)
- 지원참모(막료집단)

조직이론 변천에 대한 견해
- 카츠와 칸(Katz & Kahn) : 1930년대를 분기점으로 그 이전을 고전적 조직이론, 그 이후를 현대적 조직이론이라 구분함
- 왈도(D. Waldo) : 1930년대까지를 고전적 조직이론, 1930년대부터 1940년대 중반까지를 신고전적 조직이론, 1940년대 중반 이후를 현대적 조직이론으로 구분함
- 스콧(W. Scott) : 폐쇄·합리적 이론(1900~1930), 폐쇄·자연적 이론(1930~1960), 개방·합리적 이론(1970년 이후)으로 구분함

03장 조직론

01절 조직의 본질 및 기초이론

1. 조직의 본질

(1) 조직의 유형

① 블라우(Blau) & 스콧(Scott)의 유형(조직 수혜자 기준)

호혜적 조직 (상호조직, 공익결사조직)	조직구성원이 주된 수혜자가 되는 조직으로, 정당, 노동조합, 이익단체 등이 해당됨
기업조직 (사업조직, 경영조직)	조직소유자나 투자자가 주된 수혜자가 되는 조직이며, 사기업, 은행, 보험회사, 공장 등이 해당됨
봉사조직 (서비스조직)	조직과 직접 관련된 고객이 주된 수혜자가 되는 조직이며, 병원이나 학교, 사회사업기관, 상담기관 등이 해당됨
공익조직 (공공복리조직)	일반대중이 주된 수혜자가 되는 조직을 말하며, 군대나 경찰, 일반 행정기관 등이 해당됨

② 에치오니(A. Etzioni)의 유형(권력과 복종의 유형 기준)

강제적 조직	• 강제적 권력, 소외적 관여, 질서목표 • 조직은 강제(물리적 제재)가 주요 통제수단이며, 구성원은 조직에 대하여 소외감을 느끼며 복종하는 조직유형 • 교도소, 강제수용소, 격리적 정신병원 등
공리적 조직	• 공리적 · 보수적 권력, 타산적 관여, 경제적 목표 • 물질적 보상이 주요 통제수단이며, 대다수의 구성원은 타산적으로 행동하는 이해타산적 조직유형 • 사기업, 이익단체, 평시의 군대 등
규범적 조직	• 규범적 · 상징적 권력, 도덕적 · 헌신적 관여, 문화적 목표 • 명예나 위신, 존경, 애정 등 상징적 · 도덕적 가치에 의한 규범적 권력이 주요 통제수단이며, 구성원은 조직에 대하여 헌신적 사명감을 지니고 권위를 수용하는 유형 • 정치단체, 종교단체, 시민단체, 사회사업단체, 대학 등

③ 민츠버그(Mintzberg)의 유형(조직성장경로모형, 복수국면적 접근법)

단순구조	• 전략정점(최고관리층)과 핵심운영(작업계층)의 2계층으로 구성되며, 최고관리층으로 권력이 집권되는 구조(최고관리층이 직접 감독) • 조직환경이 매우 동태적이며, 조직기술은 정교하지 않음 • 신생조직, 초창기 소규모 조직, 독재조직, 위기에 처한 조직 등
기계적 관료제	• 가장 전형적인 고전조직으로, 베버(Weber)의 관료제 조직과 유사한 형태 • 계층제와 표준화된 절차, 공식적 규정 · 규칙을 중시하며, 일반적으로 조직 규모가 크고 조직환경이 안정됨 • 전략정점에서 중요한 의사결정, 일상적 업무는 중간라인(중간관리자)의 감독 아래에서 운영 • 은행 · 우체국 · 대량제조업체 · 항공회사 등

SEMI-NOTE

에치오니(A. Etzioni)의 조직유형 분류 기준
에치오니는 복종의 구조, 즉 상급자가 사용하는 '권력'과 여기에 대응하는 하급자의 '관여'(involvement)를 기준으로 조직을 3가지로 유형화함

구성원의 관여 구분(A. Etzioni)
• 소외적 관여 : 조직과 조직목적에 대한 부정적 · 소외적인 태도
• 타산적 관여 : 물질적 이익과 손해를 계산하여 그 결과에 따르는 계산적 · 타산적 태도
• 도덕적 관여 : 조직목적을 적극적으로 지지하는 태도

에치오니(A. Etzioni)가 제시한 조직유형의 조합형태(이중적 복종관계의 조직)
• 강제적 조직 + 규범적 조직 : 전투부대
• 강제적 조직 + 공리적 조직 : 전근대적인 기업(농장 등)이나 어선
• 규범적 조직 + 공리적 조직 : 노동조합

03장 조직론

01절 조직의 본질 및 기초이론

02절 조직의 구조

03절 조직의 관리

04절 조직의 발전과 변동

SEMI-NOTE

국가기획과 민주주의

- **국가기획반대론(F. Hayek)** : 자본주의와 민주주의를 동일시하고 자유주의·보수주의 입장에서 모든 계획경제에 반대. 국가기획제도를 도입하면 의회 제도를 파괴·무력화시켜 독재를 초래하고, 시민의 정치적·경제적 자유와 권리의 침해, 이질성·복합성·융통성이 없는 극히 단조로운 경제사회의 탄생 등으로 자유민주주의 국가들이 전체주의 국가로 전락할 것이라고 보면서 국가기획과 자유민주주의는 양립할 수 없다고 주장. 신자유주의로 연결됨
- **국가기획찬성론**
  - **파이너(H. Finer)** : 시민의 자유와 권리를 보장하는 기획(경제위기, 실업, 빈곤, 재난 등에 대한 해결책 강구)이 가능하며 자본주의의 균형 있는 발전, 질서 있는 현대사회로의 발전을 위해서 국가기획이 필요
  - **홀콤(A. Holcomb)** : 사유재산과 사기업의 절대성을 전제하면서 정부의 재정·금융·공공사업 등 적극적 정책이 필요하다고 하고, 관료제에 의해 뒷받침되는 계획적 민주주의 강조
  - **만하임(K. Mannheim)** : 자유방임적 경쟁사회나 독재주의가 아닌 민주적 통제방식에 의한 계획적 사회로의 이행이 필연적이지만 일방통행적·독재적 기획이 아닌 민주주의 전통(다원적 가치관·다양성의 인정)에 입각한 '자유사회를 위한 민주적 기획'이어야 한다고 주장

② 기획과 민주주의와의 관계

반대론	국가기획은 의회 제도를 파괴하고 국민의 노예화를 초래한다고 하여, 기획과 민주주의는 양립할 수 없다고 주장
찬성론	진정한 민주주의란 책임정치여야 한다는 민주적 기획론을 주장하고, 이를 통해 자본주의의 균형발전도 가능하다고 함
절충론	국가기획의 지나친 중시는 시민적 자유와 민주주의에 대한 중대한 위협이 될 가능성이 있다고 봄

(3) 기획의 유형 및 정향기준

① 기획의 유형

조직 계층별 유형	규범적 기획, 전략적 기획, 전술적 기획
대상 기간별 유형	단기(1년), 중기(3~7년), 장기(10~20년)
대상별 유형	경제기획, 자연기획, 사회기획, 방위 및 전략기획
고정성별 유형	고정계획, 연동계획
지역 수준별 유형	국제기획, 국토기획, 지역기획, 도시기획, 농촌기획
이용 빈도별 유형	단용기획, 상용기획
강제성 정도별 유형	유도기획, 강제기획, 예측기획

② 기획의 정향기준(R. Ackoff)

기획의 정향 기준	기획의 종류	기획의 관심영역
무위주의 – 현상유지주의	조작적 기획	기계적 집행수단의 선택(조작적·수단적 기획)
반동주의 – 복고주의	기술적 기획	수단과 단기목표의 선택
선도주의 – 미래주의	전략적 기획	수단과 장단기목표의 선택
능동주의 – 이상주의	규범적 기획	수단과 장단기목표 및 그 이상의 선택

목표의 설정	기획의 첫 단계로서 달성하려고 하는 목표를 명확히 하고 구체화하는 과정
상황의 분석	목표 달성의 장애요인과 문제점을 규명하기 위한 정보·자료의 수집과 분석이 이루어지는 단계
기획전제의 설정	계획 수립 시 토대로 삼아야 할 기본적인 예측이나 가정의 설정 단계를 의미
대안의 탐색과 평가	B/C분석, E/C분석 등의 체제분석, 관리과학의 기법이 동원됨
최종안의 선택	대안의 비교·검토를 통해 몇 가지 유용한 대안을 간추린 후 가장 적절한 최종안을 채택하는 단계를 말하며, 결정권자의 가치범주에서 해석·판단됨

④ 기획의 효용성
  ㉠ 목표의 명확화 및 장래의 대응방안
  ㉡ 사전조정과 내부통제의 수단
  ㉢ 업무의 성과 및 효율 제고
  ㉣ 변화의 촉진, 미래에 대비
  ㉤ 불필요한 경비의 절약

⑤ 기획의 한계
  ㉠ **수립상의 제약** : 목표 간의 갈등, 미래예측의 곤란성, 정보와 자료의 부족 및 부정확성, 시간·비용, 기획의 그레샴법칙, 창의력 부족
  ㉡ **집행상의 제약** : 저항과 반발, 계획의 경직성 및 수정의 곤란, 즉흥적 결정과 빈번한 수정, 반복적 사용의 제한, 자원배분의 비효율
  ㉢ **행정적 제약요인** : 담당자의 능력부족, 기획·예산기구의 이원화, 인식부족, 기술·경험의 부족, 정치적 불안정, 자원부족, 기획인력 충원의 어려움, 행정절차의 복잡성, 회계제도와 재정기법의 비효율성, 부처 간 조정 결여, 행정기관의 비능률과 비대화

(2) 기획의 발달 및 논쟁

① 국가기획의 발달요인

도시계획의 발달	인구와 산업의 도시집중에 대한 대처가 필요하였고, 이를 해결하기 위해 도시계획이 발달
경제대공황 (1929년)	'보이지 않는 손'에 의한 시장경제체제의 무력화를 통해 자본주의의 수정(계획경제와 수정자본주의 등)을 위한 국가 기획이 도입
사회과학의 발전	케인즈(Keynes)를 중심으로 한 거시경제학과 통계학의 발달로 미래를 예측할 수 있는 기법이 새롭게 등장하고 국가기획제도가 발달
세계대전의 경험	전쟁수행을 위한 자원을 국가적 차원에서 조직적으로 동원·활용하는 데 기획이 효과적이었음
신생국 및 후진국 발전계획	이를 효율적으로 추진하기 위해 기획이론이 강조
사회주의의 영향	최초의 국가계획제도인 소련의 제1차 경제개발 5개년 계획과 프랑스의 모네플랜(Monnet plan)이 성공적으로 수립·전개

SEMI-NOTE

현대적 기획관
- 규범적·인본적 기획관
- 질적·가치중심적 기획
- 정책형성, 정책결정 등 정책과정으로 이해
- 종합적·포괄적 기획
- 개방적·동태적 기획
- 창조적 인간행동모형 관점
- 유기적 모형(사회체제 중심)
- 새로운 미래의 창조

모네플랜(Monnet plan)
1차 세계대전 후 피폐한 프랑스 경제를 부흥하기 위한 산업 부흥 4개년 계획으로 기간산업의 진흥, 무역의 확대, 인플레이션의 억제를 기반으로 고용 증대 및 생활 향상에 큰 성과를 거두었으며, 1975년까지 6차에 걸쳐 실시됨

SEMI-NOTE

정책환류의 구분
- 적극적 환류(positive feedback) : 목표나 기준의 수정
- 소극적 환류(negative feedback) : 오차나 오류의 수정

- 관료들은 정책종결로 인한 정치적 부담으로 쉽게 정책을 변경·포기 못함

② 정책종결
  ㉠ 의의 : 기존의 정책에 대해 종결원인이 발생해 소멸시키는 것을 뜻함
  ㉡ 원인
   - 문제나 행정수요의 고갈
   - 정책의 정통성·정당성 상실
   - 조직 위축이나 감축
   - 자원의 부족
   - 환경의 엔트로피 증가
   - 종결에 대한 저항의 약화
  ㉢ 정책종결에 대한 저항의 원인
   - 매몰비용의 존재
   - 정치적 연합(수혜집단과 정치세력의 연대)
   - 법적 제약(법령의 폐지절차 등이 필요)
   - 동태적 보수주의(목표의 승계에 의한 조직존속 등)

6. 기획론

(1) 기획의 본질

① 의의
  ㉠ 행정목표 달성을 위해 장래의 구체적 계획을 준비하는 사전적·동태적·계속적 과정
  ㉡ 기획의 개념은 학자에 따라 다르며, 주로 정치·행정일원론과 발전행정론에서 중시
  ㉢ 예산은 기획에 의하여 작성된 재정 계획표로 1년성, 구체성, 부정성, 저축성, 보수성의 성질을 지니나 기획은 장기성, 추상성, 확장성, 소비성, 쇄신성의 성격을 지님

계획과 기획
- 계획 : 기획을 통하여 구체화되고 산출되는 최종적·결과적 개념
- 기획 : 계획을 수립·집행하는 포괄적·절차적 과정

② 특성

목표지향적 활동	설정된 목표나 정책을 구체화·명료화시키는 활동
미래지향적 활동	미래의 바람직한 활동을 준비하는 예측 과정
계속적 준비 과정	더 나은 결정을 위한 계속적이고 순환적인 활동
행동지향적 활동	실천과 행동을 통한 문제의 해결이나 현실의 개선에 목적
효율적 최적 수단을 강구하는 과정	추구하는 목표를 효율적으로 달성할 수 있는 수단을 제시하려는 활동
합리성을 지향하는 활동	정책결정에 비해 합리성을 추구(목표 달성에 적합한 대안을 추구)하는 과정
통제성	자유방임이 아니라 인위적인 절차에 따른 강제성을 수반하는 과정

기획의 원칙
- 목표성의 원칙
- 간결성 및 표준성의 원칙
- 융통성 및 안정성의 원칙
- 기획우선의 원칙
- 경제성의 원칙 및 예산연계성의 원칙
- 계속성의 원칙 및 장래예측성의 원칙

③ 기획의 과정(Koontz & O'Donnell)

상황분석과 기획전제
상황분석이 주로 현실적인 여건을 대상으로 삼는 데 비하여, 기획전제는 미래에 관한 예측이나 전망이라는 점에서 차이가 있음

평가결과의 보고	• 국무총리는 매년 각종 평가결과보고서를 종합하여 국무회의에 보고하거나 평가보고회를 개최하여야 한다(제27조 1항). • 중앙행정기관의 장은 전년도 정책 등에 대한 자체평가결과를 지체 없이 국회 소관 상임위원회에 보고하여야 한다(제27조 2항).
평가결과의 예산·인사 등에의 연계·반영	• 중앙행정기관의 장은 평가결과를 조직·예산·인사 및 보수체계에 연계·반영하여야 한다(제28조 1항). • 중앙행정기관의 장은 평가결과를 다음 연도의 예산요구 시 반영하여야 한다(제28조 2항). • 기획재정부장관은 평가결과를 중앙행정기관의 다음 연도 예산편성 시 반영하여야 한다(제28조 3항).
평가결과에 따른 자체 시정조치 및 감사	중앙행정기관의 장은 평가의 결과에 따라 정책 등에 문제점이 발견된 때에는 지체 없이 이에 대한 조치계획을 수립하여 당해 정책 등의 집행중단·축소 등 자체 시정조치를 하거나 이에 대하여 자체감사를 실시하고 그 결과를 위원회에 제출하여야 한다(제29조).

(2) 정책변동

① 정책변동의 일반
  ㉠ 의의 : 정책변동은 정책평가 후 또는 정책과정의 진행 도중에 획득하게 되는 새로운 정보나 지식 등을 다른 단계로 환류시켜 정책내용이나 정책집행방법 상의 변화를 가져오는 것
  ㉡ 원인
   • 정책의 인식이나 환경변화로 집행문제의 우선순위가 바뀌고 새로운 문제가 대두
   • 재정수입의 증감에 따라 정책의 확대, 축소가 불가피
   • 정책 자체가 잘못된 경우에 대규모의 정책변동을 수반해야 함
  ㉢ 종류

정책유지	정책의 기본적 특성이나 정책목표·수단 등이 큰 폭의 변화 없이 모두 그대로 유지
정책승계	정책의 기본적 성격을 바꾸는 것으로 정책의 근본적인 수정이나 정책을 없애고 완전히 새로운 정책으로 대체하는 경우를 포함
정책혁신	완전히 새로운 정책을 결정하는 것으로 현재의 정책이나 활동이 없고 이를 담당하던 정책수단(조직·예산 등)이 없는 '무'에서 새로운 정책을 만드는 것
정책종결	정책목표가 완전히 달성되어 문제가 소멸되었거나 달성 불가능한 경우 정책을 완전히 소멸시키는 것. 새로운 정책도 결정하지 않으며 정책 수단들도 완전히 없어짐

  ㉣ 한계
   • 행정조직은 정책의 종결을 회피하기 위해 유사한 목표를 설정하는 동태적 보수주의에 빠짐
   • 정책수혜집단은 자신의 기득권 유지를 위해 정책의 종결을 막으려고 여러 방법을 동원

정책승계의 유형
• **정책대체** : 정책목표를 변경시키지 않는 범위 내에서 정책내용을 새로운 것으로 바꾸는 것
• **부분종결** : 정책의 일부는 유지하면서 일부를 완전히 폐지하는 것
• **복합적 정책승계** : 정책유지, 대체, 종결, 추가 등이 복합적으로 나타나는 것
• **우발적 정책승계** : 타 분야의 정책변동에 연계하여 우발적인 변화가 나타나는 형태의 정책승계(부수적, 파생적 승계)
• **정책통합** : 복수의 정책이 하나의 정책으로 통합되는 것
• **정책분할** : 하나의 정책이 두 개 이상으로 분리되는 것

SEMI-NOTE

정부업무평가 기본법 제정이유
- 개별 법령에 의하여 이루어지는 개별적이고 중복되는 각종 평가를 통합·체계화
- 소관 정책을 스스로 평가하는 자체평가를 정부업무평가의 근간으로 하여 자율적인 평가역량을 강화
- 공공기관을 포함한 정부업무 전반에 걸쳐 통합적인 성과관리체제를 구축

통합적 정부업무평가제도의 구축(법 제3조)
- 중앙행정기관 및 그 소속기관에 대한 평가는 이 법의 규정에 의하여 통합하여 실시되어야 한다. 이 경우 통합실시되는 평가의 범위에 관하여 필요한 사항은 대통령령으로 정한다(제3조 2항).
- 제2항의 규정에 불구하고 업무의 특성·평가시기 등으로 인하여 통합실시가 곤란한 경우에는 정부업무평가위원회와 미리 협의하여 별도로 평가를 실시할 수 있다. 이 경우 지체 없이 그 평가결과를 위원회에 제출하여야 한다(제3조 3항).

정부업무평가기반 구축에 대한 지원(법 제23조)
- 정부는 평가역량의 강화를 위하여 필요한 조직과 예산 등을 최대한 지원하여야 한다.
- 정부는 중앙행정기관·지방자치단체 및 공공기관에 대한 평가의 제도적 정착 및 활성화를 위하여 평가방법과 평가지표의 개발·보급 등 필요한 조치와 지원을 하여야 한다.
- 정부는 평가와 관련된 기관에 대한 지원방안 및 평가에 관한 전문인력을 효율적으로 활용하기 위하여 필요한 방안을 강구하여야 한다.

ⓒ 정부업무평가제도

정부업무평가 기본계획의 수립	• 국무총리는 위원회의 심의·의결을 거쳐 정부업무의 성과관리 및 정부업무평가에 관한 정책목표와 방향을 설정한 정부업무평가기본계획을 수립하여야 한다(제8조 1항). • 국무총리는 최소한 3년마다 정부업무평가기본계획의 타당성을 검토하여 수정·보완 등의 조치를 하여야 한다(제8조 2항).
정부업무평가 시행계획의 수립	국무총리는 정부업무평가기본계획에 기초하여 전년도 평가결과를 고려하고 평가대상기관의 의견을 들은 후 정부업무평가에 관한 연도별 시행계획을 수립하고, 이를 평가대상기관에 통지함
정부업무평가 위원회	• 정부업무평가의 실시와 평가기반의 구축을 체계적·효율적으로 추진하기 위하여 국무총리 소속 하에 정부업무평가위원회를 둔다(제9조 1항). • 위원장 2인을 포함한 15인 이내의 위원으로 구성된다(제10조 1항). • 위원장은 국무총리와 대통령이 위원으로 위촉한 자 중에서 대통령이 지명한다(제10조 2항). • 위원회의 사무 처리를 위해 간사 1인을 두되, 간사는 국무조정실 소속 공무원 중에서 국무총리가 지명한다(제10조 4항). • 공무원이 아닌 위원의 임기는 2년으로 하되, 1차에 한하여 연임할 수 있다(제10조 5항). • 위원회의 회의는 재적위원 과반수의 출석으로 개의하고 출석위원 과반수의 찬성으로 의결한다(제10조 6항).
전자통합평가 체계의 구축	국무총리는 정부업무평가를 통합적으로 수행하기 위하여 전자통합평가체계를 구축하고, 각 기관 및 단체가 이를 활용하도록 할 수 있다(법 제13조).

ⓔ 정부업무평가의 종류

중앙행정기관의 자체평가	• 중앙행정기관의 장은 그 소속기관의 정책 등을 포함하여 자체평가를 실시하여야 한다(법 제14조 1항). • 중앙행정기관의 장은 자체평가조직 및 자체평가위원회를 구성·운영하여야 한다. 이 경우 평가의 공정성·객관성 확보하기 위하여 자체평가위원의 3분의 2 이상은 민간위원으로 하여야 한다(법 제14조 2항).
지방자치단체의 자체평가	• 지방자치단체의 장은 그 소속기관의 정책 등을 포함하여 자체평가를 실시하여야 한다(제18조 1항). • 지방자치단체의 장은 자체평가조직 및 자체평가위원회를 구성·운영하여야 한다. 이 경우 평가의 공정성과 객관성을 담보하기 위하여 자체평가위원의 3분의 2 이상은 민간위원으로 하여야 한다(제18조 2항).
공공기관평가	공공기관평가는 공공기관의 특수성과 전문성을 고려하고 평가의 객관성·공정성을 확보하기 위하여 공공기관 외부의 기관이 실시하여야 한다(제22조 1항).

ⓜ 평가결과의 활용

평가결과의 공개	국무총리·중앙행정기관의 장·지방자치단체의 장 및 공공기관평가를 실시하는 기관의 장은 평가결과를 전자통합평가체계 및 인터넷 홈페이지 등을 통하여 공개하여야 한다(제26조).

⑥ 정책평가의 방법—실험
  ㉠ 의의 : 정책평가의 방법은 주로 과학적인 조사설계에 의존하는데, 과학적 조사설계는 정책수단과 정책효과 간의 인과관계(내적 타당도)를 규명하는 것으로, 주로 총괄평가에서 이용됨
  ㉡ 실험의 유형

실험적 설계	진실험	• 실험집단과 통제집단의 동질성을 확보하여 비교·평가하는 실험 • 실험대상을 무작위로 두 집단에 배정해 동질성을 확보하고, 한 집단에만 일정한 처치를 가하여 두 집단 간 차이를 효과로 추정하는 실험
	준실험	• 실험집단과 통제집단을 사전에 선정하되, 동질성을 확보하지 않고 평가하는 방법(유사실험) • 자연스러운 상태에서 실험을 하므로 진실험에서 나타나는 호손효과, 모방효과, 누출효과, 부자연스러운 반응 등이 나타나지 않아 외적 타당도와 실행가능성 상대적으로 높음
비실험적 설계	대표적 비실험	비교집단을 선정하지 않고 정책대상집단(실험집단)의 집행 전후 상태를 단순히 비교하는 실시전후 비교방법, 정책집행 후에 정책대상집단과 다른 집단을 찾아 비교하는 사후 비교집단 선정방법 등이 있음
	통계적 비실험	실험에 영향을 준 외생변수의 영향을 감소시키고자 각종 통계적 분석기법을 사용하는 것으로, 통계적 분석, 통계적 통계'라고도 함

⑦ 우리나라의 정책평가—정부업무평가(정부업무평가 기본법)
  ㉠ 정부업무평가의 목적 : 정부업무평가에 관한 기본 사항을 정함으로써 중앙행정기관·지방자치단체·공공기관 등의 통합적인 성과관리체제의 구축과 자율적인 평가역량의 강화를 통하여 국정운영의 능률성·효과성 및 책임성을 향상
  ㉡ 평가의 정의(법 제2조)

정부업무 평가	• 정부업무평가라 함은 국정운영의 능률성·효과성 및 책임성을 확보하기 위하여 평가대상기관이 행하는 정책 등을 평가하는 것을 말한다(제2조 2호). • 평가대상기관 : 중앙행정기관(대통령령이 정하는 대통령 소속기관 및 국무총리 소속기관·보좌기관을 포함함), 지방자치단체, 중앙행정기관 또는 지방자치단체의 소속기관, 공공기관
자체평가	자체평가라 함은 중앙행정기관 또는 지방자치단체가 소관 정책 등을 스스로 평가하는 것을 말한다(제2조 3호).
특정평가	특정평가라 함은 국무총리가 중앙행정기관을 대상으로 국정을 통합적으로 관리하기 위하여 필요한 정책 등을 평가하는 것을 말한다(제2조 4호).
재평가	재평가라 함은 이미 실시된 평가의 결과·방법 및 절차에 관하여 그 평가를 실시한 기관 외의 기관이 다시 평가하는 것을 말한다(제2조 5호).

SEMI-NOTE

실험의 종류별 장단점

구분	내적 타당도	외적 타당도	실행 가능성
비실험	×	○	○
준실험	△	△	△
진실험	○	×	×

과학적인 조사설계
• 실험적 설계 : 사전에 실험집단과 통제집단을 구분하여 행하는 실험
• 비실험적 설계 : 통제집단(비교대상집단) 없이 실험집단에만 정책처리를 하여 효과를 추정하는 실험

통계적 분석기법
시계열분석, 인과관계분석, 회귀분석 등

양적 평가와 질적 평가
• 양적 평가 : 계량적인 자료 분석을 통해 사실적 가치에 초점을 둔 과학적·연역적인 접근법으로, 주로 총괄평가에서 많이 사용하는 실험접근법
• 질적 평가 : 현상학적 입장에서 대상자들의 요구에 관심을 두는 가치지향적인 평가방법으로, 과정평가에서 주로 사용하는 비실험적인 접근법(면접, 인터뷰 등)이며 주로 연성자료(Soft Data)를 사용

SEMI-NOTE

내적 타당도 제고 전략
- 진실험
  - 무작위배정에 의한 통제(난선화) : 홀짝추첨방식의 무작위적 배정(난선화)에 의해 실험집단과 통제집단을 동질적으로 구성하여 외생변수의 영향을 통제
- 준실험
  - 축조된 통제(짝짓기) : 특정정책의 실시지역과 미실시 지역이 구분되어 있어 무작위배정이 곤란할 경우 연구대상을 비슷한 대상끼리 둘씩 짝을 지어 하나는 실험집단에, 하나는 통제집단에 배정
  - 재귀적 통제 : 정책이 전국적으로 실시되어 실험집단과 통제집단의 구분이 곤란한 경우 통제집단 없이 동일한 집단에 대해 정책을 집행한 전과 후에 나타난 상태의 변화를 비교
- 비실험설계
  - 통계적 통제 : 정책에 참여한 대상과 그렇지 않은 대상과의 차이를 통계적 기법을 통해 추정해 외생변수의 영향력을 추정·제거
  - 포괄적 통제 : 정책을 집행한 대상 집단에 일어난 변화를 유사한 집단에 집행하면 어떤 변화가 일어날 것이라고 기대되는 전형적인 표준과 비교하여 정책효과를 판단
  - 잠재적 통제 : 정책을 집행한 대상 집단에 일어난 변화에 대해 전문가, 프로그램 집행자·참여자의 의견을 구해 정책효과를 판단

크리밍효과
두 집단 간 동질성을 확보하지 못한 준실험에서 발생하므로 이는 내적타당성을 저해하는 요인이 외적 타당성을 저해할 수도 있음을 보여주는 요인임

신뢰도의 기준
평가의 신빙성과 안정성의 측면을 기준으로 함

역사적 요소	실험기간 동안에 외부에서 일어난 역사적 사건이 실험에 영향을 미치는 것
성숙효과 (성장효과)	순전히 시간이 지남에 따라 나타난 대상집단의 특성변화, 즉 자연적 성장이나 발전에 의한 효과
선발과 성숙의 상호작용	두 집단의 선발상 차이뿐 아니라 두 집단의 성숙 속도가 다름으로 인한 현상
상실요소	연구기간 중 집단으로부터 이탈(탈락) 등 두 집단간 구성상 변화로 인한 효과(이탈효과, 불균등한 상실)
처치와 상실의 상호작용	두 집단에 대한 다른 처치로 인하여 두 집단으로부터 구성원들이 다르게 상실되는 현상
측정 요소	유사검사를 반복할 경우 실험 전에 측정(테스트)한 사실 자체가 영향을 주는 현상
측정도구의 변화	프로그램의 집행 전과 집행 후에 사용하는 측정절차, 측정도구의 변화로 인한 오류
회귀인공요소	실험이 진행되는 동안 당초 극단적인 성향의 구성원들이 원래 자신의 성향으로 돌아갈 경우에 나타나는 오차로서 실험 직전의 측정결과나 단 한 번의 측정만으로 집단 구성 시 발생
오염효과	통제집단의 구성원이 실험집단 구성원과 접촉하여 행동을 모방하는 오염 또는 확산효과로서 모방, 정책의 누출(이전), 부자연스러운 반응 등이 이에 포함

- 외적 타당도 저해요인 ★ 빈출개념

호손효과	실험집단 구성원이 실험(관찰)의 대상이라는 사실로 인하여 평소와는 다른 특별한 심리적·감각적 행동을 보이는 현상으로 외적 타당도를 저해하는 대표적 요인, 실험조작의 반응효과
다수적 처리에 의한 간섭	동일 집단에 여러 번의 실험적 처리를 실시하는 경우 실험조작에 익숙해짐으로 인한 영향이 발생. 그 결과를 처치를 받지 않은 집단에게 일반화 곤란
표본의 대표성 부족	두 집단 간 동질성이 있더라도 사회적 대표성이 없으면 일반화 곤란
실험조작과 측정의 상호작용	실험 전 측정(측정요소)과 피조사자의 실험조작(호손효과)의 상호작용으로 실험결과가 나타난 경우 이를 일반화시키기 곤란
크리밍효과	효과가 크게 나타날 양호한 집단이나 사람만 의도적으로 실험집단에 배정한 경우 그 결과를 일반화시키기 곤란

ⓔ 신뢰도

의의	측정도구가 어떤 현상을 되풀이해서 측정했을 때 얼마나 일관성 있게 측정할 수 있는지의 확률, 즉 동일한 측정도구를 반복해서 사용했을 때 동일한 결과를 얻을 확률을 말함
측정 방법	• 재검사법 : 동일 측정도구로 동일 대상자에게 두 번 측정하는 비교법 • 평행양식법(동질이형법) : 유사한 두 가지 측정도구로 측정하는 비교법 • 반분법 : 하나의 측정도구에서 반으로 나누어 검사하고 비교하는 방법

내용 및 절차	• 평가 대상이 되는 사업의 범위를 확정하고, 사업모형을 파악 • 평가 가능한 모형을 작성

ⓑ 착수직전 분석(front-end-analysis, 사전분석)
- 새로운 프로그램 평가를 기획하기 위하여 평가를 본격적으로 착수하기 직전에 수행하는 조망적 차원의 평가작업(사전적 총괄평가의 성격을 지님)
- 프로그램 개시를 결정하기 직전에 프로그램의 수요, 개념의 적합성, 운영적 측면에서의 실행가능성 등에 대해 행하는 평가작업
- 기획과 유사하며, 맥락분석 조망적 종합평가에 해당

⑤ 정책평가의 요소
ⓐ 인과관계
- 독립변수와 종속변수 간의 관계를 말함
- 정책평가는 정책수단(독립변수·원인변수)과 정책목표 또는 효과(종속변수·결과변수) 간의 인과관계를 밝히는 것

ⓑ 변수
- 독립변수 : 결과(정책효과)를 초래하는 원인이 되는 변수(원인변수)
- 종속변수 : 원인변수에 의해 나타난 변화나 효과(결과변수)
- 제3의 변수 : 독립변수와 종속변수의 관계에 영향을 미치는 변수를 말하며, 이러한 변수는 정확한 인과관계 파악을 어렵게 함(내적 타당도를 저해)

ⓒ 타당도 : 정책평가의 타당도란 정책평가가 정책의 효과를 얼마나 진실에 가깝게 추정하고 있느냐 하는 정도

내적 타당도	일반적 의미의 타당도로서, 추정된 원인과 그 결과 사이에 존재하는 인과적 결론의 정확성에 관한 것
외적 타당도	조사연구나 실험결과를 다른 모집단이나 상황 및 시점에 어느 정도까지 일반화(이론화)시킬 수 있는지의 정도, 즉 조작된 구성요소들 중 그 효과가 당초의 연구가설 이외의 다른 이론적 구성요소들까지도 일반화될 수 있는 정도
구성적 타당도	처리, 결과, 모집단 및 상황, 평가요소 등에 대한 이론적 구성요소들이 성공적으로 조작된 정도
통계적 결론의 타당도	• 추정된 원인과 추정된 결과 사이에 관련이 있는지에 관한 통계적인 의사결정의 타당성 • 정책의 결과가 존재하고 이것이 제대로 조작되었다고 할 때, 이에 대한 정확한 효과를 찾아낼 만큼 정밀하고 강력한 연구설계(통계분석을 위한 준비 및 과정)가 구성되었는가 하는 정도 • 연구설계나 평가기획이 정밀하고 강력하게 구성된 정도로서, 평가과정에서 제1종 및 제2종 오류가 발생하지 않은 정도를 말함(제1종·제2종 오류의 발생 시 통계적 결론의 타당성이 낮아짐)

• 내적 타당도 저해요인 ★ 빈출개념

선발요소	선발의 차이(실험집단과 통제집단 간 구성상 상이함)로 인한 오류로서 집단을 구성할 때 발생할지 모르는 편견
선정효과	통제집단이 아닌 실험집단에 선정되게 만든 요인(선정변수)에 의한 현상. 희망에 의하여 자기선정의 경우에 흔히 발생

SEMI-NOTE

인과관계의 조건
- 시간적 선행성(time order) : 정책(독립변수)은 목표달성(종속변수)보다 시간으로 선행해야 함
- 공동변화(association) : 정책과 목표달성은 모두 일정한 방향으로 변화해야 함
- 비허위적 관계(non-spuriousness) : 정책 이외의 다른 요인(경쟁적 요인)이 목표 달성에 영향을 미치지 않았음을 입증해야 함

내적 타당도 저해요인의 구분
- 내재적 저해요인 : 실험을 진행하는 과정에서 일어나는 변화요인을 말하며, 사건효과, 성숙효과(성장효과), 상실요소, 측정요소, 회귀인공요소, 측정도구의 변화, 선발과 성숙의 상호작용, 처치와 상실의 상호작용 등이 해당됨
- 외재적 저해요인 : 실험을 위해 관련 대상집단을 구성할 때 발생하는 요인을 말하며, 선발요소(선정요인)가 이에 해당

SEMI-NOTE

나크미아스(D. Nachmias)의 정책평가 목적
- 평가를 통한 새로운 지식의 확보
- 효율성을 증진하기 위한 관리의 수단
- 책임성의 확보 등

모니터링(monitoring)
- 프로그램이 처음 설계대로 운용되고 있는가와 한정된 대상집단에 혜택이 가도록 집행되는가를 평가하는 것
- 정책집행이 목표지침에 순응하는가를 판단하는 기능, 감사·회계기능, 설명기능 등을 가짐
- 프로그램 설계에 명시된 대로 그대로 집행되고 있는지를 확인하는 집행모니터링과 당초 기대한 성과가 산출되는지를 확인하는 성과모니터링으로 구분됨

평가성 사정의 효용(이점)
- 한정된 예산과 인력을 가장 유용한 평가를 위해 사용 가능
- 정책관련자로 하여금 추진하는 사업의 평가 가능성을 향상시키기 위한 노력을 자극
- 사업의 목표·활동 등에 대한 수정·보완을 유도
- 장래 평가에 대한 길잡이 역할

- 주민만족도
- 수혜자(수익자)의 대응성
- 체제유지도

ⓒ 던(W. Dunn)의 기준 : 효과성, 능률성, 필요성, 충분성, 형평성, 대응성, 적합성 등을 제시(신행정학적 입장)

③ 과정(단계)
  ㉠ 탐색 및 상황판단
  ㉡ 목표의 확인 및 식별
  ㉢ 평가기준의 선정
  ㉣ 인과모형의 설정
  ㉤ 평가기획 및 설계의 개발
  ㉥ 자료의 수집
  ㉦ 자료의 분석·해석

④ 정책평가의 유형
  ㉠ 총괄평가와 과정평가

총괄평가	• 정책이 집행(완료)된 후에 정책집행의 결과가 당초 의도했던 목적(효과·영향 등)을 달성했는가에 대한 평가 • 일반적으로 정책평가라 하면 총괄적 평가를 지칭하며, 효과평가와 영향평가가 대표적인 총괄평가에 해당함
과정평가	집행과정을 대상으로 하는 평가를 말하며, 협의의 과정평가와 협의의 형성평가(집행과정평가)가 대표적 과정평가에 해당함

  ㉡ 내부평가·외부평가

내부평가 (자체평가)	프로그램 기관 내의 연구단위나 기관이 평가
외부평가	프로그램 기관이 외부기관과 계약을 맺어 제3자의 위치에 있는 외부전문가가 평가

  ㉢ 메타평가(평가종합, 평가의 평가, 2차적 평가, 평가결산)
    - 기존의 평가자가 아닌 제3의 기관(상급기관, 외부 전문기관 등)에서 기존의 평가에서 발견했던 사실들을 재분석하는 평가(평가에 대한 재평가)
    - 평가에 사용된 방법의 적정성, 자료의 오류 여부, 도출된 결과에 대한 해석의 타당성 등을 재검토하는 것
    - 엘리트 중심의 평가가 아닌 외부인에 의한 다면평가의 일종
    - 주로 영향평가에 적용되며, 정책형성이나 정책집행, 행정책임 등 여러 가지 목적에 필요한 정보들을 산출 가능
  ㉣ 평가성 사정(evaluation assesment, 평가성 검토)

의의	정책의 본격적 평가에 앞서 정책평가 분석기법과 성과의 기준이 될 목표, 평가의 범위 등을 명료하게 하는 사전설계나 예비평가의 일종으로, 평가의 필요성과 소망성, 가능성, 평가범위 등을 검토하는 것
중점	• 소망성 있는 평가를 위한 검토 • 어떠한 사업 또는 사업의 어떠한 부분이 평가 가능한가를 검토

③ 기타 모형

윈터(Winter)의 정책결정-집행 연계모형	정책집행에 영향을 주는 변수로, 정책형성국면, 조직 및 조직 간 집행국면, 일선관료의 행태변수, 대상집단의 사회경제적 조건변수를 제시
그린들(Grindle)의 정책집행변수	• 내용적 변수(내적변수) : 정책변수(목표의 명확성, 적절한 인과모형 등)와 집행변수(집행기구, 인력, 예산 등) • 맥락적 변수(외적변수) : 환경적 변수(관련 단체의 적극성, 지원, 대중의 관심 등)와 문제 관련 변수(정책문제의 성격)

(4) 정책집행의 순응과 불응

① 순응(compliance)
  ㉠ 의의 : 정책집행자나 정책대상집단이 정책결정자의 의도나 정책 또는 법규의 내용에 일치되는 행위를 하는 것을 말함(행동의 일관성)
  ㉡ 원인 및 조건
    • 결정자의 리더십과 권위 및 정통성에 대한 믿음
    • 정책목표의 명확성과 의사전달의 활성화
    • 의식적 · 합리적 설득
    • 개인의 이익보장 · 편익제공 등의 유인
    • 강제적 제재수단(처벌, 벌금 등)
    • 집행 기간의 장기성

② 불응(non-compliance)
  ㉠ 의의 : 정책집행에 있어서 정책결정자의 지시나 정책집행자의 환경에 대한 요구를 피지시자나 환경이 들어주지 않는 상태를 말함
  ㉡ 원인 및 조건
    • 기존 가치와의 대립이나 기득권 침해
    • 정책의 모호성과 비일관성
    • 순응에 따른 부담회피나 금전적 욕심
    • 집행자의 능력이나 지도력, 정보, 예산의 부족
    • 정책집행체제에 대한 불신이나 의사전달체계의 결함
    • 정책 자체에 대한 회의적 평가

5. 정책평가와 정책변동

(1) 정책평가

① 의의 : 정부의 정책이나 사업계획을 대상으로 그것이 실제로 정책환경에 미친 영향이나 효과를 판단하는 것
② 정책평가의 기준
  ㉠ 나카무라와 스몰우드(Nakamura & Smallwood)의 기준
    • 효과성(목표달성도)
    • 능률성(경제성)

SEMI-NOTE

순응확보 전략
• 교육과 도덕적 설득
• 선전에 의한 호소
• 정책수정 또는 관습 · 관행의 채택
• 유인과 보상(보상수단이나 편익 제공 등)
• 제재나 처벌, 강압적 수단의 사용

정책평가의 목적
• 정책향상과 합리적 결정, 능률적 집행을 위한 정보 · 지식의 제공
• 정책결정의 타당성 · 합리성 및 집행의 효율성 제고
• 정책 과정상의 시행착오나 비용 손실 감소
• 정책목표의 달성 여부 파악과 목표 달성 수단 및 하위목표의 재구성
• 정책수단이 정책결과에 이르는 인과경로를 검토 · 확인하여 이론 정립
• 담당자의 주체적 · 자발적 책임성 확보 및 투명성 제고
• 원인 분석을 통한 정책환류의 기준 마련

SEMI-NOTE

관료적 기업가형에서의 권력이전
- **권력이전의 의미** : 관료적 기업가형에서는 권력이 결정자에게서 정책집행자로 이동하게 되어 집행자가 정책과정을 지배하게 되는 현상
- **권력이전의 발생원인**
  - 집행자는 정책결정에 필요한 정보를 산출하고 통제함으로써 정책과정을 지배
  - 안정성과 계속성을 기본 속성으로 하는 행정관료제에서 집행자는 결정자와 달리 교체되지 않음
  - 집행자들이 기업가적·정치적 재능(기술)을 발휘해서 처음부터 정책형성을 주도

성공적 정책집행의 판단기준
- **실질적·내용적 판단기준**
  - 실질적·내용적 판단기준이란 정책집행의 성공 여부를 특정 일방의 정책주체와는 관계없이 실질적 내용을 국가·사회의 전체 입장에서 판단하는 것
  - 정책내용이 분명한 경우 정책집행의 성공 여부를 판단하는 내용적 기준은 효과성과 능률성이 주요기준이 됨
  - 정책집행에서 일어나는 실질적 정책결정과정이 바람직한가의 여부(정책목표의 소망성, 즉 목표의 적합성이나 적절성, 정책수단의 소망성)
- **주체적·절차적 판단기준(Rein, Rabinovitz)**
  - 법적 명제(legal imperative) : 정책집행은 법률의 내용이나 의도를 따라야 하며, 여기에는 정책목표는 물론 정책수단이나 추진방법이 포함됨
  - 합리적–관료적 명제(rational–bureaucratic imperative) : 집행이 도덕적으로 옳고, 행정적으로 실현 가능하며, 지적으로 합리적이어야 한다는 것으로, 집행관료들이 집행의 성공 여부를 주관적으로 판단하는 기준
- **합의적 명제(consensual imperative)** : 정책집행에 관련되는 이해집단들 모두가 합의할 수 있도록 정책이 집행되는 것을 의미

재량적 실험가형	• 문제와 해결책에 대한 구체적 정의가 어려운 경우 적용 가능한 유형이며, 복잡하고 불확실한 상황에서 가장 혁신적인 집행방법이 됨 • 정책실패의 원인을 집행자의 전문성·지식의 부족, 모호한 정책결정에 따른 집행상의 혼란, 집행자가 임의적 자원 사용이나 기만, 책임의 분산으로 인한 결정자와 집행자의 책임회피 등으로 봄
관료적 기업가형	• 집행자가 강력한 권한을 갖고 정책과정 전반을 주도하며 결정권까지 행사(집행자에게 권력이 이전되는 유형으로, 고전적 기술관료형과 반대됨) • 집행자는 목표를 설정하고 결정자를 설득하여 이를 수용하게 하며, 목표달성에 필요한 수단을 결정자와 협상을 통해 확보함 • 결정자는 집행자가 수립한 목표와 목표 달성방안을 지지

② 엘모어(Elmore)의 정책집행유형(집행조직모형)

체제관리 모형	조직을 합리적 가치극대자로 보는 모형으로, 집행의 성공을 위한 조건으로 효율적인 관리통제를, 실패 원인으로 미숙한 관리를 제시(고전적 접근법과 밀접)
관료과정 모형	정책집행은 관료가 지니는 재량과 루틴(집행관료가 나름대로 설정한 정형화된 집행방법)에 의하여 결정된다는 모형
조직발전 모형	집행의 성공 조건을 정책결정자와 집행자 사이의 정책에 관한 합의로 드는 모형
갈등협상 모형	조직을 갈등의 장으로 보며, 집행의 성공 여부는 갈등의 협상 여부에 의하여 결정된다고 보는 모형

(3) 정책집행에 영향을 미치는 요인(정책집행 성공요인)

① 일반적 요인

내부요인	외부요인
• 정책내용 • 자원 • 집행조직 • 집행담당자 • 집행절차	• 정책문제 • 정책대상집단 • 정책집행의 참여자 • 사회경제적 여건 및 기술 • 대중매체와 여론 • 정책결정기관의 지원

② 사바티어와 마즈매니언(P. Sabatier & D. Mazmanian)의 정책집행분석모형

문제의 성격	• 타당한 인과모형의 존재(목표와 수단 간의 긴밀한 인과관계, 기술적 타당성) • 대상집단 행태(활동)의 다양성과 요구되는 행태변화의 정도 • 대상집단의 규모와 명확성
법적 요인	• 법규상 추구하는 정책목표의 안정성·일관성 및 목표 간 우선순위의 명확성 • 집행기관의 계층적 통합성(계층적 통합이 약화되면 집행 곤란) • 목표에 부합하고 표준화·공식화된 집행기관의 결정규칙(SOP 등) • 집행 과정상의 거부점의 최소화 및 저항의 극복수단(제재·유인책) 구비
정치적 요인	• 대중의 지지와 대중매체의 관심 • 사회·경제·기술적 상황과 여건 • 관련 집단의 자원 및 집행에 대한 태도 • 지배기관의 후원과 관심

을 통합해야만 집행과정의 다양한 측면을 설명할 수 있다고 보았으나, 하향적 접근법과 상향적 접근법은 이론적 배경과 성격이 달라 유기적 연계성이 부족하고 통합으로 인한 논리적 모순이 발생할 수 있다는 비판이 제기됨

ⓒ 주요 연구모형 ★ 빈출개념

사바티어의 통합모형	• 비교우위 접근법 : 하향적 또는 상향적 방법 중 상대적으로 적용 가능성이 높은 조건을 발견하여 이용함 • 정책지지연합모형 : 기본적 관점은 상향적 접근을 채택하고, 하향적 접근을 결합
엘모어의 통합모형	정책결정자가 정책프로그램 설계 시 하향적 접근방법에 의하여 정책목표를 설정하되, 정책수단을 선택하는 경우는 상향적 접근방법에서 제시하는 방법을 수용함으로써 집행가능성이 가장 높은 정책수단을 선택함

⑤ 정책집행의 단계

정책지침개발 (작성)단계	• 추상적인 정책이 현실적으로 집행이 가능하도록 구체화시켜 '무엇을', '어떻게' 할 것인가를 규정하는 것으로, 이 지침을 집행자에게 밝혀 주어야 함 • 정책집행에 필요한 사항과 집행자의 업무를 규정하는 사실상의 정책결정단계(SOP가 핵심)
자원확보 및 배분단계	집행담당기관이나 집행대상자에 대한 예산·인력·시설·정보 등 필요한 물적·인적 자원을 확보·배분하는 단계
실현활동단계	확보된 자원을 이용하여 정책지침에 따라 정책의 내용을 대상자에게 실천하는 단계(서비스 제공이나 행동 규제 등의 단계
감시 및 환류 (감독·통제) 단계	실현활동이 지침에 따라 적절히 수행되었는가를 점검·평가하고, 그 결과를 정책집행과정에 환류하는 단계

(2) 정책집행의 모형(정책집행유형론)

① 나카무라와 스몰우드(Nakamura & Smallwood)의 정책집행유형

고전적 기술 관료형	• 정책결정자는 집행자의 활동을 통제하며, 목표를 달성하기 위한 미미한 재량권(행정적 권한)만을 집행자에게 위임 • 정책실패 시 그 원인을 집행자의 기술자 능력 부족(기술적 결함) 때문이라고 봄
지시적 위임형	• 정책결정자는 집행자에게 목표 달성을 지시하고 이를 위한 수단을 강구하도록 재량적인 행정적 권한(관리권한)을 위임(집행자는 기술적 권한 외에 행정적 권한을 가짐) • 정책실패의 원인을 집행자의 기술적 역량 부족, 다수 집행기관의 참여(공동행동의 복잡성)와 협상 실패, 결정자의 애매모호한 지시 등으로 봄
협상가형	• 결정자와 집행자가 목표나 목표 달성을 위한 수단에 관해 협상을 벌이는 유형(집행자는 구체적 목표 및 수단에 관한 협상권한을 가짐) • 정책실패의 원인을 집행자의 기술적 역량부족과 집행수단의 기술적 결함, 협상 실패로 인한 집행자의 불만(타성, 무사안일, 부집행 등), 집행자의 정책목표 왜곡이나 정책집행 회피 등으로 봄

SEMI-NOTE

정책집행과 정책변동
• 점증모형 : 정책은 쉽게 변동되지 않음
• 정책변동모형(단절적 균형모형) : 정책이 어떤 계기로 변동되는 이유를 설명(단절 이후 균형 유지)
 - 정책지지연합모형(Sabatier 등) : 정책은 장기간(10년 이상)에 걸쳐 점진적으로 변동되는 학습과정임
 - 정책패러다임변동모형(P. Hall) : 정책은 급격한 변동이 쉽지 않다는 사바티어의 주장과 달리 정책의 근본적인 패러다임이 급격히 변동될 수도 있다는 모형(예 자유방임주의 → 케인즈주의 → 통화주의 등)

나카무라와 스몰우드의 정책집행유형의 의의
• 정책결정자와 집행자의 역할관계를 고전적 기술관료형, 지시적 위임가형, 협상가형, 재량적 실험가형, 관료적 기업가형으로 구분
• 고전적 기술가형에서 관료적 기업가형으로 나아갈수록 정책결정자의 통제는 감소하고 정책집행자의 재량적 역할은 증가

SEMI-NOTE

상향적 접근법이 유용한 경우
- 조직 상하관계의 상호 교류가 많고 원만한 경우
- 집행참여자가 다양하고 의사결정권이 증대되는 경우
- 급변하는 상황에 신축적인 적응이 요구되는 경우
- 정책의 영향을 받는 개인들을 협상의 장으로 유인할 필요가 있는 경우

립스키(M. Lipsky)의 일선관료제
- 1976년 도시 관료 연구를 통하여 교사, 경찰, 복지요원 등을 분석하면서 상향적 정책집행의 한 영역으로 일선관료제를 제시
- 일선관료란 시민(고객)들과 직접 접촉하는 공무원을 말하며, 립스키(Lipsky)는 고객과 접촉하는 일선관료가 실질적으로 공공정책을 결정한다는 상향적 정책집행 접근법을 중시
- 복지행정에서는 일선관료가 중요한 역할을 수행하나 지금껏 이에 대한 연구가 부족했다고 비판
- 일선관료의 직무상황에 대한 적응방식(적응메커니즘)을 업무의 단순화(simplification)와 정형화(routinization)로 파악

매틀랜드(Matland)의 상황론적 통합모형(1995)
통합모형의 일종으로, 모호성과 갈등이 모두 낮은 경우에는 하향식 접근법이 효과적이고, 모호성과 갈등이 모두 높은 경우에는 상향식 접근이 효과적이라고 봄

③ 정책집행의 접근방법

구분	하향적 접근	상향적 접근
성격	정형적 · 거시적 · 전방향적 · 연역적	적응적 · 미시적 · 후방향적 · 귀납적
목적	성공적 정책집행 조건과 전략 제시(결정자에 대한 규범적 처방 제시)	실제 집행 양태를 밝힘(집행과정의 기술과 인과론적 설명)
권한 소유	결정자(정책결정자가 주요 행위자)	집행자(일선집행관료나 정책대상집단이 주요 행위자)
정책 상황	안정적 · 구조화된 상황, 목표 수정의 필요성 낮음	유동적 · 비구조화된 상황, 목표 수정의 필요성 높음
이념 및 성격	합법성, 기술성	대응성, 상호적응성
합리성의 성격	완전한 합리성, 도구적 합리성	제한된 합리성, 적응적 합리성(환경에의 적응 중시)
정책목표	구체성, 명확성(목표수정의 필요성 낮음)	모호성, 일반성(목표수정의 필요성 높음)
관리자의 참여	참여 제한(충실한 집행 강조)	참여 필요(적응적 집행 강조)
정책의 성공요건	결정권자의 리더십(결정자의 효과적 통제와 집행자의 순응)	집행관료의 재량과 역량(일선관료에게 적절한 재량과 자원부여)
집행절차	표준운영절차(SOP) 사용	상황에 맞는 절차 사용
집행자의 재량	인정 안 됨	인정됨
정치와 행정	정치 · 행정이원론, 결정과 집행의 분리	정치 · 행정일원론, 결정과 집행의 통합
집행의 평가기준	집행의 충실성과 성과 · 목표 달성 여부	환경에 대한 적응성, 성과는 부차적 평가 기준
주요학자	미터와 혼(V. Meter & V. Horn(1975), 사바티어와 마즈매니언(Sabatier & Mazmanian)(1981)	립스키(Lipsky, 일선관료제론), 엘모어(Elmore, 1979), 버먼(Berman, 1978), 히언과 헐(Hjern & Hull, 1985)
모형	• 윌다브스키 – 통제모형 • 엘모어 – 전향적 접근방법 • 버먼 – 정형적(거시적 · 하향적) 집행 • 나카무라 – 고전적 기술자형, 지시적 위임형	• 윌다브스키 – 상호작용모형, 진화모형 • 엘모어 – 후향적 접근방법 • 버먼 – 적응적(미시적 · 상황적) 집행 • 나카무라 – 재량적 실험가형, 관료적 기업가형

④ 통합모형(통합적 접근방법)
  ㉠ 의의
  - 1980년대 중반 이후 하향적 접근과 상향적 접근방법을 서로 보완 · 통합하고자 하는 학문적 노력이 전개되면서 등장한 모형
  - 통합모형에서는 각 접근방법의 장단점이 상대적이므로 접근방법의 변수들

- 갈등집단 간의 강한 내부응집력
- 특정대안의 선택으로 이익을 보는 집단과 손해를 보는 집단의 명확히 구분
- 갈등집단이 결정의 회피나 지연을 불용(선택불가피성)
• 대응행동
  - 소극적 대응 : 결정의 회피(포기, 비결정), 결정의 지연, 결정책임의 전가, 상황의 호도 등
  - 적극적 대응 : 딜레마 상황의 변화를 유도하거나 관심을 돌리기 위해 새로운 딜레마 상황을 조성하거나 정책문제의 재규정, 상충대안의 동시 선택 등
• 예방대책
  - 결정자의 개인적 이익이나 판단으로 시스템 전체가 딜레마에 빠지지 않도록 함
  - 이해 관계자가 정책결정자에게 직접적인 영향력을 행사할 수 없도록 여과장치(행정계층 등) 설계

4. 정책집행(policy implementation)

(1) 정책집행의 본질

① 정책집행의 의의
  ㉠ 정책집행이란 결정된 정책을 현실에서 수행하는 과정
  ㉡ 나카무라와 스몰우드(Nakamura & Smallwood)는 권위 있는 정책지시를 실천에 옮기는 과정이라고 정의함
  ㉢ 미국 존슨(Johnson) 대통령의 '위대한 사회'건설을 위한 각종 사회복지정책(소수민족 취업계획인 Oakland 사업 등)의 실패에 대한 조사 · 연구에서 출발

② 정책집행 연구의 대두

고전적 정책집행관	• 정책집행에 대한 고전적 연구는 연구대상에서 정책집행의 특정적 측면(행정조직 내부의 운영)만이 강조되고, 정책집행을 극히 단순 · 기계적인 것으로 가정 • 정책집행이 조직외부의 관련집단과의 관계 속에서 정책이 구체적으로 실현되는 과정이라는 측면을 간과하였으며 정책집행을 별도로 연구하지 않음
현대적 정책집행관	• 정책결정과 정책집행의 동질성(정치 · 행정1원론) • 정책결정과 정책집행의 순환성 : 정책결정과정에서 지식 · 정보의 부족으로 인해 추상적 정책결정이 이루어지고, 집행과정에서 환류되는 정보와 집행자의 전문가적 판단에 의해 정책내용이 수정 · 보완됨 • 정책결정자와 집행자의 연관성 : 정책결정자는 정책내용결정 시 정책집행자의 능력과 태도를 고려하고, 정책집행자도 집행과정에서 정책내용을 구체화하는 점에서 양자는 주어진 상황 하에서 상호적응적 형태를 보임

SEMI-NOTE

정책집행의 특성
• 정책결정 및 정책평가와의 상호작용을 하는 계속적 과정
• 많은 조직과 인력이 관련되는 정치적 · 복합적 성격
• 정책문제의 해결과 목표 달성을 위해 실현방안을 계속적 · 구체적으로 결정
• 법률의 제정에서 지침개발 · 자원배분 · 평가 등을 거치는 순환적 특성
• 정책이 현지실정에 맞도록 환류 · 수정(상호적응성)

고전적 정책집행관의 특징
• 정책만능주의 : 정책을 수립하기만 하면 문제가 다 해결됨
• 정태적 정책관 : 구조화된 상황 아래에서 정책은 집행과정에서 변하지 않음
• 계층적 조직관 : 정책은 결정자의 지시에 따라 하향적으로 집행됨

현대적 정책집행론의 등장배경
• 사회정책사업의 대대적 실패
  - 1960년대 말 잇단 정책 실패
  - 다원론적 정치체제
• 프레스맨과 윌다브스키(J. Pressman & A. Wildavsky)의 집행론
  - 많은 참여자
  - 집행관료의 빈번한 교체
  - 타당한 인과모형의 결여
  - 부적절한 행정기관

SEMI-NOTE

인간의 제한된 합리성
인간은 문제해결을 위해 완전한 답을 도출해 내려고 하지만 현실적으로 그가 가진 정보와 인지의 한계 등으로 인해 만족할 만한 수준에서 의사결정이 이루어질 수밖에 없다는 것. 결국 이런 논리적 귀결에 의해 인간이 정책문제에 대한 접근은 알고리즘에 의한 방식이라기보다는 휴리스틱에 의한 방식으로 이루어지는 것이 압도적으로 많게 됨

정책딜레마의 논리적 구성요건
- **분절성(단절성)** : 대안 간 절충 불가
- **상충성** : 대안 간 충돌
- **균등성** : 대안들의 비슷한 결과 가치 내지는 기회손실
- **선택불가피성** : 선택 압력
- **명료성** : 대안의 구체성

ⓒ 특성
- 비목적적인 적응적 의사결정 : 고도의 불확실성 속에서 정보를 자동적으로 제어·환류해 나가는 결정체제로, 목적을 미리 고정하지 않고 프로그램 반응목록에 따라 이루어지는 의사결정 추구
- 휴리스틱스(heuristics)식 결정 : 시행착오에 근거하여 관례를 만들어가고 그 관례를 프로그램 반응목록에 입력하여 이에 의하여 의사결정
- 불확실성의 통제 : 대안이 초래할 불확실한 결과를 문제 삼지 않는 시행착오적 적응
- 시행착오적(도구적) 학습 : 관례를 입력한 프로그램 반응목록에 없는 상황이 발생하면 시행착오를 거쳐 새로운 도구를 만들고 이 도구가 효과를 보면 프로그램 반응목록에 입력하여 의사결정의 기준으로 활용
- 집단적 의사결정 : 합리모형과 달리 개인의 의사결정 논리가 그대로 집단에 적용되지 않음

ⓒ 합리모형과의 비교

구분	합리모형	사이버네틱스모형(적응모형)
기본적 가정	완전한(엄격한) 합리성(전지전능)	제한된 합리성(인지능력의 한계)
문제해결과 해답	알고리즘(연역적 방식) → 최선의 답 추구	휴리스틱스(귀납적 방식) → 그럴듯한 답 추구
학습	인과적 학습	도구적 학습(시행착오적 학습)
대안분석	동시적 검토·분석	순차적 검토·분석
의사결정 및 대안선택	단발적 결정, 목표의 극대화와 최적대안(수단)의 선택	연속적 결정, 비목적적 적응과 그럴듯한 대안
불확실성 대응	불확실성의 감소 추구	불확실성의 통제 추구
이념	효율성	형평성
모형	합리모형, 앨리슨의 모형 Ⅰ	조직모형, 회사모형, 앨리슨의 모형 Ⅱ
조직	단일한 의사결정자로서의 조직 → 유기체이므로 개인의 의사결정=조직의 의사결정	상이한 목적을 지닌 개인의 연합체로서의 조직 → 유기체가 아니므로 개인의 의사결정≠조직의 의사결정

⑬ **정책딜레마 모형**
ⓐ 의의 : 정책결정을 해야 하지만 상충되는 정책대안들 가운데서 어떤 것도 선택하기 어려운 상태로, 상호 갈등적인 복수의 정책대안(가치)이 선택상황에 나타났을 때, 어느 한 대안의 선택이 가져올 기회손실이 용인의 한계를 벗어나기 때문에 선택이 불가능하거나 매우 어려운 상태
ⓑ 발생조건
- 선택요구의 압력 : 시간적 제약으로 대안들 가운데서 하나를 반드시 선택해야 한다는 요청이 강함
- 행태적·상황적 조건

- 기존의 합리모형은 심리적·정치적 문제에 관하여 이론적 기초가 불분명하다고 지적하고 두 가지 대안으로 조직과정모형과 관료정치모형을 제시

ⓒ 내용

합리모형 (합리적 행위자 모형, 모형Ⅰ)	엄밀한 통계적 분석에 치중하는 결정방식으로, 개인적 차원의 합리모형의 논리를 집단적인 국가·정부정책 과정에 유추 적용한 모형
조직과정모형 (모형Ⅱ)	정부를 느슨하게 연결된 준독립(반독립)적인 하위조직체들의 결정체로 보아, 정부정책을 이들 여러 조직의 상반된 대안이 최고결정자의 조정을 거쳐서 반영된 것이라 보는 모형
관료정치모형 (정치모형, 모형Ⅲ)	조직의 상위계층에 적용되는 모형으로, 현실적인 정책결정이 결정환경에 참여하는 독립적인 참여자 간의 갈등과 협상·타협·흥정에 의해 이루어진다는 모형

ⓒ 각 모형의 비교

구분	합리모형(모형Ⅰ)	조직과정모형(모형Ⅱ)	관료정치모형(모형Ⅲ)
목표 공유도 및 응집성	매우 강함	중간 내지 다소 약함	매우 약함
조직관	조정·통제가 잘 된 유기체적 조직	반독립적 집합체	독립적인 개개인들의 집합체
권력 소재 및 권위	최고지도자가 권력 보유(집권), 공식적 권위	반독립적 하부조직이 권력 분산 소유, 전문적(기능적) 권위	독립적인 개별적 행위자 개인
행위자의 목표	조직 전체의 전략적 목표(갈등 없음)	조직 전체 목표 + 하부 조직목표	조직 전체 목표 + 하위 조직목표 + 개인목표
적용 계층 (결정주체)	전체 계층	하위계층	상위계층
정책결정 원리 및 방식	최고지도자의 명령·지시에 의한 총체적·동시적·분석적 탐색과 결정(합리적 결정)	기존 관행과 프로그램 목록, SOP 등에 의한 대안 추출(순차적 해결), 준 해결	• 정치적 게임의 규칙에 따라 협상·타협·연합 • 흥정·경쟁(정치적 해결)
합리성	완전한 합리성	제한된 합리성	정치적 합리성
정책의 일관성	항상 일관성 유지	빈번히 변경	거의 일치하지 않음

⑫ 사이버네틱스(인공두뇌학)모형(적응모형)

㉠ 의의
- 분석적인 합리모형과 극단적으로 상반되는 적응적·관습적 의사결정모형으로 '인공두뇌학(인공지능)'이라고 하며, 목표 달성을 위한 상황 변화에 따른 정보의 해석·판단과 적응, 환류에 의한 통제라는 관점에서 설명한 모형
- 광범위하고 복잡한 탐색을 거치지 않고 주요 변수에 대한 정보만을 미리 정해진 표준운영절차에 따라 처리하고 미리 개발해 둔 해결목록에 의해 문제를 해결

SEMI-NOTE

반대에 의한 결정모형
앤더슨(Anderso)이 앨리슨(Allison) 모형의 경우와 같이 쿠바 미사일 사건을 통해 의사결정에 대한 연구를 통해 제기한 것으로, 경쟁적인 대안을 제시하고 탐색하기보다는 논의의 과정에서 반대제기를 통하여 목표를 발견해 나가는 경우가 많다는 모형. 여기서는 '문제를 해결해 줄 것인가'가 아니라 '문제를 악화시킬 확률이 낮은 것인가'를 대안선택에 있어 가장 중요한 판단기준으로 봄

사이버네틱스모형
애쉬비(Ashby), 바이너(Weiner) 등이 제시하였으며, 사이버네틱스 결정양식에 대하여 바이너는 '기계 및 동물에 있어서의 제어와 통신에 관한 이론 전반'이라 정의함

SEMI-NOTE

조직화된 무정부 상태의 세 가지 조건
- **문제성 있는 선호** : 사람들의 선호가 분명치 않으며, 서서히 각자의 선호를 알아감
- **불명확한 기술** : 의사결정에 적용할 인과적 지식과 적용기술이 불분명하며, 참여자들이 이것을 잘 이해하지 못함
- **일시적·유동적 참여자** : 의사결정에 참여하는 담당자의 유동이 심하고 시간적 압박상태에 놓여 있음

정책의 창과 점화장치(triggering event)
응집성이 약한 조직화된 무정부 상태에서는 점화장치(점화계기)가 있어야 3가지 흐름이 합쳐져 정책의 창이 열릴 수 있음. 이러한 점화장치에는 문제의 심각성을 크게 부각시키는 극적인 사건과 정권의 변동 등으로 인하여 정치적 분위기나 이념 등을 변화시키는 정치적 사건이 있음

정책의 창이 닫히게 되는 요인
- 관련 문제가 충분히 다루어졌다고 느낄 때
- 정책의 창을 열게 했던 사건이 사라지는 경우
- 정책 참여자들이 정부의 행동을 유도하지 못하거나 정책대안을 제시하지 못한 경우

쿠바의 미사일 사건(1962)
구소련이 쿠바에 미국을 공격할 수 있는 미사일기지를 설치하고 핵탄두 미사일을 배치하려 하자, 미국의 케네디(Kennedy) 정부는 이에 해상봉쇄와 무력침공의 두 가지 대안 중 미사일이 운반되지 못하도록 하는 해양봉쇄정책을 채택함으로써 13일 간 지속된 일촉즉발의 위기상황을 극복하게 됨

ⓒ 내용

전제조건	의사결정상황은 조직화된 무정부상태(조직화된 무질서와 혼돈상태)라는 고도의 불확실한 상황이며, 이는 문제성 있는 선호, 불명확한 기술, 일시적·유동적 참여자라는 세 가지 조건을 내포
의사결정	조직화된 무질서와 혼돈 속에서 쓰레기가 우연히 한 쓰레기통 속에 모이듯 독자적으로 흘러 다니던 네 가지 의사결정 흐름(문제의 흐름, 해결책의 흐름, 참여자의 흐름, 선택기회의 흐름)이 우연히 한 곳에 모여 의사결정이 이루어짐
쓰레기통 속에서의 임의적 선택	의사결정과정이 문제의 확인에서 문제해결로 끝나는 순차적 과정이라 보지 않음
결정방식 및 전략	• 날치기 통과(choice by oversight, 간과) : 다른 문제들이 제기되기 전에 재빨리 의사결정을 하는 방식 • 진빼기 결정(choice by flight, 탈피) : 어려운 결정을 내릴 때 다른 관련 문제가 반복적 주장으로 힘이 빠져 다른 기회를 모색할 때까지 기다렸다가 의사결정을 하는 방식

⑩ **정책의 창 모형(Streams and Windows Model, 정책흐름 모형)**
  ㉠ 의의 : 의사결정에 필요한 3요소(문제의 흐름, 정치의 흐름, 정책의 흐름)가 흘러다니다 만날 때 정책의 창이 열려 결정이 이루어진다는 모형으로, 여기서의 정책의 창은 정책주창자들이 그들의 관심대상에 주의를 집중시키고 그들이 선호하는 대안을 관철시키기 위해서 열리는 기회를 말함
  ㉡ 3가지 흐름

문제의 흐름	정책결정자나 일반공중은 특정 사회문제에 관심을 집중시켜 문제를 규정하고 문제 해결을 위한 새로운 정책을 모색함
정치의 흐름	국가적 분위기나 여론, 선거 등에 의한 정치적 영향력의 변화 속에서 이루어지는 협상과정
정책의 흐름	문제 해결을 위한 정책으로서 선택할 수 있는 각종 대안이 마련되고 특정 대안이 부각되는 과정

  ㉢ 특성
  - 정책의 창(문제를 논의할 수 있는 문)은 우연한 사건으로 열리기도 하지만, 주로 여러 여건이 성숙하여 세 가지 흐름이 함께 할 때 열리게 됨
  - 정책의 창은 여러 요건이 갖추어진 짧은 시간 동안만 열리게 되며, 오래 지속되지 않고 몇몇 요인에 의해 이내 닫히게 됨
  - 정책의 창은 정책의제설정에서부터 최고의사결정까지의 과정에서 필요한 여러 여건들이 성숙될 때 열리게 되므로, 한번 닫히게 되면 다시 열릴 때까지 대체로 많은 시간이 소요됨

⑪ **앨리슨(G. T. Allison)의 모형** ★빈출개념
  ㉠ 의의
  - 앨리슨은 쿠바 미사일사태에 대하여 체계적으로 설명하기 위해 집단의 특성(응집성이나 권력성)에 따라 세 가지의 상이한 모형을 제시

초정책결정단계 (meta-policy making stage)	• 정책결정에 관한 결정(정책결정을 어떻게 할 것인가에 관한 결정)단계로, 가장 중요한 정책결정이며 고도의 초합리성이 요구됨 • 가치의 처리, 현실의 처리, 문제의 처리, 자원의 조사·처리 및 개발, 정책시스템의 설계·평가 및 재설계, 문제·가치 및 자원의 할당, 정책결정 전략의 결정
정책결정단계 (policy making stage)	• 본래적 의미의 정책결정으로, 합리성이 요구되는 단계 • 자원의 세부적 할당, 조작적 목적 설정 및 우선순위 결정, 주요 가치 설정 및 우선순위 결정, 주요 정책대안 마련, 대안의 편익과 비용에 대한 예측 실시, 편익과 비용 비교를 통한 최선의 대안 식별 등
후정책결정단계 (post-policy making stage)	• 정책을 집행하고 평가하는 단계, 정책수정단계 • 정책 집행의 동기부여, 집행, 집행 후 정책결정에 대한 평가 및 환류

ⓒ 특성
- 정책의 합리적 요인과 초합리적 요인을 동시에 다루는 양적·질적 모형
- 대안선택 시 제한된 자원의 범위 내에서 최적대안 선택(경제적 합리성)
- 불확실한 상황이나 선례가 없는 복잡한 문제에 대해서는 초정책 결정에 중점(초합리성)
- 정보교류와 환류를 전개하여 정책결정자의 결정능력을 최적수준까지 향상(환류과정의 확장)
- 점증모형이나 만족모형의 보수적·타협적 성격을 비판하고 개선을 강조한 모형

⑧ 회사모형(연합모형)
  ㉠ 의의 : 회사(조직)를 유기체로 보지 않고 서로 다른 목표들을 가지고 있는 하부조직의 연합체(coalition, 느슨하게 연결된 반독립적인 하부집단의 결합체)로 가정하며, 각 하위조직들이 연합하거나 타협하여 최종안을 선택한다는 의사결정모형
  ㉡ 특성
  - 경험적으로 학습된 행동규칙인 표준운영절차(SOP) 발견 및 이에 따른 의사결정 강조
  - 하위조직 간의 갈등·모순을 하나의 차원이나 기준으로 통합하는 방법이 없어 완전한 해결이 아니라 갈등에 대한 잠정적·불완전한 해결(준해결)에 머물며, 제한된 국지적 합리성을 추구
  - 환경의 유동성으로 대안의 결과는 불확실한 것으로 보고 환경의 불확실성을 제거(회피)하기 위해 환경을 통제할 방법을 찾음(불확실성에 대한 극복이 아닌 단기적 피드백과 단기적 반응을 통한 회피 전략을 추구)

⑨ 쓰레기통모형
  ㉠ 의의 : 조직화된 무질서와 혼돈(조직화된 무정부 상태) 속에서 쓰레기가 우연히 한 쓰레기통 속에 모이는 것과 같은 임의적 선택과정을 거쳐 의사결정이 이루어진다고 보는 모형

초합리성 강조
초합리적 결정은 사례연구, 감수성훈련, 브레인스토밍 등과 같은 수단들에 의해 증진될 수 있다고 봄

회사모형의 한계
- 사조직(회사)을 대상으로 하므로 공공조직에 적용은 무리가 있음
- SOP에 의존하는 보수적 이론으로, 혁신적 대안 제시가 곤란함
- 민주적·분권적 모형이므로 개발도상국 등 권위주의 국가나 조직에는 적용이 곤란함

표준운영절차(SOP)의 종류
- 장기적(일반) SOP : 장기적인 환류에 따라 서서히 변화하게 하여 장기적 합리성을 도모하는 SOP
- 단기적(구체적) SOP : 일반적 SOP를 구체화시킨 것으로 이는 단기적인 환류에 의하여 변화됨(회사모형에서 중시하는 SOP)

SEMI-NOTE

혼합주사모형의 장단점
- 장점
  - 합리모형과 점증모형을 절충한 것으로 합리주의의 지나친 엄밀성과 점증주의의 보수성 극복 가능
  - 합리모형과 점증모형의 융합을 통해 정책결정 실제에 대한 설명력을 제고하고 상황에 따른 융통성을 부여함
  - 정책의 오류를 줄이고, 핵심에 근접할 수 있음
- 단점
  - 합리모형과 점증모형의 단순한 절충에 불과한 독창성 없는 이론으로, 두 이론의 결함을 해결하지 못함
  - 합리모형의 변형으로 거시적 개략분석과 미시적 정밀분석의 혼합에 불과함(합리모형의 단점인 지나친 엄밀성을 완화한 것에 불과)
  - 정책결정이 기본적 결정과 부분적 결정으로 신축성 있게 이루어지기 어려움

정책결정구조의 중첩성(Y. Dror)
Dror는 정책결정의 여러 국면(단계)들이 중첩적·가외적인 특징을 가진다고 보고, 이러한 정책결정구조의 중첩성이 정책결정의 오류를 방지하고 최적수준의 정책결정을 보장해준다고 함

최적모형의 한계
- 기본적으로 경제적 합리성을 중시하므로 다원화된 사회적 과정에 대한 고려가 부족함
- 지나치게 이상적이고 유토피아적인 모형으로, 여전히 합리모형의 틀을 탈피하지 못함
- 합리성과 구별되는 초합리성의 본질·기준이 불분명하며, 최적의 기준도 불명확함

⑥ 혼합주사모형(혼합모형, 혼합관조모형)
  ㉠ 의의
    - 에치오니(Etzioni)가 규범적·이상적인 합리모형과 현실적·실증적인 점증모형의 장점을 교호적으로 혼용한 제3의 접근방법
    - 합리모형을 제1접근으로, 점증모형을 제2접근으로 양자를 결합하여 합리모형이 지니는 비현실성을 감소시킴과 동시에 점증모형이 지니는 보수성을 극복
  ㉡ 특성
    - 합리모형과 점증모형을 신축적·탄력적으로 절충한 모델
    - 상황이 급변하거나 최초 결정이 바람직하지 않을 때는 기본적·맥락적 결정(합리모형 적용)을, 안정적 상황에서는 부분적·세부적 결정(점증모형 적용)을 시도
    - 완전한 당위성을 강조하는 합리모형은 전체주의 사회에 적합하고, 정치적 합리성을 추구하는 점증모형은 다원주의 사회에 적합하며, 혼합모형은 활동적 사회(능동적 사회)에 적합함
    - 정책결정을 정치 사회화함
  ㉢ 합리모형·점증모형과의 관계 비교

구분	합리모형 (제1접근)	점증모형 (제2접근)	혼합모형(제3접근)	
			근본적 결정	세부적 결정
대안의 탐색	포괄적	제한적	포괄적(합리모형)	제한적(점증모형)
예측할 대안 결과	포괄적	제한적	제한적 – 합리모형의 엄밀성 극복	포괄적 – 점증모형의 보수성 극복
결정상황	근본적(위기, 중대한) 상황	부분적, 지엽적, 안정적 상황	상황에 따른 신축적 적용	
평가	• 쇄신적 모형 • 비현실적	• 보수적 모형 • 현실적	• 절충·혼합모형 • 합리모형과 점증모형의 단점 극복 시도	
정치 사회	전체주의 사회	다원주의 사회	능동적 사회	

⑦ 최적모형(Optimal Model)
  ㉠ 의의
    - 불확실한 상황이나 제한된 자원, 선례 및 정보의 부재 등으로 합리성이 제약되는 경우 합리적 요소 외에도 결정자의 직관이나 주관적 판단, 영감, 육감 같은 초합리적 요소도 고려해야 한다는 모형
    - 드로어(Y. Dror)는 합리모형의 비현실성과 점증모형의 보수성을 비판하고, 양자를 통합하여 이상주의(합리모형)와 현실주의(점증모형)를 결합시켜 최적모형을 제시
    - 정책결정을 체제론적 관점에서 파악하고 정책성과를 최적화하려는 모형
  ㉡ 주요단계

- 현상유지도 대안의 하나로 보고, 현 정책에 비해 약간 향상된 정책에 치중(현상유지적)
- 한정된 수의 정책대안만 검토·분석하거나 중요한 결과만 평가하며 현 사회의 구체적인 결함을 소폭 경감시키는 보수적·연속적·점진적·개량주의적 이론
- 경제적 합리성보다는 이해관계의 원만한 타협과 조정을 통한 정치적 합리성을 중시
- 정책결정과정을 비합리적이고 무계획적인 이전투구과정(진흙탕 싸움)으로 간주

ⓒ 점증주의 정책분석의 유형(C. Lindblom)

단순 점증주의	합리모형의 복잡성을 덜기 위하여 정책대안 마련 시 현재 상태보다 약간 나은 것을 찾는 것으로, 소폭적 변화를 중시하는 초기의 점증주의
분절적 점증주의	더 복잡한 정책문제를 해결하기 위하여 관련 정책요인을 단순화시키고 다소의 전략을 포함하는 분석활동(연속적 접근방법)
전략적 점증주의	매우 복잡한 정책문제를 해결하기 위하여 신중하고 사려 깊은 전략을 통한 해결활동을 말하며, 합리모형을 추구하는 형태(합리주의와 점증주의의 결합형태)

ⓔ 합리모형과의 비교

구분	합리모형	점증모형
추구하는 가치	경제적 합리성(자원배분의 효율성)	정치적 합리성과 민주성(타협과 조정 중시)
목표-수단 관계	목표·수단의 구분, 목표수단분석 실시(목표 고정, 목표에 합치되도록 수단 선택)	목표·수단의 연쇄, 목표수단분석 미실시(목표를 수단에 합치되게 수정)
대안의 결과예측	모든 대안 예측(대안의 수는 무한정)	일부만 한정 예측하며, 환류로 결함 보충(대안의 수가 한정)
정책결정	• 근본적·쇄신적 결정 • 분석적·합리적·비분할적 결정 • 포괄적·단발적·일회적 결정 (문제재정의가 없음)	• 지엽적·개량적 결정 • 부분적·분산적·분할적 결정 • 계속적·연속적·순차적 결정 (문제재정의 빈번)
변화	대폭적·쇄신적·근본적 변화 모색	소폭적·점진적·부분적 변화 모색
상황	확실한 상황에 적합	불확실한 상황에 적합
매몰비용	기득권이나 매몰비용 무시	기득권이나 현실적 매몰비용 인정
접근방식	연역적 접근, 수학공식 적용	귀납적 접근, 시행착오
결정방향	하향식(top-down)	상향식(bottom-up)
집권 및 분권	집권적, 참여불인정	분권적, 참여인정
조직 구분	조직 간 장벽제거(사업별 편성)	조직 간 구분(조직별 편성)
적용 국가	개발도상국	선진국
배경 이론	엘리트론(소수가 기획)	다원론(다양한 이익집단의 참여)

SEMI-NOTE

점증모형의 유용성
- 부분적인 정책대안의 선택으로 예측이 용이
- 의사결정에 비용이 수반된다는 점을 명확히 함
- 매몰비용과 관련된 정책결정 방법을 설득력 있게 설명함
- 급격한 정책으로 인한 부작용을 예방하고 정책의 안정성을 도모하며, 미래의 불확실성을 극복하는 정책적 대안이 됨
- 다양한 이해관계자의 참여와 정치적 합의를 통해 정치적 갈등을 줄이고 실현가능성을 높임(현실적으로 가장 합리적인 모형)

린드블롬(C. Lindblom)의 견해
전략적 점증주의가 가장 이상적이나 인간은 복잡한 사회문제에 대하여 '총체적 지적 완벽함'을 기할 수 있는 능력이 없으므로, 단순 점증주의와 분절적 점증주의를 토대로 한 전략적 점증주의 모방이 바람직하다고 봄

| SEMI-NOTE |

만족모형의 한계
- 개인의 심리적 만족기준이 지나치게 주관적
- 만족기준이 불명확하며 기준에 일치되기 곤란
- 만족 시 최적 대안 탐색을 포기하므로 현실 만족적 보수주의에 빠지기 쉬움
- 창조적·쇄신적 대안 탐색활동은 기대하기 어려움
- 개인적 의사결정에 치중하므로 조직적·집단적 결정을 설명하기 곤란(연합모형에 의해 조직차원의 모형으로 발전)
- 정치체제·행정체제의 특징을 고려하지 않은 채 고급공무원의 행정결정과 소비자의 구매 결정을 동일시

점증모형의 한계
- 다원화되고 안정된 사회에서 만족스런 기존정책이 존재할 때만 타당한 이론이며, 이 조건을 만족시키지 못하면 실효성 상실
- 보수적이고 임기응변적 성격이 강하여 혁신의 장애가 될 수 있으며, 의도적 변화나 급속한 국가발전을 도모하는 개발도상국에는 적용이 곤란
- 장기적이고 근본적인 방향이 잘못되어 나갈 때 수정 곤란
- 다원론에 근거하므로 정치적 압력·영향력이 큰 집단에게는 유리하고 소수 집단은 불리(형평성이나 소수 집단 이익보호에 부적합)
- 기득권이나 매몰비용을 고려하므로 정책의 축소·종결이 곤란(눈덩이 굴리기식 정책결정)

ⓔ 효용
- 대안에 대한 체계적·과학적 분석, 대안 선택에 대한 객관적 평가가 가능
- 엘리트의 역할이 큰 개발도상국의 국가 발전사업 추진에 용이
- 단기간의 쇄신적 결정에 유용

④ 만족모형(귀납적 접근방법)
  ㉠ 의의 : 의사결정은 인지능력의 한계 등 여러 현실적 제약으로 인해 최적대안이 아니라 현실적으로 심리적 만족을 주는 정도의 대안선택이 이루어진다는 모형
  ㉡ 특징
  - 합리모형의 한계를 보완한 모형으로, 심리적 만족을 기준으로 대안을 선택(주관적 합리성에 의한 결정)
  - 완전한 합리성이 아닌 제한된 합리성, 의도적 합리성을 추구(합리성에 있어 합리모형과 점증모형의 중간)
  - 경제인이 아닌 행정인의 가정에 기초(Simon은 합리모형이 가정하고 있는 의사결정자를 '경제인'이라고 하고, 합리성의 제약을 받는 의사결정자를 '행정인'이라 지칭)
  - 무작위적(random)이고 순차적(sequential)인 대안탐색을 통해 순차적으로 몇 개의 대안을 검토하여 현실적으로 만족하는 대안을 채택(귀납적·현실적·실증적 접근법, 점증모형으로 발전)
  ㉢ 합리모형과의 비교

구분	합리모형	만족모형
합리성	완전한 합리성(경제인)	제한된 합리성(행정인)
인간에 대한 가정	전지전능	인지성의 한계
목표 설정	극대화	만족수준
대안 탐색	모든 대안을 광범위하게 탐색	만족대안을 찾을 때까지 몇 개의 대안을 무작위적·순차적으로 탐색
대안의 결과 예측	모든 대안의 결과예측	중요한 요소만 고려하여 결과예측
대안 선택기준	최적대안(목표를 극대화하는 최적대안 선택)	만족할 만한 대안(심리적 만족 추구)

⑤ 점증모형(귀납적 접근방법)
  ㉠ 의의
  - 정책결정자는 현실적으로 분석력과 시간이 부족하고 정보도 제약되어 있기 때문에 현재의 정책에서 소폭적인 변화만을 대안으로 고려하여 정책을 결정한다는 모형
  - 현재의 상황을 바탕으로 조금씩 개선해 가는 방법이므로 '가지에서 시작하는 방법(brench method)', '그럭저럭 헤쳐 나가는 방법'이라고 불림
  ㉡ 특징

㉠ 산출지향적 모형과 과정지향적 모형

산출지향적 모형 (합리성모형)	• 주로 행정학에서 다루며, 정책산출의 기준(합리성) 분석에 중점 • 처방성이 강하며, 정책내용이나 정책결정방법 개선에 목적을 둠 • 합리모형, 만족모형, 점증모형, 혼합주사모형, 최적모형, 연합모형 등
과정지향적 모형 (권력성모형, 참여자 중심 모형)	• 주로 정치학에서 다루는 모형으로 공공정책 형성과정에 있어 주도자(권력성)가 누구인가에 중점 • 기술적(記述的) 성격을 특징으로 하고, 분권화된 다원적 사회에 적용될 가능성이 높음 • 집단모형(다원론), 체제모형, 엘리트모형, 게임이론, 제도모형, 쓰레기통모형, 정책의 창 모형 등

㉡ 규범모형·실증모형과 합리모형·인지모형

규범모형	바람직한 의사결정을 위해 무엇을 어떻게 해야 하는지 제시하려는 처방적 연구
실증모형	실제 발생하고 있는 현실의 의사결정을 기술하고 설명하는 경험적 연구
합리모형	결정자를 합리적 행위자(완전한 합리성)로 가정하여 목표달성을 극대화하는 최적 대안을 선택하는 결정모형
인지모형	인간의 인지능력의 한계(제한된 합리성)를 전제로 의사결정과정의 설명이나 바람직한 의사결정 방법 제시

㉢ 개인적 모형과 집단적 모형(의사결정주체에 따른 구분)

개인적 모형	개인이 실제로 어떻게 의사결정을 하는가를 연구하는 모형(합리모형, 만족모형, 점증모형, 혼합모형, 최적모형)
집단적 모형	여러 개인들의 참여로 이루어지는 모형으로, 개인차원의 모형을 그대로 유추·적용하는 모형과 개인차원의 모형과 접근법을 달리하는 모형이 있음(회사모형, 조직모형, 쓰레기통모형, 앨리슨모형, 사이버네틱스모형 등)

③ 합리모형(연역적 접근방법)
  ㉠ 의의 : 정책결정자가 이성과 고도의 합리성에 따라 결정하고 행동한다고 보며, 목표나 가치가 명확하고 고정되어 있다는 가정 아래 목표 달성의 극대화를 위한 합리적 대안을 포괄적으로 탐색·평가·선택하는 모형
  ㉡ 전제조건
    • 전체 사회가치의 가중치가 정해짐(목표가 명확히 제시되어 있다는 목표수단 분석)
    • 인간은 대안의 결과에 대한 예측 능력 및 합리적인 분석·계산 능력을 지님
    • 모든 대안을 총체적으로 비교·분석할 수 있는 합리적 정책 결정체제가 존재
  ㉢ 특징
    • 가치·목표와 사실·수단을 엄격하게 구분·분석(목표수단분석)하며, 목표는 주어진 것으로 고정되어 있다고 가정
    • 목표 달성을 이룰 수 있는 절대적 합리성이나 경제적 합리성에 근거하여 추구
    • 계획적이고 단발적인 의사결정으로 동시적·분석적 해결추구

SEMI-NOTE

산출지향적 모형의 전개
• 1950년대 : 합리모형(합리주의적 의사결정론) 발달
• 1958년 : 만족모형(제한된 합리성 모형) 발달
• 1959년 : 점증모형(Lindblom의 정치적 합리성의 관점)
• 1967년 : 혼합주사모형(Etzioni의 의사결정에 관한 제3의 접근방법)
• 1970년대 : 최적모형(Dror)

합리모형의 한계
• 명확히 주어진 목표, 확실한 상황을 전제하는 등 비현실적인 모형이라는 비판
• 목표의 총체적 탐색과 목표의 합의가 현실적으로 어려우며, 결과에 대한 정확한 예측도 곤란
• 정책목표의 유동성을 고려하지 않았으며, 목표·가치의 신축적 조정도 불가능
• 정책문제 자체에 대해서만 분석·강조(분석과정의 폐쇄성)
• 인간의 주관적 가치판단이나 심리 등의 동태적 요인을 경시
• 경제적 합리성을 추구하면서도 분석과정이 매우 복잡하고 시간·비용이 많이 소요되는 비경제적 모형
• 매몰비용과 현실의 기득권을 무시
• 실질적으로 실행가능성이 낮음

(3) 정책결정과정

① **정책의제 형성(문제인지 및 목표설정)** : 문제를 정확히 인식하고 문제 해결을 통하여 달성하고자 하는 바람직한 목표를 명확히 하는 단계로, 가장 창조적인 단계이며, 갈등이 가장 많이 발생함
② **정보 · 자료의 수집 · 분석** : 목표를 달성하기 위한 각종 자료와 정보를 수집하는 단계로서 MIS기법이 활용됨
③ **대안의 작성 · 탐색 · 평가** : 수집된 정보와 자료를 근거로 대안을 작성하고 비용편익분석, 비용효과분석 등과 같은 체제분석기법을 통하여 대안들을 비교 · 평가
④ **최적대안의 선택** : 대안을 평가한 후 최적의 대안을 선택하는 것으로, 정책결정권자의 주관적 가치가 반영되기도 함

(4) 우리나라의 정책결정(품의제)

① **의의** : 행정기관 내부에서 하급자가 기안을 하여 단계별로 상급자의 결재를 거쳐 최고결재권자의 결재를 거친 다음 집행하는 정책결정 제도
② **평가**
  ㉠ 장단점

장점	단점
• 상하 간의 정보공유, 하의상달촉진(민주적 · 상향적 결정)	• 행정지체와 비능률 초래
• 개별적 · 직접적 통제방식으로 활용	• 밀실행정으로 정실개입의 우려
• 하급자의 참여의식 배양, 훈련기회 제공	• 고급공무원의 전문성 약화
• 사전조정 및 심사가능	• 할거주의(횡적 협조 저해)
• 실시단계에서의 협력 확보, 정책결정과 집행의 유기적 연계	• 주사행정 초래
	• 결정의 다단계화로 책임한계의 불분명
	• 문서과다현상(번문욕례, red tape) 초래

  ㉡ 개선방안
  • 계층별 전문화 수준을 높여 형식적인 결재를 방지
  • 결재 계층 수를 줄이고, 결재시기를 정하여 능률성을 확보
  • 기관장의 막료기능을 강화하여 신중한 검토가 이루어지도록 함
  • 전자결재의 활성화 및 대면결재의 축소

(5) 정책결정모형

① **정책결정모형의 의의** : 정책대안의 장단점을 비교 · 분석하여 평가하는 분석적 틀을 의미
② **정책결정모형의 구분**

SEMI-NOTE

퀘이드(E. Quade)의 합리적 정책결정 과정(9단계론)
• 정책의제 형성(문제인지)
• 정책목표 설정
• 정보 수집 및 분석
• 대안 작성 · 탐색 · 개발
• 모형의 작성
• 예상결과 예측(대안의 평가)
• 우선순위 선정기준의 설정
• 우선순위 선정
• 종합판단, 우선순위 조정 및 최적대안 선택

품의제의 특징
• 내부 결재제도이며, 공식적 의사결정 형식 및 절차
• 계선 중심적인 의사결정방식
• 정형적인 의사결정의 방법으로, 목표의 설정, 대안의 탐색, 결과의 예측 등이 의사결정자의 권한으로 전제되어 있음
• 기관의 의사를 결정하는 환류적 의사결정 방법
• 업무의 분산집행을 가능하게 하며, 의사결정의 집권화를 초래

번문욕례(red tape)
실질적 내용보다 형식과 절차, 문서를 중시하는 관료제 병리현상의 일종으로, 형식주의 · 의식주의 행정문화에서 기인함. 17세기 영국에서 규정집을 붉은색 노끈(red tape)으로 묶었다는 사실에서 명칭이 유래되었음

참여자간 교호작용을 통한 연계	연계는 정책선호에 관한 의사표시, 전문지식 기타의 자원교환, 상호 신뢰 구축의 통로가 되며 다소 간의 의존관계와 교환관계를 매개
경계의 존재	참여자와 비참여자를 구분하는 경계가 있으며 경계의 제한성과 명료성은 상황에 따라 다름
제도로서의 특성	개별구조라기보다 참여자들의 상호작용을 규정하는 공식적·비공식적 규칙의 총체(제도)
가변성·동태성	정책과정 전반을 지배하는 거시적·동태적 현상으로, 시간 흐름에 따라 내·외재적 요인에 의해 변동됨

③ 유형

하위정부모형 (철의 삼각모형)	미국의 정책과정을 설명하며 제시된 모형으로서 각 정책영역별로 정책과정의 비공식 참여자인 이익집단, 공식참여자인 의회 상임위원회(정당×), 행정부처(관료조직, 고위관료) 3자가 은밀하게 결탁한 장기적·안정적·호혜적인 동맹관계를 통해 상당한 독립성을 지닌 하위정부를 형성함으로써 정책에 결정적인 영향을 미친다는 이론
정책공동체모형	영국에서 정당과 의회 중심의 정책과정 모형인 하위정부모형의 폐단을 보완하려 제시된 이론으로, 정책을 둘러싼 정책문제, 정책대안, 정책내용, 정책결과 등에 대하여 관심을 가지고 있는 사람들로 구성되어 눈에 보이지 않지만 계속적인 활동을 하는 인식공동체
이슈네트워크	지식을 구비한 일반시민까지 포함한 공통의 기술적 전문성을 가진 대규모의 참여자들을 함께 묶는 불안정한 지식공유집단으로, 정책쟁점망, 정책문제망, 이슈망이라고도 함

④ 정책네트워크 모형의 비교

구분	하위정부(철의 삼각)	정책공동체	이슈네트워크
참여자 (행위자)	이익집단, 의회 상임위원회, 행정관료	하위정부의 삼자 외에 전문가 추가(제한된 멤버십)	정책공동체보다 행위자가 확대(다양하고 이질적인 집단)
관료의 역할	특수이익집단 이익에 종속되며 공익과 이익집단의 이익 조정	관료의 적극적 역할	쟁점에 따라 주도적 역할 또는 방관자 역할
관계의 지속성·안정성	안정적·지속적	비교적 안정적(멤버십의 연속성)	불안정(일시적·유동적)
행위자간 연계	동맹관계	의존적·협력적 관계	경쟁적·갈등적 관계
	강한 결합 (안정적 협력관계)	↔	약한 결합 (공개적인 갈등 상황)
정책네트워크의 경계	명확한 경계(폐쇄성)	↔	희미한 경계(개방성)

SEMI-NOTE

철의 삼각(Iron Triangle)
각 정책분야별 정책과정에서 관련 이익집단, 소관 관료조직, 그리고 의회의 소관 위원회가 상호간의 이해관계를 보호하기 위해 밀접한 동맹관계를 형성하고 있는 현상을 가리키는 개념

정책공동체와 이슈네트워크의 공통점
- 국가는 자신의 이해를 가지고 있고, 이를 관철시키고자 하는 하나의 행위자임
- 국가기관의 범주에는 행정부, 의회, 사업부 모두가 포함되며, 이들은 국가라는 하나의 실체가 아니라 개별 행위자로 간주됨

| SEMI-NOTE |

정책결정의 특성
- 공공성 공익을 추구하며, 인본주의적 성격을 지님
- 가치지향성 · 규범성과 정치성 최적대안을 선택하기 위한 과정이며, 정치 · 행정일원론에서 중시
- 강제성과 구속성 정부에 의해 결정되는 과정이므로 강력력을 지님
- 미래지향성 미래의 바람직한 행동대안의 선택과정
- 행동지향성 정부의 단순한 의도나 감정이 아닌 구체적 행동을 초래함
- 동태성 · 복잡성 여러 변수가 작용하며, 많은 갈등과 이해관계의 상호작용 과정
- 합리성 경제적 · 정치적 합리성을 중시하는 과정

가치결정과 사실결정
가치결정은 전략적 결정과, 사실결정은 전술적 결정과 연결됨

정책네트워크와 정책산출 예측
정책네트워크 모형에서의 정책산출 예측은 구체적인 모형에 따라 차이가 있으나 전반적으로 볼 때 정책산출은 각종 이해관계자나 참여자들 간 상호작용에 의하여 처음 의도했던 정책내용과 달라질 수 있으므로 이러한 동태적 현상에 의하여 정책산출에 대한 예측이 용이하지 않다는 점을 강조함

ⓛ 의사결정과의 관계

구분	정책결정	의사결정
주체	정부 · 공공기관	정부 · 기업 · 개인
성격	공적	공 · 사적
영향력	광범위한 영향	부분적인 영향
강제성	강함	약함
계량화	곤란함	대체로 용이함
근본이념	공익성	공익, 사익
결정사항	정부활동 지침	대안의 합리적 결정

② 정책결정의 유형
  ㉠ 정형적 결정과 비정형적 결정(H. Simon)
   - 정형적 결정(프로그램적 결정) : 선례나 프로그램 등 이미 정해진 형태에 따라 행하는 기계적 · 반복적 결정으로, 하위층에서 하는 단기적이며 예측 가능한 결정
   - 비정형적 결정(비프로그램적 결정) : 선례나 프로그램 없이 행하는 고위층의 결정으로, 장기적이며 예측이 불확실한 결정 등 고도의 판단력과 통찰력이 요구되는 결정
  ㉡ 전략적 결정과 전술적 결정
   - 전략적 결정 : 조직의 목표 설정이나 존속 · 발전과 같은 중요한 전략적 문제에 대한 결정으로, 무엇(what)을 하는가에 관한 결정
   - 전술적 결정 : 전략적 결정을 실천에 옮기기 위한 결정으로 일상적 업무처리방식의 선택과 같은 수단적 성격을 띠며, 어떻게(how)에 관한 결정
  ㉢ 가치결정과 사실결정
   - 가치결정 : 목표나 방향의 설정 등 윤리와 선, 당위에 관한 결정. 에치오니(Etzioni)의 통합적 결정에 해당
   - 사실결정 : 수단이나 방법의 채택 등 경험적으로 관찰 및 검증이 가능한 결정. 에치오니의 수단적 결정에 해당

(2) 정책네트워크 모형
① 의의 : 정책네트워크 모형은 정책과정에 다양한 공식 · 비공식 참여자 간 상호작용을 중심으로 정책과정을 분석하는 모형으로, 다원론과 엘리트이론, 조합주의에 대한 대안으로 등장
② 특징

정책영역별 · 문제별 형성	사안(문제)별로 형성하여 정책을 부분화 · 전문화함
다양한 공식적 · 비공식적 참여자	정부부문과 민간부문의 개인이나 조직인 공식적 참여자와 비공식적 참여자로 구성되어 있음

소극적 대처 방안	• 보수적 접근 : 최악의 상황(불확실성)을 전제로 대안을 예측하는 보수적 안을 말하며, 대표적 방안으로 최소극대화(maximin)기준이 있음 • 민감도 분석(sensitivity analysis) • 악조건 가중분석 • 분기점 분석(break-even analysis) • 상황의존도 분석 • 복수대안 제시 • 중복 및 가외성 장치 • 한정적 합리성의 확보

 ㉣ 불확실한 상황에서의 의사결정(대안선택)기준
　• 라플라스(laplace) 기준(평균기댓값기준) : 환경에 의해 정해지는 각 상황의 발생 확률이 모두 동일하다고 가정하고 각 대안의 평균기댓값을 구하여 그중 최선의 대안(최대기댓값)을 선택하는 것
　• 낙관적 기준 : 최선의 상황이 발생한다는 가정에서 최선의 조건부 값을 비교하여 최적의 대안을 선택하는 것
　　- maximax(최대최대치기준, 최대극대화기준) : 편익(이익)의 최대치가 가장 최대인 대안을 선택하는 것
　　- minimin(최소최소치기준, 최소극소화기준) : 비용(손실)의 최소치가 가장 최소인 대안을 선택하는 것
　• 비관적 기준 : 최악의 상황이 발생한다는 가정에서 최악의 조건부 값을 비교하여 최적의 대안을 선택하는 것
　　- maximin(최대최소치기준, 최소극대화기준) : 편익(이익)의 최소치가 가장 최대인 대안을 선택
　　- minimax(최소최대치기준, 최대극소화기준) : 비용(손실)의 최대치가 가장 최소인 대안을 선택
　• 후르비츠(Hurwicz) 기준
　　- 낙관적 기준과 비관적 기준을 절충한 모형으로, 낙관적일 때와 비관적일 때의 확률을 가중평균하여 선택(극단적인 값들 간의 중간값만 낙관계수에 의하여 도출·비교하는 방식)
　　- 최댓값과 최솟값에 속하지 않는 다른 중간 조건부 값들을 전혀 고려하지 못하는 문제가 있음
　• 새비지(Savage) 기준 : 미래의 상황을 잘못 판단함으로써 가져오는 손실 혹은 비용의 최소화를 추구하여 선택하는 것

3. 정책결정

(1) 정책결정의 의의 및 유형

① 정책결정의 의의
　㉠ 개념 : 정책결정은 공익의 추구나 공적 문제 해결을 위하여 합리적이고 바람직한 정부의 대안을 탐색·선택하는 일련의 동태적 과정을 의미함

SEMI-NOTE

최소극대화(maximin) 기준
편익의 최소치가 가장 최대인 대안을 선택하는 것으로, 최악의 불확실성을 가정하고 대안을 모색하는 비관적·보수적 방안

정책결정의 정의
이스턴(Easton)은 정책결정을 "가치의 권위적 배분과정"이라 정의하였고, 드로어(Dror)는 "정부가 공익을 위하여 내리는 의사결정"으로 정의함

SEMI-NOTE

정책델파이의 기본절차

문제의 명확화 → 전문가 선정 → 질문지 설계와 배포 → 1차 결과의 분석 → 2차 질의서의 작성 → 회의 소집(입장 평가) → 최종보고서의 작성

특징	익명성의 유지, 질문의 반복과 회람(주제에 대한 지속적 관심과 사고를 촉진), 통제된 환류 등	선택적 익명성, 질문의 반복과 회람, 통제된 환류, 의도적 갈등 조성, 의견 차이를 부각시키는 이원화·양극화된 통계 처리
적용	일반적·기술적 문제에 대한 예측	정책문제(특히 정책수단의 영향)에 대한 예측
응답자	동일 영역의 일반전문가	정책전문가, 이해관계자 등 식견과 통찰력 있는 다양한 대상자 채택
익명성	철저한 익명성과 격리성(토론 없음)	선택적 익명성 보장(나중에 회의 및 상호토론 허용)
응답결과	의견의 대표적인 평균치 중시	의견 갈등을 부각시키는 양극화이론
통계처리	의견의 대푯값이나 평균치(중위값) 중시	의견차나 갈등을 부각하는 양극화·이원화된 통계처리
합의	근접된 의견이나 합리적 다수의견 또는 합의 도출	구조화된 갈등(의견차와 대립을 부각)
공통점	주관적·질적 미래예측기법, 전문가 참여, 익명성, 반복조사, 통계처리		

ⓒ 브레인스토밍(brainstorming)

의의	자유로운 상태에서 대면접촉을 유지하며 전문가의 창의적 의견이나 아이디어를 즉흥적이고 자유분방하게 교환·창출하는 집단자유토의기법
특징	• 현장에서의 상호 비판을 금하고 자유로운 상상을 허용 • 질보다 양을 중시하여 많은 아이디어를 얻는 것을 목적으로 함 • 타인의 아이디어를 결합하거나 수정·추가해 새로운 아이디어를 만들 수 있음(편승기법)

② 불확실성과 미래예측

㉠ 불확실성의 의의 : 예측하려는 사건이나 그 진행경로에 대한 지식이 결여되어 있는 상태로서 미래의 사태에 대한 예측불가능성

㉡ 미래예측의 유형(W. Dunn)
- 예견(예언) : 이론적·인과관계적·양적 예측
- 투사(project) : 연장적·보외적(補外的) 예측
- 추측(conjecture) : 직관적·주관적·질적 예측

㉢ 불확실성의 대처방안

일반적 방안	• 표준화·공식화 추구(회사모형) : 표준운영절차(SOP)에 의한 불확실성 회피 • 완화된 합리성 추구 : 인지능력의 한계 등을 고려해 완화된(제한적) 합리성 추구 • 문제인지적 탐색 : 발견적 접근(시행착오를 통해 순차적 문제 해결을 추구하는 자기발견적 접근)
적극적 대처 방안	• 불확실성을 유발하는 환경·상황의 통제 • 결정을 늦추어 필요한 정보의 충분한 획득을 추구(관련 변수에 대한 정보획득 확대) • 모형이나 이론의 개발·적용(정책실험, 정책델파이, 브레인스토밍 등)

예견 기법

경로분석, 회귀분석, 선형회귀분석, 상관분석, 인과분석, 투입산출분석, 선형계획, 구간(간격)추정, 이론지도, PERT(계획의 평가검토 기법), CPM(경로공정관리법) 등(양적·과학적 기법)

투사 기법

시계열분석, 외삽법(外揷法), 흑선 기법, 구간외추정, 선형경향추정, 최소자승경향추정법, 지수가중법, 자료변환법, 격변방법 등

추측 기법

델파이 기법(전통적 델파이, 정책델파이), 브레인스토밍, 교차(상호)영향분석, 실현(실행)가능성 분석, 역사적 유추 등

- 비용편익분석과의 비교

비용편익분석(CBA, B/C분석)	비용효과분석(CEA, E/C분석)
경제적 합리성·타당성, 능률성(효율성) 분석, 양적 분석	기술적(도구적) 합리성, 효과성 분석
• 비용·편익을 화폐가치로 표현 • 계량화·통계화가 가능	• 비용은 화폐가치로 계량화하나, 효과는 재화나 서비스의 단위, 기타 측정 가능한 단위로 표현하므로 쉽게 적용 가능 • 계량화·통계화 곤란
사업의 타당성에 중점	자원이용의 효율성에 중점
가변비용과 가변효과의 분석에 사용	고정 비용과 고정효과의 분석에 사용
외부경제에 부적합	외부경제에 적합, 질적·무형적 분석에 적합
수력발전, 관개, 관광, 교통, 인력개발, 도시개발 등의 영역에 사용	국방, 경찰행정, 운수, 보건, 기타 영역에 사용

ⓒ 계층화분석법(Analytical Hierarchy Process, AHP)
- 의의 : 대운하, 새로운 공항, 지하철, 도로 등 기반시설 사업의 타당성 여부 판별에 비용편익분석과 더불어 가장 많이 쓰이는 분석기법
- 분석단계

제1단계	문제를 몇 개의 계층 또는 네트워크 형태로 구조화함
제2단계	각 계층에 포함된 하위목표 또는 평가기준으로 표현되는 구성 요소들을 둘씩 짝을 지어 바로 상위계층의 어느 한 목표 또는 평가기준에 비추어 평가하는 이원비교(쌍대비교)를 시행함
제3단계	각 계층에 있는 요소별 우선순위를 설정하고 숫자로 전환한 다음 전체적으로 종합하여 최종적인 대안간 우선순위를 설정함

(3) 미래예측

① 미래예측기법

델파이 기법 (delphi method)	문제의 예측·진단·결정에 있어 전문가집단으로부터 반응을 수집해 체계적·통계적으로 분석·종합하는 주관적·비계량적 예측기법
브레인스토밍 (brainstorming)	자유로운 상태에서 대면접촉을 유지하며 전문가의 창의적 의견이나 아이디어를 즉흥적이고 자유분방하게 교환·창출하는 집단자유토의 기법

㉠ 델파이 기법(delphi method)

구분	전통적 델파이(일반델파이)	정책델파이
의의	참여 전문가들의 익명성을 계속 유지하며 서로 의견을 제출·교환하는 과정을 반복하여 문제를 해결	초기 단계에서는 익명을 유지하나 어느 정도 대안이나 논쟁이 표면화된 후 참여자들이 공개적으로 토론

계층화분석법의 원리
- 동일성과 분해의 원리 : 문제를 계층별로 분해해서 관찰하고 그들이 관찰한 것을 전달할 수 있는 능력
- 차별화와 비교판단(이원비교·쌍대비교)의 원리 : 관찰한 요소들 간의 관계를 설정하고 요소들의 상대적 강도와 효용을 차별화
- 종합의 원리 : 이들 관계를 총체적으로 이해할 수 있도록 종합함

일반델파이의 방법
- 격리와 익명성 확보 : 직접 대면 및 상호 토론 배제, 서면제출 방식의 활용
- 반복성과 환류 : 제출된 의견을 취합·회람한 후, 각자 의견을 수정 및 제시하는 과정을 반복
- 통계분석과 합의 : 수차례의 회람 후 통계적 분석절차를 거쳐 전문가들의 최종 합의(consensus)를 도출

SEMI-NOTE

체제분석과 정책분석의 공통점
- 문제와 대안을 넓은 체제적 관점에서 고찰
- 예상결과를 측정·비교·검토하기 위한 과학적 분석기법
- 보다 나은 명백한 최적대안을 탐색하는 행위
- 체제분석을 토대로 활용

비용과 편익의 추계(추정)
- 비용 : 기회비용의 개념이며, 매몰비용은 무시하고 미래비용만 고려
- 편익 : 소비자 잉여개념, 총체적 실질 비용·편익을 측정
- 비용·편익은 내·외부적인 것, 직·간접적인 것, 유·무형적인 것을 모두 고려
- 실질적 비용과 편익만 포함하며 금전적 비용·편익은 제외

내부수익률의 한계
- 사업기간이나 규모가 다른 복수사업을 비교할 경우나 예산 제약이 있는 경우에는 IRR 기준 적용 곤란
- 초기에 비용이 발생하고, 편익 발생기간이 지난 후 다시 비용이 발생하는 사업이나 사업 종료 후 또 다시 투자비가 소요되는 변이된 사업의 경우 복수의 IRR이 도출되어 적용기준이 모호해짐

비용효과분석의 한계
- 사회복지와 조직구성원의 만족도를 순편익 개념으로 측정하기는 곤란함
- 효과를 화폐단위로 측정하지 않기 때문에 계량화가 곤란함

④ 정책분석과의 비교

구분	정책분석(PA)	체제분석(SA)
기준	비용·효과의 사회적(외적) 배분 고려(형평성 고려)	자원배분의 내적 효율성 중시
성격	정치적 합리성과 공익성, 실현가능성	경제적 합리성
분석방법	계량분석·비용편익분석 외에 질적·비계량적 분석 중시	계량분석·비용편익분석 위주
가치 및 분석	가치문제 고려, 목표분석	가치문제 무시, 수단분석
정치성	정치적·비합리적 요인 고려	정치적·비합리적 요인 무시
최적화	정책목표와 최적화 추구	부분적 최적화 추구(경제적 측면에서만 대안의 최적화를 추구)
관련 학문	정치학·행정학·심리학·정책과학 활용	경제학(미시경제)·응용조사·계량적 결정이론

⑤ 체제분석의 기법

㉠ 비용편익분석(CBA, B/C분석) ★ 빈출개념

> 대안의 식별 → 사업의 수명결정 → 비용·편익의 확인 및 측정 → 할인 → 민감도 분석 → 대안 우선순위 제시

- 의의 : 공공사업에 대한 정책대안의 편익과 비용을 계량적으로 비교·평가하여 사업의 경제적 타당성과 자원배분의 우선순위를 결정하는 기법
- 평가기준

순현재가치 (NPV)	• 가장 일차적인 기준, '순현재가치 = 편익의 현재가치(B) − 비용의 현재가치(C) • NPV(B−C)가 0보다 크면 사업 타당성이 있음
편익비용비 (B/C)	• 편익비용비 = 편익의 현재가치 ÷ 비용의 현재가치 • B/C가 1보다 크면 사업 타당성이 있음
내부수익률 (IRR)	• 편익의 현재가치와 비용의 현재가치가 같도록 해주는 할인율(순현재가치를 0으로 만드는 할인율)을 말함 • 내부수익률이 기준할인율(사회적 할인율)보다 크면 사업타당성이 인정됨. 즉 IRR이 클수록 경제적 타당성이 큰 좋은 대안이 됨(IRR은 투자의 수익률과 의미가 같음)
자본회수기간 (투자회임기간)	• 투자비용을 회수하는 데 소요되는 시간으로, 이 기간이 짧을수록 우수한 사업임 • 낮은 할인율은 장기투자에 유리하고 높은 할인율은 단기투자에 유리(할인율이 높을 때에는 초기에 편익이 많이 나는 사업이 상대적으로 유리)

㉡ 비용효과분석(CEA, E/C분석)
- 의의 : 전체비용과 전체효과를 비교하여 최선의 대안을 선택하는 분석기법
- 선택기준 : 대안은 최소비용과 최대효과의 기준에 따라 선택

③ 한계
  ㉠ 목표 설정의 곤란
  ㉡ 문제의 복잡·다양성
  ㉢ 정보와 자료의 부족
  ㉣ 분석결과 활용능력 및 권력의 제약
  ㉤ 계량화와 객관적 분석의 곤란
  ㉥ 지나친 정치적 고려

④ 정책분석의 세 가지 차원

(협의의) 정책 분석(PA)	• 체제분석에 가치나 사회적 배분, 정치적 효과 등을 고려 • 당위성차원의 분석 • 정책의 기본방향(where) 결정이 분석의 초점 • 정책대안의 실행가능성 및 정책목표의 최적화 등 정치적 요인 고려
체제분석(SA)	• 관리과학에 직관·통찰력 등을 보완 • 능률성이나 실현성 차원의 분석 • 능률적 정책대안(what) 결정이 분석의 초점 • 부분적 최적화 추구(비용편익·효과분석, 관리과학기법)
관리과학(OR)	• 정책집행을 위한 관리결정의 계량적 기법 • 경제적 합리성(능률성) 차원의 분석 • 경제적 달성방법(how) 선택(집행·운영계획의 수립)이 초점 • 수단의 최적화, 계량화 추구(선형계획, 모의실험, PERT 등)

(2) 체제분석(SA)

① 의의 : 문제 해결을 위하여 총체적 대안을 검증적·실증적(통계학적) 분석을 통하여 합리적인 대안을 선택하는 것으로 정책결정자의 합리적·경제적 대안선택을 돕기 위한 체계적이고 과학적인 접근법

② 특징
  ㉠ 정책분석의 기초로서 결정자의 합리적 판단에 기여(문제 해결을 위한 대안을 발견하고 각 대안의 비교·검토를 통해 합리적 결정을 위한 기초를 제공)
  ㉡ 비교분석을 통한 합리적·계량적 분석기법(합리모형의 기법) 강조
  ㉢ 대안 검토의 기준으로 능률성이나 경제적 합리성을 중시
  ㉣ 동시적 분석보다는 부분적 분석으로 최적화를 추구
  ㉤ 체제의 개방성을 전제하여 불확실한 환경요인까지 고려
  ㉥ 비용편익분석과 비용효과분석이 핵심수단

③ 한계
  ㉠ 환경적 요인의 영향으로 분석의 불완전성 극복 곤란
  ㉡ 계량적 분석만을 중시하여 비합리적 요인과 가치적·질적 요인 및 분석을 경시
  ㉢ 문제의 명확한 파악과 목표의 계량적 측정이 곤란하며, 목표 달성도 측정이 어려움
  ㉣ 객관성·과학성으로 인하여 복잡한 문제의 분석에 한계가 있음
  ㉤ 인간의 불완전성으로 미래예측에 한계가 있음

SEMI-NOTE

(협의의) 정책분석(PA)의 특성
- 가장 상위차원의 분석으로 목표설정, 정책의 기본방향, 정의 등 규범성·당위성을 고려(정치적 변수 고려)
- 분석이 포괄적이므로 복잡하고 광범위한 문제들도 다룸
- 경제적·합리적 분석모형과 정치적 점증모형을 혼합한 분석 방법
- 광의의 합리성, 초합리성을 고려하며, 계량적·질적 분석 모두를 강조
- 비용·편익의 크기 외에도 사회적 배분이나 형평성도 고려
- 정책대안의 쇄신을 강조하여 자기발견적 방법(heuristic method)에 의한 새로운 대안 발견을 중시
- 여러 학문분야의 전문적인 활동에 의존하는 지적이고 분석적인 활동으로, 체제분석을 토대로 함

> SEMI-NOTE

신마르크스주의
- 경제를 지배하고 있는 자본가 계급이 국가를 장악한다고 보는 이론
- 국가가 어느 정도 자율성을 가진다는 것을 강조하는 점에서 정통 마르크시즘과 구별되며, 민간부문이 실질적 결정권을 장악한다는 점에서 신베버주의와 구별됨

- 잠재집단이 집합적으로 만나지도 않고 자원도 부족하므로 실제 조직화는 곤란함

⑥ 기타 국가론
   ㉠ 유럽 중심의 이론

계급이론	사회가 지배계급과 피지배계급으로 나뉜다고 보고, 경제적 부를 독점하는 지배계급이 엘리트화하여 정책과정을 담당한다는 이론
베버주의	국가나 정부관료제의 절대적 자율성과 지도적·개입적 역할을 인정하는 이론
신베버주의	이익집단이나 지배계급뿐만 아니라 국가나 정부도 자율적 의사결정주체라 보는 이론
조합주의이론	• 다원주의에 대한 반발로 나타난 국가주의의 일종으로, 사회 전체를 국가에 종속되는 조합들로 구성하려는 이론 • 대표적 유형으로, 제3세계나 후진 자본주의에서 국가가 일반적으로 주도하는 국가조합주의와 서구 선진자본주의에서 이익집단의 자발적 시도로 발생한 사회조합주의가 있음

   ㉡ 제3세계 국가 중심의 이론

종속이론	후진국의 저발전 문제가 주변부(후진국)에서 중심부(선진국)로 유출되는 경제적 잉여 때문이라 보는 이론
관료적 권위주의	서구의 경우 사회경제의 근대화가 정치적 민주주의를 실현시키지만, 제3세계에서는 오히려 강력한 권위주의 정권을 초래한다고 봄
신중상주의	우리나라 등 동아시아의 신흥 공업국가를 중심으로 경제발전 과정에서 국가의 역할을 논의한 이론(경제성장제일주의, 안보제일주의)

2. 정책분석과 미래예측

(1) 정책분석(PA)

> 문제의 인지 및 정책목표의 설정 → 정책대안의 탐색·개발 → 정책대안의 비교·분석과 평가 → 최적대안의 선택

정책분석의 의의
정책분석(PA)쪽으로 갈수록 정치적인 고려가 많은 상위차원의 분석으로 공공부문에 적합하며, 관리과학(OR)쪽으로 갈수록 기술적·계량적 분석으로서 민간부문에 적합함

① 의의 : 정책분석은 정책결정의 핵심단계로서, 각종 대안에 대한 비교·평가를 통해 의사결정자의 합리적 판단을 도와주는 지적·인지적 활동
② 특징
   ㉠ 결정자의 역할을 대체하는 것이 아니라 합리적 판단을 도와주는 활동임
   ㉡ 대안의 결과를 예측·비교·평가하는 합리적·상식적 활동이며, 협상과 타협이나 권력적 관계에 의존하는 정치적 활동이 아님
   ㉢ 정책분석은 어디까지나 상식적인 것으로 정책 전문가뿐만 아니라 누구나 할 수 있는 작업임
   ㉣ 경제적, 기술적 합리성 외에도 정치적 변수, 사회적 합리성, 사회적 형평성, 초합리성 등을 고려(합리모형 + 점증모형 + 최적모형)

문제만 정책의제화된다는 이론
- ⓒ 특징 : 주로 의제설정·채택과정에서 일어나지만 넓은 의미의 무의사결정은 정책의 전 과정에서 발생
- ⓒ 행사 방법(수단)
  - 폭력 등의 강제력 행사
  - 권력에 의한 특혜의 부여·회유(특혜의 제공이나 이익을 통한 매수 등)
  - 편견의 동원(지배적 규범·절차를 강조해 정책요구를 억제하는 간접적 방법)
  - 편견의 강화나 수정(지배적 규범·절차 자체를 수정·보완하여 정책요구를 봉쇄하는 가장 간접적·우회적 방법)
  - 문제 자체의 은폐 및 지연

⑤ 다원론(pluralism)
- ⓒ 의의 : 민주주의 사회에서의 정치적 영향력이나 권력은 사회 각 계층에 널리 분산되어 있다는 이론
- ⓒ 특징
  - 민주사회를 정치적 시장으로 보며, 여러 사회집단들이 선거를 통해 의견을 나타내는 정치시스템으로 간주
  - 정치인들은 정치적 지지를 얻기 위하여 경쟁(당선된 공직자가 정책결정에 가장 큰 영향을 미치게 된다는 정치논리)
  - 정책과정의 주도자는 이익집단이며, 정부는 갈등적 이익을 조정하는 중재인, 규칙의 준수를 독려하는 심판자로서의 역할을 수행
- ⓒ 전개

고전적 민주주의 (매디슨 다원주의)	민주주의에 대한 낙관적 입장
고전적 다원론 (이익집단론, 초기의 다원론, 집단과정이론)	정치과정의 핵심은 이익집단의 활동이며, 이익집단의 자유로운 활동(협상·타협)을 통해 정책문제가 채택된다는 이론
다알(R. Dahl)의 다원론 (다원적 권력이론)	엘리트론과 달리 엘리트집단 전체가 대중의 선호나 요구에 민감하게 움직인다는 점에서 미국 도시가 다원적 정치체제를 지닌다고 봄
신다원론(수정다원론)	특정 엘리트집단의 영향력은 누적적으로 쌓일 수 있으며 특정집단이 다른 집단에 비하여 강한 영향력을 행사할 수 있으므로 특정 엘리트집단이 정부와 사회를 주도할 수 있다고 봄

- ⓔ 한계
  - 집단의 중요성을 지나치게 강조하며 정부나 관료의 독자적 결정능력을 간과
  - 정책과정에서 정책결정 요인으로 작용하기도 하는 이데올로기의 역할을 고려하지 못함
  - 외적 환경이나 구조적 제약이 정책에 미치는 영향을 고려하지 못함
  - 잠재집단이나 정부부처 간의 견제·균형으로 특수한 이익이 지배하지 못할 것이라는 점도 설득력이 약함

SEMI-NOTE

무의사결정론의 발생 원인
- 지배계급의 가치나 신념체계에 대한 도전의 부정, 기득권 침해 예방
- 지배엘리트들에 대한 행정관료의 지나친 충성심(과잉충성)
- 정치문화에 부정적으로 작용하는 문제의 억제
- 정치체제가 특정 문제에 편견이 있거나 구조화·경직성이 심한 경우
- 관료의 이익과 상충되거나 관련 정보지식·기술이 부족한 경우

다원론의 시사점
- 정책결정과정이 특정 계층이나 집단에 독점되어 있지 않고 분점화되어 있으며, 정책결정과정은 유동적이며, 정치적 균형은 갈등과 타협의 결과
- 이익집단은 정책과정에 영향력의 차이는 있지만 동등한 접근 기회를 가짐
- 이익집단은 전체적으로는 상호 견제와 중복회원 등의 이유로 균형을 유지하고 있음
- 이익집단들은 상호 경쟁을 하고 있지만 게임의 규칙에 대한 합의를 토대로 하므로, 경쟁은 순화될 수 있고 정치체제의 유지에 순기능적 역할을 수행함

벤틀리와 트루먼(A. Bentley & D. Truman)의 이익집단론에 대한 반발 이론
- 이익집단자유주의론 : 이익집단이 자유로운 활동에서는 조직화된 활동적 소수의 이익만 반영되고 침묵하는 다수의 이익은 반영이 곤란하다는 이론
- 공공이익집단론 : 특수 이익보다 공익에 보다 가까운 주장을 펴는 집단의 이익이 정책에 반영된다고 보는 이론

SEMI-NOTE

포자모형
곰팡이 포자가 적당한 환경이 조성되지 않으면 균사체로 발전하지 못하는 것과 같이, 영향력이 없는 집단이 주도하는 이슈의 경우 이슈 촉발계기(triggering device)가 없으면 정부의제로 발전하지 못한다는 모형

흐름모형
사회적 이슈가 어떤 계기로 사회적 환경에서 정부의 공식의제로 채택되느냐와 관련하여, 흐름모형은 능동적 참여자와 의제·대안의 논의과정이 의제형성에서 중요하다고 보는 모형. 이러한 모형의 대표적인 유형으로는 흐름창모형과 쓰레기통모형이 있음

유럽의 대표적인 고전적 엘리트론
- 모스카(G. Mosca)의 지배계급론 : 조직된 소수의 지배계급이 다수의 피지배계급을 지시·통제
- 파레토(V. Pareto)의 엘리트 순환론 : 사회구성원을 엘리트계층과 비엘리트계층으로 구분하고 엘리트계층을 다시 통치엘리트(정책과정에 참여)와 비통치 엘리트(정책과정에 비참여)로 구분한 후, 엘리트계층 간의 순환과정이 자연스럽게 이루어진다고 주장
- 미헬스(R. Michels)의 과두제의 철칙(Iron law of oligarchy) : 정당의 내부구조에 대한 연구를 통해 민주적 조직이 불가피하게 과두제의 방식으로 조직화되어(과두제화) 구성원의 이익이 아닌 지배계급의 이익을 대표하게 됨(목표–수단의 전환)

ⓒ 의제설정이론의 접근방법
- 주도권자에 따른 분류

국가 중심적 접근방법	국가주의(statism), 조합주의(corpratism)
사회 중심적 접근방법	다원주의(pluralism), 엘리트주의(elitism, 선량주의), 마르크스주의(marxism)

- 권력의 집중·분산 여부에 따른 분류

권력균형론(권력분산론)	다원주의
권력불균형론(권력집중론)	국가주의, 조합주의, 선량주의, 마르크스주의

② 엘리트이론과 다원론의 논쟁
  ㉠ 논쟁의 의의
  - 두 이론 간의 논쟁은 단순한 정책문제에만 국한된 것이 아니라 정치제도의 실질적 지배자에 대한 논쟁으로서의 의미를 지님
  - 미국의 엘리트이론은 정책문제 채택에 대한 엘리트집단의 영향력에 대한 이론으로서 그 의의가 크며, 정책의제 설정이론도 사실상 이들의 이론전개에 의해 개발됨
  ㉡ 논쟁의 전개과정

  > 고전적 민주주의 → 고전적 엘리트론(19세기 말) → 미국의 엘리트론(1950년대) → 고전적 다원론(초기다원론, 1950년대) → 다알(R. Dahl)의 다원론(1960년대) → 신엘리트론(무의사결정론, 1960년대) → 신다원론(수정다원론, 1980년대)

③ 엘리트이론
  ㉠ 의의 : 사회는 권력을 가진 자와 이를 가지지 못한 일반대중으로 나뉘며, 소수 관료나 저명인사 등 사회지배계급(엘리트)에 의하여 정책문제가 일방적으로 채택된다는 이론
  ㉡ 전개

고전적 엘리트론 (19세기 말)	• 미국의 고전적 민주주의에 대한 비판으로 유럽에서 전개 • 소수의 동질적·폐쇄적 엘리트(정치지도자)가 대중을 지배 • 엘리트는 자율적이고 다른 계층에 대해 책임지지 않으며, 중요한 정치적 문제는 전체의 이익과 관계없이 자신들의 이해관계를 고려해 해결
미국의 엘리트론 (1950년대)	엘리트 이론가들은, 미국사회를 지배하는 엘리트는 정치적으로 중요한 기관의 지도자라는 밀스(C. Mills)의 지위접근법과, 사회적 명망가가 결정한 것을 대중은 수용할 뿐이라는 헌터(F. Hunter)의 명성접근법을 토대로 미국도 엘리트사회라고 주장(다원론자들을 자극)
신엘리트론 (1960년대)	바흐라흐(Bachrach)와 바라츠(Baratz)의 무의사결정론이 대표적

④ 신엘리트이론(무의사결정론)
  ㉠ 의의 : 지배엘리트(집권층, 의사결정자)의 권력과 이해관계와 일치되는 사회

(4) 정책의제설정 모형

① 콥과 로스(R. Cobb & Ross)의 모형

구분	외부주도형	동원형	내부접근형
개념	외부집단이 주도하여 사회문제에 대해 정부가 해결해 줄 것을 요구하고 정부의제로 채택하도록 하는 과정	정부조직 내부에서 주도되어 거의 자동적으로 공식의제화하고, 행정PR을 통하여 공중의제가 되는 모형	정부조직 내의 집단 또는 정책결정자에게 쉽게 접근할 수 있는 외부집단에 의하여 문제가 제기되고 정부의제가 되도록 충분한 압력을 가하는 모형
특성	정책과정 전반을 사회문제 당사자인 외부집단이나 다양한 행위자가 주도하고 협상과 타협 등 진흙탕 싸움, 즉 외부집단 간의 경쟁으로 인하여 점진적인 해결에 머무르는 수가 많음	• 전문가의 영향력이 지대함 • 분석적인 설정과정 • 정책내용이 종합적·체계적·장기적 • 카리스마적 지도자에 의해 주도될 가능성이 큼	• 이슈가 공중에게 확산되기를 원하지 않음 • 호의적 결정과 성공적인 집행의 가능성이 높음 • 부와 지위가 집중된 사회, 엘리트계층에 의해 발생될 가능성이 높음

② 메이(P. May)의 모형(1991)

㉠ 구분기준

논쟁의 주도자 대중적 지지	사회적 행위자들	국가
높음	외부주도형	굳히기형
낮음	내부주도형(내부접근형)	동원형

㉡ 모형의 유형

외부주도형	비정부집단 등의 사회행위자들이 주도하여 사회문제를 이슈화하여 이를 공중의제로 만든 다음, 다시 정부의 공식의제로 채택되도록 하는 모형
내부주도형 (내부접근형)	정책결정자에게 쉽게 접근할 수 있는 영향력 있는 집단들이 정책을 주도하는 모형
굳히기형	대중적 지지가 필요하나 대중적 지지가 높을 것으로 기대될 때, 정부가 의제설정을 주도하여 의제설정을 명확히 하는 모형
동원형	대중적 지지가 낮을 때 정부에서 주도하여 공식의제화하고 행정PR(공공관계 캠페인)이나 상징 등을 활용하여 대중적 지지를 높이는 모형

(5) 의제설정에 관한 이론

① 의제설정과 국가론

㉠ 의의 : 정책의제의 설정을 누가 주도하는가는 국가의 성격을 어떻게 규정하느냐에 따라 다르므로, 국가론은 정책이론의 기본 가정이자 전제적 이론이 됨

SEMI-NOTE

내부접근형의 예

율곡사업 등 무기구매계약, 마산 수출자유지역 결정, 관주도의 경제개발 및 국토개발사업, 고속도로사업, 금강산관광, 대북지원 사업, 집권자의 공약 실천 등

외부주도형

비정부집단의 이슈 제기 → 공중의제화 → 공식적인 제도적 의제화

내부주도형

사회문제 → 공식적 의제화(이슈화나 정책경쟁이 생략되는 모형)

동원형

사회문제에 대한 이슈제기 → 공식의제화 → 공중의제화

(3) 정책의제의 설정과정

① 콥과 엘더(R. Cobb & C. Elder)의 견해

- ㉠ 사회문제 : 많은 사람이나 집단이 해결이나 시정조치를 원하는 욕구나 불만을 말하며, 대표적인 예로 환경오염이나 교통혼잡 등이 있음
- ㉡ 사회적 이슈
  - 해결방안에 관하여 의견이 불일치하거나 쟁점이 된 사회문제와 긴급히 해결해야 할 사회문제를 말함
  - 사회적 이슈화과정은 문제정의를 위한 토론과 논쟁의 과정이기도 함
  - 사회문제를 이슈화하기 위해서는 주도자와 점화장치(사회적 관심을 유발하는 사건)가 있어야 함
- ㉢ 공중의제 : 정부가 해결을 강구해야 한다고 사회일반이 공감하는 일련의 이슈를 말함
- ㉣ 공식의제 : 정부가 공식적으로 검토하기로 결정한 문제를 말함

② 콥과 로스(R. Cobb & Ross)의 견해

- ㉠ 문제제기(이슈제기) : 문제나 고충의 표출 및 발생 단계, 즉 정책의 외부환경으로부터 개인이나 집단에 의해 제기되거나 새로운 정책으로 정치지도자 등에 의해 공표되는 단계
- ㉡ 구체화(명료화) : 일반적 고충·불만이 구체적인 특정 정책의 요구로 전환되거나 새로운 정책의 세부항목이 정해지는 단계(집단민원 제기 등)
- ㉢ 확장(확산) : 정책적 요구로 전환된 문제가 정부의 관심을 끌거나 많은 집단들 사이에서 논제로 확산되는 과정
- ㉣ 진입(정부의제) : 공중의제가 정부에 의하여 공식의제(정부의제)로 채택(전환)되는 과정

③ 존스(C. Jones)의 견해

> 한눈에 쏙~
>
> 사건인지 및 문제 정의 → 결속(결집) 및 조직화 → 대표화 → 정책의제화

SEMI-NOTE

사회적 이슈가 공중의제가 되기 위한 전제조건
- 많은 사람이 관심을 가지고 있거나 알고 있을 것
- 어떤 방식이든 정부의 조치가 필요하다는 사람들이 상당수 있을 것
- 문제가 정부의 적절한 고려 대상이 될 뿐 아니라 그 문제의 해결이 정부의 권한에 속한다고 많은 사람들이 믿을 것

대표화
문제를 지닌 집단이 그 문제를 정부에 귀속시키고자 행하는 모든 활동과 노력을 말하며, 개인적 접촉이나 청원, 언론 매체, 정보·기술제공 등을 포함함

(2) 정책의제의 설정에 영향을 주는 요인

① 정책문제의 성격

문제의 특성이나 중요성	영향을 받는 집단이 크고(많고) 문제의 내용이 대중적이고 중요한 것일수록 의제가 될 가능성이 커짐
사회적 유의성	사회 전체에 주는 충격의 강도가 클수록 의제가 될 가능성이 커짐
쟁점화의 정도	관련 집단들에 의하여 예민하게 쟁점화된 것일수록 갈등해결의 필요성이나 중요성이 크므로 의제가 되기 쉬움
시간적 적실성	문제의 시간적 적실성이 높을 때 의제로 설정될 가능성이 큼
문제의 복잡성	• 문제가 단순할수록(복잡성이 낮을수록) 정부의제로 채택될 가능성이 커지며, 이해관계가 복잡할수록 채택가능성은 낮아짐 • 기술적 복잡성이 높아 해결가능성이 낮을 경우 의제채택 가능성이 작음
문제의 구체성	문제가 추상적(포괄적)일수록 의제가 될 가능성이 크다는 견해와 문제가 구체적일수록 의제 형성이 용이하다고 보는 견해가 있음
문제의 내용적 특징	전체적인 이슈로서 전체적 편익을 주면서 부분적 비용을 수반하는 문제는 비용부담자의 조직적 저항으로 채택이 어려움
선례와 정형화 여부	선례가 있는 문제는 표준운영절차(SOP)에 따라 쉽게 의제로 채택되며, 일종의 유행이 되어 있는 정형화된 문제들도 쉽게 의제가 될 가능성이 큼
해결책의 유무	해결책이 존재하고 해결이 쉬울수록 쉽게 의제가 됨

② 주도집단과 참여자

영향력의 결정 기준	대상집단의 규모나 응집력·영향력, 의제설정자의 가치관 및 성향 등
문제인지집단	문제인지집단이 크고 응집력이 강할수록, 인지집단의 자원이 풍부하고 자원과 영향력이 클수록 의제채택 가능성이 커짐
의제설정자	상부기관의 영향력이 크고 지시가 구체적일수록, 하위조직원의 참여도가 높을수록 의제가 될 가능성이 커짐

③ 정치적·경제적·사회적 요인

정치적 요인	• 정치이념이나 정치체제 : 사회주의에 비해 자유주의 국가일수록 의제화 논의가 활발하고 개방적임 • 정부의 정책 : 현재 정부가 어떤 정책을 펴는가에 따라 그에 합당한 사회문제가 의제화되기 쉬움 • 정치적 사건의 존재 : 사회적 관심을 유발하는 사건은 의제설정과정에서 점화장치가 됨 • 정치인의 관심 정도나 속성 등
사회적·경제적 요인	사회문화적 상황, 경제발전 정도, 재원마련 가능성 등이 영향을 미침

SEMI-NOTE

정책의제의 설정을 좌우하는 요인(J. Kingdon)
- **정부문제의 성격** : 사회적 유의성, 문제의 시간성과 구체성, 복잡성, 선례성 등
- **주도집단의 정치적 자원** : 집단의 규모, 재정력, 응집력, 구성원의 지위·명망 등
- **정치적 상황** : 정치체제의 구조, 정치이념과 정치 문화, 정책 담당자의 태도, 정치적 사건 등

정책문제의 정의 및 고려 요소
- **정책문제의 정의** : 정책문제의 구성요소, 원인, 결과 등을 규정하여 무엇이 문제인지를 밝히는 것으로, 이를 위해서는 정책문제 관련 요소와 역사적 맥락, 인과관계 등을 파악하고 관련자들이 원하는 가치가 무엇인지 판단하여야 함
- **정책문제의 올바른 정의를 위한 고려 요소**
  - 관련 요소의 파악 : 첫 번째로 고려해야 할 요소로서, 정책문제를 유발하는 사람들과 사물의 존재, 상황요소 등을 찾아내는 작업을 말함
  - 가치 판단 : 문제의 심각성과 피해계층·피해집단을 파악함으로써 관련된 사람들이 원하는 가치가 무엇인가를 판단
  - 인과관계의 파악 : 관련 요소(변수)들의 관계를 원인, 매개, 결과로 나누어 파악
  - 역사적 맥락의 파악 : 관련 요소(변수)들의 역사적 발전 과정, 변수들 사이의 관계의 변화 과정 파악

SEMI-NOTE

정책과정의 전개
- **정책의제설정** : 사회문제를 정책 문제화하여 의제로 전환하는 과정(갈등이 빈발한 과정)
- **정책결정** : 정책목표 설정 후 정책대안을 비교·분석(정책분석)하여 이를 탐색·선택하는 과정(규범적 가치판단이 요구되는 과정)
- **정책집행** : 정책이 잘 수행되고 환경에 바르게 실현하는 과정(저항 발생)
- **정책평가** : 정책의 모든 과정을 평가하고 정책 집행상의 결과를 판단
- **정책종결** : 정책을 의도적으로 중지하거나 종식하는 과정

공중·공식의제의 학자별 구분
- 아이스톤(Eyestone)
  - 채택 이전 : 공중의제
  - 채택 이후 : 공식의제
- 콥과 엘더(Cobb & Elder)
  - 채택 이전 : 체제의제
  - 채택 이후 : 제도의제
- 앤더슨(Anderson)
  - 채택 이전 : 토의의제
  - 채택 이후 : 행동의제

02절 정책과정 및 기획론

1. 정책의제(policy agenda)의 설정

(1) 정책의제설정의 의의

① **개념** : 정책의제의 설정이란 사회문제가 정책문제가 되어 정부의 관심 대상으로 전환되는 과정 즉, 정부가 정책적인 해결을 추구하고자 사회문제를 공식적 정책의제로 채택하는 것

② **대두배경** : 1960년대 초 미국의 흑인폭동을 계기로 특정 사회문제가 정책문제로 전환되는 이유나 과정 등에 대한 관심이 높아지면서 대두됨

③ **특성**
  ㉠ 문제해결의 첫 단계로, 가장 많은 정치적 갈등이 발생하며, 정책의제의 설정에 있어 일반적으로 가장 중요한 변수 또는 기준은 '문제의 해결 가능성'임
  ㉡ 정책대안의 실질적인 제한과 범위의 한정이 이루어지는 단계
  ㉢ 주도집단의 이해관계나 주관이 개입되어 복잡성과 다양성, 역동성을 띰
  ㉣ 반드시 합리적·객관적 과정을 거치는 것은 아니며, 주관적·자의적·인공적 판단이 개입됨
  ㉤ 대안이 훌륭하고 바람직한 정책효과가 나타났다 해도 정책문제를 잘못 인지하여 정책문제가 해결되지 못하는 근원적인 오류(제3종 오류)가 발생할 수 있음

④ **유형**

공중의제 - 공식의제	• 공중의제 : 정부에 의해 공식적으로 채택되기 전이지만, 관심이 집중되어 정부에 의해 해결되어야 한다고 생각되는 의제(체제의제, 토의의제, 환경의제) • 공식의제 : 정부에 의해 공식적으로 채택된 의제(제도의제, 행동의제, 기관의제)
강요의제 - 선택의제	• 강요의제 : 재량의 여지없이 정책결정권자가 의무적으로 고려해야 할 의제 • 선택의제 : 의제선택의 재량권이 인정된 의제
제안의제 - 협상의제	• 제안의제 : 문제 정의에서 더 나아가 문제해결책과 관련되어 제기되는 의제 • 협상의제 : 의제에 대한 지지가 강력히 요구되는 의제

> **실력up 정책오류(policy error)의 유형**
> - **제1종 오류(Type I error, 알파 오류)** : 실제로는 정책대안이 효과나 인과관계가 없는데, 있다고 잘못 평가하여 잘못된 대안을 채택하는 오류
> - **제2종 오류(Type II error, 베타 오류)** : 실제로는 정책대안이 효과나 인과관계가 있는데, 없다고 잘못 평가하여 올바른 대안을 기각하는 오류
> - **제3종 오류(Type III error, 메타 오류)** : 가설 검증이나 대안선택에서는 오류가 없었으나, 정책문제 자체를 잘못 인지하거나 정의하여 발생하는 근원적 오류로, 주로 정책의제설정과정에서 발생

③ 리플리와 프랭클린(R. Ripley & G. Franklin)의 분류

경쟁적 규제정책	다수의 경쟁자 중에서 소수의 개인이나 집단에게만 재화나 서비스의 공급·사용권을 허가하는 정책
보호적 규제정책	사적 활동에 제약을 가하거나 허용 조건을 규정함으로써 일반 대중을 보호하는 것을 목적으로 하는 정책
분배정책	정책대상에게 재화나 서비스, 지위, 권리 등을 제공하는 정책
재분배정책	재산이나 권리를 많이 소유한 집단에서 적게 소유한 집단으로 이전시키는 것과 관련된 정책

2. 정책결정요인이론

(1) 정책결정요인이론의 의의와 한계

① 의의 : 정책을 종속변수로 보고 정책의 내용을 결정하는 요인(원인변수)이 무엇인지를 규명하는 이론
② 한계
  ㉠ 변수 선정상의 문제 : 사회경제적 변수를 지나치게 과대평가하고, 정치적 변수에 대한 고려가 부족
  ㉡ 단일방향적인 영향만을 고려한 문제 : 사회경제적 변수와 같은 정책환경 요인들이 일방적으로 정책과 정치체제에 영향을 미치는 것으로 생각하고 있으나, 정책이나 정치체제가 환경에 영향을 미친다는 점을 고려하지 못함
  ㉢ 정책수준이나 구조적 차이를 간과 : 지나친 상위수준의 정책을 연구 대상으로 하여 연구의 정확성이 부족
  ㉣ 개인의 중요성 간과 : 결정은 사회경제적 변수가 아니라 개인에 의해 행해지며, 특히 권력엘리트의 역할이 중요하다는 점을 간과

(2) 정책결정이론 논쟁의 전개 양상

① 발생 초기의 정치·행정학자들의 환경연구 : 키와 록카드(Key & Lockard)의 참여경쟁모형 등 초기의 정책결정요인론은 정치학자들의 영향으로 정치적 요인(변수)을 더욱 중시
② 경제·재정학자들의 환경연구 : 1960년대 도슨(Dawson), 로빈슨(Robinson) 등의 경제자원모형은 사회경제적 요인을 중시(재정지출의 결정요인 등 사회경제적 요인을 과대평가하고 정치적 요인을 배제)
③ 후기 정치학자들의 연구 참가 : 다시 정치학자들이 연구에 참여하게 되면서 사회경제적 요인뿐만 아니라 정치적 요인(정치체제)도 정책내용에 영향을 미친다는 것을 규명

SEMI-NOTE

정책결정요인이론의 한계

- 변수선정상의 문제
  - 사회경제적 변수를 지나치게 과대평가하고, 정치적 변수에 대한 고려가 부족
  - 계량화가 곤란한 중요한 정치적 변수들이 배제되고, 중요하지 않은 변수가 선정
- 단일방향적인 영향만을 고려한 문제
  - 사회경제적 변수와 같은 정책환경 요인들이 일방적으로 정책과 정치체제에 영향을 미치는 것으로 생각하고 있으나, 정책이나 정치체제가 환경에 영향을 미친다는 점을 고려하지 못함(정책이나 정치체제를 종속변수로, 정책환경을 독립변수로만 파악)
  - 정책환경이 정책에 영향을 미치는 경로 파악이 불분명
- 정책수준이나 구조적 차이를 간과 : 지나친 상위수준의 정책을 연구 대상으로 하여 연구의 정확성이 부족
- 개인의 중요성 간과 : 결정은 사회경제적 변수가 아니라 개인에 의해 행해지며, 특히 권력엘리트의 역할이 중요하다는 점을 간과함

02장 정책론

SEMI-NOTE

학자들별 정책의 개념
- 로스웰(H. Lasswell) : 목적가치와 실행을 투사한 계획
- 드로어(Y. Dror) : 매우 복잡하고 동태적인 과정을 거쳐 주로 정부기관에 의하여 만들어지는 미래지향적인 행동지침
- 이스턴(D. Easton) : 사회 전체를 위한 가치의 권위적 배분의 결과
- 린드블롬(C. Lindblom) : 상호타협을 거쳐 여러 사회집단이 도달한 결정
- 샤칸스키(I. Sharkansky) : 정부의 중요한 활동

포크배럴(pork barrel)
노예들에게 소금에 절인 돼지고기 통을 주었을 때, 그것을 얻기 위해 싸우는 것을 표현한 것에서 유래. 정치인·국회의원들이 정치적 생색을 내기 위해 자기 지역구나 특정 지역 주민의 환심을 사려는 교량건설, 고속도로, 부두, 댐 등과 같은 지역개발사업에 정부예산을 끌어오는 이기적인 행위를 지칭

로그롤링(log-rolling)
통나무를 운반할 때 서로 협력하여 굴리는 데서 유래. 자신이 선호하는 이슈에 대한 지지를 얻는 조건으로 자신은 선호하지 않지만, 타인이 선호하는 이슈를 지지해주는 거래를 하는 것

01절. 정책과 정책학의 본질

1. 정책의 개념 및 유형

(1) 정책(Policy)의 개념

① 공익 또는 공적 목표를 위한 정부·공공기관의 행정지침이나 주요 결정 및 활동
② 정책목표와 이를 달성하기 위해 필요한 정책수단에 대하여 권위 있는 정부기관이 의도적·공식적으로 결정한 장래에 대한 기본방침

(2) 정책의 유형

① 로위(T. Lowi)의 분류 ★ 빈출개념

분배정책	국민에게 권리나 편익·재화·서비스를 제공하는 정책 예 보조금 지급, 국공립학교 교육서비스, SOC(사회간접자본) 구축, 주택자금 대출, 국유지 불하(拂下) 등
재분배정책	사회 내 개인이나 집단에 대해 부, 권리 등과 같은 각종 가치배분의 재조정에 관한 정책 예 누진세, 사회보장지출, 종합부동산세, 임대주택건설, 부(負)의 소득세, 통합국민건강보험정책, 국민기초생활보장법 등
구성정책	주로 정부기구의 구조와 기능의 변화와 관련되며, 정치체제에서 투입을 조직화하거나 체제의 구조와 운영에 관련된 정책 예 정부기관 신설·폐지·변경, 선거구조정, 선거, 공직자 보수, 군인퇴직연금 등
규제정책	어떤 개인이나 집단의 활동을 통제·제한하여 다른 개인이나 집단을 보호하려는 정책 예 환경오염이나 독과점 방지, 최저임금의 보장, 식품첨가물 규제(안전규제), 각종 인·허가 등

② 알몬드와 파웰(G. Almond & Powell)의 분류

추출정책 (동원정책)	국내적·국제적 환경에서 물적·인적 자원이나 수단을 확보하는 것과 관련된 정책 예 조세정책, 병역(징집)정책, 성금모금, 인력 동원, 토지·물자수용 등
규제정책	개인·집단의 활동이나 재산에 대해 정부가 통제나 일정 제한을 가하는 정책
분배정책 (배분정책)	정부가 각종 재화나 서비스, 지위·권리, 이익, 기회 등을 정책대상에게 제공하는 정책
상징정책	국민의 순응과 정부의 정통성·신뢰성을 확보하기 위해 정부가 가치나 규범, 상징·이미지 등을 만들어 사회나 국제적 환경에 유출하는 것과 관련된 정책

02장 정책론

01절 정책과 정책학의 본질

02절 정책과정 및 기획론

9급공무원

행정학개론

나두공

④ 주관적 가치를 객관적 가치로 전환시켜 주는 역할을 수행

2. 공익의 본질에 관한 학설

(1) 실체설

의의	• 사회나 국가는 하나의 유기체로서 개인의 속성과 다르고 개인의 단순한 집합과 다른 실체가 있으므로, 공익도 사익과 별도로 공공선(common good)으로서 규범적으로 존재한다고 봄 • 공익은 사익의 단순한 총합이 아닌 실체적 · 적극적 개념이며, 사익과는 질적으로 다른 전혀 별개의 개념
특성	• 공익과 사익이 상충되는 경우 사익은 당연히 희생됨(공익 우선). 공익은 대립적 이익들을 평가할 수 있는 기준을 제시할 수 있으므로 집단이기주의에 대응할 수 있음 • 공익의 실체를 규정하는 엘리트와 관료의 적극적 역할 강조
한계	• 단일적 가치가 있다고 주장하나 인간의 규범적 가치관에 따라 공익관이 달라지므로, 통일적 공익관 도출 곤란 • 공익개념이 추상적이며 객관성 · 구체성 결여 • 이념적 경직성이 강해 공익 개념 해석에 융통성이 부족하며 국민 개개인의 주장이나 이익을 무시할 수 있음
대표학자	플래턴(Platon), 롤스(Rawls), 칸트(Kant) 등

(2) 과정설

의의	공익은 실체적 내용이 선험적으로 존재하지 않으며, 사익 간 경쟁 · 대립을 조정하는 과정에서 형성된다고 봄. 다양한 이해관계가 조정을 통해 공익이 되는 점에서 다원화된 사회의 특성을 반영
특성	• 공익의 유일성 · 선험성 부정, 공익관념은 다수성 · 복수성과 가변성을 지님 • 공익은 사익의 총합 또는 사익 간 타협 · 조정의 결과임. 공익은 제도나 절차 · 과정을 통해 형성되고, 사회집단 간 타협 · 협상 · 투쟁을 통해 내용이 변형됨. 공익은 상호경쟁적 · 대립적인 이익이 조정과 균형된 결과임. 절차적 합리성을 중시하며 적법절차를 강조
한계	• 도덕적 · 규범적 요인 경시, 국가이익이나 공동이익의 존재를 고려하지 않음 • 토의 · 협상 · 경쟁과정이 발달되지 못한 신생국에서는 적용 곤란
대표학자	슈버트(Schubert), 하몬(Harmon), 린드블롬(Lindblom) 등

(3) 절충설

의의	사익의 집합이 아닌 공익의 존재를 인정하면서 사익과 관련시켜 이해하는 입장으로, 사익과 관련된 사회이익을 공익으로 파악
특성	실체설과 과정설의 조화(공익은 사익의 집합체나 타협의 소산도 아니며 사익과 전혀 별개의 것도 아님)
한계	공익에 대한 정의보다 사익 간 공통점 · 일치점에 공익을 찾으려 하며, 공익의 적절한 평가 · 판단 기준이 없음

SEMI-NOTE

공익 결정의 변수
가치관, 정치이념, 정치발전 및 민주화의 수준, 경제체제 및 사회체제, 정책유형

공익의 실체설과 과정설 비교

실체설	과정설
적극설	소극설
절대설	상대설
전체주의, 권위주의	개인주의, 다원주의
선험적	경험적
공익≠사익의 합	공익=사익의 합
공익과 사익 간 갈등 없음	갈등이 존재
합리모형	점증모형
후진국	선진국

절충설의 대표학자
헤링(Herring), 뷰캐넌(Buchanan), 털록(Tullock) 등

(2) 내용 ★ 빈출개념

시민 중심의 이론	대의민주주의의 한계를 극복하기 위해 시민의 양성과 정책결정의 시민 참여를 강조
지역공동체주의	지역공동체의 의사결정에 시민이 권한과 책임을 가지고 주체적으로 참여할 것을 강조
담론을 통한 공익의 결정	공익은 행정의 목적이며 시민들의 폭넓은 참여를 바탕으로 하는 대화와 담론을 통해 얻은 결과물
봉사자로서의 정부	정부는 방향잡기(촉매)역할이 아니라 시민과 지역공동체 내의 이익을 협상·중재하며 공유가치가 창출되도록 봉사하는 역할을 수행
포괄적이고 광범위한 정부의 책임	정부의 책임은 시장지향적인 이윤추구를 넘어서 공동체의 가치와 규범, 시민들의 이해 등에 이르기까지 매우 포괄적이고 광범위함
정부와 시민 간의 협력체제 구축	시민은 고객이 아니라 정부의 소유주이므로, 정부는 시민들에게 봉사하고 상호 신뢰와 협동관계를 구축하여야 함
시민재창조	시민교육, 시민지도자 양성 등을 통하여 시민에게 자긍심과 책임감을 고취
조직 인간주의	조직의 생산성보다 인간에게 높은 가치와 초점을 부여하여 협력적 구조, 공유된 리더십, 분권화 등 인간주의적 접근을 모색
전략적 사고와 민주적 행동	합의된 비전의 실현을 위해 역할과 책임을 설정하고 구체적 행동단계를 개발하며, 집행에 대한 책임에 있어서도 관료 외의 관련 당사자들을 모두 참여시켜야 함

04절 공익

1. 공익의 의의

(1) 의의

① 개념 : 일반적으로 불특정 다수인의 이익으로서 사회 전체에 공유된 가치이며, 사회 일반의 공동이익을 말함
② 공익의 성격
  ㉠ 사회의 기본적 공유가치로서의 성격
  ㉡ 불확정적·유동적·상대적·추상적 성격
  ㉢ 규범적·윤리적·가치지향적 성격
  ㉣ 역사적·동태적 성격

(2) 공익의 기능

① 공무원의 행동지침이나 윤리기준이며, 부패와 일탈을 규제하는 기준이 됨
② 행정을 정당화시켜주는 기능을 수행하며, 일반국민의 지지를 얻기 위한 기반이 됨
③ 정책의 평가기준이 됨

SEMI-NOTE

신공공서비스론의 이론적 배경 (Denhardt, Leftwich, Minogue 등)
종전의 신공공관리론 등은 정부의 주체인 시민을 배제한 채 관료들이 방향잡기와 노젓기 중 어느 것에 치중해야 하는가와 같은 문제에만 관심을 둔 결과 관료의 권력만 강화시키는 결과를 초래했다고 비판하고, 그 권력을 시민들에게 되돌려주어야 한다는 의식이 대두되면서 신공공서비스론(NPS)이 등장

공익의 대두 배경
- 정치·행정일원론의 대두
- 공무원 재량권의 확대
- 신행정론의 등장과 행정철학의 중시
- 행정행태 준거기준의 필요
- 행정관의 변천과 쇄신적 정책결정의 추구
- 적극적 행정인의 역할 기대

공익 결정 시 유의점
- 민주적 과정과 참여 중요
- 행정인의 바람직한 공익판단기준 확보
- 행정인의 공익보장 의무
- 국민의 요망에 부합되고 전체의 참여가 보장된 결정

③ 피터스(G. Peters)의 뉴거버넌스모형

시장적 정부모형 (시장지향모형)	민간부문과 마찬가지의 공공부문도 관리 및 서비스 전달 문제에 직면해 있으므로, 이를 해결하기 위해 시장에서와 동일한 기법이 적용될 수 있다고 주장
참여적 정부모형	계층제적 구조에 비판적 입장을 취하여 대내외 구성원들의 광범위한 참여를 통한 협의나 협상을 중시하는 모형
신축적 조직모형 (연성정부)	종래 조직의 경직성(항구성)을 문제시하는 모형으로, 조직구조와 인력 및 예산관리 등에 있어 탈항구성과 유연성, 융통성을 추구하는 신축적 모형
탈규제적 정부모형 (저통제·탈규제 모형)	정부에 대한 내부통제·규제의 완화나 철폐를 통해 정부의 잠재력과 창의력에 대한 속박을 풀고 이를 분출시켜야 한다고 주장함

(4) 탈신공공관리론

① 의의 : 재집권과 재규제를 통하여 신공공관리론의 한계를 보완하기 위한 일련의 조치를 통칭하는 개념(거버넌스와 신공공서비스를 포함하는 개념)
② 신공공관리론과 탈신공공관리론의 비교

구분	신공공관리론	탈신공공관리론
정부시장 관계	시장지향주의 규제완화(탈규제, 탈정치)	정부 역량 강화(재규제, 재정치, 정치적 통제 강조)
행정가치	능률·성과 등 경제적 가치를 강조	민주성·형평성 등 전통적 가치도 고려
정부규모	정부규모의 감축, 시장화·민영화	민간화·민영화의 신중한 접근
기본모형	탈관료제 모형	관료제와 탈관료제의 조화
조직구조	유기적, 비계층적, 임시적, 분권적	재집권화, 분권과 집권 조화
조직개편	소규모의 준자율적 조직으로 분절화	구조적 통합을 통하여 분절화 축소(총체적·합체적 정부)
통제	결과·산출중심 통제	과정과 소통 중심
인사	경쟁적·개방적인 성과중심 인사관리	공공책임성 중시
재량	넓음	재량 필요, 제약·책임
관리	자율, 경쟁	자율, 책임

8. 신공공 서비스론(New Public Service)

(1) 의의

1990년대 후반부터 전통적 행정이론과 신공공관리론의 지나친 시장주의와 시민의 객체화 등에 대한 반작용(대안)으로 주인인 시민의 권리를 회복하고 지역공동체 의식을 회복하는데 초점을 둠

SEMI-NOTE

신공공관리론의 한계
- 공공부문과 민간부문의 차이를 경시
- 직업공무원제 약화
- 모든 계층에 대한 대표성을 확보하지 못해 민주성이 훼손될 우려
- 정부기관 외의 공공서비스 공급은 윤리적·관리적 책임문제를 일으킴
- 모든 계층에 대한 대표성을 확보하지 못해 민주성이 훼손될 우려가 있음
- 성과급 등 금전적 보상체계로 인해 단기적·가시적 성과에 대한 집착현상, 동기부여의 편협성, 인간관계 악화 및 갈등 등이 초래
- 성과 중심 행정의 지나친 강조로 참여 등 절차적 정당성이 경시되며, 창조적·창의적 사고를 저해

탈신공공관리론의 특징
- 재집권화와 재규제의 주창
- 총체적 정부 또는 합체적 정부의 주도
- 역할모호성의 제거 및 명확한 역할관계의 안출
- 민관파트너십 강조
- 환경·역사·문화·맥락적 요소에의 유의

기업가적 정부	생산성 향상을 위해 이미 효과가 검증된 우수한 민간경영기법을 행정에 도입
분권화된 정부	신뢰를 바탕으로 의사결정권을 최대한 위임(empowerment)하여 구성원들의 책임과 역량강화를 모색하고 조직 전체 차원의 문제 해결능력을 증대하고, 조직 간에도 권한이양
시장지향적 정부	정부가 경쟁원리를 핵심으로 하는 시장화를 지향하고 민간부문의 생산성을 향상시키기 위하여 각종 규제를 완화 또는 철폐
고객지향적 정부	시민을 정부의 고객으로 인식하고 정부나 공무원들의 편의보다 시민의 요구와 평가를 반영함으로써 시민 만족을 최우선으로 추구

(2) 기업가적 정부운영의 10대 원리(Osborne & Gaebler) ★ 빈출개념

전통적 관료제		기업형 정부(NPM)	기업형 정부의 10대 원리
노젓기	→	방향키 역할	촉매적 정부
직접 해줌(service)	→	할 수 있도록 함 (empowering)	시민소유 정부
독점 공급	→	경쟁 도입	경쟁적 정부
규칙중심 관리	→	임무중심 관리	임무지향 정부
투입중심	→	성과중심	결과지향 정부
관료중심	→	고객중심	고객지향 정부
지출지향(지출절감)	→	수익창출	기업가적 정신을 가진 정부
사후치료	→	예측과 예방	예견적 정부
집권적 계층제 (명령과 통제)	→	참여와 팀워크 (협의와 네트워크 형성)	분권화된 정부
행정메커니즘	→	시장메커니즘	시장지향 정부

(3) 거버넌스(governance)

① 의의 : 신공공관리론에서 강조하는 국가행정이론으로서, 시장화와 분권화, 기업화, 국제화를 지향하는 행정
② 거버넌스의 유형

구분	의의	이론 유형
국가 중심 거버넌스	국가가 주도적으로 관리하는 관리주의적 입장의 거버넌스	신공공관리론, 좋은 거버넌스, 신축적 정부모형, 탈규제적 정부모형 등
시장 중심 거버넌스	시장이 국정을 주도하는 시장주의적 거버넌스	시장적 정부모형, 최소국가론 등
시민사회 중심 거버넌스	시민사회가 주도하는 참여주의적 · 공동체 주의적 거버넌스	신공공서비스(NPS), 참여적 정부모형, 기업 거버넌스 등

SEMI-NOTE

임파워먼트(empowerment)의 효능 (오석홍)
- 참여관기·신뢰관기를 촉진하고 창의적 업무수행을 촉진
- 관리의 지향성을 권한중심주의에서 임무중심주의로 전환
- 조직은 조정·통제에 필요한 인력과 비용을 절감
- 하급자들에게 권력을 이양함으로써 관리자들의 권력은 오히려 증가

임무
임무(mission)란 기관의 존재이유를 말하며 NPM은 전통 관료제에 비하면 임무중심적이지만 후술할 거버넌스에 비하면 상대적으로 임무보다는 고객 중심적

거버넌스(governance)의 특징
- 파트너십(partnership)의 중시
- 유기적 결합관계의 중시
- 공식적 · 비공식적 요인의 고려
- 정치적 특성의 강조
- 세력연합 · 협상 · 타협의 중시
- 행정조직의 재량성 중시

제도의 측면	공식적 측면	공식적 측면	비공식적 측면
제도의 범위	좁음	넓음	넓음
학문적 기초	경제학	정치학	사회학
초점	개인 중심(개인의 자율성)	국가 중심(국가의 자율성) 제도의 상이성 설명	사회 중심(문화의 자율성) 제도의 유사성 설명
개인의 선호	외생적	내생적	내생적
인간행동	임의론과 제도적 결정론 절충	제도적 결정론 성격(선호가 제도의 영향을 받음)	

> **SEMI-NOTE**
>
> **사회학적 신제도주의 특징**
> - 내생적 선호
> - 제도의 인지적 측면과 비공식적 측면의 강조
> - 조직이나 제도 변화를 제도적 동형화(isomorphism) 과정으로 파악
> - 모든 상황에 적용되는 보편적 제도의 추구를 부정
> - 해석학, 귀납적 방법론의 적용

7. 신공공관리론(NPM)

(1) 의의 및 특징

① **의의** : 1970년대부터 공공선택론자 등에 의해 전통적 관리론이나 관료제조직에 대한 비판이 고조되면서 어코인(Aucoin)과 후드(Hood)에 의해 제기된 공공분야에 대한 합리적 관리방식

② **특징**
  ㉠ 공공부문의 시장화, 정부기능의 대폭적 축소·민간화 및 계약에 의한 민간 위탁 강조
  ㉡ 경쟁 및 개방, 고객 서비스 지향
  ㉢ 정부의 감독·통제 완화, 정부규제의 개혁과 권한위임, 융통성 및 관리자의 재량권 확대
  ㉣ 권한 확대 및 재량에 대한 책임의 강조(행정의 정치적 성격 인정)
  ㉤ 결과·성과 중심의 행정체제로의 전환
  ㉥ 성과급의 도입과 근무성적평정제도의 대폭적 강화를 강조
  ㉦ 경력직 공무원의 축소 및 유능한 인재의 개방적 채용을 선호함(계약직에 의한 임용)
  ㉧ 생산성 향상을 위해 절차·과정보다 결과·성과를 강조

③ **정부혁신의 방향 및 내용**

작지만 효율적인 정부	거대 정부의 비효율성으로 인한 정부실패를 치유하기 위해 대대적 감축관리를 추진함
촉진적 정부	집행 및 서비스 전달은 민간에 이양하고 목표 및 전략기능에 역량을 집중
성과 중심의 정부	명확한 목표의 설정과 조직구성원의 자율적 참여에 의한 성과 중심의 정부를 지향
사명지향적 정부	일하는 방식을 지시하기보다 성취할 목표를 지시하며, 규칙과 규제에 얽매이기보다는 목표와 사명에 따라 혁신적으로 활동

> **신공공관리(NPM)의 개념(범위)**
>
> - **최협의의 개념** : 민간경영기법의 도입을 통한 행정성과 및 고객만족을 제고하려는 신관리주의(내부개혁운동)
> - **일반적 개념** : 신관리주의에 시장주의(신자유주의적 관리)를 추가한 개념
> - **최광의의 개념** : 일반적 개념의 신공공관리에 참여주의·공동체주의를 추가한 개념으로, 오스본과 게블러(Osborne & Gaebler)가 '정부재창조'에서 주장한 기업형 정부가 여기에 해당

② 특성
  ㉠ 유·무형의 제도까지도 제도로 다룸
  ㉡ 조직의 구조적 특성뿐만 아니라 가치나 규범, 문제 해결방식까지 제도에 포함
  ㉢ 분석의 수준이 다양(미시, 거시)
  ㉣ 정책의 보편성보다는 특수성에 기인한 개별 정책구조의 특성에 주목
  ㉤ 정책의 차이와 변화를 설명하기 위한 중범위수준의 변수들을 제시하여 미시 또는 거시적 행정학이 지닌 한계를 보완(정책현상 등 다른 변수들과의 관계 분석도 추구)
  ㉥ 사회적 성과의 차이를 야기하는 일단의 규칙도 제도의 범위에 포함시킴
  ㉦ 생산활동에 참여하는 인간을 합리적 행위자라 가정하며, 경제활동과 사회를 지배하는 정치적·사회적 제도인 규칙을 강조

(2) 구제도론과의 비교

구분	구제도론(1880~1920년대)	신제도론(1980년대 이후)
제도의 의의	• 정부에 의해 만들어진 일방적·공식적인 법령이나 기관 • 가시적이고 구체적인 조직(통치체제나 구조, 행정기구 등) • 인간 행위나 사회현상을 제도의 범위에서 제외	• 제도와 인간 간의 상호 작용으로 형성·공유된 공식적·비공식적 규범 • 공식적으로 표명되지 않은 조직이나 문제해결기제까지도 제도로 봄 • 인간 행위나 사회현상을 제도의 범위에 포함
형성	외생적 요인에 의해 일방적으로 형성	제도와 인간 간의 상호작용으로 형성
특성	• 공식적, 구체적 • 개별제도의 정태적 특성을 서술 • 거시적 접근법(인간을 고려하지 않음) • 규범적·도덕적 • 행태주의의 비판을 받음	• 비공식적, 상징적, 문화적 • 다양한 제도의 동태적 관계를 중시(분석적) • 거시적인 제도와 미시적인 인간행동의 연계 • 경험적·실증적·분석적 • 행태주의를 비판
연구	• 각국 제도의 차이를 설명하기 위한 정태적 연구 • 행위자를 배제(사회현상을 설명하지 못함)	• 제도와 행위자의 상호작용에 따른 정책 내용과 효과의 차이를 설명하기 위한 동태적 연구 • 제도와 행위자의 동태적 상호관계 연구(사회현상을 설명)
학문적 토대	정치학적 기술	행정학적 기술

(3) 신제도론의 유파

구분	합리적 선택의 신제도주의	역사적 신제도주의	사회학적 신제도주의
제도의 개념	개인의 합리적(전략적) 계산	역사적 특수성(맥락)과 경로의존성	사회문화 및 상징, 의미 구조

SEMI-NOTE

제도의 핵심 요소
- 규칙(rule) : 사회 내의 행위자들의 관계를 규율하는 것(따르지 않을 경우 제재가 수반된다는 공통적 이해나 사회적 제약)
- 규범(norm) : 행위자들의 선호와 행위를 제약하는 판단기준(행위의 적절성에 대한 공유된 인식이나 통념)
- 균형점(equilibrium) : 합리적 상호작용의 결과로 나타난 어떤 규칙이나 질서(균형상태, 질서)를 말하며, 행위자들의 관계를 규율하고 선호와 행위를 제약함으로써 다양한 거래행위에 있어서 안전성과 예측가능성을 부여함

합리적 선택의 신제도주의 특징
- 집단행동의 딜레마에 대한 해결책으로서 제도를 형성(제도의 의도적 설계)
- 개인과 제도의 전략적 상호작용을 강조

역사적 신제도주의 특징
- 방법론적 전체주의(전체주의의 입장)
- 독립변수이자 종속변수로서의 제도
- 내생적 선호
- 인과관계의 다양성과 맥락성
- 권력관계의 불균형(불균등성) 강조
- 제도의 지속성과 경로의존성(path-dependence) 강조

환경	체제와 교류하는 체제 밖의 모든 정치·경제·사회적 영역(고객, 수혜자, 이익단체, 경쟁조직 등)
투입	체제에 투입되는 요구나 희망, 지지나 반대, 인력·물자·정보 등과 같은 자원
전환	산출을 위한 체제 내의 작업절차나 과정, 행정조직이나 결정과정
산출	결과물(정책, 법령, 재화, 서비스 등)
환류	적극적·긍정적 피드백(목표의 변화나 수정), 소극적·부정적 피드백(오차의 수정, 통제)

(2) 체제의 유형 비교

① 폐쇄체제와 개방체제

폐쇄체제	개방체제
• 환경과의 관계를 고려하지 않음(상호작용이 없음) • 체제 내부에만 관심을 기울임 • 주어진 목표의 능률적 집행에 관심 • 예측 가능성이 높음 • 엔트로피의 증가 • 정태적 균형론	• 환경과의 관계를 고려함 • 체제 외부에 관심을 기울임 • 환경에 어떻게 적응하느냐의 생존에 관심 • 환경으로부터의 투입 및 전환, 환경으로 산출이라는 연속과정을 지님 • 부정적 엔트로피의 존재(조직이 해체·소멸, 무질서로 움직여가는 엔트로피 현상을 부정) • 동태적 균형성, 등종국성을 지님

② 합리체제와 자연체제
  ㉠ 합리체제 : 구체적 목표를 집합적으로 추구하며 공식화된 사회구조를 갖는 체제(조직)로, 목표와 그 목표의 달성을 위한 인적·물적 수단의 논리적·체계적 연결(기능적 합리성)이 강조됨
  ㉡ 자연체제 : 구성원의 심리·사회적 욕구를 강조하며 목표 달성보다는 조직의 생존과 조직 내 비공식성·비합리성 등에 중점을 두는 체제(조직)

6. 신제도론적 접근(신제도주의) ★ 빈출개념

(1) 의의 및 특성

① 의의 : 제도를 법으로 규정된 공식적 요소로 한정하지 않고 인간행위와 사회현상 등의 다양한 변수를 포함한 공식·비공식 요소의 결합으로 인식하며, 규범(norm)이나 절차, 규칙(rule), 균형점 등을 포함하는 개념으로 파악

SEMI-NOTE

체제의 특징(T. Parsons)
• **분화·통합** : 체제는 다양한 상·하위 체제로 분화되고, 동시에 목표 달성을 위해 유기적으로 상호 조정·통합됨
• **경계성과 균형성** : 각 체제는 경계에 의해 다른 하위체제나 환경과 구별되며, 투입·산출을 통해 환경과 균형을 유지함
• **전체론적 인식** : 체제는 부분이 아니며, 공동목표를 위한 전체론적 통일적 유기체임
• **개방체제** : 현대의 체제는 환경과의 상호작용을 하는 개방체제임
• **균형성·항상성(homeostasis)** : 체제는 구성요소 간에 동태적 균형성과 항상성을 지님

신제도론의 발생배경
신제도론은 제도를 정태적으로 연구한 구제도론이나 인간의 행태를 미시적으로 연구한 행태주의를 비판하고 그 한계를 극복하기 위해 대두된 것으로, 1960년대 이후 행태주의와 방법론적 개체주의의 논리에 대한 반발로 경제학·사회학·정치학 분야에서 등장함

© 행정의 특수성 인식을 통해 후진국 행정현상의 설명에 기여하고, 비교행정의 방향을 제시
② 여러 학문과의 다양한 상호교류를 통하여 종합적 연구활동을 촉진
② 비판
  ③ 행정의 환경에 대한 적극적이고 주체적인 역할을 경시하고 수동적으로 파악 (환경결정론적 입장)
  ⓒ 행정현상을 환경과 관련시켜 진단과 설명은 잘 하지만, 내부적으로 행정이 추구해야 할 목표나 방향을 전혀 제시하지 못함(내부문제를 경시)
  ⓒ 행정의 동태적 사회변동기능을 설명하기 곤란하며, 발전을 선도하는 엘리트를 경시(정태적 균형이론)
  ② 특정 국가의 환경만을 고려·연구함으로써 일반이론화가 곤란

합격UP 프리즘적 사회

- 프리즘적 사회의 구분

구분	융합사회	프리즘적 사회	분화사회
사회구조	농업사회(agraria)	전이·굴절·과도 사회(transitia)	산업사회(industria)
분화 정도	미분화	분화가 이루어지지만, 통합이 미흡	분화 활성화
관료제 모형	안방 모형(chamber model) : 공사(公私)의 미분화	사랑방 모형(sala model) : 공사(公私)의 분화·미분화가 혼재	사무실 모형(office model) : 공사(公私)의 분화

- 프리즘적 사회의 특징
  - 공·사 기능의 중첩, 고도의 이질성(전통적 요인과 분화적 요인의 혼재)
  - 법제상 제약된 관료의 권한이 현실적으로는 큰 영향력 행사(양초점성)
  - 연고 우선주의, 다분파주의, 신분과 계약의 혼합양상(법적 관계와 신분관계 혼합)
  - 형식주의(형식과 실제의 괴리)
  - 상용성(相容性, 현대적 규범과 전통적 규범의 공존), 다규범성, 무규범성
  - 가격의 불확정, 무정가성(無定價性)
  - 권한과 통제의 불균형 및 괴리
  - 천민기업가, 의존 증세(권력자도 기업가의 재력에 의존)

5. 체제론적 접근(행정체제론)

(1) 의의

① **행정체제론** : 행정을 하나의 체제로 파악하고 행정을 둘러싸고 있는 환경과의 상호작용과 행정체제 내의 하위체제 간 상호관계를 체계적으로 밝히는 이론
② **샤칸스키**(I. Sharkansky)**의 체제론**

SEMI-NOTE

프리즘적 사회의 구분
- 농업사회를 융합사회로, 산업사회를 분화사회로 두고 그 중간의 전이·과도사회로 프리즘적 사회를 둠
- 각 사회의 관료제 모형으로 융합사회에는 공·사 구분되지 않는 '안방 모델'을, 프리즘적 사회에는 공·사가 불명확하게 구분되는 '사랑방 모델'을, 분화사회에는 공·사가 구분되는 '사무실 모델'을 제시함

체제론의 특징(오석홍 등)
- 연합학문적 연구(학제적 성격)
- 총체주의적 관점
- 목적론적 관점
- 계서적 관점(상·하위체제로구성)
- 추상적·관념적 관점
- 시간적 차원의 중시(시간선상에서의 순환적·동태적 변동)

② 후기 행태론(탈행태론)

배경	기존의 가치중립적인 행태주의 등이 1960년대 미국사회의 당면문제(인종갈등, 흑인폭동, 월남전에 대한 반전 운동 등)를 해결하는 데 아무런 기여를 하지 못한다는 비판에 직면하면서 이러한 문제 해결을 위해 대두
발전	• 1960년대 말에 이스턴(Easton)이 후기 행태주의(post-behavioralism)가 시작되었음을 선언한 이후 신행정론자들을 중심으로 후기 행태주의 접근방법이 도입되기 시작 • 신행정론은 1960년대 중반 이후 존슨(Johnson) 행정부가 위대한 사회의 건설이라는 기치를 내걸고 하류층 및 소외계층의 복지 향상을 위하여 사회복지정책을 추진하면서 이와 관련된 행정이론으로 등장
내용	• 후기 행태주의적 접근법은 사회의 급박한 문제 해결을 위해 가치중립적인 과학적 · 실증적 연구보다는 가치판단적 · 가치평가적인 정책 연구를 지향 • 행정학 분야에서도 정책지향적인 연구, 가치판단의 문제, 바람직한 사회를 위한 정책목표에 관한 문제, 새로운 행정이념으로서의 사회적 형평성 등의 문제에 많은 관심을 갖게 됨

SEMI-NOTE

후기행태주의의 성격(D. Easton)
이스턴(Easton)은 〈정치학의 새로운 혁명(1969)〉에서 후기행태주의의 시작을 선언하고 그 성격을 '적실성(relevance)의 신조'와 '실천(action)'이라고 주장

③ 행태론과 후기 행태론의 비교

행태론	후기 행태론
• 가치중립적 • 설명적 · 서술적 • 정치 · 행정 새이원론, 공 · 사행정 새일원론 • 과학성 강조 • 논리실증주의	• 가치지향적 • 응용적 · 처방적 • 정치 · 행정 새일원론, 공 · 사행정 새이원론 • 기술성 강조 • 반(反) 논리실증주의

4. 행정생태론

(1) 행정생태론의 이론

① 가우스(J. Gaus)의 이론 : 행정에 영향을 미치는 생태적 · 환경적 요인으로 국민, 장소, 물리적 기술, 사회적 기술, 욕구와 이념, 재난, 개성(인물)의 7가지를 제시
② 릭스(F. Riggs)의 이론
  ㉠ 사회이원론(1961) : 《행정의 생태학》에서 농업사회(미분화사회 · 융합사회), 산업사회(분화사회)의 2가지 생태모형을 제시
  ㉡ 사회삼원론(1964) : 사회이원론이 발전도상국의 과도기적 사회를 설명하지 못한다는 비판이 제기되자 농업사회를 융합사회로, 산업사회를 분화사회로 파악하고, 여기에 융합사회에서 분화사회로 이행되어 가는 전이사회에 해당하는 프리즘적 사회를 추가

(2) 평가

① 영향 및 기여
  ㉠ 행정과 환경과의 관계를 최초로 분석(행정을 개방체제로 처음 파악한 이론)
  ㉡ 행정을 하나의 유기체로 이해하고 거시적 이론 형성에 기여

행정생태론의 의의
• 유기체와 그 환경의 상관관계를 밝히려는 이론으로서, 행정조직을 유기체로 간주하고 그것을 둘러싸고 있는 환경과의 상호작용을 규명하려는 거시적 이론
• 행정과 환경과의 관계에 있어 생태론은 행정이 환경으로부터 영향을 받는 종속변수적 성격을 강조한 이론이며, 행정과 환경과의 관계를 다룬다는 점에서 개방체제이론에 해당한다고 할 수 있음

관료 권한의 양초점성(兩焦點性, bi-focalism)
관료의 권한은 법규상 제한 · 제약되고 있으나 실제로는 그 영향력이 크며, 고객에 따라 이중적인 태도를 보이는 등 일관성이 없다. 이로 인해 공식적 통제는 잘 이루어지지 않고 비공식적 사회세력에 의한 통제가 주로 이루어진다.

SEMI-NOTE

② 유사점
  ㉠ 조직목표와 개인목표의 양립성(교환) 인정
  ㉡ 관리자를 위한 연구이론
  ㉢ 생산성·능률성 향상의 추구
  ㉣ 외재적 동기부여 및 인간행동의 피동성, 수단화된 인간가치
  ㉤ 환경을 고려하지 않은 폐쇄체제이론

3. 행정행태론

(1) 의의 및 특징

① 의의
  ㉠ 행정을 합리적·협동적 집단행위로 규정하는 접근방법으로, 행정에 내재한 인간의 행태(행동이나 태도 등의 외면적 행태)를 중심으로 행정현상을 과학적·체계적으로 설명하는 이론
  ㉡ 행정의 과학화와 행정학의 정체성위기를 극복하는 데 기여(정치·행정 새이원론)

② 특징
  ㉠ 행정의 과학적 연구를 위해 자연과학을 행정학에 적용(객관적 측정방법 등을 강조)
  ㉡ 연구 초점을 인간의 행태(behavior)에 두고 이를 경험적·실증적으로 연구(인간행태의 경험적 입증과 행태의 통일성·규칙성·유형성 발견에 치중)
  ㉢ 논리실증주의를 토대로 가치(목표)와 사실(수단)을 구분하여 가치를 배제(가치중립성), 경험적 검증가능성이 있는 사실 연구에 치중
  ㉣ 집단의 고유한 특성을 인정하지 않는 방법론적 개체주의를 택하며, 복잡인관의 입장을 취함
  ㉤ 종합과학적·연합학문적 성격을 지님(사회학·심리학·경제학 등을 다룸)

(2) 사이먼(H. Simon)의 행태론

① 특징
  ㉠ 논리실증주의에 입각한 경험주의와 과학적 방법론을 중시
  ㉡ 행정을 집단적 의사결정행위로 파악해 목표의 집행뿐만 아니라 결정을 담당하는 과정으로 봄
  ㉢ 정치·행정이원론, 공·사행정일원론의 입장
  ㉣ 연구대상은 인간의 반복적 행위나 행동이어야 함
  ㉤ 행정에서 인간의 합리성은 심리적인 자극·반응에 의해 결정된다고 봄
  ㉥ 행정문화를 중시
  ㉦ 사회학, 심리학, 경제학 등을 다루는 종합과학적 성격을 지님
  ㉧ 인간관·능률관·조직관·합리성 등에 있어 과학적 관리론과 인간관계론의 통합을 시도

행정행태론
1940년대 대두되어 사이먼(H. Simon)에 의해 체계화되었으며, 대표적 학자로는 마치(J. G. March), 버나드(C. I. Barnard), 사이어트(R. Cyert) 등이 있음

행태론의 방법론적 개체주의
행태론은 인간의 사고나 의식은 그가 속한 집단의 고유한 속성에 의해 규정되는 것이 아니라, 각자에 따라 다르다고 보는 방법론적 개체주의 접근방법에 입각하고 있음

사이먼(H. Simon) 행태론의 종합적 성격
- **인간관** : 행정인(경제인과 사회인의 절충)
- **능률관** : 종합적 능률(기계적 능률과 사회적 능률의 절충)
- **합리성** : 제한된 합리성(절대적 합리성과 비합리성의 절충)
- **조직관** : 구조론적 접근(공식구조와 비공식구조의 절충)

② 주요 내용
  ㉠ 생산성은 인간의 동태적 요인인 소속감·집단규범에 따라 결정됨
  ㉡ 구성원의 귀속감, 대인관계, 팀워크, 의사소통 등을 중시
  ㉢ 구성원의 욕구충족에 따라 인간적·민주적 관리를 중시
③ 특징
  ㉠ 근로자들은 집단구성원으로서 사회적 규범을 중시
  ㉡ 경제적 유인뿐만 아니라 격려나 칭찬, 고충처리, 상담 등 다양한 비경제적 요소를 중시
  ㉢ 비공식조직·집단을 중시하며, 비공식적 리더의 역할이 강조
  ㉣ 참여와 동기부여를 강조하는 민주적 리더십 중시
  ㉤ 조직과 구성원의 관계에 있어서 비공식적·동태적 관계를 강조
  ㉥ 기계적 능률보다 인간적이고 민주적인 능률을 나타내는 사회적 능률을 중시

(2) 한계
① 공식·비공식조직과 인간의 합리적·비합리적 측면을 지나치게 대립적으로 파악(이원론적 조직관 및 인간관)
② 비공식적 측면과 비합리적인 측면을 강조한 나머지 조직의 능률을 저해하였고, 감정적 측면과 사회적 인간관을 지나치게 강조하여 경제인관을 경시
③ 조직과 환경과의 상호작용을 고려하지 않음(폐쇄체제이론)
④ 인간 간의 협동만을 중시할 뿐 갈등적 요인을 등한시
⑤ 관리자를 위한 인간 조종의 기술에 불과하며, 그 적용에 한계가 있음
⑥ 인간관계의 안정성을 지나치게 중시하여 보수주의 경향을 띰

(3) 과학적 관리론과의 비교
① 차이점

구분	과학적 관리론	인간관계론
중점	직무(구조) 중심	인간 중심
조직관	공식적 조직관	비공식적 조직관
능률관	기계적 능률	사회적 능률
인간관	인간을 기계의 부품화로 인식, 정태적 인간관(X이론, 합리적·경제적 인간)	인간을 감정적 존재로 인식, 동태적 인간관(Y이론, 사회적 인간)
행정에 대한 기여	능률 증진에 기여	민주성 확립에 기여
조직목표와 인간욕구	자연스러운 균형을 이룸	인간적인 면을 고려할 때 균형을 이룸
유인동기	경제적 동기(경제적 욕구충족)	비경제적 동기(사회적 욕구충족)
보수 체계	성과급	생활급
연구방법	테일러시스템(시간·동작연구 등)	호손실험

SEMI-NOTE

과학적 관리론의 4대 비인간화
- 직업으로부터의 비인간화 : 기계부품화
- 소유로부터의 비인간화 : 소유·경영의 분리
- 직장으로부터의 비인간화 : 감시체계
- 동료로부터의 비인간화 : 경쟁체제

인간관계론의 영향
- 조직관의 변화
- 인간관의 변화
- 행정의 인간화·민주화
- 민주적 리더십
- 집단 중심의 사기 중시
- 행태과학 및 동기부여이론의 발달에 공헌

호손효과(Hawthorne effect)
실험집단으로 선정된 근로자들은 자신들이 관심을 받고 있음을 인식하게 되며, 이로 인해 동기가 유발되어 생산성이 증가되는 결과가 초래되는 현상을 말함. 호손효과는 실험결과를 왜곡시켜 실험의 타당성을 저해시키는 요인의 하나가 됨

> SEMI-NOTE

- 업무나 작업여건, 공구의 표준화
- 표준화에 따른 노동자의 선발 및 교육
- 과업달성에 따른 차별적 성과급(경제적 보상이나 불이익)의 지급(최초로 성과급 보수제도 도입)
- 관리층은 예외적인 사안만 담당하고 일상·반복적 업무는 부하에 일임

② 포드(Ford)이론(포드시스템, 동시관리)
㉠ 생산의 표준화와 유동식 조립방법(conveyer system, 이동 조립법)을 실시하였고, 이를 위하여 생산의 표준화, 부품의 규격화, 공장의 전문화, 작업의 기계화와 자동화(4대 경영원리)를 강조
㉡ '저가격 고임금' 원칙에 근거하여 경영을 사회에 대한 봉사로 표명하였으나, 소위 '백색사회주의'라 하여 인간관계론자들로부터 비판을 받음

③ 페이욜(Fayol) 이론 : 조직의 관리가 생산성에 미치는 영향을 종합적으로 파악·관리하고자 14대 관리원칙을 주장

④ 과학적 관리론의 특성 및 영향
㉠ 행정의 전문화·객관화·과학화·합리화에 기여
㉡ 행정을 권력현상이 아닌 관리현상으로 파악하여 정치·행정이원론의 성립에 영향을 미침
㉢ 업무의 배분을 중심으로 하는 공식적 구조를 중시
㉣ 인간을 경제적·합리적으로 가정하는 X이론적 인간관에 근거함
㉤ 기계적 능률관을 강조
㉥ 행정조사 및 행정개혁운동의 원동력(능률촉진운동)이 됨

⑤ 한계
㉠ 인간의 기계화·부품화에 따라 사회적으로 인간의 소외현상 초래
㉡ 인간을 지나치게 경제적 인간으로만 파악하는 편향성을 지님
㉢ 조직 내 인간변수나 인간관계의 중요성, 내면적·심리적·사회적 요인 경시
㉣ 폐쇄적인 체계로서 환경적 요인을 무시
㉤ 비공식집단이나 조직을 소홀히 취급
㉥ 노동자에 대한 연구만 있고 관리자에 대한 연구가 없음(관리자를 위한 인간조정기술의 성격을 지님)
㉦ 과학적 관리론의 능률개념을 행정에 획일적으로 적용하는 데는 많은 어려움이 따름

2. 인간관계론

(1) 의의 및 주요 내용

① 의의
㉠ 조직의 생산성 향상을 위하여 인간의 정서와 감정적·심리적 요인에 역점을 두는 관리기술 내지 방법에 관한 이론
㉡ 관리상의 민주화·인간화를 강조하며, 오늘날 행태과학으로 발전

페이욜(Fayol)의 14대 관리원칙
- 분업의 원칙
- 권한과 책임의 원칙
- 규율의 원칙
- 명령일원화의 원칙
- 지휘일원화의 원칙
- 개인이익의 전체종속의 원칙
- 종업원 보상의 원칙
- 집권화의 원칙
- 계층적 연쇄의 원칙
- 질서의 원칙
- 공정성의 원칙
- 고용안정의 원칙
- 창의력 개발의 원칙
- 단결의 원칙

인간관계론의 성립배경
- 과학적 관리론과 강압적 관리방식에 대한 반발
- 새로운 관리기법의 필요성
- 사회적 능률관의 등장
- 호손(Hawthorne) 실험의 영향

실력 UP 코스턴(Coston, 1998)의 모형

코스턴은 다원주의의 수용여부와 양자관계의 공식화 정도 그리고 양자 간 권한관계의 대칭성이라는 3대 기준을 변수로 정부와 NGO관계를 8가지로 유형화함

다원주의 수용여부	대칭성	공식화	모형	특징
다원주의 거부형	비대칭	공식 또는 비공식	억압형	NGO 불인정
			대항형	쌍방적인 대항관계(NGO는 등록·규제 대상)
		비공식	경쟁형	정부가 원하지 않는 경쟁관계
다원주의 수용형	비대칭	공식	용역형	정부서비스를 위탁받아 제공하는 관계
			제3자형	비교우위에 따라 양자 간 분업관계
	대칭	비공식	협력형	기본적으로 정보를 공유하는 관계
			보충형	기술적·재정적·지리적 보충관계
		공식	공조형	상호 협조적 관계

SEMI-NOTE

살라몬(M. Salamon)의 NGO 실패모형(1987)
- **박애적 불충분성** : NGO는 내·외부에 대한 강제성이 없기 때문에 활동에 절대적으로 필요한 충분한 양의 자원을 지속적이고 안정적으로 획득하는 데 많은 어려움이 있음
- **박애적 배타주의** : 특정 종교, 인종단체 등을 배경으로 한 NGO는 활동영역과 서비스 공급 대상이 한정되어 있는 경우가 많아 도움이 필요한 모든 대상에게 전달되지 않음
- **박애적 온정주의** : NGO의 활동내용과 방식은 NGO에게 가장 많은 자원을 공급하는 사람·집단의 결정에 의하여 좌우될 수 있으므로 몇몇 지역 유지의 의지를 반영
- **박애적 아마추어리즘** : 사회문제의 해결이나 서비스의 제공은 전문적인 지식을 필요로 하는 경우가 많아 도덕적·종교적 신념에 바탕을 둔 일반적 도움은 한계가 있음

03절 행정학의 주요 접근방법

1. 과학적 관리론

(1) 과학적 관리론의 의의 및 성립배경

① 의의
  ㉠ 절약과 능률을 실현할 수 있는 표준화된 업무절차를 만들어 업무의 양을 설정하고 생산성과 능률성을 향상시키고자 하는 방법에 관한 관리기술을 말함
  ㉡ 최소의 투입비용으로 최대의 산출을 올릴 수 있는 방법을 탐구하는 것
② 성립배경
  ㉠ 19세기 말 초기 산업자본주의의 폐해를 시정하고 산업기술발달에 기인한 경영합리화의 필요성에서 대두
  ㉡ 테일러(F. W. Taylor)를 비롯한 여러 경영관리론자들이 새로운 관리방법을 모색하기 위해 기계적 능률관에 입각한 과학적 관리기법을 확립

(2) 발전과정

① 테일러(Taylor)이론(과업관리) ★ 빈출개념
  ㉠ 의의 : 동작연구와 시간연구, 생산과정의 분업화·표준화를 통하여 생산성 향상을 도모하려는 것
  ㉡ 과업관리(테일러시스템)의 원리
    • 요소별 시간연구·동작연구를 통해서 합리적인 일일 과업을 설정

과학적 관리론
테일러(F. W. Taylor)에 의해 체계화되어 '테일러시스템'이라고도 하며, 정치·행정이원론과 기술적 행정학, 행정능률주의의 발달을 촉진

테일러의 기업관리 4대 원칙
- 작업을 통한 진정한 과학원칙의 발견
- 노동자의 과학적인 선발과 교육
- 노동자의 과학적 관리
- 관리자와 노동자의 협력관계 인식

SEMI-NOTE

ⓔ 공공부문의 팽창을 억제하며 민간의 전문성을 활용해 경영의 능률성을 높임
ⓜ 관료제의 경직성을 극복하고 조직의 신축성과 자율성을 유지함
④ 문제점
㉠ 관료의 잠재적 이해관계에 따라 관료의 퇴직 후 자리보장을 위한 수단이 되기도 함. 또한 행정활동의 가시성을 낮춤으로써 정부팽창의 은폐수단이나 정부책임 회피수단이 되기도 한다는 문제점을 지님
㉡ 공적인 공간에 의해 사적 이용이 정당화될 가능성 있음. 민·관 공동협력 방식이지만 실제로는 영리를 추구하는 경향이 지배적이라는 것임
㉢ 책임소재가 불분명하며 경영이 부실할 경우 그 원인을 서로에게 전가함으로써 경영의 책임성을 구현하기 어려움

(5) 비정부기구(NGO)

① 개념
㉠ 정부 이외의 기구로서 국제사회의 사회적 연대와 공공의 목적 실현을 위한 자발적 공식 조직
㉡ 비영리를 목적으로 자발적인 회원활동과 분권화된 조직구조를 바탕으로 국가의 서비스 전달기능을 수행하는 기구
② 개념적 특징(M. Salamon)
㉠ 비영리 조직(non-profit distributing) : 이윤 획득이 아닌 공익을 추구하는 조직
㉡ 공식적 조직(formal) : 어느 정도 지속성을 지님(비공식 조직 아님)
㉢ 사적 조직(private) : 정부의 간섭을 받지 않는 민간 조직(공적 조직이 아님)
㉣ 자치적 조직(self-governing) : 자기 통치성을 지닌 조직
㉤ 자발적 조직(voluntary) : 구성원들이 자발적으로 모인 조직
③ 비정부기구의 역할 및 기능
㉠ 정책제언자(governance) 또는 정책파트너
㉡ 정부나 시장에 대한 감시·견제·통제의 역할 수행
④ 비정부기구와 정부의 관계이론

대체적 관계	정부실패로 인해 정부가 공급하기 어려운 공공재에 대한 수요를 NGO가 대체하여 충족시킬 수 있음
보완적 관계	정부-NGO관계가 복지국가로서의 확장된 정부 역할을 수행하는 하나의 동반자로서 NGO의 협력적 기능을 포괄한다는 점을 강조
적대(대립)적 관계	NGO는 다양한 방법을 통해 정부의 정책결정과정에 참여하여 정책변화를 유도하거나, 정부의 책임성을 높이기 위한 감독자 역할을 수행하면서 정부와 상호견제적·갈등적 관계
의존적 관계	정부가 지지나 지원의 필요성 때문에 특정한 NGO 분야의 성장을 유도해 온 경우 나타나는 관계로서 개도국에서 많이 나타남

⑤ 비정부기구의 문제점
㉠ 재정 및 활동상의 제약과 어려움으로 인한 관변단체화의 우려
㉡ 전문성이 높지 않으며, 정책적 영향력이나 구속력 등이 부족
㉢ 순수한 본래의 의도를 잃고 정치적·정파적 성격의 조직으로 변질될 우려

비정부기구의 발생 및 성장배경
- 시장실패의 극복 및 정부실패 극복을 위한 작은 정부의 구현
- 행정환경의 변화(세계화·지방화·정보화·민주화·민간 중심)
- 다양한 수요에 대한 공급 보충·보완의 필요
- 구조적 요인으로 발생한 소외계층의 이익 대변
- 공공재의 공급

NPO와 NGO의 비교
- 비영리단체(NPO)
  - 비영리성에 초점을 둔 개념
  - 미국에서 공식적으로 사용
  - 자발성, 자율성, 공익성, 이익의 비배분성
- 비정부조직(NGO)
  - 비정부성에 초점을 둔 개념
  - UN, 유럽이나 제3세계 국가에서 보편적으로 사용
  - 자발성, 비영리성, 공익성

실력UP 민간투자 유치 방식

• 방식별 개념

BOO(Build-Own-Operate)	민간자본으로 민간이 직접 건설(Build)하여 소유하고(Own), 직접 운용(Operate)하면서 투자비용을 회수하는 방식
BOT(Build-Operate-Transfer)	민간자본으로 민간이 건설(Build)하여 직접 운용(Operate)하여 투자비용을 회수한 이후 소유권을 기부채납 형식으로 정부에 이전(Transfer)하는 방식
BTO(Build-Transfer-Operate)	민간자본으로 민간이 건설(build)하여 완공 후 소유권을 정부에 이전(Transfer)하고 민간(사업시행자)이 운용(Operate)하여 투자비용을 회수하는 방식
BTL(Build-Transfer-Lease)	민간자본으로 민간이 건설(Build)하여 완공 후 정부에 소유권을 이전(Transfer)하며, 정부는 협약 기간 동안 시설 임대비용을 지불하고 임대(Lease)하여 운영하며 투자비용을 회수하는 방식
BLT(Build-Lease-Transfer)	민간이 건설(Build)하여 정부가 시설을 임대(Lease)하여 운영한 후, 운영종료 시 소유권을 정부에 이전(Transfer)하는 방식

• 방식 간의 비교

구분	BOO	BOT	BTO	BTL	BLT
운영주체	민간	민간	민간	정부	정부
운영 시 소유권	민간	민간	정부	정부	민간
투자비 회수방법	사용료 등	사용료	사용료	임대료	임대료
소유권 이전시기	이전없음	운영종료 시	준공 시	준공 시	운영종료 시

SEMI-NOTE

민영화의 한계(폐단)
• 행정통제 및 책임 확보 곤란, 책임성의 저하
• 형평성의 저해
• 안정성의 저해
• 역대리인 이론(도덕적 해이)
• 저렴한 서비스의 제약
• 부패의 발생가능성
• 취업기회 위축
• 크림스키밍(cream skimming)

크림스키밍(cream skimming)
공기업 민영화 과정에서 민간이 흑자 공기업만 인수하려 하므로 적자 공기업은 매각되지 않고 흑자 공기업만 매각되는 현상

(4) 준정부조직

① 개념 : 준정부조직이란 법적으로는 민간의 조직형태를 취하면서 정부의 대리인 자격으로 공공부문에 해당하는 공적인 기능을 수행하는 기관을 말함. 대리정부, 계약국가, 그림자국가, 공유된 정부, 감추어진 공공영역 등이라고도 부름
② 우리나라의 준정부조직
  ㉠ 공공기관의 운영에 관한 법률상 공공기관 : 공기업, 준정부기관, 기타공공기관
  ㉡ 지방공기업법상 지방공사, 지방공단
③ 특징
  ㉠ 민간과 공공의 영역이 연속성이 있음을 보여 줌
  ㉡ 법적인 면에서 민간부문의 조직형태를 취하므로 권력적 행정에서 간접적 지원 행정으로의 전환을 의미함
  ㉢ 정부로부터 독립해 준자율적으로 운영됨. 그러나 정부의 통제나 재정상 지원을 받음

준정부조직을 칭하는 용어
• QUANGO : Quasi-Autonomous Non-Governmental Organizations. 정부조직이 아니면서 어느 정도의 자율성을 가지고 정부에 준하는 공공기능을 수행하는 조직
• QUAGO : Quasi-Governmental Organizations. 정부조직에 준하는 공공기능을 하는 점에 초점. 자율성 정도에 따라 비자율적 준정부조직과 준자율적 준정부조직으로 구분하기도 함

구분	내용
면허(franchise)	• 독점적 허가 : 한 기업에만 서비스공급권을 부여하는 방법(예) 차량 견인, 폐기물 수거·처리) • 경쟁적 허가(license) : 다수의 기업에게 서비스공급권을 부여하는 방법(예) 택시사업 면허)
보조금	• 장점 : 공공서비스에 대한 요건을 구체적으로 명시하기 곤란하거나 서비스가 기술적으로 복잡하고 서비스의 목표를 어떻게 달성할 것인지 불확실한 경우에 사용, 이용자의 부담 경감, 정부 비대화 방지 • 단점 : 보조금 횡령·유용 등 대리손실(도덕적 해이) 발생 가능, 정치적 목적의 악용, 자율적 시장가격 왜곡 우려
규제 및 조세 유인	• 특정 서비스의 민간 생산을 장려하기 위해 규제 완화 및 조세 감면·세율 인하 등 유인을 제공하는 방식 • 보조금 지급과 동일한 효과를 창출하면서도 직접 지출비용은 상대적으로 적게 소요되는 장점이 있음
바우처(Vouchers)	공공서비스 생산을 민간부문에 위탁하면서 시민들의 서비스 구입 부담을 완화시키기 위해 금전적 가치가 있는 구입증서(voucher)를 제공하는 방식
자원봉사방식	직접적인 보수는 받지 않으면서 서비스 생산과 관련된 현금지출(실비)만 보상받고 정부를 위해 봉사하는 사람들을 활용하는 방식
자급·자조	공공서비스 수혜자와 제공자가 같은 집단에 소속되어 서로 돕는 형식으로 활동하는 것
기타	• 대여제도(Lease) : 정부가 기업을 소유하되 외부기관이 일정기간동안 정부 소유의 시설과 장비를 임차하여 운영하는 것 • 제3섹터 활용(준정부조직·NGO 활용, 공동생산 등) • 민자유치(BOO, BOT, BTO, BTL, BLT)

ⓒ 민영화의 필요성(이점)
- 정부규모의 적정화와 작은 정부 실현
- 효율성(능률성)의 제고
- 업무의 전문성 제고
- 근린행정의 구현
- 정부재정의 건전화
- 서비스의 질적 수준 향상(대응성 향상)
- 민간경제의 활성화
- 행정수요의 변화에 대응한 신축성·대응성 확보
- 자본시장 및 통화의 안정적 관리
- 복대리인(復代理人) 이론
- 임금 인상 요구의 억제

SEMI-NOTE

바우처(Vouchers)
공공서비스 생산을 민간부문에 위탁하면서 시민들의 서비스 구입 부담을 완화시키기 위해 금전적 가치가 있는 구입증서(voucher)를 제공하는 방식. 시민들은 바우처를 활용해 서비스 제공 기관을 자유롭게 선택할 수 있음

복대리인(復代理人) 이론
공기업 운영 시 국민-정치인-정부-공기업으로 연결되는 중층구조의 복대리인(대리인의 대리인) 관계에서 정보의 비대칭성에 따라 실제로 주인이 없는 상황에 처하게 되어 도덕적 해이가 심화됨. 그러므로 민영화를 통해 재산권 주체를 찾아주면 관리자에게 비용절감에 대한 강력한 유인을 부여하므로 도덕적 해이 현상이 감소될 것이라는 주장으로 민영화를 지지함

민간기능 활성화를 통한 행정기능 재정립	• 정부규제의 최소화 · 합리화를 통한 민간부문의 창의성과 경쟁력 확보 • 불필요하고 중복된 기능을 철폐, 행정권한 및 기능의 갈등에 대한 정책조정 등 정부기능의 재조정 • 민간화 · 민영화를 통한 재정 적자 감축(시장성 평가가 요구됨) • 행정 만능적 사고와 행정 편의주의의 배격 • 민간의 전문성과 자율성 보장을 위한 민간 공동생산(co-production) 영역의 확대

② 감축관리
- ㉠ 방법 및 수단
  - 조직 · 인력의 축소 및 정비 : 불필요한 기구나 인력 축소, 적정한 정원배치, 총정원제, 임시적 해고
  - 사업의 축소 : 사업축소 및 사업시행의 보류
  - 정책종결제도 : 기능적 종결(사무, 인력, 예산의 감축)과 구조적 종결(대국대과주의, 조직동태화, 조직개편 등)
  - 행정절차의 간소화 및 행정규제, 감독의 완화 · 폐지, 업무의 정비
  - 정부기능의 공기업화 또는 민간화(민간 이양 및 민간 영역의 확대), 생산성의 제고
  - 자발적 조직에 대한 공익 사업의 이관
  - 영기준예산(ZBB) 및 일몰법(Sun-set Law) 도입을 통한 예산감축
  - 총액예산제도의 도입
  - 조직구조 · 과정의 개선에 의한 비용절감
  - 자료의 구매가격과 서비스 수준의 하향 조정
- ㉡ 저해요인
  - 조직의 존속 지향성과 조직구성원의 심리적 저항
  - 새로운 대안에 따른 과다한 비용 · 손실
- ㉢ 방향
  - 행정조직의 전반적 효율성 제고
  - 행정의 변동관리능력의 확보
  - 조직원의 사기를 고려하여 획일적 · 기계적 감축 지양
  - 가외성의 고려

③ 공공부문의 민영화
- ㉠ 민영화의 방식

정부기능의 민간 이양	정부기능을 완전히 민간으로 이양하여 시장이 완전하게 재화를 공급 · 생산하는 방법
주식이나 자산의 매각	정부보유 주식이나 자산을 민간에 매각하는 방식으로 소유권의 이전
협의의 민간위탁 (contracting-out)	• 정부가 위탁계약을 통해 민간부문에 서비스의 생산을 맡기는 대신, 정부가 서비스 생산 비용 전액을 현금으로 지불하고 그 서비스에 대하여 일정한 책임을 지는 방식 • 서비스 구입자는 국민이 아니라 정부

SEMI-NOTE

감축관리
특정 정책이나 사업, 조직이나 기구 등을 의도적 · 계획적으로 축소 · 정비하여 조직 전체의 효과성 제고를 추구하는 관리전략(행정개혁의 실천적 접근방법의 하나)

영기준예산(ZBB)
기존 사업과 새로운 사업을 구분하지 않고 매년 모든 사업의 타당성을 영기준에서 분석하고 예산을 편성하는 제도를 말함

일몰법(Sun-set Law)
3~7년마다 국회에서 재보증을 얻지 못하는 사업은 자동폐기 되도록 하는 입법제도

가외성
위기에 대비하기 위한 여유분으로 감축관리와 상반되거나 충돌되는 개념으로 해석되어서는 안 됨

민영화
정부기능의 전부나 일부를 민간으로 이양하는 것으로서, 넓은 의미에서는 정부규제의 완화도 포함

민간위탁의 개념 범위
일반적으로 민간위탁은 contracting-out을 의미하지만 광의의 민간위탁에 협의의 민간위탁(계약방식 ; contracting-out), 면허, 보조금, 바우처, 자원봉사, 자조, 규제 및 조세 유인 등을 포함시키는 견해도 있음

SEMI-NOTE

정부실패의 두 측면
- 민주성 측면 : 정부가 국민의 선호를 정확하게 대변하지 못하여 정부실패가 발생
- 효율성 측면 : 정부가 국민의 선호를 정확하게 대변한다 하더라도, 정부 관료제의 비효율적인 속성으로 인해 정부실패가 발생

- 생산기술의 불확실성 : 생산기술(생산함수)이 존재하지 않거나 정부부문의 생산성과 효율성을 높이기 위해 어떤 측면에서의 개선이 요구되는지를 파악하기 어려움
- 최소수준과 정책종결 메커니즘의 결여 : 활동이 부진하고 효과성이 없는 정부기관을 해체시킬 수 있는 종결 메커니즘도 없음
- 관료들의 예산극대화 동기(Niskanen) : 자기 자신이나 부서의 이익 극대화에 치중

ⓒ 내부목표와 사회목표와의 괴리 : 정부조직은 시장과 같은 명확한 성과기준이 없으므로 활동의 기준으로서 내부조직목표가 필요한데, 행정 활동에 관한 목표·기준을 설정하는 데 있어서 관료 자신의 사적 차원의 이익을 우선적으로 고려함으로써 사회 전체의 목표와 조직 내부목표의 괴리가 발생

ⓔ 관료의 예산증액 추구 성향(W. Niskanen의 예산극대화 모형) : 관료들이 자기 이익을 위하여 예산을 극대화하는 형태를 취하여 정부실패현상이 초래됨

ⓜ 최신 기술에 대한 집착 : 정부조직은 비용을 고려하지 않고 대체로 새로운 기술, 최신의 기술과 복잡한 첨단 과학기술을 추구

ⓗ X-비효율성 : X법 규정으로 명시할 수 없는 행정이나 관리상의 심리적 요인에 의해 발생하는 비효율(행정이 경쟁 압력에 노출되지 않고 적절한 종결장치가 없기 때문에 발생)

ⓢ 공공재의 파생적 외부효과 : 시장실패를 치료하기 위한 정부개입이 초래하는 의도하지 않은 잠재적 부작용을 말하며, 주로 정치적 개입에 의한 졸속행정이 원인이 되어 발생함

ⓞ 소득배분의 관여와 권력배분의 불평등 : 분배정의를 실현하기 위한 정부의 직접 개입 시 오히려 각종 보조금이나 세제상의 우대조치, 특정 산업의 보호·육성 등으로 분배의 불공평을 초래할 수 있으며, 공공서비스의 제공과정에서 특정집단에 대하여 권력을 부여하고 다른 집단으로부터는 박탈하는 일이 발생할 수 있음

ⓩ 비용과 편익의 절연 : 특정 정책으로 인한 이익이 특수한 소수집단에 집중적으로 귀속되는 반면 그에 대한 비용은 불특정 다수 국민이 부담하게 될 때 이익을 노리는 소수집단이 정치적 조직화와 로비를 통하여 자신의 주장을 관철(포획, 지대추구 등)하여 정부실패가 발생

ⓩ 복지국가의 폐단 : 의존성 심화와 국가 재정위기 등을 초래

(3) 정부실패의 대응방안

① 작은 정부
  ㉠ 의의 : 단순히 규모를 줄이는 것이 아니라 정부의 공권력에 의한 시민의 권리 침해 방지, 기능의 재정립, 효율적인 관리를 하는 것 등을 포괄하는 개념
  ㉡ 구현 방향

권력 통제를 통한 민주화	• 입법부의 행정통제와 사법부에 의한 권리보장의 수단 확보 • 내부 감사기능을 통한 행정 재량의 남용과 불법·비리에 대한 감독기능 강화

정부실패 요인별 대응방식

구분	규제 완화·폐지	정부보조 축소·중단	민영화
사적 이익의 추구			○
X-비효율성	○	○	○
파생적 외부효과	○	○	
권력배분의 불평등	○		○

ⓗ 소득분배의 불공정성(형평성의 부재) : 시장메커니즘은 능률성을 추구하므로 계층이나 지역, 산업 간의 소득 불균형이 발생할 수 있는데, 이를 규제하고 경제적 약자를 보호하기 위해 정부의 규제가 수반됨

ⓘ 경제의 불안정(물가불안 및 고용불안) : 시장경제에 맡겨 두면 인플레이션과 디플레이션 등으로 물가불안과 고용불안, 무역적자 등이 야기되는데, 개별 경제주체의 독립된 행위의 결과로 발생하는 이런 경기불안정을 조절하는 정부의 개입이 필요함

④ 시장실패에 대한 정부의 대응방식

㉠ 정부의 개입 수단

공적 공급(조직)	정부가 조직을 구성하여 시장 개입수단으로 활용
공적 유도(유인)	정부가 조세감면, 보조금 지급 등의 경제적 유인책을 시장 개입 수단으로 활용
공적 규제(권위)	정부가 법적·제도적 권위나 규제, 부담금 부과 등을 시장 개입 수단으로 활용

㉡ 시장실패 원인별 개입 방식

구분	공적 공급(조직)	공적 유도(유인)	공적 규제(권위)
공공재의 존재	○		
불완전 경쟁(독과점)			○
자연 독점	○		○
외부효과의 발생		○ (외부경제)	○ (외부비경제)
정보의 비대칭성		○	○

(2) 정부실패

① 정부실패의 의미 : 시장실패를 치유하기 위한 정부활동이 본래 의도한 결과를 나타내지 못하거나 기존의 상태를 더 악화시키는 경우

② 정부실패의 원인

㉠ 정부개입의 수요 측면 특징
- 행정수요의 팽창 : 정치사회의 민주화와 민권의 신장, 시장 결함에 대한 사회적 인식의 증가 등으로 정부기능은 지속적으로 팽창함
- 왜곡된 정치적 보상체계 : 사회에서의 재정문제가 있을 때, 무책임한 정치적 보상 약속이 정부활동을 확대하고 재정적 어려움을 가중시킴
- 정치인의 단기적 안목 : 정치인의 짧은 재임기간으로 인해 장기적 이익과 손해의 현재가치보다 단기적 이익과 손해를 더 높게 평가함

㉡ 정부개입의 공급 측면 특징
- 정부성과의 무형성 : 정부산출이나 성과는 정의 및 측정이 어려움
- 독점적 생산구조로 인한 문제 : 경쟁의 부재와 무사안일에 의한 X-비효율성과 소비자의 선호 반영이 어려움

정부팽창 요인
- 도시화와 바그너(Wagner)의 법칙 : 도시화의 진전과 사회의 상호의존관계 심화는 정부개입의 강화를 촉진
- 전위효과와 대체효과 : 전위효과(문지방효과)는 전쟁이나 경제공황과 같은 비상적 재난 및 위기상황에서는 국민들의 조세부담 허용수준이 높아진다는 것을 뜻하며, 이러한 위기가 종료된 후에도 한번 증액된 조세나 재정규모는 감소하지 않고 새로운 사업추진에 대체되는 효과를 대체효과(단속효과)라 함
- 정부서비스의 노동집약적 성격 : 정부나 공공부문의 노동집약적 성격과 낮은 생산성으로 양적 팽창을 지속하며 감축이 어려움
- 이익집단의 영향
- 과학기술의 비약적 발달
- 관료제의 발달(Kaufman의 정부조직 불멸론 등), 사회복지제도의 확산 등

SEMI-NOTE

시장실패(넓은 의미의 시장실패)
- **경제적 시장실패(좁은 의미의 시장실패)** : 시장이 제대로 작동하지 못하여 완전경쟁 상황을 달성하지 못함으로써 발생하는 시장실패
- **사회적 시장실패** : 시장기능이 제대로 작동을 한다 하더라도 시장 자체가 본래적으로 해결할 수 없는 문제점(빈부격차 등 시장기능의 부작용)이 발생하여 이상적인 소득분배 상태를 이루지 못하는 경우의 시장실패

외부효과(external effect, 외부성)의 분류
- **외부경제(external economy)** : 제3자에게 대가를 받지 않고 이익을 주는 것으로, 시장기능에만 맡길 경우 과소공급되는 경향이 있음 ㉾ 과수원 옆집의 양봉업자, 무상의무교육 등
- **외부불경제(external diseconomy)** : 제3자에게 손해를 끼치면서도 아무런 비용을 지불하지 않는 것으로, 방치하는 경우 과다 공급되는 경향이 있음 ㉾ 환경오염, 쓰레기 투기, 스팸메일, 불법주차 등

대리 손실(agency loss)
정보의 불균형(비대칭성·격차·편재)에 의하여 발생하는 것으로, 일반적으로 대리인은 많은 정보를 가지고 있는 반면, 주인은 정보가 부족해 대리인을 잘못 선택하거나 대리인을 제대로 감시·통제할 수 없기 때문에 손해(대리손실)를 보게 되는 것

2. 시장실패와 정부실패

(1) 시장실패

① 의의
  ㉠ 시장 기능이 제대로 작동하지 않음으로써 자원배분이 효율적이지 못하거나 형평성이 달성되지 못하는 상태를 말함
  ㉡ 시장이 불완전하여 완전경쟁시장에서의 '파레토 최적'상태를 이루지 못하는 것을 의미함

② 시장실패의 근거이론
  ㉠ 죄수의 딜레마
    - 두 명의 죄수가 각자의 입장에서 보다 낮은 형량을 받기 위해 합리적인 선택(자백)을 하지만, 결과적으로는 모두 자백을 하게 되어 모두 자백을 하지 않은 경우보다 높은 형량을 받게 되는 것을 설명한 이론
    - 개인의 사적 이익의 지나친 추구는 공익의 파멸로 귀결된다는 이론으로, 시장실패 원인의 출발점이자 합리적 선택이론의 한 지류를 형성
  ㉡ 공유지의 비극
    - 공유지에서 농민이 양을 많이 사육할수록 개인의 이익은 늘어나지만 과중한 방목으로 목초지가 황폐되어 비극적인 손실을 초래함을 설명한 이론
    - 개인의 합리적 선택이 타인이나 사회 전체에 부정적 외부효과를 초래할 수 있다는 것을 보여줌
  ㉢ 구명보트의 윤리 배반 현상
    - 구명보트에 너무 많은 사람이 탑승하여 더 태울 수 없음에도 불구하고 물에 빠진 사람을 더 태워 결국 보트가 가라앉게 된다는 것을 설명하는 이론
    - 공유지의 비극이론과 같이 개인의 합리성 추구가 반드시 전체적 합리성 보장으로 이어지는 것이 아님을 보여주는 이론

③ 시장실패의 원인
  ㉠ **불완전 경쟁(독과점)** : 생산자(공급자) 1인 또는 소수가 시장을 점유하여 경쟁이 결여되는 경우 이들에 의해 가격이 좌우되므로 시장실패가 발생하게 됨
  ㉡ **공공재의 존재 및 공급 부족** : 공공재는 비배제성과 비경합성이 높은 재화와 서비스를 말하는데, 이는 시장에 맡겨두었을 때 충분히 공급되지 못하여 시장실패를 초래함
  ㉢ **외부효과의 발생** : 외부효과란 특정 경제주체의 행위가 다른 경제주체에게 중요한 영향을 미침(외부경제, 외부불경제)에도 불구하고 그 영향에 대한 대가의 청산(지불)이 이루어지지 않는 현상을 말하는데, 외부효과가 존재하면 시장은 자원을 효율적으로 배분하는 역할을 하지 못함
  ㉣ **정보의 비대칭성(불완전 정보)** : 거래 일방만이 정보를 가지고 있는 정보의 편재가 존재하는 경우 문제가 발생하므로 이를 시정하기 위한 정부의 개입 요구
  ㉤ **규모의 경제 존재** : 규모의 경제로 인해 해당 산업의 평균비용은 감소하고 평균수익은 증가하게 되어 독점현상이 발생하게 되므로 정부의 개입이 요구됨

보호의 기능	대내적	범죄, 질병, 풍속, 교통, 보건, 천재지변에 있어 개인의 안전 보호 기능 등
	대외적	외교, 국방, 전시 동원 기능 등
규제의 기능	대내적	독점 및 물가통제, 오염 규제, 인·허가, 노동조합 규제, 의약품·식품 통제 기능 등
	대외적	이민규제, 출입국 규제, 관세 규제, 외환 기능 등
원호의 기능	대내적	구호, 보험, 구빈(救貧), 연금, 사업 보조 등
	대외적	교포원호 및 외국원조, 국제기구와의 협력 기능 등
직접봉사의 기능	대내적	교육사업, 체신·철도·주택·병원·도서관·공원 건설 등
	대외적	교포 관련 봉사, 국제우편 및 전신, 후진국 개발 기능 등

ⓒ 케이든(G. Caiden)의 국가발전단계에 따른 행정기능 분류 : 케이든은 국가발전단계에 따라 전통적 기능에서 환경통제기능으로 행정기능의 중점이 이동한다고 봄

전통적 기능	사회안정화기능(법과 질서 유지, 외교, 국방, 치안, 공공사업, 과세 등)
국민형성기능	국가적 통일감, 국민적 일체감, 국민적 사회화, 국가 상징조작
경제관리기능	국가경제의 기획과 관리, 경제산업 발전, 경제규제, 공기업 운영, 보조금, 기술 원조
사회복지기능	사회조장, 교육, 보건위생, 연금 등을 통한 삶의 질 향상
환경통제기능	자연자원이나 환경의 보존·유지, 국토의 효율적 이용

ⓒ 보수주의와 진보주의의 정부관

구분		보수주의 정부관	진보주의 정부관
이념		자유방임적 자본주의, 최소한의 정부(소국가, 야경국가), 기독교적 보수주의	개혁주의, 규제된 자본주의, 사회주의, 평등주의, 혼합자본주의국가, 복지국가
인간관		• 오류의 가능성이 없는 인간 • 합리적 이기적인 인간(경제인간)	욕구, 협동, 오류의 가능성이 있는 인간
시장관		• 자유시장에 대한 신념이 강함 (시장주의자) • 정부개입은 정부실패를 초래 : X-비효율 등	• 시장의 결함과 윤리적 결여 인지 • 시장실패는 정부개입에 의해 치유가능
가치 판단	정의	교환적(평균적) 정의(거래의 공정성)	배분적 정의(부의 공정한 분배)
	평등	기회의 평등(기회균등)과 경제적 자유 강조-형식적 평등	결과의 평등 증진을 위한 실질적인 정부 개입 허용-실질적 평등
	자유	간섭이 없는 소극적 자유, 정부(국가)로부터의 자유 강조 → 보수적 자유주의	자유를 열렬히 옹호-무엇인가 할 수 있는 적극적 자유, 정부(국가)에로의 자유 → 진보적 자유주의

SEMI-NOTE

행정기능의 변천
- **시간적 변천** : 과거에는 소극적 사회안정기능이 중시되었으나, 현대 행정국가에서는 적극적인 사회변동 유도·촉진기능이 중시
- **공간적 변천** : 선진국의 경우 사회안정기능이 중시되어 소극적·수동적·사후적 관리기능이 강조되나, 후진국의 경우 사회변동 유도·촉진기능이 중시되어 적극적·능동적·사전적 예방기능이 강조

X-비효율
법 규정으로 명시할 수 없는 행정이나 관리상의 심리적 요인에 의해 발생하는 비효율을 말하며, 행정이 경쟁 압력에 노출되지 않고 적절한 통제장치가 없기 때문에 발생

평균적 정의
개인 상호 간의 급부와 반대급부의 균형을 이루게 하는 것. 예를 들어 근로에 대하여는 이에 상응하는 대가를 주고, 절도에 대하여는 그 손해에 상응하는 배상을 지급하게 하는 것

배분적 정의
단체가 개인을 그 능력(能力) 및 공적(功績)에 따라서 취급하는 것

ⓢ 정치와 행정의 유기적 연관성이 커져 정책결정기능이 중시되며, 행정의 효과성 제고와 성과 향상을 위해 계획기능이 강조됨
ⓞ 현대 행정은 행정의 재량권 강화에 따라 준입법적 기능(위임입법)이 활성화됨
ⓩ 예산과 계획의 연결 필요성이 증대하고 합리적·종합적 예산의 추구 경향이 두드러짐
ⓩ 정치·행정일원론과 공·사행정의 유기적 연관성이 강조됨(제3의 영역이 중요한 연구 분야로 등장)

(2) 신행정국가의 등장(행정국가의 변천)

① **신행정국가의 개념** : 신행정국가란 전통적인 행정국가에 신자유주의적 요구가 결합되어 국가의 역할이 보다 축소·효율화된 탈행정국가를 의미함
② **등장배경** : 20세기 후반(1970년대 이후)부터 신자유주의 사상의 등장과 정보화 현상이 급진전함을 배경으로 하여 행정국가가 초래한 문제 해결을 위해 새로운 형태의 국가, 즉 신행정국가가 등장
③ **방향** : 신공공관리론(시장적 거버넌스론)과 뉴거버넌스론(참여적 거버넌스론)
④ **일반적 특징**
　㉠ 행정국가보다 국가의 역할이 상대적으로 감소
　㉡ 국가기능을 형평성 확보가 아닌 시장 효율성 제고에 중점
　㉢ 적극적 복지서비스 제공자에서 시장형성자로의 권력 이동
　㉣ 정보국가, 지식국가, 계약국가, 신자유국가, 그림자국가, 공동(空洞)국가 등으로 지칭
⑤ **행정국가와 신행정국가의 비교**

구분	행정국가	신행정국가
정치적 책임	직접적	간접적
핵심행위자	정당, 공무원, 조합	규제자, 전문가, 판사
정부기능	큰 정부	작은 정부
직업관료제	옹호	비판
지방분권	신중앙집권	신지방분권
재정의 주요 기능	안정화, 자원배분, 소득재분배 (포괄적 기능)	자원배분의 효율화

(3) 행정국가의 기능

① **일반적 기능**
　㉠ **소극적 기능** : 사회의 안정·유지기능을 말하며, 구체적인 예로 국방·외교·치안·질서·조세징수기능 등이 있음
　㉡ **적극적 기능** : 사회변동 유도·촉진기능을 말하며, 구체적인 예로 건설, 경제·사회개발·교육사업 등이 있음
② **행정기능의 분류**
　㉠ 디목(M. E. Dimock)의 행정기능 분류

SEMI-NOTE

의회정체에서 분화정체로의 변화
- 의회정체
  - 단방제 국가(단일의 전국수준 정부가 중앙집권적 권한을 행사)
  - 의회주권과 내각정부(대의민주주의를 토대로 다수당이 입법·행정 통제)
  - 장관책임과 중립적 관료제(최종적 결정권을 행사하고 의회와 유권자에 정치적 책임을 짐)
- 분화정체
  - 정책연결망과 정부 간 관계(단방제 국가 해체, 중앙이 없는 정부 간 관계)
  - 공동화(空洞化)국가와 핵심행정부(정부 중심부의 단편화·분산화, 상호의존성 심화)
  - 신국정관리(new governance, 상호의존하는 조직 간 연결망 강조)

행정기능별 비교
보호기능에서 직접봉사기능으로 갈수록 파생적 기능·현대적 기능·적극적 기능·비권력적 기능·봉사 기능의 성격이 강하며, 직접봉사기능에서 보호기능으로 갈수록 고유 기능·고전적 기능·소극적 기능·권력적 기능·질서 기능의 성격이 강함

활동범위	전 국민에게 광범위하게 영향력	특정 분야(경제분야 또는 특정지역에 국한)
결정의 신속성	결정을 위한 단계가 복잡해 정책결정의 속도가 느림	단계의 간소화로 의사결정 속도가 상대적으로 빠름
기술 변화에 대한 민감성	• 새로운 기술의 변화나 정보에 둔감함 • 대기비용 발생	• 새로운 기술의 변화나 정보에 민감함 • 대기비용 적음

02절 현대행정의 이해

1. 현대 행정국가

(1) 현대 행정국가의 특징

① 일반적 특징
  ㉠ 행정이 정치에 대한 수동적 관계에서 탈피하여 정치적 측면에서도 중요한 역할을 담당
  ㉡ 단순한 질서유지나 전통수호 역할에 국한하는 것이 아니라 바람직한 사회 변동을 유도·촉진하고 갈등조정의 기능을 수행
  ㉢ 국가발전을 위한 적극적인 발전 목표 설정, 국민생활의 질적 향상 추구
  ㉣ 행정기능의 확대·강화로 광범위한 분야에서 행정의 재량권이 증대

② 양적 측면의 특징
  ㉠ 행정수요의 복잡화·다양화·전문화·기술화에 기인하여 행정기능이 확대·강화됨
  ㉡ **파킨슨의 법칙** : 행정기능의 확대, 행정기구·공무원 수 증가 → 재정규모의 팽창
  ㉢ 경제·사회 발전과 문제 해결을 위해 공기업 및 제3부문이 증가

③ 질적 측면의 특징
  ㉠ 과학기술의 발달과 사회적 분화에 따라 행정의 전문화·기술화·과학화 현상이 대두함
  ㉡ 합리적 정책결정 및 기획을 위해 행정조사와 통계가 중시됨
  ㉢ 행정기능의 확대·강화, 정보체제의 발달, 국제 긴장의 고조 등으로 지방이 할 수 없는 일을 중앙에 위임하는 신중앙집권화 현상이 대두
  ㉣ 행정재량권 확대에 따른 행정부패와 권력남용의 방지를 위해 행정책임과 통제가 중시됨
  ㉤ 기존의 행정구역이나 지방자치단체를 초월한 행정수요 문제를 해결하기 위해 행정의 광역화 현상 및 교통과 통신수단의 발달이 촉진됨
  ㉥ 불확실한 상황 변화와 사회경제적 위기에 신속하고 적절히 대응할 필요성이 증대하여 행정의 동태화가 강조됨

SEMI-NOTE

행정국가
행정기능의 확대·강화에 따라 정책을 집행하거나 관리하는 것 외에도 정책결정의 기능까지 담당하는 국가로서, 적극국가, 급부국가, 봉사국가, 복지국가, 직능국가라고도 함

파킨슨의 법칙(Parkinson's law)
- 의의 : 본질적인 업무량이나 조직의 구조적 특징과 관계없이 공무원의 수와 업무는 일정한 비율로 증가한다는 법칙
- 내용
  – 부하 배증의 법칙(제1공리) : 공무원은 동일 직급의 경쟁자가 아닌 부하직원의 증가를 원함
  – 업무 배증의 법칙(제2공리) : 공무원은 부하와 같이 일을 하면서 파생적 업무가 창조됨
- 한계
  – 영국의 특수한 환경을 바탕으로 심리적 측면에 초점을 두어 조사하여 보편성이 결여됨
  – 국가 비상시에 행정업무 증가가 공무원 수의 증가를 수반한다는 사실과 사회·경제적 증가 요인을 경시함

SEMI-NOTE

행정과 경영에서의 관료제적 속성
행정과 경영은 관료제적 성격을 가지므로 관료제의 순기능과 역기능을 모두 내포하고 있다는 점에서 유사하다. 또한, 정보화 사회의 출현 이후 나타나는 탈관료제적 속성도 공통적으로 지니고 있다.

3. 행정과 경영

(1) 유사점

목적달성을 위한 수단성(합리성)	추구하는 목표는 다름(공익 vs 사익)
관리기술성 · 기술성(인사 · 재무 · 조직관리)	목표달성을 위한 인적 · 물적 자원의 동원 · 활용
관료제적 성격	전문화 · 계층제 · 분업 · 비정의성(非情誼性) · 규칙중시 등을 특징으로 하며 그에 따른 순기능과 역기능(형식주의 · 동조과잉 · 인간소외 · 할거주의 등)을 갖는 조직구조(상대적으로 정부조직이 관료제의 역기능이 강함)
집단적 협동행위, 합리적 의사결정	다수인의 협력체계, 복수의 대안 중 최적안 선택(정책결정성은 차이점)
봉사성	행정은 국민에게 직접적 봉사, 경영은 소비자에게 간접적 봉사(기업의 이윤 추구를 위한 서비스 · 재화 공급이 간접적으로 소비자의 수요를 충족시킴), 봉사대상은 다름(행정은 일반국민, 경영은 소비자), 행정보다 경영이 고객범위가 명확하며 고객의 요구 파악이 더 용이함
동기부여 방법	경제적 욕구 · 사회적 욕구 · 자아실현 욕구 등의 충족을 통한 동기유발(단, 행정부문에서는 공직동기가 작용할 수 있음
개방체제적 성격	외부환경과의 유기적 상호작용
탈관료제와 지식조직의 활용	지식정보사회, 후기산업사회에서 관료제 구조의 한계를 보완하기 위해 행정과 경영에서 활용

오늘날 행정과 경영
- 공 · 사조직의 거대화, 대규모 기업체의 출현, 사기업의 정치성이나 영향력의 증대 등으로 공 · 사행정의 구별이 점차 불분명해짐으로써 이 양자를 동일한 범주에 포함시켜 연구하는 경향이 증대함
- 제3섹터의 등장 및 확대
  - 제3섹터의 개념 : 민간부문이 비영리활동을 수행하거나, 공공기관이 영리활동을 수행하는 영역
  - 제3섹터의 의의 : 일반적으로 정부 투자 및 출자기관, 민관협동체나 공동출자법인, 민간박물관, 시민단체, 적십자단체, 준정부조직(QUANGO ; Quasi-Autonomous NGO) 등을 총칭하는 개념

(2) 차이점

구분	행정(공행정)	경영(사행정)
의의	공익이나 공적 목표 달성을 위하여 정치권력을 배경으로 행하는 행정	영리추구를 위하여 행하는 행정
목적	공익, 질서유지 등 다원적 목적(공익)	이윤 극대화의 일원적 목적(사익)
주체	국가 또는 공공기관	민간기업
법적 규제	엄격한 기속행위(법정주의)	재량적 · 자율적으로 처리
정치적 성격	강함(정치적 중립성이 요구됨)	약함
독점성	강함	약함
경쟁성	약함	강함
능률성	기계적 능률이 곤란(사회적 능률 추구)	기계적 능률을 추구
공개성	공개(국민의 알 권리)	비공개(비밀 업무활동)
자율성	작다	크다
평등성	평등한 공공재를 제공(비배제성, 무임승차 적용됨)	거래자와의 차별성 인정

① 의의 : 행정학 태동기의 기술적 행정학의 관점으로, 행정을 정치적 성격이 없는 순수한 관리·기술현상으로 파악
② 성립 배경
　㉠ 엽관주의 극복의 필요성 : 1829년 이후 나타난 엽관주의의 폐단으로 행정의 독자성과 자주성이 상실되었으며, 비능률이 심화되어 이를 극복하고 행정의 전문성과 자주성을 확보할 필요성이 제기됨
　㉡ 과학적 관리론의 등장 : 행정을 정치적으로 중립적인 비권력 현상으로 이해하는 정치·행정이원론을 발전시키는 데 결정적인 계기가 됨

(2) 정치·행정일원론(기능적 행정학)

① 의의 : 행정의 정치적 성격을 인정하여 행정을 단순한 정책의 집행이나 관리로 보지 않고 가치배분적인 정책결정을 주도하는 것이라 보는 입장
② 성립 배경
　㉠ 경제대공황 극복을 위한 뉴딜정책과 제2차 세계대전으로 행정의 확대·강화
　㉡ 행정의 전문화·기술화에 따른 위임입법의 증대와 행정의 정책결정기능 증대
　㉢ 시장실패의 치유를 위한 정부의 적극적인 개입의 필요성 대두
　㉣ 국가와 사회의 일원적 동일화의 인식 확산(국가·사회의 이원적 대립관계 극복)
③ 비판 : 행정의 지나친 비대화를 가져와 재량권을 남용할 여지가 증가함

(3) 정치·행정 새이원론

① 행정행태론
　㉠ 1940년대 후반 사이먼(H. Simon)을 중심으로 한 행태론자들의 입장
　㉡ 행정을 합리적인 협동적 집단행동으로 이해하며, 카네기학파에 의해 주창
　㉢ 가치와 사실을 이원화하는 논리실증주의에 입각하여 경험적 검증가능성이 있는 사실만 연구(가치 배제)
　㉣ 연구 초점을 인간의 행태(behavior)에 두고 이를 경험적·실증적으로 연구
　㉤ 원리접근법을 배격하고 행정이론의 과학화를 위해 경험적 과학성 추구
② 신공공관리론 : 1980년대 행정의 탈정치화를 강조하면서 공공부문의 민간화와 행정의 시장화를 중시(정치·행정이원론, 공·사행정일원론의 입장)

(4) 정치·행정 새일원론

① 발전행정론
　㉠ 1960년대 신생국 발전문제에 관심을 가지면서, 에스만(Esman), 와이드너(Weidner) 등이 주창
　㉡ 초기 일원론과의 차이 : 신생국은 선진국과 달리 정치나 민간부문이 취약하므로, 행정이 직접 다양한 정책수립의 역할 강조(행정우위적 정치·행정일원론)
　㉢ 행정 독재국가의 우려가 있다는 비판을 받음
② 신행정론 : 1970년대 등장하였으며, 사회적 형평성 추구를 위한 행정의 적극적 역할 강조함

SEMI-NOTE

정치·행정이원론에 대한 비판
- 행정의 정책결정과 재량권 확대라는 현대 행정의 성격상 정치·행정의 분리는 무의미함
- 행정을 수단으로만 파악하며 행정의 목적성을 간과함
- 기계적 능률관의 강조로 인간적 측면에 대한 경시 우려

기능적 행정학의 영향
- 행정현상을 포괄적으로 파악함
- 행정이론의 범위가 확대됨

행정행태론과 초기 이원론과의 차이
행정연구의 과학화를 위해 방법론적으로 사실문제에 연구범위를 국한하였지만, 행정의 정책형성기능과 가치판단을 부정하는 것은 아님

(3) 행정의 공공재적 특성

① 공급 측면
- ㉠ 비시장성 : 시장에서 공급되지 않고 이윤을 추구하지도 않으며, 성과나 가치를 화폐로 표현하기도 곤란함
- ㉡ 비경쟁성(독점성) : 정부가 독점적 형태로 공급함
- ㉢ 비저장성(비축적성) : 생산과 동시에 소비되므로 서비스를 따로 저장하여 둘 수 없음
- ㉣ 비분할성 : 특정인에게만 분할하여 배타적으로 공급되지 않음
- ㉤ 무형성 : 활동성과가 가시적이지 않으며 계량화 역시 곤란함

② 소비 측면
- ㉠ 비경합성 : 다수가 동시에 이용하더라도 타인의 소비가 자신의 소비에 영향을 미치지 않아 모두가 이용(소비)할 수 있음
- ㉡ 비배제성(무임승차) : 대가에 대한 비용부담을 하지 않는 사람도 소비에서 배제시킬 수 없음(수익자 부담주의를 적용할 수 없으며 무임승차 현상 발생)
- ㉢ 등량소비성 : 다수가 동일한 재화를 동시에 소비하여 동일한 이익을 얻음
- ㉣ 내생적 선호 : 서비스 선택에 있어 개인 선호의 형성이나 표출이 제약되므로, 시장에서와 같이 개인의 선호에 따라 서비스를 자유롭게 선택할 수 없음(소비자 선호의 파악이 곤란함)

실력up 재화의 유형별 특성 및 정부의 관여 형태

특징	비경합성	경합성
비배제성	공공재 배제성과 경합성을 띠지 않는 전형적인 공공 서비스 예) 국방 · 치안 · 외교 · 방역서비스, 도로 · 등대 · 가로등 · 공원, 기상예보, 공영TV방송, 라디오	공유재 소비는 경쟁적이지만 배제가 불가능한 재화로 구성원 모두가 공유하는 공동재 예) 자연자원(산, 강, 바다, 개울가 수석, 어족자원, 지하수, 천연자원, 관개용수(灌漑用水), 예산 등)
배제성	요금재 공동으로 소비하지만 요금을 지불하지 않으면 배제가 가능하기 때문에 공기업 등이 주로 공급하는 재화 예) 전기, 가스, 수도, 통신, 상 · 하수도, 고속도로, 케이블TV	민간재 소비의 대가를 지불해야 하며 소비의 경합성이 존재하고 개별적인 분할 소유 · 소비가 가능한 재화로 시장에서 공급 · 소비되는 재화 예) 일상생활의 재화(냉장고, 빵, 자동차 등)

2. 행정과 정치

(1) 정치·행정이원론(기술적 행정학)

SEMI-NOTE

무임승차 문제의 폐해
무임승차의 문제(free-rider problem)는 '나 하나쯤 빠져도 된다는 생각(N-1)'이나 '나 정도의 비용은 빠져도 된다는 생각(1/N)'을 발생시킴으로써, 집단 전체로는 통적 문제를 해결하지 못하는 집단행동의 딜레마를 초래하게 됨

배제성과 비배제성(재화의 구분 기준)
- 배제성 : 가격을 지불하지 않으면 그 재화에 대한 소비행위에서 배제되는 것
- 비배제성 : 가격을 지불하지 않더라도 소비 행위에서 배제되지 않는 것(돈을 내지 않아도 소비할 수 있는 것)

경합성과 비경합성(재화의 구분 기준)
- 경합성 : 다른 사람이 소비할 경우 이로 인해 나의 소비가 지장을 받거나 소비에서 얻는 효용이 감소되는 것
- 비경합성 : 다른 사람이 소비할 경우라도 지장을 받지 않거나 효용이 감소되지 않는 것(경쟁하지 않아도 얻을 수 있는 것)

② 통치기능설(1930년대~1940년대) ★ 빈출개념

정치·행정일원론 (공·사행정이원론)	• 행정을 통치과정을 수행하여 정책을 결정하고 결정된 정책을 집행하는 일련의 작용으로 이해하는 입장 • 1930년대 시장실패 이후 현대행정국가의 등장과 관련
기능적 행정학	행정을 단순한 기술적 관리과정으로 보지 않고, 정책을 수립·형성하며 가치를 배분하는 기능으로 이해함

③ 행정행태설(1940년대~1960년대 초반)

의의	행정을 인간의 집단적 의사결정을 위한 협동적 집단행동(behavior, 행태)이라 하여 인간의 집단적 행동과 태도에 초점을 두는 이론으로, 사이먼(H. A. Simon)을 비롯한 카네기학파들이 주창함
연구방법	• 연구의 초점을 구조나 제도보다는 인간의 행태에 중점을 두며, 의사결정에 있어 사회심리학적인 방법을 취함 • 가치(정치)와 사실(행정)을 구분하여, 가치판단을 배제하고 순수한 과학성을 추구(논리실증주의)
정치·행정 새이원론 (공·사행정 새일원론)	연구영역이나 대상에 있어 정치영역인 가치를 고려하지 않음
평가	행정의 과학성 향상에 공헌하였으나, 가치를 배제함으로써 사회문제를 해결하지 못하는 한계가 있음(비적실성)

④ 발전기능설(1960년대)

정치·행정 새일원론	행정을 국가발전 목표 달성을 위하여 정책결정과 정책집행, 기획의 기능을 주도하는 과정으로 파악
특성	사회를 의도적·능동적·계획적으로 변화시키는 주체로 보는 행정 강조

⑤ 정책화기능설(1970년대) : 행정의 정책형성기능을 강조하는 입장으로, 행정은 공공정책 형성에 중요한 역할을 하는 정치과정의 일부로 파악(정치·행정일원론, 공·사행정이원론)

⑥ 신공공관리설(1980년대)

정치·행정이원론 (공·사행정일원론)	정부실패 극복을 위한 정부기능 감축을 주장하는 신행정국가의 행정개념으로, 행정을 시장메커니즘에 의한 국가경영으로 파악
특성	행정을 국가에 의한 일방적인 통치나 지배가 아니라 시장원리에 입각한 새로운 공공관리, 즉 시장적 거버넌스로 보고 시장기법의 도입에 초점을 둠
대표적 학자	후드(C. Hood), 오스본(D. Osborne), 게블러(T. Gaebler) 등

⑦ 뉴거버넌스(신국정관리설, 1990년대)

의의	공공문제 해결을 위해 정부와 다양한 비정부조직 간의 신뢰와 협조를 바탕으로 형성된 네트워크나 공동체(공공서비스 연계망)에 의한 행정을 강조
특성	행정을 정부의 독점적 통치나 지배가 아닌 정부와 준정부·비정부조직, 비영리·자원봉사 조직 등 다양한 사회세력에 의한 참여적·협력적 공동생산(co-product)으로 파악
대표적 학자	로즈(R. A. Rhodes), 프레데릭슨(H. G. Frederickson) 등

SEMI-NOTE

통치기능설의 대표적 학자
디목(M. E. Dimock), 애플비(P. H. Appleby), 러너(M. Lerner), 가우스(J. Gaus) 등

행정행태설의 대표적 학자
사이먼(H. A. Simon), 버나드(C. I. Barnard) 등

논리실증주의
행태과학에서 사용한 접근법으로 가설을 세우고 관찰과 실험 등을 통하여 가설을 검증하는 자연과학적인 연구 방법

발전기능설의 대표적 학자
에스만(M. J. Esman), 와이드너(E. W. Weidner) 등

정책화기능설의 대표적 학자
로스웰(H. Lasswell), 샤칸스키(I. Sharkansky), 드로어(Y. Dror), 데이비스(J. Davis) 등

뉴거버넌스(new governance)
뉴거버넌스를 1980년대 시장적 거버넌스와 구분하여 참여적 거버넌스 또는 공동체지향적 거버넌스라 지칭하기도 하며, 넓게 보아 거버넌스(governance)로 통칭하기도 함

01장 행정학의 기초이론

01절 행정의 본질

1. 행정의 의의

(1) 행정의 개념

① 광의(廣義)의 행정(adminstration)과 협의(狹義)의 행정
  ㉠ 광의(廣義)의 행정(adminstration)
    • 행정을 고도의 합리성을 띠는 협동적 집단행위로 이해
    • 공(公)·사(私)를 구분하지 않고 정부조직·기업·비영리민간단체 등 모든 조직의 보편적·공통적 현상
  ㉡ 협의(狹義)의 행정
    • 공적 목적(공익)의 달성을 위한 정부나 공공조직의 기능과 역할
    • 목적과 주체 면에서 사행정(私行政, private administration)과 구별됨
② 거버넌스 관념의 대두 : 1980년대 이후 신공공관리론(신보수주의·신자유주의)과 신국정관리론(참여주의·공동체주의)의 대두로 인해 행정개념에 변화가 나타남

(2) 행정학적 행정개념의 변천

> 한눈에 쏙~

행정관리설	통치기능설	행정행태설	발전기능설	정책화기능설	신공공관리설	뉴거버넌스
1880년대~1930년대	1930년대~1940년대	1940년대~1960년대	1960년대	1970년대	1980년대	1990년대

① 행정관리설(1880년대~1930년대)

기술적 행정학	엽관주의 폐단 극복을 위한 펜들턴법 제정 직후 행정학 성립 초기의 관점
정치·행정이원론	행정의 정치영역에 대한 독자성 구축을 강조하여 행정을 공공사무의 관리라는 기술적 과정 내지 체계로 인식
공·사행정일원론	행정을 이미 수립된 정책이나 법령을 구체화한 것으로 간주하여 경영과 동질적인 것으로 파악
행정학의 독자성 확립	과학적 관리론, 고전적 관료제론 등과 함께 행정학의 출범 초기에 학문적 기초를 쌓는 데 크게 기여함

SEMI-NOTE

행정(administration)의 의미
행정은 어원상 관리나 집행, 봉사의 의미를 지님

협의의 행정
광의의 행정 중 공행정(public administration)만을 의미함

행정관리설의 대표적 학자
윌슨(W. Wilson), 화이트(L. White), 굿나우(F. Goodnow), 귤릭(L. Gulick), 어윅(L. Urwick), 페이욜(H. Fayol) 등

01장 행정학의 기초이론

01절 행정의 본질

02절 현대행정의 이해

03절 행정학의 주요 접근방법

04절 공익

9급공무원
행정학개론

05장

재무행정론
- **01절** 예산의 기초이론 …………………………………………………… 148
- **02절** 예산결정이론 및 예산제도론 ……………………………………… 155
- **03절** 예산과정 ……………………………………………………………… 163

06장

행정환류론
- **01절** 행정책임 ……………………………………………………………… 174
- **02절** 행정통제 ……………………………………………………………… 176
- **03절** 행정참여(시민참여) ………………………………………………… 177

07장

지방자치론
- **01절** 지방자치와 지방행정 ……………………………………………… 182
- **02절** 지방자치단체 ……………………………………………………… 185
- **03절** 지방재정 …………………………………………………………… 191

목 차

01장

행정학의 기초이론
- 01절 행정의 본질 ………………………………………………… 8
- 02절 현대행정의 이해 ………………………………………… 13
- 03절 행정학의 주요 접근방법 ……………………………… 23
- 04절 공익 ……………………………………………………… 34

02장

정책론
- 01절 정책과 정책학의 본질 ………………………………… 38
- 02절 정책과정 및 기획론 …………………………………… 40

03장

조직론
- 01절 조직의 본질 및 기초이론 …………………………… 78
- 02절 조직의 구조 …………………………………………… 88
- 03절 조직의 관리 …………………………………………… 102
- 04절 조직의 발전과 변동 ………………………………… 115

04장

인사행정론
- 01절 인사행정의 기초이론 ………………………………… 122
- 02절 임용 …………………………………………………… 134
- 03절 사기앙양 및 공무원 윤리 …………………………… 139

한눈에 쏙~

흐름이나 중요 개념들이 한눈에 쏙 들어올 수 있도록 도표로 정리하여 수록하였습니다. 한눈에 키워드와 흐름을 파악하여 수험에 도움이 되도록 하였습니다.

실력 up

더 알아두면 좋은 내용을 실력 up에 배치하고, 보조단에는 SEMI – NOTE를 배치하여 본문에 관련된 내용이나 중요한 개념들을 수록하였습니다.

구성 및 특징

핵심이론

시험에 출제되는 핵심 내용만을 모아 효율적인 학습이 가능하도록 구성하였습니다. 반드시 알아야 할 내용에 대한 충실한 이해와 체계적 정리가 가능합니다.

빈출개념

시험에서 자주 출제되는 개념들을 표시하여 중요한 부분을 한 눈에 들어올 수 있도록 하였습니다. 합격에 필요한 핵심이론을 깔끔하게 학습하시기 바랍니다.

나두공 직렬별 써머리 동영상 강의 5만원 가격파괴

국어+영어+한국사 행정법총론+행정학개론	국어+영어+한국사 행정법총론+교육학개론	국어+영어+한국사 행정법총론+노동법개론
일반행정직(5만원)	교육행정직(5만원)	고용노동직(5만원)

국어+영어+한국사 노동법개론+직업상담심리학개론	국어+영어+한국사 교정학개론+형사소송법개론	국어+영어+한국사 행정법총론+사회복지학개론
직업상담직(5만원)	교정직(5만원)	사회복지직(5만원)